超図解でよくわかる建築現場用語完全版

第二版

建築知識 編

X-Knowledge

contents

contents

カバーデザイン：山田知子（chichols）｜DTP：天龍社

資金・法規・監理 1

資金計画 1

住宅を現金で購入できなければ住宅ローンを利用することになる。ローンや保険の選択は、家計や考え方に応じ、慎重に行う必要がある。

融資

ローン
建築物や車などの高額商品を購入する際に、金融から受ける融資のこと。通常、借り受けた金額に利息が付き、それを分割返済していく。

住宅ローン—じゅうたく—
本人・家族などが居住するための土地や住宅を購入する目的で金融機関から借り受けるローン。土地と建物を担保とする必要がある。増築、改築も融資の対象。35年程度の長い期間での返済計画が立てられ、金利もほかの融資商品に比べて低い。地方銀行などの場合、本店所在地が物件の場所から離れていても、近辺に支店などがあれば借りられることが多い。住宅ローン取扱い金融機関は日本全国で1500社ほど[表1]。

公的融資—こうてきゆうし
住宅ローンを取り扱う金融機関には、公的金融機関と民間金融機関があり、前者が取り扱うものを公的融資と呼ぶ。年金融資、財形融資、自治体融資などがあるが、近年は取扱いが縮小傾向にある。

住宅金融支援機構—じゅうたくきんゆうしえんきこう
2007年に発足した独立行政法人。1950年に設立された住宅金融公庫が民営化の流れで業態転換したもの。住宅金融公庫の個人向け住宅融資とアパート融資の事業を継承しつつ、超長期固定金利であるフラット35の事業を主としている。災害融資、融資保証などの事業も扱っている。

フラット35—さんじゅうご
民間金融機関が住宅金融支援機構と提携して取り扱う超長期固定金利の住宅ローン。窓口となる金融

表1　各種住宅ローン比較表

		物件条件	申込要件	諸費用
フラット35	**融資額** 100万円以上8000万円以下 **金利タイプ** 全期間固定金利型 **返済期間** 15年以上35年以内 **保証会社** 不要 **保証人** 不要	戸建て延床面積70㎡以上 共同住宅床面積30㎡以上 1億円以下の物件 適合証明書がとれる物件 物件価格の100%以内	申込時年齢70才未満 完済時年齢80才未満	融資事務手数料 定額、定率など金融機関により異なる 保証料 なし 繰上返済手数料 無料
銀行融資	**融資額** 100万円以上1億円以下 **金利タイプ** 変動金利型、固定期間選択型、全期間固定型など **返済期間** 1年以上35年以内など **保証会社** 必要(一部不要あり) **保証人** 取引状況により必要	敷地面積に最低面積がある場合あり 物件価格の120～130%以内とする金融機関あり	申込み時年齢20～70才など 完済時年齢60～83才など 健康状態が優れていること 最低年収を規定しているところあり 勤続年数を規定しているところあり	融資事務手数料 定額、定率など金融機関により異なる 保証料 一括前払い、金利上乗せ0.2%程度 繰上返済手数料 金融機関により異なるが数万円程度かかることが多い 金利切替手数料など 金利変更時に数万円程度かかることがある
ネット銀行	**融資額** 500万円以上1億円以下など **金利タイプ** 変動金利型、固定期間選択型全期間固定型など **返済期間** 1年以上35年以内など **保証会社** 不要 **保証人** 取引状況により必要	借地や定期借地は不可が多い 中古物件に制限がある場合あり 市街化調整区域、都市計画区域外は対象外 賃貸、事業用併用物件は不可	申込み時年齢20～65才など 完済時年齢80才まで 健康状態が優れていること 最低年収を規定しているところあり 勤続年数を規定しているところあり	融資事務手数料 定額、定率など金融機関により異なる 保証料 なし 繰上返済手数料 なし 金利切替手数料など 金利変更時に数万円程度かかることがある

機関によって金利や手数料が異なる。取扱い金融機関は、融資実行時にその債権を住宅金融支援機構に売却するため、実質的には住宅金融支援機構が融資をしているかたちとなる。商品としては、**フラット20**、**フラット35**、**フラット50**と、期間によって3種類。リフォーム一体型や借り換えなど、新築以外にも対応している。

フラット35S｜さんじゅうごえす
フラット35の技術基準に加え、耐震性、省エネルギー性など住宅金融支援機構が定める技術水準を満たした住宅に対して、一定期間の金利を引き下げる制度。2016年2月時点では、「金利Aプラン」と「金利Bプラン」があり、それぞれ満たすべき技術水準が定められている。「金利Aプラン」の金利は、当初10年間にわたり、フラット35の金利から0.3％引き下げられる。「金利Bプラン」の金利は、当初5年間0.3％の引き下げとなる。新築住宅、中古住宅の購入に使うことができるが、借り換えに利用することはできない。

定率制・定額制｜ていりつせい・ていがくせい
フラット35を組む際に払う手数料には**定率制**と**定額制**がある。前者は借入金額に一定の割合を掛けた額。後者は借入金額にかかわらず定められている金額。

年金住宅融資｜ねんきんじゅうたくゆうし
国民年金や厚生年金に通算で3年以上加入し、直近の2年間に延滞のなかった場合に申し込みできる公的融資。勤務先を通して融資を申し込める「**転貸融資**」という形式。融資母体である年金資金運用基金の解散に伴い、2001年に制度が廃止。新規の申し込み受付はすでに終了した。住宅債権の管理・回収は独立行政法人である福祉医療機構が引き継いでいる。

財形住宅融資｜ざいけいじゅうたくゆうし
財形制度のある企業などに勤務し、財形貯蓄を行っている場合に借りられる公的融資。1年以上継続し、50万円以上の残高があれば利用可能。5年固定金利で、借入限度額は財形貯蓄残高の10倍以内。

自治体融資｜じちたいゆうし
自治体そのものが融資する「**直接融資**」、自治体と提携する金融機関を通して融資する「**融資斡旋**」、民間金融機関から住民が借りたローンに関して一定の利子を肩代わりする「**利子補給**」がある。

担保｜たんぽ
お金を借りる人が、返済できなく

図1｜住宅ローンの金利のタイプと特徴

	金利の変化	特徴	メリット・デメリット	こんな場合に向く
全期間固定金利型	全期間固定型 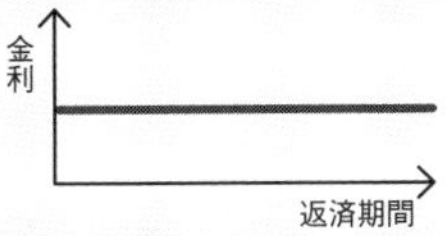	返済開始から終了までの全期間で、金利が変わらない。	・金利が変わらないため、金利が低いときに契約すれば低金利のメリットが最後まで続く。返済額が一定のため、返済計画が立てやすい。 ・変動金利より高い水準で金利が固定されるため、将来、金利が下がった場合、不利になる。	・金利が低水準で、将来は金利が上がることが予想されているとき。
	2段階固定型 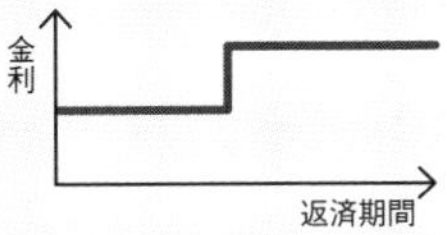	固定金利で、金利が返済開始からの10年間と、11年目以降の2段階になっているタイプ。	・返済期間中、金利が変わるのは1回だけなので低金利のときにはメリットが大きい。 ・金利が変わるタイミングがあらかじめ決まっているので、比較的、家計管理がしやすい。 ・変動金利より金利が高いため、将来、金利が下がった場合はやはり不利になる。	・金利が低水準のとき。
固定金利選択型	固定金利選択型 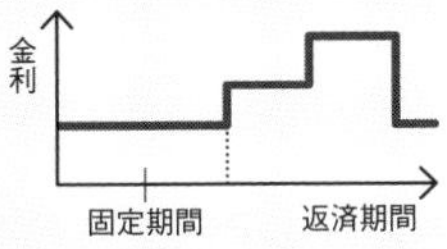	一定期間は固定金利で、その後は変動金利になる。固定期間が短いものほど、金利が低い。固定期間終了後、固定と変動を選べるタイプもある。	・将来、金利が下がれば低金利の恩恵を受けられる。 ・固定期間終了後に金利が上がっていれば、返済額が上がるリスクがある。	・固定期間が終わった後、金利が上昇しても、返済に支障を与えないくらいの資金のゆとりがある場合。
変動金利型	変動金利型 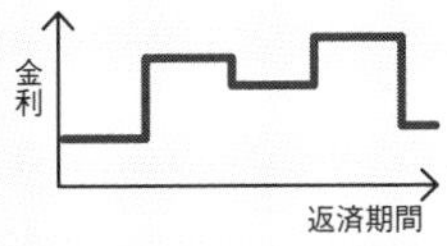	年2回、市場金利の動向にともなって金利が見直される。返済額の急な上昇を避けるため、5年間は返済額が変わらないものが多い。	・全期間（長期）固定に比べて金利が低い。低金利時や、金利が下がる局面では有利に。 ・繰り上げ返済などで、早いうちに借入を減らすことができる。 ・金利が上がると返済額がアップする。 ・急激な金利上昇期には未払い利息が発生し、返済額がふくらんで、破綻のリスクが高まることも。	・将来的に金利が3～4%程度になっても、返済が可能な資金のゆとりがある場合。
	上限金利特約 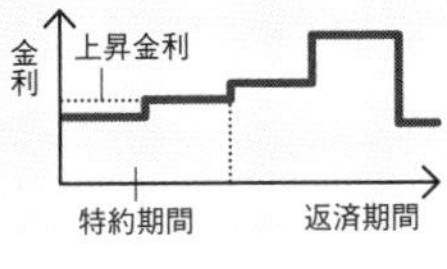	年2回、金利が見直されるが、契約した特約期間内は上限金利を超えることはないタイプ。	・特約期間内は金利が上限以上に上がらず、低金利時や、金利下降期には低金利のメリットを生かせる。 ・上限金利がある分、一般的な変動金利より金利が高い。金利が上がると、設定した期間ごとに返済額が上昇する。	・一定期間は、金利や返済額の変化を避けたい場合。 ・将来的に、金利が3～4%程度になっても返済が可能な場合。

なった場合に備え、貸し手に発生する損害を補うために設けられたもの。住宅ローンであれば、ローンで購入する土地と建物を保証として差し出す。担保となった物件は、返済が不可となった場合に売却され、返済に充当される。

金銭消費貸借契約書｜きんせんしょうひたいしゃくけいやくしょ
お金を借りる場合に、貸し手と借り手の間で結ぶ契約書のひとつ。主に金融機関から借入を行う場合に締結される。書類を2部作成し、双方が調印・保管する場合が多い。収入印紙が必要となる。

抵当権｜ていとうけん
金融機関が、自己の債権をほかの債権者よりも優先して、担保にとった物で返済させることができる権利。住宅ローンの場合は、貸し手と借り手の間で、抵当権設定契約を締結し、その内容を法務局に登記することで、貸し手の権利が法的に守られることになる。設定や解除の手続きは、司法書士が行い、手続きの費用は、借り手が負担するのが通例となっている。

競売｜けいばい
ローンが返済不可になった際に、債権者が担保としていた不動産を強制的に競りにかけること。

金利｜きんり
金銭の貸し借りにおける資金の使用料。住宅ローンの場合、変動金利・固定金利などがある［7頁図1］。

固定金利｜こていきんり
基本的には返済期間を通して変動せず、固定されている金利。ただし、1年以上の期間、金利があらかじめ決められた金利から変更しないものをものはすべて固定金利とされている。全期間固定されているタイプや、あらかじめ決められた金利に途中で変わるタイプ、固定期間終了後にほかの金利に変更できるタイプもある。

変動金利｜へんどうきんり
半年ごとに金利が変動する金利。金利が変動しても5年間は毎月の返済額を変えず、上昇の限度額も1.25倍までという特約を設けるのが一般的。この特約は金利が大きく上昇した際、借り手に急激な負担となるのを防ぐが、利息負担は大きくなっているため要注意。

元金均等｜がんきんきんとう
返済方法の1種［図2］。元金を毎月同じだけ返済する。ただし、利息は借入残高に応じた額を合わせ

図2｜返済方法の種類

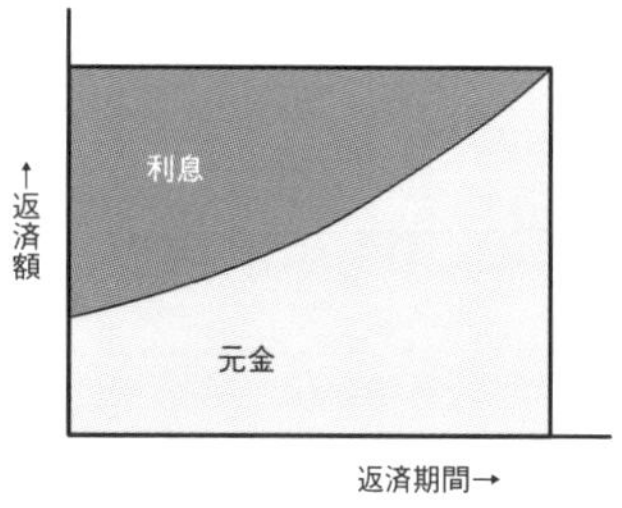

元利均等返済
元金と利息を合わせた返済額が一定になる方法。返済額が一定のため返済計画を立てやすいのがメリット。返済当初は元金より利息の割合が高く、総返済額が多くなる。

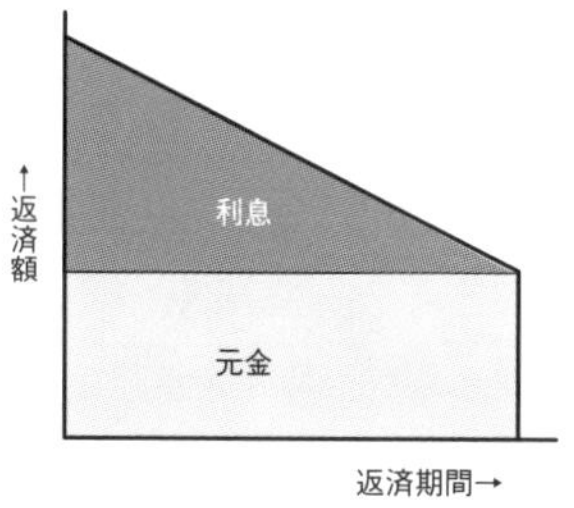

元金均等返済
返済の中の元金分の返済額が一定で、残元金から計算した利息を支払う方法。元金が確実に減るため、総返済額が少なくなる。当初ほど返済額が多く、返済が進むにつれ負担が軽減する。

図3｜繰り上げ返済の2つのタイプ

❶期間短縮型

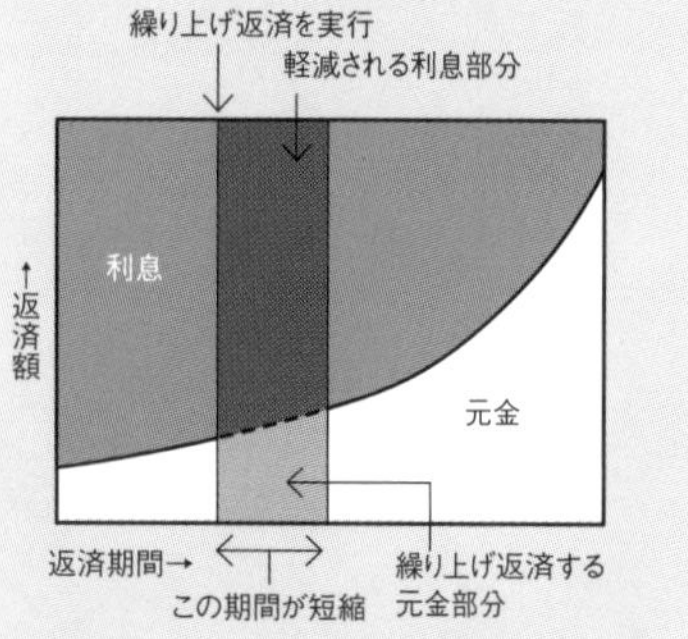

特徴　月々の返済額は変えずに、返済期間を短くする方法。利息と総返済額を効率よく減らしたいときや、返済期間を短くして完済を早めたいときに。

メリット　利息の割合が高い返済当初ほど、利息を減らす効果が高く、総返済額も大きくカットできる。

デメリット　一般的には、短くした返済期間を再び延長することはできない。

❷返済額軽減型

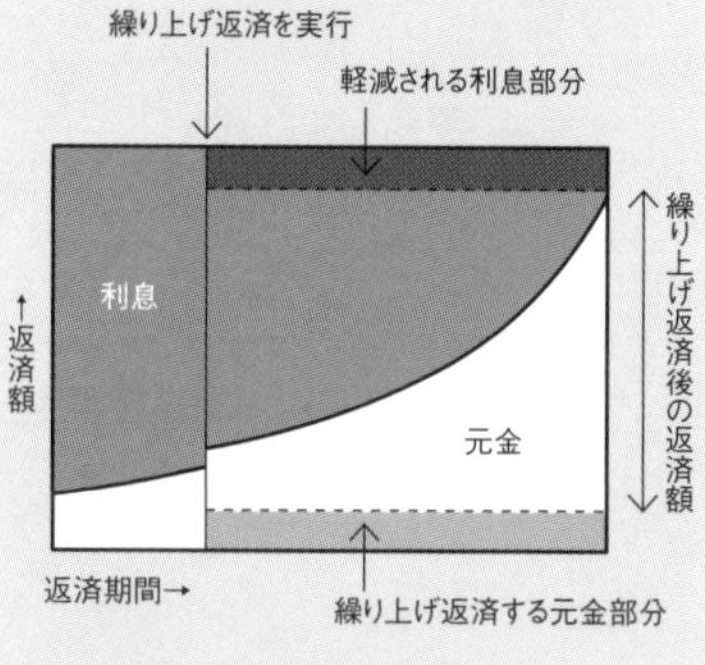

特徴　返済期間はそのままで、月々の返済額を少なくする方法。教育費の増加などで今後、返済が苦しくなりそうな場合に適している。

メリット　月々の住宅ローン返済が減るため、教育費や貯蓄など、ほかの資金のゆとりが増える。

デメリット　「期間短縮型」よりも、利息や総返済額を減らす効果は少なくなる。

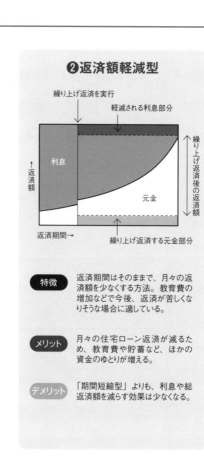

て返済するため、借入当初は返済額が相対的に大きく、返済額は時間の経過とともに減っていく。元金均等等を利用できる金融機関は多くないため、事前確認が必要となる。

元利均等｜がんりきんとう
返済方法の一種[図2]。元金と利息の合計金額を毎月同じだけ返済する。ただし、適用金利が変われば返済額も変わる。元金均等等よりも元金の返済ペースが遅くなるため、当初の毎月返済額は元金均等よりも少なくなるが、総返済額は多くなる。元金均等と異なり、すべての金融機関で採用されている。

ボーナス返済｜へんさい
ボーナス時に返済額を加算する返済方法。年に1～2回、返済額が増加される。何月に返済するかはあらかじめ決めることが可能。

繰上返済｜くりあげへんさい
ローンの返済を前倒しすること。一部返済も全額返済も可能。毎月の返済額を減額する返済額軽減型と、借入期間を短くする期間短縮型がある[図3]。返済の都度、どちらを利用するか選択できる。手数料は各金融機関で異なるので注意。

住宅ローン控除｜じゅうたくローンこうじょ
新規に住宅を購入する個人に対し、その人が納めた税金の一部を還付する制度。要件を満たせば、住宅ローンの年末残高から一定の割合で税額が控除される。控除対象限度額と最大控除額は、長期優良住宅や中古住宅などの種類で異なる。

リフォームローン
住宅を改築・改装・増減築・修繕する際に利用するローン。基本的には無担保で、住宅ローンに比べて金利は高く、借入期間は短くなる傾向にある。

つなぎ融資｜つなぎゆうし
建物が完成するまでの間、土地の取得代金や工事の着工金などを払うためのローン。フラット35などは住宅の完成時点で初めて融資が実行されるため、手持ちの現金が足りなければ、これを利用する。

諸費用｜しょひよう
住宅購入時にかかる建物代金以外の費用。仲介報酬、土地取得費など。金融機関によってローンの対象となるものが異なるので注意。

図4｜保証の対象となる基本構造部分のイメージ

構造耐力上主要な部分

基礎　A	壁　B	柱　C	小屋組　D	土台　E
斜材　F	床版　G	屋根版　H	横架材　I	

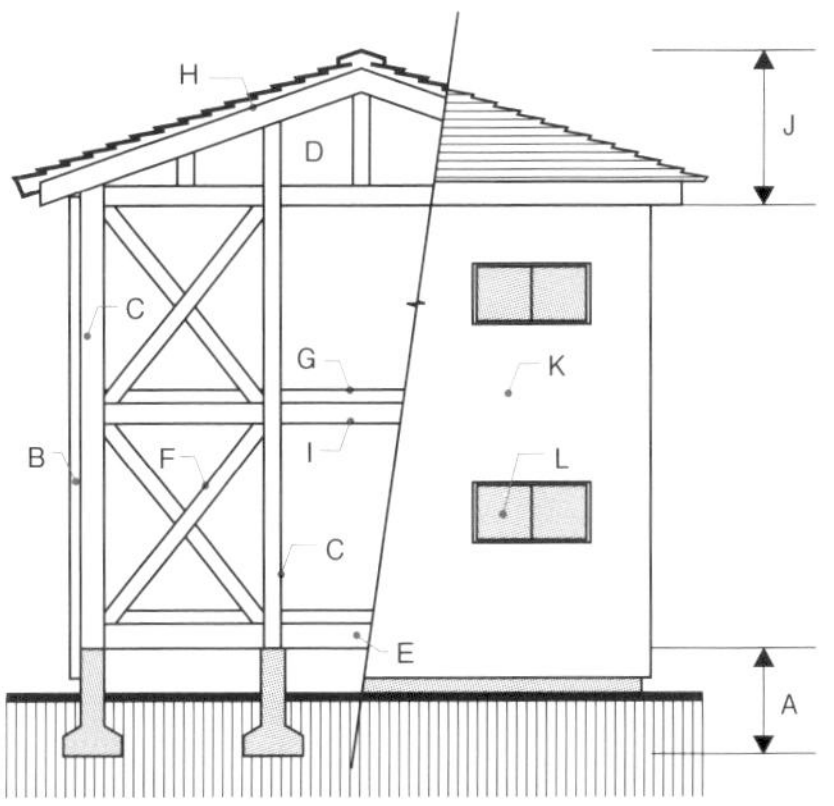

雨水の侵入を防止する部分

屋根　J	外壁　K	開口部　L

図5｜瑕疵担保責任に関する保険のしくみ

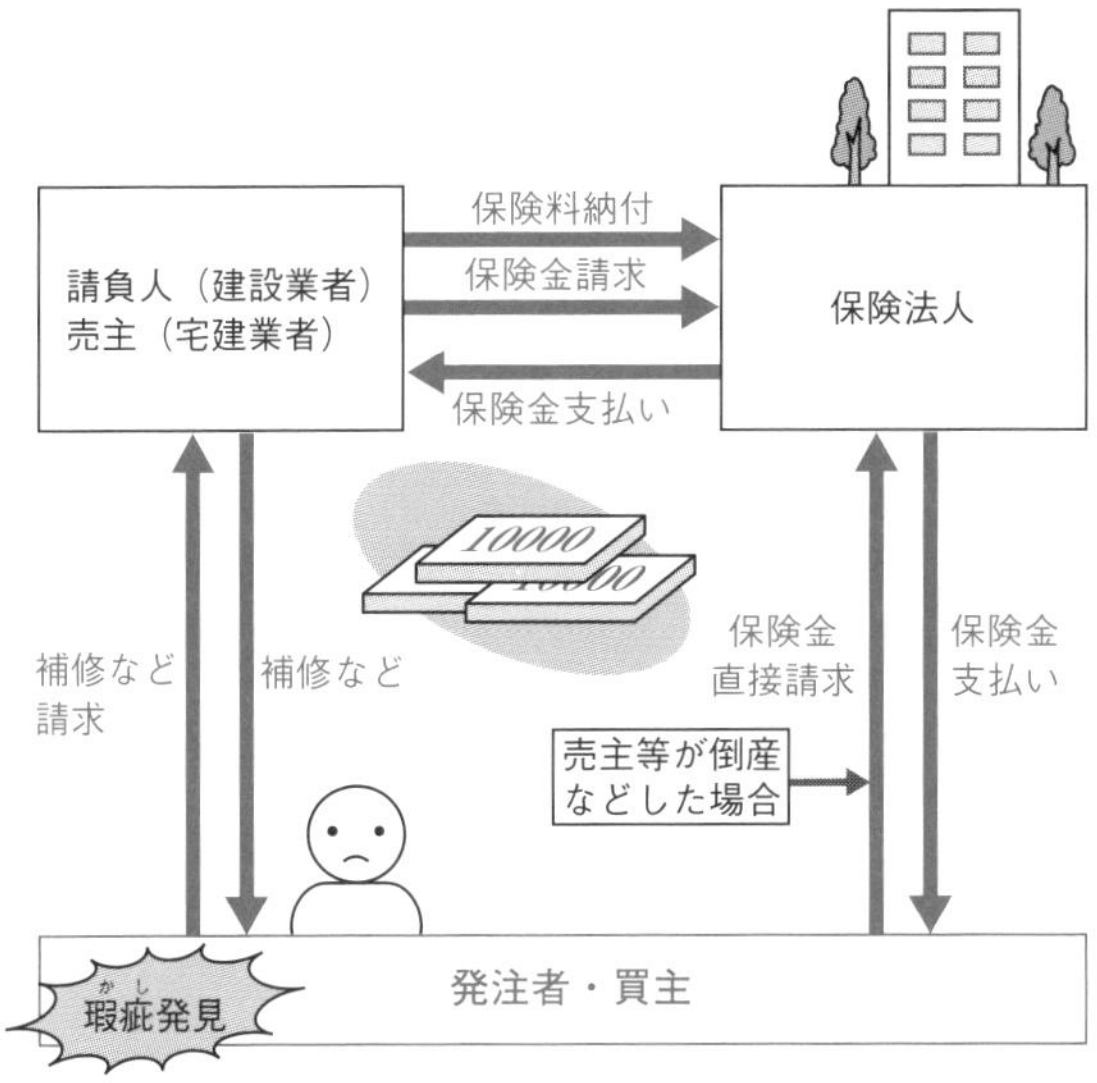

保険

生命保険｜せいめいほけん
人間の生命・病気・傷害にかかわる損失を補償する保険。死亡などの決められた条件に応じ、保険会社が受取人に保険金を支払う。住宅ローンの利用には、**団体信用生命保険**への加入が原則。

団体信用生命保険｜だんたいしんようせいめいほけん
住宅ローンの融資を受けた人が返済途中で死亡するなどした場合、保険会社によって弁済がなされる保険。団信。この補償が行われると、遺族はその家のローンを支払わずに利用できる。年齢に関係なく特約料（保険料）が一定で、一般の生命保険に比べて審査が緩いのが特徴。住宅ローン借入時に強制加入となることが多く、特約料は金融機関が負担する。この場合、健康に問題があるなどして団信に加入できなければ、住宅ローンも借りられない。一部の民間金融機関やフラット35などは任意加入で、特約料は保険契約者の負担。

火災保険｜かさいほけん
建物や家財に生じるさまざまな損害を補償するための保険。火災だけへの対応ではなく、落雷・突風・水漏れ・盗難など幅広い。ただし、地震、津波などによる損害は対象外。

地震保険｜じしんほけん
地震等によって発生した、火災・損壊・埋没・流失による損害を補償する保険。保険金の支払いの一部を政府が引き受けており、公共性の強い保険といえる。加入には、併せて火災保険への加入が必須となり、保険金額は火災保険の30～50%までと決まっている。保険期間にも1～5年間といった制限がある。地震を原因とする火災は、現時点では地震保険でなければ補償の対象とならないので注意。工場や事務所専用の建物など、住居として使用されない建物は補償の対象外となる。

瑕疵｜かし
住宅に本来、備わっているべき機能・品質・性質・状態が欠けている状態。民法上は、買主が瑕疵を知った時から1年以内であれば、契約の解除または損害賠償請求ができる。「住宅の品質確保の促進などに関する法律」では、すべての新築住宅に対し、柱・梁・基礎などの構造耐力上主要な部分や、屋根など雨水の浸入を防止する部分の不具合に限定して「瑕疵」と定義し、10年の瑕疵担保責任履行期間を義務化している。瑕疵があれば施工業者は無償で直すよう求められる。

住宅瑕疵担保責任保険｜じゅうたくかしたんぽせきにんほけん
施工業者は瑕疵を直すための資力を担保するために、「保証金の供託」か「瑕疵担保責任保険への加入」の義務を負う。施工業者がこの保険に加入すれば、施工業者が倒産したとしても、新築住宅に瑕疵があった場合、補修を行った施工業者に保険金が支払われる。この保険は国土交通大臣指定の保険法人が提供しており、工事中に検査を行わなければ加入できない。

住宅完成保証制度｜じゅうたくかんせいほしょうせいど
万が一、住宅の建設中に、施工業者が倒産するなどして工事を継続できなくなった場合に完成まで工事の履行を保証する制度。工事を完成させるための役務保証と、工事の中断により発生する工事費用や前払い金の損失を一定範囲内で補償する金銭保証の2通りがある。

地盤保証制度｜じばんほしょうせいど
地盤調査や地盤補強工事における瑕疵が認められた際に地盤補強工事費・不具合補修工事費・仮住居費などを保険会社が補償する制度。保険期間は住宅の基礎工事の着工日から始まり、住宅を引渡してから10年が経過する日までというのが一般的。より長く保証する商品もある。

補助制度

住宅性能表示制度｜じゅうたくせいのうひょうじせいど
住宅の性能を等級によってわかりやすく表示する制度。「住宅の品質確保の促進等に関する法律」で定められている。評価方法、表示方法の基準などを設け、専門の第三者機関が評価、一般消費者が簡単に比較できるようになっている。この制度を利用すると、地震保険の保険料が割引になるなどのメリットもある。構造の安定、火災時の安全など10種類の性能に関して評価される[図6]。

長期優良住宅｜ちょうきゆうりょうじゅうたく
「長期優良住宅の普及の促進に関する法律」で定められた基準を満たす住宅。同法は、廃棄物抑制による環境負荷の軽減などを目的として２００９年６月に施行された。耐震性、省エネルギー性、劣化対策、維持管理更新の容易性や住戸面積などが評価対象となる。認定されると、住宅ローン控除の限度額が増えるなど、税金や金利の優遇措置が適用される。

CASBEE｜きゃすびー
環境性能の観点から建築物を評価し、5段階で格付けする手法。建物環境総合性能評価システム。省

図6｜住宅性能表示のイメージ

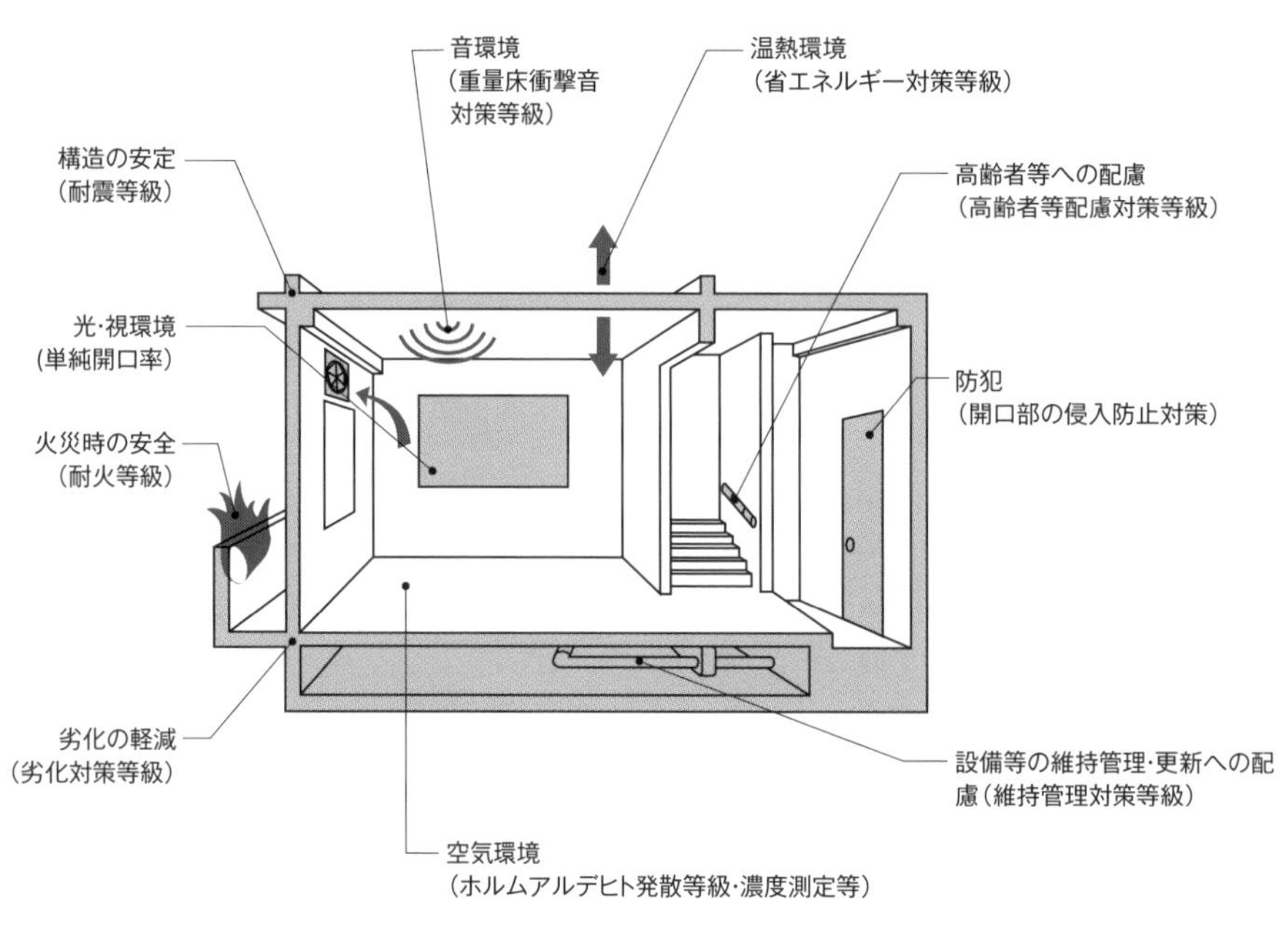

エネ設備や環境負荷の少ない資材の使用はもとより、室内の快適性や景観への配慮なども含め、建築物の品質を総合的に評価する。「企業の社会的責任」（CSR）という概念の普及を背景として主に企業のオフィスや工場が積極的に審査を利用している。審査には一般財団法人建築環境・省エネルギー機構からの認証認定を受けた全国の評価機関が当たる。

地域型住宅グリーン化事業｜ちいきがたじゅうたく―かじぎょう

地域型住宅ブランド事業の名称を変更して2015年から始まった制度。地元の事業者が連携したうえで、地元産の資材を活用して建てた「**地域型住宅**」に対し、補助金が交付されるシステム。これまでの長寿命型、優良建築物型に加え、高度省エネ型も加わった。

すまい給付金｜すまいきゅうふきん

2014年に消費税率を引き上げた際、住宅取得者の負担緩和を目的として創設された制度。消費税率8%の2016年時点では最大30万円。

省エネ改修推進事業｜しょう―かいしゅうすいしんじぎょう

建築物の省エネルギー改修などを促進するため、民間事業者が行う省エネ改修工事・バリアフリー工事に対し、国が費用の一部を支援する制度。建物全体におけるエネルギー消費量が、改修前と比較しておおむね15%以上の省エネ効果が見込まれる改修工事を実施するものであることなどが要件となる。

住宅用太陽光発電導入支援対策費補助金｜じゅうたくたいようこうはつでんどうにゅうしえんたいさくひほじょきん

住宅における太陽光発電の普及を促進するため、一部の費用に対して国が補助金を出すという制度。2013年度に廃止されたものの、地方自治体によっては補助金・助成金制度が整備されている。

省エネ住宅ポイント制度｜しょう―じゅうたく―せいど

新築やリフォームを行った住宅が一定の基準を満たす省エネ設備を有している場合に、国への申請に応じてギフトカードや地域の特産物などの商品と交換できるポイントがもらえる制度。申請の受付は2015年で終了した。

地価

公示地価｜こうじちか

国土交通省が毎年公表する地価。毎年1月1日時点の地価を不動産鑑定士が評価し、土地鑑定委員会が判定する。土地の取引に関して一般的な指標を与えることや、土地の相続評価および固定資産税評価の基準を設けることなどが目的。公示地価はあくまで目安であり、実際の取引は**実勢地価**［じっせいちか］により行われる。

基準地価｜きじゅんちか

国土利用計画法で土地取引価格の審査基準価格として設定される価格。毎年1回、各都道府県で調査を行い、国土交通省がまとめて7月1日に公表する。公示地価とともに、土地取引の指標価格になっている。公示地価が都市計画区域を中心として公表されているのに対し、基準地価は都市計画区域外の宅地や未開発の林地などについても示される。住宅地、商業地、工業地など用途地域別に1㎡当たりの価格で示される。

路線価｜ろせんか

道路に面する宅地の1㎡当たりの評価額。相続税・贈与税・固定資産税などの課税価格を計算する基準となる。毎年、全国の国税局や税務署のサイトでその1年の路線価が公表される。相続税路線価の場合は公示地価の約80%、固定資産税路線価の場合は約70%が基準とされる[図7]。

図7｜路線価の表示例

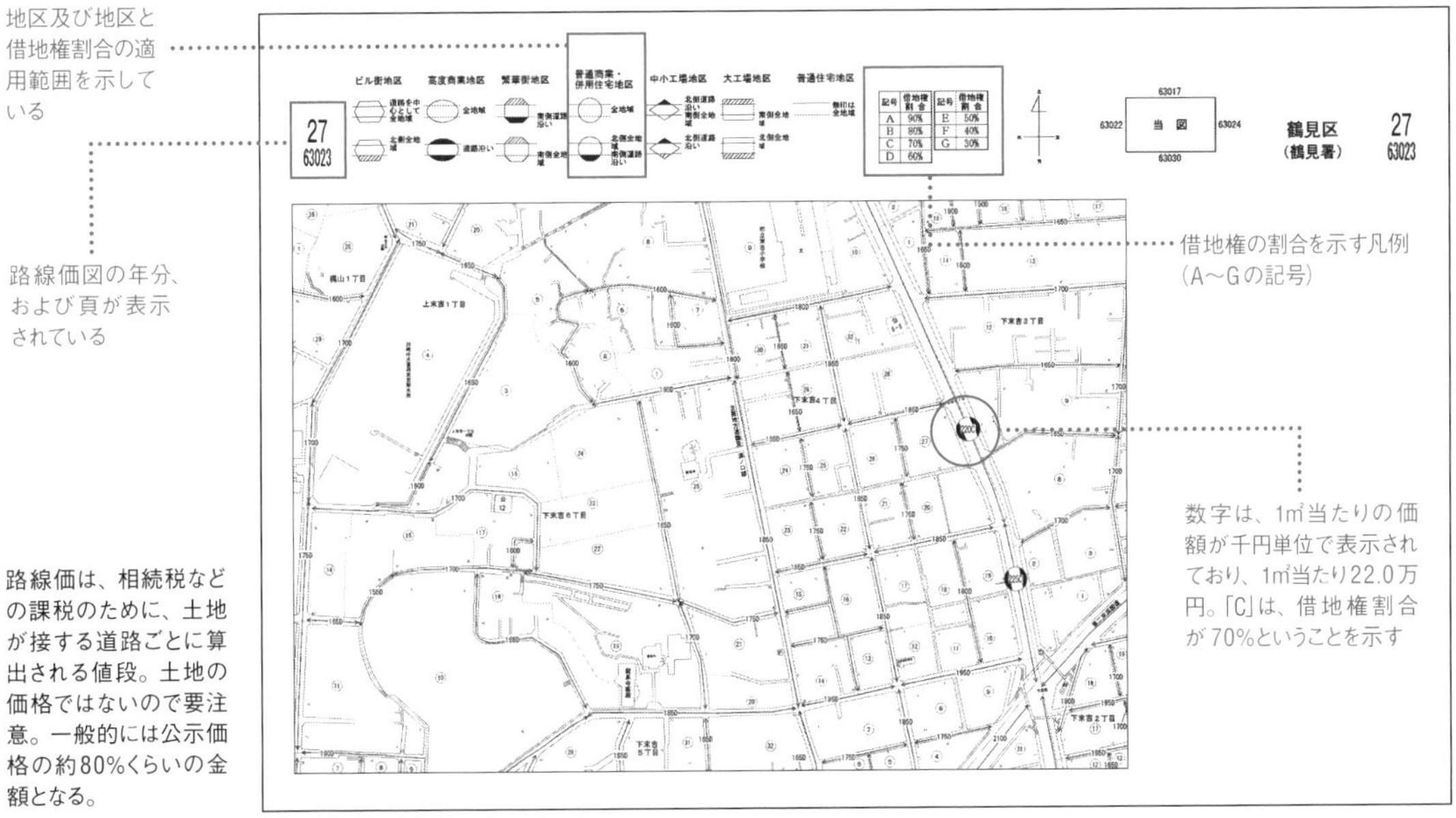

路線価は、相続税などの課税のために、土地が接する道路ごとに算出される値段。土地の価格ではないので要注意。一般的には公示価格の約80%くらいの金額となる。

固定資産税評価額｜こていしさんぜいひょうかがく
固定資産税の税額を計算するための基準となる評価額。市町村が評価を行う。土地については公示地価を基準に画地補正を施して求め、建物については当該再建築費をベースに経年劣化による減価を考慮して決める。決められた期間内であれば不服の申し立ても可能。

地価マップ｜ちかー
国土交通省による地価公示価格、自治体による都道府県地価調査・固定資産税路線価・相続税路線価などの結果を地図上で確認できるサービス。地価情報や行政条件などを1枚にまとめてあるので、現地調査などの資料としても活用できる。

司法書士｜しほうしょし
専門的な法律の知識に基づき、法務局などの専門の行政機関に提出する書類を作成したり手続きを代行したりできる国家資格を有する者。司法書士に依頼すれば、土地や建物の権利関係を公的に示す「登記」に関して、申請手続きをスムーズに行える。住宅ローンなどの債務整理関係も相談可能。

土地家屋調査士｜とちかおくちょうさし
土地や建物の権利者から依頼を受け、境界の画定などの「表示に関する登記」に関する調査・測量・申請手続きを代行する国家資格を有する者。土地の境界を示す境界杭の設置も行える。

不動産鑑定士｜ふどうさんかんていし
不動産の資産価値を鑑定し評価する国家資格を有する者。地価公示や都道府県地価調査、路線価や固定資産税標準値の評価など公的な不動産評価のほか、個人や法人の依頼による鑑定も行う。

借家権｜しゃくやけん
借地借家法に基づき、賃借人が家を継続的に借りられる権利。家を貸している賃貸人が明け渡しを求める場合、明け渡し予定日の1年前から6カ月前までの間に通告しなければ、更新を拒絶することはできない。また、更新を拒絶するには正当な事由が必要。

借地権｜しゃくちけん
建物の所有を目的に土地を借りる権利。相続税や贈与税の対象となっている。増改築、名義変更、売却や譲渡などの場合には地主の承諾が必要となる。

定期借地権｜ていきしゃくちけん
1992年に施行された新借地借家法に基づいてできた制度。契約期間が終了すると、確実に貸借関係が消滅し、貸主に返還される。その後は更新ができない。

税金

印紙税｜いんしぜい
住宅取得時の契約書などの書類を作成する場合に課される国税。住宅取得の手続きに関する書類は一部減税対象。

譲渡所得税｜じょうとしょとくぜい
土地や建物などを売った際、その物件を取得したときを上回る価格で売却した場合、その利益に対して課される税。

登録免許税｜とうろくめんきょぜい
土地や建物などを取得し、登記をする際にかかる国税。居宅や認定長期優良住宅などには優遇税制がある。

不動産取得税｜ふどうさんしゅとくぜい
土地や建物を取得した際にかかる地方税。宅地に関しては優遇措置がある。

贈与税｜ぞうよぜい
個人から財産を譲渡されたときにかかる国税。財産を受け取った側が支払う。両親や祖父母からの住宅取得を目的とした資金贈与の場合などには優遇措置がある。

相続税｜そうぞくぜい
死亡に伴う財産の移転に対して課される国税。財産を受け取った側が支払う。相続時精算課税制度があり、生前に財産を贈与した場合には、贈与税と相続税のどちらを支払うか選択することができる。

固定資産税｜こていしさんぜい
建物や土地といった固定資産に課される地方税。居住を目的とした土地や建物については優遇措置がある。

都市計画税｜としけいかくぜい
都市計画区域のうち、原則として市街化区域内の土地および建物に対して課される地方税。税収は都市計画や区画整理の費用に充てられる。居住を目的とした土地や建物については優遇措置がある。

参考｜住宅ローン控除を受けるのに必要な書類

	書類名	入手先
確定申告	確定申告書の用紙	税務署
	控除を受ける金額の計算明細書	税務署
	住宅・土地の登記事項証明書	法務局
	住民票の写し	役所
	源泉徴収票の原本※	勤務先
	工事請負契約書の写し	本人
	住宅ローンの年末残高証明書	金融機関
年末調整※	給与所得者の住宅借入金等控除申告書	勤務先
	年末調整のための住宅借入金等 特別控除証明書（当該年分）	税務署
	住宅ローンの年末残高証明書	金融機関

※給与所得者の場合。控除を受ける最初の年のみ確定申告が必要。翌年以降は年末調整で可能。

法規・確認申請 2

建築物は建築基準法に適合しなければならない。建築主は、着工前、工事中、工事完了時に、建築主事または指定確認検査機関により、適法性の確認や検査を受ける義務がある。

法令・申請用語

建築物｜けんちくぶつ
土地に定着する工作物で①屋根があり、かつ柱または壁があるもの、②①に付属する門または塀、③観覧のための工作物（競技場・スタジアムなど）④地下または高架の工作物内に設ける事務所・店舗などの施設（東京タワー内の展望室など。ただし高架の工作物自体は建築物ではない）。建築物に附属する建築設備も建築物に含まれる。

特殊建築物｜とくしゅけんちくぶつ
学校、劇場、病院、工場など建築基準法2条2号に列挙されている用途の建築物。不特定多数の人の利用や、周辺環境への影響が大きいことなどから防火・避難に関して制限が強化されるとともに、立地条件に関しても制限されている。

建築｜けんちく
建築物を新築、増築、改築、移転すること[図1]。

大規模の修繕｜だいきぼのしゅうぜん
建築物の主要構造部の1種類以上について行う過半の修繕。

大規模の模様替え｜だいきぼのもようがえ
建築物の主要構造部の1種類以上について行う過半の模様替え（従前と異なる材料で造り替えること）[図2]。

建築主｜けんちくぬし
施主［せしゅ］、クライアント。建築工事の注文主。

設計者｜せっけいしゃ
設計図書を計画・作成した責任者。設計図書とは建築物・工作物に関する図面や仕様書のこと。一定規模以上の建築物は、規模に応じた資格をもつ建築士でなければ設計できない。

建築基準法｜けんちくきじゅんほう
建築物の敷地、構造、設備、用途に関する最低の基準を定めて、国民の生命、健康、財産の保護を図り、公共の福祉の増進に資することを目的とする法律[図3～5]。構造耐力、防火、衛生などの安全性（**単体規定**）と、好ましい集団的建築環境を確保するための最低基準（**集団規定**）を定めている。工作物も対象となる。

図1｜新築・増築・改築・移転

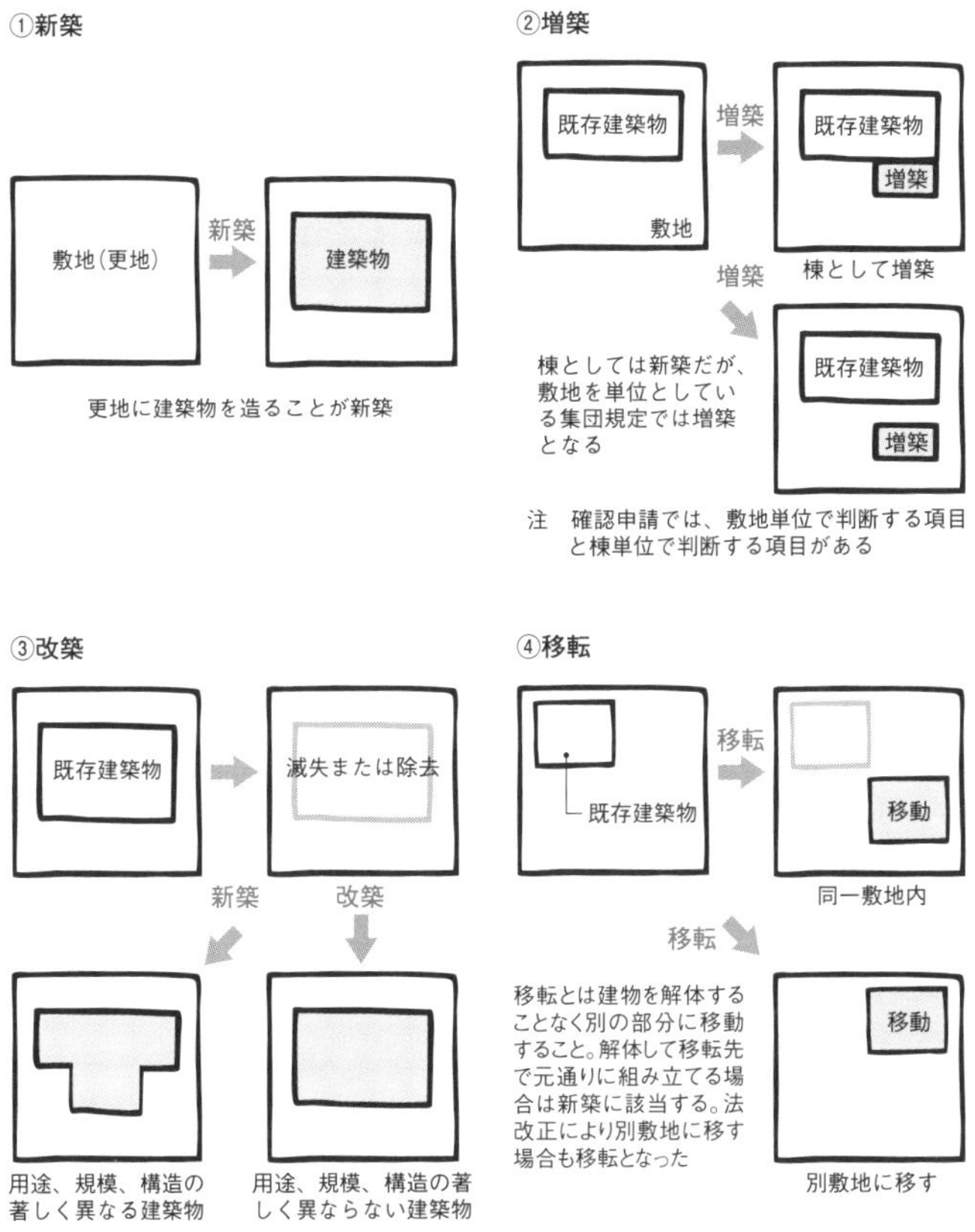

①新築
敷地（更地）
新築
建築物
更地に建築物を造ることが新築
②増築
既存建築物
敷地
増築
既存建築物
増築
棟として増築
増築
既存建築物
増築
棟としては新築だが、敷地を単位としている集団規定では増築となる
注　確認申請では、敷地単位で判断する項目と棟単位で判断する項目がある
③改築
既存建築物
滅失または除去
新築
改築
用途、規模、構造の著しく異なる建築物
用途、規模、構造の著しく異ならない建築物
④移転
既存建築物
移転
移動
同一敷地内
移転
移動
移転とは建物を解体することなく別の部分に移動すること。解体して移転先で元通りに組み立てる場合は新築に該当する。法改正により別敷地に移す場合も移転となった
別敷地に移す

図2｜大規模の修繕・模様替え

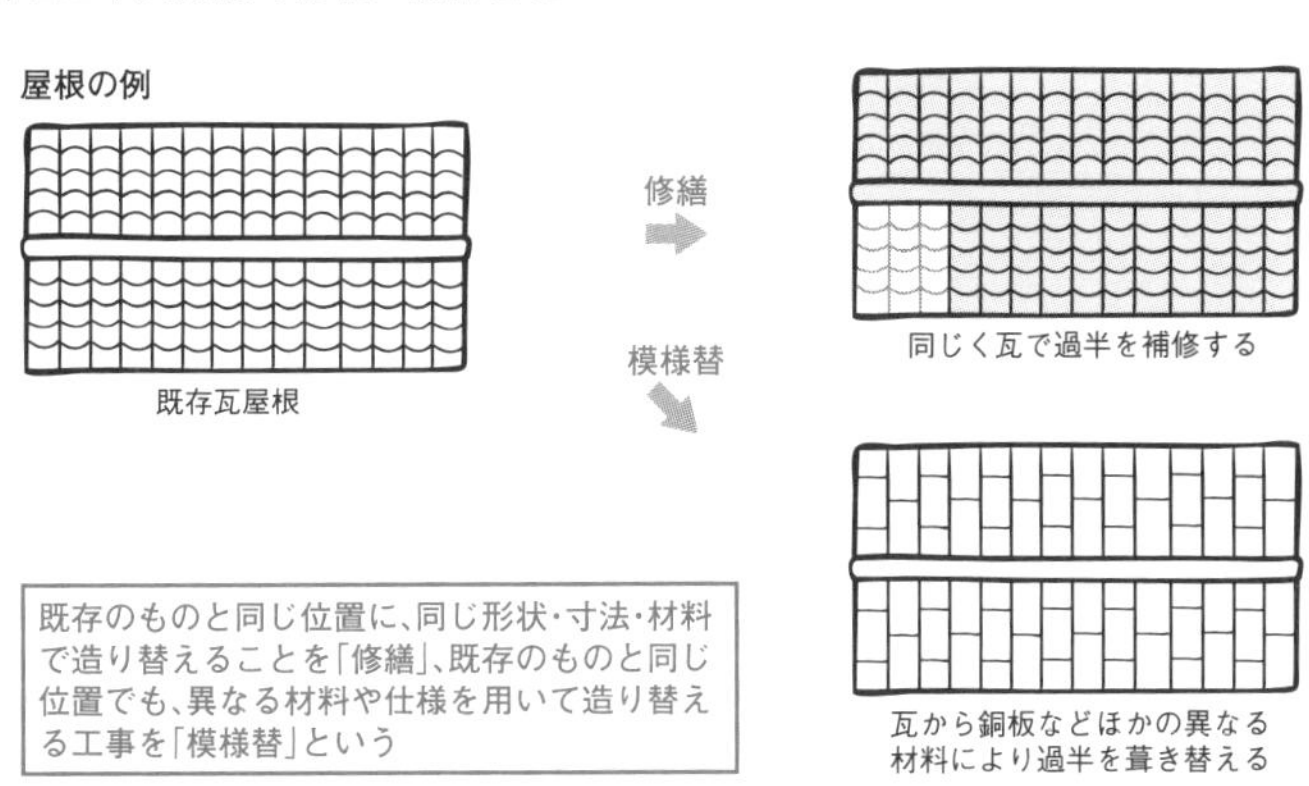

屋根の例
既存瓦屋根
修繕
同じく瓦で過半を補修する
模様替
瓦から銅板などほかの異なる材料により過半を葺き替える
既存のものと同じ位置に、同じ形状・寸法・材料で造り替えることを「修繕」、既存のものと同じ位置でも、異なる材料や仕様を用いて造り替える工事を「模様替」という

建築確認申請｜けんちくかくにんしんせい
建築主（または建築主から委任を受けた代理者）が、**建築主事**または**指定確認検査機関**に、建設計画が建築基準法に適合していることを確認するよう設計図書を添えて申請すること。建築主事または指定確認検査機関は、建築基準法に適合していることを確認すれば、確認済証を交付する［図7］。

確認済証｜かくにんずみしょう
建築確認申請により、建築物の法適合性が確認された際に申請者に交付される文書。確認済証の交付を受けた後でなければ着工できない。

指定確認検査機関｜していかくにんけんさきかん
建築基準適合判定資格者から選任した確認検査員を置き、建築確認、中間検査、完了検査を行うため、国土交通大臣や知事から指定を受けた民間の機関。

建築主事｜けんちくしゅじ
人口25万以上の地方公共団体に置かれる、建築確認・検査などの行政処分を担当するために任命された公務員。人口25万未満の市町村には任意で置かれる。

図3｜建築基準法の目的

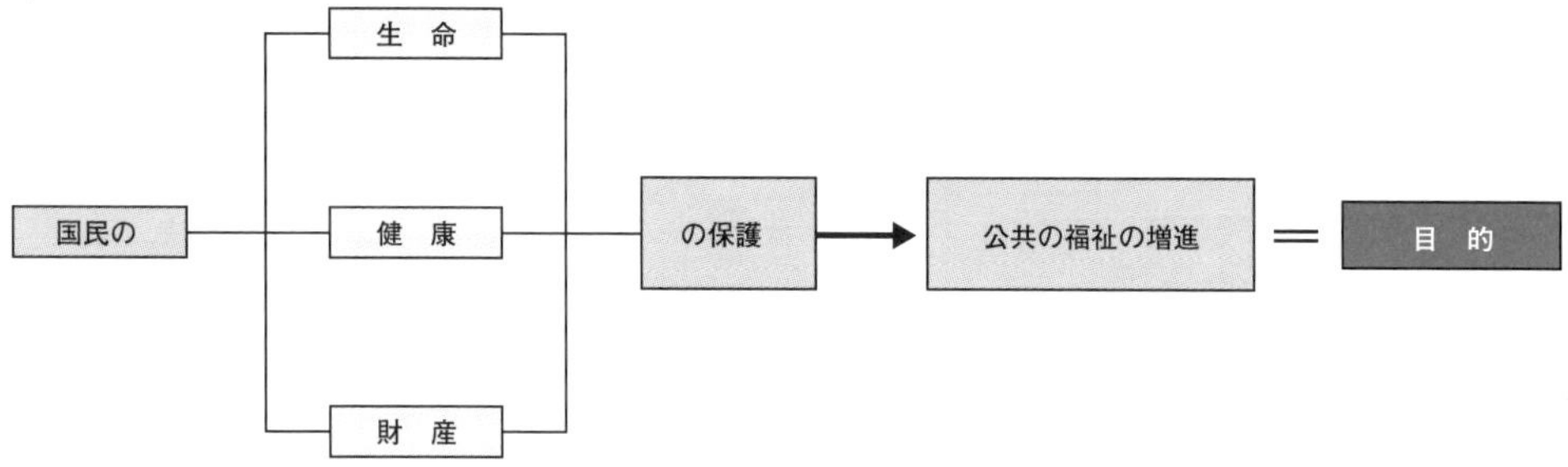

図4｜建築基準法の位置付け

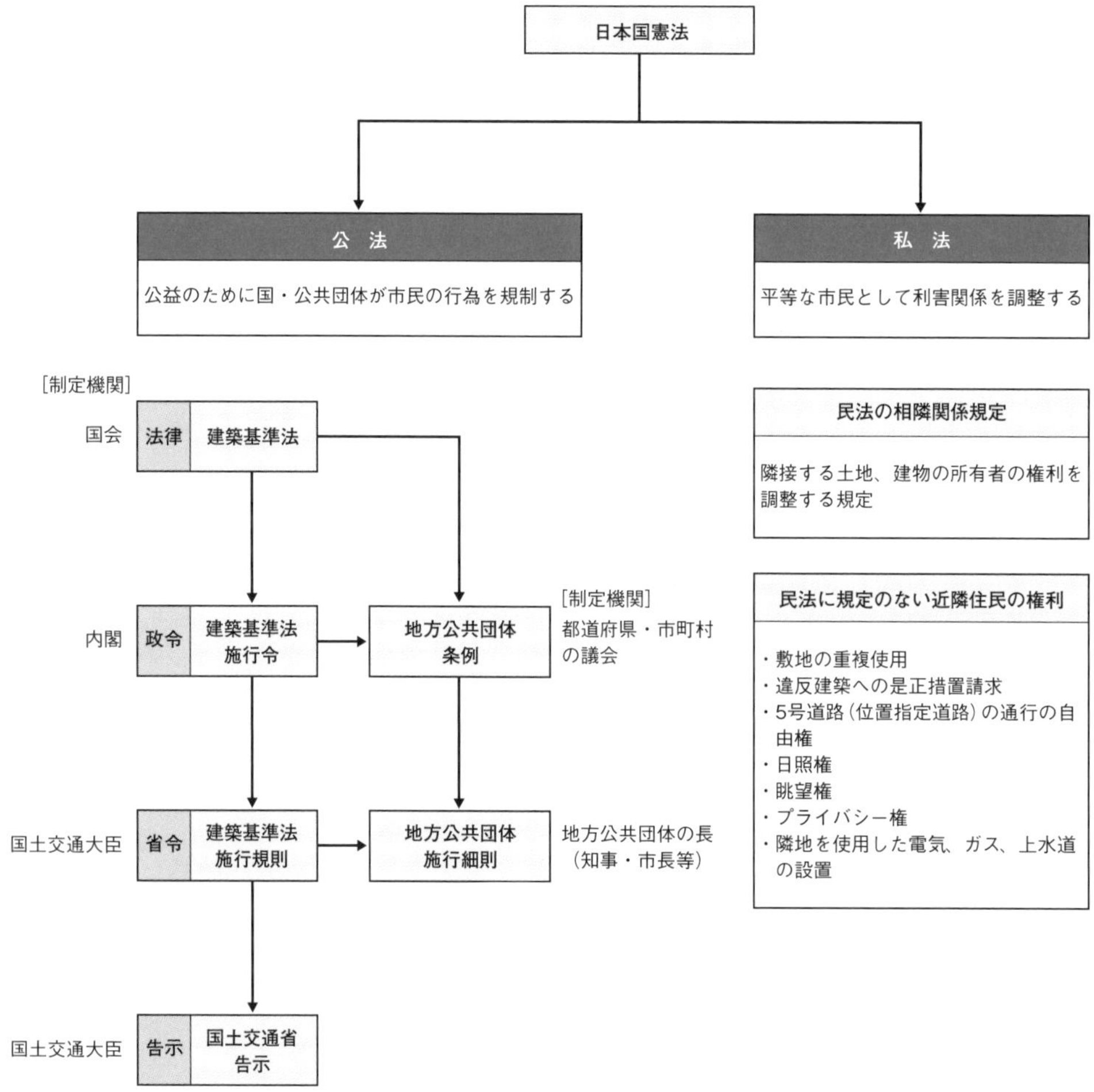

申請手数料｜しんせいてすうりょう
確認申請、中間検査、完了検査に必要な手数料。建物の規模や指定確認検査機関により異なる。

建築計画概要書｜けんちくけいかくがいようしょ
建築計画の概要を記載した法定書類。確認申請時に作成して添付しなければならない。確認済証交付後は特定行政庁で縦覧に供され、誰でも閲覧できる。

定期報告｜ていきほうこく
ホテルや劇場といった特殊建築物の所有者または管理者が、定期的にその建築物を調査して、特定行政庁に報告する制度。国および特定行政庁により報告が必要な建築物の用途・規模が定められている。

建築工事届｜けんちくこうじとどけ
建築工事内容について記載する法定書類。確認申請時に作成添付して、知事宛てに届け出る。

狭隘道路申請｜きょうあいどうろしんせい
幅員が4mに満たない建築基準法42条2項道路や、現況幅員が指定幅員に満たない「位置指定道路」に面して建築を行う際、行政庁と地主が現地立会いのうえ道路境界

図5｜建築基準法の体系

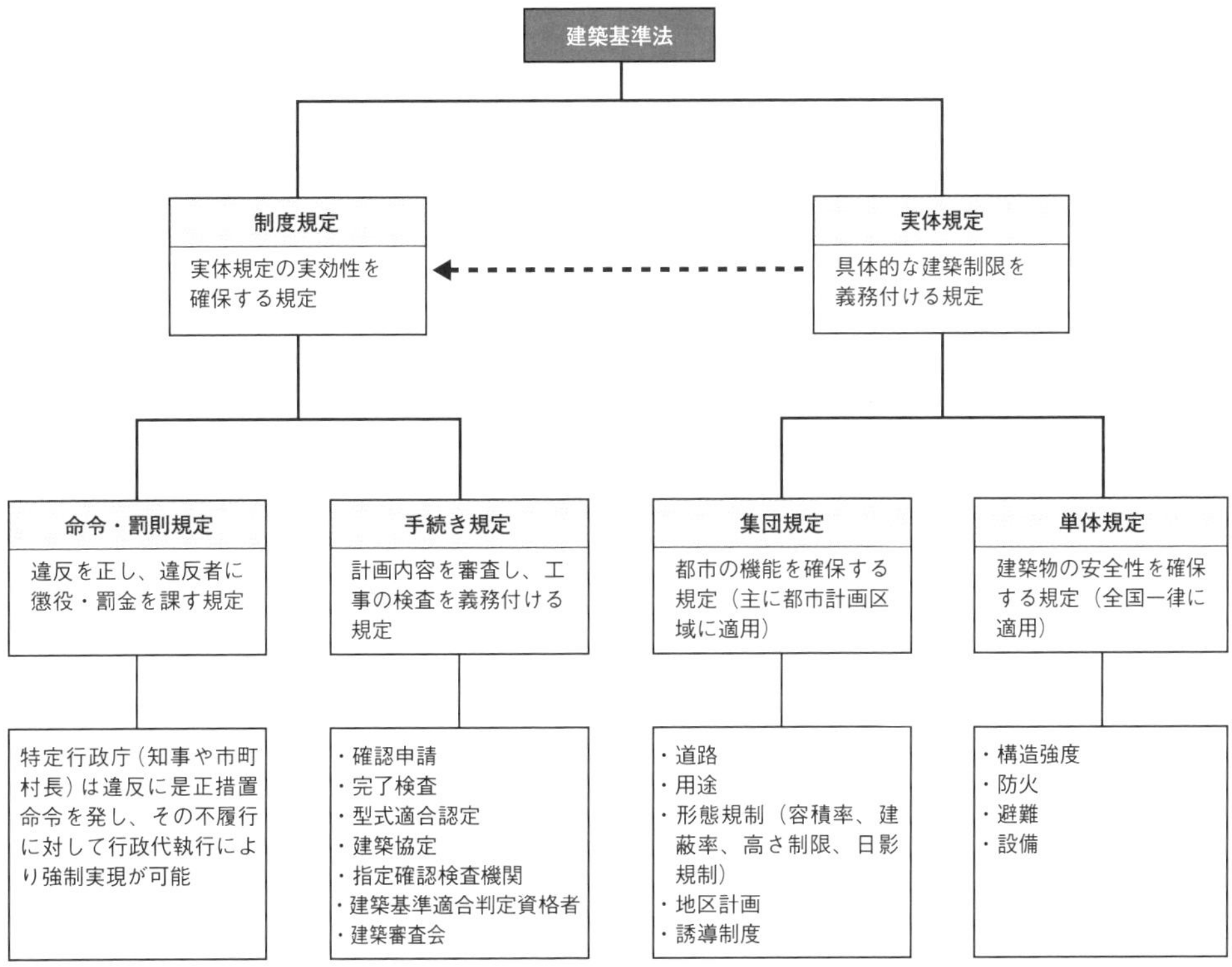

図7｜確認申請の流れ（指定確認検査機関が省エネ判定機関を兼ねている場合）

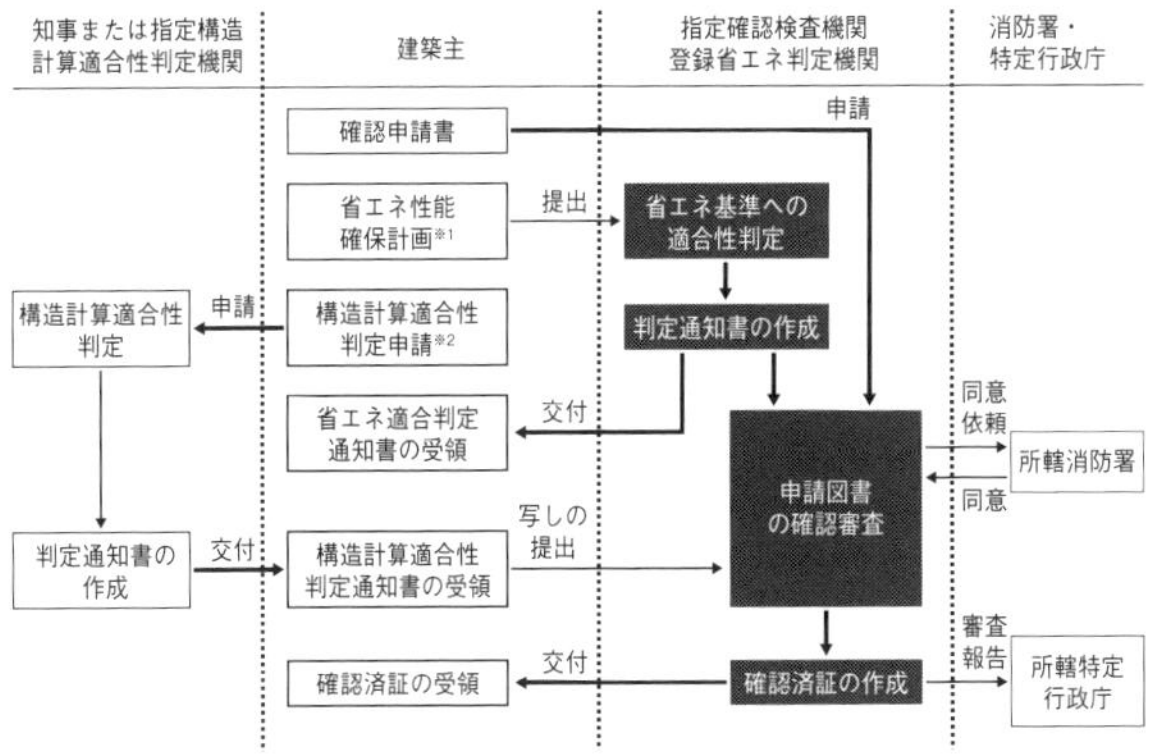

※1：300㎡以上の非住宅は提出が必要
※2：建物の規模や構造により申請が必要

図6｜主要構造部

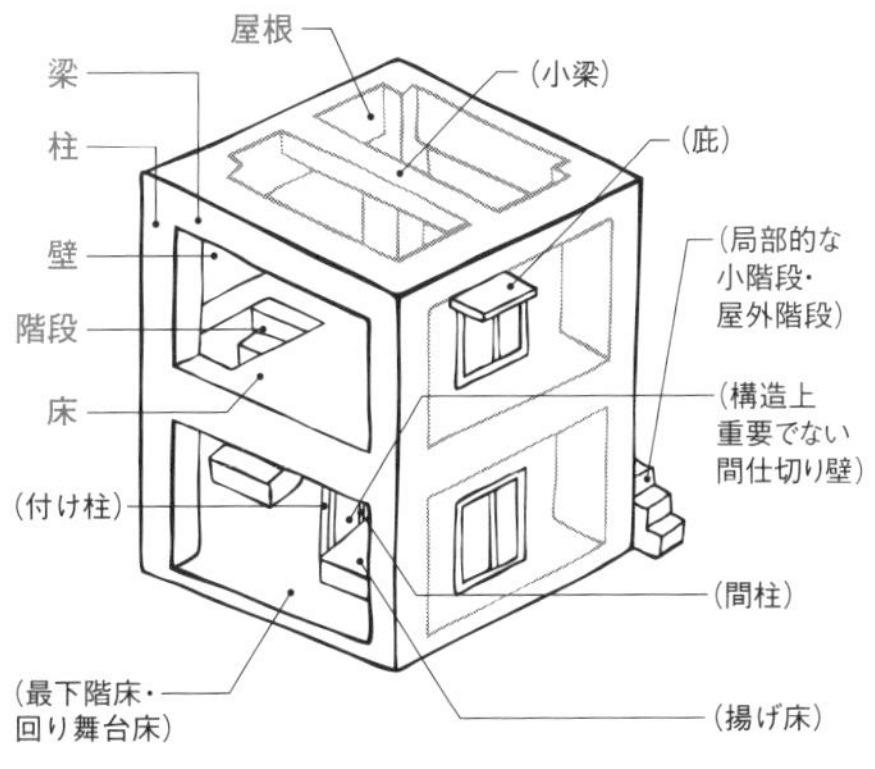

注　（　）内は主要構造部でない部分

を明確にし、後退寸法、後退用地の取扱いなどを協議するための申請。

消防法｜しょうぼうほう
火災予防や、火災時の被害軽減を目的とする法律。一定規模以上の建築物については工事完了時に消防署による検査が行われる。

都市計画法｜としけいかくほう
都市計画の内容や手続き、開発許可制度などの都市計画制限、都市計画事業など、都市計画に関して必要な事項を定めた法律。

住宅の品質確保の促進等に関する法律（品確法）｜じゅうたくのひんしつかくほのそくしんとうにかんするほうりつ
共通の基準で住宅性能を表示し、消費者が住宅性能を比較できる制度を定めた法律。新築住宅の10年間の瑕疵担保責任履行期間の義務づけや、円滑な住宅紛争処理体制の整備についても定めている。

特定住宅瑕疵担保責任の履行の確保等に関する法律｜とくていじゅうたくかしたんぽせきにんのりこうのかくほとうにかんするほうりつ
10年間の瑕疵担保責任の履行に必要な資金の確保を、住宅の売主や施工者に義務づけた法律。資金確保には、法務局に保証金を供託する方法と、瑕疵担保責任保険法人の保険に加入する方法がある。

建築物のエネルギー消費性能の向上に関する法律（建築物省エネ法）｜けんちくぶつのエネルギーしょうひせいのうのこうじょうにかんするほうりつ
建築物の省エネ措置について定めた法律。規制措置と誘導措置とが定められている。３００㎡以上の

図8｜適合義務対象となる建築物(※1)**の手続きの流れ**

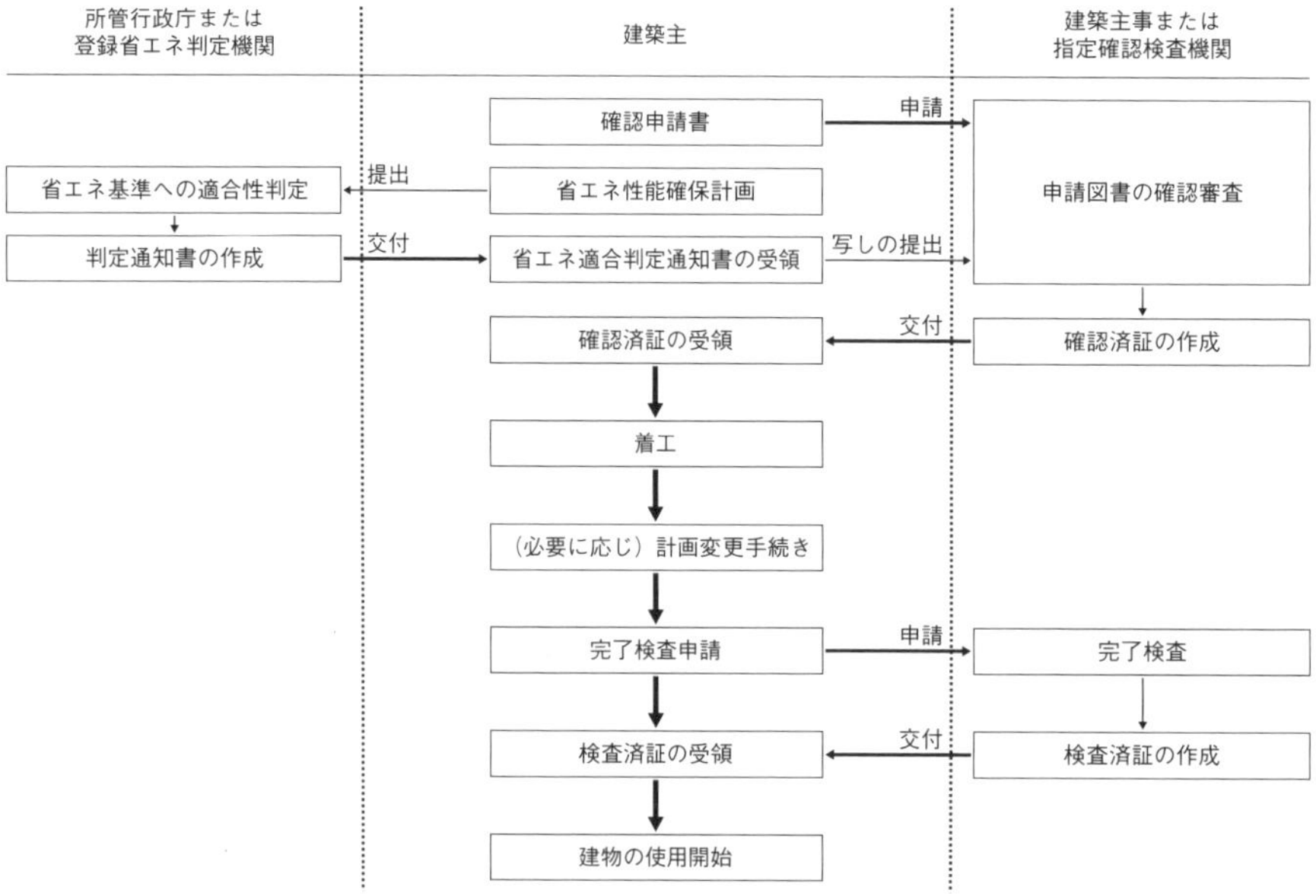

※1：300㎡以上の非住宅が対象
※2：指定確認検査機関が登録省エネ判定機関を兼ねる場合は015頁図7を参照

表1｜建築物省エネ法の規制措置と誘導措置

規制措置	誘導措置
適合義務 300㎡以上の非住宅について、建築確認（省エネ適判）や完了検査で、省エネ基準への適合等の審査を義務付け **届出義務** 300㎡以上の住宅について、着工日の21日前までに、省エネ計画を所管行政庁に届出るよう義務付け。省エネ基準に適合しない場合は、計画の変更等の指示・命令を行う	**性能向上計画認定制度（容積率特例制度）** 新築又は改修等の計画が、誘導基準に適合すると所管行政庁が認定した場合、容積率の特例（※）を受けることができる制度。 ※省エネ性能向上のための設備について通常の建築物の床面積を超える部分を不算入（10%を上限）
説明義務 300㎡未満の建築物の設計時に、建築士から建築主に対して、以下の内容を書面で説明を行うよう義務付け。 ①省エネ基準への適否 ②省エネ基準に適合しない場合は省エネ性能確保のための措置 **住宅トップランナー制度** 大手住宅事業者を対象にトップランナー基準（省エネ基準を上回る基準）の達成を誘導する制度。達成不十分な場合は勧告命令を受ける。 建売戸建住宅、注文戸建住宅、賃貸アパートが対象	**省エネ性能の表示努力義務** 建築物の所有者が、建築物が省エネ基準に適合することについて、図9などにより表示するよう努めなければならない制度

図9｜省エネに関する表示制度

新築時に、特に優れた省エネ性能をアピール
⇒第三者機関による評価を受け、省エネ性能に応じて5段階で★表示。新築だけでなく既存住宅にも使用できる

既存建築物の省エネ改修をして、基準適合とした場合のアピール
⇒行政庁による認定を受け、基準適合認定マーク（eマーク）を表示する

建築物は、建物の利用に伴うエネルギー消費量を省エネ基準が求めるエネルギー消費量以下とし、住宅については外皮（外壁・床・天井・屋根・窓・ドア）の断熱性能も求められる[図8・表1]。300㎡以上の非住宅は届け出に替わり、確認申請時に省エネ基準への適合性判定が義務付けられている。

規定

採光｜さいこう
自然光を採り入れること。住宅・学校・病院などの居室では採光が必要とされている。

換気｜かんき
空気環境を維持・改善するために室内の空気を入れ換えること。

居室｜きょしつ
居住、執務、作業、集会、娯楽などの目的で、人が継続的に使用する部屋。「継続的」とは不特定の者が入れ替わり使用する場合も含む。

主要構造部｜しゅようこうぞうぶ
壁、柱、床、梁、屋根、階段をいい、構造上重要でない間仕切壁、最下階の床などは含まない[15頁図6]。

シックハウス対策｜―たいさく
建築材料、家具などに含まれる化学物質が原因となって人が発症する病理状態を**シックハウス症候群**という。その対策で、原因となる指定化学物質の建築物への使用制限や、換気設備の設置をすること。

都市計画区域｜としけいかくくいき
都道府県が範囲を定め、一体の都市として総合的に整備・開発・保全を図る必要があるとして指定した区域。都市計画区域内には用途地域の指定など、各地区や街区に必要な条件が規定される[図10・表2]。

用途地域｜ようとちいき
市街地の土地利用のあり方を望ましいものとするため、都市計画法により指定される地域。住居系8種類、商業系2種類、工業系3種類の13種類。用途地域ごとに建築物の用途が制限されるほか、各地域の特質に応じて容積率、建蔽率、絶対高さ制限、斜線制限、日影規制などが定められる[18頁表3]。

接道｜せつどう
敷地が道路に接すること。都市計画区域内と準都市計画区域内では、通風、排水、災害時の避難経路、緊急車両が接近する経路の確保のため、建築物の敷地は、道路に2m以上接することが義務づけられている。2カ所以上で接道していても1カ所は2m以上の接道が必要[19頁図11・12]。なお、以下の点には要注意。①自動車専用道路や高架道路は「道路」に含まれない。②地方公共団体は、条例により接道条件を付加することができる。③特定行政庁が交通・安全・防火および衛生上支障がないと認めて認定や許可をした場合は接道義務が緩和される。

延べ面積｜のべめんせき
建築物の各階の床面積の合計。容積率の算定に用いる延べ面積については、一定の面積を算定から除外できる緩和規定がある。

建築面積｜けんちくめんせき
建築物の外壁や柱の中心線で囲まれた部分の水平投影面積。軒や庇などで1m以上跳ね出した部分の先端から1m後退した線までの部分や、地盤面の上方1mの高さ以下にある地階部分は、建築面積に不算入となる。

建蔽率｜けんぺいりつ
敷地面積に対する建築物の建築面積の割合。その上限値は、用途地

図10｜都市計画区域とは

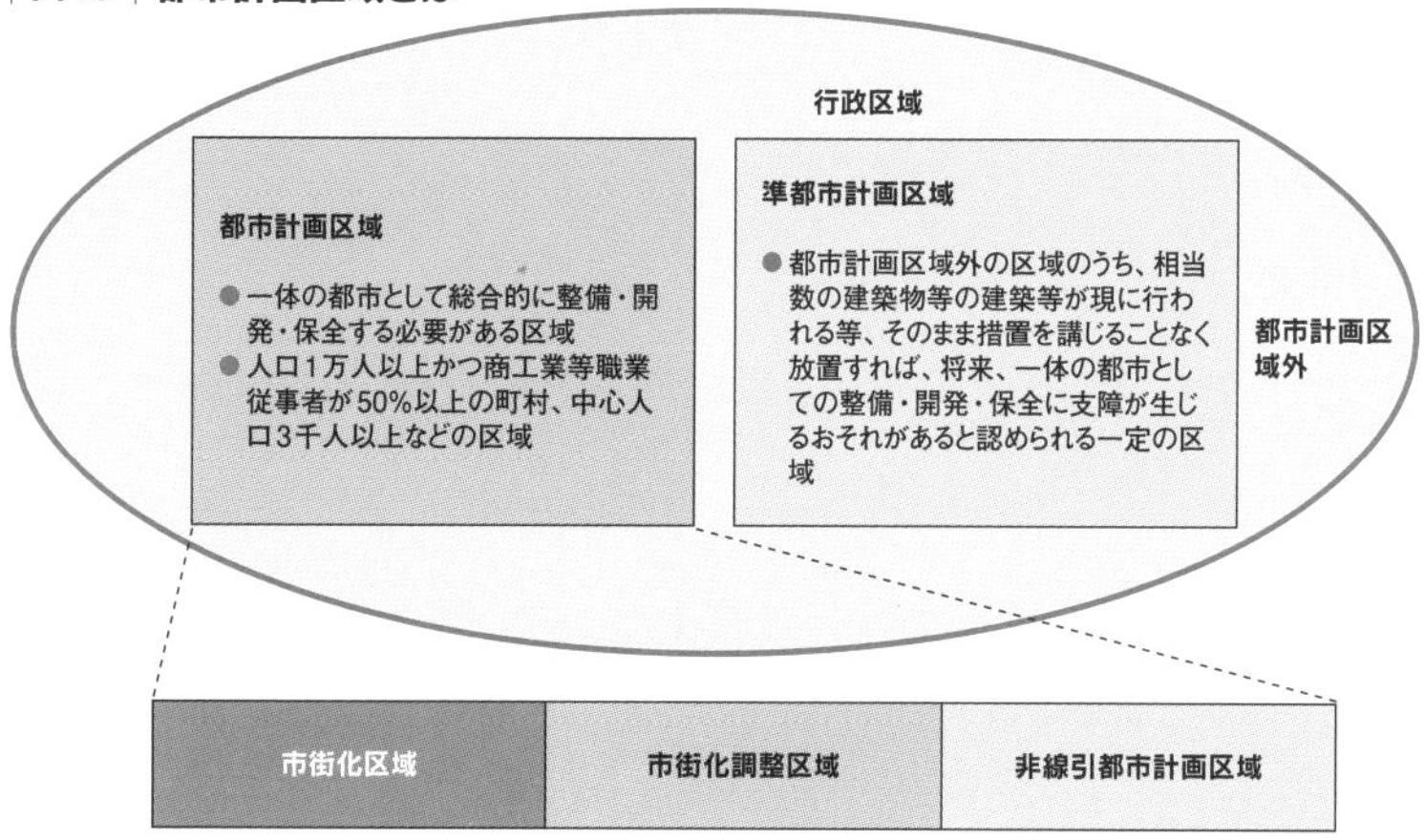
行政区域
都市計画区域
● 一体の都市として総合的に整備・開発・保全する必要がある区域
● 人口1万人以上かつ商工業等職業従事者が50%以上の町村、中心人口3千人以上などの区域
準都市計画区域
● 都市計画区域外の区域のうち、相当数の建築物等の建築等が現に行われる等、そのまま措置を講じることなく放置すれば、将来、一体の都市としての整備・開発・保全に支障が生じるおそれがあると認められる一定の区域
都市計画区域外
市街化区域
市街化調整区域
非線引都市計画区域

表2｜都市計画区域の区域区分

● 市街化区域と市街化調整区域との区分を区域区分という。
● また、線引きとは、都市計画区域を市街化区域と市街化調整区域とに区分すること（区域区分を定めること）をいう

	市街化区域	市街化調整区域	非線引都市計画区域
概要	既に市街地となっている区域と、おおむね10年以内に優先的に市街化を図るべきとされた区域	市街化を抑制すべき区域	市街化区域と市街化調整区域の区域区分が定められていない区域
用途地域	定める	原則として定めない	必要に応じて定める
開発許可	原則敷地面積が1000㎡未満（3大都市圏の一定の区域は500㎡未満）は不要	許可必要	原則敷地面積が3000㎡未満は不要

表3 | 13の用途地域と主な建築制限

地区地域の種別		設定目的と対象地域	形態制限					主な用途制限						
			外壁の後退距離	絶対高さ制限	道路斜線制限勾配	隣地斜線制限立ち上がり/勾配	北側斜線制限立ち上がり/勾配	住宅、共同住宅、寄宿舎、下宿	老人ホーム、身体障害者福祉ホーム等	保育所、診療所、一般の公衆浴場	事務所兼用住宅	一般の事務所	店舗兼用住宅	一般の店舗、飲食店等
住専系地域	第一種低層住居専用地域	低層住宅に係る良好な住居の環境を保護するため定める地域	1m、1.5m	10m、12m	1.25	–	5m/1.25	○	○	○	△	×	△	×
	第二種低層住居専用地域	主として低層住宅に係る良好な住居の環境を保護するために定める地域						○	○	○	△	×	△	△
	第一種中高層住居専用地域	中高層住宅に係る良好な住居の環境を保護するため定める地域	–	–	1.25、1.5	20m/1.25 31m/2.5	10m/1.25	○	○	○	△	×	△	△
	第二種中高層住居専用地域	主として中高層住宅に係る良好な住居の環境を保護するため定める地域	–	–				○	○	○	○	△	○	△
	第一種住居地域	住居の環境を保護するため定める地域	–	–			–	○	○	○	○	△	○	△
	第二種住居地域	主として住居の環境を保護するため定める地域	–	–			–	○	○	○	○	○	○	△
	準住居地域	道路の沿道としての地域の特性にふさわしい業務の利便の増進を図りつつ、これと調和した住居の環境を保護するため定める地域	–	–			–	○	○	○	○	○	○	△
	田園住居地域	農業の利用の増進を図りつつ、これと調和した低層住宅に係る良好な住居の環境を保護するために定める地域	1m、1.5m	10m、12m	1.25	–	5m/1.25	○	○	○	△	×	△	△
商業系地域	近隣商業地域	近隣の住宅地の住民に対する日用品の供給を行うことを主たる内容とする商業その他の業務の利便を増進するため定める地域	–	–	1.5	31m/2.5	–	○	○	○	○	○	○	○
	商業地域	主として商業その他の業務の利便を増進するため定める地域	–	–			–	○	○	○	○	○	○	○
工業系地域	準工業地域	主として環境の悪化をもたらすおそれのない工業の利便を増進するため定める地域	–	–			–	○	○	○	○	○	○	○
	工業地域	主として工業の利便を増進するため定める地域	–	–			–	○	○	○	○	○	○	△
	工業専用地域	工業の利便を増進するため定める地域	–	–			–	×	×	○	×	○	×	△

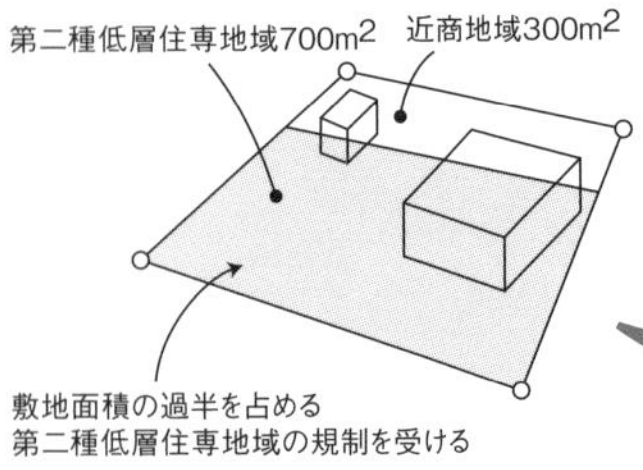

敷地が2以上の地域にまたがる場合には過半以上の属する区域の規制を受ける

敷地が3以上の地域にまたがる場合で、敷地の過半を占める地域がない場合は、用途地域ごとに建築物の可・不可を判定し、可となる敷地面積が敷地全体の過半かどうかで判定する

○…建てられるもの
△…建てられるが床面積や階数が制限されているもの
×…建てられないもの

域に応じて都市計画で定められている。敷地が、建蔽率の異なる区域にまたがる場合は、敷地面積割合に応じた加重平均の値がその敷地の建蔽率となる。角地や防火地域内の耐火建築物、準防火地域内の準耐火建築物の建蔽率は緩和される[図13]。

容積率｜ようせきりつ
敷地面積に対する建築物の延べ面積の割合。上限値は用途地域に応じて都市計画で定められている。前面道路が幅員12m未満の場合は、幅員に係数を乗じた値と比べて小さいほうの値となる[図14]。

軒の高さ｜のきのたかさ
地盤面から建築物の小屋組、またはこれに代わる横架材を支持する壁・敷桁、あるいは柱の上端までの高さのこと。

床面積｜ゆかめんせき
建築物で、壁その他の区画中心線で囲まれた部分の水平投影面積。

階数｜かいすう
建築物の階の数。建築物の部分によって階数が異なる場合は、その最大のものが階数となる。

地盤面｜じばんめん
建築物が周囲の地面と接する位置の平均の高さにおける水平面。建築物の高さは原則として地盤面からの高さによる。

防火

防火地域｜ぼうかちいき
市街地の防火対策を目的に都市計画で定める地域。防火地域では、階数が3以上、または延べ面積が100㎡を超える建築物は耐火建築物または延焼防止建築物に、それ以外は準耐火建築物または準延焼防止建築物としなければならない[20頁図15]。

耐火構造｜たいかこうぞう
壁、柱、床といった部分の構造において、耐火性能の技術基準（各

図11｜敷地の接道の基本的な考え方

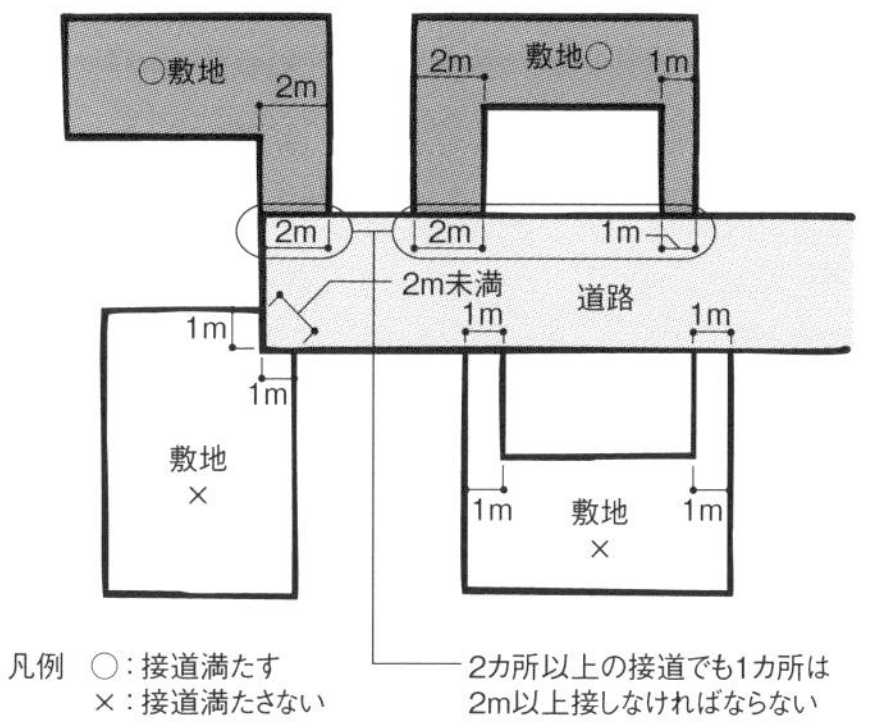

図12｜有効な接道長さにならない例

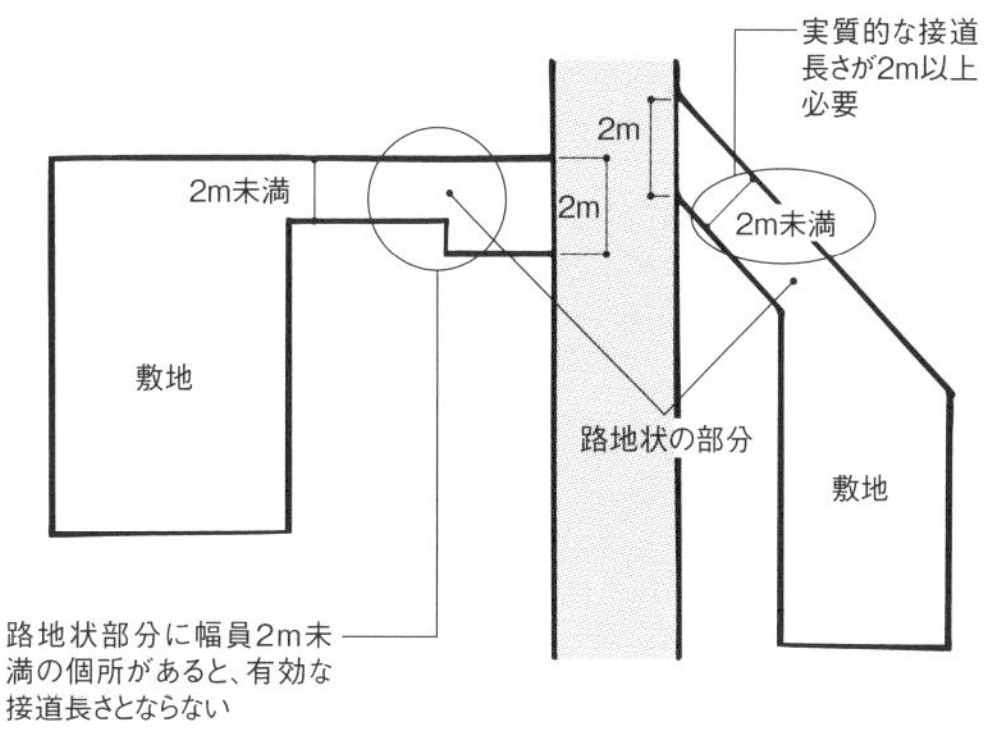

図13｜建蔽率の計算方法

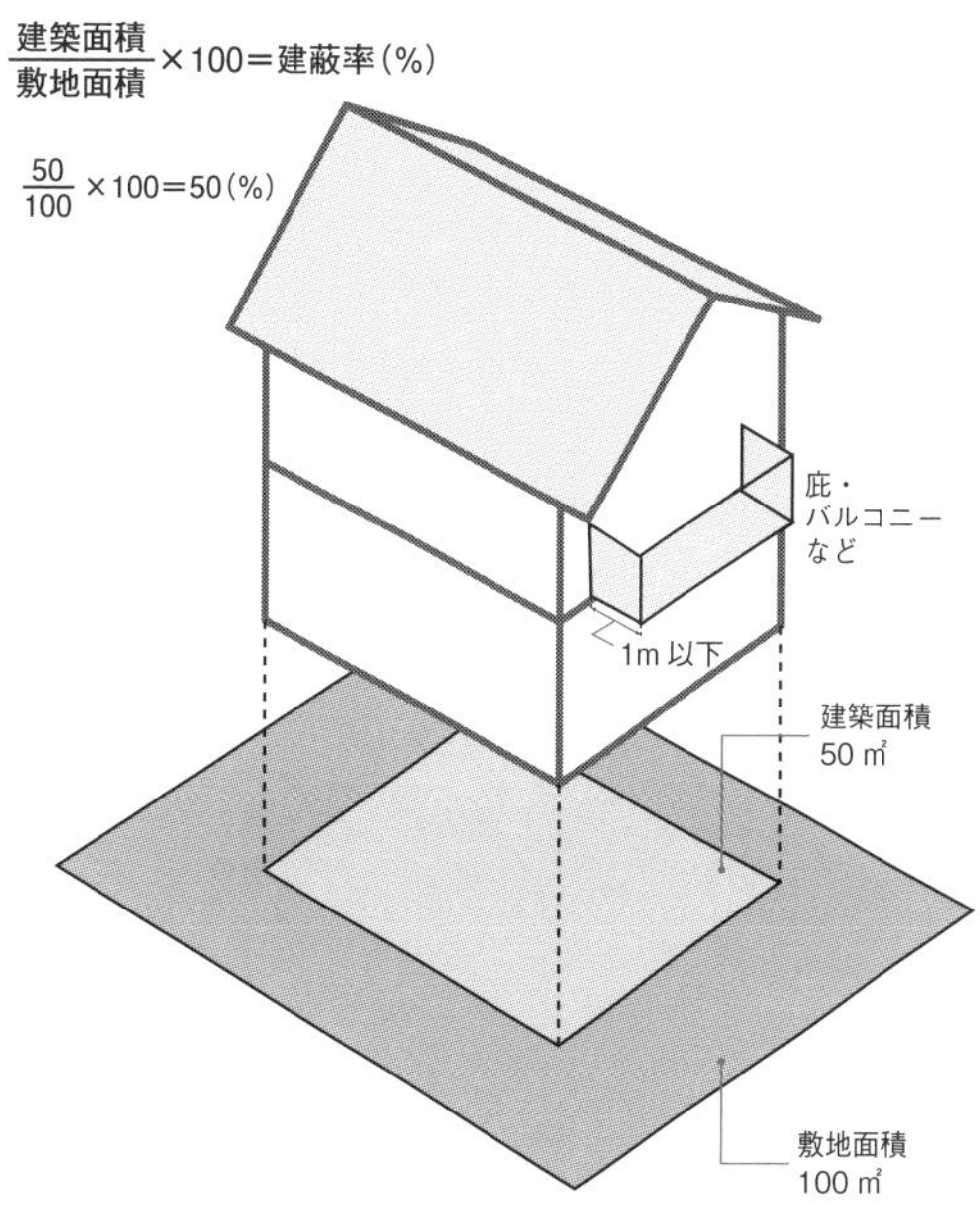

図14｜容積率の計算方法

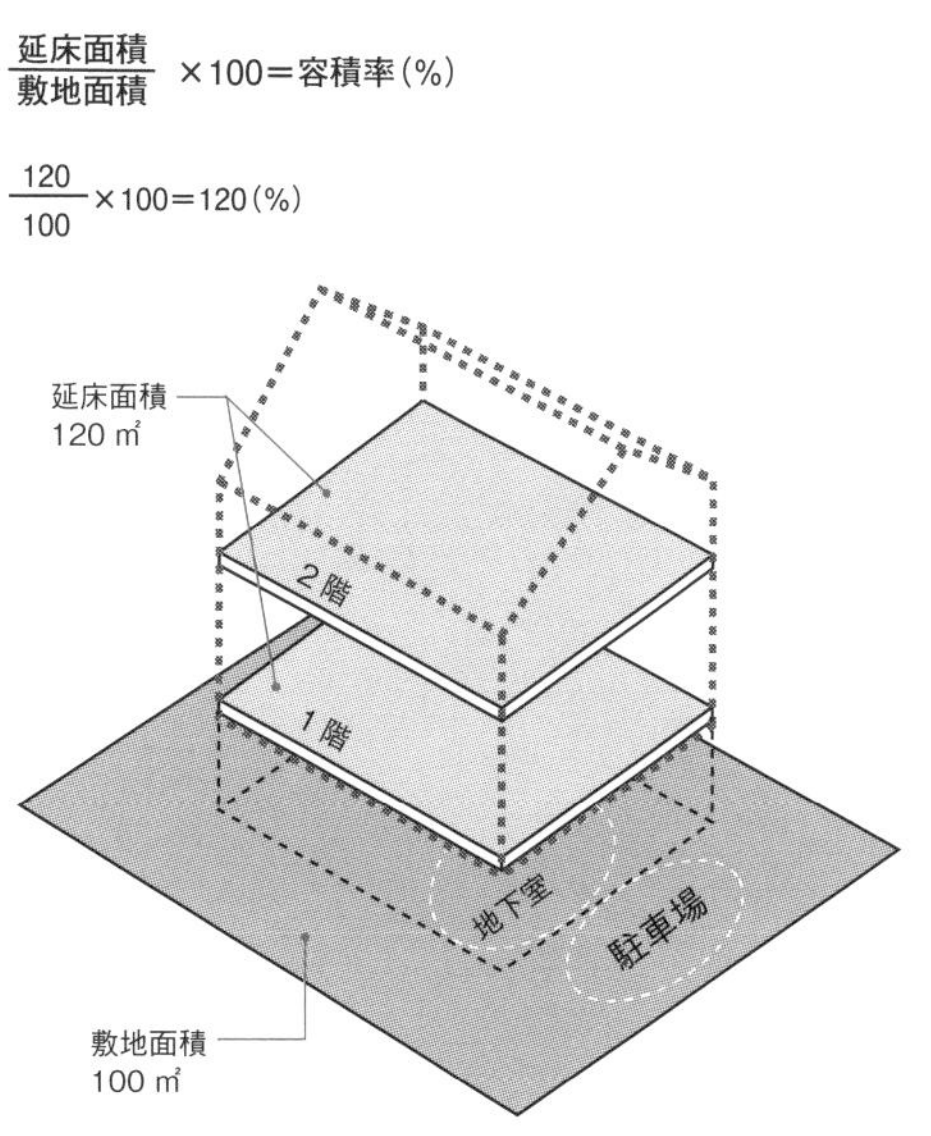

図15　防火・準防火地域の内外にわたる例

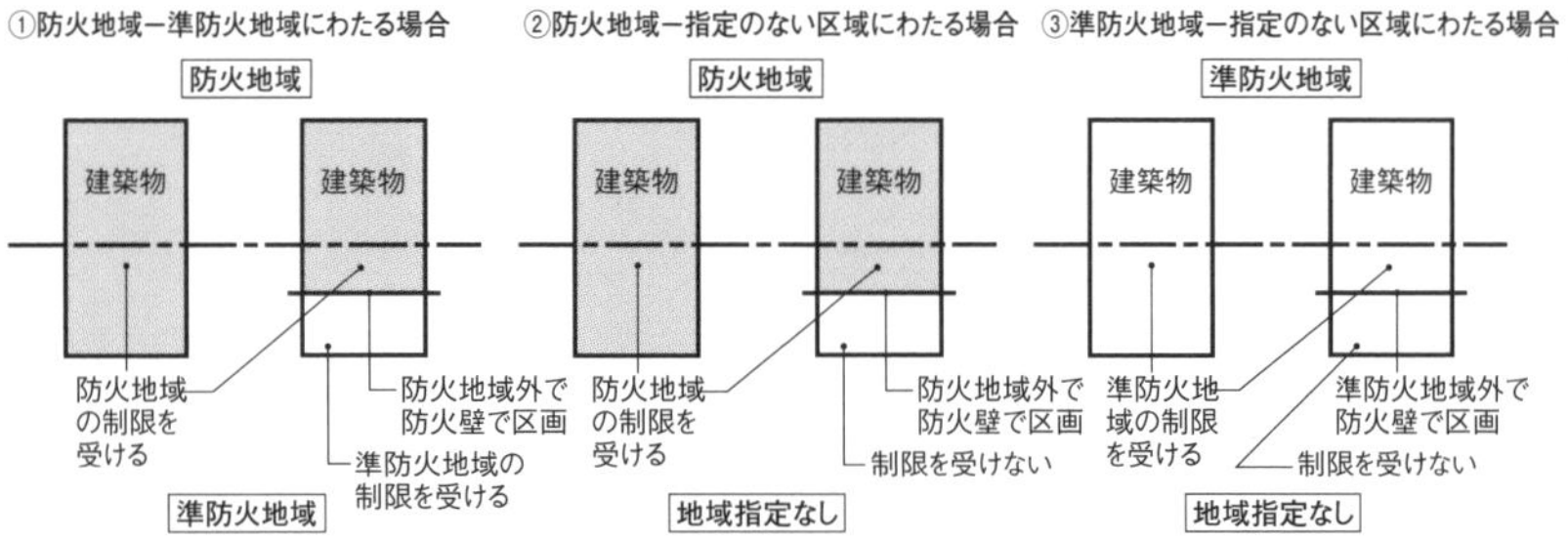

部位が火災による加熱時に一定時間耐えられるよう定めた基準）に適合する鉄筋コンクリート造、レンガ造、その他の構造で、告示に定める構造方法を用いたもの。または大臣の認定を受けたもの。

耐火建築物－たいかけんちくぶつ

主要構造部を耐火構造とするか、耐火性能基準に適合することを検証したもので、外壁の開口部で延焼のおそれのある部分に防火戸などの防火設備を設けた建築物。

準耐火建築物－じゅんたいかけんちくぶつ

主要構造部が準耐火構造か、同等の準耐火性能で、耐火建築物と同様に防火設備を設けた建築物。

延焼のおそれのある部分－えんしょうのおそれのあるぶぶん

隣地境界線、道路中心線、同一敷地内の2以上の建築物（延べ面積合計が500㎡以内の場合は1棟の建築物とみなす）の相互の外壁間の中心線から、1階では3m以内、2階以上では5m以内の範囲にある部分。建築物の外壁面が境界線等と角度をなす場合は、告示に定める計算で算定された水平距離までとすることができる[図16]。

防火構造－ぼうかこうぞう

建築物の外壁または軒裏の構造のうち、防火性能の基準（30分間の耐火性能）に適合した鉄網モルタル塗り、漆喰塗り、その他の構造で、告示に定める構造方法を用いるもの。または大臣の認定を受けたもの。

不燃材料－ふねんざいりょう

通常の火災による加熱開始後20分間、燃焼・変形・溶融などの損傷がなく、避難上有害な煙・ガスの発生がないなどの要件を満たす建築材料で、告示で定めるものまたは大臣の認定を受けたもの。

準不燃材料－じゅんふねんざいりょう

通常の火災による加熱開始後10分間、不燃材料と同じ要件を満たす建築材料で、告示で定めるものまたは大臣の認定を受けたもの。

難燃材料－なんねんざいりょう

通常の火災による加熱開始後5分間、不燃材料と同じ要件を満たす建築材料で、告示で定めるものまたは大臣の認定を受けたもの。

非常用進入口－ひじょうようしんにゅうこう

消防隊などによる消火・救出活動のための外部から建築物内への進入が可能な開口部。建築物の高さ31m以下の部分にある3階以上の階には、**道**（または道に通じる4m以上の通路その他の空地）に面する外壁に40m以下の間隔で、これを設けなければならない。非常用エレベータか代替進入口を設けた場合は設置が免除される。

図16　延焼のおそれのある部分

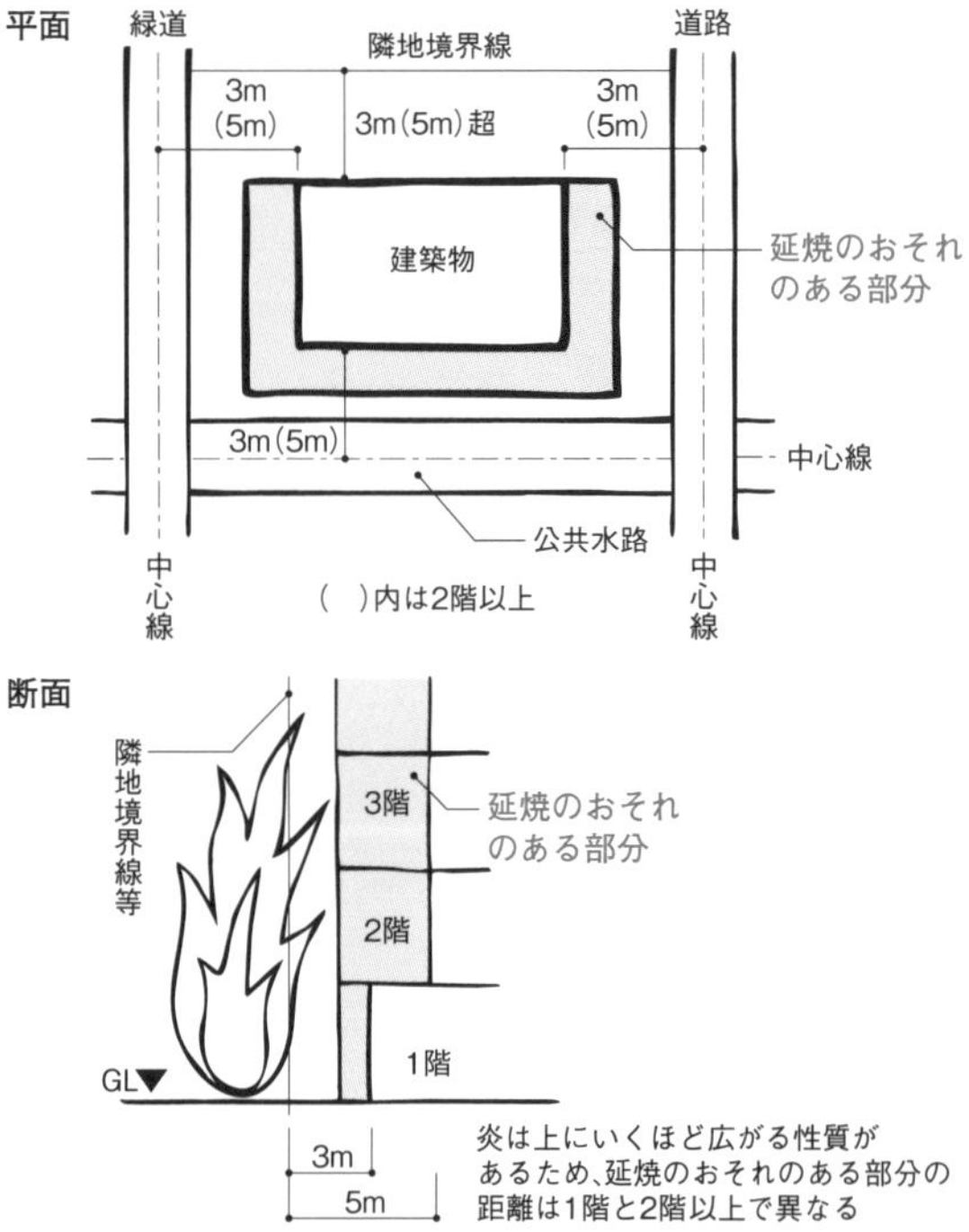

炎は上にいくほど広がる性質があるため、延焼のおそれのある部分の距離は1階と2階以上で異なる

◆建築物の外壁が隣地境界線等（隣地境界線や道路中心線）と角度をなす場合、延焼のおそれのある部分は、以下の式によって計算した水平距離dまでとすることができる。

対象となる階	境界線等からの水平距離（m）
1階	$d1=\max\{2.5, 3(1-0.000068\theta^2)\}$
2階以上	$d2=\max\{4, 5(1-0.000068\theta^2)\}$

θ:建築物の外壁面が隣地境界線等となす角度のうち最小のもの
以下の図ではθ2＞θ1なのでθ1をθに代入してdを求める

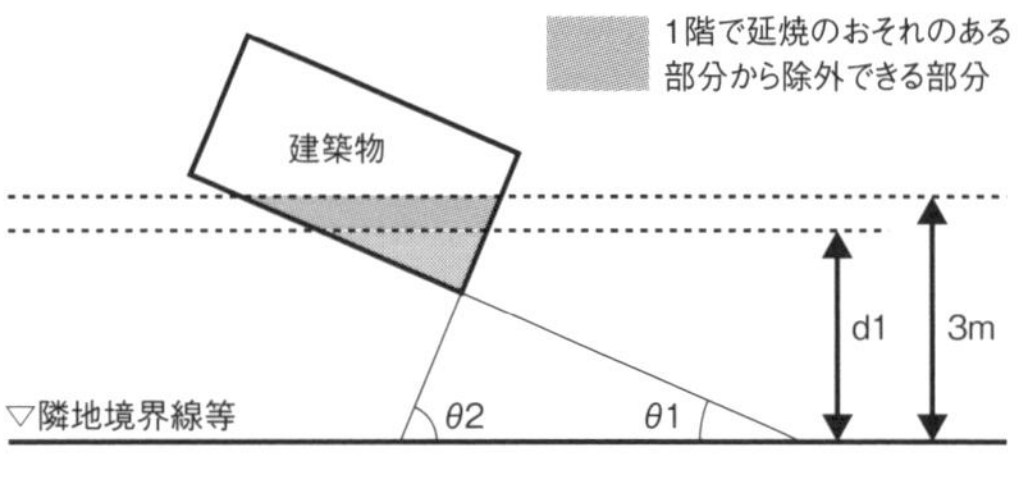

施工管理・監理 3

監理とは建築士の資格を持つ経験豊富な専門家が、その建物が設計図書や仕様書どおりにできているかをチェックすることである。トラブルを未然に防ぎ、建築主が安心して使える建物をつくることが目的である。

見積り

見積書｜みつもりしょ
設計図書に基づき、施工方法を検討のうえ、工事の材料費・労務費などを積算し、数量と価格を入れ、工事施工にかかる費用を記載した書類[図1]。

直接工事費｜ちょくせつこうじひ
土工事・直接仮設工事・躯体工事・舗装工事など、施工に直接必要な費用。材料費や労務費・機械設備費などが含まれる。純工事費から共通仮設費や諸経費などを除いたものを指す。

共通仮設費｜きょうつうかせつひ
仮設事務所の設営費や運営費など、複数の工事にまたがって必要な仮設物への費用。準備費、仮設物損料、工事施設費、機械器具損料、電力用水設備費、環境安全費、運搬費などが含まれる。

現場管理費｜げんばかんりひ
現場の管理に必要な費用。労務管理費、保険料など。

間接工事費｜かんせつこうじひ
特定の工事に直接結びつかない費用や諸経費。共通仮設費と現場管理費を足したもの。

一般管理費｜いっぱんかんりひ
会社の営業部門や管理部門に従事する社員への人件費・経費など。工事内容には関係なく、会社により内訳構成は異なる。人件費、交通費、通信費などが含まれる。

純工事費｜じゅんこうじひ
直接工事費に共通仮設費を加えた金額の合計。

工事原価｜こうじげんか

図1｜見積書の例

記号	名称	品位	仕様		員数	単位	単価	小計	備考
	内装工事								
	床　フローリング	(メーカー名)	(品番)	材のみ	65.2	㎡	6,500	423,800	定価 8,500/㎡
	床　ビニルタイル張り	中級品	材工		21.3	㎡	3,500	74,550	
	壁　ビニルクロス張り	中級品	材工		220	㎡	1,200	264,000	
	天井　ビニルクロス張り	中級品	材工		56	㎡	1,200	67,200	
	防音工事				1	式		650,000	
							計	1,479,550	

- 材料のみの場合は、「材のみ」と表現し、手間代はいくらかも確認する
- 数量は、施工面積かそれともロスを含めた面積か確認する
- メーカーの定価が記載していない場合は、カタログで確認する
- 図面にメーカー名、品番が指定してある場合は、そのとおりかどうか確認する
- 単価は、定価の何%で入っているのか。入札の場合だと比較の対象となる
- 品番が決まっていない場合は、中級品で見積りをする
- 張り手間が含まれる場合は、材工と表現する
- 材工の場合、材料代と手間代の割合を把握する
- 単位は「㎡」か「m」か確認する
- 仕様が何も記載されていないものは、内容をよく確認する
- 1式であると内容が不明確なので、後になってトラブルになりやすいので注意が必要である

直接工事費に間接工事費を加えた金額の合計。

工事価格｜こうじかかく
工事原価に一般管理費などを加えた金額の合計。

請負工事費｜うけおいこうじひ
工事価格に消費税を加えた、工事にかかる金額の合計[図2]。

VE（バリュー・エンジニアリング）｜ぶいいー・
Value Engineeringの略称。性能や価値を下げずにコストを抑えること。この考えに基づいて、開発、設計、製造、購買などの工程で、具体的な改善策を提案する。たとえば、建物の構造強度を確保したまま、鉄筋のサイズや本数を減らすなど。品質を落とさないことが前提となる。

CD（コストダウン）｜しーでぃー・
Cost Downの略称。価値や品質の低下も加味して、材料や設計などの価格を抑えること。例えば、壁を高級クロス仕上げから塗装仕上げに替えるなどもCDの一環。

内訳書｜うちわけしょ
各種工事別の工費の内容を細かく明示したもの。

単価｜たんか
一般的には物やサービスの1個当たりの価格。建築工事の際は坪単価、m単価、㎡単価、㎥単価などが使われる。単価に数量を掛け合わせれば工事金額になる。

契約

工事請負契約書｜こうじうけおいけいやくしょ
工事の施工についての契約内容を記した書面。各種条項、工事請負契約約款、設計図書、仕様書、工事費内訳明細などが記されている。

請負金額｜うけおいきんがく
工事価格に消費税を含めたもの。消費税込みで５００万円以上の工事を請け負う場合は建設業許可が必要である。

請負契約｜うけおいけいやく
当事者の一方が、ある仕事を完成することを約し、相手方がその仕事の結果に対して報酬を与えることを約する契約（民法632条）。建設業法19条では、契約事項を書面に記載し、署名または記名押印してお互いに取り交わすよう義務づけている。

民間連合協定工事請負契約約款｜みんかんれんごうきょうていこうじうけおいけいやくやっかん
建設工事の契約ではいくつかの契約を定型的に処理するために、あらかじめ作成された契約約款を利用することが一般的。中央建設業審議会によって作成された「公共工事標準請負契約約款」や「民間建設工事標準請負契約約款（甲）」、「民間建設工事標準請負契約約款（乙）」、「建設工事標準下請契約約款」がある。建築工事では「民間（旧四会）連合協定工事請負契約約款」がよく使用されている。

発注者｜はっちゅうしゃ
建設工事を注文した個人や法人。

請負者｜うけおいしゃ
請負契約において工事を完成させ、引き渡す義務を負う者。

保証人｜ほしょうにん
債務の履行が出できなくなった者の代わりに返済を引き受ける者。

建設業｜けんせつぎょう
建設工事の完成を請負うことを営みとする業者。**軽微な建設工事**のみ（請負金額が税込み５００万円未満など）を請負う者以外は建設業の許可を受けなければならない。２つ以上の都道府県に営業所を設ける場合は、国土交通大臣の許可が必要。１つの場合は都道府県知事の許可を受ける。下請負契約の規模などにより一般建設業と特定建設業がある。

建設業許可｜けんせつぎょうきょか
建設業を営む者が総額５００万円

図2｜請負工事費の内訳

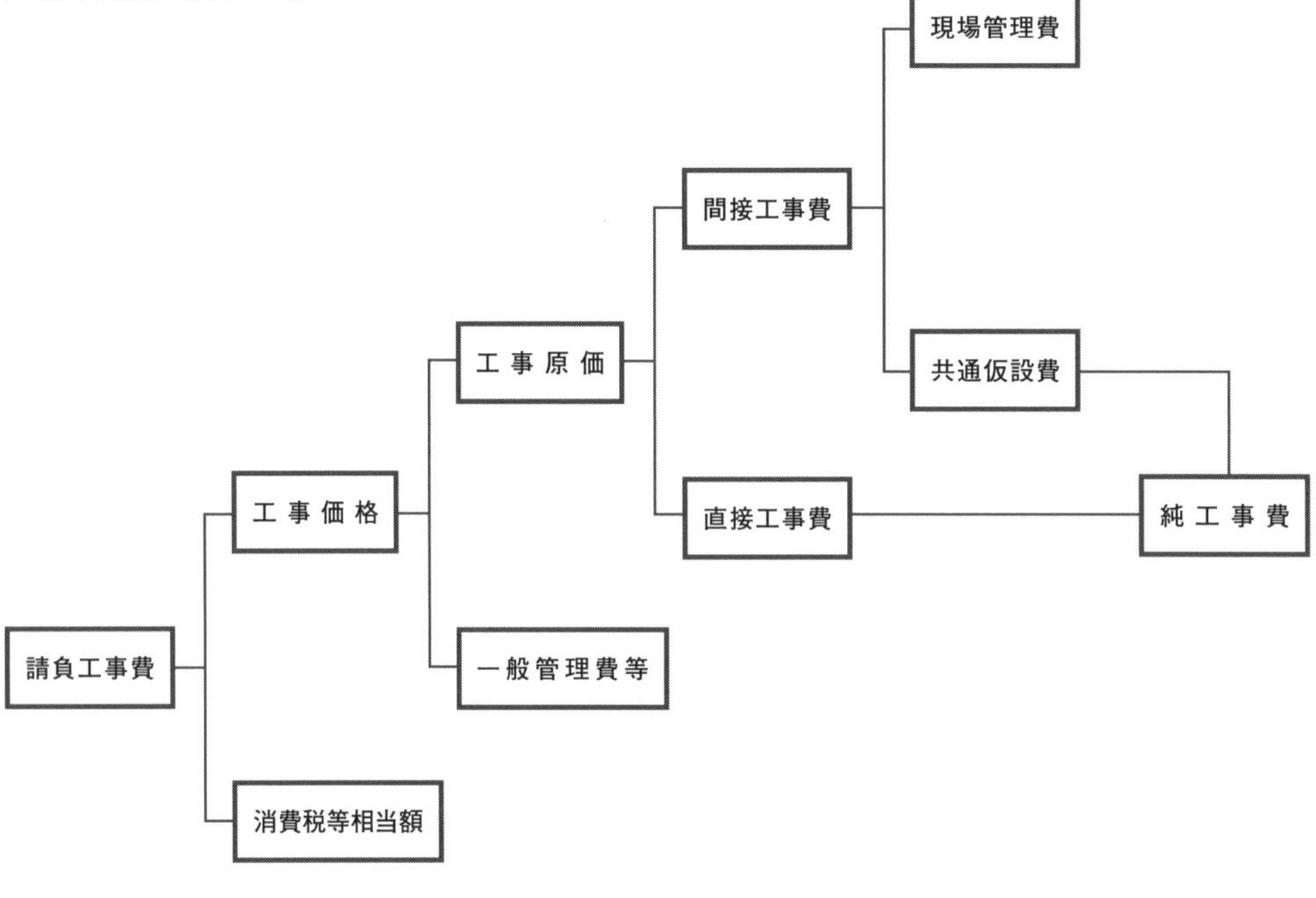

以上の工事を請け負う際に必要となる場合、**一般建設業許可**[いっぱんけんせつぎょうきょか]が必要となる。また、発注者から直接請け負った1件の工事代金の総額が3000万円（建築一式工事の場合は4500万円）以上の場合は**特定建設業許可**[とくていけんせつぎょうきょか]を受けなければならない。下請業者を保護する目的もあるため、自己資本が500万円以上など、複数の条件を満たす必要がある。

重要事項説明書[じゅうようじこうせつめいしょ]
新築工事などを請け負う設計士が発注者との間に交わす、法令などにかかわる重要事項が記載された説明書。建築士事務所が設計または工事監理の受託をする際には、所属する建築士か管理建築士が、この内容を建築主に説明し、書面を交付する義務がある[表1]。

建築士免許証[けんちくしめんきょしょう]
建築士法の定めた建築士であることを証明する免許証。重要事項説明の際、建築士は設計などの発注者、または工事監理から要請があれば、これを建築主に呈示しなければならない。

管理建築士[かんりけんちくし]
建築士事務所の業務にかかわる技術的事項を総括し、業務が円滑かつ適正に行われるよう技術的観点に基づいて管理する建築士。建築士事務所の開設には専任の管理建築士が必要になる。資格を得るには、建築士として3年以上設計などの実務に従事した後、登録講習機関が行う講習の課程を修了しなければならない。

敷地調査

敷地境界線[しきちきょうかいせん]
土地の境目。登記の内容と現況が異なることもあるため、土地取引の際は、書類（図面含む）・立会い両方による確認が重要。

官民境界[かんみんきょうかい]
民間所有の敷地と公有地（道路・水路敷きなど）との境界。

民民境界[みんみんきょうかい]
民間所有の敷地どうしの境界。

境界確定査定[きょうかいかくていさてい]
官民境界では、民間側は公有地などの管理者に境界確定の申請手続きを行い、双方の立会いのもとで査定される。民民境界については、土地所有者どうしが合意して作成

表1　重要事項説明書の内容

	項目	細目
表示	仲介を行う宅建業者の概要	商号、代表者氏名、主たる事務所、免許番号、免許年月日
	説明をする宅地建物取引主任者	氏名、登録番号、業務に従事する事務所
	取引の態様	売買等の態様、当事者・代理・媒介の区分
	売主	住所、氏名
	取引対象物件の表示	土地（所在地、登記簿上の地目、面積）建物（所在地、家屋番号、種類および構造、床面積）
取引物件に関する事項	登記簿に記載された事項	所有権に関する事項（土地・建物の名義人、住所） 所有権にかかる権利に関する事項（土地・建物） 所有権以外の権利に関する事項（土地・建物）
	法令にもとづく制限の概要	都市計画法（区域区分、制限の概要）、建築基準法（用途地域、地区・街区等、建蔽率の制限、容積率の制限、建築物の高さの制限、その他の建築制限、敷地と道路との関係、私道にかかる制限、その他の制限） それ以外の法令にもとづく制限
	私道の負担に関する事項	負担の有無、負担の内容
	宅地造成等規正法に規定する造成宅地防災区域内か否か	造成宅地防災区域外、内
	土砂災害警戒区域内か否か	土砂災害警戒区域外、内、土砂災害特別警戒区域外、内
	住宅性能評価を受けた新築住宅である場合	住宅性能評価書の交付
	建物についての石綿使用調査結果の記録に関する事項	石綿使用調査結果の記録の有無、調査の内容
	建物の耐震診断に関する事項	耐震診断の有無、診断の内容
	飲用水・ガス・電気の供給施設および排水施設の整備状況	直ちに利用可能な施設か、整備予定はあるか、整備に関する特別な負担はあるか等
	宅地造成または建物建築の工事完了時における形状・構造等	未完成物件等の場合
取引条件に関する事項	代金・交換差金および地代に関する事項	売買代金、交換差金、地代
	代金・交換差金以外に授受される金額等	金額、授受の目的
	契約の解除に関する事項	手付解除、引渡前の滅失・毀損の場合の解除、契約違反による解除、融資利用の特約による解除、瑕疵担保責任による解除等
	損害賠償額の予定または違約金に関する事項	損害賠償額の予定または違約金に関する定め
	手付金等保全措置の概要（業者が自ら売主となる場合）	宅建業者が自ら売主となる宅地、建物の売買において、一定の額または割合を超える手付金等を受領する場合に義務付けられている保全措置を説明する項目で、保全の方式、保全を行う機関を記載
	支払金または預り金の保全措置の概要	宅建業者が支払金、預り金等を受領する場合には、その金銭について保全措置を行うか否か、行う場合にはその措置の概要を記載
	金銭の貸借に関する事項	金銭の貸借の斡旋の有無、斡旋がある場合にはその内容、金銭の貸借が成立しないときの措置
	割賦販売の場合	割賦販売の場合、現金販売価格、割賦販売価格およびそのうち引渡しまでに支払う金銭と割賦金の額
	宅地または建物の瑕疵を担保すべき責任に関する保証保険契約等の措置	措置を講じるか否か、講じる場合には措置の概要
その他の事項	添付書類等	

した「境界確定書」があればそれに従う。「境界確定書」がない場合は、公図・地積測量図・現況の境界表示をもとにして確定測量図を作成し、双方立会いのもと査定が行われる。

測量図｜そくりょうず
土地の方位、高低、面積、地盤の高さ、道路状況、境界線沿い、既存物の形状などを調査し表示した図面。建築物の設計図書はこの測量図に基づいて作成される。

止水栓｜しすいせん
蛇口などの故障で水が止まらなくなったとき、その器具の水だけを止めるために取りつける栓。水勢の調節も可能。

公設桝｜こうせつます
敷地内から流れた排水を集めて下水道本管に流し込むため、道路際に設けられるコンクリート製の排水用桝。接続桝［せつぞくます］や最終桝［さいしゅうます］とも呼ばれる。

インフラ
インフラストラクチャーの略語。生活・経済・産業の基盤となる公共設備[図3]。電気、ガス、水道、通信設備、交通網、港湾施設、河川やダムなど。学校、病院、公園なども含まれる。このうち、都市

生活の生命線である電気、ガス、水道などを**ライフライン**と呼ぶ。

施工計画

施工計画｜せこうけいかく
設計図書に基づき、設計者が意図した建物を施工し完成させるために立てる計画。設計図書に定められた品質を確保し、工事の安全、環境の保全を図り、契約工期内に完成させる施工手順や施工方法を検討する。工事費用、施工性、効率化などについても総合的に判断して計画する必要がある。

施工計画書｜せこうけいかくしょ
工事概要、施工体制、工程、設備、資材、安全管理・点検・検査方法

図3｜敷地のインフラ調査の対象

❶制水弁フタ
下部に給水本管がある。接する道路を見て有無を確認

❷下水本管マンホール
下部に下水本管、雨水本管がある。接する道路を見て有無を確認

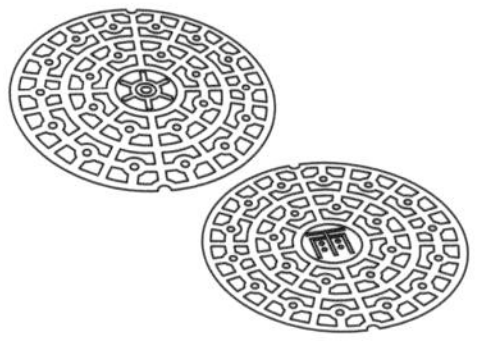

❸側溝や集水桝
公道部分や敷地内に設置されている

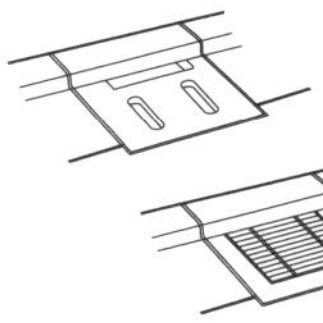

❹私設下水マンホールの例
私道などに設置されている。公的機関のマークがなく、さまざまな形状のものがある

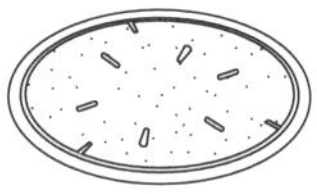

❺止水栓
宅内の引込管のバルブ。給水本管はない。敷地内を確認

❻アンテナ
有線を確認し、近隣のテレビ受信状況を判断する

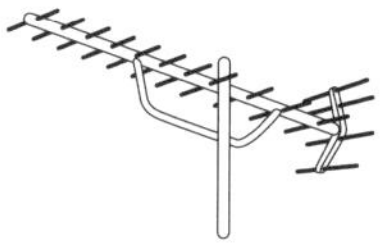

❼ガス遮断弁
ガス本管から敷地内への引込管の遮断用。敷地内を確認

❽量水器
水道管の引込み位置・引込管径の目安となるが、水道局の埋設管図と照らし合わせて確認する

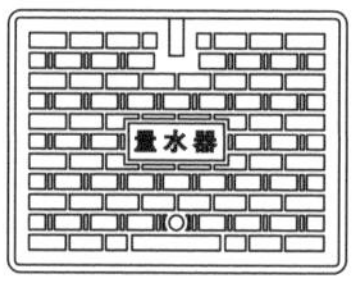

❾ガス会社杭の一例
敷地内にあれば、都市ガスの宅内引込み位置が判断できる。さまざまな種類がある

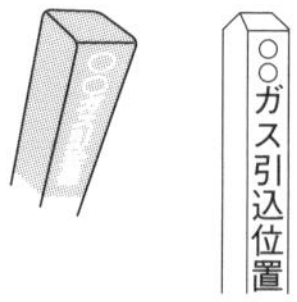

❿ガスメーター
敷地内にあれば会社名を確認する。都市ガス供給地域であることの目安となる

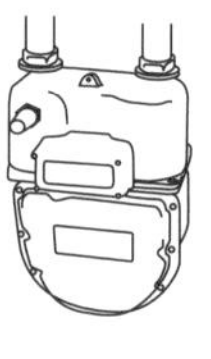

⓫プロパンガスボンベ
敷地内もしくは近隣にあったら、都市ガス供給地域でない可能性がある

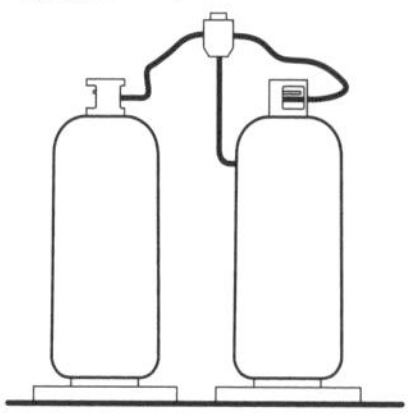

などの手順や工法を、書面および図面に表した計画書。

工事別施工計画書―こうじべつせこうけいかくしょ
仮設工事、躯体工事、仕上げ工事などの主要な工事について工種別に記された計画書。

仮設工事計画―かせつこうじけいかく
本体工事を行う際、あらかじめ施工者が各現場の施工条件や法的規制を考慮し、施工および完成のために必要な仮設工事の計画を立てた計画書。一般的に、仮設工事は設計図書に規定されているものではなく、施工者の責任において計画する。

仮設備計画―かりせつびけいかく
仮設備に関する計画。仮設備には各工事の施工に直接必要な直接仮設備と、現場事務所や機材・資材・機械置き場、電気・水道、運搬路など特定の工事に直接結びつかない間接仮設備がある。

施工図―せこうず
設計図に基づき、仮設・躯体・仕上げについて施工者の立場で検討を行い、作成した詳細図面。躯体図、平面詳細図、総合図、各種仮設計画図などがある。

予算監理―よさんかんり
下請業者などへの支払いや、発注者・建築主からの入金について、あらかじめ計画を立て、予算と実績数字を比較してコントロールする管理手法。月次実績が予算から大きくはずれないよう管理する。

原価管理―げんかかんり
原価実行予算を立て、実際に施工できる工事原価を計画し、工事の出来高と進捗状況と対比しながら工事が予算内で収まるように管理すること。

施工体制台帳―せこうたいせいだいちょう
一次下請から二次・三次下請など、施工を請負うすべての業者名、施工範囲、技術者氏名などを記載した台帳。建設業法では請負契約に該当しない資材納入、調査業務、運搬・警備業務などの業者は記載の必要がないとされる。

施工体系図―せこうたいけいず
施工体制台帳に基づいて、各下請負い人の施工分担関係（名称・工事内容・工期・主任技術者など）が一目で分かるようにした図［図4］。

工程表―こうていひょう
着工から竣工までの各種工事の施工順序や作業時間、進行速度を記した日程表。横線式（バーチャート・ガントチャート）工程表、ネットワーク（アロー型、サークル型）工程表などがある。

基本工程表―きほんこうていひょう
着工から竣工までの工事全般の進め方を示した表。主要な工事の項目、工程管理上の節目となる日、検査や承諾などの日程を記入する。これをもとに各工事事業者と検討を重ねて、月間・週間工程などの詳細工程表を作成する。

バーチャート工程表―こうてい

図4｜施工体系図の例

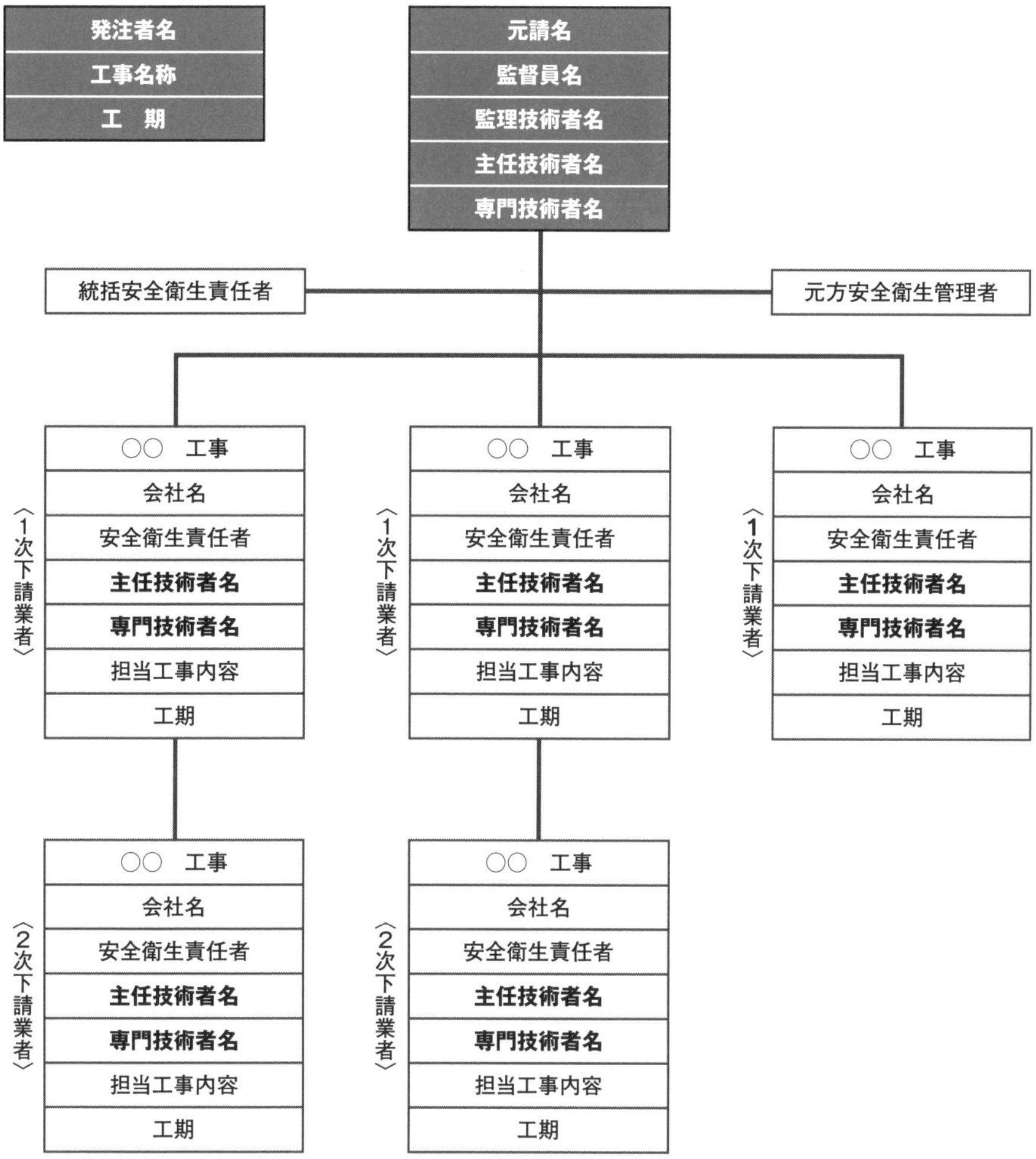

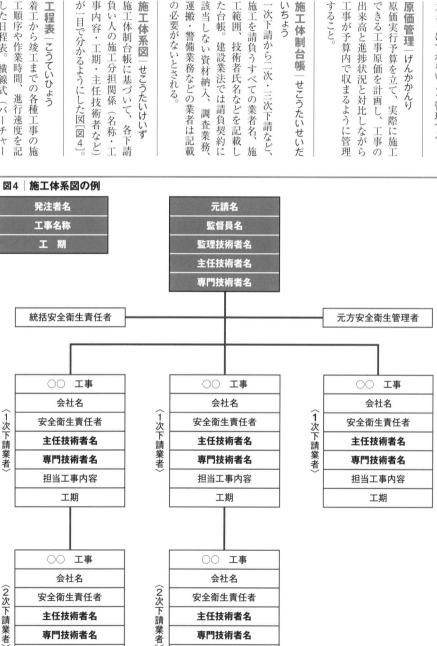

ひょう
各工事の始まりから終わりまでを横棒で表す工程表[図5]。縦軸に工事の種別、横軸に時間（月日・日数）を取ったもの。作成が比較的容易で見やすく、全体の出来高が分かりやすいため、多くの現場で利用される。横軸に達成度や出来高（%）を取ったものは**ガントチャート工程表**[―こうていひょう]と呼ばれる。

ネットワーク工程表｜―こうていひょう
作業の開始と完了を丸印、作業の流れを矢印で表し、ネット状に表示した工程表[図6]。各種工事の相互関係が明確化し、流れを把握しやすい。工事作業が重なる工程の確認や、実際の工事進捗状況に合わせた調整がしやすい。ただし、作成にはある程度の熟達が必要。

クリティカルパス（CP）｜クリティカルパス（しーぴー）
最長パス［さいちょう―］。工事の開始点から終了点までを結ぶ経路をパスと呼び、前工程が終わらないと次工程に進めないという依存関係に従って結んでいったときに、所要時間が最長となるような経路をクリティカルパスと呼ぶ。クリティカルパス上の工事が遅れると、全体の工期が延びてしまうため、材料、工法、機材・機械の検討を行い、適切な方法を採用し、工期の短縮を図る。工程表では太線で表示される。

概略工程表｜がいりゃくこうていひょう
企画段階または概算見積段階で作成する工程表。建物の概略程度の情報で、おおよその工程（月単位の所要建設期間）と費用を予測して作成する工程表のこと。

標準工程表｜ひょうじゅんこうていひょう
建物の基本設計に基づく標準的な工期を算定した工程表。標準的な資機材、労務時間、施工方法・手順から算定する。建築主からの希望・条件などは考慮されない。

契約工程表｜けいやくこうていひょう
契約段階で作成する工程表。建築主の要求や条件、施工方法・施工手順、労務・資機材の投入量やコストも考慮し、建築主の指定工期に合わせて作成する。

実施工程表｜じっしこうていひょう
通常、工事受注後に作成する工程表。実際に施工するための具体的な施工業者、使用する資材や機材、実施可能な施工方法と手順などを詳細に検討し、コストを考慮したうえで契約工期内に工事を完成させるため作成する。

現場組織表｜げんばそしきひょう
現場における組織の編成や指示系統、業務分担が分かるように記載した組織図。現場代理人、監理技術者などを記載する。

安全管理者｜あんぜんかんりしゃ
現場において安全に関する技術的な事項を具体的に実施・管理する責任者。使用する労働者が常時50人以上の現場には、労働安全衛生法により、安全管理者の選任が義務付けられている。

統括安全衛生責任者｜とうかつあんぜんえいせいせきにんしゃ
工事現場の安全衛生に関して、統括的に管理に当たる者。現場に下請も含め常時50人以上の労働者がいる場合、工事発注者から仕事を直接請負った建設会社は、統括安全衛生責任者を選任する必要がある。

安全管理組織表｜あんぜんかんりそしきひょう
安全管理を円滑かつ効率的に行う目的で、権限および責任体制を明確に記した組織表。

労働安全衛生法｜ろうどうあんぜんえいせいほう
快適な作業環境の形成を促進し、

図5｜バーチャート工程表の例

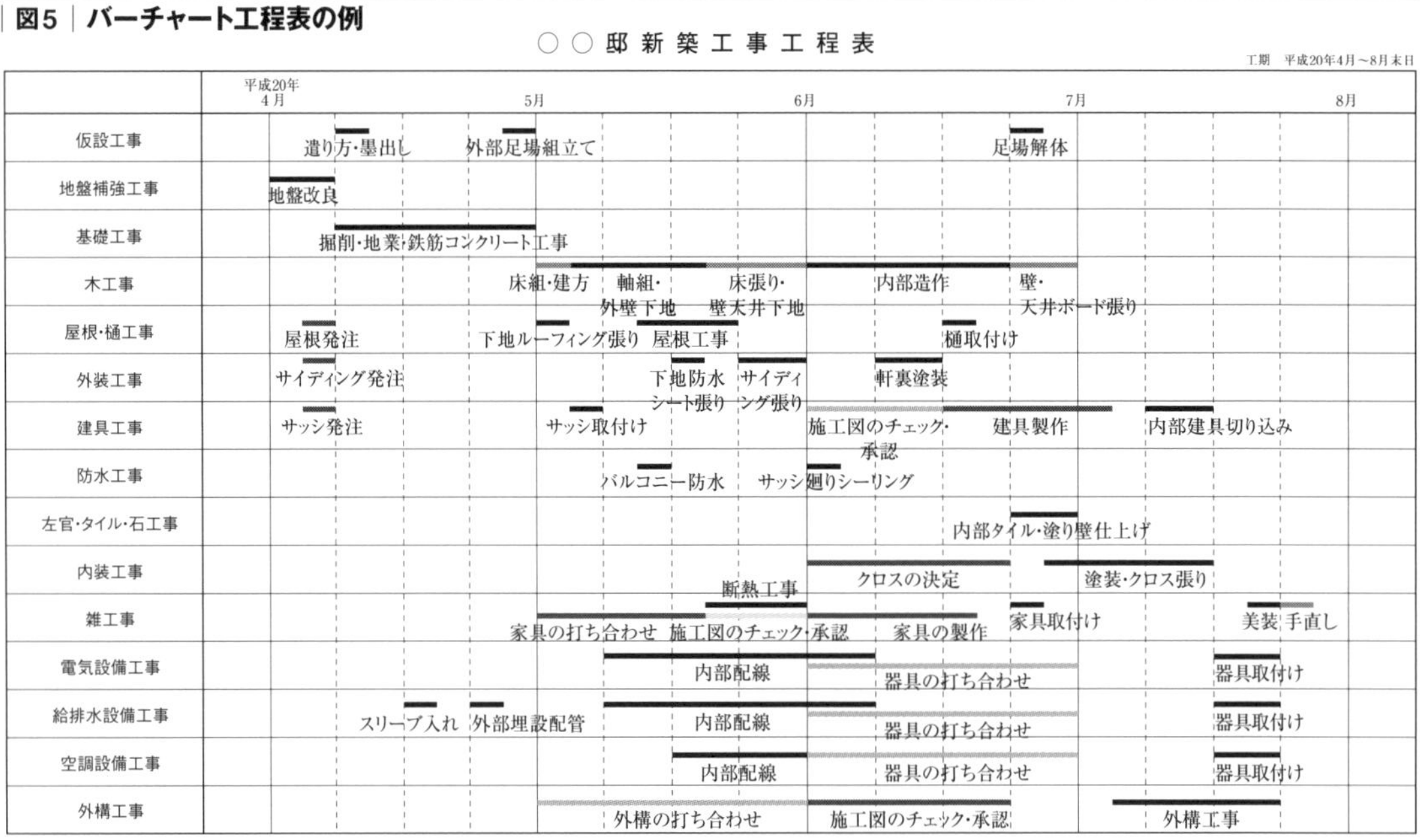

※木造軸組構法の場合

図6 ネットワーク基本工程表参考（12ケ月）

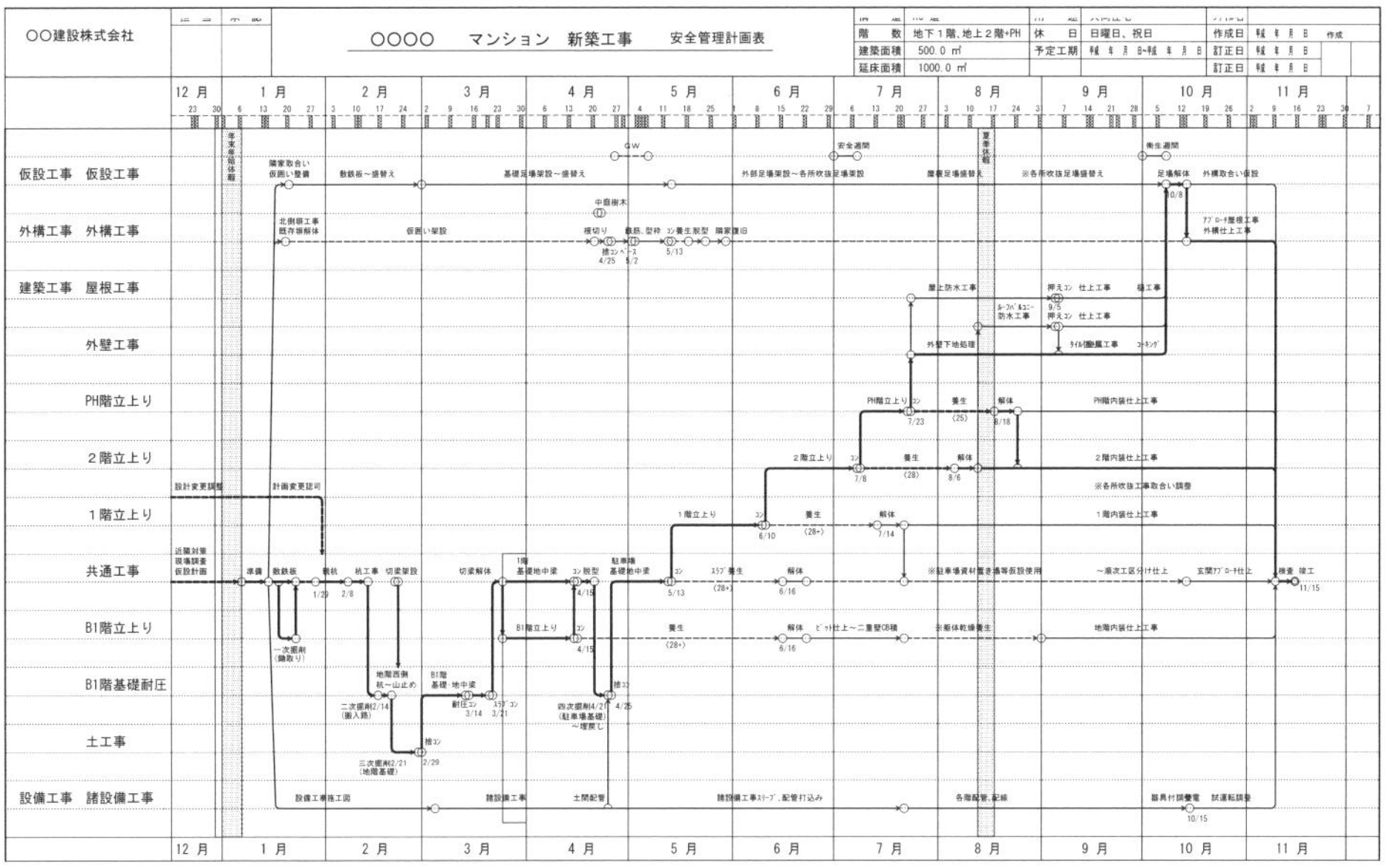

労働者の安全と健康を守ることを目的とした法律。安全管理者などの設置などを義務付けている。

土木工事安全施工技術指針｜どぼくこうじあんぜんせこうぎじゅつししん

土木工事の施工における安全を確保するため、留意事項や技術的な指針を示したもの。国土交通省が監修している。

道路法（道路交通法）｜どうろほう（どうろこうつうほう）

交通の安全を守り、道路の損傷などを防ぐための法律。道路を通行する車両の大きさ・重さも、この法律により規制される。建設工事などのため、一定の制限を超えた車輛を通行させようとする場合は、道路管理者に申請して許可を得る必要がある。

道路占用許可申請｜どうろせんようきょかしんせい

道路に仮囲いや足場などの設備を継続して設置（占用）する場合に必要な許可申請。申請先は国や都道府県などの道路管理者。

道路使用許可申請｜どうろしようきょかしんせい

建物の建設に際し、道路に作業用の車両を停めて作業する場合などに必要な許可申請。申請先は所轄の警察署になる。

道路管理者｜どうろかんりしゃ

国道や県道などの道路を維持・管理する主体。道路法第3章で規定されている。原則として、都道府県道・市町村道は各自治体が、国道や高速道路は国土交通省が管理する。

道路工事施工承認申請｜どうろこうじせこうしょうにんしんせい

建物の建設に際して、車庫の出入りのための歩道切り下げや、工事用のガードパイプなどの撤去工事などを行う場合に必要となる申請。計画内容・施工方法を記載した道路工事施工承認申請を道路管理者に提出し、審査を受ける。

沿道掘削許可申請｜えんどうくっさくきょかしんせい

指定された沿道を掘削する場合に、山留めの構造や掘削方法について審査を受ける許可申請書。道路管理者は道路構造の保全、および道路交通に対する危険を防止するため、道路に接する一定の区域に対して、条例により「沿道区域」を指定できる。沿道区域は沿道の道路幅員などにより定められる。

公共下水道使用開始（中止）届｜こうきょうげすいどうしようかいし（ちゅうし）とどけ

建物を新築したり引越しで転入したりした際、下水道管を使用するために必要な届出。下水道料金は、排出した汚水の処理に使用した上水量をもとに算出される。建築工事に伴い、地下水・湧水を下水道管に流す場合は排水量が増えるため、公共下水道一時使用届が必要。一方、現場造成杭などの施工時は上水を多量に使用しても汚水を排水しないので、減量審査を申請できる。

環境・品質管理

循環型社会形成推進基本法｜じゅんかんがたしゃかいけいせいすいしんきほんほう

廃棄物などの発生抑制、循環資源の利用、適正な処分による天然資源の消費抑制などにより、環境への負荷を低減させ、「大量生産・大量消費・大量廃棄」の経済社会から循環型社会への移行を推進する法律。この法律の下に廃棄物処理法や各リサイクル法が定められている。

騒音規制法・振動規制法｜そうおんきせいほう・しんどうきせいほう

建設工事に伴う騒音・振動に対する法規制。住宅の密集地域、病院・学校の周辺などの指定地域内で、特定建設作業（政令で定められた著しい騒音・振動を発生する作業）を伴う建設工事を施工する者には、届出の義務と規制基準の遵守の義務が生じる。届出は作業開始7日前までに市町村長に行う。

土壌汚染対策法｜どじょうおせんたいさくほう

土壌汚染による健康被害を防止するための法律。有害物質使用施設を使わなくなった場合や、一定規模（３００㎡）以上の土地の形質変更をした場合、および都道府県知事が土壌汚染により健康被害が生ずるおそれがあると認めた場合、土地の所有者などは汚染について調査する義務がある。また、汚染土壌を搬出する際は、届出および汚染土壌処理業者への委託をしなければならない。

建設副産物―けんちくふくさんぶつ
建設工事に伴い副次的に発生する物品。建設発生土、コンクリート塊、アスファルト・コンクリート塊、木質・金属・ガラスくずなど。廃棄物処理法上の「廃棄物」と、資源有効利用促進法上の「再生資源」とに分けられる。

資源有効利用促進法―しげんゆうこうりようそくしんほう
循環型社会形成推進基本法を受けて定められた法律の１つ。廃棄物に関して、①発生の抑制（リデュース）、②資材の再利用（リユース）、③資源化利用（リサイクル）という「３Ｒ」のための取り組みを各事業者に義務付けている。

ダイオキシン類ばく露防止対策要綱―るいばくろぼうしたいさくようこう
発がん性を有するダイオキシン類の拡散を防ぐため、廃棄物処理の各過程における適切な管理方法や規制などを定めた要綱。

フロン回収破壊法―かいしゅうはかいほう
地球温暖化の主な要因となるフロンガスが大気中に拡散することを防ぐために定められた法律。フロン類を内蔵する空調機などの回収・廃棄の手順が決められている。

大気汚染防止法―たいきおせんぼうしほう
工場や事業場から排出・飛散する大気汚染物質について、物質の種類ごとに排出基準などを定めた法律。建設業においては、揮発性有機化合物などが使用されている建築工作物を解体・改造・補修する際の規定が設けられている。

品質管理―ひんしつかんり
Quality Control。建築物のモノとサービス両面における品質を把握し、品質不良や事故などの発生を防ぐ活動。

建築工事標準仕様書―けんちくこうじひょうじゅんしようしょ
建築物の施工に関する品質や性能、方法などについて、一定の方向性と水準の確保を図るため、標準的な管理事項を定めている仕様書。

公共建築工事標準仕様書―こうきょうけんちくこうじひょうじゅんしようしょ
契約図書で図面および特記仕様に記載されていない事項について、標準的な指標となる仕様書。国土交通省の大臣官房官庁営繕部が監修しており、３年ごとに改訂されている。

ＪＡＳＳ―じゃす
日本建築学会建築工事標準仕様書（Japanese Architectural Standard Specification）の略称。建築物の質の向上のため、合理的かつ経済的な一定の標準を定めたもの。

ＪＩＳ―じす
Japanese Industrial Standards（日本工業規格）の略称[図７]。昭和24年（１９４９年）、工業標準化法により、工業製品に関する一定の形状・寸法・品質や、測定方法・試験方法が定められ、品質の改善と合理化が図られた。建築関係では、製図規格・記号、コンクリート・鉄筋・鉄骨の試験方法、製品の規格、品質の基準などに多くのＪＩＳ規格が利用されている。

Ｚマーク―ぜっとー
財団法人日本住宅・木材技術センターの「木造建築物用接合金における品質と耐久性に関する規定」を満たした金物に表示されるマーク[図８]。木造軸組構法による継手および仕口に用いる接合用金物の種類、材料、形状・寸法、製法、強度、防錆性能などが規定されている。

Ｃマーク―しー
木造枠組壁工法（２×４工法など）による木造建築物の部位、継手および仕口に用いる接合用金物の規格。Ｚマークと同様、財団法人日本住宅・木材技術センターの木造建築物用接合金物の規定に適合するものに表示されるマーク[図９]。

Ｍマーク―えむ―
Ｚマークと同様に、木造建築物用接合金物の規定に適合する金物に表示されるマーク。丸太組構法による木造建築物の部位や、継手・仕口に用いる接合用金物に関する規格。

Ｄマーク―でぃー―
財団法人日本住宅・木材技術センターにより、Ｚ・Ｃ・Ｍマークなどの対象金物と品質・性能が同等以上と認められた接合金物に表示されるマーク。

Ｓマーク―えす―
Ｚ・Ｃ・Ｍマークに認定されていない金物で、用途に応じて必要な品質と性能を有することが認められた接合金物に表示されるマーク。

図7　JISマーク

図8　Zマーク

（Z マーク）
軸組構法用金物

図9　Cマーク

（C マーク）
枠組壁工法用金物

Fマーク｜えふ―
ホルムアルデヒドの発散速度に応じて安全性を示す指標。4レベルに区分され、F☆～F☆☆☆☆［えふふぉーすたー］で表示される。2003年7月に建築基準法に基づく「シックハウス法」が制定され、住宅の内装仕上げに使用する建材には発散するホルムアルデヒドに応じて制限が設けられた。F☆は内装への使用は禁止、F☆☆・F☆☆☆は換気回数によって使用面積が制限される。F☆☆☆☆は制限がない。

図10｜**耐震認定マーク**

図11｜**環境エネルギーマーク**

耐震診断・耐震改修マーク｜たいしんしんだん・たいしんかいしゅう―
改正耐震改修促進法に基づく耐震診断の指針、または建築基準法に基づく耐震基準に建物が適合していることを示すマーク［図10］。1981年の新耐震基準以前の旧耐震基準で設計され、十分な耐震性能を有していないおそれのある建物について、現行の構造基準（新耐震基準）に照らして耐震性の有無を、確認する。耐震安全意識および耐震改修を促進することが第一の目的。マークを記載したプレートが交付される。

環境・エネルギー優良建築物｜かんきょう・エネルギーゆうりょうけんちくぶつ―
事務所、物品販売業を営む店舗、ホテル・旅館、病院・診療所または学校の建築物で、室内環境水準および一定水準を上回る省エネルギー性能を有する建築物について、その旨を示すマーク［図11］を交付し、環境負荷低減を推進・普及することを目的とする表示制度。

図12｜**PSTGマーク**

水道法基準適合マーク｜すいどうほうきじゅんてきごう―
耐圧・耐寒性などに関して、水道法で定めた基準に適合した給水装置に表示されるマーク。認証機関は社団法人日本水道協会（JWWA）、一般財団法人日本燃焼機器検査協会（JHIA）、一般財団法人電気安全環境研究所（JET）、一般財団法人日本ガス機器検査協会（JIA）の4機関。政令に定められた基準に適合していない給水装置を使用した場合、水道事業者（水道局）は給水を止めることができる。

JHIAマーク｜じぇいえいちあいえー―
財団法人日本燃焼機器検査協会（JHIA）の検査に合格した石油ストーブや石油給湯器などの石油燃焼機器に表示されるマーク。法律で義務付けられたものではなく、第三者機関がJIS規格に基づく検査基準により認証して発行する。

PSEマーク｜ぴーえすいー―
Product Safety Electrical appliance & materialsの頭文字で、火災や感電などに対して電気製品が安全基準を満たしていることを表すマーク。

PSTGマーク｜ぴーえすてぃーじー―
Product Safety of Town Gas Equipment and Appliancesの頭文字。都市ガス用器具で、ガス瞬間湯沸器・ガスストーブ・ガスバーナー付き風呂釜・ガス風呂バーナーの4品目について、技術上の基準に適合した製品に付けられるマーク。丸形は自己確認、菱形は自己確認と第三者機関による確認検査が義務付けられている。［図12］

中間・完了検査

中間検査｜ちゅうかんけんさ
建築物の構造部分を主として、工事完了後に部材などで隠れてしまう部分が、建築確認申請どおり建物が施工されているか否かを工事の中間段階で確認する検査［30頁図13］。対象建築物は、階数が3以上の共同住宅。中間検査の時期は構造により変わるので要確認。検査内容は建築物の概要、使用された鋼材やコンクリートの仕様・数量・施工状況、および各種試験結果など。

配筋検査｜はいきんけんさ
鉄筋の径、加工寸法、結束、位置、本数、最小かぶり厚さ、鉄筋相互間のあき間隔、帯筋間隔、あばら筋間隔、継手、定着などが設計図書に定める内容に適合しているかを確認する検査。

構造金物検査｜こうぞうかなものけんさ
中間検査の1つ。木造建物の基礎や土台、柱と梁、筋かい、火打ち梁などに使用されている構造金物が、設計図書に基づいて使用されているかを確認する検査。

完了検査｜かんりょうけんさ
工事対象の建築物およびその敷地が建築基準関係規定に適合しているかどうかを調べる検査。建築主は建築工事が完了したとき、4日以内に建築主事または指定確認検査機関に工事完了検査の申請書を提出しなければならない。申請を受けた建築主事らは、その申請を受理した日から7日以内に完了検査を行う。

竣工検査｜しゅんこうけんさ
建築工事が完了した際に、施工会社・工事監理者・建築主らによって行われる最終的な検査。設計図面や仕様書のとおりに仕上がっているか、傷などの有無、空調・衛

図13｜中間検査から完了検査までの流れ

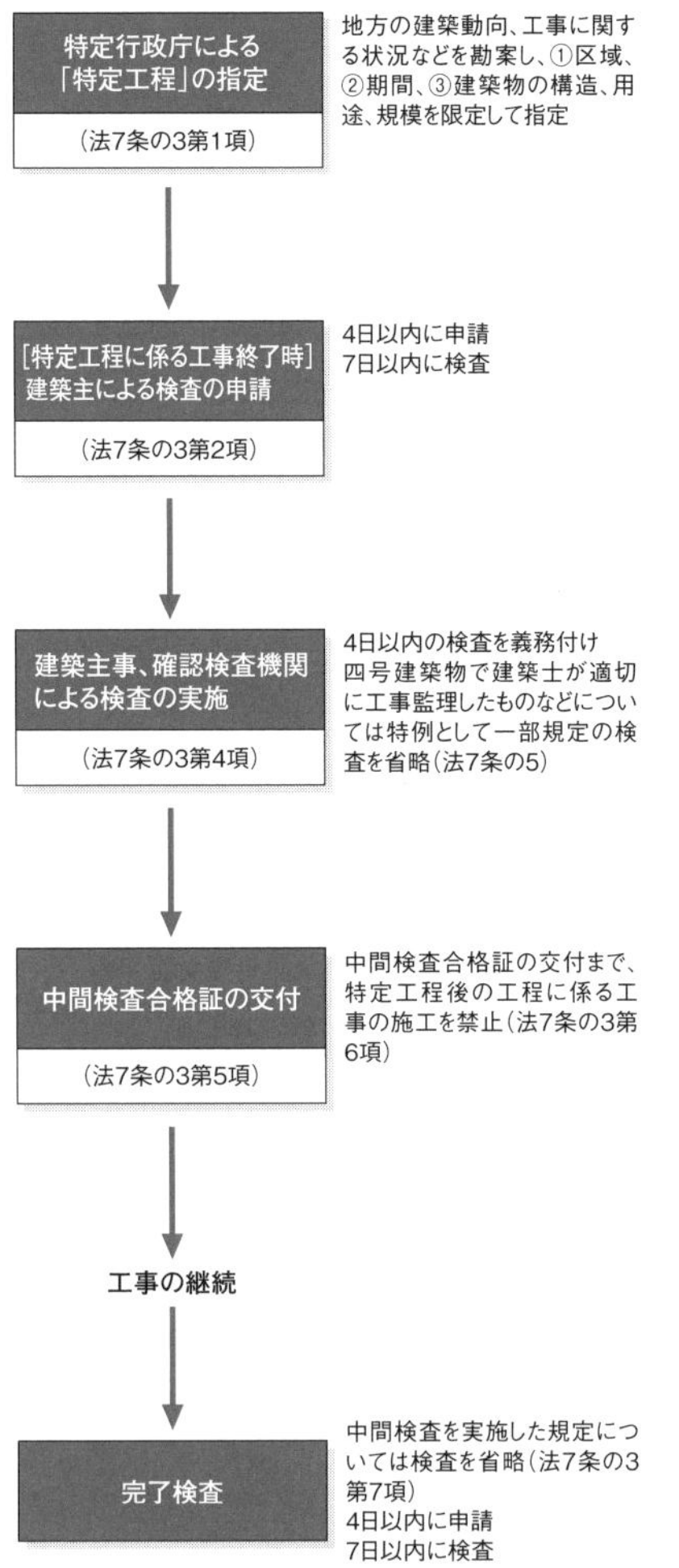
特定行政庁による「特定工程」の指定
（法7条の3第1項）
地方の建築動向、工事に関する状況などを勘案し、①区域、②期間、③建築物の構造、用途、規模を限定して指定
［特定工程に係る工事終了時］建築主による検査の申請
（法7条の3第2項）
4日以内に申請
7日以内に検査
建築主事、確認検査機関による検査の実施
（法7条の3第4項）
4日以内の検査を義務付け
四号建築物で建築士が適切に工事監理したものなどについては特例として一部規定の検査を省略（法7条の5）
中間検査合格証の交付
（法7条の3第5項）
中間検査合格証の交付まで、特定工程後の工程に係る工事の施工を禁止（法7条の3第6項）
工事の継続
完了検査
中間検査を実施した規定については検査を省略（法7条の3第7項）
4日以内に申請
7日以内に検査

生・電気設備が正常に作動するかを確認する。問題があれば手直しを行ったのち、引渡しに至る。

施主検査｜せしゅけんさ
竣工検査のひとつ。建築主による最終的な検査。検査後に取扱説明を行うことが多い。

竣工引渡し書類｜しゅんこうひきわたししょるい
建物の引渡し時に建築主に提出する書類。契約どおりに施工完了したことを知らせる書類。

建築確認申請副本｜けんちくかくにんしんせいふくほん
建物を建てる（新築・増改築）際、建築主は確認申請書を役所もしくは民間の建築確認検査機関に、正本と副本を提出しなければならない。受理後、建築主には副本が渡される。建物施工中は施工会社（請負会社）が確認申請の副本に基づき施工を行い、各種の検査を受ける。竣工後は建築主が保管する。不動産の売買時などにも必要になる。

確認済証｜かくにんずみしょう
建築確認申請副本の表紙に付いている書類。建築物の設計図書が建築基準法・条例などに適合していることを確認した旨を示す。

工事監理報告書｜こうじかんりほうこくしょ
工事監理者が確認申請書に基づき工事監理を終了し、具体的に監理した内容を記載した報告書。完了検査時に提出する。

検査済証｜けんさずみしょう
建築物および敷地が建築基準関係規定に適合しており、完了検査に合格したことを証明する書類。

下請業者一覧表｜したうけぎょうしゃいちらんひょう
建設工事にかかわった元請業者と下請業者の連絡先を記載した書面。メンテナンスや増改築の際に必要となることが多い。

竣工図面｜しゅんこうずめん
工事着工から竣工までに行った設計図書への訂正・追加などを記載した最終的な図面。メンテナンスや増改築の際に必要となる。

竣工写真｜しゅんこうしゃしん
建物が完成した際に撮影する写真。アルバムなどにして建築主、設計者、請負業者が保管する。

鍵引渡し書｜かぎひきわたししょ
建物を引き渡す際に各所の鍵を引き渡したことを示す書類。鍵の場所、種類、番号などを記載する。

保証書｜ほしょうしょ
各種設備や防水などの性能を保証する書類。取扱説明書とセットで渡される。近年は設備や機器の増加に伴い、書面のみでは説明が困難なため、実際に機器の取扱いを現場で説明することが多い。

不動産登記｜ふどうさんとうき
不動産（土地や建物）に関して、所在地や面積などの現況・権利関係を明らかにするために、一定の事項を登記簿に記載して公開する制度。表題部と権利部（甲区および乙区）に区分されている。

公図｜こうず
登記所が保管している、土地の大まかな位置や形状を表した図書。明治時代の地租改正に伴い作成されたものが多く、現在は法的根拠とならない。

一筆｜いっぴつ
1つの区画。土地の個数は「**筆**」（ひつ）という単位で表す。

建物表題登記｜たてものひょうだいとうき
建物を新築した場合、1カ月以内に行う登記。建物の物理的な状況（住所・種類・構造・床面積・所有者など）を明らかにするためのもの。

所有権保存登記｜しょゆうけんほぞんとうき
所有権登記のない不動産について、最初に登記簿に記録すること。

所有権移転登記｜しょゆうけんいてんとうき
すでに所有者が登記されている不動産を、売買・相続・贈与・交換などすることに伴い、登記の名義人が変わる場合に行う登記。

抵当権設定登記｜ていとうけんせっていとうき
抵当権が発生した際に行う登記。抵当権とは金融機関などが融資する際、債務者が返済不能になった場合に備えて、債務者の保有する不動産を担保に取る権利。

地盤・基礎 2

地盤・基礎

地質調査

1

建築計画前に地盤の良否を考察する際には、単に地盤調査のデータ（数値）だけではなく、数値化できない定性的な情報と併せて結論を導くロケーション技術（地形や宅地化前の用途、周辺環境など）が重要である。

地盤・土質・地形

地盤｜じばん
建築物など構造物の荷重、外力などを負担する地盤の最表部のこと。地盤の強度は建物の構造決定に関係するため、計画前に**地盤調査**を行う。地盤は第1種から第3種まで分類されている[表1]。第3種地盤に木造住宅を建築する場合は、地震時の地盤の揺れも大きくなるので、壁量を1.5倍に割増ししなければならない。地盤の簡易な調べ方として**地名**がある。地名は地形を表していることも多いため、地図を調べることも参考になる。

人工改変地｜じんこうかいへんち
人工的に地形を改変した土地。丘陵地などを切り崩し土地を平坦化したもの、河川、港湾などを埋め立てたもの、鉄道などの土木工事に伴う、埋立てにより生じた土地などがある。

宅地造成等規制法｜たくちぞうせいとうきせいほう
宅地造成に伴うがけ崩れや土砂の流出を防止するための規制を定めた法律。都道府県知事の許可を要する工事として、①切土で高さが2mを超えるがけを生じる造成、②盛土で高さが1mを超えるがけを生じる造成、③切土と盛土を合わせて高さが2mを超えるがけを生じる造成、④①～③にかかわらず施工面積が500㎡を越える造成などがある[図1]。

地山｜じやま
人為的な掘削や埋戻し、または盛土が行われておらず、自然に形成されたままの状態にある地盤。

盛土｜もりど
土を新たに盛ること。盛土を施す際には、数回に分けて土を撒き、そのつど**転圧**［てんあつ］を重ねる必要がある。また、盛土の下に**軟弱地盤**［なんじゃくじばん］が分布している場合には、盛土の自重（砂質土で18kN/㎥）によって沈下するので注意すべきである。

切土｜きりど
盛土とは逆に、土を場外へ持ち出すこと。

土質｜どしつ
土の性質を指す。土質には**砂質土**［さしつど］や**粘性土**［ねんせいど］などがあり、土粒子の大きさや性質によって分類される[図2]。

地質｜ちしつ
その土地の地層の性質・状態。

地層構成｜ちそうこうせい
建築物の下の地層が水平に堆積しているか、傾斜しているか、軟弱層はどの深度に分布しているか、盛土はあるのかといった地盤の成因や状態のこと。地層による区分を表2、また**地形**による分類を表3に示す。

地形図｜ちけいず
国土交通省+国土地理院が発行している基本図。地盤の良否を調べるのに役立つ[表4]。

ガラ
産業廃棄物および建設廃材の総称。谷地や窪地にガラを不法投棄して宅地化したり、解体建物の基礎を埋めてしまうと、**不同沈下**や**陥没**の原因となる。

地盤調査

表1｜地盤の区分

第1種地盤	岩盤、硬質砂礫層そのほか主として第三紀以前の地層によって構成されているもの、または地盤周期などについての調査もしくは研究の結果にもとづき、これと同程度の地盤周期を有すると認められるもの
第2種地盤	第1種地盤および第3種地盤以外のもの
第3種地盤	腐植土、泥土そのほかこれらに類するもので大部分が構成されている沖積層（盛土がある場合においてはこれを含む）で、その深さがおおむね30m以上のもの、沼沢、泥海などを埋め立てた地盤の深さがおおむね3m以上であり、かつ、これらで埋め立てられてからおおむね30年経過していないもの、または地盤周期などについての調査もしくは研究の結果にもとづき、これらと同程度の地盤周期を有すると認められるもの

図1｜がけの定義

硬岩以外の土質で30°以上の斜面をがけという。途中に小段があるときは図のように扱う

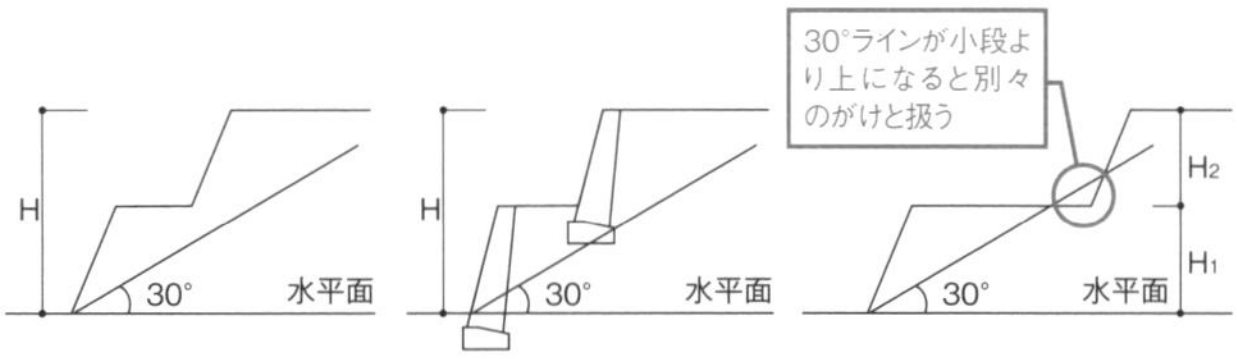

（1）高さHの一体のがけとみなす　（2）高さHの一体の擁壁とみなす　（3）高さH1とH2の別々のがけとして扱う

図2｜土の分類

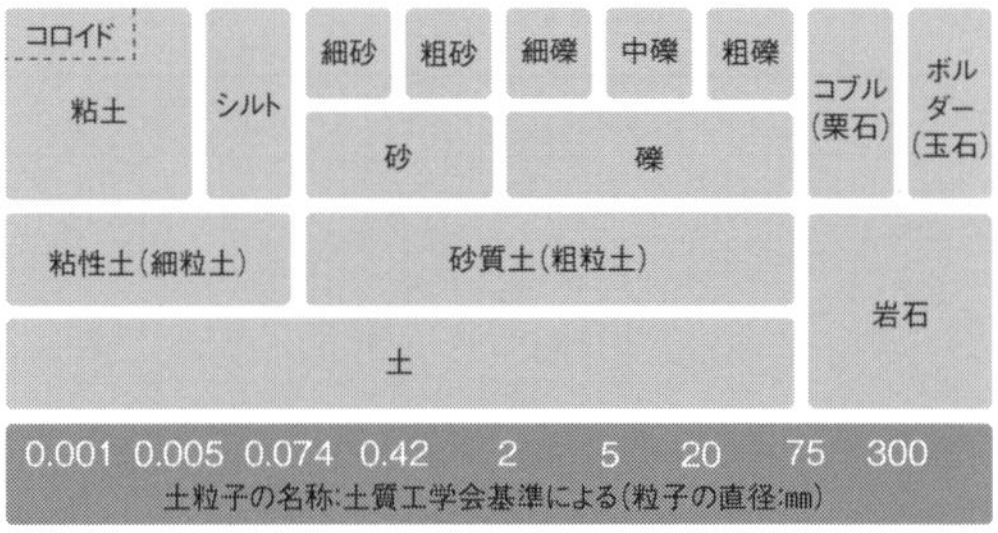

表2｜地層区分

沖積層 ［ちゅうせきそう］	最終氷期最盛期（約1.8～2万年前）以降に堆積した地層で、洪積層のように硬く締まるまでの時間が経過していないので軟弱地盤となっていることが多い。
洪積層 ［こうせきそう］	1.8～2万年以前の第四紀（更新世）に形成された地層。丘陵地・台地・段丘を構成する主たる地層で、すでに長時間が経過して締まった状態であるため、良好な住宅地盤として期待できる。
シルト	粒子の大きさが砂質土と粘性土の中間に位置する土。地盤としては軟弱であることが多い。大別すれば粘性土に分類される
砂質土 ［さしつど］	砂質土は、粒子間の摩擦力が土の強さとみなされ、接触した粒子が滑り始める角度（内部摩擦角［ないぶまさつかく］）が砂質土の強さの指標となる。自然に堆積した砂質土が落ち着く勾配が**安息角**［あんそくかく］であり、崖地条例の斜面勾配の根拠となっている
砂礫土 ［されきど］	砂と礫が混在している土。大別すれば砂質土
ローム層 ［―そう］	火山灰質粘性土の総称。火山活動による噴煙が降灰して高台の丘陵地や台地に堆積した赤褐色を呈する地層。住宅地盤としては十分な地耐力を発揮するが、再堆積した場合や、人為的に鋤き返されると強度が著しく低下する
関東ローム層 ［かんとう―そう］	関東地方の台地や丘陵地の高台に降灰した赤褐色の富士山の火山灰土。火山灰質粘性土に分類される。粘性土と砂質土双方の強度特性を併せもち、自然状態での強度は大きいが、再堆積したロームについては、極端に強度が低下する
腐食土 ［ふしょくど］	湿地性植物の遺がいが分解する過程で、水没して酸化作用が止まり、繊維質が溶解しないまま堆積した地層。色調は黒褐色で、独特の臭気がある。スポンジ状の土には水が多く含まれ、圧縮性が高いために、わずかな荷重にも反応して沈下を起こす

表3｜地形の種別

丘陵地 ［きゅうりょうち］	洪積層以前の古い地層が主体で、表面が関東ローム層のような火山灰土に覆われることが多い高台。起伏があるため、宅地化にあたってはひな壇状に造成されている。水はけがよく、乾いて締まった地盤が分布するが、地層が傾斜している場合や、切土と盛土が混在する場合には不安定な地盤となることがある
台地 ［だいち］	ほぼ水平な地層からなるテーブル状の平坦な地形。高台であるため排水がよく、地盤が強い。降灰した火山灰が雨に洗われて流出せずにその場に堆積し、戸建住宅の**支持地盤**［しじじばん］として十分な地耐力を有するローム層を形成している。武蔵野台地、大宮台地、上町台地など固有名を与えられている台地も多い
扇状地 ［せんじょうち］	山間部を流れる急流河川が平坦地に出た途端にその流速が弱まり、運搬してきた粗大な砂礫が放射状に広がり堆積している場所。背後の山間部から供給される伏流水が扇状地の端部で湧出することがある。地盤は密な砂礫層なので良好
氾濫平野 ［はんらんへいや］	洪水時に流水が河道から溢流して氾濫する範囲の低地で、地形的には平坦。上流から運搬されてきた泥土が沈降して軟弱層を形成する。大河川の中流から下流にかけて広く発達しているが、氾濫低地の河道沿いには、泥土に混じって流下した砂礫が堆積した「自然堤防」や排水が悪いために腐植土が堆積している「後背湿地」などが散在する
谷底低地（谷地） ［たにぞこていち（たにち）］	台地や丘陵地のくぼみに降水が集中して形成された細い溝が侵食によって河谷となり、さらに進むと谷底低地となる。上流側から供給された微細な泥土が堆積して軟弱層が分布している。かつては水田として利用されることが一般的であったが、近年は盛土造成による宅地化が著しい
自然堤防 ［しぜんていぼう］	河川の氾濫によって運ばれた土砂が、河岸に打ち上げられて堆積した微高地。河川に沿って帯状に堤防のように形成される。氾濫低地との比高はわずかに1～2m程度であるが、洪水時に浸水しにくく水が引くのも早いため、昔からの集落が形成されている
干拓地 ［かんたくち］	遠浅の海や入り江を堤防によって仕切り、内側の水を排水して陸地化すること。排水が非常に悪く、地盤が軟弱
砂丘 ［さきゅう］	海岸の砂が風によって吹き寄せられて形成された高まり。 SWS試験では地表面下数mで密な砂地盤に到達して測定終了となるケースが多い
砂州 ［さす］	土粒子が沿岸の海流や波浪によって運搬されて堆積した場所。砂丘同様、SWS試験では地表面下数mで密な砂地盤に到達して測定終了となるケースが多いが、地震時には液状化しやすい
後背湿地 ［こうはいしっち］	自然堤防や砂州などの微高地の背後にある低地。洪水などで溢れた氾濫水が河川へ排水されず、長期間滞水してできた非常に軟弱な湿地。腐植土が分布している可能性がある

表4｜地形調査に使える地図

土地条件図 ［とちじょうけんず］	国土交通省国土地理院が発行している都市部を中心に作成された特殊な地形図。縮尺は2万5千分の1。高台や低地が色調と記号によって可視化され、特に沈下が発生しやすい後背湿地や埋没谷などの地盤情報を入手できる
地理院地図 ［ちりいんちず］	国土地理院がウェブ上で提供している地図。上記の「土地条件図」のほかに「都市圏活断層図」「旧版地形図」に加え、過去の「空中写真」などが閲覧できる
造成計画図 ［ぞうせいけいかくず］	大規模分譲地などの宅地造成においては、造成前の現況測量図をもとに、道路、排水系統、工作物の種別、区画割りなどを記載した造成計画図が作成される。これらを用いて造成前後の地盤高を比較すれば、特定の宅地が切土か盛土かを判読できる

地盤調査｜じばんちょうさ
主に地耐力などを測ることをいう［34頁表5］。地盤調査の種類には**スクリューウエイト貫入試験（SWS試験）**や**標準貫入試験**などがある。

ボーリング試験｜しけん
地表から穴を掘り、土の種類を識別して地質を明確にする試験。地下水位測定、土質試験用の試料採

表5｜主な地盤調査方法の種類

調査種別	調査手法と手順、使用機材	調査個所・時間・費用・結果診断までに要する期間	調査方法のメリットとデメリット
スクリューウエイト貫入試験（SWS試験）JIS A 1221	・先端にスクリューポイントを装着したロッドを地面に垂直に突き立て、鋼製のおもりを段階的に載荷し、ロッドが自沈する様子を観察する ・1kN（100kg）までのおもりを載荷しても自沈しない場合は、上端のハンドルを2人の作業者で回転して、強制的に掘進し、25cm貫入するまでの回転数（半回転を1としてカウント）を記録する ・自動化した機材は、手動式の記録との誤差を考慮して解析を行う必要がある ・使用機材：ロッド（長さ1m×19mm径×10本）、おもり（0.10kN×2枚、0.25kN×3枚）、スクリューポイント（33mm径、長さ200mmの紡錘形）、載荷用クランプ	・調査個所：建物四隅と中央の計5カ所 ・調査時間：1宅地に2時間前後 ・費用：1宅地4～5万円程度。追加調査は1ポイントにつき約5,000円 ・試験データの速報が調査日の翌日中に出る。報告書は調査日から1週間程度	・複数個所の測定データの相互比較ができるので、地盤のバランスや土質が判読でき、深度方向に連続した測定ができる（測定可能深度の目安は10m程度） ・換算N値を算出できる ・戸建住宅の実績が多く、既存家屋のある狭小な宅地で調査が可能 ・かつて多用された手動式に代わって電動の自動式が普及している ・転石または硬質層が貫入障害となり測定不能となる （杭基礎の支持層を確認できない） ・適用：2階建てまでの戸建（共同）住宅、高さ2m未満の工作物 ・ボーリング・標準貫入試験の補足調査
表面波探査法（レイリー波探査）	・波が物質のなかを伝播する原理を応用し、人工的に地盤に振動を与え、起振機で発生した表面波（レイリー波）が地中を通過する速度を1m間隔で配置された2個の検知器で測定する ・使用機材：起振機（断続的に地表面を鉛直に打撃する装置）、検知器（表面波を受信するセンサー。2個で1セット）、計測器（波形のディスプレー装置）、SWS試験機一式	・調査個所・時間：4カ所※、1宅地に2時間前後 ・費用：1宅地4～5万円 ・解析に数日間、報告書提出で1週間程度	・非破壊試験であるため、調査地が土間コンや転石で覆われていても、データの採取が可能 ・地表から厚い軟弱層が分布する場合は振動が下層まで届かず、データが消散する ・至近距離に躯体がある場合や交通振動がある場合にノイズが混入する ・適用：2階建てまでの戸建住宅（軟弱層が薄い場所）
機械ボーリング	・ロッドの先端にメタルクラウン（掘進用の刃先）を装着したコアチューブを取り付け、機械による速い回転によって土や岩を削り取りながら掘進する ・掘削孔を利用して標準貫入試験が併用される ・使用機材：ボーリングロッド、メタルクラウン、コアチューブ、ボーリングマシン、やぐら（高さ約6mの三叉）、圧送用ポンプ	・調査個所・時間：約500㎡につき1カ所程度、10m掘削に約1日を要する ・費用：20万円／日 ・土質柱状図のみは翌日。報告書は1週間程度	・堅固な層でも掘進可能。支持層を確認する場合は、N値50以上が層厚で5m以上あることを確認して測定を終了する ・標準貫入試験の実測結果であるN値から地盤の強度が推定できる ・サンプリングから土質の確定ができる ・地下水位を測定できる ・構造計算書を添付する必要のある建築物の確認申請などでは、地盤調査の結果による地耐力の検討が必須
標準貫入試験 JIS A 1219	・ボーリング工によって深さ55cm掘削した孔底を、さらに15cm予備打ちして整地する。ハンマーを76±1cmの高さから自由落下させ、ロッド頭部のノッキングヘッドを打撃し、地盤の貫入抵抗を計測する ・先端の標準貫入試験用のサンプラーを30cm貫入させるのに要する打撃回数を数え、サンプラーの土を取り出し、土質試験の試料とする ・使用機材：ハンマー、ノッキングヘッド、標準貫入試験用サンプラー	・調査個所：深度方向に1mごとに実施	・調査個所数が1カ所だけである場合に、地層の勾配を判読できないことがある
平板載荷試験	・構造物の根切り底に載荷板を水平に設置し、段階的に荷重をかけ、荷重段階ごとの沈下量を測定し支持力を求める ・1段階を30分程度とし、8段階以上の載荷とする。目標の荷重に達した後、段階的に荷重を除去する ・使用機材：載荷板（厚さ25mm以上、直径300mmの鋼板）、ジャッキ、反力装置、ダイヤルゲージ（沈下量変位計）	・調査個所・時間：1カ所程度、半日から1日程度 ・費用：1カ所で20万円 ・データのプロットに数日間、報告書は1週間程度かかる	・調査個所数が1カ所だけである場合に、地層の勾配を判読できない ・載荷板が小さいために、かけた荷重から発生する応力が浅い深度までしか及ばないため、場合によっては実際の建物で発生する沈下量よりも小さい値がでやすいこともある ・ボーリング、標準貫入試験に準じる

※：SWS試験を併用する

取などを行う。通常**ロータリーボーリング**が用いられ、**ビット**（掘進用の刃先）を取りつけた**ロッド**（鋼管）を回転させることによって掘進する[図3]。

標準貫入試験｜ひょうじゅんかんにゅうしけん
地盤の力学的性状を知るためにN値を求める原位置試験。ボーリング用のロッドの先端に標準貫入試験用のサンプラーを取り付け、重さ635N（63.5kg）±5N（5kg）のハンマーを76±1cmの高さから自由落下させたうえで打撃を加え、30cmを打ち込むのに要する打撃回数が標準貫入試験の**N値**である。また、サンプラーを取り出し試料（サンプル）とする[図4、写真1]。

図3｜ボーリング試験

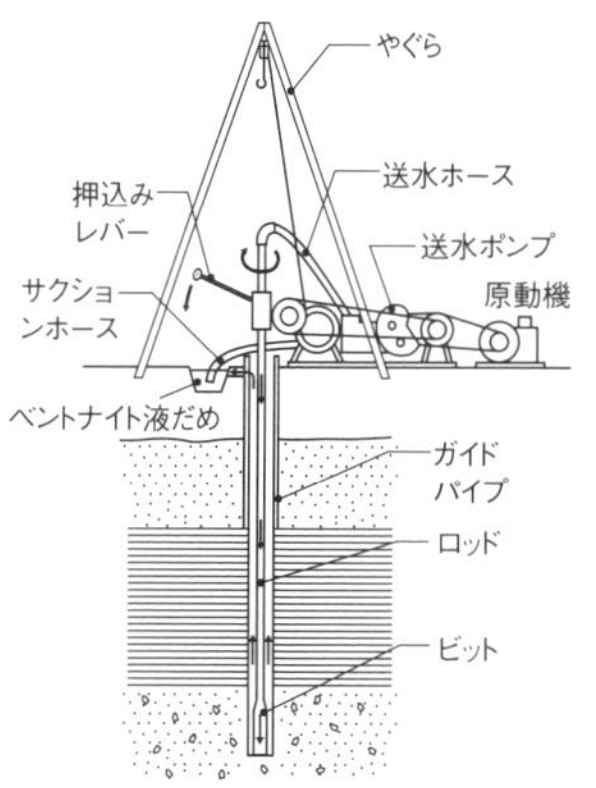

写真1｜標準貫入試験の様子

写真2｜SWS試験の様子

図4｜標準貫入試験

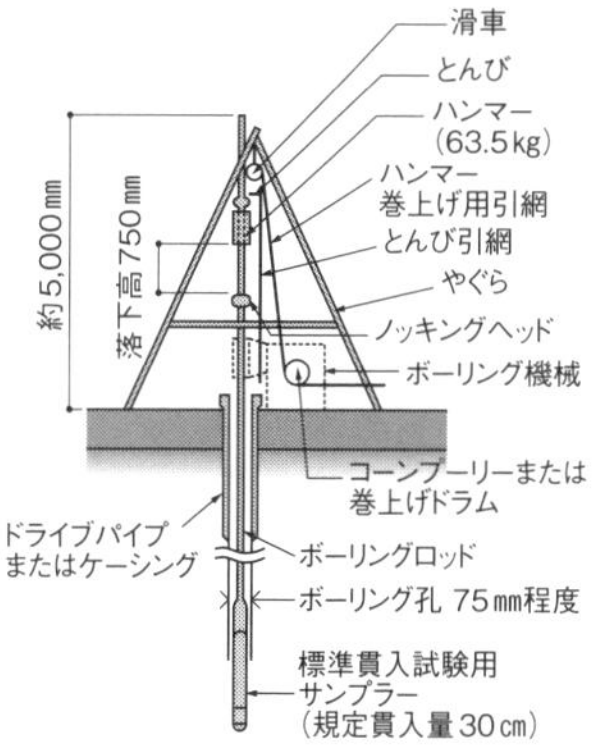

図5｜スクリューウエイト貫入試験（手動式）

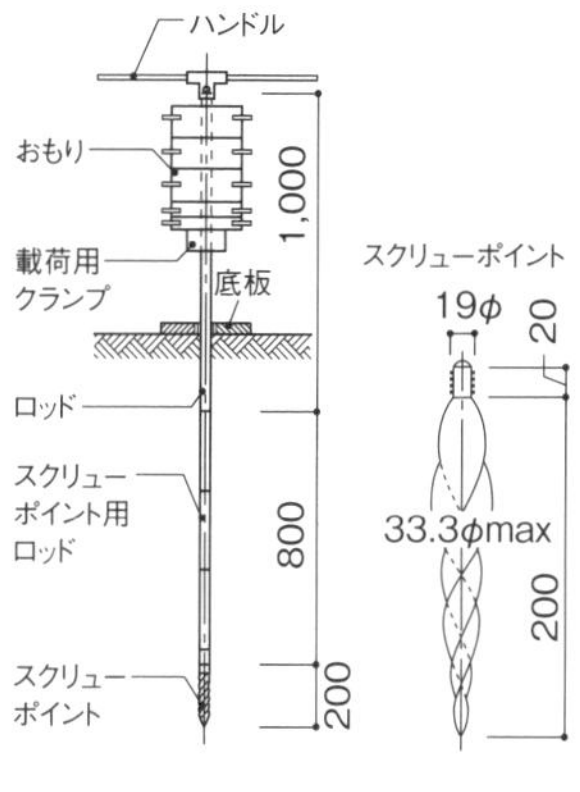

表6｜土の分類と名称

名称		粒径	特性	
玉石		20cm以上	粒子が1つひとつ肉眼で見えるもの。粗粒砂・中粒砂・細粒砂の区別はだいたい指先でこすってみた粗さの感じによる	
礫（れき）		20cm〜2mm		
砂	粗粒砂	2〜0.5mm		
	中粒砂	0.5〜0.2mm		
	細粒砂	0.2〜0.05mm		
シルト		0.05〜0.005mm	肉眼では粒子が認められない。粘土ほど粘り気がなくざらついている	
粘土		0.005mm以下	非常な粘りをもち、水を通しにくい	
砂盤		—	砂が固結して岩質状となったもの	土と岩盤の中間的なもの
土丹		—	シルトまたは粘土が固結して粘り気のある岩質状となったもの	
腐植土		—	植物質を多量に含んだ土	
泥炭		—	腐植土の炭化したもの	
ローム		砂・シルト・粘土の混合したものとみられる	火山灰が堆積したもの。関東一円に広く分布するものを特に関東ロームという。土の性質は粘土に近いが、独特の特性ももつ	

スクリューウエイト貫入試験｜かんにゅうしけん
SWS試験。おもりの重量によって土の硬軟を測定する。木造2〜3階建て程度の規模の地盤調査に使用されることが多い[図5、写真2]。

表面波探査法｜ひょうめんはたんさほう
起震機により表面波（レイリー波）を地中に送り、地中からの反射波を受信して地盤支持力を算出する地盤調査法。

土質試験｜どしつしけん
サンプリングした土質試料の物理的、力学的な性質を調査、試験すること[表6]。物理的性質では含水比、土粒子の比重、乾燥密度、などを調べる。

孔内水位｜こうないすいい
ボーリング調査時の筒の中の水位。地下水位とは別物。

素掘り｜すぼり
スコップなどにより掘削を人力で行うこと。掘るときの抵抗により、地層の強さを判別する。

ハンドオーガーボーリング
ロッドの先端にオーガーの刃先を取り付け、人力で回転させながら掘進していくこと。特に傾斜地では、表層下の地山の深さを調べることによって傾斜を知ることができるなどの効果的な調査もできるが、砂地盤や軟弱層の地盤の調査には適さない[36頁表7]。

地耐力｜ちたいりょく
地盤が構造物を支えられる強度。地盤の強度を破壊現象の観点から捉える支持力と、破壊には到らないものの体積が収縮したり変形する沈下量とを比較したとき、小さいほうの許容値を地耐力とする。**直接基礎**を計画するときには重要である。建築基準法施行令第93条では、地盤調査を実施しない場合は地盤の種類に応じて、第93条の表の地盤の長期許容応力度によることができる。

サンプリング
土質の分類や特性を試験するために土の試料を採取すること。標準貫入試験では、地盤を打撃するおもり自体が**サンプラー**（採取装置）となっており、内部に詰まった土を取り出して観察できる。

一軸圧縮試験｜いちじくあっしゅくしけん
試験装置に円柱形の試料（粘性土）を設置し、試料が破壊されるまで上下軸方向に荷重を与える試験。

三軸圧縮試験｜さんじくあっしゅくしけん
せん断試験の一種。不透水性の膜で包まれた供試体に上下横方向から圧力を加え、更に軸方向に圧縮して強度を求める試験。

N値｜えぬち
ボーリング工によって掘削された孔内で実施される標準貫入試験の実測値。重さ635N（63・5kg）±5N（5kg）のハンマーを76±1cm自然落下させて孔底を打撃し、30cm貫入するまでの回数をカウントし、その打撃回数が地盤の強度を表す指標となる。

換算N値｜かんさんえぬち
スクリューウエイト貫入試験で、ロッドが土中に貫入していく際の摩擦抵抗をN値に換算する計算式のこと。砂質土用・粘性土用の2種類がある。

土質柱状図｜どしつちゅうじょうず
ボーリングや標準貫入試験などの土質調査をしたうえで、採取されたデータをもとに記録する地盤構成をいう。土質柱状図の報告書は1mごとに深度を設け、孔内水位、土質の変化、色調、硬軟、打撃回数、N値などを表示する。

自沈｜じちん
標準貫入試験において重さ635N（63・5kg）±5Nのハンマーの打撃によらず、その自重で孔底のサンプラーが沈降する状態。スクリューウエイト貫入試験では荷重を載荷したときに自重で沈降することをいう。

軟弱地盤｜なんじゃくじばん
一般的に地盤が軟弱な場所は谷地、後背湿地、三角州などの水の集まりやすい低地、新規に盛土が施されたばかりの土地であるが、地盤を評価するときには、地耐力と建物荷重との相関を考慮し、地盤だけを見て固定的な絶対値を算出してはいけない。戸建住宅にとっての軟弱地盤とは、布基礎で支持できないとされる地耐力30kN/㎡に満たないものをいう。

地盤性能

支持力｜しじりょく
荷重が掛かっても地盤が破壊せずに支持できる力。

支持層｜しじそう
直接基礎あるいは杭基礎を介して伝達される荷重を十分に支えることのできる地層。構造物の荷重や、杭の先端支持力によって要求される支持層の強さは異なる。通常、小規模建築物ではN値15程度が目安となる。

地盤の許容応力度｜じばんのきょようおうりょくど
「**許容支持力度**［きょようしじりょくど］」と同義。建物荷重によって地盤に発生する応力度の許容値のこと［表8］。

許容沈下量｜きょようちんかりょう
建物に有害なひび割れなどが発生しない限界の沈下量。

地盤保証｜じばんほしょう
建物の瑕疵の大きな原因となる地盤について、一定の保証料をかける対価として瑕疵の修補費を補填する仕組みのこと。

地盤の不具合

地盤沈下｜じばんちんか
地盤の沈下には**圧密沈下**と**即時沈下**がある。圧密沈下は鉛直応力により間隙水がしぼり出され沈下する現象で、沈下量も大きく沈下が終わるまで時間もかかる。即時沈下

表7｜試験掘りによる地層の簡易判別法

地層の硬さ		素掘り	ハンドオーガーボーリング	推定N値	推定許容地耐力（長期t／㎡）
粘性土	極軟	鉄筋を容易に押し込むことができる	孔壁が土圧でつぶれて掘りにくい	2以下	2以下[注1]
	軟	シャベルで容易に掘れる	容易に掘れる	2～4	3[注1]
	中位	シャベルに力を入れて掘る	力を入れて掘る	4～8	5
	硬	シャベルを強く踏んでようやく掘れる	力いっぱい回すとようやく掘れる	8～15	10
	極硬	つるはしが必要	掘進不能	15以上	20
地下水面上の砂質土	非常にゆるい	孔壁が崩れやすく、深い足跡ができる	孔壁が崩れやすく、試料が落ちる	5以下	3以下[注2]
	ゆるい	シャベルで容易に掘れる	容易に掘れる	5～10	5[注2]
	中位	シャベルに力を入れて掘る	力を入れて掘る	10～20	10
		シャベルを強く踏んでようやく掘れる	力いっぱい回してようやく掘れる	20～30	20
	密	つるはしが必要	掘進不能	30以上	30

注1　過大な沈下に注意が必要
注2　地震時の液状化に注意が必要（『小規模建築物基礎設計の手引』［㈳日本建築学会］より）

表8｜地盤の許容応力度

地盤の許容応力度（kN／㎡）	基礎の構造
20未満	基礎杭を用いた構造
20以上30未満	基礎杭を用いた構造またはべた基礎
30以上	基礎杭を用いた構造、べた基礎または布基礎

注：地盤の許容応力度が70kN／㎡以上であれば土台を設けず柱を基礎に緊結する形式、または平屋で土台を設けず、足固めを使用して柱の下部同士を一体化するようつなぎ、地盤に礎石などを敷きならべて柱を礎石上に立てる形式が可能

図6｜不同沈下が起こる原因

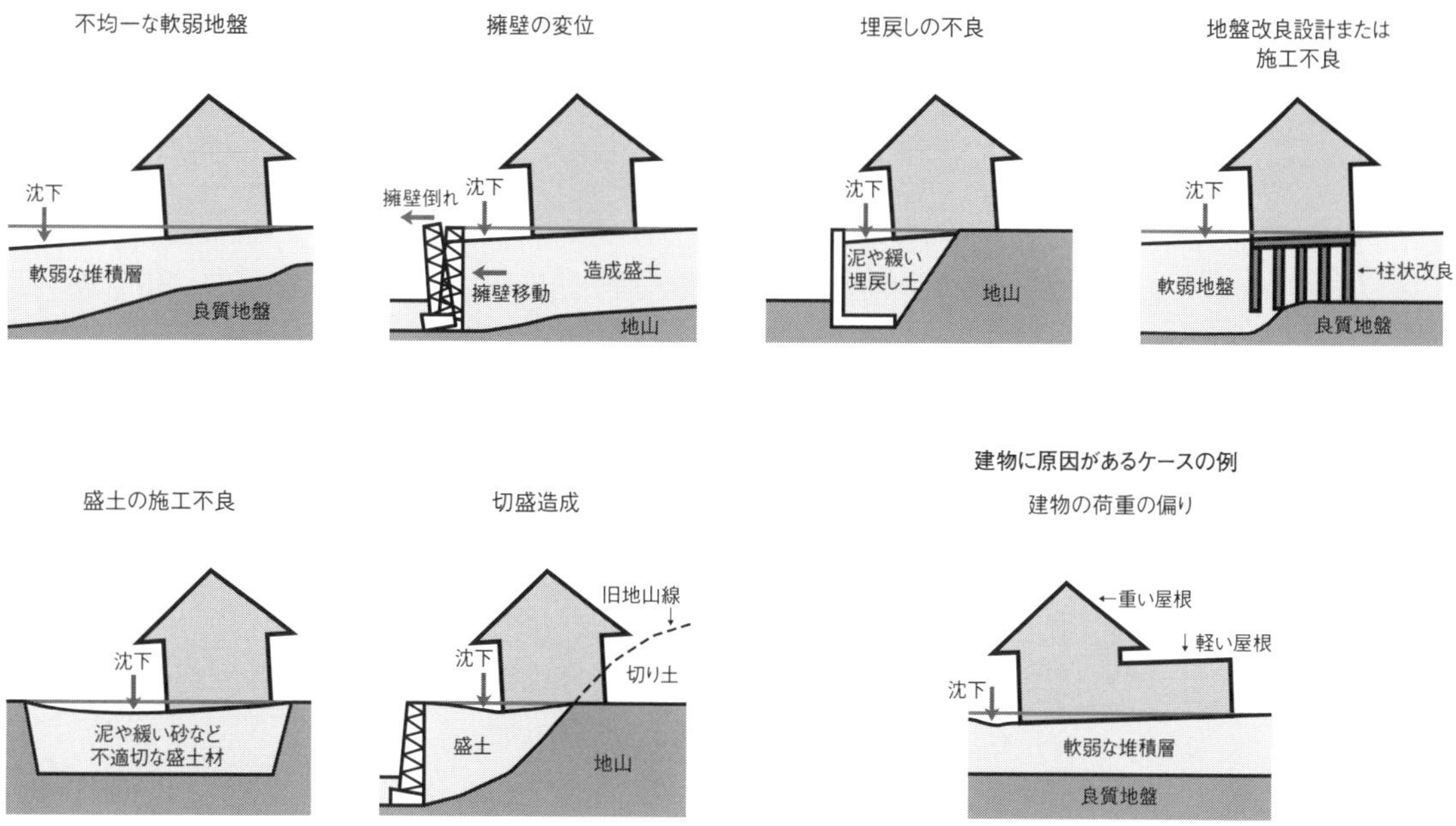

図7｜不同沈下のメカニズム

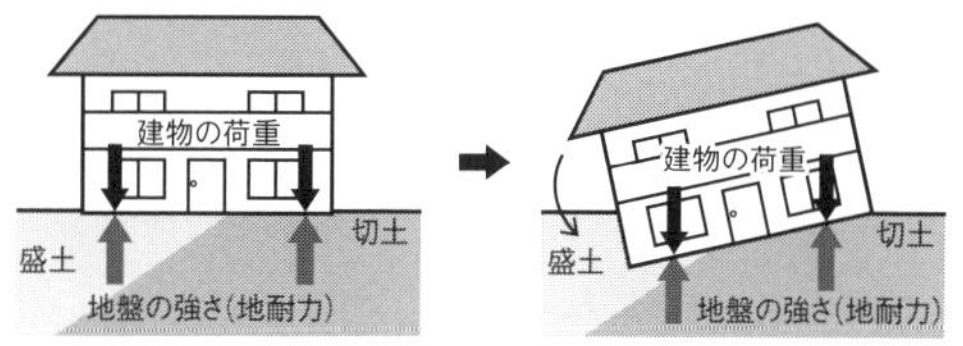

建物の荷重と、下からそれを支えようとする地耐力が均衡している状態

盛土部分の地耐力が弱く、建物の荷重を支えきれずに建物が不均等に沈下してしまった状態

図8｜圧密沈下のメカニズム

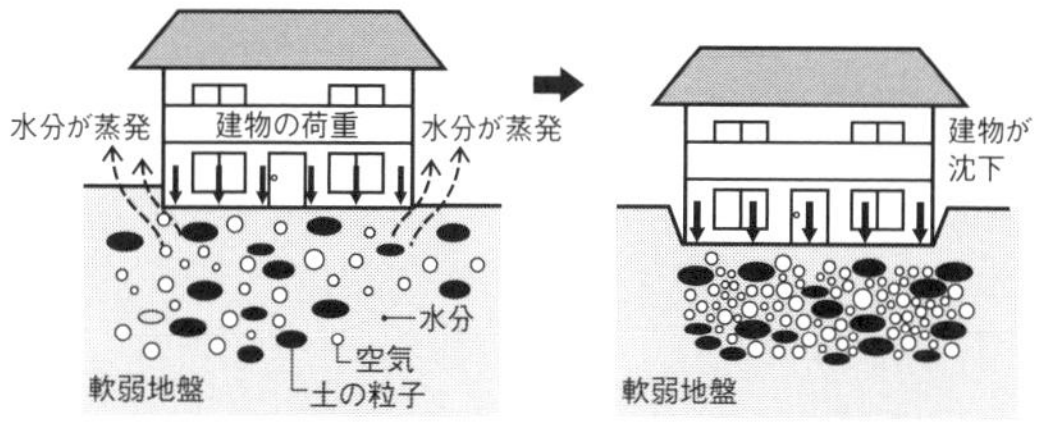

建物の荷重が軟弱地盤に加わり、地中の水分が蒸発してしまった状態

地盤の水分が放出し、体積が圧縮してしまった状態。そのため、地盤の沈下とともに建物も沈下してしまう

は鉛直荷重の増加による過圧密化で生じ、沈下時間は短期間で沈下量も比較的小さい。なお、地盤沈下を生じても沈下が一様であれば構造的には問題がないが、沖積層の厚さが不均一である場合には**不同沈下**を生じる。

広域地盤沈下｜こういきじばんちんか
地下水が過剰に汲み上げられたことにより、広い範囲にわたって地層の体積が収縮して起こる地盤沈下のこと。急速に開発が進んだ地域、地下水を利用している地域などに被害が目立つ。

不同沈下｜ふどうちんか
建物全体が均等に沈下するのではなく、片側に傾斜したり、建物の1部が極端に沈下する現象。地耐力の不足、地盤の不均一性、偏荷重、基礎形式の違いなどによって生じる。[図6・7]。

陥没｜かんぼつ
不同沈下の原因の1つ。不法投棄したガラの隙間に雨水とともに土が吸い込まれたり、埋め立てた植栽や生ごみが腐食して空洞ができると、地表が局所的に沈降するが、このことをいう。

即時沈下｜そくじちんか
地盤が荷重を受けたとき、載荷とほぼ同時に発生し、また終息する沈下現象。土中の水分が短期間に抜ける砂質土に顕著な沈下。

圧密沈下｜あつみつちんか
建物荷重が地盤に影響して粘土中の間隙水が徐々に排水されることにより体積が減少し、密度を増す結果、地盤が沈降する現象[図8]。

残留沈下｜ざんりゅうちんか
圧密が終息しておらず、今後も沈下が進行する可能性があること。

液状化現象｜えきじょうかげんしょう
地震によって地盤がせん断力を受け変形し、建物が沈下をしたり、水、砂が地表に噴出する現象。この現象が起こりやすいのは中砂0.1㎜前後で比較的粒子が揃っている場合で、深度10m以下のN値が15以下の比較的ゆるい砂地盤や地下水位が高い場所に起こりやすい。

クイックサンド
上向きの水の流れにより砂の粒子が大きな浮力を受け、重量以上の浮力を受けると、砂粒子が水のなかに浮遊した状態になり、地盤が水と砂の混合された液体性状になる現象。また、砂全体が根切内に噴き出す現象を**ボイリング**という。

地盤・基礎

現場共通用語 2

ここでは、寸法や納まりなどに関する必須の共通語をまとめた。

墨出し

墨—すみ
墨糸または**墨刺**［すみさし］で引かれた線の総称。

墨出し—すみだし
墨打ち、**墨を打つ**ともいう。部材の取付けや仕上げ作業のために、下地面などに心墨、逃げ墨などの印を付けること［図1］。

通り芯（**心**）—とおりしん
最下階を基準にして、建物の縦軸線と横軸線の基準となる中心直線をいう。

基準墨—きじゅんずみ
軸線の基準となる墨で、通り芯として表示されたもの。**元墨**［もとずみ］ともいう。

心墨（**芯墨**）—しんずみ
部材の中心線を示す墨。**真墨**［まずみ］ともいう。柱や壁の中心線などをいう。

心出し—しんだし
壁や柱などの中心線を出すこと。**心を打つ**ともいう。

逃げ墨—にげずみ
墨が出せない場合に心墨などの基準墨から一定の寸法を離して平行に墨を出すことをいう。なお同意語として、芯を指示する場合に使う**返り墨**、仕上がり面を指示する場合に使う**寄り墨**などがある。

陸墨—ろくずみ（りくずみ）
水平を表示する基準高さの墨。**腰墨**、**水墨**ともいう。

上がり墨・下がり墨—あがりずみ・さがりずみ
前者は陸墨から上げて示す墨、後者は陸墨から下げて示す墨のことをいう。

地墨—じずみ
床など水平面に直に付ける墨。

立て墨—たてずみ
垂直方向の線を立面に表示した墨の総称。

親墨—おやずみ
墨出し作業の元となる墨。**元墨**ともいう。全階を通しての基準墨でなく、階別の各階にのみ適用される基準墨などを区別して呼ぶ。**子墨**［こずみ］は基準墨をもとに割り出す墨をいう。

墨を返す—すみをかえす
寄り墨、逃げ墨から通り芯を出すこと。

仕上げ墨—しあげすみ
通り芯または寄り墨から仕上がり寸法を記入すること。

R出し—あーるだし
円や半径の墨出しのこと。

心々（**真々**）—しんしん
建物の軸線や部材の中心線からほかの中心線までのこと。また、その距離を指す［図2］。

矩を巻く—かねをまく
矩を振る［かねをふる］ともいう。直角の墨を出すこと。

墨付け—すみつけ
木造部材に継手や加工の仕口などの寸法を、**墨壺**や墨刺、**曲尺**（**矩尺**）を使って線引きすること。

墨壺—すみつぼ
墨付け用の道具［図3］。

墨刺—すみさし
大工が直線を引いたり、特記や記号を表示するために用いるもの。

指し金（**差し矩**）—さしがね
墨出しに使用する長さと90度を測る道具。曲尺ともいう。

通り—とおり
直線になる状態のことで、曲がっていることを「**通りが悪い**」という。「**通りを見る**」というのは直線になっているかを確認する作業のこと。

納まり・状態

納まり—おさまり
間取りや空間、あるいは部材の組合せや**取合い**、**見え掛かり**、仕上げの精度などが、美観上や機能の面などでうまく仕上がっているかどうかを指す。

取合い—とりあい
部材同士が接触しあう部分。また、その状態を指す。

見え掛かり—みえがかり
建築の部材で目に見える部分のこ

図1｜墨の表示例

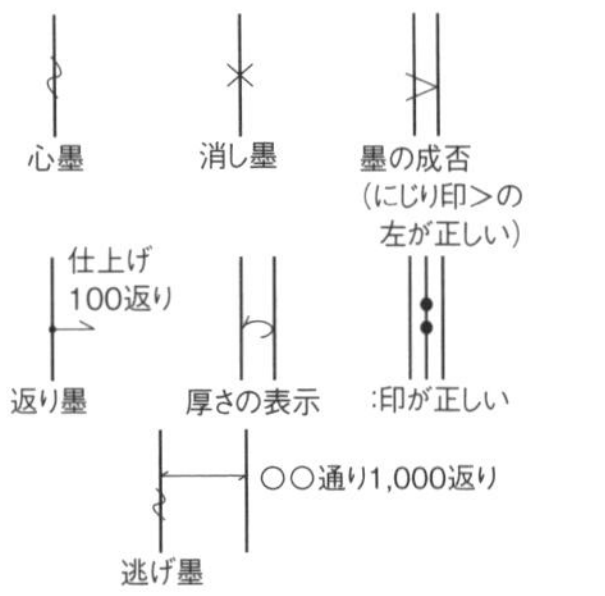

図2｜心々

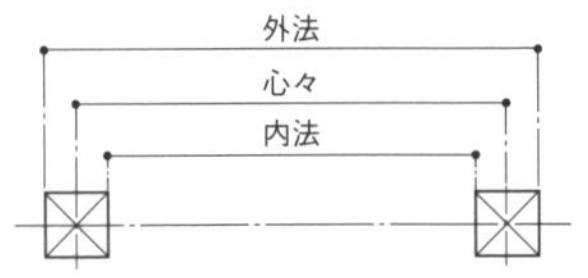

図3｜墨壺

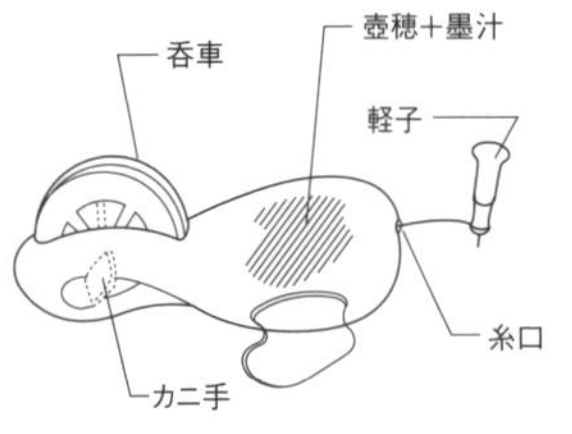

墨を吸わせた綿状のものを壺穴に入れ、このなかに糸を通して墨糸とし、墨糸をはじくと直線が引ける仕組みをいう

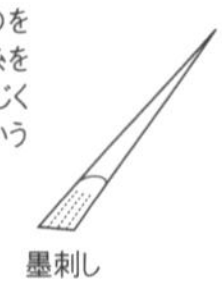

図4｜面

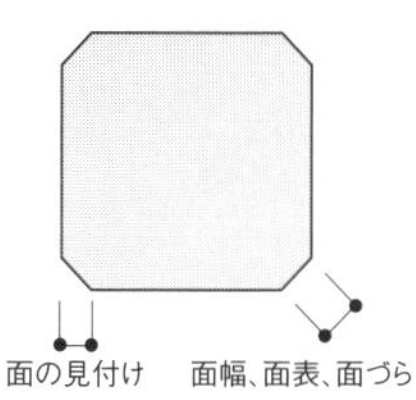

と。

見え隠れ｜みえがくれ
見え掛かりとは逆に、目に見えない建築部材のこと。

見付け｜みつけ
見え掛かりとなる部材の正面に見える面をいう。

面｜めん(つら)
表面のこと。また、木造の柱などの部材断面の隅角分に加工した部分の表面を指す[図4]。

面一｜つらいち
面揃[めんぞろ]、**ぞろ**、**さすり**ともいう。相接する2材の表面が平らに揃っていること。

逃げ｜にげ
材料の加工誤差や現場での取付け誤差などを吸収するためにあらかじめ取っておく寸法上や納まり上の余裕のこと。**遊び**ともいう。

陸｜ろく(りく)
水平なこと。例としては水平な屋根を指す陸屋根などがある。

水｜みず
陸墨のこと。また、水平面、水平線のことをいう。

見切る｜みきる
仕上げ材の端部や変わり目をきれいに納めること。

馴染み｜なじみ
複数の部材が具合よく密着すること。「**馴染みがよい、悪い**」と用いる。

捨て｜すて
施工上の納まりをよくするために使う材料に付ける言葉で、例としては**捨てコンクリート**などが該当する。

ベタ
全面の意味。**ベタ基礎**、**ベタ塗り**などという。

勝ち・負け｜かち・まけ
部材同士の接合部の位置関係を指す言葉。たとえば、木造の柱と土台の納め方で、柱が基礎コンクリートまで伸びたものを**柱勝ち**、土台の上に柱が載っているものを**土台勝ち**と呼ぶ。

ふかす
仕上げ面や仕上げ線の位置を、納まり上の理由によって必要寸法以上に前に出すこと。また、RC造においては、**かぶり厚さ**を確保するために余分にコンクリートを打つことをいう。

不陸｜ふろく(ふりく)
表面などが凸凹になっている状態。

笑う｜わらう
仕上げ面や平滑であるべき下地面が均一でないこと。

目違い｜めちがい
板やボードを継ぎ合わせたときに、その部分面が食い違い、同一平面とならないことをいう。

拝む｜おがむ
直立しているべきものが、傾いていること。

勝手｜かって
一定寸法より過ぎている、あるいは過剰な状態。「開き勝手」は少し開き気味のこと。

手戻り｜てもどり
済んだ作業工程をやり直すこと。

手直し｜てなおし
工事完了後に設計図書と異なる部分や施工不良の部分があった場合に、部分的にやり直したり、部分修正すること。

駄目｜だめ
建築工事がほとんど完成した段階で、一部にわずかに残された未仕上げの状態、または修正が必要な部分のこと。駄目を点検し、現場を見回ってチェックすることを**駄目回り**、駄目部分に手を入れて完成させることを**駄目直し**という。

矩｜かね
直角のこと。また、直角よりも開いていることを**鈍矩**[なまがね]という。類似語で**矩折り**[かねおり]は直角に曲がった状態のこと。

転び勾配｜ころびこうばい
45度より急な角度。

返し勾配｜かえしこうばい
勾配角が45度より大きいときにその角度から45度を差し引いた勾配のこと。

振れる｜ふれる
一定の位置や方向より脇へずれること。また、その角度のこと。

転び｜ころび
柱や壁の部材が傾いている状態やその度合いのこと。

立端(**建端**)｜たっぱ
高さや丈を表す言葉。

図5｜反り・照り

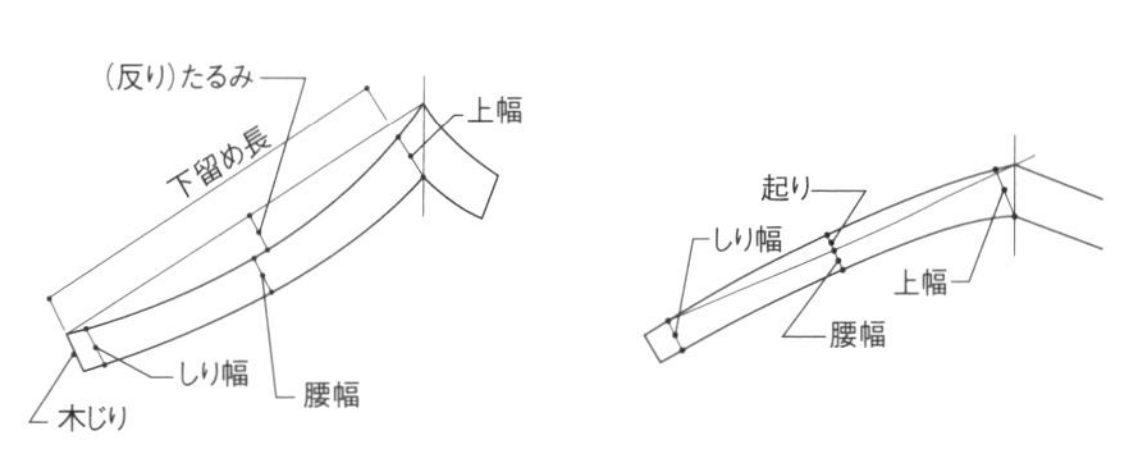

反り｜そり
照りともいう。上方に凹状になった線や曲面を指す。**反り屋根**などという。また、板材などが乾燥収縮で反り返ることをいう[図5]。

起り｜むくり
上方に反っていること。**起り屋根**[むくりやね]などという。

送り｜おくり
ピッチともいう。材を並べたり、釘を打ったりするときの間隔などを指す。図面に記載するときには@で表現されることが多い。

遣り方

3

基礎工事の掘削を始める前に柱や壁の中心を決める遣り方［やりかた］を設け、高さの基準となる水平線を表示する水盛り［みずもり］を行う［図1・2］。これらは、設計図どおりに建物が敷地に入るか、建物が法令上の寸法に適合しているかどうかを確認する作業でもある。

遣り方

遣り方｜やりかた

基礎工事に先立って、柱・壁などの中心線や水平線を設定するため、必要な個所に杭を打つ仮設物のことをいう［写真1、図3］。遣り方を用いた一連の作業を**遣り方を出す**という。

遣り方は、基準として動かないもの（基礎コンクリートや土間コンクリートなど）に基準墨を移した後は必要がなくなるため基本的に撤去される。

なお、作業所が市街地にあったり、地下工事が行われたりする場合には、道路やコンクリートブロック塀などの動かない場所に墨出しを行い、必要に応じてポイント釘などを打つ。

規模の大きな建物などでは遣り方をつくらず、その都度測量機器を用いて、ベンチマークや固定物あるいは新設した杭などに設けられた基準点から、レベルや基準墨を出すことが多い。

地縄張り｜じなわはり

建物の位置を決定するために建物の外周と内部の主たる中心線上に縄やビニル紐（**タフテープ**）を張り、建物の位置を地面に表すこと。建物が敷地内に納まっていること、山留め施工の可否などを確認する作業である。**縄張り**ともいう。隅には**地杭**を打つ。地杭は地縄張りの際に、縄を地面に留めておく細い杭のことで、木杭や鉄筋杭が使われる。

なお、住宅規模の現場では、矩出し専用巻尺などの治具を用いて直角を出すが、規模の大きな現場では**トランシット**［42頁写真5］を用いる。

地杭｜じぐい

地縄を張るときに計画建物の隅に打ち込み、テープを留める杭。また、遣り方をするときに杭を打ち込み、水貫を留めるときの杭も**遣り方杭**、**水杭**、**地杭**などという。

ベンチマーク（BM）｜びーえむ

敷地内の高低差や、遣り方の高さの基準点をいい、**BM**と書く。工事中動かすことのない場所に杭などを打って基準にしたり、敷地周囲の塀などの構築物に印したりして基準にすることもある［表］。

なお、仮に定めたベンチマークはＫＢＭと表示されることが多い。

丁張り｜ちょうばり

土木工事のときの掘削や盛土などの土工事、石積み擁壁工事などで、仕上がり面を表示すること。杭と糸、小幅板などを用いて表示する。**トンボ**ともいう。

隅遣り方｜すみやりかた

遣り方の位置による名称。建物の四隅や出隅、入隅などに設けられるもの。

平遣り方｜ひらやりかた

隅部以外に壁や柱の中心が示されないとき中間に設けるもの。

たるみ遣り方｜―やりかた

遣り方の間隔が7m以上離れているときに、水糸がたるまないように設けるもの。

遣り方杭｜やりかたぐい

建物の外部に打つ木杭のこと。**水杭**［みずぐい］、**見当杭**［けんとうぐい］ともいう。打込み後、その

図1｜遣り方の工程（木造の場合）

①地縄張り
水糸を張る
↓
基準辺の設定
↓
対角寸法のチェック
↓
ベンチマークを定める
↓
地盤面の設定
↓
GL設定
↓
地縄チェック
↓
②遣り方へ

②遣り方
水杭を打つ
↓
水平墨を出す
↓
水貫取付け
↓
水糸を張る
↓
芯墨を出す
↓
張り対角の確認
↓
基礎の通り芯の墨出し
↓
面墨を出して完了

図2｜遣り方の工程（RC造・鉄骨造の場合）

基準の通り芯の交点に杭打ち
↓
建物四隅の通り芯交点に杭打ち
↓
建物の各辺の長さを確認
↓
建物隅の角度確認
↓
水糸を張る
↓
各通り芯の逃げ杭打ち
↓
逃げ杭の養生
↓
完了

写真1｜木造住宅の遣り方の一例

頭に通り芯の釘を打ち、周りに**捨て杭**［すてぐい］を打ち込んで目印のためにビニル紐などで養生して囲う。

矢筈切り・いすか切り｜やはずぎり・—ぎり
いずれも遣り方杭の頭の切り方。これは遣り方のための杭で、動かしてはいけない、という注意標識である［図5］。遣り方ではいかに水平を保つかが重要になるため、遣り方杭の上に人が手をつくなどの外力が加わると、レベルが狂う危険がある。それを防ぐために頂部を加工する。
ちなみに矢筈とは矢の弦にあたる部分のV字形の凹みで、いすかはくちばしが上下食い違った鳥に由来する。

逃げ墨｜にげずみ
通り芯は柱や壁を建て込むと見えなくなるため、通り芯から一定距離を離して出す墨のこと。寄り墨ともいう。

水貫｜みずぬき
遣り方杭に印した基準墨に小幅板の上端を合わせ、順次打ち付けていく板のこと。水貫の上端は基礎天板から一定の高さを逃げた基準高さとして設定する。水貫面には**芯墨**、**逃げ墨**などを印す。水貫を購入する際は「水貫用」と指定しないと、普通の貫（天端がカンナ掛けされてない）と間違えられることがあるので注意が必要である。

水糸｜みずいと
遣り方の際、対面する水貫間に張り渡された水平を示す糸。通り芯の基準となる。ナイロン製やポリエチレン製の糸、ピアノ線などを使う。
水糸は芯を基準に張られ、その位置を地盤面に落として、根切りの基準を印したり、工程に応じて、捨てコンクリートや基礎コンクリートに芯の位置を落としたりする。また、水糸の位置を垂直に下ろすときに**下げ振り**［さげふり］［42頁写真2］を用いる。

逃げ杭｜にげぐい
通り芯には柱、壁などが建て込むと墨が見えなくなるため、通常、建物の内側500〜1000㎜逃げたところ（**逃げ通り芯**［にげとおりしん］という）に打つ杭。

水盛り｜みずもり
建築工事の基準となる水平面を定めること。**レベル出し**［—だし］ともいう。水準の測量器にはレベルが使用される。
また、**水盛り遣り方**［みずもりやりかた］と呼び、遣り方と一緒に表現することもある［図4］。

ポイント
各通り芯の交点や、レベルのベンチマークを指す。

図3｜遣り方の名称

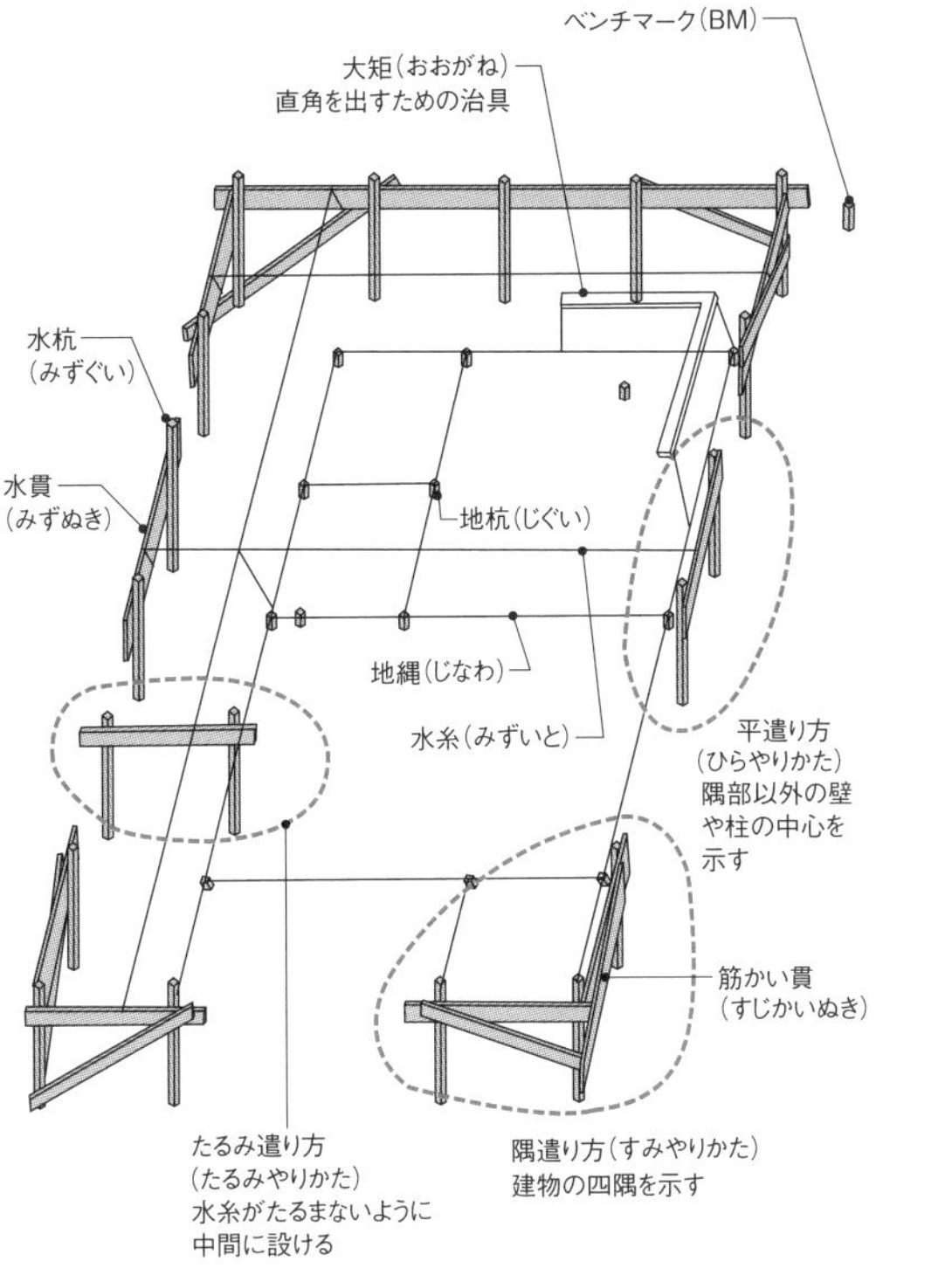

図5｜矢筈切り・いすか切り

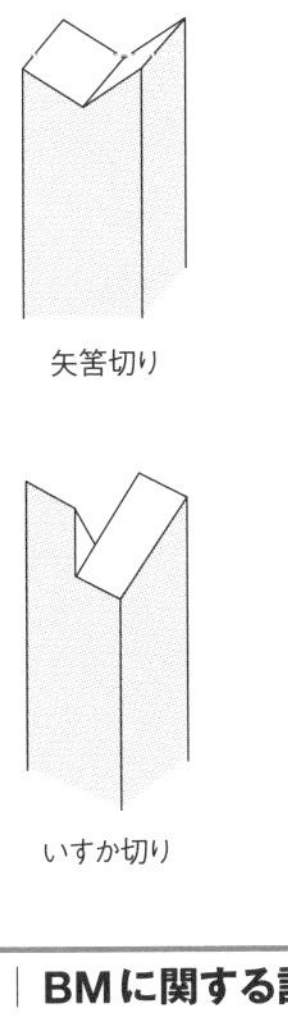

図4｜水盛り遣り方

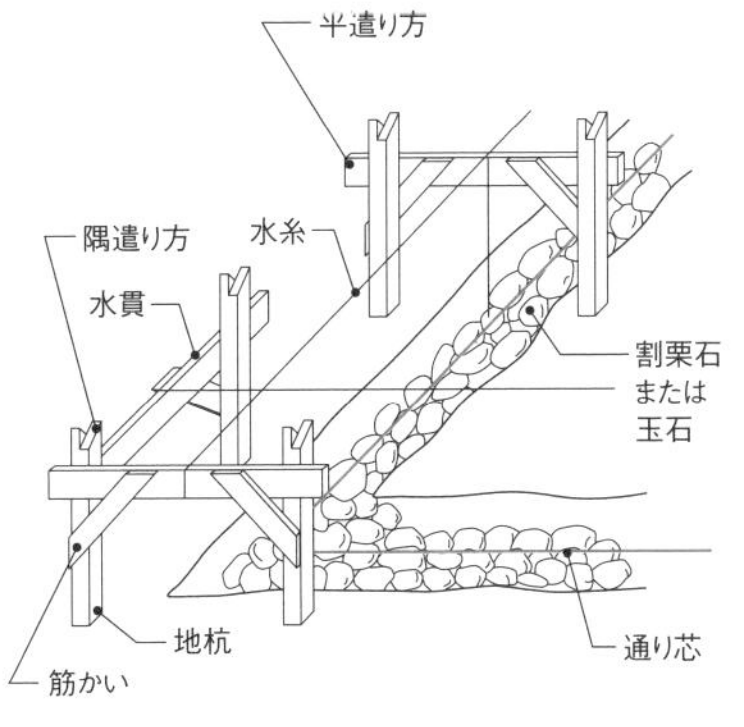

表｜BMに関する記号

名称・略称	意味
TBM	BMからさらに仮に基準高を移設したポイント。Temporary BMの略
GL	Ground Lineの略。建物に接する地盤面の高さのこと
FL	Floor Line（Level）の略。GLを基準に設定される
T.P	東京湾の平均海面高さ（基本設置位置と高さの値は、国土地理院発行の5万分の1の地図に記載されている）
A.P	荒川、多摩川、中川の平均水面高さ
Y.P	江戸川、利根川の平均水面高さ
O.P	淀川、大阪湾の平均水面高さ

道具

下げ振り｜さげふり
糸の先端に円錐形のおもりが付いた、鉛直方向がまっすぐ出ているかどうかを見る道具。測量機器の据付け位置を決めたり、建方工事で柱が正確に垂直に建っているかを見たり、地墨を打ったりするときなどに使う[写真2]。
建物外部では、ある程度重いおもりが付いたものでないと、わずかな風にも揺れて使用できないので注意したい。

レベル
高さを測ったり、陸墨（水平の墨のこと）を出すときに使用する望遠鏡と気泡管を組み合わせた測量器。
現在使われているもののほとんどは、ある程度平らにセットすれば自動的に水平を決めてくれるオートレベルである。基準となる陸墨を出すことを**レベル出し**という。レーザー光線を使って測量を行うレーザーレベルもよく使われる。縦墨を出したり、建入れ精度の測定などもできる。

レーザーレベル
レベル本体がレーザー光線を出し水平を測る機械[写真3]。

オートレベル
レーザーレベルと同様に、レベル本体がレーザー光線を出し水平を測る機械。ポイントになると音で分かるようになっているので、1人で墨出しができる[写真4]。

トランシット
鉛直方向と地墨の直線、角度を測る機械。望遠鏡を用いて水平角や鉛直角の測定ができる。機器の設置基準点と水平面を基準にして、望遠鏡の視準線を目標にセットしてできる方向角と高度角が目盛り盤で読み取ることができる仕組みになっている。
現在は、コンピュータ内蔵型が主流。**転鏡儀**［てんきょうぎ］ともいう[写真5]。

レーザートランシット
トランシット本体がレーザー光線を出し縦墨を測る機械。レベル兼用型もある。

ばか定規｜じょうぎ
水杭に基準高さを移すときに用いる定規。小割材などを使い下端を水貫上端の基準高さに合わせ、中央部にレベルの規準線の位置を印して、各水杭に基準高さを順次移し取っていく。**ばか棒**［―ぼう］ともいう。

コンベックス
携帯用小型スチール製の巻尺のこと。**スケール**ともいう。墨出しを行うとき、精度を上げるため10㎝の目盛りを基点にして使用することがあるが、この場合、逆に長さを10㎝間違えないよう注意しなければならない[写真6]。

大矩・大曲｜おおがね
小幅板を用いて現場製作した直角三角定規。3辺を3、4、5尺にとったものを**三四五大矩**、6、8、10尺にとったものを**六八大矩**という。**矩出し専用巻尺**などの便利な治具が普及し、あまり使われなくなってきた。**大定規**ともいう。

矩出し専用巻尺｜かねだしせんようまきじゃく
穴のあいた2本のテープが歯車に案内されて、いつも同じ長さが引き出される巻尺。製品では**カネピタ**（協和建鐵）などが有名。基準墨の両側に基準墨を底辺とした二等辺三角形の頂点にあたるポイントを印し、この2点を結んで矩を出す[図6]。

写真2｜下げ振り

写真3｜レーザーレベル

写真4｜オートレベル

写真5｜トランシット
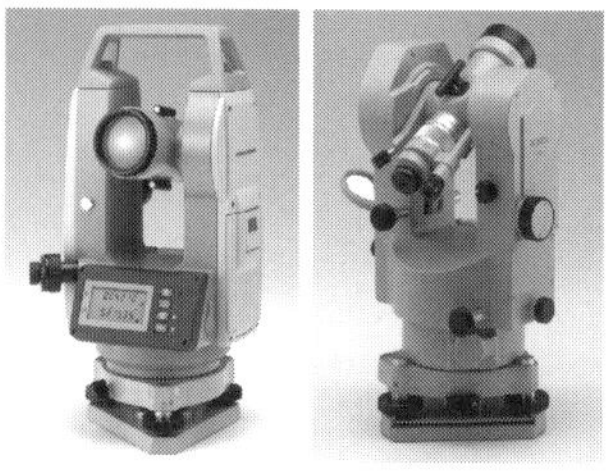

写真6｜コンベックス
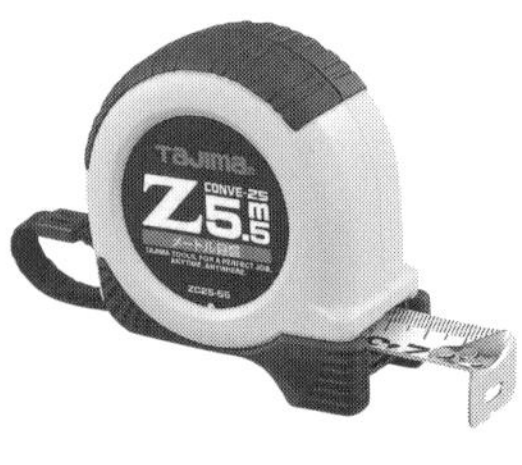

図6｜矩出し専用巻き尺
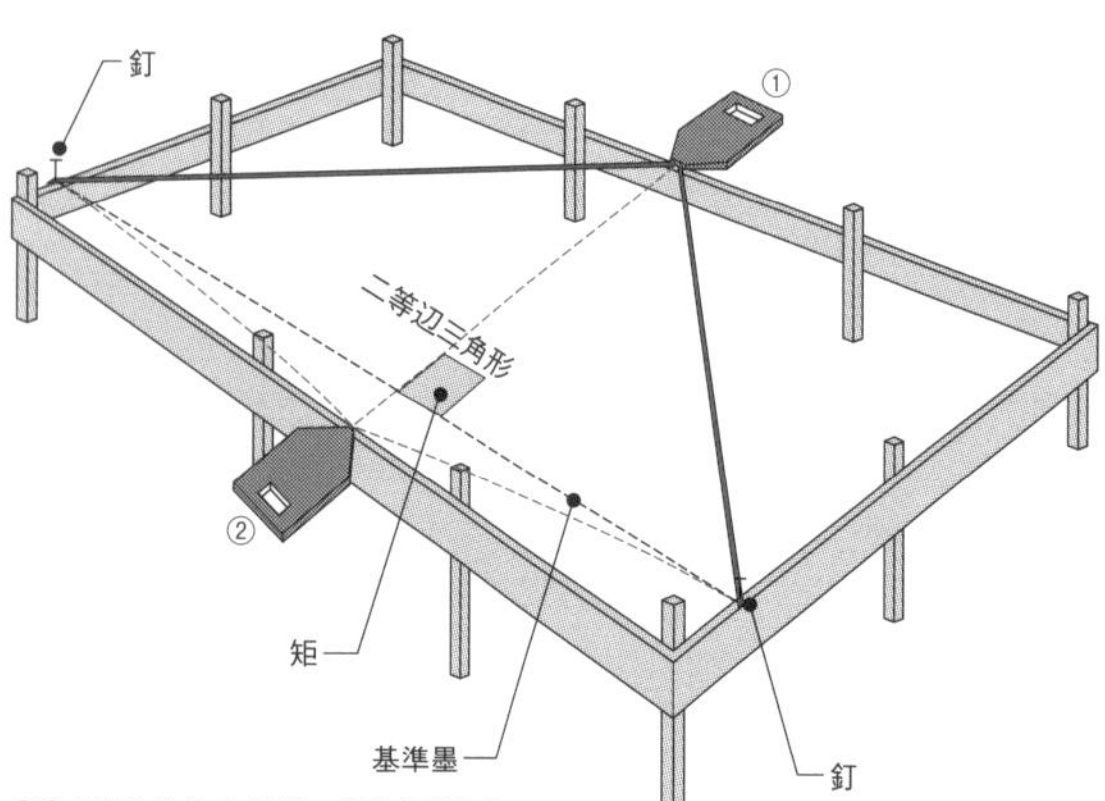

①②の順にポイントを出し、①②を直線で結ぶことで基準墨の矩を出せる

土工事 4

建物の基礎や地下工作物をつくるために地盤を掘削することを根切りという。根切りを行うと残土や地下水などが出るため、これらを処理してから地盤を整地する。

根切り

根切り｜ねぎり
根伐りとも書く。基礎や地下構造物をつくるために地盤面下の土を掘削すること[図1・2]。掘削壁面が崩壊する恐れのあるときは、別途、**山留め工事**［やまどめこうじ］を行う。また、掘削の形状から独立基礎に適した**壺掘り**［つぼほり］（独立基礎）、地中梁や布基礎のために根切りされる**布掘り**［ぬのぼり］（布基礎）、地下室などの場合に行われる**総掘り**［そうぼり］（ベタ基礎）に分類される。根切り前には、①地盤の地層・地耐力（N値）、地下水の状況把握、②近接道路・建物への影響の検討、③現場内および近接周辺の地中埋設物の状況把握、④山留めの必要性の検討、が重要である。掘削した底面を根切り床という。

素掘り｜すぼり
山留め、土留めをしないで掘削すること。根切りが浅い場合や、地盤が良好で崩壊の恐れのない場合に行う。オープンカット、**法付きオープンカット**［のりつき―］、**空掘り**ともいう[図3]。

余掘り｜よぼり
根切りで躯体工事・防水工事などのための作業スペースを余分に掘削すること。**掘越し**ともいう。余掘りを行う場合、余掘り幅は、深さが1.5m程度までは0.4～0.6m、地下がある場合は1.0m程度とする。

鋤取り｜すきとり
敷地や根切り底の地盤面の余分な起伏を所定の高さに平らに削り取ること。床付けの前工事に当たる。床付けまで乱さないよう加減しながら平らに削り取ること。

床付け｜とこづけ
ほぼ計画深さまで掘削した後、根切り床を正確に平らに仕上げること。鋤取りは目視荒削り、床付けはレベルを用い正確に平滑に仕上げ、砕石敷き・捨てコンクリートの厚さを見込んだ計画床付け面とする。建物が直接基礎の場合、床付け面が建物の支持地盤となるため、床付け面を乱さないよう注意しなければならない。良好な地盤の場合、床付け面に直に捨てコンを打設する場合もある。

段跳ね｜だんばね
根切りが深い場合、地山を階段状に残し掘削土を順次上段に跳ね上げ、排土すること。2段跳ね、3段跳ねと段の数に応じた呼び方をする[44頁図4]。

法面｜のりめん
傾斜面のこと[44頁図5]。**法**［のり］ともいう。勾配のついた掘削面をいう。垂直の勾配を**素立ち**、勾配間に**犬走り**の段を設けたものを**多段式**と呼ぶ。安全衛生規則により法面の掘削面の高さや勾配の上限が定められている。また、雨水などによる土砂流出を防ぐため、法面にモルタル塗りやシート掛けなどを行うことを**法面養生**［のりめんようじょう］という。

土羽打ち｜どばうち
法面を**土羽板**［厚板に柄がついたもの。[図6]で叩き固め、法面整形すること。風雨、振動などにより

図1｜根切りの種類

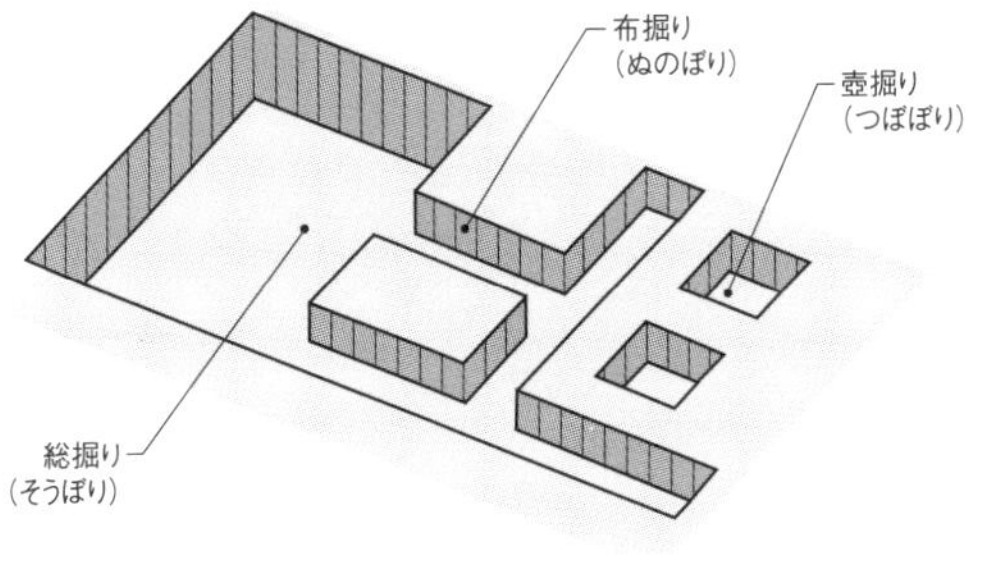

図2｜根切りの工程

根切り墨出し
↓
重機搬入
↓
根切り
↓
横矢板入れ
↓
残土処分（場内仮置きまたは場外搬出）
↓
排水処理
↓
床付け
↓
埋戻し

図3｜素掘りの安全掘削基準（労働安全衛生規則）

掘削面の高さ	岩盤または固い粘土	その他の地山	砂の地山	発破などで崩れやすくなった地山
2m未満	90°以下	90°以下	35°以下	45°以下または掘削面の高さが2m未満とする
2m～5m未満		75°以下		
5m以上	75°以下	60°以下		

法面表面が崩れるのを防止するために行う。

地山｜じやま
埋戻し土、盛土以外の自然の地盤をいう。表土以下の地層のこと。

山がくる｜やまがくる
山留めが側圧で大きく変位して崩壊したり、掘削の法面が崩れること。現場の大きな災害につながることが多い。

残土処分｜ざんどしょぶん
根切り工事によって発生した残土を処理すること。以下の3つに分類される。①**場内処分**：敷地内で埋戻しや盛土などに利用して場内置きすること。根切り土が良土の場合に限る。②**場外自由処分**：場外搬出で捨て場が指定されていないこと。一般的処分。③**場外指定処分**：捨て場が指定されていること。埋戻し転用指定、埋立地指定、有害土捨て場指定などがある。公共工事に多く、処分時に土質成分検査を行うこともある。

原位置試験｜げんいちしけん
現地の地盤に対し直接行う土質試験。

万棒｜まんぼう
トラックの台数や人数、丸太・木杭の本数などを数えること。現在は土砂の搬出入のため現場に出入りするダンプカーの台数チェックの意味。

万棒取り｜まんぼうとり
土工事の場合、残土搬出・搬入のダンプの車両台数や土工の人数を数え、計画時の数字どおりかを確認すること。ほかの工事でも数量確認のことを指して使われる。

アンダーピニング
山留め・掘削工事で、近接している既存の建物に影響が出るおそれがある場合、その構造物を仮受けしたり基礎を補強したりすること［図7］。

リバウンド
基礎が深い場合、掘削によって取り除かれた土の重量がなくなるために、押さえられていた土が膨らみ、地盤が若干上方に膨れ上がる現象のこと。

水替え

水替え｜みずかえ
根切り底に溜まる水を**釜場**［かまば］やポンプで排水すること。

絞り水｜しぼりみず
掘削する土そのものに含まれている地下水。掘削の途上で湧水となって表出するが、1度排水してしまうと後は出てこない。

釜場｜かまば
根切り底に溜まった水を排水するために揚水ポンプを据える穴のこと［図9］。

ウェルポイント
吸水管を約1m間隔で土中に埋設し、地上に設置した真空ポンプで強制的に地下水を排水する工法のこと［図8］。

ディープウェル
500〜600㎜程度の鋼管で井戸をつくり、底に水中ポンプをセットして地下水を排水する工法。地下水の量が多い場合に採用される［図10］。

杭間さらい｜くいま―
床付けのときに施工した杭の間の土を掘り揃えること。

リチャージ工法｜―こうほう
ディープウェル工法を使って排水した地盤の湧水を、離れた位置に設置したリチャージウェル（復水井）で地盤に戻す工法［図11］。公共下水への排水量の減少や、近隣の井戸枯れ、地盤沈下対策として有効である。**復水工法**ともいう。

沈砂槽｜ちんさそう

図4｜段跳ね

図5｜法面

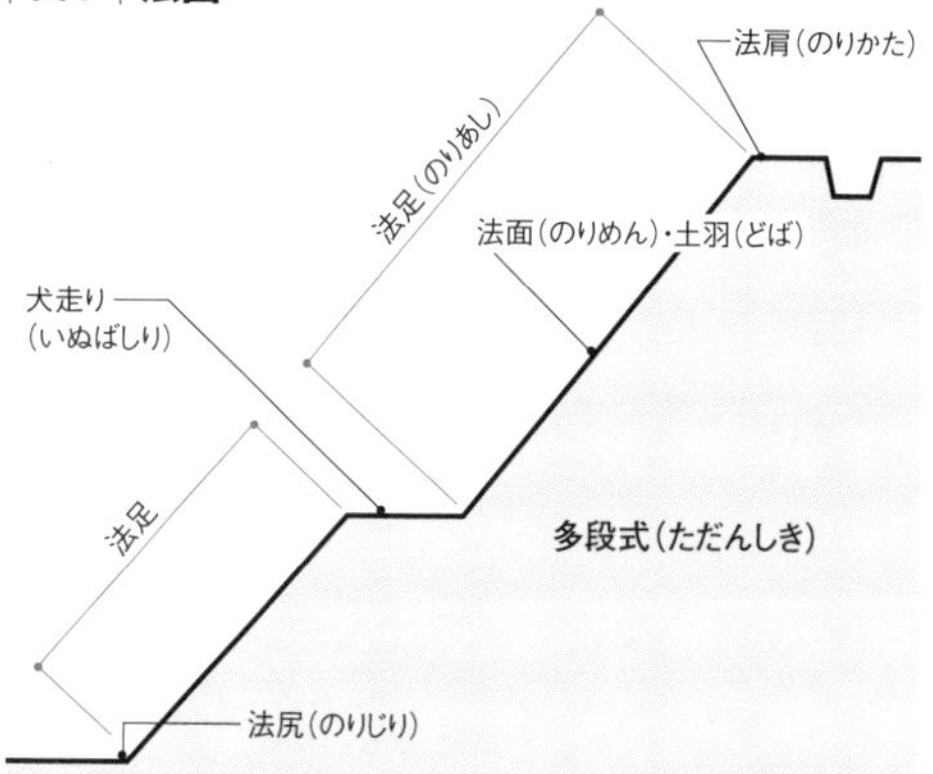

図7｜アンダーピニングの例

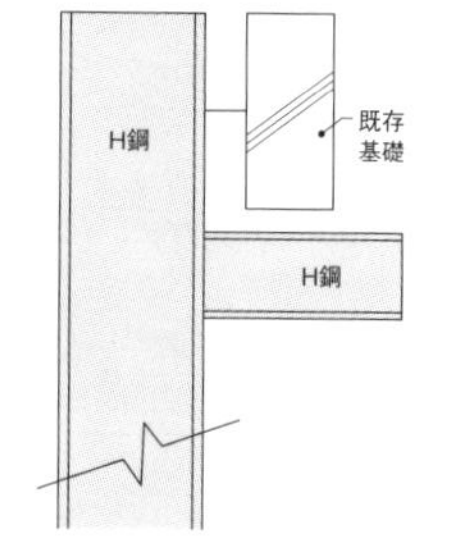

図6｜土羽板

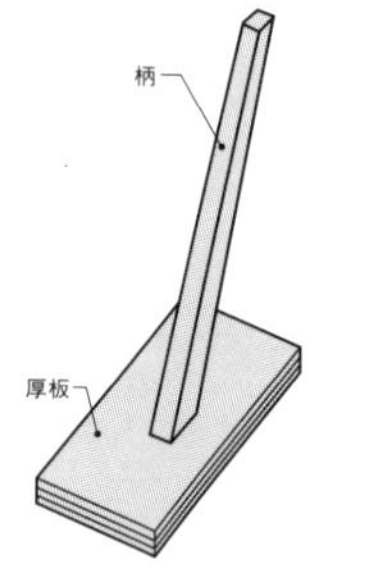

図8｜ウェルポイント工法

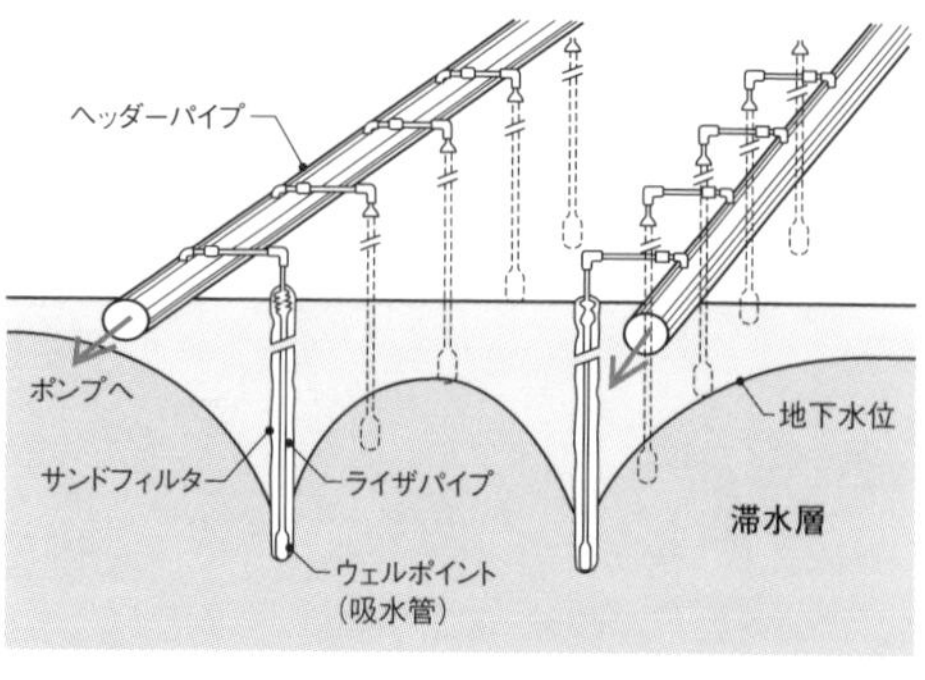

根切り底面の**釜場**[※]に集水した湧水や雨水の中に含まれる砂などの微粒子を沈殿させ、上水のみを排水させる槽。泥水を下水に流せないため必ず設ける。**2連ドラム缶**[図12]や**ノッチタンク**[図13]を使用する。

図9 | 釜場工法

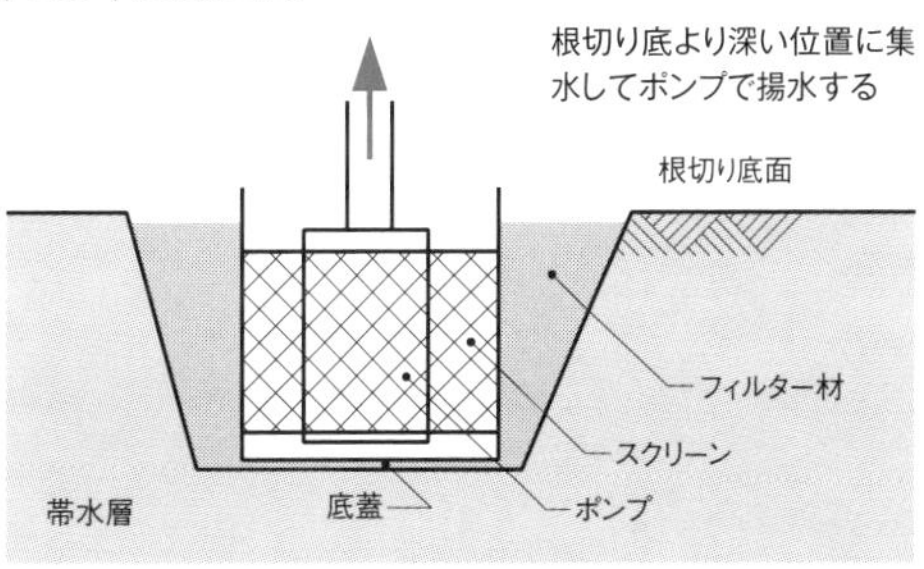

図11 | リチャージ工法

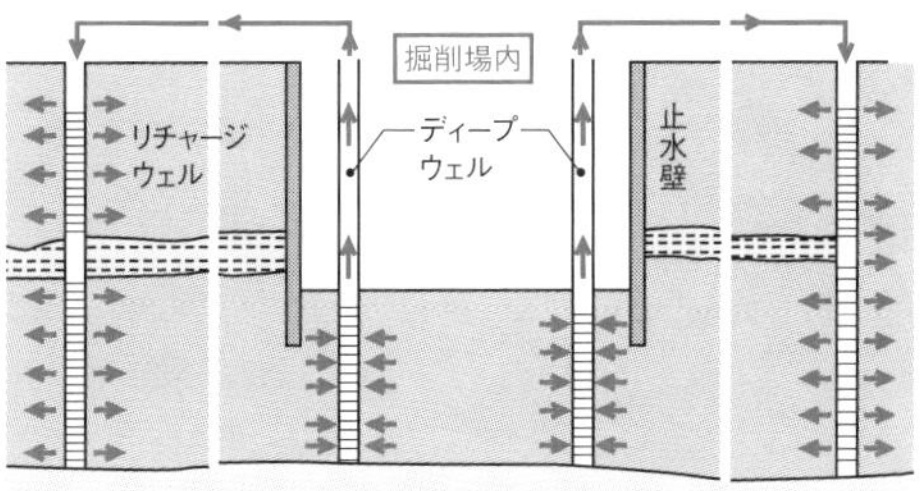

図10 | ディープウェル工法

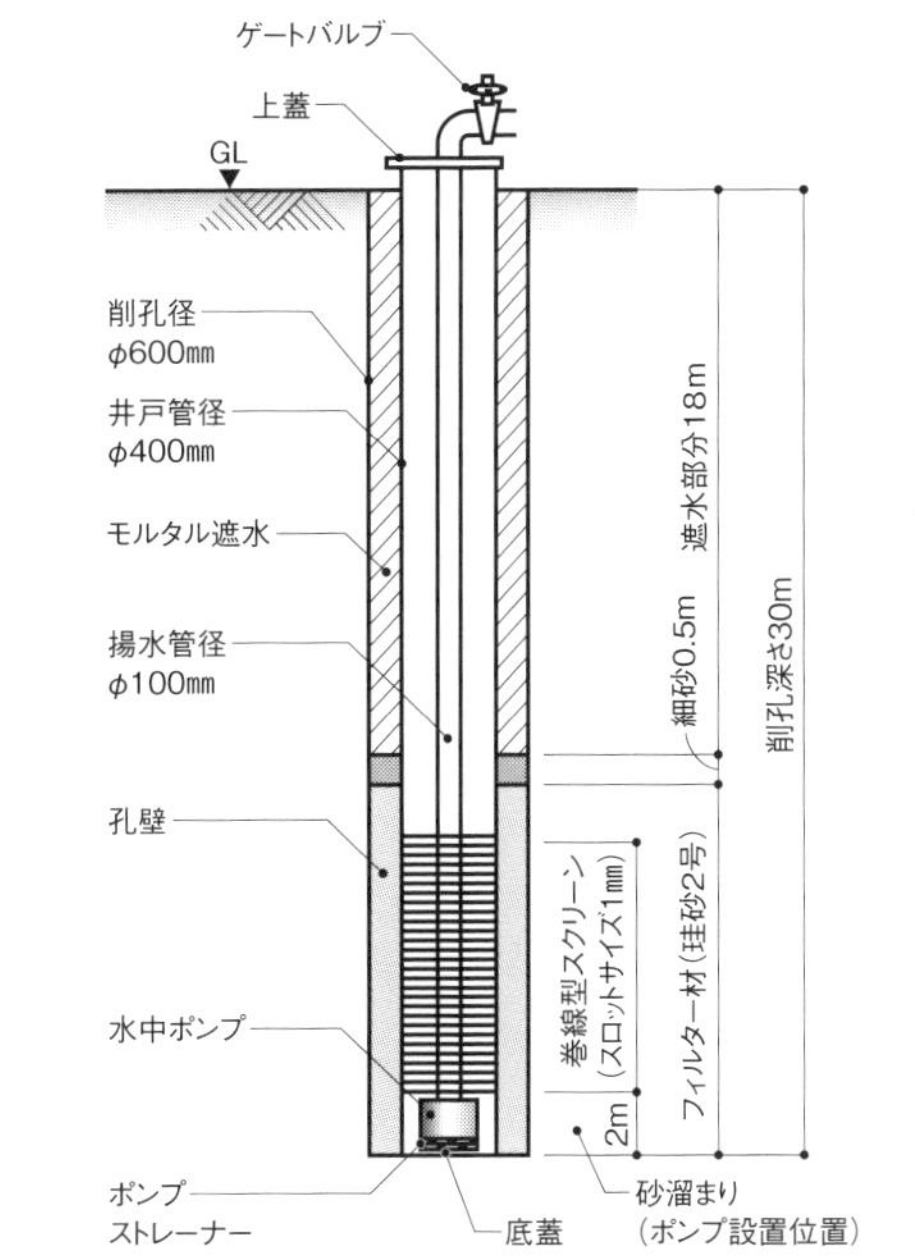

埋め戻し

埋戻し｜うめもどし
地中梁、地下工事の完了後に建物内外の土間下まで土を入れること。土は場内仮置き土か場外から山砂などを搬入して使用する。竣工後沈下が生じないよう十分**締固め**を行う。砂質分が多いほど良質とされる。

撒き出し｜まきだし
盛土する場所や残土処分場に運搬されてきた土を敷き広げ層状に重ねること。土の重量で安定させ高い盛土を可能にしたり、盛土の崩壊を防止するために行う。

尻鍬｜しりぐわ
埋戻しや盛土で土砂を均すこと。次工程の地均しや崩壊防止が目的。土砂運搬のダンプカーの荷台の残土を掻き落とす作業員をいう場合もある。

突固め｜つきかため
埋め戻された土をランマー、プレートなどを使用して密実にすること。埋戻し終了後、土の体積が収縮して地盤面が沈下するので、十分に突き固める必要がある。

締固め｜しめかため
砂または砂質地盤の密度を大きくして安定度を増すため、突固め・**転圧**・**水締め**などを行うことをいう[46頁図14、46頁表1]。

馴染み起こし｜なじみおこし
地山と埋戻しや盛土を混ぜること。埋戻しや盛土の層の厚さが15cm以上ある場合、地山と分離して乾燥・収縮・ひび割れが生じやすい。この不具合をなくすため、地山を30cmほど掘り起こし、埋戻しや盛土と馴染ませる必要がある。

転圧｜てんあつ
タイヤローラーなどを使って土を締め固めること。また、ランマーなどの小型機械で割栗石や砂利などを締め固めることをいう。

山砂｜やまずな
陸地より採取した砂。主に埋戻し土として使われる。粒度分布がよく、締固め効率が高い。

水締め｜みずじめ
山砂を使った埋戻し土に、適宜水を入れて締め固めること。突固めよりも簡単に締固めが行うことができる。

山留め

山留め｜やまどめ
根切り時に掘削壁面の崩壊を防ぐため矢板などで土を押さえること。根切りの広さ、深さ、土質、地下水の状況などによりさまざまな工法が開発されている[46頁図15、表2]。

図12 | 2連ドラム缶

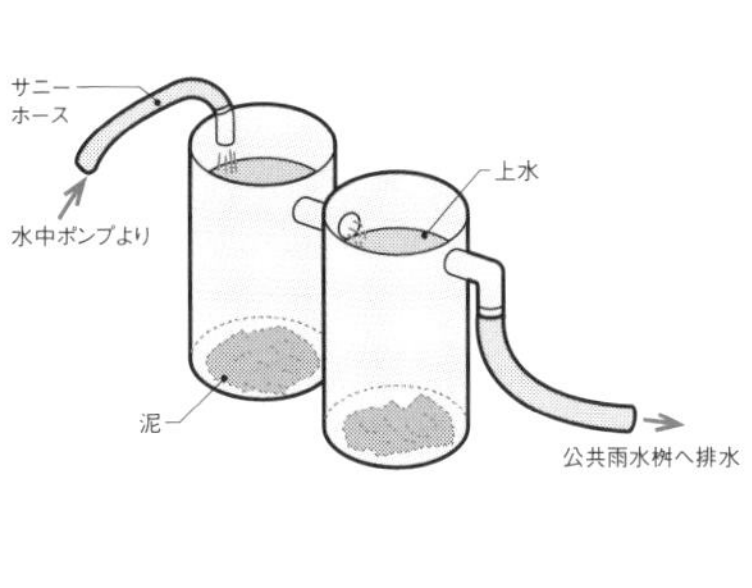

図13 | ノッチタンク

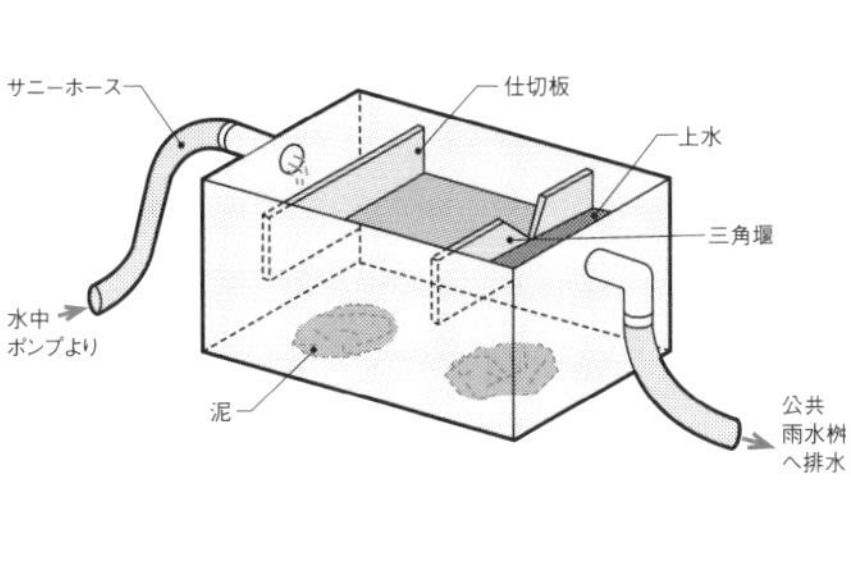

表1｜土質に適応した締固め機械

土質	有効	使用できる	施工現場の関係でやむをえないとき	トラフィカビリティーの都合でやむをえないとき
礫（G） 砂（S）	振動 ローラー	タイヤローラー ロードローラー	振動コンパクター タンパー	—
砂質土 （SF）	タイヤ ローラー	振動ローラー 自走式タンピング ローラー	同上	ブルドーザー （普通型）
細粒土 （F）	タンピングローラー （自走式被けん引式）	タイヤローラー	ランマー	ブルドーザー （普通型湿地型）

図14｜締固め用機械

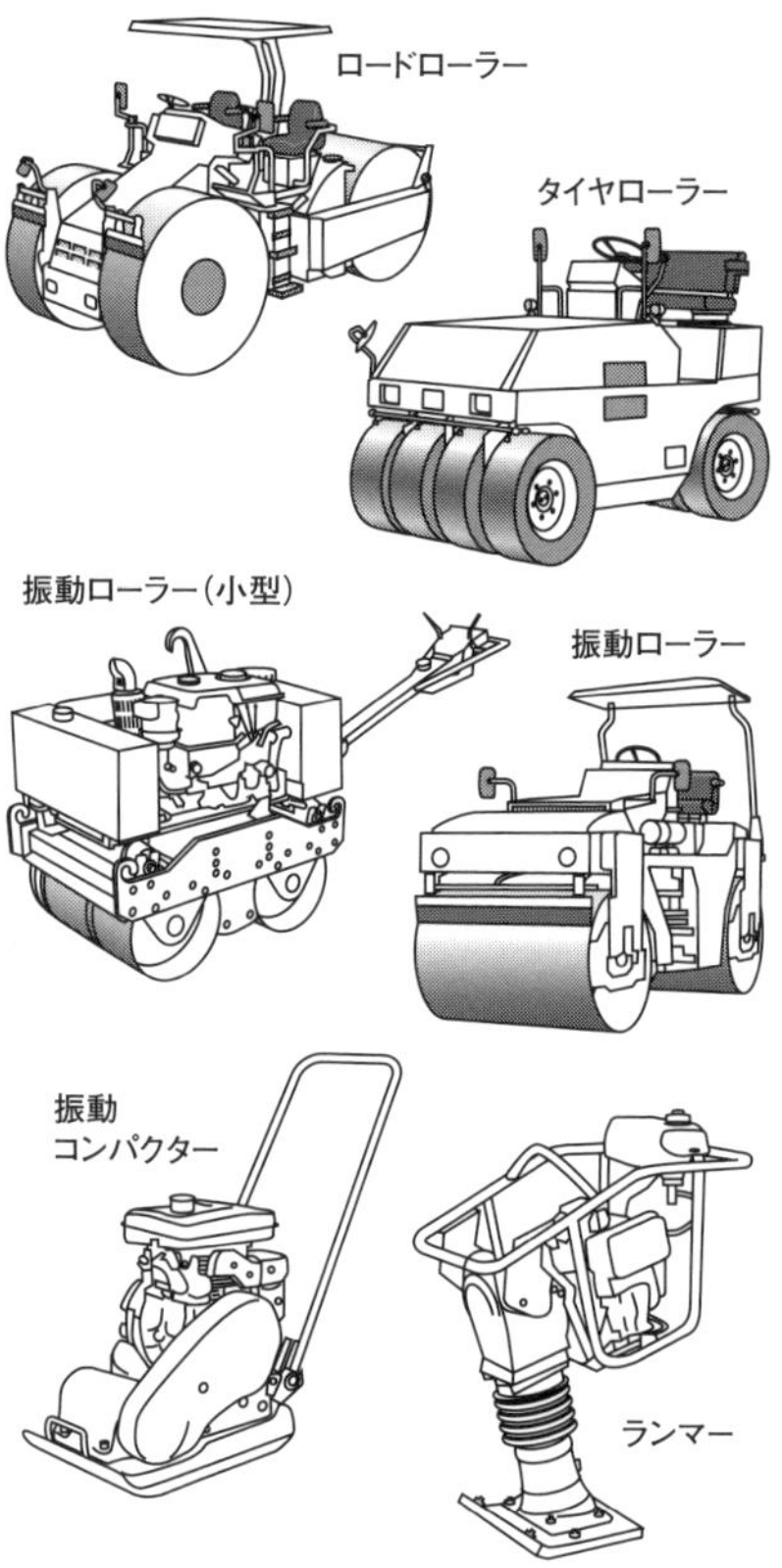

図15｜山留め部材の名称

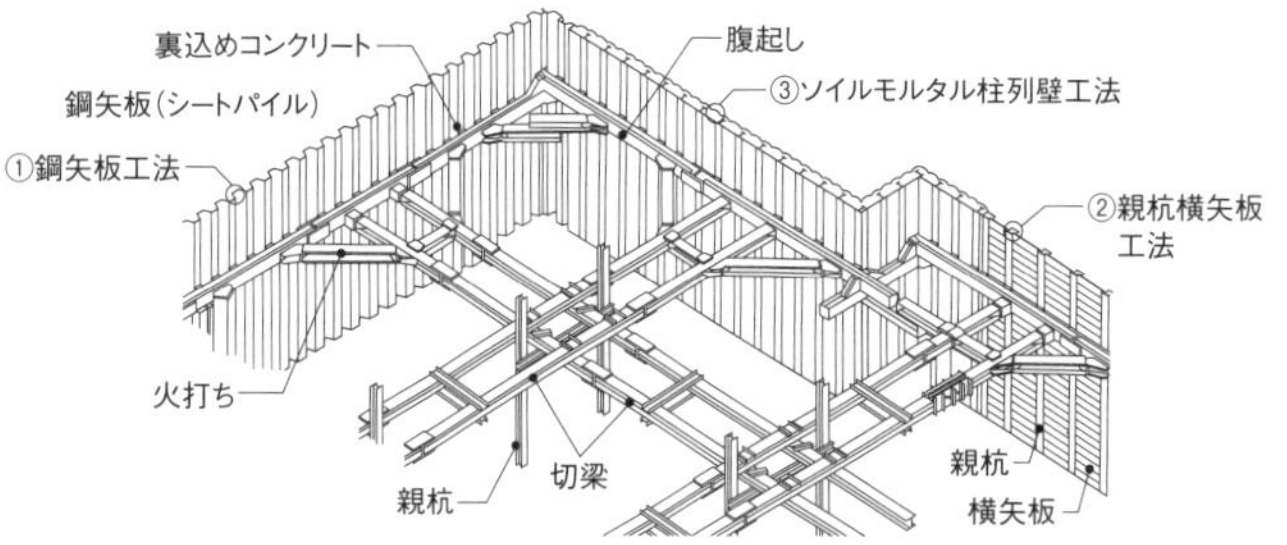

①鋼矢板工法
掘削が浅く安定した柔らかい地質の場合に用いられるが、水圧がかかるので支保工が大きくなる。矢板を打ち込む際の振動や騒音が大きい

②親杭横矢板工法
H形鋼の親杭を打ち込み、その間に木製の矢板を挟み込む。固い地盤でも施工可能で、水圧がかからないので支保工応力上は有利。ただし水が抑えられないので、湧水が多い場所には向かないことも

③ソイルモルタル柱列壁工法
ソイルモルタル柱を列上に打設する。振動や騒音が少なく、壁の剛性や止水性も高いが、コストが高く工期も長い

表2｜山留め工法の分類

分類	工法		形式	特徴
支保工のないもの	自立山留め工法			土質により、段の高さに制限を受ける。土質によっては法付け工法より水による侵食が少ない。支保工（切梁）などの障害がないので、施工能率はよい。掘削土量および埋戻し土量が多い
山留めの分類	親杭横矢板工法		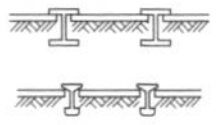	比較的固い地盤でも玉石層でも施工可能。湧水処理に問題があるが、水圧がかからないので支保工に有利である。打設時の振動・騒音が問題になるが、オーガーなどの削孔併用で低減できる
	鋼矢板工法			地盤によって打ち込めない場合がある。また、打設時の振動・騒音が問題になる。かみ合せ部の強度的信頼性が問題になると同時に、外れた場合の止水方法が問題になる。水圧を受けるので、親杭横矢板工法に比べて支保工応力が大きい
	場所打ち連続工法	ソイルモルタル柱列壁工法		親杭横矢板、鋼矢板工法に比べて振動・騒音の問題が少ない。壁の剛性を大きくできる。孔壁保護に泥水を用いる工法の泥水の処理が問題になる。親杭横矢板工法に比べて支保工応力が大きい
		既製杭柱列壁工法		
		モルタル柱列壁工法		
		地中連続壁工法		モルタル柱列壁（または場所打ちRC杭柱列壁）では、止水効果がやや悪いため、背面に薬液注入などを必要とすることがある。RC連続壁は止水性がよく、工法によっては、構造壁、杭などを兼用できる
支保工の分類	水平切梁工法			一般的工法で広く用いられる。支保工の存在が、他作業の能率にある程度影響を及ぼす
	アイランド工法		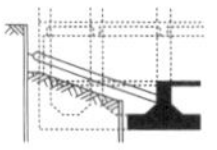	水平切梁工法に比べて、切梁材と手間が節約できる。大部分が機械掘削可能であるが、周辺に残す土の掘削が問題になる。広く、浅い掘削に適している
	逆打ち工法		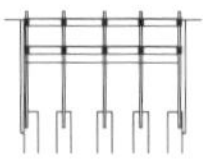	地階が深く広い場合にこの工法の効果が発揮される。構造体を地下工事の仮設に使用できる。ただし、場合によっては補強が必要である。コンクリートが逆打ちになるので打継ぎ部分に問題がある
	アースアンカー工法			アースアンカーの垂直分力が加わるので、山留め壁の支持力が大きいことが必要である。アースアンカーが敷地外へ出る場合の隣地側の了解が必要である。場合によっては地下工事終了後の撤去が必要になる。施工能率はよい

水平切梁工法｜すいへいきりばりこうほう

山留めにかかる側圧を水平に配置した支保工（切梁）で受ける最も一般的な工法のこと。**井型切梁工法**とも呼ぶ。整った平面形状の建物に適する。支保工は構台（仮設作業架台）との位置関係、鉄筋材の搬入の可否などを考慮しつつ片寄らないようバランスよく配置する。また切梁の高さは山留め壁の自立高さ、躯体工事との絡みを十分検討のうえ決定する。支保工部材はほとんど既製リース材を使用することでコスト削減できるほか、地盤の良質、軟弱に左右されない、施工が容易などの長所がある。ただし、不整形な平面形状や支保工部材のスパンを大きくしたい場合は向かない［図15］。

アースアンカー工法｜—こうほう

背面の良好な地層に定着させた地盤アンカーによって、山留め壁を支持する工法。従来の山留め壁に比べて、切梁がないため施工効率がよい。また、すべての地盤アンカーの耐力を事前に確認できるほか、地盤アンカー自体にプレストレスをかけているため引張り力が強く、山留め壁の変形を抑えることができる。使用後撤去できる除去式アンカーもある［表2］。

自立山留め工法｜じりつやまどめこうほう

切梁を用いず、山留め壁だけで自立させる工法。切梁がないので施工効率がよいが、不安定な構造なので安全上根入れ長さを十分に確保する必要がある。一般に地盤が良好である場合や根切りが浅い場合に適用する［表2］。

親杭横矢板山留め工法｜おやぐいよこやいたやまどめこうほう

H形鋼などの**親杭**（山留め杭のうち、地盤へ垂直に固定する主材）を、1～2m間隔で地中に打ち込み、掘削しながら親杭間に木材の横矢板を挿入し、山留め壁を形成する工法［図16］。遮水性がない、根入部が連続していないなどの理由から、地下水位の高い地盤や軟弱地盤には不適である。

地中連続壁工法｜ちちゅうれんぞくへきこうほう

安定液を用いて掘削した溝形の掘削孔に鉄筋コンクリートの壁を構築し、それを連続させて山留め壁とする山留め工法。大深度、大壁厚の山留め壁が構築でき、それを本体構造物として利用することができる。大規模な建築・土木の構造物に適した工法である［図20］。

簡易山留め｜かんいやまどめ

単管や木杭を打ち込み、その間に矢板を設置していく掘削面の養生のこと［図17］。良質地盤で根切り深さが浅い場合に行う。

プレロード工法｜—こうほう

山留め壁の変位を抑えるため山留め側圧に抵抗する力を次工程の根切り前に油圧ジャッキを使用して切梁に導入することで、山留め壁を背面地盤方向に押す工法［図18］。プレローディング工法ともいう。

軟弱地盤の圧密沈下を促進させるため、盛土などで荷重をかけることもプレロードという。

図16｜親杭横矢板山留め

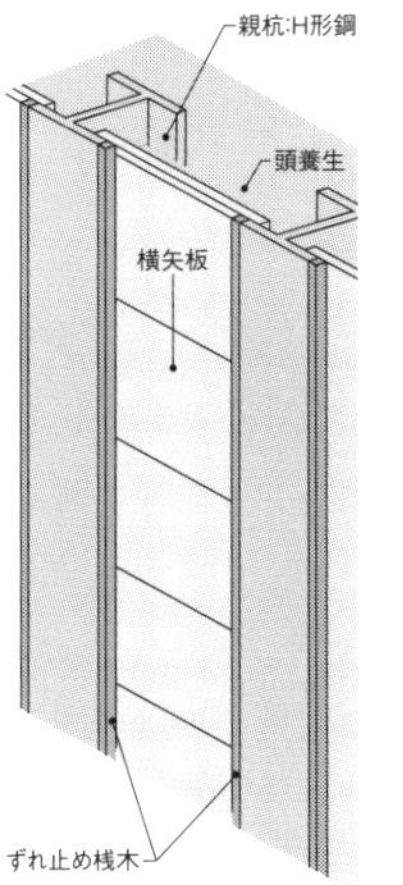

図17｜簡易山留め

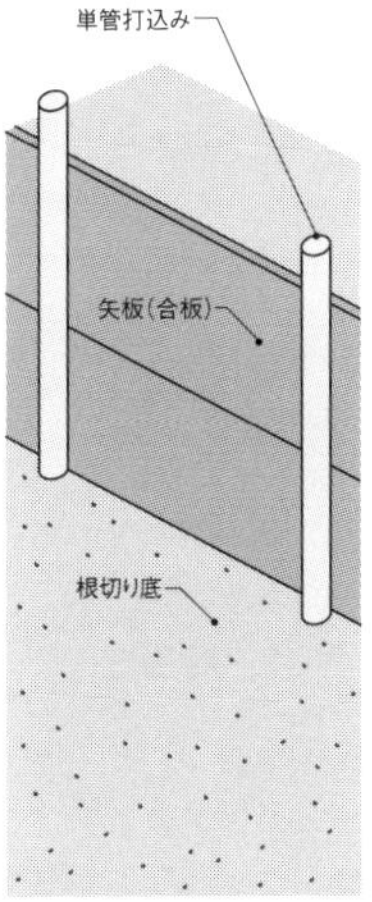

図18｜プレロード工法

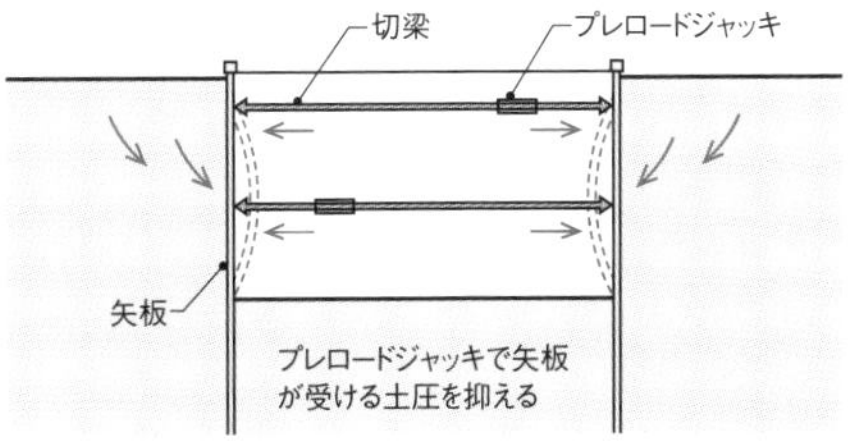

図19｜定規掘り

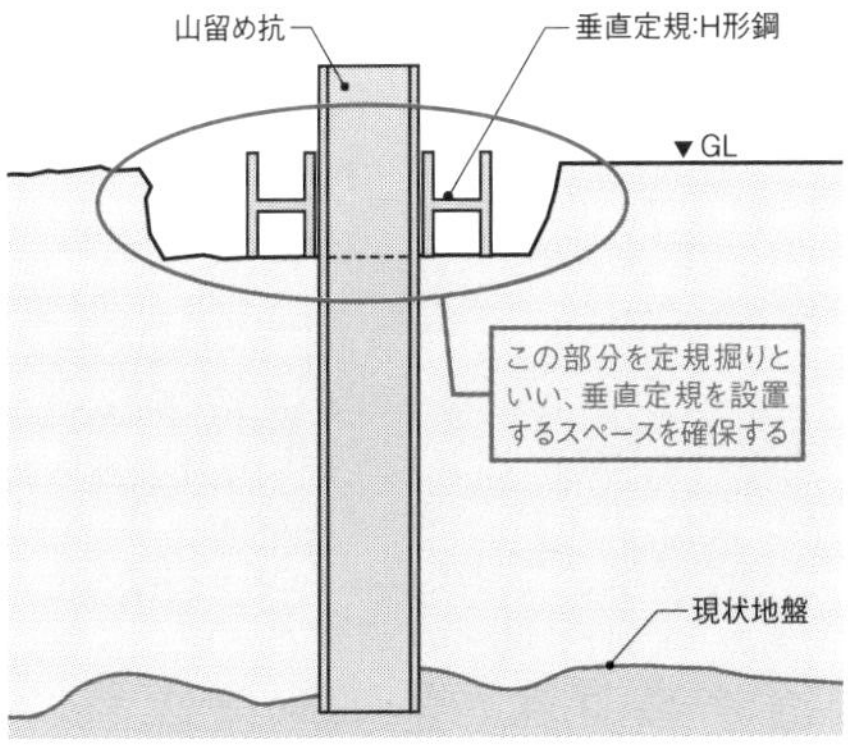

図20｜地中連続壁工法

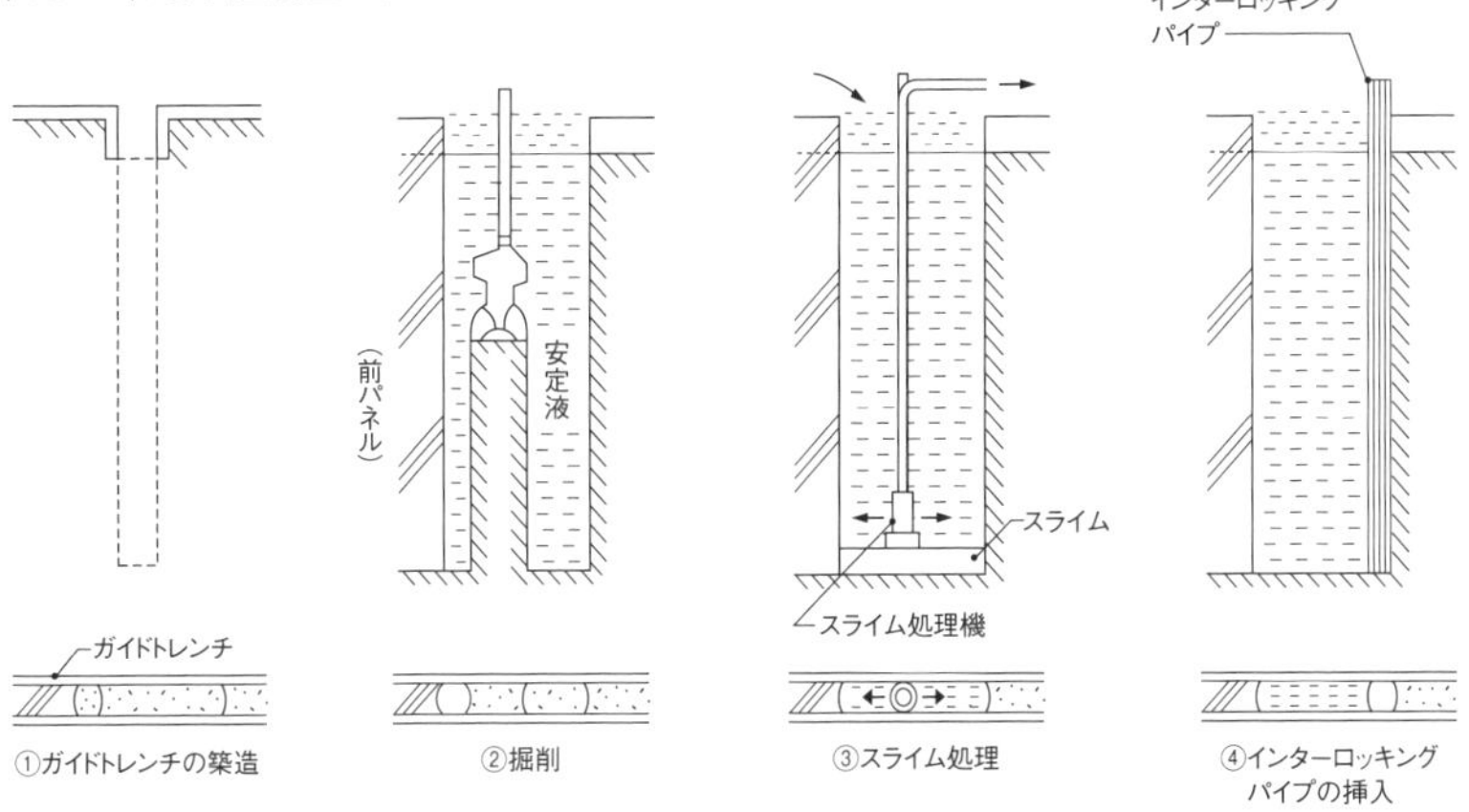

定規掘り｜じょうぎぼり
H形鋼や角材を親杭の位置を決める定規としてセットするための溝掘りのこと「47頁図19」。

矢板｜やいた
根切り工事における、周囲の土砂の崩れを防ぐ土止め板。木製、鋼板などがある。

鋼矢板｜こうやいた
溝形の端部を相互に接合できるようにした鋼製の矢板。**シートパイル**ともいう「46頁表2」。

腹起し｜はらおこし
山留め壁に接して水平に取り付け、切梁に土圧を伝える横架材「46頁図15」。

支保工｜しほこう
荷重を支えるための仮設構造物のこと。山留工事においては切梁をいう。

切梁｜きりばり
腹起しを受ける水平材。支保工ともいう「46頁図15」。

キリンジャッキ
ねじの回転で生まれる推力を利用した加圧器具。土台の高さや、切梁の長さを調節できる。

図21｜鋤簾

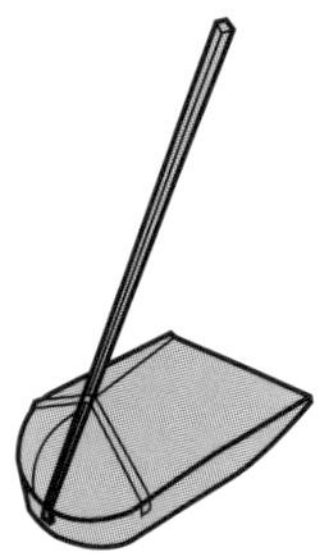

図22｜たこ

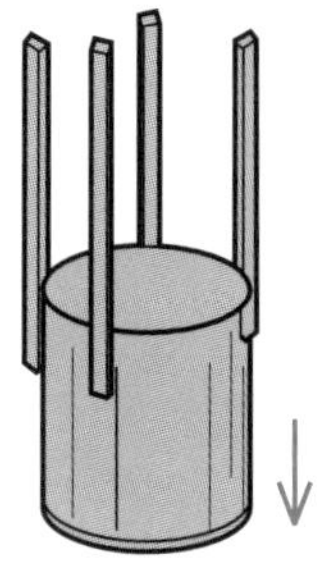

帯水層｜たいすいそう
地下水の溜まっている層。

トレンチシート
小規模工事に使われる鋼矢板。重ねジョイントのためシートパイルのような止水性はない。

鋤簾｜じょれん
土をかき寄せるために使う道具。1mほどの柄の先に薄くて広い刃が付いている。**おかめ**ともいう「図21」。

たこ
土、敷砂利の突固め用の木製道具。短く切った太めの丸太に2～4本の柄が付き、その形状が「たこ」に似ているため、このように呼ばれている「図22」。

図23｜盤膨れ

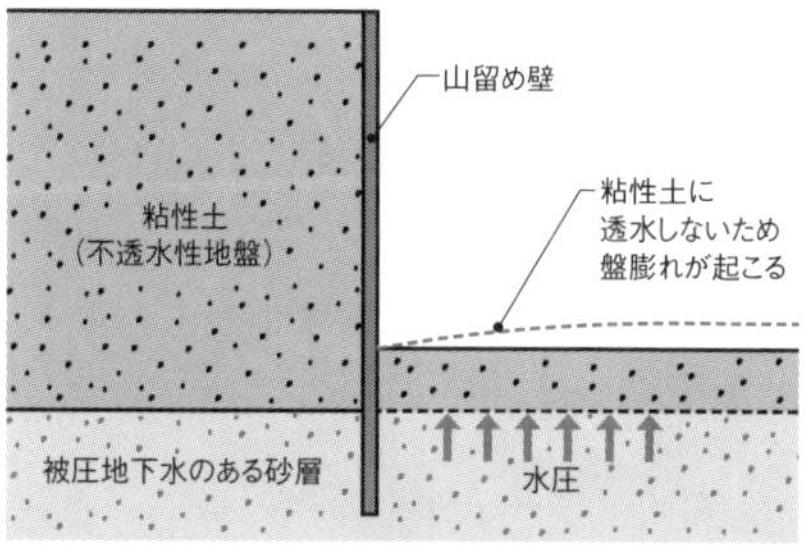

カマス
わらのムシロを2つ折りにした袋。矢板間より流出する水を止めたり、土のうにする。

裏込め｜うらごめ
山留め壁と**腹起し**の隙間を埋めること。根切り時に横矢板と背面地盤の間に土を入れ隙間をなくすことも裏込めと呼ぶ。

根入れ｜ねいれ
山留め壁を構成する親杭や、鋼矢板の根切底から下の地中への貫入長さのこと。

頭養生｜あたまようじょう
山留め背面に雨水の廻り込みを防ぐため山留め壁の地表部にコンクリートやモルタルを打設すること。特に親杭横矢板山留め工法の場合は大雨時に雨水とともに背面地盤の土砂が根切り底に流入し、その結果矢板裏に空洞ができ、隣地の地盤沈下を起こす場合があるのでしっかり頭養生を行う必要がある。

図24｜ヒービング

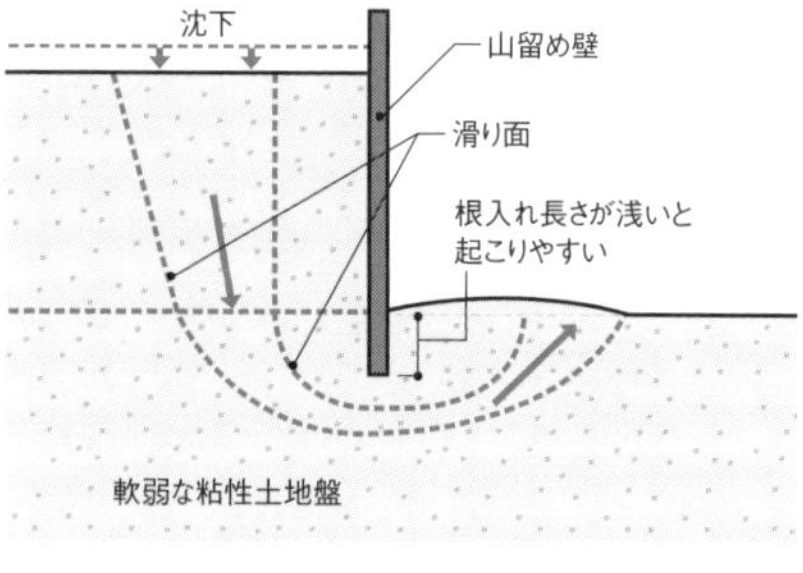

盤膨れ｜ばんぶくれ
滞水層の被圧地下水の圧力により、根切り底面の不透水性地盤（粘性土）が膨れ上がる現象。ディープウェル工法などの排水工法により根切り底面の地下水を強制排水して水圧を下げ、対処する「図23」。

ヒービング
山留め壁の背面の土の重量で根切り底面が押し上げられ、膨れ上がる現象「図24」。軟弱粘性土層で山留め壁の根入れ長さが浅いと起こる。

図25｜ボイリング

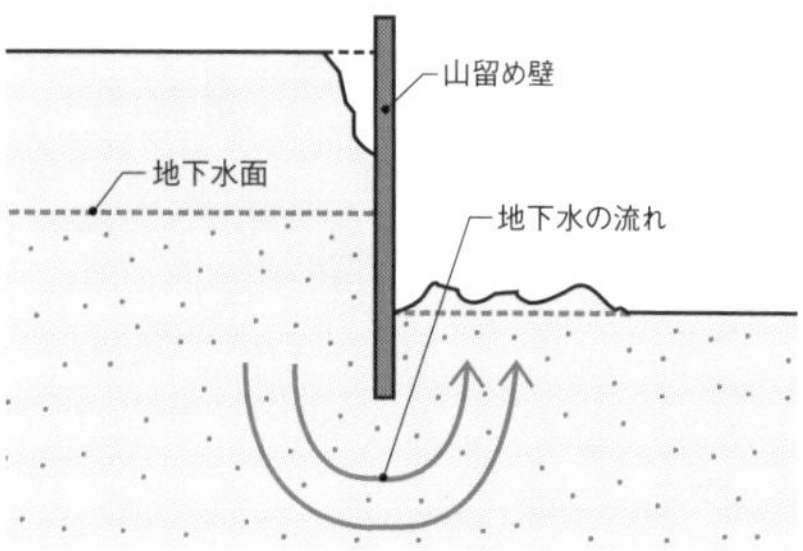

パイピング
山留め壁背面の地中で、地下水の流れによりできたパイプ状の水みちから土砂が根切内に流入すること。

ボイリング
比較的地下水位の浅い砂層において、掘削時根切り底面と周囲地盤面との間の水位差により、根切り底面の砂全体が沸騰したように噴き上がる現象をいう「図25」。また、このように砂が粒子間力を失い懸濁液［※］のような状態になることを、**クイックサンド**という。対策としては、不透水層が存在する場合は、山留め壁を不透水層まで根入れすること、親杭横矢板山留め工法の場合は強制排水して根切り周囲の水位を下げることがある。

※：墨汁のように粒子が固体で、粒子が分散して液体になっているもの

地盤・基礎

地業・基礎工事 5

建築物は地盤の上に建っているので、上部建築物の荷重が基礎を通じて地盤へ正常に伝達しなければ、建築物は傾いてしまう。その伝達する構築物をつくる工程が地業であり、建築物の構造や基礎の形状、また地盤の性能によってさまざまな形式がある。

地業

地業｜じぎょう
基礎を支えるため、それより下に割栗、**杭**などを設けた部分。また、根切りが終わった後に、根切り底の地盤を固めるために割栗石や目潰し砂利などを敷き、ランマーなどで突き固め、捨てコンクリートを打つまでの工程の作業。突固めを行う際の、砂、砂利、砕石、割栗石などの材料の種類により**砂地業**、**砂利地業**、**砕石地業**、**割栗地業**という。

砂地業｜すなじぎょう
軟弱地盤に対し密実な砂層の支持力を利用するもので、置換による地盤改良の1種。直接基礎や杭基礎の基礎、地中梁、土間コンクリートを受ける地業。砂層は密実にするために水締め、突固め、振動などを厚さ30cmごとに行う必要がある。砂地業は、基礎底面の1部がもう少しで**支持盤**に達するような場合などに用いられる[図1・2]。

図1｜砂地業

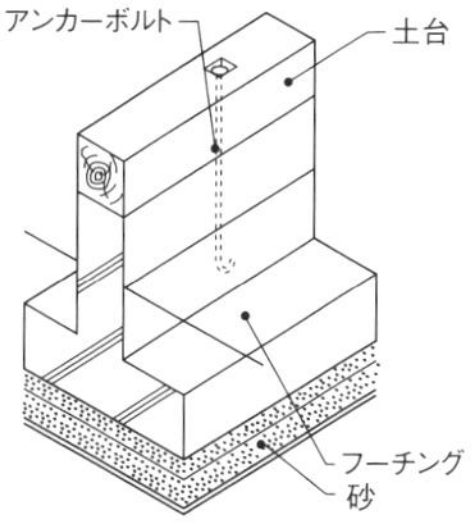

図2｜砂地業の手順

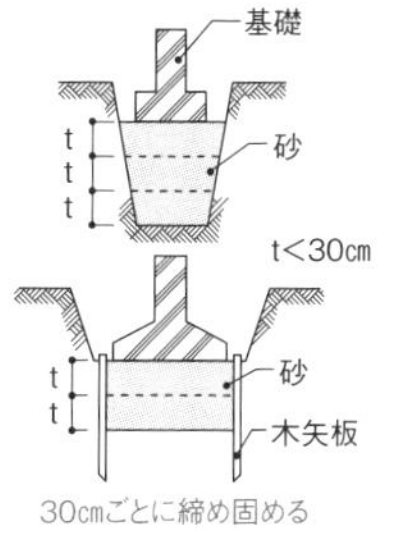

砕石地業｜さいせきじぎょう
岩石や玉石を砕いて作った砕石を根切り床に撒き、転圧して突き固めた地業。硬質で草木根、木片などを含まない材料を使用し所定の厚さで敷き、十分に突き固める。地業に使われる石はほぼ砕石である[図3]。

割栗地業｜わりぐりじぎょう
根切り底を突き固めた後に、**割栗石**を**小端立て**に密に敷き並べ、目潰し砂利を割栗石の1／3以上用いてランマーなどで十分突き固める地業。直接基礎の場合に行う。厚さは15～30cm程度が多く、砂利地業、玉石地業よりは緊密な版を形

図3｜砕石地業

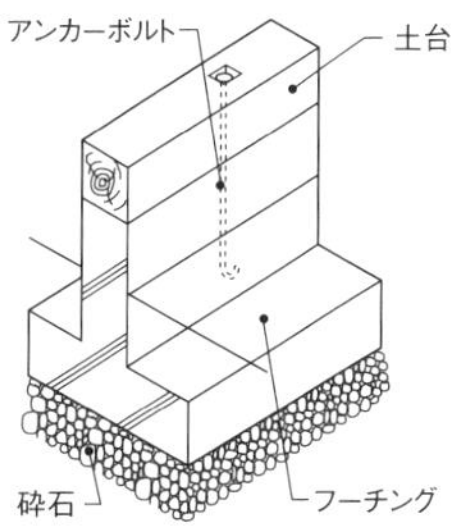

図4｜割栗地業

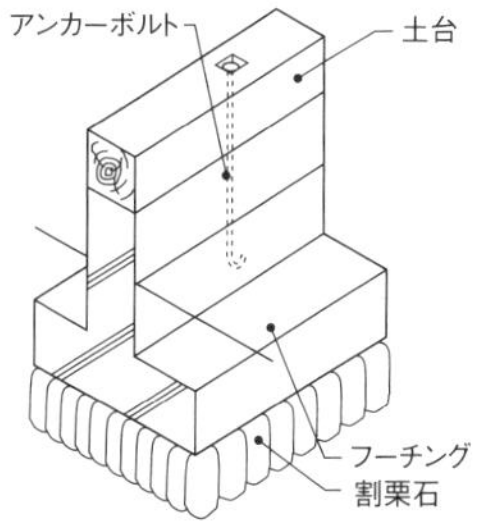

図5｜割栗地業の施工手順

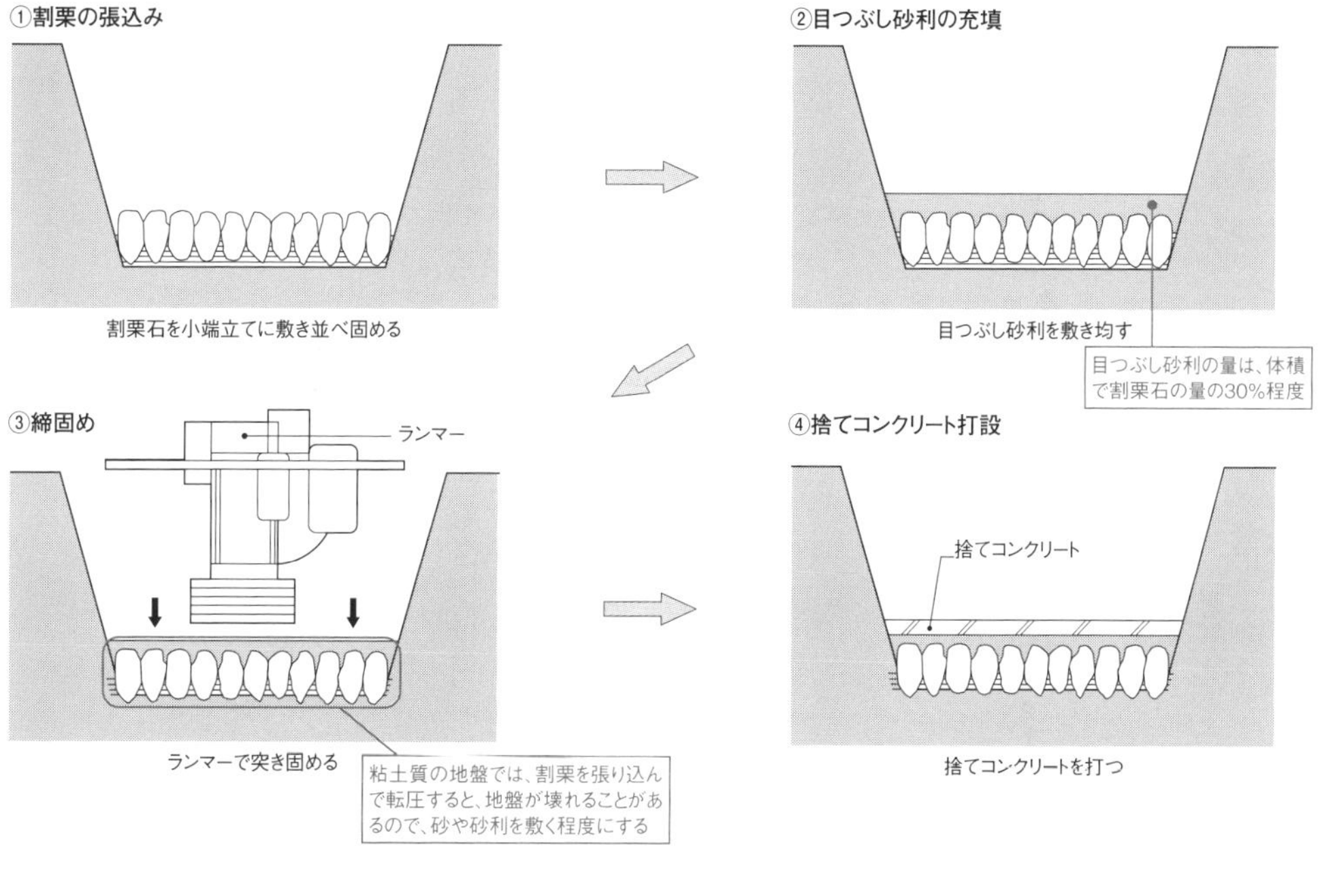

成することができる。通常は水分の多い粘土地盤で用いられ、割栗石を突いても食い込まないような地盤や、著しく軟弱で割栗石が沈んでしまうような場所には適さない[図4・5]。

割栗石｜わりぐりいし
建物や道路などの基礎工事で地盤を固めるために、高さ径20～30㎝、厚さ7～10㎝程度の岩石を打ち割って作った石材。ぐり石とも。

目潰し砂利｜めつぶしじゃり
割栗石を敷き並べた後に、その隙間を埋めるために撒く砂利。地業のくぼみや隙間の部分を平らにする場合に使用する。

粒調｜りゅうちょう
主に**粒度調整砕石**のことをいう。破砕、ふるい分けして目的に合った一定のサイズにした砕石。粒度が0～40㎜の砂利を40ゼロと呼ぶ。建築の砕石地業で粒度調整砕石を使用する場合は、一般的に40ゼロを使用する。

バラス
バラストの略。砂利のこと。

締固め工法｜しめかためこうほう
比較的ゆるい砂地盤に適用される地盤改良工法である。工法には、
①**転圧工法**（ローラー、ランマーな

表1｜杭の種類

既製コンクリート杭	鉄筋コンクリート杭（RC杭）
	プレストレスト鉄筋コンクリート杭（PC杭）
	高強度プレストコンクリート杭（PHC杭）
	高強度プレストレストコンクリート杭（PRC杭）
	外殻鋼管付きコンクリート杭（SC杭）
	節付鉄筋コンクリート杭（節付杭）
鋼杭	鋼管杭、H型鋼杭
場所打ちコンクリート杭	アースドリル工法
	リバースサーキュレーション工法
	オールケーシング工法
	BH工法
	深礎工法

図7｜杭の種類

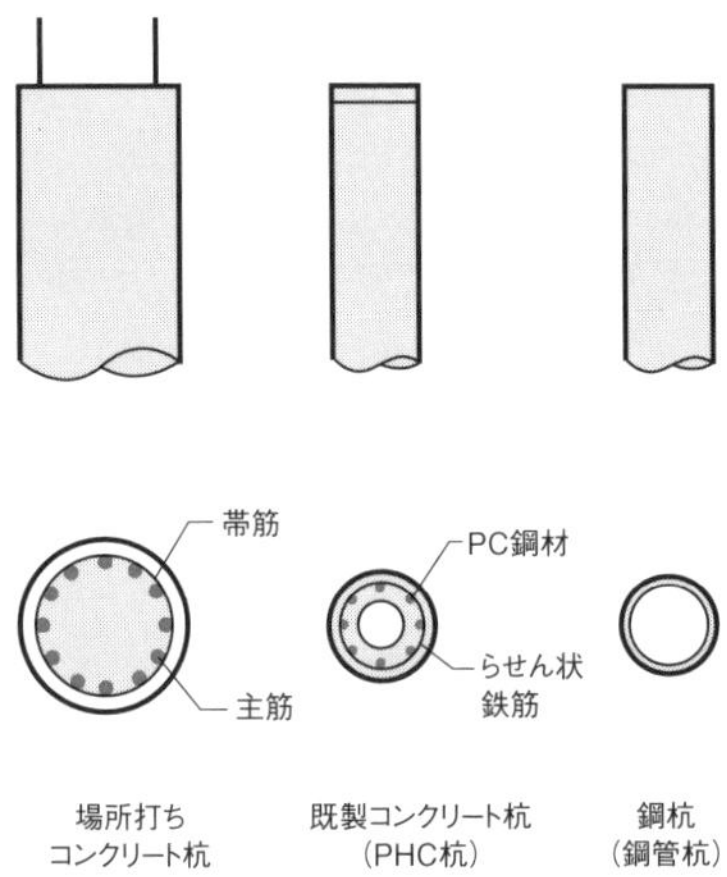

図6｜支持杭と摩擦杭

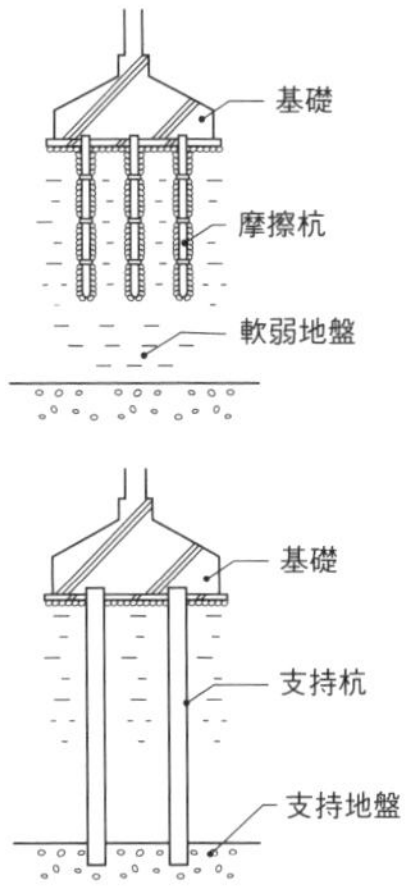

図8｜場所打ちコンクリート杭の工程

杭芯出し・確認	遣り方の水糸から杭芯を出し、セパレータを土中に打ち込む。セパレータにはポリエチレン紐を縛り、目印とする
↓	
杭重機搬入	杭工事に先立ち、重機の下に鉄板を敷き込む。通常は1,500×6,000㎜（25または30㎜厚）を使用するが、1,500×3,000㎜を使用するときもある
↓	
鉄筋籠製作	現場に搬入した鉄筋は地面に直接置かず、端太角の上に並べる。籠筋は鉄筋溶接で断面欠損が問題になることがあり、無溶接工法もある。かぶり厚さを確保するためにスペーサーを取り付ける
↓	
試験杭打込み	支持地盤の確認と設計図書通りの杭工法でよいかを確認する
↓	
掘削（オーガー掛け）	らせん状の掘削機で杭孔を掘削し、排土、排液を搬出する
↓	
建入れ確認	トランシット、下げ振りで確認する
↓	
土質確認	1mごとに土のサンプルを採取し、ボーリングデータと照合して掘り進める
↓	
ベントナイト注入	杭壁の崩壊を防ぐために注入しながら掘削する
↓	
支持地盤確認	支持地盤の土のサンプルを採取して確認する
↓	
杭底さらい	杭底の掘削中の土砂を取り去る
↓	
鉄筋籠の挿入	杭底に吊り下ろす
↓	
トレミー管挿入	コンクリートが骨材と分離しないようにトレミー管を使用
↓	
プランジャーセット	コンクリート打設初めに生コンが一気に落下して分離しないようにキャップを挿入する
↓	
生コン打設	トレミー管抜取り・コンクリート打設を繰り返す
↓	
杭頭高さ確認	杭の余長を考慮する
↓	
完了	杭打ち終了後に鉄板を敷き、杭の養生と現場の安全を確保する

どで直接地盤に圧縮力を加える。盛土地盤などの場合に、30cm程度ごとに分けて転圧する）

②**水締め工法**（水を砂地盤に注入して締め固める）

③**締め固め杭工法**（多数のコンクリート杭を地盤に打ち込み、締め固める）

などがある。そのほか、バイブロフローテーション、重錘落下締固め工法、振動により地盤を締め固める工法などがある。

捨てコンクリート｜すて—

割栗や砂利地業により表面を突き固めた後に、基礎のベースの下に3〜5cm程度平に捨て打ちするコンクリートで、建物の通り芯や基礎などの位置を決めるために行う。構造上の意味はないが、墨出しを容易にしたり、基礎底面を平らにし、基礎コンクリートの流失や脱水を防ぐ効果がある。床付け地盤が良好な場合には直接地盤上に捨てコンクリートを打つ場合もある。**捨てコンクリート地業**ともいう。

ラップルコン

ラップルコンクリートの略。基礎下から支持地盤まで打設する玉石

図9｜打撃工法

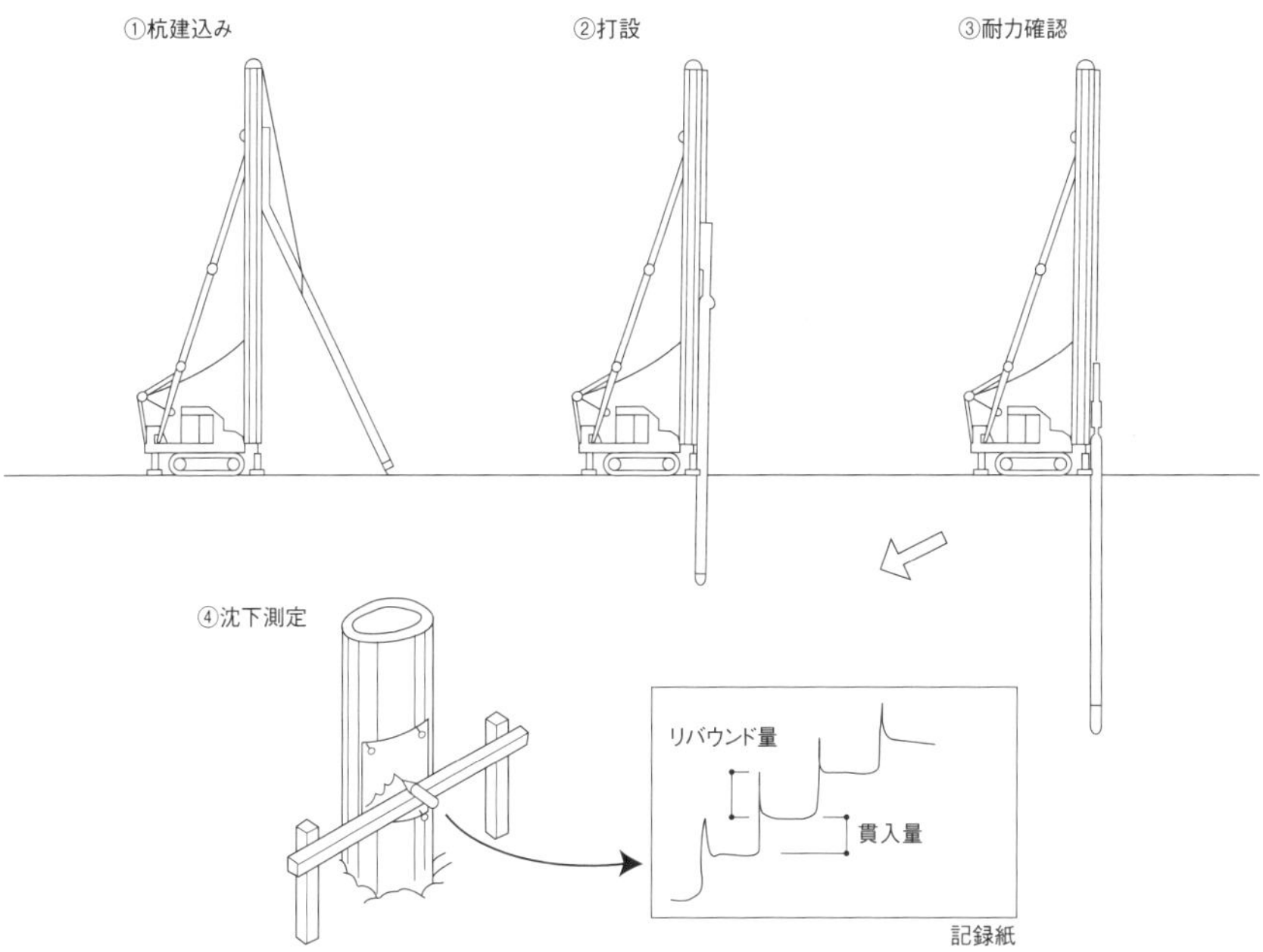

図10｜プレボーリング工法

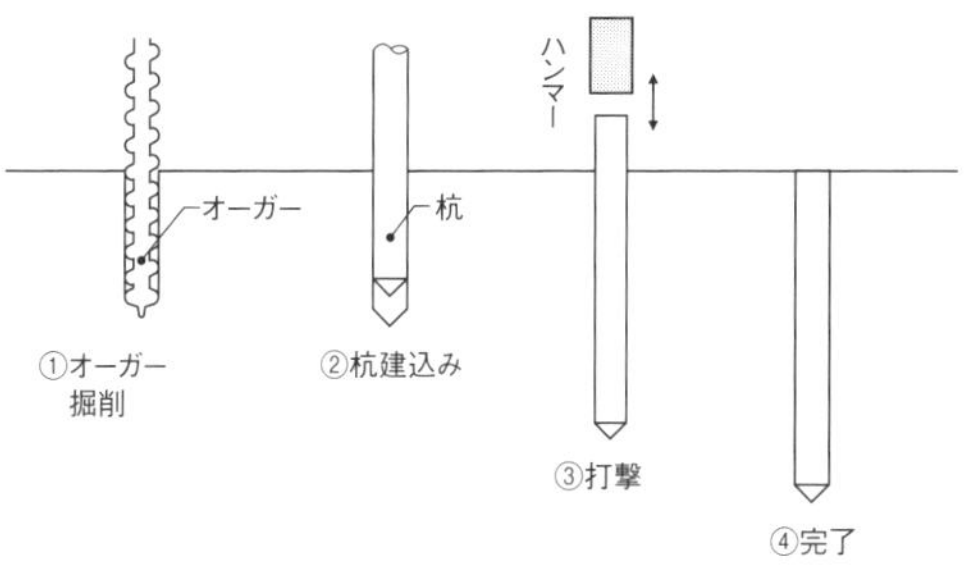

図11｜中掘工法

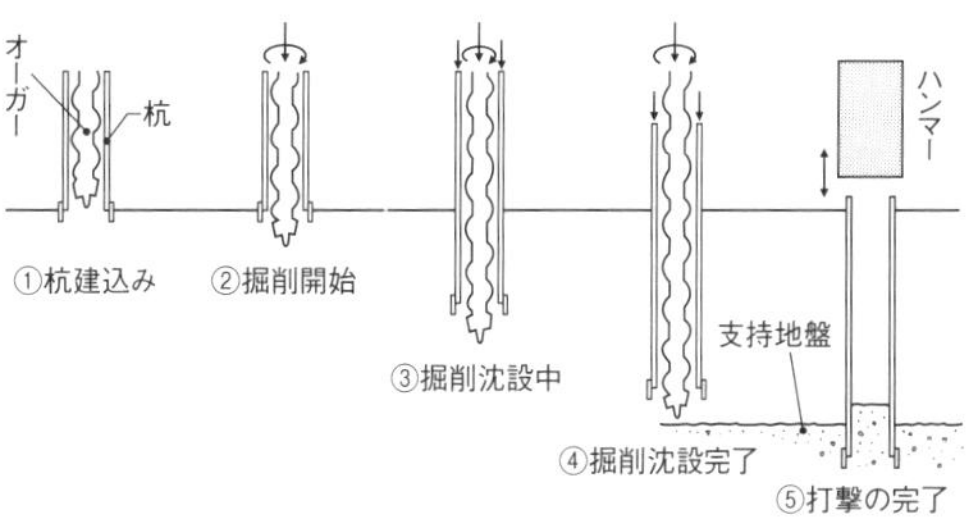

図12｜オールケーシング工法

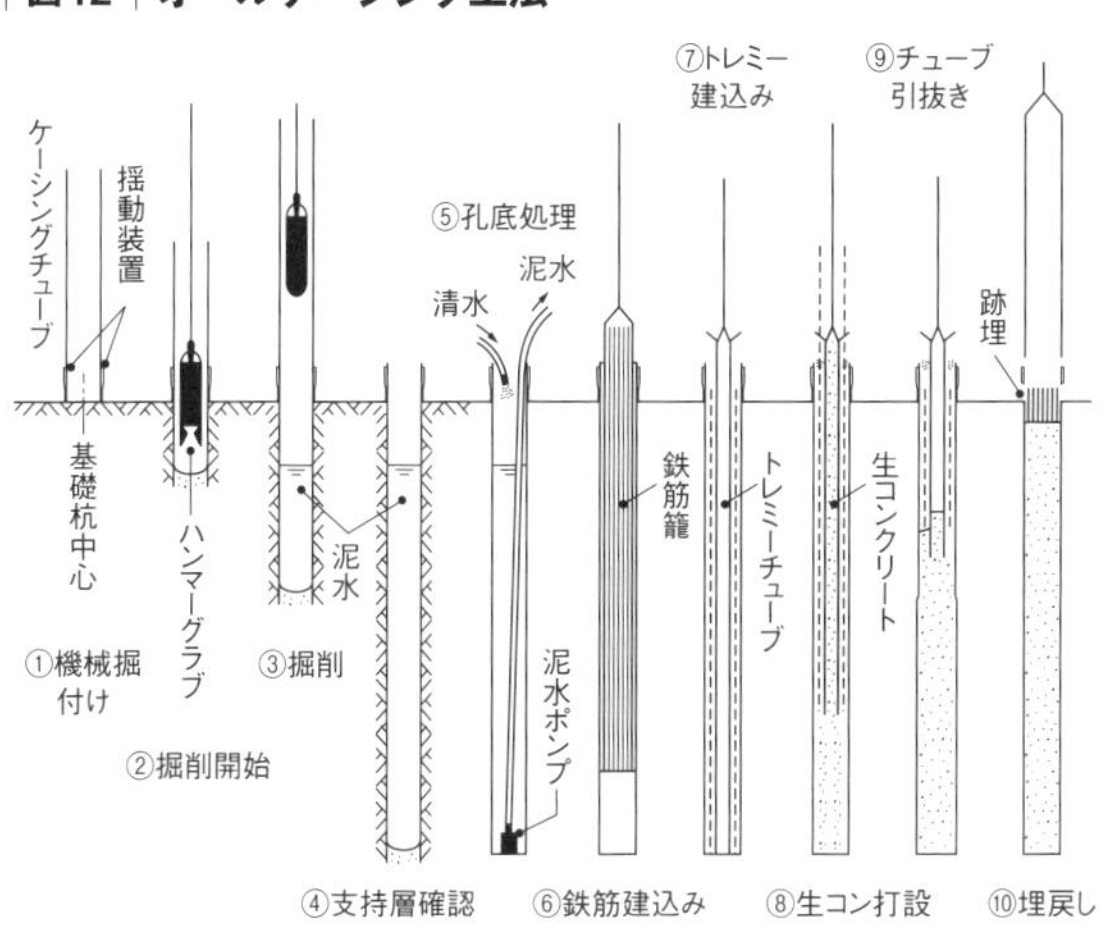

図13｜アースドリル工法

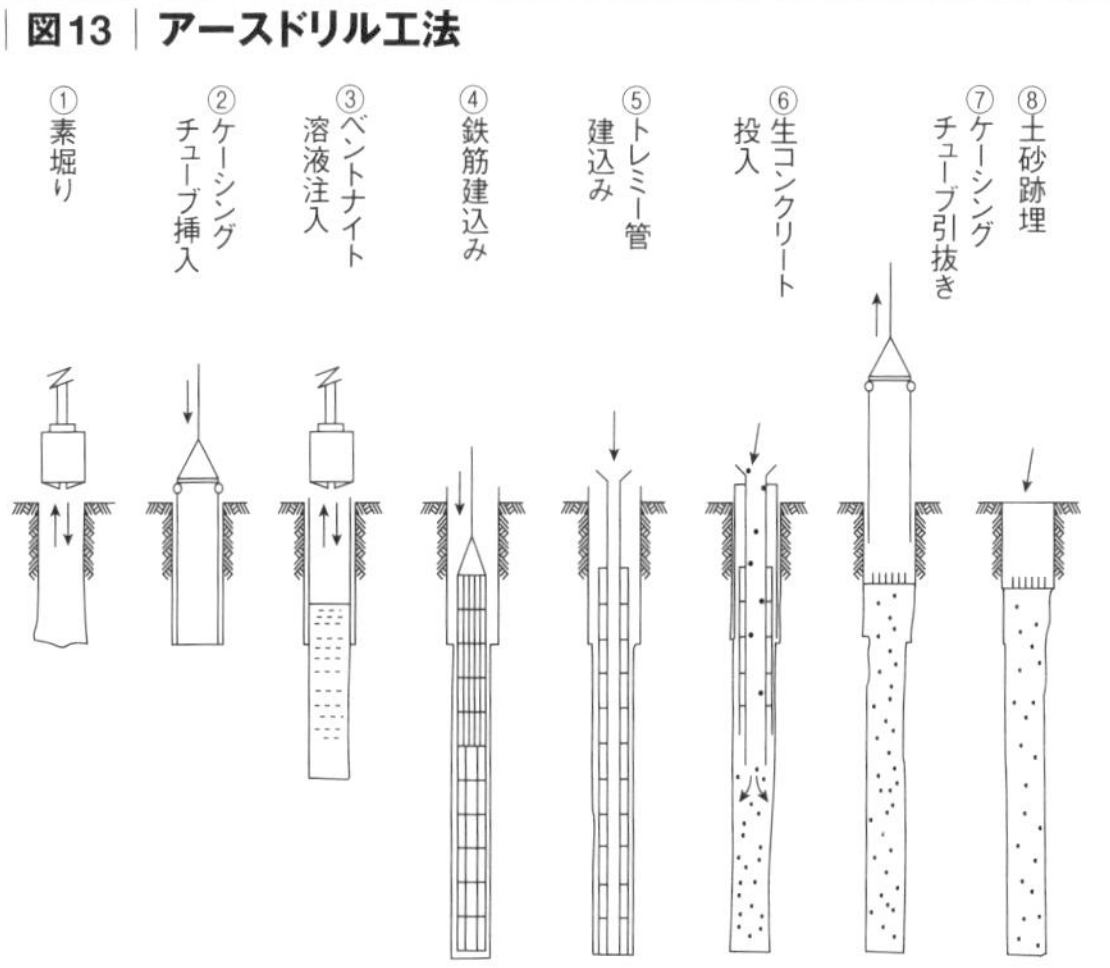

図14　リパースサーキュレーション工法

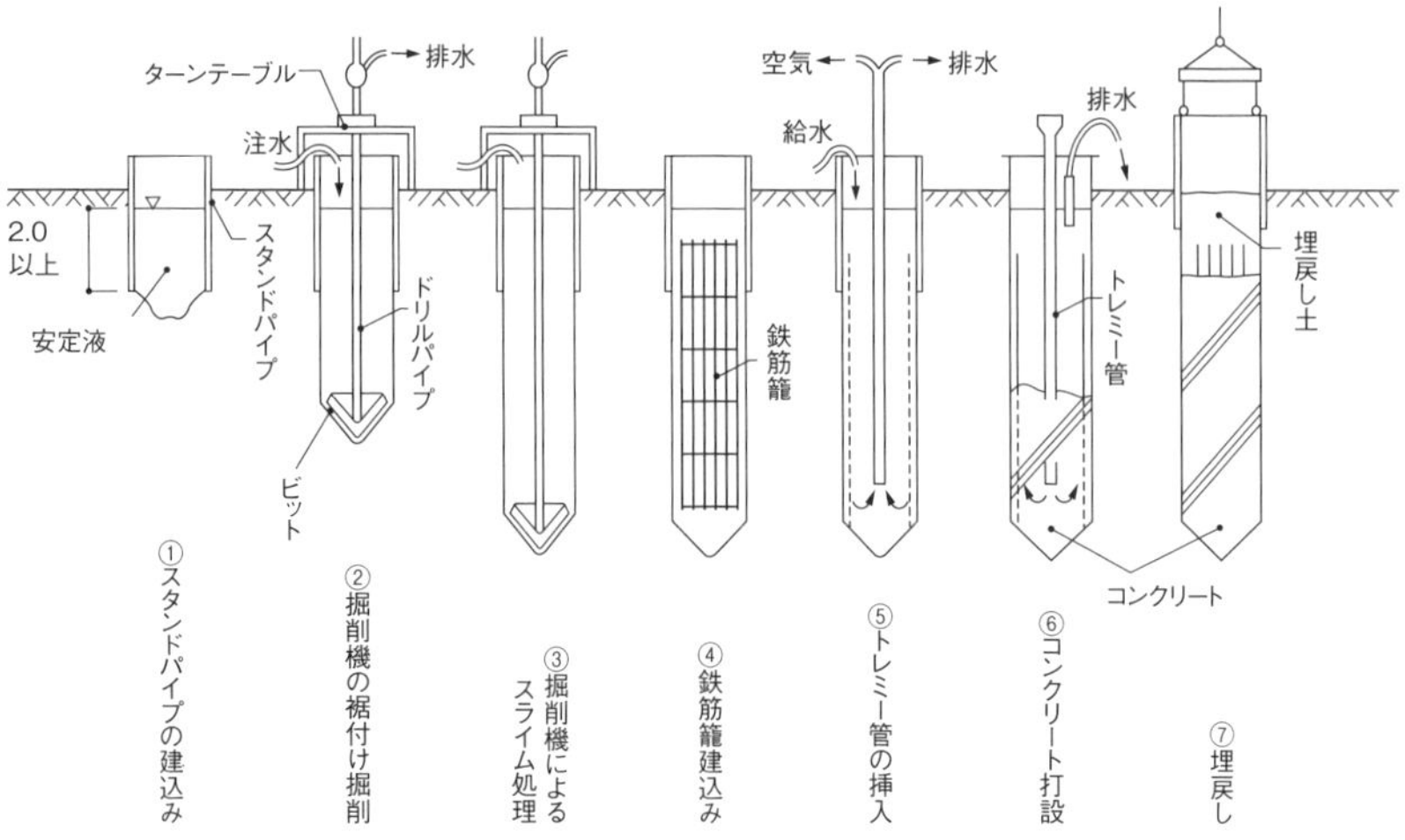

図15　BH工法

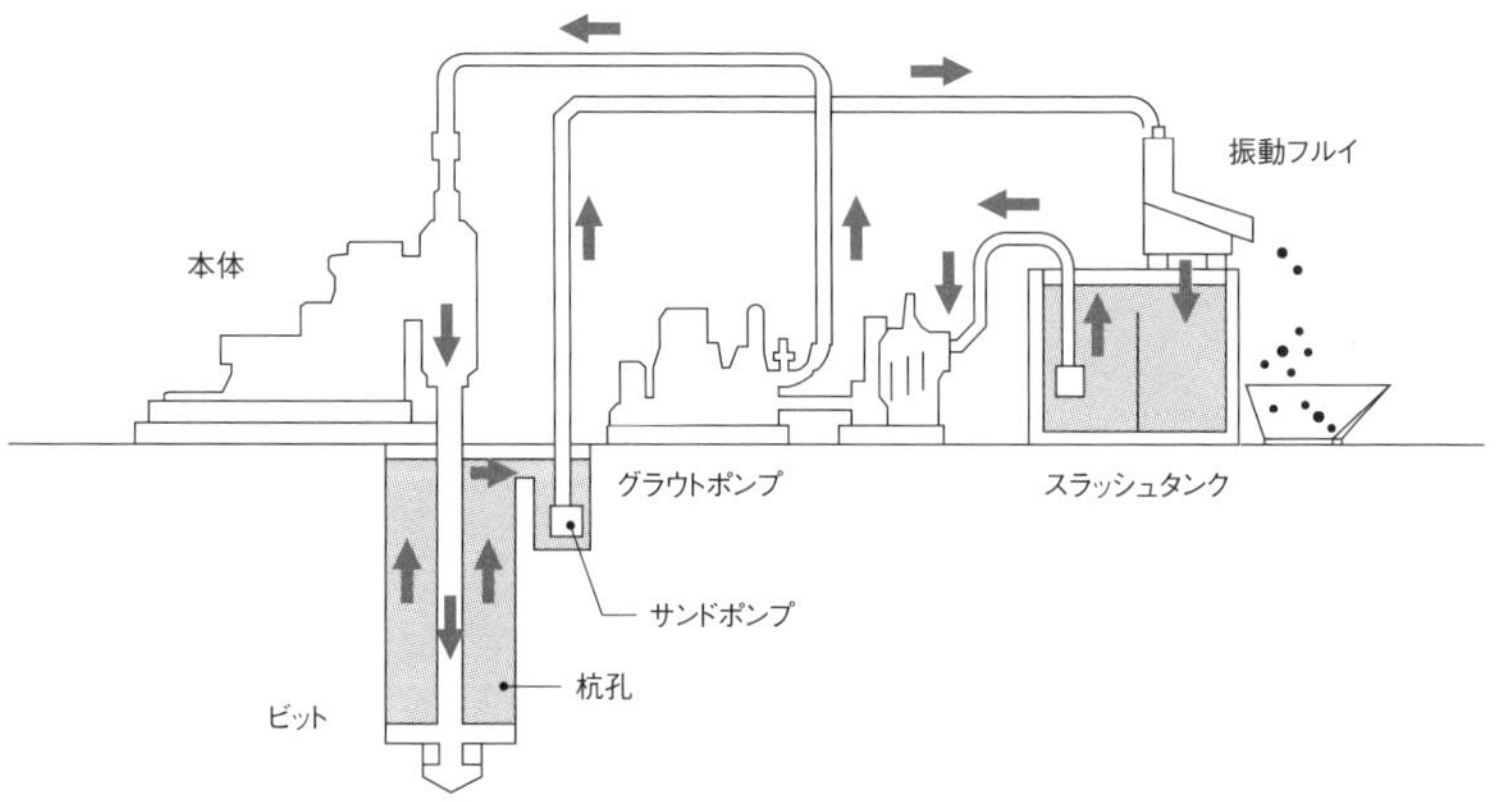

を粗骨材とした無筋コンクリート。地盤があまり厚くなく、直下に硬質地盤が現れるときに行うと効果的である。布基礎などの場合にはベース下の腐植土をベース幅より広めに硬質地盤まで掘り、玉石（ラップル）を並べてコンクリートを打って固める。1層当たり30㎝程度に分けて打つのが望ましい。

杭地業

杭｜くい

構造物の荷重を地盤に伝達させるための柱状の構造部材。伝達方法の違いにより**支持杭**と**摩擦杭**がある［50頁図6］。杭の種類には材質、施工方法により**既製コンクリート杭**、**鋼杭**、**場所打ちコンクリート杭**がある。［50頁表1］。一般に建造物の荷重が軽いあるいは支持地盤が比較的浅い場合は既製コンクリート杭が使われ、支持地盤が深い場合は場所打ちコンクリート杭、鋼杭が使われる。既製杭の施工法には、騒音・振動の低減、性能の確保を考慮し各種の工法がある。

支持杭｜しじぐい

先端を地耐力の大きい支持地盤まで到達させ、建物の荷重を伝達させるようにした杭。支持力の大部分は杭の先端支持力によって決定される。支持層より上部に比較的硬い層（**中間層**）がある場合は、施工ができるかどうか十分検討する。

摩擦杭｜まさつぐい

杭の表面と地盤との摩擦力に支持力の大部分を期待する杭。支持地盤が深い場合や建物が比較的軽い場合に採用される。フリクションパイルとも。1本当たりの耐力は支持杭に比べて小さいため打設する本数は増えるが、その分だけ締固めによる地盤改良も期待できる。

ネガティブフリクション

軟弱地盤などで、地盤沈下によって杭に下向きにかかる摩擦力をいう。既製杭においてこの力を軽減するために、表面にアスファルトを塗布するなど摩擦低減処置を講ずることもある。

既製コンクリート杭｜きせいこんくりーとぐい

工場で製作されたコンクリート製の杭一般。**節付杭**の一部などを除き、型枠を回転させ遠心力でコンクリートを固める遠心力成形で作られる。高強度コンクリートを使用するPHC杭が主流となり、RC杭・PC杭の使用例は減少している。

PHC杭｜ぴーえっちしーくい

圧縮強度800kg/㎠以上のコンクリートにプレストレスを導入して製作された杭。既製コンクリート杭の主流となっている。摩擦杭として使われる**節付杭**、先端が太くなっている**ST杭**などもある。

PRC杭｜ぴーあーるしーぐい

PHC杭とほぼ同様であるが、プレストレス導入用PC鋼線と平行して異形鉄筋が入っている。

SC杭｜えすしーぐい

鋼管の内側に高強度コンクリートを遠心力で固めた合成杭。曲げ変形対応力に優れている。

節付杭｜ふしつきぐい

地盤との摩擦抵抗を高めるため杭に30～50㎝間隔で節をつけた**摩擦杭**。断面が三角や六角のものもあり、荷重の軽い3階以下の建物や住宅などに使用される。

鋼杭｜こうぐい

鋼製の杭のこと。鋼管とH形鋼の2種類がある。運搬や打込みが容易で、溶接することで長尺にもできる。耐力は大きいが、腐食しやすい。住宅用に開発された小径の鋼管杭もある。

先端開放杭｜せんたんかいほうぐい
既製コンクリート杭や鋼管杭など筒状の杭の先端が中空のままの杭。中空を利用して中堀工法が採用できるが、先端の支持力は小さいとされる。

プレボーリング工法｜—こうほう
アースオーガー（地中の穿孔に使用する機械）などを使用して先行掘削し、その孔内に杭を沈設する工法。杭を先端支持層に定着させるための杭をハンマーで打ち込むものと、根固め液を注入するものがある。振動・騒音を小さく抑えることができる[51頁図10]。

中掘工法｜なかぼりこうほう
既製杭の中空部に挿入したスパイラルオーガーで杭先端部の地盤を掘削する工法[51頁図11]。掘削土を排出しながら杭の自重と打撃または油圧で杭を沈設していく。支持層への定着は打撃または根固め液の注入で行う。スパイラルオーガーによる掘削のため騒音・振動などは比較的少ない。

圧入工法｜あつにゅうこうほう
既製の鋼杭やコンクリート杭を油圧ジャッキや多滑車などを用いて圧入する工法。振動や騒音が少なく、掘削杭工法の様に残土が発生することもない。杭としての使用例は少ない。

セメントミルク工法｜—こうほう
プレボーリング工法で掘削した孔にセメントミルクを注入してコンクリート既製杭を建て込み、セメントミルクの硬化によって支持地盤と一体化させる杭工法。セメントミルクは中堀工法における根固め液としても使われる。

打撃工法｜だげきこうほう
打撃用のパイルハンマーで杭頭を打って杭打ちを行う工法[51頁図9]。一般に杭径800㎜以下の施工に用いられる。パイルハンマーの落下高、打撃による貫入量、リバウンド量から支持力の確認が容易にでき、杭工事としては信頼性が高い工法である。しかし、打撃による振動・騒音が大きく市街地では制約が多いため使用例は少ない。

図16｜**深礎工法**

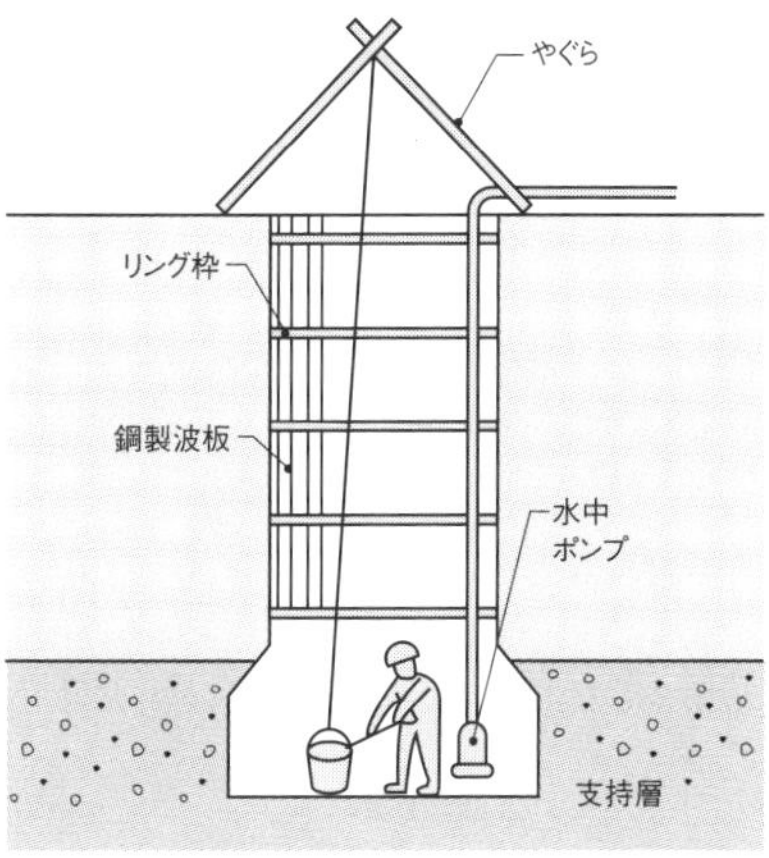

図17｜**EAZET工法**

旭化成建材

スクリュー式パイル工法｜—しき—こうほう
先端に羽根の付いた杭を回転させながら支持層まで貫入させる鋼管杭。住宅用に開発されたもので**羽根付き鋼管杭**ともいう。**EAZET工法**（旭化成）[図18]などがある。

高止まり｜たかどまり
既製コンクリート杭や鋼杭の施工において、予定より高い位置で杭を打ち止めること。支持層に起伏があったり、地中障害物があったりすると起きる。

ラム
パイル杭打ち機械のディーゼルパイルハンマーや、油圧パイルハンマーの打撃錘部分のこと。

モンケン
杭打ち工事のときに、杭を打ち込む鉄のおもり。**ドロップハンマー**ともいう。ウインチなどを使って巻き上げ、自然落下により杭を打ち込む。重さは杭の重量以上で、杭の長さ1mあたりの重量の10倍以上のものを使用する。また落下高は原則として2m以下とし、杭頭の破損を防ぐ。

やっとこ
雇い杭のこと。既製コンクリート杭や鋼杭の施工において、杭を地表面下の所定の深さに打ち込むために用いる仮の杭。やっとこを杭の上に載せて打ち込んだり押し込んだりする。

枕｜まくら
コンクリート製の既製杭を打設するとき、直接打ち込むと衝撃で杭頭を壊し亀裂などを生じさせることがあるため、杭頭に載せて緩衝の働きをさせるもの。座布団ともいう。一般には板厚5㎝程度の堅木を使う。

場所打ちコンクリート杭｜ばしょうち—ぐい
現場打ちコンクリート杭［げんばうち—ぐい］ともいう[50頁図7・8]。孔壁が崩壊しないよう地盤を掘削し、掘削完了後、孔内に鉄筋かごを建込み、トレミー管などを用いてコンクリートを打ち込んで築造する鉄筋コンクリート杭の総称。掘削や孔壁の保護方法などの違いにより、アースドリル工法をはじめとして各種の工法が存在する。ケーシング（掘削孔の保護鋼管）を設置し、杭孔を掘削し、その杭孔にあらかじめ地上で組み立てておいた鉄筋籠（籠筋［かごきん］）を挿入する。鉄筋籠設置後はトレミー管を使ってコンクリートを打設する。支持力を増すために杭先端の拡大工法もある。

アースドリル工法｜こうほう
バケットを回転させて土砂を鋤取り排出するアースドリル機で杭孔を造成する工法。孔壁の地盤崩壊を防ぐため杭上部にケーシングを用い、それ以深は安定液（ベントナイト液）で保護する。掘削完了後、鉄筋籠を建込みトレミー管を挿入してコンクリートを打設し、ケーシングを引き抜く。杭先端を広げる拡底工法、狭小敷地用の**ミニアースドリル工法**などもある[51頁図13]。

図18｜マッドバランス

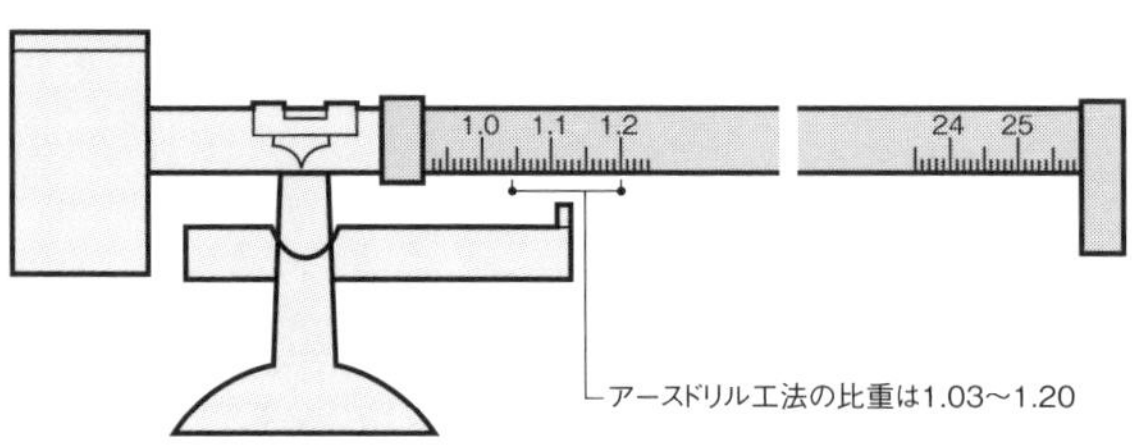

図19｜じょうご型粘土計

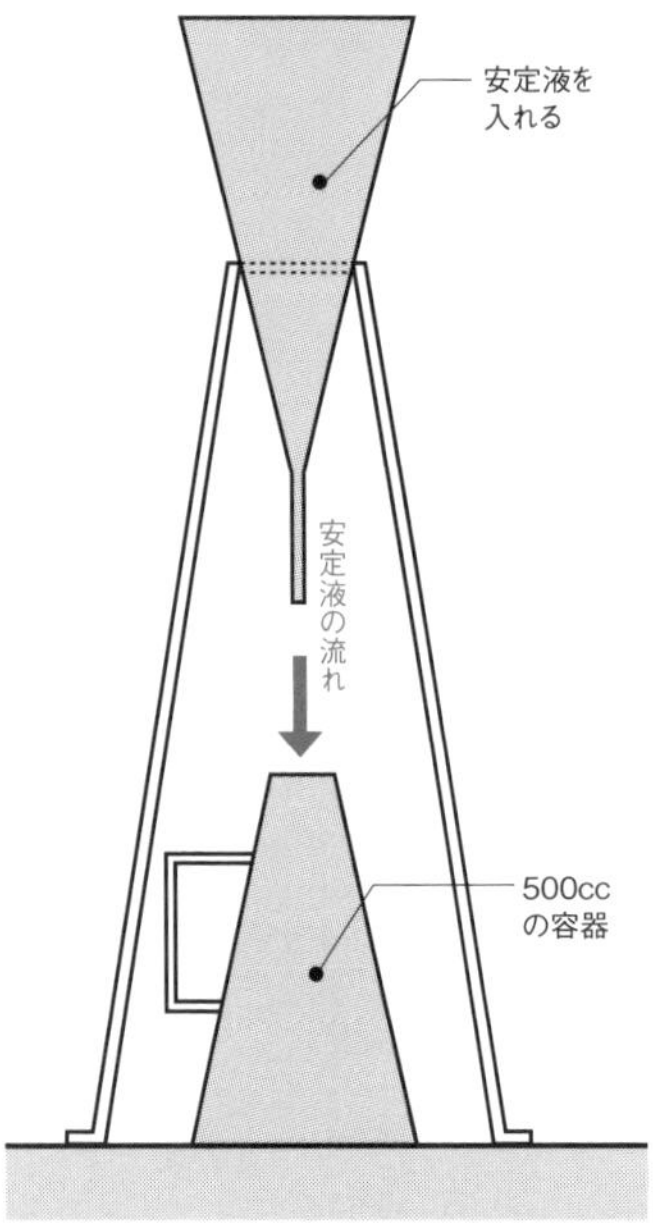

リバースサーキュレーション工法｜こうほう
リバース機と言われる掘削用ドリルで杭孔を掘削しながら、掘削孔に清水を注入し、掘削土を泥水化してポンプで排出する。泥水の土砂を沈殿槽で分離し、水は孔内へ戻される。掘削完了後鉄筋建込み、トレミー管挿入、コンクリートを打設する。
孔壁は孔内の静水圧と水に溶けた粘土質によって保護される。杭径が大きく大深度の杭に適している[52頁図14]。

図20｜スライム

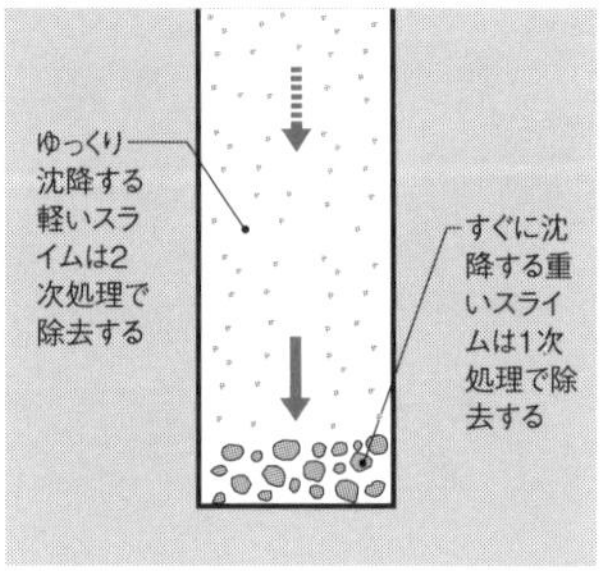

オールケーシング工法｜こうほう
杭孔の位置に設置したケーシング内の土砂をハンマーグラブで排出しながら、振動又は回転させてケーシングを杭底まで沈設する。鉄筋籠を入れコンクリートを打設しながらケーシングを引き抜いて杭を造成する。安定液を使用しないので地盤との摩擦力も有利であり信頼性が高い。**ベノト工法**ともいう[52頁図12]。

BH工法｜びーえっちこうほう
Bore Hole工法の略。杭孔の掘削を強力な動力をもつボーリング機で行う。ドリルの先端から安定液を注入し、掘削土を混入させてサンドポンプで地上に排出する。土砂を分離後安定液は杭孔へ循環させる。ノーケーシングで施工でき、機械が小型のため狭小な敷地に適する[52頁図15]。

図21｜エアリフト工法

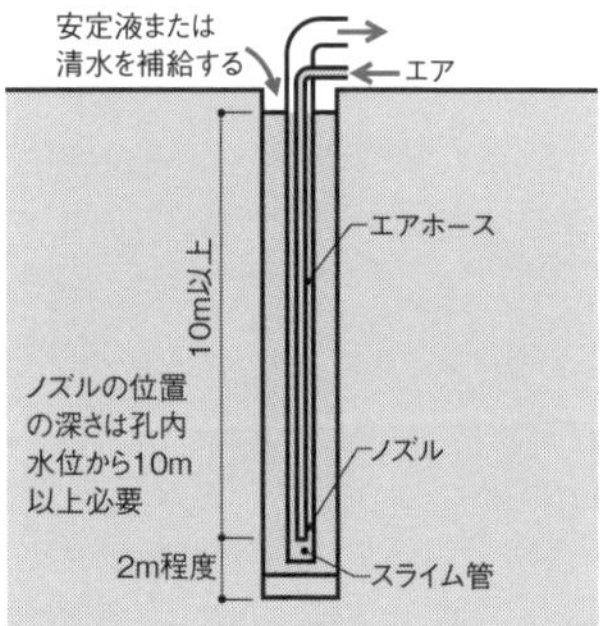

深礎工法｜しんそこうほう
杭孔を人力手掘りで施工する工法。波形鉄板と山留めリングで山留めしながら掘り進める。鉄筋を組み立て、コンクリートを打ちながら山留めを外していく。掘削を機械で行なう場合もあるが、杭底部では手掘りする。人力施工のため狭小地・傾斜地での施工、大口径の杭の施工が可能だが、地下水が多い場合は掘削不可能となることがある。危険がともなう作業なので孔内の作業環境対策を十分に検討する[58頁図27]。

ハンマーグラブ
大口径の場所打ちコンクリート杭用掘削機械。重量のある打ち込みハンマーの先端にグラブが付いている。グラブを自重落下で掘削面に食い込ませ、土を掴み取る。油圧式のものもある。

図22｜井桁筋

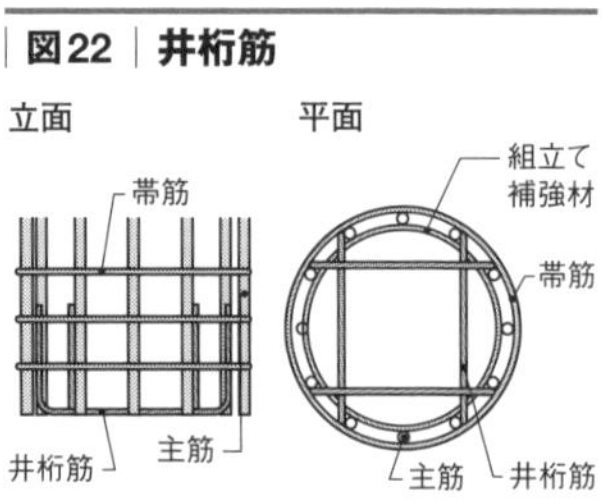

拡底｜かくてい
場所打ちコンクリート杭の支持力を増すために底部を掘り広げること。

トレミー管｜かん
場所打ちコンクリート杭築造にあたり、水中コンクリート打ちに用いる直径15〜30㎝以内の輸送管のこと。上部にはコンクリートを受けるホッパーが付き、管の先端には水が逆流しないような特殊な装置が付いている。管の先端が打ち込まれたコンクリートのなかに入った状態で使用される。

安定液｜あんていえき
アースドリル工法や**BH工法**において、掘削時に孔壁崩壊防止とスライム沈降防止のため使用する**ベントナイト溶液**［※］のこと。水を吸収して著しく膨潤する微細な粘土を溶液状にして、掘削孔に流し込

※：粘土の1種で、水を吸うと本来の体積の10倍以上に膨張する性質をもつベントナイトを水に溶解させたもの。

み、孔壁の崩壊を防止する。安定液の管理（比重・粘性・砂分・pHなど）の良否が場所打ち杭の品質に大きく影響する。

マッドバランス
安定液の比重を測る計測器[図19]。比重はマッドバランスで計測する。掘削する地盤によって比重を若干変えるが、アースドリル工法の場合1・03～1・20程度。

じょうご型粘度計｜かたねんどけい
ファンネル粘度計ともいう。安定液の粘性を測る計測器[図19]。500ccの安定液がじょうごを流下する時間で測る。掘削する地盤によって粘性を変える。

スライム
泥水中に浮遊する土砂やベントナイトの細粒分が、時間経過にともない孔底に沈殿して残留した掘り屑[図20]。支持力確保とコンクリートの品質確保のため除去する必要がある。この除去作業のことをスライム処理といい、鉄筋かご建込み前に行う1次**スライム処理**と、鉄筋かご建込み後に行う2次スライム処理に分けられる。

エアリフト工法｜こうほう
2次スライム処理に使用する工法[図21]。エアホースを使って孔底から2m程度上がったところに圧縮空気を送り、気泡の浮上によって生じる上昇水流でスライムを除去する。過度の2次スライム処理は孔底を弛める恐れがある。

浮き上がり｜うきあがり
場所打ち杭の打設中にコンクリートの上昇にともない、鉄筋かごが一緒に浮き上がる現象。コンクリー

表2｜地盤改良の種類と特徴

補強種別	表層地盤改良工法	柱状地盤改良工法	小口径鋼管圧入工法
補強方法の原理	・セメント系固化材を軟弱層と混合かく拌することにより、地耐力を向上させ、建物の沈下を防止する工法の一種 ・軟弱層が地表付近の浅い深度に分布しているとき、建物下部全体を面的に支える	・セメント系固化材を軟弱層と混合攪拌することにより地耐力を向上させ、建物の沈下を防止する工法 ・軟弱層が深部まで分布するとき、基礎底面を柱状の改良体によって支える	・建物荷重を鋼管を介して堅固な層に伝達し、鋼管の先端支持力で建物の沈下を防止する
基礎方法（手順）	・基礎の根切底までの表土を鋤き取り、改良範囲外に仮置きする ・改良深度下限までを掘削し、土量に対して規定の添加量のセメント系固化材を混合かく拌する ・固化材は粉体のまま使用するが、土中の水分を吸湿して水和反応を起こし、硬化する ・改良深度が1mを超える時には、数回に分けてかく拌と転圧を交互に行う	・地縄の基礎通りに沿って、打設個所をマークする ・規定の添加量にしたがって、セメント系固化材を水で溶いたセメントミルクをつくり、施工機のロッドに圧送する ・中空のロッドを地中に押し込み、ロッド先端からセメントミルクを吐出する ・ロッドの先端部は、櫛形のかく拌翼となっているので、ロッドを回転させながら、吐出したセメントミルクと土を地中で混合する ・ロッドを上下して円柱状の改良体を成形する ・改良体は数時間で硬化し始めるので、頭部を基礎の下端の高さまで削り取る	・地縄の基礎通りに沿って、打設個所をマークする ・鋼管は打撃せずに回転圧入する ・規定の層に到達した深度で、計測器によって支持層であるかどうかを確認する ・所定の管理トルク値と回転数を計測することによって、先端が硬質層に達したことを確認する ・支持層まで数本の鋼管を連結する場合には継手溶接を行う ・頭部を基礎の下端に合わせ切り取る
使用する機材・材料	・バックホー ・振動ローラ ・オートレベル ・セメント系固化材	・施工機 ・セメント攪拌用のプラント ・水槽 ・発電機 ・セメントミルク圧送用のポンプ ・施工機搬送用の大型トラック ・セメント系固化材	・施工機（住宅密集地の狭小な搬入路においても稼働できるコンパクトな施工機があり、その施工機で圧入できる程度の直径の鋼管が用いられる） ・一般構造用炭素鋼鋼管 ・直径114.3㎜、139.8㎜、169.2㎜のものが使用される ・電気溶接用の発電機 ・施工機搬送用の大型トラック
工期	・戸建住宅の場合、1～2日		
適用土壌	・砂質土、粘性土。粘着力の高いローム層は混合攪拌に時間がかかる ・高有機質土は酸性でありセメントの反応が鈍るので、土質に合った品番を選択する	・砂質土、粘性土 ・高有機質土は酸性でありセメントの反応が鈍るので、土質に合った品番を使用する	・鋼管の直径の100倍程度の深度に堅固な層がある場所
コスト	・改良範囲と改良深度に応じて、固化材使用量、施工日数が異なる ・施工例：改良厚1m、改良範囲100㎡の場合、約70万円	・改良本数と改良深度に応じて、固化材使用量、施工日数が異なる ・施工例：径600㎜×4m×40本の場合、約80万円	・柱状改良と同等程度
補強方法のメリットとデメリット	・建物全体を均質な地盤で支持するので、基礎梁の剛性強度を考慮せずに地盤改良の設計ができる ・実際にかく拌している状況を目視で確認しながら施工できる ・施工日数が短期間 ・施工の数日後には根切り工事に着手できる ・改良厚が厚い場合は、バックホーのアームが届きにくくなり、施工品質が確保できなくなる ・改良厚が厚い場合は、かく拌工の作業量とセメント系固化材の使用量が急増するので経済的ではない	・スクリューウエイト貫入試験のデータにもとづいて改良長の決定が可能である（改良先端の換算N値は4程度を満足すればよい） ・施工日数が短期間 ・施工の数日後には根切り工事に着手できる ・水位が非常に浅い場合でも、改良品質が劣化しない ・地層が傾斜している場合でも、改良長を現場なりに合わせるのが容易である ・ガラなどの地中障害物がある場合には、あらかじめ除去するなどの準備工が必要となる ・地滑りや地震時の横力に抵抗する材料強度を確保しにくい	・材料の品質が一定である ・土質に左右されず採用できる ・残土の発生が少ない ・スクリューウエイト貫入試験の貫入限界が、鋼管の支持地盤であるか、支持層としての層圧が十分であるかを確認する必要がある ・基礎梁の強度が小さい場合に、鋼管の頭部が基礎を突き上げる可能性がある ・広域地盤沈下地帯では建物が抜け上がる ・直径が小さいため支持杭ではなく地業としての扱いであり、柱状地盤改良同様、横方向の力に対する抵抗力を見込めない
適する構造と規模	・2階建てまでの戸建住宅 ・構造計算書を添付することが要求される確認申請構造物に適用するには、役所での事前折衝が必要		

ト打設の初期に起きやすい。鉄筋かご最下部に**井桁筋**[図22]を付けることで対応する。

余盛り｜よもり

場所打ち杭（一般に水中コンクリートを使用）の施工で、スライムや劣化したコンクリートが杭頭部に残らないようにするため、杭天端より上方に打設する余分なコンクリート部分。通常500～1000㎜の範囲で設定し、根切り時に解体撤去する。

杭頭処理｜くいとうしょり

場所打ちコンクリート杭頭部の余盛り部分を除去し、鉄筋を整える作業をいう。基礎に所定の強度を伝えるために大切な工程である。除去作業は騒音が発生するため、防止対策として膨張性破砕材を使用するなど各種の杭頭処理工法が普及している。

杭間ざらい｜くいま—

杭の周りの盛り上がった土や、杭頭処理で発生したガラなどを取り除き均すこと。地業捨てコンクリート打ちの前処理となる。

図23｜地盤に適した工法の選び方

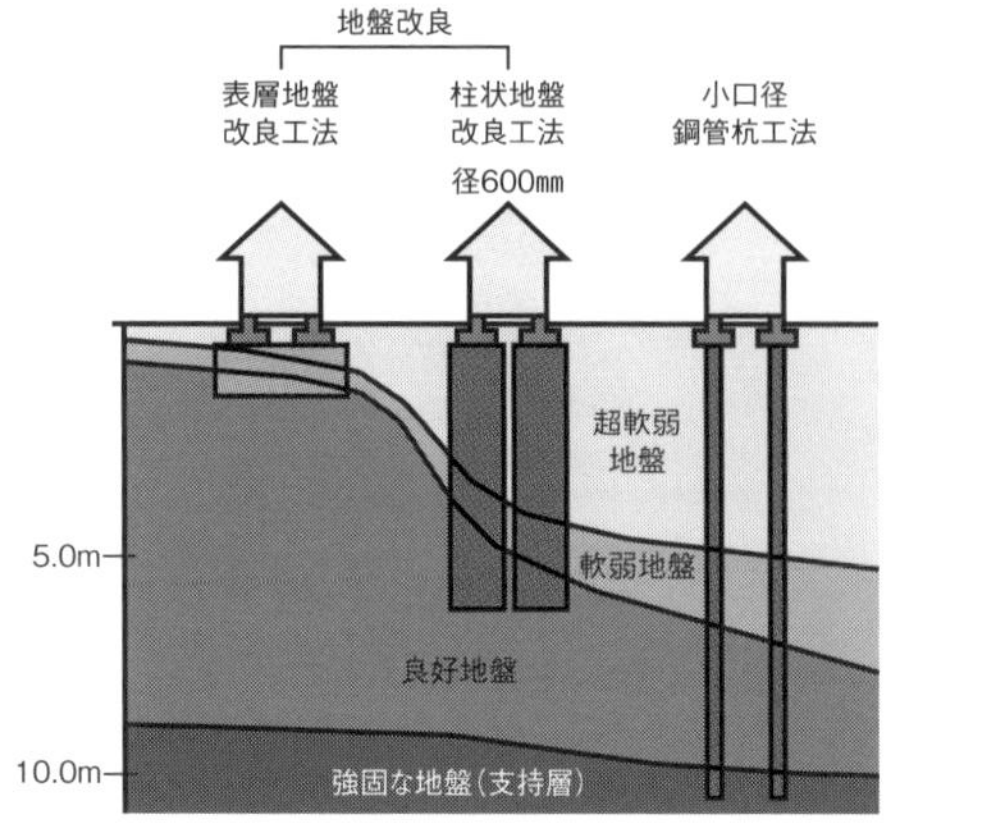

表層地盤改良工法は、軟弱地盤がさほど深くなく、2mくらいまでの場合に採用される。柱状地盤改良工法と小口径鋼管杭工法は、軟弱地盤が深く、8mくらいまで分布していて、その下に硬い地盤がある場合に採用し、柱状に建物を支える

図24｜表層地盤改良

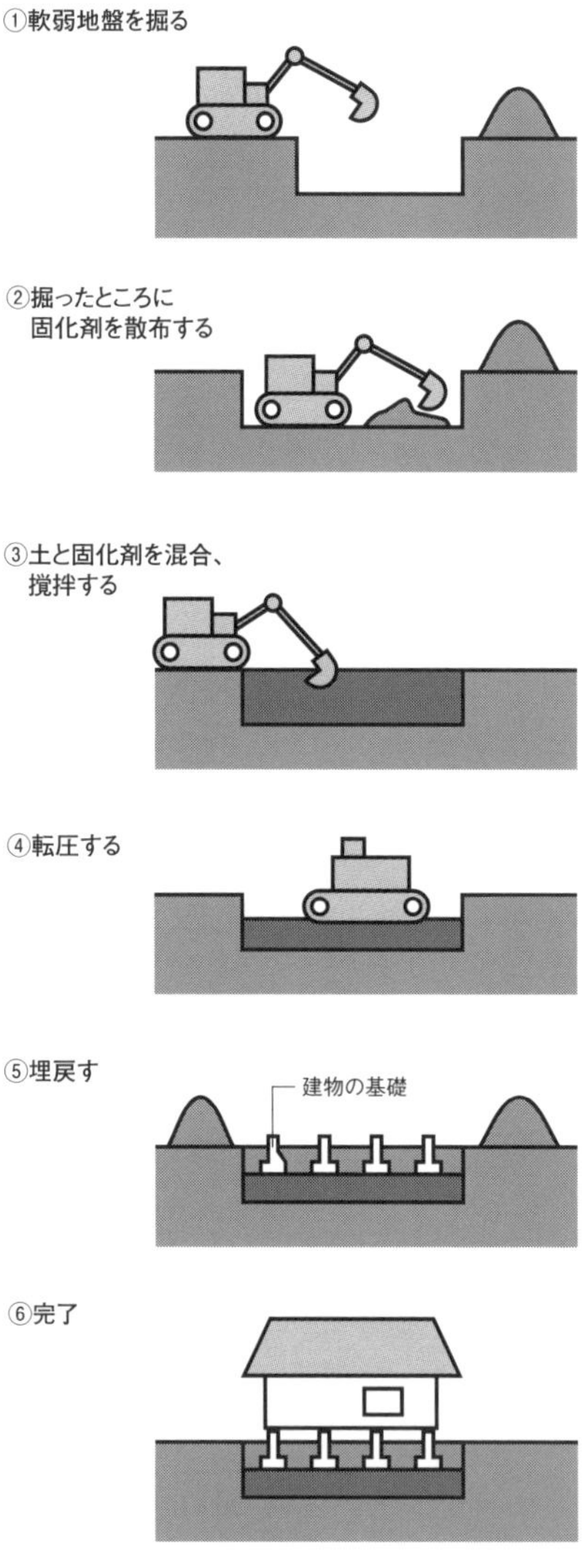

軟弱な地盤にセメント系の固化剤を散布・混合・攪拌し、基礎の下に地耐力の大きな安定した層を設ける

写真1｜表層地盤改良工法の固化剤散布作業

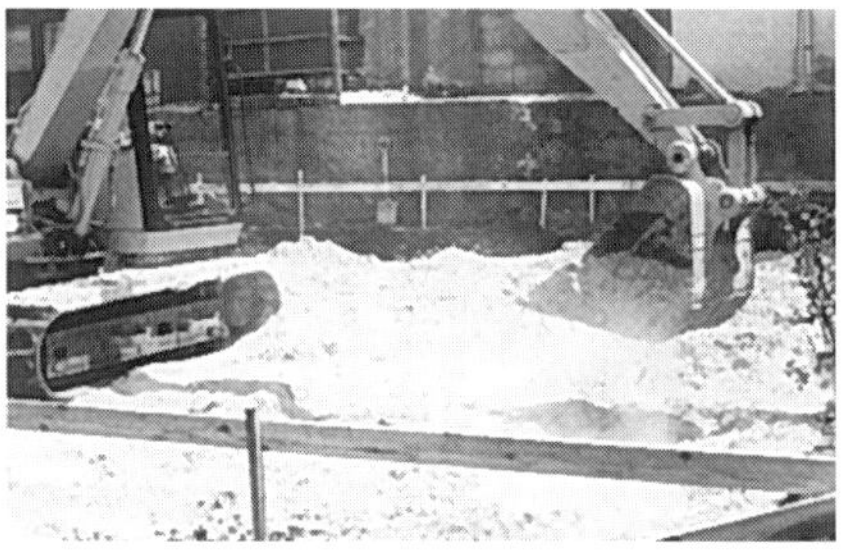

図25｜柱状地盤改良

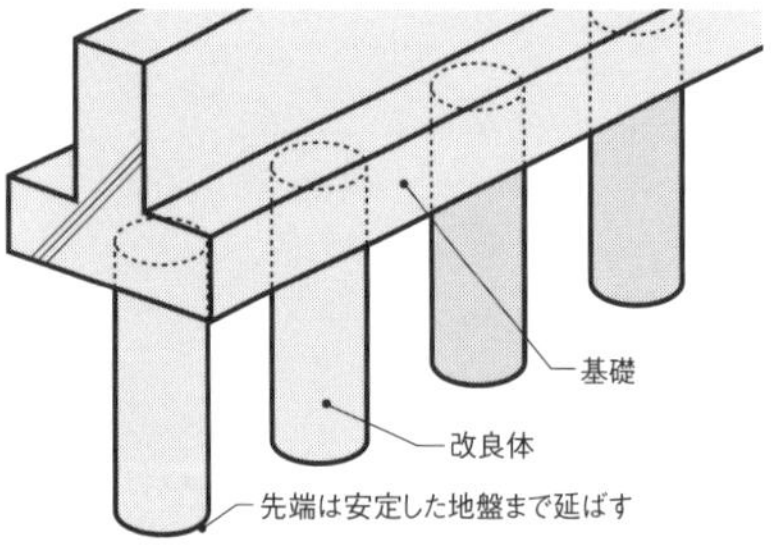

図26｜小口径鋼管圧入工法

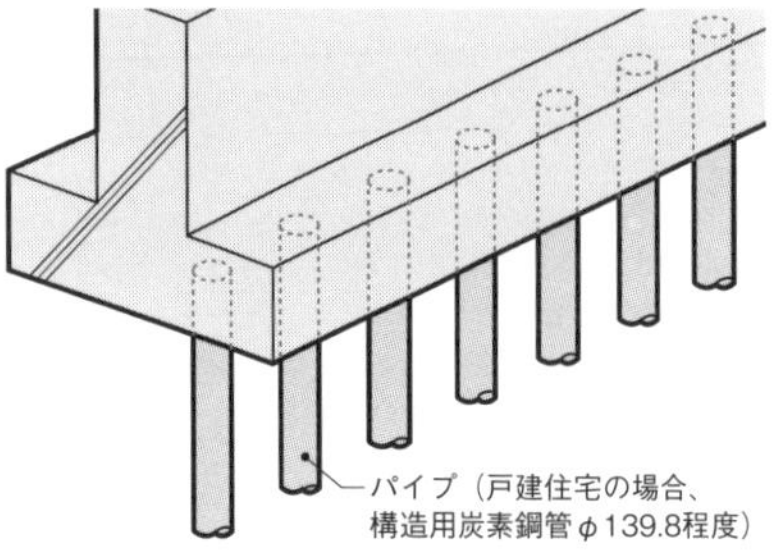

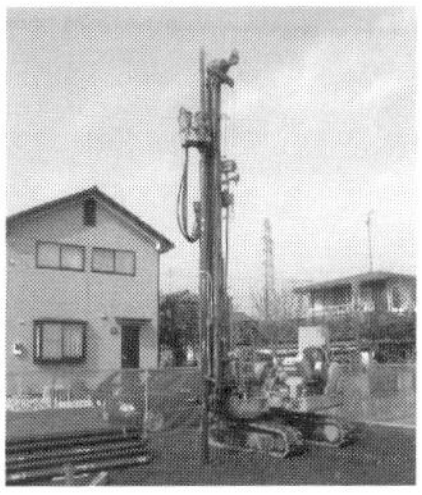
写真2｜小口径鋼管地業の鋼管圧入

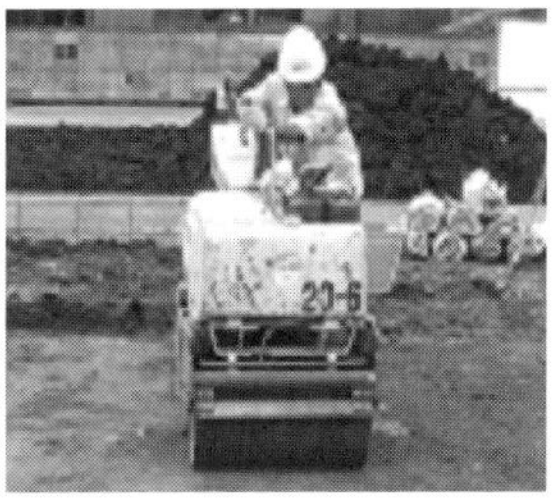
写真3｜ローラ転圧（写真は振動ローラー）

地盤改良地業

地盤改良｜じばんかいりょう
地盤改良とは軟弱地盤の支持力の増大、沈下の抑制を目的とし、土を締め固め、脱水、固結、置換などの処理を行う。地盤改良の工法には、**杭地業**、**締固め**、**強制圧密**、**脱水**、**固結**、**置換**などがある。戸建住宅で採用される地盤改良には**表層地盤改良**、**柱状地盤改良**が多い。そのほかに、**小口径鋼管圧入工法**などがある［55頁表2、図23］。

表層地盤改良｜ひょうそうじばんかいりょう
地表から2m以内の範囲の地盤を対象に、バックホーなどを使用して、セメント系固化材を混合・攪拌し、転圧を行って固化させる工法［図24、写真1］。平面的には基礎よりひとまわり広い範囲を改良する。支持層が傾斜している場合は対応が困難で、また改良範囲内に地下水位があると施工できない。

柱状地盤改良｜ちゅうじょうじばんかいりょう
オーガーで現地土と固化材を攪拌しながら穿孔し、土を柱状に固めて土中に**コラム**と呼ばれる柱状の改良体をつくり、それを介して安定した地盤に建物荷重を伝達し支持する工法［図25］。固化材と現地土の攪拌において、水の使用の有無により乾式と湿式に分けられる。固化材の添加量、攪拌の状況を確認することが重要である。杭とは異なり、先端に堅固な支持層を必要としないので、スクリューウエイト貫入試験［35頁図5］のデータからでも設計ができる。

小口径鋼管圧入工法｜しょうこうけいこうかんあつにゅうこうほう
建物を支えるため、支持層まで小口径の鋼管を回転圧入する工法の総称［図26、写真2］。戸建住宅では施工機の能力を勘案して、口径の小さい構造用炭素鋼管（139・8㎜など）を使用するが、小口径のため支持杭とはみなされず、建築基準法では地盤改良ではなく、一般的な地業に分類されている。

置換工法｜ちかんこうほう
軟弱層や凍上［※］などの問題がある地盤の一部または全部を取り除き、良質な材料に置き換える工法。改良深度が深い場合は山留めなどのコストがアップするため、一般に改良深度が比較的浅い場合に採用される。

バーチカルドレーン工法｜—こうほう
地中にドレーン用に開発された材料あるいは砂杭などを打ち込み、地表に盛土載荷等を行うことで、ドレーンから湧き出した地下水を排出し、地盤の圧密沈下を促進させる地盤改良法。

サンドドレーン工法｜—こうほう
地中に砂杭を造成し、地表の盛土載荷により地盤の圧密沈下を促進させて行う地盤改良法。砂杭が地盤の水分を抜く導管となる。バーチカルドレーン工法の1つ。

サンドコンパクションパイル工法｜—こうほう
地中に振動などで締固めた砂杭を造成することで軟弱地盤を締固め、同時に砂杭としての支持力も期待する地盤改良法。砂地盤の液状化対策にも有効である。

改良深度｜かいりょうしんど
地盤改良工事における深さ方向の改良範囲のこと。杭基礎が堅固な支持層を必要とするのに対し、戸建住宅を支持できる程度の地層に到達するまでを改良する。

セメント系固化材｜—けいこかざい
地盤改良専用のセメント。**ソイルセメント**と同様。普通セメントが砂と砂利以外の骨材では硬化しないのに対して、土と混合攪拌しても硬化する地盤改良材として開発された特殊セメント。

セメントミルク
水で溶いたセメント。柱状地盤改良で使われる。

構造用炭素鋼鋼管｜こうぞうようたんそこうこうかん
小口径鋼管地業で使用されるのはJISで規格化されている一般構造用炭素鋼鋼管で、直径の小さい小口径鋼管（114・3㎜径、139・8㎜径、165・2㎜径など）が多用されている。

ドレーン材｜—ざい
間隙水の流出を促進する水路としての役割をもつ材料。

転圧｜てんあつ
乱した地盤を**転圧機械**［てんあつきかい］によって締め固めること。転圧機械の重量を利用して繰返し圧縮する方法と振動による方法がある。動的な繰返し荷重を加える振動ローラ、ランマーなどは転圧効果が高い。ただし、効果の及ぶ範囲は深さ30㎝程度である［写真3］。

転圧機械｜てんあつきかい
締固めに用いられる機械。自重によるものに**ロードローラ**や**タイヤローラ**、振動を加えるものにハンドガイド型の**振動ローラ**（起振力15〜20kN）や**ランマ**などがある。

六価クロム溶出試験｜ろっか—ようしゅつしけん
セメントおよびセメント系固化材を使用した地盤改良土から、環境基準を超える六価クロムが溶出するおそれがあるため、旧建設省（現国土交通省）の通達（2000年3月）により、使用する場合は現地土壌と使用予定の固化材の「六価クロム溶出試験」を実施し、環境基準以下であることの確認が必要となっている。

図27 基礎の種類

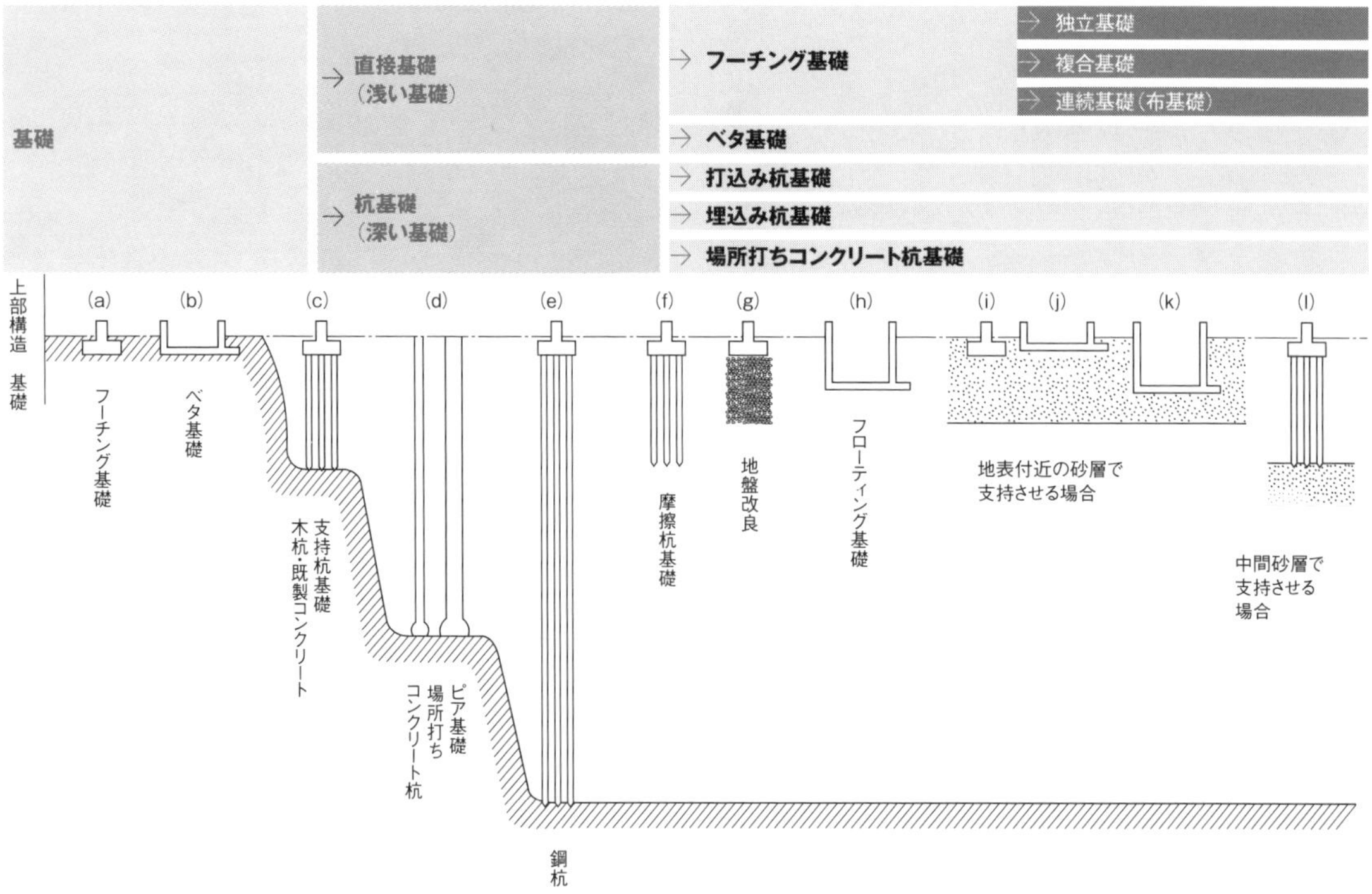

図28 直接基礎の種類

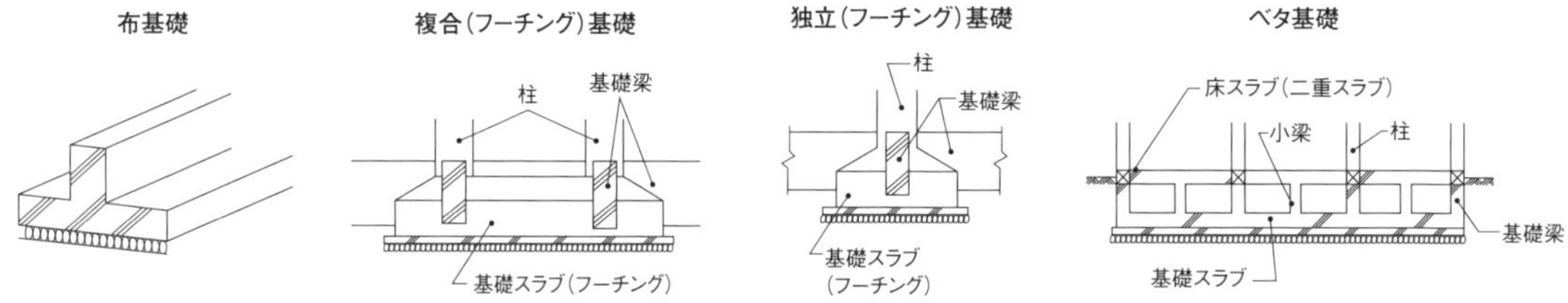

基礎

基礎｜きそ
基礎は上部構造の荷重を地盤に伝達させる役割があるが、基礎の構造形式は杭を使用する基礎と、荷重を直接地盤に伝える基礎に大別できる。前者を杭基礎、後者の形式を直接基礎という。

直接基礎｜ちょくせつきそ
直接基礎には独立基礎、布基礎（連続基礎）、ベタ基礎の3種類があるが、布基礎の場合は地盤の長期地耐力が30kN／㎡以上必要となる。20kN／㎡以上、30kN／㎡未満の場合にはベタ基礎、20kN／㎡未満の場合には杭基礎と定められている。ただし、地盤改良により地耐力が30kN／㎡以上確保できた場合には、布基礎、ベタ基礎などの直接基礎の採用が可能である［図28］。

フーチング基礎｜きそ
基礎下部の広がった部分（フーチングという）で、上部構造の荷重を地盤に伝える［図28］。

独立基礎｜どくりつきそ
建物の荷重の多くかかる柱部分の下に独立して設けられたフーチング基礎［図28］。

布基礎｜ぬのきそ
木造やRC壁式構造などに用いられる基礎で、一般に逆T字型の連続した**フーチング基礎**である［図28］。

ベタ基礎｜きそ
建物の荷重を基礎梁に支えられた基礎スラブの底面積全体で地盤に伝える形式の基礎。
独立基礎に比べ剛性が高いので、不同沈下に抵抗して、沈下を均等化する作用を期待できる。接地面積が大きいために、荷重を分散させる効果もあるが、基礎自重も大きいために接地圧の低減に限界がある。しかも発生する応力が地盤の深部まで伝達されるので、軟弱層が厚い場合にはむしろ沈下を促進することがある［図29］。

杭基礎｜くいきそ（くいぎそ）
建造物の荷重を杭で支持層に伝える基礎。軟弱地盤で直接基礎による設計が不可能なときに用いられる。杭基礎には、現場でコンクリートを流し込んでつくる**場所（現場）打ちコンクリート杭**と、**木杭**、**コンクリート杭**、**鋼管杭**のようにあらかじめ工場などで製作された杭を打ち込む（または埋め込む）ものがある。

併用基礎｜へいようきそ
異なる2つ以上の基礎形式を用いること。このうち部分的にみれば単独の基礎形式になっているものを**異種基礎**といい、不同沈下が起きないように注意が必要である。直接基礎と杭基礎の組合せなどが当てはまる。これに対して直接基礎と杭基礎の両方で複合的に荷重に抵抗し、単独の基礎に分割できないものを**パイルドラフト基礎**という[図30]。

異種基礎｜いしゅぎそ

直接基礎と抗基礎のように異種同士の基礎を併用することだが、水平耐力の検討、沈下量に違いがあることから原則として採用してはならない。

ローソク基礎｜―きそ

コンクリート製で角型縦長のローソク石を使った基礎。木造住宅において支持地盤が深く布基礎が困難な場合、柱の下のみ基礎を深くするときなどに使用される。

いかだ基礎｜―きそ

1種のベタ基礎だが、泥炭地、干拓地のように軟弱な地盤が深くまで堆積しているところに用いられる。荷重の分散を図るため、水面下にマツの丸太をいかだ状に緊結して敷き並べ（**いかだ地業**）、その上に布基礎を載せる。マツ材の比重は0.5程度のため、0.5t/㎡の浮力を生じたことになり、この浮力を利用することになるが、支持できる重量は限られる[図31]。軟弱地盤に建つ古い建物の解体などでときどき見受けられる。

基礎スラブ｜きそ―

上部構造の応力を地盤または地業に伝えるために設けられた構造部分。フーチング基礎ではそのフーチング部分をいう。ベタ基礎ではスラブ部分を指し、耐圧版、底板ともいう。

凍結深度｜とうけつしんど

冬季の寒冷地では、地表から下の一定の深さまで凍結するが、この凍結が生じ得る深さのこと。地域によって深さが異なる。凍結すると地中の水分が膨張して地面が押し上げられるため、建物の基礎の底版や水道本管からの横引き給水管は、凍結深度より深いところに設置する。

永久アンカー｜えいきゅう―

塔状比（高さ/短辺長さ）の高い建物の転倒防止や傾斜地に建つ建物の滑り防止などの目的に、建物の直下や周辺の掘削しない地盤に構造体として設置するアースアンカー[図32]。

基礎免震｜きそめんしん

免震装置を基礎部に取り付けて地盤と基礎の縁を切り、地震時における水平力の建物への入力を抑える工法。隣接建物との間にある程度の空間的余裕が必要である。免震装置の取付けでは、基礎の水平精度の確保が特に重要となる。

図29｜布基礎とベタ基礎

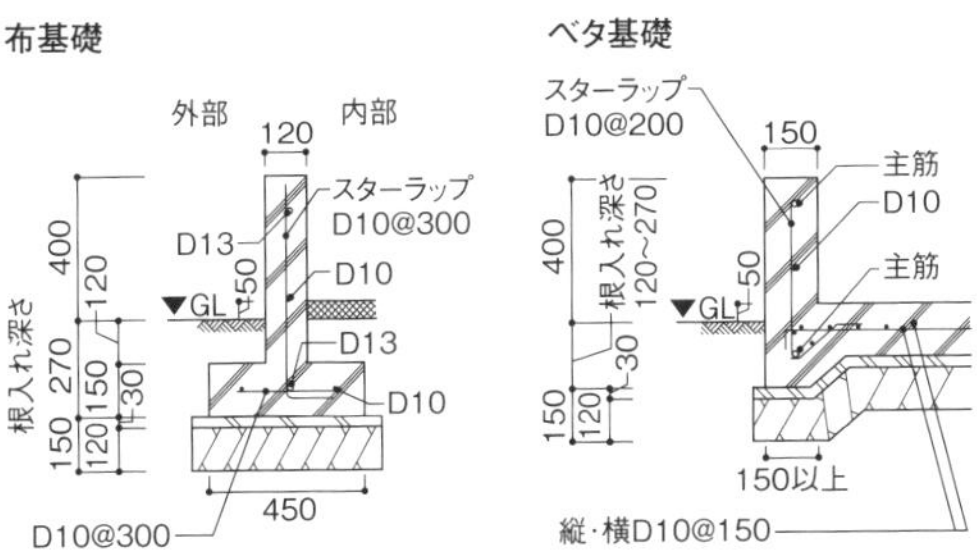

図30｜併用基礎

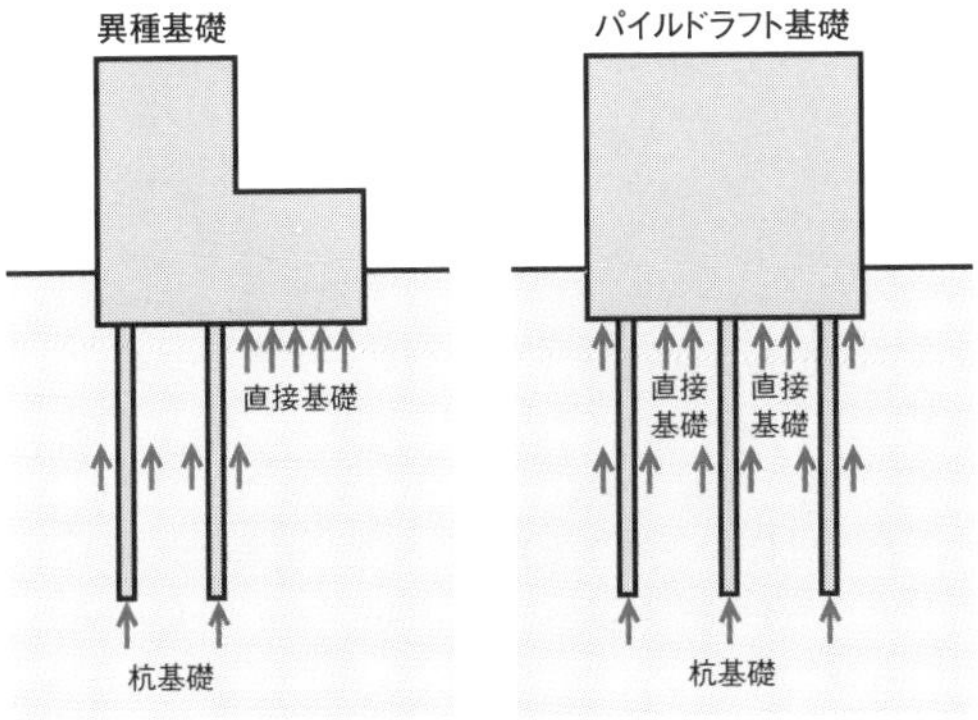

表3｜異種基礎の例

- 基礎と杭の併用
- 地下室のベタ基礎と抗基礎の併用
- 支持杭と摩擦杭の併用
- 著しい杭長の違い
- 現場打ち杭と打込み杭の併用
- 支持層の異なる杭の使用
- 鋼管杭とコンクリート杭の併用　など

図31｜いかだ基礎

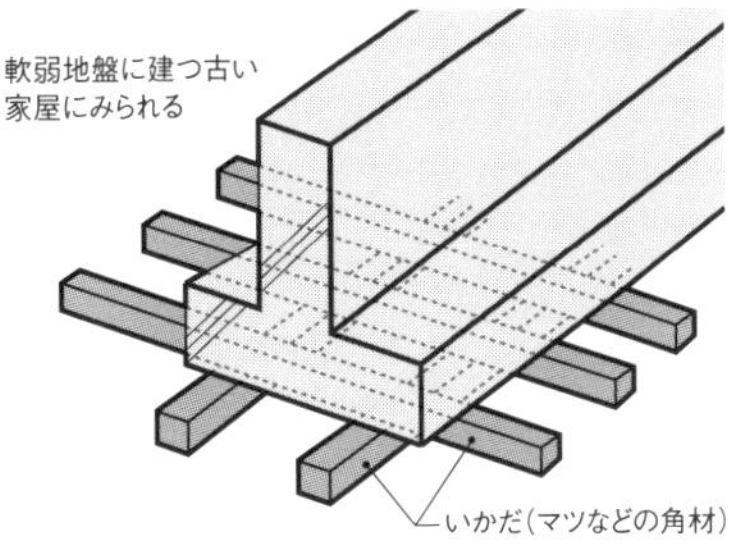

図32｜永久アンカー

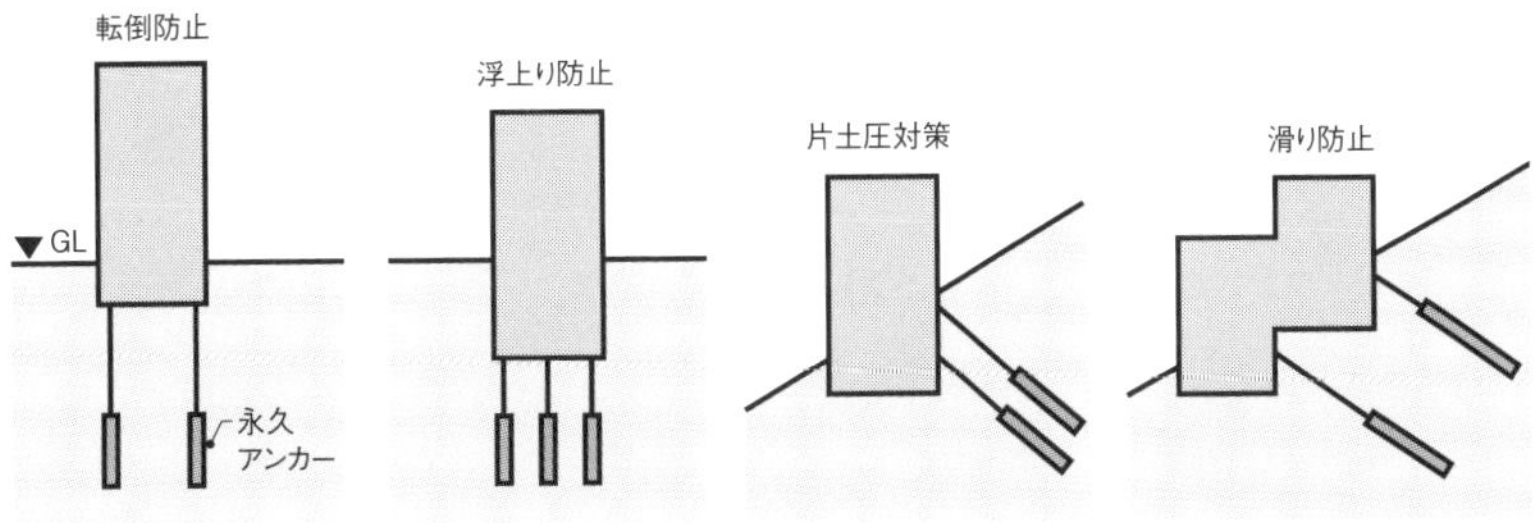

※：地中の水分が凍って霜柱になることで地盤面がもち上げられる現象

地盤・基礎

足場・仮設工事 6

仮設工事を行うときに必要な作業床や作業員の通路を足場という。用途・構造別による足場の種類は[表]のように分類される。

足場

単管足場｜たんかんあしば
かつて一般的に用いられていた丸太足場に代わり、鋼管を主体とした足場として普及したもの。**建地**、**布地**、**腕木**、足場板、大筋かい、**緊結金具**、**単管ジョイント**、固定ベース金具、**壁つなぎ**用金具などの部材で構成されており、本足場、**棚足場**、**一側足場**などとして使用されている。足場の床に用いられる厚板を**足場板**（歩み板）といい、木製や鋼製のものがある。

枠組足場｜わくぐみあしば
組立て、解体が容易で、安全性、経済性、作業性のバランスがよく、建築工事、土木工事などの本足場、棚足場として、現在最も多く使用されている足場[図1、62頁写真1]。

吊り足場｜つりあしば
ビル建築の鉄骨組立て工事における、鉄骨材のボルト締め、溶接作業、鉄筋組立て作業などを行うために設置される足場。鉄骨梁に直接既製の吊り足場を懸垂する方式の**吊り枠足場**と、鉄骨梁から吊りチェーンを吊り材とし、足場用鋼管、角形鋼管、丸太などを井桁状に組み、足場板を架け渡し作業床とした**吊り棚足場**がある。

ブラケット一側足場｜ひとかわあしば
一側足場に**持送り枠**を取り付け、その上に作業床を設けた足場。**建地**、布、持送り枠、足場板、大筋かい、単管ジョイント、緊結金具、固定型ベース金具、壁つなぎ用金具、手摺などの部材によって構成されている[図2]。

張出し足場｜はりだしあしば
隣接して既設建物があるなど、足場を建てることのできない場合に設置される足場。建物の躯体に張

表｜**足場の用途別・構造別分類**

用途別＼構造別		支柱足場 本足場	支柱足場 一側足場	支柱足場 棚足場	吊り足場	機械足場	その他
工事別	外装工事用	枠組足場　単管足場 張出し足場　丸太足場 手摺先行式足場 低層工事用簡易枠組足場	単管足場　ブラケット一側足場 布板一側足場　丸太足場 小規模建設工事用足場			ゴンドラ	
	内装工事用			枠組足場　単管足場 丸太足場 手摺先行式足場			脚立足場　馬足場 移動足場 移動式室内足場
	躯体工事用	枠組足場　単管足場 丸太足場 手摺先行式足場	単管足場 丸太足場		吊り枠足場 吊り棚足場		鉄骨溶接用足場
	補修用	枠組足場 手摺先行式足場	単管足場　ブラケット一側足場 布板一側足場 丸太足場 小規模建設工事用足場	枠組足場 単管足場 丸太足場 手摺先行式足場	吊り枠足場 吊り棚足場	ゴンドラ	脚立足場　馬足場 移動足場 移動式室内足場
構造別	S造用	枠組足場　単管足場 張出し足場 手摺先行式足場 低層工事用簡易枠組足場	単管足場 ブラケット一側足場 小規模建設工事用足場	枠組足場 単管足場 手摺先行式足場	吊り枠足場 吊り棚足場	ゴンドラ	脚立足場 馬足場移動足場 移動式室内足場 鉄骨溶接用足場
	RC造用	枠組足場　単管足場 張出し足場 手摺先行式足場　丸太足場 低層工事用簡易枠組足場	単管足場 ブラケット一側足場 丸太足場 小規模建設工事用足場	枠組足場 単管足場 丸太足場 手摺先行式足場		ゴンドラ	脚立足場 馬足場 移動式室内足場
	木造用	単管足場　丸太足場 低層工事用簡易枠組足場	単管足場　丸太足場 小規模建設工事用足場				脚立足場 馬足場

図1｜枠組足場

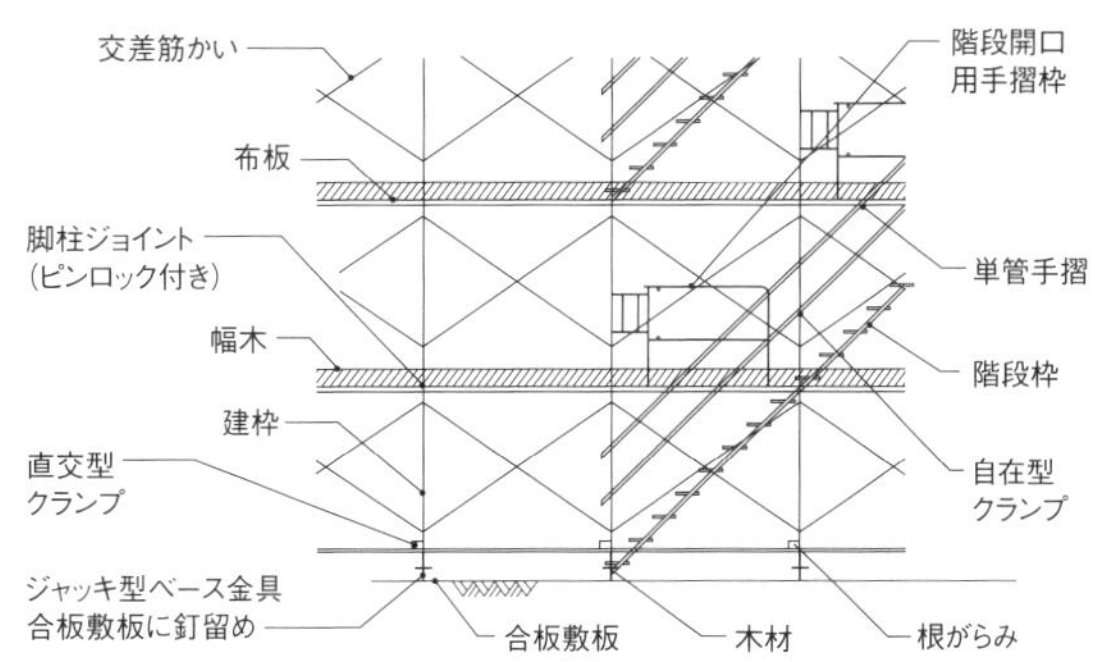

図2｜ブラケット一側足場

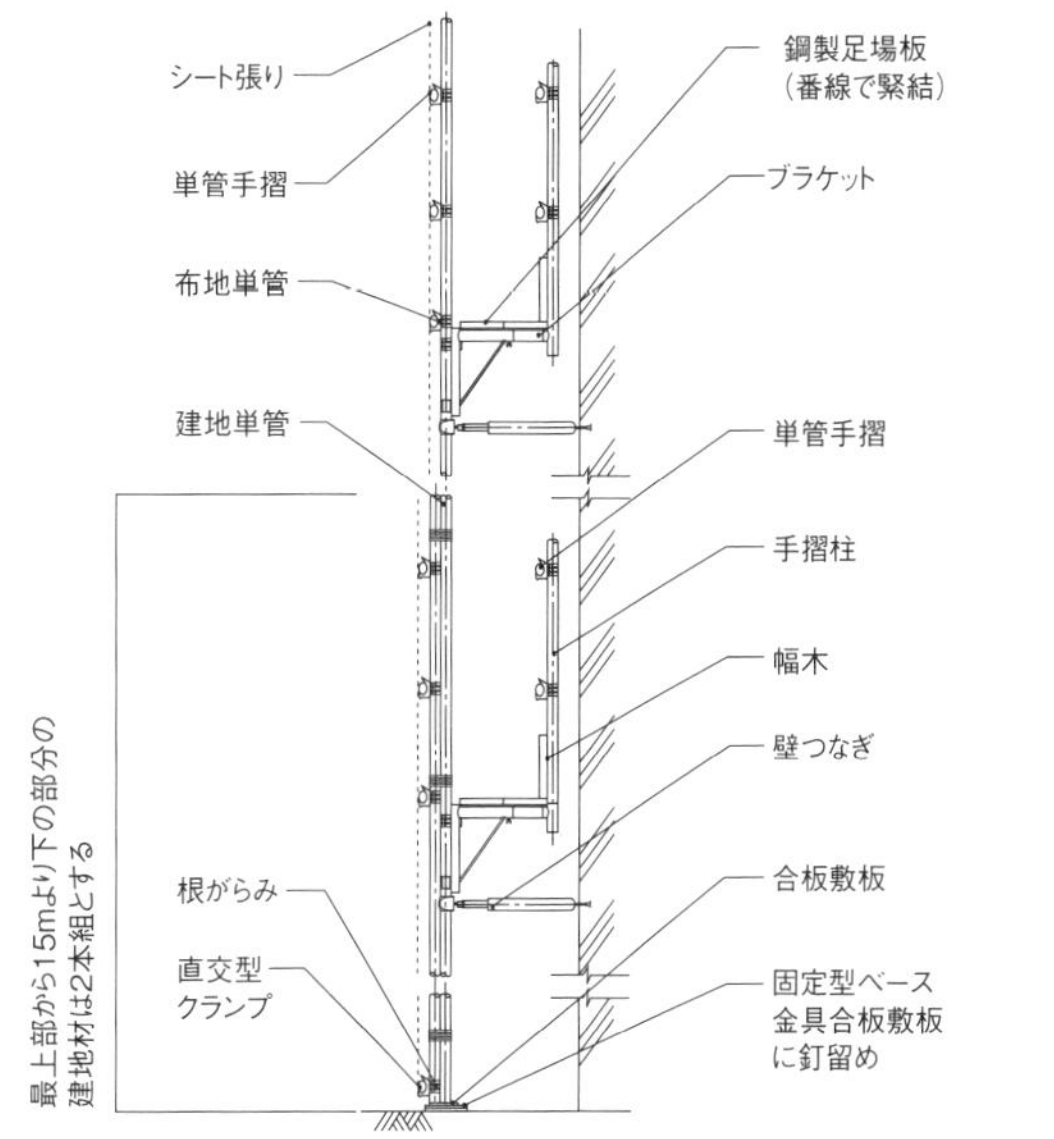

出し材をアンカーボルトなどで取り付け、その上に本足場を組み立てたものである。

移動式足場｜いどうしきあしば
タワー状に組み立てた枠組構造の最上層に作業床を、脚柱の下端に脚輪を備えた足場。**ローリングタワー**とも。足場の高さの変更や人力による移動も容易で、天井や壁の仕上げ工事などで使用される。

棚足場｜たなあしば
枠組、単管、丸太などの支柱で支えられた、平面的に広がりのある作業床を有した足場のこと。

脚立足場｜きゃたつあしば
天板、蝶番、脚柱、踏桟、開き止めによって構成された脚立を、足場の支柱として用いる足場。2つ以上の脚立に、直接足場板を架け渡すものと、多桁、多列に配置した脚立に大引、根太を架け渡し、その上に足場板を敷いて棚足場とするものがある。

手摺先行式足場｜てすりせんこうしきあしば
交差筋かいで構成されていた枠組足場に対し、交差筋かいの代わりに手摺枠と呼ばれる専用枠を使うことで、組立て・解体時に常に手摺がある状態を確保した足場。

鉄骨溶接用足場｜てっこつようせつようあしば
鉄骨造の建物の鉄骨組立て工事における、梁や柱のボルト締め、溶接作業などでよく使われる足場。あらかじめ鉄骨柱や梁の指定の位置に取り付けるための専用のピースを工場溶接しておく必要がある。

かご型足場｜—がたあしば
基礎工事などで、地盤以下の建築工事などに設けられる足場。

地足場｜じあしば
基礎工事などで地盤以下の建築工事などに設けられる足場のこと。

くさび緊結式足場｜—きんけつしきあしば
一定間隔に緊結部を備えた鋼管を建地とし、手摺や筋かい等を建地の緊結部にくさびで緊結する足場のこと。（一社）仮設工業会の認定基準に適合し、認定を受けた部材を使い組み立てられる。

仮設部材

建枠｜たてわく
労働安全衛生法施行令第13条第22号の2に定める、鋼管足場用の部材の1つ。

布枠｜ぬのわく
布地材および腕木材を溶接し、つかみ金具を布地材の両端に溶接、またはリベットで接合したもの。

床付き布枠｜ゆかつきぬのわく
床材、布材、梁材を溶接し、または折り曲げ加工により、一体化された床材および布材に、梁材を溶接したもの。一般的には、**鋼製布板**と呼ばれている。

持送り枠｜もちおくりわく
枠組足場の建地材や単管足場の建地材に取付け金具で取り付けて使用するもの。一般的には**ブラケット**と呼ばれる。

筋かい（交差筋かい）｜すじかい（こうさすじかい）
建枠を水平方向（布方向）につなぐのに使用される、鋼管足場用部材のこと。**交差ブレース**とも。

上さん｜うえ—
枠組足場における「より安全な措置」として、交差筋かいのヒンジピンの高さ以上の位置に取り付ける丈夫な横桟。

中さん｜なか—
枠組足場以外の足場の作業床からの墜落防止措置として設置される、高さ35cm以上、50cm以下の丈夫な横桟。

下さん｜した—
枠組足場の作業床からの墜落防止措置として設置される、高さ15cm以上、40cm以下の丈夫な横桟。

幅木｜はばき
労働者の墜落転落災害および飛来落下物による災害を防止するために、作業床の外縁に取り付ける木製または金属製の板材の事で、人の墜落防止には床から幅15cm以上、物体の落下防止には床から幅10cm以上の物が必要。

階段枠｜かいだんわく
枠組足場などの、各層作業床間を昇降するための階段のこと。

緊結金具｜きんけつかなぐ
クランプとも呼ばれ、本体、ふた、ボルト、ナットおよびピンを有し、鋼管同士を緊結する。

直交クランプ｜ちょっこう―
緊結金具の1つで、緊結した鋼管の交差角度が90度に保たれる構造のもの。

自在クランプ｜じざい―
緊結金具の1つで、緊結した鋼管の交差角度が自由に変えられる構造のもの。

建地｜たてち
枠組足場や単管足場などにおいて、鉛直荷重を負担する垂直材。

写真1｜枠組足場

布地｜ぬのじ
足場における長手方向の水平材のこと。枠組足場などでは布枠や、床付き布枠（鋼製布板）のことを指したりもする。

腕木｜うでぎ
足場材における建地間を幅方向に繋ぐ横材のこと。**ころばし**と呼ばれることもある。

作業床｜さぎょうゆか
単管や建枠、吊りチェーンなどによって人が乗って作業ができるように、足場板（布板）などを張りつくられた足場の床のこと。

壁つなぎ｜かべ―
足場の安定を保つために、建築物と足場の建地をつなぐ物のこと。

写真2｜工事用シート

登り桟橋｜のぼりさんばし
足場に設けられる昇降用仮設通路のこと。

スタンション
通路、作業床などの縁および開口部などで墜落の恐れのある個所に設ける、仮設的な防護工。一般的には、**ガードポスト**（取付金具付束柱）と呼ばれる。

単管ジョイント｜たんかん―
足場用鋼管を長手方向につなぐときに用いる金具。継手金具とも。

安全ネット｜あんぜん―
開口部や作業床端などで作業者の墜落災害防止のために水平に張り使用する。**水平養生ネット**とも。

工事用シート｜こうじよう―
建築工事現場で飛来物防止用として用いられるシートのこと［写真2］。

メッシュシート
工事用シートの1つ。帆布製シートと異なり、通気性があり、風圧力を減少させる効果がある。

防音シート｜ぼうおん―
減音効果のある素材を使った工事用シート。仮設足場などの周囲に張る。最近は防炎効果や採光性を高めたものが流通している。

ベース金具｜―かなぐ
建地の脚部に取り付け、建地が沈下しないように上部からの荷重を地盤、または床面に分散し伝えることを目的とした金具。

朝顔｜あさがお
建築工事などにおいて、落下物防止のために、足場の外側の側面から、斜め上方に突き出してつくる庇状の防護棚。

写真3｜仮囲い

梁枠｜はりわく
枠組足場の構面の1部のスパン層について、開口部を設け、さらに、その上層に枠組足場を組み立てる場合に使用される。

鉄骨用クランプ｜てっこつよう―
主としてH型鋼の鋼材に足場組用単管を取り付けるための緊結金具のこと。

根がらみ｜ねがらみ
足場の建物や型材のパイプサポート下部を連結して足元を固める横木。

仮設工事｜かせつこうじ
工事を行うにあたり必要な仮設備の工事。複数の工事種目に共通して使用され、分解することが不可能な工事を**共通仮設工事**という。厳密には分けきれない場合もあるが、各工事科目を専用の仮設に区分けできるものを**直接仮設工事**という。

仮囲い｜かりがこい
工事現場と隣地、道路などの間を塞ぎ、危険防止や盗難対策のため第三者の場内への出入りを制限する仮の囲いのこと［写真3］。

躯体 3

躯体

木造躯体工事 1

現在ではプレカットによる躯体加工が主流になりつつあるが、使用される部材や現場での施工方法は、大工が墨付け、刻みをして建てる場合とほとんど変わらない。

基本用語

軸組｜じくぐみ
土台・柱・梁・筋かいなど軸部材の組合せで構成し、屋根・床などの荷重を支持し、地震力や水平力を基礎に伝達し抵抗する骨組[図1・2]。近年、筋かいなどの斜材を用いない面材耐力壁や、軸組の仕口に金物を使用する金物構法が普及している。

建方｜たてかた
構造部材の組立て作業。材寸や継手・仕口が加工された柱、梁材などの材料を、機械または人力により組み立て、火打ち、束、母屋、棟木まで**建込み**[たてこみ]を行う。下げ振りや水平器で垂直を確認した後、仮筋かいにて固定する[写真

写真1｜仮筋かい

写真2｜上棟

図1｜木造の主要部材

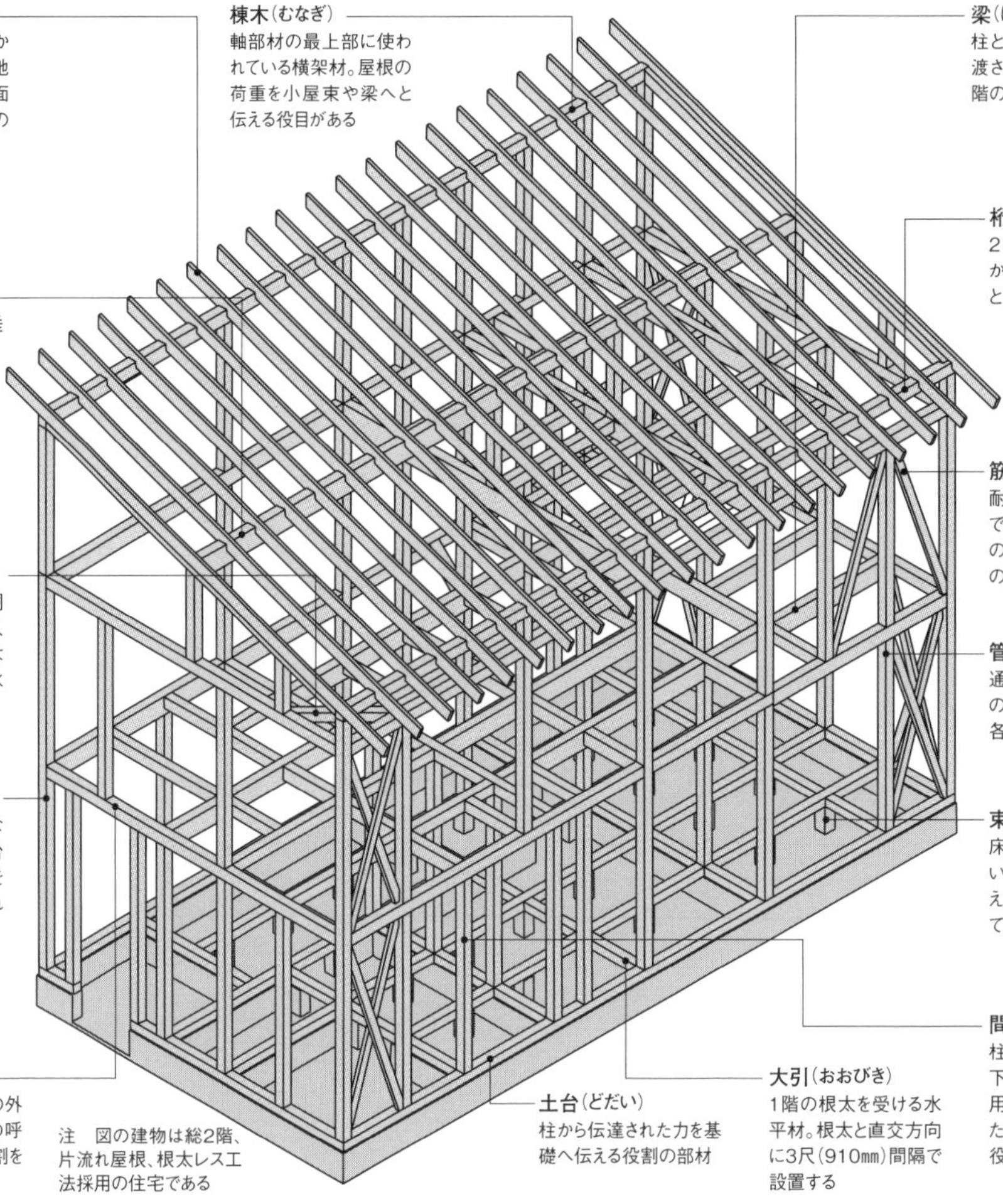
垂木(たるき)
棟木から母屋、軒桁にかけて設置する材で、野地や屋根材を支える。断面寸法は、母屋間隔や軒の出などによって決定する
梁(はり)
柱と柱の間に水平にかけ渡される横架材。2階や3階の床を支える
桁(けた)
2階柱や最上階の柱にかける横架材のうち、梁と直交方向にかけるもの
母屋(もや)
垂木を受ける部材で、垂木と直行して配置する
筋かい(すじかい)
耐力壁に設置する部材で、地震力や風圧力などの水平力に抵抗し、軸組の変形を防ぐ
火打ち梁(ひうちばり)
2階床組や小屋梁、胴差の隅に水平方向に入れる斜材。地震などによる建物の変形を防ぎ、水平耐力を確保する
管柱(くだばしら)
通し柱とは違い、桁などの横架材で分断されて各階ごとに分かれる柱
通し柱(とおしばしら)
1階と2階を継ぐことのない1本の柱のこと。土台から立ち上がり、胴差を支え、梁と桁に接合されて屋根を支える
束(つか)
床下から大引を支える短い部材。基礎の上に据えられた束石の上に載っている
間柱(まばしら)
柱と柱の間に入れる壁下地材。耐力壁に構造用面材を使うようになったため、構造的に重要な役割を担っている
胴差(どうざし)
2階や3階の床組高さの外周に配置する横架材の呼び名。床梁を受ける役割を果たす

1]。柱梁接合部など、構造材の取合い部を羽子板ボルト、かすがいで緊結し、屋根垂木、野地板まで1日で建ち上げる。建築物規模の大小にもよるが、建方は1〜2日で完了し、主要な骨組みの立ち上げが終わった状態を上棟という[写真2]。最近は、必ずしも行われるわけではないが、上棟後に**上棟式**[じょうとうしき]を行う。**プレカット**の普及で、各業者により荷積み・番付も異なるため、建方作業に支障がないよう事前に確認する。

継手｜つぎて

2つ以上の材を長手方向に接合すること、その接合部のこと[図3]。継手には**鎌継ぎ**・**蟻継ぎ**、**追掛け継ぎ**などがあり、梁や桁・胴差などの接合に使用される。プレカットなどで構造などを表す場合、継手位置、継ぎ方の確認が必要。

仕口｜しぐち

2つ以上の材を角度をもたせて接合すること、接合部のこと[図3、写真3]。仕口は蟻掛け、腰掛け継ぎなどが代表的で、プレカットなどでも頻繁に使われる。羽子板金物など接合金物の取付けに注意する。材の継目は強度的な問題が出やすいため、用途や部位に応じて選択する。

床組｜ゆかぐみ

図2｜軸組工法の工程

基礎工事完了
↓
基礎コンクリートに墨出し
↓
土台敷き
↓
建方開始
↓
通し柱・管柱・胴差・梁の建入れ
↓
仮筋かい(羽子板ボルトの取付け)
↓
2階管柱・桁・梁の建入れ
↓
小屋束(かすがい取付け)
↓
母屋・棟木(かすがい・小屋筋かい取付け)
↓
垂木取付け(ひねり金物取付け)
↓
野地板取付け
↓
上棟
↓
筋かい・筋かいプレート取付け
↓
間柱・ホールダウン金物取付け
↓
外部合板張り
↓
屋根防水(ルーフィング敷き)・屋根工事
↓
1階根太組
↓
1階床捨張り
↓
2階根太組
↓
2階床捨張り

図3｜継手・仕口

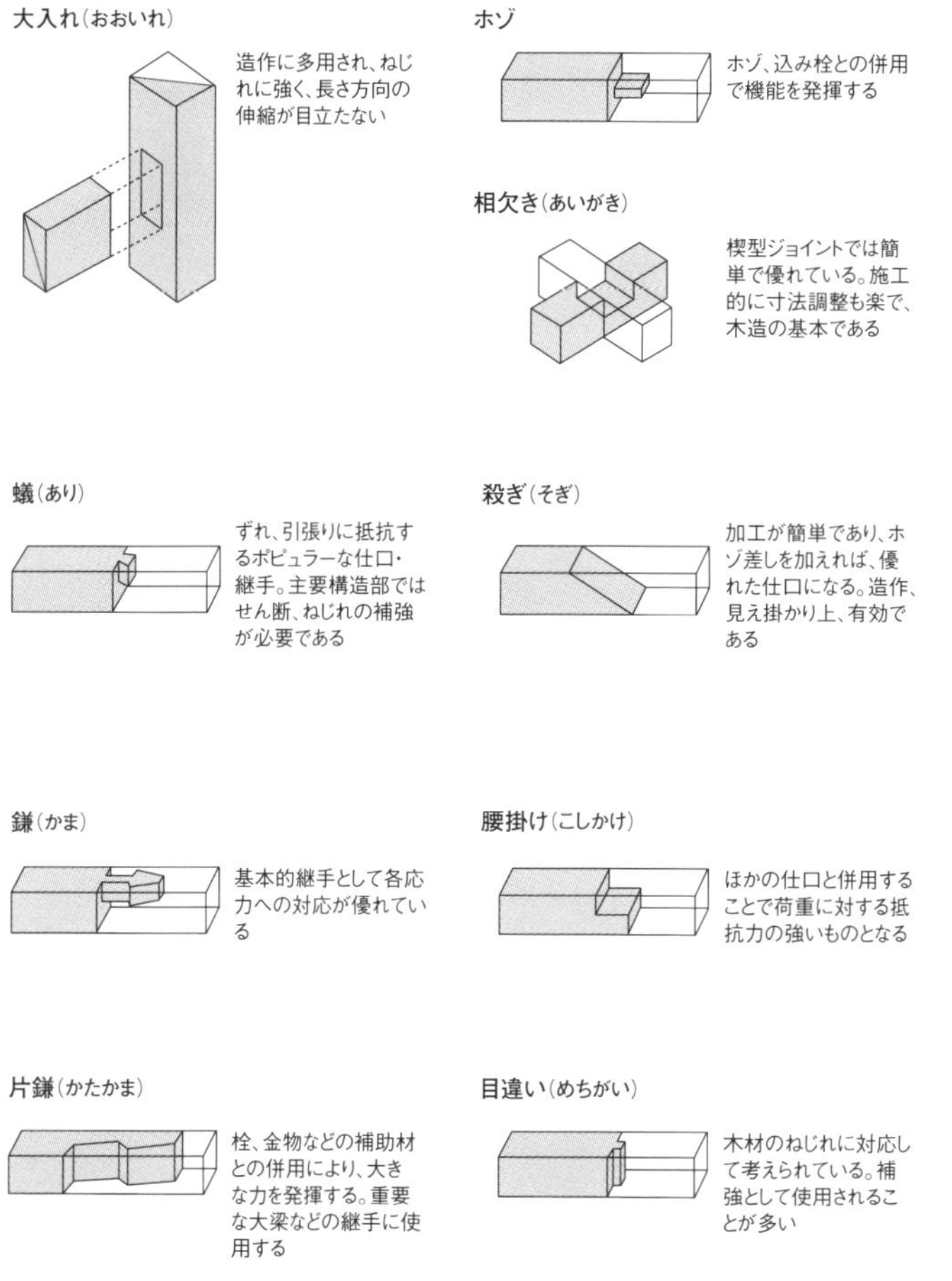
大入れ(おおいれ)
造作に多用され、ねじれに強く、長さ方向の伸縮が目立たない
ホゾ
ホゾ、込み栓との併用で機能を発揮する
相欠き(あいがき)
楔型ジョイントでは簡単で優れている。施工的に寸法調整も楽で、木造の基本である
蟻(あり)
ずれ、引張りに抵抗するポピュラーな仕口・継手。主要構造部ではせん断、ねじれの補強が必要である
殺ぎ(そぎ)
加工が簡単であり、ホゾ差しを加えれば、優れた仕口になる。造作、見え掛かり上、有効である
鎌(かま)
基本的継手として各応力への対応が優れている
腰掛け(こしかけ)
ほかの仕口と併用することで荷重に対する抵抗力の強いものとなる
片鎌(かたかま)
栓、金物などの補助材との併用により、大きな力を発揮する。重要な大梁などの継手に使用する
目違い(めちがい)
木材のねじれに対応して考えられている。補強として使用されることが多い

図4｜1階床組

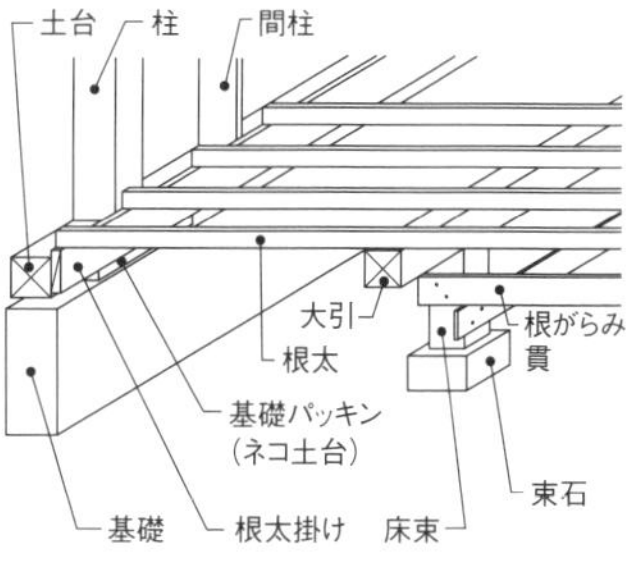
土台
柱
間柱
大引
根太
根がらみ貫
基礎パッキン(ネコ土台)
束石
基礎
根太掛け
床束

写真3｜梁の継手と仕口

梁どうしの継手を掛矢で打ち込んでいくところ。このあと短ざく金物が取り付けられる

床を構成する部材の総称。1階では根太・大引・束などをいい、2階では梁・根太などをいう[65頁図4]。最近は根太を省略した根太レスが普及しつつある。根太の場合は、根太が転ばないように2本の釘で留めるなど適切な施工を行う。

小屋組｜こやぐみ
屋根を支える骨組のことで、棟木・垂木・母屋・母屋束などで構成される。また、和小屋と洋小屋に分類される[図5・6]。屋根の荷重は垂木・母屋を通して小屋組・柱などを経て基礎に伝達する。そのため屋根荷重を受ける柱の位置を上下階で揃えるなど、力の伝達を考慮した構造計画が望ましい[図7・8・9]。**雨仕舞い**（雨水の進入を防ぐこと）をよくするために屋根には勾配を付けるのが一般的。

耐力壁｜たいりょくへき
柱・梁に緊結された筋かいや構造用合板で構成された壁のことで、地震・風などの水平力、および建物の自重などに抵抗する構造耐力を負担する壁のこと。木造軸組の場合、筋かいや構造用合板が入っている壁がこれに当たる[図10・11]。耐力壁不足や配置に偏りがあると、地震時や、暴風時に耐力壁の少ない個所に力が集中し、倒壊しやすくなるだけでなく、経年的な建物のゆがみも招いてしまう。建築基

図5｜小屋組

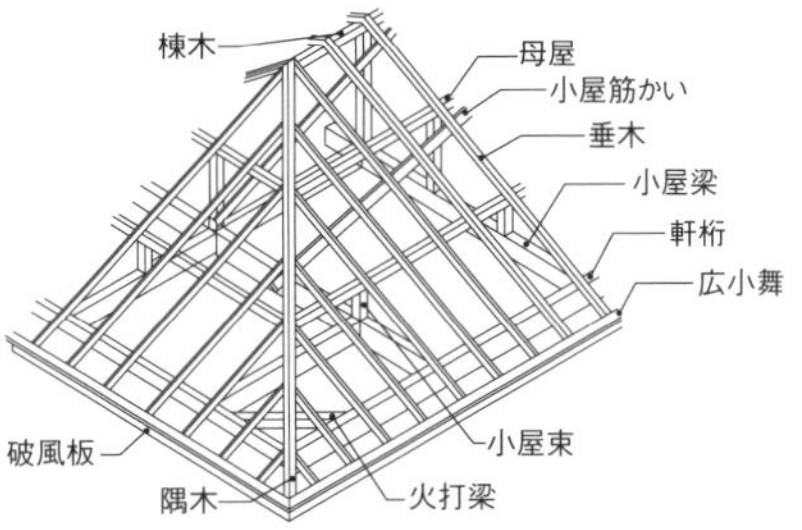

図7｜地震に強い小屋組

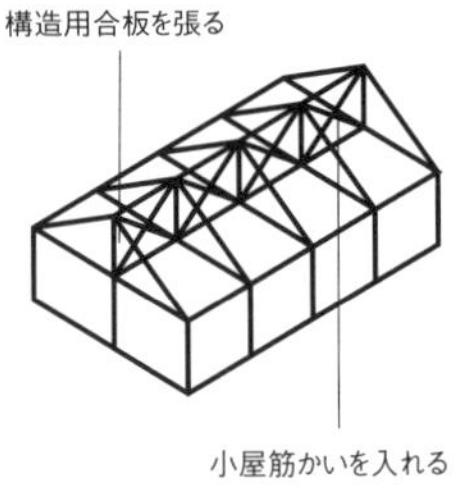

水平せん断力に抵抗する力を強めるために、小屋組にも耐力壁を入れる

図6｜小屋組の種類

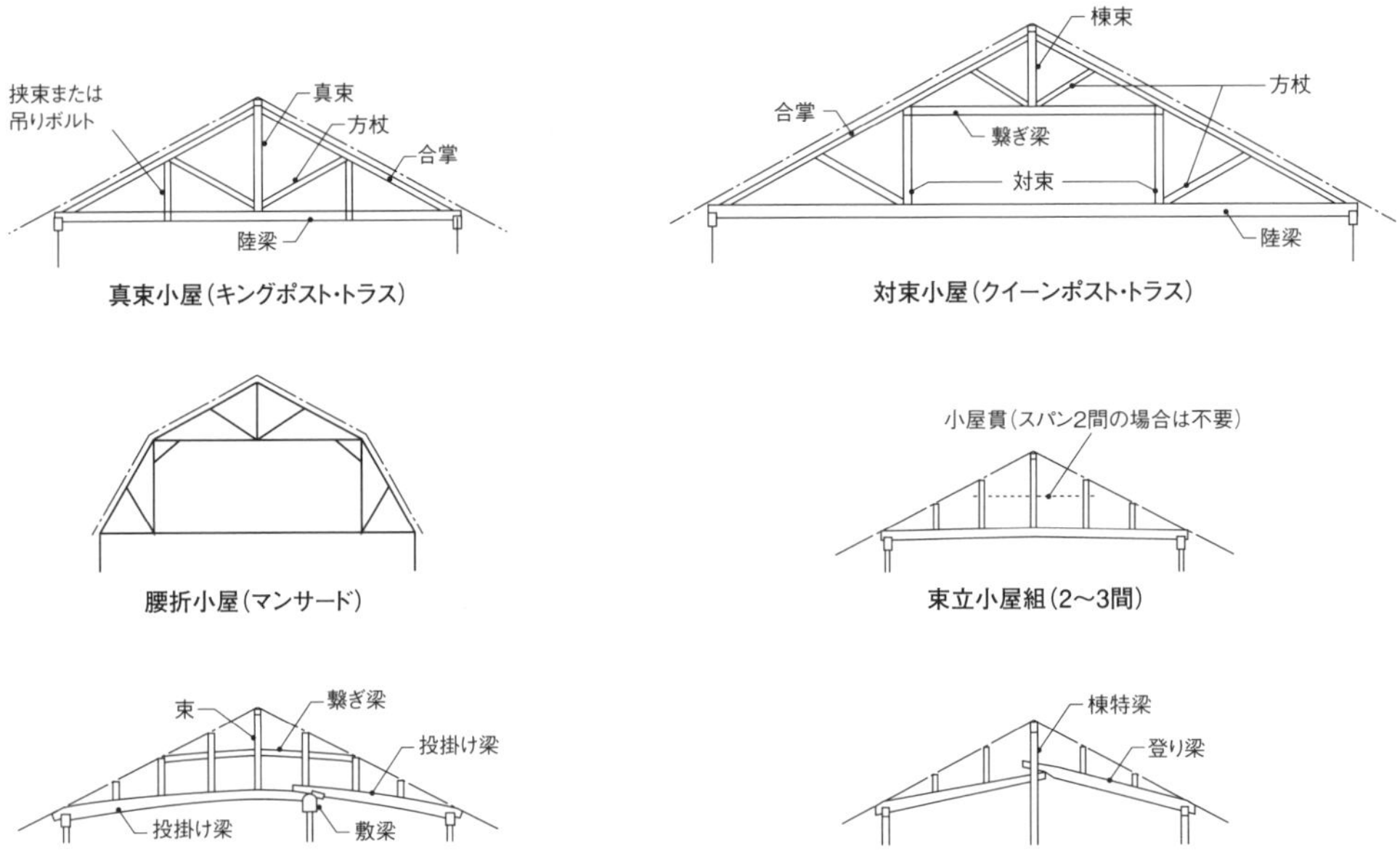

図8｜垂木構造

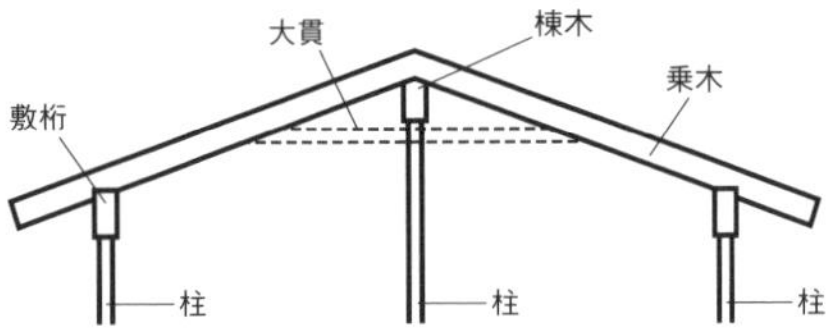

垂木のせいを大きくして中間に母屋や梁を入れない小屋組のこと

図9｜登り梁構造

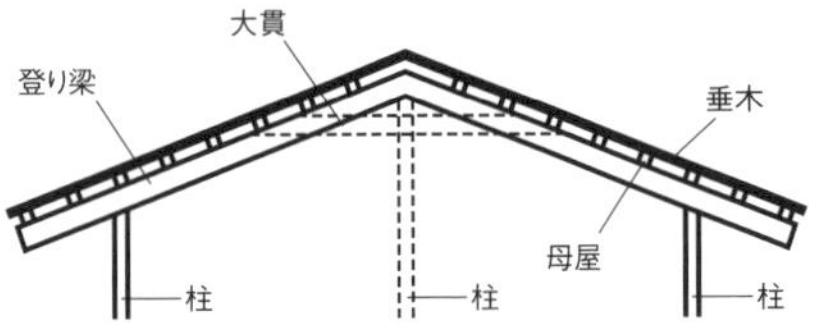

勾配天井にするため、斜めに登り梁を架ける構造のこと

図11｜耐力壁は水平力に抵抗するもの

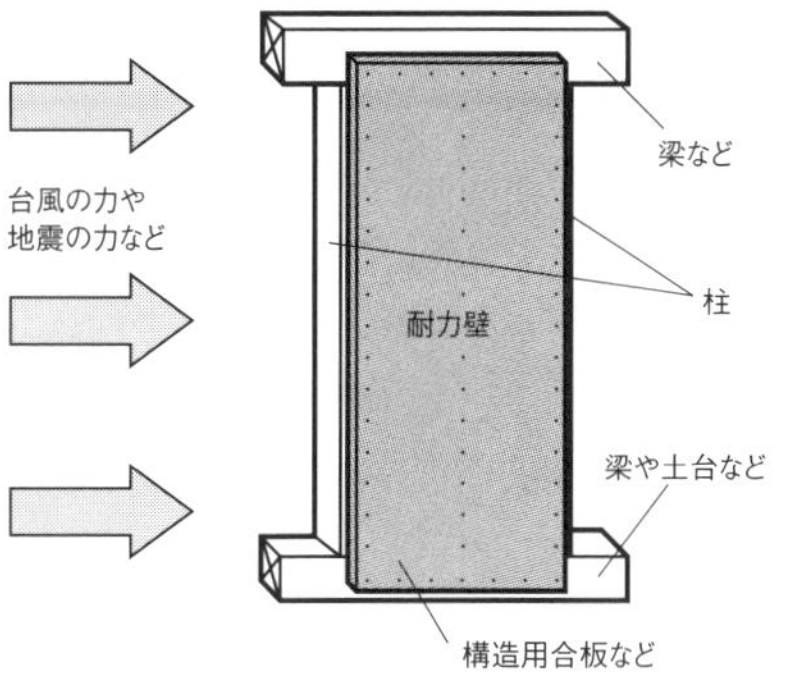

①耐力壁は、梁や土台と柱に留め付けられた面材や筋かいで構成される
②耐力壁が水平力に持ちこたえる強さは倍率で表されている（=壁倍率）
③壁倍率1は200Kgf（1.96KN）の耐力をもつことを表し、単独でも組み合わせでも最大5倍まで

図10｜木造住宅と耐力壁の関係

床面積・見付け面積が大きく階数が増えれば必要壁量も増える

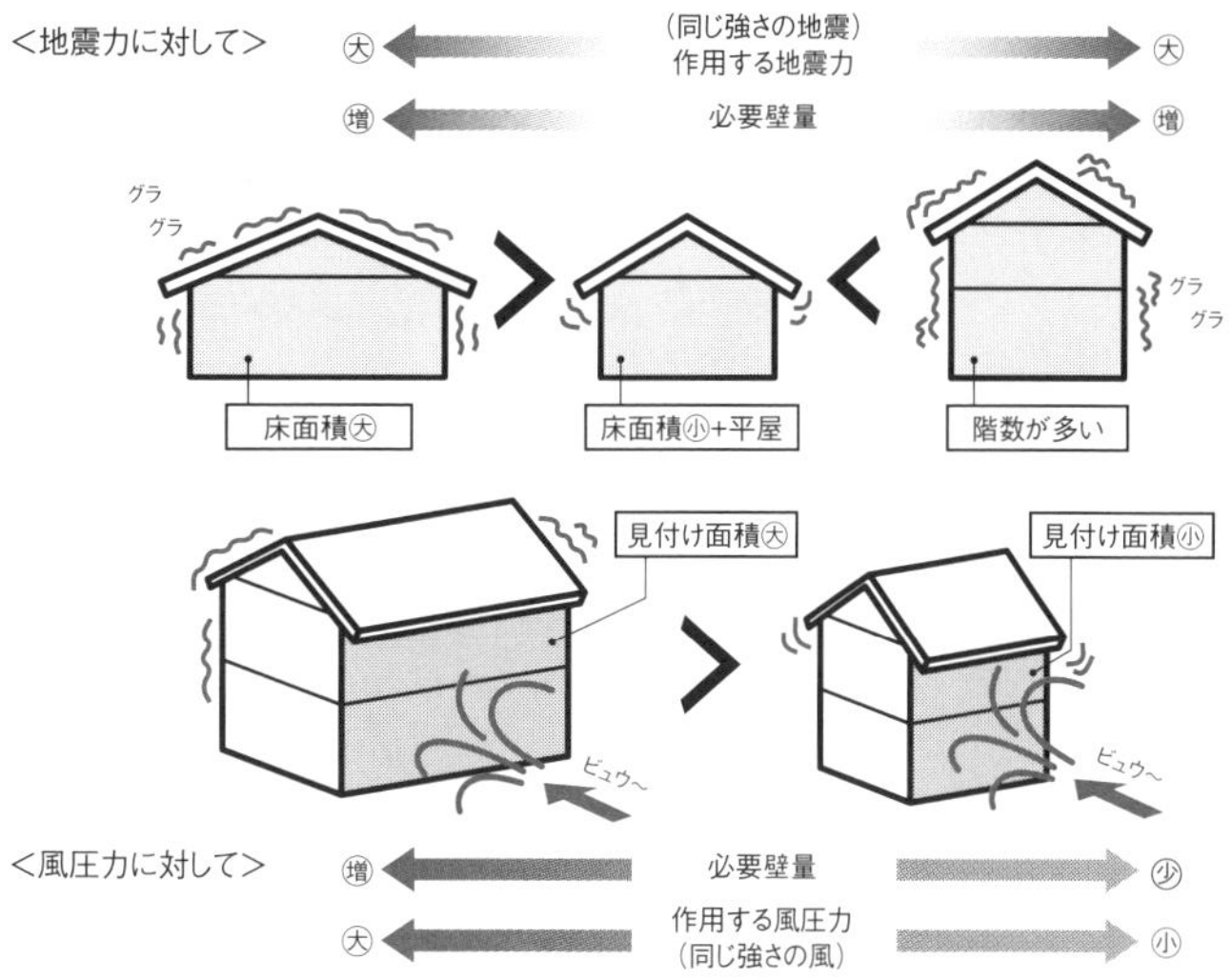

図13｜床の耐力の大小

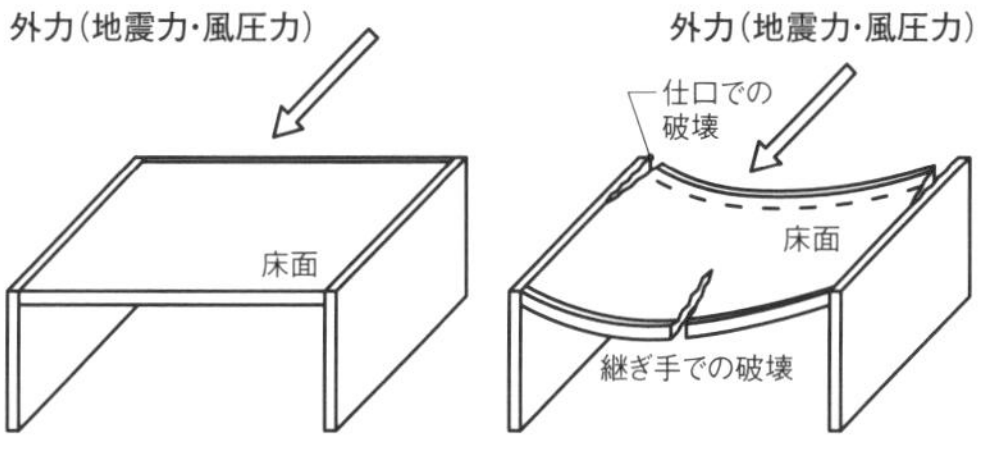

床の耐力が強いと
変形は無視できるほど小さい

床の耐力が弱いと、先に床が大きく変形し
壊れて耐力壁に荷重が伝達できない

図14｜耐力壁と建物の変形

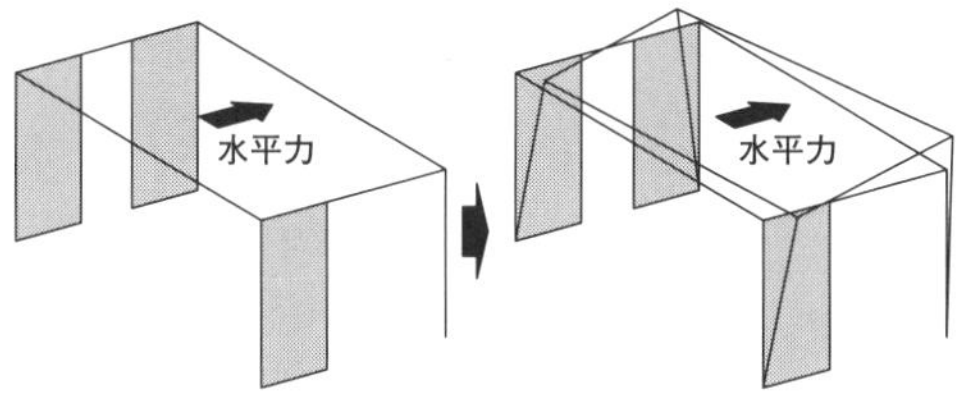

耐力壁が片寄っている建物に水平力が加わると、
ねじれながらゆがむ変形が発生する

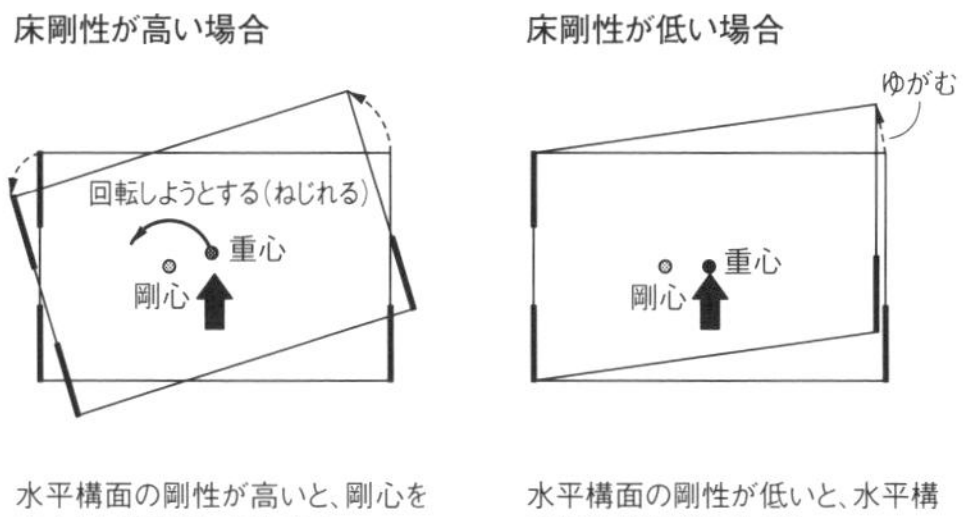

水平構面の剛性が高いと、剛心を
中心として回転しようとする

水平構面の剛性が低いと、水平構
面自体が変形してしまう

表1｜さまざまな種類の耐力壁がある

耐力壁	壁倍率
石膏ボード（12㎜厚以上）	0.9
土塗り壁（両面塗り）	1
筋かい（30×90㎜以上）	1.5
ハードボード（5㎜厚）	2
筋かい（45×90㎜以上）	
構造用合板（7.5㎜厚）	2.5
構造用パネル（7.5㎜厚）	
筋かい（90×90㎜以上）	3
筋かい（45×90㎜以上）のたすき掛け	4
筋かい（90×90㎜以上）のたすき掛け	5

図12｜壁倍率1倍の定義

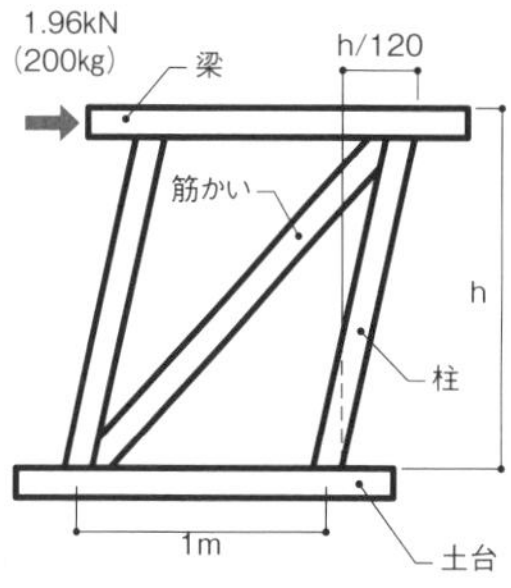

壁倍率1倍
→P=1.96kN、H=1／120
（P=水平力、H=変形量）

壁倍率1とは、図のように長さ1mの壁が水平力1.96kNの力を受けたときに、その層間変形角が1／120までの変形で耐える強さをいう。倍率が大きくなるほど、接合部にかかる力が大きくなり、金物も大きなものが必要になる

準法では、壁の材料や仕様によって**壁倍率**［かべばいりつ］［図12、表1］が定められている。面材耐力壁の場合は、壁倍率や釘の間隔・太さなどを確認しておきたい。

耐力壁線｜たいりょくへきせん
枠組壁工法において、耐力壁を構成する開口部を含む壁体の壁心の線。耐力壁がバランスよく配置されているかどうかを耐力壁線で囲んだ矩形から見定める。

水平構面｜すいへいこうめん
外力に抵抗する水平方向の平面骨組のこと。床組や小屋組などが該当し、これらが変形を生じないように火打ちや構造用合板によって剛性を高める。水平構面と耐力壁などの垂直構面は密接な関係にあり、耐力壁を有効に働かせるためにも重要である[67頁図13・14]。なお、床同様、屋根なども一定の仕様にすることで、火打ち梁の省略が可能。

剛床｜ごうしょう(ごうゆか)
根太レスとほぼ同義で使われる。床面を剛に固めることによって、地震力や風などの外力に抵抗し、建物の水平変形を抑える床組。木造2階建てであれば、2階床面が対象となる。耐力壁に比べておろそかになりがちだが、耐震性を考えるうえで重要な要素である。

根太レス工法｜ねだ—こうほう
厚さ24㎜や28㎜の構造用合板を梁の上に直接張り、根太を省略する床組[図15]。根太組に比べ、施工性、剛性ともに向上するため、主流となりつつある。露し構法などの場合は、音の問題と配線などが困難なため、床の仕上げや2重天井部の併用など、計画を十分に検討する。

パネル
壁や屋根などの下地部材をユニット化したもので、施工の合理化を目的に利用される。**壁パネル**は構造用合板や間柱、断熱材を、**屋根パネル**は野地合板や垂木、断熱材をそれぞれ工場で一体化したものが多い。特に後者は一般の施工では手間がかかるため、パネル化の効果が高い。パネルを導入することで、建方作業時に屋根・壁下地が完了できるため、建方自体やその後の工程が短縮できる。合理化・省力化を目的に断熱材と合板が一体化されたパネルなどを使うことが増えてきている。

門型ラーメン｜もんがた—
筋かいを用いず、柱・梁の接合強度で耐力を確保する構造[図16・17]。実験・試験結果から得た耐力をもとに壁倍率などに置き換えるものもある。各メーカーの構・工法により門型断面、スパン、接合金物が異なり耐力も異なる。鉄骨造を採用せずに、大開口・狭小地でのビルトインガレージなどを可能とする木構造である。

図15｜根太レス工法

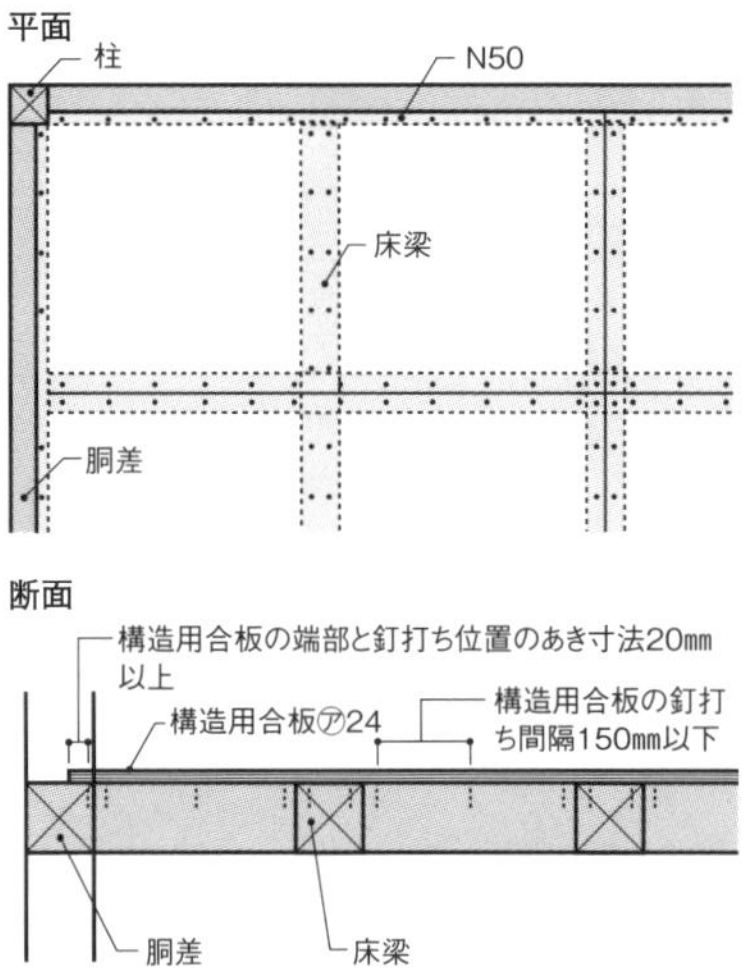

図16｜門型ラーメン

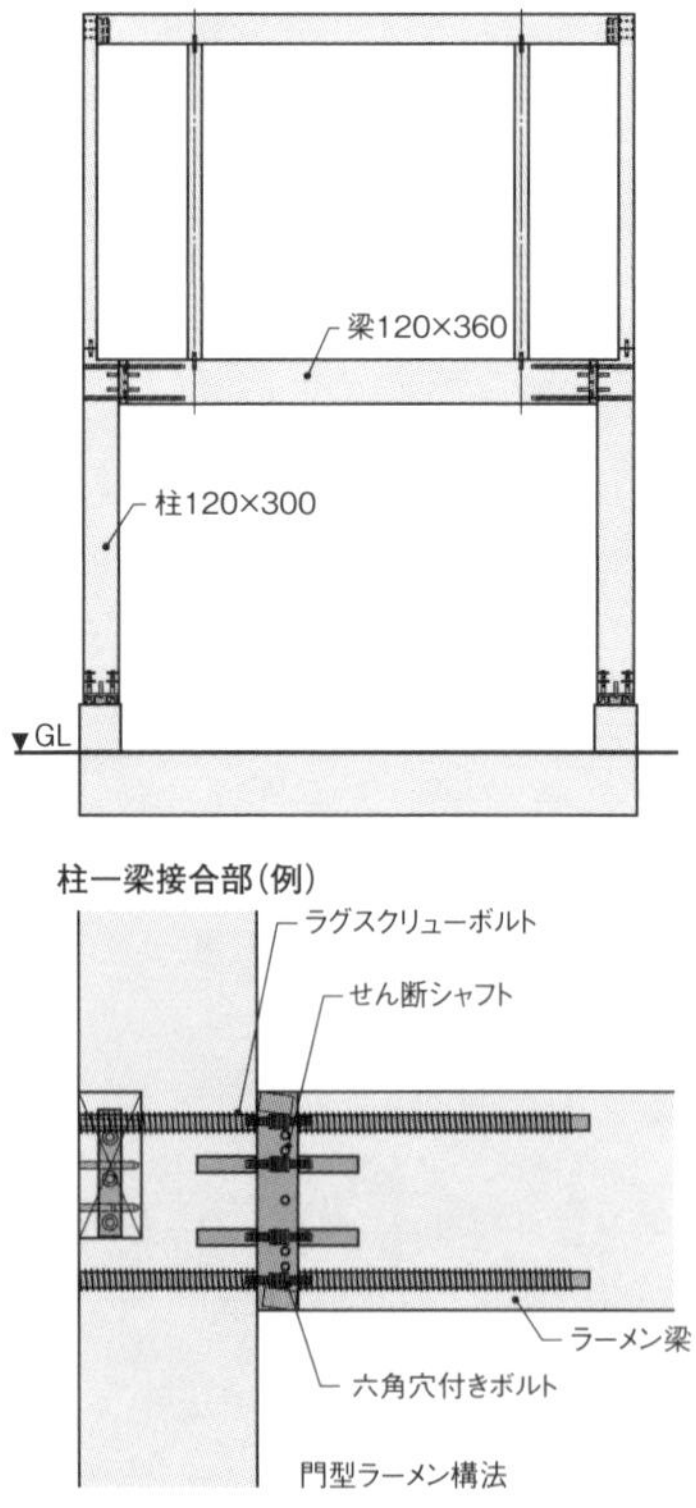

図17｜門型ラーメンの接合方法の種類

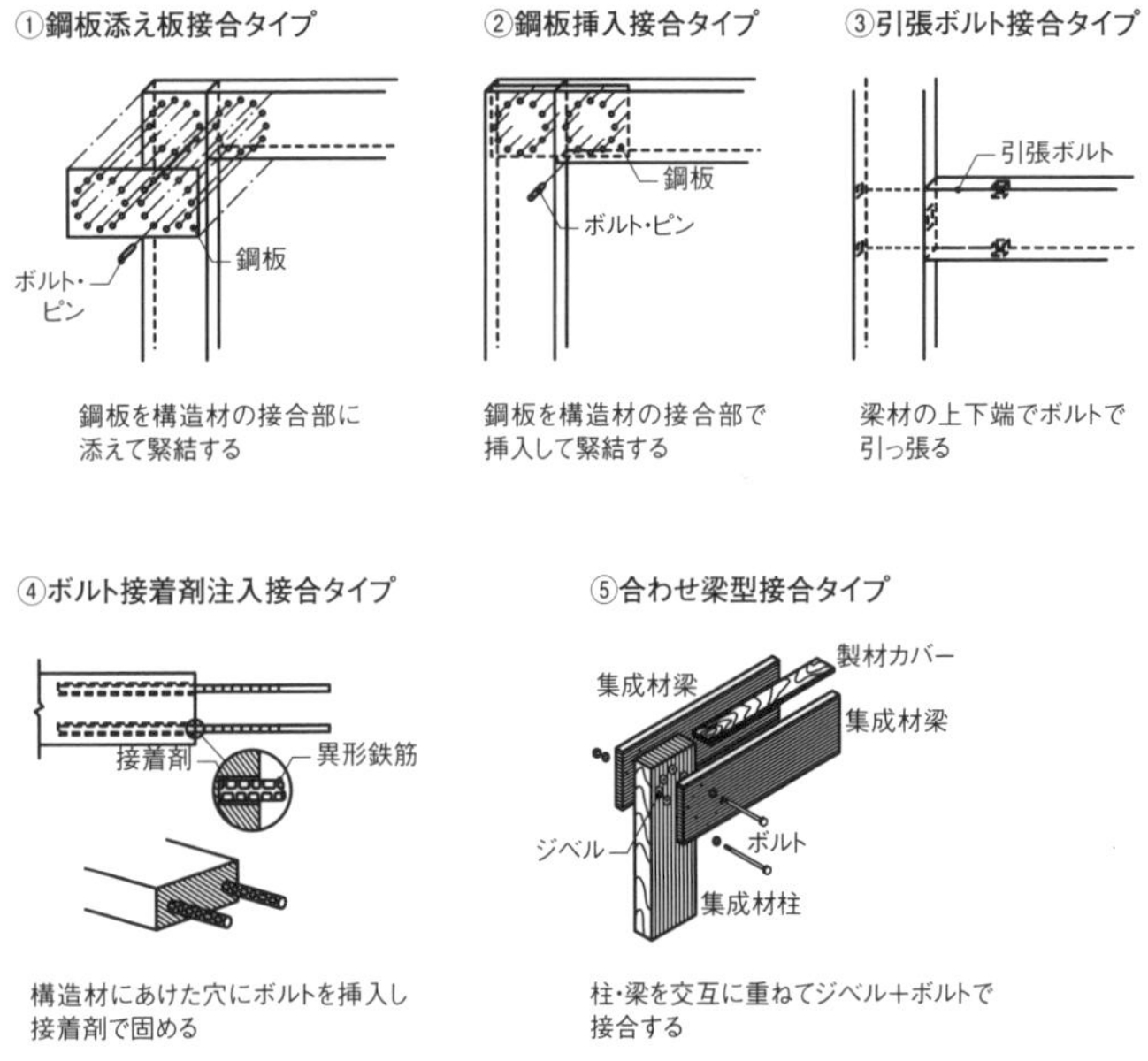

鋼板を構造材の接合部に添えて緊結する
②鋼板挿入接合タイプ

鋼板を構造材の接合部で挿入して緊結する
③引張ボルト接合タイプ

構造材にあけた穴にボルトを挿入し接着剤で固める
⑤合わせ梁型接合タイプ

柱・梁を交互に重ねてジベル+ボルトで接合する
⑥嵌合接合タイプ

木材どうしをかみ合わせて接合する
⑦一体化タイプ

構造材自体を薄く重ね合わせて接着する

④、⑥、⑦:『図説 木造建築事典[基礎編]』(木造建築研究フォラム編、学芸出版社)をもとに作成
⑤:『大断面木造建築物接合部設計マニュアル』(財日本住宅・木材技術センター)をもとに作成

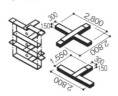

図18｜広葉樹の断面

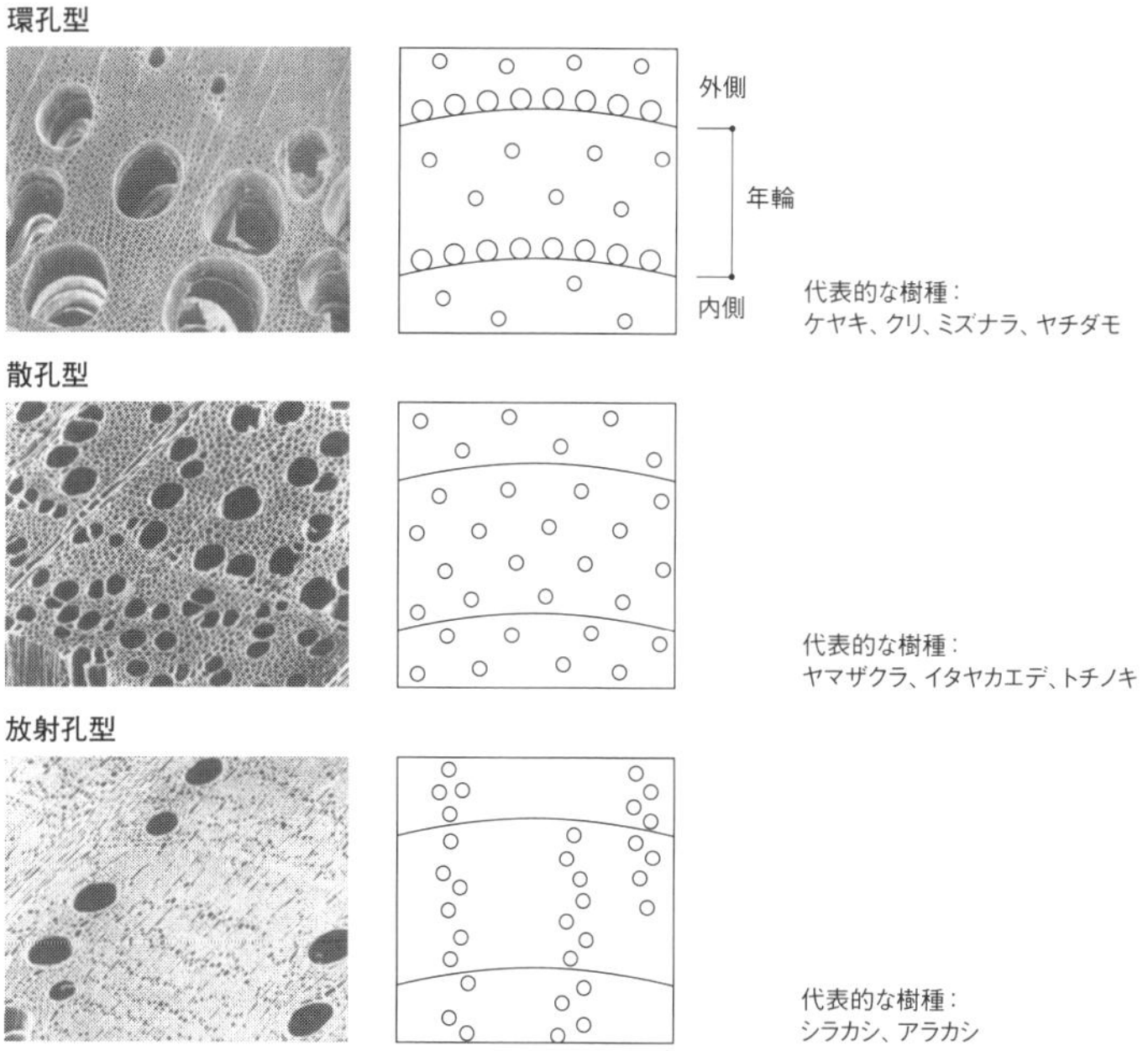

写真4｜針葉樹の断面

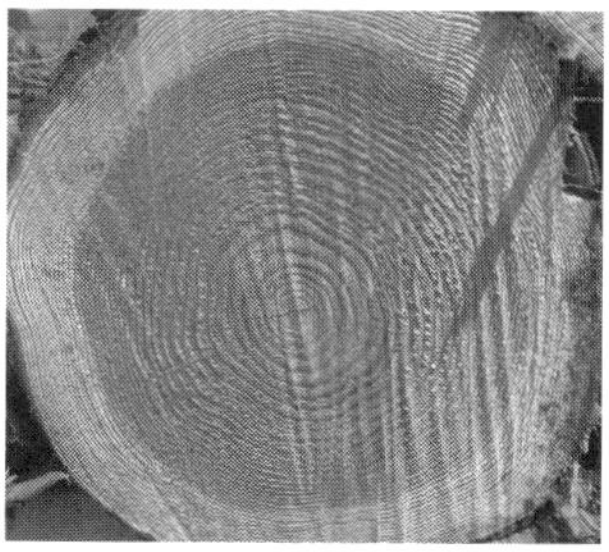

写真5｜広葉樹の断面

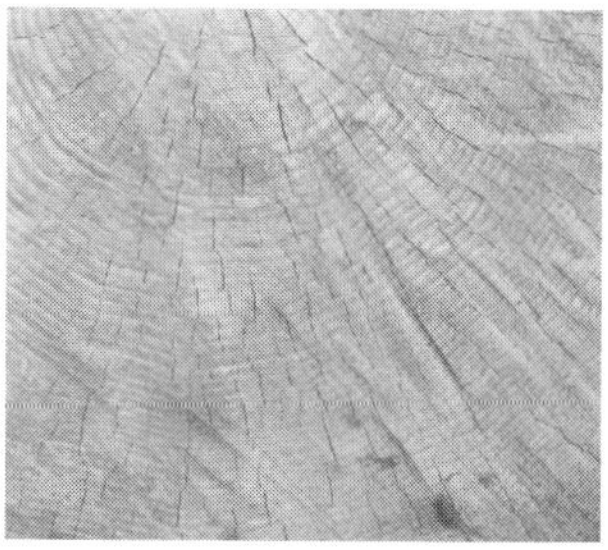

木材

針葉樹・広葉樹｜しんようじゅ・こうようじゅ

細胞の構成からみると、導管の有無が大きな違いとなる。針葉樹は導管がなく、年輪模様がはっきりしているのが特徴である。広葉樹は導管があり、その配列によって**環孔材**、**散孔材**、**放射孔材**の3つに分けられ、木目模様も樹種によって多様である［写真4・5、図18］。日本の木造住宅の構造材に使われるのは針葉樹が圧倒的に多く、広葉樹では環孔材の樹種（クリ・ケヤキなど）が多い。針葉樹は一般に幹がまっすぐだが、広葉樹は枝分かれが著しく幹と枝の区別が付きにくいような木が多く、柱など通直な構造材がとりにくい。そのため、広葉樹は造作材に多く使われるようになってきた。

針葉樹材は、年輪の幅が狭く目が詰まっているほど、密度の高い晩材部分（夏から秋にかけてつくられる年輪の部分）が多く、強度が高い。逆にケヤキなどの広葉樹材は目が詰まっていればいるほど強度が低くなる。

スギ

ヒノキ科スギ亜科に分類される常緑針葉樹。全国各地に植生しており、建築用の化粧材としては木目が緻密で美しい秋田杉や吉野杉などが有名。構造材や下地材としても幅広く用いられる。

ヒノキ

日本と台湾のみに分布する常緑針葉樹。独特の芳香と、古くから寺社仏閣の建築物に用いられてきた経緯から、高級品種として扱われている。

マツ

北半球に広く分布する針葉樹。特にベイマツ材は木造建築物の横架材として広く使用される。南半球産の**ラジアータパイン**も大規模に植林・生育されており、近年はフロア材や集成材として流通している。

ツガ

関東以南に分布する常緑針葉樹でマツ科に属する。近年産出が激減しており、化粧材用以外は市場では珍しくなっている。単にツガ材と称する場合、**ベイツガ**や**カナダツガ**を指すことが多い。

ヒバ

ヒノキ科アスナロ属の常緑樹。防腐性・防蟻性に優れている。北米産の**ベイヒバ**も同様の性質を有し木目も緻密なため、化粧材から構造材まで幅広く使われている。

スプルース

マツ科トウヒ属の常緑針葉樹。木目が緻密かつ均一で、幅広な材が取れる。そのため造作材や家具材に適している。障子などの建具にも使用される。

レッドウッド

スギ科セコイア属の針葉樹で北アメリカ太平洋岸に分布。巨木に育つ。心材の濃赤色部分にはタンニンが多量に含まれていて、非常に朽ちにくく、屋外での使用にも耐える。

パイン

海外産のマツ材の総称。建築用では北米産**イエローパイン**、**ホワイトパイン**（SPF）や**オウシュウアカマツ**が代表的で、さまざまな部位に使われる。材種が多いため、産地と名称を併記指定することが望ましい。

メープル

カエデ科の落葉広葉樹。北米産でメープルシロップの採れる**サトウカエデ**のこと。特に**鳥眼杢**［ちょうがんもく］という小さな斑点があるものは化粧材として重宝される。国産の**カエデ**とは別材として取り扱われる。

オーク

ブナ科の落葉広葉樹。**ナラ**。亜種

が多数存在する。**ホワイトオーク**、**レッドオーク**、**ミズナラ**などが主流。ミズナラは特に北海道産のものが良質とされる。

国産材・外国産材｜こくさんざい・がいこくさんざい

国産材に対して、外国産材は**外材**ともいわれる。国産材は日本の自然的風土に合わせて適材適所に使用されてきたが、現在は価格、品質、供給面で立ち遅れているため、国産材の普及率は20％以下である。木造住宅の構造材においても外国産材が主流となっており、北米のほか、欧州などからの集成材も広く流通している。適材適所に使用されれば、国産材であろうと外国産材であろうと材質面で優劣はほとんどない。しかし、森林の適切な育成のために国産材を使用する必要性が叫ばれており、**地域材**や県産材、**地場材**を使用するという動きも出てきている。

樹齢｜じゅれい

樹木は樹齢の増加に伴い、材内で強度性能が未熟な未成熟材比率が減り、耐久性の高い心材率が増える。そのため**若齢木**（ほぼ樹齢30年以下）は、高樹齢のものより強度や耐久性などの性能が低いといえ、構造材として用いる際には注意が必要である。しかし、木造住宅部材としての木材の性能は樹齢そのものではなく、材内のどこから木取りされたか、どのように使用されたかに大きく依存するといえる。

心材（赤身）・辺材（白太）｜しんざい（あかみ）・へんざい（しらた）

木材のうち、樹心に近く色の濃い部分を心材、外周に近く色の薄い部分を辺材と呼ぶ［図19］。心材の色はその樹種特有の色だが、スギのように、ときには同じ樹種でも色調に違いがあるものもあるし、トドマツ、エゾマツ、ベイツガなど色調の差がないものもある。辺材の細胞が死んで変質し赤茶色に変色しているため、赤身ともいわれる。腐りにくく、耐久性を求められる部位に適する。

辺材は樹木の生理活動を行う部位で、心材は樹体の支持という構造的な役割を負う。樹木がある程度以上の太さになると、材の内部の細胞や組織に生理的な変化が生じ、辺材が心材になる。心材と辺材とでは耐久性に大きな差があり、特にヒノキやヒバなどは特定の化学成分が心材に蓄積して耐久性を高めている。辺材はどの樹種も耐久性が低いため、構造材としての価値は低い。JASの耐久性区分である**ハザードクラス**も心材の耐久性で比較している。

源平｜げんぺい

スギ材は赤身と白太の色の差が大きく、赤身と白太が表面に現れた材、混ざった色合いの材を源平という［写真6］。

未成熟材・成熟材｜みせいじゅくざい・せいじゅくざい

図19｜木の構造

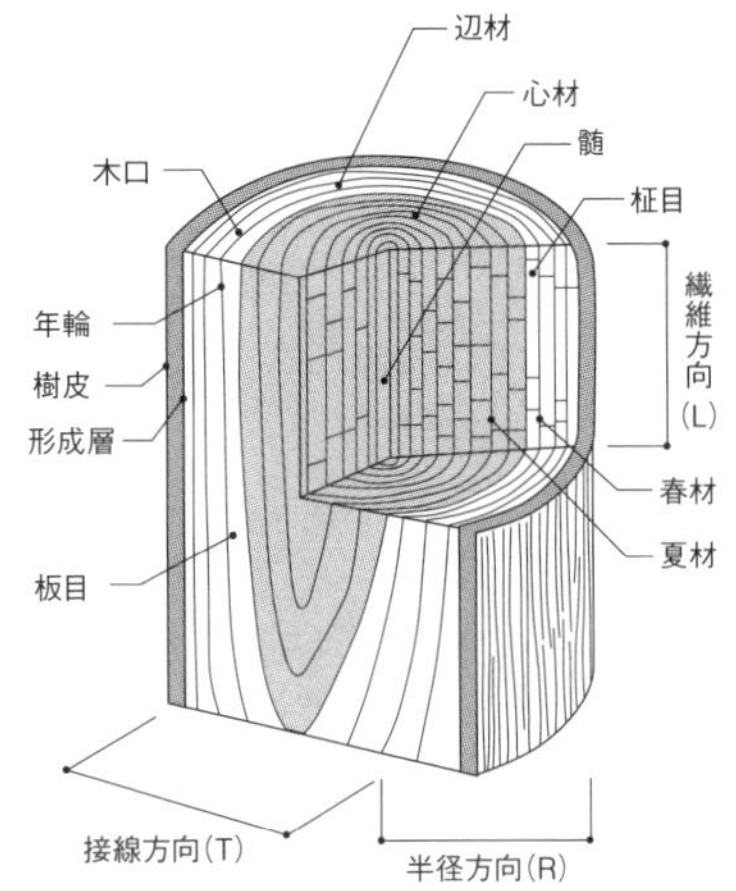

若齢木であるほど心材率が下がる。しかしそれだけでなく、木取りの仕方が性能に大きく関わる

図22｜木の構造

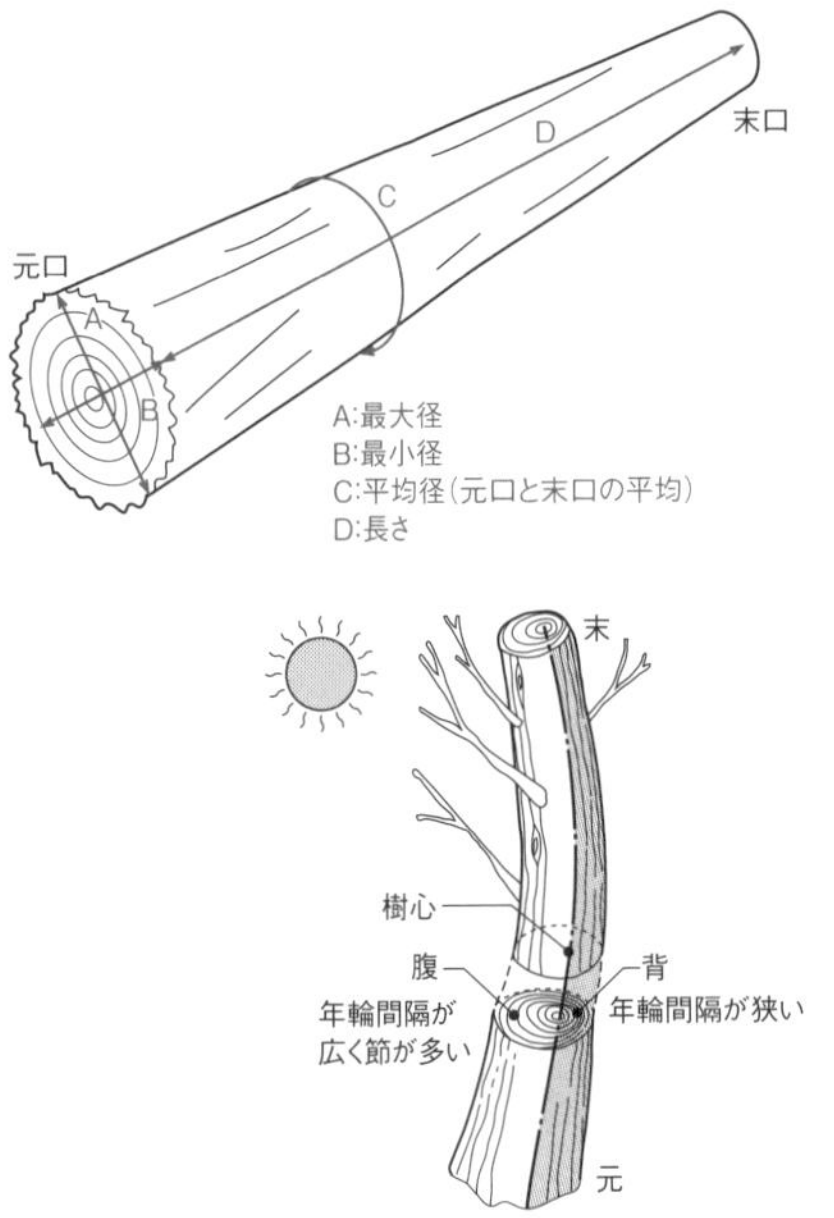

図21｜玉の数え方

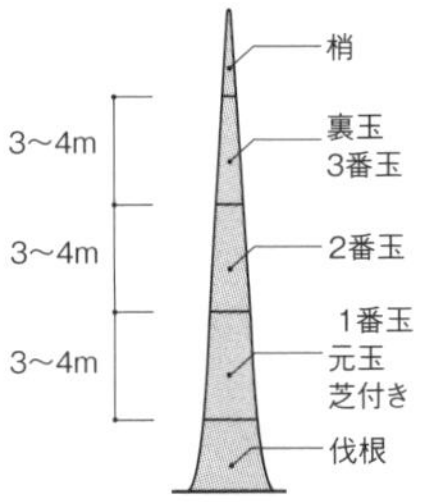

写真6｜源平

写真7｜太鼓落としの梁材

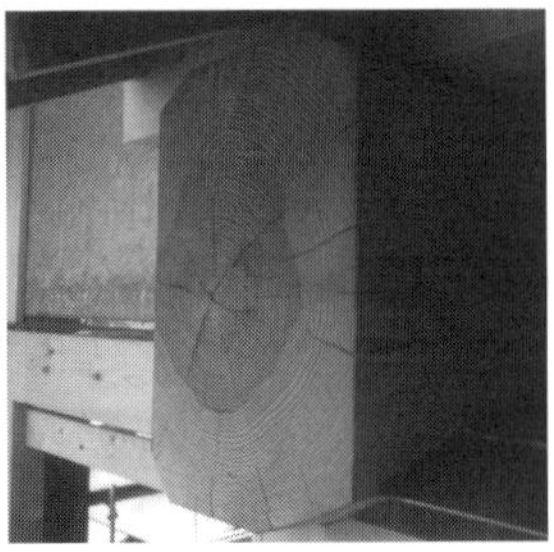

図20｜木材が異方性を表す3方向

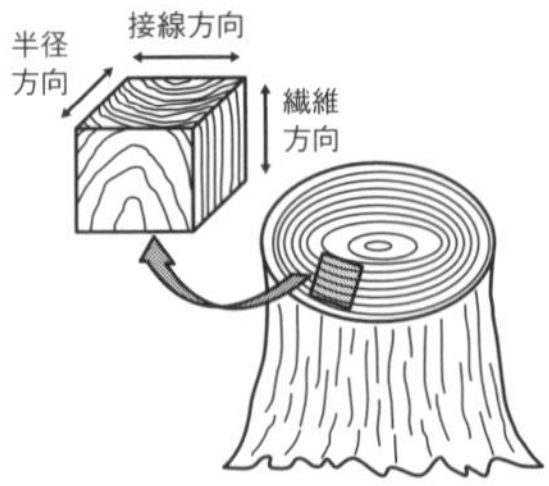

丸太の中心（髄）周辺の木材は若い未成熟な細胞で構成されているため未成熟材と呼ばれ、収縮率などの性質が安定せず、ヤング率などの強度も小さい。成熟材が形成されるのは、針葉樹造林木で15年程度はかかるとされている。芯持ち材は、未成熟材を含む部分が多くなればそれだけ強度が低下する。構造材の性能バランス（強度と寸法安定性と耐久性）の観点からすると、成熟材と心材の比率が重要になる。

異方性｜いほうせい

方向によって、収縮や強度などの性質が異なること。木材は構成する細胞や組織の配列の仕方から、3つの方向（繊維方向：L、接線方向：T、半径方向：R）が存在する。LR面を**柾目面**、LT面を**板目面**、RT面を**小口面**と呼ぶ[図20]。この3面で性質は大きく異なり、各方向の収縮率の比は、およそT：R：L＝10：5：0.5〜1である。収縮率は樹種によってもかなり異なる。丸太や芯持ち材の乾燥割れ、板目材の反りはこの収縮バランスが異なるために起こる。また、強度の異方性において、3方向の強度比はT：R：L＝0.5：1：10と、収縮率の場合とは逆の傾向になる。このため、木構造では繊維方向に力がかかるようにする。

図23｜木取りと木目の見え方

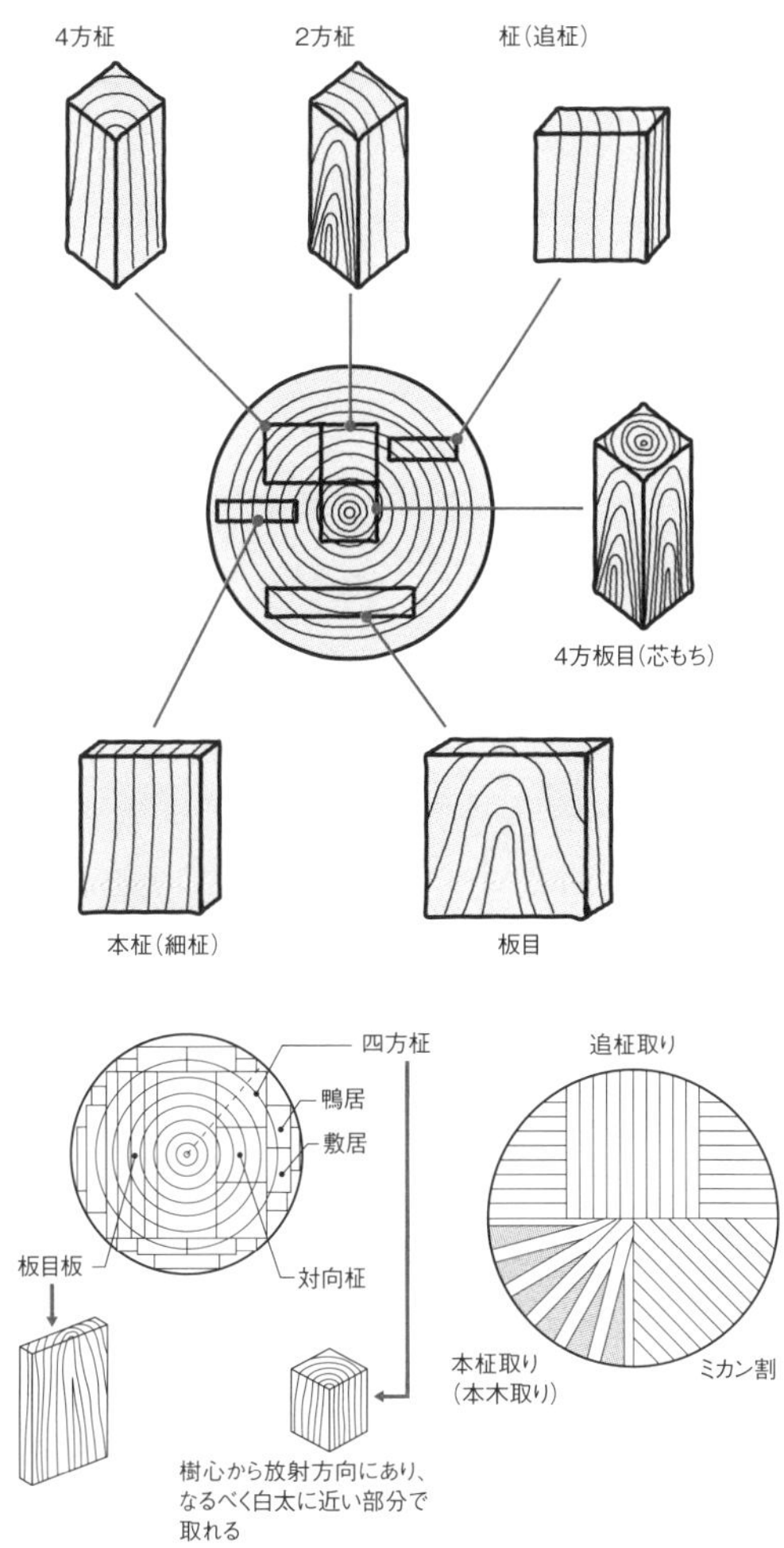

切り旬｜きりしゅん

樹木の伐採に適した時期をいい、冬場が最適期である。この時期は樹木の生長活動がわずかになり、辺材部の糖分が減少して虫害やカビによる被害も少ない。春先から夏にかけて伐採された木は害虫やカビによって材の品質低下が激しくなる場合が多い。なお、現在は年間を通じて出材されるため、切り旬は守られていないのが現状である。

元玉・2番玉｜もとだま・にばんだま

山で木を伐採するときに丸太（**原木**）を所定の長さに切るが（**玉切り**）、切り出された原木のうち最も根に近いものを元玉（1番玉）といい、元玉の上から2番玉、3番玉と順に続く。元玉は太くて節のない良材が得られやすく、造作材や化粧柱（役物）を取ることが多い。原木の大きさや樹齢にもよるが、2番玉も未成熟材部分が少なく、比較的優良な管柱が取れる[図21]。

磨き丸太｜みがきまるた

スギやヒノキの樹皮をはがして砂などで磨かれた丸太のこと。

太鼓落とし｜たいこおとし

丸太の両側面を挽き落として材の断面を和太鼓形に製材すること。また、この挽き方を**太鼓引き**[たいこびき]という[写真7]。

元口・末口｜もとくち・すえくち

丸太の根に近いほうを元口、反対側の梢に近いほうを末口（裏）という[図22]。丸太の大きさは通常末口で表す。製材後も元末の使い分けは大切で、柱や束は木立木の状態と同じように元口を下に立て、横物の継手は下木（女木）は元口、上木（男木）は末口にするのが原則とされ、これと逆にすることは**逆木**[さかき]と呼ばれ、忌み嫌われる。

カスケード・コースト

米材丸太の産出される場所を指す。米国北西部を横断するカスケード山脈の高地で産出される丸太をカスケード材といい、年輪が細かい。カスケード山脈の西側から海岸部に広がる低地がコースト地域で、カスケード材と対比してコースト材と呼ばれる。コースト材は植林木で生育が早く、年輪が粗い。現在は大半がコースト材である。

立米単価・㎡単価｜りゅうべいたんか

原木や製材の単価を表す単位で、その材積（体積：㎡）を基準とした取引単価。木材取引のプロ向けの単価表示である。製材品1本当たりの材の値段は、その材積に立米価格を乗じて求めることができる。たとえば、立米価格10万円のヒノキ3m 120㎜角（材積0.0432）の場合、1本単価は4千320円になる。

木取り｜きどり

丸太や大型の製材品を、外観の特徴から判断して、柱などの用途に応じた形状に加工する製材工程のこと。同じ丸太でも、木取りの仕方によって得られる材木の量（材積歩留まり）や、製品価値（価値歩留まり）も変わる[図23]。単に求める大きさや節を隠すために無理な木取りを行うことは、その後の製品の品質低下に大きく影響する。木の特性に合わせて1本1本異なる丸太を木取りすることは、人の経験と腕が必要となる職人技の世界だが、単一製品量産工場では製材する丸太の特徴が比較的似ているため、無人の製材機がコンピュータ制御で木取りを行っている。製材ともいう。

芯持ち材・芯去り材｜しんもちざい・しんさりざい

芯持ち材は1本の丸太から1本の柱を取った材料で、丸太の芯（**髄**）を含む材をいう。芯去り材は丸太の芯（髄）を外したところで取るので、太い丸太が必要になる[図24、写真8]。芯持ち材の最大の短所は、乾燥に伴って材面に割れが生じることである。この表面割れによる強度低下はあまり大きくないが、見栄えがよくないため、あらかじめ背割りを入れて割れが生じないようにすることが多い。構造材は芯持ち材が基本だが、小口面に注意が必要である。小口面の中心から外れたところに髄（中心）がある芯持ち材や、髄から少し外れただけの芯去り材では、軸方向の収縮のバランスが崩れるため、曲がったり反ったりしやすい。また、芯持ち材は未成熟材を多く含むと狂いやすく、強度も低くなる。芯去り材は表面割れが入りづらいが、価格が高くなる。

生地｜きじ

塗装していない木材などの表面を指す。素木ともいう。生地仕上げという場合は、木材本来の杢目・色・肌合いなどを活かして仕上げたものを指し、一般にうずくり（木目が浮き上がるように表面を削った仕上げ）などの表面加工や、拭き漆、オイルステイン、クリアラッカーなどの塗装で仕上げられる。塗装の際は、手あかや木部の汚れを取り除くことが重要。

木口｜こぐち

木材の繊維の断面（年輪）が見える部分[図25]。意匠的に美しく仕上げにくいので、なるべく表面に見えないような納まりにするのが基本である。同じ読みでも、小口と書く場合は、木材に限らず部材の断面を指す。木材の繊維方向に切断した面を木端と呼ぶ。

木表・木裏｜きおもて・きうら

板目材で立木のときに樹心側を木裏、樹皮側を木表という。乾燥すると幅・長さ方向の反りとも木表側に凹状に反る。欠点ともいえるが、この性質を利用した取付け例も多く、鴨居は木裏を上にして垂れ下がりにくく取り付ける[図25]。敷居はその反対の使い方になる。

背割り｜せわり

芯持ち材は、乾燥に伴って年輪の接線方向の収縮が大きくなるので、必ず表面割れが生じる。そのため、あらかじめ材面評価の低い面に、樹心にまで達する溝を1面に通しで入れて収縮を吸収し、ほかの3面への割れを防ぐ[図26]。**心挽き**ともいう。背割りが開いていれば材が乾燥している一応の目安にもなる。化粧柱では必ず行うが、大壁用管柱ではしていないものも多い。室内側とは反対に背割り側を配置するので、室内側からは見えない。背割りに引抜き金物を取り付けても効果がないので注意する。また最近では、大壁用管柱の人工乾燥材で表面割れを少なくする乾燥技

図24｜芯持ち材・芯去り材

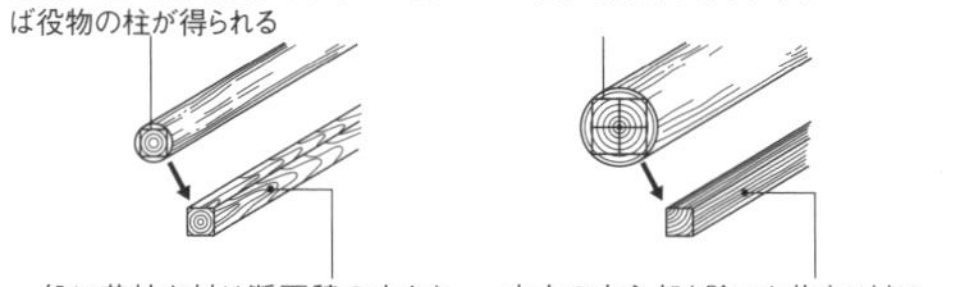

この木取りでは4面はすべて板目となる。小径木から最大の正角をとれば並物の柱が、節を避けて小さめにとれば役物の柱が得られる
この木取りでは4面とも柾目になる。木表側に隣接した2面からは、役物に適した良材が得られやすい
一般に芯持ち材は断面積の大きな材に使用され、背割りが施される
丸太の中心部を除いた芯去り材は、乾燥による割れが少ない

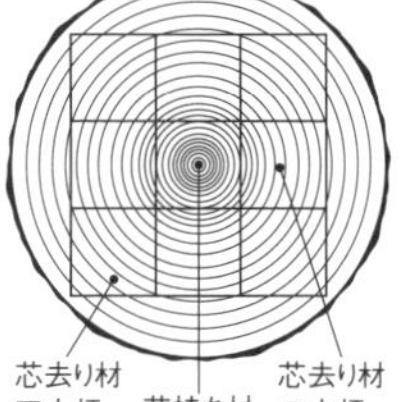

図25｜小口と木表・木裏

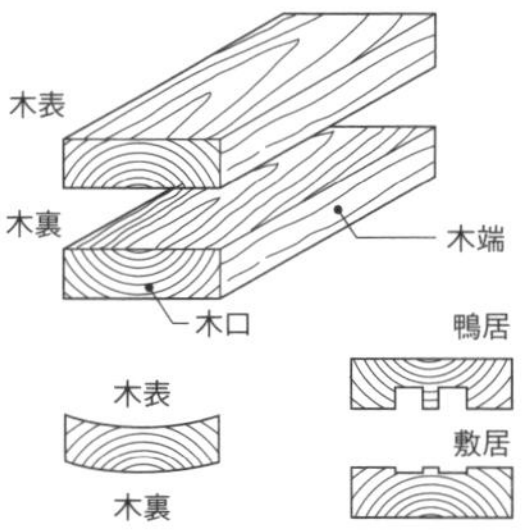

図26｜背割り

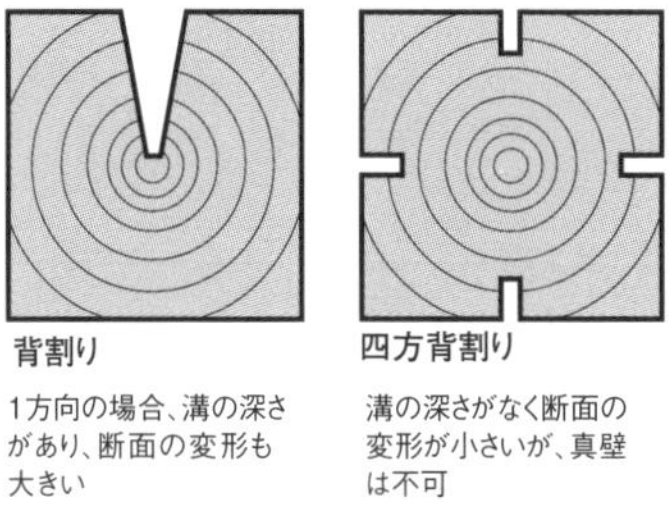

1方向の場合、溝の深さがあり、断面の変形も大きい

溝の深さがなく断面の変形が小さいが、真壁は不可

写真8｜芯持ち材

写真9｜生き節

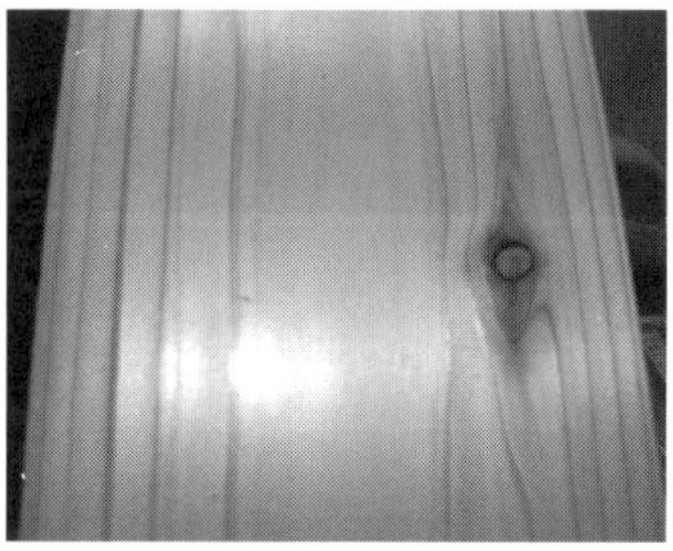

写真10｜死に節

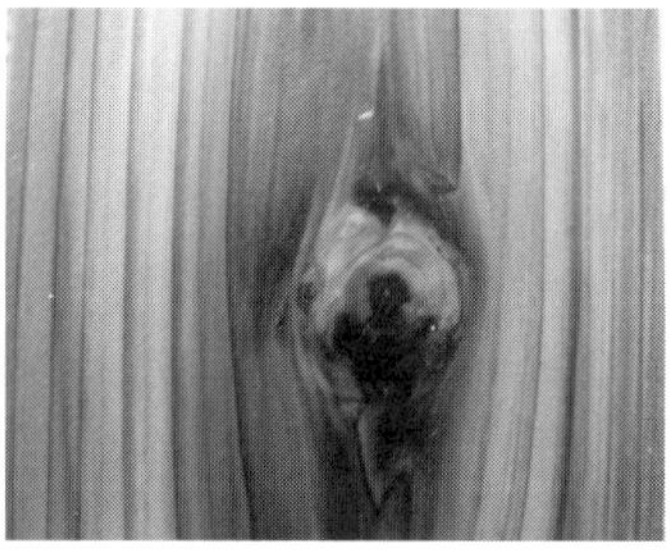

写真11｜補正した抜け節

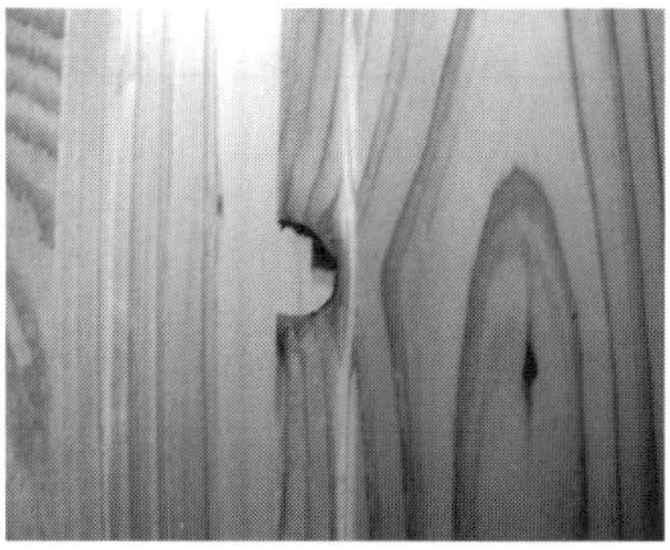

術が発達し、背割りない柱製品が増えている。背割りが入った側には金物が取り付けにくいなどの問題が生じることがある。

木理｜もくり
木目［もくめ］または**目**［め］ともいう。年輪など、木材の表面に見える模様のこと。

節｜ふし
枝が幹のなかに巻き込まれてできたもの。節は乾燥による割れや、**目切れ**［めぎれ］など製材品の加工や強度上の欠点となる。

生き節｜いきぶし
生き枝の木質部に表れる組織の生きている節［写真9］。葉などが付き、枯れていない枝が幹のなかに巻き込まれてできたもの。節の繊維が周囲の材と連結しているので抜けにくい。強度上の欠点とはならない。板、造作材では欠点となる。

死に節｜しにぶし
枯れた枝が幹のなかに巻き込まれてできたもの［写真10］。生き節とは反対に、節の繊維が周囲の材と連結していない節でのちに抜け節になることも多い。製材品の加工上の欠点となるため、造作材など化粧材には不向き。構造材では問題ない。

抜け節｜ぬけぶし
製材品の節が抜け落ちて穴になっているもので、製材品の加工や強度上の欠点とされる［写真11］。床材など抜け節部分に**埋め木**などの補修を施している材もある。構造材では問題ない。

埋め木｜うめき
木材のキズや節などをノミで掘り、木片をはめこむこと、またその木片を指す。

もめ
製材品の欠点の1つで、立木のときに風や雪などの外力や生長時の内部応力（成長応力）によって、木材の繊維が局部的に座屈し破断しているものをいう。この座屈部を組織が包み込んで生長するため、製材してからでないと分からない。台風などで倒木にならず、外観上は異常がなくても、内部ではもめが生じていることがある。これらは市場で**風倒木**［ふうとうぼく］といわれる。製材所でないとなかなか分からない厄介な欠点で、もめをもった材料は強度が低下していることがある。

柾目｜まさめ
原木を接線と直角に近い角度で製材したときに、材面に現れる通直な縦縞の木目をいう［写真12］。板目と比べ変形しにくい特徴をもつ。

板目｜いため
原木を接線方向に製材したときに、材面に現れる山形や波形の木目をいう［写真12］。幅反りなど狂いが生じやすいため、よく乾燥した材を使用するとともに、取付け時は裏側に吸付桟（反り防止を目的とした桟木）を施すとよい。

歩留まり｜ぶどまり
原材料から有効に生産される製品などの割合。製材では丸太の径や欠点（傷・腐れ・曲がりなど）の程度から、目的とする角材や板材を効率よく木取りすることが歩留まりをよくすることになる。特に、長さ方向の材の無駄がないようにしたい。

製材工場｜せいざいこうじょう
メーカーである製材工場の生産工程は、工場規模、使用丸太（原木）、生産品目、生産量などによってかなり異なる。柱などの単一製品量産工場や小口受注生産に特化する工場など、その種類は多様。最近では製材だけでなく、人工乾燥機や仕上げ加工機（モルダー：自動四面鉋盤）、推定強度測定器（グレーディングマシーン）を使って付加価値ある製品を生産する工場が増えている［写真13］。現状では製材工場

写真12｜板目（左）と柾目（右）

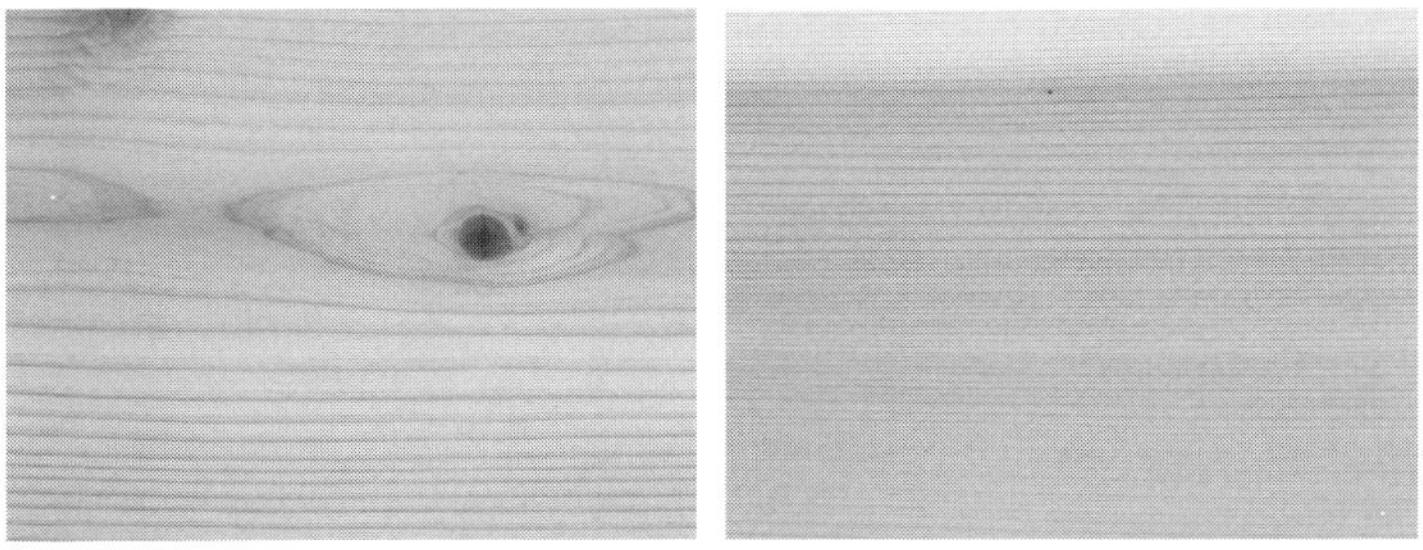

図27｜製材寸法

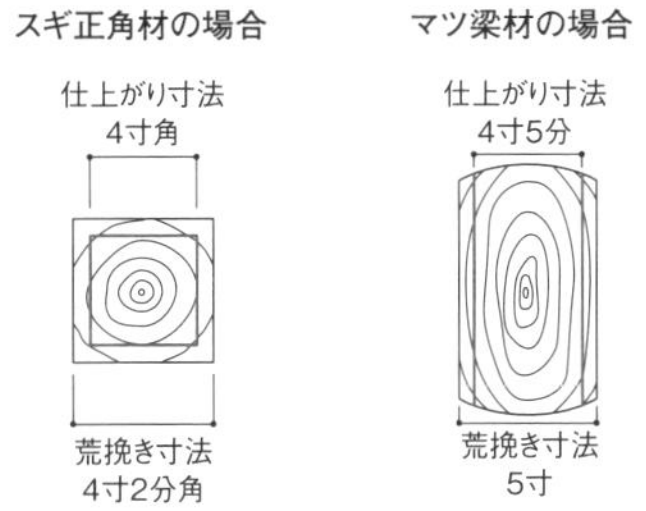

写真13｜木材の強度を測定するグレーティングマシーン

図28｜集成材

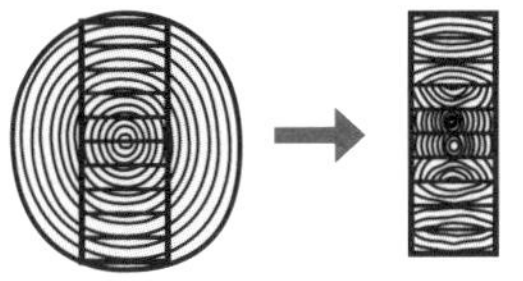

図は単一の樹種で構成した集成材。
異樹種を組み合わせることもある

種　類	品質、用途
構造用集成材	柱、梁、アーチなどの構造体に使われるもので、大断面やわん曲材もつくれる
化粧梁構造用集成材	突き板を表面に張ったもので、強度、耐水性は構造用集成材と同様。主に柱、梁などの直線材に使われる
造作用集成材	積層面が見える独特の美しさをもつ。梁、階段の手摺、カウンターなどにも使われる
化粧梁造作用集成材	内部造作（長押、鴨居、敷居など）に使われる

図29　JASマークの表示例

構造用製材

樹種名		スギ
JAS 登録認定機関名		
等級		★★
保存処理	性能区分	K 3
	薬剤名	CUAZ
構造材の種類		乙
寸法		105㎜×105㎜×3m
乾燥処理		SD20
材面の美観		二方無節
製造業者名　（株）○○製材所		

図30　節による等級

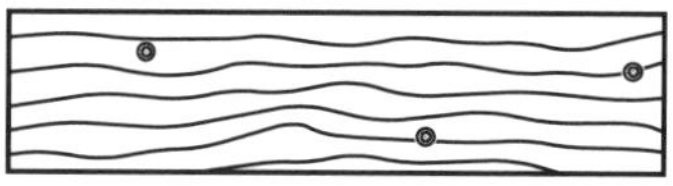

● 小節
広い材面を含む1材面以上の材面において、節の長径が20㎜（生き節以外の節にあっては10㎜）以下で、材長2m未満にあっては5個（木口の長辺が210㎜以上のものは8個）以内であること

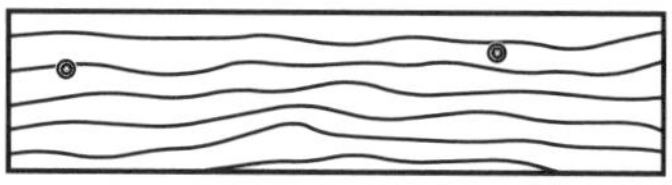

● 上小節
広い材面を含む1材面以上の材面において、節の長径が10㎜（生き節以外の節にあっては5㎜）以下で、材長2m未満にあっては4個（木口の長辺が210㎜以上のものは6個）以内であること

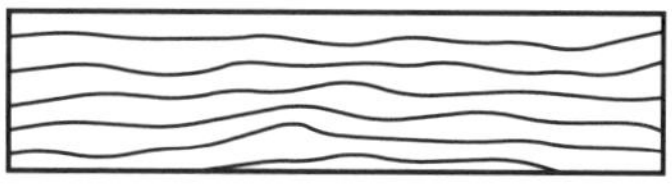

● 無節
広い材面を含む1材面以上の材面に節がないこと

図31　2度挽き

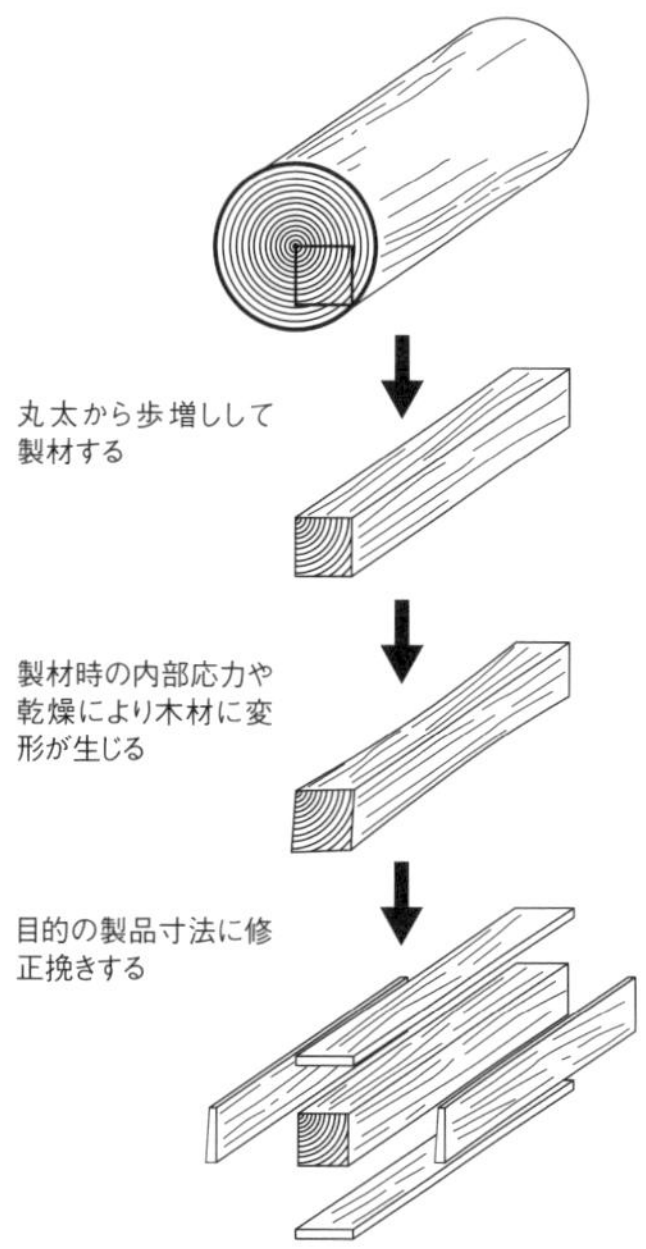
丸太から歩増しして製材する
製材時の内部応力や乾燥により木材に変形が生じる
目的の製品寸法に修正挽きする

によって品質や性能が異なるため、求める品質の材料を確保するには、信頼できる製材工場を指定する必要がある。

製材寸法｜せいざいすんぽう
構造材の材の断面寸法は丸太（原木）の大きさに左右されるが、おおむね材の幅が4寸（120㎜）か、3寸5分（105㎜）が基準寸法になっている。また材のせい（材断面の高さ）は360㎜ぐらいまでが一般的である。国内で製材する内地挽きの構造材は、丸太があればそれ以外の寸法にも対応可能であるが、乾燥材の場合は特注対応になる。製材寸法は、あらかじめ狂いや乾燥による収縮を予測して、仕上がり寸法よりオーバーサイズに製材されている［図27］。

定尺・乱尺｜ていじゃく・らんじゃく
一般に流通している木材製品の基準長さを定尺という。柱の場合、定尺は3m、6m、母屋や土台の場合4m、梁や桁では4m、5m、6m材を指す。ただし、東北地方などの製材品は3m、3・65mが定尺である。スギの梁などは4mを超えると定尺ではなくなり、一般的に割高となる。木拾い表を作成する際には、継手の位置や種類を検討する際に定尺材を有効に使うことがコスト削減の大きなポイントになる。

ムク材｜—ざい
木そのものを使っている材のこと。**正物**［しょうもの］ともいう。

中目材｜なかめざい
JAS規格による丸太のうち直径24㎝前後の中丸太を指す。

構造材｜こうぞうざい
屋根や床の重さ、あるいは荷重など構造にかかる力を負担する部材。柱や梁など。

造作材｜ぞうさくざい
建物の主要な構造材以外で敷居・鴨居、壁下地の胴縁など大工工事で行う仕上げ材のこと。

化粧材｜けしょうざい
長押や敷居・鴨居、真壁造の柱など目に見える場所に使う材のことで、カンナ掛けなどの仕上げが必要な材のこと。**見え掛かり材**［みえがかりざい］ともいう。また、**並材**［なみざい］に相対する言葉として、節が少ない材料のことを指す場合もある。隙や割れが生じてはいけないので乾燥材を使う。

集成材｜しゅうせいざい
薄い挽き板である**ラミナ**に圧力をかけ、樹脂系の接着剤を張り合わせた木材のこと［図28］。用途により構造用集成材と造作用集成材があり、構造用は**金物構法**や**門型ラーメン**では欠かせない。基本的な扱い方はムク材と変わらない。構造用の場合、一般的にコストは同樹種のムク材と比較してやや割高である。

野物材｜のものざい
小屋裏や壁のなかに納まる間柱や胴縁など、仕上げなどに隠れて目に見えない場所に使う材のこと。**見え隠れ材**［みえがくれざい］ともいう。

羽柄材｜はがらざい
端柄材［はがらざい］とも表記する。元来は定義がはっきりしない言葉だが、最近は**羽柄プレカット**［はがら—］の普及から、根太や垂木などの構造と下地を兼ねる小断面材部材のことを指す意味に定着しつつある。構造材同様、乾燥材を使用し内部仕上げに亀裂・劣化など影響のない材を使用する。

並材・役物｜なみざい・やくもの
木材の品質区分の1つ。節がある製材品、もしくは製材した製品に節が出そうな丸太のことを**並材**、**並物**［なみもの］という。節がないか、とても少ない製材品、もしくは製材した製品に節が出そうにないか、出ても非常に少ししか出ない丸太のことを**役物**という。役物は通常、大工が仕上げることを前提に仕上がり寸法よりも大きなサイズで製品化されている。そのため通常モルダー掛けされておらず、ラフ面のままの仕上がりでシュリンク梱包（熱伸縮フィルムによる梱包）されている。通常は5～10㎜アップの範囲である。

大壁用管柱は並材を使用し、真壁の化粧柱は主に役物を使用する。しかし、最近では並材を化粧柱に使用する例が増加している。

等級｜とうきゅう

役物の見た目の等級区分。JAS規格では、用材の節、腐れ、割れなどの傷の程度の基準がある［図29］。角材の4面の節の程度で小節（1～4面）、上小節（1～4面）、無節（1～4面）に分けられる［図30］。無節が少ない、あるいはない面が多いほど価格は高い。たとえば**二無一上小**（にむいちじょうこ：2面が無節、1面が上小節の面）などという。挽割類、挽角類については、四方、三方、二方、一方と材面数の化粧基準と併せて等級が判定される。製材所によって節の程度などの選別基準は若干異なる。また節のほか、丸身や割れ、変色の程度によっても評価される。現在JASによる規格は「級」に変わっているが、今でも一般的には「等」が使われており、一等・特一等・特等の3つに分けられている。

上小節｜じょうこぶし

JASの針葉樹造作用製材の品質基準で、無節と小節の間の等級。壁板類では、節の直径が20㎜以下のものをいう。

2度挽き｜にどびき

定められた寸法の製材品を得るのに、乾燥による収縮や内部応力の解放による狂いをあらかじめ予測して大きめに製材し（**荒挽き**）、変形が落ち着いてから目的の寸法に挽き立てること［図31］。**八面挽き**ともいう。荒挽き後の寸法を**挽き立て寸法**といい、仕上がり後の寸法は**仕上げ寸法**という。歩留まりは悪いが、良質な製品を得るには重要な工程である。東濃ヒノキの乾燥材柱製品が2度挽きで有名。

生材｜なまざい

人工乾燥や天然乾燥を行っていない未乾燥材のことで、**グリーン材**ともいう。乾燥材に比べ狂いや割れが発生しやすく、梁のたわみ、壁仕上げの亀裂などの原因となる。そのため搬入や建方後に乾燥期間を設けたり、ゆがみ調整を適宜行う必要がある。構造材に使うことは、もはや非常識な材料といえる。伐採時期や樹種、心材か辺材かによって含水率が異なるが、通常含水率が25％以上の材料すべてを指す（JAS規格）。グリーン材とはもともと北米産製材品の用語で、含水率19％以上のものを指すが、最近では国産材もこの用語を使用する。

生材を使用すると、その後乾燥による収縮、曲がり、反り、割れなどが生じやすい。安価なため一般に広く流通しているが、近年品質の面から使用頻度は減ってきている。

乾燥材｜かんそうざい

木材の含水率が規定の数値まで下がっている材料［表2］。構造材・造作材とも15～20％が一般的で、数値が低いほど水分が少ないことを示す。構造材だけでなく、下地材なども仕上げの割れなどに影響を及ぼすため、乾燥材の使用が望ましい。

天然乾燥｜てんねんかんそう

寸法安定性能を向上させるため、屋外や屋内など自然の気象条件下で機械を使わずに木材を徐々に乾

表2｜針葉樹構造用製材と下地用製材の含水率と寸法許容差

①含水率

区分		表示	含水率
構造用製材	仕上げ材	SD15	15%以下
		SD20	20%以下
	未仕上げ材	D15	15%以下
		D20	15%以下
		D25	25%以下
下地用製材	仕上げ材	SD15	15%以下
		SD20	20%以下
	未仕上げ材	D15	15%以下
		D20	20%以下

②寸法許容差

区分		表示	寸法許容差（㎜）
構造用製材	仕上げ材	75㎜未満	＋1.0　－0
		75㎜以上	＋1.5　－0
	未仕上げ材	75㎜未満	＋1.0　－0
		75㎜以上	＋1.5　－0
下地用製材	仕上げ材	75㎜未満	＋1.0　－0
		75㎜以上	＋1.5　－0
	未仕上げ材	75㎜未満	＋2.0　－0
		75㎜以上	＋3.0　－0

注　JAS規格の定義では、構造用製材のうち乾燥処理を施した後、材面調整を行い、寸法仕上げをしたものを「仕上げ材」といい、材面調整、寸法仕上げを行っていないものを「未仕上げ材」という

写真14｜蒸気加熱式木材乾燥装置

写真15｜スギ板材の桟積み乾燥

図32｜人工乾燥

除湿式乾燥法の仕組み

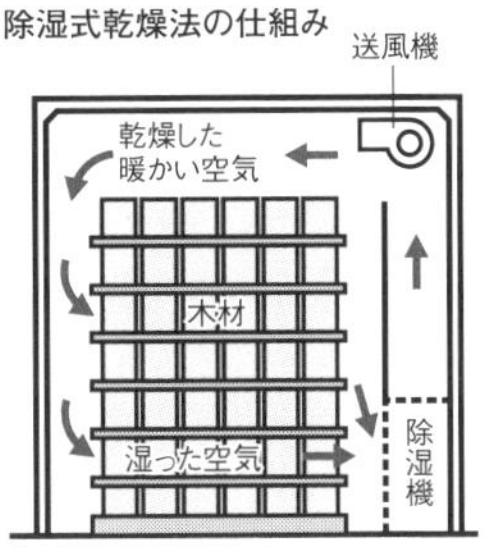

写真16｜伐採後の葉枯らし風景

燥させる方法。天然乾燥させた材を**AD材**という。人工乾燥と違って材質変化を起こす恐れはないが、乾燥期間や乾燥度合いは気象条件に大きく左右される。天然乾燥材の含水率は、長期間かけてもその気候に釣り合う平衡含水率までしか下がらない。

しかし、市場の天然乾燥材は平衡含水率まで乾いているものはまれで、天然乾燥材の乾燥レベルもまちまちであるのが現状である。葉枯らし乾燥などの林内で丸太の状態で乾燥させる方法と、桟積み乾燥などの製材後に乾燥させる方法がある。

葉枯らし乾燥｜はがらしかんそう

天然乾燥手法の1つ。山で伐採した木材を、枝葉を付けたまま放置し、葉から水分を減少させて天然乾燥させ、木材から水分を抜く。人工乾燥のように燃料、電気を使わないため環境負荷がない。木に負担のない乾燥方法なので、色つやを損なわず乾燥できる。

しかし、人工乾燥ほど含水率を下げることは難しいため、扱いには相応の手間がかかる。予備乾燥であると考えたほうがよい。

人工乾燥｜じんこうかんそう

人工的に温度・湿度・風速の調節を行いながら木材を所定の含水率まで乾燥させる方法。**人乾**［じんかん］と略すこともある。人工乾燥させた材を**KD材**という。

適切な乾燥方式を選べば、対象となる製材品の材質や用途に合致した乾燥処理ができ、目的とする含水率まで比較的短時間で仕上げられる。また、平衡含水率以下まで下げることも可能である。

しかし、強制的に短い時間で木材を乾燥させるため、乾燥による応力が生じて材の損傷を伴うことも多い。

ボイラーの蒸気を利用する蒸気式乾燥［**75頁写真14**］や、乾燥室内の温度を高めて乾燥時間を短縮させる高温乾燥、室内の湿度を下げて乾燥させる除湿乾燥［**75頁図32**］、室内の気圧を下げて乾燥を早める減圧（真空）乾燥、太陽熱を利用した乾燥装置による太陽熱利用乾燥などがある。

どの乾燥方式がよいのかは一概にはいえないが、木材の材質変化が大きくなる乾燥方式は、その樹種を使用する意味を失っているわけでありお勧めできない。

桟積み乾燥｜さんづかみかんそう

製材後に桟木をかませて積み、天然乾燥させる手法［**75頁写真15**］。

AD材｜えーでぃーざい

天然乾燥による製材のこと。Air Driedの略。

葉枯らし材｜はがらしざい

伐倒した木を、枝葉を切らずにそのまま数カ月間放置し、葉の蒸散作用を利用して幹の水分を蒸発させて含水率を下げたもの［**75頁写真16**］。

日本古来の原木乾燥方法であり、木の肌つやもよいが、それだけでは乾燥材とはいえず、製材後の乾燥過程も必要である。

KD材｜けーでぃーざい

人工乾燥により所定の含水率に乾燥させた材料。Kiln Driedの略。構造材・造作材など、使用する部位に

図33｜木材の含水率計算方法

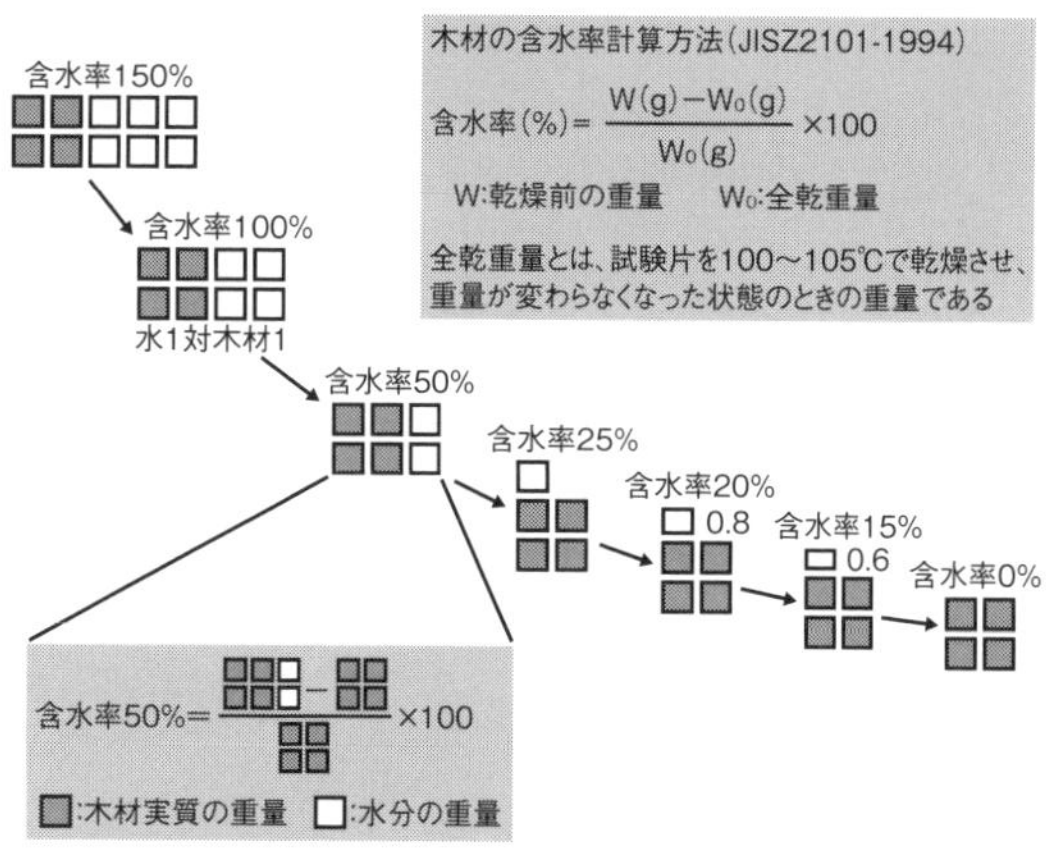

表3｜各種建築仕様書にみられる木材の含水率

仕様書	品名	含水率仕様	
日本建築学会 建築工事標準仕様書 （2005） （JASS11 木工事）	構造材 造作材 仕上げ材	20%以下 15%以下 13%以下	
国土交通省大臣官房官庁営繕部 公共建築工事標準仕様書 （2007）	構造材 下地材 造作材	A種 20%以下 15%以下 15%以下	B種 25%以下 20%以下 18%以下
住宅金融支援機構 木造住宅工事仕様書 （2007）	構造材	針葉樹の構造用製材のJASによる15%以下、20%以下、25%以下の3段階	
住宅金融支援機構 枠組壁工法住宅工事 仕様書（2007）	構造材 筋かい等	構造材は、含水率19%以下の乾燥材または含水率25%以下の未乾燥材とする。構造材以外の木材にあっても、十分に乾燥したものを用いる	
日本建築学会 木質構造設計規準（2006）	構造材	施工後直ちに大きな荷重を受ける部材については、少なくとも平均含水率20%以下の材を使用することを推奨	

図34｜国内の年間平均平衡含水率分布

（拡張アメダス気象データ［㈳日本建築学会編］を用いて平衡含水率を求めたもの）

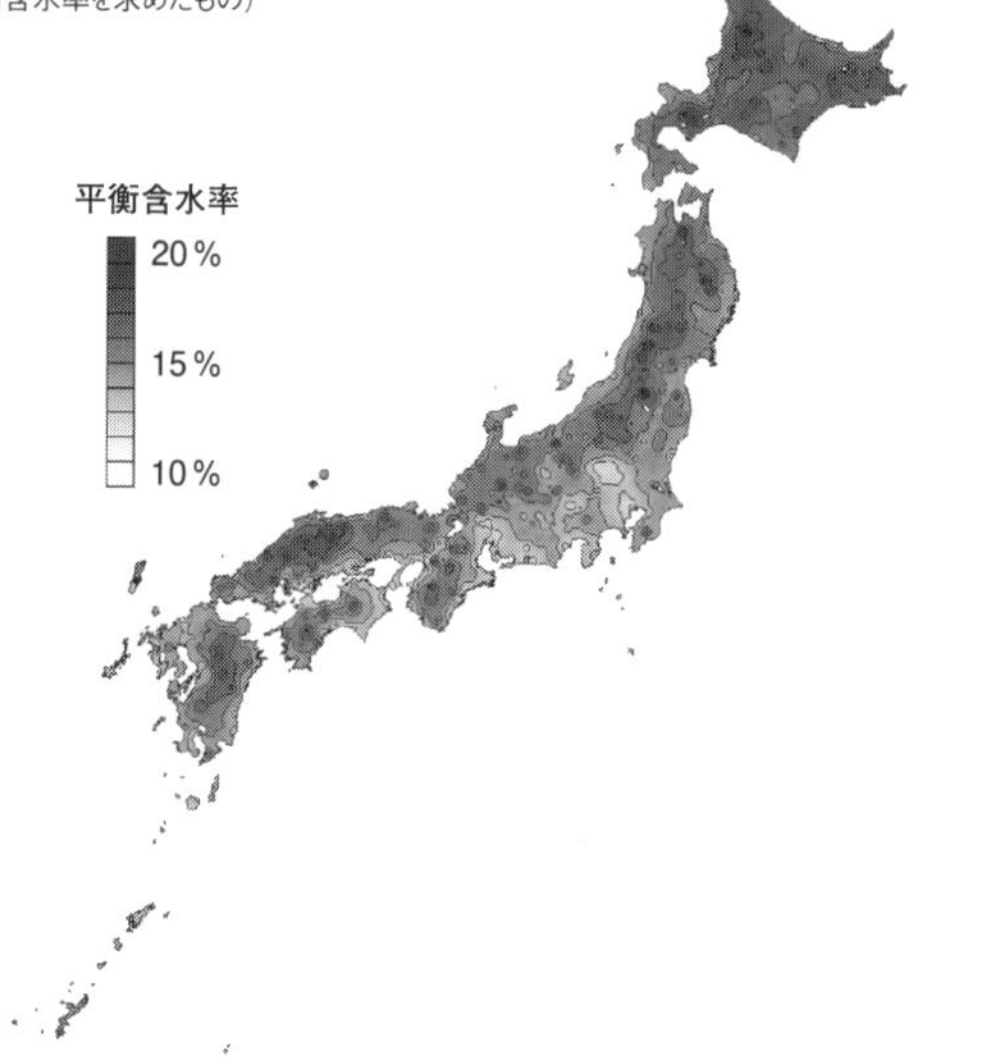

より乾燥率が異なる。「KD20」は人工乾燥で含水率20%の材料を指す。

インサイジング

防腐防虫薬剤を、材表面から深くかつ均一に浸透させる注入処理をする前に、前加工として刃物などにより表面から切り込み、人為的な繊維切断面をつくること。耐久性の低い樹種で、注入処理が難しい製材品への薬剤吸収量や、浸潤度を向上させる有効な手段となる。

含水率・含水率計｜がんすいりつ・がんすいりつけい

木材の含む水分量を、木材そのものの重さ（全乾重量）をもとにして百分率で表した比率を含水率という［図33］。含水率が同じでも密度が異なれば材内に含まれている水分量も異なる。木材は含水率が25～35%を下回るあたりから各種の物理的性能が変化し始めるため、非常に重要な性能判断指標となっている。それを現場で確認する含水率計は、ハンディな**高周波式認定含水率計**を用いて確認したいが、必ず密度を正しく設定したうえで測定してもその値は材の表面から10～20㎜までの含水率の推定値でしかないことを認識したい。

木材は内部と表面部との含水率が極端に違うこともあり得るので、含水率計の数値をうのみにせず、重さや製造工程の確認などから判断しなければならない。構造材に使う場合は少なくとも含水率が25%以下のものを使いたい［表3］。

平衡含水率｜へいこうがんすいりつ

水分量の多い木材が、置かれた環境（温度・湿度）に応じて変化し、やがて一定に達したときの含水率の値。乾燥材の目標含水率で、絶えず変動している。

平衡含水率は、製品が使われる場所や冷暖房の有無などによってかなり異なるが、日本では屋外の平均的な値が15%で、屋内ではこれよりやや低くなる［図34］。そのため構造材の理想的な含水率は15～20%である。構造材に限らず、普通に使う場所での木材は、平衡含水率より1～2%低く乾かした乾燥材が寸法安定性が高く、理想的である［図35］。

図35｜乾燥のメカニズム

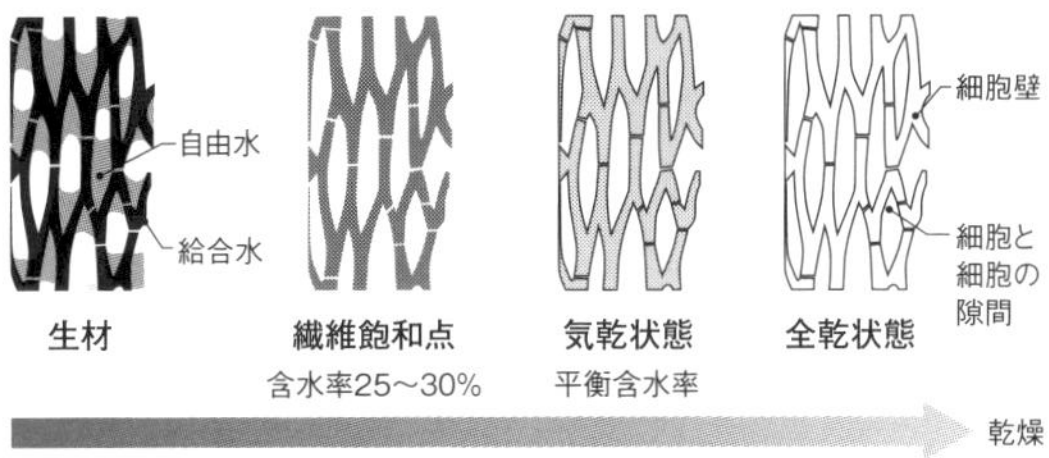

乾燥割れ｜かんそうわれ

木材が乾燥することにより生じる割れで、**干割れ**ともいう。乾燥の際に、材の表面も内部も一様に乾燥するのであれば、全体が収縮するだけで割れは生じないはずである。しかし、断面の大きい構造材などを乾燥させるときは、表面と内部で含水率と乾燥過程が異なるため、**水分傾斜**（含水率の差）が存在し、さまざまな乾燥応力が生じて表面割れなどの割れが生じる。

木材の割れは、現れる位置や深さ、長さ、力のかかり方によっては強度に影響を及ぼすことも考えられるが、比較的浅く、長さも短い表面割れの場合には、柱のような繊維方向に平行の力が作用する部材では、強度への影響はほとんどない。

エンジニアードウッド

EWと略され、強度性能が明確に保証された構造材をいう。具体的には、曲げヤング係数や許容応力度が最低限保証されているものをいう。EWは、集成材や木質材料と同義ではない。たとえば構造用集成材はEWであるが、造作用集成材はEWではない。ムク材でも1本1本強度性能が保証されれば、エンジニアードウッドの範疇に入る。

JASの機械等級区分材がこれにあたる。しかし、JASの目視等級区分材はEWとはいえない。

図36｜認証のマーク

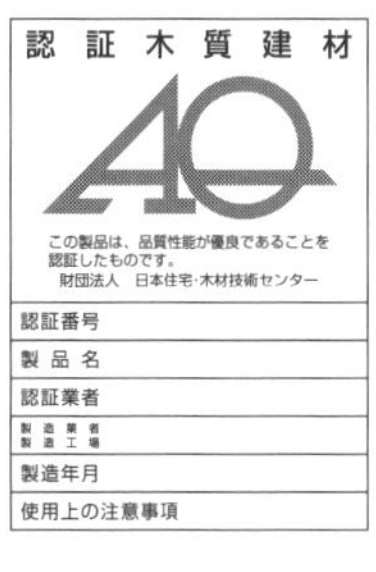

無等級材｜むとうきゅうざい

構造材の強度性能は、構造用製材のJASに定められている**強度等級区分法**（目視等級区分法・機械等級区分法）による格付けがなされていない無検査の製材品が大半で、それらは無等級材と呼ばれている。

無等級材でも構造設計上の許容応力度は与えられているが、強度的に十分評価されていないために、構造材料としての信頼性に乏しい。

ヤング係数（E）｜けいすう

材料によって異なる、変形しにくさを表す係数。数字が大きいほど変形しにくく、曲げ強度は統計的にヤング係数と高い相関関係が認められている。一般に、曲げによって測定する**曲げヤング係数**が用いられることが多い。製材工場でも、グレーディングマシーンによって非破壊的に曲げヤング係数を1本1本測定し、その数値を表示するところが増えてきた。

なお、構造用製材においては、JASに機械等級区分法という強度等級区分があり、ヤング係数によって基準強度が詳細に定められている。構造計算においては、主に梁桁などの横架材で重要な値となる。

AQ認証｜えーきゅーにんしょう

Approval Qualityの略で、日本住宅・木材技術センターが規定した

表4｜認証品目別性能区分

認証品目	性能区分	JAS保存処理性能区分
保存処理材	1種	K4相当
	2種	K3相当
	3種	K2相当
高耐久性機械プレカット部材	2種	K3相当
	3種	K2相当
防腐・防蟻処理構造用集成材	2種	K3相当
	3種	K2相当
防腐・防蟻処理構造用合板（加圧注入・単板処理）	2種	K3相当
	3種	K2相当
防腐・防蟻処理構造用単板積層材（加圧注入・単板処理）	2種	K3相当
	3種	K2相当

JASに定められていない木質建材の認証制度[図36]。JASを補完する優良木質建材の目印といえる。「高耐久性機械プレカット部材」「乾燥処理機械プレカット部材」「保存処理材」「防腐・防蟻処理構造用集成材」などが定められている[77頁表4]。

4面モルダー仕上げ—よんめんしあげ

乾燥材の最終仕上げ加工として、量産工場でよく使われる仕上げ方法。自動四面鉋盤で仕上がり寸法に加工すること。外国産材では**S4S**(Surfaced Four Side)ともいう。仕上げは使用する直前がよい。大工が加工したり、プレカット工場で再加工する必要性がほとんどないため、乾燥材製品はほとんど4面モルダー仕上げ(乾燥仕上げ材)である。乾燥材でも、表面が未仕上げの製品はラフと呼ばれる。ちなみに、JAS製品で含水率20%以下の乾燥仕上げ材は**SD**20、乾燥未仕上げ材は**D**20と表記して区別される。

プレカット

木造住宅の構造材や造作材を含めた部品の加工や製造を、機械による工場生産によって行うシステム[写真17]。**CAD・CAM**[きゃど・きゃむ]により全自動化するシステムが一般的である。スピードと正確さがメリットで、住宅建築の工期短縮と寸法精度の向上、大工不足の解消などに貢献し、大工の刻み場が確保しづらい首都圏での普及率は80%以上といわれる。ただし、寸法精度がよいため、良質な乾燥材でないと、プレカット加工後の木材の変形により、現場で木材の施工がうまくいかないことが多い。機械ではできない木材の細工や仕上げ、選別などを大工の技術により補っているプレカット工場も多い。

ハイブリッド集成材—しゅうせいざい

異なる複数の樹種を組み合わせて強度を高めた梁材。鋼材などを内蔵して更に強度を高めたものもある。

シロアリ

木材やコンクリートなどの害虫。湿った木材を好む在来種の場合、地表から一定以上の基礎高さを確保した上で防蟻材による食害回避が一般的。外来種のカンザイシロアリは、乾燥した木材にも被害をもたらす。在来種・外来種とも飛来するため屋根も被害を受ける。換気や耐蟻性能のある樹種を選択することなどが予防の基本。[図37・38]を参照。

防蟻材料—ぼうぎざいりょう

対シロアリ用の建築材料。薬剤で加工したもの以外に、物理的に侵入を阻止するものもある。

防蟻処理木材—ぼうぎしょりもくざい

防蟻薬剤を加圧浸透させた木材。ヒノキなどのように元から防蟻性・防腐性を備えた樹種もある。

シロアリ駆除剤—くじょざい

シロアリ駆除用の薬剤。改善が進められているが、人体に影響のある成分を含む場合もあり、適切な使用が求められる。

防蟻用断熱材—ぼうぎようだんねつざい

シロアリに対して有効な薬剤を練り込んで成形されたボード状の断熱材。ネオニコチノイド系やホウ酸系などがある。基礎の外断熱などに使用して、地面からのシロアリの侵入を予防する。

散布工法—さんぷこうほう

シロアリ駆除剤を基礎の内外に噴霧散布して、木材や土壌に直接浸透させる工法。

発泡施工法—はっぽうせこうほう

シロアリ駆除剤を発泡材と混合し、

写真17 軸組材用の加工機

図37 シロアリとアリの見分け方

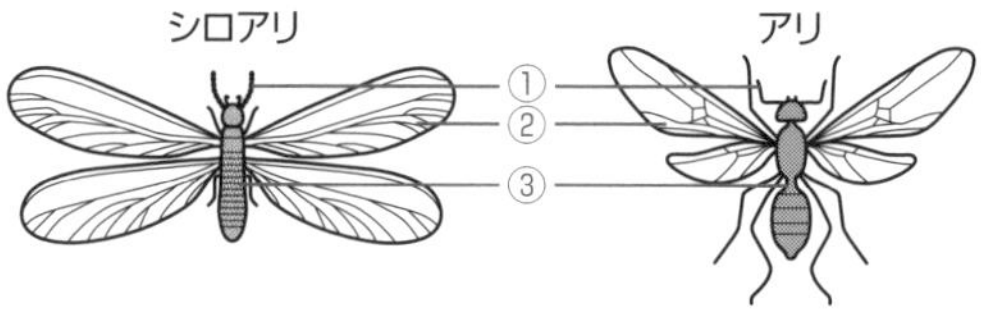

①触覚　アリの触角は「く」の字状だが、シロアリの触角は真珠のネックレスのように数珠状である

②翅　アリの翅は前翅が後翅より大きいのに対して、シロアリの翅は4枚ともほぼ同じ大きさ・同じ形である

③腰　アリは腰の部分が細くくびれているが、シロアリはくびれはなく、ずん胴である

図38 シロアリの分布

床下の基礎内に噴霧充填させる工法。泡は数時間後に消え、接触した床下の土壌や木材に薬剤が浸透する。

シート工法｜―こうほう
防蟻薬剤を練り込んだシートを床下に敷き詰めて、シロアリの侵入を物理的に防ぐ工法。床下からの湿気も防ぐ。

毒餌法（**ベイト工法**）｜どくじほう（―こうほう）
ステーションと呼ばれる容器を2〜3mおきに埋め、シロアリの好む餌木などに薬剤を染み込ませて容器に挿し、食べさせて駆除する方法。食べ始めると仲間を呼び、さらに巣に持ち帰って女王や兵隊アリに口移しするため、巣ごと駆除できる。薬剤には脱皮阻害剤を使用するので、人体や栽培植物には害がない。初期費用、定期的なモニタリング、毎年の餌の交換費用がかかる。

蟻道｜ぎどう
乾燥や光を嫌うシロアリが、土壌から土台などの木材までの間を移動するために、土や糞を使ってつくるトンネルのこと。

防腐剤｜ぼうふざい
木材の腐朽を遅らせる薬剤。油性（表面処理）と水性（加圧注入）がある。油性では油状防腐剤（クレオソート油）、水性では水溶性防腐剤などがある。

防腐注入材｜ぼうふちゅうにゅうざい
防腐剤を加圧注入した木材。多くの場合は防蟻効果も兼ね備えた薬剤を使用しており、防蟻防腐木材として流通している。

木材腐朽菌｜もくざいふきゅうきん
木材を腐朽させる菌のうち、特に難分解性の成分を分解するものを指す。温度・湿度・酸素・栄養となる木材が揃うと活性化する。浴室やキッチンなどの水廻りや雨漏り部分などで繁殖しやすい。同条件ではシロアリの食害も懸念されるので併せて注意したい。

ピロディン
木材の腐朽状態を検査する機械の名称。試験器の針状部分を木材に打ち込み、その貫入量で腐朽度を測る。住宅では、ドライバーなどを貫入して簡易な検査ができる。

部位

基礎パッキン｜きそ―
床下の通気を目的に、基礎と土台との間に挟む約20㎜厚の部材で樹脂製、または金属製の既製品［図39・写真18］。「キソパッキン」（城東化学工業）の商品名が定着した呼び方。**ねこ土台**ともいい、モルタル、クリ、石などでつくる方法もある。
従来のように基礎コンクリートに**床下換気孔**［図40］［ゆかしたかんきこう］をあけるとその周辺から基礎にひび割れ（クラック）が入ることがあるため、近年では多く使用されている。

束・床束｜つか・ゆかづか
床下から大引を支える短い部材［80頁図41］。基礎の上に据えられた束石の上に載っている。束には**根絡み貫**［ねがらみぬき］を設け、足元を固定する。樹種はヒノキ、ツガ、スギなどとし、寸法は85㎜角または90㎜角で長さは400㎜が適するが、耐久性・防蟻性に不安があり、今ではプラスチック束（**プラ束**）、鋼製束などが主流。これらは束の長さが調節でき、施工後の木材の収縮による床鳴りや床の不陸を直せる。大引との接合は、斜め釘打ちのうえにかすがい打ちとする。束には根絡み貫を取り付け、転止めを施す。設置間隔は910㎜が標準である。

鋼製束｜こうせいづか
鋼製の床束［80頁写真19］。プラ束に比べるとやや高価だが強度に優れている。

束立て床｜つかだてゆか
床束で支えられた床のこと。

束石｜つかいし
束の根元に据えられる石またはコンクリートのこと。

大引｜おおびき
1階床組みを支える部材で、その上に根太がかかる。断面寸法は、90㎜角程度で設置間隔は3尺（910㎜）が標準である。根太と直交方向に設置する。

大引受け｜おおびきうけ
大引が土台に載せられない場合に用いる部材で、柱に添わせる横木のこと。

土台｜どだい
基礎の上に設置される軸組最下部の水平材。基礎から出たアンカーボルトによって、基礎と緊結される［80頁写真20］。断面寸法は、管柱と同等か、ひとまわり大きいものが用いられる。基礎と緊結する際、その間に基礎パッキンを入れる場合もある。構造材で最も地面に近いため、ヒバやヒノキなど防腐性・防蟻性の高い材料を選定する必要がある。土台は柱からの軸力を受けることから、めり込み耐力を考慮した材種・材寸を選定する［80頁図42］。

図39｜基礎パッキン
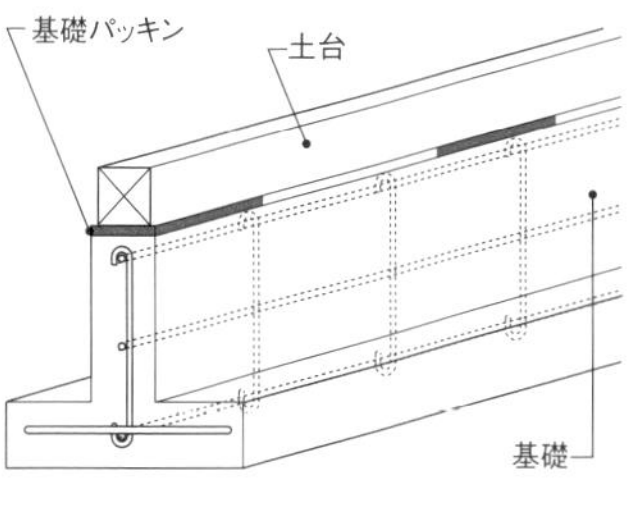

写真18｜施工後の基礎パッキン

図40｜床下換気口
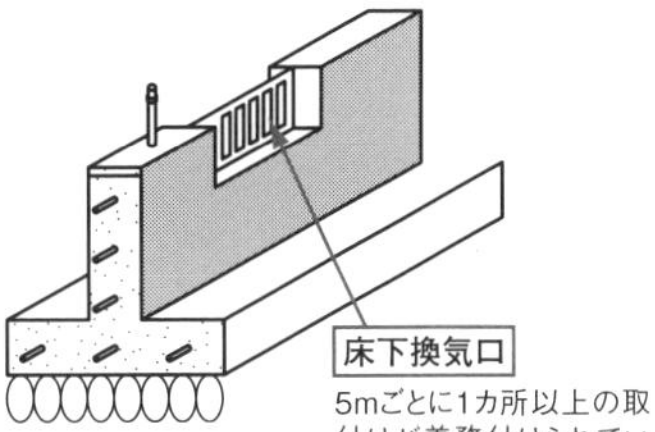
5mごとに1カ所以上の取付けが義務付けられている。ネズミ、虫の侵入を防ぐためスクリーンを取り付ける

図41｜束立て床

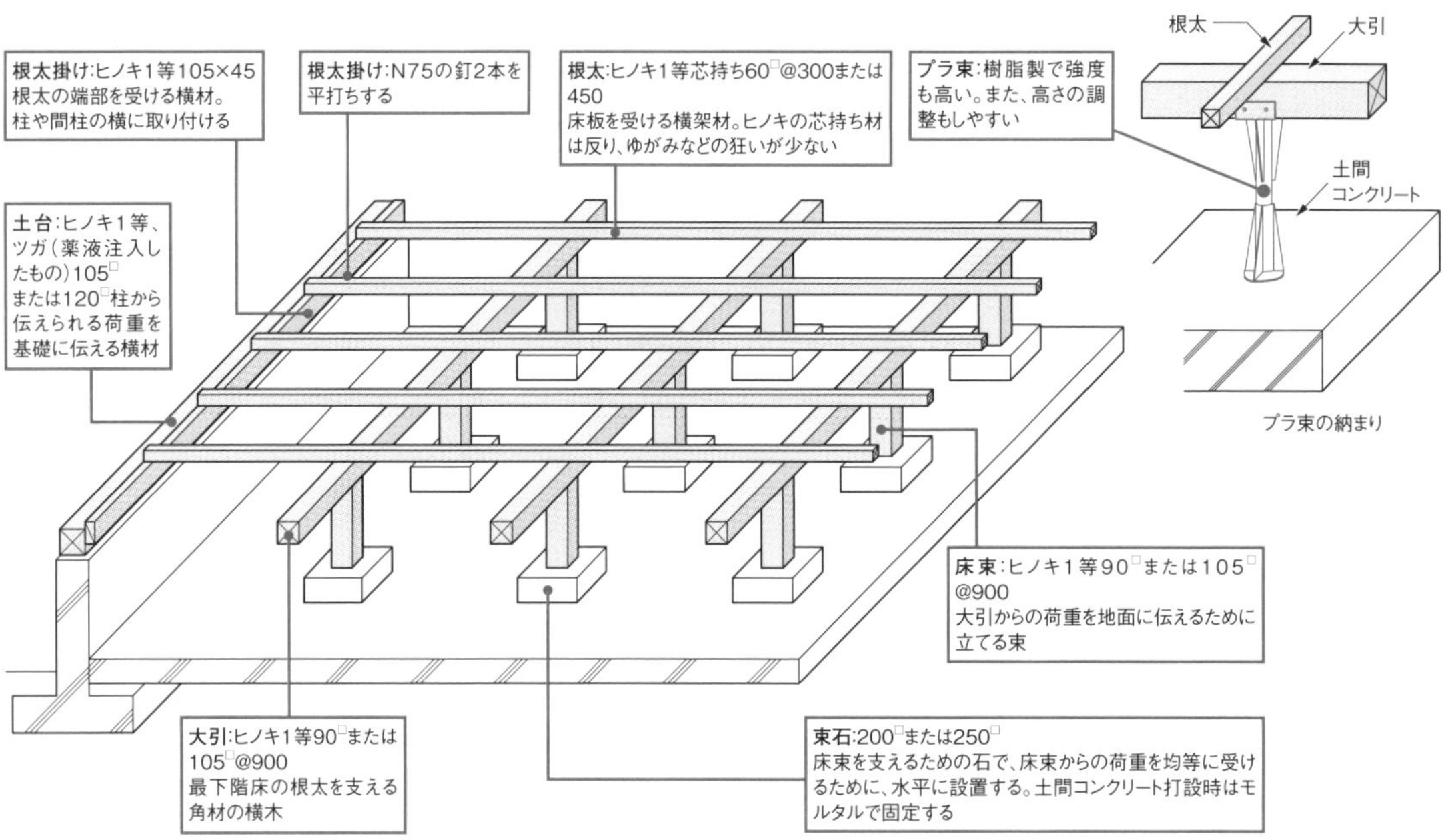
根太掛け:ヒノキ1等105×45
根太の端部を受ける横材。
柱や間柱の横に取り付ける
根太掛け:N75の釘2本を平打ちする
根太:ヒノキ1等芯持ち60□@300または450
床板を受ける横架材。ヒノキの芯持ち材は反り、ゆがみなどの狂いが少ない
プラ束:樹脂製で強度も高い。また、高さの調整もしやすい
根太
大引
土間コンクリート
プラ束の納まり
土台:ヒノキ1等、ツガ(薬液注入したもの)105□または120□柱から伝えられる荷重を基礎に伝える横材
床束:ヒノキ1等90□または105□@900
大引からの荷重を地面に伝えるために立てる束
大引:ヒノキ1等90□または105□@900
最下階床の根太を支える角材の横木
束石:200□または250□
床束を支えるための石で、床束からの荷重を均等に受けるために、水平に設置する。土間コンクリート打設時はモルタルで固定する

図42｜柱と土台の仕口

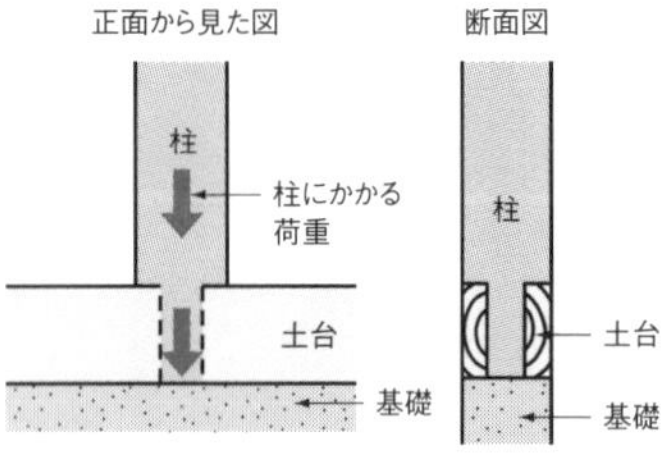
正面から見た図
断面図
柱
柱にかかる荷重
土台
基礎

ホゾ穴を基礎まで貫通させると柱にかかる荷重が基礎へ伝達しやすくなり、土台の圧縮を防ぐ

写真20｜土台施工風景

写真19｜鋼製床束

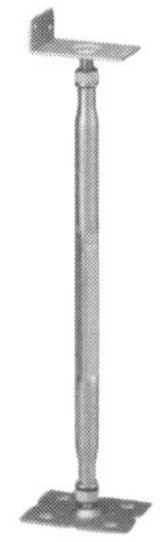

火打ち土台｜ひうちどだい
土台の変形を防止するため、隅部分に45度に入れる部材のことで、土台の水平面方向が変形するのを防ぐために入れられる。断面寸法は、45×90㎜程度のものが用いられる。

側土台｜がわどだい
建物外周部に設置する土台の呼称。外部に面するため耐候性の高い樹種を選びたい。

間仕切土台｜まじきりどだい
側土台に対して室内側に設置する土台のこと。

根太｜ねだ
床板を張るための下地になる材で、大引や根太掛けの上部に直交方向に設置される。断面寸法は、36×45㎜、45×45㎜程度のベイツガ、ベイマツが多く用いられている。設置間隔は洋室床の場合、1尺（303㎜）が標準だが、ピアノなどの重いものが載る個所は間隔を狭く入れることもある。和室で荒床下地の根太の場合は、1尺5寸（455㎜）で設置されることもある。根太間には床暖房などの配管、配線類、断熱材などを施工することもある。継手は受材芯で突き付け、N90釘を平打ちし、大引などの取合いはN75釘を2本斜め打ちとする。2・3階床に厚さ24、28㎜の構造用合板などを直接梁上に張って根太を省略する**根太レス工法**［ねだ―こうほう］も増えている。1階については土台の上、2階については1階パネル（壁）の上に載せる床荷重を支える材料。側根太［がわねだ］、**端根太**［はしねだ］と区別して**床根太**［ゆかねだ］といい、それらを総称して**床枠組**［ゆかわくぐみ］と呼ぶ。使用する材寸は204、206、208、210、212が中心。

際根太｜きわねだ
壁際などの床面の1番端に設置される根太。1階については土台の側面、2階については胴差の側面や上へ並行に載せられる。壁パネルや面材耐力壁を先行して入れ床下地を後施工するときなどにも使われる。

根太掛け｜ねだがけ
大引と平行に設置され、根太の端部を支えるための部材。主に壁の際に設置される。断面寸法は、約30×105㎜のものを使用。

根がらみ貫｜ね―ぬき
床束相互間に打ち付ける貫板のことで、床束の転倒やぐらつきを防ぐ。断面寸法は、15×90㎜程度のものが用いられる。

2階根太｜にかいねだ

2階の床板を張るための材で、床梁などの上に直交方向で設置される。断面寸法は、45×105㎜程度のものが多く用いられる。設置間隔は、1尺（303㎜）が標準である。

転ばし根太｜ころばしねだ
床梁の上部にそのまま根太を載せて、釘やビスで留める施工方法のこと[図43]。一方、床梁などの側面に、根太のかかる根太彫りを施して、そこに根太をかける施工方法もある[図44]。
転ばし根太による施工は根太彫りをしない分、手間がかからないともいえるが、同時に構造的に弱いともいえる。転ばし根太で施工することは近ごろ少ない。プレカットが主流となりつつある現在、根太彫りは標準仕様になっているようだ。

転び止め｜ころびどめ
転ばし根太で施工した場合に、根太が倒れないように根太間に入れる材料のこと。床、壁、屋根の枠組の補強に用いられるほか、間仕切壁の頭つなぎ上部に設ける転び止めはファイアーストップと呼ぶ。

根太受け金物｜ねだうけかなもの
軸組工法で、床根太が壁パネルに掛けられない場合に用いる金物のこと。受ける断面形状によって種類がある。

通し柱｜とおしばしら
1階から2階まで通して立てられた1本物の柱のこと[図45]。通し柱は、管柱よりも断面の大きいものがよく用いられる。土台から立ち上がり、梁と桁に接合されて屋根を支える。樹種ではヒノキ、スギ、ヒバ、ベイマツ、アカマツなどが適している。断面寸法は、管柱が105㎜角の場合、120㎜角の柱が用いられることが多い。平面図上では、通し柱の位置を○で囲んで示す。

管柱｜くだばしら
通し柱とは違い、桁などの横架材で分断されて各階ごとに分かれる柱のこと。1階の管柱は、2階柱から屋根・小屋組の荷重、および梁・桁・胴差から2階床荷重（積載荷重を含む）を受ける。2階にある場合、小屋梁にかかる屋根の荷重を受け下階に伝達する役割がある。軸組工法では105㎜角または120㎜角で長さ3000㎜の製材されたヒノキ、スギ、ツガ、ヒノキ集成柱など、枠組壁工法では主に204材を使用し、床荷重、屋根荷重を支える材料。206材を使用する場合もある。また、構造上荷重がかかる部位は、現場で204材や206材を重ね合わせてつくる。

胴差｜どうざし
2階床組高さの、外壁廻りに入る部材。1、2階の柱を緊結したり、床梁を受けたりする役目を果たしている。断面寸法は、幅が管柱と同等かそれよりも少し大きいもので、高さは、直下にある柱の間隔や2階に架かる床や柱の積載加重を考慮して、構造計算により決まる。主にスギ、ツガ、マツ、ベイマツ材で105㎜角または120㎜角で長さ4000㎜を用いる。

方杖｜ほうづえ
柱と横架材の間に火打ち梁を垂直に取り付けて、壁の剛性を補助する構造材。

梁・床梁｜はり・ゆかばり
床荷重、床根太を支える構造材。2つ以上の支点で水平あるいは斜めに支えて荷重を受ける横木の総称。使用部位や形状によってさまざまな名称があり、**大梁**［おおばり］、**小梁**［こばり］、**小屋梁**［こやばり］などがある。
軸組工法では、マツ、ベイマツ、集成材が使われることが多く、寸法は、105×210㎜、105×240㎜、105×300㎜、105×360㎜、板幅115、120㎜と各種ある。枠組工法では、208、210、212の材料を2～3枚重ねてつくる。集成材を使用することも多い。この部材と根太で床を構成する。梁間隔が1間（1820㎜）以下になるように配置し、その上を根太が渡り2階床組が構成される。梁せい（断面寸法）は、床にかかる積載荷重や配置状況、2階柱の有無により構造計算をして決まる。

小屋梁｜こやばり
小屋組の下にある梁のことで、小屋の荷重を支える部材。材種はねばり力のあるマツが多く使われている。自然の反りをそのまま使った太鼓梁を利用することもある。

火打ち梁｜ひうちばり
2階胴差高さや軒桁高さの水平面の隅部分に45度に入れる部材のこと[82頁写真21]。地震や風圧力による建物の水平面方向の変形を防ぐために入れられる。鋼製の金物も使われる[82頁写真22]。剛床により床倍率[※]を確保することで、火打ち梁を省略できる。
2階床組、または小屋組の水平構面の変形を防止するために入れる斜め材。スギ、ツガで30×90㎜以上を使用し、柱の同寸または1/2の板材を使用する。

妻梁｜つまばり
妻側方向に架ける外部に面する梁のことをいう。なお、妻側とは建物の正面（桁行方向）から見て側面側のことをいう。

登り梁｜のぼりばり
梁自体が水平ではなく、屋根勾配

図43｜転ばし根太による施工

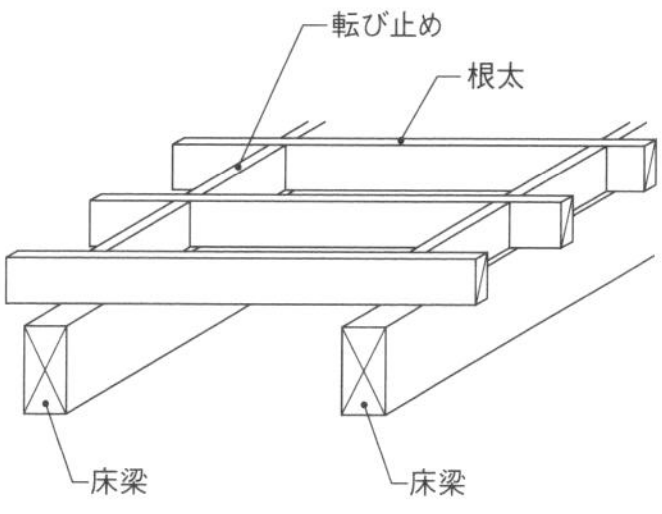

図44｜根太彫りによる施工

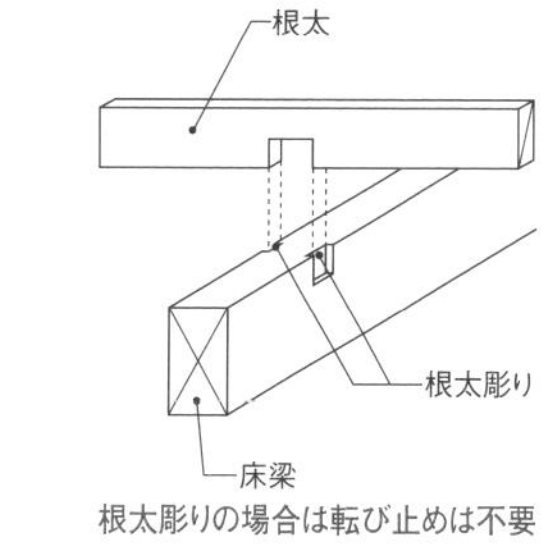

図45｜通し柱は断面欠損に注意
（四方から梁が柱に取り付く場合）

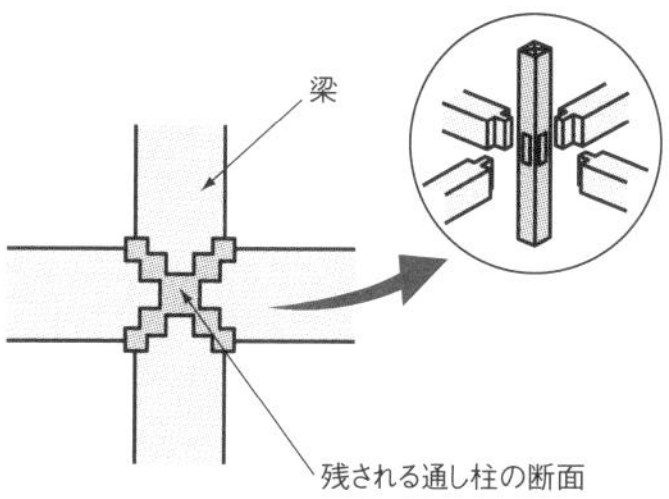

※：壁倍率と同様に床面の水平鋼性を表す数値。水平構面の耐力を確保するために品確法の性能評価基準で定められている

写真21｜火打ち梁

写真22｜火打ち金物

図46｜垂木と桁の接合

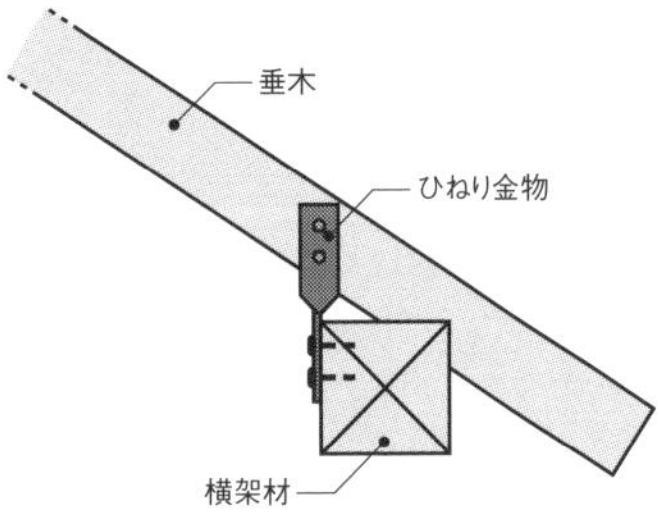

図47｜筋かいの種類と接合方法

壁倍率	木材の断面	接合方法	平12建告1460号一号
1	厚さ15㎜以上、幅90㎜以上	釘N65（10本）	ロ
1.5	厚さ30㎜以上、幅90㎜以上	筋かいプレートBP 太め鉄丸釘 ZN65（10本） ボルト M12（1本）	ハ
2	厚さ45㎜以上、幅90㎜以上	筋かいプレートBP2 スクリュー釘 ZS50（17本） ボルト M12（1本）	ニ
3	厚さ90㎜以上、幅90㎜以上	ボルト M12（1本）	ホ

筋かいの仕様や部位によって使用する接合金物が平12建告1460号にて定められている（上表ロ、ハ、ニ、ホ）

などに合わせて斜めに架けられている梁のことをいう。

梁せい｜はりー
梁の上端から下端までの高さ。

差し鴨居｜さしがもい
鴨居の高さで差し込む横架材のこと。構造材として働くので、通常の鴨居とは区別が必要。

頭つなぎ｜あたまー
パネル同士を連結する部材。

母屋梁｜もやばり
軸組工法では、屋根垂木、屋根葺き材を支える90×90㎜のスギ、ツガ材。910㎜間隔に入れる。枠組壁工法では屋根荷重（積雪、屋根葺き材、垂木）による屋根垂木のたわみが起こらないように入れる構造材で屋根垂木、屋根葺き材の種類により集成材または208、210、212材を必要に応じて現場加工する。

桁・軒桁｜けた・のきげた
2階柱や最上階の柱にかける横架材のうち、梁と直交方向にかけるものをいう。小屋梁や垂木などの屋根荷重を柱に伝達する役割を果たす。現場では垂木欠きの有無や勾配などを確認する。垂木と桁には吹上げに対するため、**ひねり金物**[図46]を設置する。
軸組工法では2階柱上部および屋根垂木と接する部分の横架材の呼び名。胴差と同様な種類の木材。枠組壁工法では、この呼称はない。

添え柱｜そえばしら
方杖などを設置した場合に、主柱が荷重で座屈しないよう、方杖の反対側に添わせて立てる柱のこと。

筋かい｜すじー
地震や風圧力などの水平荷重による軸組の変形を防ぐために、柱と柱の壁間に対角線方向に入れる部材のこと。入れる場所や方向、本数は構造計算（筋かい計算）によって決められ、建物にバランスよく配置することが求められる。断面寸法は使用場所によっても異なるが、45×90～105㎜程度のものがよく用いられる[図47]。
筋かい端部は、筋かい金物とホールダウン金物が干渉しやすいため、ボルト高さや筋かい金物の種別に注意する。力のかかり方によって**圧縮筋かい**[あっしゅくすじかい]と**引張筋かい**[ひっぱりすじかい]がある[図48]。

貫｜ぬき
真壁の和室で壁下地の1部として柱の中心に入れられる板状部材のこと。伝統工法の建物では太い通し貫を使用して、構造体の1部とする場合もある。

間柱｜まばしら
柱と柱の間に入れる壁下地材。本来、間柱自体に構造耐力は求められていないが、耐力壁に構造用面材を使うようになり、間柱へ留める釘の太さや間隔が指定されたため、構造的な役割としても重要な部材となっている。大壁の間柱の場合、幅は管柱と同じで厚みは30㎜程度のものが用いられる。
真壁の場合は、裏側の壁が大壁ならば貫の面から45㎜角程度の間柱が用いられる。設置間隔は大壁、真壁ともに1尺5寸（455㎜）が標準である。

胴縁｜どうぶち
壁材を取り付けるための下地となる部材のこと。壁材を張る方向によって縦胴縁と横胴縁がある。

窓台｜まどだい
外部サッシなどが取り付く開口部下端の横部材のこと。

まぐさ
軸組工法で窓や開口部の上部で柱間に渡して小壁を支えたり、枠組壁工法で開口部上の荷重を支える構造材。取り付けるカーテン、ブラインドが特殊な納まりである場合は、事前に下地材を入れる必要がある。集成材または現場加工した材料を使用し、開口部の大きさにより材せいを検討して使用する。

方立｜ほうだて
横に連続する窓どうしの接続部分に設ける縦材。また、室内片引戸の召し合わせ部分の端部縦材。

垂木｜たるき
棟木から母屋、軒桁にかけて設置する材で、野地や屋根材を支える。断面寸法は、母屋間隔や軒の出などによって決定され、設置間隔は455㎜が一般的。最近では母屋間隔を大きくし、2×6（38×140㎜）や2×8材（38×184㎜）などの**ツーバイ材**を使用することも多くなっている。

図48｜圧縮筋かいと引張筋かい

実際は1本の筋かいであるが、構造的な抵抗形式の違いにより「圧縮」と「引張」に分けるものとする

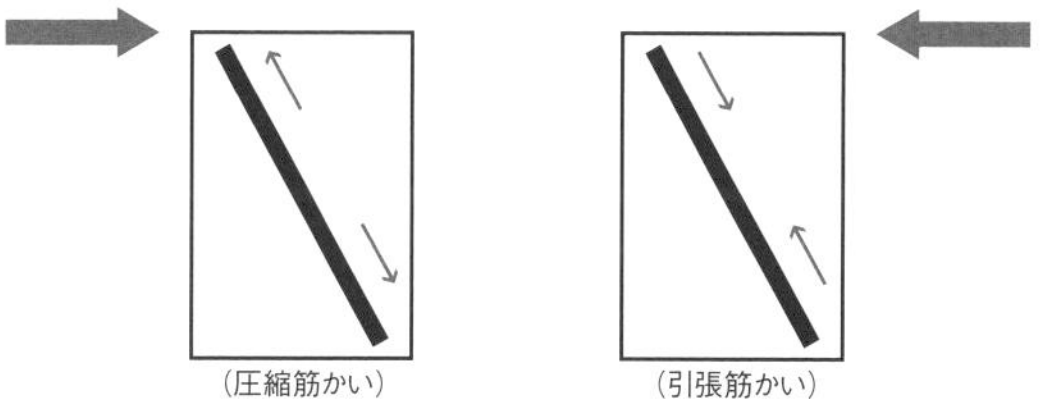

水平力が作用する向きで、筋かいの抵抗形式が異なる

母屋｜もや
垂木を受ける材で、垂木と直交方向に設置される。断面寸法は、90㎜角程度が多く用いられ、設置間隔は3尺（910㎜）が標準である。

母屋束｜もやづか
母屋を支える材料で、材寸などは母屋材と同じ。

小屋束｜こやづか
棟木や母屋の下に立つ垂直材。断面寸法は、棟木や母屋と同じ場合が多い。

棟木｜むなぎ
軸部材の最上部に使われる部材[写真23]。棟木を取り付けた時点を**棟上げ**や**上棟**と呼び、建方が完了したことになる。構造的には、屋根の荷重を小屋束や梁へと伝える役目がある。小屋束のスパンを大きくすると、棟木の梁せいも大きくなる。断面寸法は、90㎜角や105㎜角が多く用いられる。

写真23｜棟木

隅木｜すみぎ
寄せ棟屋根などの場合に、屋根勾配なりに軒桁や母屋に対して四方に45度に取り付けられる部材。

広小舞｜ひろこまい
軒先の先端に取り付ける板状の部材のこと。

野地板｜のじいた
垂木の上に張る屋根を葺くための下地になる板[写真24]。厚さ12㎜程度のスギ板や合板が多く使われる。釘間隔など所定の基準を満たすことで屋根の水平構面が確保でき、火打ち梁などを省略可。

写真24｜野地板（構造用合板の例）

雲筋かい｜くもすじかい
小屋組が歪んだり倒れたりするのを防ぐため、小屋組の桁方向に配置する筋かい。小屋束を斜めに緊結する部材。筋かいと同様、横揺れに大きく抵抗し、屋根の変形を防ぐ。形状にもよるが、屋根勾配が大きくなると変形も大きくなるため、xy方向とも雲筋かいを設置する。小屋筋かいともいう。

ツーバイ材・集成材

2×4工法｜つーばいーふぉーこうほう
木材枠組工法。メインの材料断面サイズが2×4インチ(実寸は38×89㎜)であることが名称の由来。主な6種類（2×4、2×6、2×8、2×10、2×12、4×4）のほかに、1×材もある。

フレーミング
2×4工法では、2×4材と合板を組み合わせて床版・壁版・屋根版の3つを製作するが、これを土台から階ごとに構造体として組み立てていくことを総称してフレーミングと呼ぶ。

有効開口｜ゆうこうかいこう
建物に取り付けた窓やドアなどで、実際に開放される部分の幅や高さの寸法。

ラフ開口｜―かいこう
窓やドアの枠よりも少し大きめの開口。ラフ開口高は、床下張りまたは窓台の上端からまぐさの下端までの高さ。ラフ開口幅は、開口部の縦枠間隔によって異なるので要確認。

ツーバイ材｜―ざい
枠組壁工法の構造用木材のこと。断面規格が統一されており、2×4、2×6と呼ばれる。樹種には、マツ（パイン）系の白木材類の**SPF**のほか、ダグラスファー、ヘムファーなどが使われる。安価で大断面の材料もとれるため、木造軸組構法の垂木から下地材まで幅広く使われている。

ディメンションランバー
枠組壁工法用の構造用製材のこと。一般製材とは別のJAS規格がある。断面規格が統一された材料で、多くの場合北米で使われている呼称（ツーバイフォー、ツーバイシックスなど）が用いられる[表5]。乾燥材と未乾燥材の区分があるが、未乾燥材は乾燥収縮が激しいため、通常は用いない。これらの樹種による分類では、**D Fir**[ダグラスファー]、**Hem-Fir**[ヘムファー]、**S-**

P·F［スプルースパインファー］などがある。

このほかに、枠組材として認められているものに構造用集成材や構造用単板積層材（LVL）、MSRランバー、枠組壁工法構造用たて継ぎ材などがある。

D Fir｜だぐらすふぁー

北米から輸入される針葉樹のこと。主にベイマツを指す。この木材は粘りがあり、せん断、圧縮強度が極めて強いが、釘打ち時に小口（先端部分）が割れてしまうことがある。また、長く放置すると、ねじれが出て使用できなくなることが多い。

Hem-Fir｜へむふぁー

ベイツガとモミ類をまとめた総称。ダグラスファーより少々強度が劣るが、加工しやすい。現在では乾燥材の輸入が少なく未乾燥材が多い。

S·P·F｜すぷるーすぱいんふぁー

スプルース類とパイン類をまとめた総称。ヘムファーより少々強度が落ちるが比較的素直な木材であるため多く使用されている。

構造用集成材｜こうぞうようしゅうせいざい

構造用の耐力部材として使われる集成材。長さ方向にスカーフジョイント、フィンガージョイント、またはこれらと同等以上の接合性能を有する継手を用いて接合したラミナを5枚以上積層した集成材。断面寸法によって構造用大断面集成材、構造用中断面集成材、構造用小断面集成材に分けられる［表6］。構造用集成材の表面に化粧単板（突き板）を張り合わせ、美観をよくしたものを化粧張り構造用集成材という。

ラミナ

集成材の1つの層を構成する材のこと。1つの挽き板の場合と、挽き板などを縦継ぎ、幅はぎして一定の長さと幅に集成接着した挽き板の場合とがある。

スカーフジョイント

縦継ぎの1種。接合面を斜めに切削して広い面積で接着したもの［図49］。

フィンガージョイント

縦継ぎの1種［図49］。強度的な差異が少なく、安定している。スカーフジョイントより歩留まりがよい。

構造用単板積層材（LVL）｜こうぞうようたんぱんせきそうざい（えるぶいえる）

3㎜内外の薄いエレメントを用いて繊維方向をほぼ平行にして接着形成した木質材料。ベイマツ、カラマツ、ベイツガ、ラジアータパインなどを原料としており、国内ではラジアータパインの流通が多い。寸法精度は非常に高いが、吸水・吸湿しやすいので、現場における養生に気を付ける必要がある［写真25］。

PSL｜ぴーえすえる

商品名の「パララム」（トラス・ジョイストマックミラン社）で知られる。単板の代わりに細い割り箸状の木片を接着剤で固めたもの［写真26］。LVLと同程度の強度があり、製品性能は安定しているが、加工性にはやや劣るため、刃をこまめに替えるなどの対策が必要である。

MSRランバー｜えむえすあーる

規格製材の材料強度を測定し、分類することで一定の許容範囲で強

表5｜枠組工法に使う木材の種類・寸法・用途（乾燥材）

寸法形式（呼び名）	厚さ×幅（㎜：乾燥寸法）	主な用途
204（ツーバイフォー）	38×89	柱材
206（ツーバイシックス）	38×140	床根太、屋根垂木、柱材
208（ツーバイエイト）	38×184	床根太、まぐさ、梁、棟木
210（ツーバイテン）	38×235	床根太、まぐさ、梁、棟木
212（ツーバイトゥエルブ）	38×286	床根太、まぐさ、梁、棟木
406（フォーバイシックス）	89×140（集成材）	まぐさ
408（フォーバイエイト）	89×184（集成材）	まぐさ、梁
410（フォーバイテン）	89×235（集成材）	まぐさ、梁
412（フォーバイトゥエルブ）	89×286（集成材）	まぐさ、梁

材料の定尺長さ（Fはフィート）

8F	2,440	16F	4,880
10F	3,050	18F	5,490
12F	3,660	20F	6,100
14F	4,270		

表6｜構造用集成材の区分

区分	定義
大断面集成材	集成材のうち、短辺が15㎝以上、断面積が300㎠以上のもの
中断面集成材	集成材のうち、短辺が7.5㎝以上、長辺が15㎝以上のものであって、大断面集成材以外のもの
小断面集成材	集成材のうち、短辺が7.5㎝未満、または長辺が15㎝未満のもの

写真25｜LVL

図49｜ジョイント

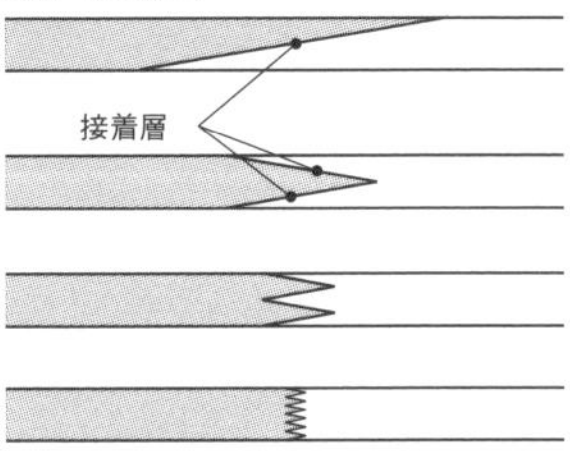

写真27｜I型ビーム

写真26｜PSL

写真提供：ウェアーハウザージャパン

度をもつことが認められているランバー。

I型複合梁（I型ビーム）｜あいがたふくごうばり（あいがた―）
上下のフランジ材（LVL、MSRランバー）にウェブ材（合板、OSB）を鉄骨のI形鋼のように厚入接着した軽量根太材の材料［写真27］。軽くて寸法安定性がよく、電動工具による孔あけも自在だが、施工前に横置きすると、材料が歪むことがあるので注意すること。

合板・ボード

合板｜ごうはん
ベニヤ板、**プライウッド**ともいう。丸太を巻紙を伸ばすように薄く剥いだ単板（ベニヤ）を木の繊維方向が互いに直交するよう奇数枚（3、5、7および7枚以上）を接着剤で張り合わせて製造される。各方向の強度や寸法安定性に優れる。使用する接着剤によって3タイプあり、Pタイプ（フェノール樹脂系）、Mタイプ（メラミン・ユリア共縮合樹脂系）、Uタイプ（ユリア樹脂系）の順に耐水性は劣る。用途、表面仕上げなどによってJAS規格で等級が規定される［表7］。また、合板については、ホルムアルデヒドの放出量に関するJAS規格がある。厚さは5.5㎜以上で、6.0、7.5、9.0、12、15、18、21、24㎜がある。幅と長さは910×1820㎜の**三六版**［さぶろくばん］が最も多い［85頁参考参照］。表面に塗装などをせず、張り合わせた木地のまま一般用途に使うものを普通合板という。

構造用合板｜こうぞうようごうはん
Kプライ［けー］ともいう。躯体を支える構造として用いられる合板。構造用合板は構造強度によって1級と2級の等級があり、耐力壁など構造耐力上主要な部分に使用する合板は特類に限られる。1階は土台から胴差まで、2階は胴差しから桁まで、柱と柱の間に1枚板で張られることで耐力壁となる合板のこと。柱や横架材に指定本数の釘で打ちつけることで筋かいの代わりとなる。
合板自体はもともとアメリカで構造用材として開発され、枠組壁工法（ツーバイフォー工法）の導入で一般化した。また、材料の種類によって、ベイマツ合板、針葉樹合板、ラワン合板、シナ合板などがある。根太を用いない剛床工法には「ネダノン」などの20㎜以上の厚さをもつ構造用合板が使われる。

耐水ベニヤ｜たいすい―
合板は接着強度を保証するため、耐水性能によりJASによって4段階に分けられている［86頁表8］。

積層材｜せきそうざい
薄い板材（ラミナ）を何層にも繊維方向を変えて積層させ、接着剤で1本にした板材。薄い板材の繊維方向が直交するためムク材より

表7｜JAS規格による合板の種類と性能区分

種類		品等・区分 耐水性能	板面・強度		標準寸法（㎜）厚さ	幅	長さ	含水率（%）
普通合板		1類 2類 3類	1等 2等	ラワン	2.7、3、4、5.5、6、9、12、15、18、21	910	1,820	14%以下
					2.7、3	1,000	2,000	
					3、4、5.5	910	2,130	
					4、5.5	1,220	2,430	
				国産樹種	3.5	910	910	
					4、6、9、12	610	1,820	
					4、6	760	1,820	
					3、3.5、4、6、9、12、15、18、19、21、24	910	1,820	
					4、6、9、12	1,220	1,820	
					4	850	2,000	
					4、6	1,000	2,000	
					4、6、9、12	910	2,130	
					4、6、12、15、18、19、21、24	1,220	2,430	
特殊合板	天然木化粧合板	1類 2類	板面の品質基準に合格		3.2、4.2、6	910	1,820、2,130	12%以下
					4.2、6	610、1,220	2,430	13%以下
	特殊加工化粧合板	1類 2類 1類 2類 3類	Fタイプ FWタイプ Wタイプ SWタイプ		2.7、3、3.2、4.2、5、6	910	1,820	
					3、3.2、4	1,220	1,820	
					4、4.2、4.8、5.5、6	610、1,220	2,430	
コンクリート型枠用合板（コンパネ）		1類	板面の品質基準に合格		12、15、18、21、24	500	2,000	
						600	1,800、2,400	
							900、1,800	
						1,000	2,000	
						1,200	2,400	
構造用合板		特類 1類	1級（曲げ試験1級合格品）		5、6、7.5、9、12、15、18、21、24	910	1,820、2,130、2,440、2,730	14%以下
						955	1,820	
						1,000	2,000	
						1,220	2,440、2,730	
			2級（曲げ試験2級合格品）			900	1,800、1,818	
						910	1,820、2,130、2,440、2,730	
						955	1,820	
						1,000	2,000	
						1,220	2,440、2,730	
難燃合板		1類、2類	板面の品質基準に合格		5.5以上	—	—	
防炎合板		2類			5.5未満	—	—	

参考｜尺貫法を用いた部分寸法の呼び方※

呼称	読み方	尺寸表記	㎜換算	該当する材料
一五	いんご	1寸5分	45	
		1尺5寸	455	
		1尺×5尺	303×1,515	
三五	さんご	3寸5分	105	
		3尺5寸	1,050	
一二三	いーにっさん	1寸2分×1寸3分	36×40	胴縁、天井下地（実際の流通寸法は30×40m）
三五の一五	さんごのいんご	3寸5尺×1寸5分	105×45	間柱
一六	いちろく	1尺×6尺	303×1,820	コンパネ（コンクリートパネル）
二六	にろく	2尺×6尺	610×1,820	パネルなどの材料
三六	さぶろく	3尺×6尺	910×1,820	定尺合板や定尺パネル
三八	さんぱち	3尺×8尺	910×2,420	大判ものの合板
三九	さんきゅう	3尺×9尺	910×2,730	壁式構造合板
三十	さんとう	3尺×10尺	910×3,030	壁式構造合板
四六	しろく（よんろく）	4尺×6尺	1,220×1,820	定尺合板や定尺パネル
四八	よんぱち	4尺×8尺	1,220×2,420	

※：参考（㎜換算）　1分≒3.03　5分≒15　1寸≒151.5　1尺≒303　3尺＝半間［はんげん］≒910　6尺＝1間［いっけん］≒1,820

強く変形しにくい。

ベイマツ合板｜ごうはん
ベイマツを張り合わせた面材。ベイマツ合板と針葉樹合板は輸入品で、3層（3プライ）の積層材になっている。1枚の板材が厚いため、比較的水に弱い。

表8｜合板の分類

特類合板	建築物の構造用耐力部材で、常時湿潤状態の場所でも使える合板
1類合板（タイプ1）	屋外および長期間湿潤状態の場所でも使える合板
2類合板（タイプ2）	主として屋内で、多少の水のかかりや湿度の高い場所でも使える合板
3類合板（タイプ3）	屋内で湿気のない場所に使う合板

写真28｜ファイバー（繊維）のエレメント

ラワンベニヤ・ラワン合板｜ごうはん
南洋材のラワンを張り合わせた面材。ラワン合板5層の積層材は、水に比較的に強い合板であるため床や屋根の野地板に適している。最近は流通量が減少傾向。

シナベニヤ・シナ合板｜ごうはん
普通合板の1つで、基材はラワン系の南洋材でできており、表面にシナの単板を張っている。熱圧接着しているため含水率が低く、温度による膨張・収縮が小さい。また、木口面への釘が効きにくい。木肌の美しさが好まれ、収納家具や建具などの材料として広く使われている。芯材、面材ともにシナを使ったものは**シナ共芯合板**「―ともしんごうはん」という。

写真29｜MDFを耐力壁に使用した例

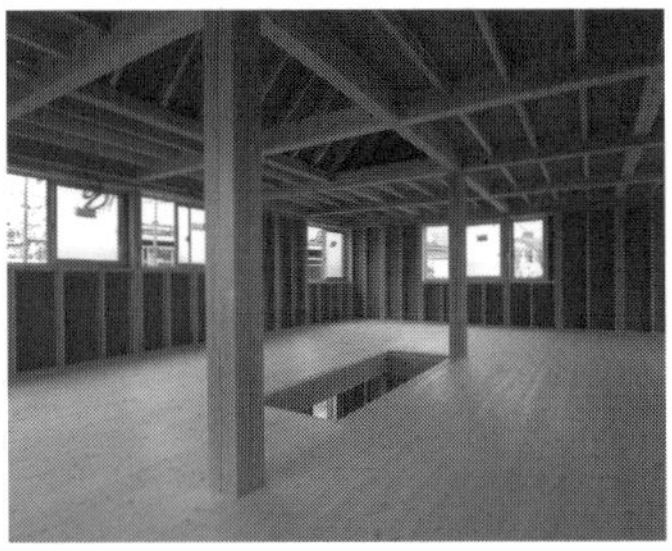

針葉樹合板｜しんようじゅごうはん
ロシアや中国の北洋カラマツやスプルースでつくられる合板。北洋材からつくられるものをラーチ合板と総称する。

ラーチ合板｜ごうはん
北洋カラマツを原料とする合板。価格が安いため多用される。

ランバーコア合板｜ごうはん
コアボードともいう。シナ、ラワンなどの薄い板を小角材を寄せ集めた芯材（コア）の両面に張った3層構造で、表面の見え方は合板と同じだが、木口の見え方が異なる。ドアや家具、間仕切に使用される。コアにはところどころ隙間があるため木口はきれいとはいえず、強度も合板より落ちるが、価格は合板より安い。

化粧張り合板｜けしょうばりごうはん
表面に突板やプラスチック製の合板を張り付けたボード。

OSB｜おーえすびー
Oriented Strand Boardの略。原木から切削された長方形の薄い木片（ストランド）を繊維方向が直交する配列し、液体接着剤で高温圧縮した構造用木質ボード。交差積層により合板と同じような強度と剛性を備えている。構造用とカンナ掛けされた化粧用がある。重量が大きいのが難点だが、安価で入手できる。

パーティクルボード
木片の削り片、または細片に接着剤を加えて熱圧成型した板材。単層のものから3層以上の多層のものまである。構造用面材としては厚さ12㎜以上が必要。寸法安定性が高く、木材の端材の有効利用になり、コストも低い。最近は廃木材の原料化が進められており、エコマテリアルとして再評価されつつある。
一方で木口が粗い、釘やネジの保持力が弱い、水や湿度に弱いなどの欠点がある。

ハードボード
硬質繊維板「こうしつせんいばん」。ファイバーボードの1種で、比重が0.8以上のもの。製造時に接着剤をほとんど使用しない。耐水性に優れるため外壁や湿気の多いところで使えるが、厚さ7㎜以下のものに関しては、施工の1～2日前に裏面に十分に水打ちした後、裏面と表面を合わせて平積みしてシート養生し、吸湿による伸びで生じるたるみを防止する必要がある。建築ではあまり使用せず、養生材などに用いることが多い。

硬質木片セメント板｜こうしつもくへん―ばん
JISに規定される木片セメント板の1種。商品名の「センチュリーボード」（三井木材工業）が代名詞的存在。表面は緻密で、準不燃材で熱抵抗もある。強度は木毛セメント板より大きく、厚さ12㎜以上のものは枠組壁工法の構造用面材に使われる。

フレキシブルボード
繊維強化セメント板の1種。フレキとも略される。セメントと補強繊維を原料に高圧プレスした不燃建材で、軽量で燃えない。木材なみの加工性をもち、寸法安定性がよいため、反り・暴れがない。

シージングボード
インシュレーションボードにアスファルト処理を施し、吸水性を下げたもの。SN40の釘打ちで施工する。

ファイバーボード
木の繊維［写真28］を集めて合成樹脂で固めたボードの総称。繊維板ともいう。ファイバーボードは密度により、ハードボード、MDF、インシュレーションボードに分類される。

インシュレーションボード
軟質繊維板「なんしつせんいばん」の

写真30｜火山性ガラス質複層板

写真31｜石膏ボード

こと。ファイバーボードの1種。畳床に使用され、かつては断熱材として用いられた。最近ではスギの樹皮を主原料とした「フォレストボード」(アキモク)というエコ断熱材も商品化されている。インシュレーションボードにアスファルト処理を施し耐水性を向上させたものがシージングボードで、外壁や屋根下地として使われる。

MDF｜えむでぃーえふ
Medium Desity Fiberboardの略。**中質繊維板**［ちゅうしつせんいばん］ともいう。ファイバーボードの1種。細かく砕いた木材を合成樹脂とともに成型したもので、家具の芯材から構造用面材や造作材まで幅広く使われる［写真29］。

火山性ガラス質複層板｜かざんせいーしつふくそうばん
VSボード［ぶいえすー］ともいう［写真30］。火山性ガラス質堆積物質と人造鉱物繊維保温材を主原料にする建築用ボードで、製品は軽量で強度が強く、難燃性、防蟻性に加え低ホルムアルデヒド放散性を兼ね備える。商品名の「ダイライト」(大建工業)でも知られる。

石膏ボード｜せっこうー
プラスターボードともいい、図面などでは**PB**と表記される［写真31］。芯材に石膏を入れ、その両面と側面をボード用紙で被覆した板。耐火・防火・遮音性能をもち、施工性、寸法安定性もよいため、コストも安い。室内の仕上げ材下地としてよく使われる。リサイクルが今後の課題。

ラスボード
石膏ラスボード［せっこうー］ともいう。ボード用紙の間に石膏を挟んだものに、剥離防止の引掛け孔をあけたもの。内装塗り下地として最も一般的に使用されている。

コンパネ
コンクリートパネルの略。コンクリート型枠用につくられた合板で、耐水性が高くコストも安いが、表面は粗く反りも大きい。サイズは900×1800㎜と三六版(3×6尺)よりひとまわり小さい。

木毛セメント板｜もくもうーばん
木材をリボン状に切削し、セメントと混練して圧縮成型したボード。耐火野地板などに用いられる。

木片セメント板｜もくへんーばん
木毛セメント板と同様に、比較的短い木片とセメントを混練圧縮成型したボード。製品の密度の高い硬質木片セメント板では「センチュリーボード」(三井木材工業)が有名。硬質木片セメント板は住宅用サイディング用途での使用が多い。

ケイ酸カルシウム板｜ーさんーばん
ケイカル板ともいわれる。石灰とケイ石を主原料とする不燃材料。耐火被覆材などに利用されるが、住宅用建材として外装に使われることもある。

金物・金物工法

釘｜くぎ
接合部の固定に使われる金具のこと。建設省告示1100号では使用する部位や負担する耐力などにより釘の種類や打ち方、ピッチなどが決められているので注意を要する。

ビス
建築用ネジの総称。全ネジや半ネジなどがある。ビスの大半はコーススレッドといわれる、かつての木ネジより溝の粗いタイプのものが一般的。釘に比べて引抜き強度に優れ、またインパクトドライバーの普及により、施工手間もかからなくなったため、釘の代わりとして使われることが多い。締付け具合によりビスが部材にめり込んだり、トルクの強さによりビス頭をつぶしてしまう場合があり、これらは引抜き強度の低下につながるので注意して確認する。

N釘｜えぬくぎ
Nailの頭文字をとったもので、鉄丸釘のこと［88頁写真32上］。一般的に木造軸組構法の接合部や面材耐力壁などに使用する。釘頭に寸法が入っているものもある。耐力壁として取り付ける構造用合板にエアー釘打ち機を使用する場合、釘のめり込みなどが起きやすいため、エアーの圧力を調整する。

CN釘｜しーえぬくぎ
Common Nailの略称で、枠組壁工法用の鉄釘のこと［88頁写真32中］。N釘に比べ太いのが特徴で、比較的強度に優れるため、木造軸組構法などで特別にCN釘を指定して使うことも多い。類似名の**NC釘**［88頁写真32下］はN釘、CN釘に比べ、釘径が細く強度も小さい。太さによって色分け(緑、黄、青、赤)されている。

BN釘｜びーえぬくぎ
細め鉄丸釘。太さによって色分け(緑、黄、青、赤)されている。

GN釘｜じーえぬくぎ
石膏ボード用の釘。

SN釘｜えすえぬくぎ
シージングボードに使う釘。

SFN釘｜えすえふえぬくぎ
ステンレス鋼釘。

ZN釘｜ぜっとえぬくぎ
亜鉛めっき釘。軸組工法の接合金物の留付けに使われる。

WSN釘｜だぶるえすえぬくぎ
十字穴付き木ネジ。

DTSN釘｜でぃーてぃーえすえぬくぎ
ドリリングタッピングネジ。

全ネジ｜ぜん—
押しネジともいう。ビスの軸の部分全体にねじ山が切られている[写真33]。薄い材を木下地に固定するときに使う。半ネジに比べ締付けに劣る。

半ネジ｜はん—
ビスの軸部分半分にねじ山が切られているビス[写真34]。ネジが切られていない部分の長さが固定する材の厚みになるのが望ましい。ねじ山が切られていない部分があることから、締付けが可能で胴縁のほか、厚みのある下地材や造作材を締め付けるのに使用する。外張り断熱で通気胴縁と断熱材を固定する外張り断熱用ビスも半ネジの1種である。

箱金物｜はこかなもの
柱と土台などを緊結するコ字形の帯状金物。特に、洋小屋の陸梁と真束を下から緊結する時に使用。

ハリケーンタイ
2×4工法において耐風性向上のために壁版と屋根版を緊結する金物。在来工法でも、階高が取れない場合に内外壁面との取合いがフラットに仕上げられるハリケーンタイの使用が増えている。

Zマーク表示金物｜ぜっと—ひょうじかなもの
(財)日本住宅・木材技術センターが認定する木造軸組構法用金物のこと。ホールダウン金物、筋かいプレート、羽子板金物などが指定されている。**Cマーク金物**は枠組壁工法の同センター認定金物のこと[表9]。

Cマーク表示金物｜しー—ひょうじかなもの
枠組壁工法における接合、補強金物のこと。Zマークと同様、(財)日本住宅木材センターが定める規格に適するもの[写真35、表11]。

アンカーボルト
木造建築の土台を基礎に緊結するために用いられるボルトで、平12建告1460号により、耐力壁両端の柱の近く、土台の端部や継手などに設置する。土台の締付け金物により、アンカーボルト高さも異なるため、土台寸法・基礎パッキン・締付け金物(ボルトなど)により長さ・高さを決定する。

ホールダウン金物｜—かなもの
構造躯体と基礎を固定するために、柱と土台、柱と柱などを緊結する

写真32｜N釘・CN釘・NC釘

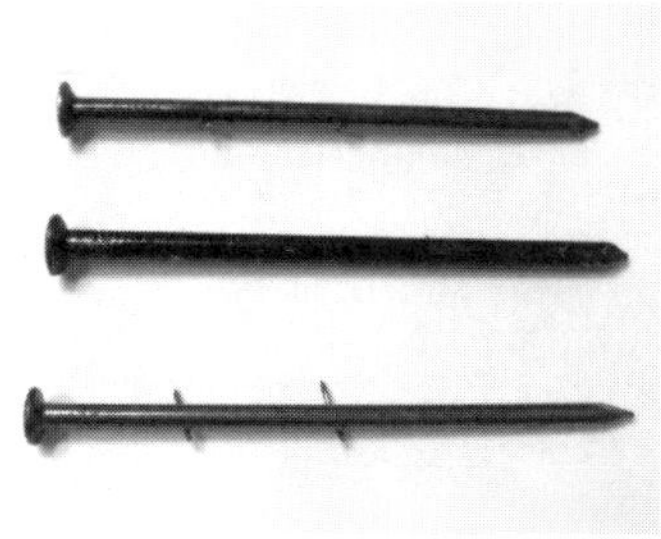

写真33｜全ネジ

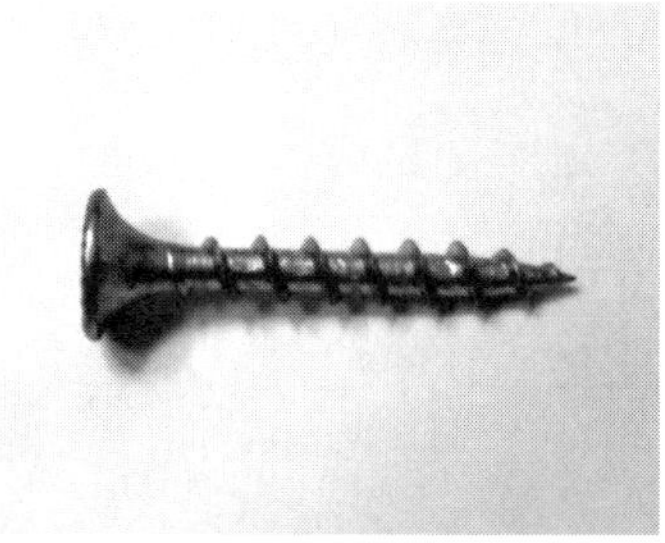

写真34｜半ネジ

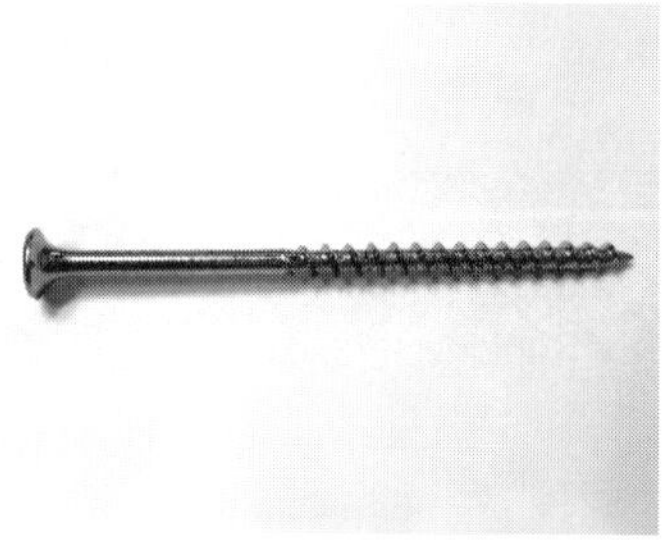

表9｜軸組工法に使用される金物

金物の種類	留付け部材	使用部位
短ざく金物S	六角ボルトM12、六角ナット、角座金W4.5×40、スクリュー釘ZS50	1、2階管柱、胴差相互の連結
ひら金物SM-12.SM-40	太め釘ZN65	かすがいと同様の使い方で主に管柱の連結
かね折り金物SA	六角ボルトM12、六角ナットM12、座金W4.5×40、スクリュー釘Z550	通し柱と胴差の取合い
スクリュー釘ZS50	通し柱と胴差の取合い	
ひねり金物ST-9、ST-12、ST-15	太め釘ZN40	垂木と軒桁の接合
折曲げ金物SF		同上
くら金物SS		同上
かど金物CP-L、CP-T	太め釘ZN65	柱と土台、胴差などの接合部
山形プレートVP	太め釘ZN90	同上
羽子板ボルトSB-F、SB-E	六角ボルトM12、六角ナットM12、座金W4.5×40、スクリュー釘ZS50	小屋梁と軒桁、梁と柱胴差と通し柱の連結
火打金物HB	六角ボルトM12、六角ナットM12、座金W4.5×40または小型座金W2.3×30	床組・小屋組の隅角部
筋かいプレートBP、BP-2	角根平頭ボルトM12、六角ナットM12、座金W2.3×30、太め釘ZN65	土台および胴差、桁と筋かいを接合
ホールダウン金物HD-B10、HD-B15、HD-B20、HD-B25、HD-N5、HD-N10、HD-N15、HD-N20、HD-N25、S-HD10、S-HD15、S-HD20、S-HD25	HD-B、S-HDシリーズは六角ボルトM12、HD-Nシリーズは太め釘ZN90	柱と土台、管柱相互の緊結

表10｜柱接合金物耐力一覧

告示記号	N値	必要耐力	継手・仕口の仕様※
い	0以下	0.0kN	短ホゾ差しまたはかすがい打ち
ろ	0.65以下	3.4kN	長ホゾ差し込み栓打ちまたはかど金物CP-L
は	1.0以下	5.1kN	かど金物CP-T・山形プレート
に	1.4以下	7.5kN	羽子板ボルトまたは短冊金物(スクリュー釘打ちなし)
ほ	1.6以下	8.5kN	羽子板ボルトまたは短冊金物(スクリュー釘打ちあり)
へ	1.8以下	10.0kN	引き寄せ金物(S-HD10、HD-B10、HD-N10)
と	2.8以下	15.0kN	引き寄せ金物(S-HD15、HD-B15、HD-N15)
ち	3.7以下	20.0kN	引き寄せ金物(S-HD20、HD-B20、HD-N20)
り	4.7以下	25.0kN	引き寄せ金物(S-HD25、HD-B25、HD-N25)
ぬ	5.6以下	30.0kN	引き寄せ金物(S-HD30、HD-B30、HD-N30)

※表記の仕様または同等以上の接合方法

表11｜枠組壁工法に使用される金物

金物の種類	留付け部材	使用部位
帯金物S50	太め釘ZN65	床根太204、404材使用時に土台、床根太、壁を緊結するのに使用する。風圧、地震に対処できる
帯金物S65	太め釘ZN65	根太、上枠および頭繋ぎを緊結するのに使用。 地震に対処できる
帯金物S90	太め釘ZN40	床根太の隅部・角部の緊結、棟木部分の相互の緊結に使用する。 地震、風圧に対処できる
帯金物SW67	太め釘ZN65	隅部・角部に両面開口があるときの緊結に使用する
あおり止め金物TS・TE-23・TW30	太め釘ZN40	垂木と上枠との緊結。 風圧に対処する金物
根太受け金物JH-S、JH204・206	太め釘ZN40　JH2-204・206 太め釘ZN65 JH208.210、JH212 太め釘ZN65・ZN40 BH2-212 太め釘ZN90・ZN65 BH3-208、210、212 太め釘ZN90	梁の接合部に支持点がない場合に使用する 下部の壁上に梁が載らない場合に使用する
梁受け金物	BH2-208、BH2-210	（下部の壁上に梁の接合部が載っていないときに使用）
ホールダウン金物	HD-B10、HD-B15、HD-B20、HD-B25、HD-N5、HD-N10、HD-N15、HD-N20、HD-N25	縦枠、基礎および縦枠相互を緊結する。地震、風圧に対処する。 ボルトなど金物は軸組工法と同じ

写真35｜根太受け金物

写真36｜ホールダウン金物

写真38｜カットスクリュー（本体と施工後の様子）

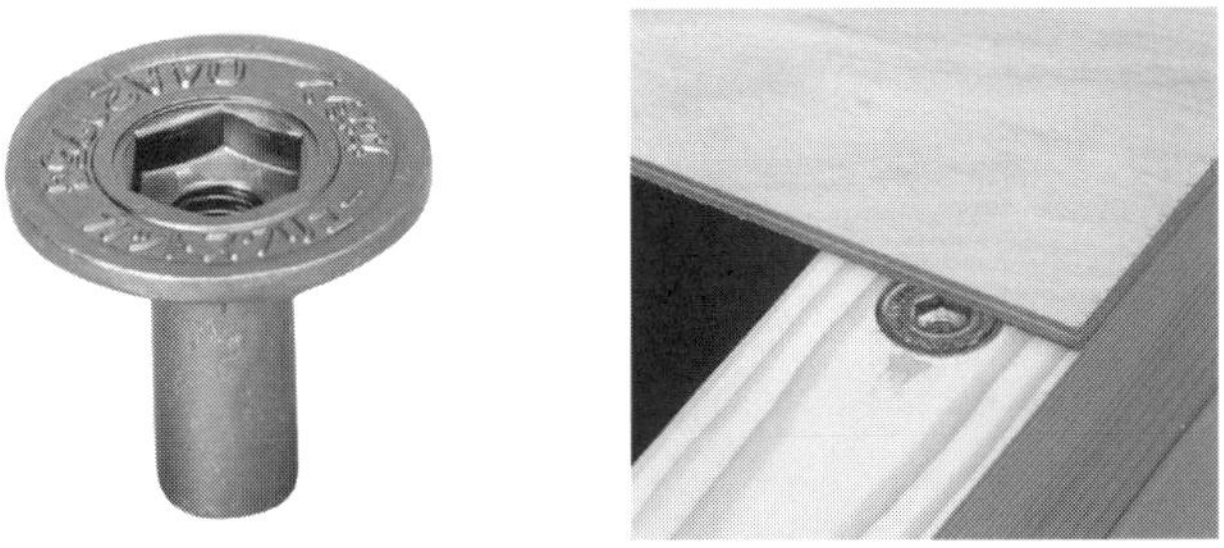

写真37｜ビス留めホールダウン

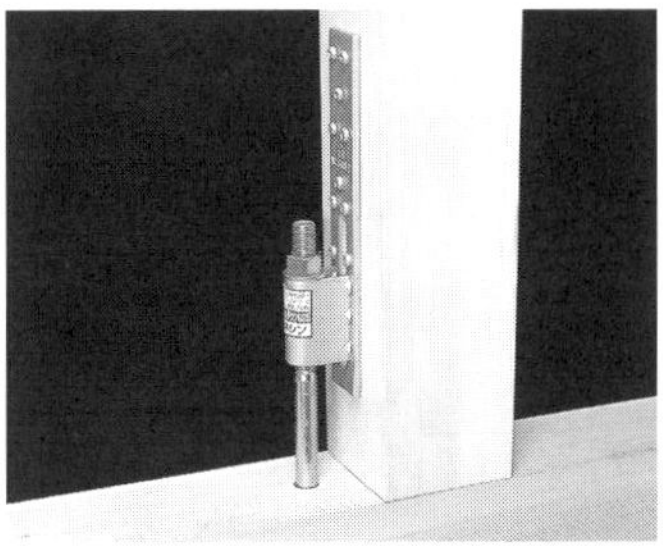

ための金物［写真36］。平12建告1460号により、1.0トン以上の強い浮き上がりが発生する柱に取り付けることになっている。

ビス留めホールダウン｜―どめ―

専用四角穴ビスを採用して柱に留めるホールダウン金物［写真37］。ボルトや座金が不要になるなど、施工性が高い。また、柱の欠損が最小限に抑えられ、引抜き耐力も高い。最近主流になりつつあるホールダウン金物である。引抜き強度により、アンカーボルトの埋込み寸法なども異なる。

ホールダウン位置調整金物｜―いちちょうせいかなもの

一般的には**くるピタ**（エイム）の製品名で知られる。アンカーボルトとホールダウン金物の孔の位置が合わない場合に柱から70㎜までであれば、同製品を使うことで接続が可能になる。アンカーボルトの精度不良のほか、筋かい金物からホールダウンを逃がす場合にも使用可能。

カットスクリュー

カネシンの製品名で、アンカーボルトなどのネジ山に取り付ける座金［写真38］。インパクトレンチで締め付けることで、材面とフラットに仕上げられる。土台の天端に合板を直張りする工法の普及により使われるようになった。従来は、土台を座彫りすることでアンカーボルトを土台に納めていた。耐力壁の強さ・バランスにより引抜き力も変わる。筋かいなどの斜材と干渉しやすいため、ボルト高さ、設置位置に注意。

山形プレート｜やまがた―

柱と土台や胴差などの接合部分に取り付け、緊結させる金物［90頁写真39］。

筋かいプレート｜すじかい―

筋かいと柱、梁などを緊結する構造金物。筋かいの倍率や強度により使用する筋かいプレートの種類が異なる。ホールダウンと干渉しやすいため、事前にホールダウンのボルト高さを調整しておく必要がある。最近では、ボルト位置の干渉を避ける筋かいプレートで対応できる。

Dボルト｜でぃー―

ディープランヨネザワの製品名で、耐震効果のある接合金物［90頁図50］。現在はハンマーナットという製品名になっている。羽子板ボルトと同じ用途に使用できる。構造材の内側に金物を納めるため、構造材の表面にはボルト孔しか見えず、構造を露す表現に適する。同様の機構をもつ製品は他メーカー

写真39｜山形プレートを取り付けた様子

図50｜Dボルト

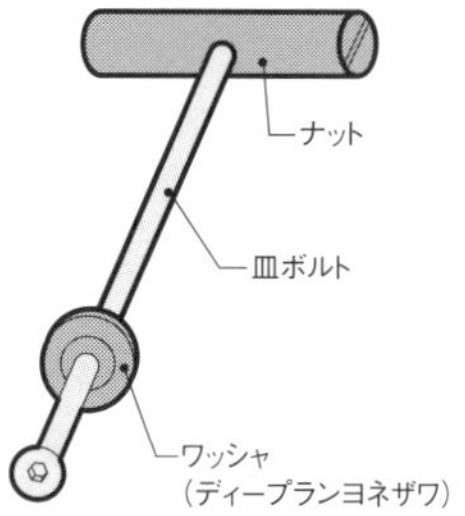

写真40｜羽子板金物

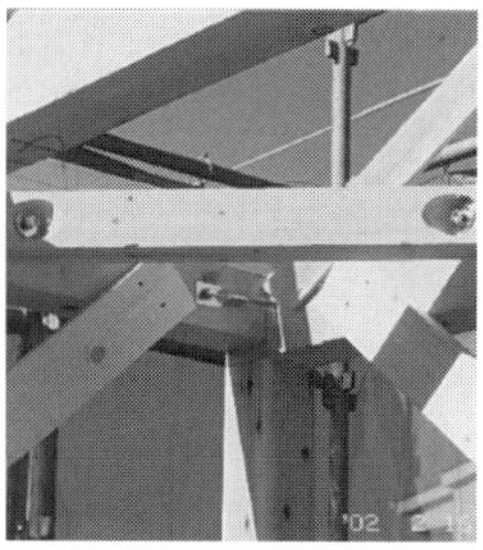

からも発売されている。

座金｜ざがね
ナットを締めるときに構造材との間に挟む金物。

ナット
ボルトを締めるための金物。

写真41｜かすがい

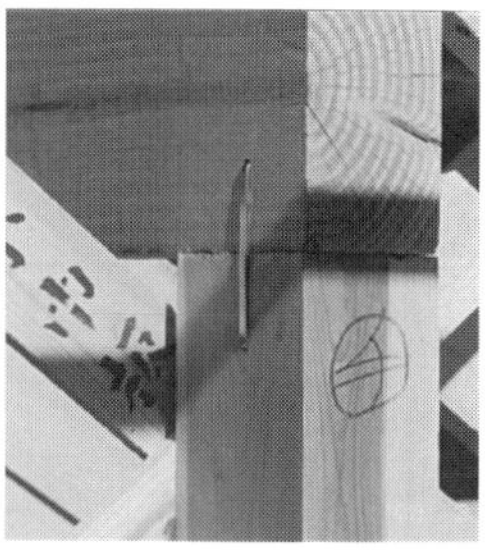

写真42｜垂木留め

ボルト
羽子板金物やそのほかの金物を取り付けるために使われる金物。

羽子板金物｜はごいたかなもの
梁などの端部に取り付け、梁が抜け落ちないようにする金物［90頁写真40］。

かすがい
大引と床束、母屋と小屋束などの緊結に使うコの字形の金物［写真41］。

コーチボルト
木ネジ状の、頭がナットタイプの金物。ホールダウン金物などの留付けに用いる。

写真43｜高ナット（本体と施工後の様子）

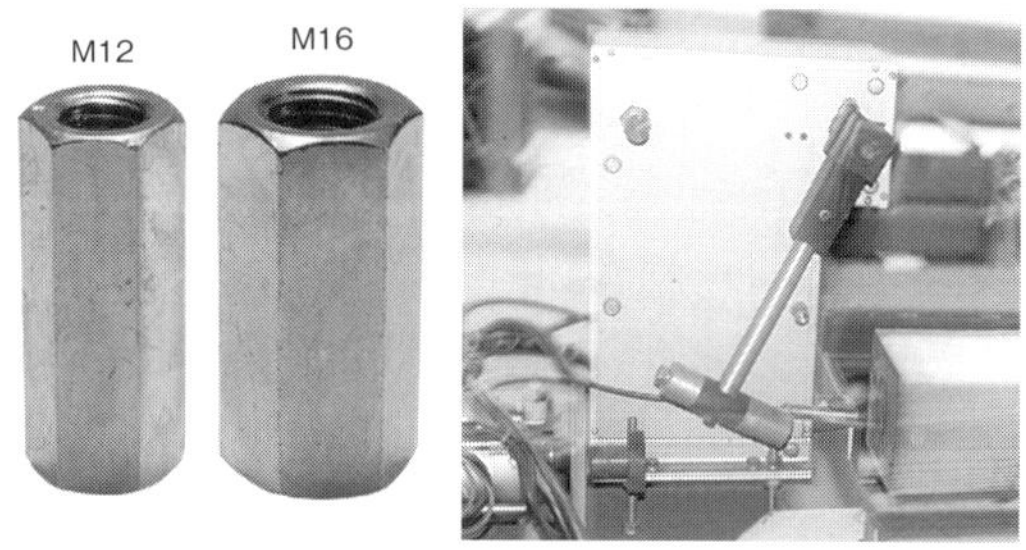

垂木留め｜たるきどめ
ひねり金物ともいう。垂木と軒桁や母屋の緊結に使う金物［写真42］。

かど金物｜かどかなもの
柱と土台、柱と横架材を接合する金物。土台の側面に取り付けるため、構造用合板などによる面材耐力壁の普及とともに、金物が面材取付けのじゃまにならないように、さまざまな同等認定品が市販されている。金物の板厚を薄くしたタイプとしてエーステンプレート（カネシン）、壁内に納めるようにしたタイプとしてスリムプレート（タナカ）などが挙げられる。

高ナット｜たか—
全ネジどうしのジョイントに使う金物。M6～M16程度の製品が一般的。引抜き力や製品仕様にもよるが、ホールダウンの高さ調整などにも使用できる［写真43］。

金物構法｜かなものこうほう
部材の接合部分に専用の接合金物を使用して固定する方法。継手・仕口などを使用せず金物そのもので接合するため、使用する金物は、木造軸組構法の補強金物とは大きく異なる。特に梁を受ける**梁受け金物**などに顕著である。梁受け金物は、断面欠損が少なく、また羽子板金物などの取付けが不要などのメリットがある。

クレテック工法｜—こうほう
タツミの合理化認定工法の1つ。柱脚部や柱梁接合部などにホゾパイプやドリフトピンホールダウン金物、クレテック金物を使いボルトとドリフトピンで接合する木造オープン工法［図51］。省力化が図れ耐久性も高いが、構造材にKD材か集成材を使う必要がある。

HSS金物｜えいちえすかなもの
ストローグの金物構法［図52］。柱頭・柱脚部にはホゾパイプ、柱梁には梁受け金物などが取り付く。梁受け金物は下部にホゾが付いており、木材の経年変化による金物の下がりを制御できる。金物の塗装には、耐食性に優れたカチオン電着塗りを採用しているため、長年の使用による劣化が防げる。また、断面欠損がほかの金物構法に比べ少ないのも特徴。オプションで門型ラーメン構法も用意されている。

SE工法｜えすいーこうほう
合理化認定工法の1つ。集成材と、独自に開発したSE金物で緊結されるハードジョイントによる木造金物工法。NCNが販売している。3階建てにも対応可能。

プレセッター
カネシンの金物構法［図53］。梁受け金物を本体とプレートに分割しているのが最大の特徴。これによりコンパクトな金物の出幅と梁への落とし込みのしやすさを実現している。構造材に金物を先付けし、現場作業では腮掛けとドリフトピンの打込みだけを行うため、施工が簡単で工具や作業量を簡略化できる。クレテック金物の加工ができるプレカット工場で対応できるため、急速に普及している。

ハウテック金物｜—かなもの
日本住宅・木材技術センター（HOWTEC［ハウテック］）が開

図51｜クレテック工法

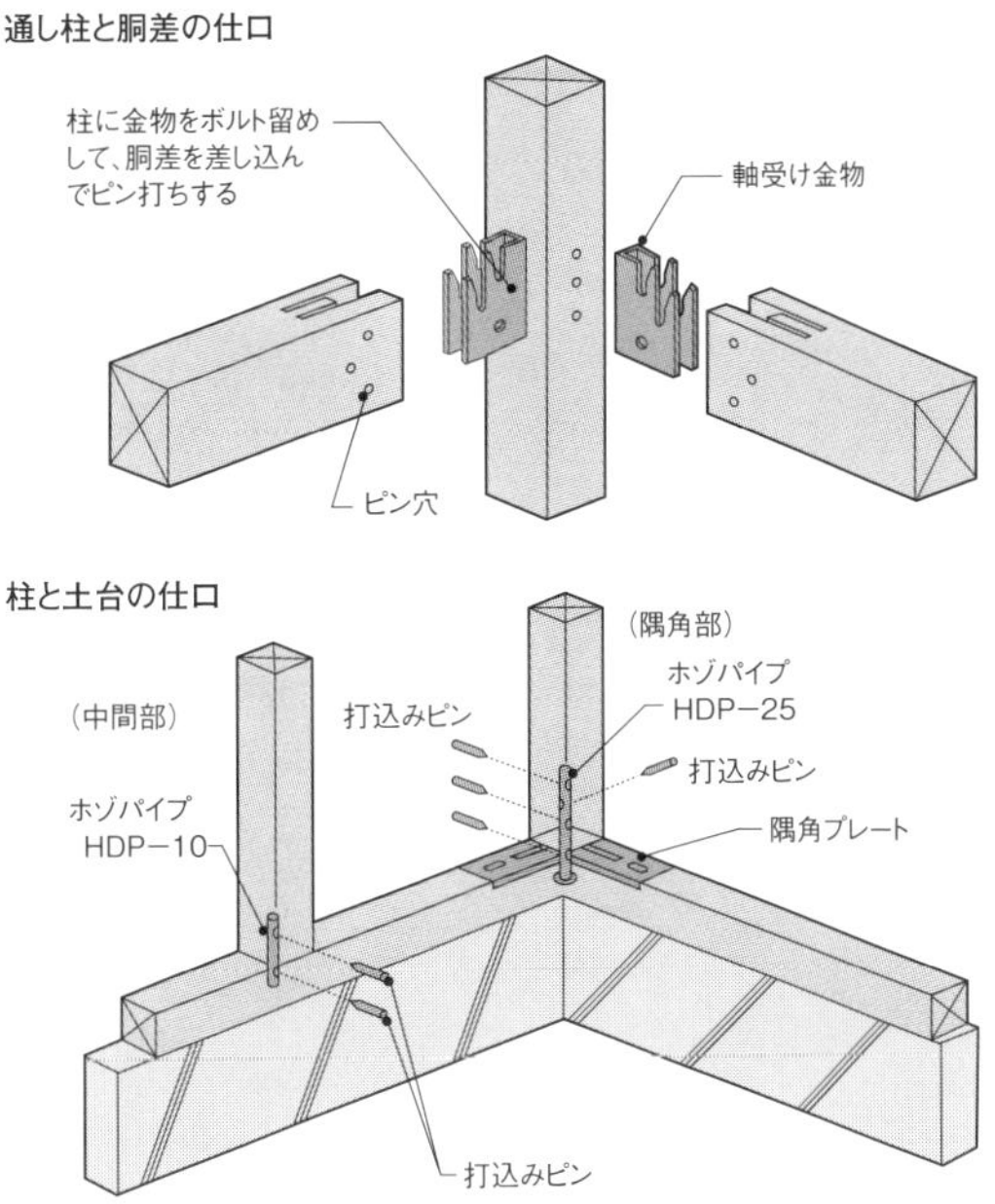

図52｜HSS金物

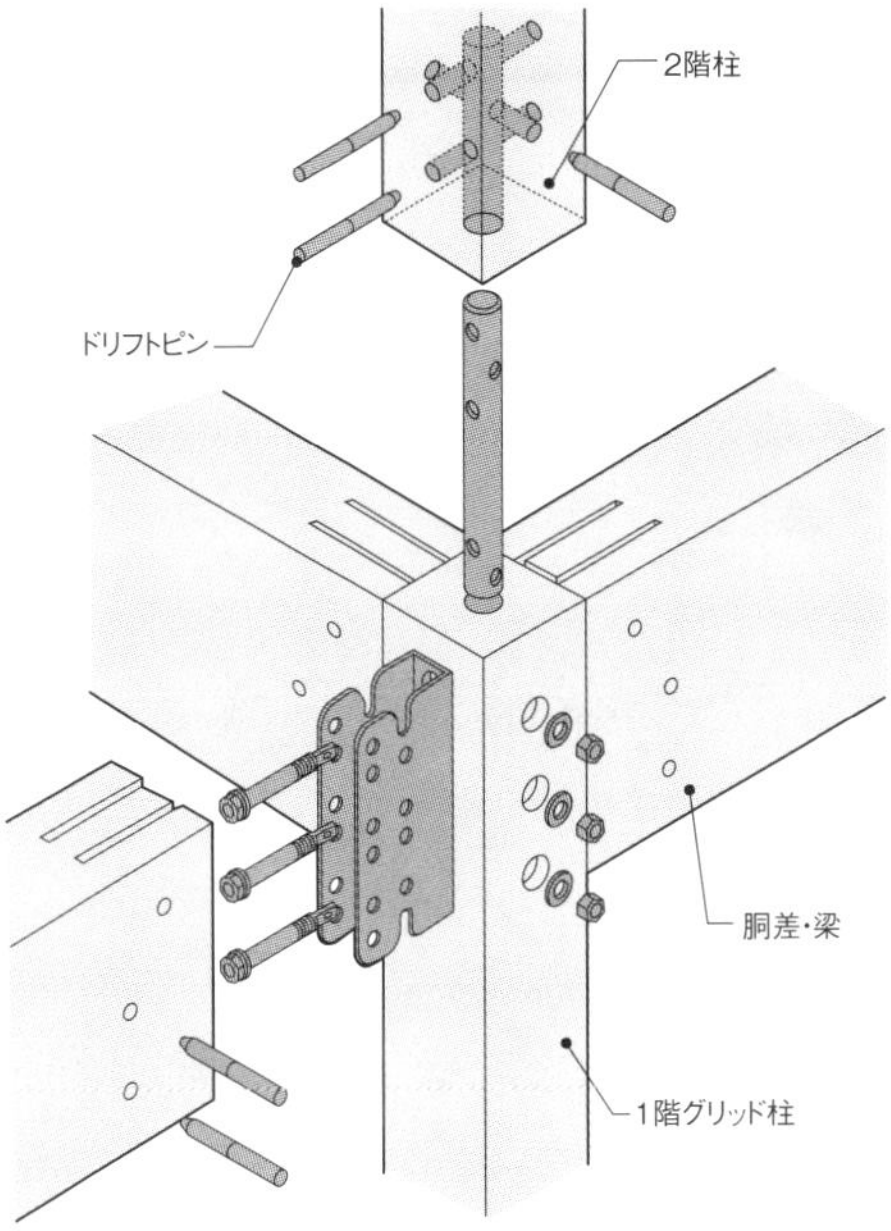

発した梁受け金物［図54］。Zマーク金物として規格化している。多数ある金物構法の標準化・単純化を図っている。

手配・発注・加工

木拾い｜きびろい
木造の工事で必要となる構造部材、造作部材など、使用するすべて木材の樹種、寸法、等級、数量などを設計図から拾い出す作業のこと。その結果を記したものを**木拾い帳**［きびろいちょう］という。

刻み｜きざみ
墨付けされた材木の継手、仕口などを加工すること［92頁写真44］。工場加工であるプレカットに対して、大工による刻みを指して手刻み［てきざみ］と呼ぶこともある。

図53｜プレセッター

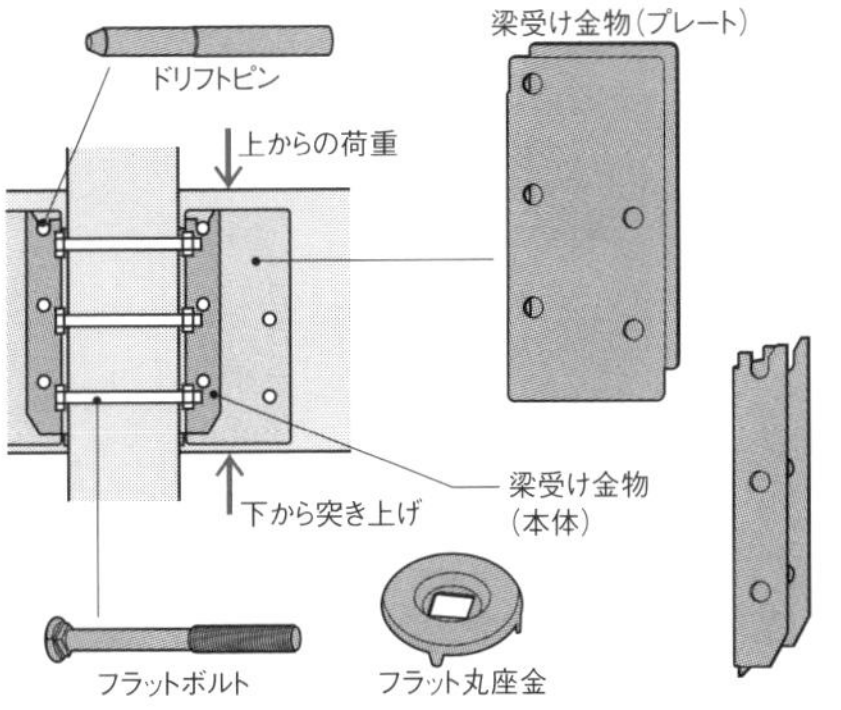

図54｜ハウテック金物

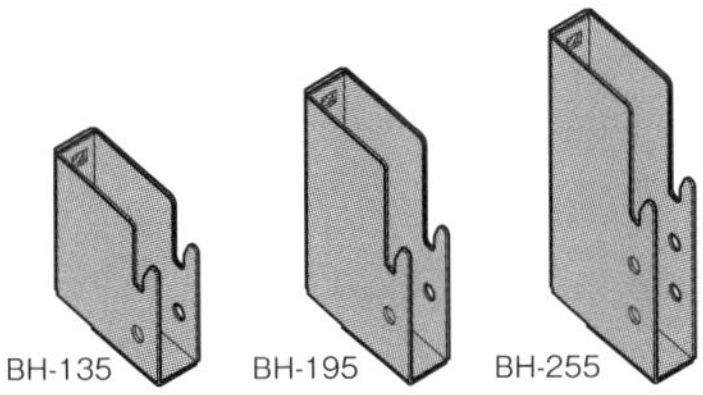

番付｜ばんづけ
建方前に柱、梁、桁などの部材に付けられる符丁のこと。

板図｜いたず
番付表。**手板**［ていた］ともいう。大工が墨付けをする前に、平面図や伏図の部材情報を元にして合板などに書く墨付け用の図面状の板［92頁写真45］。

羽柄プレカット｜はがら—
羽柄材や羽柄材の納まりなどを考慮した3次元プレカットのこと。

CAD・CAM｜きゃど・きゃむ
CAM［きゃむ］ともいう。CADデータを加工情報として使ったプレカット生産システムのこと。

桁行方向｜けたゆきほうこう
屋根が切妻屋根の場合、小屋梁（**梁間方向**）に直角な方向を桁行方向という［92頁図55］。棟木や母屋と同じ方向である。

仮筋かい｜かりすじかい
木造の建物を建方時や工事中に、建物全体が歪まないよう、釘で仮留めする筋かいのこと。

建込み｜たてこみ
地組みした軸組などを所定位置に建て起こして組み立てること。

建入れ｜たていれ
取り付けられたあるいは組み立てられた部材の垂直度のこと。**建方**ともいう［92頁図56］。

建入れ直し｜たていれなおし
柱などの倒れや水平垂直を矯正すること。

光る｜ひかる
材同士が取り合うときに一方の形状を他方へ写し取ることをいう。

金輪継ぎ｜かなわつぎ
継手の1つ。左右ともに同じ形状

図55｜桁行方向と梁間方向

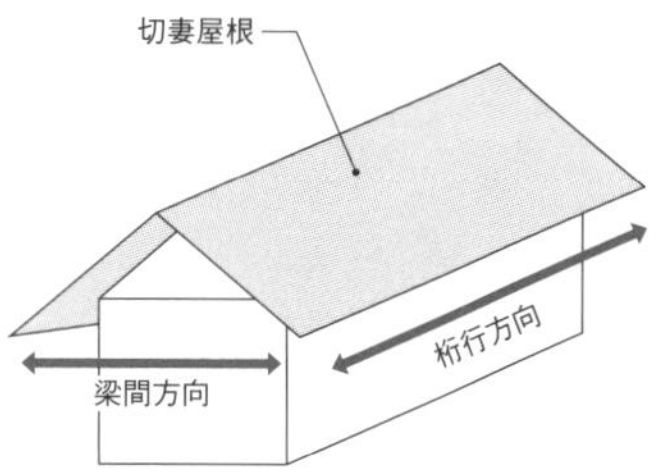

写真45｜土台の板図

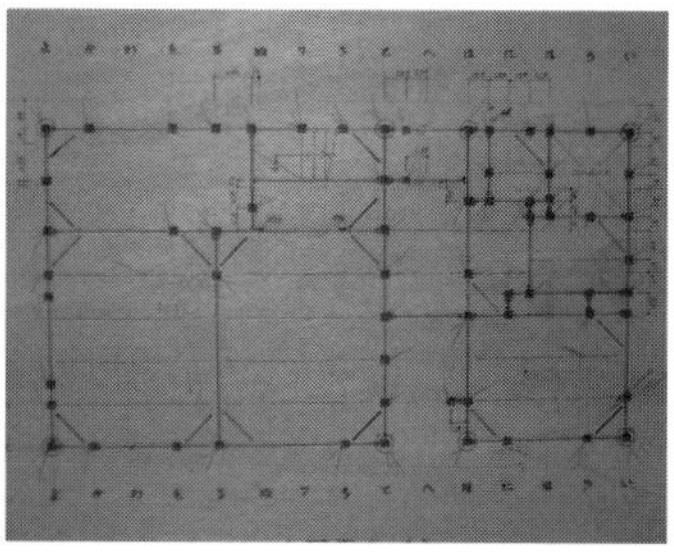

写真44｜刻み。鑿で加工している様子

図57｜大入れと相欠き

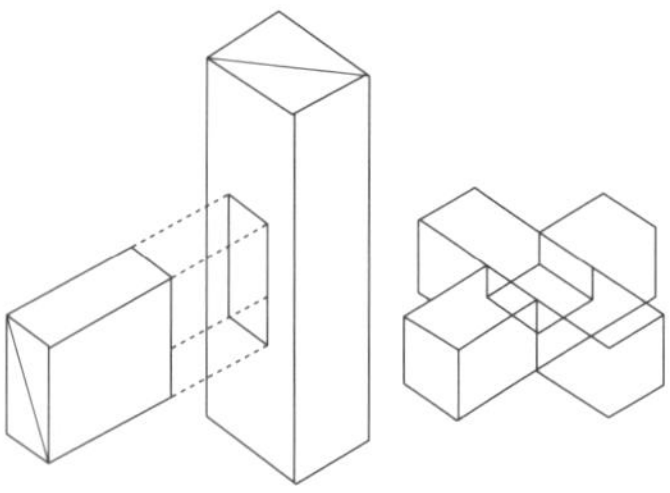

図56｜建入れの許容差

名　称	図	管理許容差	限界許容差
建物の倒れ	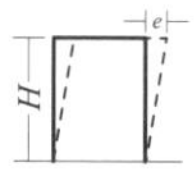	$e \leqq \frac{H}{4{,}000} + 7$mm かつ $e \leqq 30$mm	$e \leqq \frac{H}{2{,}500} + 10$mm かつ $e \leqq 50$mm
柱の倒れ	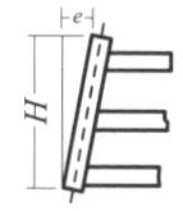	$e \leqq \frac{H}{1{,}000}$ かつ $e \leqq 30$mm	$e \leqq \frac{H}{700}$ かつ $e \leqq 15$mm

写真48｜土台に差し込まれた柱のホゾが抜けないように、込み栓が打ち込まれる様子

写真47｜胴差の継手に打たれた割楔

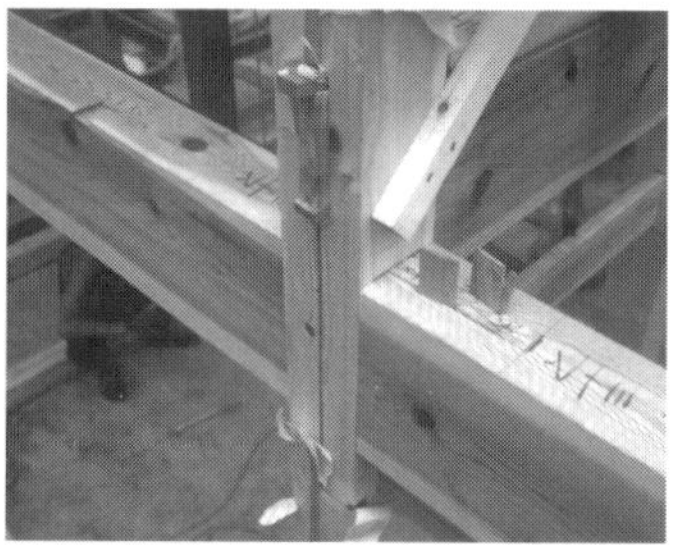

写真46｜桁の上端まで貫通した柱のホゾに、楔を打ち込み、抜けないようにしている様子

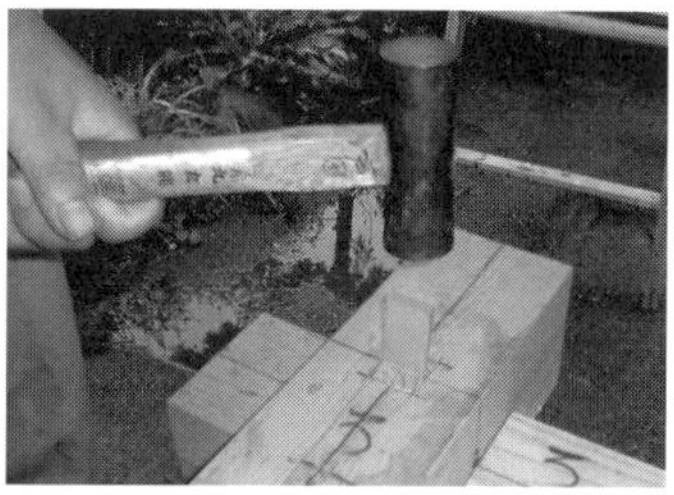

である。左右の目違い部分にそれぞれの部材をはめ込み中央に込み栓を打ち込むことで両材が閉まり緊結され一体となる。強度、耐力ともに大きく、土台や梁、柱の継ぎなどにも使われる。一般の家ではあまり使われない継ぎ方であり、加工に手間もかかるため、上級の仕事といえる。

追掛け大栓継ぎ｜おっかけだいせんつぎ

継手の1つ。上木、下木があり、中央に滑り勾配が付いている。上から滑らすようにたたき込むとすべり勾配によってやがて締まり、一体となる。さらに抜けなくするために側面から込み栓が打ち込まれる。胴差や桁などに使われる。

相欠き｜あいがき

2つの部材それぞれに欠込みを入れ、直交して組み合わせる接合方法のこと「図57」。

大入れ｜おおいれ

梁材や根太材などがかかる程度の深さで受ける部材側を彫り込み、両者を取り付ける加工方法「図57」。

楔｜くさび

ホゾの仕口や貫などを固定するために打ち込む、三角形の堅木の小片「写真46・47」。

ホゾ

2つの部材を接合するために、片方には突起をつくり、もう片方には孔をつくり、その組合せによって接合すること。柱をつなぐときに加工する仕口だが、ただ差し込まれているだけなので引抜けに弱く、それを強化するために**込み栓**「こみせん」や**楔**「くさび」などによって緊結させる「写真48」。

ダボ

材の位置決めや緊結、ずれを防ぐために2つの材の接触面にそれぞれ孔をあけて打ち込む材のこと。堅木などが用いられる。

込み栓｜こみせん

ホゾの仕口において材の引抜けを防ぐために打ち込む部材。通常、ナラやカシ、クリなどの**堅木**「かたぎ」を使う「写真48」。

斜め打ち｜ななめうち

釘で接合しようとする面に対して、ほぼ60度の角度で釘を打つ打ち方「図58」。

木口打ち｜こぐちうち

打ち付ける2つの材のうち一方の材面が木口面の場合の打ち方「図58」。

平打ち｜ひらうち

枠組材の側面同士を合わせる打ち

写真50｜オーバーハング

写真49｜千鳥張り

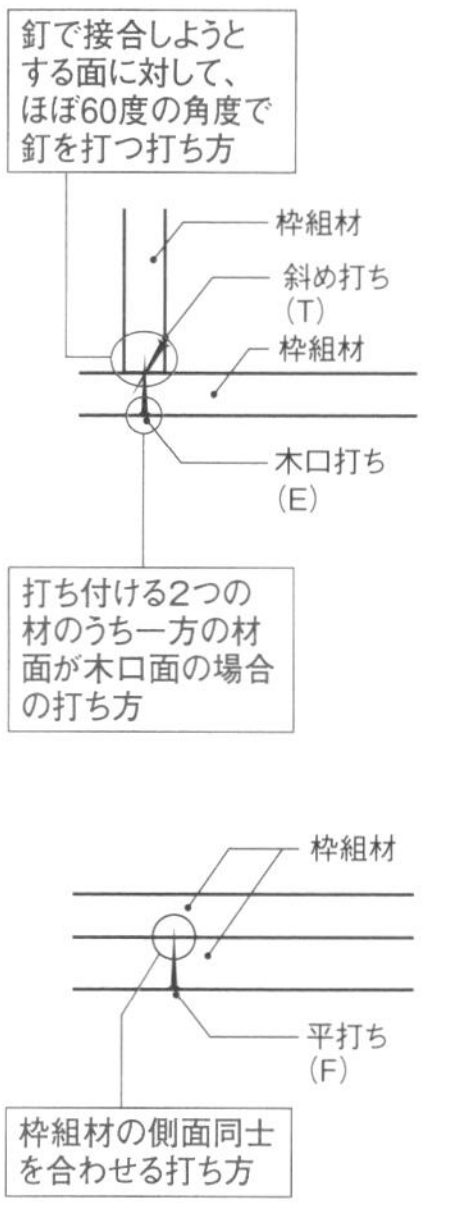
釘で接合しようとする面に対して、ほぼ60度の角度で釘を打つ打ち方
枠組材
斜め打ち（T）
枠組材
木口打ち（E）
打ち付ける2つの材のうち一方の材面が木口面の場合の打ち方
枠組材
平打ち（F）
枠組材の側面同士を合わせる打ち方

図58｜釘打ち

方[図58]。

脳天打ち｜のうてんうち
根太に板を釘打ちする場合などの打ち方で、真上から打ち込むこと。造作工事では粗雑な工法とされている。

千鳥張り｜ちどりばり
継目を揃えずに、互い違いに配置すること[写真49]。

オーバーハング
外壁よりはね出した屋根やバルコニーの部分をいう[写真50]。枠組壁工法では、下階より持ち出した上階の部分の意味で、2階の耐力壁線が1階の耐力壁線よりも外側に出ている部分を指す。この場合の寸法は91cm以内が標準。

セットバック
建物を道路から後退させて建てること。また、枠組壁工法では、2階外壁を後退させて建てること。

性能

N値計算｜えぬちけいさん
接合部の簡易計算法。建設省告示1460号のただし書きにより、この計算法で求めた数値に従って軽妙な金物を選択できる。

スパン表｜—ひょう
木造住宅の小屋組、床組などの横架材の断面寸法を決定するための早見表。横架材間のスパンと間隔によって部材断面が表記されている。

断面欠損｜だんめんけっそん
継手・仕口など部材同士が取り合うために切欠きされ、断面寸法が小さくなること。これによって耐力が劣ることもあるため、部材寸法は欠損分を見込んで選びたい。

工具・機械

レンチ
アンカーボルトのナットを締める工具。電動工具もある。

金槌｜かなづち
玄能[げんのう]、とんかちともいう。軸組工法で釘打ちに使用。枠組壁工法で使用する金槌は段打面が凸凹しており、形状に違いがある。

バール（釘抜き）｜—（くぎぬき）
不要な釘を抜くときに使用する道具。

鑿｜のみ
木材を小さく切り欠くときに使用する工具[94頁写真51]。

鉋｜かんな
材料の不陸（高さ違い、目違い）をとる工具。**電気鉋**[でんきがんな]（プレーナー）を使用することも多い[94頁写真52]。通常、見え掛かり材は、鉋掛けをして仕上げる。

ちょうな
軸組工法などで鉋で削ることができないような太く曲がっている梁、柱の木材の表面を削って仕上げる工具。

木工機械｜もっこうきかい
木工用の工作機械。加工工場や現場で使うものなど、その種類はさまざまである[94頁表11]。

電動工具｜でんどうこうぐ
電動モーター動力とした工具で、切断や削り、孔あけ、釘留めなど、用途によってさまざまな種類がある[94頁表11]。現場でよく使われるものに、木材の孔あけやネジ・ボルト類の締付けが容易にできるインパクトドライバーがある。

インパクトドライバー
ビス打ちやネジ・ボルト締め、穴あけなどを行う電動工具[94頁写真53]。打ち込む際にビスなどに負荷がかかると瞬時に回転を反転して打ち直すようになっている。回転トルクが高いため、ねじ山の小さいビスや締付けの少ないネジには不向き。

エアー釘打ち機｜—くぎうちき
コンプレッサーのエアーを利用し、エアーの圧力で釘を打ち付ける電動工具。圧力を強くしすぎると、合板などのめり込みが大きくなり、釘の引抜き耐力が小さくなるので、圧力値の設置に注意する。

吊りクランプ｜つり—
木造住宅の梁やパネルの吊り上げ、

写真53｜インパクトドライバー

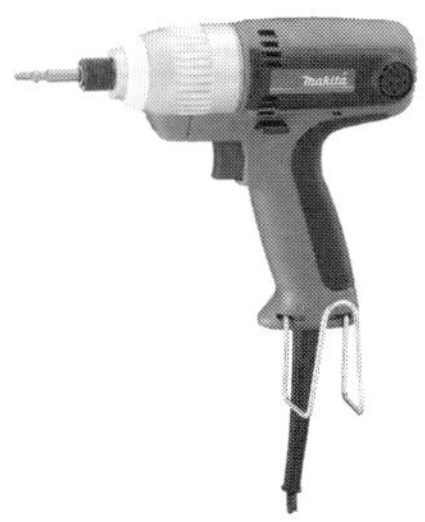

写真52｜電気鉋

写真51｜鑿《のみ》

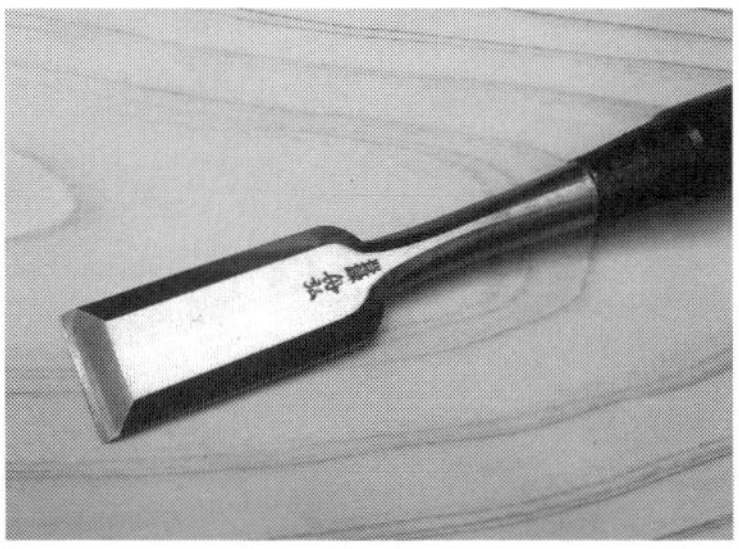

写真60｜スタッフポール

写真56｜スリング（パネル吊り上げ）

表11｜主な電動工具

名称	用途
電動鋸［でんどうのこ］、ジグソー、ルーター	切断に使う道具類。材の切抜きや曲線の切断に使う
チェーンソー	鎖状の鋸歯をベルト状に回転して木材を切断する
電動鉋［でんどうかんな］、プレーナー	削る工具。材の不陸や厚みを削りとったり、揃えたりする
サンダー	表面を平滑にする研磨に使う。木工事以外にも左官仕上げなどにも使われる
電気ドリル［でんきー］	孔あけ、ねじ締めなどに使う工具
角鑿［かくのみ］	木材の孔あけに使うドリル刃。大工の主要道具の一つ
電動釘打ち機［でんどうくぎうちき］	圧縮空気などを利用した釘打ちのための機械。てっぽうともいう
万能木工機［ばんのうもっこうき］	板材の切断や面取り、鉋掛けなどができる装置

写真57｜掛矢（パネル入込み）

写真55｜スリング

写真54｜吊りクランプ

移動に利用する工具[写真54]。2つのクランプを天秤状に吊る、天秤セットを取り付け、クレーンで吊り上げる。

スリング

玉掛け作業用のロープ道具[写真55・56]。スリングは吊り上げる物や荷物を傷つけることなく固定できる。金属製吊り具に比べて軽量かつ柔軟で、作業効率が向上する。最近では木造建方時のパネル吊上げに利用されている。

掛矢｜かけや

木槌を大型にしたもの[写真57]。建方時に梁の落とし込みやパネルの建入れ補助に使用する。徐々に叩くか、飼い木などを介して叩かないと材料に損傷を与えるので、露し架構などでは注意を促したい。

ばか棒｜ばかぼう

高さの測定に使う物差し代わりの棒。現場などで垂木などの手近な木材に目盛りを付けて使用する。スタッフポールなどの製品ではない、現場で製作する測量棒。

スタッフポール

目盛りの付いた棒状のはかりで、主に高低差を確認するのに使用する[写真60]。**ばか棒**の代わりになる。アルミ製で伸縮できるものが主流で、**標尺・ロット**ともいう。

ラフタークレーン

ラフター（rough terrain）は、荒れた地形、不整地の意味で、4輪駆動で悪路でも走行し作業できるクレーンを指す。**ホイールクレーン**ともいい、移動式クレーンの大半がこのタイプである。狭い路地への進入も可能で、公道を走行して作業現場に移動できる。木造では、構造材、パネルや大型ペアガラスサッシ、屋根下地材など重量の大きなものを吊り上げる必要が増えてきており、使用率が増えている。

ねこ

主に土木で使用する荷物運搬用の一輪車。二輪車のものもある。

RC躯体工事 2

RC造は、コンクリートが圧縮力に抵抗し、鉄筋が引張力に抵抗する、複合材料による構造である。構造システム別では、鉄筋コンクリートラーメン構造［てっきん―こうぞう］、壁式鉄筋コンクリート構造［かべしきてっきん―こうぞう］、ボイドスラブ構造［―こうぞう］、鉄骨鉄筋コンクリート構造（SRC造）［てっこつてっきん―こうぞう］などがある。現在では、木造やS造であっても基礎はRC造であることが一般的である［図1・2］。

コンクリート

コンクリート

水・セメント・骨材と、必要に応じた混和材料を調合し、練混したもの。セメントと水の化学反応により硬化する。使用材料や製法などによって種類がある［96頁図3］。

セメント

石灰石と粘土を主原料として焼成した水硬性結着材、無機質粉末である（焼成したものを**クリンカー**と呼びこのクリンカーに石膏を加え細粉砕したものがセメントとなる）。ポルトランドセメント、混合セメント、特殊セメントなどがある。

ポルトランドセメント

一般的にセメントと呼ぶのはポルトランドセメント（略して**ポセ**とも言う）のことである。主に建築で使用するのは普通ポルトランドセメント・早強ポルトランドセメント・中庸熱・低熱ポルトランドセメントである［96頁表1］。

混合セメント｜こんごう―

ポルトランドセメントに各種混材を混合してつくったセメント。高炉スラグを粉砕して混入した**高炉セメント**［96頁表1］、シリカ分を含む石粉を混入したシリカセメント、フライアッシュ（ボイラーから排出した灰）を混入した**フライアッシュセメント**［96頁表1］がある。現在、混合セメントでは高炉セメントの使用量が多い。高炉セメントは混合材が微粒子のため水量・セメント量を少なくでき、ワーカビリティーも良好である。また、乾燥収縮が小さいため打放しコンクリートに適している。混入量の少ない順にA・B・Cの3種類ある。

シリカセメント

シリカ成分を含む石粉を混ぜたセメント。シリカの含有量が少ない順にA・B・Cの3種に分類される。耐薬品性に優れ、工場などの排水廻りへの使用にも適する。ただし、強度が発現するまでに時間がかかる。

特殊セメント｜とくしゅ―

JISに規定されていない物質を混ぜたセメント。空港の滑走路などの補修のために硬化スピードを特化させたものや、逆に硬化の遅いもの、耐火性や耐薬品性を高めたものなど、さまざまな種類がある。

エコセメント

廃棄物問題の解決を目指して開発されたセメント。ごみ焼却灰や下水汚泥を主原料としている。2002年7月にJIS R 5214として規格化された。

水和反応｜すいわはんのう

セメントが水に対して反応し、不溶性の水和物となって凝結・硬化する化学反応。この反応によって生じる反応熱を**水和熱**［すいわねつ］

図1 RCラーメン構造

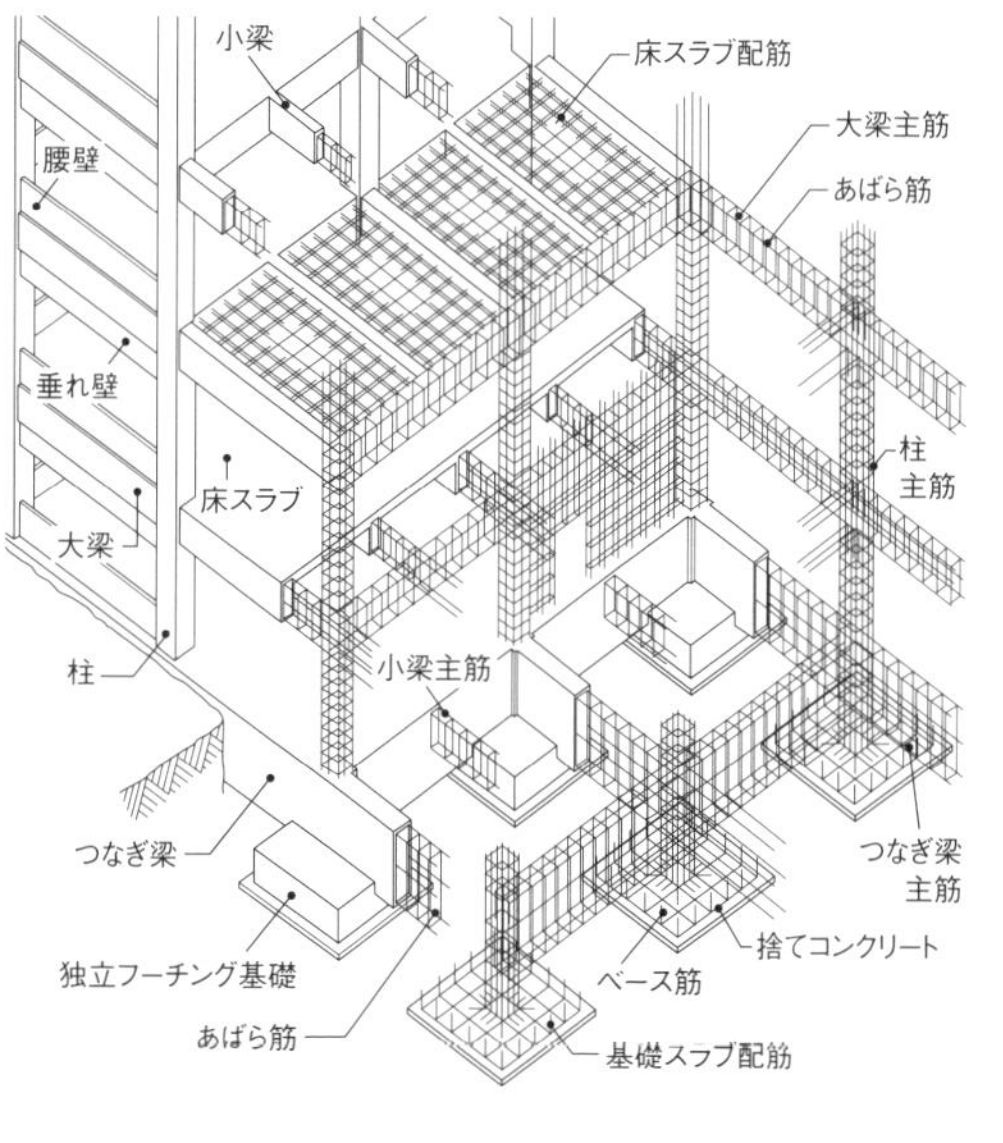

図2 RC壁式構造

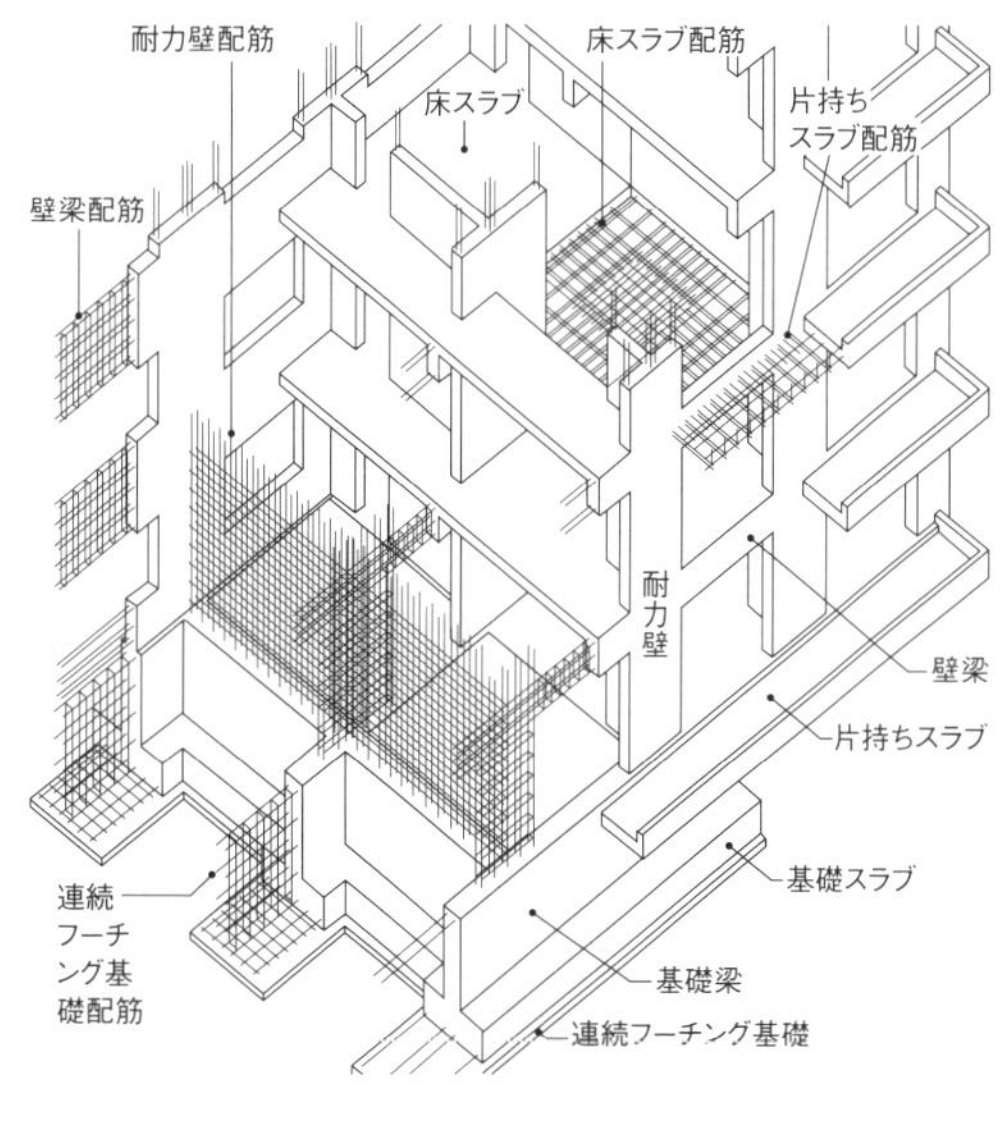

と呼ぶ。セメントは凝結した後、時間の経過とともに強度が増していく。気温が高いほど硬化は速くなる。

コンシステンシー
フレッシュコンクリート、フレッシュモルタル、フレッシュペーストなどの変形または流動に対する抵抗性。主に水の量で変化する。

連行空気量|れんこうくうきりょう
空気連行性[くうきれんこうせい]とも。練り混ぜの際、コンクリートが気泡を取り込む量。コンクリートに空気が混入されるとセメントペーストの体積が増大し、ワーカビリティーが良好になる。

骨材|こつざい
コンクリートやモルタルをつくるために混ぜる砂、砂利、砕石の総称。コンクリート体積の7割程度を占めるため、コンクリートの性質に大きな影響を与える。材料の種類には、天然骨材・人工骨材・人工軽量骨材・再生骨材があり、丸みがある砂利は天然骨材、角張った砕石は人工骨材に分類される。粒度の分類から**細骨材**(砂)、**粗骨材**(砂利、砕石)があり、コンクリートの耐久強度に大きく影響する。ひび割れ対策としては、
①細・粗骨材ともふるい分け試験で粗粒率を確認する
②細骨材の粒度を所定の範囲で粗にする
③実績率の大きい骨材とする
④アルカリ骨材反応抑制の骨材を使用する
などが行われる。また、川砂、川砂利の確保が非常に困難で、陸砂利・山砂利・山砂・海砂・砕石・砕砂の使用割合が増えている。これらのなかには塩分を含んでいるものもあるため、塩化物量試験を

図3 セメントの調合

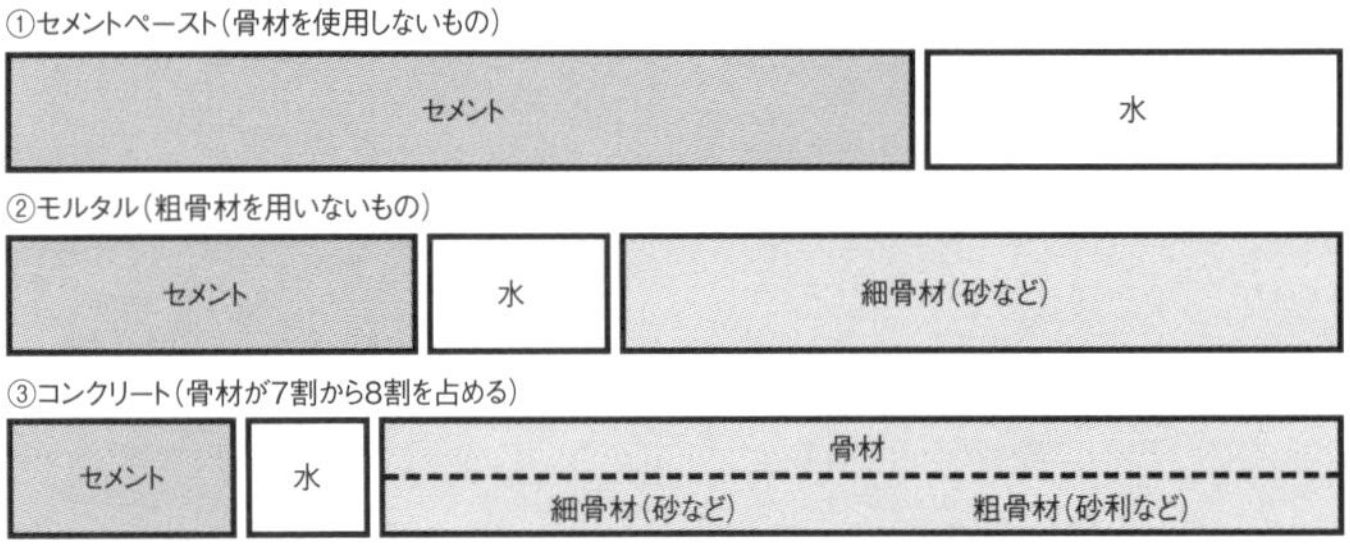

表1 各種セメントの特性と主な用途

種類		特性	用途
ポルトランドセメント	普通ポルトランドセメント	一般的なセメント	一般のコンクリート工事
	早強ポルトランドセメント	a. 普通セメントより強度発現が早い b. 低温でも強度を発揮する	緊急工事・冬期工事・コンクリート製品
	超早強ポルトランドセメント	a. 早強セメントより強度発現が早い b. 低温でも強度を発揮する	緊急工事・冬期工事
	中庸熱ポルトランドセメント	a. 水和熱が小さい b. 乾燥収縮が小さい	マスコンクリート 遮蔽用コンクリート
	低熱ポルトランドセメント	a. 初期強度は小さいが長期強度が大きい b. 水和熱が小さい c. 乾燥収縮が小さい	マスコンクリート 高流動コンクリート 高強度コンクリート
	耐硫酸塩ポルトランドセメント	硫酸塩を含む海水・土壌・地下水・下水などに対する抵抗性が大きい	硫酸塩の浸食作用を受けるコンクリート
高炉セメント	A種	普通セメントと同様の性質	普通セメントと同様に用いられる
	B種	a. 初期強度はやや小さいが長期強度は大きい b. 水和熱が小さい c. 化学抵抗性が大きい	普通セメントと同様な工事 マスコンクリート・海水・硫酸塩・熱の作用を受けるコンクリート、土中・地下構造物コンクリート
	C種	a. 初期強度は小さいが長期強度は大きい b. 水和発熱速度はかなり遅い c. 耐海水性が大きい	マスコンクリート・海水・土中・地下構造物コンクリート
フライアッシュセメント	A種 B種	a. ワーカビリティがよい b. 長期強度が大きい c. 乾燥収縮が小さい d. 水和熱が小さい	普通セメントと同様な工事 マスコンクリート・水中コンクリート
白色ポルトランドセメント		a. 白色 b. 顔料を用い着色ができる	着色コンクリート工事 コンクリート製品

出典:「建築工事標準仕様書・同解説 JASS5 鉄筋コンクリート工事」(社)日本建築学会

行い、許容値以内であることを確認しなければならない。

RC造の場合、使用個所によって粗骨材の最大寸法が定められている[表2、図4]。

普通骨材｜ふつうこつざい
自然作用によって岩石からできた砂・砂利・または砕砂・砕石高炉スラグ砕石・スラグ砂など。

軽量骨材｜けいりょうこつざい
コンクリートの軽量化や、断熱性の付与などの目的で用いる普通骨材よりも比重の小さい骨材。

天然軽量骨材｜てんねんけいりょうこつざい
火山作用などによって産出される軽石や火山噴出物などの天然由来の軽量骨材。軽量コンクリートの材料として用いられる。

表2｜使用個所による粗骨材の最大寸法

使用個所	砂利	砕石・高炉スラグ粗骨材
柱・梁・スラブ・壁	20、25	20
基礎	20、25、40	20、25、40

単位：㎜

粗骨材｜そこつざい
コンクリートの調合に使用する砂・利砕石のことで、JASS5では、5㎜ふるいに85%以上残留することとしている。最大粒径は地方によって異なり、20㎜もしくは25㎜としているところが多い。

細骨材｜さいこつざい
コンクリートの調合に使用する砂のことで、JASS5では、5㎜ふるいを85%以上通過するもの、としている。

モルタル
セメントに砂と水を加えて混練したもの[図3]。

川砂｜かわずな
河川や堰・ダムの底から採掘した天然由来の骨材。現在では自然保護のため河川での採掘は制限されている。近年は中国原産のものが多く流通している。

山砂｜やまずな
河岸段丘や、海岸段丘から採取した骨材。有機物が多く付着しているため洗浄が必要。

陸砂｜おかずな
台地、河川流路跡や氾濫原、扇状地の砂礫層から採取した骨材。山砂と同様に洗浄が必要。

海砂｜うみずな
海岸で採取された砂。塩分を含むため、コンクリート調合に使用するには洗浄処理が必要。一方、山砂・川砂は塩分を含まないため、コンクリート調合に適す。

セメントペースト
セメントを水で混練した糊状のもの[図3]。

骨材含水量｜こつざいがんすいりょう
骨材内部の隙間（**空隙**［くうげき］）に含まれている水分量。コンクリートの品質を管理するうえで非常に重要。生コン工場では、骨材の表面水の変動を最小限に抑え、なおかつ表面乾燥飽水状態に近い状態で練り混ぜている。

表乾状態｜ひょうかんじょうたい
正確には**表面乾燥飽水状態**のこと。骨材の含水状態をいい、表面は乾燥状態で、内部の空隙部に水が満ちている状態を指す。骨材の含水状態は生コンの強度を左右するので、生コンの骨材は表乾状態での使用を原則とする。骨材の含水状態の管理には十分注意したい。表乾と略すこともある。

普通コンクリート｜ふつう—
普通セメント・川砂（陸砂）・川砂利（陸砂利）を使用した場合の体積比が、セメント：水：骨材＝1：2：7のコンクリートの総称。現在、川砂・川砂利の確保が非常に困難で、砂は砕砂・海砂、砂利は

図4｜骨材（骨材試験成績表の見方）

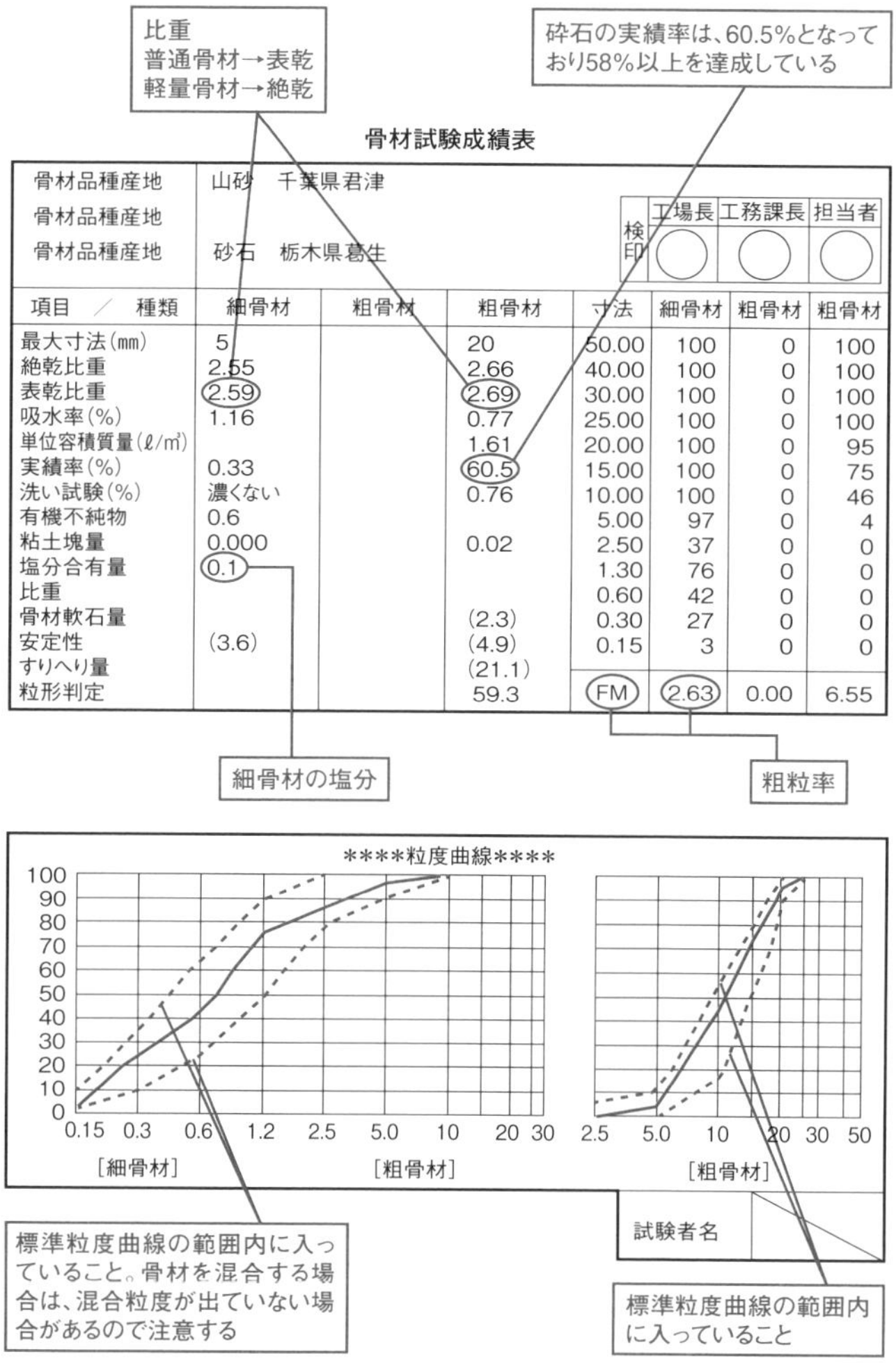

項目／種類	細骨材	粗骨材	粗骨材	寸法	細骨材	粗骨材	粗骨材
最大寸法(㎜)	5		20	50.00	100	0	100
絶乾比重	2.55		2.66	40.00	100	0	100
表乾比重	2.59		2.69	30.00	100	0	100
吸水率(%)	1.16		0.77	25.00	100	0	100
単位容積質量(ℓ/㎥)			1.61	20.00	100	0	95
実積率(%)	0.33		60.5	15.00	100	0	75
洗い試験(%)	濃くない		0.76	10.00	100	0	46
有機不純物	0.6			5.00	97	0	4
粘土塊量	0.000		0.02	2.50	37	0	0
塩分含有量	0.1			1.30	76	0	0
比重				0.60	42	0	0
骨材軟石量			(2.3)	0.30	27	0	0
安定性	(3.6)		(4.9)	0.15	3	0	0
すりへり量			(21.1)				
粒形判定			59.3	FM	2.63	0.00	6.55

砕石利用が一般的といえる。そのため骨材の塩化物量試験は重点管理項目である。

軽量コンクリート｜けいりょう―

人工軽量骨材を使用し、比重を通常の2.3よりも軽くしたコンクリート。一般的には1.8～2.0の間の比重が多い。強度は普通コンクリートと大きく変わることはないが、たわみは増大する。煙突や、建築面積に対して建物高さが高い建築物の場合などに有効。

流動化コンクリート｜りゅうどうか―

混和剤として**流動化剤**を添加し、これを撹拌して流動性を増大させて施工性を向上させたコンクリート。スランプ値が大きくなる。通常値の＋3cm程度が多い。

高流動コンクリート｜こうりゅうどう―

ワーカビリティーが最も優れた自己流動コンクリート。バイブレーターが不要なため、工事の騒音防止、合理化作業のメリットがある。配合計画では普通コンクリートより細骨材を増やし、粗骨材を減らす。また、AE減水剤を添加するため、水も少なくなる。配合決定においては試験練りで各分量を決めることが重要である。

高強度コンクリート｜こうきょうど―

JISで呼び強度が50～60N／㎟のコンクリート。高強度コンクリート施工指針では設計基準強度が36N／㎟を超え120N／㎟以下を言う。高性能AE減水剤の使用により水セメント比が20％程度といわれている。

フレッシュコンクリート

練り上がり後のまだ固まらないコンクリートのこと。

生コン｜なま―

コンクリート昆練工場（**バッチャープラント**）で昆練された「まだ固まらないコンクリート」を言う。**レディーミクストコンクリート**、**フレッシュコンクリート**とも言う。

AEコンクリート｜えーいー―

AE剤（空気連行剤）を添加したコンクリート。ワーカビリティがよく耐久性に富み品質に優れる。凍結・融解防止にも適する。気泡が入るため初期強度に達するのは遅いが、減水効果が5～10％程度あるなど品質上のメリットのほうが大きい。

スラッジ水｜すい

バッチャープラントでミキサー車などのタンク内の洗い水を、骨材と分離したうえで回収した懸濁水のこと。生コン混練水に再利用する場合があるが、スラッジ固形分率の限度管理が必要で、耐久設計

表3｜コンクリート混和剤の種類とその特徴

AE剤	表面活性作用により気泡を発生させ、ワーカビリティーを良好にする
減水剤	配合内の水の量を減らす
AE減水剤	AE剤と減水剤の両方の作用を併せ持つ。現在最も一般的
高性能AE減水剤	AE減水剤のなかでも、減水能力が高い。高強度（高流動）コンクリートを使用する場合は、水の量を減らす必要があるため同剤を用いることが多い
流動化剤	添加することによりコンクリートのスランプ値を大きくし、ワーカビリティーを良好にする

表4｜コンクリート混和材の種類とその性能・効果

種類	性能・効果	種類	性能・効果
フライアッシュ	・水密性 ・長期強度増進 ・アルカリシリカ反応抑制	シリカフューム	・高強度化 ・高耐久化
膨張剤	・ひび割れ抵抗性 ・ケミカルプレストレス ・水和熱低減	石灰石微粉末	・高流動化 ・水和熱低減
高炉スラグ微粉末	・硫酸塩抵抗性 ・海水への抵抗性 ・アルカリシリカ反応抑制 ・高強度化 ・高流動化	高炉徐冷スラグ	・流動性保持 ・中性化抑制 ・水和熱低減

出典：「建築工事標準仕様書・同解説JASS5」（社）日本建築学会、「コンクリート技師研修テキスト」日本コンクリート工学協会

参考｜レディーミクストコンクリートの種類

コンクリートの種類	粗骨材の最大寸法（㎜）	スランプ又はスランプフロー［※］（㎝）	呼び強度													
			18	21	24	27	30	33	36	40	42	45	50	55	60	曲げ4.5
普通コンクリート	20、25	8、10、12、15、18	○	○	○	○	○	○	○	○	○	○	−	−	−	−
		21	−	○	○	○	○	○	○	○	○	○	−	−	−	−
	40	5、8、10、12、15	○	○	○	○	○	−	−	−	−	−	−	−	−	−
軽量コンクリート	15	8、10、12、15、18、21	○	○	○	○	○	○	○	○	−	−	−	−	−	−
舗装コンクリート	20、25、40	2.5、6.5	−	−	−	−	−	−	−	−	−	−	−	−	−	○
高強度コンクリート	20、25	10、15、18	−	−	−	−	−	−	−	−	−	−	○	−	−	−
		50、60	−	−	−	−	−	−	−	−	−	−	○	○	○	−

※荷卸し地点での値であり、50㎝及び60㎝はスランプフローの値である。

基準強度の計画共用期間が長期（30N／㎟）の場合は使用してはならない。

混和材料｜こんわざいりょう
生コン硬化後の品質を改善する目的で混練状態のときに添加する化学調合添加材（水溶液）。
混和材料のうち、使用量が少なく、薬品的に用いるものを**混和剤**［こんわざい］、コンクリート混和剤といい、フライアッシュのように比較的多量に用いるものを**混和材**［こんわざい］という。
混和剤は、薬のように少量を添加するもので、減水剤、AE剤、AE減水剤、高性能AE減水剤などがある［表3］。
混和材は生コンの数％から数十％ほど添加するもので、フライアッシュ、膨張材、高炉スラグ微粉末などがある［表4］。単位水量を低減でき、ワーカビリティ・水密度の改善効果を有し、タイプによっては水和作用の促進・遅延が可能、凍結予防になるなどの長所があるが、一般にコスト増となる。

図5｜コンクリートの主な不具合と補修方法

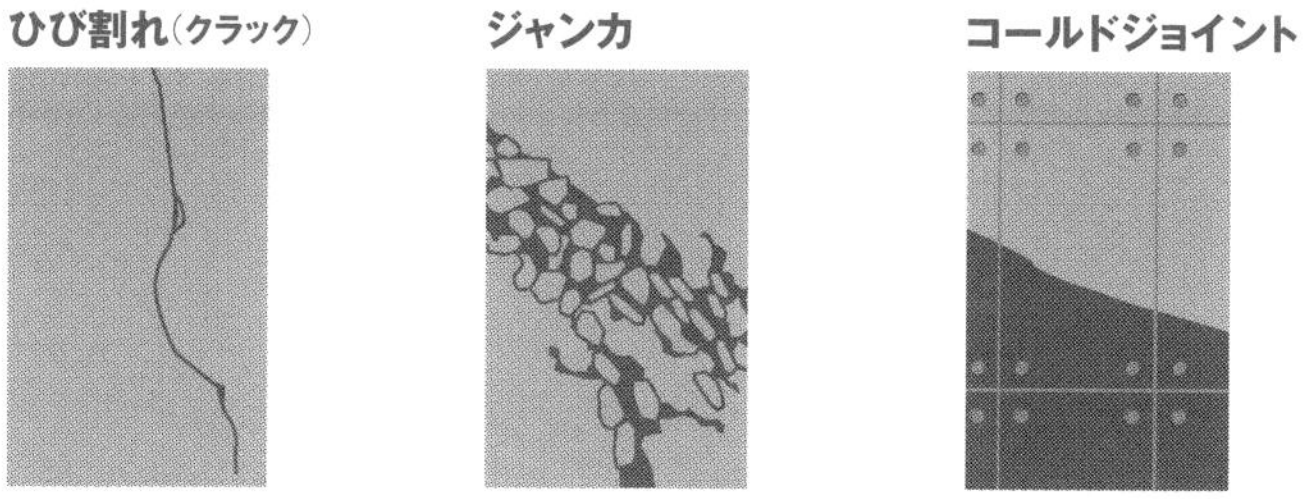

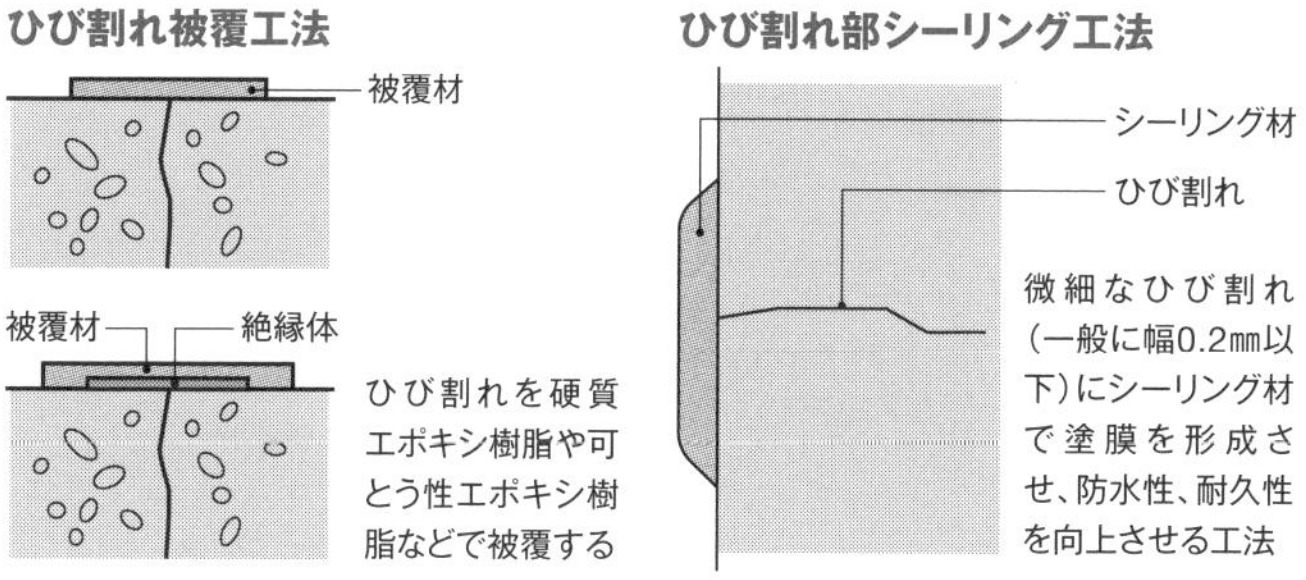

表面活性剤｜ひょうめんかっせいざい
コンクリートに混入すると水の表面張力が低下するもの。

AE剤｜えーいーざい
独立した無数の微細な空気泡をコンクリートに含ませることによりコンクリートのワーカビリティーと耐久性を向上させる。**空気連行剤**［くうきれんこうざい］とも。

減水剤｜げんすいざい
セメント粒子を分散させて水との接触面積を増大させることでワーカビリティーをよくさせ、かつ強度を変えずに水を減少させることができるので減水剤という。減水剤には**標準形**、**促進形**、**遅延形**の3種類がある。

AE減水剤｜えーいーげんすいざい
AE剤と減水剤の両方の効果をもつ混和剤。標準形、促進形、遅延形の3種類がある。

高性能AE減水剤｜こうせいのうえーいーげんすいざい
高流動コンクリートに用いられ、AE減水剤よりも高い減水性能とスラブ保持性能を有する。最近は、この混和剤の使用が多い。

標準形減水剤｜ひょうじゅんけいげんすいざい
コンクリートの柔らかさを増し、水を5〜10％ほど減らすことができ、かつ単位セメント量も減少させることができる。コンクリートの連結融解に対する抵抗性はAE減水剤に劣る。

促進形減水剤｜そくしんけいげんすいざい
促進形は、減水剤としての効果とコンクリートの硬化を早める効果をもつ。コンクリートの凍害を防いだり、型枠の脱型時期を早めることも可能。しかし一般に水和熱が急激に上昇し、硬化後の収縮率が大きくなり、長期強度の低下をきたす恐れもある。

遅延形減水剤｜ちえんけいげんすいざい
遅延形は減水剤としての効果をもちつつコンクリートの硬化を遅くする。生コンの運搬時間あるいは打込みまでの時間が長引く場合や気温の高い夏期施工の場合などに用いる。使用量によっては、異常凝結を起こすことがあるので、使用量の十分な管理が必要である。

流動化剤｜りゅうどうかざい
高流動コンクリートに用いられる混和剤。流動化剤は高い分散性能をもつと同時に大量使用が可能なため、大きな減水効果がある。添加後のスランプ低下が早いため、現場で添加する場合が多い。添加量、攪拌時間、添加から打設完了までの時間などの管理が必要。

起泡剤｜きほうざい
混和剤の一種。気泡剤とも。モルタルやコンクリートに気泡を混ぜ、断熱性・流動性の向上と軽量化などを図る。

ばれる
コンクリート打設中あるいは存置期間中に型枠がコンクリート側圧などを支えきれずに壊れること。**パンク**するとも。型枠保持のセパレータや支柱の間隔が過大だったり、コンクリート打設時の急激な打込みなどが原因で生じる。

クラック
コンクリートが乾燥するときに収縮して生じるひび割れのこと。特にコンクリートで生じる0.1〜0.5㎜幅くらいの細かいひび割れをヘアクラックという。

ジャンカ
コンクリートの外面に現れる、砂利が分離したまま硬化したもの［図5］。**豆板**、**あばた**ともいう。

巣｜す

コンクリートの内部に発生する、ジャンカに似た不良部。

コールドジョイント

先に打ち込まれたコンクリート上に、時間をおいて打ち込んだコンクリートとの間にできる打継ぎ面のこと。

レイタンス

コンクリートの表面にできる泥質の薄膜。打継ぎ面の密着性や水密性を阻害するため、打継ぎ前に取り除く。これは、コンクリートの混練に使われた水が分離して表面に浮き上がる**ブリージング**という現象に伴って生ずるもので、水セメント比の大きいコンクリートに発生しやすい。レイタンスの除去には**ワイヤブラシ**や**サンダー**、**高圧洗浄機**などが使用される。

エフロレッセンス

れんがやタイルの目地、コンクリート表面に現れる白色の物質で、セメントの硬化で生じた水酸化カルシウムが空気中の炭酸ガスと化合して炭酸カルシウムになったもの。水洗いでは取れない。**白華**[はっか]、**鼻垂れ**[はなたれ]ともいう。

斫り|はつり

コンクリートの不要な部分をノミなどで削り取ること。大規模な場合は、圧縮空気による振動ハンマーが使われ、小規模な場合は電動のものが使われる。手で斫ることを**手斫り**[てはつり]というが、最近は少なくなってきている。

ケレン

床や壁、型枠などに付着したモルタルやセメントペーストを剥がすこと。先がヘラになった**ケレン棒**という専用の工具がある。

ばり

せき板の継目の隙間から流れ出たセメントペーストが硬化し、堰板解体後、コンクリートの表面に突起物として残っているもの。打放しコンクリートの場合は取り除かなければならない。

アルカリ骨材反応|こつざいはんのう

コンクリート中のアルカリと骨材に含まれるシリカ鉱物が反応し、コンクリートにひび割れなどが発生し、長期的に劣化する現象。アルカリシリゲートという成分が生じ、これが水分を吸収して膨張するためコンクリートが劣化する。

中性化|ちゅうせいか

コンクリートからのアルカリ成分の溶出、またはコンクリート表面からの炭酸成分の浸透などで、コンクリートが強アルカリ性から中性へと変質すること。コンクリート中の鉄筋は強アルカリによって錆から保護されているため、中性化が進行すると鉄筋に錆が生じ、躯体は劣化する。そのほかのトラブルについては、**表5**参照。

砂縞|すなじま

特に出隅部などで型枠の隙間からコンクリート中の水が抜け、セメントペーストが流出して、コンクリート表面に砂分が縞状に現れる現象。砂縞を防ぐにはノロ止めテープなどで型枠の隙間を塞ぐ。

表5｜RC造で見られるコンクリートのトラブル

クラック	躯体に生じるひび割れ。水とセメントの量を減らすことで発生を減少させることはできるが、完全になくすことは難しい
ジャンカ	打設時に型枠表面に空隙が残り、コンクリートが回らない部分が残ってしまった状態。骨材が豆のように露出するため豆板とも呼ばれる。ジャンカが発生した付近は、見た目よりも脆弱なことが多いため注意
コールドジョイント	打設間隔が長く、先に打設したコンクリートと後に打設したコンクリートの間が完全に一体化せず、打継ぎ状になること。軽微な場合はあまり支障がないが、重大な場合で、かつ部材にかかる力が大きい場合はコンクリート全体を斫ってやり直さなければならないこともある
レイタンス	打設後、セメントや砂が原因で表面に生じる薄膜状の泥状物質。強度が低いため、打継ぎ面に残っていると躯体が一体とならない
エフロレッセンス（白華）	コンクリート中のセメント硬化により生成する水酸化石灰が、大気中の炭酸ガスと反応して炭酸カルシウムを生じること。表面に白い物質が析出し、壁面を垂れる現象を引き起こす
ばり	コンクリートの角などにモルタルが針状や板状に飛び出した現象。仕上げの阻害となるので、ヤスリなどで削る必要がある
斫り	コンクリートの表面を削り取ること。何らかの誤りや表面に脆弱部があった場合、斫りを行う必要が生じる

表6｜生コンクリート現場試験における許容値

	値	許容値
空気量	4.5～5%	±1.5%
スランプ値	8～18㎝	±2.5㎝
	21㎝	±1.5㎝
塩化物	0.30kg/㎥以下	—

図6｜スランプ試験

① 3層に分けてコンクリートを入れ、突き棒の先端が前層に接する程度に各層25回突く

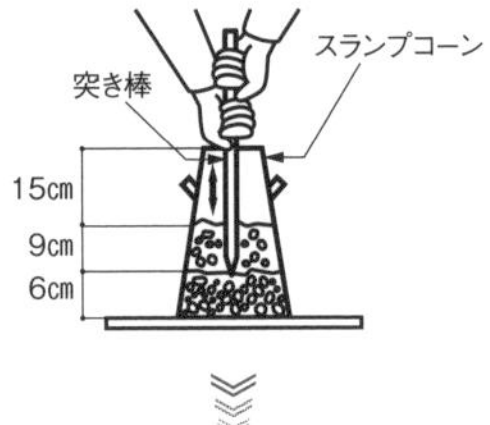

② 詰め終わったらコーンを真上に持ち上げ、スランプを測定する

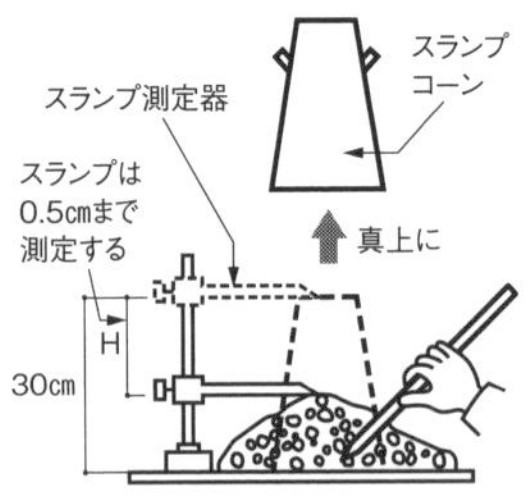

打設

ワーカビリティー
コンクリートの打込み、締固め、仕上げなどの施工難易度を示すコンクリートの性質。施工軟度[せこうなんど]とも。ワーカビリティーを1つの数値で表現することは難しいが、通常は**スランプ値**で示される。一般的には施工上の条件が許す範囲で、できるだけ小さなスランプとすることが原則。スランプ値が大きいことをワーカビリティーがよいと考えている者が多いが誤りである。現場では打設開始から打設中まで随時良好性が保たれているかを確認する。

スランプ（値）―(ち)
フレッシュコンクリートの軟度のことで、JISで規定されたスランプ試験で求められる[表6]。この試験はスランプコーンにコンクリートを詰め、コーンを上部に抜き取った後のコンクリートの下がりをcmで示すもので、スランプ値が大きいほど軟らかく粘り気が少ないコンクリートである[図6、写真1]。スランプはコンクリートの**水セメント比**によって決まる。

配合表―はいごうひょう
所要品質のコンクリートを構成する各材料の割合や単位容積のコンクリート中に含まれる各材料の量を記した表のこと。建築では**調合表**ともいうが、各プラント工場より提出される計画書は配合表で統一されている。

細骨材率―さいこつざいりつ
細骨材および粗骨材の絶対容積の和に対する細骨材の絶対容積の百分率。S／aで表す。細骨材率はコンクリートの適正なワーカビリティーを得るのに極めて重要な事項である。50％以下が望ましく、平均は約47％である。

空気量―くうきりょう
コンクリート内に含まれる空気の体積比。4.5％程度が標準[表6]。

単位水量―たんいすいりょう
生コンクリート1㎥内に含まれる水量のこと。ただし、骨材内に含まれる水分は含まない。185kg／㎥以下が一般的。

単位セメント量―たんい―りょう
生コンクリート1㎥内に含まれるセメント量。JASS5で270kg／㎥以上と規定されている。

写真1｜コフレッシュコンクリートの受入検査

写真2｜コンクリート打設

写真3｜コンクリート打設前の床スラブ

表7｜水セメント比の最大値

セメントの種類	水セメント比の最大値（%）
ポルトランドセメント※	65
高炉セメントA種	
フライアッシュセメントA種	
シリカセメントA種	
高炉セメントB種	60
フライアッシュセメントB種	
シリカセメントB種	

※　低熱ポルトランドセメントを除く

図7｜打設手順と工事の流れ

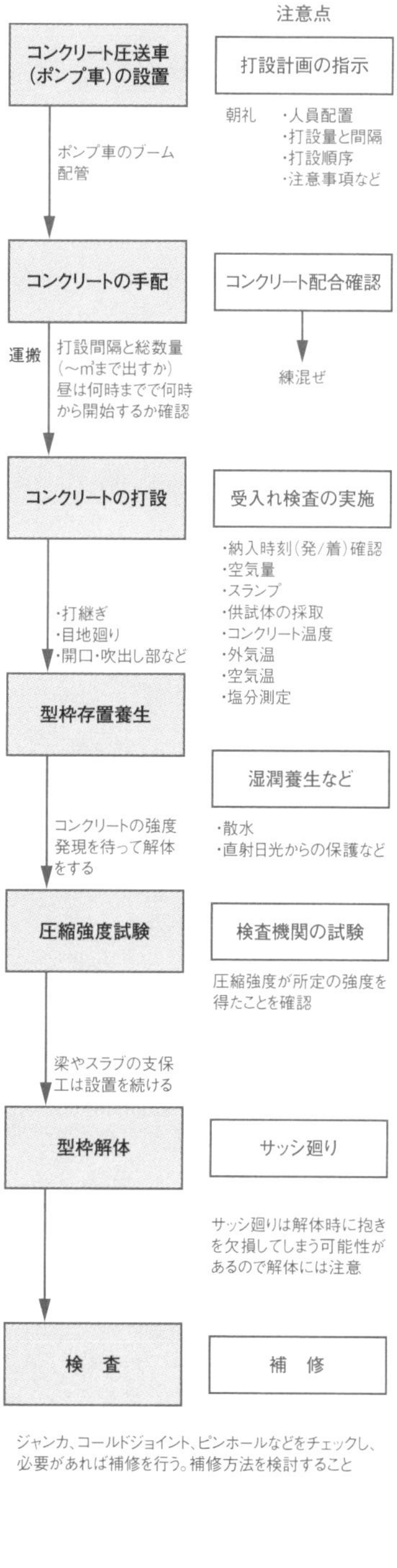

水セメント比｜みず―ひ
フレッシュコンクリートに含まれるセメントペースト中のセメントに対する水の重量百分率。水の重量/セメントの重量（W/C）で表す。『JASS5鉄筋コンクリート工事』では、普通コンクリート40～70％、重量コンクリート40～65％の範囲と規定している[101頁表7]。コンクリートの強度を表す指標の1つで、水が多いほど練り混ぜしやすく、型枠にも打ち込みやすい。半面、コンクリートの強度は低下し、乾燥収縮も大きくなる。各プラントでは呼び強度を保証する配合強度に即して数値が決まる。

セメント水比｜―みずひ
フレッシュコンクリートに含まれる水量に対するセメントの重量百分率。C/Wで表す。コンクリートの強度を表す指標の1つで、セメント水比が大きいほど強度が大きい。一般には1.5～2.5程度。

打設｜だせつ
コンクリートをあらかじめ組まれた型枠のなかに打ち込むこと[101頁図7写真2・3]。締固めをしっかり行い、隅々までコンクリートが回るように考慮しないと、不良個所を生じる。

シャブコン
水を規定より多く故意に加え、軟らかくしたコンクリート。耐久性が大幅に低下し、ひび割れなどの原因にもなる違法行為。

ブリージング
固定材料の沈降または分離によって、練混ぜ水の一部が遊離して上昇する現象。堆積した物はレイタンスと呼ばれる。

バッチャープラント
バッチ式コンクリートプラントのこと。連続式ミキサーによる容積計量式プラントとは異なり、コンクリート材料を別々に貯蔵・計量し、1回（1練り）ごとに区切って混合・排出処理を行い、必要な性質のコンクリートを製造する設備。ほとんどの生コン工場で採用されている。建設現場付近に設置するものや移動式がある。

ポンプ打ち｜―うち
コンクリートポンプ車（ブーム車、配管車など）を使用した生コンクリートを型枠内に打ち込む方法。ホースによりいろいろな方向にコンクリートを送ることができるため、現状で最も一般的な打設方法となっている。また、ミキサー車から直接カートにコンクリートを取り、型枠内に打ち込むことを**カート打ち**という。輸送管は呼び径100A（100㎜）と125A（125㎜）があり、生コンの種類、骨材の最大寸法、生コンの圧送性、単位時間当たりの圧送量などを考慮し決定する。

コンクリートポンプ車｜―しゃ
輸送管を通して、フレッシュコンクリートを連続的に圧送するポンプを搭載した車。現場内でのコンクリートの運搬手段として最も一般的。圧送性能の高いピストン式と、経済性・操作性に優れたスクイーズ式に分類される。配管式やブーム付きのものもある。

配管車｜はいかんしゃ
ポンプ車から打設場所まで短いパイプをつないで配管する圧送方式のポンプ車。

ブーム車｜―しゃ
伸縮するブーム（腕木）を備えたポンプ車。ブームの届く範囲であれば、打設のための配管は不要となる。

ポンパビリティ
ポンプ車施工による生コンの圧送性。圧送性向上には、配合計画や現場打設条件などによりポンプ車の機種の選定や打設計画が重要になる。ポンプ配管計画も、曲がり配管が多いと閉塞の原因ともなるため、曲がり配管を少なくし配管距離は短く計画するとよい。

先送りモルタル｜さきおくり―
ポンプ打ちの際に輸送管内部の潤滑性保持のため、生コンより先に輸送管内を通すモルタルのこと。ただし、先送りモルタル自体は生コンに比べ強度が低く、スランプ値が大きいため、1カ所に集中して流し込むと、その部分に強度上の問題がでてしまう。構造的に重要でない壁などに分散して流し込んだり、モルタル層自体が薄くなるように工夫する。

流し込み｜ながしこみ

図8｜流し込み

コンクリートの流し込み順序の例

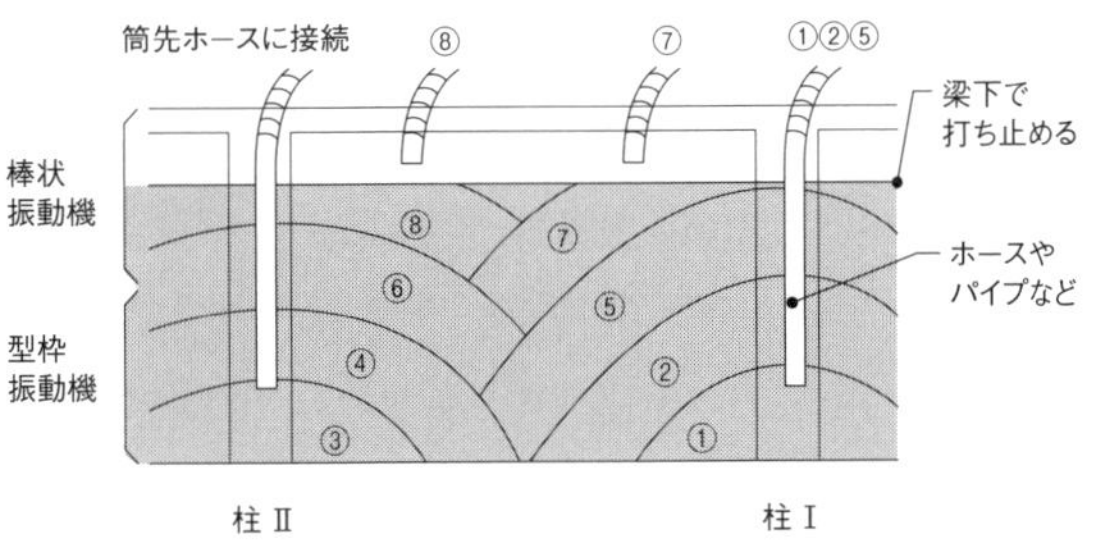

片側からのみ流し込んでしまうと型枠への側圧が過大となり、型枠にパンク（破壊やパイプ締固めが外れてしまうこと）が生じてしまうので図のように分けて行う

階高のある場合の打設

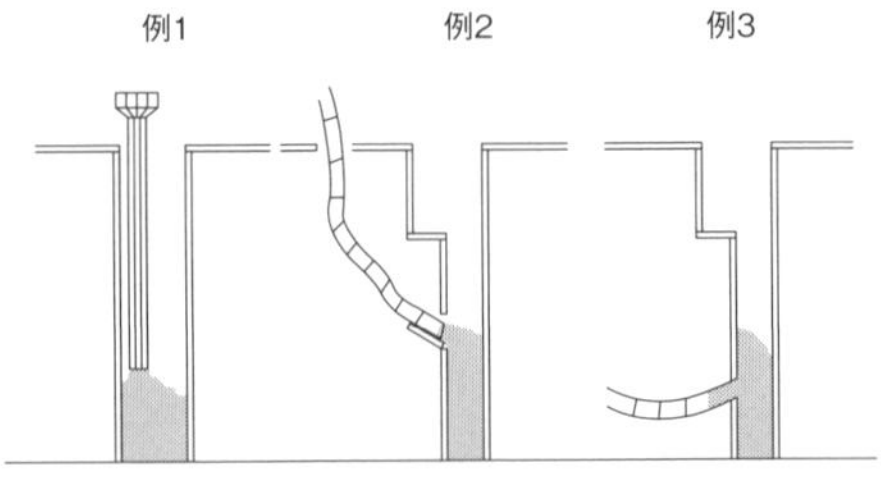

上部からのコンクリートの打込みはブリーディングや材料分離を招き、また打ち重ね部分でのコールドジョイントも発生する可能性が出てくるので4m以上の階高の場合は図のような打設方法をとる

コンクリート打設用の管（シュート）などを使い、ミキサー車から直接型枠に打設すること[図8]。ただし、流し込みによる落下距離が大きいとコンクリートの混和材料が分離を起こす危険があるため、小型の**ホッパー（提灯ホッパー）**で生コンを受け、ホッパーの下に付けた提灯（円筒形で1mぐらいの長さをつなぎ合わせて使う縦型シュート）を通して落下させる。シュートの距離が長ければ分離する可能性があるので、シュートの向きを変えて流れの速度を緩める。砂利などが分離する可能性があるので、原則として行ってはならない。

回し打ち｜まわしうち

均一のコンクリート高さになるように、打設区画内を順番に移動しながらコンクリートを打ち込むこと[図9]。コンクリートの正しい打ち方とされる。水平打ちともいう。一方、1カ所からの連続打ちになるような片押しや横流しは、コンクリートの側圧が大きくなり、型枠の変形の原因となるだけでなく流込み距離が長くなり、生コンの材料分離が起きやすい。

自由落下高さ｜じゆうらっかたかさ

ポンプ打ちの筒先ホースや**シュート**（生コンクリートを目的の荷卸し位置へ導くための樋）などからコンクリートが離れてから落ちるまでの高さ[図10]。一般に階高3.5mを超えるとコンクリートの分離が起きやすい。そのため事前にコンクリートを分離しにくくするよう、粘性を高めた配合計画としたり、打設計画では打込み用配管やシュートを用意し打込み高さを1.5〜2.0m程度に調整する。躯体断面の小さい壁では、高さの途中に打込み開口を設け2段打ちなどを計画する。

カート打ち｜—うち

コンクリートの打設において、打設高さを2〜3回に区切って打設する方法。片寄った打設による型枠全体の歪みなどを防ぐ。

片押し｜かたおし

建物平面の片側からコンクリートを流し込み、最終の高さまで打ち上げながら移動するコンクリートの打設方法[図11]。打設時間が短縮でき、配筋の乱れも少なくてすむが、型枠全体が歪む危険がある。

構造体コンクリート｜こうぞうたい—

構造体とするために打ち込まれ、環境条件や水和熱による温度条件のもとで硬化したコンクリート。

バイブレータ

コンクリート打設時に振動をかける機材[写真4]。フレッシュコンクリートに振動を与えて型枠の隅々まで行き渡らせ、不要な空気を除去し、骨材が均等に分布した密実なコンクリートをつくることができる。コンクリート中に差し込む棒状のもの（30〜50㎜が一般的）、型枠に押し付ける板状のものなどがある。1カ所で長時間かけ過ぎるとコンクリートと骨材の分離を招くため1カ所で10〜20秒とし、鉄筋に直接振動を与えてはならな

図9｜回し打ち

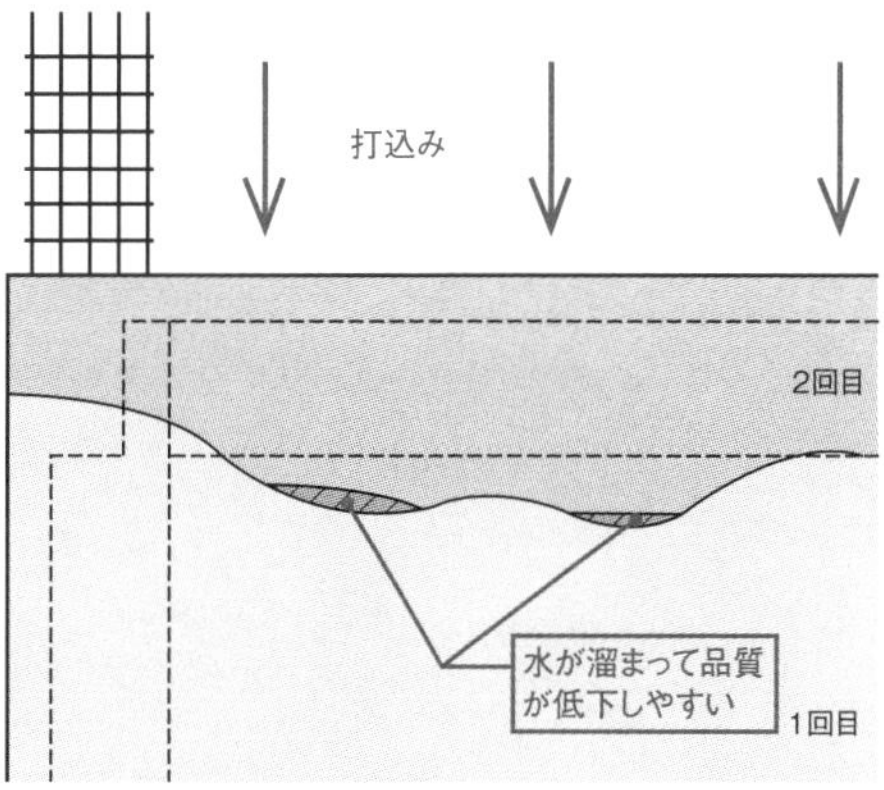

図10｜自由落下高さ

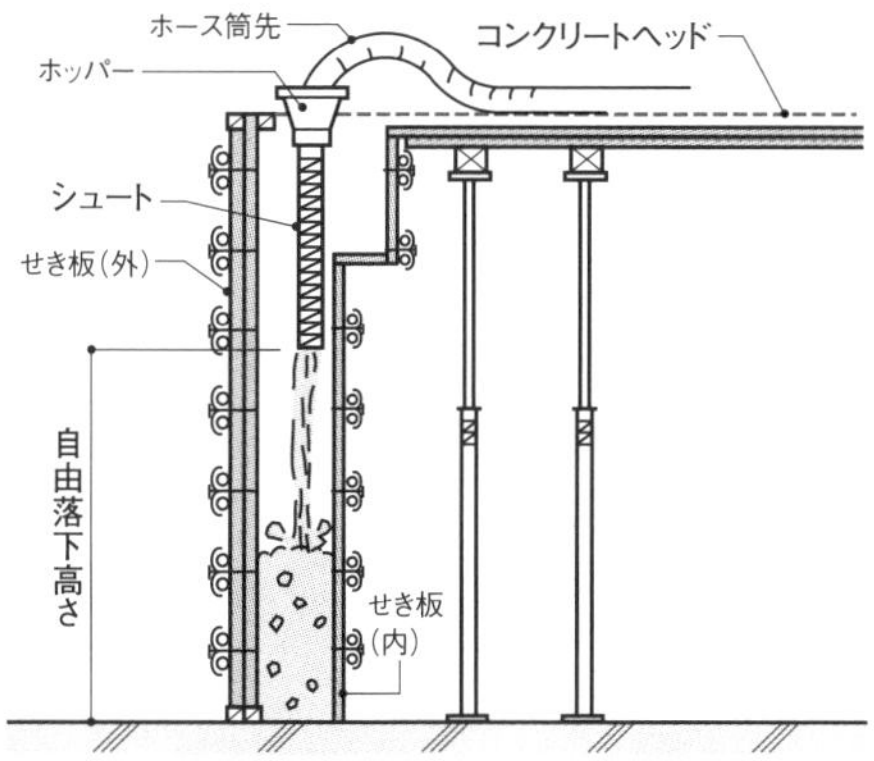

図11｜コールドジョイント対策

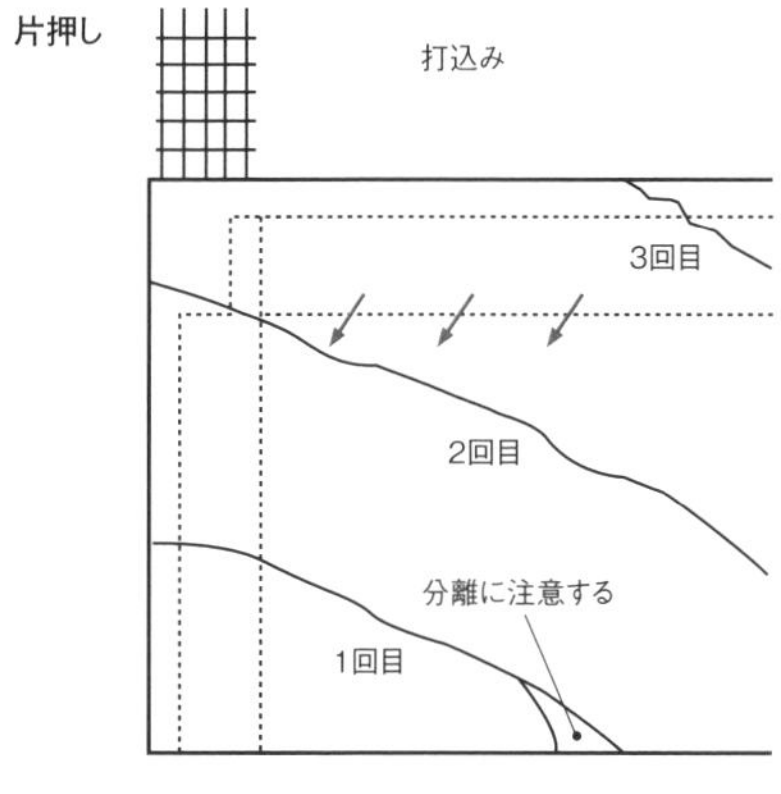

写真5｜叩き

写真4｜高周波バイブレータ

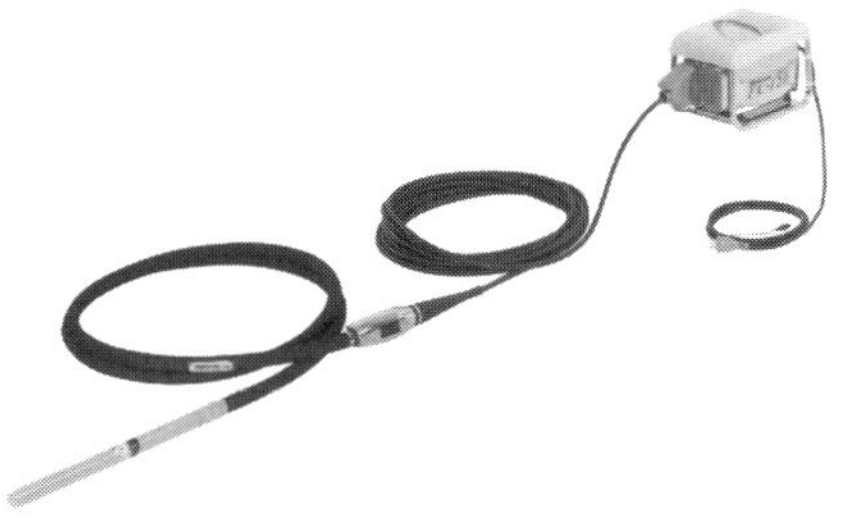

い。

タンピング
打設したコンクリートに含まれる水分の急激な蒸発や、コンクリートの沈下などによって起こる初期ひび割れを防ぐために、打設完了後30〜60分の間に表面を均すこと。木ゴテや金ゴテで行う。

叩き｜たたき
コンクリート打設時に、型枠とコンクリートの間に隙間が残らないようにコンクリートが充填された部分の型枠を木槌で叩くこと[103頁写真5]。バイブレータと同様、ジャンカなどの不具合を防ぐために行う。窓枠周辺や配管周囲で叩きが足りないと、空隙となり後に補修の必要が生じる。

つつき
コンクリート打設時に、上部から竹竿などを刺し込み撹拌すること[写真6]。竹の棒がよい。バイブレータの普及により行うことは少なくなってきたが、竿を上下に移動する際にコンクリート中から空気を追い出せるので密実なコンクリートが打設できるという意見も多い。

打継ぎ｜うちつぎ
前に打ったコンクリートに継ぎ打ちすること。打継ぎ前に打継ぎ面のレイタンスやぜい弱なコンクリートを取り除いておく。

いってこい
一般に材料を往復させること。手前から奥、手前と、順にコンクリートを打つこと。

コンクリートヘッド
コンクリート打ち上がり高さのこと。

沈み｜しずみ
コンクリート打設後、コンクリートの分離による**ブリーディング**（浮き水）が起き、表面のコンクリートが沈み込む現象。沈降ともいう。原因としては、①水セメント比・スランプ値が大きいコンクリートによる打設の場合、②打込み速度が速く、梁上・スラブ上まで一気に打設した場合、③締固め・タンピングが不十分な場合、などが挙げられる。

なお、コンクリート上面近くに鉄筋があると、コンクリートの沈下が鉄筋に拘束されるため、鉄筋に沿ってひび割れが生じることがある。また、梁下と壁、梁上とスラブの境界線には、沈み量の差によってひび割れが生じやすい。これらを沈みひび割れというが、タンピングを十分に行うことで防止できる。

寒中コンクリート｜かんちゅう
コンクリートの打込み後の養生期間に、コンクリートが凍結する恐れのある時期に施工されるコンクリートのこと。シート掛けなどで表面の凍結を防ぐ[写真7]。

暑中コンクリート｜しょちゅう
気温が高く、水分の急激な蒸発などの恐れのある時期に施工されるコンクリートのこと。水分蒸発によるスランプ低下を防ぐため、散水をしながら養生する[写真8]。

型枠存置期間｜かたわくぞんちきかん
コンクリートを打設した後、型枠をそのまま取り付けておく期間のこと。『JASS5鉄筋コンクリート工事』では、型枠の存置期間を表8のように定めており、スラブの支保工はコンクリート強度が基準以上でなければ解体できないことになる。また、コンクリートの硬化後に型枠を解体することをばらすという。コンクリート強度の発現が遅い冬季は長く、逆に強度の発

写真6｜つつき

写真7｜養生上屋を設けた例

写真8｜散水養生中

表8｜型枠の存置期間（JASS5）

a. 基礎・梁側・柱および壁のせき板の存置期間は、コンクリートの圧縮強度が5N／㎟以上に達したことが確認されるまでとする。ただし、せき板存置期間中の平均気温が10℃以上の場合は、コンクリートの材齢が下記に示す日数以上経過すれば、圧縮強度試験を必要とすることなく取り外すことができる

b. 床スラブ下・屋根スラブ下および梁下のせき板は、原則として支保工を取り外した後に取り外す

基礎・梁側・柱および壁のせき板の存置期間を定めるためのコンクリートの材齢（日）

	早強ポルトランドセメント	普通ポルトランドセメント 高炉セメントA種 シリカセメントA種 フライアッシュセメントA種	高炉セメントB種 シリカセメントB種 フライアッシュセメントB種
20℃以上	2	4	5
20℃未満 10℃以上	3	6	8

c. 支保工の存置期間は、スラブ下・梁下とも設計基準強度の100％以上のコンクリート圧縮強度が得られたことが確認されるまでとする

d. 支保工除去後、その部材に加わる荷重が構造計算書におけるその部材の設計荷重を上回る場合には、上述の存置期間にかかわらず、計算によって十分安全であることを確かめた後取り外す

e. 上記c項より早く支保工を取り外す場合には、対象とする部材が取外し直後、その部材に加わる荷重を安全に支持できるだけの強度を適切な計算方法から求め、その圧縮強度を実際のコンクリートの圧縮強度が上回ることを確認しなければならない。ただし、取外し可能な圧縮強度は、この計算結果にかかわらず、最低12N／㎟としなければならない

f. 片持梁または庇の支保工の型枠は上記c、d項に準ずる

図12｜型枠の名称

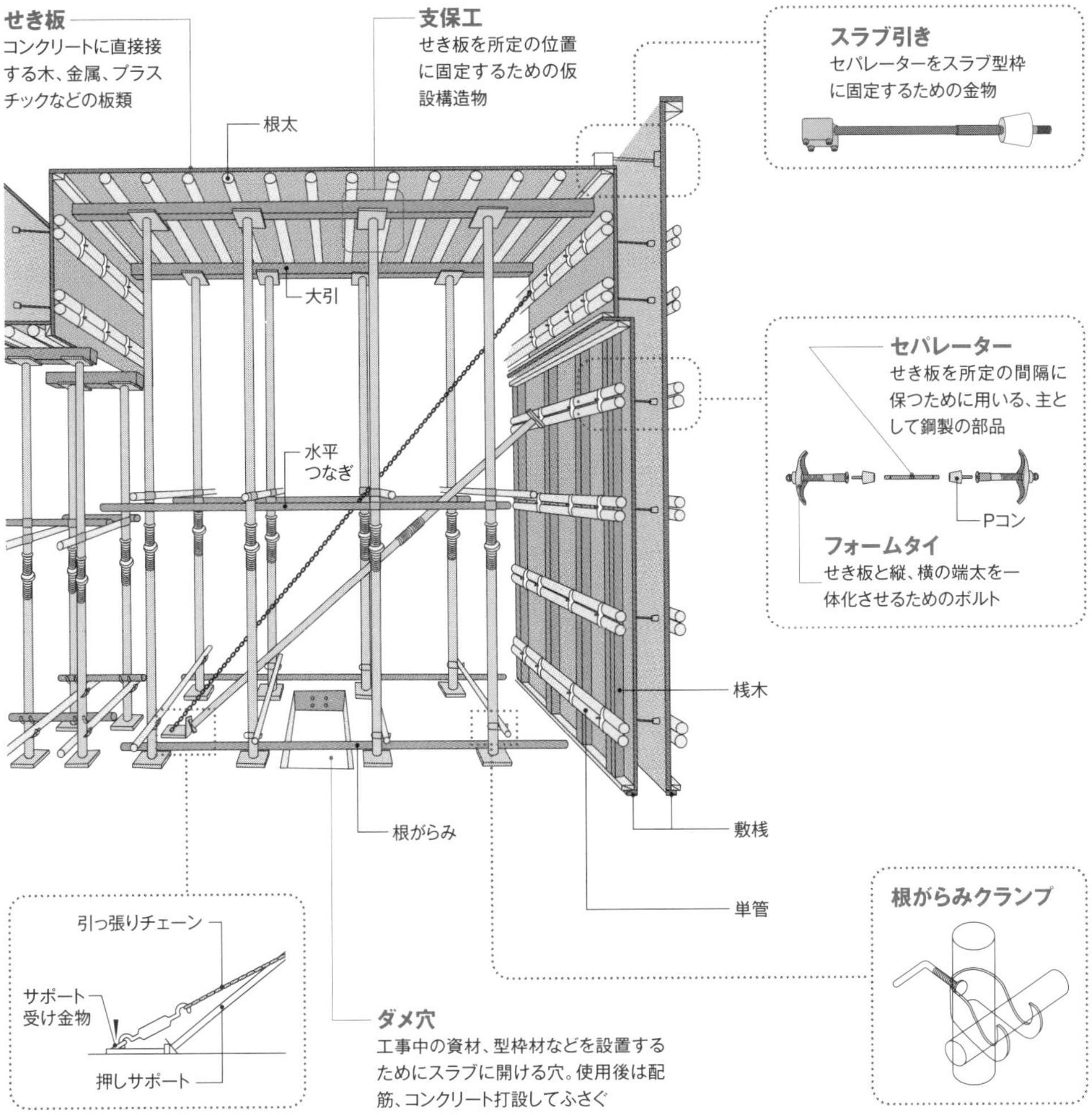
せき板
コンクリートに直接接する木、金属、プラスチックなどの板類
支保工
せき板を所定の位置に固定するための仮設構造物
スラブ引き
セパレーターをスラブ型枠に固定するための金物
根太
大引
セパレーター
せき板を所定の間隔に保つために用いる、主として鋼製の部品
Pコン
フォームタイ
せき板と縦、横の端太を一体化させるためのボルト
水平つなぎ
桟木
敷桟
根がらみ
単管
根がらみクランプ
引っ張りチェーン
サポート受け金物
押しサポート
ダメ穴
工事中の資材、型枠材などを設置するためにスラブに開ける穴。使用後は配筋、コンクリート打設してふさぐ

現が早い夏季は短くなる[表8]。

型枠

型枠｜かたわく
打設されたコンクリートを設計上の形状や寸法に保ち、コンクリートが必要な強度に達するまで支持する仮設構造物の総称。一般的に存置期間を経た後、取り外される[図12]。

殺し型枠｜ころしかたわく
打設が完了した後も脱型せずにそのまま躯体にそのまま残しておく型枠のこと。**打込み（捨て）型枠**[うちこみ（すて）かたわく]ともいい、一般には周囲の建物と近すぎたり、地中になる場合など、型枠が脱型が困難な場合、やむを得ず行う。ただし、基礎型枠でラス網・スレート板・波板鋼板などの材料を使用し、そのまま仕上げとする工法もある。施工精度が高いため工期が短縮でき、省資源化の面でも注目されている。材料は鋼製、プラスチックなどで、仕上げ材や断熱材を兼ねたものもある。

鋼製型枠｜こうせいかたわく
鋼鉄製の型枠で、規格サイズは300×600㎜。規定の寸法が小さく、単価が高いことなどから、使用できる機会は限られる[写真9]。ただし

写真11｜単管（横端太）を渡す

単管

写真10｜ボイド型枠

写真9｜木造住宅の基礎で使われる鋼製型枠

図13｜単管の入れ方

型枠のコーナーは単管の配置によってはセパレータの高さ（割付け）が平行にそろわない。打放しなどで割付けに配慮したい場合は、あらかじめ現場に単管の組み方を指示しておく

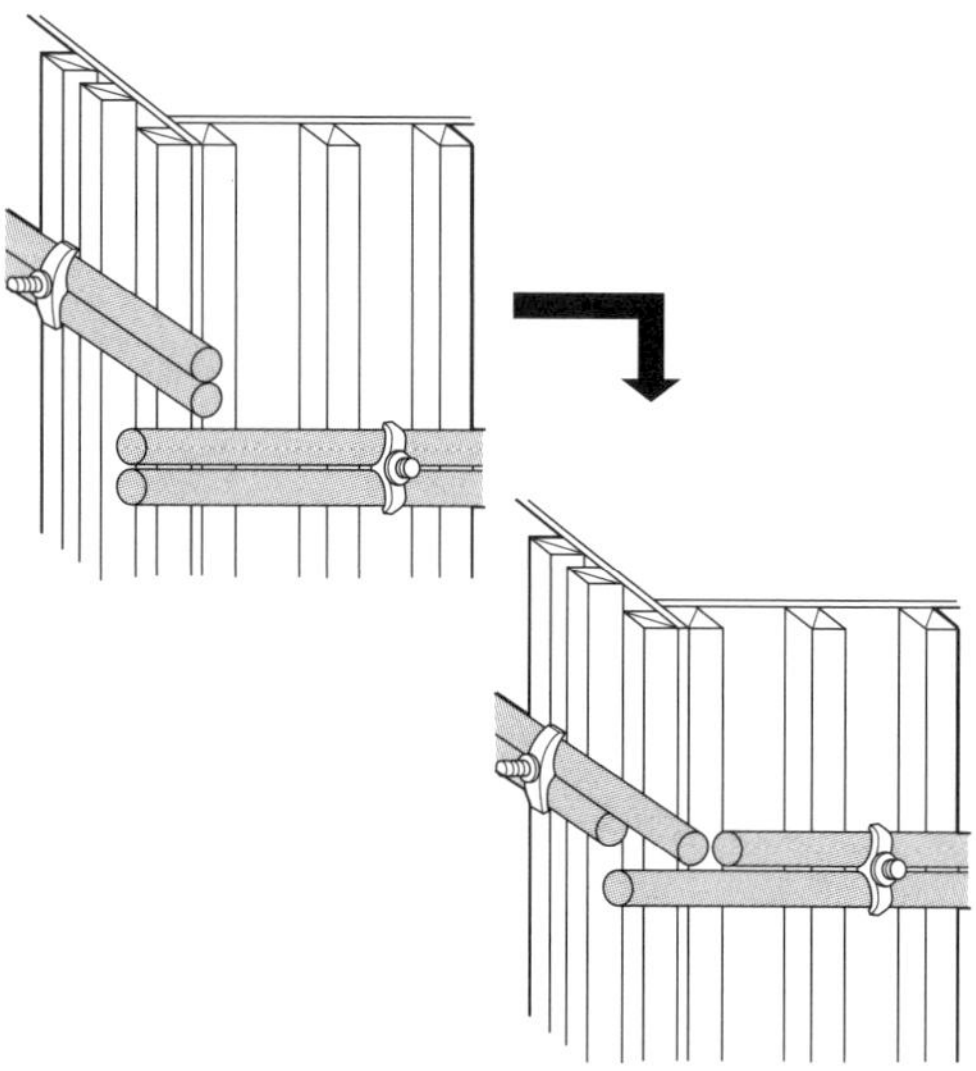

図14｜スラブ受けテーパー金物

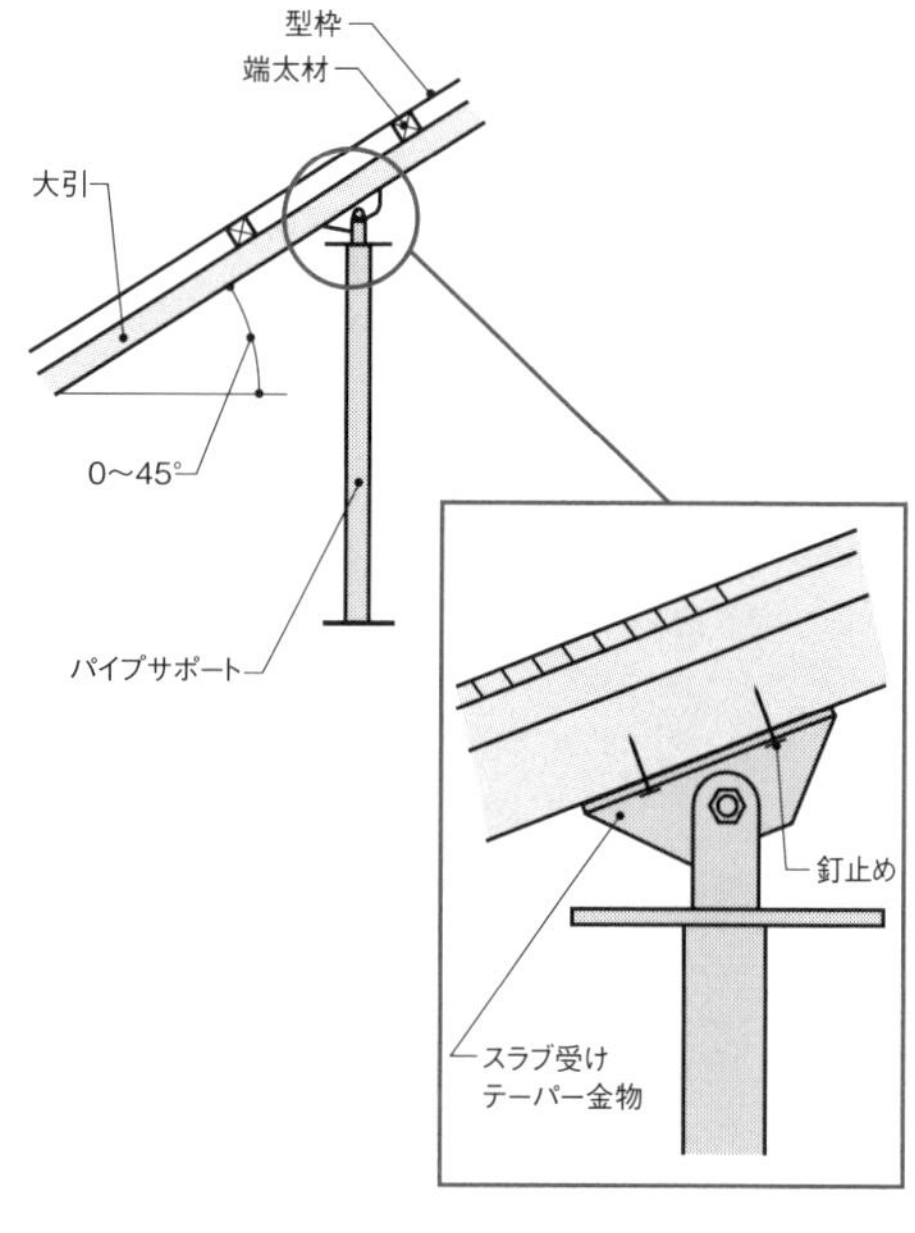

再利用ができ、住宅の布基礎など、いろいろな建物で同じ断面を使用する機会が多い場合は、結果としてローコストとなる。

ボイド型枠｜かたわく
円柱・円形用空洞紙型枠。特殊な紙を積層した型枠で、円柱の打放しに使用される。径は既成品で50～1200㎜まであり、大きいものを特に**チューブ**ともいう［写真10］。

化粧型枠｜けしょうかたわく
外観を整えるため、表面に凹凸などの模様を加工した型枠。素材には鋼、特殊樹脂、ポリスチレンフォーム、型枠用の合板にウレタン塗装を施した化粧ベニヤなどが用いられる。擬石調、木目調などの素材感を出すこともできる。

建込み（**型枠**）｜たてこみ
型枠を設計図どおりに設置すること。

ラス型枠｜かたわく
合板製・鋼製堰板の代わりに、特殊金網を使用した捨て型枠。金網の素材にはリブラスなどを用いる。堰板の解体が不要なため、省力化と工期短縮が可能となる。地中梁や基礎に使用する場合が多い。大規模現場においては水平打継ぎ部の止め型枠として設けることもある。

せき板｜いた
型枠の構成部材の1つで、コンクリート躯体を整形する板状の部材のこと。流し込まれたコンクリートを直接受ける。材料は型枠用合板（**コンパネ**、コンクリートパネルの略称）が最も多く、パネコート（合板の表面が塗装された、化粧打放し用型枠）などがある。打設後のコンクリートとの剥離性もよく仕上がりはきれいだが、コンクリートのあくを吸い込むため、再利用は3回程度が限界。施工性や再利用性の高さから、鋼製の**鋼製型枠**［こうせいかたわく］やアルミ製、プラスチック製ＦＲＰ、ダンボール型枠なども使われてきている。打放し用にはコンパネの表面を塗装した**塗装合板**があり、ウレタン系・アクリル系がある。梁などの側面に使われるせき板を側板［がわいた］という。表面に塗る塗料の名前**パネコート**（昭和油研）で呼ばれることも多い。

コンパネ
コンクリートパネルの略で、**型枠用合板**のこと。ＪＡＳでは一種（打放しコンクリート用）と二種（一種以外のもの）に分類され、一般的には厚さ12×900×1800㎜（さぶろく）、600×1800㎜（にろく）、1000×2000㎜（メーターサイズ）が使われる。表面がウレタン系やアクリル系樹脂塗料で塗装された**塗装合板**は、合板とコンクリートの化学的反応を防止するほか、コンクリートの剥離が容易になるため型枠の転用回数が増大する。

根太｜ねだ
スラブ型枠においてせき板を受けるため30㎝ほどの間隔で並べられる。単管を用いることが多い。

単管｜たんかん
外径48・6㎜、肉厚2.3㎜の鋼管パイプ。長さは50㎝刻みで5ｍまでが用意されている［105頁写真11、図13］。

大引｜おおびき
スラブ型枠において根太を受けるため90㎝ほどの間隔で並べられる部材。**端太角**や60㎜角の鋼製角パイプを多く用いる。規格化されたアルミ製の大引材もある。

端太角｜ばたかく
型枠の側面を固めるために使用するスギ、マツ、ヒノキなどの約10㎝角の角材で、**バタ**、**バタ材**ともいう。横方向のものを**横端太**［よこばた］または**腹起こし**［はらおこし］、縦方向のものを**縦端太**［たてばた］という。

支保工｜しほこう
工事途中において荷重を支える仮設部材のこと。一般的にはパイプサポートが使われる。

※：在置期間の短いせき板・根太を早期に解体し、上階へ使用していくこと

写真12｜スラブ型枠の上に断熱材を施工する

写真13｜ノロ止めテープ

写真14｜フォームタイ

写真15｜Pコン

写真16｜コーナー角締め

図15｜型枠の断面

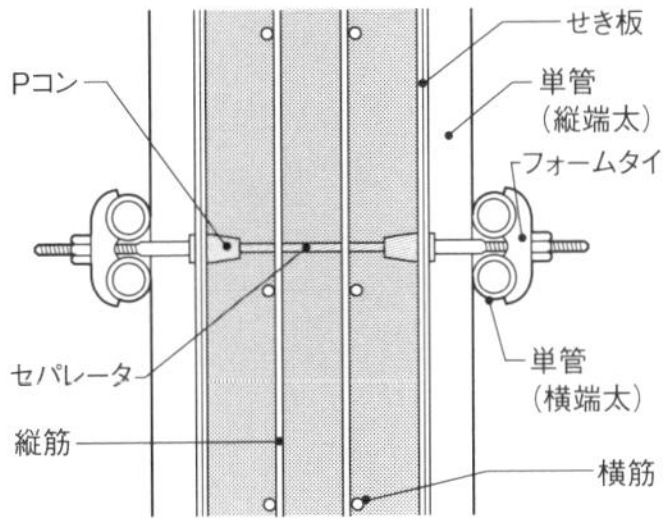

鋼製仮設梁｜こうせいかせつばり
ビーム、**ペコビーム**、**ペコ**ともいう。根太や大引、パイプサポートを必要としないスラブ型枠。使用材料が少なくなり、効率化が図れる［写真12］。

パイプサポート
鋼管製のコンクリート型枠支柱。支保工の支柱でスラブ・梁などの型枠を支持する。サポートともいう。腰管（60・5㎜径）と差し管（48・6㎜径）からなり、30㎝～7mくらいまで長さの調整ができる。最大長さ1200㎜の調整サポートを**ベビーサポート**という。一般サポート最長は3500㎜程度であり、それ以上の長さが必要な場合は、補助サポートでつなぐ。勾配屋根・梁では、パイプサポートを直立使用するため、サポート先端に**スラブ受けテーパー金物**［図14］を取り付ける。また、スラブや束の型枠材の転用［※］を目的として**パーマネントサポート**や支保工の間引き存置などの方法がしばしば使われる。

パーマネントサポート
スラブの支保工はそのままで大引・根太・せき板のみを解体できる特殊なパイプサポート。

根がらみ｜ね—
脚部が移動しないように水平材や斜め材を用いてパイプサポートの足元を連結固定すること、その部材。

水平つなぎ｜すいへい—
コンクリート打設時の型枠の変形や座屈を防ぐため、中間の高さでパイプサポートを端太角や鋼管などで緊結すること、その部材。高さ2mごとに2方向に設けねばならない。

型枠剥離剤｜かたわくはくりざい
型枠解体の脱型を容易にするため、せき板の表面に塗布する塗布剤。打放し面積が少ない場合はほとんど使用しないが、一般に基礎や一般壁、各アンコ材に塗布する。水溶性系・油性系に分類されるほか、鋼製型枠用・木製型枠用など多くの製品があるが、吟味して使用しないとコンクリート表面に悪影響（コンクリート表面の色ムラ、色素・せき板バリの付着、仕上げ材の付着力低下）を及ぼす。

ノロ止めテープ｜—どめ—
窓廻りや出隅など、型枠の隙間から染み出る**ノロ**（セメントペースト）をふさぐためのテープ［写真13］。打放し仕上げなどで使用する。また、テープ以外に金属製のノロ止めアングルがあるが、これは敷桟木とスラブとの隙間からノロが噴出するのを防止するためのものである。

とんぼ
梁下の根太を受ける大引。

フォームタイ
せき板と縦・横の端太を型枠として一体化させるためのボルト［写真14］。横端太を締めるための座金があり、端太の材料や締付け方法の違いにより種類が異なる。W型が一般的。

セパレータ
向かい合う2枚のせき板で構成される型枠の間隔を一定に保つために壁や柱梁の側面に使用する金物［図15］。セパレータと型枠の間に入る切断円錐状の埋めものをPコンという。両側に座金のあるものはコンクリート表面にその跡が残る。

Pコン｜ぴー—
セパの端部に付けるプラスチック製の欠込みのこと［写真15］。木製の**木コン**［もっ—］もあるが、現在はあまり使用されていない。

返し壁｜かえしかべ
壁型枠の内壁（または外壁）の反対側の型枠を指す。また、型枠が2枚で構成される壁の場合、1枚を先に組み、次に配筋してから残りの1枚の壁を組むこと。

図16｜アンコ

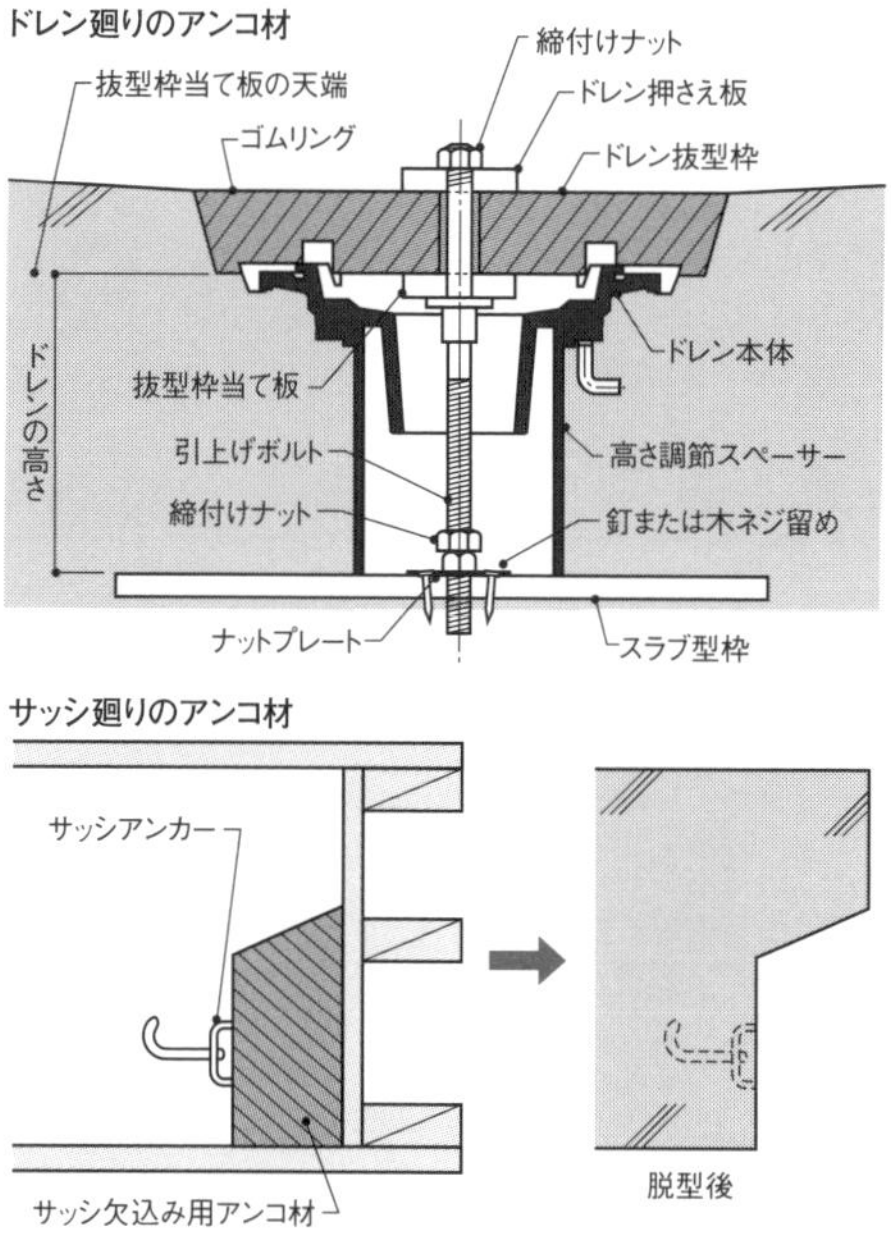

写真17｜箱抜き

写真18｜テストピース

写真19｜モールド

図17｜鉄筋の表面形状

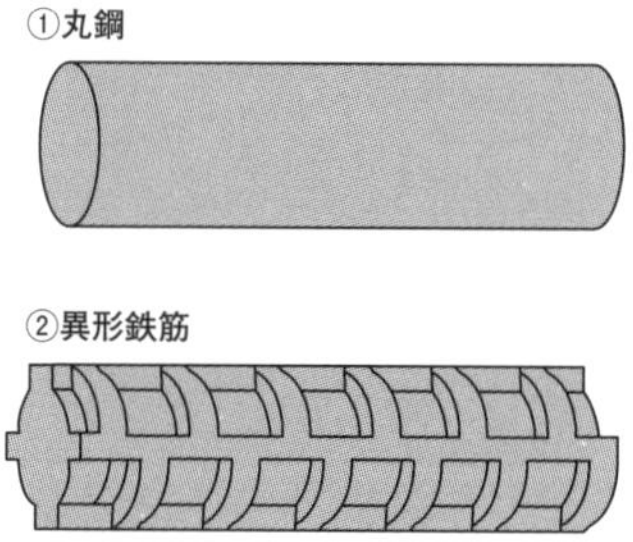

角締め｜かどじめ

建物の角にはコンクリートの側圧が急激にかかりやすいため、壁、柱などの出隅にあたる部分の型枠をチェーンやターンバックルなどを使って補強すること［107頁写真16］。**角引き**［かどびき］ともいう。

アンコ

コンクリートに溝や欠込みをつくること。またはその材料［図16］。大きめに加工した型枠のせき板にコンパネやポリスチレンフォームなどを入れて型枠の複雑さを軽減する。**盗み（板）**［ぬすみ（いた）］、**箱抜き**［はこぬき］ともいう。合板や木材で現場加工したもののほか、ドレン型枠・排水溝型枠など、用途別に既製品がある。打放しの場合、アンコ材をプレーナー加工するなどシャープに仕上げれば、取付け材の周りもシャープに仕上がる。

箱抜き｜はこぬき

窓など、コンクリートに箱形の欠込みをつくるため、打設後に箱形につくった型枠をスラブや壁のせき板の開口部になる部分に取り付けること。ダクトや配管のための開口を設けるときに行われる［写真17］。

釘仕舞｜くぎじまい

解体後の型枠材を再利用するために、パネルやコンパネに打ち込んだ釘を抜き取る作業のこと。

うってがえし

同一現場において、型枠材をほかの場所に再利用すること。型枠の転用と同義語。**うたて返し**ともいう。「窓のアンコ材を打って返しするから丁寧にばらしてくれ」といった具合に使う。

桟木｜さんぎ

仮設として用いる25×50㎜角で長さは3～4mが一般的。**補助桟**［ほじょざん］ともいわれる。型枠専用として規格化されたアルミ製の桟木もある。

ばら板｜―いた

仮設用として用いる厚さ12～15㎜、幅10㎝程度の板。**補助板**［ほじょいた］ともいわれる。

パンク

コンクリート打設中あるいは硬化中に型枠が崩壊し、コンクリートが溢れ出すこと。コンクリート打設時の側圧や打設荷重により、型枠の変形が進行し、所定の寸法を維持できなくなって生じる現象。

スリーブ

コンクリート躯体に打ち込む配管などの貫通孔。

ばらす

型枠を解体すること（JASS5によって決められている）。建築全般で工事の職人が使用する（鳶：足場をばらす・造作大工：間仕切をばらすなど）。

品質管理

表9　生コンの受入れ検査

検査項目	検査時期・回数	試験方法	実施者・立会者	合格判定値
スランプ空気量	圧縮強度試験用供試体採取時	JIS A 1101	実施：生コン会社 立会：施工責任者	スランプ 指定したスランプ（㎝）／許容差（㎝） 8未満　±1.5 8以上18以下　±2.5 18超える　±1.5
	構造体コンクリートの強度検査用供試体採取時	JIS A 1128	実施：施工管理者 立会：工事監理者	空気量 区分／許容差（%） 普通コンクリート　±1.0 軽量コンクリート　±1.5
塩化物量（塩素イオン量）	1回／1日[注1]	JASS 5 T-502（評価を受けた測定器を用いる）	実施：施工管理者 立会：工事監理者	防錆対策がない場合：0.30㎏/㎥以下 防錆対策がある場合：0.60㎏/㎥以下
圧縮強度	打込み工区ごと、打込み日ごとに、1回かつ1回／約150㎥[注2]（3回／1検査ロット）	JIS A 1108標準養生材齢28日	実施：生コン会社 立会：施工管理者	下記（1）、（2）をともに満足する （1）1回の試験結果は、指定した呼び強度の85%以上 （2）3回の試験の平均値は、呼び強度以上

注1　測定は、同一試料から採った3個の分取試料について各1回測定し、その平均値で判定する
注2　1回の試験に用いる供試体は3本で、任意の1運搬車

受入れ検査｜うけいれけんさ
生コンクリートが現場に搬入される際、発注どおりのコンクリートがきているかの確認、品質管理のために行う試験。スランプフロー試験、空気量測定、塩化物測定が一般的[表9]。

呼び強度｜よびきょうど
JISに規定されたレディミクストコンクリートにおいて、コンクリートの強度区分を示す呼称/㎟で、生コンの発注においてN/㎟を加えた値を呼び強度とし、スランプとの組合せで指定する。呼び強度が36N/㎟を超える場合、特に打ち重ね時間の間隔を重点監理しないと**コールドジョイント**や**ジャンカ**の原因となりやすい。打放しの場合、温度補正値の割増しをするなどして打設の時期によって呼び強度が変わると、階によってコンクリートの色が均一にならないので注意する。ほかには**設計基準強度**、**調合強度**、**基本補正強度**がある。

設計基準強度｜せっけいきじゅんきょうど
構造計算時に設定したコンクリートの圧縮強度。21～27N/㎟が一般的だが、軽微な基礎などでは18N/㎟を使用したり、また、大きな建物ではさらに高強度な数値を設定することもある。

調合強度｜ちょうごうきょうど
コンクリートの強度を決める場合に目標とする圧縮強度のことで、品質のバラツキや養生温度などを考慮して設計基準強度に割増をしたもの。配合強度ともいう。

基本補正強度｜きほんほせいきょうど
設計基準強度に打込みから構造体コンクリートの強度管理材齢までの期間の予想平均気温によるコンクリート強度の補正値を加えた値。気温によるコンクリート強度の補正値は、管理材齢が28、42、56、91日の場合についての規定がある。現在は3N/㎟。

筒先管理｜つつさきかんり
生コンの品質管理のための試料採取を型枠に打ち込まれる直前にポンプの筒先で行うこと。

テストピース
コンクリートの圧縮強度を管理するために、打設の際に現場でミキサー車よりコンクリートを採取し作成する供試体[写真18]。JIS A 1132に規定される。養生方法には、**標準養生**、**現場水中養生**、**現場封緘養生**などがある。

モールド
テストピースをつくる鉄製の円筒形の型枠のこと[写真19]。また、モールドに詰めたコンクリートの天端をセメントペーストで平らに仕上げることをキャッピングという。

シュミットハンマー
コンクリートの圧縮強度を非破壊試験で測定する機械。コンクリートに打撃を加え、反射で返ってきた衝撃の強さを測り、強度を計算する。測定精度は高くないため、予備調査などで使用される。

養生｜ようじょう
打設完了後に表面に亀裂が生じないように湿潤保持を行ったり、凍結が生じないように工事完了部分を保護すること。

標準養生｜ひょうじゅんようじょう
テストピースの圧縮強度試験が実施されるまでの間の養生方法の1つ。水中または湿度が100%近くに保たれた空気中で、その温度が常に21±3℃に保たれた養生。生コンの調合管理のために行う圧縮強度試験用。生コン会社が行う。

現場水中養生｜げんばすいちゅうようじょう
テストピースの養生方法で、現場内に用意された水槽に入れ、気温または水温の最高・最低を毎日記録する。実際に打ち込まれたコンクリートの品質管理あるいは型枠の解体時期判定のための圧縮強度試験用で、施工者が実施する。

現場封緘養生｜げんばふうかんようじょう
ビニール袋などに密閉し、水分の吸湿や排出をなくすテストピースの養生方法。現場封緘養生の採用により材齢が42、56、91日までの延長やコンクリートの温度補正値を小さくすること、高炉セメントの採用などが可能となる。

材齢｜ざいれい
打設したコンクリートの強度管理で使われる言葉で、コンクリート打設日からの経過日数を示す。いわゆる養生日数のこと。現場水中養生の場合は材齢28日の4週強度、**現場封緘養生**（水分が飛ばないようにビニル袋などで供試体を養生したもの）の場合は、材齢91日以前のテストピースの圧縮強度が、設

写真20 刻印（SD345）

計基準強度以上であれば合格となる。

カンタブ
生コン中の塩分量を測定する試験紙。10分ほどで測定結果が出る。

鉄筋

鉄筋—てっきん
丸鋼と異形鉄筋[108頁図17]があり、鉄鉱石を熔解して銑鉄を製造する溶鉱炉からつくられる鋼材を**高炉物**[こうろもの]、電熱によって加熱する電気炉からつくられる鋼材を**電炉物**[でんろもの]という。節付きの異型鉄筋が一般的。材質としては、SD295A、SD345、SD390などが主流。

種類記号—しゅるいきごう
JISにおける鉄筋の規格を表す記号。鉄筋コンクリートの「鉄筋」部分に使われる鉄鋼（棒鋼）にはSR235、SD295Aなどの7種類が規定されている。最初の英字は鉄筋の形状を表す。「SR」は表面に凹凸がない棒鋼（＝丸鋼）。「SD」は棒の表層にリブを設けた棒鋼（＝異形鉄筋）。次の3桁は降伏点強度（N／㎟）を示す。「SD295A」は降伏点強度が295N／㎟以上で上限が定められておらず、「SD295B」は上限が390N／㎟以下と定められている。

写真21 ガス圧着継手

降伏点強度—こうふくてんきょうど
鉄筋に対して引張り力を加え、形が元に戻らなくなった時点での強度。通常、鉄筋は弾力性を有しており、引張り力が加わって伸びても元の形に戻ろうとするが、降伏点強度を超えた場合は歪みが永久に残ることになる。**降伏応力**[こうふくおうりょく]とも。

写真22 結束

圧延マーク—あつえん—
鋼材製品に刻印し、製造者・鉄筋径・材種などを示すマーク。施工現場においては鉄筋受入れ検査時の圧延マークとメタルタグ、ミルシートによって、所定の品質の鋼材が使用されたことを確認できる。

ユニット鉄筋—てっきん
工場の機械により、切断→溶接→曲げ加工まで自動でユニット化された鉄筋。精度の高い安定した基礎鉄筋をつくることができ、工期の短縮も計れる。各部材を特殊な結束線で組み立て、折りたたんで運搬し、現場でもとの形状に復元する「**鉄筋ジャバラユニット**」もある。

鉄筋ベンダー—てっきん—
鉄筋を折り曲げる機械。手動式と電動式がある。

デーコン
異形鉄筋のこと。鉄筋とコンクリートの付着強度を高めるために鉄筋の表面に節状の突起が付いている。デーコンは商品名の1つ。

呼び径—よびけい
異型鉄筋は節があり直径が一定でないため、直径の平均的な値を取り、それを呼び径として規格化している。呼び径13㎜はD13、19㎜はD19と呼ぶ。

切断機—せつだんき
鉄筋を切断する機械。手動式、油圧式やチップソー式のものなどがある。

ガス切断機—せつだんき
酸素と可燃性ガスを混合させ、約3000℃の火炎で鋼材などを切断・溶接する機械。

結束—けっそく
配筋（鉄筋を図面通りに並べること）後、**番線**（軟鋼の鋼線。太さは21番線が一般的）により鉄筋同士を結ぶことを結束という[写真22]。

結束線—けっそくせん
鉄筋どうしを緊結するために用いるなまし鉄線。加熱した後に徐々に冷やす焼きなましを施したもの。ハッカーで結束するU形に曲げたものと、結束機で結束するリールタイプがある。またコンクリート打放し用の防錆能力が高いメッキ結束線、エポキシ鉄筋用のビニール被服結束線もある。

配筋—はいきん
設計図に従って鉄筋を所定の種類・径・本数・位置に配置すること。配筋は「鉄筋コンクリート配筋標準図」などに則り、コンクリートのかぶり厚さ、継手位置、継手長さ、あき寸法などを検討してから行う。

柱の主筋量—はしらのしゅきんりょう
コンクリート断面積に対する柱の主筋総断面積の比率。0.8％以上が必要。限界耐力計算で安全性が確認できれば、これ以下でもよい。

ミルシート
製鉄所の鉄筋の品質を証明する鋼材検査証明シート。鋼材メーカーが発行する。鉄筋などの鋼材納入時に添付される品質保証書で、製造番号、鋼番、チャージナンバー、化学成分、機械的性質などが記されている。住宅規模では単独でメーカーから鋼材を購入することはまずなく、ミルシートのみに品質証明を頼るのは望ましくない。現場で鋼材の刻印を確認するとよい[写真20]。

あき寸法｜あきすんぽう
隣接する鉄筋の中心間の間隔。

継手｜つぎて
鉄筋のジョイント。工法よって**重ね継手**、**ガス圧接継手**[写真21]、**機械式継手**、溶接継手、アーク溶接法などに分けられる。アーク溶接法は作業性がよく、鉄筋の収縮量が少ないため、先組みの鉄筋の接合などに用いられる。機械式継手にはねじ付き鉄筋、スリーブ圧着法、スリーブ充填法、スリーブねじ締付け法がある。重ね継手で太径鉄筋の場合、特に耐圧盤配筋で配筋ピッチが狭いと、太径鉄筋相互の所定のあきがとれなくなるので、あきを考慮した水平重ね、上下重ねを検討する。

継手長さ｜つぎてながさ
鉄筋どうしを継ぐ際に、重ねる部分の長さ。重ね継手の長さは、①鉄筋の種類、②鉄筋径、③コンクリートの強度、④フックの有無により決まる。また、D35以上の異形鉄筋には原則として設けない。また継手位置は鉄筋応力の小さい個所に設ける。

図18｜柱の配筋

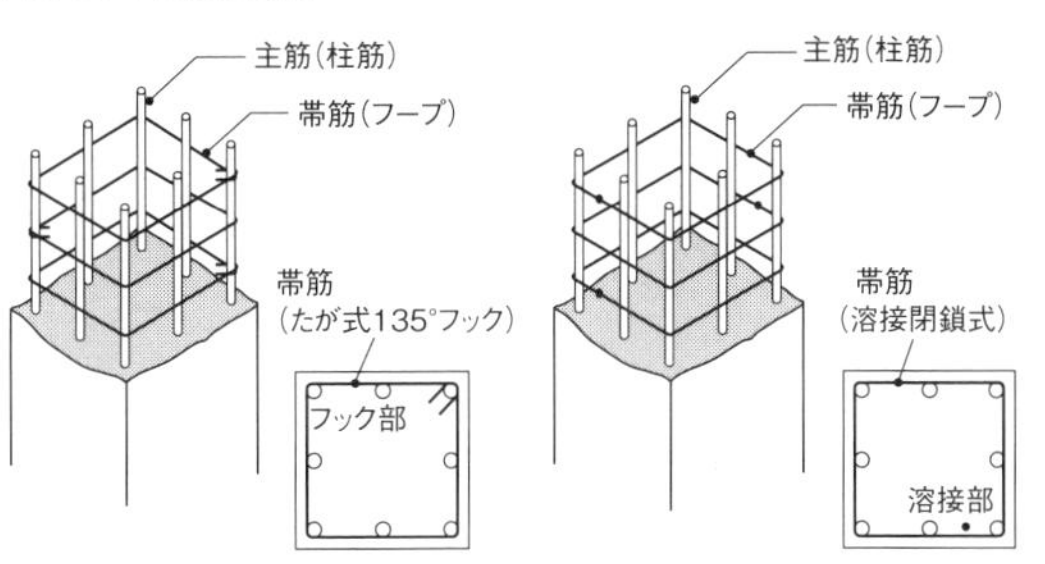

図19｜スパイラルフープの種類

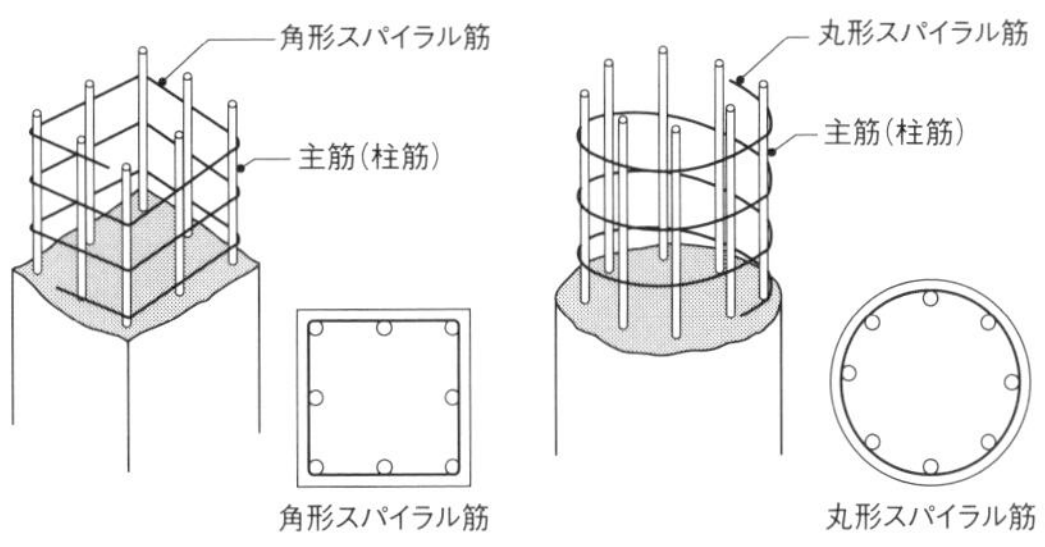

ガス圧接継ぎ手｜あっせつつぎて
接合する2本の鉄筋の端面をガス炎で1200℃〜1300℃に加熱しつつ、材軸方向に圧力を加え、接合端面を溶かさずに接合する工法。ガス炎（アセチレンガス炎）で加熱されると鉄筋を構成している原子が活発に動き、突き合せた表面部分を跨いで融合・再配列しようとする。この原理を利用したもの。

機械式継手｜きかいしきつぎて
特殊鋼材製の鋼管（スリーブやカプラー）と、異形鉄筋の節の噛み合いを利用して接合する工法。

付着力｜ふちゃくりょく
コンクリートと、内部に埋め込まれた鉄筋などが互いに付着する力。鉄筋表面の形状・径、コンクリートの圧縮強度で変化する。

直組み鉄筋｜じかぐみてっきん
現場で組み立てられた鉄筋。

先組み鉄筋｜さきぐみてっきん
現場以外で組み立てられた鉄筋。

定着｜ていちゃく
鉄筋が引き抜けないようコンクリート中に端部を埋め込んで固定させること。**アンカー**、**のみ込み**ともいう。梁の場合、梁主筋を柱内に所定の長さのみ込ませて応力を確実に伝達させる。

定着長さ｜ていちゃくながさ
コンクリート内に埋め込んだ鉄筋に力が作用しても引き抜けないように固定するために必要な長さ。各々の部材は支点において鉄筋と重ねることで接合を行う。その際、鉄筋を接合したい部材に飲み込ませなくてはならない長さをいう。

インチ
異形鉄筋D25の呼び名。鉄筋工がよく使う。呼び名はヤード法の1インチ（25・4㎜）に由来。

主筋｜しゅきん
RC造で主に曲げに対して効くように配置される鉄筋のこと。柱では縦筋、梁では横に走る鉄筋、床では短辺方向の鉄筋を指す。

フープ（帯筋）｜—（おびきん）
柱筋・梁筋の主筋を束ねる状態で、主材に対して直角に帯状に配置されている鉄筋。柱に使用されるものをいう。最近はフープを1本ずつ溶接したものもある[図18]。一般に150㎜以下の間隔で巻き付ける。梁の場合は、スタラップという。間隔は、250㎜以下かつ梁せいの3/4以下。

スパイラルフープ
らせん状に加工されたフープの1種。SRC造などで使われることが多い[図19]。

帯筋比｜おびきんひ
柱の断面積におけるコンクリートの総断面積と帯筋の総断面積の割合。法律上、帯筋比は0.2％以上と規定されている。

帯筋間隔｜おびきんかんかく
柱の主筋に対して直角に配される帯筋同士の間隔。法律上、柱の端部側で10㎝以下、中央側では15㎝以下とするように規定されている。

柱の小径｜はしらのしょうけい
柱の最小寸法のこと。法律上、主要な支点間（梁下端から下階の梁上端間）の距離の1/15以上とするように定められている。

フック（つめ）
コンクリートと鉄筋の付着力を強めるために鉄筋の端部を折り曲げること。コア内に向き合うよう交互に設ける。

余長｜よちょう
鉄筋端部のフックの折り曲げ起点から終点までを「折り曲げ部」と称し、折り曲げ終点以降を余長と称する。折り曲げ起点以降の長さの確保が定着性能の高さにつながる。

スターラップ（あばら筋）｜—（あばらきん）
柱のフープに対し、梁に使用される鉄筋のこと[図20]。

腹筋｜はらきん
梁せいが600㎜以上となる場合、スタラップが平行四辺形状に変形し、きれいに配筋が行えない。そのような時に、腹筋を配筋する。腹筋は、梁の上下の主筋と平行な呼び径の小さい鉄筋であり、形を整えやすくする効果がある。

幅止め筋｜はばどめきん
梁のスタラップの間隔を一定に保つ配筋や、スラブ上下の鉄筋の間隔を一定に保つ配筋を指す。1mピッチ程度が一般的。

補強筋｜ほきょうきん
各種スリーブや開口部の隅などには大きな引張力が生じるため、壁や床の中央部の鉄筋では負担しきれなくなることが多い。そのため、補強筋として径の太い鉄筋を多めに配筋し、ひび割れが生じたり破壊が起こったりしないようにする。構造体の強度を維持するために必須である。窓開口部の四隅に発生する斜めクラックを防ぐための補強筋や、仮設重量物を載せるスラブ補強筋などがある。

割りバンド｜わり—
帯筋やあばら筋の寸法が大きいなどの理由で取付けが不可能な場合、帯筋やあばら筋をL型・U型に2分割して取付け可能にしたもの[図21]。

ベース筋｜—きん
基礎底部に網目状に組み上げる鉄筋。

配力筋｜はいりょくきん
主筋と直角に交差させて配置する鉄筋。副筋とも。応力を分散させる効果がある。

図20｜**RCラーメン構造の配筋詳細**

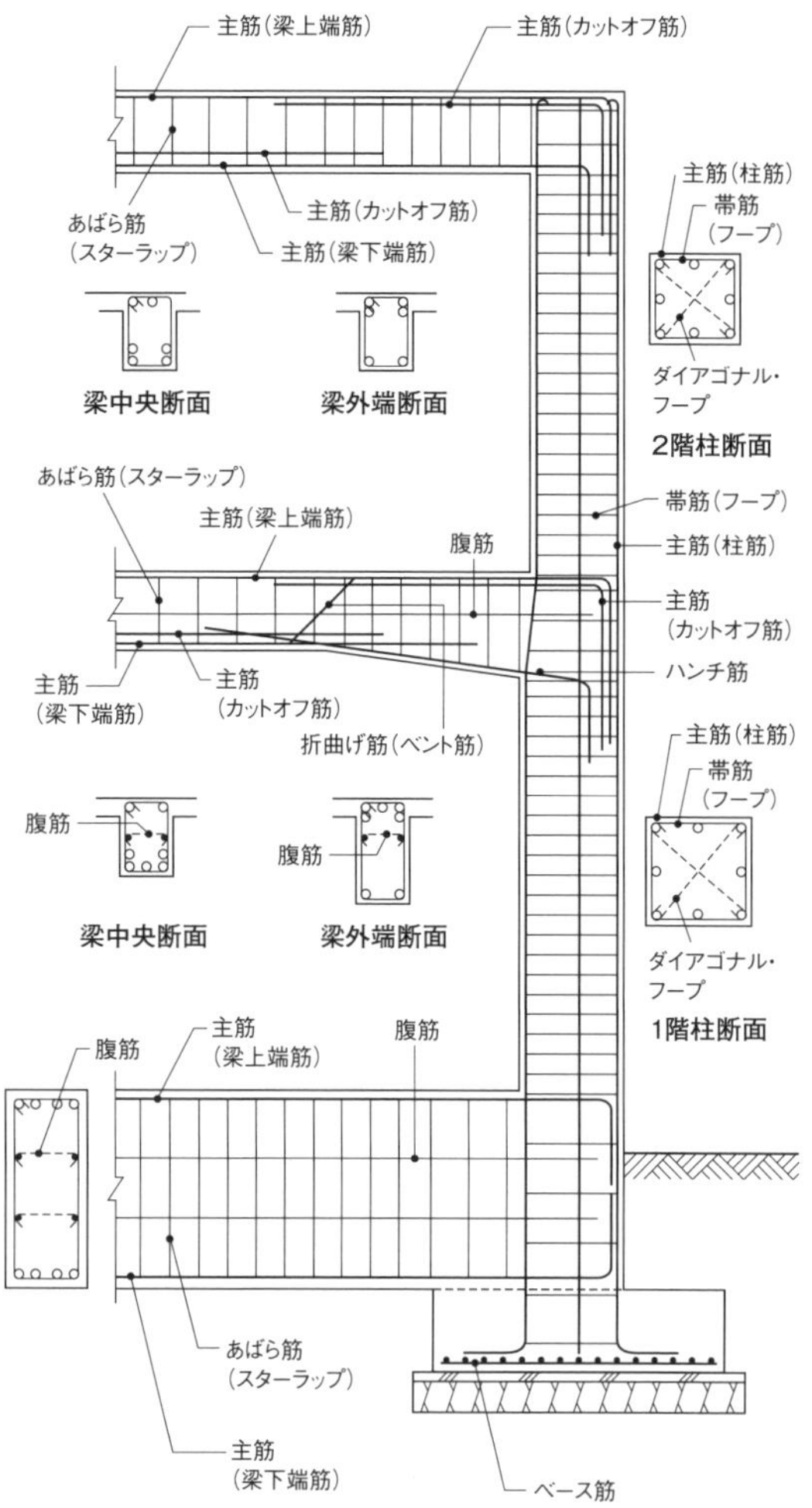

ベンド筋｜—きん
折り曲げ筋。鉄筋量を減らすため、曲げの引張り力が生じる側を補うように折り曲げた鉄筋。一般的に端部では上方に、中央部では下方に曲げるが、部材の応力状態により逆になるため注意が必要。

補助筋｜ほじょきん
構造計算上は必要のない鉄筋。主筋などの変形を防ぐ。

ラッキョ
あばら筋の上部にキャップタイ（拘束筋）として被せるようにしたもの[図22]。梁せいが大きく1本物のあばら筋では配筋が困難な場合や、主筋本数が多くあばら筋の末端を135度にフックとすると納まらない場合などに使う。漢字では「落居」と表し、物事の決まること、落ち着くことをいう。

図21｜**割りバンド（あばら筋の例）**

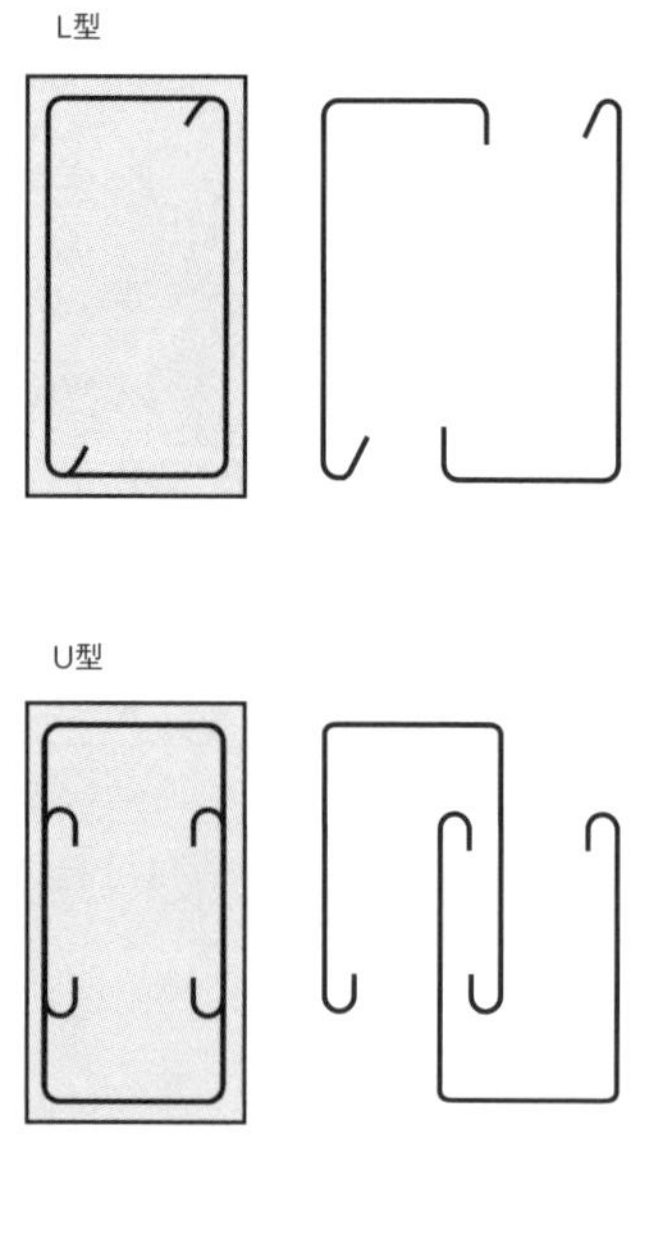

中子｜なかご
柱・梁のせん断補強筋である帯筋・あばら筋だけでは強度不足の場合に柱・梁内に設けるせん断補強筋。副帯筋・副あばら筋のこと。

はかま筋｜はかまきん
独立基礎の外周に取り付ける割裂防止筋[図23]。D10・13・16がよく使われる。鉄筋が混み合う場所なのでフーチングの幅・高さの余裕をみた被り厚さの鉄筋寸法やベース筋への定着長さを確認する。特に平面的に偏心する場合、柱筋・地中梁筋と干渉しあうので配筋手順を十分検討する。

かんざし
梁筋上端主筋を所定の位置に固定支持する鉄筋[図24]。梁主筋と同径か1サイズ小径のものが使用される。かんざし受けのスペーサーには堅固なもの（**パテントスペーサー**）を使用し、動かないよう固定する。

中吊り筋｜ちゅうづりきん
梁主筋の2段配筋のこと［図25］。2段筋ともいう。梁躯体幅内に主筋本数が多く1段では梁幅に納まらない場合、2段まで配筋とするが、この2段目の内側配筋のこと。本数が多い場合、受け用幅止め筋で保持する。

用心鉄筋｜ようじんてっきん
構造計算によらない鉄筋で、構造上部分的・全体的に安全性の確保を目的としたもの。片持ちスラブの上筋が下がらないようにするための受け筋、梁スターラップ上端とスラブ上筋の間のあばれ止め筋、階段の段鼻筋の位置を保持するための昇筋などが相当する。

壁せん断補強筋｜かべせんだんほきょうきん
耐力壁の縦筋・横筋のこと。特に壁構造の場合、壁全体で応力を負担するため、継手・かぶりなどを確認したい。

壁曲げ補強筋｜かべまげほきょうきん
耐力壁の周辺交差部、開口部端部の曲げ補強筋のこと［図26］。壁せん断補強筋と同様に継手・かぶりなどを確認したい。継手は原則1層1カ所とし、継手位置は耐力壁の下部に設ける。

かぶり厚さ｜かぶりあつさ
鉄筋の外端と、それを覆うコンクリートの外側表面までの最短距離。もともとアルカリ性であるコンクリートが経年変化により中性化すると、鉄筋は腐食・膨張し、コンクリートの表面や内部でひび割れが生じる。また火災時には表面が劣化するうえ、内部の鉄筋の温度上昇により鉄筋の強度・降伏点が低下する。これらの経年や火災による劣化を防ぐため、必要最低限のかぶり厚さが規定されている。規定される数値は構造部材、被構造部材、環境条件などで異なる。設計かぶり厚さから施工誤差を考慮し、ある程度の数値を差し引いたものを**最小かぶり厚さ**という。

最小かぶり厚さ｜さいしょう―あつさ
鉄筋コンクリート部材の各面、またはそのうちの特定の個所において最も外側にある鉄筋の最小限度のかぶり厚さのこと［114頁表10］。

スペーサー
かぶり厚さの確保のため、型枠や捨てコンクリートと鉄筋の間に差し入れ、間隔を確保する仮設材。

重ね継手｜かさねつぎて

図22｜ラッキョと中子

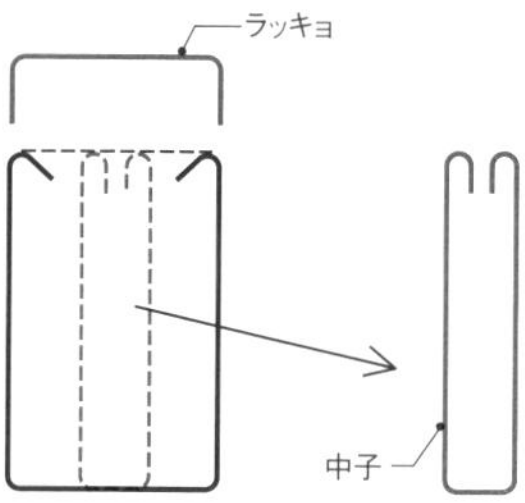

図24｜かんざし（梁廻りの断面）

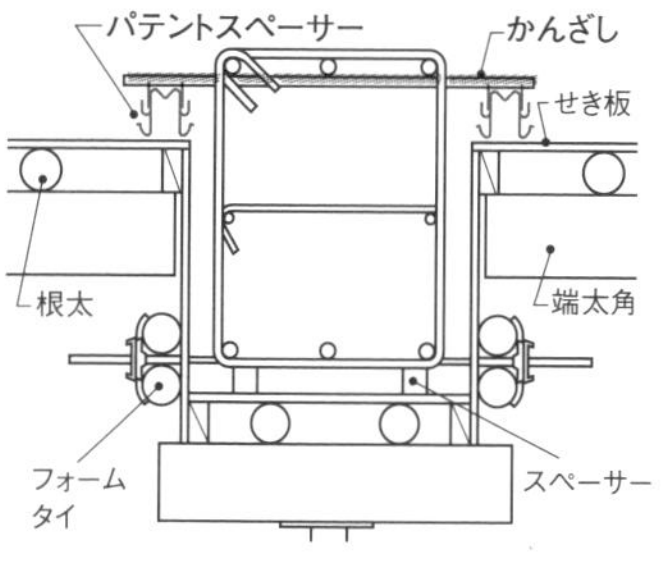

図25｜中吊り筋（梁の断面）

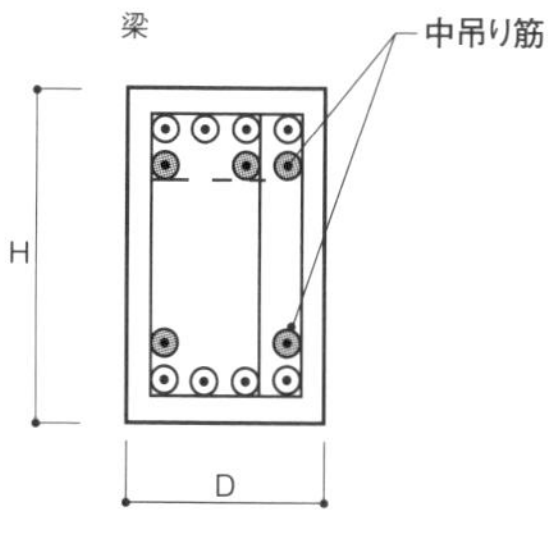

図23｜はかま筋

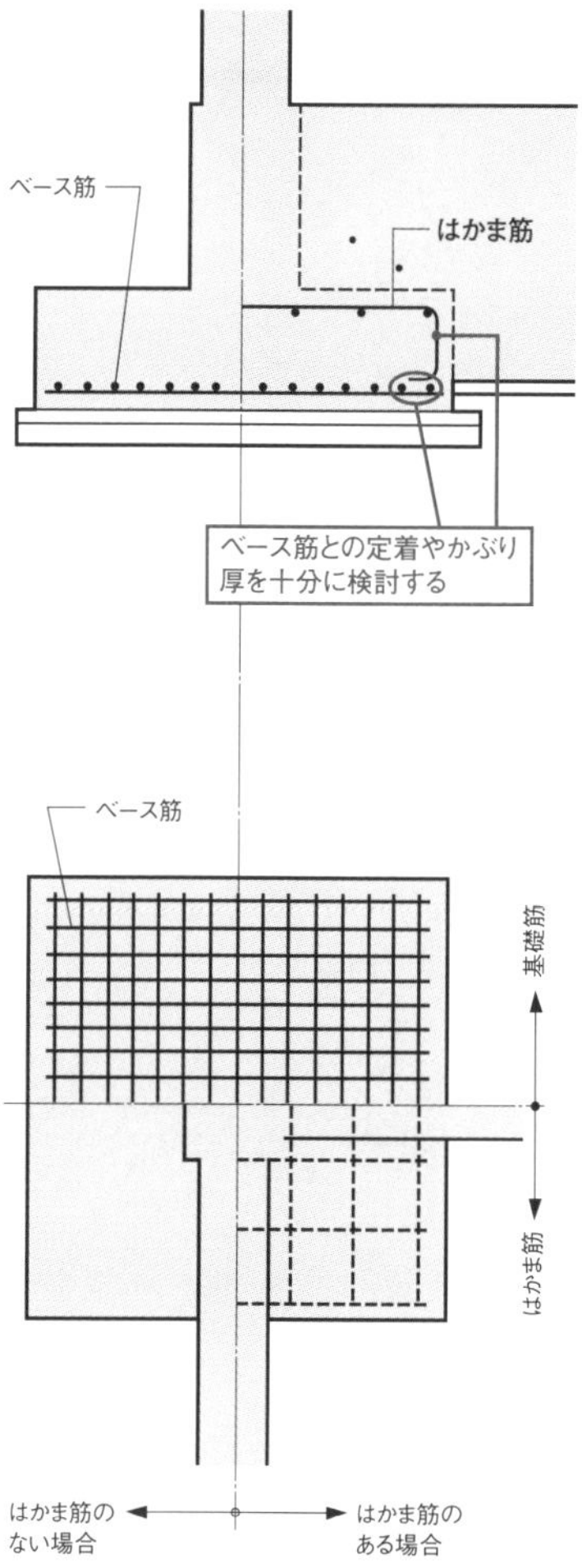

図26｜壁曲げ補強筋

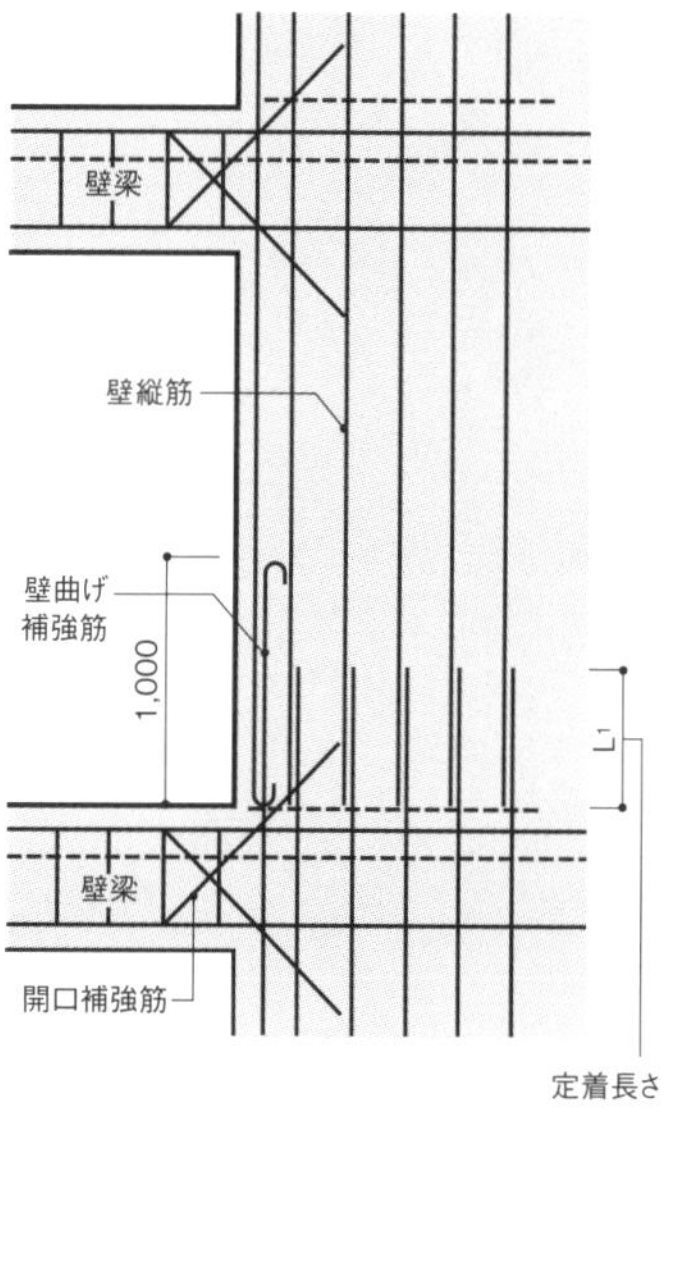

鉄筋を延長する方法の1つ。部材同士の端を、一定の長さで重ね合わせて継ぐ。呼び径が16㎜以下の場合に行う。そのほか、**ガス圧接継手**や機械式継手などがある。

ドーナッツ
柱・梁・壁筋のかぶり厚さを確保するために鉄筋にはめておくドーナッツ状のスペーサーのこと。

表10｜設計かぶり厚さの標準値

部位			設計かぶり厚さ（㎜）	
			仕上げあり[注1]	仕上げなし
土に接しない部分	床スラブ、屋根スラブ、非耐力壁	屋内	30	30
		屋内	30	40
	柱、梁、耐力壁	屋内	40	40
		屋内	40	50
	擁壁		50	50
土に接する部分	柱･梁･床スラブ･壁･布基礎の立上がり部分		—	70[注2]
	基礎･擁壁		—	70[注2]

注1：耐久性上有効な仕上げのある場合
注2：計量コンクリートの場合は10㎜増しの値とする

キャラメル
スラブのかぶり厚さを確保するためにスラブ筋の下端に置くサイコロ状のセメントブロックのこと。スペーサーの1種。

ハッキング
鉄筋をなまし鉄線で結束すること。このときに使う、カギ状の工具をハッカーという。

台直し｜だいなおし
設計図書・施工図に示された位やアンカーボルトをコンクリート置からずれて施工されている鉄筋硬化後に正規の位置に正すこと[図27]。本来好ましくない。修正の際は、慎重に検討し施工する。

差し筋｜さしきん
コンクリートの打継ぎ個所において鉄筋を接合させるためにスラブまでを打設する際、そのスラブより上に立ち上がってくる壁や柱の配筋を下に差し込んでおくこと。

田植え｜たうえ
スラブコンクリートを打設しながら壁の位置に壁筋を接合するために床に差し筋をしたり、大引の取付け金物を埋め込んだりすること。鉄筋の周りに気泡が生じ、鉄筋とコンクリートの付着力が低下し、台直しの原因になるため避けなければならない。

プラキャップ
配筋が完了した後、安全対策として差し筋など立上がり筋の上部に被せて目立たせて不慮の怪我などが生じないようにかぶせるためのプラスチック製のキャップ。

ケミカルアンサー
エポキシアンカーともいう。打ち上がったコンクリートに重量物を取り付ける場合に、躯体にドリルで穴をあけ、アンカーボルトをエポキシ樹脂など化学凝固剤で固定させる方法をいう。日本デコラックスの商品名。一般名称は**樹脂系後施工アンカー**という。アンカーボルトの耐力は、接着剤の強度よりも孔近くのコンクリートの破壊で決まることが多い。振動などには強いが、火災に弱い接着剤が多いので注意。

ホールインアンカー
後施工アンカー。接着剤を使用せず、ねじをコンクリート表面に噛み込ませるなど機械式に固定する方法をとり、**機械式後施工アンカー**と呼ばれる。振動などが発生する場所では、緩みを生じる可能性が高いので望ましくない。

図27｜台直し

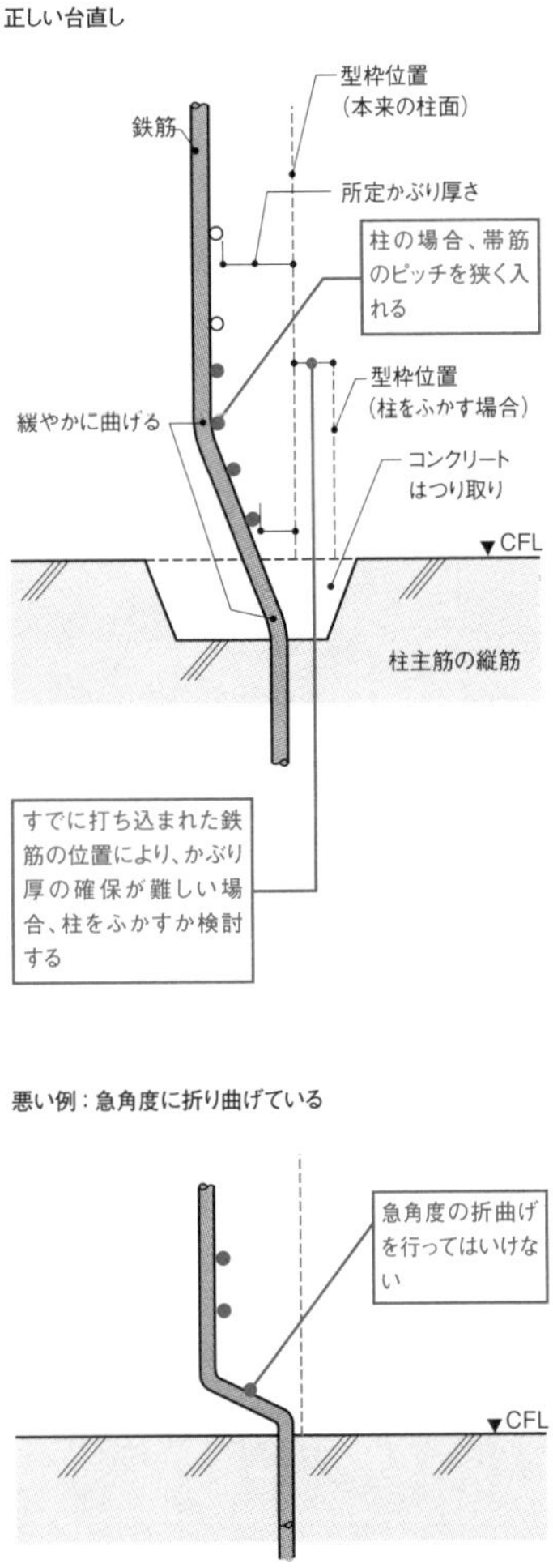

正しい台直し

悪い例：急角度に折り曲げている

仕上げ

コンクリート打放し仕上げ｜うちはなししあげ
単に**打放し**ともいう。基本的に型枠を外した表面に保護材のみを塗布して仕上げとする。型枠の種類やコンクリート打設の精度が仕上げに影響するため、施工手間がかかり、専門業者の補修を要することが多い。

モノリシック仕上げ｜しあげ
床コンクリート打設後、硬化しないうちにモルタル仕上げをして躯体コンクリートと一体になるようにする表面仕上げの手法とその仕上げを指す。

鉄骨躯体工事 3

鉄骨造［てっこつぞう］は、鉄骨製作工場で加工、組立てされた鋼板や形鋼の部材を建設現場で建て、ボルトや溶接で接合してつくられる［図1］。構造システム別には鉄骨ラーメン構造［てっこつ―こうぞう］［図2］や、軽量鉄骨系プレハブ構造［けいりょうてっこつけい―こうぞう］、コンクリートを流し込んだ鋼管を柱とするCFT構造［しーえふてぃーこうぞう］などがある。

部位

継手｜つぎて
鉄骨造の場合は、部材相互をその材軸方向、主に長手方向に継ぐ場合の接合部分のことを指す。角度をもって接合する**仕口**と区別して用いられる。

仕口｜しぐち
2つの部材を直交させて組み立てるとき、構造的に堅固となるように接合された部分、またはその接合方法のこと。鉄骨工事では柱と梁の接合部などがその代表。

パネルゾーン
柱と梁の仕口部分のこと［116頁図3］。柱が箱形断面の場合は**サイコロ**と呼ぶ。柱に取り付く梁のせいが異なる場合は、製作前にダイアフラムの取付け方法を確認する。階によって柱の断面が異なる場合もパネルゾーンの形状を十分に検討したい。
溶接部の収縮で折れ曲がりが生じやすいので、製品検査時は、主に溶接部の品質とダイアフラムの変形量を確認する。

ウェブ
鋼材のH形断面やI形断面などの上下のフランジをつなぐ部分のこと。BHの場合はウェブの板厚に要注意。薄すぎるとフランジとウェブを溶接するときに変形が生じる。

フランジ
鋼材のH形断面やI形断面などのウェブを挟む上下の張出し部分の鋼材のこと。ウェブとフランジが直角になっているかを確認する。

ダイアフラム
柱梁の仕口において、柱の中空部分の剛性を高めるために取り付ける板状の補強材。略して**ダイア**と

図1｜鉄骨造の工程

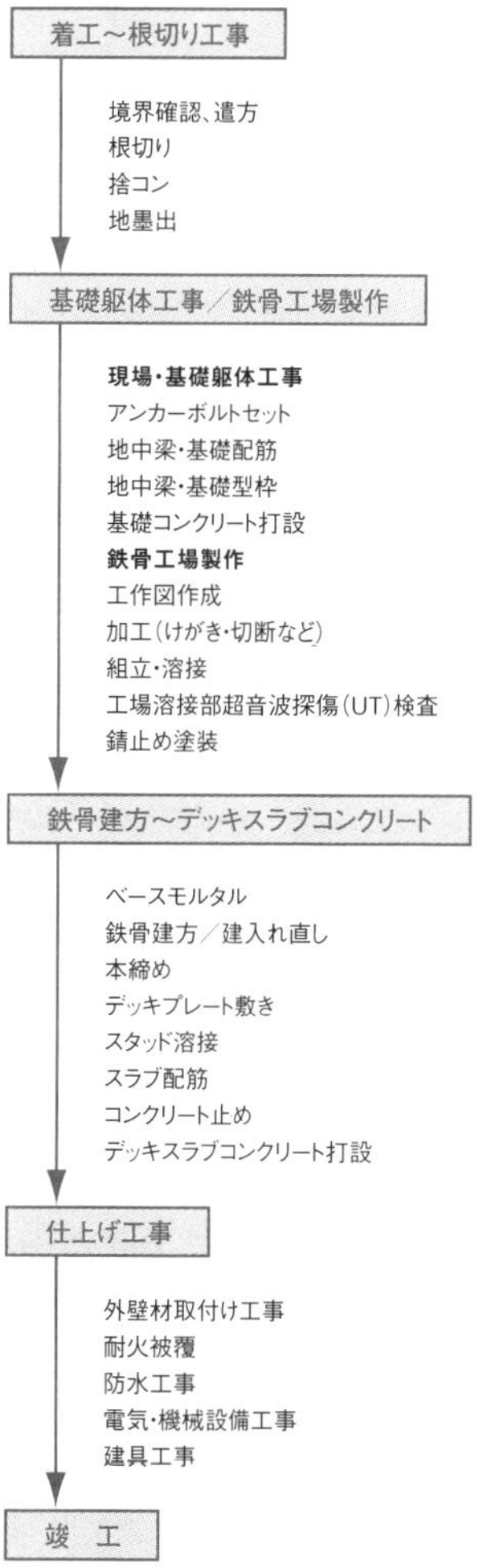

写真1｜建方中の梁ブラケット

図2｜鉄骨ラーメン構造の部材名称

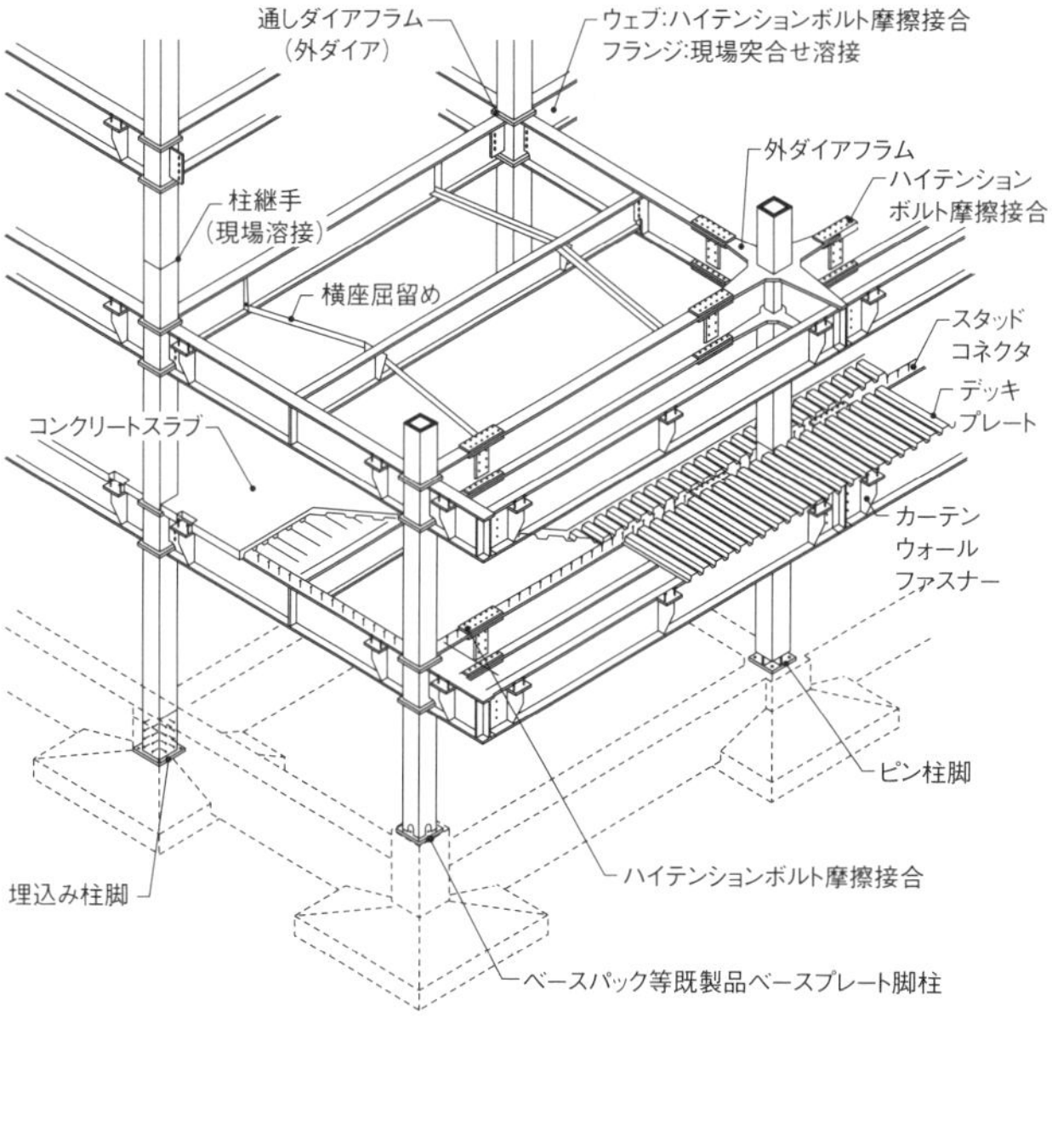

呼ぶこともある。
最も一般的な**通しダイア**は、柱面より外側に飛び出すので外壁下地を検討する際には出寸法を考慮しておくこと。厚みはフランジとの目違いをなくすため、フランジ厚の2サイズ上げる。材質もC材を使う。

ブラケット

柱梁仕口部などの交差部分、または壁などから水平に跳ね出した部分[115頁写真1、図4]。**ブラケット工法**は鉄骨を現場で組み立てるときの梁の接続の方法の1つで、1本の梁を3分割し、両端の梁は工場溶接で柱に接続され、中央の梁は現場で接続される。工場製作した柱で、溶接などで梁が取り付けられているものを**梁ブラケット**[はり—]という。運搬上、柱中心からブラケット先端までを1.5m以内とする。

ノンブラケット

柱にブラケットを付けないで、柱と梁を現場で直接接合する工法。工場で柱に溶接されたガセットプレートなどを使って、梁ウェブとガセットは高力ボルト摩擦接合、梁フランジと柱（ダイアフラム）は溶接が多い。

ノンブラケット工法[—こうほう]

ブラケット工法に相対する工法。鉄骨を現場で組み立てるとき、梁ブラケットのない柱と梁を溶接やボルトによって現場で接合する工法。

カバープレート

応力が大きい構造材の仕口などに使用する補強用の当て板[図5]。梁ウェブのスリーブ貫通部をはじめとする断面欠損の補強や食違い・ずれなどが生じた部分の補強に使われる。

スプライスプレート

柱や梁の継手で部材に添える鋼板[写真2]。**添え板**[そえいた]またはスプライスともいう。部材をスプライスプレートで挟み、高力ボルトによる摩擦で応力を伝達する。また、厚さが異なる部材を接合するときに、隙間（はだすき）が1mm超6mm以下の場合に挟む厚さ調整用の薄い鋼板を**フィラープレート**または**フィラー**という。

リブプレート

柱梁のフランジやウェブの局部的な変形を防止するために取り付ける補強用の鋼板[図6]。柱脚の補強にもよく使われる。溶接の品質を確認したい。

エレクションピース

現場の本溶接のために工場製作で取り付けておく仮設用のプレート。柱の継手に現場溶接を採用する場合、溶接が終わるまで、応力を負担させる目的で柱に取り付ける[図7]。本溶接施工中または本溶接後に切断する。

スチフナー

図3｜鉄骨造の基本構造

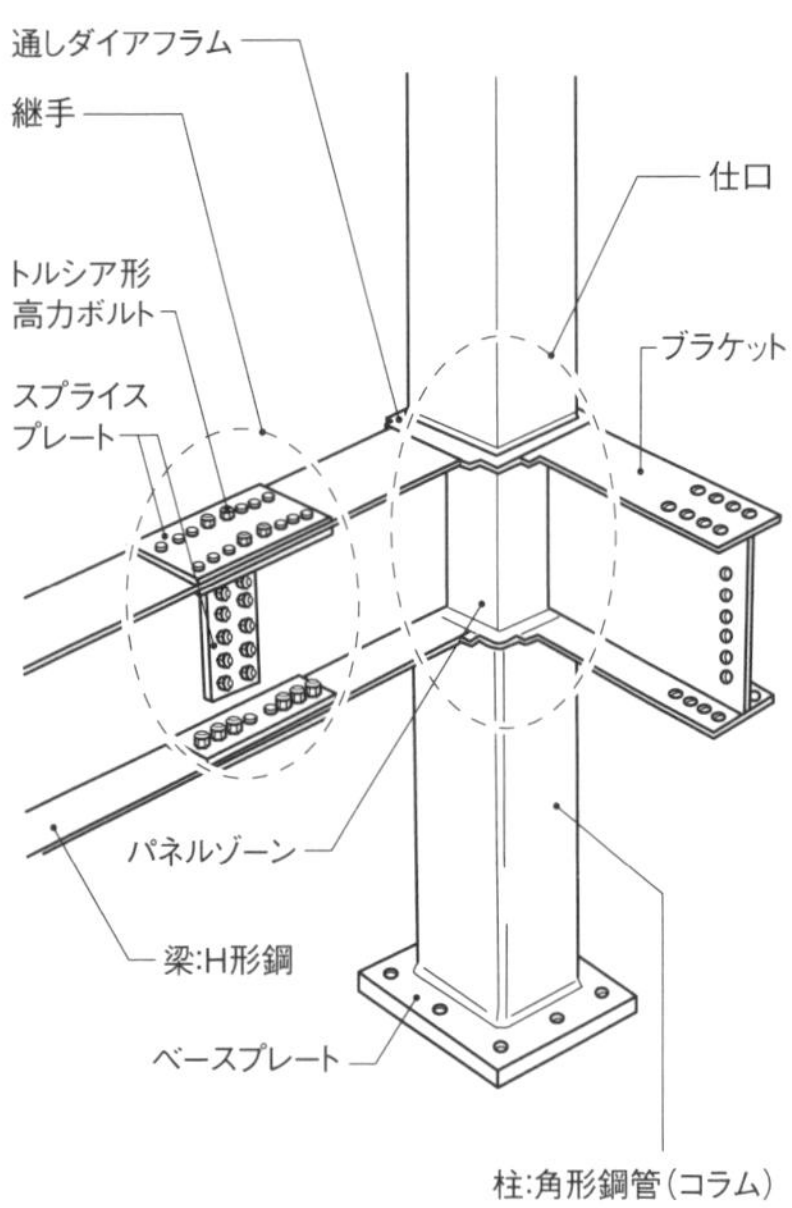

図4｜ブラケット工法・ノンブラケット工法

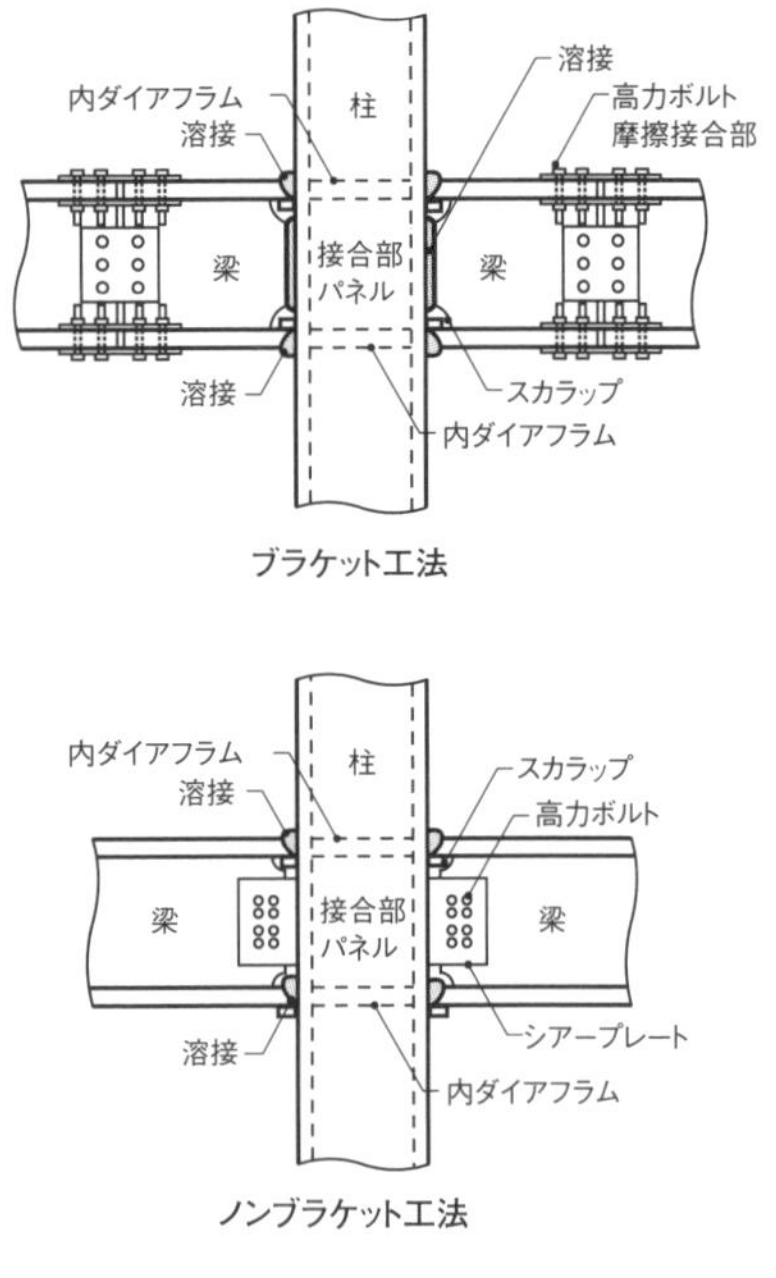

図5｜カバープレート

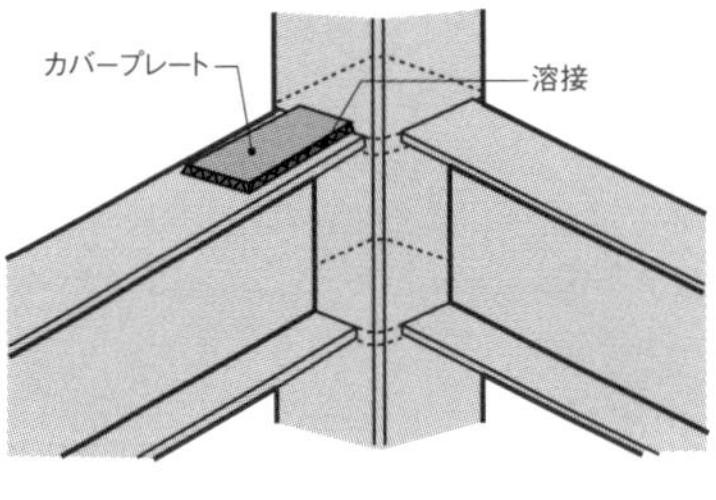

図6｜リブプレート

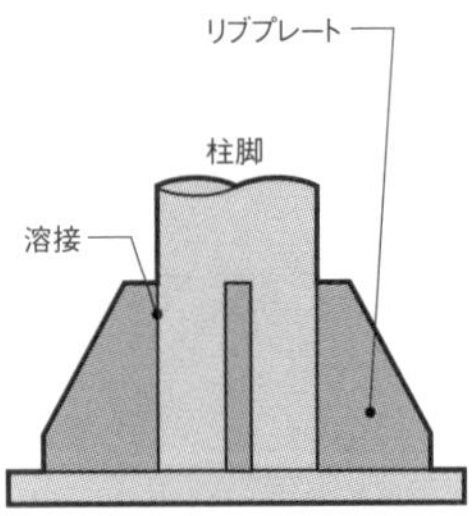

図7｜エレクションピース

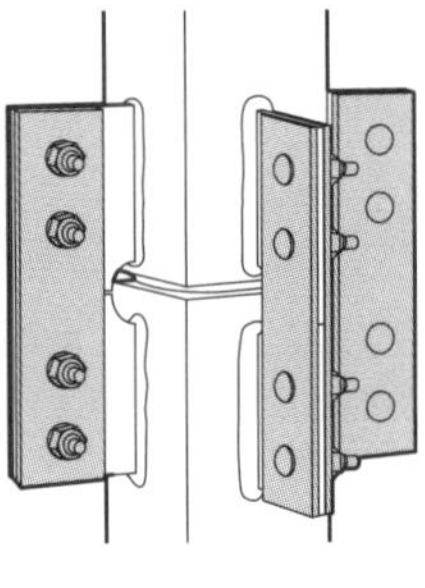

写真2｜スプライスプレート

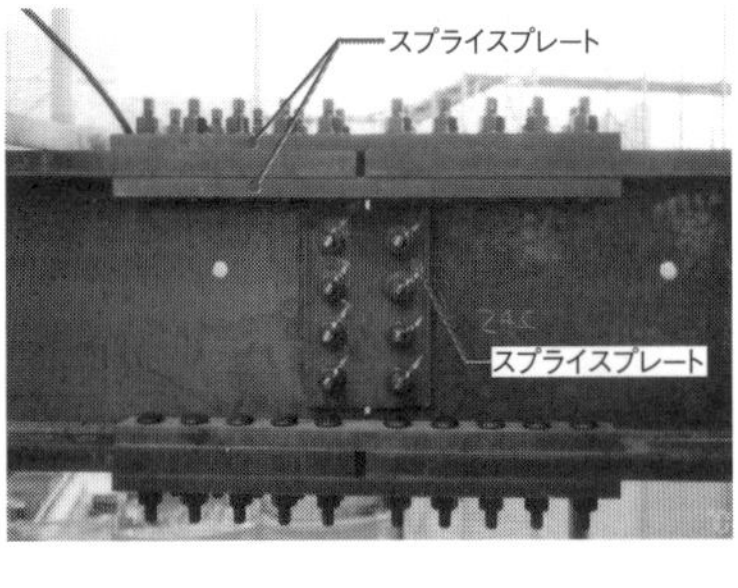

柱や梁のウェブの局部座屈を防止するため、フランジとウェブに取り付ける補強用の鋼板[図8]。比較的小さいものを**リブ**という。

ガセットプレート

主に大梁と小梁の接合の際に、大梁のウェブに取り付ける添え板[図9]。

鋼材

鋼材｜こうざい

鋼材は純粋な鉄ではなく炭素などを含んでいる合金で、炭素量により鋼材の硬さを調整している。住宅でよく使われるSS400には炭素量の規定はないが、SM400またはSN400などでは炭素の含有量が0.2%程度で**低炭素鋼**などと呼ばれる。

図8｜**スチフナー**

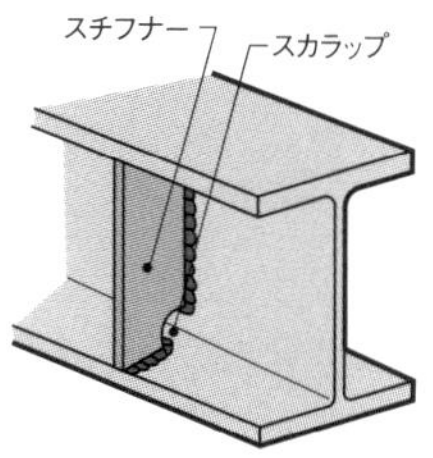

形鋼｜かたこう

断面が特定の形状に圧延された鋼材。I形、H形、溝形などがある。6㎜以上のものを**重量形鋼**と呼ぶ。

H形鋼｜えっちがたこう

断面がH形をした形鋼。**H鋼**［えっちこう］ともいう。断面性能に強軸、弱軸がある部材。主に梁材として使用する。せん断力をウェブが、曲げ応力はフランジが受けもつ。フランジ厚やウェブの高さが豊富で外形寸法を一定に保たれている**外法一定H形鋼**の登場で断面の種類が豊富になった。

BH形鋼｜びるとえっちかたこう

H形鋼に対して、フランジとウェブを溶接組立てで構成したH形鋼[図10]。**BH**はビルトアップH形鋼の略。既製のH形鋼はフランジとウェブの板厚・板幅・材質の組合せが限定されるため、自由度を増したいとき用いられる。BHに対して、形鋼を**RH**［ろーるえっち］ともいう。

図9｜**ガセットプレート**

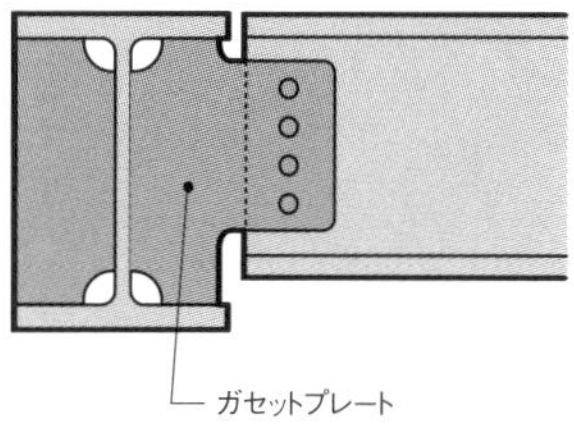

ボックス

角形鋼管のことで**コラム**ともいう[図11]。断面に方向性がなく軸方向の力に強いので、主に柱材として使用される。**溶接組立箱形断面柱**（**BB**）と**冷間成形角形鋼管**（**BCP**、**BCR**）が主流である。冷間成形角形鋼管の角部は、曲げ加工で塑性変形が生じているため、溶接には注意を要する。

図10｜**RHとBH**

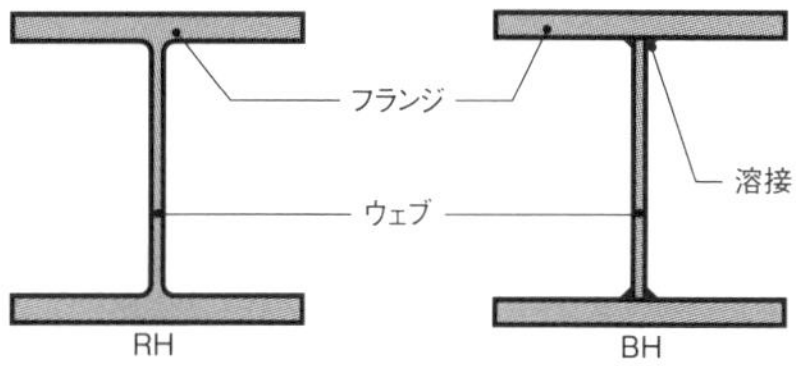

I形鋼｜あいがたこう

断面がI形をした形鋼。

パイプ

鋼管のこと。

炭素鋼｜たんそこう

炭素量のみを調整して、特に合金元素を加えていない鉄鋼。少量のケイ素、マンガン、リン、硫黄が入っており、炭素含有量、各化学成分の基準値が定められている[表1]。

鋳鉄鋼｜ちゅうてつこう

鉄、炭素合金銑鉄よりつくる。鋳造性に富むが、延性がないため構造材には使用されない。

ステンレス鋼

ニッケル・クロムを含んだ炭素量が非常に少なく、耐食性に優れた特殊鋼。

図11｜**ボックス**

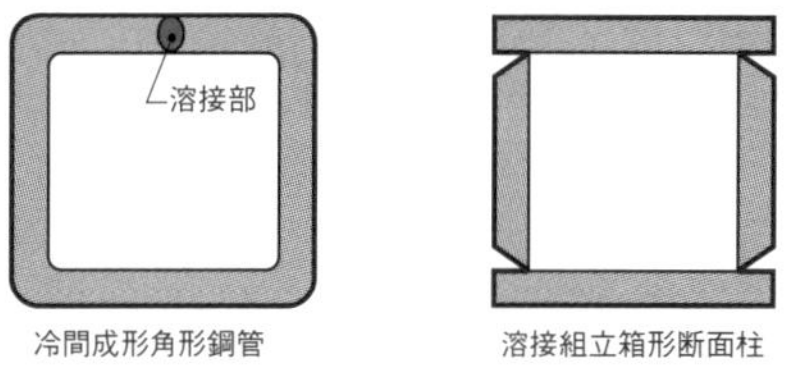

SS材｜えすえすざい

一般構造用圧延鋼材。リンや硫黄のみ規定されており、溶接には不向きといわれているが、国産のSS材は通常の溶接によって割れが生じることはほとんどない。鋼材種類の表記は、SSやSMは鋼材規格を、数値は鋼材の引張強さをN/㎟で表している。SS材は一般構造用鋼材のなかでも最もよく使われる鋼材。強度を増すために炭素量を増やしているため、溶接性が悪くSS490以上の鋼材は溶接構造用には使用しない。

SM材｜えすえむざい

表1｜**鋼材の性質に影響する化学成分**

	成分が増えると	
	改善する性質	**悪化する性質**
炭素（C）	強度	延性・衝撃性・溶接性
ケイ素（Si）	強度・脱酸素作用	延性・衝撃性
マンガン（Mn）	強度・脱酸素作用	延性・衝撃性
リン（P）	耐候性	溶接性・冷間加工性・衝撃性
イオウ（S）	切削性	衝撃特性・割れの原因増加

上記5成分は鋼材の性質に影響するため、鋼材の使用目的ごとに含有量を制限している

図12｜LGSの種類

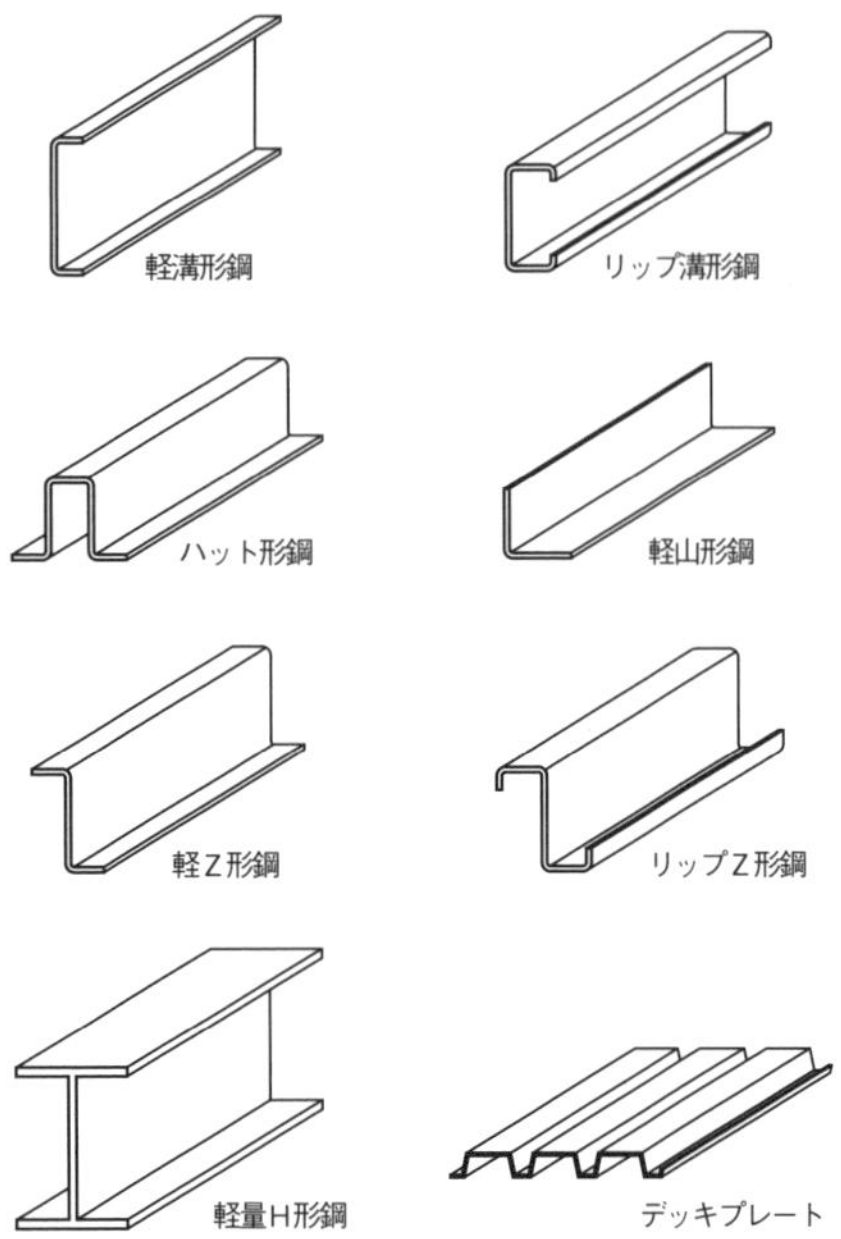

図13｜チャンネル

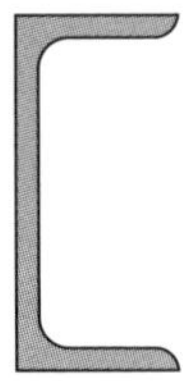

溶接構造用圧延鋼材。衝撃性能によりA、B、Cの等級がある。Cが最も靭性に富むが、国内では高品質で安価なためAがよく使用される。

SN材｜えすえぬざい

鉄骨造建築物を対象とした建築構造用圧延鋼材。1994年にJIS規格に制定された。SS材、SM材に比べて材料特性が優れているため、価格は高い。靭性や絞り性能などによりA、B、Cの等級がある。熱間圧延した形鋼、平鋼、鋼板で、溶接割れなどの問題に対応したもの。

図14｜アングル

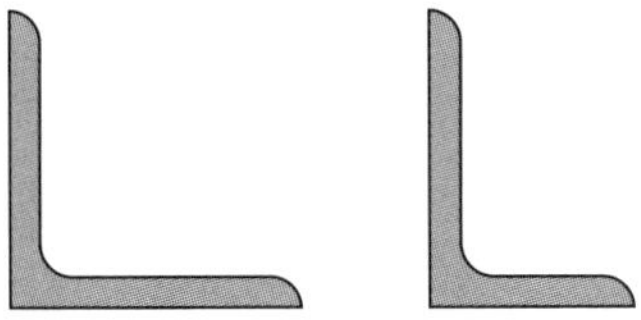

図15｜デッキプレート

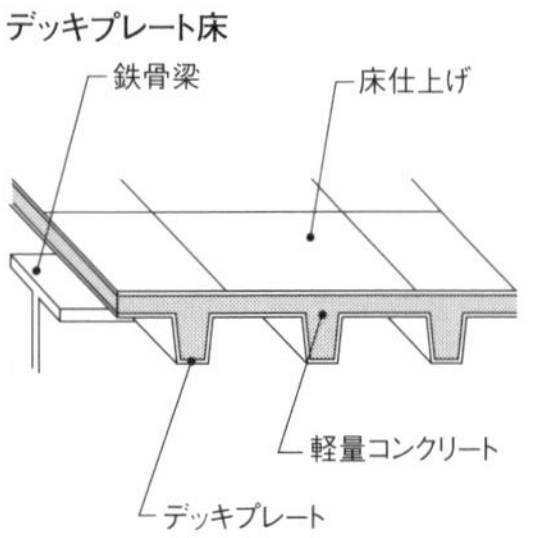

STK｜えすてぃーけー

SS材に類似した鋼管のJIS規格材。

STKR｜えすてぃーけーあーる

SS材を使用した柱用の冷間成形角形鋼管の規格。JIS規格品。角部は、厚みにより異なるアールがある。正方形断面と長方形断面があり、サイズは50×50㎜、板厚は1.6㎜から存在する。正方形断面は方向性がないのでラーメン構造の小柱に用いられることが多い。

BCP｜びーしーぴー

SN材に相当するものとして規格されたコラム（柱）用の冷間成形角形鋼管の規格で、プレス成形品によるもの。法37条2項による大臣認定材。需要が増加している。

図16｜デッキプレートの種類

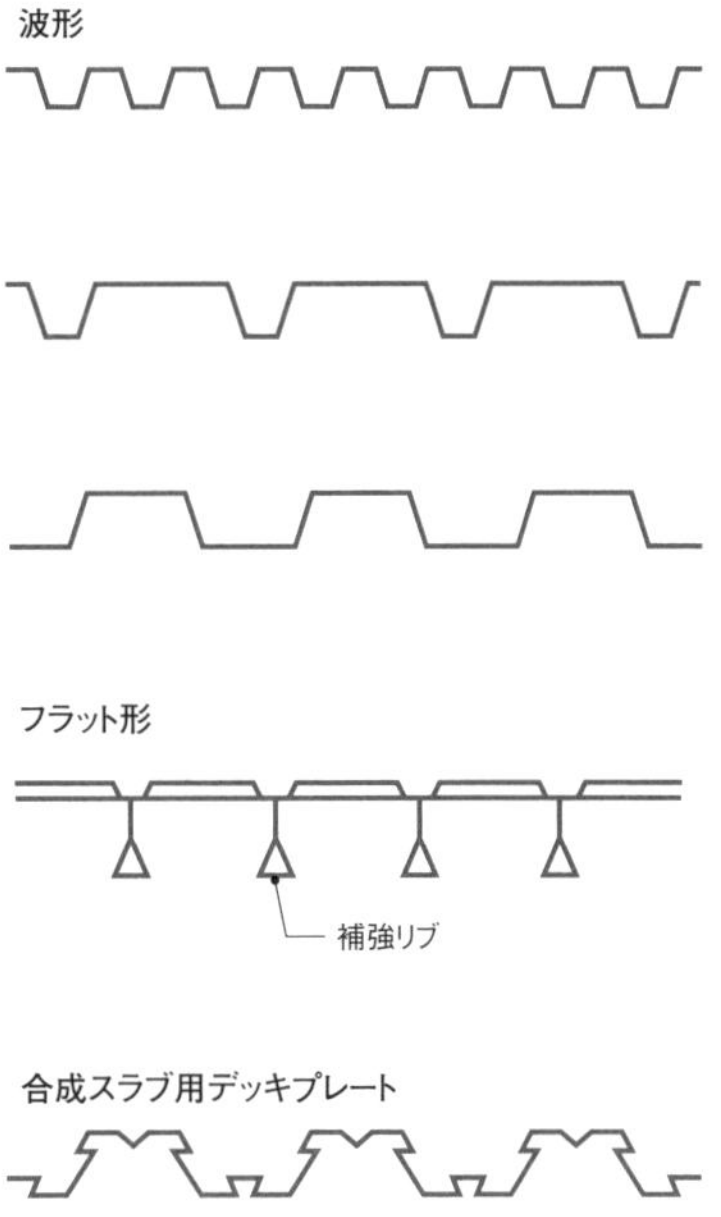

BCR｜びーしーあーる

BCPと類似の規格だが、ロール成形品であり、強度もサイズも異なる。

TMCP鋼｜てぃーえむしーぴーこう

熱加工制御によってつくられた高性能の鋼材。超高層ビル用の構造用鋼材として採用されている。

FR鋼｜えふあーるこう

耐火鋼。一般鋼材の耐力が350℃であるのに対し、600℃まで保証した鋼材。耐火被覆の軽減が図れるが、高価である。成分にニッケル、クロム、モリブデンを加え、高温時でも降伏点が下がらないように強度を高めたもの。耐火被覆量が低減できるが、ガス切断による加工が難しくなる。

ビルドボックス

鋼鈑から自動溶接機を用い任意のサイズでつくる**ボックスコラム**（溶接組立箱型断面柱）のこと。

Gコラム｜じー

柱に用いられる継目なしの遠心鋳造鋼管の商品名（製造：クボタなど）。

CFT｜しーえふてぃー

コンクリートを内部に充填した鋼管で、通常の鋼管に比べ、変形に耐えうる。CFTを用いた構造をCFT（コンクリート充填鋼管）構造という。

LGS｜えるじーえす

厚さ1.6～4.0㎜程度の薄板を冷間

ロールしてつくった**軽量形鋼**。形状は溝形、山形、Z形などがあり、小規模建築物のほか、胴縁や母屋など、用途が広い[図12]。このうちC形形状の溝形のもの（**リップ溝形鋼**）を特に**チャンネル**、**Cチャン**［しー］という。板厚が薄いため局部座屈や錆に対する注意が必要。なお、LGSは防錆処理がされた状態で工場生産される。ボルト接合か隅肉溶接によって取り付けられる。

写真3｜フラットデッキ

写真4｜合成スラブ

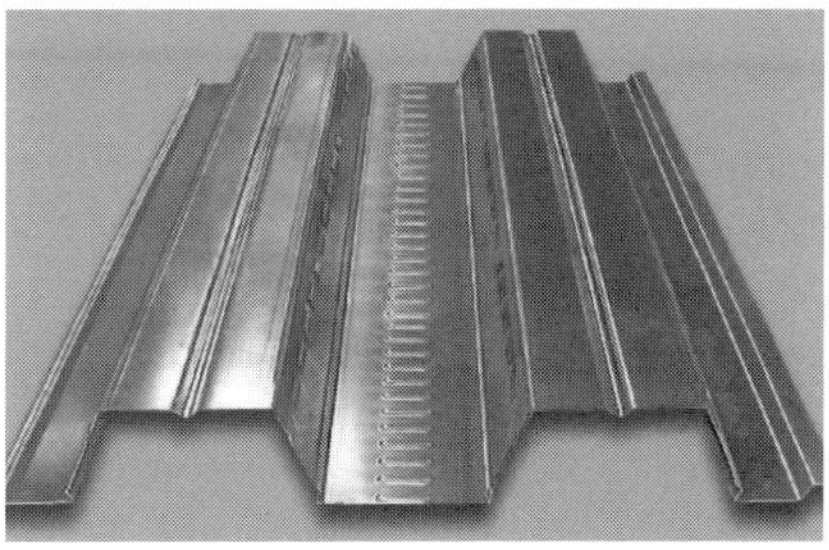

チャンネル

溝形の断面をした形鋼[図13]。Cチャンともいう。**溝形鋼**［みぞがたこう］。LGSのリップ溝形鋼もチャンネルと呼ぶことがあるが、こちらは特にCチャンという。溝形鋼は主に小規模建物の構造部に使用される。ボルト接合か隅肉溶接で取り付ける。山形鋼と2つ合わせて、さまざまな部位に使用できる。単材でも使いやすく、2次部材の受け材、母屋などにも頻繁に使われる。

軽量形鋼｜けいりょうがたこう

板厚を薄くして端部を曲げ、断面性能の効率を上げたもの。単材で母屋や胴縁などに使われる。

構造用ステンレス鋼｜こうぞうようすてんれすこう

ステンレスは意匠用に使われているが、錆びにくいため構造材に使用しメンテナンスを少なくするという使用法も可能。建築構造用には、SUS304などが使用される。

フラットバー

帯状の肉厚の薄い電炉鋼材。幅は25～300㎜、肉厚は6～30㎜程度。**平鋼**［ひらこう］ともいう。

アングル

山形鋼［やまがたこう］のこと[図14]。L形の断面をした形鋼。山形鋼ともいう。ブレース、母屋、取付けピースなどに使用され、ボルト接合か隅肉溶接で取り付けられる。

デッキプレート

コンクリートスラブの型枠や床板として用いられる波形の鋼板。鋼板をさまざまな型に通して断面性能を上げている[図15・16]。デッキプレート自体を構造体にする合成デッキと、型枠の代わりとしてのみ使用するものがある。鉄骨梁に取り付ける場合は溶接で、型枠には型枠天端に載せて釘留めして取り付ける。作業性や低コスト、環境保護などの理由で、スラブ型枠用として、上表面が平らで下側に補強リブが付いた**フラットデッキ**[写真3]がよく使われている。

合成スラブ｜ごうせい—

単に型枠として使うのではなく、コンクリートと一体となりスラブを構成する構造材として使うデッキプレート。中小規模の鉄骨造によく見られる[写真4]。耐火構造として認められており、耐火時間は使用条件で異なる。デッキの山形部分にひび割れが入りやすいため、その部分には補強筋が必要。

キーストンプレート

鉄骨造のスラブ型枠として使われる溝形鋼板。デッキプレートよりも凹凸が小さい。

表面処理

黒皮｜くろかわ

鋼材を熱間圧延するときに表面に生じる黒い光沢のある硬い酸化皮膜で、防錆効果をもつ。ただし、高力ボルト接合の摩擦面や溶融亜鉛めっきにおける障害になるため、これらを行う部位では必要に応じてグラインダーやブラスト処理、酸洗いなどで除去する。**ミルスケール**ともいう。

赤錆状態｜あかさびじょうたい

黒皮の剥がれた鋼材表面が屋外に自然放置され、一様に赤く発生した錆の色が赤色を呈している状態のこと。高力ボルト摩擦接合において必要な摩擦係数が得られる。ただし、錆皮状となって剥がれる**浮き錆**の状態は、摩擦面として不適なので、ワイヤブラシなどを用いて軽く取り除く（面が光るほどワイヤブラシをかけてはいけない）。赤錆状態になるには屋外で半月ほどかかる。

ブラスト

錆や黒皮を取り除く処理。圧縮空気で吹き付ける粉粒の材種や大小

図17｜溶融亜鉛めっきの作業工程フロー

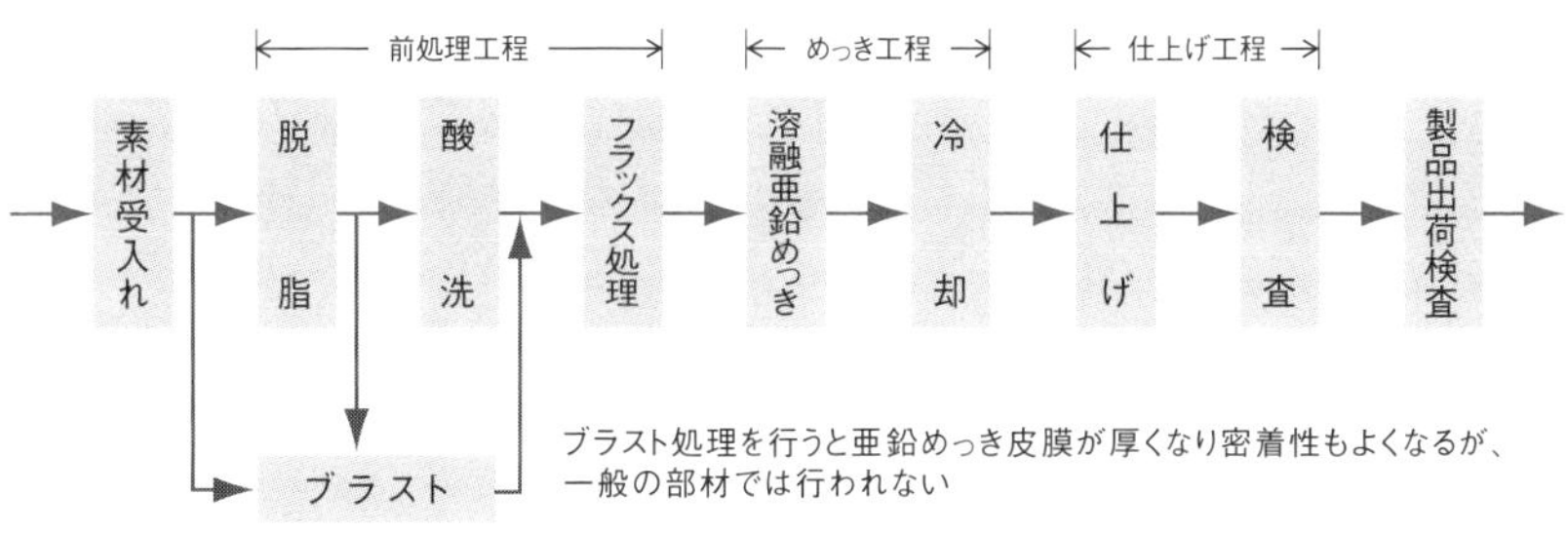

写真5｜けがき

により表面の仕上がりが異なる。粉粒の材料別に、鋼球による**ショットブラスト**、砂などによる**サンドブラスト**、鉄の細片による**グリットブラスト**がある。

防錆処理

溶融亜鉛めっき｜ようゆうあえん

JIS H 8641に規定される鉄骨製品に施す防食めっき方法の一種。亜鉛を溶融しためっき槽に製品を浸漬して（**どぶ漬け**ともいう）めっきし、鋼材表面に合金層をつくるため、防食効果が非常に高い［119頁図17］。薄い鋼板の防食に用いられる**電気亜鉛めっき**［でんきあえん―］に比べて亜鉛付着量が多い。めっき槽の温度は400℃程度あるため、鉄骨部材の寸法や鋼種などによっては、めっきにムラや応力負担による割れが生じやすく、対策が必要。また、めっき槽の大きさによっては、部材の寸法形状などの制約がある。

高濃度亜鉛粉末塗料｜こうのうどあえんふんまつとりょう

常温で亜鉛めっきができる塗料。**ジンク**ともいう。めっきの部分的な補修として刷毛塗りやスプレーで塗布される。

工作

けがき

現寸作業で作成した型板や定規を使って、鋼材表面に切断線や孔の位置など、工作に必要な情報を書き込む作業［写真5］。最近は自動けがき装置が普及している。

現寸図｜げんすんず

実物と同じ寸法で描かれた図面。

開先｜かいさき

母材の溶接面に加工して付ける角度や面のこと［図18］。溶接棒や溶接ワイヤから出るアークが、溶接部の隅々に行き届き、母材と溶着金属が十分に融合するように設ける。**グルーブ**ともいう。溶接条件と母材の板厚に応じた適正な開先形状とすることが重要。開先形状は、開先標準図を参考に決定され、建築ではレ形35度が一般的。

ノッチ

鋼材切断面にできた切断による凹み。ガス切断の場合、ノッチ深さは1㎜以内とする。

エッジ

ボルト孔の中心から鋼材端部までの寸法［図19］。エッジ寸法が小さいと、ボルトにかかる力によって鉄骨が裂けてしまうおそれがあるため、ボルト径に応じて所定の寸法が定められている。方向によって、**はしあき**、**へりあき**と区別して呼ぶ。また部材長さ方向に沿うボルト列の間隔を**ゲージ**、同じ列にあるボルト間隔を**ピッチ**という。

ベンダ

鋼材を常温で円形曲げ加工するときに使用する機械［図20］。鋼管の加工に使用するものを**パイプベンダ**、H形鋼や山形鋼の加工に使用するものを**アングルベンダ**という。曲げ加工を専門業者に依頼する場合、設備内容によって曲げ最小半径やつかみ代が異なるため事前調査を要する。

キャンバー

図18｜開先

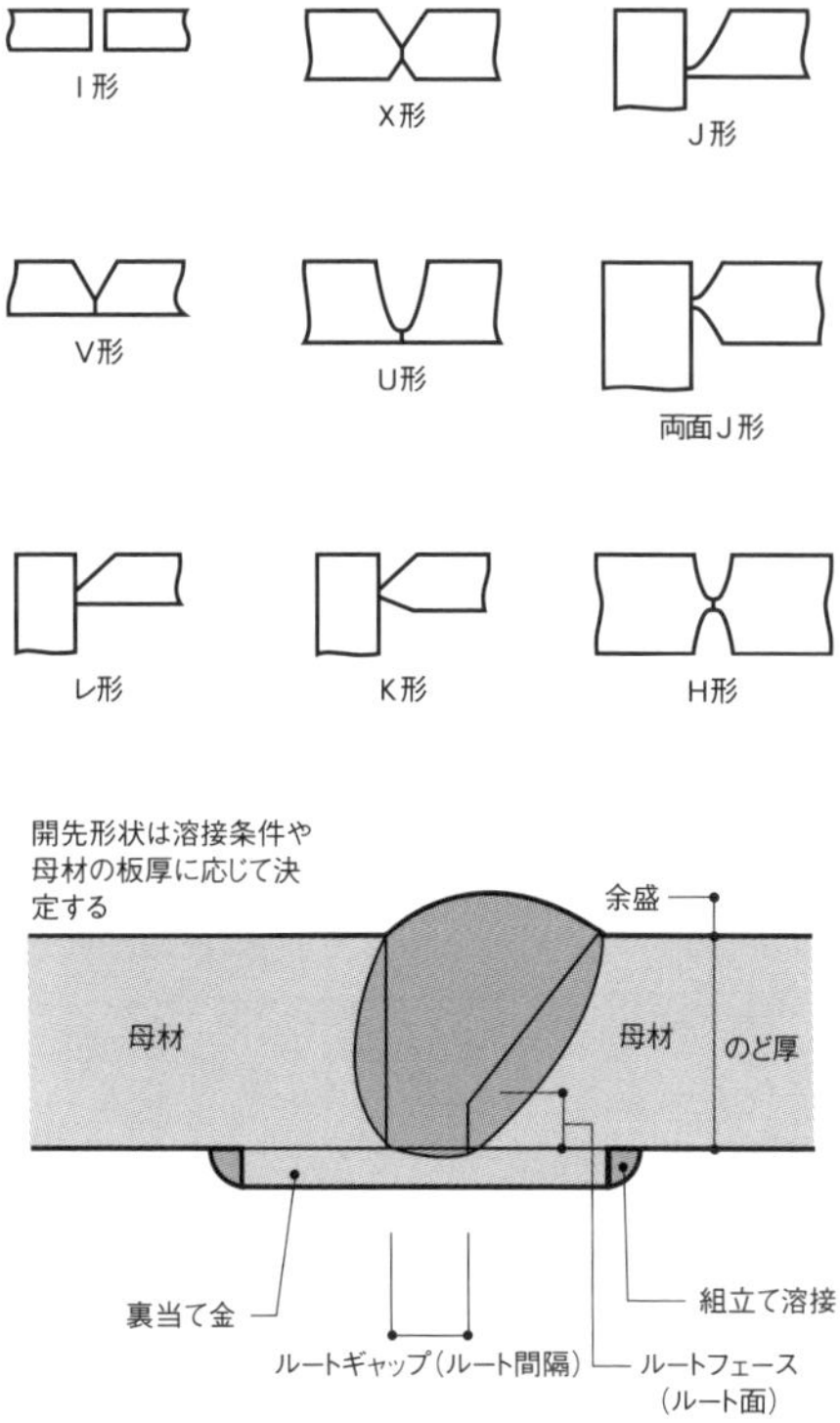

図19｜エッジ寸法

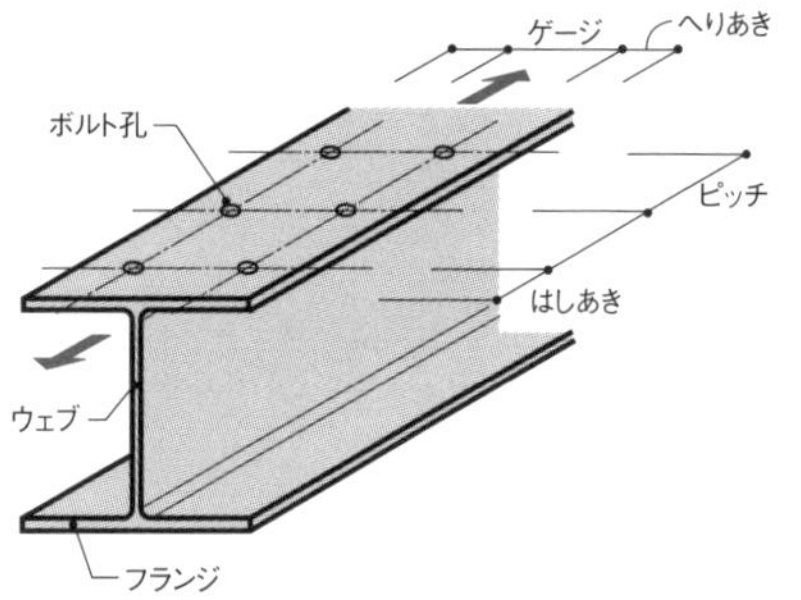

ボルト孔から力が作用する方向の最短縁までの距離をはしあき、直角方向の最短縁までの距離をへりあきという

図21｜キャンバー

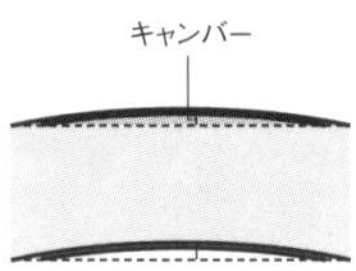

図20｜ベンダ

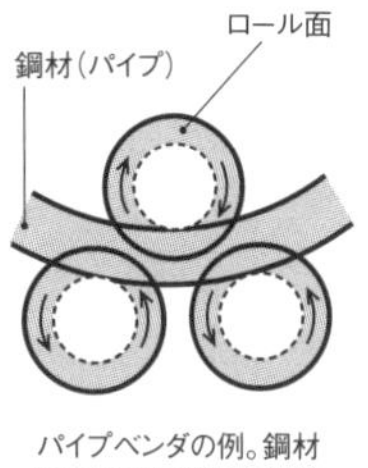

パイプベンダの例。鋼材を常温で曲げ加工するときに使う

梁のスパンが長い場合、たわみを予想してあらかじめ梁の上側に付けておく反りのこと[図21]。

鉄骨ファブリケーター｜てっこつ―
工場で、鋼材の加工・組立てを行う鉄骨製作加工業者のこと。**ファブ**ともいう。工場によっては一連の鉄骨製作作業を自社内で行わず、一部の工程を専門業者に外注している工場も多くなってきており、この傾向がますます進みつつある。日本鉄骨評価センターの認定を受けた鉄骨製作工場の評価は、低い順にJ、R、M、H、Sの5つのグレードに分けられている。

ファブランク
鉄骨製作業者の工場認定グレード制度のこと。工場のランク（分類）によって、使用できる鋼種・板厚・溶接材料が限定され、さらに溶接する場合の施工条件の遵守が盛り込まれている[表2]。

CAD現寸｜きゃどげんすん
CAD情報を用いて実大寸法で描かれた製作用現寸図面のこと。

切断｜せつだん
鋼材の切断方法には酸素とアセチレンの酸化炎を吹き付けて加熱しながら切断する**ガス切断**[―せつだん]や、ノコギリによる**機械切断**[きかいせつだん]などがある。ガス切断は極厚の鋼材向きだが、切断面が粗くなりやすく、深いノッチ（切欠き）があってはならない[図22]。また、薄板用の**プラズマ切断**[―せつだん]、**レーザー切断**[―せつだん]も精度が高い。

図22｜ノッチ

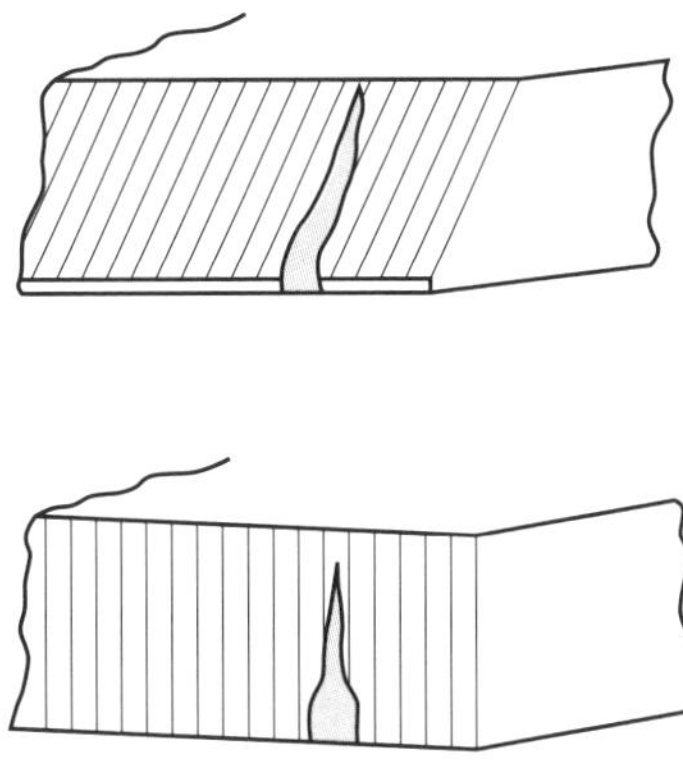

図のように材料の切断面が切り欠かれたり、切り込んで凹となった部分をいう。溶接のアンダーカットや溶込不良、割れなどを指す場合もある

溶接

接合｜せつごう
鉄骨の接合部は機械的に行うか、溶接かの2種。機械的に行う場合はボルトによる接合が一般的だが、ピンそのものを使った完全なピン接合も行われる。

溶接接合｜ようせつせつごう
溶接による継手施工の工法[図23]。

写真6｜柱継手の現場溶接

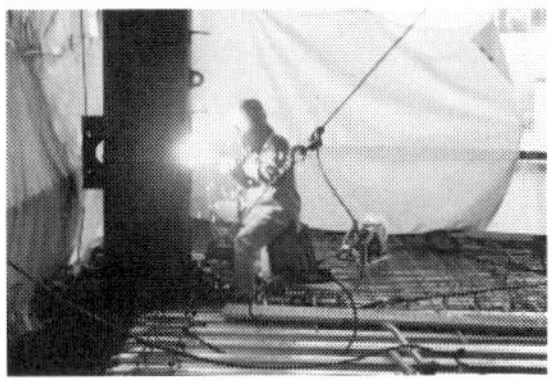

溶接｜ようせつ
金属の接合方法の1つで、金属自身を溶融または半溶融状態にして接合する。溶接の技法別の種類には、**被覆アーク溶接**、**エレクトロスラグ溶接**、**スタッド溶接**、**ガスシールドアーク溶接**（**マグ溶接**）など、多種多様な方法があるが[122頁表3]、建築構造で使われる溶接はマグ溶接が一般的になっている。溶接構造の問題点は、溶接熱による母材の材質変化、溶接変形、残留応力の発生、溶接欠陥の発生、溶接部の疲労強度低下などがある。

ロボット溶接｜―ようせつ
機械化溶接のこと。ガスシールドアーク溶接も機械化が進み、仕口製作や柱大組などの溶接作業も自動化、ロボット化に移行しつつある。

表2｜工場認定グレードの適用範囲

建築規模					
20m / 10m（軒高）	3F以下	5F以下			
延床面積	500㎡以下	3,000㎡以下	制限なし	制限なし	制限なし
ファブランク	Jグレード	Rグレード	Mグレード	Hグレード	Sグレード
使用鋼種	400N	490Nまで	490Nまで	520Nまで	制限なし
板厚	16㎜以下	25㎜以下	40㎜以下	60㎜以下	制限なし
通しダイアフラム	490Nまで22㎜以下	32㎜以下	50㎜以下	70㎜以下	制限なし
ベースプレート	490Nまで50㎜以下	50㎜以下	制限なし	制限なし	制限なし

現場溶接｜げんばようせつ
工事現場における溶接をいう。本体鉄骨の溶接は、大部分がガスシールドアーク溶接による。現場溶接は施工条件や入熱・パス間温度などの影響で強度低下・靱性劣化が懸念され、施工順序やワイヤの選択などの対策が必要となる[写真6]。

図23｜溶接による柱と梁の継手

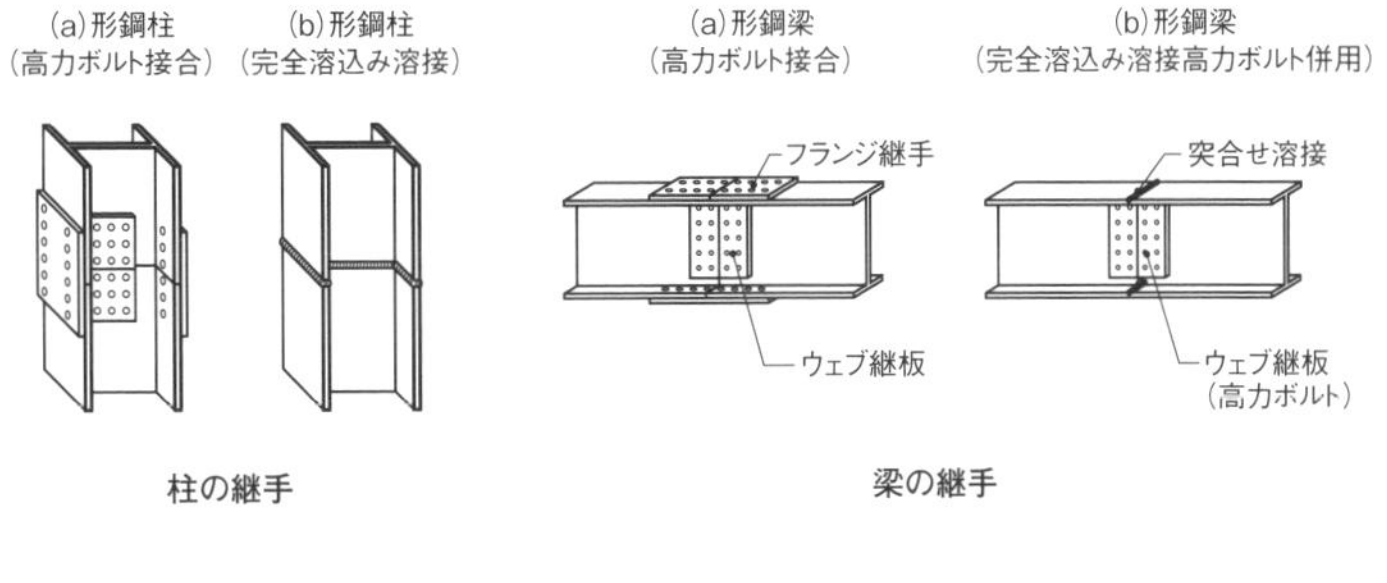

被覆アーク溶接｜ひふく―ようせつ

溶接操作をすべて手で行う手溶接の代表的手法[123頁図24、写真7]。金属の心線の周りに**被覆剤**（**フラックス**）を施してある被覆アーク溶接棒を用いて行う。装置が軽微なため扱いやすいが、溶接棒を取り替える必要があり、作業能率が悪いため、溶接量が少なく、軽量鉄骨の場合に使われる。

ガスシールドアーク溶接―ようせつ
半自動溶接の一種で、溶接金属を大気から遮断・保護する役割をもつシールドガスに炭酸ガス（CO_2）を使うものが一般的[図25、写真8]。**半自動溶接**とは、電極となる溶接ワイヤを自動的に送り込む機構をもつ溶接トーチを使い、溶接作業自体は手動で行う手法をいう。被覆アーク溶接のように溶接棒を取り替える必要がなく、作業効率に優れる。中小規模の鉄骨建物ではこの溶接が最も使われる。

スタッド溶接―ようせつ
鉄骨部材とコンクリートを緊結するために、鉄骨にスタッドを取り付ける溶接[図26、写真9]。スタッドと母材の間に溶接電流を通して、接触部を溶融・接合させる。スタッドは柱脚や梁天端に取り付けられる。

剛接合―ごうせつごう

表3　溶接の種類

名称		特徴		採用の適・不適[注] 工場溶接	採用の適・不適[注] 現場溶接	注意点
アーク溶接		母材と電極または2つの電極間に発生するアークの熱を利用して行う溶接方法。鉄骨製作で使用される溶接のほとんどがアーク溶接である		◎	◎	アーク熱の中心は5,000～6,000℃とされる熱源
スタッド溶接		ボルトの先端と母材間にアークを発生させて圧着する溶接方法。直流電源とスタッドガンで構成されている。施工はスタッド溶接協会による技術検定資格を有した者が行う		◎	○	溶接姿勢や溶接環境によっては溶接条件が変化することがあり、横向姿勢による施工、デッキプレート上からの施工などの場合には溶接施工前に品質の確認が必要
被覆アーク溶接（手溶接）		被覆アーク溶接棒の中心にある、軟鋼からできた心線を、被覆剤を塗り固めた被覆アーク溶接棒と母材との間に交流電圧をかけ、アーク熱によって母材と融合・凝固すると溶接金属となる。被覆剤により発生するガスによって溶接部と大気を遮断するだけでなく、合金成分の添加による良好な特性が得られる。イルミナイト系や低水素系が一般的である		◎	◎	溶接棒が乾燥しており施工中に吸湿しないよう注意が必要
ガスシールドアーク溶接法（マグ溶接）		鉄骨では最も一般的な溶接。大気のシールドを被覆の代わりに活性ガスを用いて行うガスシールドアーク溶接法（マグ溶接）で、ガスには炭酸ガスまたは混合ガス（アルゴン80%＋$CO_2$20%）を用いる。この技法は安価で、深い溶込みが得られるため多用されており、混合ガスの使用によってビード外観や靱性が改善される。混合ガスでは表面に生成されるスラグの量が軽減されるため、ロボット溶接に利用されることもある		◎	◎	被覆アーク溶接に比べて溶接効率が高いが、施工時の防風対策が必要である
サブマージアーク溶接（自動溶接、ユニオン）		溶接線の前方に散布されている粒状のフラックス中にワイヤを自動的に送り込み、ワイヤ先端と母材間にアーク熱を発生させて行う溶接法。被覆アーク溶接の心線と被覆剤が分離されて使用される。またアーク現象は外から見えないが、ビード外観は優れている。長尺のBH形鋼製作やボックス柱の角継手などに使用される		◎	×	現在、大電流を使用した深溶込み溶接（開先なし）も多くなってきた。フラックスには溶接フラックスとボンドフラックスがあるが、溶接フラックスがほとんど。ボンドフラックスは靱性が高い
エレクトロスラグ溶接	**消耗ノズル式**（**CES**）	ボックス柱の内ダイアフラムの溶接に使用されている溶接法。立向溶接継手を鋼当て金または水冷当て金で囲み、このなかでアーク熱によりフラックスを溶かしてスラグを生成させ、溶融スラグ中を流れる抵抗熱を利用してワイヤおよび母材を溶かす自動溶接	鋼製のパイプに被覆剤を塗布した消耗ノズル式	◎	△	現在では非消耗ノズル式（SES）がほとんどである
	非消耗ノズル式（**SES**）		水冷構造ステンレス製パイプまたは銅製パイプからなる非消耗ノズル式。CESよりも主流	◎	×	
ミグ溶接		炭酸ガスアーク溶接と同じガスシールドアーク溶接法であるが、ガスには不活性ガスであるアルゴンやヘリウムが使用される		△	×	鉄骨工事ではほとんど使われることはない
アルゴン溶接		炭酸ガスアーク溶接と同じガスシールドアーク溶接法であるが、ガスには不活性ガスであるアルゴンが使用される		△	×	鉄骨工事ではほとんど使われることはない

注　凡例　◎：最適　○：適する　△：施工条件による　×：不適

柱や梁など部材同士を接合する方法の一種。外力に耐えられるよう、溶接などで頑丈に接合する。ラーメン構造の骨組みも剛接合。

完全溶込み溶接｜かんぜんとけこみようせつ
主要部分を接合する際に用いる溶接方法。溝（開先）を母材同士の間に設けて、そこに溶着金属と母材の一部を溶かし込む。鋼板どうしを平らに継ぐ場合、突合せ溶接ともいう。

回し溶接｜まわしようせつ
隅肉溶接で、取り付けた部材の端部まで回して溶接することをいう［図27］。部材の端部や角部で溶接を終わらせると、応力集中の原因となるので、これを避けるため行う。

隅肉溶接｜すみにくようせつ
直交する2つの面の隅において三角形の断面をもつ溶接をいう［図28］。ルート部や止端部に大きな応力集中を生じるため［図29］、繰返し衝撃荷重を受ける部材には用いない。板厚が16㎜を超える場合には開先がとられる。

溶接材料｜ようせつざいりょう
溶接に必要な**溶接棒**・**溶接ワイヤ**・**フラックス**などをいう。最近では、国産のJIS規格品だけでなく、品質面で遜色ない輸入品も増えている。

ビード外観｜がいかん
ビードとは溶接作業における溶着部にできる帯状の盛り上がりのことで、ビード外観とはその表面の外観形状や施工品質の良否のことを示す［写真10］。

溶接棒｜ようせつぼう
被覆アーク溶接に使用される芯線と**フラックス**が一体化した電極棒。**手棒**［てぼう］ともいう。フラックスを適度に調合することでさまざまな溶接条件に対応可能。
厚板や高張力鋼などの溶接では、被覆剤からの水素発生量が少なく、強度と延性・靱性に優れた、低水素系の溶棒が使用される。

図24｜被覆アーク溶接
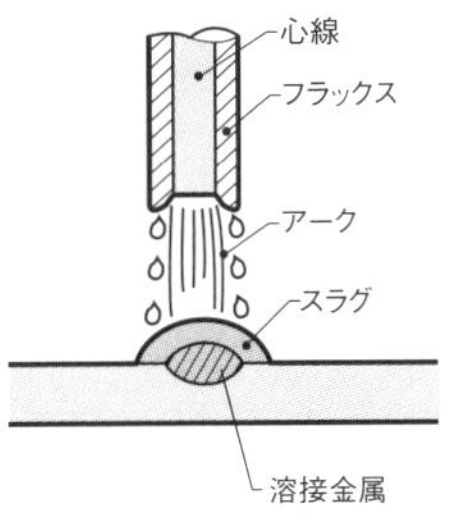

写真7｜ホルダーと溶接棒
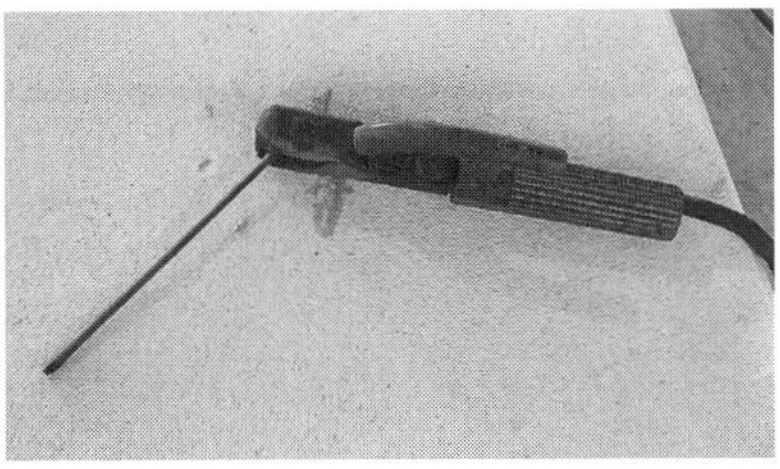

写真8｜トーチの先端
（写真奥はコイル状に巻かれたワイヤ）
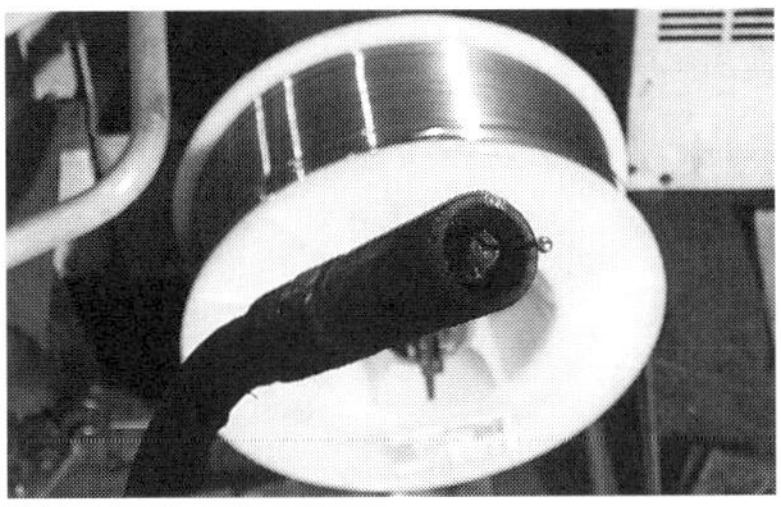
ガスシールド半自動アーク溶接に使用するトーチの先端。写真奥はコイル状に巻かれたワイヤ

図25｜ガスシールドアーク溶接
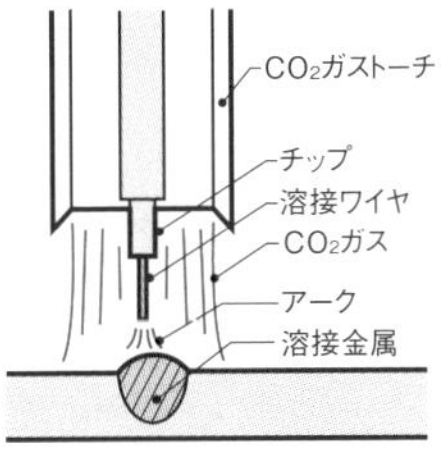

図26｜スタッド溶接
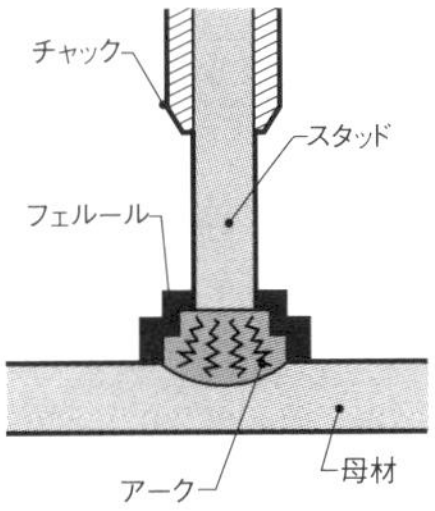

写真9｜スタッド溶接機

図28｜隅肉溶接
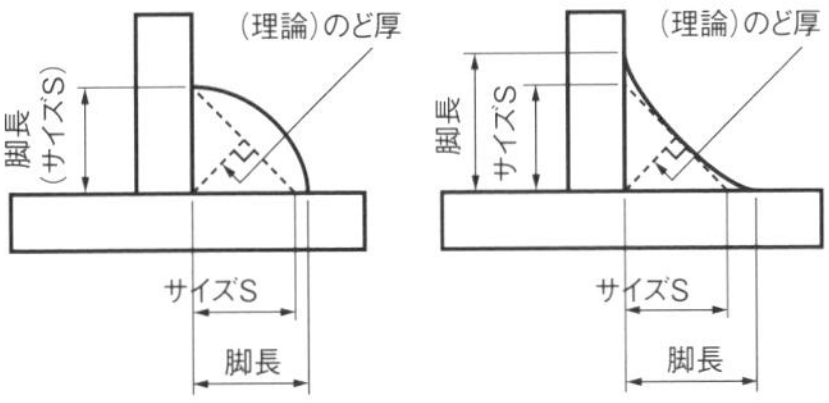

図27｜回し溶接
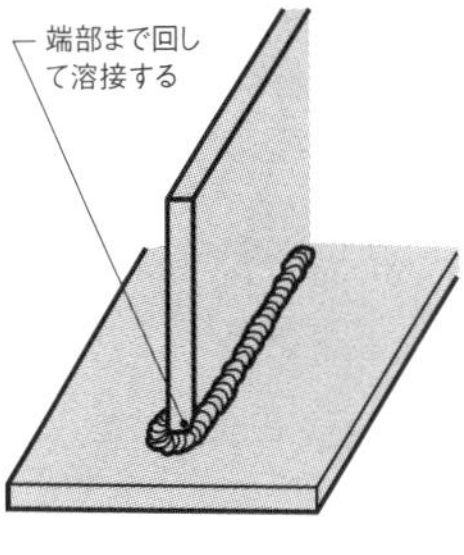

写真10｜ビード外観

図29｜隅肉溶接の応力伝達
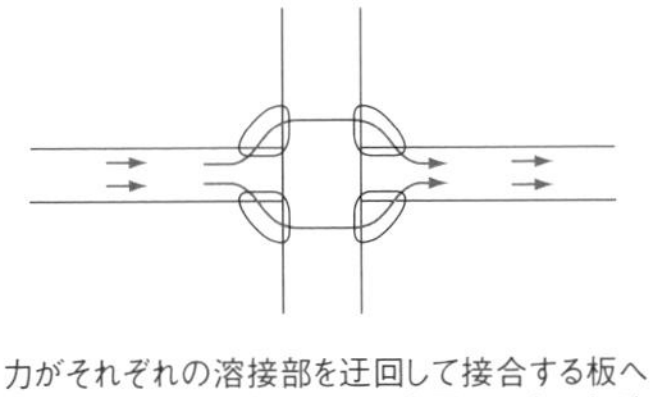
力がそれぞれの溶接部を迂回して接合する板へ流れていく。溶接線に平行に作用する力の伝達に適する。
仕口など構造上重要な部分には使用しない

フラックス
アークを安定させたり、溶接金属を大気から遮断・保護して酸素・窒素などの侵入を防止する粒状の鉱物性物質。

溶着金属の酸化を防ぐほか、スラグとなって溶着金属の表面を覆い、急冷を防ぐ。被覆アーク溶接用やサブマージアーク溶接用の被覆剤など、溶接法ごとに被覆剤がある。

溶接継手｜ようせつつぎて
溶接継手の種類は、溶接方法・材質・板厚・溶接姿勢・構造・形状性能などを考慮して、種々の形式が採用される[図30・31]。

予熱｜よねつ
溶接前に溶接周辺部を一定の温度範囲に加熱・保持しておく処置のこと[図32]。溶接部の急冷や割れを防止するために行う。水分のほか、既存塗膜、油、ゴミなどの不純物も除去できる。鋼材は強度が高いほど合金成分が多く、予熱温度が高いほど急冷されやすいため硬化し、割れやすくなる。490N級の鋼材で板厚が50㎜以下でガスシールドアーク溶接する場合は予熱は不要だが、気温が0℃以下の場合は40℃以上に加熱して行う。

ルート部｜―ぶ
溶接する開先のルート面が溶接される部材と接する部分のこと。溶接作業では、最初に溶接する層（初層）に当たる部分を指す。

パス
溶接順序によって積層された断面状の2つ以上の重なりのこと。手溶接やマグ溶接などの完全溶込み溶接では、パスを重ねて溶接が行われる。このほかに、溶接の操作そのものも指し、溶接回数によって**シングルパス**（ワンパス）と**マルチパス**（多数パス）に分けられる。パスが多いと、溶接不良が出やすい。

パス間温度｜―かんおんど
後続のパスを始める直前のパスの温度[写真11]。開先面から10㎜の位置で測定されることが多い。

パス間温度が過大になると溶接部の強度や靱性に悪影響を及ぼすので、その値が制限されている。溶接長さ寸法が短く、板厚が厚い場合は注意を要する。

ウィービング
溶接棒や溶接ワイヤを溶接方向に対して波形に動かしながら進める溶接方法。溶接棒や溶接ワイヤを動かすことを**運棒**という。

スカラップ
2方向からの溶接線が交差する部分は、溶接継目の重なりを避けるために板を扇形に切り抜く。その部分をスカラップという。スカラップを設けることで割れや溶接欠陥、材質劣化を防ぐ[写真12]。

最近は、スカラップ加工をしない**ノンスカラップ工法**[図33]を採用するケースも多い。阪神・淡路大震災以降は、スカラップ底の応力集中を避けるため小さな半径を設けた改良型スカラップが大半を占める[図34]。

ノンスカラップ
柱梁接合部における梁フランジの溶接において、特殊な裏当て金を使いスカラップを用いない溶接施

図30｜溶接継手の種類

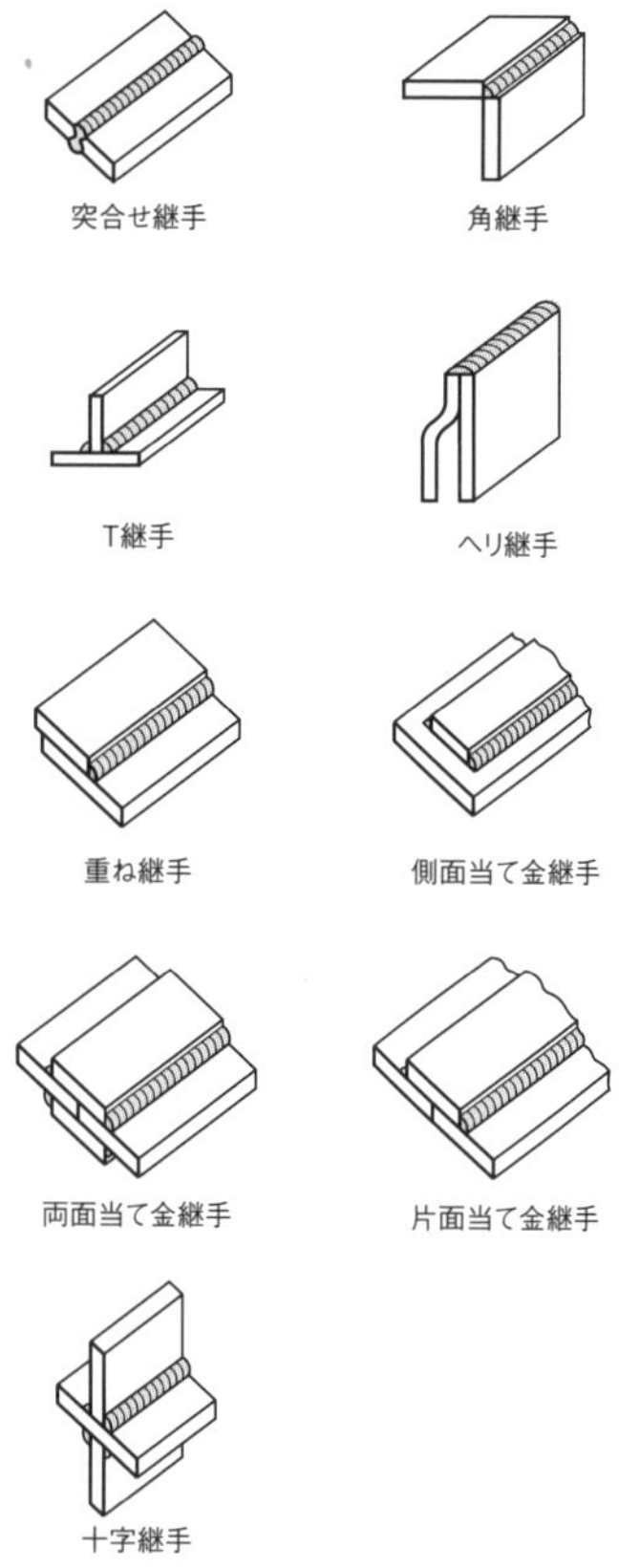

図31｜完全溶込み溶接の継手

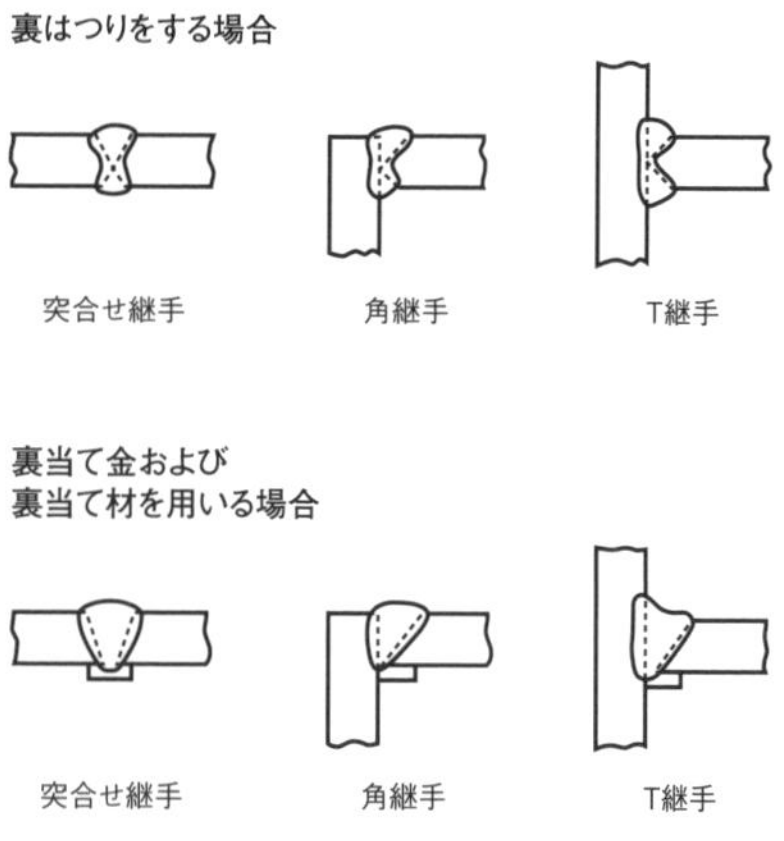

写真12｜スカラップ

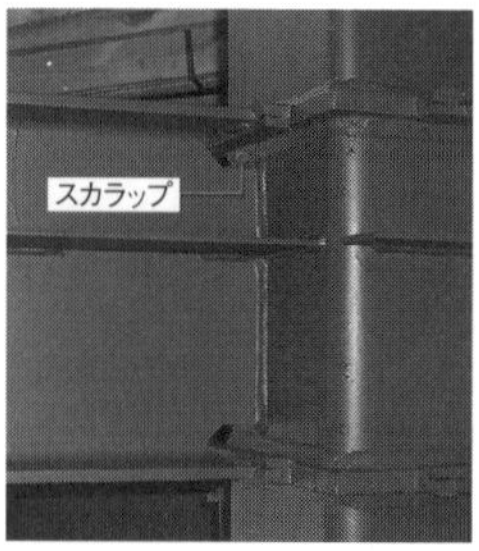

写真11｜パス間温度測定

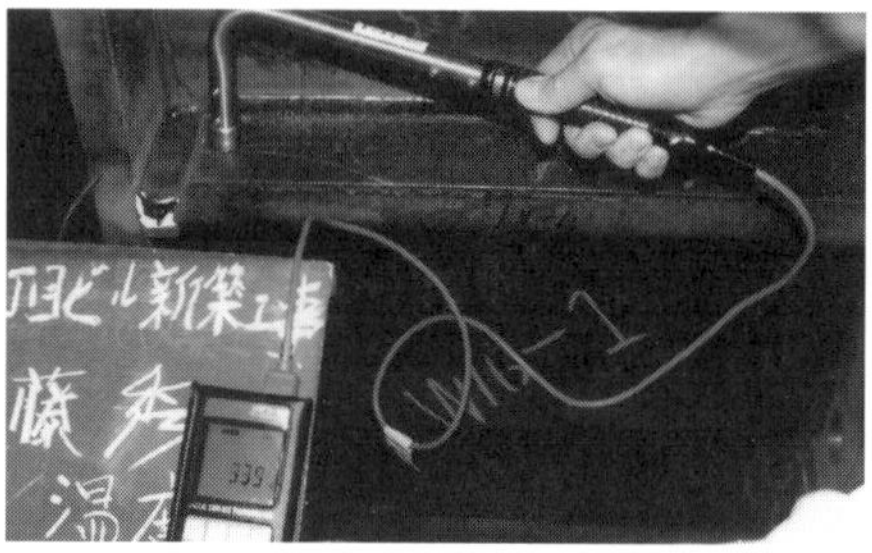

図32｜予熱の範囲と重点的に予熱する部分

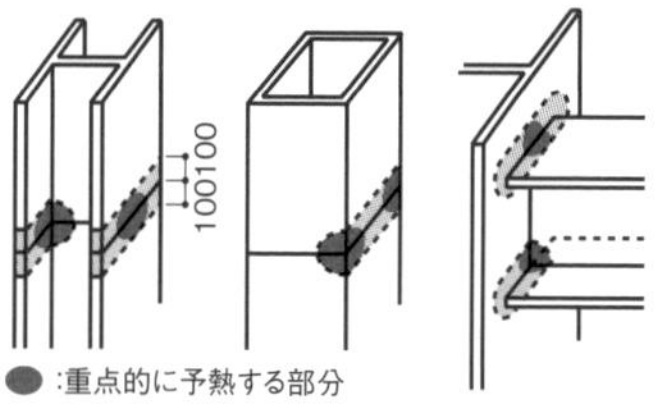

●:重点的に予熱する部分
隅角部は他の部分より温度が上昇しにくいので重点的に予熱する必要がある

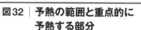

工法。

余盛｜よもり

完全溶込み溶接や隅肉溶接において、母材表面より余分に盛り上がった凸形の溶着金属をいう。溶接の基本は、のど厚以上の溶接断面があることであるが、過大な余盛は応力集中を招きやすいので必要最小限にする[図35]。余盛が大きすぎるとその部分に応力集中を起こす。

ビード

溶接の際に溶接金属によってできる帯状の盛り上がり、溶接のこと。溶接が短い（**ショートビード**）と、溶接時の急熱急冷によって鋼材表面が局部的に硬くなり、割れの原因となる。ショートビードは**組立て溶接**[※]において問題となりやすい。不整形すぎると外観検査で不合格になる場合がある。

のど厚｜―あつ

完全溶込み溶接では溶接する母材の板厚[図36・120頁図18]。隅肉溶接では溶接部の最小断面厚さをいう。開先やサイズから決まり、**理論のど厚**ともいう。別に、応力を有効に伝達できる溶接金属の断面厚さを**有効のど厚**という。

有効のど厚｜ゆうこうのどあつ

溶接継手で、応力を有効に伝達させられる溶接金属の断面厚さのこと。単にのど厚といえば設計上の（理論）のど厚をいう。

アンダーカット

溶接において、溶着金属の谷部に沿って母材が溶けて溶接方向に生じた溝状の表面欠陥[126頁図37]。アンダーカットは溶接施工によって少なからず発生する溶接欠陥[126頁図38]である。

脚長｜きゃくちょう

隅肉溶接の断面で部材と溶接金属が接する実測長さ。設計上のサイズと区別して使う。不等脚の場合は、短い脚長でサイズが決まる。

裏当て金｜うらあてがね

溶接の裏側に溶融金属が抜け落ちるの（開先の反対側に抜けて孔があくこと）を防ぐ鋼材[120頁図18]。鉄骨の溶接では柱梁接合部であるT継手や十字継手、角継手などに多く用いられる。ガスシールドアーク溶接の場合、密着しすぎると**ブローホール**を誘発することもある。

ブローホール

溶接欠陥の1つで、溶接金属内部に水素・炭酸ガスなどが凝固して生じた空洞。**気孔**［きこう］ともいい、数mm程度の球状欠陥となる。1mm以下の大きさのものを**ピンホール**といい、溶接内部に発生する欠陥の50％程度を占める。**ピット**[126頁図38]は、ブローホールが溶接表面に開口して現れた欠陥のことをいう。

エンドタブ

溶接時に生じやすい溶込不良やクレータなどの溶接欠陥を避けるために溶接端部に取り付ける材料[126頁図39]。完全溶込み溶接の始端、終端は不完全な溶接が生じやすいので**開先**（溶接する部材同士を突き合わせた部分）面と同じ加工をした補助板（エンドタブ）を取り付け溶接を行う。鋼製のものは溶接終了時には、仕様によっては、切断して滑らかに仕上げることがある。

最近は鋼製タブに代わって**固形エンドタブ**（セラミック系、フラックス系）が主流となりつつある。フラックスタブをはじめとする代替エンドタブは溶接の始終端が母材内になるため、鋼製エンドタブに比べると溶接技能者の技量によって溶接欠陥が発生しやすい。

食違い｜くいちがい

突合せ継手において、相互の部材が断面内に納まらない状態[126頁図40]。食違いによって偏心や応力集中を起こすだけでなく、ずれ量がそのままのど厚の低下を招く。目違いと同じ意味。判定基準に従っ

図33｜ノンスカラップ

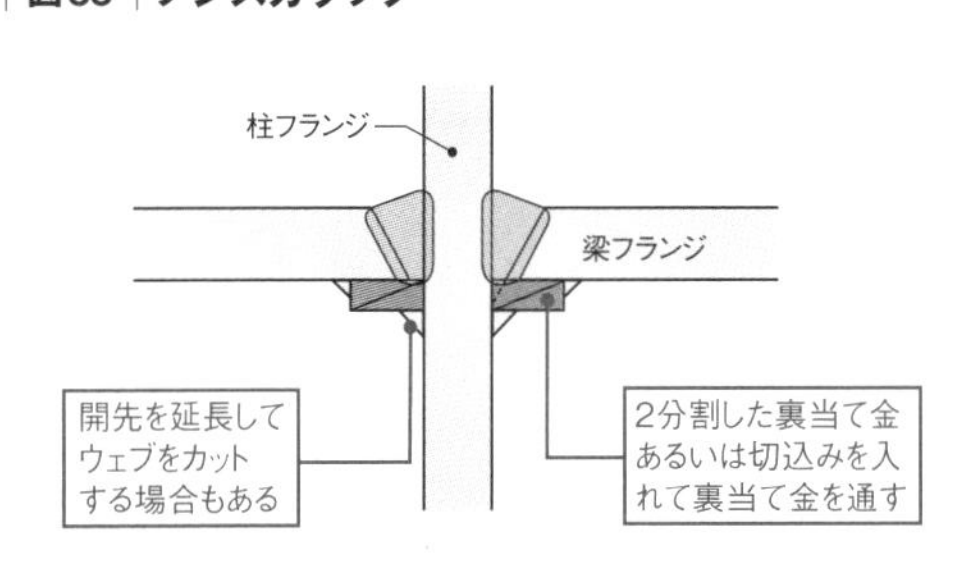

図34｜スカラップの種類

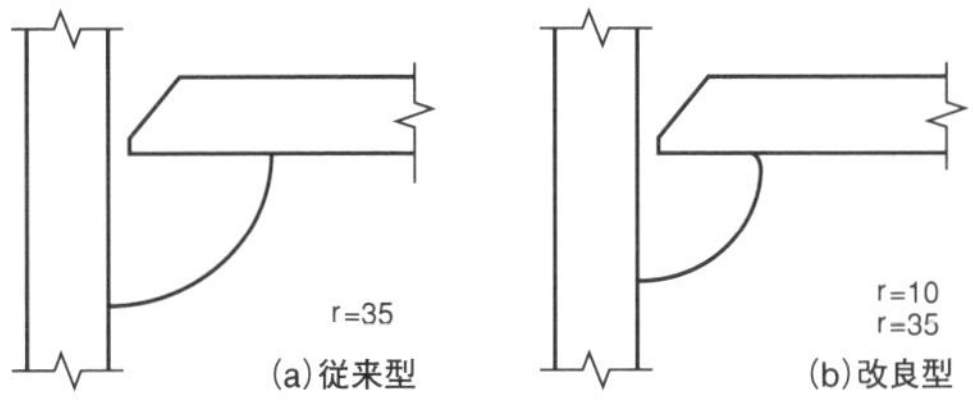

図35｜余盛

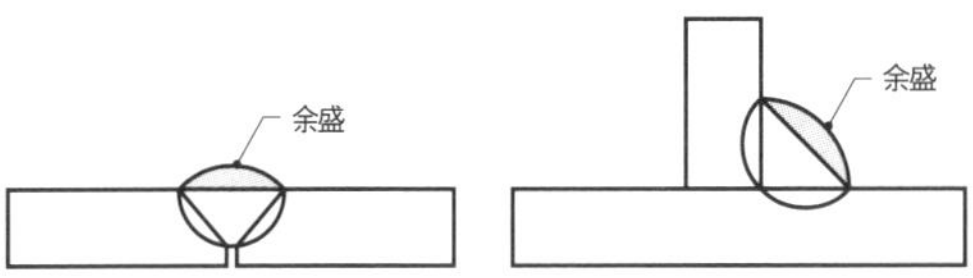

図36｜溶接の名称

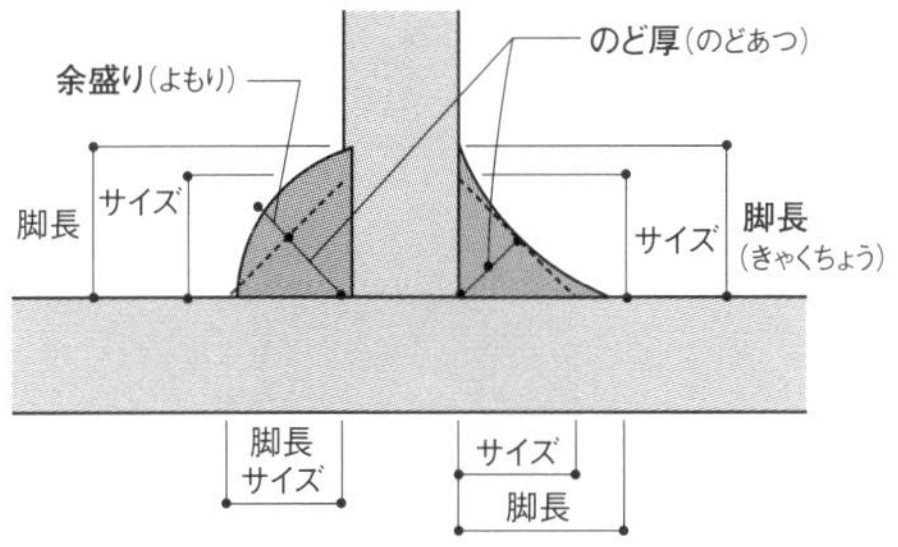

※：切断された鋼材などを部材に組み立てるための溶接

て判断する。許容範囲を超える場合には適切な処置が必要。

ガウジング

溶接欠陥部を除去するなどの目的で溶接部や母材をはつり取ること[126頁写真13]。アークを出しながら金属を溶かし、そこに圧縮空気を送って吹き飛ばす**エアアークガウジング**という方法で行われる。

逆ひずみ｜ぎゃくひずみ

溶接による収縮変形を見越し、あらかじめその変形量を加圧や加熱で逆向きに与えておくこと[図41]。

スラグ

溶接前の溶接棒の被覆剤やフラックスが溶接後にビード表面を被覆している非金属物質のこと。スラグは溶接金属内の急冷を防ぐ効果がある。また、これを清浄化するために使用され、溶接後のビード表面を覆って、大気とのシールドを保持する役目がある。連続して溶接する場合は、スラグを十分清掃しないと、**スラグ巻込み**により溶接部の強度低下が生じる。

スパッタ

溶接作業中に、溶接棒や溶接ワイヤから溶接ビード表面上や溶接近傍の母材周辺部に飛び散り、ビードや母材に付着して、そのまま冷えて固まった溶融金属の粒。

図37｜アンダーカット

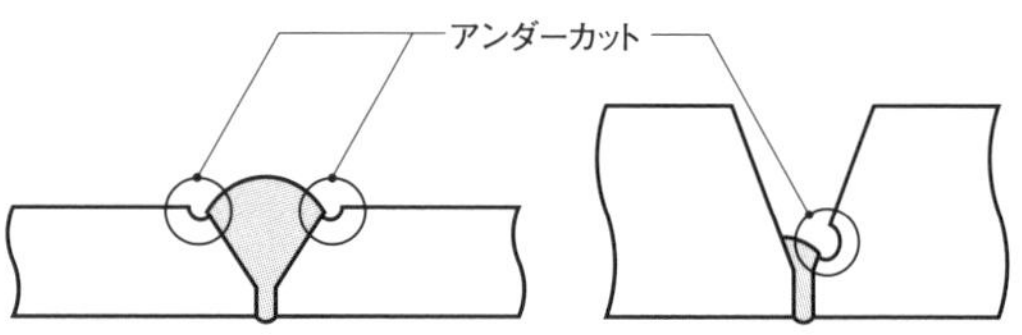

図38｜主な溶接欠陥とその特徴

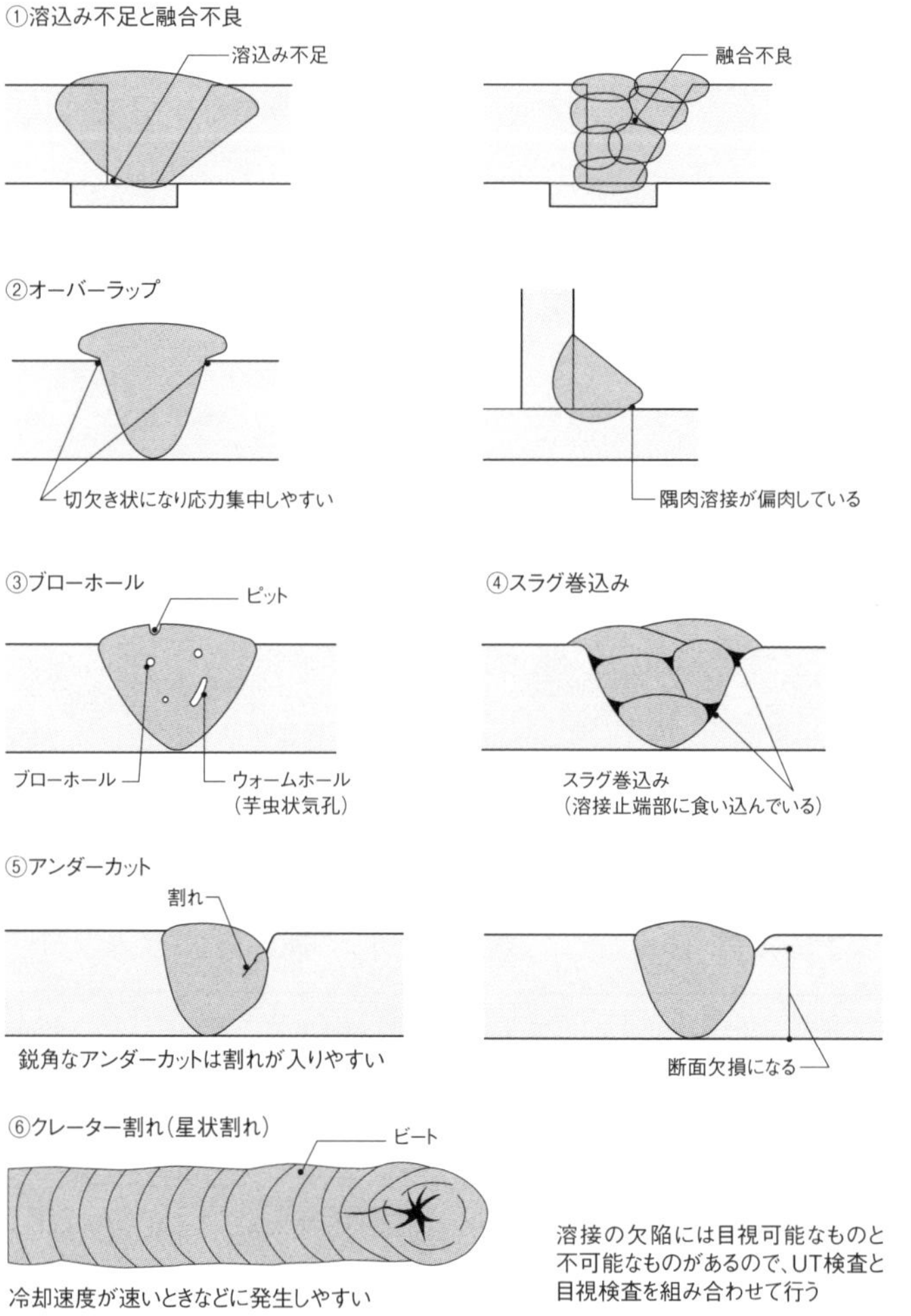

図39｜エンドタブ

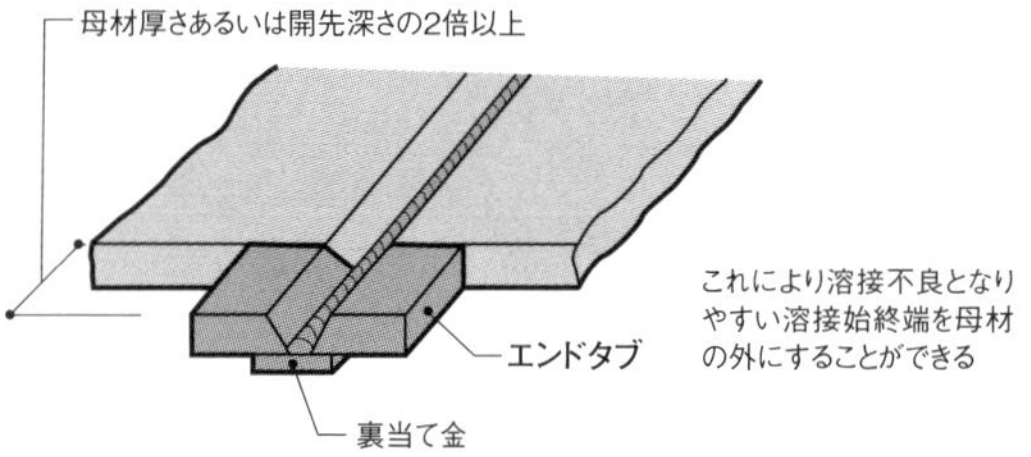

図40｜食違い

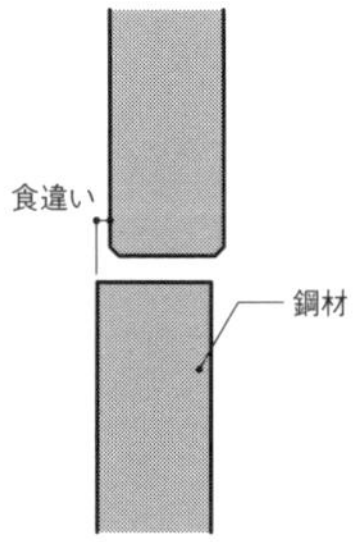

写真13｜ガウジングにより不良な仮溶接部分を削り取った箇所

図41｜逆ひずみ効果

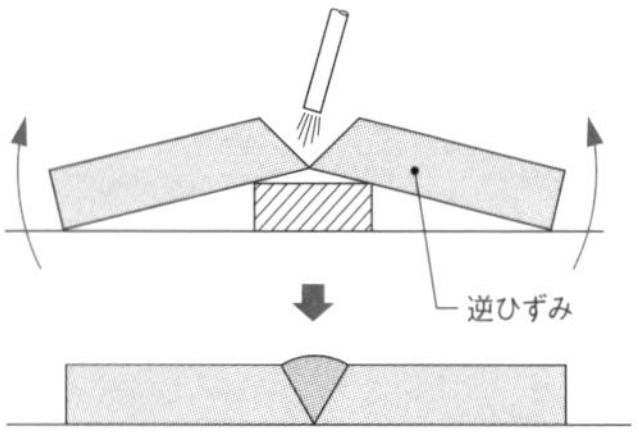

スパッタの発生を抑えるためには、マグ溶接のノズルにスパッタ防止材を付けて溶接したり、スパッタ防止剤を溶接近傍の母材に塗布する。ビードに付着したスパッタを除去しないまま溶接を重ねると溶接欠陥となる。

溶接姿勢｜ようせつしせい
溶接を行う溶接技能者の溶接部分に対する姿勢[図42]。

溶接技術者｜ようせつぎじゅつしゃ
溶接施工に関わる管理技術者のこと。溶接施工管理技術者ともいう。(一社)日本溶接協会(JWES)で認定された溶接技術者が一般的。溶接技術者の認定種別には、特別級・1級・2級の3つがある。

建方

アンカーボルト
一端をコンクリートなどに埋め込んで用いるボルト。鉄骨の柱脚部の基礎への緊結に用いるアンカーボルトの修正は許されないが、工事監理者の承認を得て修正する場合がある[図43]。

ベースプレート
鉄骨の柱脚部に取り付ける鋼製の底板。底板にはアンカーボルト用の孔がある。**アンカープレート**とも

図42｜溶接姿勢

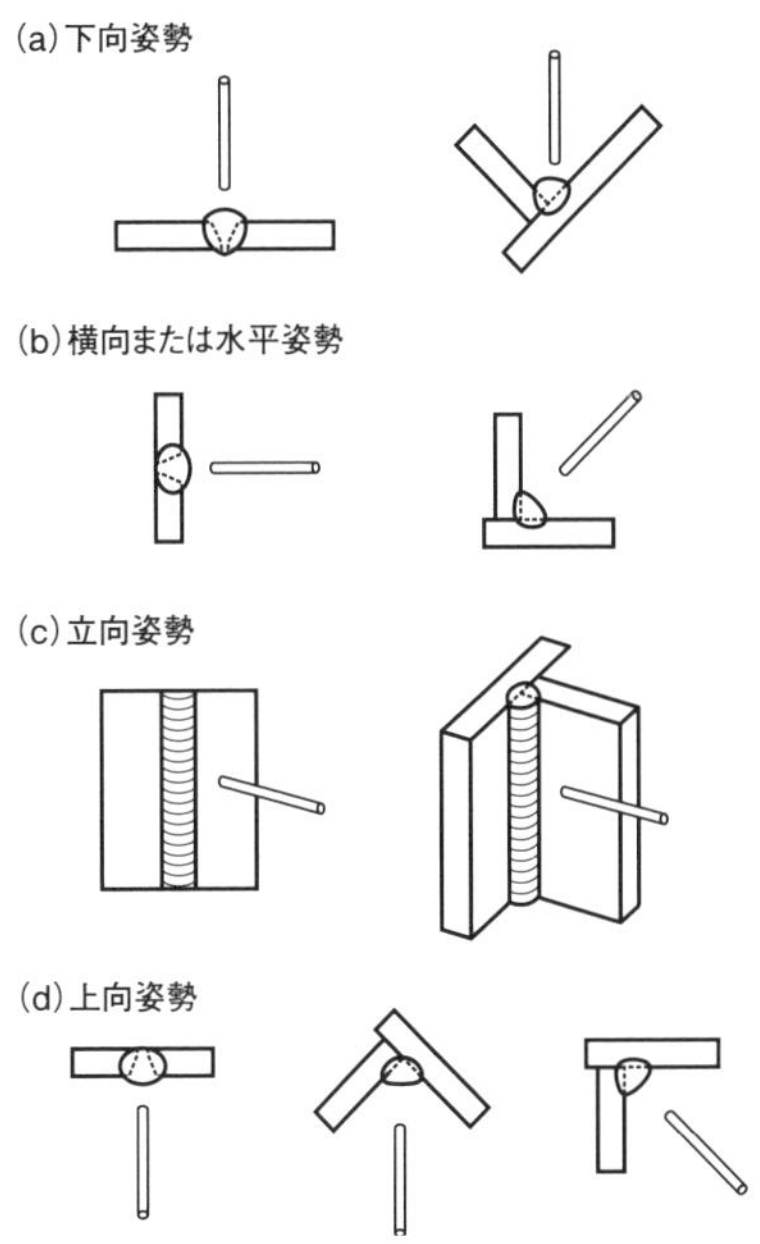

図43｜アンカーボルトの修正方法

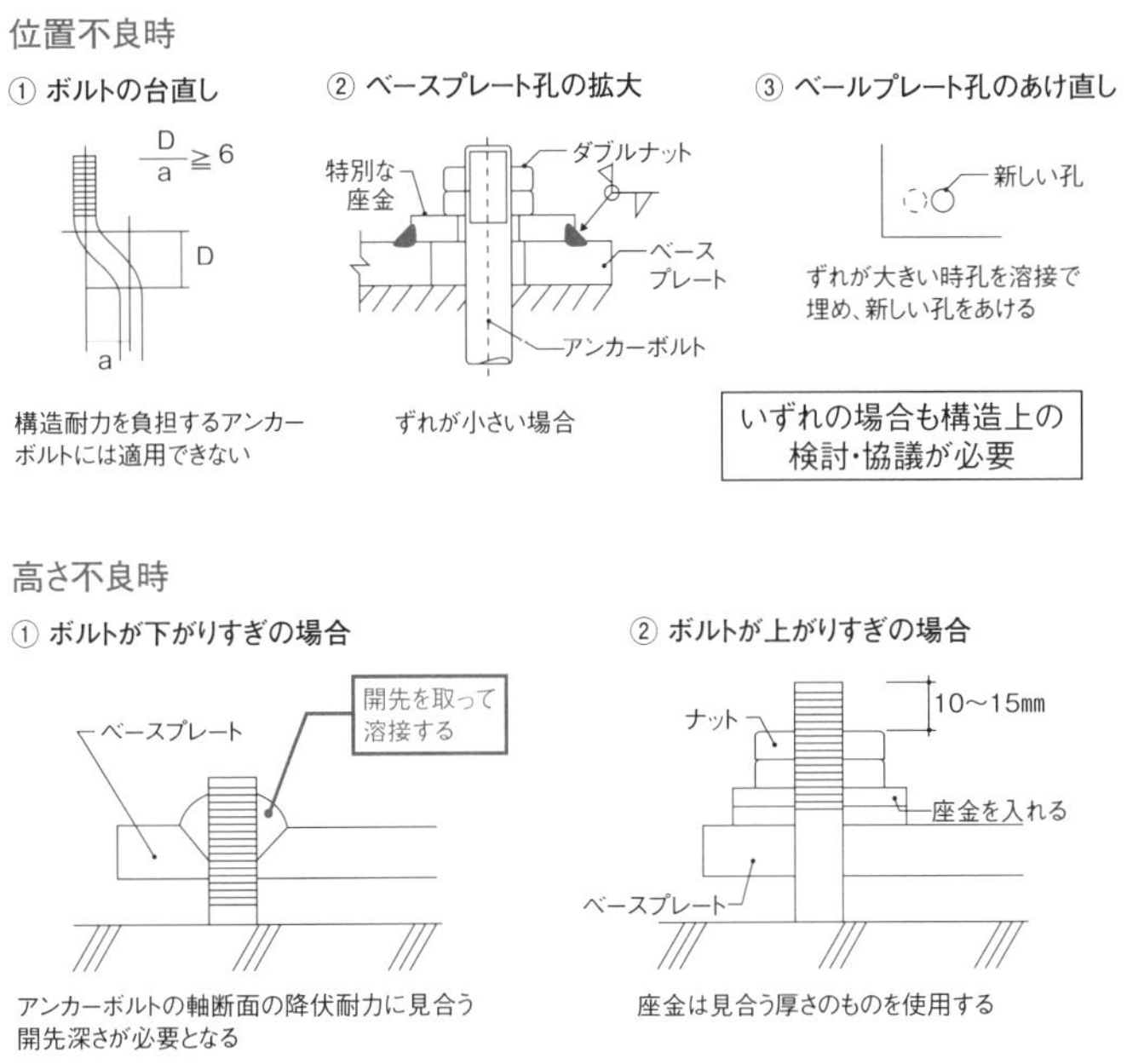

図44｜柱脚部の接合形式

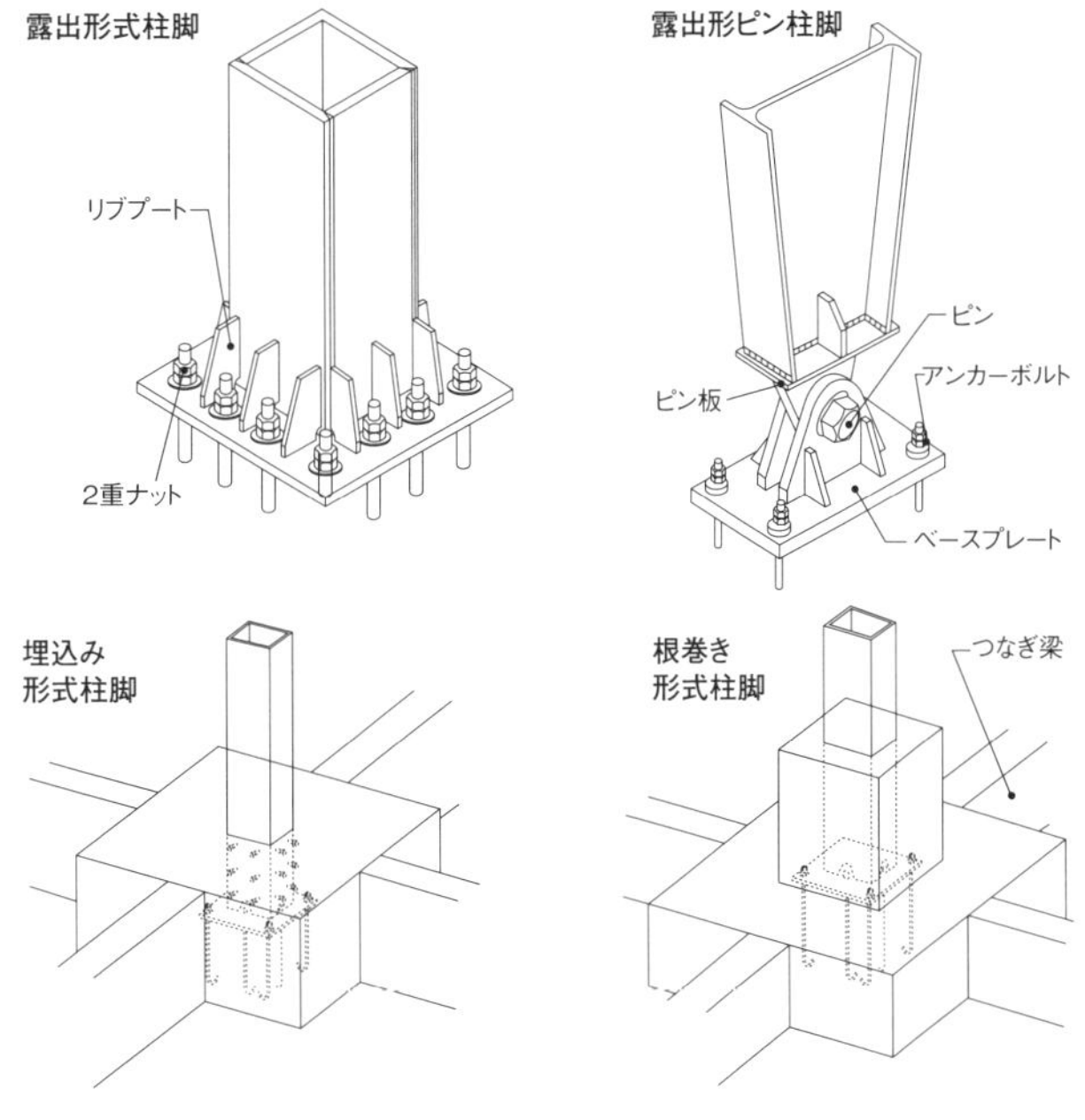

図45｜埋込み形式柱脚

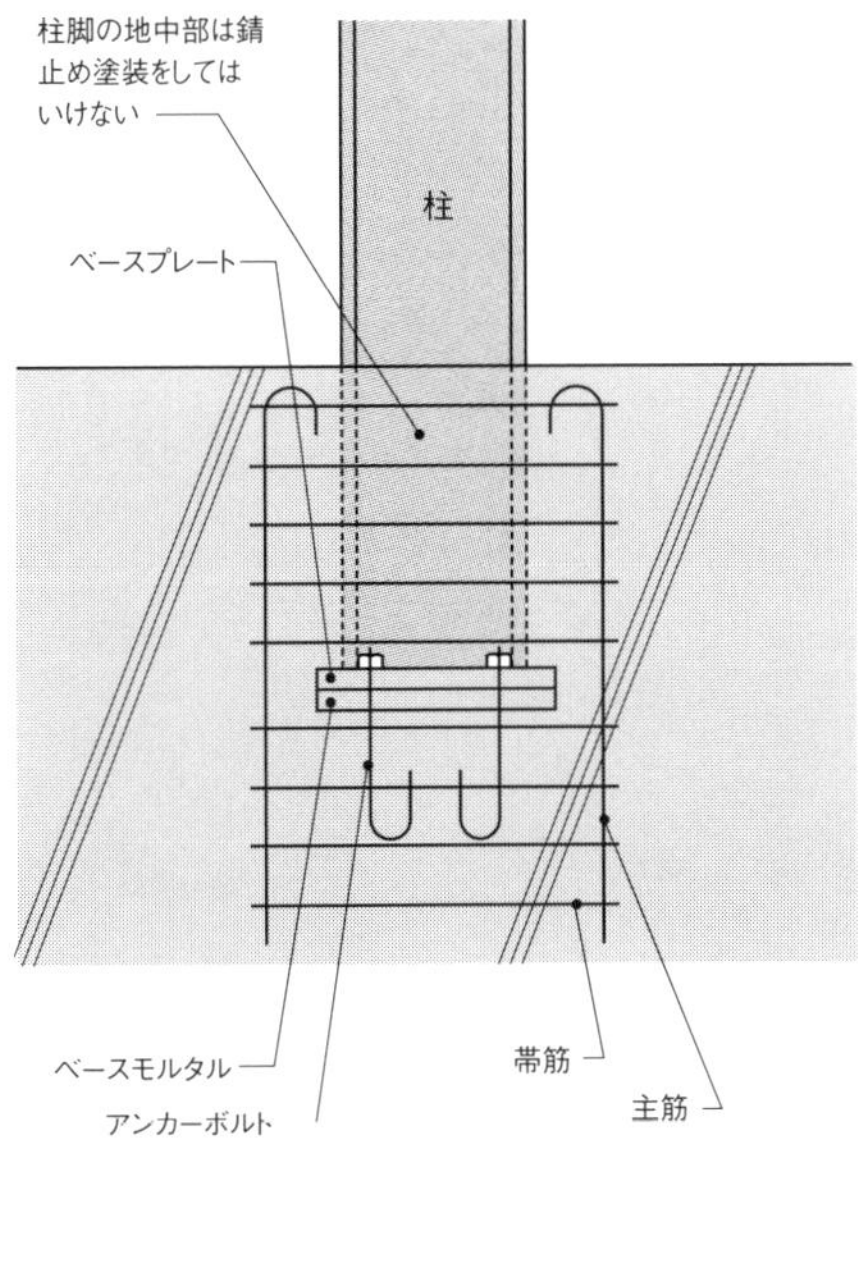

図46｜根巻き形式柱脚

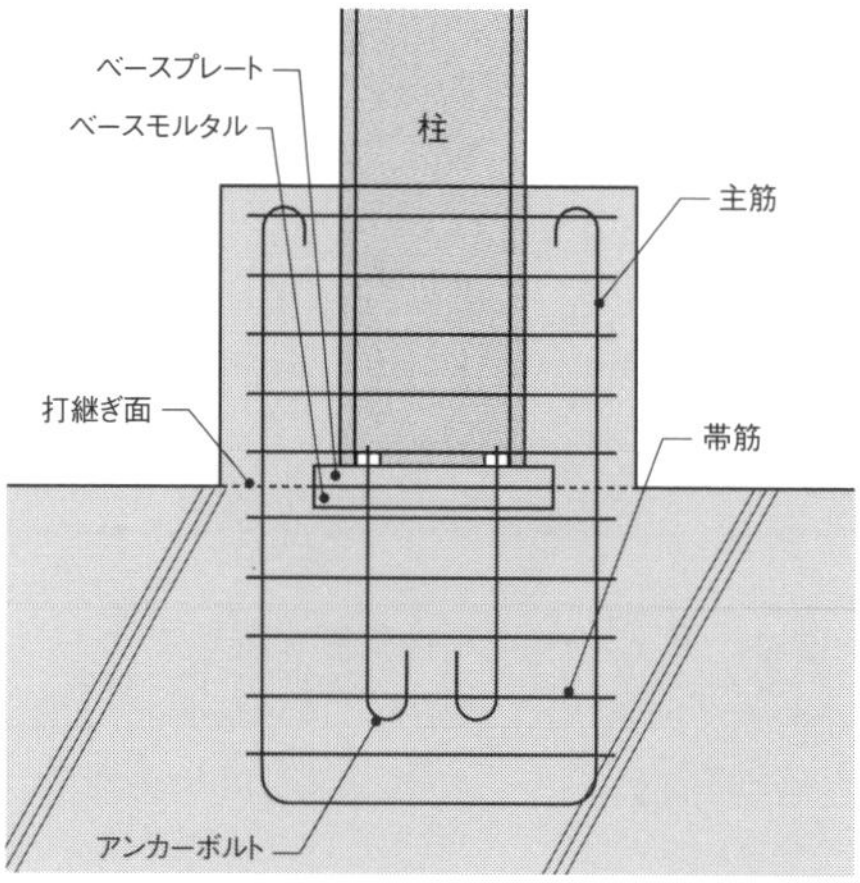

図47｜露出形式柱脚

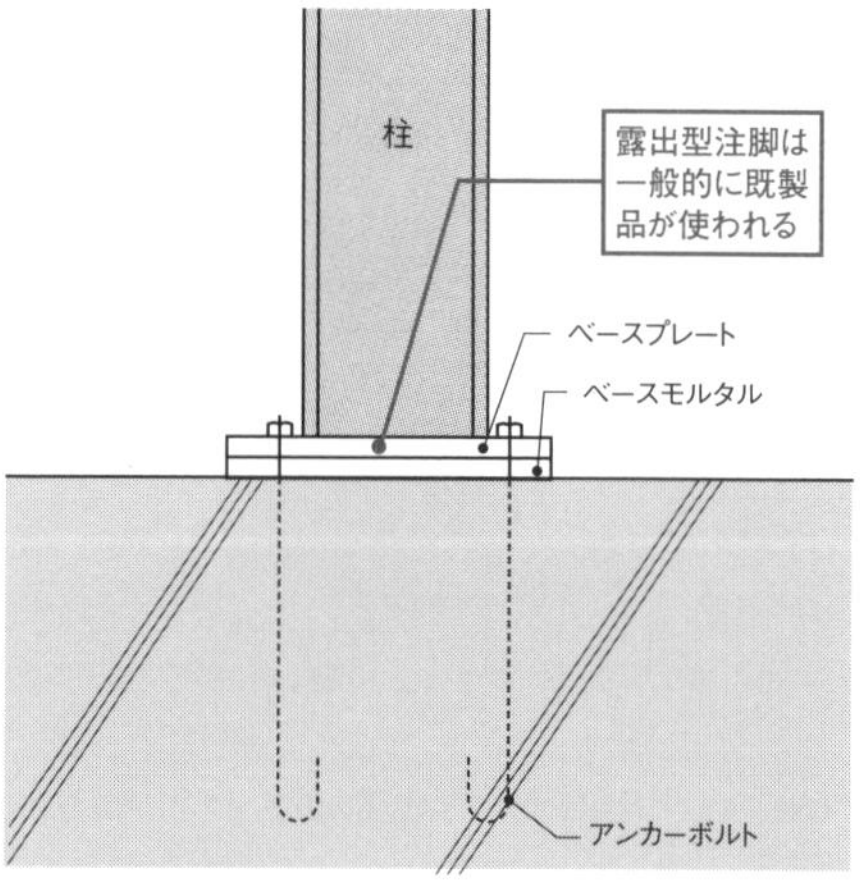

写真14｜テンプレート

写真15｜饅頭

図48｜饅頭の代替品(テツダンゴ)

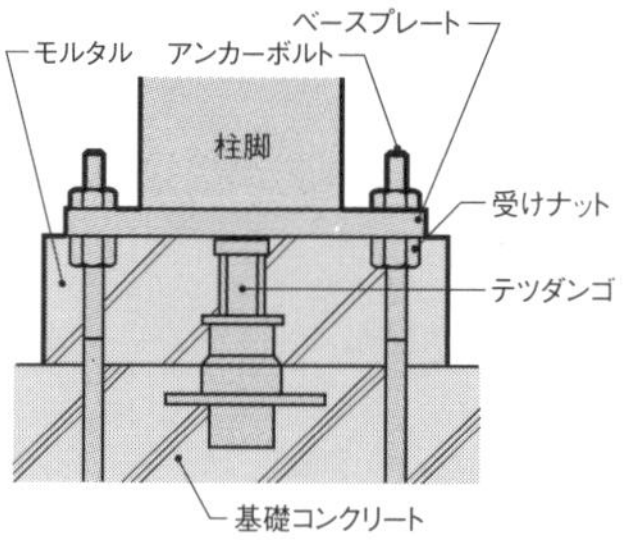

いう。

柱脚部｜ちゅうきゃくぶ
基礎と柱の接合部のこと[127頁図44]。上部構造の応力を基礎を介し支持地盤に伝達する、という構造上重要な役割をもつ。また、ピン接合にするか剛接合にするかで、上部の建築計画に大きく影響が及ぶ。柱脚固定式には、**埋込み形式柱脚**（基礎に埋め込む）、**根巻き形式柱脚**（柱の足元をコンクリートで巻く）、**露出形式柱脚**（ベースプレート+リブプレートが露出）などがある。現在はメーカー既製品が多い。

埋込み形式柱脚｜うめこみけいしきちゅうきゃく
固定柱脚とするため、柱脚を十分に鉄筋コンクリートに埋め込んだ鉄骨柱脚[127頁図45]。コンクリートに埋め込む範囲は、鉄骨とコンクリートの付着力確保のため、錆止め塗装を行ってはならない。これは根巻き形式も同様である。

根巻き形式柱脚｜ねまきけいしきちゅうきゃく
固定柱脚とするため、脚部廻りを鉄筋コンクリートで被覆した鉄骨柱脚[図46]。
根巻きとは、鉄骨の脚元をコンクリートで固めること、またその状態を指す。根巻きするコンクリートを**根巻きコンクリート**［ねまき—］という。型枠組立てに先立ち、墨に沿ってモルタルを盛り、建込み定規とするモルタルを**根巻きモルタル**［ねまき—］もいう。

露出形式柱脚｜ろしゅつけいしきちゅうきゃく
柱脚を鉄筋コンクリートに埋込んだり被覆したりせず、露出したままで使用する柱脚[図47]。柱脚部の固定度はさまざまであるが、固定度の高い既製品が広く普及している。
鉄骨をコンクリート中に埋め込まなくてよいため、工期・コストの面で有利になるほか、柱脚ディテールが標準化されているため、柱脚を設計する必要がない。ただし、アンカーボルトと鉄筋の納まりを十分検討する必要がある。

テンプレート
アンカーボルトを正確にセットするためにつくられる型板。所定の位置に孔をあけ、そこにアンカーボルトを通して使う[写真14]。コンクリート打設時にアンカーボルトが動かないよう、しっかり位置を保持しておく。なお鉄骨を加工するための型板のこともテンプレートと呼ぶ。

饅頭｜まんじゅう
柱を所定の高さにセットするため、柱脚ベースプレート中央下部に施工するモルタルのこと[写真15]。モルタルは無収縮モルタルを用いることが多い。レベルを正確に出し、コテで平滑に仕上げ、柱をセットし終えた後、周囲を無収縮モルタルなどで充填する。テツダンゴ（丸井産業）などの代替品が市販されている[図48]。
饅頭の場合は、強度がある程度発現するまでの養生期間（3日程度）が必要となるのに対し、代替品の場合は、養生期間が不要なので、いくらかの工期短縮が図れる可能性はある。

建方｜たてかた
建方の種類には、**積上げ方式**（横割り方式）、**建逃げ方式**（縦割り方式）などがある[表4、図49]。

鎧吊り｜よろいつり
梁を1本ずつ吊らずに、位置をずらして数本を一度に吊る方法。クレーンの吊上げ時間が短縮でき、作業の効率化が図れる。

地組み｜じぐみ
大型の部材で工場製作された鉄骨部材を部分的に分割し、現場に搬入してから建方前に地上で組み立てること。また、現場搬入前に、工場製作ヤードなどで仮組立てを行って、組立精度などを確認する作業。

地切り｜じぎり
トラックで運搬されてきた部材の荷下ろし時に、クレーンで吊った物をトラックの荷台から切り離す作業のこと。

玉掛け｜たまがけ
重量物をクレーンなどを使って揚重・移動するとき、重心を失わないようにバランスよくワイヤロープを掛ける作業のこと。このワイヤを玉掛けワイヤといい、輪（へびぐち）にした玉掛け専用のワイヤを使う。玉掛け作業者は労働安全衛生法に定められた資格をもった人が行う。

歪み直し｜ひずみなおし（ゆがみなおし）
鉄骨柱の垂直精度を修正するための作業のこと。建てた鉄骨柱が垂直になるように、ターンバックルを仕込んだワイヤロープを張り、それを緊張させて修正する。ターンバックルの代わりにレバーブロックを使用することもある。**建入れ直し**［たていれなおし］、**歪み取り**［ゆがみとり］ともいう。

スパン調整｜―ちょうせい
柱の建入れ直しだけでは修正しきれないスパンの誤差を、レバーブロックや楔、ボルシン、ジャッキなどを使って正しいスパンに調整すること。これを怠ると隣接するブロックに誤差が波及する。

介錯ロープ｜かいしゃく―
揚重機で物を上げ下ろしするときに、吊り荷の片端に取り付ける補助ロープ。

ワイヤシンブル
ワイヤロープを折り曲げて使うときに、曲げた部分を保護する金物。別名、**ワイヤコース**。

シャックル
ワイヤロープや鎖の端を留める金具。**しゃこ**ともいう［写真16］。

マイティシャックル
高層建築の柱の鉄骨建方時に使われる玉掛け機械で、建設ロボットの商品名。

レンフロークランプ

図49｜一般的な建方方法

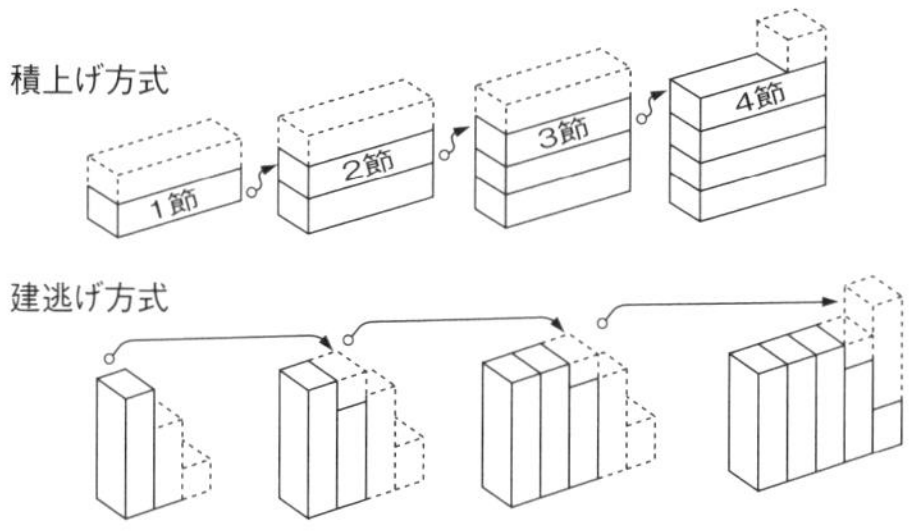

写真17｜レンフロークランプ

写真16｜シャックル

表4｜建方の種類

名称		特徴	適用規模
水平積上げ方式（横割り方式）	すいへいつみあげしき（よこわりほうしき）	鉄骨の節ごとに建方を行っていく方法	市街地の大型ビル工事
建逃げ方式（縦割り方式）	たてにげほうしき（たてわりほうしき）	建物の片側から一方向に鉄骨を建方を行っていく方法。最初に建方する部分が、自立するか十分な検討が必要	狭い敷地しかない市街地の中低層ビル
軸建て方式	じくだてほうしき	建物両側の鉄骨柱を先行して建方を行い、中央部の梁または、トラスを後から取り付けていく方法。先行する部分が屏風建てになることが多く、転倒に対する安全性の検討が必要	工場、ホール
輪切り方式	わぎりほうしき	工場の鉄骨建方で、一般的に用いられる方法で、片側から1方向に建てていく。建逃げ式と同様に、最初の建方部分が不安定になりやすいので、ワイヤを張るなどの転倒防止処置が必要。また、柱の鉄骨がH鋼の場合は、輪切り部分が転倒しやすいので桁行き方向にワイヤで補強しながら本設のブレースを取り付け建方を進める	工場
仮支柱方式	かりしちゅうほうしき	大スパンの梁やトラスの建方で、中央部に仮支柱を設けて、その上に梁やトラスの一部を仮置きする方法。仮支柱と仮支柱の基礎の構造検討が必要である。また、仮支柱を撤去する場合に、梁やトラスが大きく変形する場合があるので、荷重と変形量の構造検討を要する	大スパンの梁やトラスで、部材の重量が重い場合
横引き方式（スライド工法、トラベリング工法）	よこびきほうしき	1方向に連続する大スパンの梁やトラスの建方で使用される方法。妻側から大スパンの梁やトラスを組み立て（床、屋根の仕上げをする場合もある）、順次、1方向に横引きしながら、梁やトラスを取り付けていく。横引きの方法は、梁やトラスの下面に横引き用のチルタンクや車輪、テフロンなどのすべり支承を取付けておき、ワイヤやPC鋼棒などを用いて水平方向に油圧ジャッキなどで引っ張る。最初の横引きブロックが安定して引くことができるかを検討する必要がある	1方向に連続する大スパンの梁やトラス
吊上げ方式（リフトアップ工法）	つりあげほうしき	大スパンの屋根やトラス梁を地上部付近で地組みした（屋根仕上げを行う場合もある）後、本設柱または仮設柱の上部に取り付けられた油圧ジャッキを用いて、地組みされた屋根やトラスを一気に吊り上げて架設する方法。吊り上げた際に屋根やトラスが安定しているか、応力、変形に問題がないかを構造計算により検討しておく必要がある	大スパンの屋根やトラス梁

鋼材をくわえるようにしてつかむ吊上げ工具。着脱が簡単だが、吊り上げた鋼材をぶつけたりすると外れやすいため、建方には不適である[129頁写真17]。

キトークリップ
レバーでブロックとワイヤロープ双方を固定するための治具。鉄骨建方の歪み直しのワイヤに使用される。キトーの商品名[写真18]。

やわら
鉄骨などに直接ワイヤロープを掛けて吊る場合、ワイヤロープと鉄骨を保護するために使う布類の当てもの。

スリッパ
地上に仮置きされた鉄骨柱を建て起こすとき、柱の下部を傷めないように敷く当てもの。

写真18｜キトークリップ

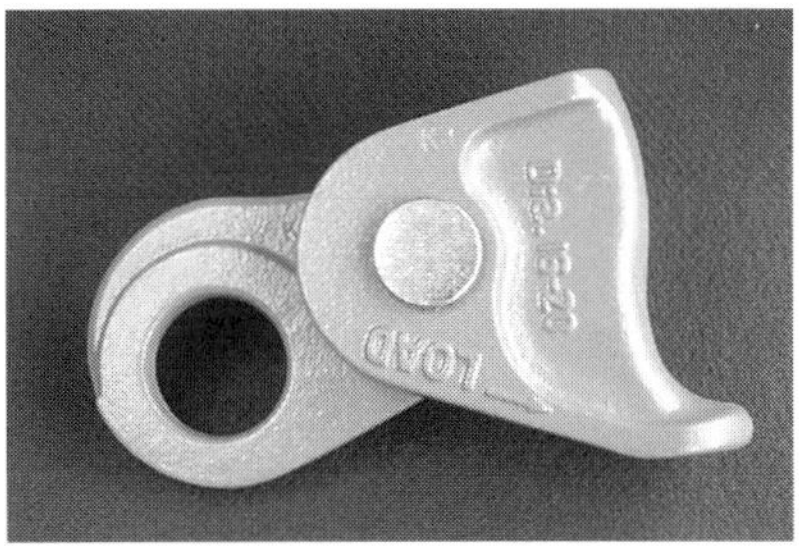

レバーブロック
レバーで操作するチェーンブロックのこと[写真19]。重量物を引っ張ったり、トラックの積み荷に掛け、ロープの緩みを締め付けたりするとき、また、重量物を吊る際にも使われる。

親綱|おやづな
作業員が墜落防止のために着用する安全帯(命綱)を掛けるロープ[写真20]。

ボルシン
鳶職が鉄骨建方作業用に使う、先端ほど細くなっている鉄製のピン。本締めボルト用には、円筒型の両先端が細い**ノックピン**が使われる。

写真19｜レバーブロック

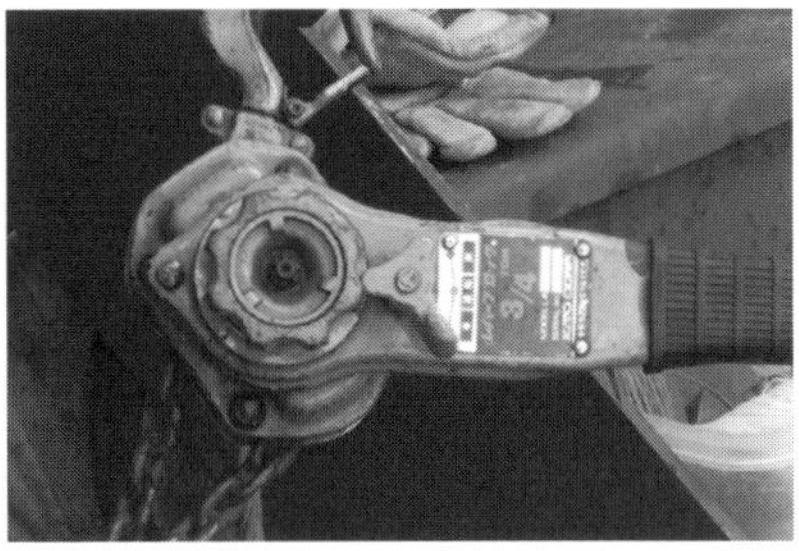

めがねスパナ(**めがね**)
鳶職用の工具で、ボルトやナットを締め付ける大型のスパナ。**レンチ**ともいう[写真21]。

ラチェット
ナットを締めたり緩めたりする工具のこと。**しの付きめがね**ともいう[写真22]。

インパクトレンチ
鉄骨工事に使用するボルトを締め付ける工具で、電動式や圧縮空気式、油圧式などがある[写真23]。圧縮空気式インパクトレンチは**空気レンチ**、**インパクト**ともいう。

トルクレンチ
高力ボルトの本締めを手締めで行う場合や、締付け力を検査するときに用いる道具のこと。一般には手動式で締付け力が調整可能である[写真24]。

写真20｜親綱に安全帯を掛ける作業者

ボルト接合

摩擦接合|まさつせつごう
高力ボルトによる継手施工法のこと。

メタルタッチ
軸圧縮力を部材間で直接伝達させるため、隙間なく密着するように平滑に仕上げた部材端面の状態。溶接やボルトで応力を伝達できれば特にメタルタッチにする必要はないが、メタルタッチにすることにより、溶接やボルトを節減することができる。

仮ボルト|かり—
鉄骨の建方工事で建入れ直し後に鉄骨部材の接合部分のボルトを仮に締めて接合するときに使うボルト。建入れを直した後、本締めボルトと入れ替える。本締めと同径の中ボルトを使い、ボルト群の1/3以上かつ2本以上の本数を使用する。本締めボルトとの兼用は不可[表5]。

写真21｜めがねスパナ

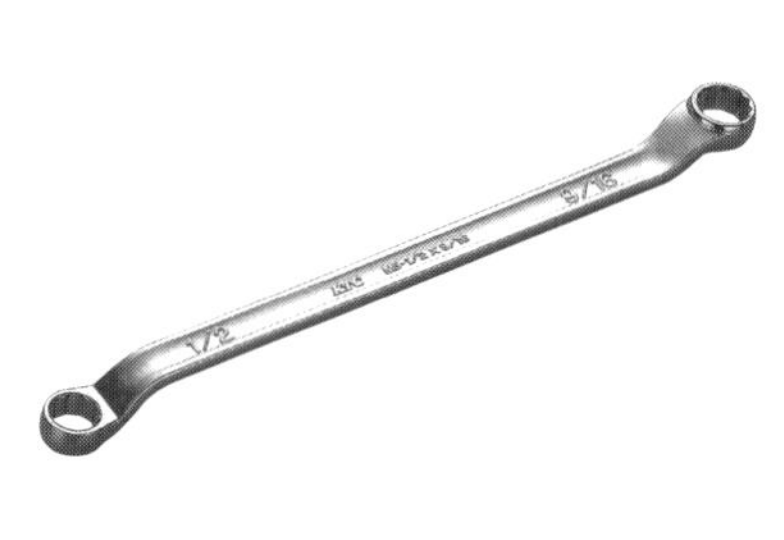

本締めボルト|ほんじめ—
鉄骨を現場で組み立てる際、建入れ直し後に本格的に鉄骨部材の継手にボルト締めを行うときに使用する。**本ボルト**[ほん—]ともいう。高力ボルト摩擦接合では、所定のトルク値(締付け値)が得られると先端部(**ピンテール**)が破断して軸力が導入される**トルシア形高力ボルト**[図50]のほか、**高力六角ボルト**[図51]、グリップ形高力ボルト、溶融亜鉛めっき高力ボルトが使用される。高力ボルトは**ハイテンションボルト**ともいう。

中ボルト|ちゅう—
ボルトのせん断や引張りで耐力をとる接合方式で、軽微な構造物にしか使用できない。JIS B 1180。

高力ボルト|こうりょく—
ハイテンションボルト、**ハイテン**ともいう。高張力鋼でつくられた非常に強度の高いボルトで、摩擦力

写真22｜ラチェット

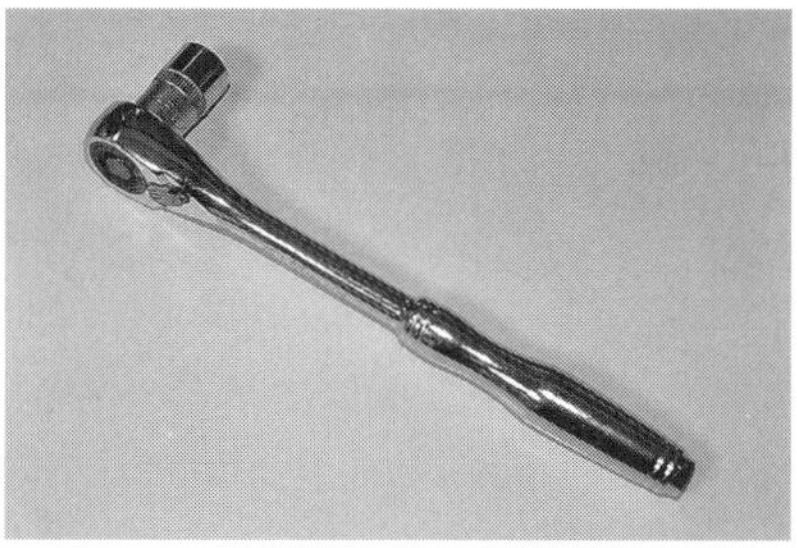

写真23｜インパクトレンチ

写真24｜トルクレンチ

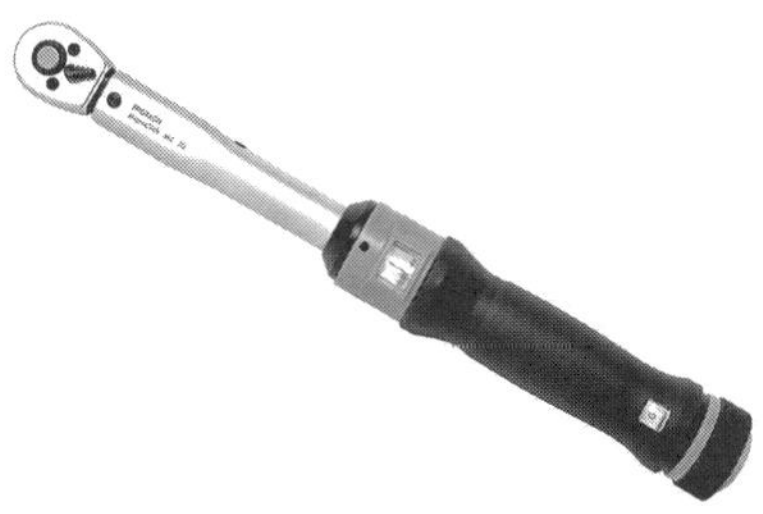

表5｜各種継手の仮ボルトの本数

継手の種類	仮ボルトの本数
高力ボルト継手	ボルト1群に対して1/3程度かつ2本以上をウェブとフランジにバランスよく配置して締め付ける
混用継手 併用継手	ボルト1群に対して1/2程度かつ2本以上をバランスよく配置して締め付ける
溶接継手	エレクションピースなどに使用する仮ボルトは高力ボルトを使用して全数締め付ける

図50｜トルシア形高力ボルト

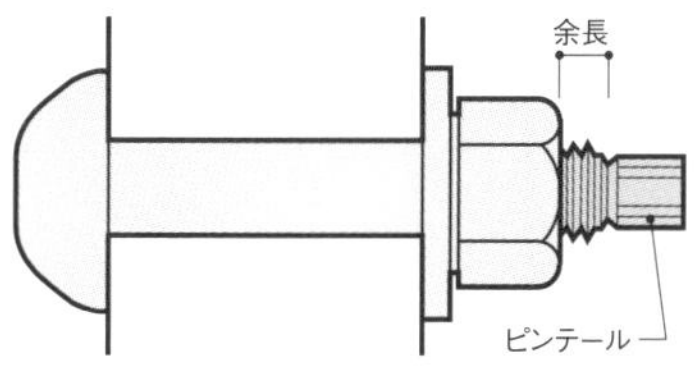

図51｜高力六角ボルト

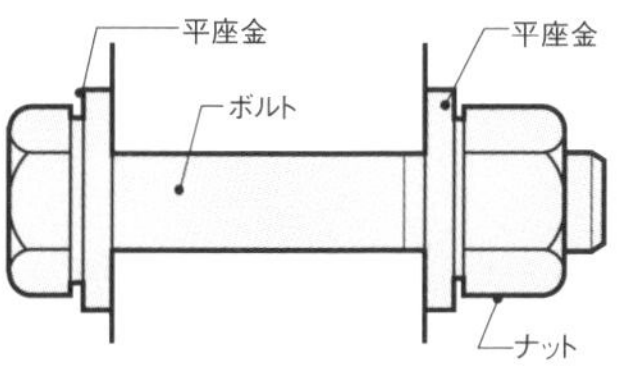

図52｜高力ボルトの接合方法

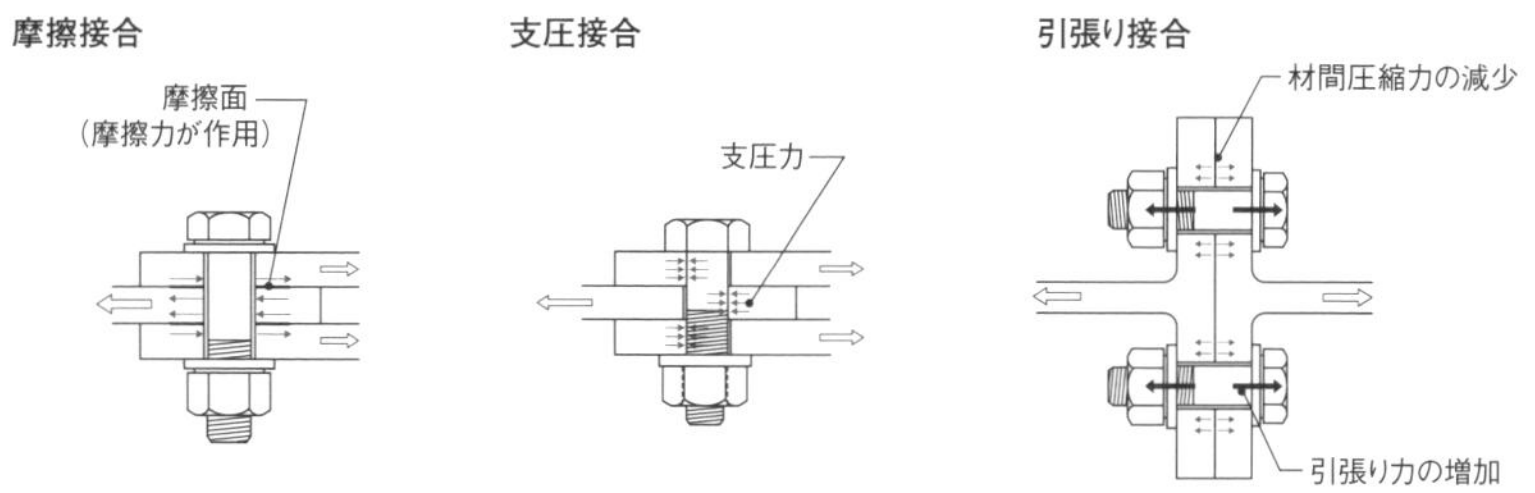

写真25｜高力ボルト

写真26｜破断したピンテール

や引張力で接合する［図52］［写真25］。**摩擦接合用高力六角ボルト**F10T（JIS B 1186）、**トルシア形高力ボルト**S10T、**溶融亜鉛めっき高力ボルト**F8Tがある。この形式では、高力ボルトを締め付けることで板の間に摩擦力が生じ、そのすべり抵抗力により力を伝達する。ボルト自体にせん断力は働かない。

JISの高力六角ボルトの本締め方法には、トルクコントロール法とナット回転角法があり、ボルトに入る張力を管理している。トルシア形の場合は本締め時に専用の締め付け機を使い、ピンテールが破断するまで締め付ける。締付け順序は**1次締め→マーキング→本締め**の順に行う。

トルシア形高力ボルト｜がたこうりょく—

一定のトルク値（締付け値）が得られることによって、ボルト先端部分（ピンテール）が破断して［写真26］、軸力が導入される機構の特殊な高力ボルト。現在の主流。

1次締め｜いちじじめ

高力ボルト接合において仮ボルトを抜き、すべての本締めボルトに均等に所定のトルク値を与え、摩擦面間が完全に密着するように締め付ける作業のこと。

マーキング

写真27 マーキング

写真28 マーク位置のずれ

高力ボルト接合において、1次締めが終了した時点で、写真27のように鋼材・座金、ナット・ボルトに白いマジックで直線を記入すること。1次締めの完了後、ボルトとナットが**共回り**［ともまわり］（一緒に回ること）していないことなどを、マーク位置のずれ[写真28]を見て本締め完了を確認する[図53]。

本締め―ほんじめ
高力ボルトに標準ボルト張力を与えるために、締めること。

ピンテール
破断溝を設けたネジ（トルシア形高力ボルトに使用する）の端部のこと[131頁図50]。

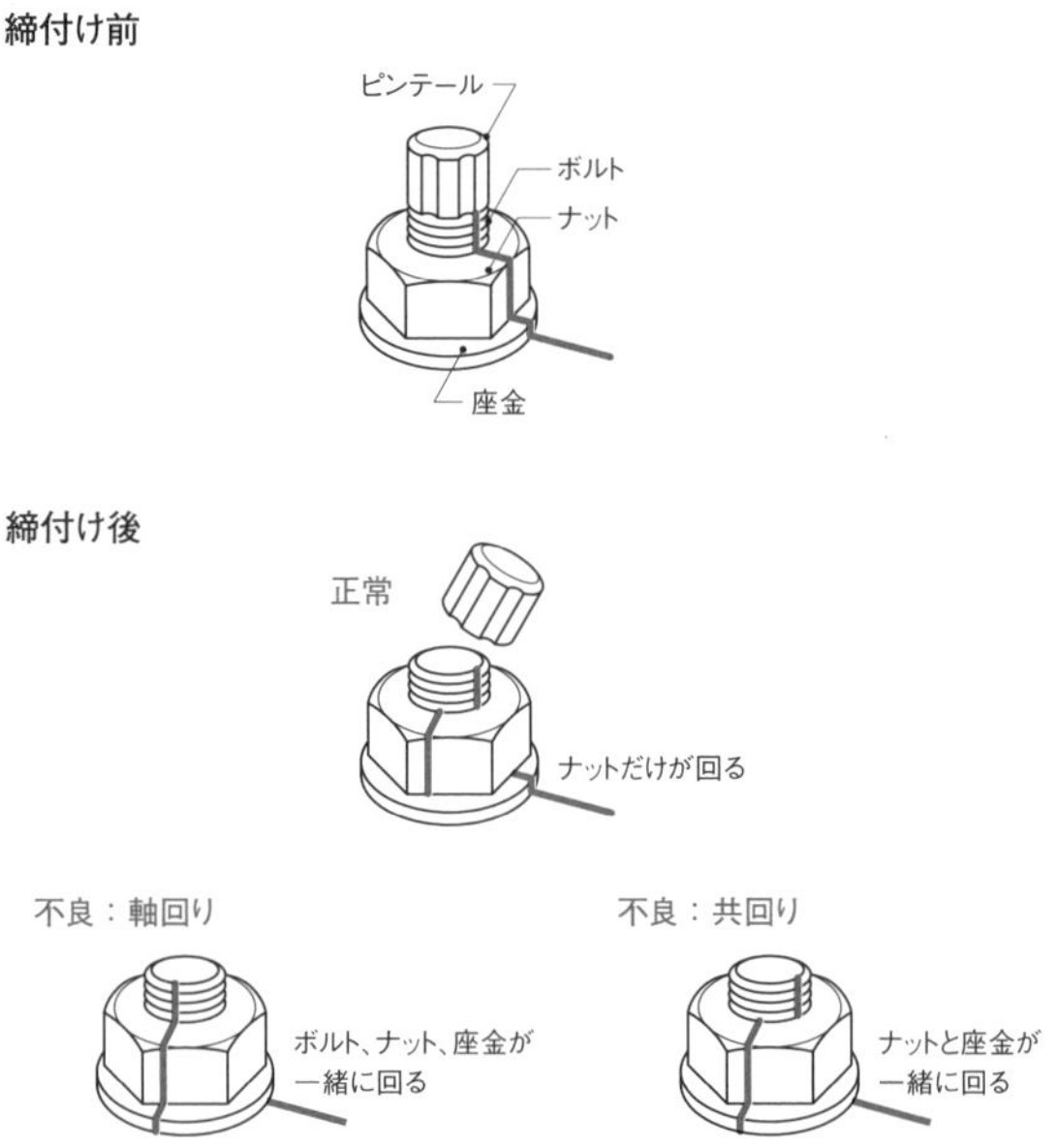

図53 マーキング

トルクコントロール法―ほう
ボルトに導入する軸力の管理を、**トルク値**（締付け値）をもとに行う方法。抜取り試験でボルトの**トルク係数値**（軸力とトルク値を関係づける値）の測定（**キャリブレーションテスト**、写真29）を行う。
1次締め後、ボルトに付けたマーキングが、本締め後どのように動いているかを目視することによって、ボルトの異常回転（共回り、座金回りなど）の有無を確認する。

ナット回転法―かいてんほう
ボルトに導入する軸力の管理をナットの回転量をもとに行う方法。
1次締め後、ボルトに付けたマーキングが、本締め後に120±30度の範囲で回転しているかを目視で確認する。溶融亜鉛めっき高力ボルトを使用する場合はこの方法による。

リーマー掛け―がけ
リーマーという切削工具を用いて、接合部のボルト孔を大きくしたり孔の食違いを修正する作業のこと。

性能・検査

写真29 キャリブレーションテスト

入熱・パス間温度管理―にゅうねつ・かんおんどかんり
1998年の建築基準法改正に伴い、溶接性能が規定化された。主にガスシールドアーク溶接における完全溶込み溶接時の施工条件管理を指す。
入熱は一定の溶接位置における熱量をいう。主に入熱は靱性に、パス間温度管理は強度（引張強さ・降伏点）に影響を及ぼすため、内質管理が重要視される。
パスの多い溶接（多パス溶接）において、次の溶接が開始される直前の決められた位置の温度が、温度チョークでパス間温度が350℃以下になっていることを確認する。

接触式温度計―せっしょくしきおんどけい
熱電対によるセンサーを接触させることによって、表面の温度が測定できる温度計のこと。放射熱で温度を計測する放射形温度計は、非接触で表面温度が計測できるが、色の変化による補正が必要である。

温度チョーク―おんど―
鋼材表面が所定の温度に達すると溶け出すチョーク。パス間温度などの管理には不可欠。

組立て検査―くみたてけんさ
本溶接をする前の仮組状態で、開先や組立て溶接の状態や寸法精度などを確認する検査。溶接や寸法精度の不具合などを未然に防止する役割をもつ。

製品検査―せいひんけんさ
工場における加工組立て溶接作業を最終的に確認し、でき上がった製品を判定基準と照合して受け取るかどうかを決める検査。通常、検査に先駆けファブによる自主検査が行われる。

ミルシート
鋼材規格証明書のこと。鉄骨工事では多数の鋼材を用いるため、ミルシート原本ではなく納入・切断された経路が追従できるように裏書きされた**裏書きミルシート**方式が主流である。ミルシートでは納入された鋼材と整合することを保証する氏名・捺印・日付（裏書き）が記されているかを確認する。

UT検査｜ゆーてぃーけんさ
超音波探傷検査のこと。UTはUltrasonic Testingの略。探触子から超音波を発信し、欠陥部に当たって反射して返ってくる超音波（エコー）を検出して得られた信号を受信することにより、溶接部の欠陥の大きさ・深さ・位置を測定する。UT検査では超音波を母材部から斜めに溶接部に伝搬させる斜角法が主流である。探触子と母材の隙間を埋め、超音波を伝搬させるため、鉄骨表面に接触媒質を塗る。

製作図｜せいさくず
ファブリケーターが自分の工場で製作する部材を全部網羅する図面。主構造部分から、仕上げの受け材、ファスナー、設備スリーブまですべて記入する。

現寸検査｜げんすんけんさ
工場で製作した部材が製作図どおりか確認すること。最近は製作図自体がCADで書かれているため、データ内の図面のなかで現寸（実際の開先状態など）を確認できる。

打撃検査｜だげきけんさ
ハンマーでスタッドが15度曲がるまで打撃し、溶接部に破断・亀裂が生じないものを合格とする抜取り検査。スタッドでは、ほかに外観検査がある。

参考｜鉄骨工事で行われる検査

名称		検査時期	検査の概略	検査項目
テープ合わせ		開始前	鉄骨製作工場と工事現場で使用するスチールテープ（鋼製巻尺）とを比較し、現寸検査時にその誤差を確かめること。一般的には、5kgfの張力を与えて10mでの誤差が0.5㎜以下のものを使う。現在では、CAD現寸や現寸検査の省略によってほとんど形骸化しつつある	スチールテープの誤差確認
硬さ試験	かたさしけん	鋼材搬入時	硬さには押し込んだときの凹みによって硬さの大小を比較する方法（主にビッカース硬さ）と鋼球による反発の度合いを比較する方法（主にリーブ硬さ）がある。鋼材などを試験片に加工して硬さを試験する「硬さ試験器」を用いる。最近では対象物の表面を研磨して直接計測できる携帯式硬さ計が市販されている。硬さを測定することで材料の機械的性質が推定できるため、今後は携帯式硬さ計が普及するとみられる	鋼材の硬さ
切断面検査	せつだんめんけんさ	鋼材切断後	鋼材を切断した場合の切断面の粗さやその精度をチェックする	鋼材の切断面
溶接前検査（仮組検査、組立検査）	ようせつまえけんさ（かりぐみけんさ、くみたてけんさ）	溶接前	溶接欠陥の防止や製品のできばえなどを検査する。部分的に立会検査によって製作状況を確認することも多い	鋼種・板厚の確認のほか、開先の角度・ルート間隔・ルートフェース・裏当て金の取付け状態、エンドタブの状態、食違い・仕口のずれ、組立て溶接、肌すきの状態、開先面の汚れなど
開先検査（溶接前検査）	かいさきけんさ（ようせつまえけんさ）	溶接前	溶接する開先の形状や精度を確認するための検査。主に完全溶込み溶接が対象。極厚部材では部分溶込み溶接も対象となることがある	開先形状・開先角度（ベベル角度）・ルート間隔・ルート面など
孔あけ加工検査	あなあけかこうけんさ	工場製作時	主に高力ボルト接合やボルト接合施工のためにあけた孔の加工精度を確認する検査。鉄骨鉄筋コンクリート造では、鉄筋孔やフープ孔などの有無・位置・孔の数なども対象	孔径・孔の数・孔の間隔（ピッチ）・材端からの距離（へりあき）など
仮組み（仮組立て、仮組検査）	かりぐみ（かりくみたて、かりぐみけんさ）	工場製作の途中段階	工場製作の途中段階で、部材寸法や精度、溶接の開先精度、仕上がりの確認などを目的として、最終製品となる前に、その一部またはブロックごとに鉄骨部材相互を仮に組み立てること。仮組検査は客先の立会検査を伴うことも多いが、省略されることもある。また、地組みと同じ意味で使われることもある	工事の主要な部材や、製作が最も困難な製品
摩擦接合部検査	まさつせつごうぶけんさ	高力ボルト接合前	高力ボルト接合による摩擦接合面の状態を確認する検査。摩擦接合部は高力ボルトのトルク力によって、摩擦接合されるため、摩擦面の状態が重要で、一般に赤錆状態である必要がある	高力ボルト接合の場合の摩擦接合面
製品検査	せいひんけんさ	工場製作完了時	工場で製作された鉄骨製品を発注者または監理者の立会いのもとで、品質を確認する検査。書類検査では、鉄骨工場が製作した書類にもとづいて全数確認する。対物検査は一般的に、事前に選定された代表製品で確認する方法や合理的な抜取手法を用いる	書類検査（誤差・取合い部の精度・溶接外観など）と対物検査（各部材の寸法確認や外観の良否、溶接内部品質など）
寸法検査	すんぽうけんさ	工場製作完了時	鉄骨製品の各部位の寸法を確認する。製品検査時の寸法検査では、書類による各部寸法の確認と対物によるチェックが行われる。傾斜のある製品やアーチ状の鉄骨などでは、その対角寸法を確認したり、型板による確認が行われる	柱の長さ・柱の成・階高・仕口の長さ・仕口の成・梁の長さ・梁の成など
外観検査（目視検査）	がいかんけんさ（もくしけんさ）	工場製作時・工事現場	鉄骨製作過程やチェックで行われる人の目による検査のこと。通常の外観検査では、目視のみか、あるいは目的に応じた種々のゲージ類を用いて行う	外観
溶接部の内部欠陥検査	ようせつぶのないぶけっかんけんさ	溶接後	溶接に発生する有害な欠陥を検出することで、一般的に超音波探傷検査（UT）のことを指す。なお、今後溶接内部に発生する欠陥として冶金的な内質欠陥が注目されているため、入熱・パス間温度などの溶接条件管理が重要となりつつある	溶接部
超音波探傷検査（UT検査）	ちょうおんぱたんしょうけんさ（ゆーてぃーけんさ）	溶接後	超音波を利用して、材料の内部の状態や溶接欠陥を検出する非破壊検査方法。Ultrasonic Testing（UTの略）。主に溶接内部の欠陥を評価する手法。通常の完全溶込み溶接では、（社）日本建築学会の規準（2018）が用いられる。極厚の部分溶込み溶接の状態やコンクリート内部のジャンカ検査などにも利用されている	溶接部

TOPICS｜1

構造の基礎知識

ラーメン構造｜こうぞう
柱と梁で構成される基本的な構造。ラーメンはドイツ語で「フレーム」を意味する。床スラブにかかる固定荷重や風力・地震力などを梁・柱を介して基礎・地盤へと伝達する。非常に安定した構造で、開口部や平面計画などで設計の自由度が高い。鉄骨造・鉄筋コンクリート造ではラーメンが基本的な構造形式となる。靱性に優れ、高層ビルでよく採用される。ル・コルビュジエの提唱したドミノ・システムが源流のひとつとして知られている。

図1｜**ラーメン構造と壁式構造のイメージ**

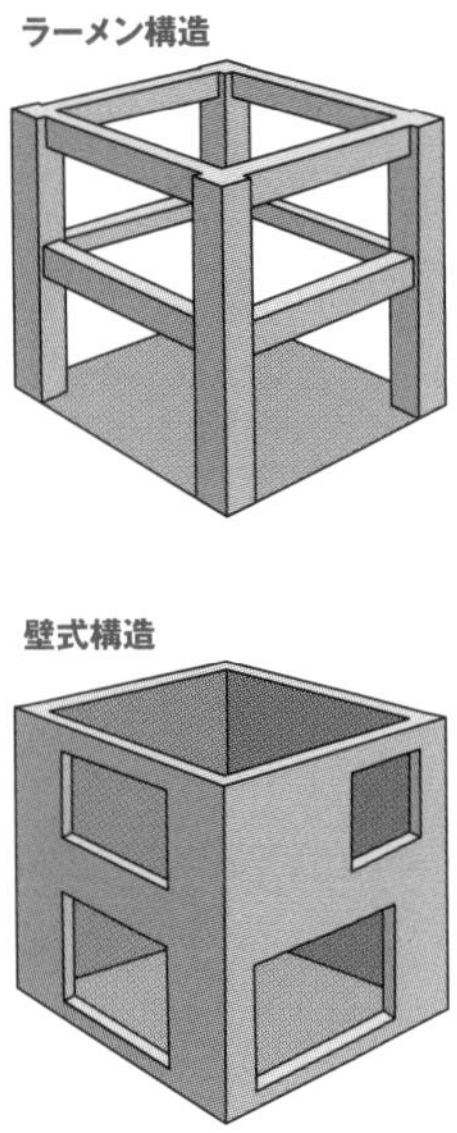

壁式構造｜かべしきこうぞう
鉄筋コンクリート造の一種。基本的には耐力壁を主体とした構造形式を指す。壁量を確保するため、耐震壁が多くなる。ラーメン構造では柱梁のフレームで鉛直荷重を支持するのに対し、壁式構造では壁で支持する。変形能力はラーメン構造に比べて小さく、強度によって耐震性を確保する。梁形が出ないので室内の使い勝手がよく、施工時の型枠加工が容易。一方、開口部の制限、柱や梁の納まりには注意を要する。原則として地上階数は5階まで、軒高は20m以下、各階の階高は3.5m以下といった規定（告示1026号　改正　令元年）がある[図2]。

梁成｜はりせい
梁の幅に対する高さ方向。スパンの1/12〜1/10程度とする。断面係数Zの計算においては梁幅b、梁成hとしてZ=1/6×b×hの二乗で示される。

大梁｜おおばり
柱と結合する梁。床からの荷重を受ける役割を担う。

小梁｜こばり
大梁間に設ける梁。1グリッドに対し2分割程度を目安とする。鉄筋コンクリート造の壁の上下に配置する。

耐力壁｜たいりょくへき
地震力を効率よく伝達するために両側柱つきとした壁。令78条の2において、RC造の場合は厚さ120mm以上かつ開口部周囲に径12mm以上の補強筋を配置するほか、長さは450mm以上とするなどの規程がある。偏心率が小さくなるようにバランスよく配置する。開口に対するせん断力を低減する処置を施せば、耐震壁に開口部を設けることもできるが、開口周比は0.4以下とする必要がある。また、上階のせん断力を基礎までスムーズに伝達するため、上階と、下階の同じ位置に耐力壁を配置することが基本である。

臥梁｜がりょう
組積造の壁において各階の耐力壁の頂部に設置する梁。鉄筋コンクリート造または鉄骨造が使用される。幅は20cm以上で、接する壁の厚さ以上とするように規定されている。平屋で頂部に鉄筋コンクリート造の屋根スラブを固着させる場合などで省略可能（令62条の5）。

壁梁｜かべばり
耐力壁よりも厚みのある梁。壁式鉄筋コンクリート造で用いられる。梁成は45cm以上とするのが原則とされる。

コア
階段やエレベータなど壁の多い空間を1個所にまとめることで、構造的な核とした部分。コアシステムの代表的なタイプに、センターコア・分散コア・偏心コアの3種類がある。コア部を連層耐震壁と

図2｜**壁式構造に類似した構造**

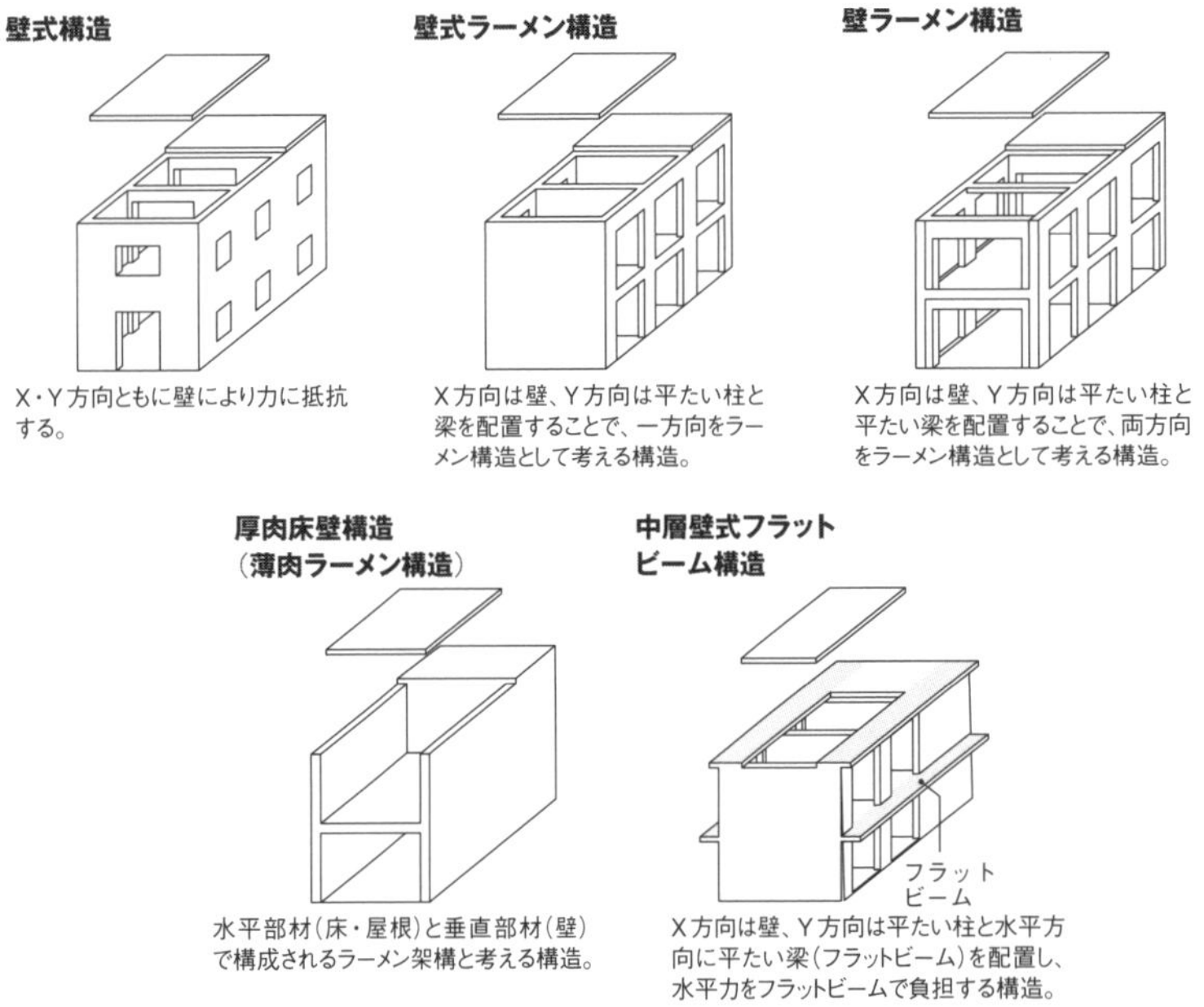

X・Y方向ともに壁により力に抵抗する。

X方向は壁、Y方向は平たい柱と平たい梁を配置することで、両方向をラーメン構造として考える構造。

X方向は壁、Y方向は平たい柱と水平方向に平たい梁（フラットビーム）を配置し、水平力をフラットビームで負担する構造。

することで地震や強風による水平力を負担でき、ほかの部分の柱スパンを大きくするなど比較的自由度の高い設計ができる。耐震要素をまとめて計画するため、タイプによって、偏心率が大きくなりがちな点には注意が必要。

壁式ラーメン構造｜かべしき―こうぞう

鉄筋コンクリート造ラーメン構造と耐力壁を組み合わせた構造。主に集合住宅で用いられる。開口部の少ない長辺方向に耐力壁を設け、開口部を設ける方向には梁を配置する。壁式構造が5階建てまでを原則とするのに対し、15階以下の建物まで採用可能。

空洞ブロック｜くうどう―

中が空洞になったコンクリートブロック。形状の種類には、基本ブロック、基本形横筋ブロック、隅などに使われる異形ブロックがある。組み合わせて使用する。品質によりA種、B種、C種の3種類がある。B種を標準として、A種はより軽量だが強度の低いもの、C種はより重量があり強度が高いもの。要求される強度に応じて使い分ける。

型枠ブロック｜かたわく―

コンクリートブロック自体をコンクリート造の型枠としたブロック。これを使用したものが型枠コンクリートブロック造になる。空洞ブロックよりも強度が高いため、土圧を受ける土留め擁壁としても使用される。

万年塀｜まんねんべい

コンクリート製のフェンス材料。JIS規格A5409、鉄筋コンクリート組立塀構成材。鉄筋コンクリート製の支柱を土中に埋め、間にコンクリート平板を落とし込んだ塀。天端には笠木を載せて押さえとし、支柱には控え壁を設けて転倒防止策とする。

補強コンクリートブロック造｜ほきょう―ぞう

鉄筋を配し、モルタル充填で補強したコンクリートブロック壁による壁式構造。壁体以外は臥梁や布基礎、鉄筋コンクリートで構成される。床や屋根も、基本的には鉄筋コンクリートやプレキャスト鉄筋コンクリートのスラブとする。

型枠コンクリートブロック造｜かたわく―ぞう

通常のコンクリートブロックよりも孔を大きくし、鉄筋を配したうえで、コンクリートブロック自体を型枠としてコンクリートを流し込む形式。施工後は鉄筋・コンクリートとブロックが一体となり、耐震性の高い壁体となる。

SRC造（鉄筋鉄骨コンクリート造）｜えすあーるしーぞう

せん断力に対する脆弱性を補うため、鉄骨部材を柱・梁に内蔵して靭性を高めた鉄筋コンクリート造。鉄骨を組み込むことで、高層の建物や長スパンの架構において、柱・梁の断面を鉄筋コンクリート造と

図3｜組積造に用いられるCB形状の例

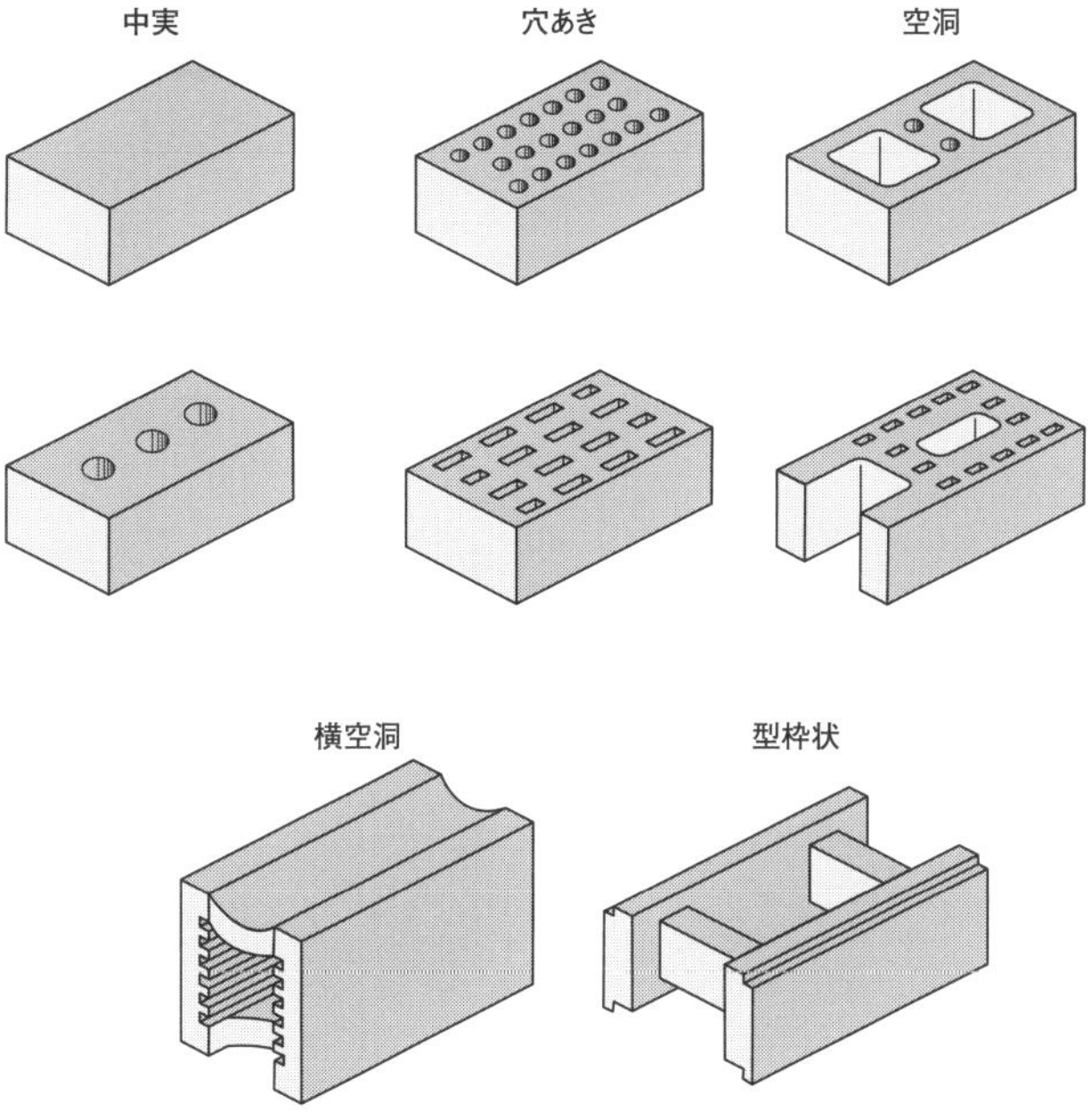

図4｜補強CB造の概念

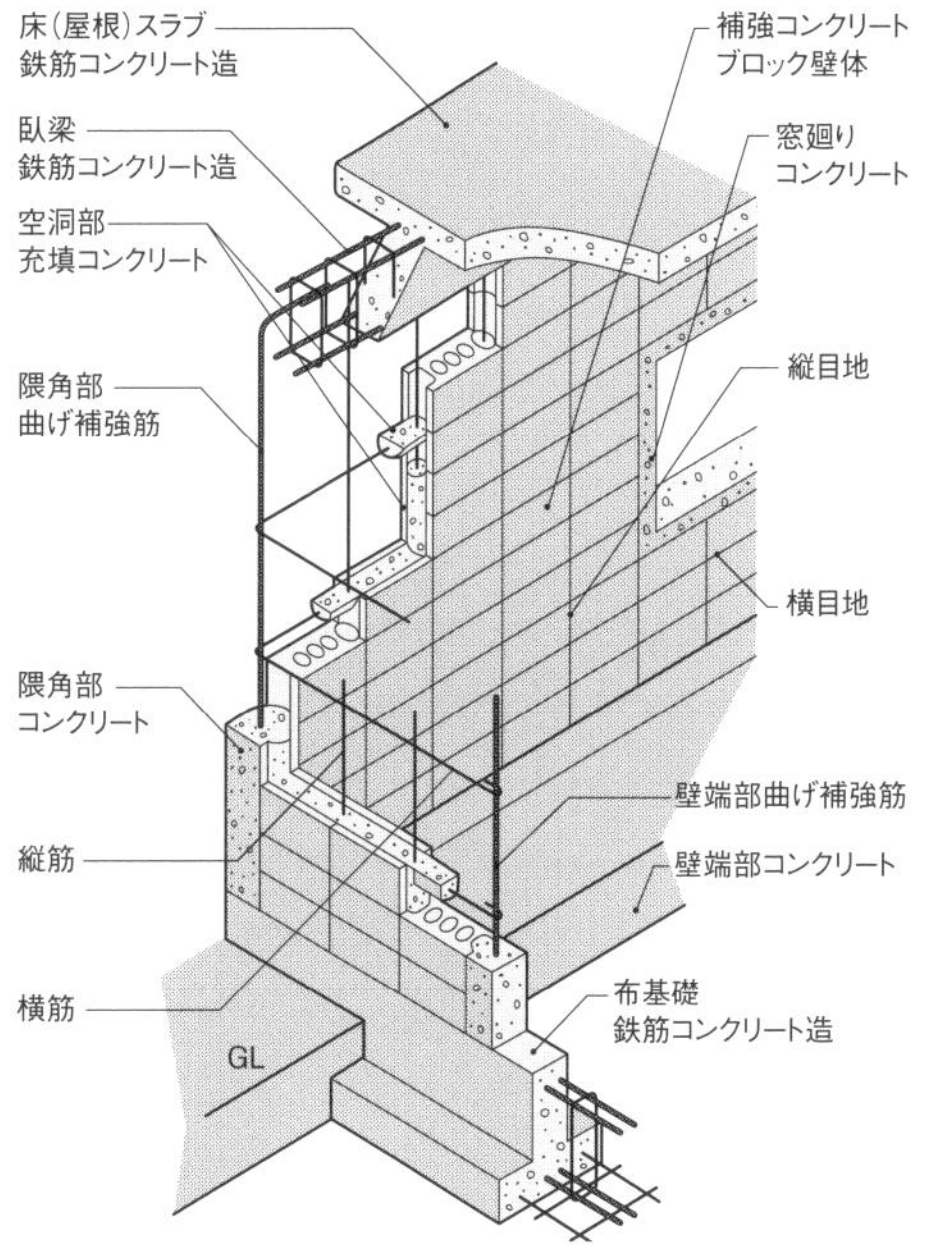

図5｜芋目地と馬目地

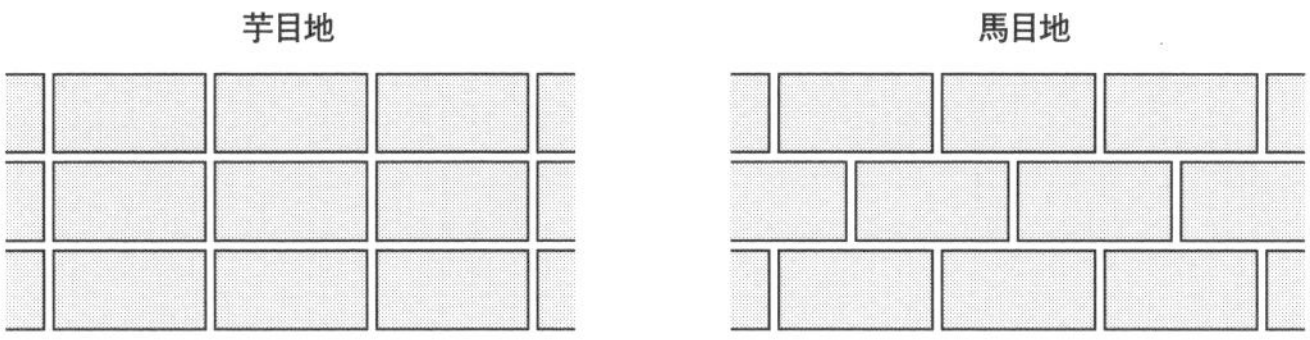

コンクリートブロックの孔に鉄筋を通す場合は通常、縦・横とも目地が一直線となる芋目地となる。

鉄筋を通さないブロック造では馬乗り目地（破れ目地）にしたほうが、剛性・強度とも増す。

比較して小さくする事が可能となる。コンクリート打設の際、充填不良が起きやすいので注意が必要。

帳壁—ちょうへき
建築物の荷重を負担しない壁。外壁面や間仕切り壁などが例として挙げられる。非構造壁だが風圧力は受けるため、窓ガラスを含めて外装材や緊結部分などに生じる応力が許容応力度を超えないように注意。架構の変形による損傷にも配慮を要する。

控え壁—ひかえかべ
高さ1.2mを超える補強コンクリートブロック造を用いた塀を建てる場合に、長さ3.4mごとに設置する壁。

アルミ造—ぞう
構造体にアルミニウム合金を採用した建築物。基本的には鉄骨造と同じ考え方で国交告410号（改正 令元年 告203号）により仕様が規定されている。アルミ材は鉄材と比較して軽量で、さびに対しても有利。ただし、鉄と同等の強度を確保するには、より大きな断面寸法が必要になる。

膜構造—まくこうぞう
膜となる材料を用いた構造。吊り構造や骨組み膜構造など、さまざまな種類がある。内部の気圧を高圧にして屋根を持ちあげるタイプは空気膜構造であり、東京ドームのような1重膜構造のほか、膜を2重にして間に空気を送り込んだ2重膜のタイプもある。

吊り構造—つりこうぞう
膜構造の一種。主柱からケーブルを張り、膜を吊り下げる。国立代々木競技場が代表的。

折板構造—せっぱんこうぞう
板材を折り曲げて強度を確保した面材による構造。長スパンの大空間を構成することができる。嵌合部の接続が難しく、高度な施工技術が要求されるが、一面だけであれば施工は比較的容易。そのため、屋根のみに折板構造を採用した折板屋根が、大空間を柱なしで実現したい工場や倉庫で多く採用されている。

図6 | SRC造のイメージ

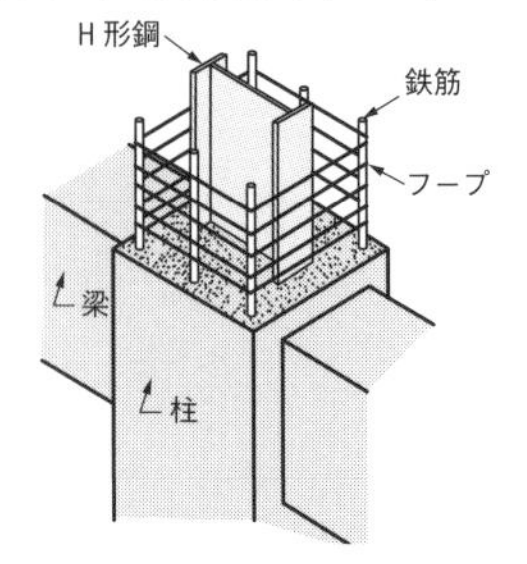

図7 | 膜構造の主な形式

①吊り構造（サスペンション膜構造）

つくば万博 '85 中央駅シェルター（1985）。ケーブルと膜を組み合わせた構造。ケーブルに張力を加えることで形が決定される。写真：『新しい建築のみかた』（齋藤公男著、小社刊）

②骨組み膜構造

Umbrella-house（2008、イタリア・ミラノ、architect：KKAAlocateion）。傘のフレーム（骨組み）と膜を組み合わせた構造。

③空気膜構造

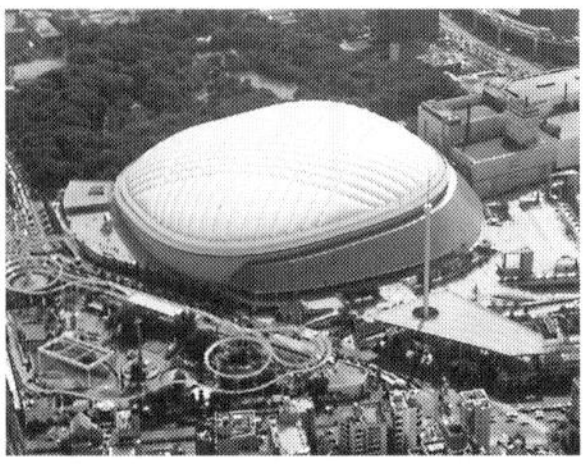

東京ドームは空気膜構造（1重膜構造）。写真：『新しい建築のみかた』（齋藤公男著、小社刊）

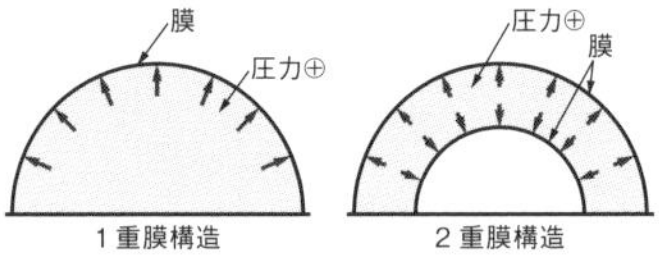

空気膜構造では、膜で覆った空間に空気を送り込み、内部圧力を高めた空気膜を形成して、自重と外力に抵抗している。1重膜構造と2重膜構造があり、2重膜構造は、2重に貼った膜の間に空気を送り込んで空気膜のようにするもので、これによって剛性の高いパネルのようなものとなり、全体として曲げに抵抗することができる。

図8 | シェル構造の種類と応力の流れ

薄肉球形シェル構造

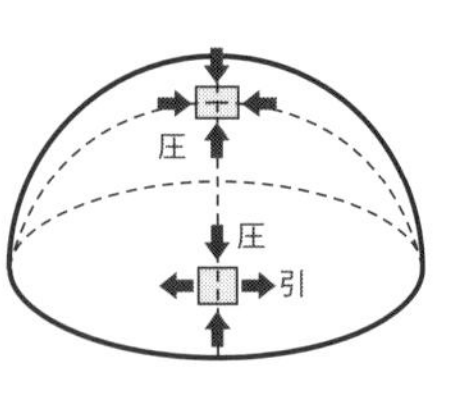

半球形状を利用したシェル。

厚肉球形シェル構造

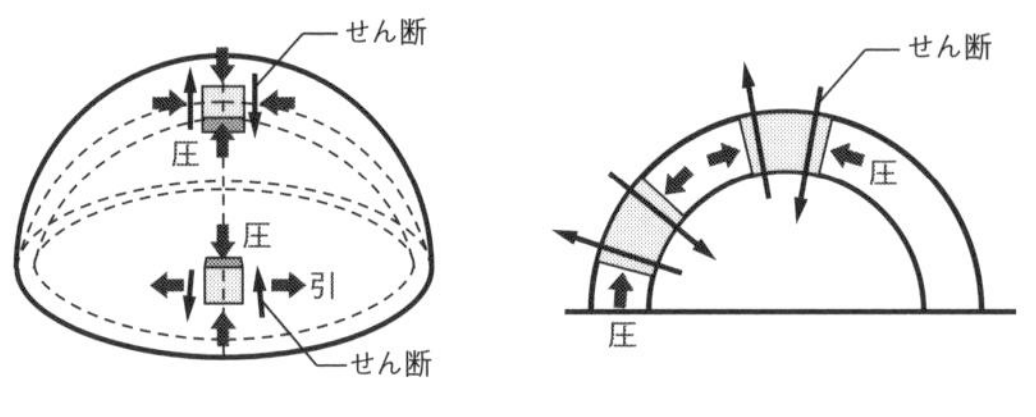

薄肉球形シェルに厚みをもたせたシェル。球面と直行方向のせん断力に抵抗。

円筒シェル構造

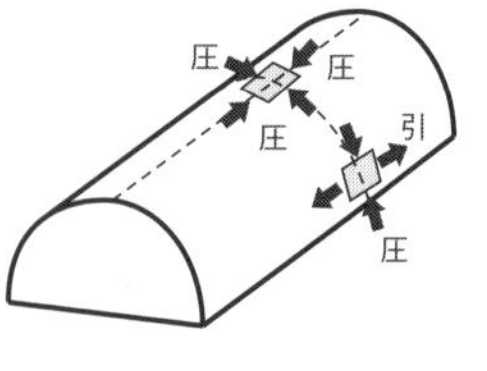

円筒形状のかまぼこ型のシェル。

EPシェル構造

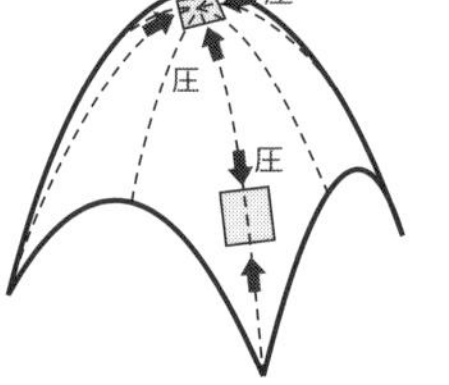

EP曲面を利用したシェル。

HPシェル構造

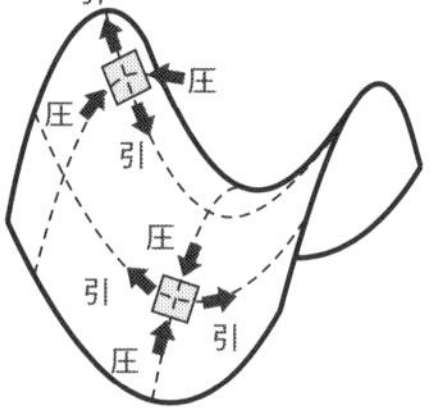

HP曲面を利用したシェル。

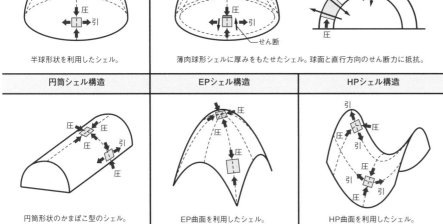

シェル構造―こうぞう
屋根などの曲面に鉄筋コンクリート造や鉄骨造の薄板を用いる構造。貝殻構造・曲面板構造とも呼ばれる。一様な曲面で構成され、鉛直荷重には引張り・圧縮の両応力で伝達する。薄肉であるため、積雪などによる局部的な集中荷重には注意が必要。円筒シェル構造など、さまざまな種類が存在する。

トラス構造―こうぞう
直線の部材をピン接合し、三角形を組み合わせて構成する骨組。部材には引張り力または圧縮力のみが作用する。曲げ力を伴わないため、細い材を組み合わせることで強い構造物をつくることが可能。ロングスパンを計画できるため、無柱空間としたい体育館や工場などの屋根に採用される。

立体トラス構造―りったい―こうぞう
トラスを立体的に組み合わせることで柱や梁などを軽量化し、三次元的に組み合わせる構造。施工は平面に比べて難しくなる。立体トラスの節点はすべての方向に回転自由であり、部材には軸力だけが伝達される。最近では構造解析技術の進化や、部材の軽量化などで、大スパンの屋根や橋梁などさまざまな用途で活用されている。

図9　トラスの分類と種類

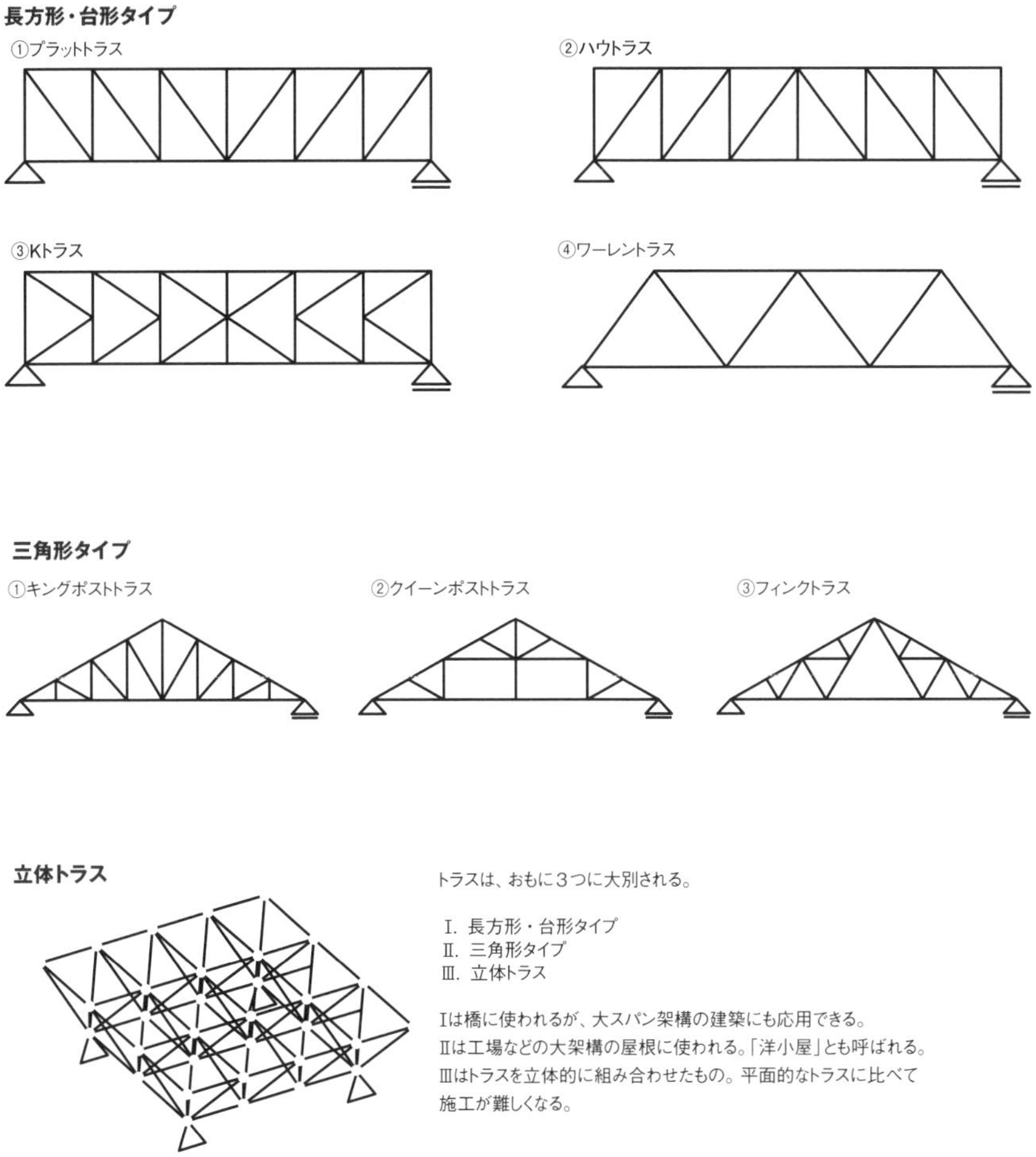

トラスは、おもに3つに大別される。
Ⅰ. 長方形・台形タイプ
Ⅱ. 三角形タイプ
Ⅲ. 立体トラス
Ⅰは橋に使われるが、大スパン架構の建築にも応用できる。
Ⅱは工場などの大架構の屋根に使われる。「洋小屋」とも呼ばれる。
Ⅲはトラスを立体的に組み合わせたもの。平面的なトラスに比べて施工が難しくなる。

TOPICS | 2

解体・産業廃棄物

廃棄物―はいきぶつ
一般廃棄物は区域内処理が原則で、地域の市町村が処理責任をもつ。産業廃棄物は排出事業者が処理責任をもち、広域処理が認められる。

産業廃棄物―さんぎょうはいきぶつ
事業活動によって発生するゴミや汚物、また再利用、売却ができないために不要になったもの。産廃とも。「廃棄物の処理及び清掃に関する法律」で定められる。

建設廃棄物―けんせつはいきぶつ
建設工事に伴い発生する廃棄物。事業所から出る紙くずなどは一般廃棄物に含まれ、汚泥や建設木くずなどは産業廃棄物に分類される。建設現場で発生する廃棄物にはほかに建設発生土があり、建設廃棄物と併せて建設副産物という。

廃棄物処理法（廃掃法）―はいきぶつしょりほう（はいそうほう）
正式名称「廃棄物の処理及び清掃に関する法律」。廃棄物の区分や処理責任について規定。2000年に排出事業者責任の明確化やマニフェスト制度の見直しなど大幅改正された。

建設リサイクル法―けんせつ―ほう
正式名称「建設工事に関わる資材の再資源化等に関する法律」。'00年5月に新しく制定され、「一定規模以上の工事（対象建設工事）について特定建設資材廃棄物を工事現場で分別（分別解体等）し、再資源化することを義務付け」たもの。'02年5月完全施行。

特定建設資材―とくていけんせつしざい
建設リサイクル法で、再資源化等を定められた資材。①コンクリート、②コンクリートおよび鉄から構成される建設資材（PC版など）、③木材、④アスファルト・コンクリートの4つ。特定四品目と呼ばれる。

一般廃棄物｜いっぱんはいきぶつ
家庭から排出されるごみ。産業廃棄物の処理責任が事業者に求められるのに対し、一般廃棄物の責任は市町村が負う。

混合廃棄物｜こんごうはいきぶつ
多種多様な素材が混じりあった廃棄物。

マニフェスト
産業廃棄物管理票のこと。廃棄物の名称、数量、性状などを記す。産業廃棄物排出時の運搬車1台につき、1枚を交付する必要がある。

マニフェストシステム
マニフェストを利用して、建設廃棄物の経路を管理する仕組み。排出事業者、収集運搬業者など関連業者に送付または保存される。

解体業者｜かいたいぎょうしゃ
建物を解体する業者。建築物の解体工事には建設業許可か解体工事業登録が必要となる。

収集運搬業者（**収運業者**）｜しゅうしゅううんぱんぎょうしゃ（しゅううんぎょうしゃ）
廃棄物を収集・運搬する業者。廃棄物の適正な分別、保管などを行い、生活環境保全や公衆衛生の向上を図ることを目的とする。

中間処理業者｜ちゅうかんしょりぎょうしゃ
廃棄物の中間処理（分別・減量化・無害化・安定化処理などで、具体的には焼却や破砕、堆肥化などにあたる）を行う業者。

最終処分業者｜さいしゅうしょぶんぎょうしゃ
廃棄物を最終処分する業者。遮断型処分場、安定型処分場、管理型処分場の三つに分類され、廃棄物の種類により各埋立て基準がある。

不法投棄｜ふほうとうき
廃棄物処理法に反して、廃棄物を投棄する行為。罰金額は最高で1億円。

野焼き｜のやき
廃棄物を野外で焼却する行為。宗教行事や農林業などでの作業目的以外では禁止されている。

ゼロエミッション
廃棄物を細かく分別して100％再資源化すること。ゼロエミ。品目別に引き取る必要があり、処理の経費が余分にかかる。

3R｜さんあーる
Reduce（廃棄物の発生抑制）、Reuse（再生使用）、Recycle（再生利用）の頭文字をとった、環境問題を考える際の概念。

サーマルリサイクル
廃棄物を固形燃料化、またはガス化などしてから燃焼させ、熱源やエネルギーとして利用すること［写真］。

マテリアルリサイクル
廃棄物を分別回収して、素材や部材ごとに再加工し、もう1度新しい製品として利用すること。

ケミカルリサイクル
廃棄物を化学的に処理し、製品の化学原料として再生利用すること。

整地｜せいち
解体跡の土地をならす作業。基礎の撤去により地盤が下がる場合は客土（購入した土）を用いる。

安定化｜あんていか
ごみを生物的、物理的、科学的に安定な状態とすること。

無害化｜むがいか
ごみを自然環境・生活環境に悪影響を及ぼさない状態にすること。

広域再生利用指定制度｜こういきさいせいりようしていせいど
物品の製造や加工を行うメーカーが、その運搬ルートを利用して、広域での自社製品の回収・再生利用を産業廃棄物処理業の許可なしに行える制度のこと。環境省の指定が必要である。

写真｜サーマルリサイクル

建物滅失登記申請｜たてものめっしつとうきしんせい
建物が解体され滅失したことを登記するための申請。解体後1カ月以内に行う義務があり、怠れば過料を科される場合もある。

建物取り壊し証明書｜たてものとりこわししょうめいしょ
建物滅失登記や市町村の固定資産台帳からの除却に必要な証明書。元請工事業者（解体工事業者）が発行する。

罹災証明書｜りさいしょうめいしょ
災害による被害の程度を証明する書面。市町村は、地域に災害が発生した場合、当該災害の被災者から申請があれば被害の状況を調査し、罹災証明書を交付する義務がある。火災保険金の請求や廃棄物処理費用の免除に必要。

資源有効利用促進法｜しげんゆうこうりようそくしんほう
2000年に制定された循環型社会形成推進基本法に基づき、再生資源利用促進法を改定したもの。廃棄物の「発生抑制（リデュース）・再使用（リユース）・再資源化（リサイクル）」を柱とした取り組みを義務付けている。

PCB廃棄物特別措置法｜ぴーしーびーはいきぶつとくべつそちほう
PCB（ポリ塩化ビフェニール）は優れた絶縁性により広く利用されたが、人体や環境に悪影響を及ぼすとして1972年に製造が禁止された。PCBを使用したトランスやコンデンサ、蛍光灯などは適切な保管または処分が必要で、いずれも自治体に届け出る義務がある。

ガス化溶融炉｜ーかようゆうろ
ごみを焼却せず、無酸素状態で蒸し焼きし、1300℃以上の高温で溶融処理する設備。有効なダイオキシン対策の1つとして注目されている。

中間処理場｜ちゅうかんしょりじょう

産業廃棄物を最終処分場ではなく、中間で焼却や破砕、圧縮などの処理を行うところ。中間処理場で処理されたものは再利用されるものと最終処分場へ行くものとに分かれる。マニフェストシステムでは、中間処理場での処分は最終処分と同様に処分終了とみなされる。'00年4月1日の廃棄物処理法改正によって、中間処理業者はマニフェストE票の管理が義務付けられた。

最終処分場｜さいしゅうしょぶんじょう
産廃を最終的に埋め立てて処分する場所。地下水や土質に影響の出ない処分場を安定型最終処分場といい、コンクリートがら、ガラスくず、金属くず、廃プラスチックなどの処分をする。遮水シートを張った処分場を管理型処分場といい、地下水や土質に影響を及ぼす恐れがある焼却灰などを埋め立てる。

ミンチ解体｜かいたい
ゴミを分別せず、重機などで砕き潰し、埋め立てる解体方法。かつては解体の主流だったが、2003年に施行された建設リサイクル法で禁止となった。

分別解体｜ぶんべつかいたい
建設資材廃棄物を種類ごとに分別する解体方法。建設リサイクル法では、解体と分別は同じ場所で行うと定めている。

手解体｜てかいたい
手壊しとも。バールを使い、部位ごとに解体する手法。部材の再利用が図れるが、技術を要することと古材の再利用が減ったことなどから、あまり行われなくなった。効率と再資源化への有用性から機械と併用する作業で見直されている。

手壊し併用機械分別解体｜てこわしへいようきかいぶんべつかいたい
内装材や屋根葺き材をあらかじめ手作業により解体し、機械と手作業による分別解体をすること。建設リサイクル法に沿った建設資材の再資源化などが図られる。

切り離し工事｜きりはなしこうじ
長屋などの解体の際に一部のみを壊す工事。

委託基準｜いたくきじゅん
排出事業者が処理（処分・運搬）を他人に委託する場合の基準。委託先の処分業者が産業廃棄物処理業の許可を有していることなどが定められている。

養生｜ようじょう
建築物の切り取り後の雨養生、コンクリート打設後の養生などがある。防塵用のネットやシートを張ることなども養生と呼ぶ。

チップ
主に木材を破砕したもの。製紙用、建材用、燃料用（バイオマス発電用）などがある。解体材は主に燃料用に供せられる。

瓦礫｜がれき
廃棄物処理法では「がれき」と表記される。コンクリート廃材を指す。ビルなどの解体で大量に排出されたコンクリートは、主に中間処理施設などで再生骨材としてリサイクルされる。

ユンボ
キャタピラとショベルのついた建設機械。本来、「ユンボ」は製品呼称。正式名称はバックホウ。ドラグショベル、油圧ショベル、パワーショベルとも呼ばれる。ショベルやバケットを付け替えることでさまざまな作業に対応する。解体ではハサミ型の鉄骨カッターやコンクリートクラッシャーを装備して作業する。

コンクリートクラッシャー
バックホウの先端に取り付け、ベースマシンの油圧を利用して、コンクリートをはさみ砕く機材。

鉄骨カッター｜てっこつ―
バックホウの先端に装着し、鉄骨を切る油圧装置。鉄骨造の解体では主流。

ユニック車｜―しゃ
ユニックとは、小型クレーンを搭載したトラックの通称。もとは古河ユニック社の登録商標。自動車運転免許で走行できるが、クレーン操作には資格が必要。小型車は1t未満、中型車以上は3t未満が搭載されている。走行時はクレーンの格納忘れに要注意。

ダンプ
土砂や産業廃棄物などを運搬する貨物車両。トラックと混同されがちだが、荷台を傾斜させて積み荷を一気に排出できる点で異なる。荷台を左右に傾けられるタイプや、荷台を持ち上げることで積み荷を高所に降ろせるものなど、さまざまな種類が存在する。

ねこ（猫車）｜（ねこぐるま）
現場で用いる手押しの一輪車、あるいは二輪車のこと。カート。狭い場所で土砂やコンクリートなどを搬出入するのに利用される。この運搬作業を繰り返すことを「いってこい」とも呼ぶ。左右のバランスを取るには熟練が必要。ブレーキ付きのタイプもある。

TOPICS｜3
祭事

図1｜地鎮祭の準備

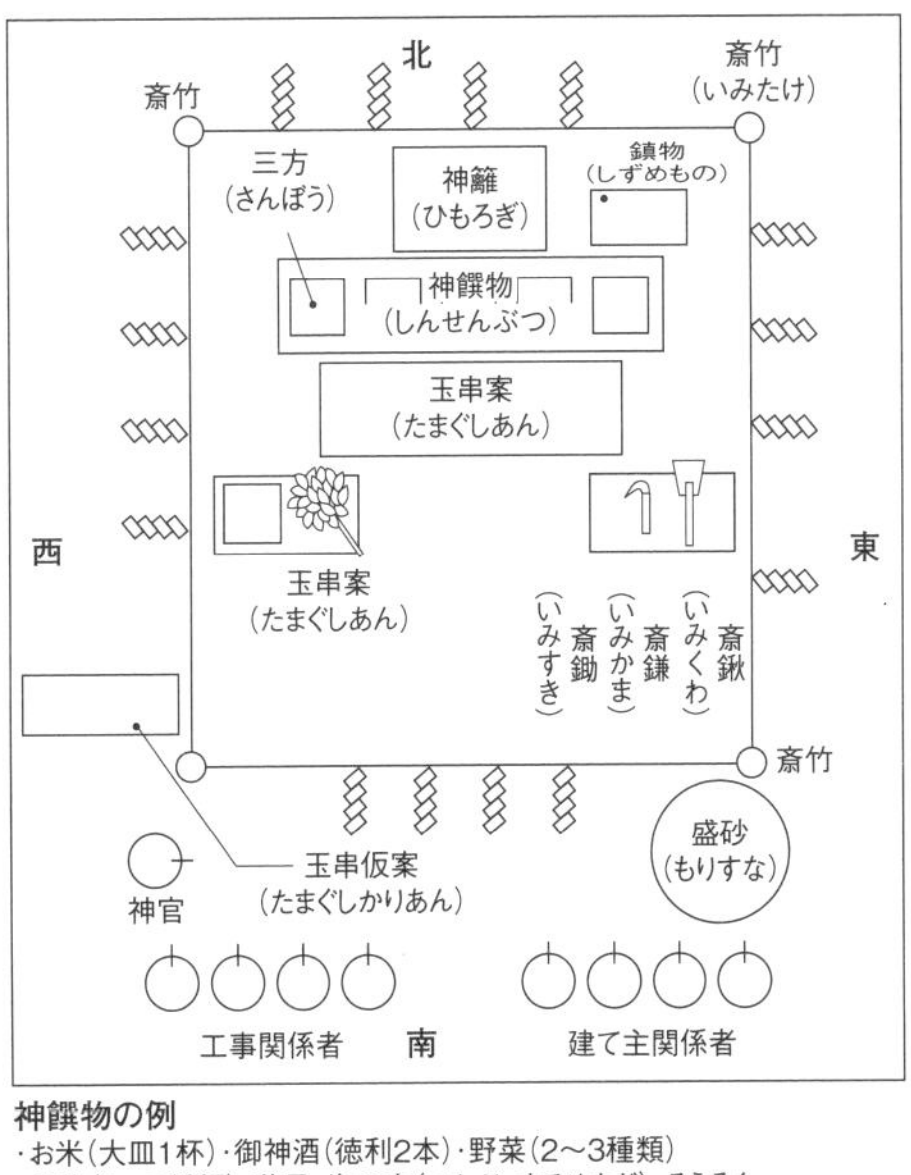

神饌物の例
・お米（大皿1杯）・御神酒（徳利2本）・野菜（2〜3種類）
・果物（2〜3種類）・菓子・海の幸（こんぶ・するめなど）・ろうそく
・塩（中皿1杯）・水（コップ1杯）・杯（人数分、直会時に使用）

地鎮祭・起工式｜じちんさい・きこうしき
正しくは「とこしずめのまつり」と読む。着工にあたり、大地主神に対して、土地を傷つけ何十年にわたってそこを占領させてもらうことの事情を述べて、許しを請うための儀式。「地鎮の儀」「鍬入の儀」とも。正式には「苅初の儀」「穿初の儀」「鎮物埋納の儀」からなるが、「苅初の儀」と「穿初の儀」または「穿初の儀」のみですませることが多い。
本来は敷地全体が祭場となるが、現在では敷地の中央に「斎竹」を4本立てて縄を張りそこに祭壇、神籬を設け、神籬と鍬入れのところには清い砂を盛る［図1・3］。

手水の儀｜ちょうずのぎ・てみずのぎ
式開催に先立ち、身を清める儀式。2人1組の係が式典場入口に待機し、1人が参列者の手に柄杓で水を掛け清め、もう1人が手を拭くための半紙を手渡す。発注者、来賓、設計監理者、施工者の順に行うが、参列者の到着順に行う場合もある。

幄舎｜あくしゃ
四方に柱を立て、棟を渡し、周囲を幕で覆った小屋。神事を行う際、参列者のために仮設する。

図2｜祝儀袋

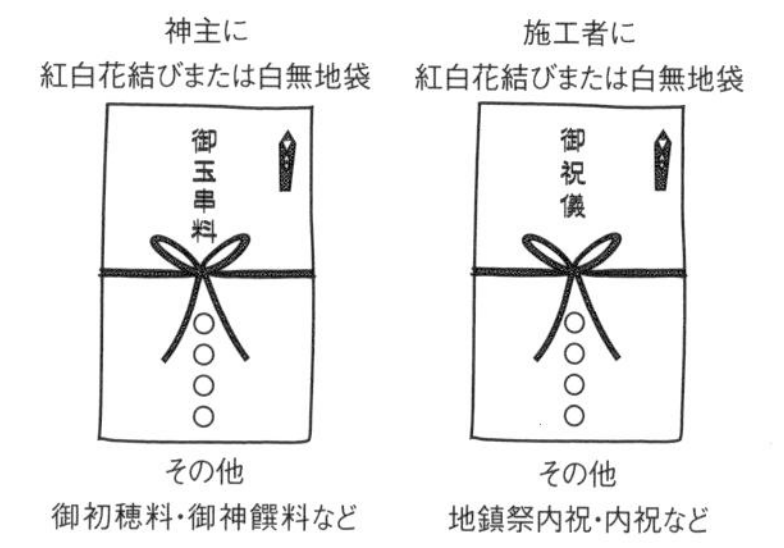

修祓｜しゅばつ
神事に先立ち、罪や穢れなどの不浄を心身から取り除く儀礼。参列者は頭を垂れ、お祓いを受ける。

神籬｜ひもろぎ
神様が降臨する神座（かみくら）。

降神・昇神の儀｜こうしん・しょうしんのぎ
降神の儀は、神籬に神様をお迎えすること。昇神の儀は、地鎮の儀が終了し神様をお帰しすること。

献饌・撤饌の儀｜けんせん・てっせんのぎ
献饌の儀は神饌（お供物）と幣帛料（初穂料、玉串料）を神様に献じる儀式。また、瓶子（かめ、とっくりなど酒を入れる器）の蓋をとることでその意を表すこともある。
撤饌の儀はその逆で、神饌と幣帛料を下げること。また、瓶子の蓋を閉めることによって執り行うこともある。

祝詞奏上｜のりとそうじょう
神主が祝詞を奏上して工事の概要を神様に報告し、平穏無事を祈願すること。

四方清祓い｜しほうきよはらい
祭壇に供えられた酒・米・塩・切麻を敷地の四方に撒くこと。土地のお祓いや浄化が目的。**切沼散米**「きりぬまさんまい」とも呼ぶ。

鍬入れの儀｜くわいれのぎ
工事の始まりを表す儀式。「鍬初め」

図3｜地鎮祭の準備

地鎮祭の儀式の流れ（地域の習慣や神社により異なるので、施工者や神社と前もって打ち合わせる）

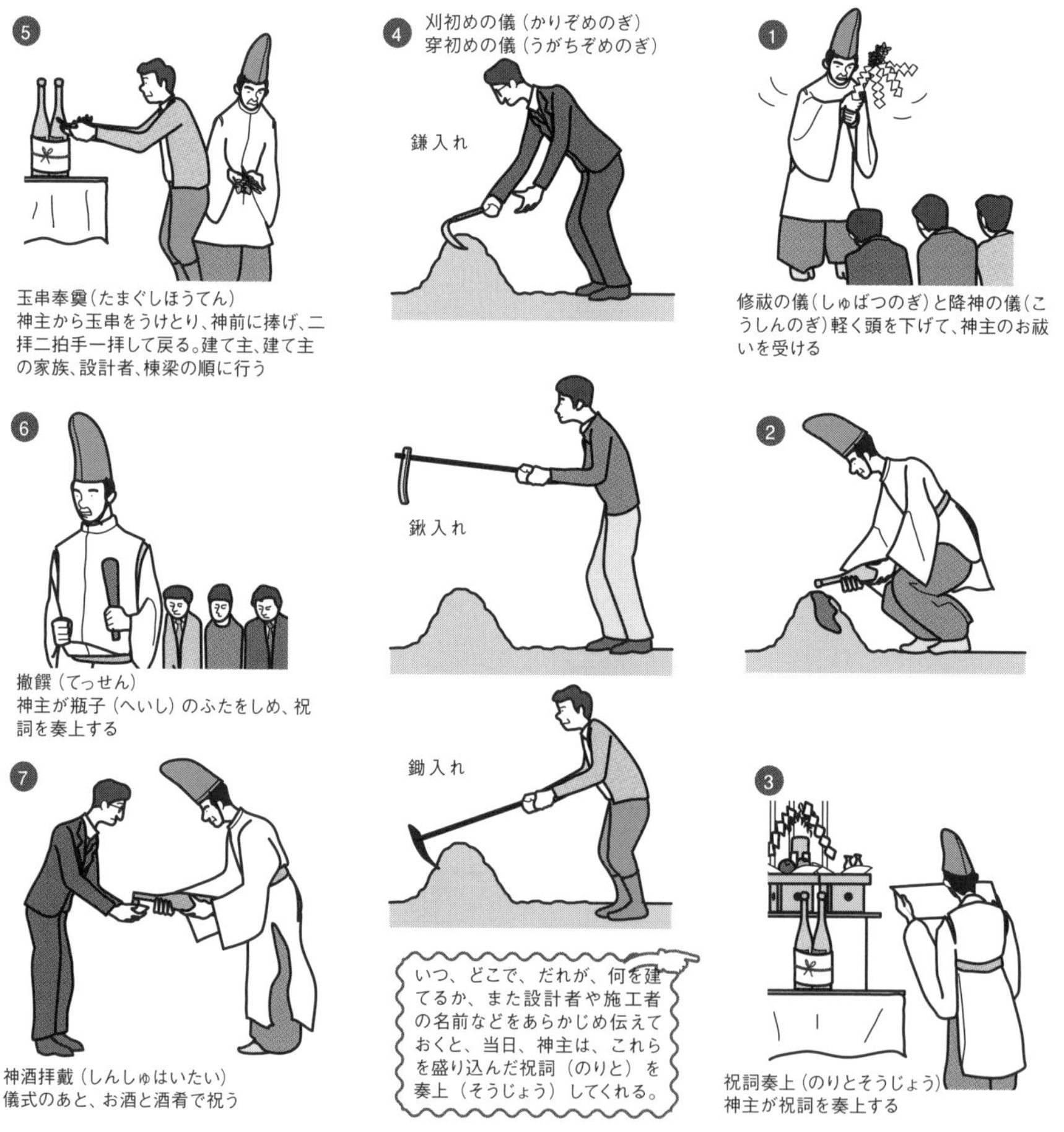

修祓の儀（しゅばつのぎ）と降神の儀（こうしんのぎ）軽く頭を下げて、神主のお祓いを受ける

祝詞奏上（のりとそうじょう）
神主が祝詞を奏上する

刈初めの儀（かりぞめのぎ）
穿初めの儀（うがちぞめのぎ）

玉串奉奠（たまぐしほうてん）
神主から玉串をうけとり、神前に捧げ、二拝二拍手一拝して戻る。建て主、建て主の家族、設計者、棟梁の順に行う

撤饌（てっせん）
神主が瓶子（へいし）のふたをしめ、祝詞を奏上する

神酒拝戴（しんしゅはいたい）
儀式のあと、お酒と酒肴で祝う

とも。鎌と鍬、鋤の3つを設計者、建て主、施工者の3者で分担し、盛られた清砂にささった榊を鎌で刈るしぐさをする苅初の儀を行う。次に、鍬と鋤で清砂を耕すしぐさをする穿初の儀を行う。

苅初の儀｜かりそめのぎ
「鍬入れの儀」を構成する3つの儀式のひとつで、最初に行われる。設計者が盛砂に生える草を斎鎌で刈る所作を3回行う。

穿初の儀｜うがちぞめのぎ
刈初之儀に続いて行われる儀式。建築主が神職から手渡される斎鍬で盛砂を掘る所作を3回行う。

地曳の儀｜じびきのぎ
穿初之儀の次に行う儀式。施工者が斎鋤を持って土地をならす所作を3回行う。

玉串奉奠・玉串｜たまぐしほうてん・たまぐし
土地と建設する建物の永遠の安定、参列者の守護を祈願して玉串を奉り、神様に拝礼する。**玉串**とは「神の依代の木」である榊に御幣を配したもので、神霊が招き寄せられてそこに乗り移ると考えられる。代表者が行う場合と、複数の参列者が個々に行う場合がある。

直会｜なおらい
神酒拝戴［しんしゅはいたい］とも。神様に献じた神酒を参拝者みなでいただくこと。大規模建築の工事の場合は、別に席や会場を設けることもある。

鎮物埋納之儀｜しずめものまいのうのぎ
鎮物を盛砂に埋める儀式。鎮物は、土地の神霊を鎮めるためのお供え物。中身は一定ではないが、人像・刀・盾・矛・鏡などが主。鎮物は基礎工事の際に、建物中央部分の土地に埋める。

斎竹｜いみだけ・いわいだけ
神様を迎えるための清浄な場を構成する竹。高さ3mほどの青竹を2m間隔で四方に立てる。

注連縄｜しめなわ
藁やクズの茎を左ねじりに編んだ縄。四方に立てられた斎竹に張られ、神聖な境界を示す。地面から2mくらいの高さに張る。東北の隅から時計回りにめぐらせる。標縄・七五三縄とも書く。

紙垂｜しで
斎竹に張られた注連縄が目立つように垂らされる半紙。一辺当たり4枚の紙垂を均等に垂らす。紙垂の形は雷や稲妻を意味しており、邪悪を追い払うとされる。

斎砂｜いみずな・いわいずな
刈初、穿初、地曳之儀の所作に用いられる盛砂。円錐型で高さ40cm程度に砂を盛る。清砂とも呼ばれる。斎砂に立てられる草は斎草［さいぐさ］という。

斎鎌｜いみかま・いわいがま
刈初之義の際に使われる白木の鎌。設計者が盛砂に立てられた草を刈る所作をする道具。

斎鍬｜いみくわ・いわいくわ
穿初之義の際に使われる白木の鍬。建築主が盛砂を掘る所作をする道具。

斎鋤｜いみすき・いわいすき
地曳之儀の際に使われる白木の鋤。掘られた盛砂を施工者がならす所作をする道具。

真榊｜まさかき
祭壇の左右に立てられる祭具。緑・黄・赤・白・青の**五色絹**［ごしきぎぬ］の幟に榊が付けられたもの。五色で**木・火・土・金・水**［もっかどごんすい］を表す。榊は一年中生えている常緑樹。神様と人との境を示す。

神饌物｜しんせんぶつ
神様へのお供え物。洗い米、塩、水、お神酒、海の幸（魚や昆布）、山の幸、果物を供える。海の幸は鯛が一般的。夏場はスルメなどで代用する場合が多い。

五色御幣｜ごしきごへい
2本の紙垂を木の幣串に挟んだもの。通常は白い半紙で作る。五色の紙が用いられることもある。

几帳｜きちょう
祭壇の背面に垂らす布。衝立、屏風、障子などと同様に、空間を仕切るために用いられる日本古来の調度品。

斎主｜いみぬし・いわいぬし・さいしゅ
神事を司る人。神主が担う。キリスト教の場合は起工式という名目で、神父か牧師にお願いする。

上棟式｜じょうとうしき
「棟上げ式」とも。木造建築で棟木を取り付けるときに行う。その工事段階のことを建前ともいう。棟木は家を護る神の宿る場所と考えられ、棟梁が棟木に幣束を立て、破魔矢を飾り地鎮祭と同様に建物の四方に酒、塩、米をまいて浄め、儀式を行う。住宅レベルでは神主を招くことは少なく、概ね棟梁が主祭する。現在では職人の労をねぎらい、工事の安全を祈願する意味合いが強い。鉄骨造の場合は最上階の鉄骨取付けのとき、鉄筋コンクリート造の場合は最上階にコンクリートが打ち上がったときに行う。鉄骨造の場合、上棟の儀と称して「鋲打ちの儀［びょううち

図4｜上棟式の流れ

1

棟木（むなぎ）に魔除けの幣束（へいそく）を鬼門の方向に向けて立て、上棟式が始まる

2

建物の骨組に板を渡して祭壇をつくり、供え物をする。棟梁は祭壇に二拝二拍手一礼する

3

柱の四隅の根本にお神酒などをかけて清める

4

残りを参加者全員の茶碗についで乾杯する
注：地域によって異なる

のぎ」」を行うことが多い。「鋲打の儀」は、鉄骨にボルトとナットを取り付ける「鋲納めの儀」、ナットをスパナで締め付ける「鋲締めの儀」、締めた鋲をハンマーで叩く「検鋲の儀」の順序で進められる。鋲納めは施工者、鋲締めは設計者、検鋲は発注者が一般的。鉄筋コンクリート造の場合、上棟の儀のなかで、棟札をお祓いする型で行うこともある[図4]。

定礎式｜ていそしき

定礎という文字と年月日などを刻んだ定礎石を外壁に取り付けるときに行う儀式。仕上げ工事がかなり進んだ段階あるいは竣工式の当日に行われることが多い。定礎石の裏側には銅ステンレスでつくられた定礎箱が埋め込まれる。定礎箱には氏神のお札、定礎銘板、建築平面図、当日の新聞、通貨、事業報告書などを収め、ハンダで封印する。

竣工式｜しゅんこうしき

建物が完成し使用を開始する前に、安全に建物が竣工したことを神様に報告し、感謝の念を捧げるとともに、竣工後の生活の平穏無事を祈願する儀式。公共建築や大規模な建築において行われることが多く、住宅レベルでは神棚を設けて、天照大神と地元の氏神の2神を祭り、家が出来上がったことを報告する程度である。建物の完成時に行われる儀式は「清祓式」と「竣工奉告祭」の2つがあり、本来、竣工式は竣工奉告祭のことだが、現在はこの2つを区別せず一緒のものとして行われている。

火入れ式｜ひいれしき

建物のボイラーなどに初めて点火し、操業を開始する際に行う儀式。近年はコンロでお湯を沸かし、皆でお茶を飲んで済ますなど省略化されつつある。

落成式｜らくせいしき

建物が完成したら執り行う儀式。建築主が主催し、近隣住民や工事関係者などへの感謝の意を表す。地鎮祭から地鎮之義を除いたような流れで進む。神事ではない。

グラウンドブレーキング

キリスト教における起工式。聖書を朗読し、讃美歌を謳い、工事の安全と無事な竣工を祈願する。定められた一個所、または盛砂をスコップで掘る。祭壇は不要。

デディケーション

キリスト教における落成式。建物を神に捧げる儀式。**望別式**とも翻訳される。一度、建物を神に献じ、再び神から受託される。教会の場合は献堂式と呼ばれる。

礼法｜れいほう

お辞儀のこと。「磬折［けいせつ］（上体を40～60度に曲げ）」「揖［ゆう］（会釈程度。上体を45度曲げる深揖と上体を15度曲げる小揖がある）「拝［はい］（上体を90度に曲げる、最も丁寧な辞儀）」の3種がある。

拍手｜かしわで

胸の前で両手を合わせ、右手を少しすり下げる。次いでゆっくり左右に開き打ち合わせる。そしてもう1度打ち合わせ、2度打ち終わったら、右手をすり上げもとのように両手を合わせ、ゆっくり手を下ろし元に戻す。指と指の間は開いてはならず、また両手は肩幅ほどに開く。

参考｜覚えておきたい祭事キーワード

キーワード	内容
立柱式 **（りっちゅうしき）** **（鋲打祭** **［びょううちさい］）**	柱を建て始めるときに行われる儀式。主に鉄骨造において第1節の柱を建て始めるときに行う。立柱の儀は、最初に建てる柱を神官が祓い清め、続いて設計者、施工者、発注者によってボルトの締め付けと検査を行う。この祭事は発注者と工事関係者などごく内輪で行われるケースが多い
定礎式 **（ていそしき）**	定礎という文字と年月日などを刻んだ「定礎石（ていそせき）」を外壁に取り付けるときに行う儀式。仕上げ工事がかなり進んだ段階あるいは竣工式の当日に行われることが多い。定礎石の裏側には銅・ステンレスでつくられた定礎箱（ていそばこ）が埋め込まれる。定礎箱には氏神のお札、定礎銘板、建築平面図、当日の新聞、通貨、事業報告書などが収められ、ハンダで封印される
竣工式 **（しゅんこうしき）**	建物が完成し使用を開始する前に、建物が無事に竣工したことを神様に報告し、感謝の念を捧げるとともに、永遠なる建物の安全堅固と、建て主の繁栄を祈願する儀式である。建物の完成時に行われる儀式は「清祓式」と「竣工奉告祭」の2つがあり、本来、竣工式は竣工奉告祭のことであるが、現在はこの2つを区別せず一緒のものとして行われているようである
清祓式 **（きよはらいしき）**	完成した建物を祓い清めるための儀式。「修祓式（しゅばつしき）」ともいわれ、「竣工奉告祭」と「修祓式」を合わせて「竣工修祓式」という名称で行われることもある
竣工奉告祭 **（しゅんこうほうこくさい）**	新建築物の安全・建築主の永遠の繁栄を祈願する儀式
落成式 **（らくせいしき）**	建物の完成を祝い、対外的にお披露目をする行事。主な関係先や工事関係者への感謝などを加味して行われるもので、神事を伴う竣工式とは別とする考え方が一般的なようである
手水 **（てみず、ちょうず）**	式開催に先だって執り行うもので、式場の外で身体のけがれをとり、清切なる心身で神事に臨むための儀式である。手水用具を式典場入口に設け、係の者を二人一組としてその場所に待機させる。1人は、入場する参列者の手に柄杓で水を掛け清める係。もう1人は、手を拭いてもらうための半紙を手渡す係である。本来は発注者、来賓、設計監理者、施工者の順に行うが、簡略化して参列者の到着順に行う場合もある
礼法 **（れいほう）**	礼法とは、お辞儀のことで祭事中参列者には「磬折（けいせつ）」「揖（ゆう）」「拝（はい）」の3種が必要とされる
磬折（けいせつ）	上体を40～60度に曲げるお辞儀である。お祓いを受けるときと、祝詞奏上のときに行う
揖（ゆう）	玉串を神官から受け取るときに行う、会釈程度のお辞儀のこと。厳密には「深揖（しんゆう）」（上体を45度曲げる）と「小揖（しょうゆう）」（上体を15度曲げる）とがある
拝（はい）	最も丁寧とされるお辞儀で、上体を90度に曲げるお辞儀のこと。玉串を奉奠する際に行う
拍手 **（かしわで）**	誰もが自然に覚えている、日本独特の敬礼である。簡単なようにも思えるが、正式な作法は意外に知られていないので注意する。まず、胸の前で両手を合わせて、右手を少しすり下げる。次いでゆっくり左右に開き打ち合わせる。そしてもう一度打ち合わせ、二度打ち終わったら、右手をすり上げもとのように両手を合わせ、ゆっくり手を下ろし元に戻す。なお、指と指の間は開いてはならず、また両手は肩幅ほどに開くのがよい
奉献酒 **（ほうけんさけ）**	祭壇（献酒案）にお供えするお酒のことであり、化粧箱入りにし、箱は奉献紙（白紙）で包み水引きをかける。この際奉献紙、水引きなどは不揃いをなくすために施工者側で用意しておき、発注者側にはその旨を伝えておくとよい。配置は、祭壇に向かい右側に発注者側のものを、左側に設計者、施工者のものを供える

性能

4

性能

断熱工事 1

断熱工事では次の3つのことを念頭に置いて取り組むこと。

①断熱材は断熱材内での冷気流を防止し、性能を100%発揮するようにする

②気密層の断点が生じない納まりとし、高い気密性を確保する

③構造材が長期的に腐らないような放湿措置を講じた断熱構成とする

以下、断熱工事での基本的な用語について解説する。

材料

フェルト状断熱材｜じょうだんねつざい

フェルト状に成形された断熱材の総称で、グラスウールやロックウールが多い。断熱材自体の寸法の可変性、切断加工・施工の容易さ、低価格、不燃性などの理由から、最も一般的に使われている。問題点としては、

①透湿性、保水性が高く、吸水した状態での断熱性能の低下が大きい

②通気性があるため、断熱材の性能の低下が大きい

③柔軟性が高いため、施工精度による断熱性能のバラツキが大きい[表1]

などが挙げられるが、正しく施工すれば問題ない。

吹込み用断熱材｜ふきこみようだんねつざい

天井断熱を中心に吹込み工法（**ブローイング**）で施工される断熱材で、グラスウール、ロックウール、セルローズファイバーなどが使用される。施工者の専門化による施工精度の高さが特徴。しかし、フェルト状断熱材と同様吸水性が高いため、防湿層と躯体換気、小屋裏換気との併用が必要である。

ボード状断熱材｜じょうだんねつざい

ボード状に成形された断熱材で、躯体の軸間に入れる例は少なく、躯体の内側や外側に張り付けて施工する。種類としては、押出し法ポリスチレンフォーム、ビーズ法ポリスチレンフォーム、硬質ウレタンフォーム、高密度グラスウール、ロックウールなどがある。一般的に、フェルト状断熱材よりも断熱性能は高い[表2]。

現場発泡断熱材｜げんばはっぽうだんねつざい

ウレタン系の液体を現場で発泡させて吹き付ける工法。施工が容易なため、木造住宅に限らずRC造などにも幅広く使用されている。引火性があるので、施工中の火災防止には十分注意が必要である[写真1]。

グラスウール

融点の低いガラスを溶融繊維状に引き出してつくったガラスの綿の断熱材。目的に応じたさまざまな種類がある[表3・4]。安価なため最も普及している。メーカーにマグ・イゾベール、旭ファイバーグラスなど。高断熱住宅では、繊維の太さを6割程度細くして空気保有率を高めた**細繊維グラスウール**（高性能グラスウール）が主流。断熱性能は、同じ16kg品でも従来品と比べて1.3～1.5倍ある。繊維系のボード状断熱材は耐火性があるため、木造の外張り断熱、RC造などの外断熱に有効。ただし、保水性があるため、外側に防湿層や通気層

表1｜施工精度と断熱性能

施工状態		熱貫流率
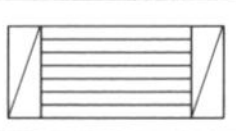	よい施工状態	0.314（100㎜）
	グラスウールの寸法が著しく大きく、押し込みすぎた状態	0.376（84㎜）
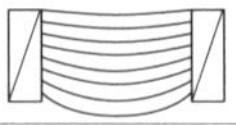	グラスウールの寸法が大きく、両端を押し込みすぎた状態	0.686（46㎜）
	グラスウールの寸法が小さく、柱との間に隙間ができた状態	0.489（67㎜）

熱貫流率[kcal／㎡h℃]　注（　）内はグラスウール換算した厚さ

表2｜ボード状断熱材

種類				密度（kg／㎥）	熱伝導率（kcal／m・h・℃）	JIS
発泡プラスチック系断熱材	ポリスチレンフォーム（ビーズ法）	A級	特号	27以上	0.030以下	A-9511
			1号	30〃	0.032〃	
			2号	25〃	0.033〃	
			3号	20〃	0.035〃	
			4号	15〃	0.037〃	
	ポリスチレンフォーム（押出し法）	B級	1類	20以上	0.034〃	A-9511
			2類	20〃	0.029〃	
			3類	20〃	0.024〃	
	硬質ウレタンフォーム		1号	45〃	0.021〃	A-9514
			2号	35〃	0.021〃	
			3号	25〃	0.022〃	
無機繊維系断熱材	住宅用グラスウール断熱材			10	0.045〃	A-9522
	〃			16	0.039〃	
	〃			24	0.034〃	
	ロックウール1号			71～100	0.031〃	A-9504
	ロックウール2号			101～160	0.031〃	

写真1｜火気厳禁

「火気厳禁」のスプレーを吹いて注意を喚起する

一般にウレタンは不燃材ではないため、施工後の溶接、溶断などはできない

などが必要である。施工性を高めた耳付きタイプもある。繊維径は高断熱用で4〜5μ、通常7〜8μ。密度は1㎡当りの重量（10、16、24、32、48、64kg）があり数値が大きいほど断熱性能は高い。製品は裸のままのものとシート（室内面：防湿、室外面木口面：防風透湿）でくるんだものがある。

ロックウール

発癌性がある天然のアスベストに代わり、ケイ酸を多く含んだ鉱物（岩石）からつくる。主として安山岩などを溶かし、綿菓子のように小さな孔から吹き出させ、急冷して繊維状にし、これをさらに綿状にしたもの。名称・用途は似ているが、**石綿（アスベスト）**とは製法が異なり無害。グラスウールと形状は似ているが、その密度は通常40kg/㎡と高く、断熱性能はグラスウールの16kgと同等で比較的よく、耐火性も高い。製品構成、施工上の留意事項ともグラスウールと同準［表4］。メーカーにニチアス、日東紡など。

ポリエステルウール

飲料のペットボトルから再生して繊維状にし、綿状にした断熱材。**ペットボトル断熱材**ともいわれる。製品に**パーフェクトバリア**（エンデバーハウス）など。

羊毛断熱材｜ようもうだんねつざい

羊毛を原料とする断熱材。羊の毛とレンコン状の4穴中空構造をもつポリエステル繊維を編みこみ、ロール状に成型した**サーモウール**（コスモプロジェクト）などの製品がある。

セルローズファイバー

木質繊維のパルプからなる断熱材。主としてダンボールや新聞残紙など古紙などのリサイクル素材を原料としたバラ綿状で、断熱性能はほかの繊維系のそれと同準である。天然木質繊維なので吸放湿性をもち、**内部結露**を抑制することができる。ブローイングマシーンによる吹込み工法・**吹付け工法**などが採られる［146頁写真2］。

軟質繊維板｜なんしつせんいばん

インシュレーションボードとも呼ばれ、その木質繊維は間伐材やリサイクル木材を原材料としている。セルローズファイバーと同様に吸放湿性といった優れた性質をもつ。断熱性能はやや劣るものの人間には優しい材料である。ホルムアルデヒドを含む接着剤は使用されていないので安心できる。

表3｜グラスウールの種類

形状		使用部位	透湿抵抗	含水性	耐熱耐火性	燃焼ガス	備考
裸	ロール状	全	無	有	高い	微少	充填敷込工法。防湿気密層通気層が不可欠
	ボード状	壁、床	無	有	高い	多少	張付け根太間落し込み工法。防湿気密層通気層が不可欠
	チップ状球	全	無	有	—	微少	吹込み工法により間隙なし
	サイコロ						防湿気密層通気層が不可欠
表面加工	マット状	全	中	—	高い	多少	耳付が一般的。施工容易。通気層が必要
	ボード状	床下	小	—	高い	多少	根太間落込み。防湿気密層が必要

表4｜グラスウールとロックウール

種類	グラスウール		ロックウール
形状		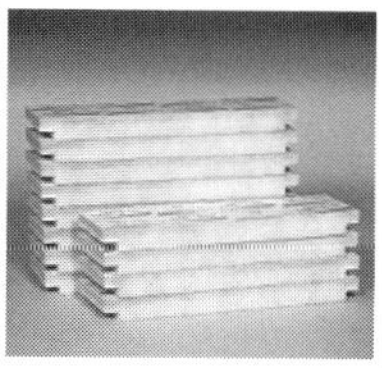	
特徴	グラスウールには、マット状（左）、ボード状（右）、粒状のものがある。耐火性があるため、ボード状のものは木造の外張り断熱やRC造の外断熱などにも使われる。粒状のものは、吹込み断熱に使われる		ロックウールにも、マット状、ボード状、粒状のものがある。特に粒状のものは、その耐火性の高さから、鉄骨造の耐火被覆にも多く使われる

表5｜主なプラスチック系断熱材

種類	ビーズ法ポリスチレンフォーム	押出し法ポリスチレンフォーム	硬質ウレタンフォーム	フェノールフォーム
形状				
特徴	いわゆる、発泡スチロール。吸湿性、吸水性がなく、経年変化もほとんどない。板状のみならず、さまざまな形状に加工できる	発泡スチロールの一種。ボード状で軽く、剛性があり、熱伝導率が小さい。耐水性、耐吸湿性に優れているため、外張り・外断熱に適する	内部に熱を伝えにくいガスを封じ込めた独立気泡の集合体	硬質ウレタンフォームと同様、熱を伝えにくいガスを封じ込めた微気泡をもつ。断熱性、難燃性ともに優れる

真空断熱材―しんくうだんねつざい

ウレタンや微粉末のシリカ、グラスウールなどの多孔質の芯材を、真空保持性のよいプラスチックや金属ラミネートフィルム内に挿入し、真空密封したもの。熱伝導率は、押出し法ポリスチレンフォーム3種の約1／4の0・008W／mKと非常に優れている。従来は冷蔵庫、保冷車両などに使われていたが、近年住宅の断熱材としての使用が検討され始めている。

木質繊維ボード断熱材―もくしつせんい―だんねつざい

ドイツやスイスではこれからのエコ断熱材の主流として認知されている。日本ではまだ流通が少ないが、将来のエコ断熱材の主流になると期待されている。グラスウール16kg/㎡と高性能グラスウール16kg/㎡の中間の断熱性能があり、グラスウールの約10倍の重量ということから、熱容量が大きく、蓄熱層の役目も果たす。[写真3]。

木質小片断熱材―もくしつしょうへんだんねつざい

木質残廃材の再資源化として考え出された断熱材である。接着剤を使用せず、プレス後、ポリエチレンシートに包まれ、100㎜厚でパネル状になっている。また、木質特有の蓄熱効果がある。

断熱性能は、グラスウール10kg/㎡と同等だが、付加断熱することにより、次世代省エネルギー基準に対応可能で、全国各地のプレカット工場および集成材製造工場から排出されるプレーナー屑、モルダー屑を原料とする。

炭化コルク―たんか―

コルクを蒸し焼きにし、その樹脂分で固めた断熱材[写真4]。

ビーズ法ポリスチレンフォーム―ほう―

主原料ポリスチレンビーズを蒸気で加熱し、発泡・成形した断熱材[145頁表5]。金型による成型品で筒、箱、板状などさまざまな形状のものがある。押出し法によるものより柔らかく緩衝特性が高く粘り強いが、耐圧性（0.2kgf/f）、耐熱性、耐候性で劣る。押出し法と同様、独立発泡体で構成されているので断熱性、耐水性とも優れているが押出し法に比べてやや劣る。耐圧性は低いが柔軟性があるので木造充填断熱工法に向く。

押出し法ポリスチレンフォーム―おしだしほう―

ビーズ法とは異なり、ポリスチレンまたはその共重合体に発泡剤、添加剤を溶融合し、連続的に押出し成形で板状に発泡させたものでより一般的[145頁表5]。スチレン系のボード状断熱材はビーズ法より気泡が細かく断熱性、耐圧性、耐候性に優れ、透湿抵抗が大きい。独立性が高いほど断熱性能が高い。形状維持性が高いのでコンクリート打込み工法に対応できる。材料自体の保水性が低い。耐熱温度は80℃。**カネライトフォーム**（カネカ）、**スタイロフォーム**（ダウ化工）など。

硬質ウレタンフォーム―こうしつ―

主原料ポリイソシアネートおよびポリオールを液体原料より直接重合、同時に成形したもの。**アキレスボード**（アキレス）など。ボード状で断熱性能は極めて優れている[145頁表5]。

ポリエチレンフォーム

主原料ポリエチレンを押出しまたは熱分解によって発泡・成形した断熱材。独立発泡樹脂系のなかでは最も柔軟性が高い。空隙充填、配管用カバーなどにも用いられる。**サニーライト**（旭化成）など。

写真2｜セルロースファイバー

写真3｜木質繊維ボード断熱材

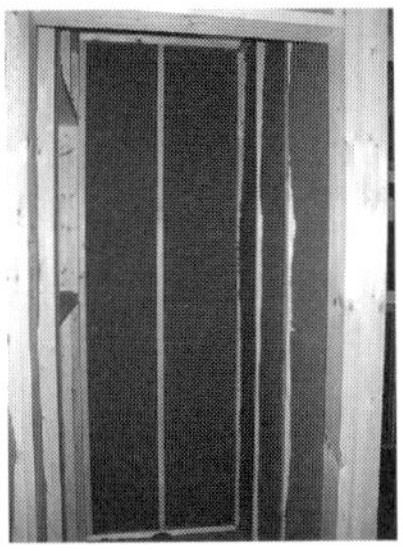

写真4｜炭化コルク

写真5｜フェノールフォームの気泡構造

写真6｜発泡したウレタンフォーム

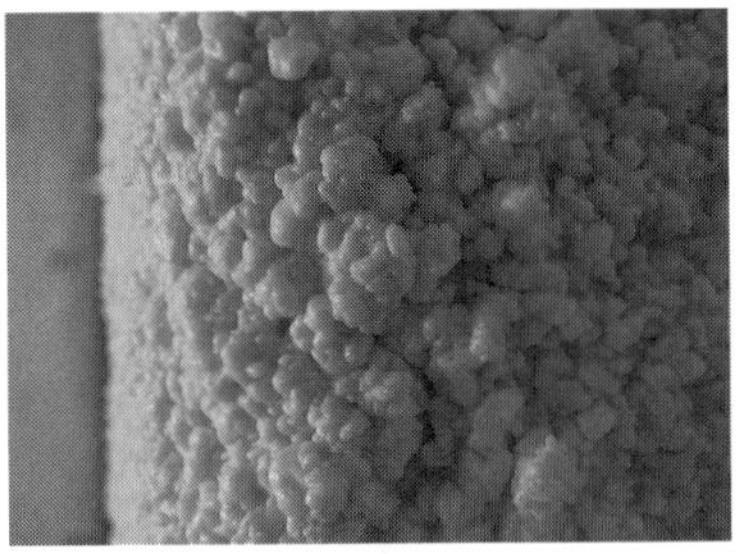

写真7｜発泡ガラス

写真8｜気密テープ

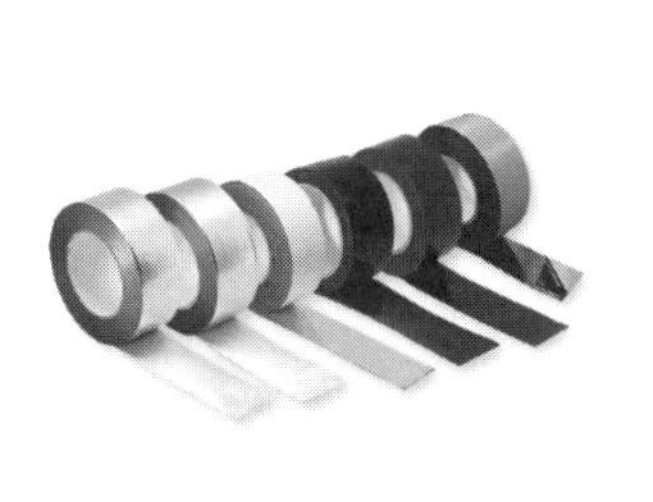

写真：日本住環境

写真9｜気密テープで配管部を処理した例

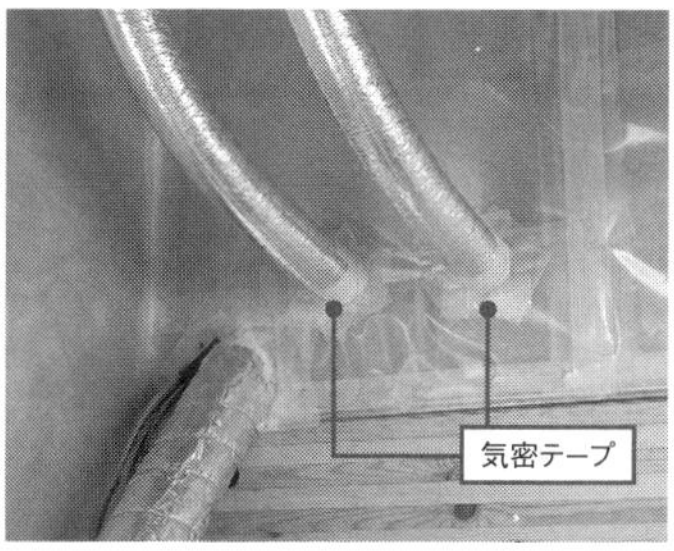

写真10｜気密パッキン

フェノールフォーム

独立発泡樹脂系のフェノール樹脂断熱材を炭化水素（HC）で発泡・成形したもの。断熱性能は極めて高い。また耐火性にも優れ、経年変化も少ないが、透湿抵抗がやや低い。火災時の安全性は樹脂系のなかでは最も高い[145頁表5、写真5]。燃えにくく、熱伝導率も低い。**ネオマフォーム**（旭化成）など。

現場発泡ウレタンフォーム｜げんばはっぽう—

硬質ウレタンフォームを現場発泡させたもの。鉄骨造、鉄筋コンクリート造の内側部分に吹き付け、断熱欠損部や隙間を充填する際に使われる[写真6]。

発泡ガラス｜はっぽう—

ガラスを発泡させたもので、透湿性や経年変化はなく、その断熱性は外力による破壊がなければ恒久的で部位を選ばない。断熱性能がやや低いものの、耐圧性、耐食性、耐蟻害に優れる。環境負荷は低い。不燃である[写真7]。

写真11｜ポリエチレンシート

炭酸カルシウム発泡体｜たんさん—はっぽうたい

樹脂をバインダーとした炭酸カルシウム独立発泡体。耐圧性が高く可撓性があり、部位を選ばずコンクリート曲面にも対応、打込みができる。タイルなどの直張りも可能である。不燃材。

発泡プラスチック系断熱材｜はっぽう—けいだんねつざい

プラスチックを発泡させ、その間に充填したガスで断熱する材料。厚さに比して高い断熱性を誇る。

断熱型枠｜だんねつかたわく

断熱材に型枠合板を張り合わせたものや断熱材自体が型枠を兼ねたもの。打設後のばらしが不要になる。

断熱ファスナー｜だんねつ—

熱橋となる金物などの中間に使用する。熱的に絶縁するためのプラスチックなどで製作された締結部材である。

防湿気密シート｜ぼうしつきみつ—

一般的な在来木造住宅ではポリエチレンフィルムが使用される。本来ポリエチレンフィルムは非常に破れやすいため、現場施工時に切れ目や傷ができないように注意する。破れにくい0.2㎜厚のポリエチレンフィルムやアルミ蒸着フィルムなどもある。また2.7m幅のものも市販されており、施工性の向上やジョイント部分を減らすうえで有効。防湿層のジョイントは必ず下地のあるところで所定の重ね幅を確保する。断熱材と内装下地の間に納めるのが一般的[図1]。

気密テープ｜きみつ—

防湿気密シートを木材などに直接

図1｜防湿気密シートのジョイント処理

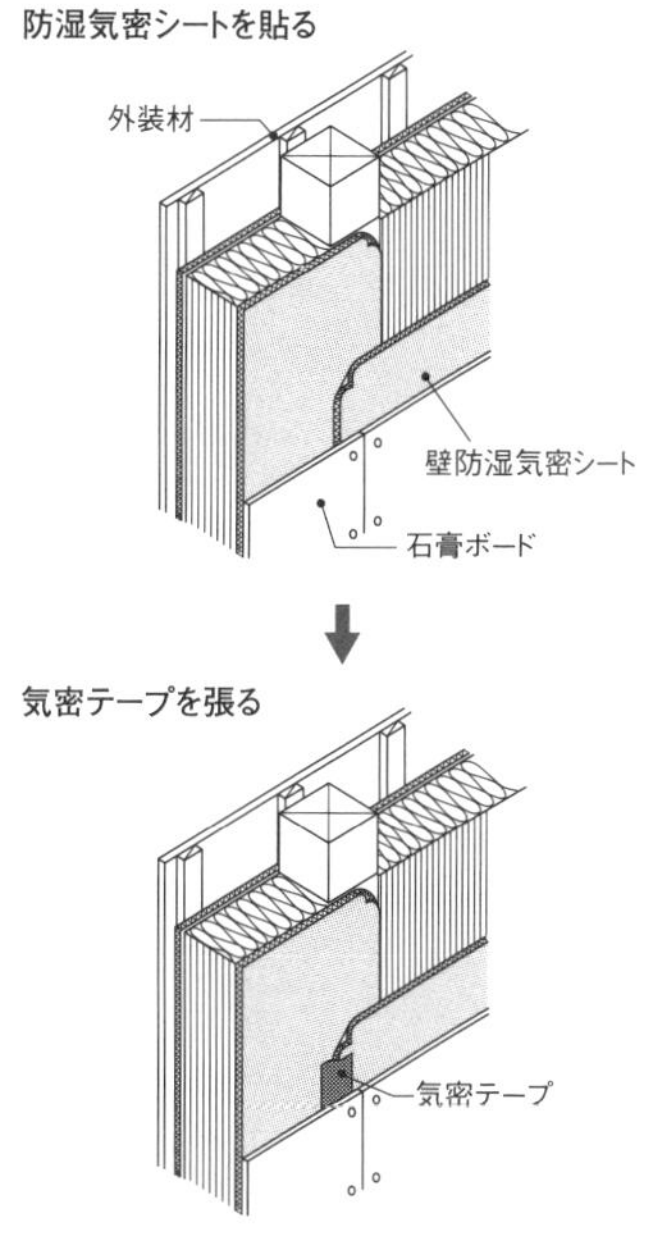

図2｜熱損失

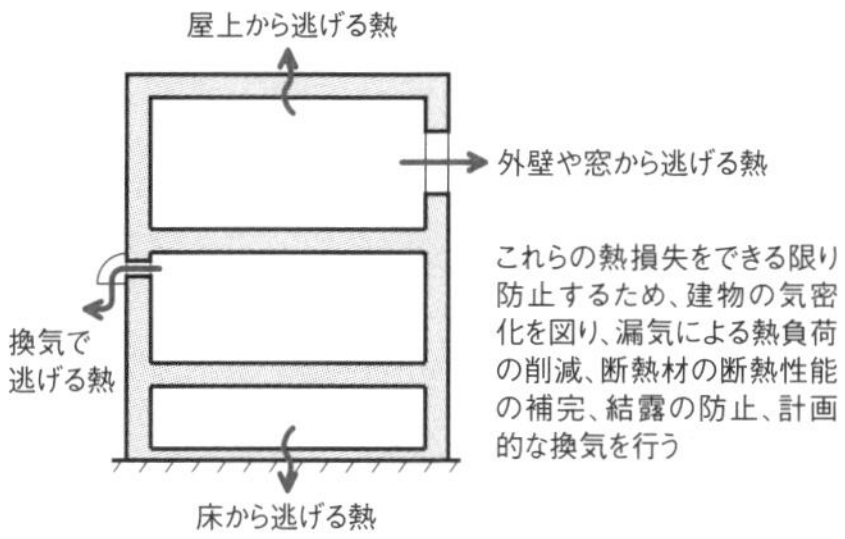

図3｜断熱構成

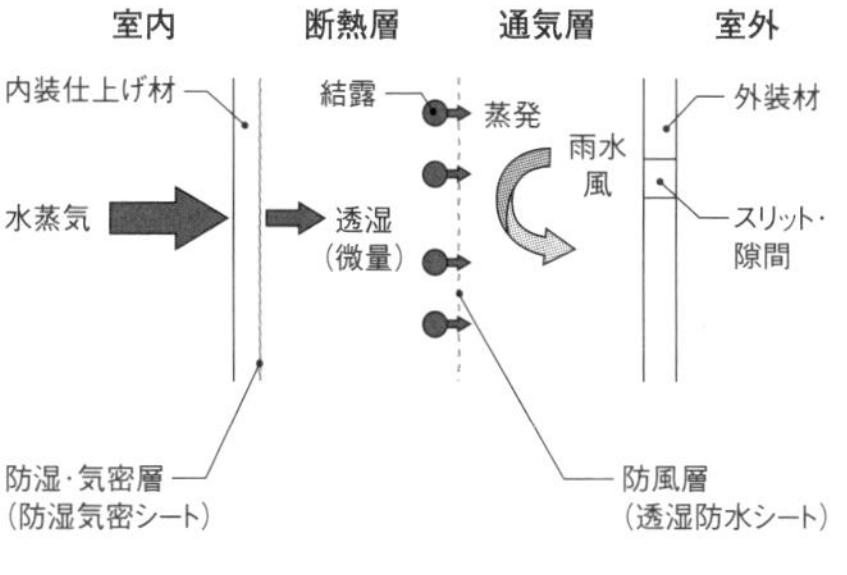

留め付ける場合や、ボード系断熱材の継目部分、サッシ枠、配管、配線など異なる材質や部品との接合部に用いる気密を保持するテープ。ブチルゴム系やＥＰＤＭ（エチレンプロピレンゴム）系、アスファルト系の粘着テープがある。使用時の気温が低いときには粘着力が少し低下するものがあるので、選択には注意が必要とされる。またガムテープのように、長期の経年変化により粘着力が低下するものは適さない［147頁写真8・9］。

気密パッキン材｜きみつ―ざい
アスファルトを含浸させた伸縮性をもつフォーム状の材料。隙間が10㎜以内で圧縮の力がかかる部分（土台と基礎、窓廻りなど）の気密を確保するのに使用する。木材は乾燥収縮するので、長期的な気密性が期待できる復元性・耐久性のある気密パッキンを使用することが重要になる［147頁写真10］。

ポリエチレンシート
断熱材の室内側に、防湿気密のために張るシートのこと。厚みは概ね0.2㎜程度で、住宅専用の防湿気密シートは劣化しにくく、防湿シートの品質に関するスウェーデンの基準に添ったものが流通している。現場でのジョイントの処理は、気密テープのみとせずに、十分な重ね代をとり、木下地のある場所で、合板などで押さえることが大切である［147頁写真11］。

性能・部位

断熱構造｜だんねつこうぞう
建物の熱損失［147頁図2］を減らすために、床・壁・天井や屋根などの空間と外部との境界部分の熱を遮断する構造。断熱構造は必ず連続していなければならず、同時に床・壁・天井の気密化も重要。断熱構造の基本的な構成は、内装仕上げ材―**防湿・気密層**―断熱層―防風層―通気層―外装仕上げ材となる。原則的に内外装仕上げ材には断熱・気密性能を期待せず、断熱・気密と切り離して考える［147頁図3］。

防湿層｜ぼうしつそう
透湿抵抗がない繊維系断熱材の室内側に設け、室内の水蒸気が断熱材内部に侵入するのを防止する層［図4］。元来、防湿層と気密層は同じ位置、同じ材料を使用するのが一般的であったが、最近では防湿層と気密層を分けて考える工法（**ボード気密**など）が普及してきている。ポリエチレンフィルムなどが用いられる。

気密層｜きみつそう
気密材で建物全体の気密性能を保つ層［図4］。一般的には、防湿層と気密層は同一材料の場合が多い。ポリエチレンシートや合板で構成される。漏気が熱損失の大きな要因であり、断熱を図るうえで気密層は欠かせない。

断熱層｜だんねつそう
断熱材により建物全体の断熱性能

図4｜断熱・気密層の基本構成

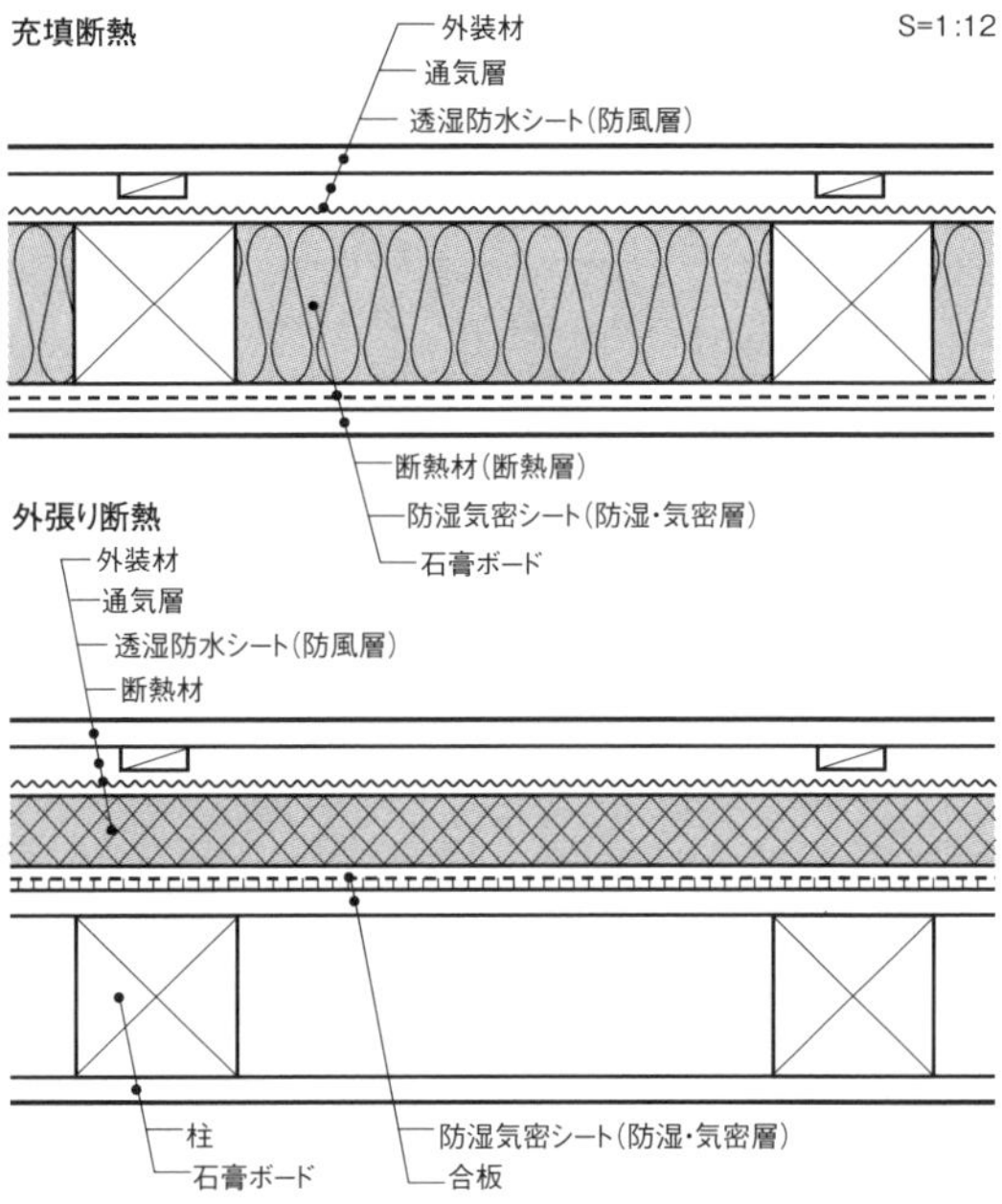

充填断熱
S=1:12
外装材
通気層
透湿防水シート（防風層）
断熱材（断熱層）
防湿気密シート（防湿・気密層）
石膏ボード
外張り断熱
外装材
通気層
透湿防水シート（防風層）
断熱材
柱
石膏ボード
防湿気密シート（防湿・気密層）
合板

図5｜小屋裏換気

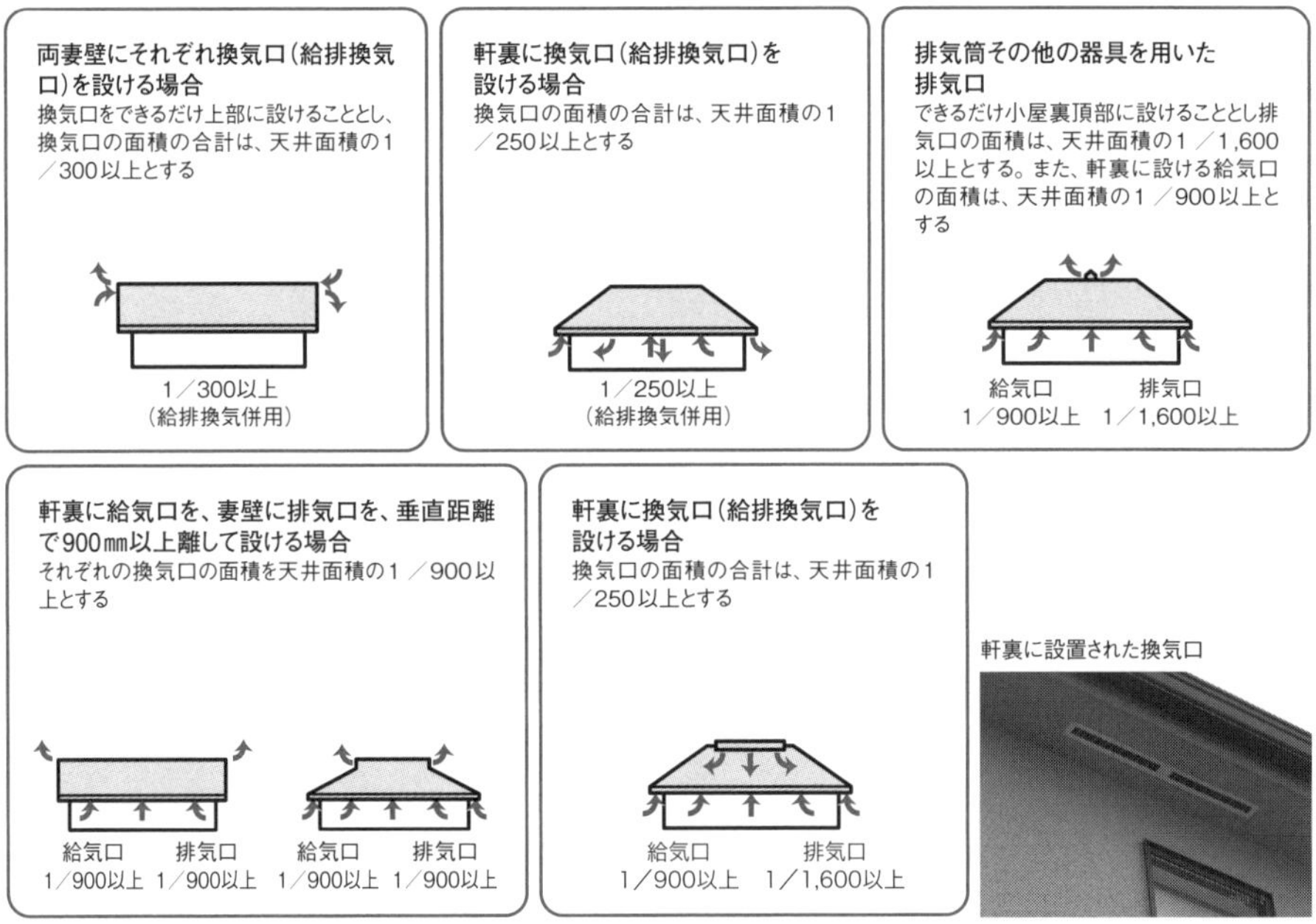

両妻壁にそれぞれ換気口（給排換気口）を設ける場合
換気口をできるだけ上部に設けることとし、換気口の面積の合計は、天井面積の1／300以上とする
1／300以上
（給排換気併用）
軒裏に換気口（給排換気口）を設ける場合
換気口の面積の合計は、天井面積の1／250以上とする
1／250以上
（給排換気併用）
排気筒その他の器具を用いた排気口
できるだけ小屋裏頂部に設けることとし排気口の面積は、天井面積の1／1,600以上とする。また、軒裏に設ける給気口の面積は、天井面積の1／900以上とする
給気口 1／900以上
排気口 1／1,600以上
軒裏に給気口を、妻壁に排気口を、垂直距離で900㎜以上離して設ける場合
それぞれの換気口の面積を天井面積の1／900以上とする
給気口 1／900以上
排気口 1／900以上
給気口 1／900以上
排気口 1／900以上
軒裏に換気口（給排換気口）を設ける場合
換気口の面積の合計は、天井面積の1／250以上とする
給気口 1／900以上
排気口 1／1,600以上

軒裏に設置された換気口

を保つ断熱材による層[図4]。壁・屋根・天井・床・基礎の各部位を断熱層にできるが、断熱欠損部があれば、熱損失や結露を生じる場合があり、どういう断熱工法でも施工精度が大切になる。

防風層｜ぼうふうそう

断熱材を雨水や風から保護する層[図4]。繊維系断熱材の場合は、通気層側に防風層を施工する必要がある。防風層には、**透湿防水シート**や**シージングボード**・合板などボード状のものを使用する。ボードの場合でも、防水のために透湿防水シートを張る。

この防風層がないと、通気層からの風が繊維系断熱材のなかに入り込み、断熱性能が低下する。外張り断熱などのプラスチック系断熱材の場合は、防風層は必要ないが、断熱材外側に防風透湿防水シートなどを張る。ただし天井など、断熱材に直接風圧などがかからない部分では防風層は省略可能。

通気層｜つうきそう

断熱材や構造材を乾燥状態に保つため空気を通す層[図4]。**外壁通気層**、**小屋裏換気**[図5]、**床下換気**[図6]などが当たる。外張り断熱や外断熱に繊維系の断熱材を使用したときに必須である。室内から透過してきた水蒸気や、外部から浸入した水分を排出し、部材の腐食やカビなどの発生を抑制する。木造軸組構法では、床下や室内から大量の水蒸気が壁内に浸入するため、通気層内に外気を通し、水蒸気を排出する必要がある。しかし、気流止めをした高気密工法では、壁内への水蒸気の浸入は桁違いに小さく、通気層は数㎜の厚さでもよい。

気流止め｜きりゅうどめ

外壁や間仕切壁内部の熱を逃がさないようにすること[図7・8]。昔の木造軸組構法では、外壁内部・間仕切壁内部と、床下・小屋裏が連続した空間になっており、冷気が浸入し、室内の熱が逃げていく構造であった。これを防ぐには、気密層だけではなく気流止めを施工しなければならない。そのため、気流が生じないように、外壁・床下・間仕切壁と床下・天井などの取合い部分に気流止めを設け、空間的に独立させる。

充填断熱｜じゅうてんだんねつ

フェルト状断熱材またはボード状断熱材を根太や間柱などの下地材の間にはめ込む工法。はめ込み工法・**内断熱**とも[図4・150頁図9・11、写真12]。縦間柱工法と横間柱工法があるが、どちらの場合も重要なのは先張りシートである。先張りシートは土台・胴差・軒桁に施工し、外壁気密シートと100㎜以上重ねる。断熱材は、寸法の大きいものを無理に押し込んだり、寸足らずで隙間ができることのない丁寧な施工が重要である[144頁表1]。一般に気密施工が難しいとされるが、ボード気密などを採用することで施工性が大幅に向上する。

外張り断熱｜そとばりだんねつ

木造や軽量鉄骨造のように躯体の熱容量が小さい建築物に施される、構造体の外側を断熱・気密層で覆う工法[150頁図10・11]。**外断熱**ともいわれるが、正しい使い方ではない。断熱欠損、熱橋は結露が発生されるので禁物。主に発泡プラスチック系断熱材や高密度グラスウールなどのボード状断熱材を外張りする方法と、躯体の外側に木枠を取り付けグラスウールなどの繊維系断熱材をはめ込む方法がある。施工費が若干高くなるが、単純な形状の住宅では容易に気密化が図れ、高断熱化にも対応しやすい。火災時の延焼防止を考慮し、構造用合板などのボードや壁体内のファイアストップを施工する。また、ボード状断熱材の継目に気密テープを張っただけの外張り断熱があるが、こうした施工では、テー

図6｜床下換気の方法

床下換気口(布基礎の場合)

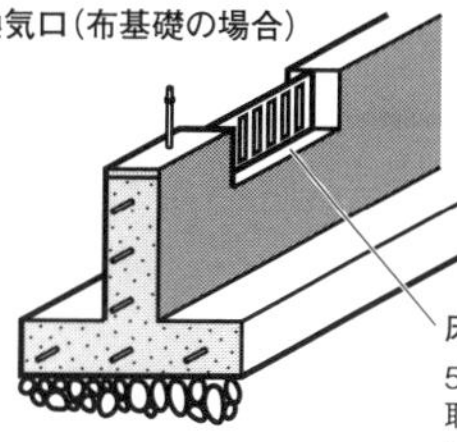

ネコ土台(ベタ基礎の場合)

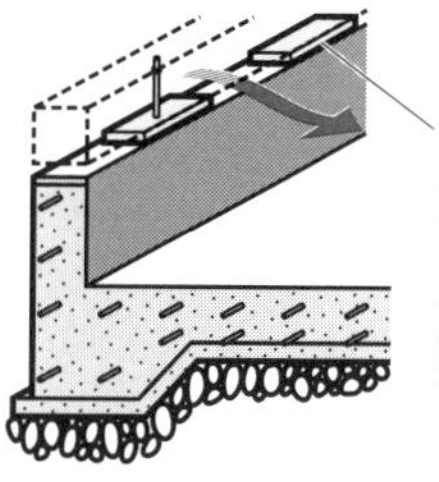

図7｜気流止め(シート気密)

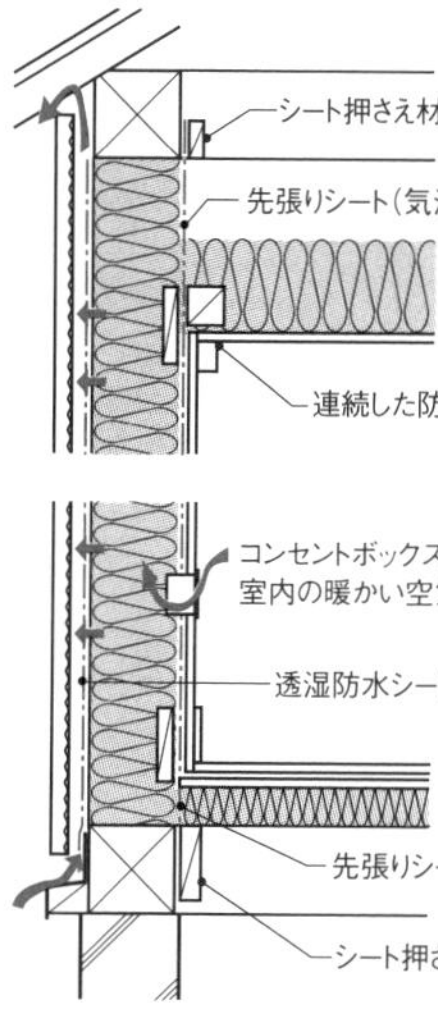

図8｜気流止め(ボード気密)

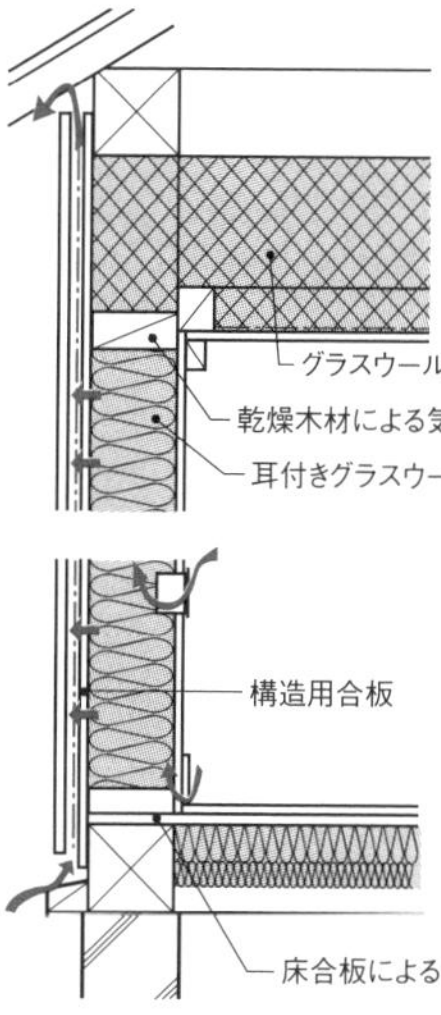

図11｜外断熱・内断熱のメリット・デメリット例

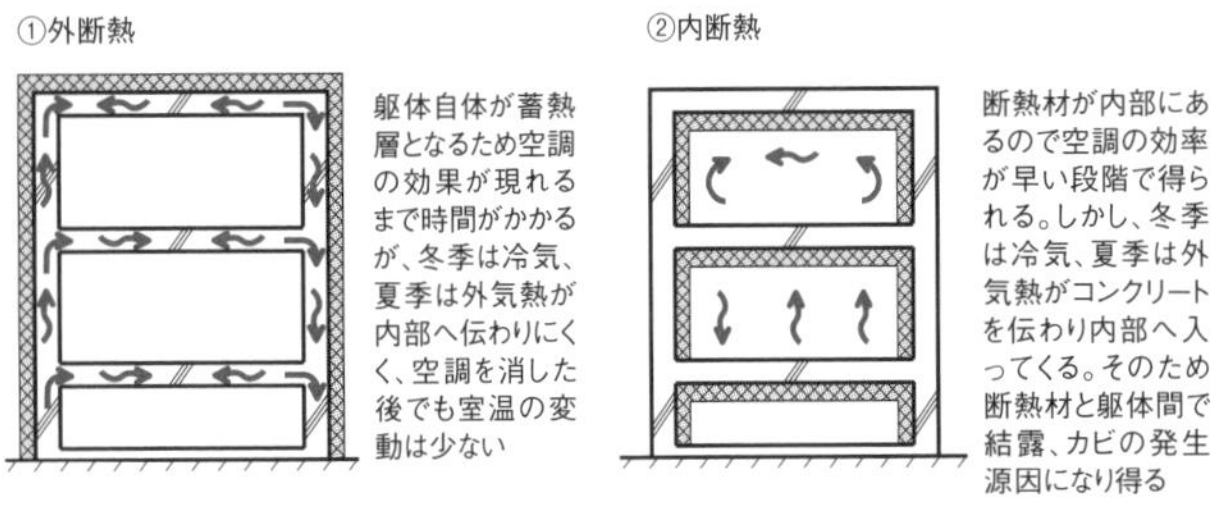
①外断熱
躯体自体が蓄熱層となるため空調の効果が現れるまで時間がかかるが、冬季は冷気、夏季は外気熱が内部へ伝わりにくく、空調を消した後でも室温の変動は少ない
②内断熱
断熱材が内部にあるので空調の効率が早い段階で得られる。しかし、冬季は冷気、夏季は外気熱がコンクリートを伝わり内部へ入ってくる。そのため断熱材と躯体間で結露、カビの発生源因になり得る

図9｜充填断熱

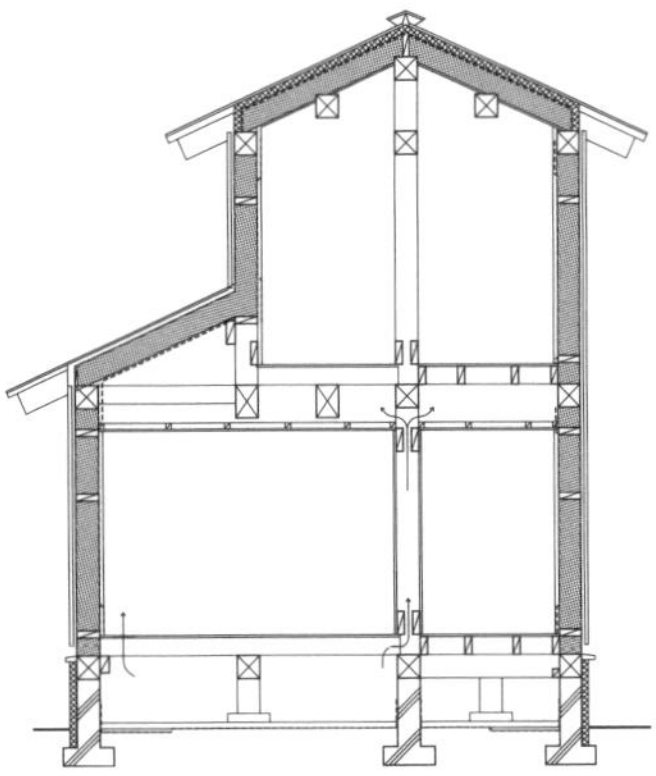

写真12｜充填断熱

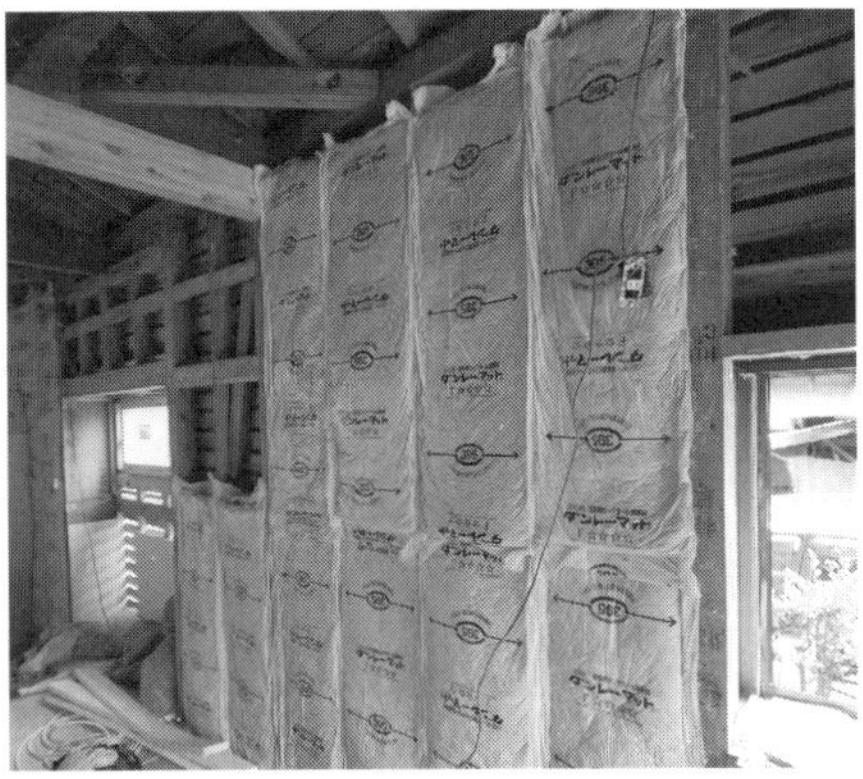

図10｜外張り断熱

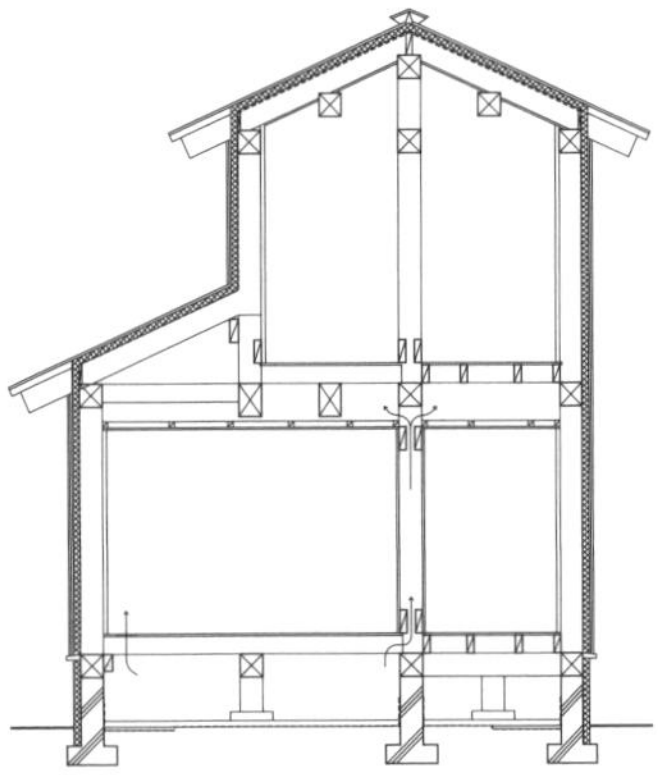

プの剥がれや経年変化により性能劣化が生じやすいので、気密シートは省略せずに張ることが望ましい。

付加断熱｜ふかだんねつ

基本の断熱層の内側や外側に、断熱補強のために断熱材を付加する工法のこと[図12]。充填断熱工法の場合には、4寸（120㎜）角の柱に、外壁支持力に問題が少ない範囲（30㎜厚）の付加断熱をすることで、合計150㎜厚まで増やせる。

内断熱｜うちだんねつ

RC造やコンクリートブロック造など、熱容量の大きな躯体の内側に断熱材を張り込む工法[図13・14]。木造充填断熱工法を指す場合もある。RC造の内断熱に使用する断熱材としては、プラスチック系のボード状断熱材と現場発泡ウレタンフォームの2種類がある。RC造の場合、構造的に熱橋部が発生するため外壁と接する床スラブなどに断熱補強を行う。

外断熱｜そとだんねつ

RC造やコンクリートブロック造など、熱容量の大きい構造体の建築の外側に施す断熱工法[図13・14]。多少の断熱欠損や熱橋があっても結露しない。外壁の外断熱工法は、法的耐火建築物、自主耐火建築物の場合には、大臣認定を受けた外断熱工法もしくは「不燃断熱材と不燃外壁材の組合せ」による。使用する断熱材は、プラスチック系・繊維系断熱材が一般的。繊維系断熱材を用いる場合は、RC躯体そのものが防湿気密層を兼ねるので、防湿気密シートを施工する必要はない。しかし、断熱材内部での結露や漏水対策のため、防風層や通気層を設置することが原則。防火上の制約条件がない場合、使用する外装材が法的な規制を満たせば現場発泡ウレタンなどの使用もできる。内断熱同様に発生する構造熱橋部は、適宜断熱補強を行う。

床断熱｜ゆかだんねつ

根太の間または床梁の間で断熱を断熱材を挟み込む断熱工法のこと[152頁図15]。断熱材の重さが数kg/㎡になるので、しっかりした断熱支持材が必要になる。また、床下換気とした場合、床断熱材に冷気が侵入しないように、断熱材の外側に防風層を施工する。和室から洋室のように、床レベルの違う部分の断熱層のつながり、ユニット浴室部分の床下断熱の考え方などに注意が必要である。ツーバイフォー工法のように床根太の間に断熱材を入れる場合には、受け材として薄い**高密度グラスウール**などを用いるのも有効。

基礎断熱｜きそだんねつ

基礎の外側か内側、または両側に断熱材を張り付け、断熱する工法のこと[152頁図16]。床断熱は断熱支持の施工手間がかかることや、床下の換気量が不足気味であることに問題があるため、床で断熱する代わりに基礎の外側から断熱し、床下を熱的に室内側に取り込むという考え方による。基礎立上がり部の断熱は外断熱を原則とし、透湿・保水性の低い**発泡プラスチック系断熱材**を使用する。室内空間と変わらない温熱環境をもつ床下に配管・配線を行うため、設備のメンテナンスも容易で、各種配管が凍結する心配もない。ただし、断熱材がシロアリの食害を受ける可能性があるので、対策が必要である。対策には、防蟻剤入りプラスチック系板状断熱材や、グラスウールボード断熱材による施工が考えられる。地下水位の高い場所では、地下水に熱が奪われる心配があるので、防湿コンクリー

ト下全面に、プラスチック系断熱材を施工する。

天井断熱｜てんじょうだんねつ

天井のラインで断熱を施工する工法[152頁図17]。天井は吊り木の存在や、緩勾配の場合には施工スペース上の問題から断熱施工が難しく問題が多い部位であったが、吹込み工法の登場により、大幅に解消された。天井で断熱する場合は、外壁の防湿ポリエチレンシートを桁まで延ばし、上からシート押さえ材を取り付ける。間仕切壁上部には、気流止め先張りシート（ポリエチレンシート）を施工したうえで、天井面を防湿シート張りし、その上に断熱材を充填する。天井裏は、吊り木や桟木などが交錯しているので、セルロースファイバーや、グラスウールなどのブローイングによる断熱が向いている。天井断熱での注意点は、換気システム用ダクトや本体が非断熱ゾーンにある場合が多く、ダクトおよび本体を断熱材でカバーしないとダクト内で結露を生じてしまうことである。またダウンライトなどの天井埋込みタイプ照明器具廻りの断熱・気密層の確保も重要。

桁上断熱｜けたうえだんねつ

木造住宅で、桁上に気密・防湿層をつくり、その上に断熱する工法[152頁図18]。桁上断熱は、断熱厚を容易に増やせ、屋根の形状に左右されず断熱できるといった、天井断熱の長所はそのままに、欠点であった先張りシートと気流止めの施工や、配線・配管などによる

図12｜付加断熱工法

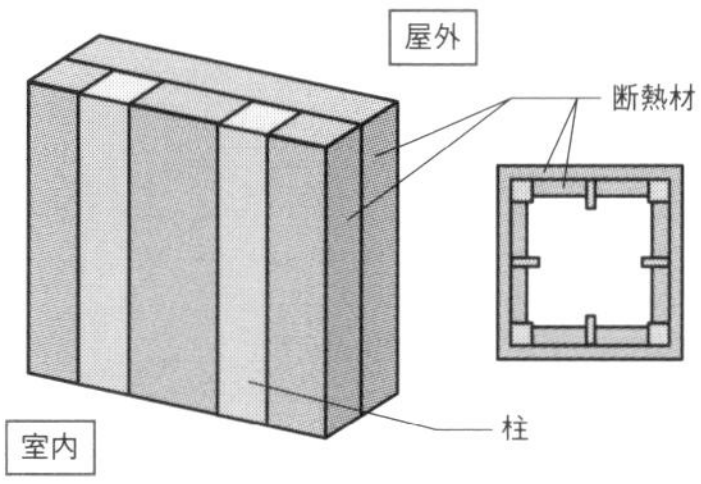

外張り断熱工法と充填断熱工法を併せたもの。寒冷地向け

図13｜断熱補強の例

①平面図

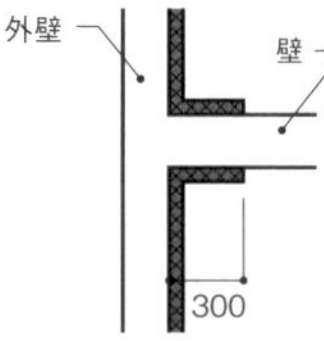

壁が直接外壁に接する場合は、折り返しを300㎜断熱する

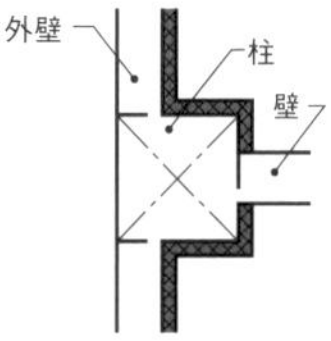

柱形がある場合は、壁の折り返しは不要

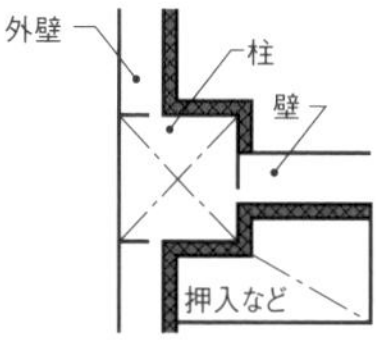

押入などがある場合は、押入部の壁面・床面も断熱する

②断面図

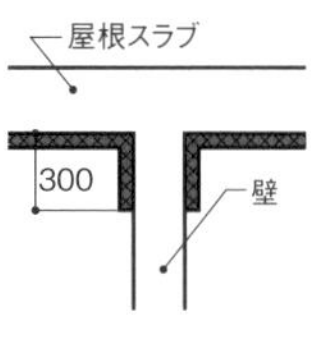

壁が直接屋根スラブに接する場合は、折り返しを300㎜断熱する

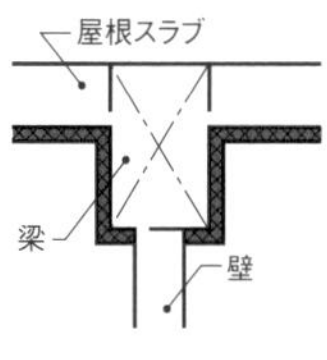

柱形がある場合は、壁の折り返しは不要

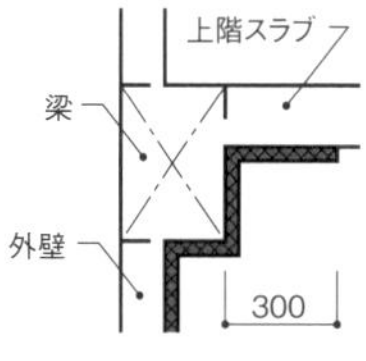

図14｜RC断熱と断熱補強

内断熱工法

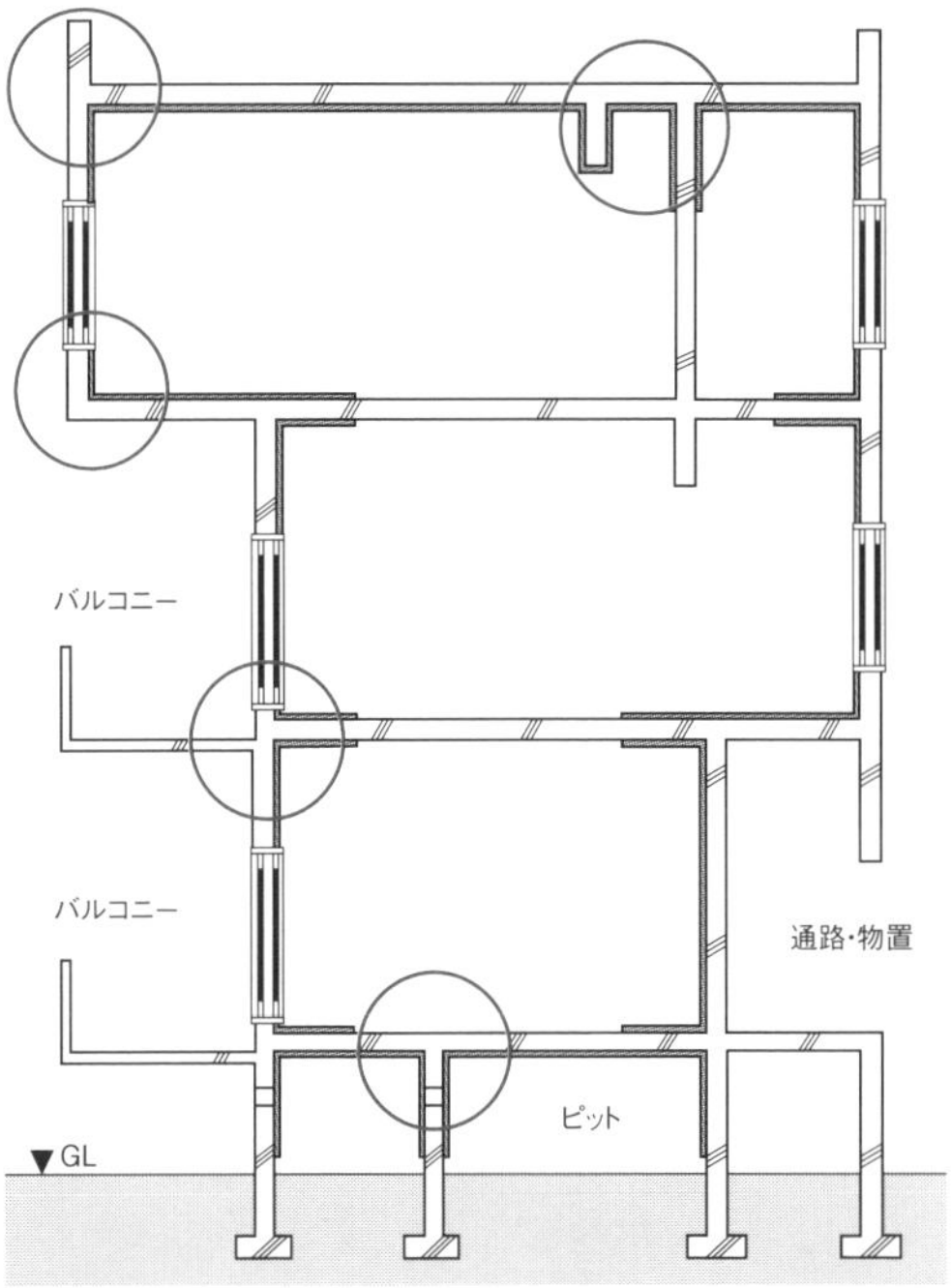

外断熱工法

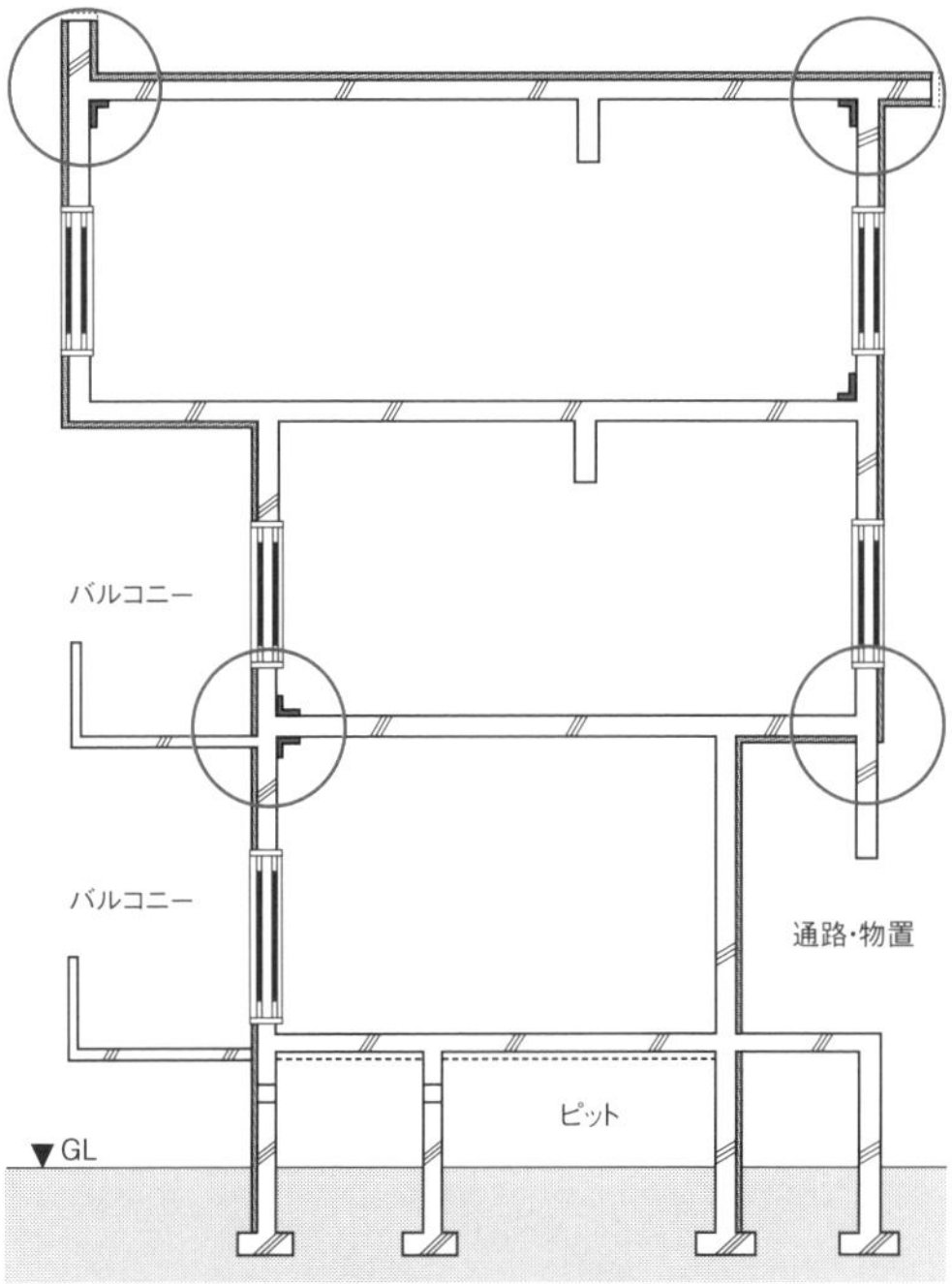

◯の部分は熱橋が生じやすいので適切な断熱補強を行う

地域区分・断熱補強の範囲（断熱補強長さ：㎜）

	Ⅰ地域	Ⅱ地域	Ⅲ地域
内断熱工法	900	600	450
外断熱工法	450	300	200

断熱厚さ

断熱材	熱伝導率（m・K）	厚さ（㎜）
グラスウール10kg／m³相当	0.050～0.046	30
グラスウール16kg／m³相当	0.045～0.041	30
押出し法ポリスチレンフォーム3種相当	0.028以下	25

図18｜桁上断熱

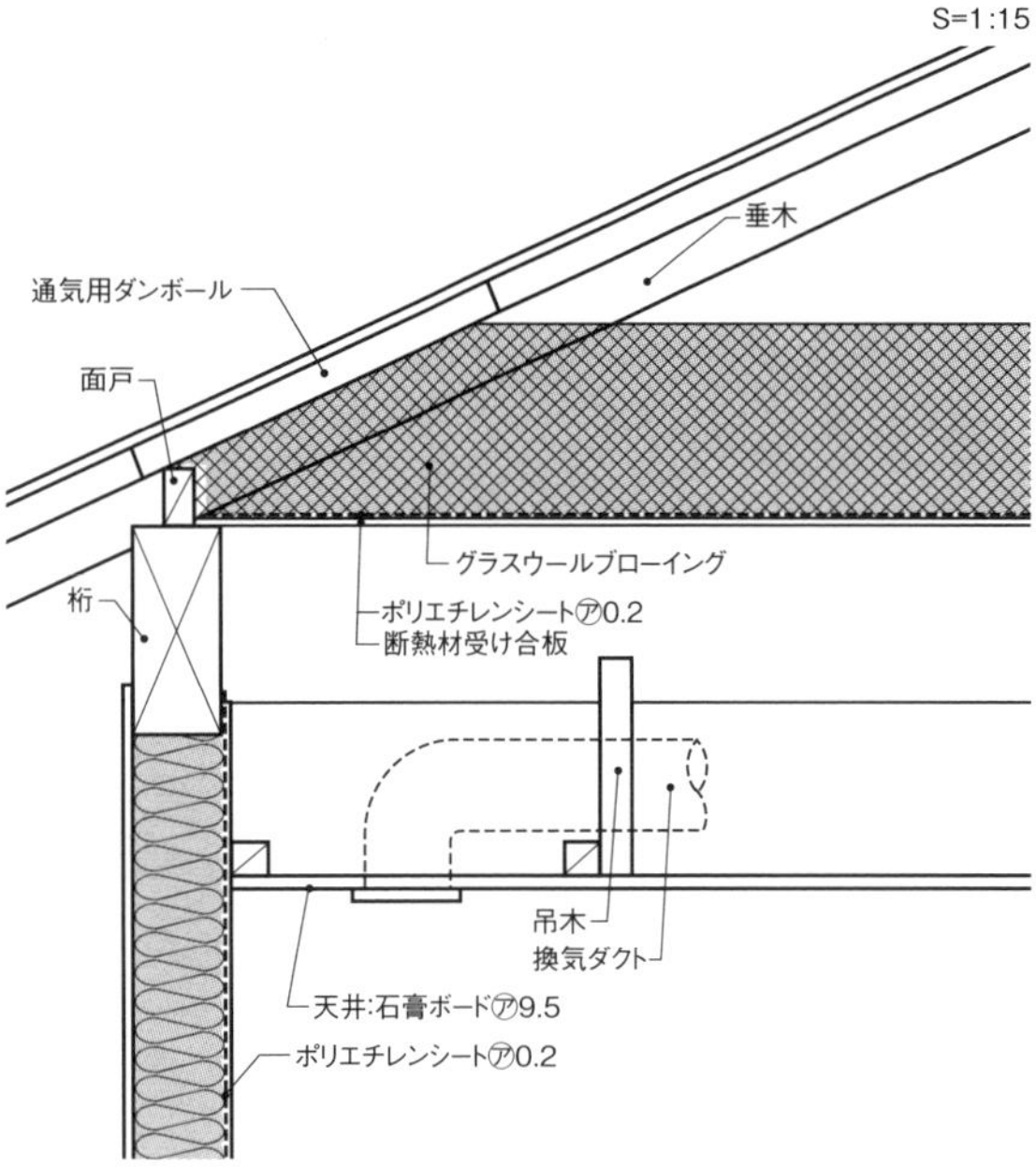

図15｜床断熱

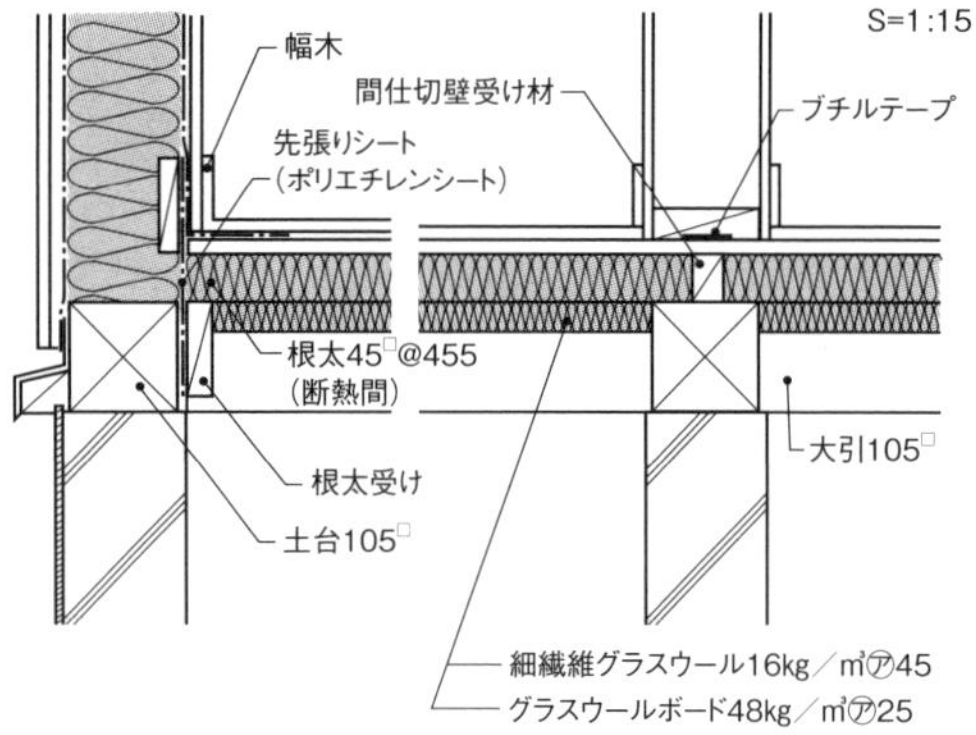

図16｜基礎断熱

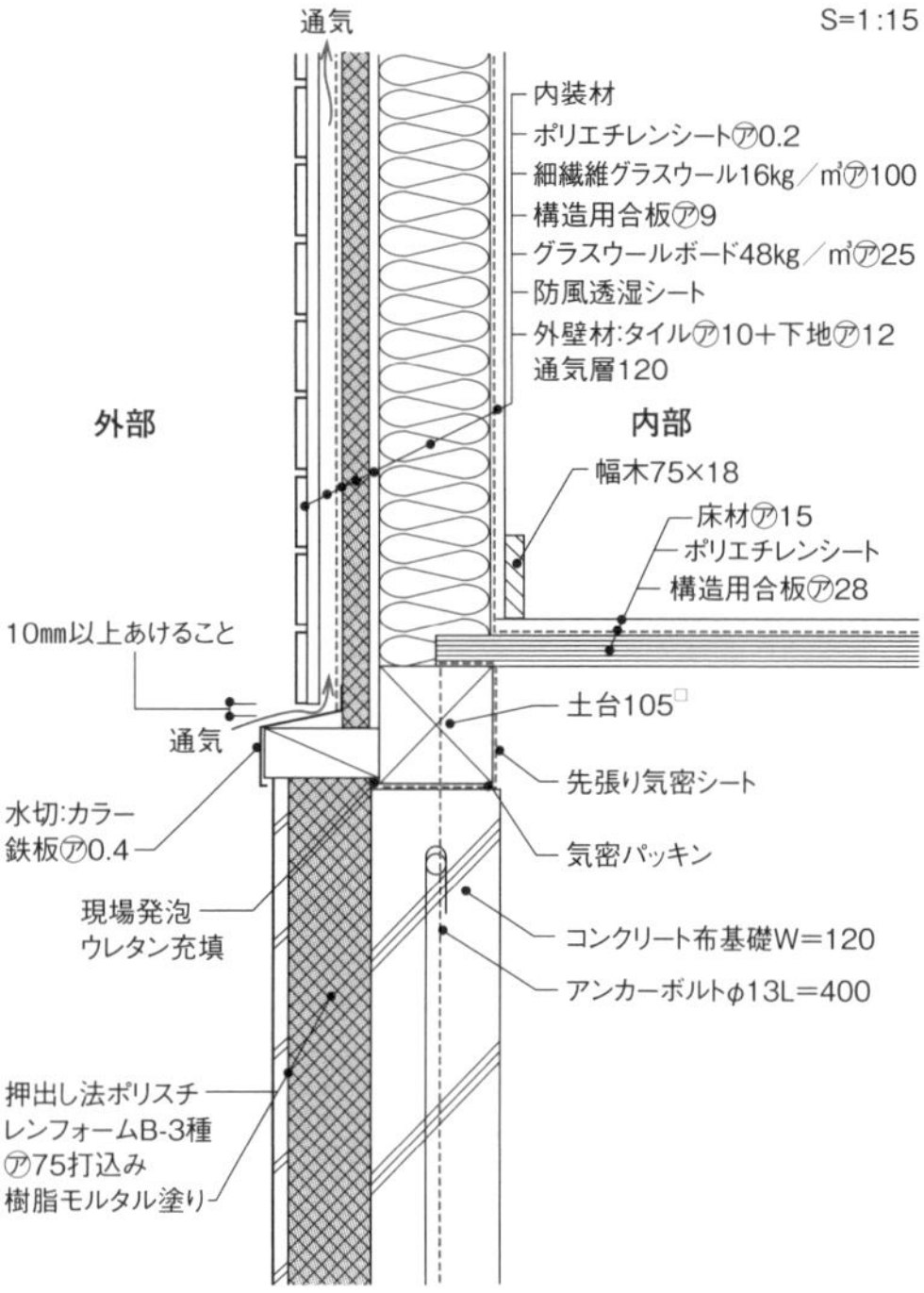

図17｜天井断熱

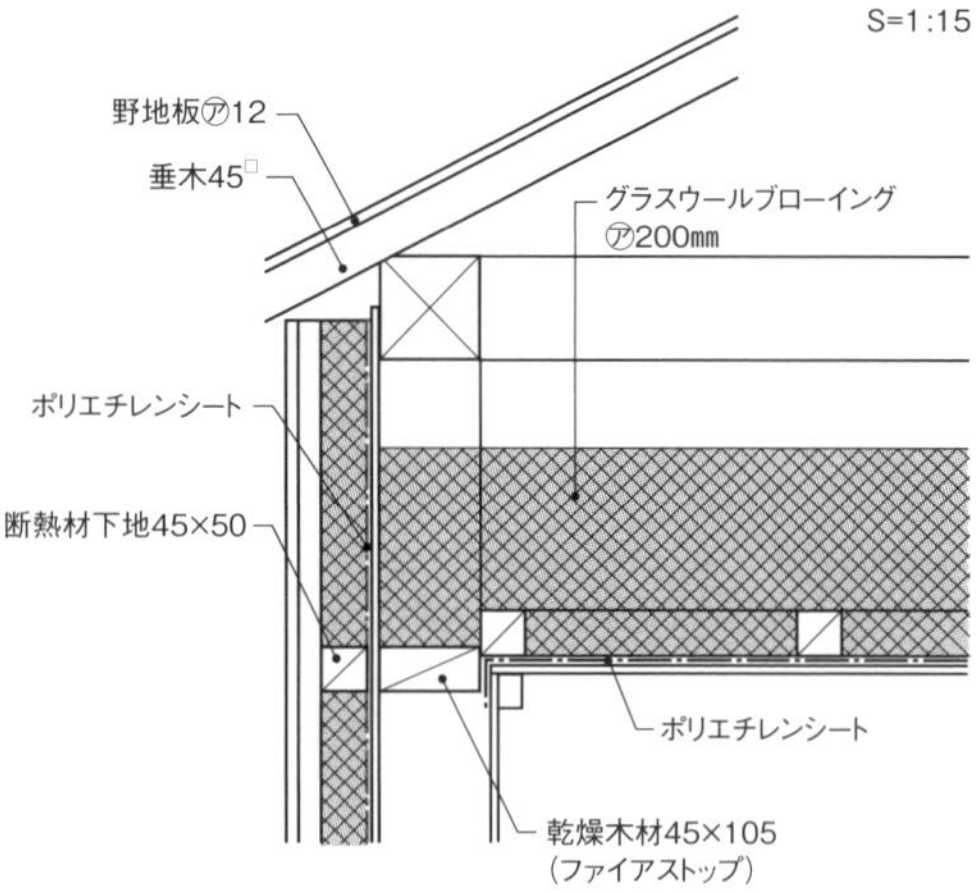

防湿気密シートの補修などの手間を減らした合理化工法。

屋根断熱｜やねだんねつ

屋根断熱は大きく垂木間に断熱材を充填する充填屋根断熱、野地板の上に断熱材を外張りする外張り屋根断熱に分けられる[図19]。垂木の上または間に断熱材を張り付け、断熱材の外には必ず通気層と棟換気を設ける。また、屋根と外壁の取合いは、断熱層、気密層が連続する構造とする。

高断熱・高気密住宅の屋根の熱損失は、家全体の約9％になっており、面積の割合には少ない。ただし断熱材を薄くすると、屋根・天井面で空気が冷やされるため、下降気流が感じられて不快な熱環境になる。また夏の暑さ対策のためにも、断熱材は十分な厚さを確保することが望まれる。屋根で断熱・気密をとると、換気用ダクト・照明器具・電気配線などが自由にでき、メリットが多い。ただし気積が多くなるので、全体の熱損失を考えながら計画する。

断熱補強｜だんねつほきょう

鉄筋コンクリート内断熱の場合、結露が発生しやすい出隅やスラブ、隔壁面に断熱材を施すこと[151頁図13]。外断熱の場合、躯体構造に連結するバルコニーや外階段の断熱欠損部分の内側に行うとされるが、理にかなわないので外部で処理すべきである。

断熱改修｜だんねつかいしゅう

既存建物の温熱環境を改善するために、建物全体について断熱材や高性能サッシなどを付加したり入れ替えたりすること。断熱材が壁・天井・床に入っていない建物の場合は、新たに断熱・気密工事を行わなければならないが、断熱材が入っていても、性能が十分でない建物の場合には、壁体内の土台や桁部分の気流止め工事、断熱材の付加工事などで、安価に性能をアップできる。

ボード気密｜きみつ

合板で気密を確保する工法。グラ

図20｜ボード気密

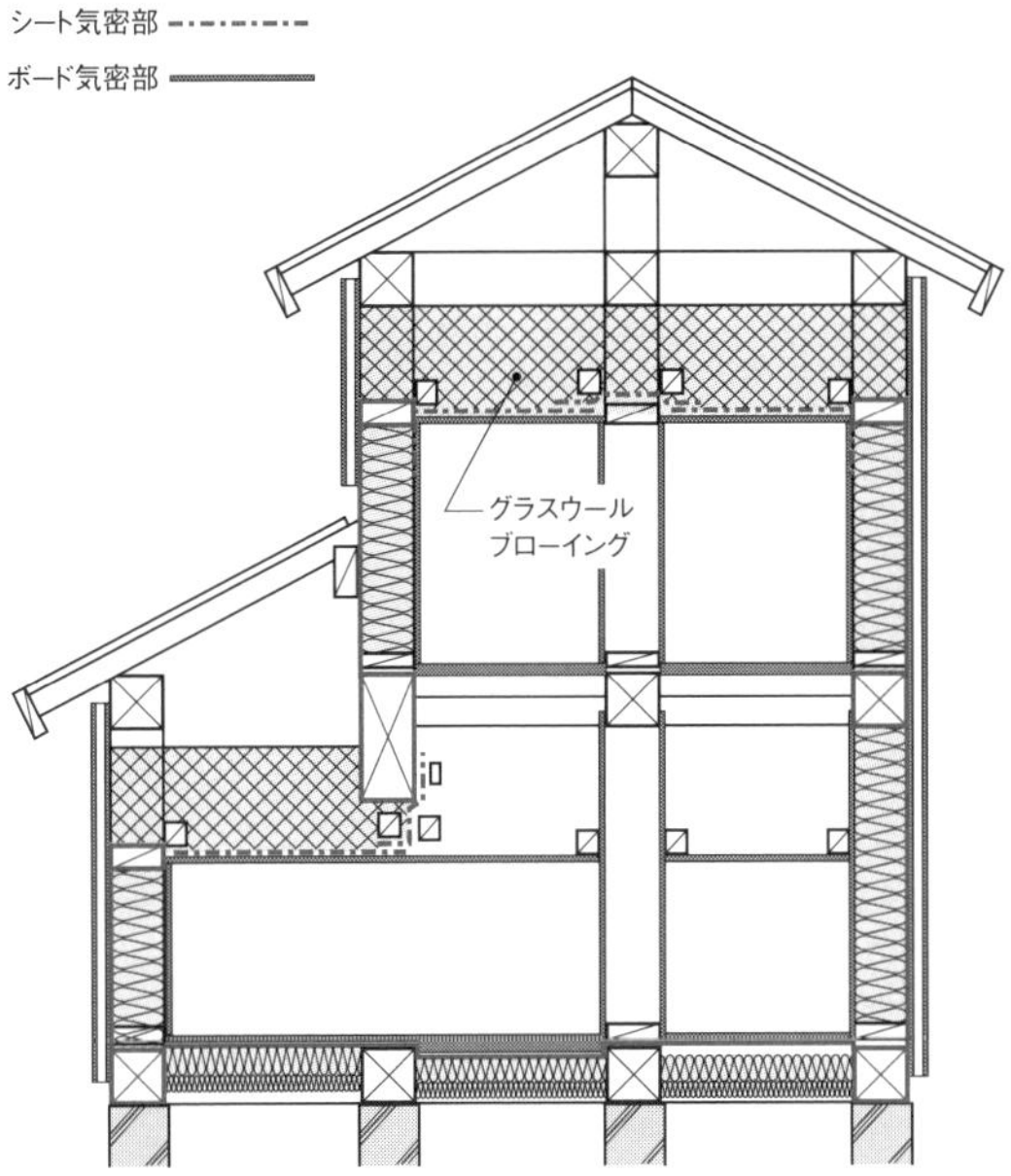

図19｜屋根断熱

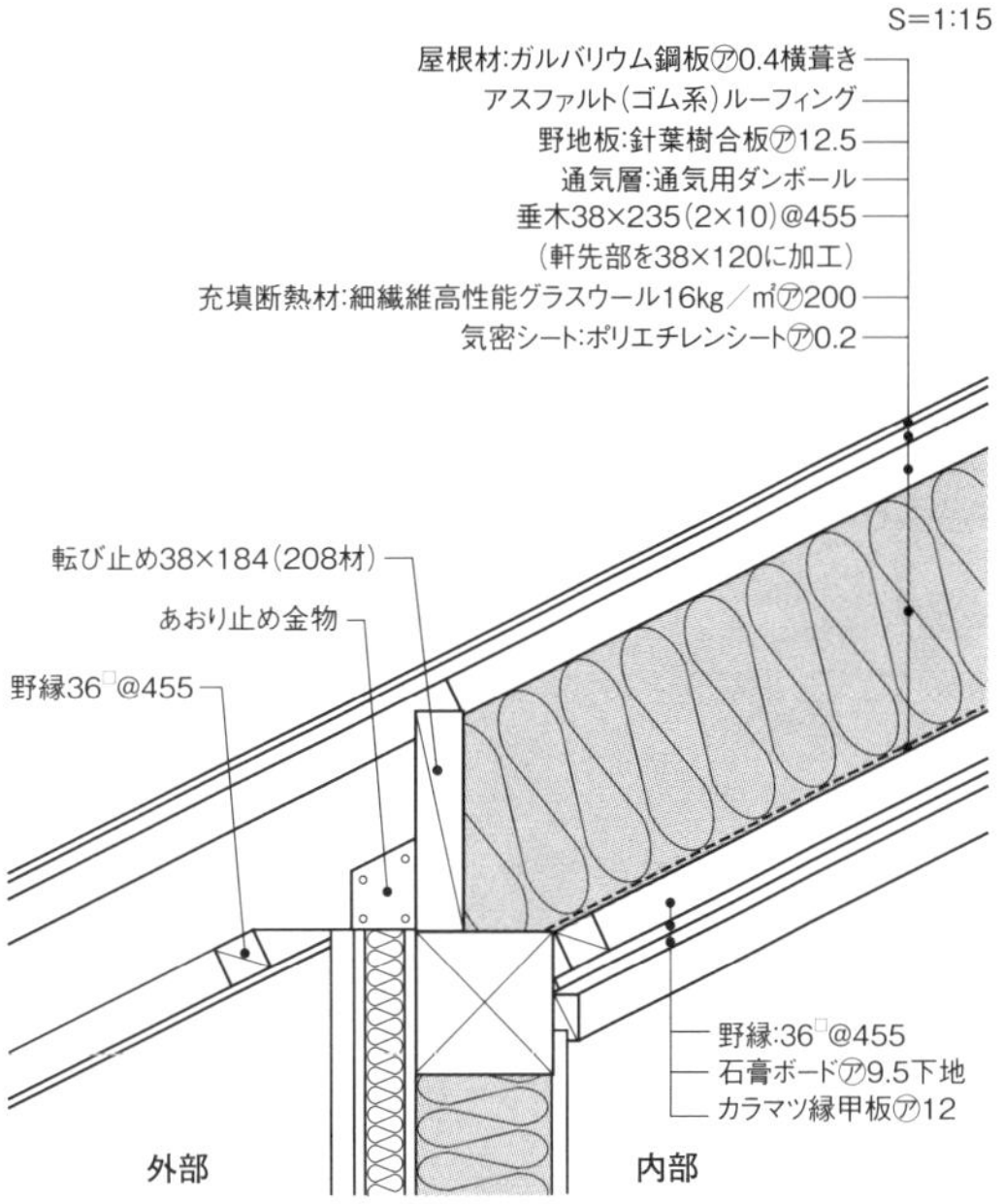

図21｜透湿防水シートの働き

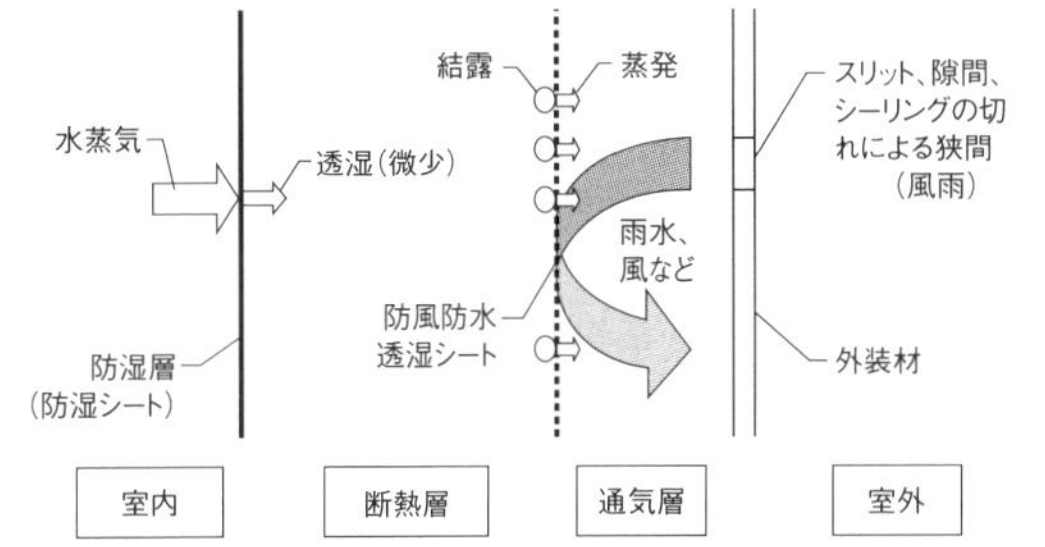

スウールなどの断熱材の外側に合板を張るもので、床および外壁の構造用面材を横架材や柱に打ち付け、気密層を連続させる[図20]。同時に気流を止めも兼ねる。**合板気密**［ごうはんきみつ］ともいう。床では、床合板の継目をブチルテープ張りすることで、気密性を連続させる。外壁では、柱・間柱・土台・桁などの横架材にボードを打ち付け、気密層を連続させるが、**気密補助材**［きみつほじょざい］（1㎜厚の発泡気密テープや0.5㎜厚のブチルテープ）を用いると気密性はより向上する。

先張りシート｜さきばり―
1階と2階で連続した気密層を設けるために、あらかじめ施工するシート。

透湿防水シート｜とうしつぼうすい―
繊維系断熱材の通気層側に張り、通気スリットから浸入した風、雨水などによる断熱材の水濡れ（含水）を防ぎ、室内側から透過してきた水蒸気を逃がす目的で設けられる材料[図21]。

張付け工法｜はりつけこうほう
ボード状断熱材を接着剤・ボルト・釘などにより壁面などに取り付ける工法。木造における外張り断熱もこの1種。

打込み工法｜うちこみこうほう
ボード状断熱材にあらかじめせき板として用いてコンクリートを打ち込むことにより取り付ける工法。RC造における外断熱でこの方法を採用することがある。

吹込み｜ふきこみ
ばら状断熱材または現場発泡断熱材をホースなどにより吹き込む工法、または壁体などの空隙に流し込む工法[写真13]。

吹付け工法｜ふきつけこうほう
現場発泡断熱材やばら状断熱材を壁面などに吹き付ける工法[写真14]。

気密測定｜きみつそくてい
送風機を用いて建物内外に圧力差を生じさせ、主に住宅用途の建物および建物の部位における気密性能を試験する方法。実際に測定する専門の技術者を**気密測定技能者**［きみつそくていぎのうしゃ］という。気密試験には、室内を加圧する場合と減圧する場合があり、そ

写真13｜吹込み

写真14｜吹付け工法

れぞれ**加圧法**［かあつほう］・**減圧法**［げんあつほう］と称する。冬季に加圧法で測定すると外気をとり入れるため室内が寒くなるので、多く減圧法が使われる［写真15］。

熱伝導｜ねつでんどう
熱が物体の内部を伝わっていく（移動する）現象をいう。

熱伝達｜ねつでんたつ
熱が物質（空気）から接しているほかの物質面（壁面）に伝わる（移動する）ことをいう。

熱貫流｜ねつかんりゅう
熱伝達＋熱伝導＋熱伝達の現象。壁を挟んだ一方の空気から（伝達）壁を透して（伝導）もう一方の空気に熱が移動する（伝達）こと。

熱抵抗（R）｜ねつていこう
熱の伝わりにくさを示す定数。単位面積を通過する熱量はその両面の温度差に比例し、熱抵抗に反比例する。単一の物質からなる平板では、その厚さd（m）と熱伝導率λからR＝d／λによって求められる。単位は㎡・K／Wまたは㎡・h・℃／kcalである。

熱伝導率（λ）｜ねつでんどうりつ
物体固有の熱の伝わりやすさを示す定数で、伝熱計算の基礎数値。値が小さいほど断熱性能がよい。単位はW／㎡・Kまたはkcal／㎡・h・℃で表される。物体の両側に1℃の温度差があるとき、1m厚の材料のなかを1時間当たりどのくらいの熱量が通過するかを表す。上記の逆数を熱伝導比抵抗（単位：mK／W）といい、これに断熱材などの厚さをかけたものが熱伝達抵抗（単位：W／㎡K）（大きいほど断熱性能がよい）［表6］。

熱伝達率｜ねつでんたつりつ
単位はW／㎡K。熱伝達のしやすさを表し、面積に関係する。この逆数を熱伝達抵抗という（単位：㎡K／W）。

熱貫流率｜ねつかんりゅうりつ
単位はW／㎡K。熱の通しやすさを示す。この逆数を熱貫流抵抗という（単位：㎡K／W）。

熱損失係数（Q値）｜ねつそんしつけいすう（きゅーち）
室内と外気の空気温度差が1℃のとき、建物全体の1時間当たりの熱貫流量（建物から失われる熱量）を延べ床面積で除した数値で、値が小さいほど建物の断熱性能がよい。単位はW／㎡K［図22］。

相当隙間面積｜そうとうすきまめんせき
C値［しーち］とも。建物の床面積1㎟当たり、何㎠の隙間があるかで、気密性能を表す数値。次世代省エネルギー基準では、Ⅰ・Ⅱ地域で2㎠／㎡以下、Ⅲ～Ⅵ地域では5㎠／㎡以下にしなければならない。しかし、5㎠／㎡では、風圧による換気量の変化が大きく、冬季には冷たい隙間風により、室内温熱環境が悪化するおそれがあるので、Ⅲ・Ⅳ地域でも、相当隙間面積を2㎠／㎡以下とすることが望ましい。

次世代省エネ基準｜じせだいしょう—きじゅん
正式名称は「住宅に係るエネルギーの使用の合理化に関する建築主の判断基準」。昭和54年に「エネルギーの使用の合理化に関する法律」にもとづいて昭和55年建設省から住宅の省エネルギー指針として告示された。平成4年に改正され「新省エネ基準」と呼ばれ、さらに平成11年と14年に見直され、これが「次世代省エネ基準」と呼ばれる。これには断熱性能だけではなく気密性、日射の遮蔽受熱に至るまでの基準が示されている［表7、図23～25］。

現象

冷暖房負荷｜れいだんぼうふか
室内気候がもつ、または受ける熱量のうち、居住する人間が快適に過ごすためには余計である熱量を**冷房負荷**、不足するか逃げる熱量を**暖房負荷**と呼び、総称して**冷暖房負荷（空気調和負荷）**という。

顕熱｜けんねつ
伝導や輻射により物体が温度変化する熱。乾球温度計で計測する。

潜熱｜せんねつ

写真15｜気密測定

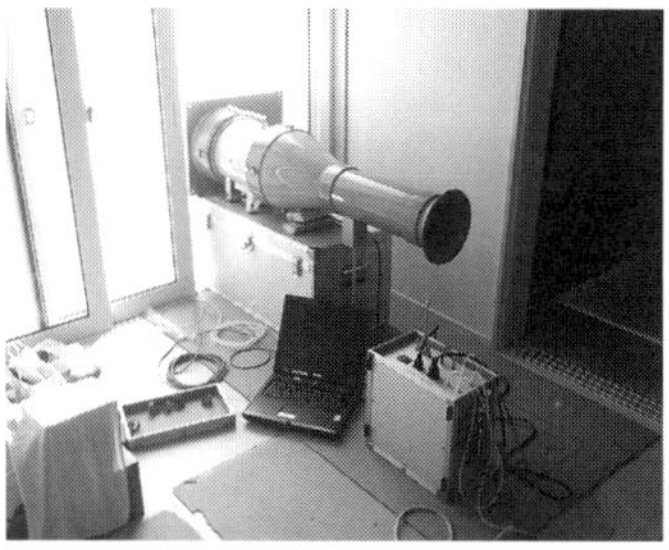

表6｜材料の熱定数表

材料名	熱伝導率λ W/（㎡・K）
銅	45
土壌（粘土質）	1.5
〃（砂質）	0.9
〃（ローム質）	1
〃（火山灰質）	0.5
砂利	0.62
PCコンクリート	1.5
普通コンクリート	1.4
軽量コンクリート	0.78
コンクリートブロック（重量）	1.1
〃（軽量）	0.53
プラスタ	0.79
石こう板・ラスボード	0.17
ガラス	1
タイル	1.3
合成樹脂・リノリウム	0.19
アスファルト類	0.11
防湿紙類	0.21
畳	0.15
合成畳	0.07
カーペット類	0.08
木材（重量）	0.19
〃（中量）	0.17
〃（軽量）	0.14
合板	0.19
グラスウール（24K）	0.042
〃（32K）	0.04
ロックウール保温材	0.042
〃 吹付け	0.051
〃 吸音板	0.064
ポリスチレンフォーム（ビーズ）	0.047
〃（押出）	0.037

（空気調和・衛生工学便覧第13版より抜粋）

図22｜熱損失係数（Q値）

建物内外の温度差が1℃のとき、延床面積1㎡当たり、1時間に損失する熱量。値が小さいほど、断熱性能がよい

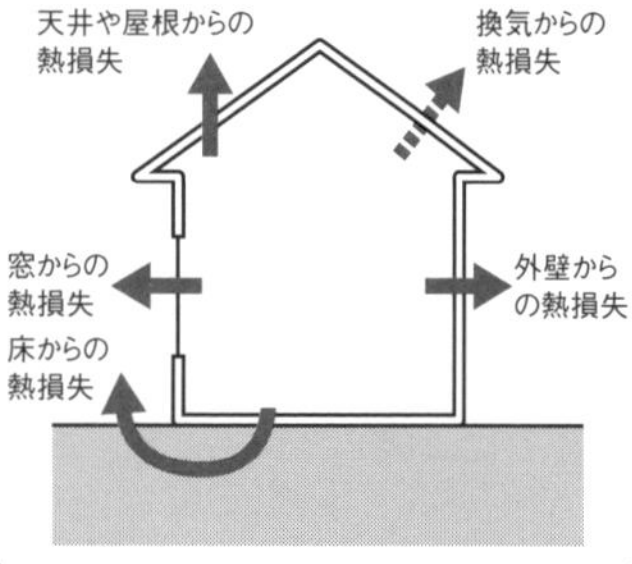

乾球温度計では計れない、空気中に含まれる水蒸気などが有する熱。空気中に含まれる水蒸気などの絶対湿度により熱量が変化する。

暖房デグリデー｜だんぼう―

度日とも。基準温度を18℃とし、外気が基準温度18℃以下になった場合の温度差を1年間合計したもの。度日数が大きいほど寒い。

エンタルピー

水蒸気を含んだ空気（湿り空気）の全熱量をいう。湿り空気には空気自体がもつ熱量（顕熱）とそれに含まれる水蒸気がもつ熱量（潜熱）とがあり、顕熱と潜熱の合計が、湿り空気の全熱量である。

湿り空気線図｜しめりくうきせんず

温度と絶対湿度を軸にして、その空気の**相対湿度**［そうたいしつど］と全熱量（エンタルピー）が求められる線図表である［156頁図26］。これにより室内空気の露点温度（結露が発生する温度）が即座に求められる。

相対湿度｜そうたいしつど

温度関係湿度ともいい、通常これを「湿度」と呼んでいる。空気が含むことができる水蒸気の量は温度により異なり、高いほどその量は大きく、その量を絶対湿度という。また、露点に達したときの飽

図23｜次世代省エネ基準の概要

<table>
<tr><th rowspan="2"></th><th colspan="3">建築主の判断基準（性能規定）</th><th colspan="2">設計・施工の指針（仕様規定）</th></tr>
<tr><th>Aタイプ</th><th>Bタイプ</th><th>Cタイプ</th><th>Dタイプ</th><th>Eタイプ</th></tr>
<tr><td rowspan="2">断熱性能</td><td rowspan="3">年間暖冷房負荷の基準値を適用</td><td colspan="2">熱損失係数（Q値）の基準値を適用</td><td rowspan="2">熱貫流率（K値）の基準値を適用</td><td rowspan="2">断熱材の熱抵抗（R値）の基準値を適用</td></tr>
<tr><td></td><td>パッシブソーラー補正</td></tr>
<tr><td>開口部の性能</td><td colspan="2">夏期日射取得係数（μ値）の基準値を適用</td><td colspan="2">熱貫流率（K値）の基準値と夏期日射取得係数（μ値）の基準値を適用または建具等の仕様基準を適用</td></tr>
<tr><td>気密性能</td><td colspan="5">相当隙間面積（C値）の基準または気密性能の仕様基準を満たす</td></tr>
<tr><td>防露性能</td><td colspan="5">断熱材の施工（断熱・防露）基準を満たす</td></tr>
<tr><td>換気性能</td><td colspan="5">換気計画の基準を満たす</td></tr>
</table>

注　地域区分により基準値が定められている

表7｜次世代省エネ基準の主な地域区分

区分	地域
Ⅰ	北海道
Ⅱ	青森県、岩手県、秋田県、
Ⅲ	宮城県、山形県、福島県、栃木県、新潟県、長野県、
Ⅳ	茨城県、群馬県、静岡県、愛知県、岡山県、広島県、大分県、埼玉県、千葉県、東京都、神奈川県、富山県、石川県、福井県、山梨県、三重県、滋賀県、京都府、大阪府、兵庫県、奈良県、和歌山県、鳥取県、山口県、徳島県、香川県、愛媛県、高知県、福岡県、佐賀県、長崎県、岐阜県、島根県、熊本県
Ⅴ	宮崎県、鹿児島県

図25｜日本と欧米の省エネルギー基準の変遷

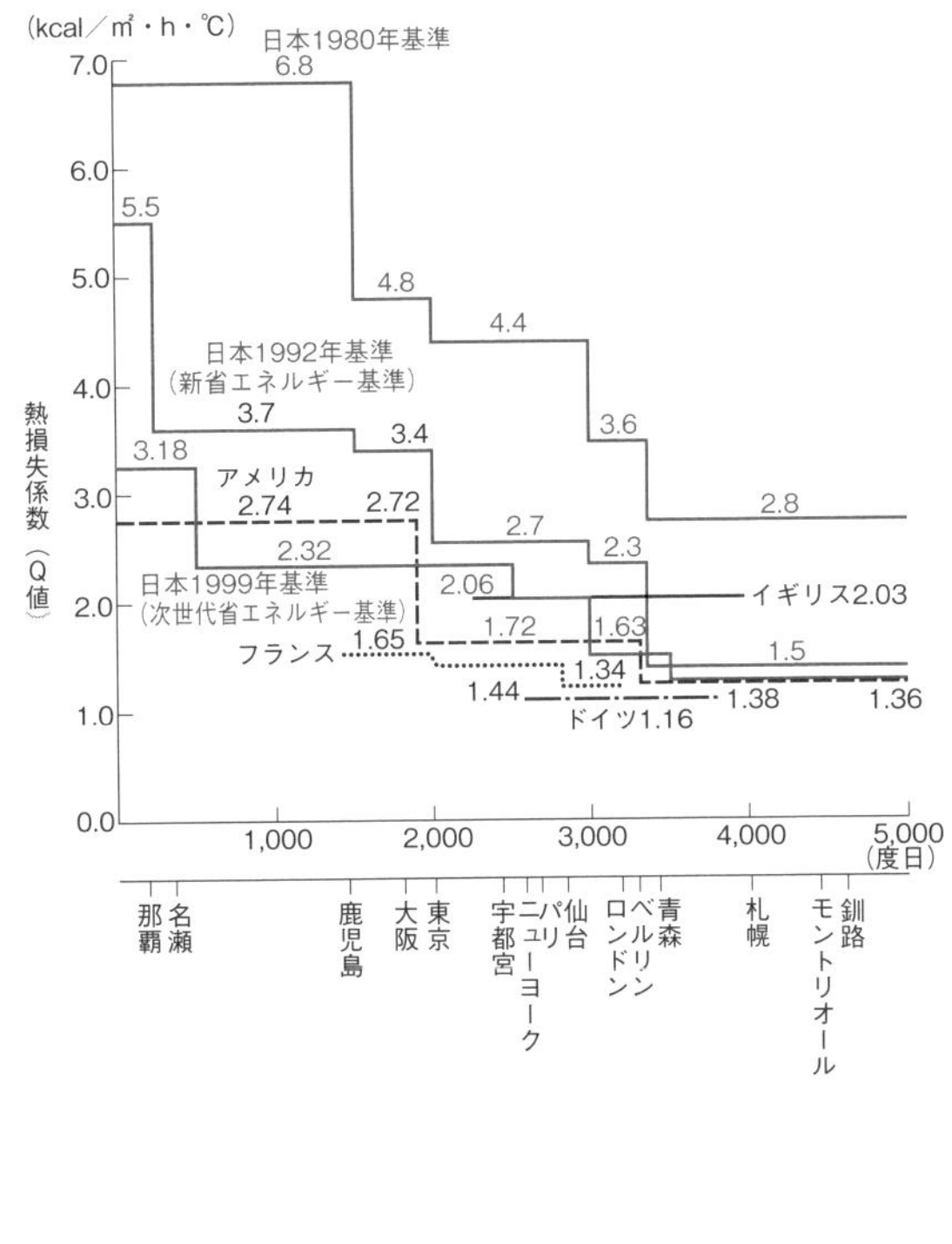

図24｜次世代省エネ基準の地域区分

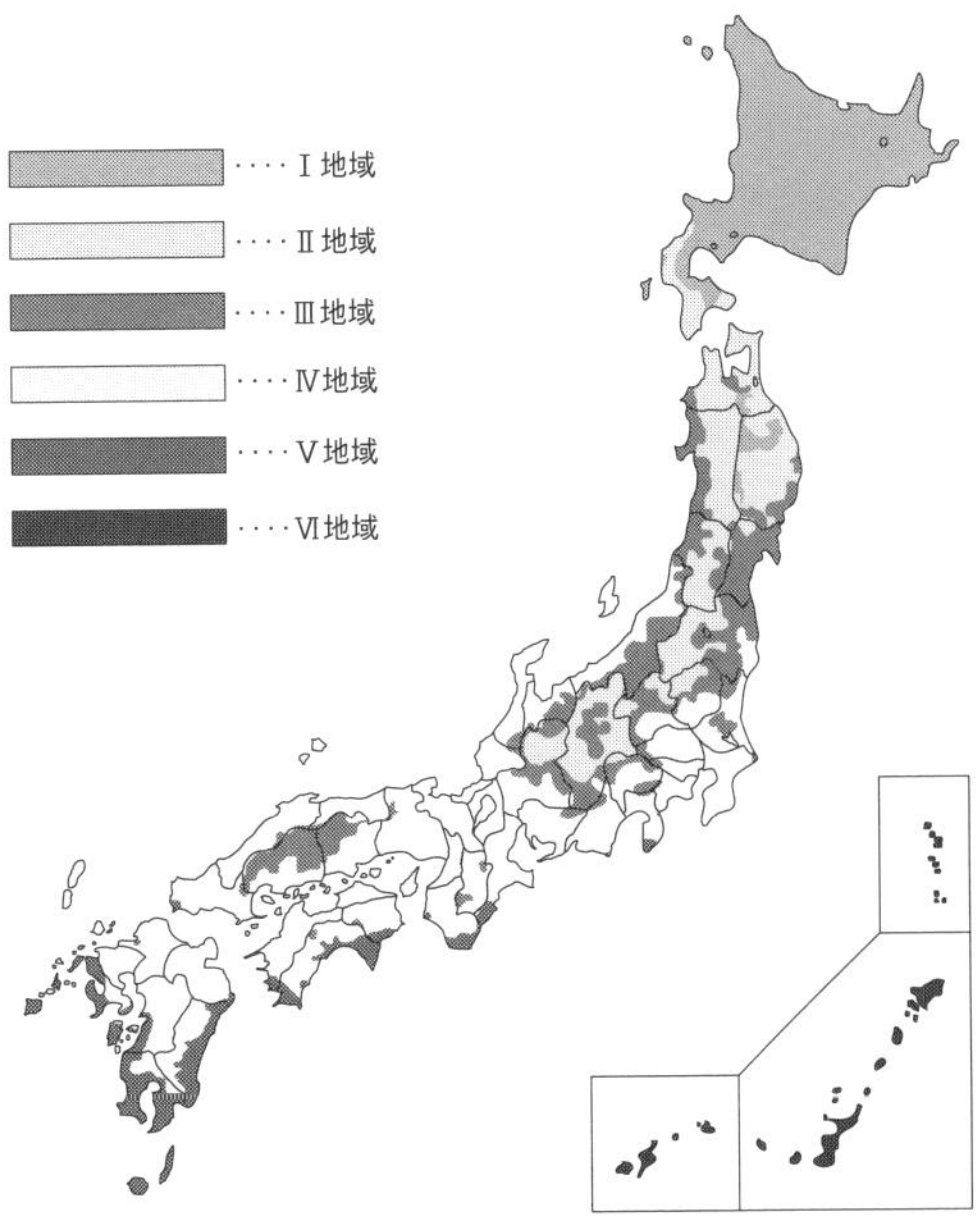

図26｜湿り空気線図

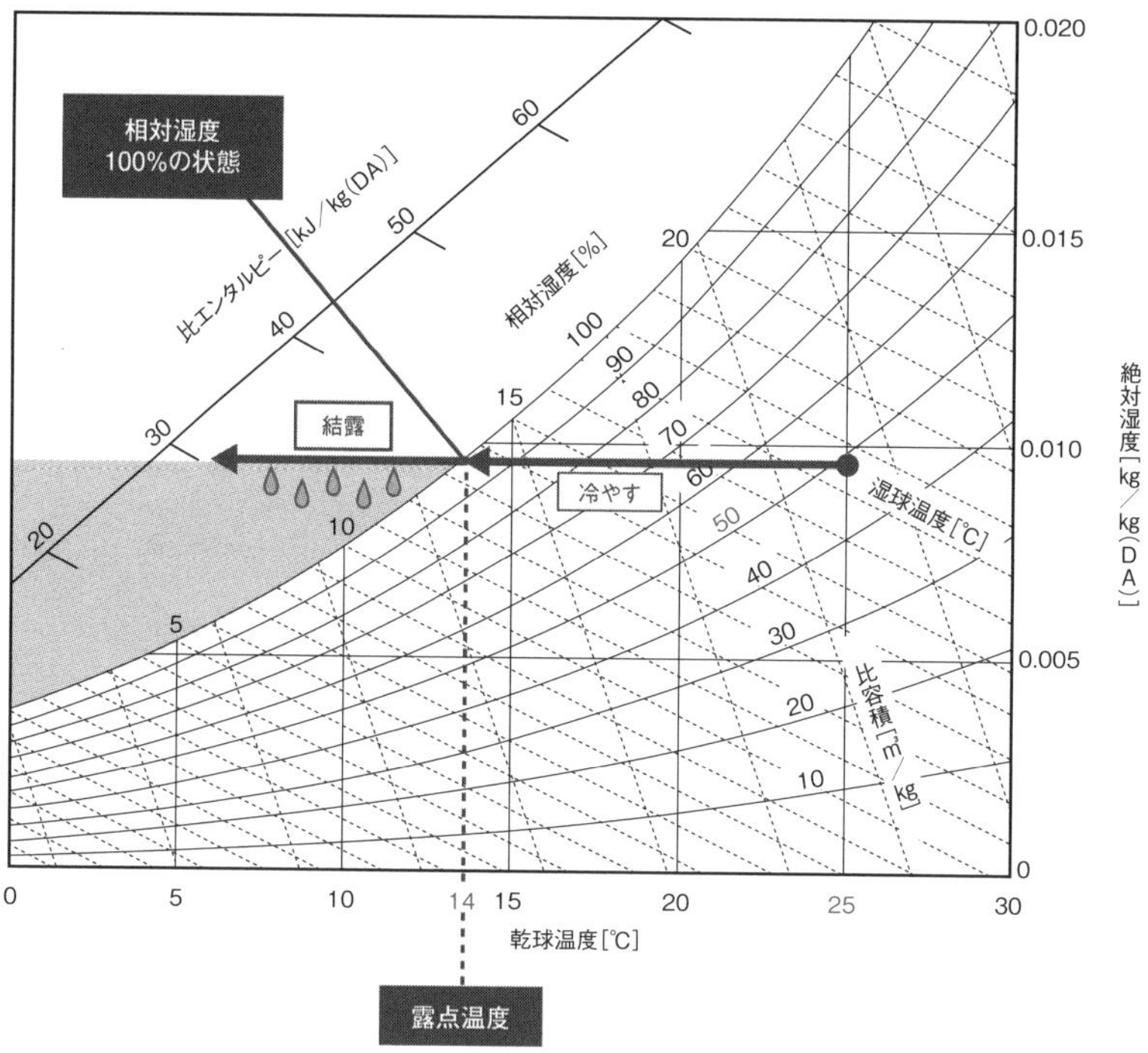

乾球温度[℃]	一般的な「温度」や「気温」のこと
相対湿度[%]	空気中に含まれる水蒸気量(水分量)を割合で表したもの。一般的な「湿度」のこと
湿球温度[℃]	水が自然に蒸発していくとき(気化)の温度。一般の温度計の横に、濡れたガーゼを巻きつけてある温度計があるが、それが湿球温度計である
絶対湿度[kg/kg]	空気に含まれている水分の量と乾き空気の量との重量割合
比エンタルピー[kJ/kg]	ある状態における、湿り空気の保有する全エネルギーを熱量単位で表したもの。熱を放熱すると下がり、熱を受け取ると上がる
比容積[㎥/kg]	乾き空気1kgを含む、湿り空気の容積。比重量の逆数のこと

和状態を湿度100％という。

露点｜ろてん

温度の高い空気は、温度の低い空気より多くの水蒸気を含んでいる。一定の水蒸気量を含む空気を等圧のもとで冷却していくと、ある温度で飽和状態になり、さらに冷却していくと水蒸気の1部が凝縮して露を生じる。このときの温度を露点温度という。

露点温度｜ろてんおんど

湿り空気の温度が下がり、相対湿度が100％（飽和水蒸気）となり**結露**［けつろ］が発生する時点での空気の温度である。

ヒートブリッジ・コールドブリッジ

熱橋［ねつきょう］・**冷橋**［れいきょう］ともいう。鉄骨造のように、躯体内にほかの部分と比べてけた違いに熱をよく伝える部材を柱などに用いた場合、その部分は熱的な弱点部となり、冬（夏）は室内側のその部分に大幅な温度降下（温度上昇）が生じるため、その部分を**コールドブリッジ**（ヒートブリッジ）と呼ぶ。

断熱欠損｜だんねつけっそん

断熱が必要な面で、施工上のミス、もしくは構造上断熱を施すことができない部分をいう。

結露｜けつろ

室内空気（湿り空気）などが冷たい部分に触れ、その空気の温度が下がることで相対湿度が100％を超え、その部分に空気中の水蒸気が凝縮水として付着する現象。

表面結露｜ひょうめんけつろ

窓ガラスや壁の表面温度がその部屋の空気の露点以下になると、室内の空気中に存在する水蒸気がガラスや壁の表面で凝縮して水滴となる現象。

内部結露｜ないぶけつろ

室内外に温度差がある場合、温度の高い側から浸透してきた水蒸気が露点温度以下の位置まで到達し、少しでも空隙が存在するとその界面で結露が発生し、壁や屋根の内側がその凝縮水で濡れる現象のこと。壁部の結露を特に**壁体内結露**［へきたいないけつろ］という。

コールドドラフト

冬期など、窓ガラスなどで冷やされて比重が大きくなった空気が下降気流となり、床面を這って人の体感温度を下げることをいう。

輻射熱｜ふくしゃねつ

物質を介さない、熱線による熱移動。太陽が地球を暖めているのもこの現象。身近な例では赤熱電気ストーブによる採暖がある。

低温輻射｜ていおんふくしゃ

冷輻射とも。冷たいものに近づくと人体の輻射熱が吸収され反射熱がないため体感温度が下がる。

毛管現象｜もうかんげんしょう

毛細管現象ともいい、狭い空隙に水などの液体が重力に関係なく浸潤する現象。繊維系の断熱材が含水するのはこれによる。

透湿抵抗｜とうしつていこう

水蒸気の通りにくさをいい、透湿係数が小さいほど透湿抵抗が大きい。充填断熱の場合、壁の内側には透湿抵抗の高い材料、壁の外側には透湿抵抗の低い材料を配置するのが望ましい。

透湿係数｜とうしつけいすう

各材料が実際に使用される厚さでの水蒸気通過量を示す。水蒸気量は材料の両側の水蒸気圧が1Paのとき、単位面積1㎡当たり1時間に通過する量を表す。

性能

防水工事 2

防水工事の工法にはいろいろあるが、部位や状況によって工法を変える必要がある［161頁表2・3］。

材料

アスファルト系防水層｜―けいぼうすいそう
アスファルト系の材料でつくられた防水層。この防水層をつくる工法には、熱工法、トーチ工法、常温工法のほか、複合工法がある。

加硫ゴム系防水層｜かりゅう―けいぼうすいそう
一般に**シート防水**といわれる工法の1つ。加硫ゴム系のシート状材料でつくられた防水層。

非加硫ゴム系防水層｜ひかりゅう―けいぼうすいそう
一般にシート防水といわれている工法の1つで、非加硫ゴム系のシート状材料によりつくられた防水層。最近あまり採用されなくなり、公共建築工事基準仕様書などからも削除された。

塩化ビニル樹脂系防水層｜えんか―じゅしけいぼうすいそう
一般にシート防水といわれる工法の1つ。塩化ビニル樹脂系のシート状材料によりつくられた防水層。

熱可塑性エラストマー系防水層｜ねつかそせい―けいぼうすいそう
一般にシート防水といわれている工法の1つで、熱可塑性エラストマー系（TPE。主としてポリオレフィン系）のシート状材料によってつくられた防水層。

エチレン酢酸ビニル樹脂系防水層｜―さくさん―じゅしけいぼうすいそう
一般にシート防水といわれている工法の1つで、エチレン酢酸ビニル樹脂系のシート状材料によってつくられた防水層。

ウレタンゴム系防水層｜―けいぼうすいそう
塗膜防水といわれる防水層の1つ。ウレタンゴム系塗膜防水材、あるいは超速硬化ウレタンゴム系防水材でつくられた防水層。

ゴムアスファルト系防水層｜―けいぼうすいそう
塗膜防水といわれる防水層の1つで、ゴムアスファルト系塗膜防水材、またはゴムアスファルト系シートおよびその組合せなどでつくられた防水層。この防水層は、下地への密着性がよく、部分的な損傷を受けても防水層と下地の間に雨水が浸入しにくいという特徴をもっている。

アクリルゴム系防水層｜―けいぼうすいそう
塗膜防水といわれる防水層の1つで、アクリルゴム系防水材でつくられた防水層。防水層の仕上げ方法は、露出仕上げであり、一般に外壁に施工するが、屋根などにも使用される。

FRP系防水層｜えふあーるぴーけいぼうすいそう
塗膜防水といわれる防水層の1つ。防水用ポリエステル樹脂系塗膜防水材でつくられた防水層［写真1］。

ポリマーセメント系防水層｜―けいぼうすいそう
一般に**セメント系防水層**といわれる防水層で、ポリマーディスパージョンと水硬性の無機粉体を混ぜてセメントの水和反応により凝固造膜させる工法。

ケイ酸質系塗布防水｜―さんしつけいとふぼうすい
同材の水溶性の成分が下地のコンクリート内部に浸透し、コンクリートの空隙中にケイ酸カルシウム水和物を新たに生成して、コンクリートの毛細管空隙を充填することで防水効果を発揮する。調合粉体に水道水とともに練り混ぜて用いるものと、水道水に混和剤を練り混ぜて用いるものがある。

モルタル防水｜―ぼうすい
セメントモルタルに防水材を混練した材料を、コンクリート下地にこてで塗り付けて仕上げる方法。施工時に外気温の影響を受け、品質性能が左右されやすい。また防水性能も、打設したコンクリートの性能に左右される。

メンブレン防水｜―ぼうすい
薄い防水膜で表面を覆う防水工法の一種。「メンブレン」は膜を意味する。

ステンレス防水｜―ぼうすい
長尺のステンレスシートを、連続溶接で1枚の板にする防水工法。水密性は極めて高い。

シングル葺き｜―ぶき
葺き屋根材の1種で、材料にはアスファルトシングル、不燃シングルなどがある。一般に粘着層付の改質アスファルトルーフィングを張り付けた後、その表面にアスファルトシングルあるいは不燃シングルをシングルセメントで張り付けて仕上げる工法［写真2］。

写真1｜FRP系防水層

写真2｜シングル葺き

写真3｜屋上用断熱ボードと絶縁用シート

コーナークッション
コーナー緩衝材ともいう。防水層の上に保護コンクリートを打設した場合に、保護コンクリートの動きによって立上がり面の防水層が圧迫されて損傷するのを防止するために、入隅の防水層の表面に取り付けるポリスチレンフォームやポリエチレンフォームの成型材。

キャントストリップ材｜ざい
キャント材ともいう。下地の入隅部に取り付ける面取り用の成形品。アスファルト系防水層の熱工法で使用される。一般に硬質ウレタンフォームが多く使用されている。防水層の露出仕上げの場合にのみ使用される。

図1｜バルコニーの立上りの処理例

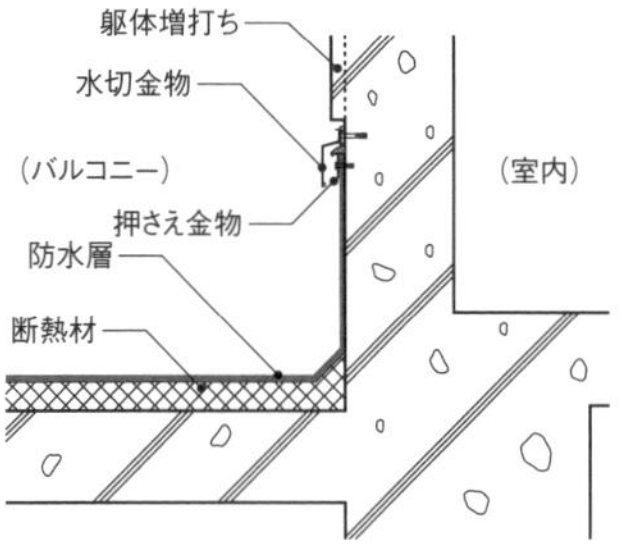

絶縁用シート｜ぜつえんよう｜
防水層と保護コンクリートが密着するのを防ぐために防水層の上に敷き込まれるポリエチレン、ポリプロピレンなどのシート［写真3］。

通気緩衝用シート｜つうきかんしょうよう｜
塗膜防水工法で、下地の動きに防水層の損傷や下地の湿気による防水層の膨れを低減するために、塗膜防水材を塗布する前に最下層に張り付ける、溝付きあるいは孔あきのポリエチレンフォームなどで加工されたシート状の材料。

図2｜金属笠木の例（S＝1：20）

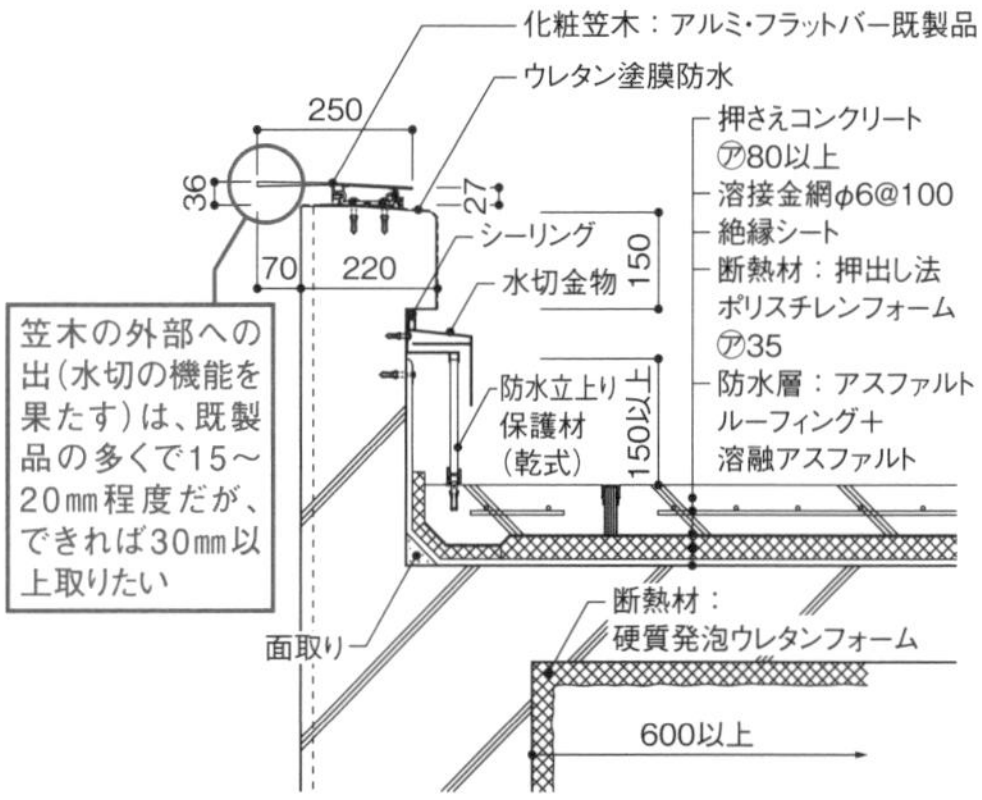

露出用ルーフィング｜ろしゅつよう｜
アスファルト系防水で露出工法の最上層に仕上げ材として張り付けるルーフィング。熱工法では、砂付きルーフィングや砂付きストレッチルーフィングなどを、トーチ工法では露出用改質アスファルトルーフィングを、常温工法では粘着層付砂付きルーフィングなどを使用する。

下地処理材｜したじしょりざい
シート防水工法などで、粗面なＡＬＣ板の表面を平滑にするために防水材料の種別・工法に合わせて調整するのに用いる材料のこと。セメントに合成樹脂エマルションなどを現場で混入してつくるポリマーセメントペースト、そこにさらにケイ砂を混入したポリマーセメントモルタル、そのほかプレミックスタイプなどがある。

金属笠木の使用例。右は駐輪場、左は店舗

硬化促進剤｜こうかそくしんざい
塗膜防水工法などにおいて、塗り付けた材料の硬化を促進させるために、防水材に混入する材料。

ルーフィング類｜るい
アスファルト防水工法で使用する材料で、アスファルトルーフィング・ストレッチルーフィング・砂付ルーフィングなどあらゆる種類のルーフィングの総称。

ラグルーフィング
アスファルトルーフィングなど紙質系のルーフィング類。アスファルト防水の熱工法で使用し、古紙などを原反とし、アスファルトを含浸させて加工されたルーフィングのこと。

あなあきルーフィング
不織布にアスファルトを浸透・被覆したルーフィングに、規定の大きさの孔を打ち抜いた材料。絶縁工法の最下層に使用する。

粘着層付きルーフィング｜ねんちゃくそうつき｜
不織布にアスファルトを浸透・被覆してつくられたルーフィングの裏面に、ゴムアスファルト系の粘着層を設けたルーフィングのこと。この粘着層をストライプ状に設けたものは**絶縁用粘着層付きルーフィング**といい、絶縁工法の最下層に使用する。

補強布｜ほきょうふ
塗膜防水工法などで防水層を補強するために使用する材料で、ガラス繊維・ポリエステル、ビニロンなどの合成繊維などの織布、または不織布がある。

補強材｜ほきょうざい
ＦＲＰ系防水層において、防水層を補強するための材料で、ガラスマットなどがある。一般に細いガラスの短繊維を収束させたストランドという長繊維を50㎜程度にカットしたものを、バインダーでランダムに配向させたマット状の材料を使用する。

トンボ
立上がりなどの防水層の上にモルタルを塗り付けるためのラスを止めるため、防水層に固定する材料。クランプとも。

ガラスマット
ガラス繊維を5㎝ほどに切ったものを雪のように降らせてそれを接着剤でつけたフェルト状の製品。防水層を補強するためのもの。ガラスクロス[写真4]。

屋上用断熱材｜おくじょうようだんねつざい
防水層の種別や防水層に積層する形により、ポリスチレンフォーム、ポリエチレンフォーム、硬質ポリイソシアヌレートフォームなどを使い分ける。

押さえ金物｜おさえかなもの
防水層の立上がり末端部を固定するために用いられる部材。ステンレスやアルミ製の成形品で、形状は主にアングル状。アンカーボルトなどにより防水層の上から固定する[図1、写真5]。

水切金物｜みずきりかなもの
立上がり防水層の末端部に雨水などが直接降りかかったり、上部から流れてきたりするのを防止する材料。ステンレスやアルミ製の成形品。形状はさまざま[図1、写真6]。

金属笠木｜きんぞくかさぎ
パラペット天端からの雨水浸入防止のために取り付ける[図2]。

工法

熱工法｜ねつこうほう
アスファルト系防水層をつくる工法。溶融アスファルトで2枚以上のアスファルトルーフィング類を張り重ねる。張り方は表1参照。防水工法全体での同工法の最近の市場シェアは、50%程度である。

アスファルト防水熱工法｜ぼうすいねつこうほう
下地に複数枚の**ルーフィング類**を溶融アスファルトで密着させて張り重ね、防水層をつくる工法[160頁写真7、図3]。アスファルト防水工法ということもある。

アスファルト防水トーチ工法｜ぼうすい―こうほう
単にトーチ工法または改質アスファルトルーフィングシート防水トーチ工法ともいう。下地に厚さ3㎜以上の改質アスファルトルーフィングシートを**トーチバーナー**を用いてあぶり融かしながら1枚で、あるいは2枚を張り重ねて防水層をつくる[160頁写真8]。

アスファルト常温工法｜じょうおんこうほう
下地に粘着層を積層したルーフィング類1～2枚を張り付けて、ローラー転圧して接着させ防水層をつくる工法。あるいは常温で液状のアスファルト系材料をルーフィング類1～2枚を密着させて張り付け、防水層をつくる工法。

複合工法｜ふくごうこうほう
アスファルト系防水層をつくる場合は、複数の工法を組み合わせて材料を張り重ねることをいう。また、ゴムアスファルト系防水層やFRP防水層などの場合は、複数の異種防水材を組み合わせること

写真4｜ガラスマット

写真5｜押さえ金物

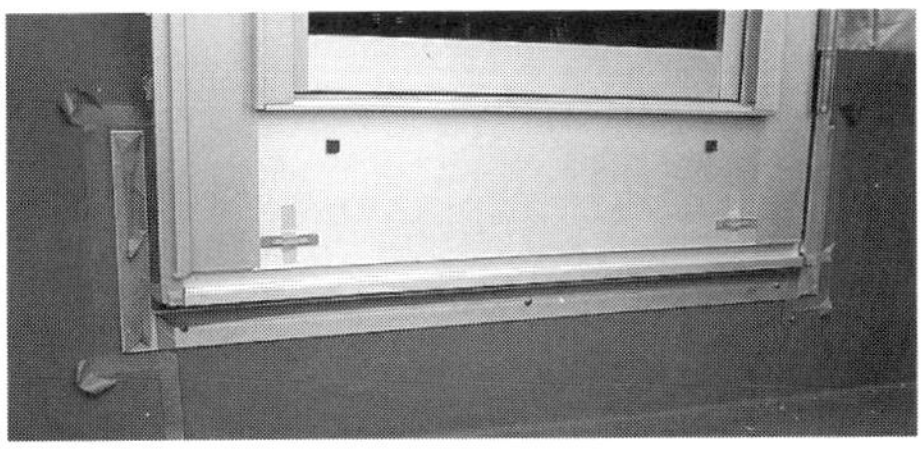

写真6｜水切金物

表1｜ルーフィング類の張り方の種類

工法	部位	種類	特徴
アスファルト防水熱工法	平場	張り流し	全面に溶融アスファルトを流し、押し広げながら張り付ける
		千鳥張り	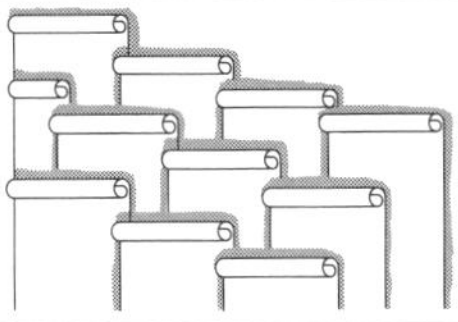 各層の重ね合せ部が上下層で同一個所にならないようにする
		クロス張り	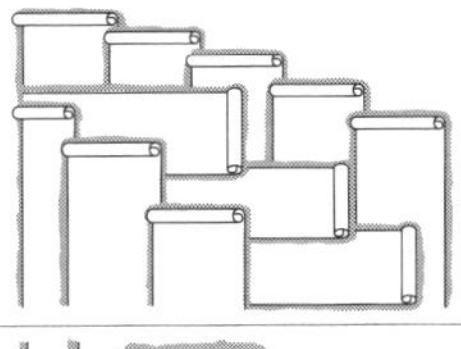 十文字張りともいう。最近では、あまり採用されない張り方
		鎧張り	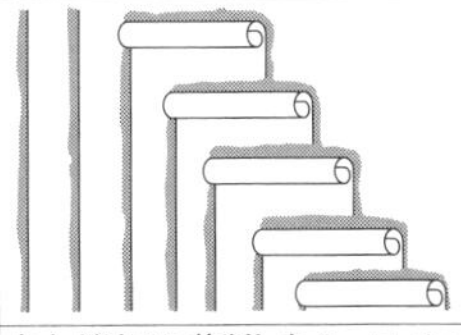 1種類のルーフィングで施工する場合にのみ適用する
	立上がり面	巻き上げ張り	立上がり用に裁断したルーフィングを巻き戻し、その上に溶融アスファルトを流し、上部へ押し広げながら張り付ける。関西方面では使用されない
		張りぶっかけ	立上がり用に裁断したルーフィング類に、溶融アスファルトをかけて張り付ける
		張り刷毛塗り	立上がり用に裁断したルーフィング類に、刷毛で溶融アスファルトを塗り付けて張り付ける。関西方面で多く用いられる

塩化ビニル樹脂系シート防水（機械的固定工法）	エチレン酢酸ビニル樹脂系シート防水工法	ウレタン系塗膜防水工法
立上がり際への固定金物の取付け	プライマー塗布	プライマー塗布
平場への塩化ビニル樹脂系シート敷込みとプレート状態固定金物への接合	増張り	補強増塗り
固定金物の固定とシートの増張り	（塗布したプライマーの乾燥を確認した後）シートの張付け	立上がりへの補強布張付け
立上がりへのシートの張付け	保護用ポリマーセメントペースト塗布	立上がりへのウレタン系塗膜防水材塗り（1回目）
出入隅角への成型役物張付け		平場への補強布張付け
		平場へのウレタン系塗膜防水材塗り（1回目）
		立上がりへのウレタン系塗膜防水材塗り（2回目）
		平場へのウレタン系塗膜防水材塗り（2回目）
		トップコート塗り

合成樹脂系			ウレタン系		
塩化ビニル樹脂系シート接着工法	塩化ビニル樹脂系シート機械的固定工法	エチレン酢酸ビニル樹脂系シート接着工法	塗付密着工法	塗付通気緩衝工法	吹付工法
—	—	○	—	—	—
○	○	—	○	○	○
—	—	○	—	—	—
○	—	—	○	○	○
—	—	○	—	—	—
—	—	—	△	—	△
—	—	○	—	—	—
○	○	—	—	—	—
—	—	△	△	△	△
—	—	—	○	○	○
—	—	—	—	—	—
○	○	—	—	—	○
—	—	○	—	—	—
△	—	—	○	—	△
—	—	○	—	—	—
—	○	—	—	—	○

写真7　アスファルト防水熱工法

図3　アスファルト防水の層構成例

1 水性プライマー
2 下張り用ルーフィング
3 アスファルト
4 中張り用ルーフィング
5 アスファルト
6 断熱ボード
（押出し法ポリスチレンフォーム）
7 絶縁クロス

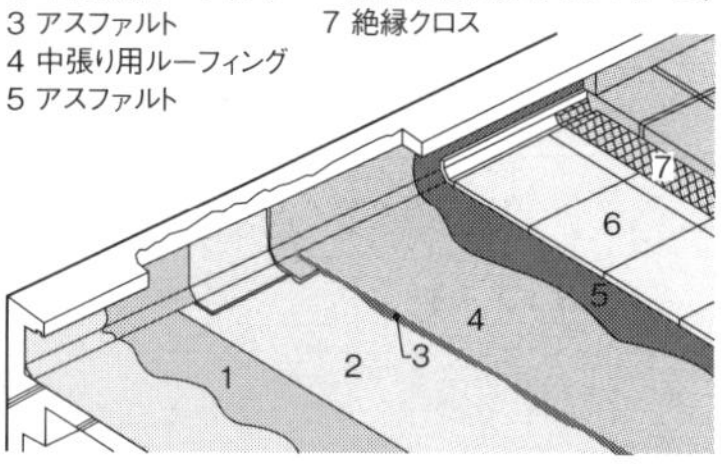

写真8　アスファルト防水トーチ工法

を指す［162頁表4］。

合成ゴム系シート防水工法｜ごうせい—けい—ぼうすいこうほう
下地にシート状の合成ゴム（加硫ゴム系または非加硫ゴム系）1枚を接着剤で張り付けてローラー転圧して接着させるか、あるいは固定金物で固定して防水層をつくる工法。シート相互は接着剤およびテープ状シーリング材を用いて接着させる。

加硫ゴム系シート防水工法｜かりゅう—けい—ぼうすいこうほう
下地に加硫ゴム系シート1枚を接着剤で張り付け、ローラー転圧して接着させるか、あるいは固定金物で固定して防水層をつくる工法。シート相互は接着剤およびテープ状シーリング材を用いて接着させる。

非加硫ゴム系シート防水｜ひかりゅう—けい—ぼうすい
下地に非加硫ゴム系シート1枚を接着剤で張り付け、ローラー転圧して接着させ、防水層をつくる工法。シート相互の接合には接着剤を用いる。

合成樹脂系シート防水工法｜ごうせいじゅしけい—ぼうすいこうほう
下地にシート合成樹脂系（塩化ビニル樹脂系・ポリオレフィン系・エチレン酢酸ビニル樹脂系）1枚を接着剤などで張り付けるか、あるいは固定金物で固定して防水層をつくる工法。シート相互は溶着液あるいは熱融着で接合させる。

塩化ビニル樹脂系シート防水工法｜えんか—じゅしけい—ぼうすいこうほう
下地に塩化ビニル樹脂系シート1枚を接着剤で張り付けてローラー転圧して接着させるか、あるいは固定金物で固定して防水層をつくる工法。シート相互は、溶着液あるいは熱融着で接合させる［写真9］。

ポリオレフィン系シート防水｜—けい—ぼうすい
下地にポリオレフィン系シート1枚を接着剤で張り付けてローラー転圧して接着させるか、固定金物で固定して防水層をつくる工法。シート相互は熱融着で接合。

エチレン酢酸ビニル樹脂系シート防水工法｜—さくさん—じゅしけい—ぼうすいこうほう
下地にエチレン酢酸ビニル樹脂系シート1枚をポリマーセメントペーストをコテ塗りしながら接着させて防水層をつくる工法。シート相互は、ポリマーセメントペーストで接着させる。

表2｜防水工法別工程

工法名 / 工程	アスファルト防水 熱工法	アスファルト防水 トーチ工法	アスファルト防水 常温工法	合成ゴム系シート防水 接着工法	加硫ゴム系シート防水（機械的固定工法）	塩化ビニル樹脂系 シート防水工法
1	アスファルトプライマー塗布	アスファルトプライマー塗布	アスファルトプライマー塗布	プライマー塗布	増張り	接着剤塗布
2	（塗布したプライマーの乾燥を確認後）増張り	（塗布したプライマーの乾燥を確認後）増張り	（塗布したプライマーの乾燥を乾燥後）増張り	（塗布したプライマーの乾燥を確認後）増張り	平場への加硫ゴム系シート敷込み	塩化ビニル樹脂系シート張付け
3	アスファルトルーフィング流し張り	改質アスファルトルーフィングシート張り	絶縁用粘着層付き改質アスファルトルーフィングシート張り	（塗布したプライマーの乾燥を確認後）接着剤塗布	立上がりへの加硫ゴム系シートの張付け	出入隅角への成形役物張付け
4	ストレッチルーフィング流し張り	改質アスファルトルーフィングシート張り	露出用粘着層付き改質アスファルトルーフィングシート張り	合成ゴム系シート張付け（加硫ゴム系または非加硫ゴム系シート）	塗装仕上げ	
5	アスファルトルーフィング流し張り	絶縁用シート敷き		塗装仕上げ		
6	アスファルト塗り（1回目）					
7	アスファルト塗り（2回目）					
8	絶縁用シート敷き					
9						

表3｜部位別適用防水工法一覧

防水層の種別		アスファルト系						合成ゴム系		
防水工法の種別 / 防水工法の種別		熱工法	トーチ工法	常温工法	トーチ＋熱工法	常温＋熱工法	常温＋トーチ工法	加硫ゴム系シート接着工法	加硫ゴム系シート機械的固定工法	非加硫ゴム系シート接着工法
屋上非歩行用防水工法	保護仕上げ	○	○	○	○	○	○	—	—	—
	露出仕上げ	○	○	○	○	○	○	○	○	○
屋上歩行用防水工法	保護仕上げ	○	○	○	○	○	○	—	—	—
	露出仕上げ	—	—	—	—	—	—	—	—	—
屋上駐車場用防水工法	保護仕上げ	○	○	○	○	○	○	—	—	—
	露出仕上げ	—	—	—	—	—	—	—	—	—
屋上植栽用防水工法	保護仕上げ	○	○	○	○	○	○	—	—	—
	露出仕上げ	○	○	○	○	○	○	—	—	—
屋上運動用防水工法	保護仕上げ	△	△	△	△	△	△	—	—	—
	露出仕上げ	—	—	—	—	—	—	—	—	—
勾配屋根用防水工法	保護仕上げ	—	—	—	—	—	—	—	—	—
	露出仕上げ	—	△	△	—	—	△	○	○	○
屋内一般用防水工法	保護仕上げ	○	○	○	○	○	○	—	—	—
	露出仕上げ	—	—	—	—	—	—	—	—	△
水槽類用防水工法	保護仕上げ	—	△	△	—	—	—	—	—	—
	露出仕上げ	—	—	—	—	—	—	—	—	—

写真9｜塩化ビニルシート防水工法

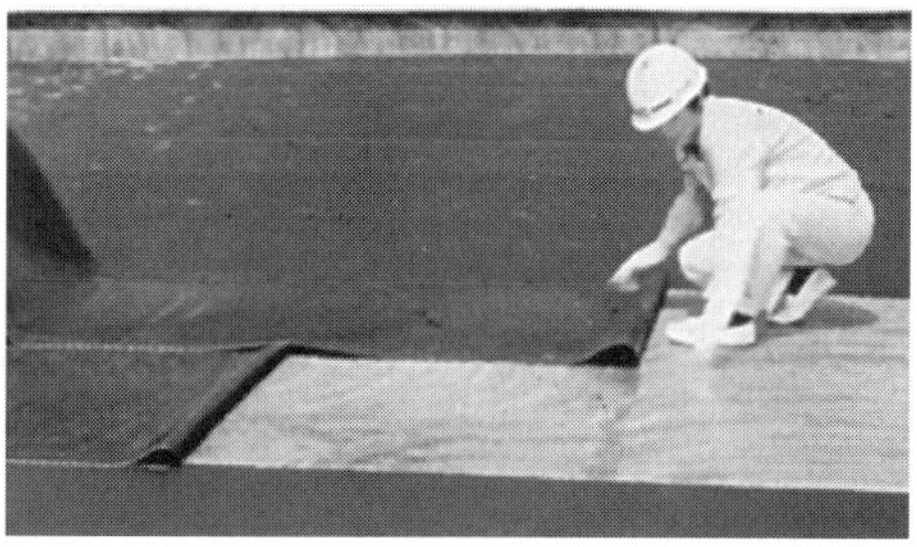

図4｜シート防水の層構成例

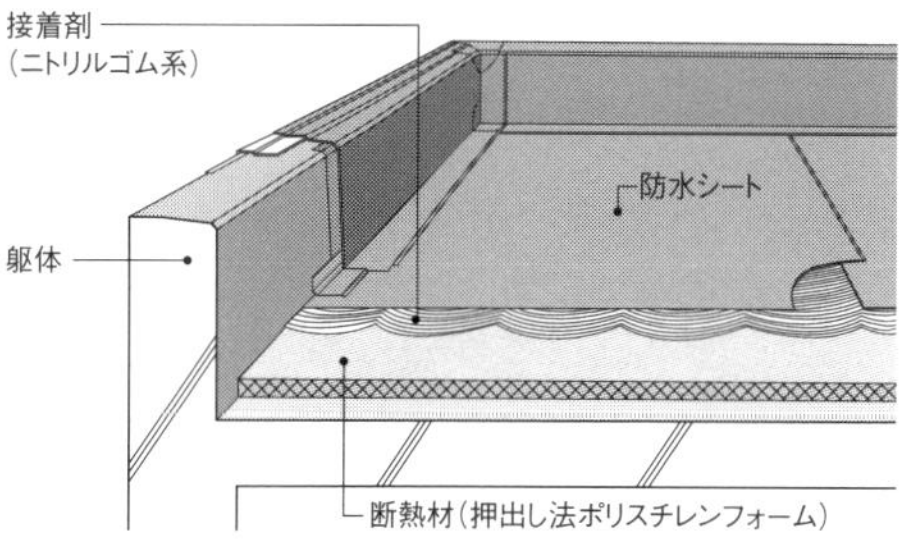

シート防水工法―ぼうすいこうほう
合成ゴム系シート防水工法、塩化ビニル樹脂系シート防水工法およびポリオレフィン系シート防水工法の総称[図4]。

ウレタンゴム系塗膜防水工法―けいとまくぼうすいこうほう
補強布を使い、下地に1成分系または2成分系の塗膜防水材を積層し、コテなどを用いて一定の厚さに塗り付け防水層をつくる工法。

超速硬化型ウレタン吹付け防水工法―ちょうそくこうかがた―ふきつけぼうすいこうほう
専用の吹付け機械を用いて、下地に2成分系の吹付け用超速硬化型ウレタンゴム系防水材を吹き付け、一定の厚さの防水層をつくる工法。

FRP防水工法―えふあーるぴーぼうすいこうほう
下地に2液性の防水用ポリエステル樹脂を塗布し、ガラスマットを張り付け、防水用ポリエステル樹脂を含覆させるようにローラーなどを用いて塗布し、一定の厚さの防水層をつくる工法[162頁写真10]。

ゴムアスファルト系塗膜防水工法―けいとまくぼうすいこうほう
下地に1成分系あるいは2成分系のゴムアスファルト系塗膜防水材を補強布などを積層しながらコテなどを用いて塗り付け、一定の厚さの防水層をつくる工法。

ゴムアスファルト系吹付け防水工法—けいふきつけぼうすいこうほう

専用の吹付け機械を用いて下地にゴムアスファルト系吹付け用防水材を吹き付け、一定の厚さの防水層をつくる工法。

アクリルゴム系塗膜防水工法—けいとまくぼうすいこうほう

アクリルゴム系の塗膜防水材を刷毛などを用いて下地に塗り付け、一定の厚さの防水層をつくる工法。

アクリルゴム系吹付け防水工法—けいふきつけぼうすいこうほう

アクリルゴム系の吹付け用防水材を専用の吹付け機械を用いて下地に吹き付け、一定の厚さの防水層をつくる工法。

塗膜防水工法—とまくぼうすいこうほう

ウレタンゴム系塗膜防水工法、ゴムアスファルト系塗膜防水工法、アクリルゴム系塗膜防水工法、FRP系塗膜防水工法などの総称。

複合防水工法—ふくごうぼうすいこうほう

2種以上の防水工法、または異種防水の材料を用いて防水層をつくる工法。一般に両工法および材料の特徴を組み合わせて施工する。

モルタル防水工法—ぼうすいこうほう

防水剤（無機質系・有機質系あるいは混合系）を混入したセメントモルタルまたはセメントペーストなどを、コテなどを用いて下地に塗り付け、防水層をつくる工法。

ケイ酸質系防水工法—さんしつけいぼうすいこうほう

コンクリート下地に、ポルトランドセメント・細骨材・ケイ酸質系微粉末を既調合された粉体を水あるいは水と**ポリマーディスパージョン**でかき混ぜたものを、刷毛またはコテなどを用いて塗布して防水層をつくる工法。

ポリマーセメントペースト塗膜防水工法—とまくぼうすいこうほう

水和凝固型防水工法ともいう。下地にポリマーディスパージョンと水硬性無機質粉体（セメント、ケイ砂、そのほか）の2成分を混合して、刷毛またはコテなどを用いて塗布し、防水層をつくる工法。

表4　アスファルト防水の種類

接着法の違いによる分類

熱工法	溶融アスファルトでアスファルトルーフィングを積層させる工法
自着工法（冷工法）	接着層をもつアスファルトルーフィングを張り付ける工法
トーチ工法	アスファルトルーフィングの裏面をバーナーであぶり、溶融させて張り付ける工法
接着工法	アスファルト系などの接着剤によってルーフィングを張り付ける工法
複合工法	塗膜防水材など、異種の防水材を組み合わせて張り付ける工法

接着面の違いによる分類

密着工法	ルーフィングの全面を下地に密着させる工法
絶縁工法	ルーフィングの一部を下地と絶縁して接着する工法

材料面では、在来のアスファルトルーフィングのほかに、強度などの物性や作業性に改良が加えられた改質アスファルトルーフィングがある

写真10　FRP防水工法

写真11　塩化ビニルシート防水工法（機械固定式）

施工

接着工法—せっちゃくこうほう

下地にプライマーおよび接着剤、あるいはプライマーまたは接着剤のいずれかを塗布して、合成ゴム系シート、合成樹脂系シート、粘着層付きアスファルトルーフィングを張り付けローラー転圧して張り付ける工法［表4］。

密着工法—みっちゃくこうほう

下地にプライマーを塗布し、液状の材料を塗り付けて防水層を下地に密着させてつくる工法、あるいは液状の材料を塗布して補強布、ルーフィング類およびシート類を張り付けて防水層をつくる工法［表4］。

絶縁工法—ぜつえんこうほう

アスファルト防水層で用いられる工法である溶融アスファルトをプライマーを塗布した下地に、部分的に流して防水層をつくる工法［表4］。

下地の動きにより防水層が破断されるのを防止するためのもの。近年、この絶縁工法に脱気装置を取り付けた**膨れ防止工法**が登場したが、膨れの削減はできても完全に防止することは困難である。

機械的固定工法—きかいてきこていこうほう

塩化ビニル樹脂系シート防水、ポリオレフィン系シート防水、合成ゴム系シート防水およびアスファルト防水などで用いられる工法で、シートやルーフィングなどを特殊な固定金物で下地に固定して防水層をつくる工法［写真11］。接着工法や密着工法に比べ下地に対する要求条件が緩く、用いられることが多い。改修時に行うかぶせ方式では、既存の露出防水層や保護コンクリートなどに対する下地処理が不要なこと、下地の乾燥が必要ないことなど利点が多い。

塗り工法—ぬりこうほう

ウレタンゴム系やゴムアスファルト系、アクリルゴム系などの防水層

をつくる際、塗膜防水工法で用いる工法。ローラーや刷毛あるいはコテなどを用いて下地に塗膜防水材を塗布して防水層をつくる。

吹付け工法｜ふきつけこうほう
ウレタンゴム系、ゴムアスファルト系およびアクリルゴム系など液状の防水材料を専用の吹付け機械を用いて、下地に吹き付けて一定の厚さの防水層をつくる工法。超速硬化ウレタンゴム系防水層をつくる場合は、主材・硬化剤にトナーを加えたものをそのまま吹付け機械に投入し、ノズルの先端で材料を混合して下地に吹き付け防水層をつくる[写真12]。

写真12｜吹付け工法

USD工法｜ゆーえすでぃーこうほう
保護仕上げ用の断熱防水工法で、防水層の上に断熱材を積層させる工法。Up-Side-Downの略で、**保護断熱防水**で用いる用語。

STR工法｜えすてぃーあーるこうほう
露出仕上げあるいは保護仕上げ用の断熱工法で、防水層の下に断熱材を積層する工法。

脱気工法｜だっきこうほう
脱気筒工法ともいう。絶縁工法あるいは**通気緩衝工法**などで施工した防水層に、脱気筒などを取り付け、防水層と下地の間の空間部分を換気させる工法[写真13]。

写真13｜脱気工法

通気緩衝工法｜つうきかんしょうこうほう
塗膜防水で用いる工法で、下地に接着剤などを塗布して、溝付きのシートあるいは孔あきシートなどを張り付けて防水層の下に通気空間を確保する工法。ウレタンゴム系防水層と加硫ゴム系防水層で、露出防水層の膨れを低減するために用いる。脱気工法と併用して施工する必要がある。

外断熱工法｜そとだんねつこうほう
屋根スラブの外部側に断熱材を張り付ける工法。最近では、スラブコンクリートの膨張を避けるために外断熱工法が多く採用されている[写真14]。

写真14｜外断熱工法

内断熱工法｜うちだんねつこうほう
屋内側に断熱材を張り付ける工法。断熱効果に優れるが、スラブコンクリートの熱収縮が大きく、ひび割れが生じやすい。

断熱露出防水工法｜だんねつろしゅつぼうすいこうほう
下地に断熱材を張り付けた上に、アスファルト系や合成ゴム系、塩ビ樹脂系などの防水層を露出仕上げとする工法。

湿式工法｜しっしきこうほう
施工工程に水を使用して防水施工する工法。セメント系防水、エチレン酢酸ビニル樹脂系防水層などがある。

流し張り｜ながしばり
立上がりにルーフィング類を張り付けるときに、巻物のルーフィングの前に、溶融アスファルトを流し、その上に押し広げるようにして張り付ける工法。

巻上げ張り｜まきあげばり
平場にルーフィング類を張り付けるときに、巻物のルーフィングの上部に溶融アスファルトを流しながら、押し上げるようにして張り付ける工法[写真15]。

写真15｜巻上げ張り

ぶっかけ張り｜—ばり
刷毛塗り張りともいう。立上がりに、ルーフィング類を張り付けるときに、溶融アスファルトをヒシャクで掛けたり、刷毛塗りしたりして張り付ける工法[写真16]。

写真16｜ぶっかけ張り

千鳥張り｜ちどりばり
ルーフィング類を積層する場合に、上下層のルーフィング類の接合部が同一個所にならないようにずらして張ること[164頁図5]。

クロス張り｜—ばり
十文字張りともいう。ルーフィング類を積層するときの張り方。奇数層のルーフィング類と偶数層のルーフィングを互いに直行させて張り付ける方法[164頁図6]。

図5 千鳥張り

鎧張り｜よろいばり
アスファルト防水工法で用いる用語。同一種類のルーフィングを張り付ける場合に、3層張りの場合はルーフィング相互を2／3以上ずつ、4層の場合はルーフィング相互を3／4ずつ以上を張り重ねて張り付ける方法[図7]。

袋張り｜ふくろばり
アスファルト防水工法で用いる用語。最下層のルーフィングの両端部分および一定間隔の幅方向にのみ、溶融アスファルトを流して下地に張り付け、そのほかの部分のすべてを密着させない張り方。張り付けた状態が袋のようになることから、袋張りといわれている[図8]。防水層が、下地の動きにより破断するのを防ぐのがその目的である。

線張り｜せんばり

図6 クロス張り

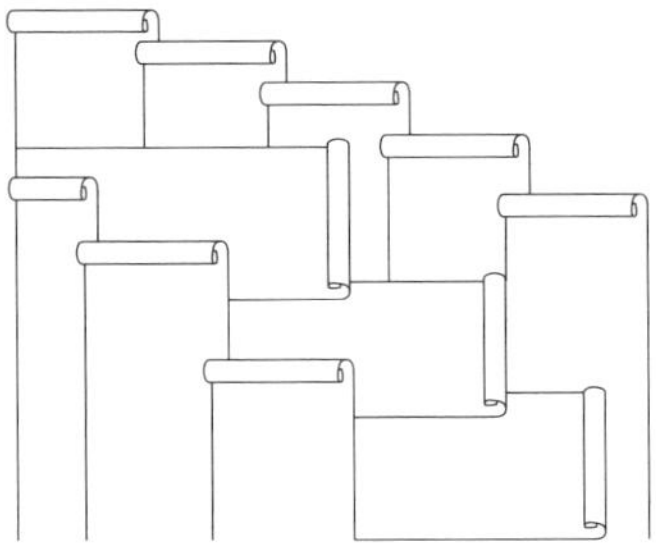

アスファルト防水工法で用いる用語。最下層のルーフィングの両端部分にのみ、溶融アスファルトを流して下地に張り付け、そのほかの部分を密着させない張り方[図9]。

点張り｜てんばり
アスファルト防水工法で用いる用語。最下層のルーフィングの一定の個所にのみ、溶融アスファルトを点々と流して下地に張り付け、そのほかの部分を密着させない張り方[図10]。

突付け張り｜つきつけばり
ルーフィング類あるいは断熱材などを張り付けるときのルーフィング相互および断熱材相互を重ねずに、突き付けて接合する方法。ルーフィング類では、トーチ工法で改質アスファルトルーフィング相互を接合する場合に、突付け張りにし

図7 鎧張り

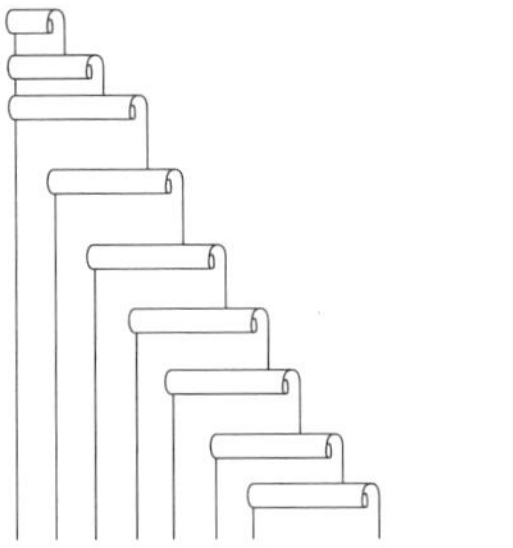

て、その上から幅300㎜程度のルーフィングを張り重ねるなどの方法がある。

増張り｜ましばり
通常の防水層だけでは性能的に不安があるような場合に、補強用として、部分的にルーフィング類やシート類1枚を防水層の最下層または最上層に張り付けること。主に、出入隅、出入隅角、ドレン廻り、パイプ廻りなどで行われる[図11]。**補強張り**ともいう。

増塗り｜ましぬり
塗膜防水工法で用いる用語。通常の防水層だけでは性能的に不安があるような場合に、防水層の1部を補強するために、それぞれの防水層の上または下に塗膜防水材を塗り重ねること。補強材を入れる場合もある。**補強塗り**ともいう。

接合部｜せつごうぶ
材料相互あるいは防水層相互の継手部。一般にルーフィング類およびシート類相互の重ね部のこと。接合短部ともいう。

目つぶし塗り｜めつぶしぬり
アスファルト系防水層の熱工法で、網状ルーフィングの上に溶融アスファルトを上塗りすること、あるいは、補強布の上に塗膜防水材を上塗りすること。布目の目が見えなくなるまで塗る必要があることから目つぶし塗りといわれる。

上塗り｜うわぬり
防水工事では、塗膜防水における最終工程の塗付けのこと。アスファルト防水では張り付けたルーフィングの上に溶融アスファルトを塗布すること、あるいは、最終層として溶融アスファルトを塗布することを指す。

水ばけ｜みずばけ
アスファルト防水で砂付ルーフィングを張り付けるときに、砂付ルーフィングの接合部からあふれ出る溶融アスファルトがきれいに取り除けるように、仮敷きした砂付ルーフィングの端部に沿って先に張り付けた砂付ルーフィングの面に毛刷毛に水を含ませ、線を引くように水を塗り付けること。水取りともいう。

オープンタイム
シート防水などで、塗布した接着剤の溶剤が揮散・蒸発してシートなどの張付けが可能になるまでの時間のこと。また、シート類の張付けが可能となったときから、張付け不可となるまでの時間を**可使**

図8 袋張り

長手方向の両端および幅方向に、適当な間隔で溶融アスファルトを流して張り付ける方法

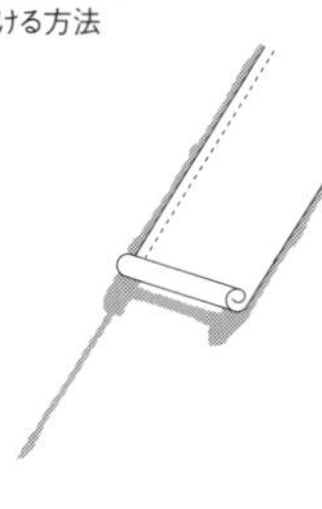

図9 線張り

長手方向の両端および真ん中部分に、線を引くように溶融アスファルトを流して張り付ける方法

図10 点張り

下地に等間隔で溶融アスファルトを点々と流しながら張り付ける方法。現在は点張りよりも最下層にあなあきルーフィングを敷き並べる方法を採用することが多い

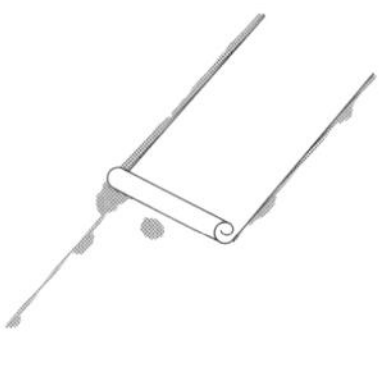

図11｜隅の名称とその場所

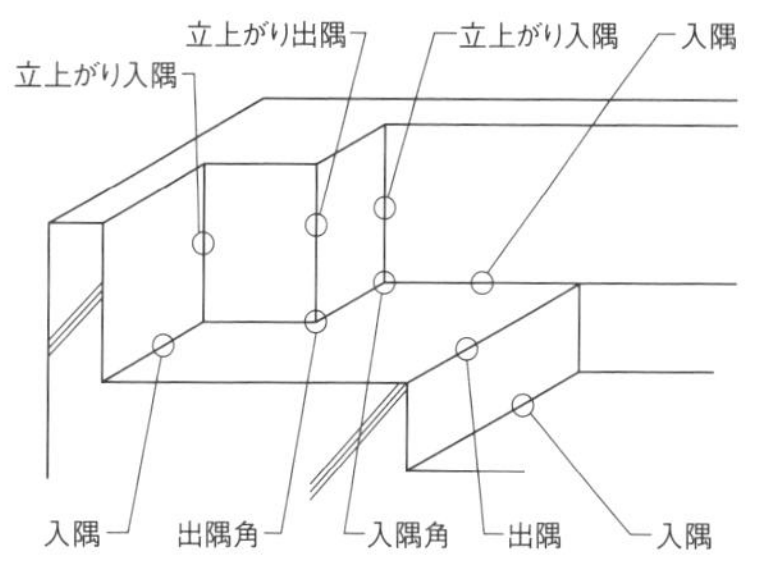

時間という。なお、主剤と硬化剤を調合撹拌した塗膜防水材の硬化が始まる（塗付けが不可能となる）までの時間のことも**可使時間**という。

可使時間｜かしじかん
塗布した接着剤や塗膜材に対して次の工程のシートの張付けや塗膜材の塗り重ねが可能な時間帯のこと。

張り仕舞｜はりじまい
張り付けたシートやアスファルトルーフィング類の張り終わりとなる部分。防水層を構成する塗膜防水材を塗り付けた端部は、**塗り仕舞い**という。

雨仕舞｜あまじまい
雨水が建物のなかに浸入するのを防止すること。雨水が建物のなかに浸入しないよう処理する方法。

雨養生｜あまようじょう
雨に濡れないように、シートなどを掛けて覆うこと。雨に濡れないように処置する方法。

駄目張り｜だめばり
アスファルト系防水で使われる用語。アスファルトルーフィング類を平場と立上がりを別々に分けて張り付けること、部分的に未完成であった個所にアスファルトルーフィング類を張り付けて仕上げること。別張りともいう。「駄目」とは、ほぼでき上がっている状態のなかに一部残された未完成の部分を指す。

別張り｜べつばり
アスファルト系防水のルーフィング類の張付け方法の1つ。平場に張り付けたルーフィング類を、立上がりの際で裁断して張り付け、改めて立上がり面のルーフィングを平場のルーフィングに張り重ねる方法をいう。

撤去方式｜てっきょほうしき
防水改修工事で、既存の保護仕上げ層および防水層をすべて撤去し、躯体の屋上スラブに直接新規の防水層を施工する方法。なお、逆に、既存層の不具合部分だけを補修した後で新規の防水層を施工する方法を、**かぶせ方式**という。

防水・下地・仕上げ

出隅｜でずみ
2つの面が出会ってできる稜線。

入隅｜いりずみ
2つの面が出会ってできる稜線の内側。

斜面｜しゃめん
斜めの面。アスファルト防水熱工法を施工する下地の入隅部にモルタルなどを45度に塗って仕上げた部分。

丸面｜まるめん
R面、ピン摺りともいう。アスファルト防水熱工法を施工する下地の入隅部にモルタルなどを塗って丸く仕上げること。

パラペット
屋上などに設けられる手摺り壁。

水切りあごタイプ｜みずきり——
防水工事を施工するパラペットで、コンクリートの打設時に水切り用の笠木を同時に打ち込んだタイプのパラペット[図12]。

笠木タイプ｜かさぎ——
防水工事を施工するパラペットの天端に、セメント製や金属製の笠木を後から取り付けるタイプのパラペット[図13]。

保護仕上げ｜ほごしあげ
防水層の上に保護層を設けて仕上げる工法のこと。コンクリート、アスファルトコンクリート、砂利、平板ブロックなどが用いられている。

押さえ工法｜おさえこうほう
完成した防水層の上に、コンクリートを打設したり、砂利を敷き詰めたり、平板ブロックを敷くなどして仕上げる工法。保護仕上げともいう。

露出工法｜ろしゅつこうほう
防水層の上にそのまま塗装などを施して仕上げる工法。アスファルト系防水層の砂付ルーフィング仕上げ、ウレタンゴム系・FRP系防水層のトップコート仕上げなどがある。露出仕上げともいう。

図12｜水切りあご

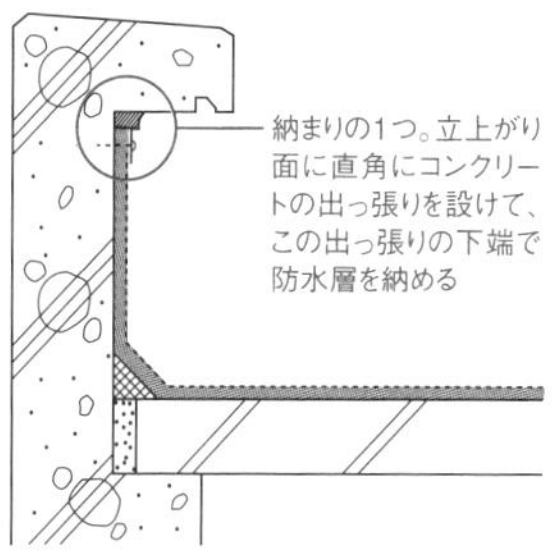

レンガ押さえ｜——おさえ
屋上防水構法において、立上り面の防水層を保護するために、防水層を施工した水切りタイプのパラペットの立上がり面を、レンガ積みして押さえること。最近は、特殊な取付け金物を用いて、セメント製品のパネルを固定して仕上げる乾式パネル工法を採用することが多い。

ブロック押さえ｜——おさえ
防水層を施工した水切りタイプのパラペットの立上がり面を、ブロックで押さえること。

コンクリート押さえ｜——おさえ
防水層を保護するために、防水層の上にコンクリートを打設すること。

押さえコンクリート｜おさえ——
防水層上に打設する保護コンクリートのこと。

図13｜笠木

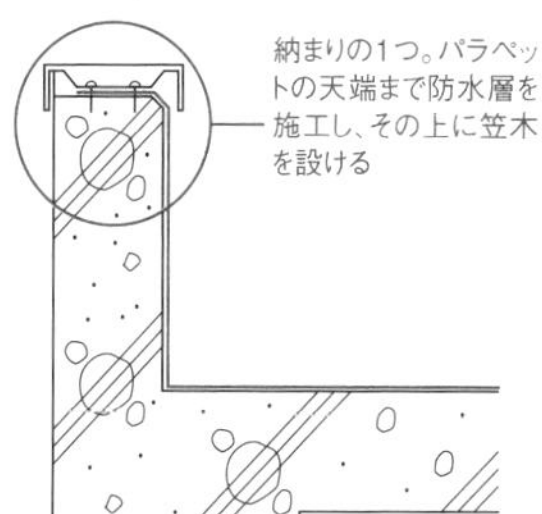

写真17｜伸縮目地

写真18｜どうこ

金物押さえ｜かなものおさえ
立上がり防水層の末端部を、アルミやステンレス製などの金物で固定すること。

砂利押さえ（**砂利撒き・砂利敷き**）｜じゃりおさえ（じゃりまき・じゃりじき）
防水層を保護するために、防水層の上に砂利を敷き詰めること。30～40㎜程度の大きさの砂利を敷き詰める方法が一般的だが、砂利を敷き詰めた後、樹脂系の液状材料を散布して固める方法などもある。

写真19｜トーチバーナー

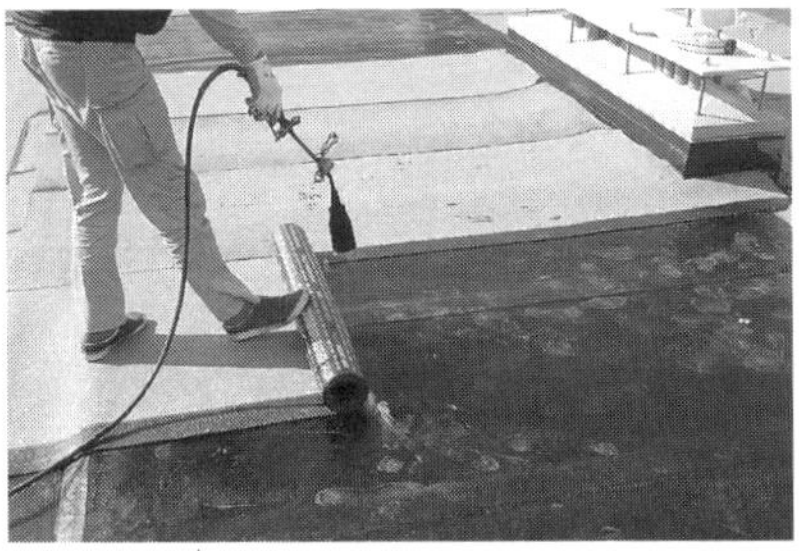

平板ブロック仕上げ｜へいばん—しあげ
防水層を保覆するために、300～500㎜角程度の大きさの薄型ブロックを防水層の上に直接敷いて仕上げること。あるいは保護モルタル、保護コンクリートなどを打設した上に、モルタルを用いてブロックを敷設して仕上げること。

伸縮目地｜しんしゅくめじ
防水層の上に打設するコンクリートやパラペットが、膨張収縮によって損傷したり、防水層を損傷させたりするのを防ぐために設ける目地のこと［写真17］。

ボーダー目地｜—めじ
伸縮目地の1つで、立上り際400～600㎜離れた位置に設ける伸縮目地のこと。幅は通常20㎜程度。

図14｜保護防水の立上がり部分のふくれ

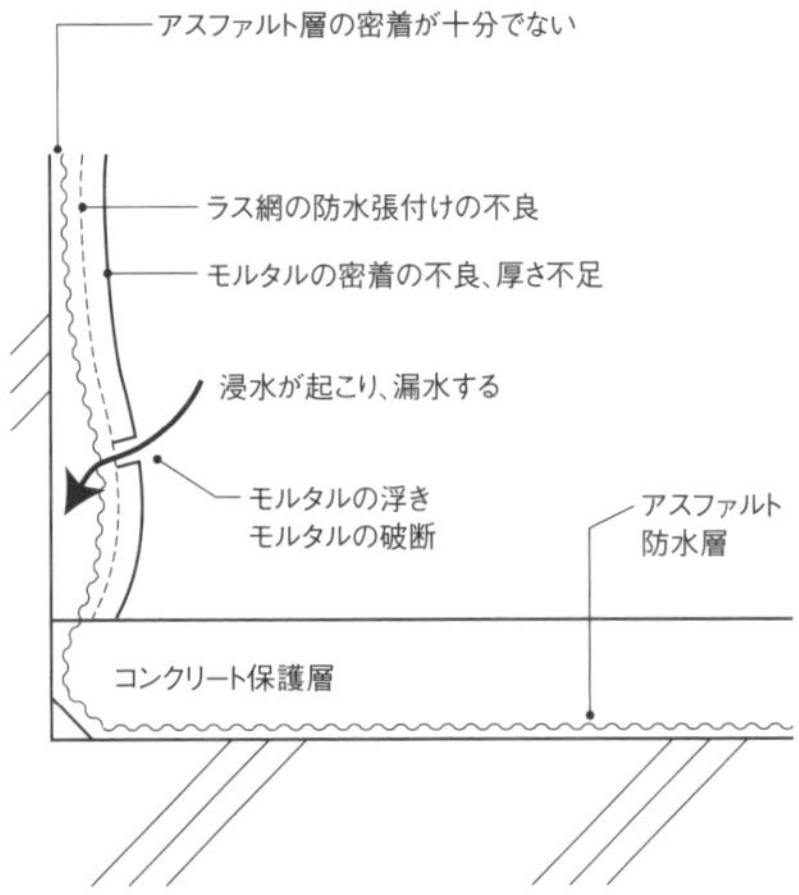
アスファルト層の密着が十分でない
ラス網の防水張付けの不良
モルタルの密着の不良、厚さ不足
浸水が起こり、漏水する
モルタルの浮き
モルタルの破断
アスファルト防水層
コンクリート保護層

乾式パネル仕上げ｜かんしき—しあげ
防水層を施工した立上がり面を、セメント系製品や金属製などのパネルを張って仕上げること。

塗装仕上げ｜とそうしあげ
防水層の表面に、専用の塗料を塗布して仕上げること。加硫ゴム系、非加硫ゴム系防水層の仕上げのこと。

保護モルタル｜ほご—
防水層上の作業で防水層が損傷するのを防止する、あるいは保護層の動きなどによる防水層の損傷を防止するために、防水層の上に塗り付けるモルタルをいう。

アスコン舗装｜—ほそう
駐車場などに防水層を保護するため防水層の上にアスファルトコンクリート（アスファルト、砕石、砂などを混ぜて練ったもの）で舗装して仕上げること。アスコン仕上げともいう。

工具

どうこ
溶融アスファルトを運搬する容器。バケツ［写真18］。どうこを半分に切ったものを半どうこといい、主として関西方面で使用される。そのほかの地域では、一般にヒシャクが使用される。

図15｜ベランダからの漏水事故

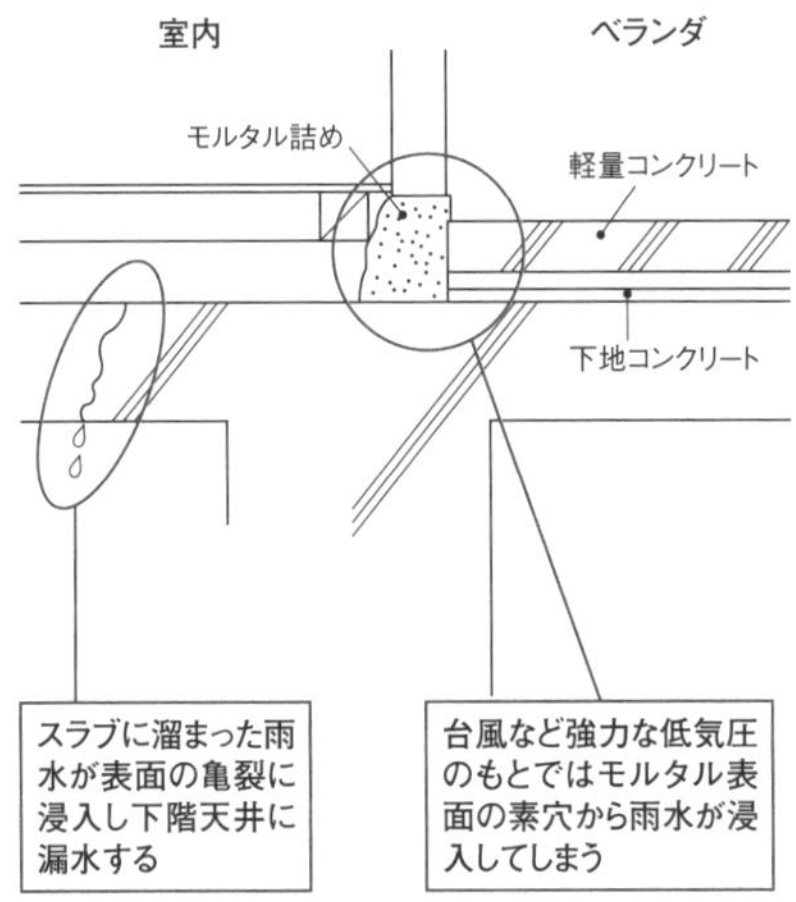
室内
ベランダ
モルタル詰め
軽量コンクリート
下地コンクリート
スラブに溜まった雨水が表面の亀裂に浸入し下階天井に漏水する
台風など強力な低気圧のもとではモルタル表面の素穴から雨水が浸入してしまう

毛刷毛｜けばけ
プライマー・接着剤・塗料あるいは溶融アスファルトの塗布や塗膜防水材などを塗布するのに使用する道具。溶融アスファルトの塗布に使用する刷毛は植物繊維が使用されている。

2丁刷毛（**3丁刷毛**）｜にちょうばけ（さんちょうばけ）
アスファルト防水工法で使用する道具で、通常の溶融アスファルト塗布用の毛刷毛を1～2本横に並べて固定したもの。技能者が現場で考えた道具。

ゴム刷毛｜—ばけ
アスファルト防水工法で溶融アスファルトの上塗りに用いる道具。ベルトコンベアのゴムなどを利用して、両側から木板をあてがい釘で留めてつくったもの。技能者が現場で考えた道具。

大ばけ｜おお—
アスファルト防水工法で溶融アスファルトを上塗りするのに用いる、幅1.0m程度の刷毛に長柄を取り付けた大型の刷毛。

ゴムゴテ
塗膜防水工法で使用する道具で、通常の金ゴテにゴムを張り付けたもの。塗膜防水材を塗るのに用いられる。

押さえ板｜おさえいた
塩化ビニル樹脂系シート防水の機械的固定工法を用いる。シート相互に溶着液を塗布したあと、押さえて圧着させるのに用いる木板にポリエチレンフォームなどをクッション材として張り付けた道具のこと。

トーチ（トーチバーナー）
アスファルト防水工法で既存のアスファルト防水層の表面をあぶって溶かしたり、トーチ工法などでルーフィングの裏面をあぶって溶かすのに用いるプロパンガスを燃料とするバーナー［写真19］。

写真20｜浮き

写真21｜チョーキング現象

欠陥

破断｜はだん
防水層が、下地の動き、保護層の動き、あるいはそのほか、何らかの影響を受けて切れている、あるいは破れている状態をいう。

破損｜はそん
防水層が何らかの原因によって傷付いたり、破けたりしている状態をいう。

ふくれ
下地の湿気や空気層の内包などによって、空気が膨張して防水層が膨れ上がっている状態をいう［図14］。

しわ
防水層の熱収縮あるいは保護コンクリートの動きなどによって、防水層にしわが生じている状態。

漏水｜ろうすい
雨漏り、水漏れともいう。水が何らかの欠陥により建物内に浸入すること。水槽および浴室、厨房などの漏水が原因の場合もある［図15］。

層間剥離｜そうかんはくり
アスファルト防水層で、溶融アスファルトで張り付けたルーフィング類が、層間で剥がれて浮いてる状態をいう。

剥離｜はくり
防水層が何らかの原因によって、下地から剥がれている状態をいう。

水まくら｜みず—
露出防水層で、何らかの欠陥が生じて防水層の下に水が回り溜まっている状態をいう。水まくらに似ていることから付いた呼称。

口あき｜くち—
防水層の末端部や、ルーフィング類やシート類相互の接合部が剥離して浮き上がり、隙間があいてる状態をいう。

膨潤｜ぼうじゅん
シート防水層や塗膜防水層などが、溶剤などの浸透によって体積が増加し膨張している状態をいう。

劣化｜れっか
経年による自然的な材料の寿命などの要因によって防水層の品質性能が劣った状態をいう。

オゾン劣化｜—れっか
オゾンによって露出防水層が侵され、品質・性能が劣った状態をいう。

鳥害｜ちょうがい
防水層が鳥などによってついばまれて損傷する状態をいう。あるいは鳥の糞によって防水層が劣化する状態をいう。そのほか、鳥の糞によって運ばれた草木の種子が防水層の上で芽を出し、その根によって防水層が損傷されることもある。

ピンホール
防水層あるいは使用する材料などに針で突いたような穴がある状態をいう。

耳浮き｜みみうき
ルーフィング類やシート類の端を耳ということから、張り付けたルーフィング類やシート類の接合端部が剥離して浮いている状態をいう。

だれ
ずれともいう。立上がり面の下地に張り付けた防水層が、何らかの原因によって剥がれたりだれたり、ずれたりしている状態をいう。

オーバーフロー
立上がりの防水層の末端部を超えて水が溜まり、漏水する状態をいう。

根の貫通｜ねのかんつう
草木が生育し、根が防水層を突き破ってしまう状態をいう。

浮き｜うき
防水層が何らかの原因で剥離し浮いている状態をいう［写真20］。

水溜まり｜みずたまり
下地の勾配が悪く、露出防水層の上に雨水が溜まる状態をいう。

チョーキング現象｜—げんしょう
防水層の表面が劣化してチョークの粉が付着したようになってしまう状態をいう［写真21］。

性能

シーリング材 3

シーリングの分類と種類は図1、表1**のようになっており、その工程は**表2**のとおりである。**

材料

シーリング
水密や気密のため、目地や隙間を埋めること。**ガスケット**[※]による**定形シーリング**、ペースト状の充填材による**不定形シーリング**があるが、普通は後者を指す。

コーキング
元の意味は木造船体の隙間に天然または合成の乾燥油あるいは樹脂、タールなどを詰めて止水すること。建築用語では過去にシーリングの意味として使われていたが、現在はシーリング材の1種である**油性コーキング**だけに適用されている。工具のコーキングガンにもその名残がみられる。

2成分形シーリング材｜にせいぶんけい―ざい
2液性シーリング材ともいう。施工直前に主成分となる基剤と硬化のための化学反応を起こす硬化剤およびトナーを調合し、練り混ぜて使用するシーリング材[写真1]。

1成分形シーリング材｜いちせいぶんけい―ざい
1液性シーリング材ともいう。混合する必要のないようにあらかじめ施工に供する状態に調整されており、空気中の湿気で硬化が進むシーリング材。1成分形はカートリッジやチューブ容器で供給される。2成分形シーリング材と1成分形シーリング材は、容器の違いだけではなく、伸縮性や接着性、硬化特性などに差がある。

図1｜シーリング材の分類

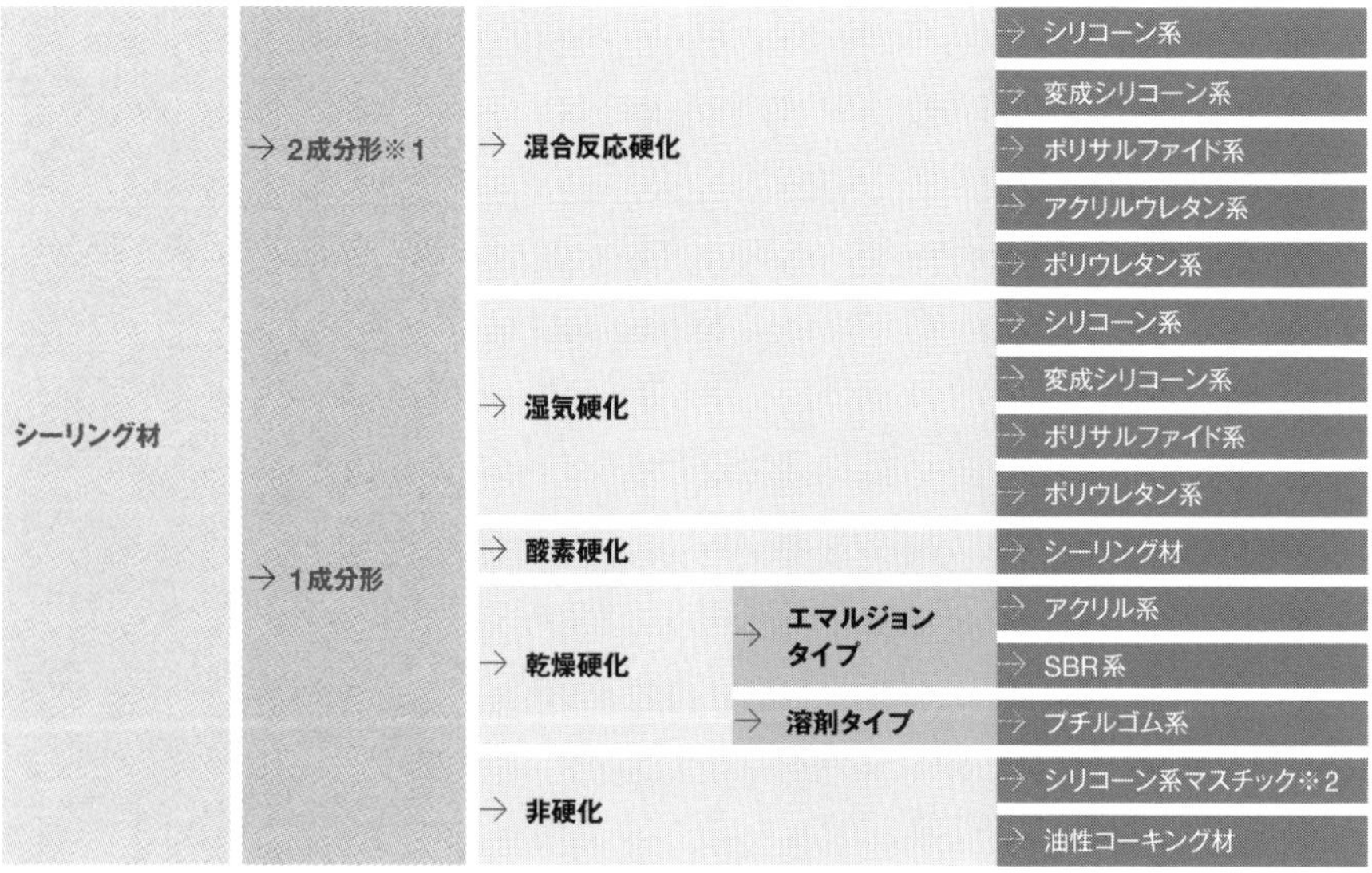

※1　着色剤を別にしたタイプがある　　※2　シリコーン系マスチックには3成分形もある

表1｜シーリング材の種類

種類	特徴	使われる個所の例
シリコーン系シーリング	シリコーン（オルガノポリシロキサン）を主成分としたシーリング材。1成分形と2成分形がある。ガラスや鋼板などに使用できる。通常、上塗り塗装ができず、上塗り塗装をしたい場合は逆プライマーが必要	カーテンウォール、外装パネル、ガラス、金属性建具、笠木、屋根・屋上、水廻り
シリコーン系マスチック	シリコーンを主成分としたシーリング材で、1成分形と3成分形がある。プライマーを使用しないで各種被着体に粘着する特殊なシーリング材であり、市場での使用例は少ない	
変成シリコーン系シーリング材	変成シリコーン（オルガノシロキサンをもつ有機ポリマー）を主成分としたシーリング材で、1成分形と2成分形である	カーテンウォール、外装パネル、金属性建具、笠木、コンクリート壁、屋根・屋上、水廻り
ポリサルファイド系シーリング材	ポリサルファイド（主鎖にウレタン結合をもち、末端にSH基をもつポリマー）を主成分とし、1成分形と2成分形がある	カーテンウォール、外装パネル、金属性建具、笠木、コンクリート壁、屋根・屋上
変成ポリサルファイド系シーリング材	変成ポリサルファイドを主成分とした、1成分形シーリング材	外装パネル、コンクリート壁、屋根・屋上
アクリルウレタン系シーリング材	アクリルウレタンを主成分とした2成分形シーリング材	外装パネル、金属性建具、笠木
ポリウレタン系シーリング材	ポリウレタンを主成分としたシーリング材で、1成分形と2成分形がある	外装パネル、コンクリート壁、屋根・屋上
アクリル系シーリング材	アクリル樹脂を主成分としたシーリング材で、1成分形のエマルションタイプである。硬化すれば水に不溶となる。通常20～30%の体積収縮がある	外装パネル、金属性建具、笠木
SBR系シーリング材	スチレンブタジエンゴム（SBR）を主成分としたシーリング材で、1成分形のラテックスタイプである。硬化すれば水には不溶となる。通常20～30%の体積収縮がある。市場での使用例は少ない	
ブチルゴム系シーリング材	ブチルゴムを主成分とするシーリング材で、1成分形の溶剤タイプである。硬化しても溶剤には溶解する。通常20～30%の体積収縮がある	屋根・屋上
油性コーキング材	天然または合成の乾性油あるいは樹脂を主成分とした1成分形シーリング材である。プライマーを使用しないで各種の被着体に粘着する	コンクリート壁、屋根・屋上

※：合成ゴム製などの固形パッキング材

硬化剤｜こうかざい
2成分形シーリング材のうち基材と混合して硬化させるもの。

トナー
2成分形シーリング材を着色させるもの。

基剤｜きざい
2成分形シーリング材において、一般に主成分を含むほうの配合物。主剤と呼ばれることもある。

1次・2次シーリング材｜いちじ・にじ—ざい
図2のように外部に使用する材料を1次シーリング材、内部に施工する材料を2次シーリング材という。

定形シーリング材｜ていけい—ざい
あらかじめひも状などに成形して目地にはめ込めるようにしたシーリング材。

不定形シーリング材｜ふていけい—ざい
施工時に目地に充填、硬化してゴム状になるペースト状のシーリング材。

応力緩和型シーリング材｜おうりょくかんわがた—ざい
経年で目地が広がっても追従するタイプのシーリング材。

耐火シーリング材｜たいか—ざい
シリコーン系シーリング材については、耐火シーリング材は大臣認定を受けた防火設備に指定され、日本シーリング材工業会指定のFマーク表示のあるもの。

導伝性シーリング材｜どうでんせい—ざい
銀粉や銅粉あるいはカーボンファイバーなどの導電性のよい材料を混合したシーリング材。

無可塑シーリング材｜むかそ—ざい
フタル酸系などの可塑剤を含まないシーリング材。可塑剤が入っていないので、可塑剤が表面へ移行し、表面がべたつき、汚れが付着することがなくなる。

バックアップ材｜—ざい
バッカーとも。シーリング材を隙

表2｜シーリング工事の工程

工程	内容	タイル目地の施工例
①被層面の清掃	トルオールまたはノルマルヘキサンなどを白布に付けて行う	
②バックアップ材またはボンドブレーカーの装填	ポリエチレン発泡体を規定の位置に装填する、またはバックアップ材の入るスペース（厚み）がない場合は、ボンドブレーカーを目地底に装着する	
③マスキングテープ張り	紙、テープを目地位置に合わせ張り付ける。その際紙テープは、粘着剤が残らず、プライマーの溶削でシーリング材の接着に悪影響の及ばないものを使用する。	
④プライマーの塗布	刷毛にて、その被着体に合ったプライマーを均一に塗布する	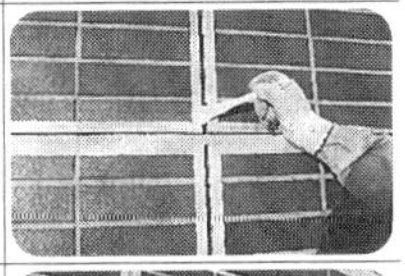
⑤シーリング材の充填	シーリング施工用ガンに、目地に合ったノズルを付け目地底よりエアーの入らないように充填する	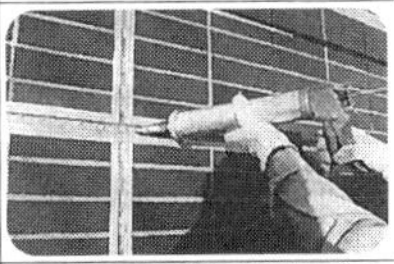
⑥ヘラ仕上げ	目地に合ったヘラ（金属、竹など）で目内部に充填圧が加わっているよう3〜4回押さえた後仕上げる	
⑦マスキングテープ除去	周辺を汚さないよう注意しながら除去する	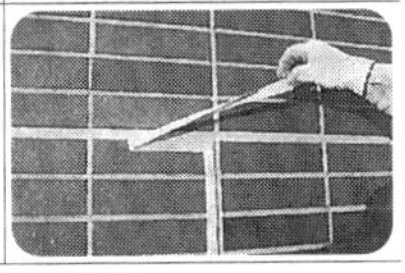

写真出典：『シーリング防水施工法』（日本シーリング工事業協同組合連合会刊）

図2｜1次・2次シーリング材の施工例

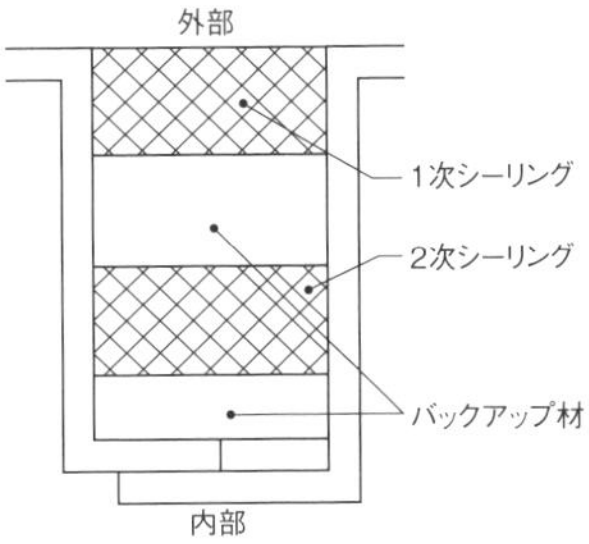

写真1｜2成分形シリコーンシーリング材の施工

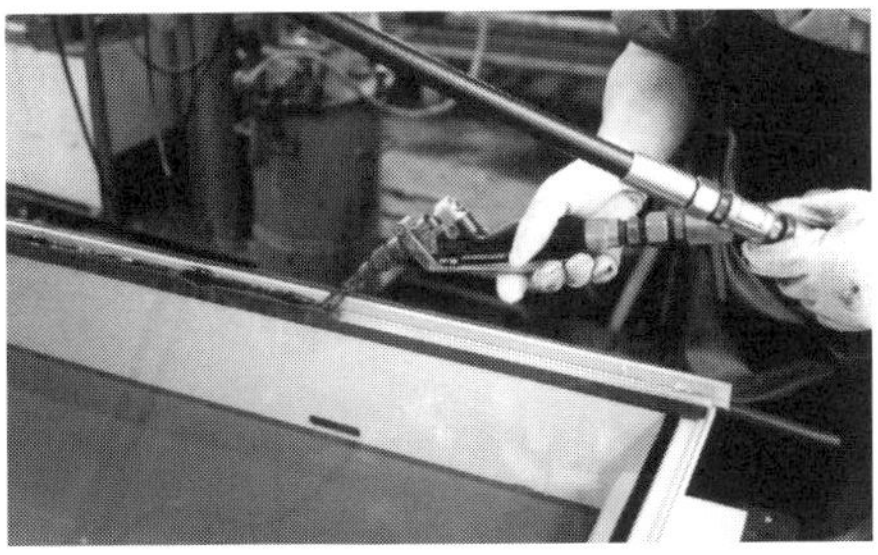

写真2｜可塑剤の染み出しによる石目地周辺の汚染

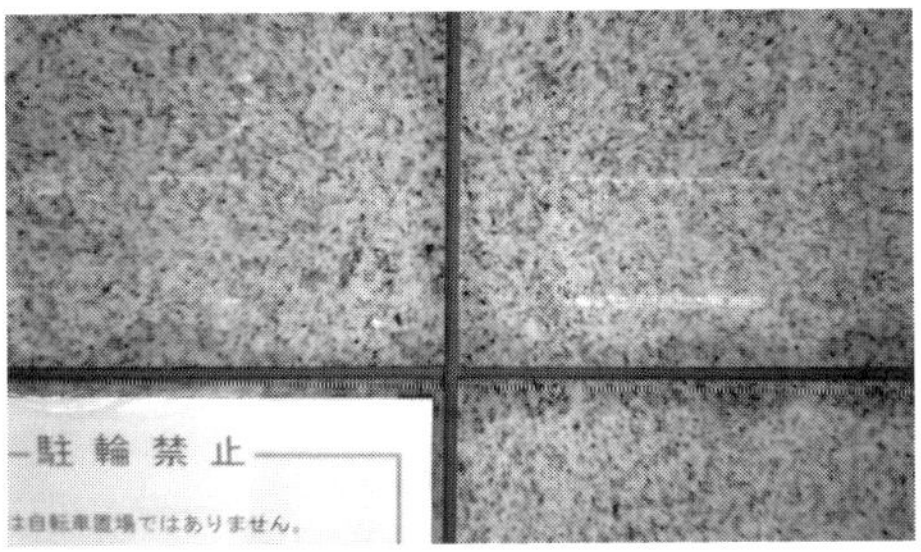

図3｜オープンジョイントの納まり

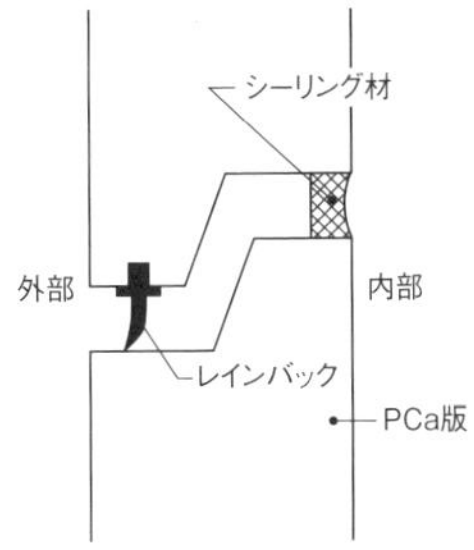

写真3 コーキングガン

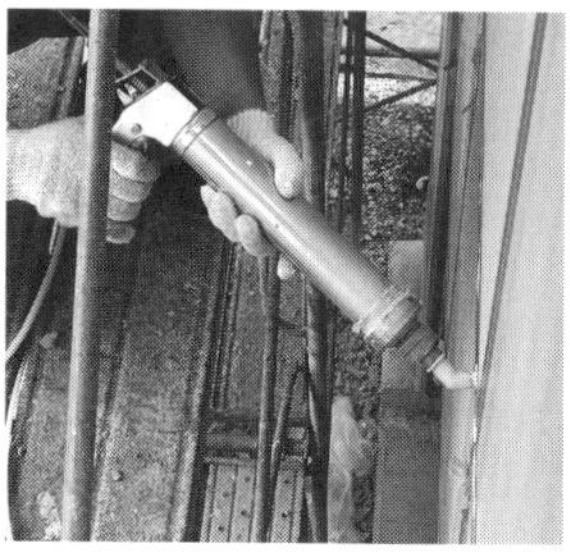

写真4 電動研磨機

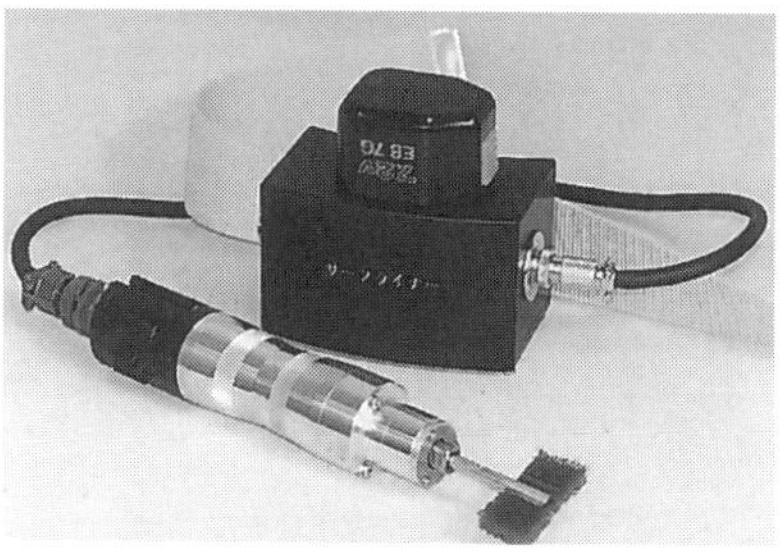

写真5 バックアップ材装填治具

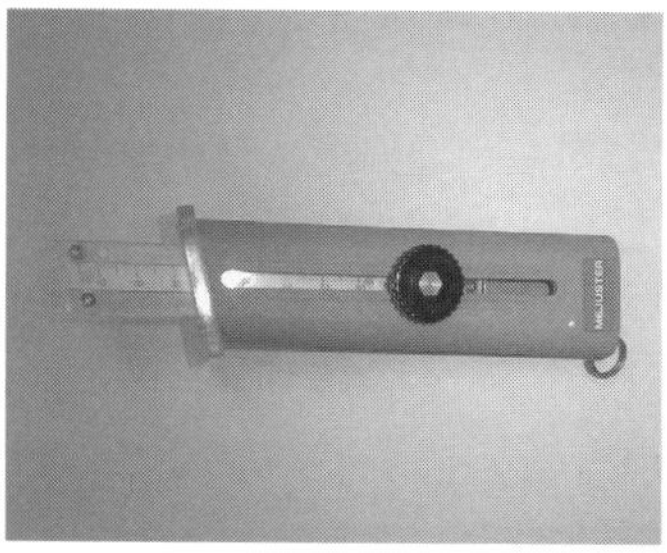

間施工するとき、目地底に置いてシーリング材の厚さを設定したり3面接着を防いだりする材料で、現在は発泡ポリエチレンが多く使用されている[169頁表2]。充填を確実にするうえでも非常に重要。シーリング材と接着せず適度な弾性をもつ材料として発泡ポリスチレンがよく使われており、角型や丸棒の形状に加え、粘着テープ付きなどの種類がある。特殊なものとしては、目地内に入った水を抜くための**透水バッカー**やガラス目地用に**軟質層付きバッカー**など。

可塑剤｜かそざい

柔軟性を付与するためシーリング材に添加される有機成分[169頁写真2]。作業性が確保され、ゴム弾性が得られるが、**ブリージング**と呼ばれる成分移行の原因となる。ブリージングは、被着体を変色させたり、塗膜を軟化させたりすることがあるので、事前に相性を確認して、適切な材料を選定する。

プライマー

シーリング材と被着体を接着させるための付与剤のこと（ウレタン系、エポキシ系、シリコーンレジン系、シラン系など）。シーリング材を充填する前に目地側面に塗布する。被着体の表面を強化し、シーリング材の接着を確実にする働きがある。シーリング材と被着体の組合せによってはプライマーなしでの接着が可能だが、多くの場合はプライマーがシーリング材接着の重要な役割を担う。

ボンドブレーカー

薄いテープ状のもので、シーリング材が接着しないものをいう。

逆プライマー｜ぎゃく―

シリコーン系シーリング材の表面に塗装をしたい場合に塗料の弾きを防ぎ、密着性を高めるプライマーのこと。

着色材｜ちゃくしょくざい

シーリング材に色を付けるもので、無機質のものが多く使用されている。

バリアプライマー

シーリング材から出る可塑剤などの物質が仕上げ面に影響を与えるのを抑えたり、シーリング表面に付着する汚れを防止したりするプライマーをいう。

ノンブリード

表面ににじみにくい塗装用のシーリング材。

工具

コーキングガン

シーリング材を打設するときに使う、金属性の工具をいう[写真3]。

ヘラ

金属性、竹、仕上げ用バックアップ材などがあり、施工時の目地に合わせて作製し使用する。

ドラム回転式ミキサー｜―かいてんしき―

シーリング材の専用の混練機で正転のみまたは正転逆転をタイマーで行い、1分間で60回転する。

ナイロン研磨布｜―けんまふ

シーリング材が接着しにくい被着体などの場合、ナイロン性の研磨

図4 亀裂誘発目地の入れ方

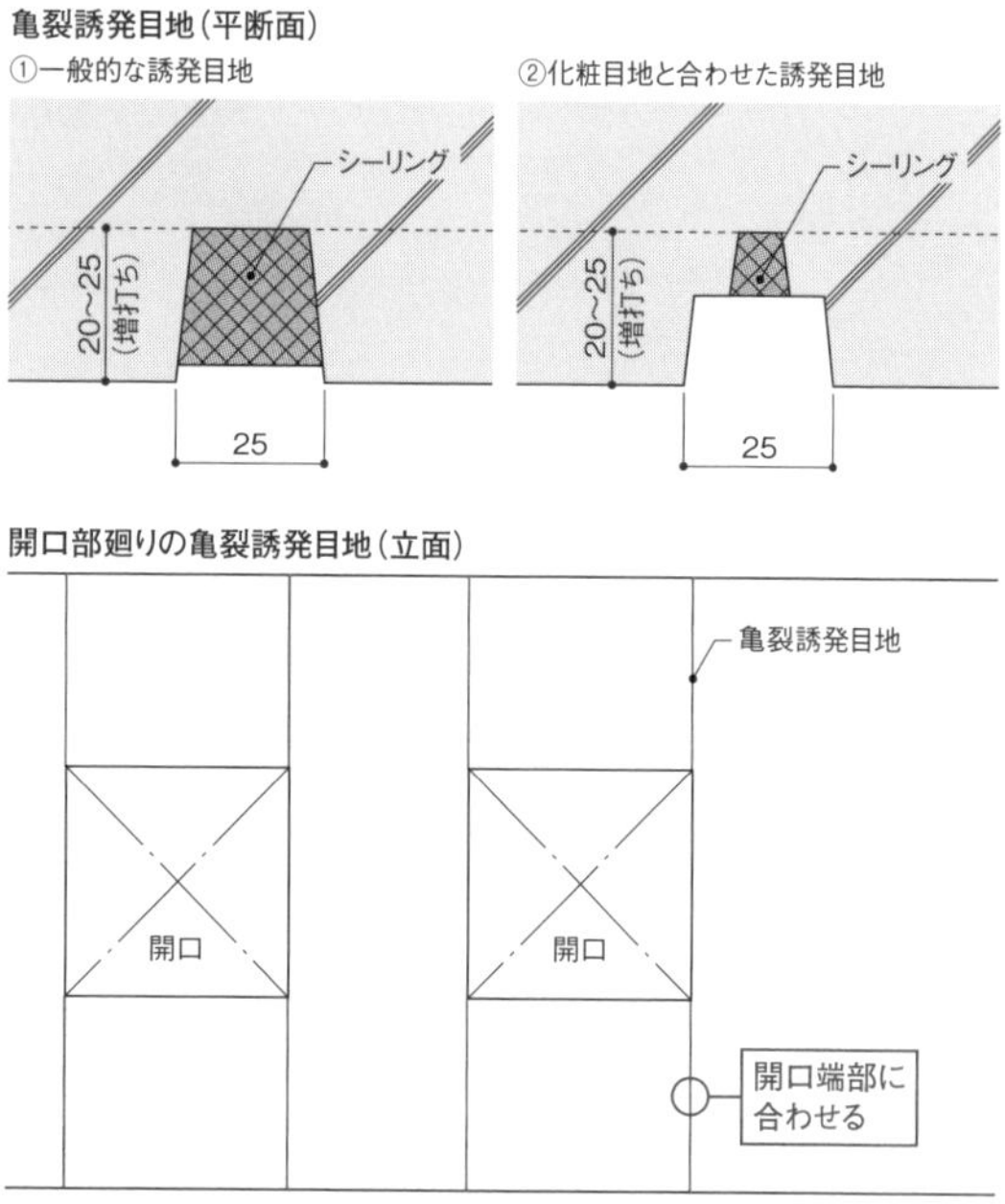

図5 2面接着と3面接着

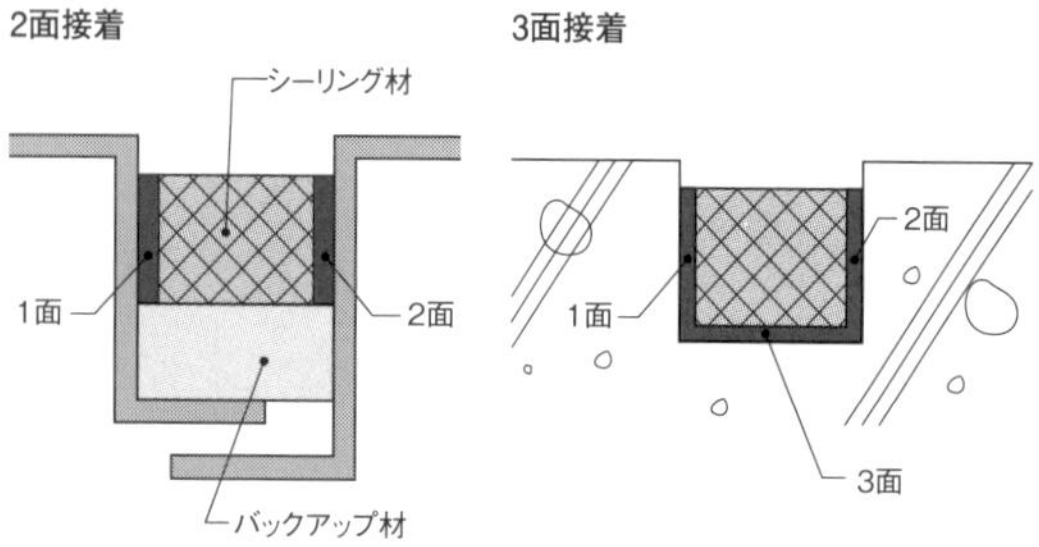

布により軽く2～3回被着面を研磨するもの。作業の合理化のために、電動式機械もある［写真4］。

バックアップ材装填治具｜ざいそうてんじぐ
目地深さを調整しながらバックアップ材を装填する工具［写真5］。

施工・工法

先打ち｜さきうち
塗装工事の前にシーリング施工の打継ぎを行うこと。

後打ち｜あとうち
塗装工事のあとにシーリング施工の打継ぎを行うこと。

図6｜**2重シーリングと2段階シーリング**

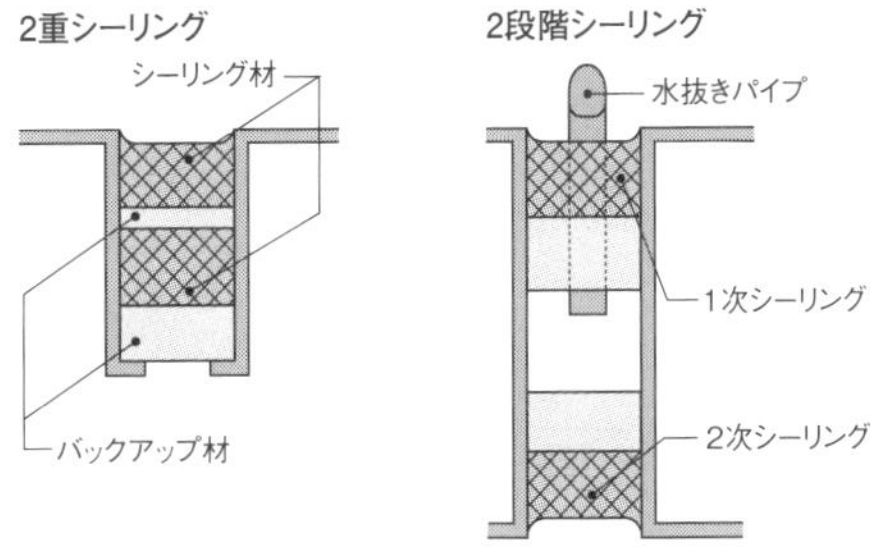

オープンジョイント
等圧ジョイントともいう。外部と壁厚内の圧力を等しくして止水すること。現在その圧力差は、50Pa以内が多い［169頁図3］。

亀裂誘発目地｜きれつゆうはつめじ
外壁の亀裂を防止するために、意図的に設けられる目地。一定間隔に壁厚の薄い個所を設け、亀裂を誘発させる。この部分にシーリング材を充填しておく［図4］。

2面接着｜にめんせっちゃく
動く目地の場合、2面のみ接着させ、残る1面をフリー面とすること。シーリングが動きやすくなるので収縮に強くなる［図5］。

図7｜**先打ちシーリングと後打ちシーリングの打継ぎ**

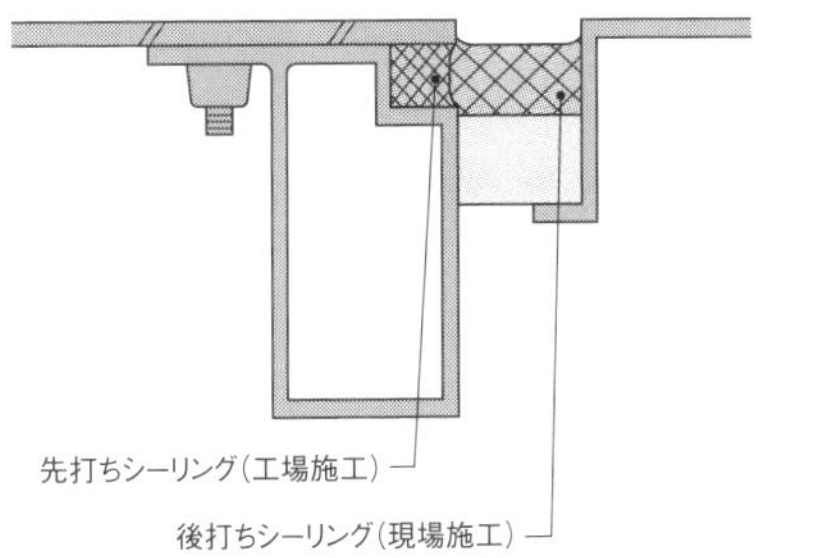

3面接着｜さんめんせっちゃく
亀裂誘発目地または、打継ぎ目地など、動きの少ない目地の場合に使用する接着方法［図5］。目地の両側面と底面を合わせた3面にシーリング材を接着させること。対して、底面には**バックアップ材**や**ボンドブレーカー**と呼ばれる絶縁用のテープを用い、両側面だけにシーリング材を接着させることを**2面接着**という。動きの小さなコンクリート打継ぎ目地などには3面接着、サッシ廻りの目地などには2面接着が用いられる。

2重シーリング｜にじゅう―
奥行の深い目地に2重のシーリングをすること［図6］。シーリングが切れやすい金属パネル目地などでよく使用される。PCa版目地に見られる、1次シーリングと2次シーリングから構成された2段階止水とは意味が異なるが、明確な定義はない。

図8｜**そぎ継ぎの方法**

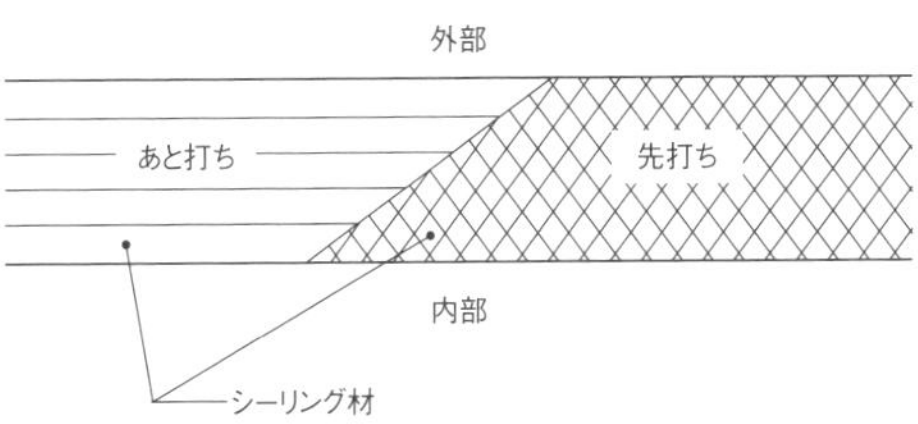

水抜きパイプ｜みずぬき―
シーリング目地内に入った水を外部に排出するためのパイプ。PCa版目地などでは止水システムを構成する重要部品である。雨水の逆流を防止するため、L型やT型、あるいは弁付きのパイプが使用される。施工の際にシーリング目地に埋め込むため、現場作業への品質依存性が高い。

写真6｜**シーリング材引張り試験の状況**

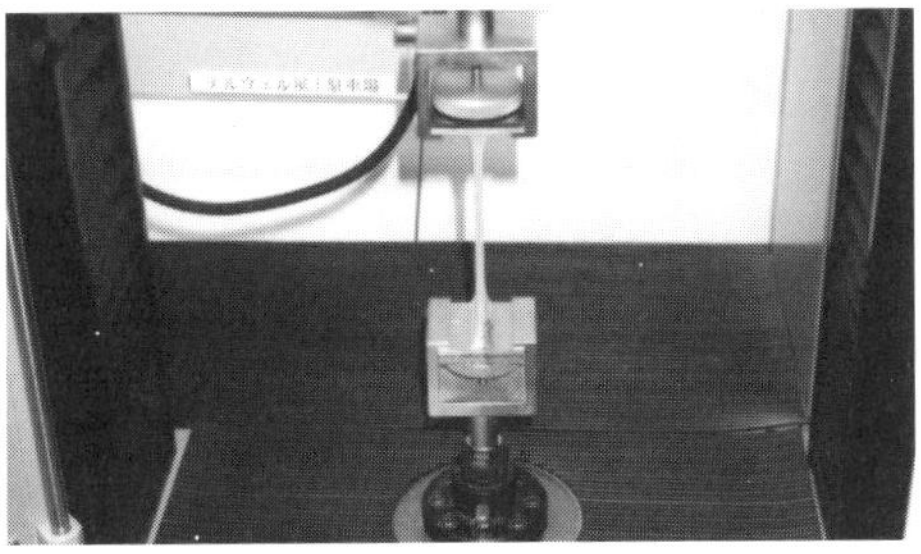

脳天シーリング｜のうてん―
トップライトなど、水平面に設けられたシーリング目地。この目地が外部に露出している場合、紫外線による劣化が進みやすいうえ、欠陥部からの重力による浸水が起きやすいため、なるべく避けるべきとされる。笠木目地などでやむを得ない場合、2重シーリングなどの補助手段を行う必要がある。

打継ぎ｜うちつぎ
施工上の都合や改修工事などの理由で日にちを置いてシーリング材を接続施工すること［図7］。本来は同じシーリング材で打継ぎするのがよいが、やむを得ず異種材を使うことがある。

そぎ継ぎ｜―つぎ
打ち継ぐ場合、図8のように斜めにして打ち継ぐこと。

2段階防水｜にだんかいぼうすい
シーリングを2重にして防水する方法［図6］。

接着性試験｜せっちゃくせいしけん
被着体とシーリング材の接着性を確認するための試験［写真6］。接着試験ともいう。一般的にはJIS A 5758の基準を満たすことが求められる。試験体として50㎜角の被着体2枚

写真7｜マスキングテープ（石目地シーリングの施工状況）

写真8｜マスキング

マスキングテープを張り、シーリング材を充填 → ヘラで仕上げ。マスキングテープをはがす → 完成

の中間に12㎜角のシーリング材目地を形成させ、所定の養生を行った後、引張り試験機にかける。試験結果は、シーリング材の破壊位置により接着破壊（AF）、薄層凝集破壊（TCF）、凝集破壊（CF）に分類。AFは不合格、TCFおよびCFは合格とみなされる。

マスキング
シーリング施工時に目地周辺を汚さないよう、紙製の粘着テープを仮に張ること[写真7・8]。美しい目地仕上げの決め手になり、熟練を要する。シーリング材をへら押さえしたらすぐにテープを剥がす。

タック
シーリング材表面の粘性、べた付き。**タックフリータイム**とはシーリング材が硬化して指先に付着しなくなるまでの時間。1成分形シーリング材は湿気により表面から徐々に硬化が進むため、タックがなくなっても内部は未硬化。

ひも状接着試験｜じょうせっちゃくしけん
施工現場で行う、シーリング目地の接着性確認試験。実際の現場施工状態での性能を確認できる[図9]。硬化したシーリングの一部をひも状に切り、ペンなどで印をつけた後、シーリング面と直角に指で引張る。破壊状態や伸び率から、接着性を判断する。一般的にはJIS A 5758の基準を満たすことが求められる。

性能

ムーブメント
熱、地震などによって発生する目地の動きのこと。

ワーキングジョイント
熱、地震などで動く目地のこと。

ノンワーキングジョイント
熱、地震などで動かないか、動きが非常に小さい目地のこと。

ムーブメントの追従性｜ついじゅうせい
熱、地震などの動きに対する追従性をいう。

オープンタイム
プライマーなどを塗布後、乾燥させる時間。

タックフリータイム
手で触れてもシーリング材が手についてこない状態をいう。

可使時間｜かしじかん
シーリング材の性能に問題がなく使用できる時間のことを指す。

投錨効果｜とうびょうこうか
アンカー効果、ファスナー効果とも。接着剤が被着材の表面にある空隙に浸入・硬化し、釘またはくさびのような働きをすること。

押出し性｜おしだしせい
シーリング材をガンで施工する際の押し出しやすさ。現場施工でシーリング材の施工性を左右する。

モジュラス
引張り応力のこと。元は係数の意で、硬化したシーリング材を伸ばした際の抵抗力。一般に50％引張り時の応力値。シーリング材では、50％の伸びを与えたときの引張り応力を50％モジュラスという。軟らかいシーリング材は**低モジュラス**（0.2N/㎟未満）、硬いシーリング材は**高モジュラス**（0.4N/㎟以上）、

図9｜ひも状接着試験

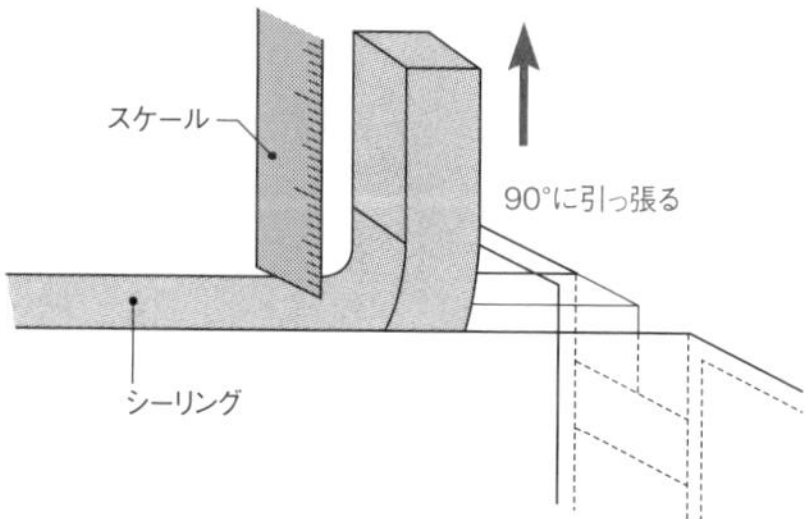

図10｜凝集破壊

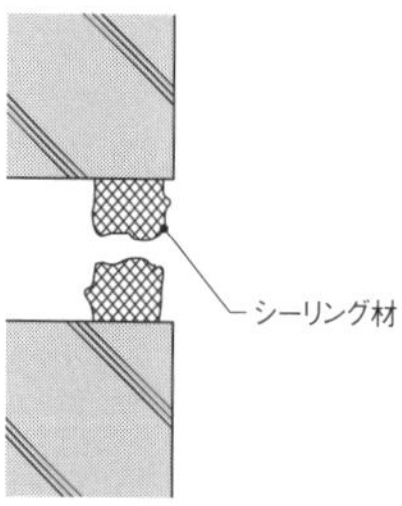

図11｜界面破壊

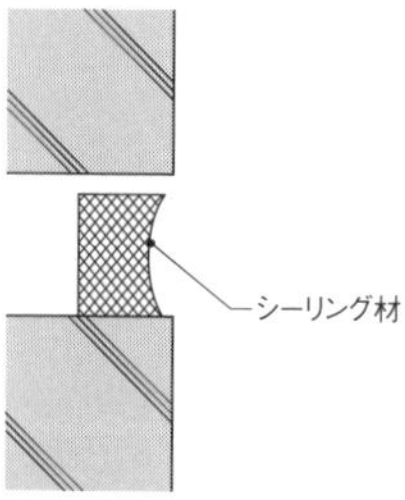

図12｜ワーキングジョイント部の注意

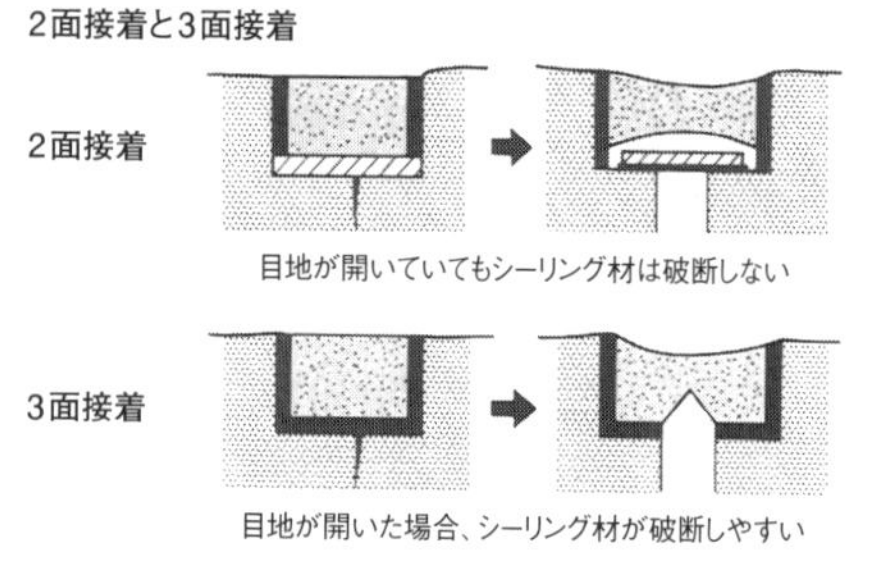

中間の**中モジュラス**に分類され、普通の目地には低モジュラス、強度の必要なＳＳＧ構法などには高モジュラスが使われる。

不具合

硬化不良｜こうかふりょう
一定の時間が経過してもシーリング材が硬化しない現象をいう。

クレーター
シーリング材表面の凹みをいう。

チョーキング
白亜化現象ともいう。紫外線によりシーリング材表面が劣化してチョークの粉状になること。材料表面の光沢が低下し、劣下しやすい。

内部気泡｜ないぶきほう
シーリング材内部に入っている空気（泡）。内部気泡が収縮したり破れたりすると、性能が劣下し、クレーターになることがある。

ふくれ
シーリング材内部に表面がふくれること。ふくれによってシーリングが剥がれたりすることがある。

凝集破壊｜ぎょうしゅうはかい
接着剤または被着材の分子または原子が結合された状態。この分子または原子間に働く引力を凝集力、力がある一定の場所に集まりシーリング材の材料破壊が生じることを凝集破壊という[図10]。

ウェザリング
屋外において、時間の経過とともに生じる有害な変化のことだが、紫外線の照射試験を指すこともある。照射試験では、耐候性を調べるのに使われる。

界面破壊｜かいめんはかい
接着破壊ともいい、接着面よりシーリング材が剥れる（剥離）ことをいう[図11]。

汚染性｜おせんせい
シーリング材の影響によって周辺の仕上げ材などを汚すこと。

スランプ
自重でシーリング材が下がることをいう。

ノンサグ
シーリング材を垂直面の目地に充填したとき、スランプを生じないことをいう。

被着体破壊｜ひちゃくたいはかい
目地のムーブメントによりシーリング材が変形する際、被着体表面の引張り強度をシーリング材の発生対応力が上回ることで被着体が破壊すること。**母材破壊**ともいう[図12]。

補修

オーバーブリッジ方式｜—ほうしき
目地に橋をかけるように、シーリング材を盛り上げるようにして充填することをいう。**再充填方式**で目地をシーリングで補修しても早期に同じ破壊が起きると予想される場合に使われる方法である。**橋架け方式**ともいう。

再充填方式｜さいじゅうてんほうしき
補修が必要なシーリング材にシーリングを再充填し、補修すること[図13、表3]。

拡幅再充填方式｜かくふくさいじゅうてんほうしき
再充填方式で補修をしても早期に同じ破壊が起きると予想される場合、目地幅を拡大してシーリング材を再充填する。

図13｜補修工法選択のフロー

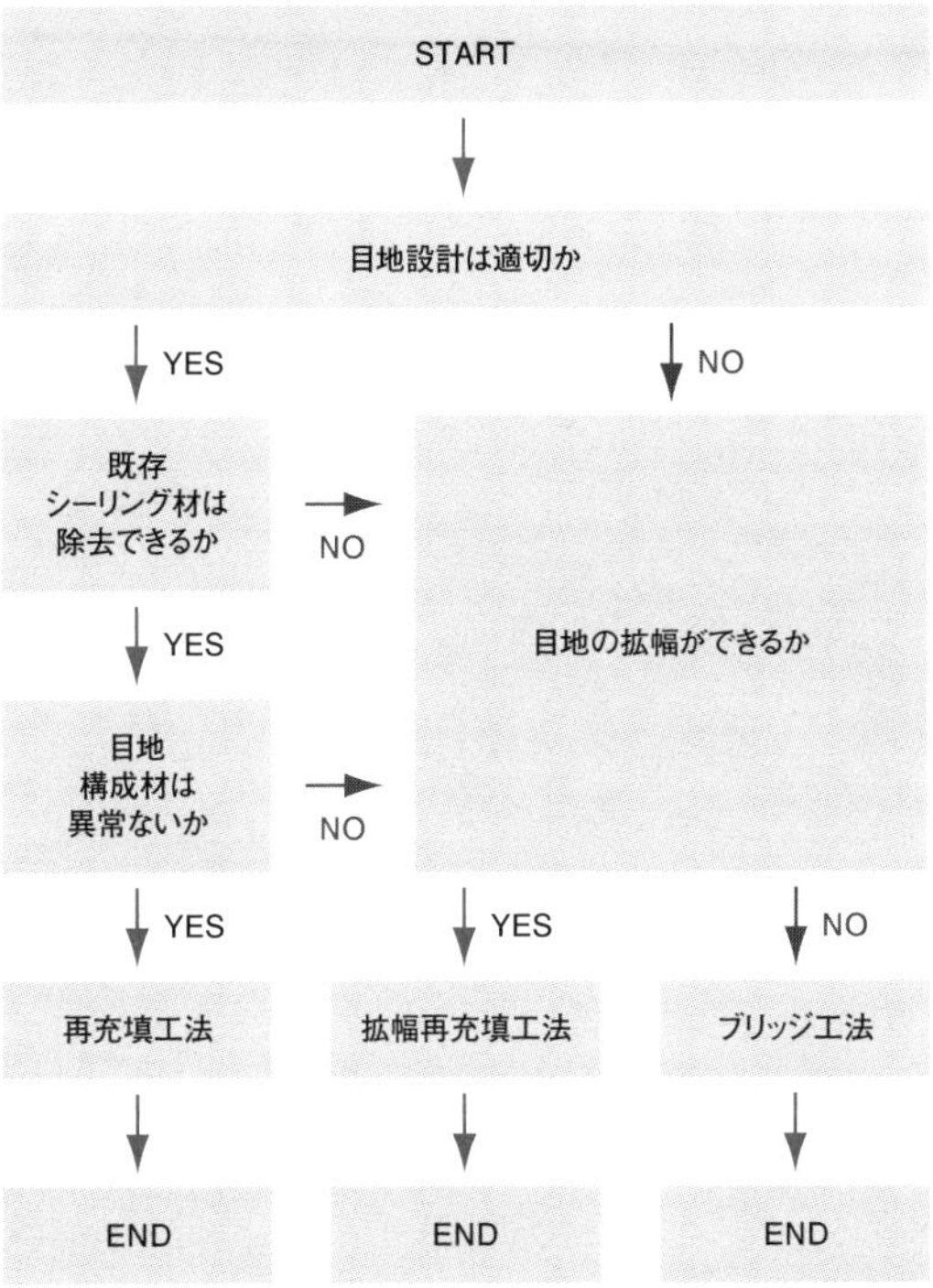

表3｜再充填方式の方法

方法	内容
材料および施工を変えない方法	シーリング材が経年劣化し、定期的な補修として同種の材料で更新する。または、単純な施工不良で部分的に補修する
施工法のみを変えた方法	プライマーの本質的な性能の問題ではなく、単なる清掃では除去できない接着性阻害因子によって接着破壊が生じたと判断されたときに、被着面を清掃してプライマーを塗布する
プライマーを変更する方法	被着体に対して「プライマーが適合しない」「プライマーが経時的に変質した」「プライマーの施工不良が生じた」などのプライマーの本質的な問題がある場合は、そういった問題の起きないプライマーに変える
プライマーおよび施工法を変更する方法	プライマーを変更する場合、単に別のプライマーを用いるのではなく、安全をみて、「施工法のみを変えた方法」のように施工も併せて変える
異種のシーリング材	古いシーリング材が使われていた場合に、現在各種出揃っている性能の高いシーリング材に変える。シーリングを変えることでプライマーも変わるので、プライマーに関する問題も一挙に解決される

参考 シーリング材の種類と適正部位の一覧

目地の区分	工法・部材・構成材			シリコーン系		変成シリコーン系		ポリサルファイド系		ポリウレタン系	
				SR2	SR1	MS2	MS1	PS2	PS1	PU2	PU1
ワーキングジョイント	各種外装パネル	ALCパネル（スライド構法）	ALCパネル間目地 塗装あり[※2]	—	—	○	○	—	—	○	○
			ALCパネル間目地 塗装なし	—	—	○	○	—	—	—	—
			窓枠廻り目地 塗装あり[※2]	—	—	○	○	—	—	○	○
			窓枠廻り目地 塗装なし	—	—	○	○	—	—	—	—
		フッ素樹脂塗装	常乾、焼付塗装目地	○[※1]	—	○	—	○	—	—	—
		塗装鋼板、ほうろう鋼板	鋼板目地	—	—	○	○	○	○	—	—
			窓枠廻り目地	—	—	○	○	○	○	—	—
		GRC、セメント押出し成形板	板間目地	—	—	○	○	○	○	—	—
			窓枠廻り目地	—	—	○	○	○	○	—	—
	戸建住宅の外壁	窯業系サイディング	塗装有り[※2]	—	—	○[※3]	○	—	—	○	○
			塗装なし	—	—	○[※3]	○	○	○	—	○
		金属系サイディング	サイディング目地	—	—	○	○	—	○	—	—
	ガラス	ガラス廻り	ガラス廻り目地	○	○	—	—	○	—	—	—
	金属製建具	窓枠廻り	水切り・皿板目地	○	—	○	○	○	—	—	—
		サッシ工場シール	シーリング材受け	—	—	—	—	○	—	—	—
	笠木	金属製笠木	笠木間目地	○[※1]	—	○	—	—	—	—	—
		石材笠木	笠木間目地	—	—	○	—	○	—	—	—
		PCa板笠木	笠木間目地	—	—	○	—	○	—	—	—
ノンワーキングジョイント	コンクリート壁	RC壁、窓枠廻り、壁式PCa	塗装あり	—	—	—	○	—	—	○	○
			塗装なし	—	—	○	○	○	○	—	—
		石張り（湿式）（GPC、石目地含む）	石目地	—	—	—	—	○	—	—	—
			窓枠廻り目地	—	—	○	○	○	○	—	—
		タイル張り	タイル目地	—	—	○	○	○	○	—	—
			タイル下躯体目地	—	—	—	—	—	—	○	○
			窓枠廻り目地	—	—	○	○	○	○	—	—
	外装パネル	ALCパネル挿入筋工法・塗装あり	ALCパネル間目地	—	—	—	○	—	—	○	○
			窓枠廻り目地	—	—	○	○	—	—	○	○
外壁以外の目地	屋根・屋上		シート防水等の端末処理	—	—	—	○	—	○	—	○
			瓦の押さえ（台風被害の防止）	—	○	—	○	—	○	—	—
			金属屋根の折り曲げ部分のシール	—	○	—	○	—	○	—	○
	水廻り		浴室・浴槽（耐温水性必要部）	—	○	—	—	—	—	—	—
			流し台・キッチンキャビネットなどの目地	—	○	—	—	—	—	—	—
			洗面化粧台廻り	—	○	—	—	—	—	—	—
	ポリカーボネート板・アクリル板			—	○[※4]	—	—	—	—	—	—
	排気口・貫通パイプ廻り		塗装あり	—	—	○	○	—	—	○	○
			塗装なし	—	—	○	○	○	○	—	—
	バルコニー手摺の支柱脚部廻り・避難ハッチ廻り		塗装あり	—	—	○	○	—	—	○	○
			塗装なし	—	—	○	○	○	○	—	—

ムーブメントへの追従を考慮し、シーリングは原則として2面接着で施工するが、ムーブメントの少ない躯体の打ち継ぎ目地などは、クラックによる雨水の浸入を防ぐためにも3面接着とするほうがよい

アルミサッシなどの金属製建具で水切と本体にシーリングを使用する場合、ポリウレタン系を使うのは間違い。紫外線に弱く、3〜7年で劣化し最終的にはなくなってしまうため。ポリサルファイド系・変成シリコーン系で施工するのが正しい

ムーブメントの大きい部位にポリサルファイド系のシーリング材を使うのは間違い。追従できずに割れ、剥離が発生する

出典：「建築用シーリング材ハンドブック」（日本シーリング材工業会）
※1：汚染の可能性があるので注意を要する（シーリング材製造業者と協議する）　※2：いずれのシーリング材についても、塗装性の事前確認が必要
※3：応力緩和タイプが望ましい　※4：脱アルコール形とする

仕上げ 5

仕上げ

屋根工事 1

屋根は材料別に瓦葺き［かわらぶき］、スレート葺き、金属板葺き［きんぞくばんぶき］などが挙げられる。

形状・部位・部材

片流れ｜かたながれ
1方向に傾斜した形の屋根［図1①］。

切妻｜きりづま
本を開いて伏せたような形の屋根［図1②］。

寄棟｜よせむね
棟を中心に四方に流れをもつ屋根［図1④］。

腰屋根｜こしやね
煙出しや明かりとりのために棟の1部に設けられた小屋根［図1⑤］。

方形｜ほうぎょう
棟がなく、1つの頂点から四方または八方に向かって傾斜した屋根［図1⑥］。宝形とも書く。

入母屋｜いりもや
切妻屋根の妻側下部を寄棟のようにした屋根［図1⑦］。

陸屋根｜ろくやね(りくやね)
水平またはほとんど勾配がない屋根［図1⑧］。

母屋下がり｜もやさ―
建築の高さ制限などによって、屋根の一部を下げ、斜めになっていること。

棟｜むね
勾配屋根の傾斜面と傾斜面の合わさった頂部の水平部分［図2］。

隅棟（下り棟）｜すみむね（くだりむね）
寄せ棟あるいは方形屋根で、隣り

図1｜屋根の主な形状

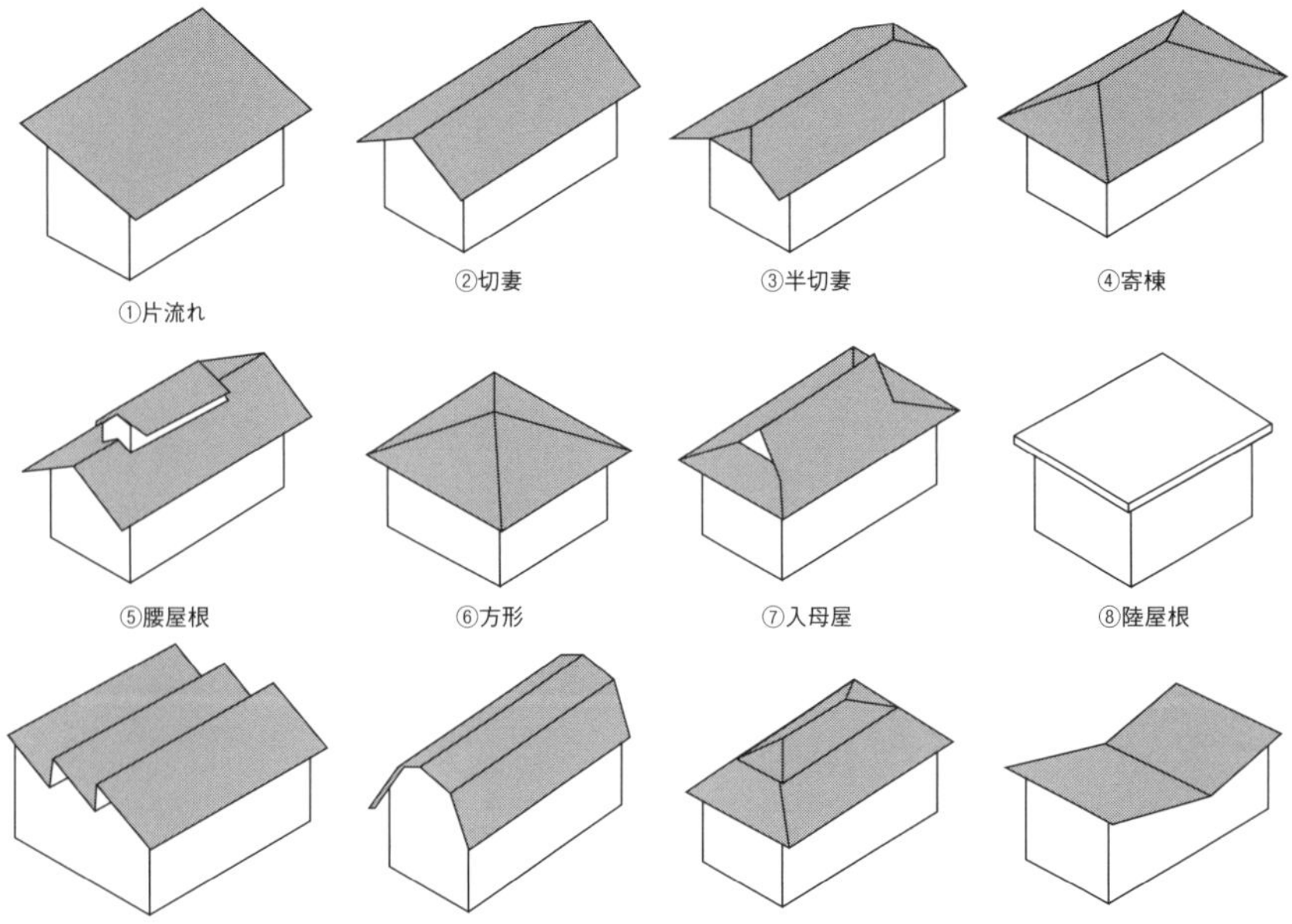

図2｜屋根の各部の名称

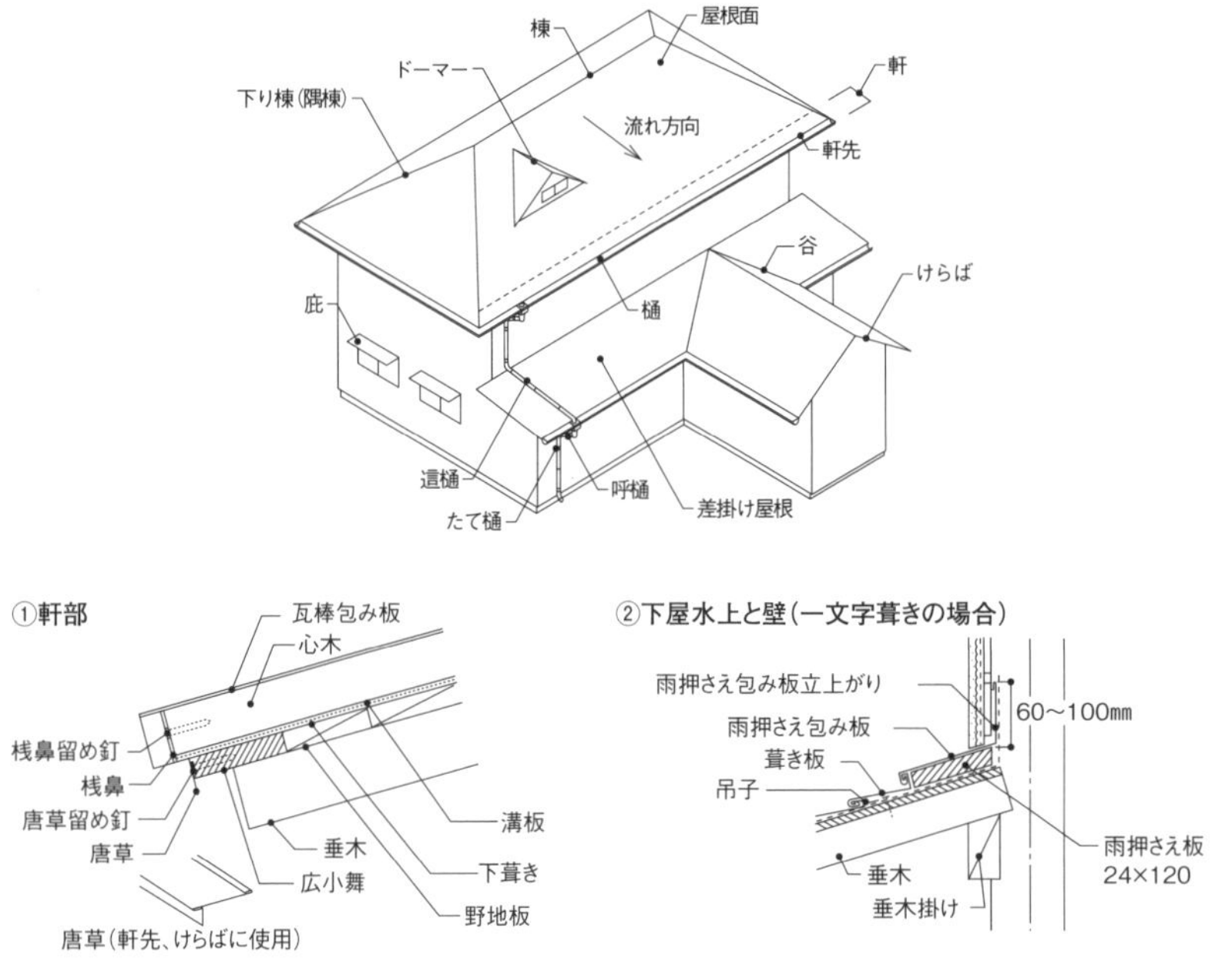

写真1｜雪止め

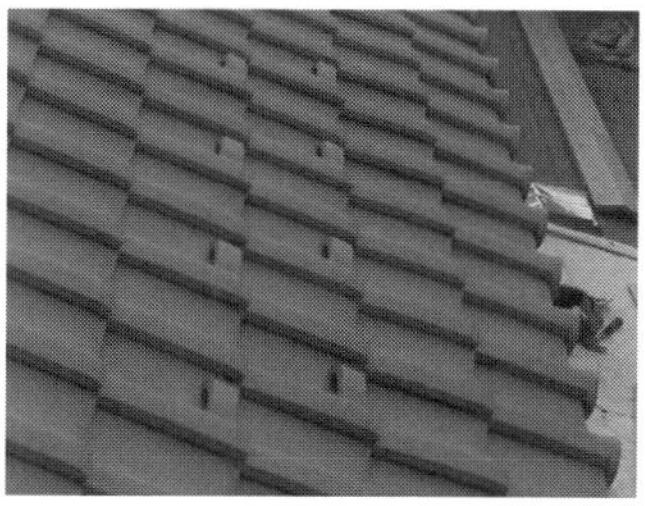

瓦と一体になった雪止め

スレート葺きに用いる雪止め専用の金物

図5｜雨樋の取り付け例

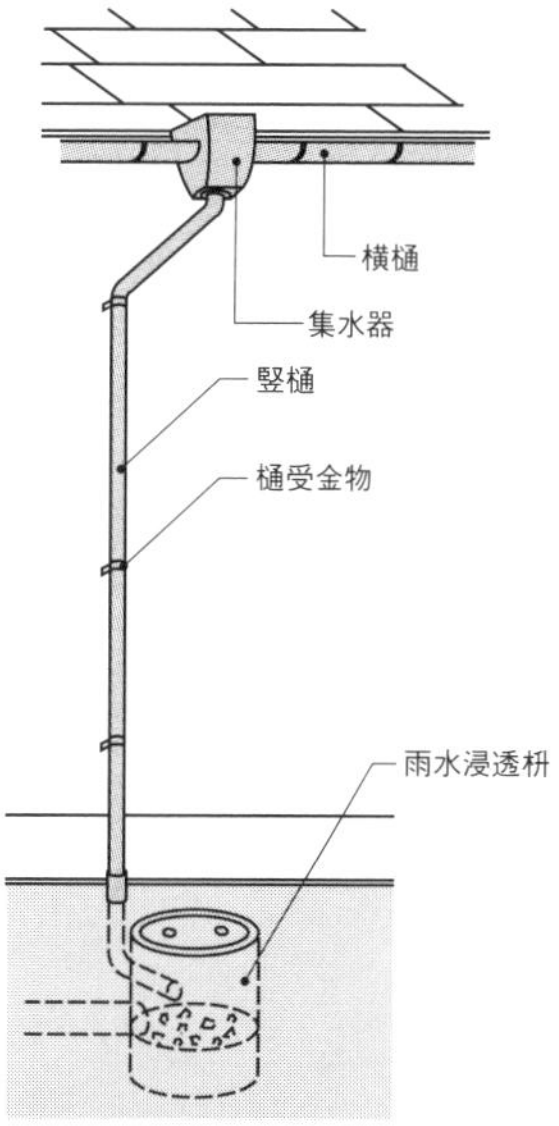

横樋で受けた雨水を集水器でまとめ、竪樋につなげる。さらに、地中の雨水浸透桝に流す。オーバーフローした水は、下水へ流す

図3｜軒先のつくり

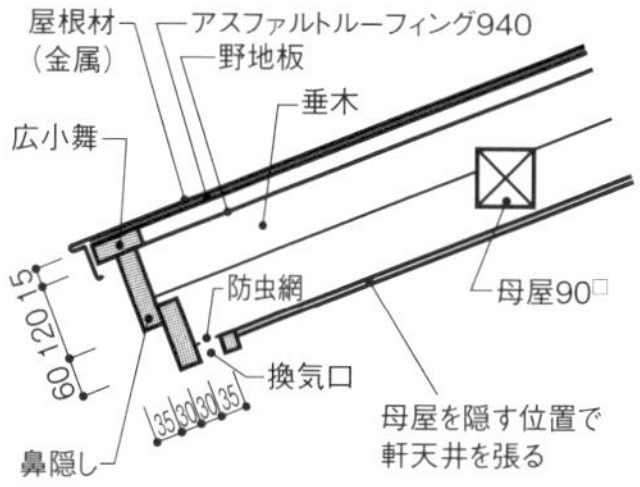

鼻隠しを2段にして軒先をシャープに見せることができる

図4｜けらばのつくり

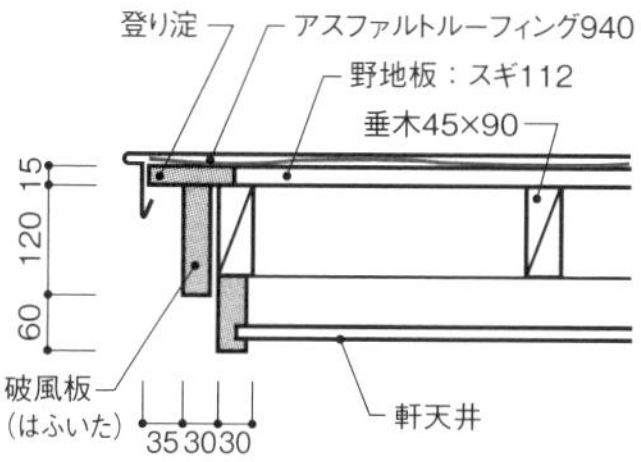

軒先と直角方向のけらばも破風板を2段にしてシャープに見せることができる

図6｜内樋の納まり例（S＝1：15）

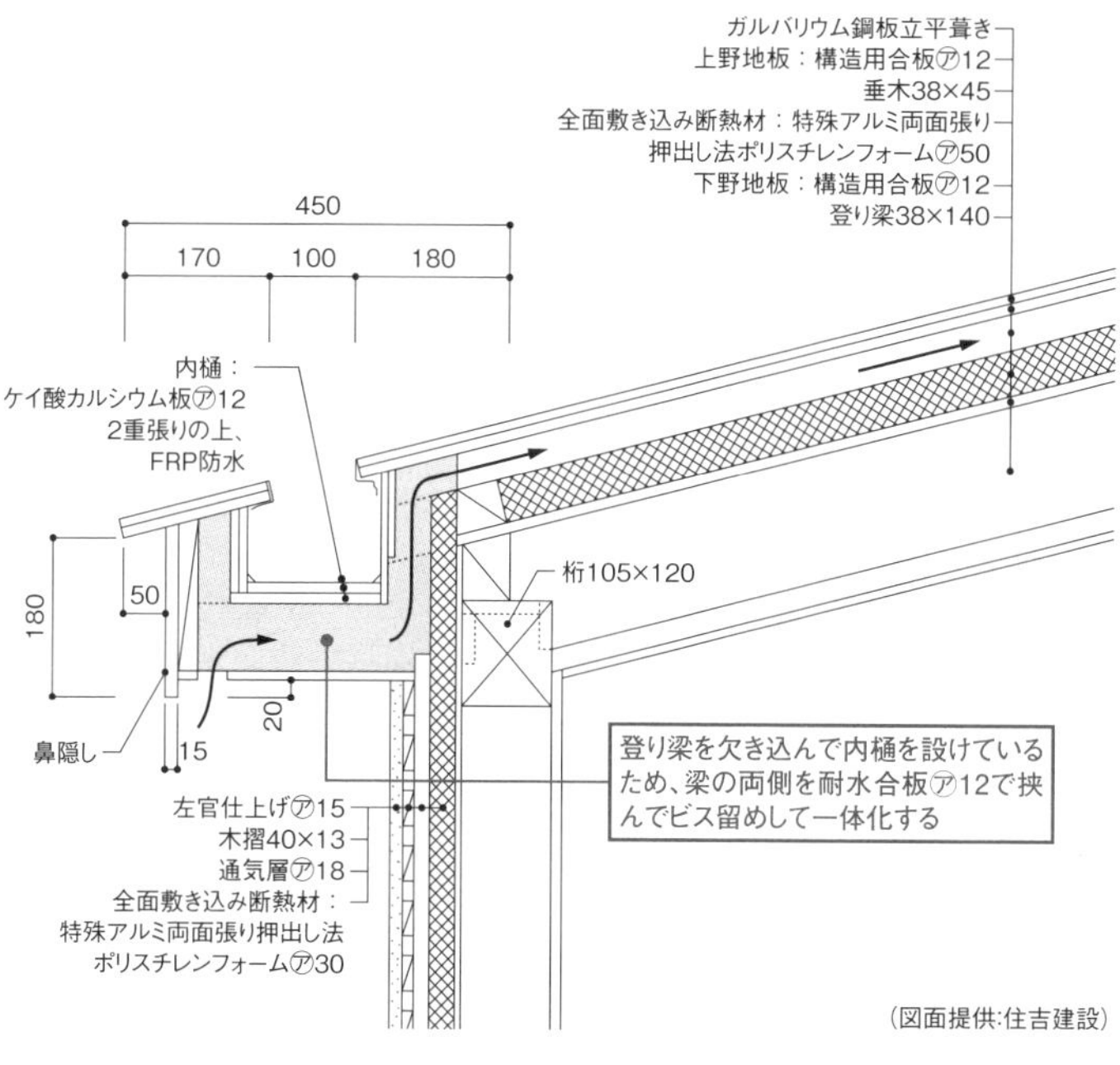

（図面提供：住吉建設）

合う2つの屋根面が連続して接する部分[図2]。

谷｜たに
屋根面が**水下**で別の屋根面または壁面と連続的に接する線状の部分[図2]。水みちになるため防水対策の必要な個所である。

軒｜のき
屋根面の外壁から飛び出した先端までの部分[図2]。その距離を**軒の出**［のきので］という。

軒先｜のきさき
軒の最先端で**鼻隠し**、**広小舞**などで構成される[図3]。

鼻隠し｜はなかくし
軒先において垂木の端部などを保護したり、軒の厚さを表現する目的で取り付けられる横板。材料は木、樹脂系、窯業系押出し成形材、金属成形板などがある。

広小舞｜ひろこまい
軒先の垂木先端上部に付ける幅広の横木[図2]。垂木の振止めや裏板の納まりのために付ける。

唐草｜からくさ
軒先やけらばを包む部分のこと[図2]。軒先で葺き板を固定する。また、雨水の切れをよくする。

雨押さえ｜あまおさえ
雨水浸入を防ぐために、屋根と壁の立上がりの取合いなどに取り付ける板[図2]。

けらば
切妻屋根や片流れ屋根の妻側（棟の両端部）の端部で、そこに取り付く板が破風板[図4]。

破風｜はふ
垂木、**母屋**、**桁の鼻**（部材の先端部）を隠すために屋根に沿って山形に取り付ける板・部位。左右の破風が合わさったところは**拝み**という。

雪止め｜ゆきどめ
屋根の上の積雪が急に滑り落ちるのを防ぐために屋根面に設ける部材[写真1]。突起状のものが一般的。屋根材、葺き方、積雪量により種類がある。雪止めの設置によって雪が落ちにくくなるが、絶対に落ちないとはいえない。最近は、敷地が狭く隣地との距離がとれなくなってきており、近隣対策のため雪の少ない温暖地でも雪止めの採用が一般的になってきている。

樋｜とい
軒先につけるものを**軒樋**、**軒樋**の水をまとめて縦に流す樋を**縦樋**という[177頁図5]。また、屋根面に設けた溝に取り付けるものを**内樋**という[177頁図6]。

集水器｜しゅうすいき
軒樋と縦樋の接合部分に設けられる部品。**マス**ともいう[177頁図5]。

野地・野地板｜のじ・のじいた
屋根材を取り付ける下地となる部位[図7]。野地板というとムク板を指すが、最近は**合板**などの使用が多い。耐火建築物で小屋組が鉄骨の場合、硬質木片セメント板などの耐火野地板を使用する。この上に**アスファルトルーフィング**などの下葺き材を敷いた上に屋根材を葺く。

アスファルトルーフィング
屋根材の下に敷かれる防水性のあるシート。有機天然繊維などを原料とするフェルトに、アスファルトを浸透・被覆したシート状の製品のこと。

下葺き材｜したぶきざい
屋根葺き材の施工に先立ち、雨水の侵入を防ぐために屋根材の下に敷かれるシート[図7、写真2]。一般にはアスファルトルーフィング940が使用される。そのほかに改質アスファルト系やブチルゴム系の防水シートが使われる。ほかに、耐久性・耐熱性を強化したゴムアスファルト系ルーフィング（改質アスファルトルーフィング）、野地廻りに発生する結露を外気側に放出する透湿性能を付与した透湿ルーフィングなどがある。

捨張りルーフィング｜すてばりルーフィング
下葺き材の施工に先立ち、屋根の谷部などの防水補強を目的としたルーフィング[写真3]。

増張り｜ましばり
下葺き材施工後、**壁との取合い部**などで、防水補強のためにさらに重ねて敷設される防水シートおよびその敷設作業[写真4]。

壁との取合い部｜かべとのとりあいぶ
屋根面が水上部分で、あるいは流れ方向と平行に、上階部の壁と連続して接する部分で、雨仕舞に注意する必要がある[図8]。

桁方向｜けたほうこう

図7｜一般的な下葺き工法

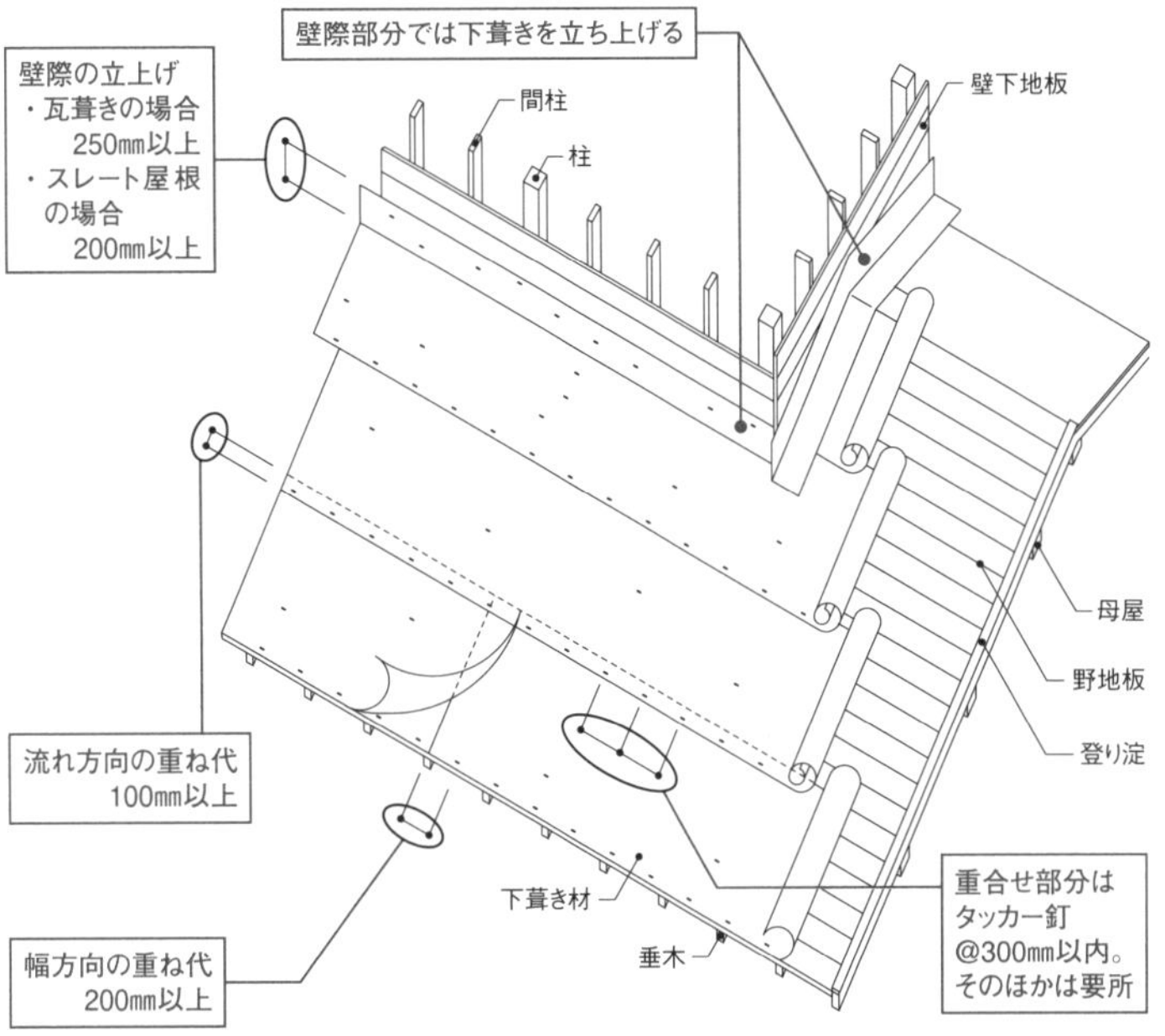

写真2｜アスファルトルーフィング張り

写真3｜捨張りルーフィング

写真4｜増張り

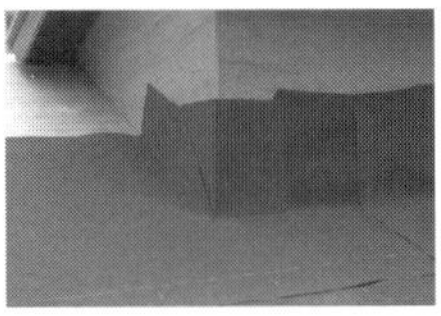

図8｜下葺き材施工時の注意点

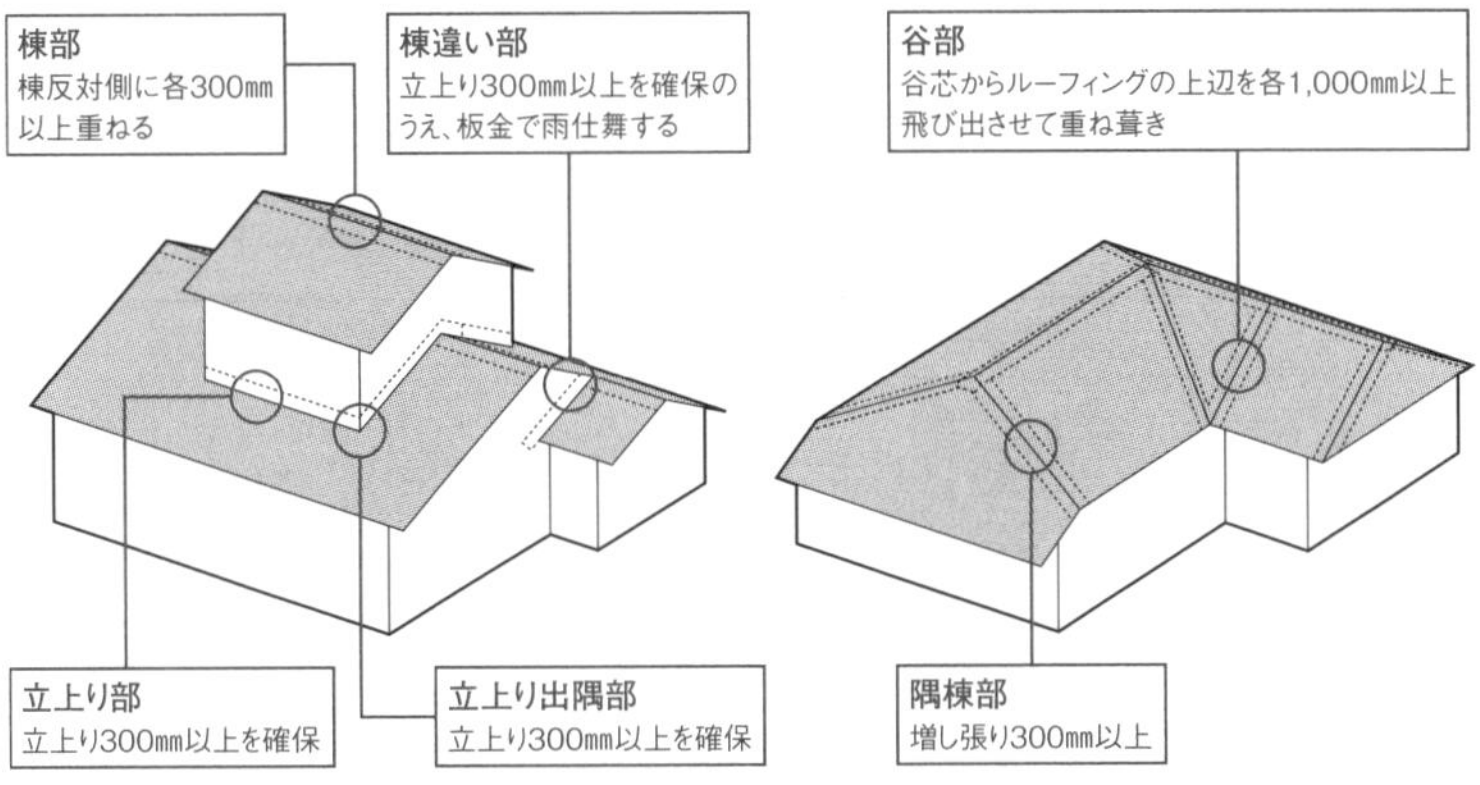

表1｜屋根葺き材と屋根勾配

葺き材	屋根勾配
桟瓦葺き	4／10〜7／10
スレート葺き	3／10以上
金属板葺き	3／100以上

屋根勾配の表し方：「3／10勾配」＝「3寸勾配」（1尺に対して3寸の勾配）。10寸勾配を矩（かね）勾配という

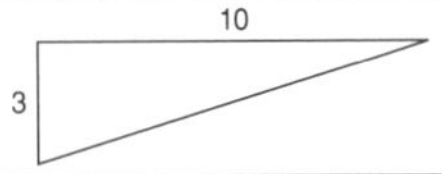

桁行方向、桁側ともいう。小屋梁、登り梁、垂木などに対して直角に交わる方向をいい、外壁と取合いは水平になる。

流れ方向｜ながれほうこう
屋根面において雨水の流れる方向のこと。

働き寸法｜はたらきすんぽう
屋根材を重ねて葺いたり、水切役物を重ねて接合したとき、表に出る見え掛かり部分の寸法を指す。屋根部材の必要量を算定や割り付けに必要な寸法。

屋根勾配｜やねこうばい
水平面に対する屋根面の勾配。屋根葺材によって適する勾配は異なる[表1]。一般に寸勾配で表す。

留付け｜とめつけ
屋根葺き材、**役物**を釘留めしたり、**緊結線**、**吊子**、ボルトなどで下地に緊結する作業をいう。

役物｜やくもの
屋根工事では、屋根面のあらゆる端部で、納まりのために使用される部材の総称。瓦屋根は瓦や**屋根漆喰**で納め、スレート屋根や金属屋根は一般に金属製のものを使う[写真5]。

写真5｜役物の種類（写真はストレート葺きで使用されるもの）

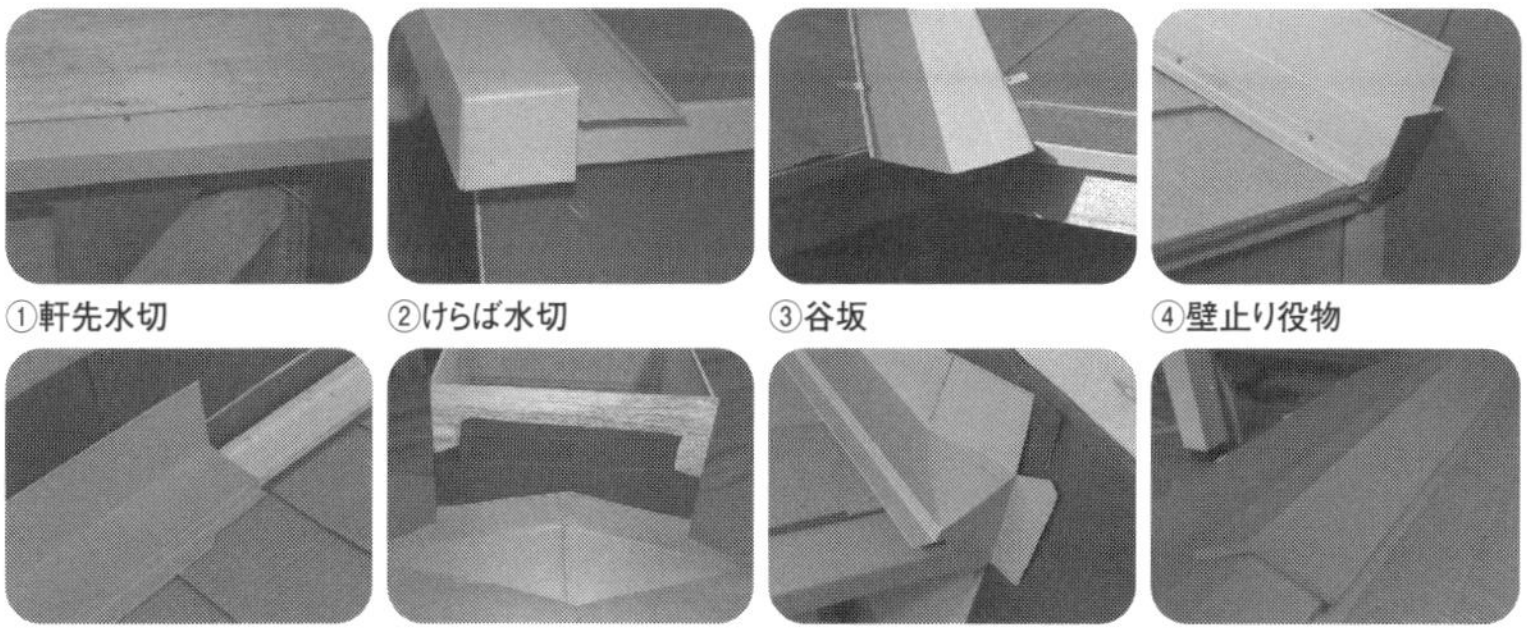

①軒先水切　②けらば水切　③谷坂　④壁止り役物
⑤雨押さえ　⑥雪割り　⑦半雪割り　⑧棟包

①軒先水切[のきさきみずきり]
下葺き材の施工に先立ち、野地の下端に取り付けられる水切役物。雨水が鼻隠しなどに伝わらないように水切のための垂下がり部をもつ
②けらば水切[—みずきり]　屋根葺き材の施工に先立ち、けらばに取り付けられる水切役物。妻側からの雨水の吹込みを軽減し、入り込んだ雨水を軒先まで誘導し排出する
③谷板[たにいた]　屋根面どうしが接する谷部の防水のため、屋根葺き材の施工に先立ち、野地面上に谷に沿って帯状に連続して設ける。捨て谷[すてたに]ともいう
④壁止り役物[かべどまりやくもの]　箱状の金属製役物で、軒先のルーフィングの上に取り付けられ、雨押さえ、屋根材、捨板水切を流れてきた雨水をすべて受け止め、外壁から離して放出する
⑤雨押さえ[あまおさえ]　外壁を伝わる雨水を屋根面に確実に流し出すための水切。外壁材の内側に立上がり部と屋根材表面に出る部分が一体となった板金製の水切
⑥雪割[ゆきわり]　雪国において、煙突やトップライトなどの屋根面上の突起物の水上に設置される。雪を左右に分けて屋根面を滑落させ、突起物を雪の荷重から守る装置。水も滞留しにくくなるので雨水に対しても有効
⑦半雪割[はんゆきわり]　雪国では、壁止り部の袋加工や壁止り役物が雪によって破壊されることがある。そこで雪が引っかからないように雪割の片側半分の形状にして雪が壁から離れて軒先に落ちるようにする。つららが外壁に付着しにくくなるので、外壁材の凍害防止にもなる
⑧棟包[むねづつみ]　棟部分に使用する役物。笠木に被せ、釘留めする。棟頂部からの排気機能をもつ換気棟役物[かんきむねやくもの]は棟包と連続して取り付けられる

図9｜はぜの種類

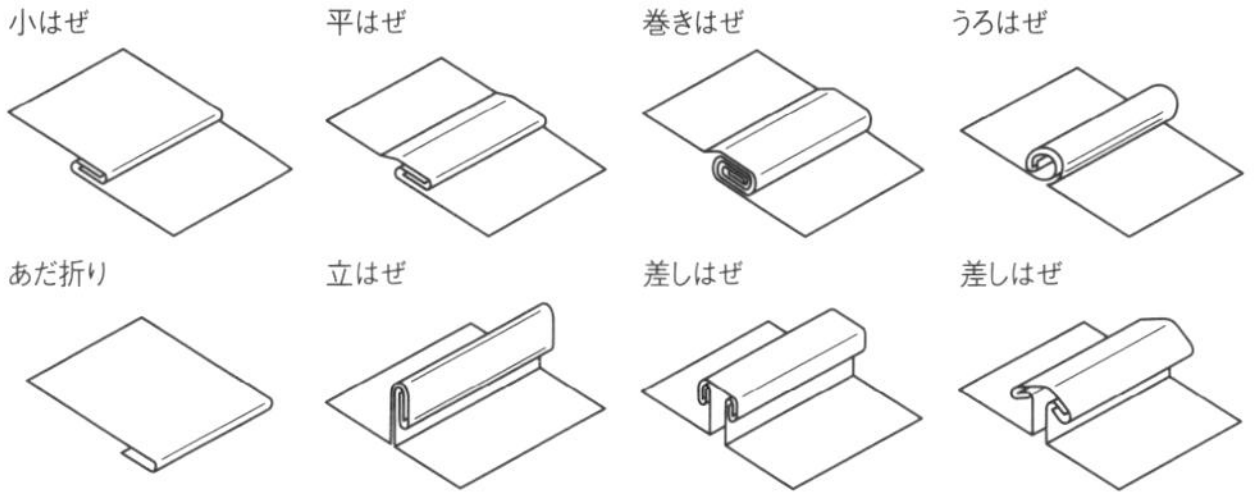

棟包み｜むねつつみ
断面が「への字形」の金属部材。金属やスレートの屋根の棟や、寄棟や方形屋根の下り棟を覆い、屋根の棟の両側に木下地を打ち付け、それに被せるように取り付ける。木下地が腐食しやすい部位。

吊子｜つりこ
金属屋根や役物を固定する際に使う、帯状の金物のこと[176頁図2]。**吊子はぜ**ともいう。

はぜ
板金工事において板を継ぐために板の端を折り曲げて密着させた部分のこと。**小はぜ**、**平はぜ**、**巻はぜ**などの種類がある[図9]。

捨板｜すていた
一部または全部が表面に表れない葺き板や部材の総称。捨板と唐草を兼ねたものを**捨て唐草**という。

笠木｜かさぎ
手摺やパラペットなどの最上部に取り付ける仕上げの部材、あるいは部位のこと。

重ね代｜かさねしろ
水切役物などを接合する際に重ね合わせる部分の寸法。通常50㎜以上で、谷板などは100㎜以上必要である。**重ね寸法**ともいう。

瓦屋根の材料

瓦・粘土瓦｜かわら・ねんどがわら
粘土を一定の形に成型し、900〜1200℃で焼成して成形した屋根の仕上げ材のこと。製法によりさまざまな種類がある[180頁表2]。生産量日本一の**三州瓦**（愛知県）、高温で焼き、吸水率が低く寒冷地にも適した赤褐色の**石州瓦**（島根県）、高級燻し瓦として有名な**淡路瓦**（兵庫県）が日本の3大瓦として有名[180頁表3]。使用部位からは、のし瓦[180頁図10]、桟瓦[180頁図11]、面戸瓦、軒瓦[181頁図12]、平瓦、丸瓦、鬼瓦[181頁写真6]、棟瓦[181頁図13]、隅瓦[181頁図14]などに分けられる。なお、粘土のほか、天然スレート（玄昌石）、セメント、金属などを原料とするものもある。日本古来の瓦を**和瓦**、西洋で使われていたスパニッシュ瓦などを**洋瓦**という。

和瓦｜わがわら
古来より日本にある瓦の総称。**本瓦**や**桟瓦**などが代表的。

図10｜のし瓦

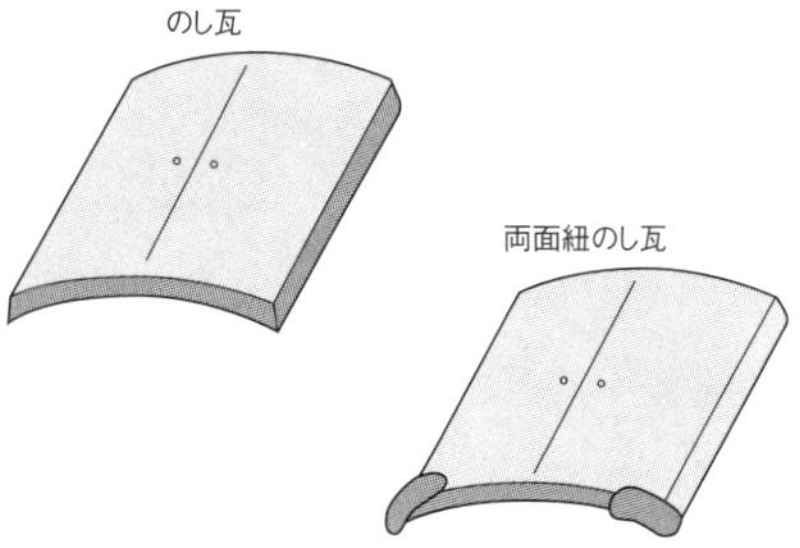

図11｜桟瓦

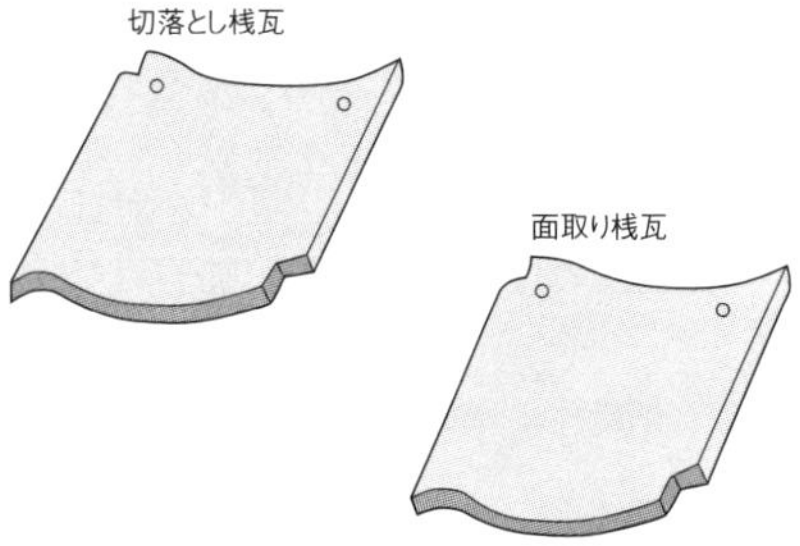

本葺き瓦／**和瓦**｜ほんぶきがわら
受けとなる**平瓦**（女瓦）と、上にかぶせる**丸瓦**（男瓦）の組合せによって葺き上げる瓦。神社・仏閣に多い。

桟葺き瓦・J形瓦／**和瓦**｜さんぶきがわら・じぇいがたかわら
本瓦の丸瓦と平瓦を1つに結合したJ字形の瓦で、ごく一般的な和瓦。裏面に瓦桟に引っ掛けるための突起（**駒**［こま］）がある［図15、写真7］。

洋瓦｜ようがわら
上丸と下丸の組合せによる**スパニッシュ瓦**やスパニッシュ瓦の上丸と下丸を改良して一体化した**スペイン瓦**、洋風の急勾配屋根に使われる**フレンチ瓦**などがある［図16］。

F形瓦／**洋瓦**｜えふがたかわら
フレンチ瓦がルーツの、山と谷の凹凸をなくした平らな瓦。

S形瓦／**洋瓦**｜えすがたかわら
上丸瓦と**下丸瓦**からなる**スパニッシュ瓦**を一体化した瓦。

平板（波状）瓦｜へいばん（なみじょう）かわら
その形状からの呼称。和形のものと趣が異なる。

いぶし瓦｜—がわら
焼成の最後の段階で空気を止め、高温のなかにガスなどの燃料だけを入れることで多量に発生した炭素を瓦表面に付着させ、燃成した

表2｜製法別による瓦の種類

名称	製法
陶器瓦・釉薬瓦	最も多く見られる和瓦の種類で瓦の表面に釉薬を塗って焼き上げたもの。色が多彩で耐久性に優れ、瓦のなかでは比較的安価
燻し瓦（黒瓦）	焼成の最終段階で燻し、表面に炭素を主成分とする皮膜を形成した銀色の瓦。昔は生松の枝や葉で燻すことで表面に炭素の焼きムラができ、それが灰色や黒色のムラとなった。近年では機械化が進み均一の光沢がある銀色が多い。値段は陶器瓦の2割前後増し
塩焼き瓦（赤瓦）	塩を使って表面を独特の赤褐色に焼き上げた瓦
無釉薬瓦	釉薬を使わずに焼き上げた瓦で、窯中での生地に粘土以外の物質を混ぜて練り込む方法や、窯中での自然な変化を追求した窯変瓦などがある。価格は瓦のなかでは安いほうだが、吸水率が高いので寒冷地には不適

表3｜瓦の産地と特徴

三州瓦 **（さんしゅうがわら）**	愛知県の高浜、碧南、刈谷の3市を中心につくられる瓦。生産量は全国一で種類も多い
石州瓦 **（せきしゅうがわら）**	島根県の出雲・石見地方でつくられる、赤褐色の色調をもつ瓦。原土は鉄分が多く、高温焼成。凍害に強い
淡路瓦 **（あわじかわら）**	兵庫県の淡路島を中心につくられる瓦。いぶし瓦の生産量が多い
京瓦 **（きょうがわら）**	京都府伏見や丹波地方でつくられる瓦。変色が少ない
越前瓦 **（えちぜんがわら）**	福井県、石川県でつくられ、耐寒性の高い瓦
美濃瓦 **（みのがわら）**	岐阜県美濃地方でつくられるいぶし瓦
沖縄赤瓦 **（おきなわあかがわら）**	沖縄県でつくられる素焼き瓦
関東瓦 **（かんとうがわら）**	埼玉県の児玉瓦、深谷瓦、武州瓦や群馬・茨城・栃木などで生産されていた瓦の総称

表4｜粘土瓦の規格（JIS A5208より抜粋）

形状寸法による区分		長さA	幅B	働き寸法		山の幅D	開きE	許容差	谷の深さC	葺枚数（概数）3.3㎡当たり	葺枚数（概数）1㎡当たり
				長さa	幅b						
和形桟瓦	49	315	315	245	275	—	—	±4	35以上	49	15
	53A	305	305	235	265	—	—			53	16
	53B	295	315	225	275	—	—			53	16
	56	295	295	225	255	—	—			57	17
	60	290	290	220	250	—	—			60	18
	64	280	275	210	240	—	—			65	20
S形桟瓦	49	310	310	260	260	145	25		50以上	49	15

備考　S形桟瓦の長さ（A）は320㎜も認める

図15｜桟瓦の各部名称

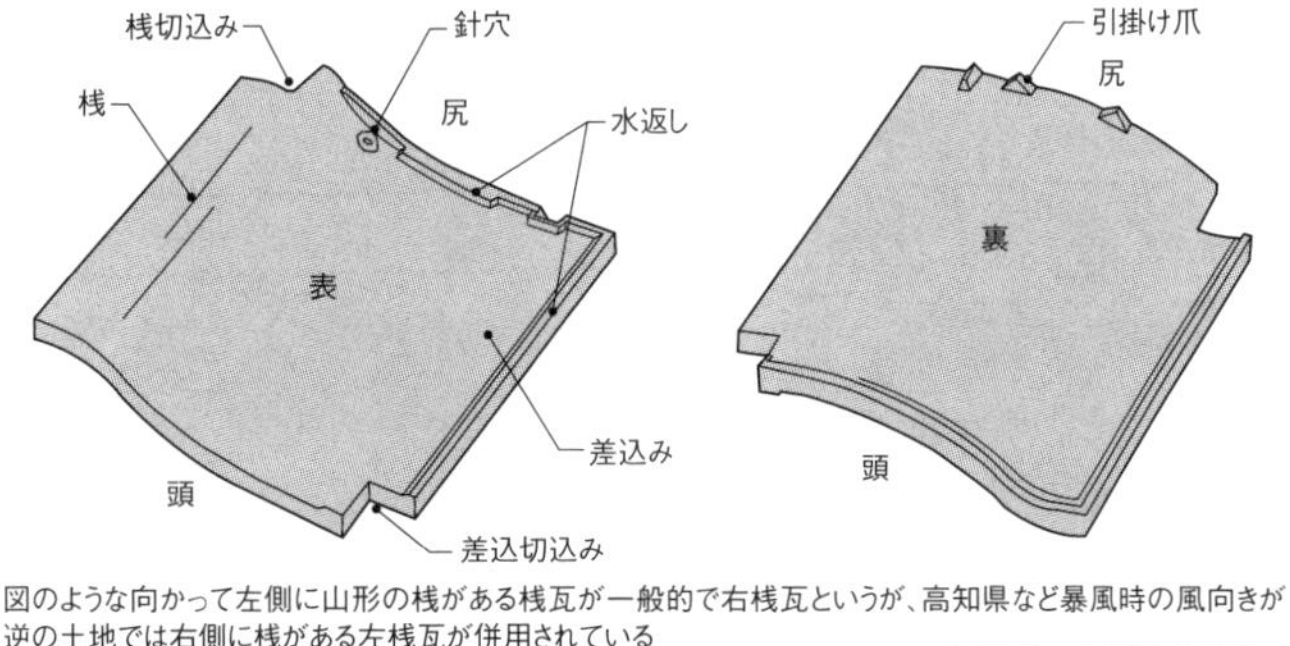

図のような向かって左側に山形の桟がある桟瓦が一般的で右桟瓦というが、高知県など暴風時の風向きが逆の土地では右側に桟がある左桟瓦が併用されている

図作成：木住研・宮越喜彦

写真6｜鬼瓦

（写真：淡路瓦工業組合）

写真7｜桟瓦葺きの屋根

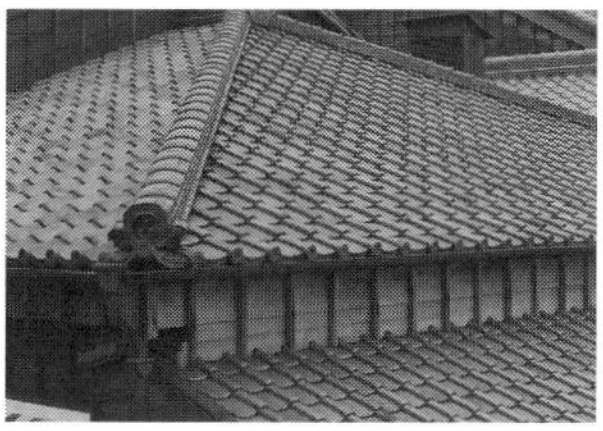

のし瓦や冠瓦、鬼瓦、軒瓦など、使用部位によるさまざまな形状・名称の瓦部材が使用されているのが分かる

図14｜隅瓦（切隅・トンビ）

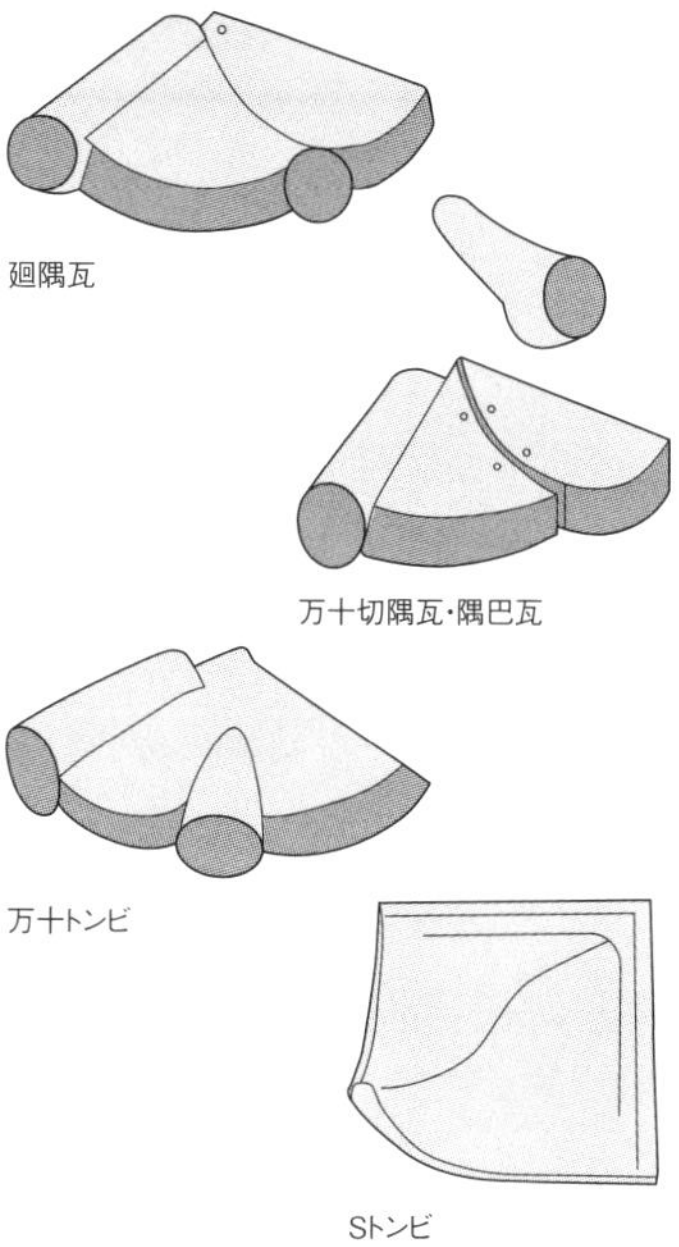

図12｜軒瓦

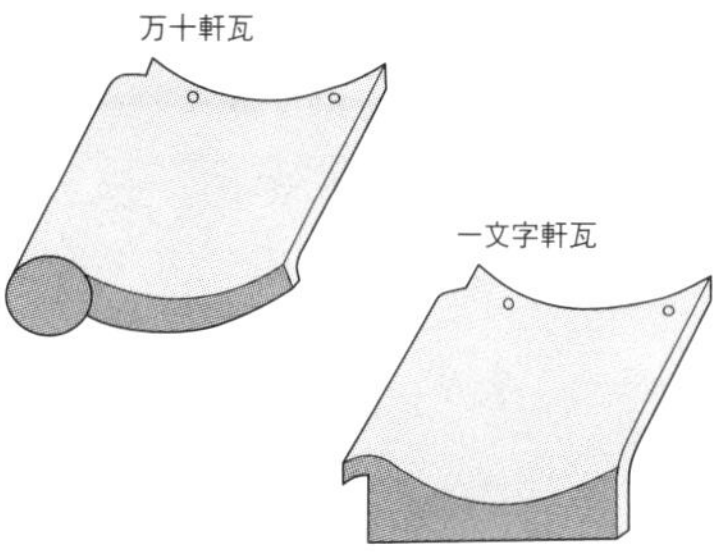

図13｜棟瓦

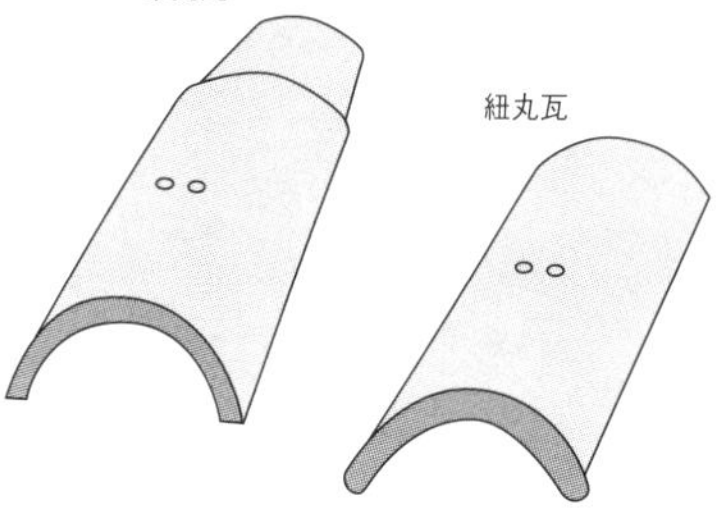

図16｜和型屋根と洋瓦の納まり

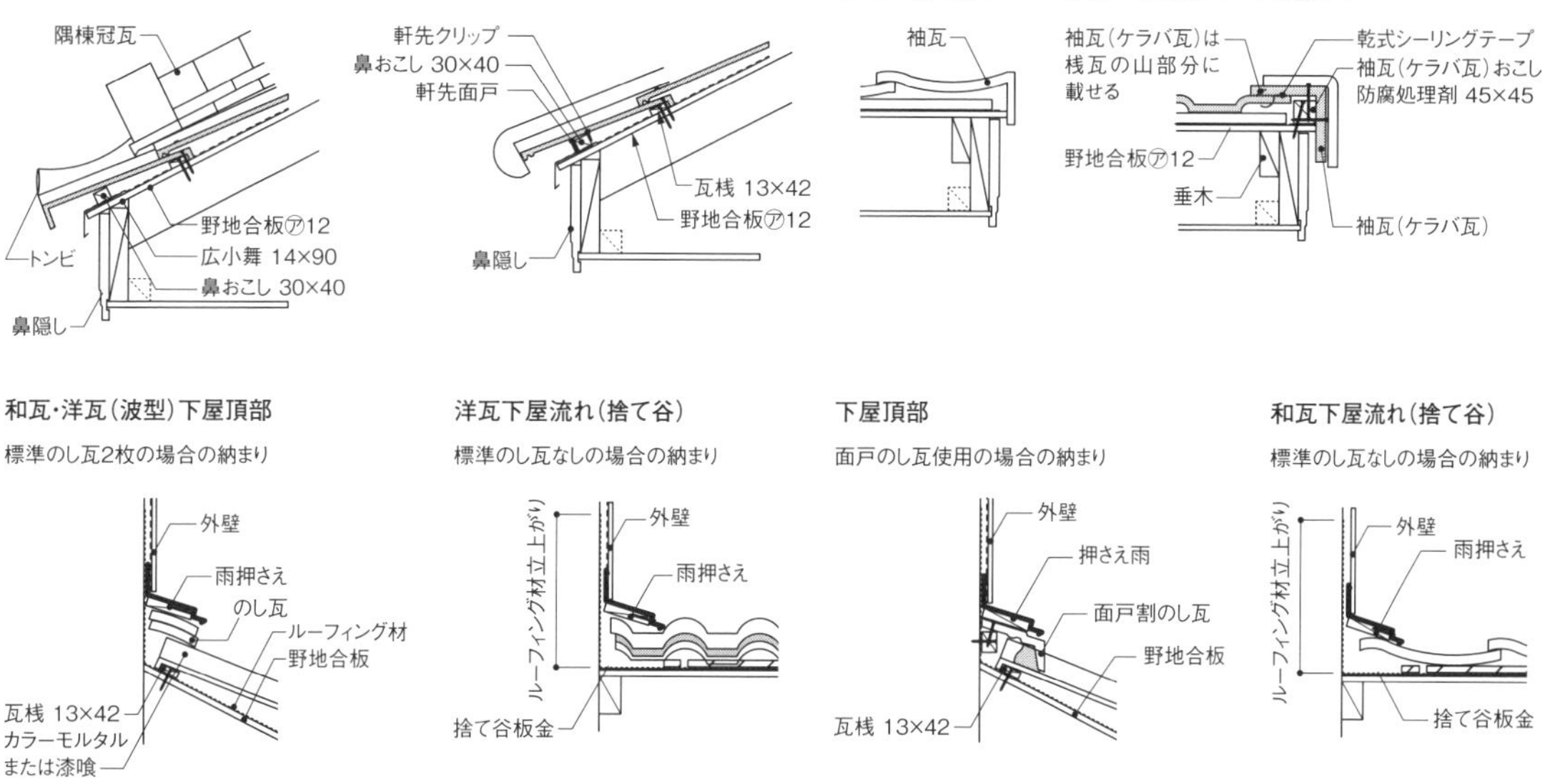

図17｜のし瓦の納まり

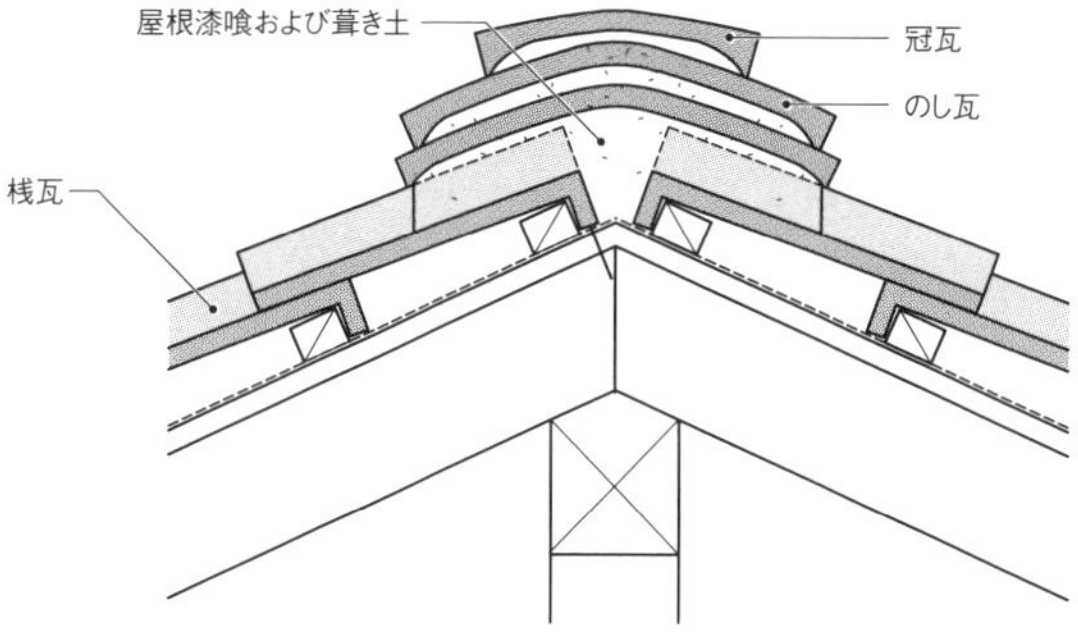

銀ねず色の瓦。

釉薬瓦｜ゆうやくがわら　表面に釉薬を付けて焼成したもの。その配合によってさまざまな色調がある。

瓦寸法｜かわらすんぽう　本瓦葺きでは平瓦と丸瓦自体の寸法をいうが、桟瓦葺きの場合は1坪当たりの葺き枚数で呼び、JISの分類によって形状寸法が規格化されている。一般的に使用されているのは、53形、64形、80形の3種類。53A形は三州、53B形は石州・淡路というふうに産地ごと

図20｜引掛け桟瓦葺きの工程

下葺き
↓
板金工事
↓
瓦より
↓
瓦割り
↓
瓦桟打ち
↓
瓦・葺き土上げ
↓
軒先・ケラバの役物取付け
↓
地葺き
↓
熨斗積み
↓
完了

写真8｜引掛け桟瓦葺きの施工風景

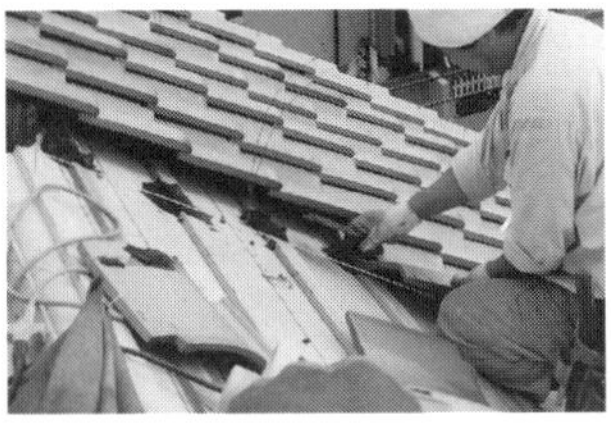

図18｜桟瓦の葺き方

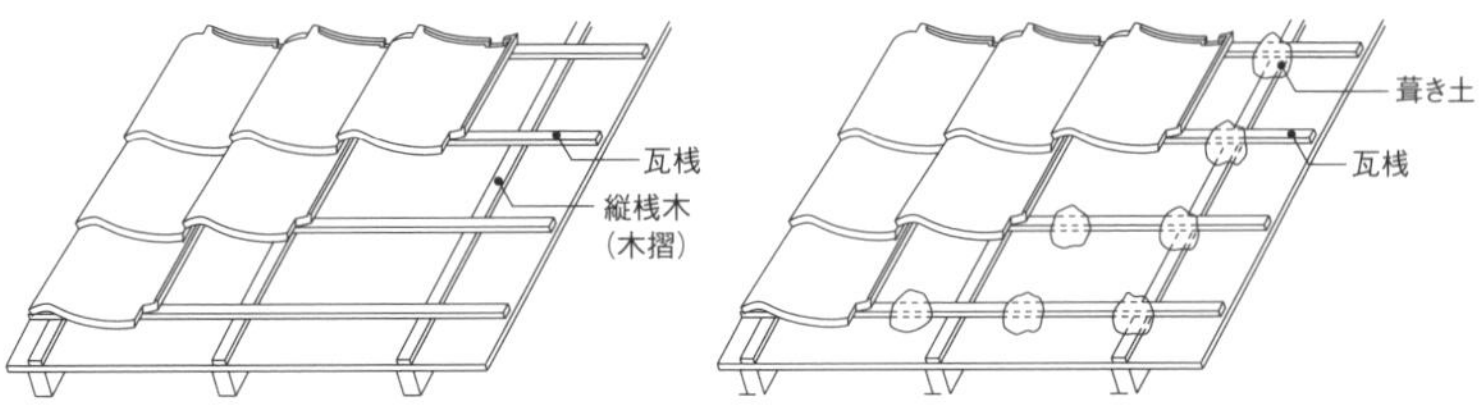

瓦桟に桟瓦を引っ掛けて葺く。釘または緊結線で要所を固定する。屋根荷重は低減される

拳大程度の量の葺き土（なじみ土）を瓦桟当たりに置いて、瓦を葺く

図19｜桟瓦緊結法

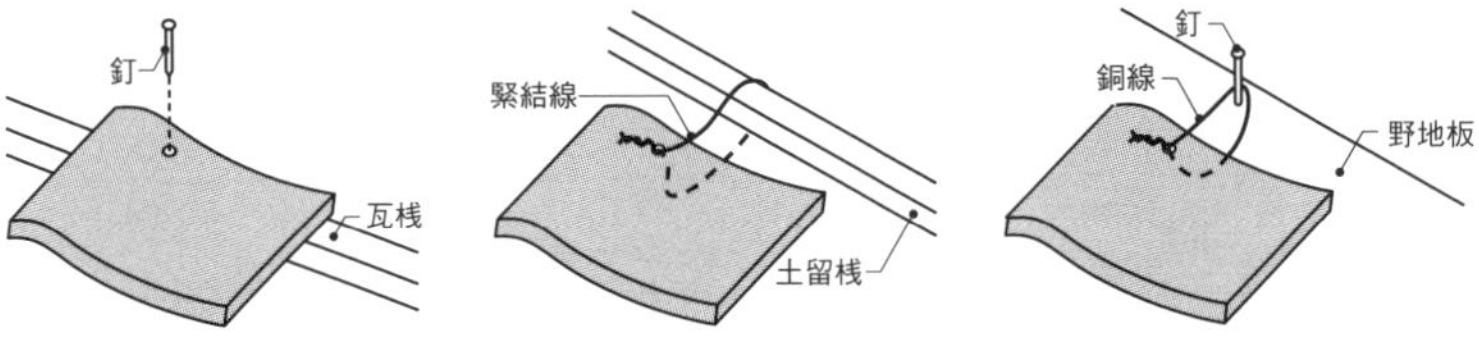

長さ45～65㎜、径24㎜程度の、銅、真ちゅう、ステンレス釘を用いる

径0.9㎜程度の、銅線、ステンレス線で土留桟に固定する

トンボ釘とは1本の銅線を二つ折りにして釘に巻き付けたもの

図21｜引掛け桟葺き工法

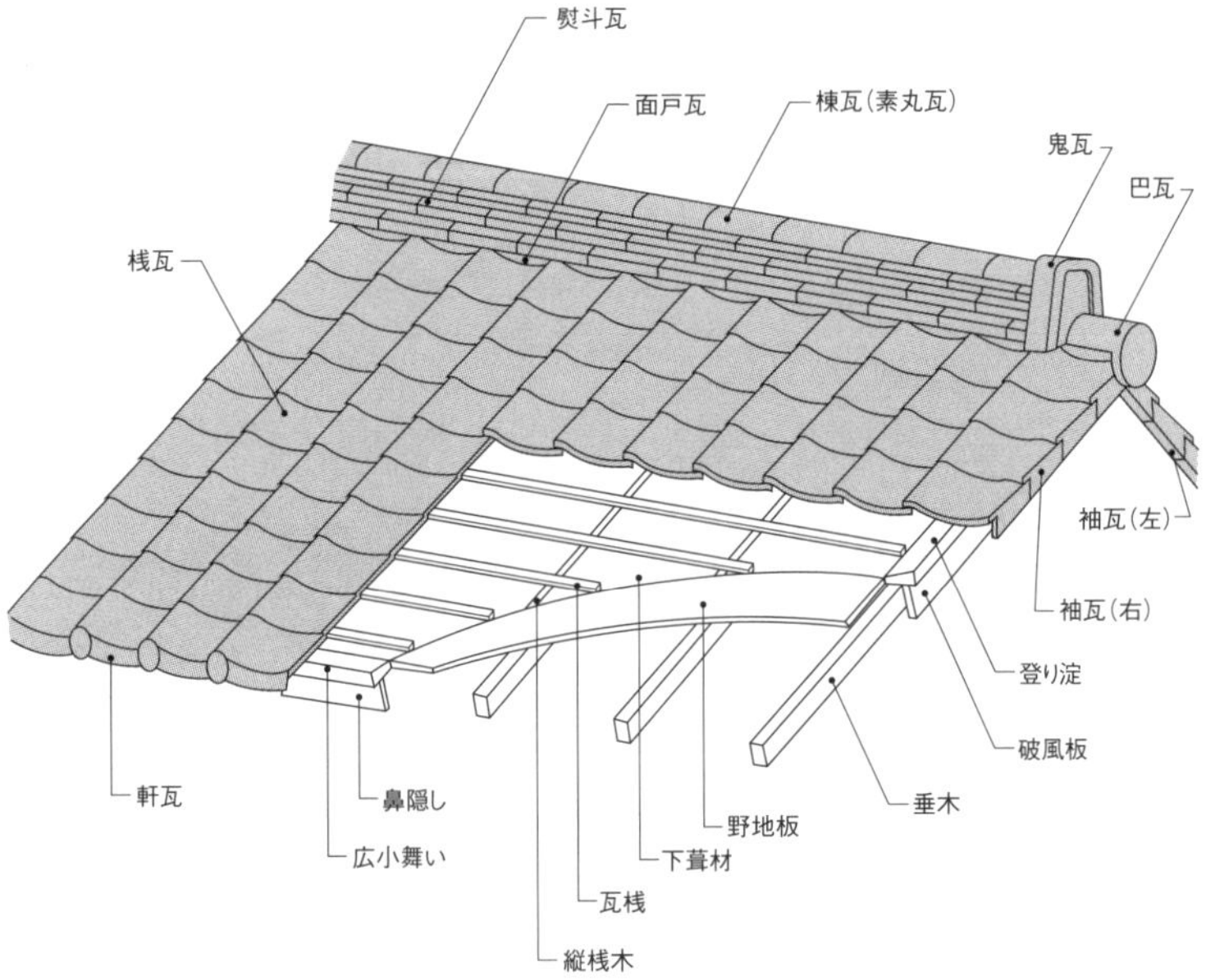

図作成：木住研・宮越喜彦

の特徴が反映されている[表4]。

桟瓦｜さんがわら
屋根の平部分に使われる瓦。裏面に瓦桟に引っ掛けるための突起が付いている。

瓦桟｜かわらざん
引掛け桟瓦葺きにおいて下葺き材の上に引掛け瓦の爪を掛けるために取り付ける細い桟木のこと。瓦割りに合わせて勾配に対して水平方向に設置される。材質は木材のほか、樹脂製品などがある。15×18㎜のものがよく使われるが、屋根勾配が急な場合は桟の断面を大きくする。野地板などの木下地に取り付ける際には釘45㎜以上を使用する。耐火野地にはネジで留め付け、ALC板にはステンレス製の専用釘で留め付ける。最近は瓦裏面の通気を促すために桟木に穴のあいたタイプの製品（通気瓦桟）も出ている。

巴瓦｜ともえがわら
丸瓦の先に巴紋がついた瓦。巴は勾玉を複数円形に並べたような文様で、防火のまじないとされる。一般的には、本瓦葺きの丸瓦の軒先に用いる軒巴を指す。そのほか、使う部位により、棟の先端で使われる棟巴や、掛瓦、拝巴、隅巴、甍巴などがある。

ガラス瓦｜がわら
瓦屋根から光を採り込むために設けられる、瓦と同じ形状のガラス。垂木間に取り付ける専用下地ユニットがあり、野地板には透明のポリカーボネートが使われる。

雪止め瓦｜ゆきどめがわら
屋根に積もった雪が滑り落ちないように、突起がついている瓦。突起部分も瓦と同じ素材なので、雪止め金具よりも目立たない。雪の量によっては、2段、3段と重ねて並べることもある。

沖縄瓦｜おきなわがわら
別名、琉球瓦。伝統的な沖縄赤瓦は本葺き瓦の系統で、在来瓦と呼ばれ、台風にも耐えるように瓦どうしの隙間を漆喰で塗り固める。

写真9 天然スレート

図23 スレート葺きの工程

屋根下地の確認
↓
軒先水切の取付け
↓
下葺き材の施工
↓
のぼり木の取付け
↓
下葺き材の増張り施工
↓
スレートを屋根に上げる
↓
けらば水切・捨板水切・谷板の取付け
↓
スターターの施工
↓
スレートの施工
↓
平棟・隅棟の施工
↓
壁との取合い部の施工
↓
点検・完了

図22 葺き足・葺き幅

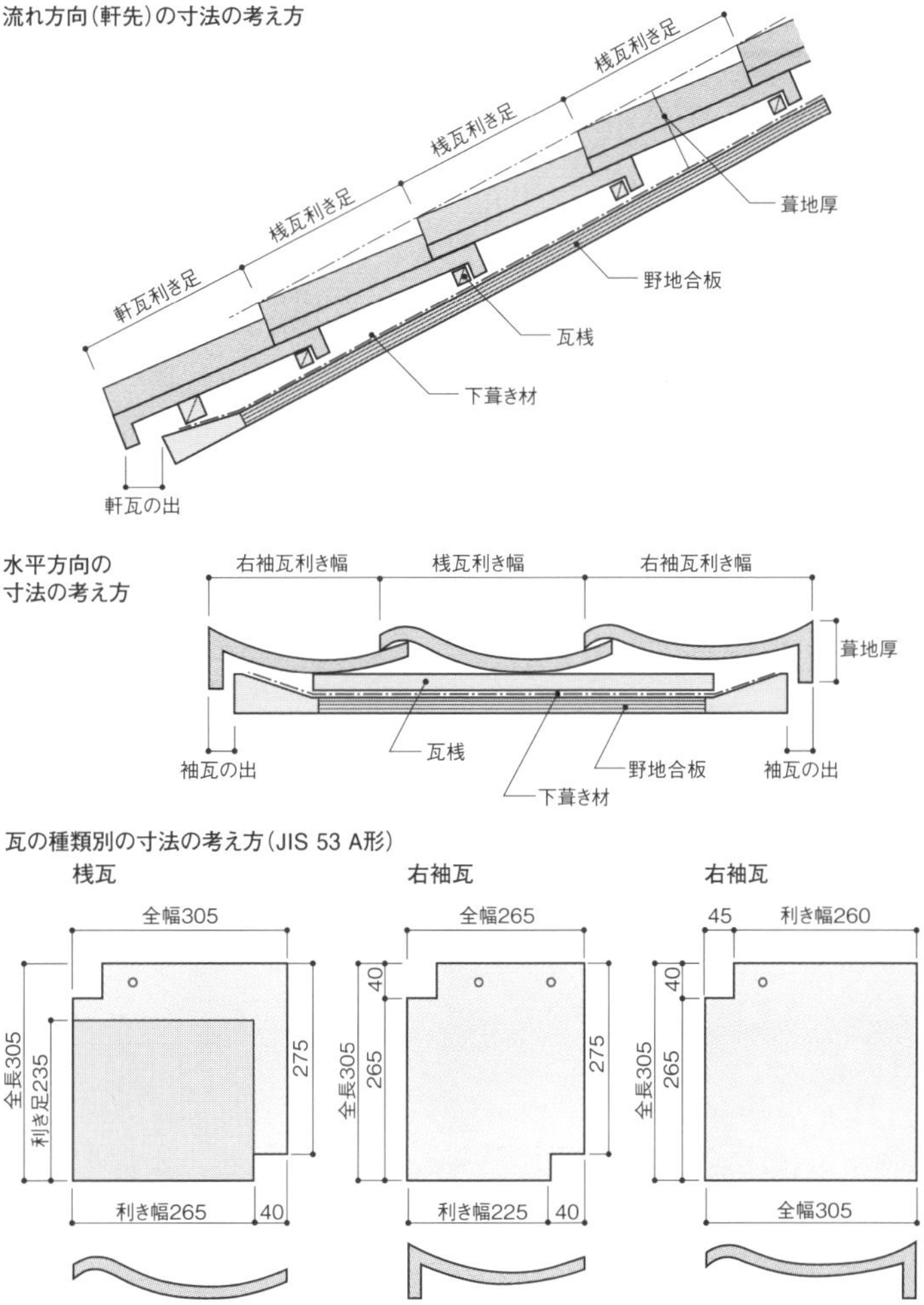

一般の住宅で使われ始めたのは19世紀末から。

緊結線｜きんけつせん
瓦を下地、瓦桟に留め付けたり、瓦同士を緊結するのに用いる金属線。0.9㎜径内外の銅線またはステンレス線、耐食性の高い樹脂による被覆線などを用いる。使用部位によって、釘と併用して使われる場合もある。

釘｜くぎ
桟瓦葺きでは長さ45～65㎜、2.4㎜径内外の銅釘、ステンレス釘、黄銅釘を用いる。

トンボ釘｜―くぎ
1本の銅線などを2つ折りにして釘に巻き付けたもので、桟瓦の緊結に使う。

葺き土｜ふきつち
瓦葺きのときに野地の上になじみよく瓦を据え付けるために用いる土。粘土質の土に少量の石灰やスサを混ぜたもの［180頁図17］。

屋根漆喰｜やねしっくい
屋根の棟積みや面戸ふさぎに使う漆喰で、石灰にスサと糊を混練した粘り気の高い**南蛮漆喰**［なんばんしっくい］と呼ばれるものを使う。水による溶出はなく、葺き土として用いることもある［180頁図17］。

役瓦｜やくがわら
平瓦以外の瓦のことで、軒瓦、袖瓦など端部を葺く瓦を総称していう。役物、道具物とも呼ぶことがある。役瓦に対して一般の部分を葺く瓦を**地瓦**という。役瓦の納まりは、葺き手のくせや地域性が非常に大きく出る部分なので、仕上がりは基本的に現場調整に左右される。

トンビ
寄棟や入母屋の隅の軒先に使われる瓦を隅瓦といい、それを勾配によって分割したものを切隅、一体になったものを廻隅またはトンビと呼ぶ［180頁図14］。隅瓦は、屋根勾配が緩いと取り合う軒瓦との間に隙間ができる。このような場合、隅先の瓦座［※］を削り、廻隅の頭を下げて納めなければならない。

瓦屋根の工法

本瓦葺き｜ほんがわらぶき
平瓦と丸瓦とさまざまな役瓦を用いて葺く伝統的な葺き方。

引掛け桟瓦葺き｜ひっかけさんがわらぶき
引掛け桟を桟木に引っ掛ける葺き工法。所定の枚数ごとに釘留めや緊結線により固定する乾式工法。

※：軒瓦を支持するために、軒先に平行に野地面に打ち付ける桟木のこと

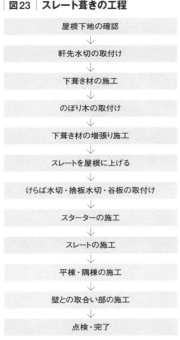

写真12｜スターター

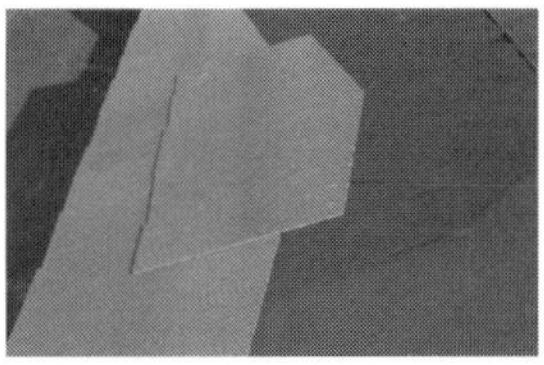

写真13｜肩落とし

写真14｜隅切り

写真15｜隅棟コーナー

図24｜平形スレートの形状例

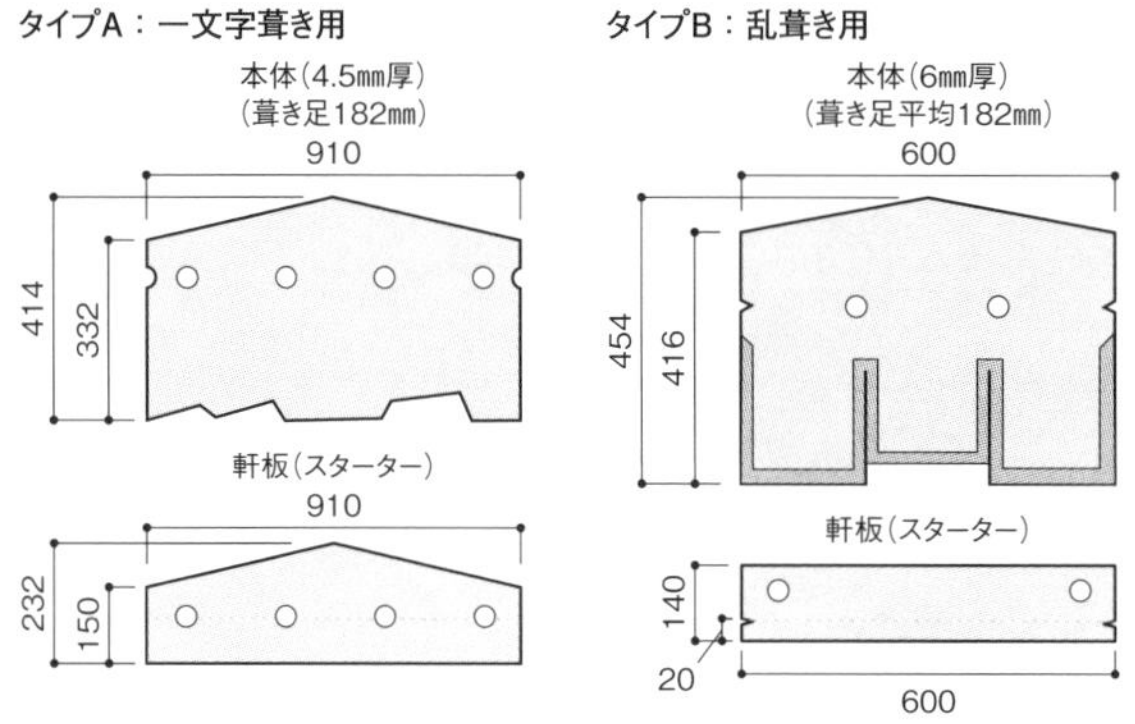

写真11｜波形スレート

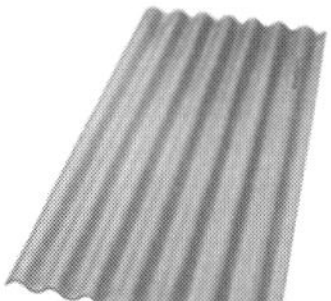

（写真：ウベボード）

写真10｜平形スレート

（写真：ケイミュー）

空葺き工法［からぶきこうほう］や瓦の下に葺き土を置いて葺く**なじみ土葺き工法**［―つちぶきこうほう］などがある［182頁写真8、図18～21］。かつては土葺き工法が主流だったが、手間の問題や屋根の軽量化への考えなどから現在はほとんど行われていない。引っ掛け桟葺きでは、銅線や釘の留め方が重要になる。

葺き足｜ふきあし
瓦葺きで流れ方向の見え掛かりを葺き足（**利き足**［ききあし］）という［183頁図22］。瓦の全長から尻の切込み長さと頭の切込み長さを引いたもので、働き長さとも呼ばれる。たとえばJIS53A形の桟瓦の場合、全長は305mmに対して、利き足は235mmである。

葺き幅｜ふきはば
幅方向を葺き幅（**利き幅**［ききはば］）という［183頁図22］。桟瓦の全幅寸法から差込み幅寸法（瓦どうしの横重なり部分）を引いた寸法で、屋根横方向の割付けの基準となる。瓦の割付けに用いる寸法。

瓦勾配｜かわらこうばい
屋根勾配とは別に瓦自体の勾配をいう。瓦の重なり厚み分、瓦勾配は屋根勾配も緩くなる。

勾配伸び率・隅棟伸び率｜こうばいのびりつ・すみむねのびりつ
実際に必要な屋根坪を換算する場合に、流れの長さや隅棟の長さを求めるために使う各々の倍率のこと。

瓦より｜かわら―
瓦葺きに先立ち、瓦を並べて寸法誤差や瓦のねじれ具合をみながら適材適所により分ける作業。

瓦割り｜かわらわり
瓦を葺くために瓦の働き幅［180頁表4］をみて屋根に割付けをすること。**地割り**ともいう。瓦割りは、下地となる屋根野地の寸法、瓦の利き幅、利き足、瓦の出寸法をもとにした寸法内に、適切な種類、枚数の瓦を割り付けることである。調整には、野地の寸法を変えるのが一般的。現場では大工と瓦葺き職人との打合せで決めることが多い。計画の段階から瓦割りを考慮して軒の出や破風の出を決めておきたい。

杖｜つえ
瓦割付き定規のこと。瓦の割付けをするときに使用する3～4mの細い材である。杖には一般的な桟瓦の葺き幅寸法を記入してある。

開き｜あき
瓦と瓦の重なりに生じる隙間のこと。口開き、隙というところもある。性能上の問題はない。

雀口｜すずめぐち
軒瓦と軒瓦の重なり部分にできる隙間のことをいう。この隙間から雀が出入りするので、これを防ぐために瓦の曲線に合わせた面戸板を瓦座に打ち付けるとよい。

甘い｜あまい
瓦と瓦との重なりが基準より少ない状態をいい、「瓦の割付けが甘い」というい方をする。一般には取付け部分が緩いことや刃物が切れないことをいう。

凍みる｜しみる
瓦の凍害のことをいう。凍害は瓦に浸透した水分が冬季の冷込みのため氷となり、その体積が膨張することで瓦の表面や裏面に剥離が生じる現象。関東地方では凍てるともいう。最近では、給水率を抑えた製品も市販されている。

盗人｜ぬすっと

図26｜金属屋根の種類と性能

種類	図	項目	性能
心木あり瓦棒	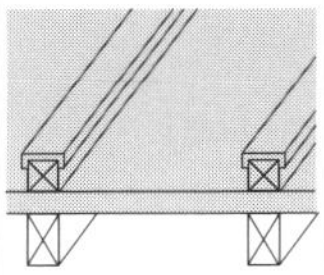	勾　　配	10／100以上
		流れ寸法	10m以下
		アーチ状屋根の曲げ半径	30m以上
		反り屋根の半径	200m以上
		下地構法	木造
心木なし瓦棒　部分吊子	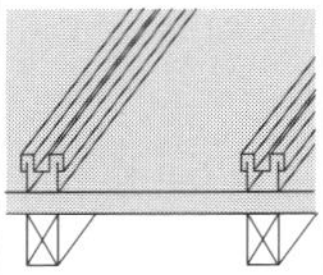	勾　　配	5／100以上
		流れ寸法	30m以下
		アーチ状屋根の曲げ半径	20m以上
		反り屋根の半径	200m以上
		下地構法	木造・RC造
心木なし瓦棒　通し吊子	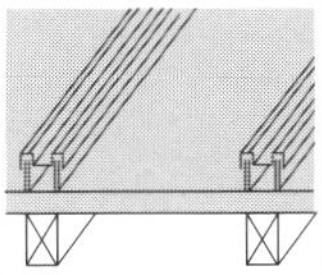	勾　　配	5／100以上
		流れ寸法	40m以下
		アーチ状屋根の曲げ半径	20m以上
		反り屋根の半径	200m以上
		下地構法	木造、鉄骨造、RC造
立はぜ葺	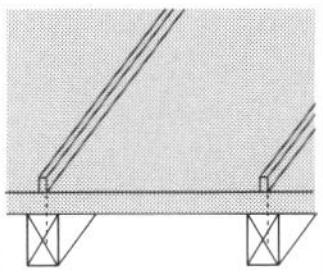	勾　　配	5／100以上
		流れ寸法	10m以下
		アーチ状屋根の曲げ半径	15m以上
		反り屋根の半径	200m以上
		下地構法	木造（RC造）
一文字葺	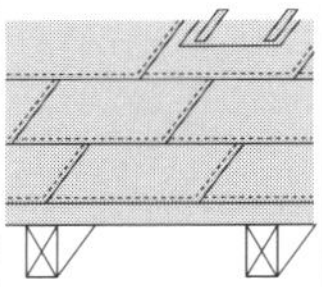	勾　　配	30／100以上
		流れ寸法	10m以下
		アーチ状屋根の曲げ半径	5m以上
		反り屋根の半径	5m以上
		下地構法	木造、鉄骨造、RC造
菱葺	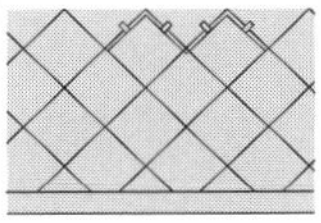	勾　　配	30／100以上
		流れ寸法	10m以下
		アーチ状屋根の曲げ半径	5m以上
		反り屋根の半径	5m以上
		下地構法	木造、鉄骨造、RC造
段葺	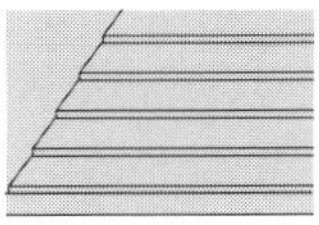	勾　　配	30／100以上
		流れ寸法	20m以下
		アーチ状屋根の曲げ半径	1m以上
		反り屋根の半径	1m以上
		下地構法	木造、鉄骨造、RC造
波板葺	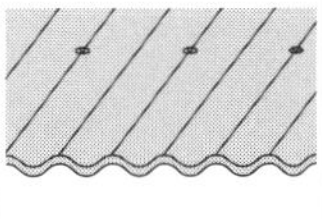	勾　　配	30／100以上
		流れ寸法	10m以下
		アーチ状屋根の曲げ半径	20m以上
		反り屋根の半径	150m以上
		下地構法	木造、鉄骨造

写真16｜金属屋根の施工風景

図25｜金属板葺きの工程

野地板
↓
下葺き材
↓
軒先・妻側役物
↓
本体施工
↓
取合い役物取付け

瓦の合端で鏨の角度が悪いため、瓦の裏側を切り過ぎることをいう。「盗人が入る」と表現する。合端は瓦と瓦の間を隙間やねじれがないように、鏨などで寸法切りする作業をいう。

笑う｜わらう
瓦の納まりが悪く取り合う瓦や下地材との間に隙間ができて、口を開いているように見える状態のこと。

スレート屋根の材料・道具

天然スレート｜てんねん―
粘板岩を薄く板状に剥いだもので、屋根材や外壁材として使われる［183頁写真9］。床に張るものを**玄昌石**［げんしょうせき］と呼ぶ。最近はほとんど使われず、一般にスレートと呼ばれるのは次に挙げる成形品を指す。葺き方としてうろこ葺き、**菱葺き**、**一文字葺き**、**亀甲葺き**などがある。

	折板葺き			横葺き			
	重ね式折板葺き	はぜ式折板き	はめ合せ式折板葺き	段葺き	横葺き	金属瓦棒葺き	溶接葺き
	○	○	○	△	○	○	×
	○	○	○	△	○	○	×
	○	○	○	△	○	○	×
	○	○	○	△	○	△	×
	○	○	○	△	○	○	×
	○	○	○	△	△	△	×
	○	○	○	△	○	○	○
	○	○	○	△	○	○	△
	○	○	○	△	○	○	○
	△	△	△	△	△	△	△
	△	△	△	△	○	○	×
	△	△	△	△	○	○	×
	△	△	△	△	△	○	×
	×	×	×	○	○	○	×
	×	×	×	○	○	○	×
	×	×	×	○	○	○	×
	○	○	○	○	△	○	○

図27 | 金属屋根の葺き方

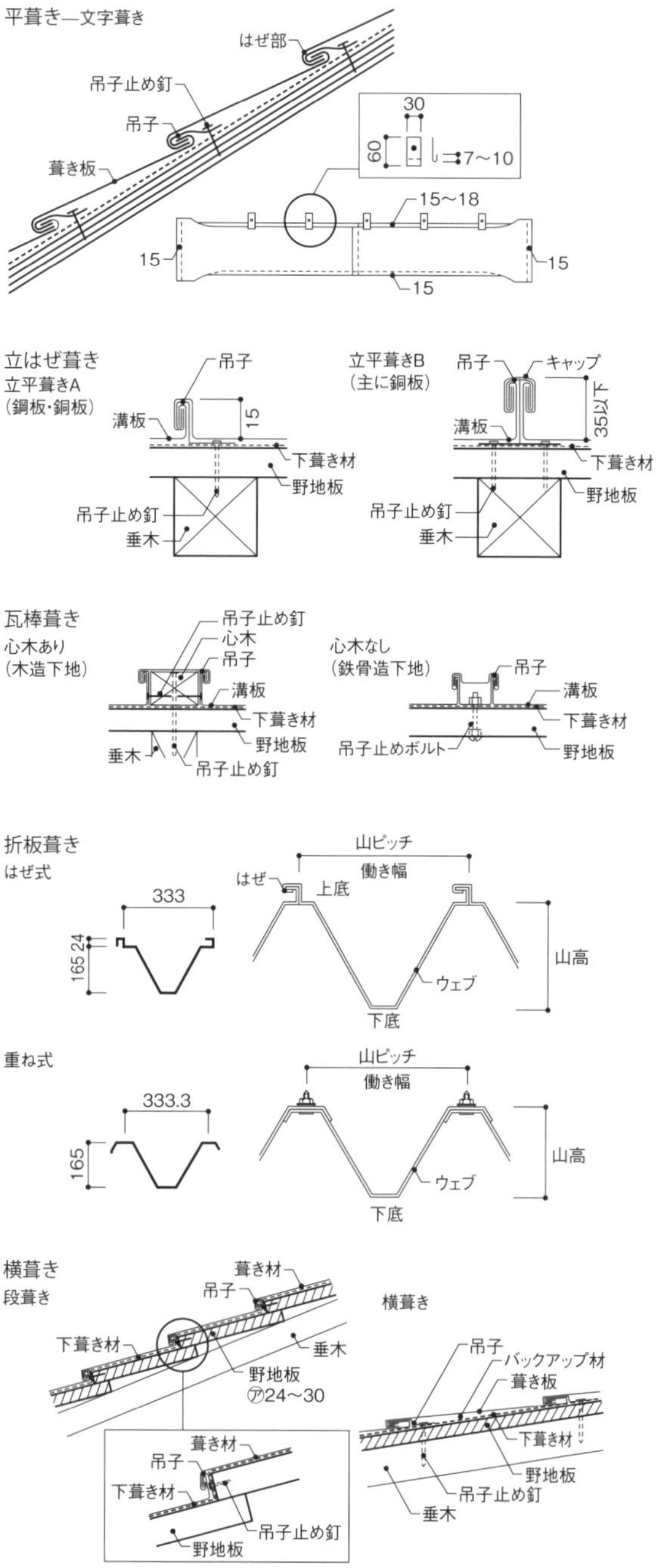

板材の厚みは5㎜前後、形状は300㎜角程度。

スレート

セメントと特殊鉱物質を主原料にしてプレスしたもの。かつては石綿が使われていたが、現在では無石綿に完全に切り替わっている。天然スレートを模した平形スレートと、波形スレートがある。平形スレートは、住宅屋根用化粧スレートのほか、ケイミュー株式会社の商品名の「コロニアル」「カラーベスト」の名前で呼ばれることも多い。また、平形スレートを葺くことを「張る」と表現することもある［183頁図23］。屋根スレートの製法には、主にドライプレス法と**丸網抄造法**［まるあみしょうぞうほう］がある。前者は乾燥状態のまま混合された原料をベルトコンベア上に散布し少量の水を与えロールでプレスして板状に成形する。性質は高強度で比重が高く、補強繊維が並ばないので、方向による強度の差が少ない。後者は水に混合した原料を巻き取り、プレスして板状に成形する。性質は高強度で比較的柔らかい。

平形スレート・波形スレート

ひらがた—・なみがた—

スレートの形状別による分類。**平形**［184頁写真10］は平らな板状の屋根材で上下方向の重なりを葺き足以

表5｜金属板葺きの材料（凡例：○＝適用可能、△＝適用可能だが施工に注意、×＝不適）

葺き工法		材料の特徴	平葺き			立はぜ葺き			瓦棒葺き			波板葺き	
葺き材種			一文字葺き	菱葺き	亀甲葺き	立はぜ葺き	立平葺き	蟻掛葺き	心木あり瓦棒葺き	心木なし瓦棒葺き	重ね式瓦棒葺き	波板葺き	大波はぜ葺き
表面処理鋼鈑	①溶融亜鉛めっき鋼鈑（トタン）	亜鉛化鉄の皮膜が耐食性を有する。軽量・安価で加工性もよい。塗装の良否が耐久性を左右する	△	△	△	○	○	○	○	○	○	○	○
	②塗装亜鉛めっき鋼鈑（カラー鉄板）	工場塗装されたもので、一般に「カラー鉄板」と呼ばれる。①と似た特性をもち、より耐食性にすぐれ、美観もよい。塗膜の質によって耐久性は劣るが、再塗装可能	△	△	△	○	○	○	○	○	○	○	○
	③フッ素樹脂塗装亜鉛めっき鋼板	ふっ素樹脂塗料を工場塗装した溶融亜鉛めっき鋼鈑。耐食性・耐候性に優れ、①②以上に厳しい環境下でも使用可能。再塗装可	△	△	△	○	○	○	○	○	○	○	○
	④溶融アルミめっき鋼鈑	大気中で安定した性質をもつアルミの酸化皮膜が耐食性を有する。熱反射性がよく、断熱効果がある	△	△	△	○	○	○	○	○	○	○	○
	⑤亜鉛・アルミ合金めっき鋼鈑（ガルバリウム鋼鈑）	亜鉛の耐食性とアルミの熱反射性を生かしたもの。安価で性能もよいため、屋根に限らず外装材として人気が高い。①の3～6倍の耐久性があり、加工性・塗装性は①と同等。合成樹脂を塗装したカラーガルバリウム鋼鈑もある。スパークと呼ばれる独特の光沢は1年ほどであせてしまう	△	○	○	○	○	○	○	○	○	○	○
	⑥ポリ塩化ビニル（塩化ビニル樹脂）金属積層板	塗膜が厚く、耐候性・耐食性に優れる。公害地域や海岸部でも使用可能。加工性はよいが、塗膜は柔らかく傷つきやすい	△	△	△	△	△	△	△	△	○	○	○
特殊鋼鈑	⑦冷間圧延ステンレス鋼鈑	耐久性・耐食性・耐熱性に優れ、高強度である。炭素量が少ないほど耐食性が高く、かつ加工性もよくなるが、もらい錆の対策を要する。SUS304が一般的	△	△	△	△	○	○	○	○	○	○	○
	⑧塗装ステンレス鋼鈑	ステンレス鋼鈑を工場塗装をし、もらい錆の防止、耐久性・美観の向上が図られている。塗膜の劣化とともに点錆が生じることもあり、5～7年ごとに塗替えが必要	△	△	△	△	○	○	○	○	○	○	○
	⑨銅めっきステンレス鋼鈑	銅の耐食性とステンレスの耐久性・耐食性・強度を併せもつ。銅のめっき皮膜は柔らかくて薄いため、扱いに注意する	△	△	△	△	○	○	○	○	○	○	○
	⑩表面処理ステンレス鋼鈑	ステンレス表面を化成処理して彩色したもの。化成処理によって酸化皮膜が厚くなり、耐食性が向上している。加工性は⑦と同等	△	△	△	△	△	△	△	△	○	△	△
アルミ合金板	⑪アルミ板・アルミ合金板	純アルミの鋳造性の悪さ、軟度を改善した材。耐熱性が高く、酸性環境にも強い。また、軽量で耐食性・加工性にも優れる。ただし耐荷重は鉄に劣る	○	○	○	△	△	△	△	△	△	△	△
	⑫塗装アルミ板・塗装アルミ合金板	合成樹脂塗料を工場で焼付け塗装して美観向上を図った材。塗装皮膜により、耐久性・耐食性が高まっているが、アルカリには弱い	○	○	○	△	△	△	△	△	△	△	△
	⑬表面処理アルミ合金板	表面に陽極酸化皮膜処理を施し、耐久性・美観の向上を図った材。加工性が悪いため、加工後の表面処理が必要。酸化皮膜は補修できないので、取扱いには注意する	○	○	○	△	△	△	△	△	○	△	△
銅板	⑭銅板・銅合金板	伸展性・加工性に優れた材で、表面に形成される緑青色の酸化膜によって耐久性が高まる。弾性が低く、たわみが大きいので折板、波板には不適。また、亜硫酸ガスや硫化水素による腐食が発生することもあるため、温泉地には不適	○	○	○	○	○	○	○	△	×	×	×
	⑮表面処理銅合金板	あらかじめ銅板表面を化成処理して、人工的に緑青色、あるいは硫化いぶしの黒色にした材	○	○	○	○	○	○	○	△	×	×	×
そのほか	⑯亜鉛合金板	加工性がよく、自然発生する保護膜により、一般的には耐久性が高いといえる。ただし、工業地域・海岸部などでは腐食の恐れがある。また、電蝕、低温での施工時の板のクリープ、低融点ゆえの防火性などに注意が必要	○	○	○	○	○	○	○	○	○	×	×
	⑰チタン板	耐久性・耐食性・耐海水性・強度・熱反射性の高さなど性能的に非常に優れた材で、しかも軽量。すべての工法に適用するが、高価なことと、強度の高さゆえ加工性に劣るのが欠点	△	△	△	○	○	○	○	○	○	○	○

上に取り、横方向は突付けで葺く。

波形［184頁写真11］は、駅舎などに使われている大波スレート板を小さくしたような形状で、縦方向横方向ともに重ねて葺いていく。

屋根釘｜やねくぎ

屋根スレートを野地に留め付ける釘。釘頭が大きく平たい。釘の保持力を大きくするため、リング加工が施された鉄釘で通常亜鉛めっきがされている。温泉地域などでは耐食性の高いステンレス性のものが使用される。

スターター

軒先で屋根スレートの葺き始めに使用される部材。屋根スレートは重ね葺きであるため、重なり部分だけの形状をもつ屋根スレートが用意されている［184頁図24、写真12］。

アスファルトシングル

無機質繊維基材にアスファルトを含ませて塗覆し、表面に顔料で焼成着色した鉱物粒を圧着したもの。軽量で柔軟性があるため、屋根形状になじみがよく、曲面・多角形屋根も可能。

不燃シングル｜ふねん―

ガラス繊維などを無機質充填材で塗覆し、表面に顔料で焼成着色した鉱物粒を圧着したもの。性能はアスファルトシングルに準じるが、不燃材の認定を受けている。接着剤工法と、接着剤併用の釘打ちによる工法がある。

シングルカッター・瓦カッター｜かわら—

屋根スレートの切断加工工具。切断は上下の刃で押し切る。

スレーターズ・リッパー

屋根スレートの差替え交換の際に、屋根釘を取り去る工具。

図28｜金属屋根の納まり

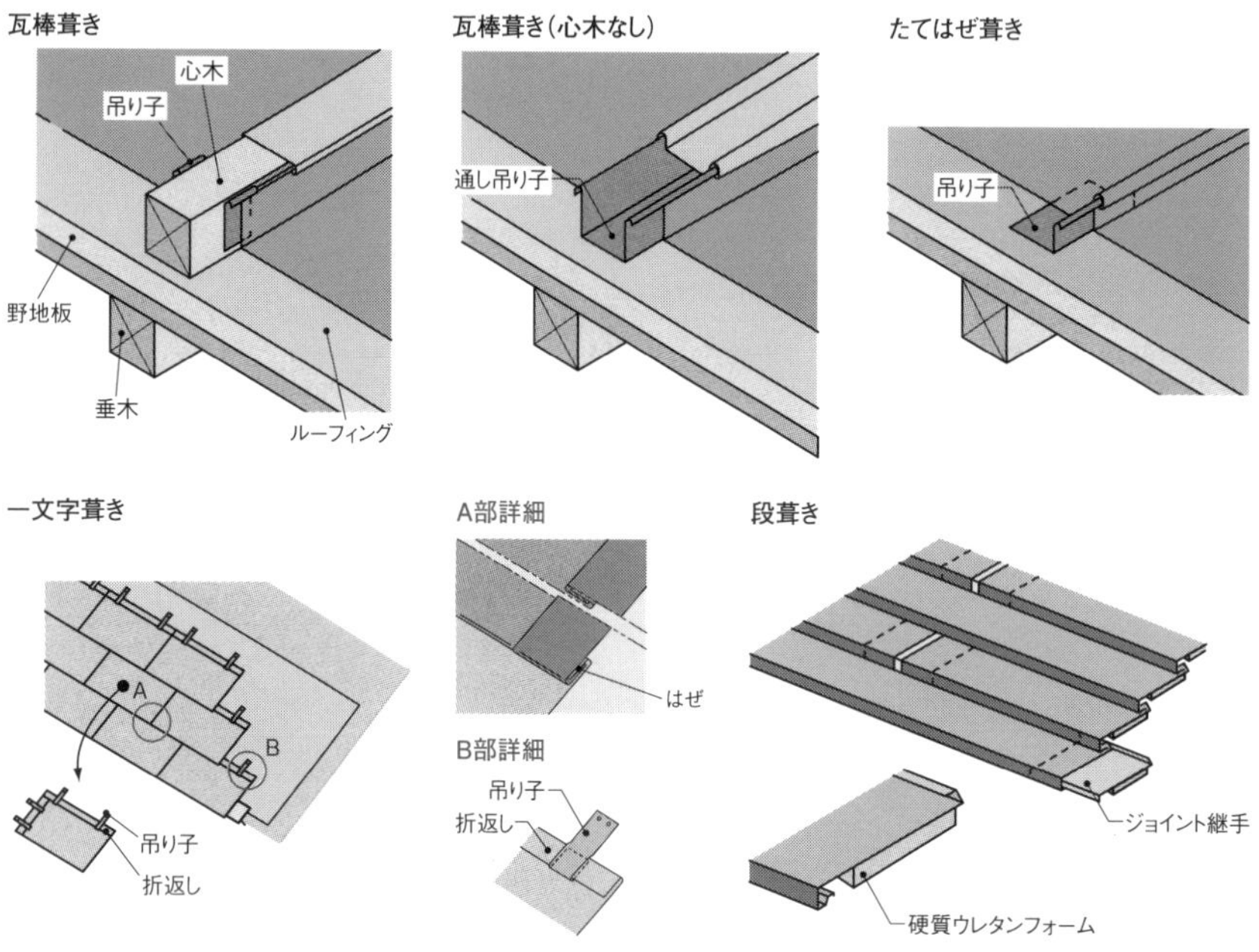

スレート屋根の工法

一文字葺き｜いちもんじぶき

葺き足が横一直線に見える屋根スレートの形状および葺き方。

乱葺き｜らんぶき

小幅板をランダムに葺いたように見える屋根スレートの形状および葺き方。

肩落し｜かたおとし

けらば水切を流れる雨水が屋根側に誘導されないように、けらばの屋根材（平形スレート）上端部を切り落とし妻側に傾斜を付ける加工[184頁写真13]。

隅切り｜すみきり

隅棟部で雨仕舞のために行われる加工で、隅棟芯に合わせてスレートの下辺隅棟側を斜めに切り落とす。一文字葺きの屋根の場合、重ね目水切部には表面張力で水滴が付着しており、風で重ね目に沿って横に移動する。隅切りは、この水滴を隅棟芯の手前で放す役割をする[184頁写真14]。

隅棟コーナー｜すみむね—

隅棟の納め方の1つ。一文字葺きで隅棟の各段ごとに挿入されるので、葺き足の線が通り、隅棟部の突起もなくなる[184頁写真15]。**差し棟**［さしむね］ともいう。

耐風補強施工｜たいふうほきょうせこう

強風地域や屋根の高さによっては、通常の施工法では対応できない場合の補強工法のこと。施工時にスレート間に接着剤を併用する**接着剤併用**（**接着補強**）［せっちゃくざいへいよう（せっちゃくほきょう）］や、屋根スレートの釘留めとクリップを併用する**耐風クリップ**［たいふう—］、屋根スレートの表面から野地まで貫通してステンレスのネジで留め付ける**ビス留め工法**［—どめこうほう］などがある。ビス留め工法が風に対して最も強い工法だが、止水のための補助シートや下地防水層の補強などの対策が必要となる。

金属屋根の材料・道具

金属板｜きんぞくばん

金属板葺きは軽量で加工性のよさ、大屋根に採用できるなどが長所だが、熱伝導性が高いため断熱性能が悪いなどの欠点がある。

屋根に使われる材料には、ガルバリウム鋼板、ステンレス鋼板、亜鉛合金版、銅板や表面にポリエステル樹脂・ポリ塩化樹脂・フッ素樹脂などをコーティングしたものなどがある。耐食性や工法との相性などさまざまな選択要素がある。また、断熱材と金属板が一体化された屋根葺き材もあり、ややコストは高いが、断熱性能が得られ、かつ施工手間が簡略できる[185頁写真16・図25、186頁図27、187頁表5]。形状は、長尺での使用が可能なコイル状の板材とシート状の板材、板材を波形や角形に成形したもの、さらに屋根葺き材として成形した製品や断熱材と一体化した製品も流通している。

心木｜しんぎ

瓦棒葺きで主に木材で野地の上に釘打ちする角材のこと。

キャップ

瓦棒葺きで心木の上に被せる役物。

タッカー

ルーフィングをステープルで野地に留めるのに使用する工具。ガンタッカー、ハンマータッカーなどがある。ステープラーともいう。

鋏｜はさみ

金属板の切断に使う。**サンマ**と呼ばれる**直刃**［まとも］、丸く切るときに使う**柳刃**［やなぎば］、円形の孔をあけるエグリなどがある。

つかみ

写真17｜折板葺き

写真18｜横葺き

写真19｜金属瓦葺き

はぜをつくるのに使う。横に広いつかみと、細長い形の**口細**［くちぼそ］、コンパスなどがある。

鏨｜たがね
銅板の打出しや瓦工事に使われる工具。

槌｜つち
銅板の打出しなどに使われ、用途や素材に応じて**金槌**［かなづち］や**木槌**［きづち］を使い分ける。

金属屋根の工法

板取り｜いたどり
規格の金属板から大きさを割り付けて切り出すこと。鋼板類は914×1829㎜の板から8枚または12枚取りとすることが多い。

平葺き｜ひらぶき
金属板を平面的に葺く工法で、水平方向のラインを通した**一文字葺き**［いちもんじぶき］［図28］、一文字葺きの1種で下地の野地板を階段状に重ね合わせ段差を設けたうえに葺く**段葺き**［だんぶき］［図28］、葺き材をひし形にした**菱葺き**［ひしぶき］、亀甲形にした**亀甲葺き**［きっこうぶき］などがある［185頁図26］。葺き方は葺き板相互を四辺折曲げによる1重はぜで平面的に継いでいき、吊子で下地に固定する。葺き板が比較的小さいため、屋根形状に対する適用範囲は広いが、雨仕舞の確実さは劣る。

立はぜ葺き｜たてはぜぶき
長尺鋼板の両端をはぜ形状に加工し、屋根の流れ方向に溝板として用い、巻はぜを設けて葺く工法［185頁図26・28］。**立平はぜ葺き**［たてひらはぜぶき］、**蟻掛葺き**［ありかけぶき］がある。

瓦棒葺き｜かわらぼうぶき
屋根の流れ方向に心木を所定の間隔で配置し、心木間と心木上それぞれに両端をはぜ形状に加工した長尺金属板を設置してはぜ締めする方法［185頁図26］。木造下地の上に葺く**心木あり瓦棒葺き**［しんぎありかわらぼうぶき］［図28］と木造・鉄骨造下地の両方に対応できる**心木なし瓦棒葺き**［しんぎなしかわらぼうぶき］［図28］がある。心木ありは心木の腐食やはぜの締まりが心木なしに比べて劣ることから、大型屋根への採用は難しい。また、心木なしはメーカーによる工法が多い。

波板葺き｜なみいたぶき
丸波の成型板を用いる工法で、**大波**［おおなみ］と**小波**［こなみ］がある。最も安価な工法だが、最近の採用例は少ない。

折板葺き｜せっぱんぶき（せつばんぶき）
長尺金属板を連続した山形に成形した折板を用いて平面的に葺く工法で、**重ね式折板葺き**［かさねしきせっぱんぶき］、**はぜ式折板葺き**［―しきせっぱんぶき］、**嵌合式折板葺き**［かんごうしきせっぱんぶき］がある。工場、倉庫の屋根に多く見られる［写真17］。接合はボルト締めが一般的だったが、ボルト部分が屋根の錆や漏水の原因になりやすいため、はぜ式や嵌合式が開発された。陸屋根にも使用可能で、各部の納まりも比較的よい。

横葺き｜よこぶき
段差を付けて葺いた野地板に金属板をはぜ組みで葺く**段葺き**［だんぶき］と、平面上の野地板に、流れ方向の継手部分のみ壇上にはぜ組みして段差を付けた**横葺き**［よこぶき］がある。銅板向きの工法で、鋼板では施工が難しい。段葺きはけらばや壁との取合い部の納まりが難しく、捨板を入れるなど工夫が必要である［写真18］。

金属瓦葺き｜きんぞくかわらぶき
金属板をプレス成型または1部ロール加工して立体成型したものを葺く工法で、**横葺き**［よこぶき］と**段葺き**［だんぶき］がある。毛細管現象による雨水浸入で重ね部分や釘打ち部が雨仕舞の弱点になりやすい［写真19］。

溶接葺き｜ようせつぶき
長尺のステンレス鋼板またはチタニウム板を溝状に曲げ、立ち上げ

写真20｜89漏れ

写真21｜巻垂れ

た継手部分2枚を電気抵抗溶接（シーム溶接）で仕上げる工法。使用できる材種は電気伝導性の大きいステンレス鋼板とチタンに限られるが、高性能な水密性・気密性が得られる。

金属屋根の性能・不具合

眇漏れ｜すがもれ
寒冷地で起きる漏水現象。屋根面に積もった雪が室内からの熱で解け流れ出し、軒先で再び凍りついて、せきを形成することがある。せきに融雪水が溜まると屋根材や防水層を逆流して外壁付近で室内に浸入する［189頁写真20］。

巻垂れ｜まきだれ
屋根の積雪がずり下がり、その先端が軒先を巻き込むように垂れ下がる現象のこと。雪の重みで軒先が破損したり、巻き込んだ雪が外壁に当たり窓を破損したりする［189頁写真21］。

耐食性｜たいしょくせい
屋根材の耐腐食性を指す。主に海岸地帯や温泉、工業地帯において、特に釘や金属役物は腐食しやすいので、材質をステンレスなど耐食性に優れる金属にすることが望ましい。また、都市部における酸性雨の問題などを考えると、それ以外の地域の耐食性についても配慮したい。

その他の屋根の工法

茅葺き屋根｜かやぶきやね
カヤで葺いた屋根。カヤは、ススキやチガヤなど屋根を葺くのに使う草の総称。雨漏りを防ぐため急勾配が求められる。通気や断熱に優れるが、火災・強風に弱い［写真22・23］。

柿葺き屋根｜こけらぶきやね
厚さ3㎜程度、幅60～90㎜程度の薄い木片を竹釘で留めて、葺き重ねた屋根。重厚で曲線の多い社殿などに用いられ、国宝や重要文化財にも多く見られる［写真24・25］。

檜皮葺き屋根｜ひわだぶきやね
厚さ1.5㎜、幅30～150㎝程度のヒノキの樹皮を竹釘で留めて、葺き重ねた屋根。書院や茶室などに用いられる。国宝や重要文化財にも多く見られる［写真26］。

杉皮葺き屋根｜すぎかわぶきやね
杉の樹皮を葺き重ねた屋根。民家や数寄屋建築の門などに見られる。虫がつきにくい秋皮を用いるのがよいとされる。葺き方には押さえ木を渡して竹釘や重石で固定する工法などがある。

板葺き屋根｜いたぶきやね
木材の板で葺いた屋根。薄い木片で葺く「こけら葺き」、中厚の木片で葺く「とくさ葺き」、厚い木片で葺く「とち葺き」、石を重しに用いる「石置板葺き」などがある［写真27］。

竹葺き屋根｜たけぶきやね
竹で葺いた屋根。主に庇や門で用いられた。耐久性は低い。竹が多く自生するアジアの一部地域では主要な工法［写真28］。

写真22｜茅葺き屋根の断面

写真23｜茅葺き屋根

写真24｜柿葺き屋根の修復

写真25｜柿葺き屋根

写真26｜檜皮葺き屋根

写真27｜板葺き屋根の軒先

写真28｜竹葺き屋根の修復

仕上げ

金属工事 2

材料

鋼板｜こうはん
炭素を含有する鉄と、炭素の合金である鋼の塊を圧延加工し板状にしたもの。3㎜厚未満を薄鋼板、3㎜厚以上を厚鋼板という。

溶融亜鉛メッキ鋼板｜ようゆうあえん―こうはん
表面に亜鉛メッキを施した薄鋼板。**亜鉛鉄板**、**トタン板**とも呼ばれる。焼付け塗装を施したものは**カラー鉄板**と呼ばれている。

ブリキ
鋼板に錫メッキを施したもの。

ガルバリウム鋼板｜―こうはん
溶融55％アルミ・亜鉛合金メッキ鋼板のこと。メッキ層がアルミの特性と亜鉛の特性を兼ね備える。

アルスター鋼板｜―こうはん
溶融アルミメッキ鋼板のこと。メッキ層がアルミの特性をもつ。

ボンデ鋼板｜―こうはん
亜鉛の電気メッキをした薄鋼板に、リン酸鉄と酸化マンガンを用いた化学的防食を施したもの。塗膜の付着がよく耐食性に優れる。

ホーロー鋼板｜―こうはん
陶磁器用釉薬と類似の成分をもつホーロー釉薬を塗り、800～900℃で熱融着させた金属板。

ステンレス鋼板｜―こうはん
鋼にクロムやニッケルなどを配合した合金で、**SUS**と表記される。屋根材など建材によく使われるものに**SUS304**がある。

アルミ合金板｜―ごうきんばん
アルミは軟らかいため種々の元素を加えた合金として使用される。耐候性に優れる。

銅板｜どうばん
大気中で安定した保護膜を形成するため耐候性がよく、長い年月を経て緑青色に変化する。加工性や**展伸性**がよく細かな加工が可能。緑青コーティングや塗装で表面処理した**硫化銅板**、**緑青銅板**もある。

鋳鉄｜ちゅうてつ
鉄と炭素の合金のうち、炭素含有量が1.7％以上のもの。圧延はできないが鋳造性に富み、複雑な形状も容易につくることができる。

亜鉛｜あえん
耐食性に優れるため、鉄板や鋼材の表面に使用される金属。アルカリや酸には弱い。

ブロンズ
青銅。銅とスズの合金。加工性に優れ、さびにくいため装飾金物などに使用される。

真鍮｜しんちゅう
銅に亜鉛を加えた合金。**黄銅**とも。

縞鋼板｜しまこうはん
鋼板の表面に押し形の突起を付けたいわゆるチェッカープレート。

デッキプレート
曲げ剛性を保つために種々の波形に加工された広幅帯鋼。

エキスパンドメタル
金属板に千鳥状の切れ目を入れて押し広げ、メッシュ状に加工したもの[**写真1**]。**スタンダードタイプ**、滑り止め効果のある**グレーチングタイプ**、**フラット加工タイプ**、極薄の金属板に極小の網目加工をしたマイクロメッシュなどもある。

パンチングメタル
金属板に打ち抜き加工をしたもの[**写真2**]。丸孔・長孔・ダイヤ・角孔・亀甲・装飾用孔などをあけたものと、**バーリング孔**と呼ばれる突

写真1｜エキスパンドメタル

写真提供：稲田金網

写真2｜パンチングメタル

写真提供：稲田金網

写真3｜金網

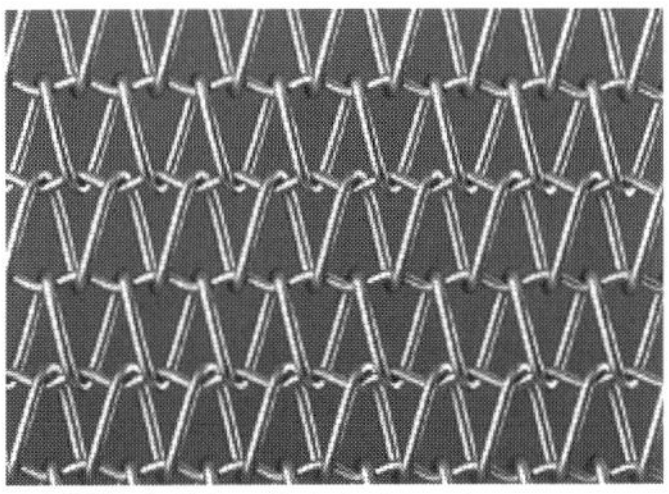

写真提供：伊勢安ワイヤクリエイティック

写真4｜スパンドレル

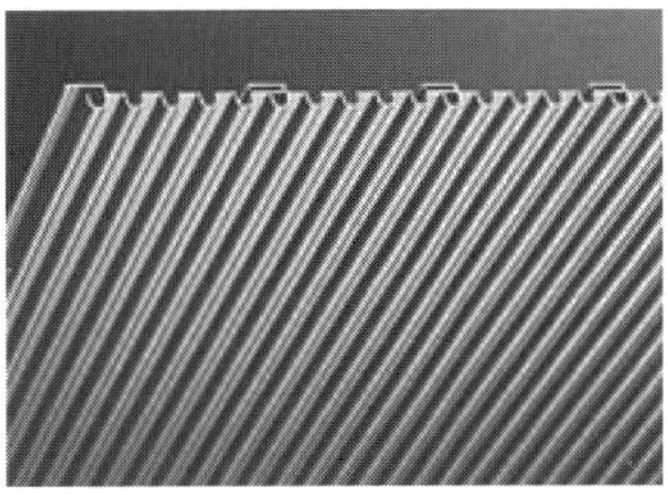

写真提供：三洋工業

写真5｜ハニカムコア

写真提供：新日軽

起状の孔加工を施したものがある。

金網｜かなあみ　金属製線材でつくられる網[191頁写真3]。縦横線の交点を溶接した**溶接金網**、素線を互いにからませ菱形に編んだ**菱形金網**、波形をつけた縦横線をはめ合わせた**クリンプ金網**、縦横線を平織・綾織などに編んだ**織金網**などがある。

グレーチング　帯板を格子状に組み合せたもの。

波板｜なみいた　大波・小波・角波などの断面形状に成形されたもの。

スパンドレル　留付けビスが隠れるように成形されたサイディング[191頁写真4]。

断熱サイディング｜だんねつ—　金属板の裏に断熱材を裏打ちしたサイディング。

断熱パネル｜だんねつ—　発泡系や繊維系の断熱材を薄い金属板でサンドイッチしたもの。

ハニカムコア　六角形の個室でできた蜂の巣構造のことをハニカムといい、そのような形状をした芯材のこと[191頁写真5]。軽いながら強度に優れる。

LGS｜えるじーえす　厚さ1.6～4.0㎜程度の軽量形鋼。溝形、山形、Z形などがある[表1]。内装下地に多用される。

チャンネル　コの字形断面の溝形鋼。C形断面のリップ溝形鋼はCチャンと呼ばれる。

アングル　山形鋼のこと。

フラットバー　平鋼のこと。薄肉の長方形断面をもつ鋼材。

表1｜LGSのスタッド種類と寸法（S＝1：10）

壁記号	WS40	WS45	WS50	WS65
断面	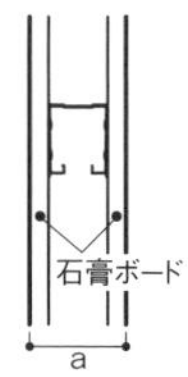	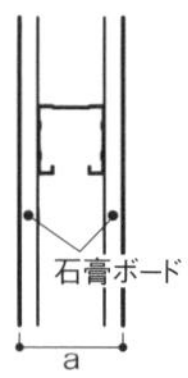	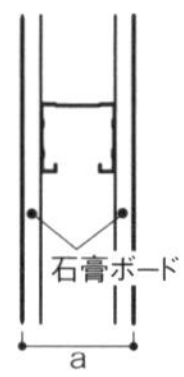	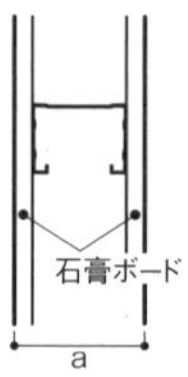
厚さ（a）	65㎜	70㎜	75㎜	90㎜
施工可能高さ	—	2.4m	2.7m	3.7m
壁記号	WS75	WS90	WS100	角MS20
断面	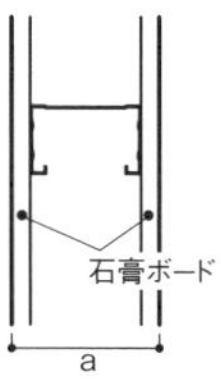		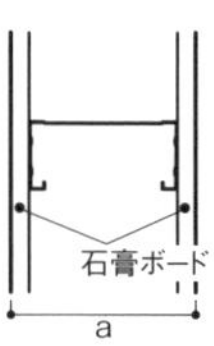	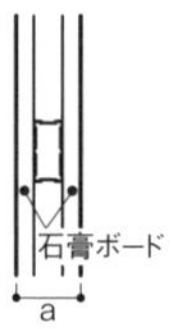
厚さ（a）	100㎜	115㎜	125㎜	45㎜
施工可能高さ	4.0m	4.5m	5.0m	—
壁記号	角MS40	角MS45	角MS50	角MS65
断面	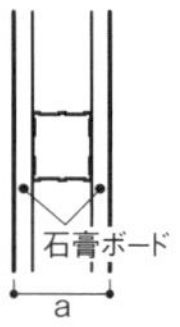	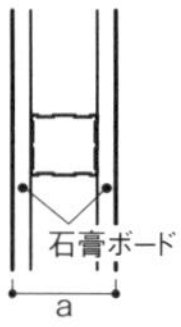	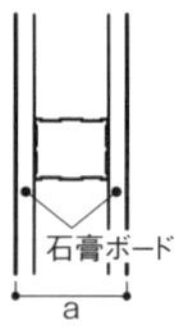	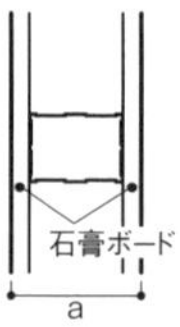
厚さ（a）	65㎜	70㎜	75㎜	90㎜
施工可能高さ	2.6m	2.9m	3.2m	4.6m

表2｜金属の主な加工方法

名称		加工方法
プレス加工		プレス機械を用いて行う板金加工。金型を交換することで多様な加工に対応できる
絞り加工		金属板をプレス機により変形加工すると、継目のないくぼみをもつ製品が得られる。このくぼみを得る加工のこと
押出し加工		加熱軟化した金属素材を容器に入れ、圧力を加えて先端の孔から押し出す加工法。孔の形状によって複雑な断面のものをつくることもできる
引抜き加工		棒状・管状の金属材料を、それよりやや小さな径の孔を通して引っ張る加工法。鋼の引抜き材は磨き材ともいわれる
鋳造		金属を溶かして型に流し込み、冷却して固める方法。砂の型は比較的安価に製作できる。金属の型に高圧で注入するダイカスト法は亜鉛合金やアルミ合金などが主に使用され、精密な肌の鋳物が製作できる
切削加工	せん断加工	シャーリングによる切断やタレットパンチャーによるパンチなどがある
	削り加工（切断・穿孔）	加工機材や手法はさまざまだが、フライスによる溝切り、プレーナーによる切断面の研磨、ドリルによる孔あけなどがある

表面処理・加工方法

金属の主な加工方法、仕上げ方法について192頁表2、表3にまとめる。

アルマイト法—ほう
アルミニウムの耐食性を高めるため、素材表面に陽極酸化皮膜を生成する処理のこと。

黒皮—くろかわ
鋼材を熱間圧延するときに生じる黒い光沢のある硬い酸化皮膜で、防錆効果をもつ。

溶融亜鉛メッキ—ようゆうあえん
溶融亜鉛メッキ浴中に浸漬し、メッキ層を形成する、鉄や鋼の防錆処理。**どぶ漬け**ともいわれる[図1、表4]。

酸洗い—さんあらい
金属表面の酸化皮膜や錆などの酸化物を除去するため、酸溶液中に浸けて表面を清浄にする方法。

焼付け塗装—やきつけとそう
乾燥工程において熱を加えることにより処理を行う塗装。密着性や耐候性に優れる。溶剤を使用せずに粉末状の塗料を静電塗装する場合は、**粉体焼付け塗装**と呼ぶ。

溶射—ようしゃ
溶融状態にした金属材料を高速度で吹き付けて薄い皮膜をつくる表面処理法。

溶接—ようせつ
金属の接合部を加熱し、溶融または半溶融状態にして接合すること[表5]。**アーク溶接**は最も広く用いられ、金属材料と電極の間にアークを発生させ、その熱で接合部を溶融させ接合を行う。

表3｜金属の主な仕上げ方法

名　称	仕上げ方法
バフ仕上げ	砥粒を付着させた柔軟なバフを回転させながら工作物に押し当てて表面を磨く加工。バフ磨きとも
ヘアライン仕上げ 	1方向に細かい筋目を入れた仕上げ。HLと表記する
バイブレーション仕上げ	不規則で繊細な回転傷を付ける仕上げ
ダル仕上げ 	ダルロールで圧延し、微細な凹凸を表面に付ける仕上げ
エンボス	プレス機を用いて板材を図柄状にくぼませて立体感を出す加工
エッチング 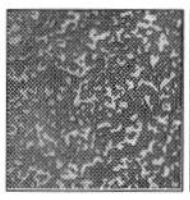 （梨地） 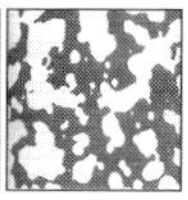 （カラー）	金属の表面や形状を、化学的あるいは電気化学的に溶解除去する加工。金属プレスや板金加工では困難な薄板や微細なパターンの加工を施せる

表5｜金属材料の接合方法

接合方法		工法・材料など
溶接	**電気的エネルギー**	アーク溶接
		ガスシールドアーク溶接
		セルフシールドアーク溶接
		サブマージアーク溶接
		ティグ溶接
		ミグ溶接
	化学的エネルギー	ろう付け（はんだ付け）
	機械的エネルギー	摩擦攪拌溶接
		摩擦溶接（圧接）
機械的接合		ボルト、ビス、リベットなど
		折り込み、巻き締め
		ねじ込み、キー
		焼きばめ、冷しばめ
接着	**溶剤（水）拡散型**	酢ビ系、アクリルエマルション系、ゴム系など
	化学反応型	フェノール、ウレタン、エポキシ、アクリルなど
	熱溶融型	エチレン-酢ビ系、ポリエステル、ポリイソブチレンなど

表4｜溶融亜鉛メッキの検査項目と合格判定基準

項　目		検査対象	合否判定基準
外観検査	**不メッキ**	全部材	直径2㎜を超えるものがあってはならない
	きず・かすびき		有害なものがあってはならない
	摩擦面のたれ		あってはならない
	開先面のメッキ付着		開先面およびそれらに隣接する100㎜以内の範囲にあってはならない
	割れ		あってはならない

メッキ面は実用的になめらかで不メッキその他有害な欠陥があってはならない

図1｜溶融亜鉛メッキの作業工程フロー

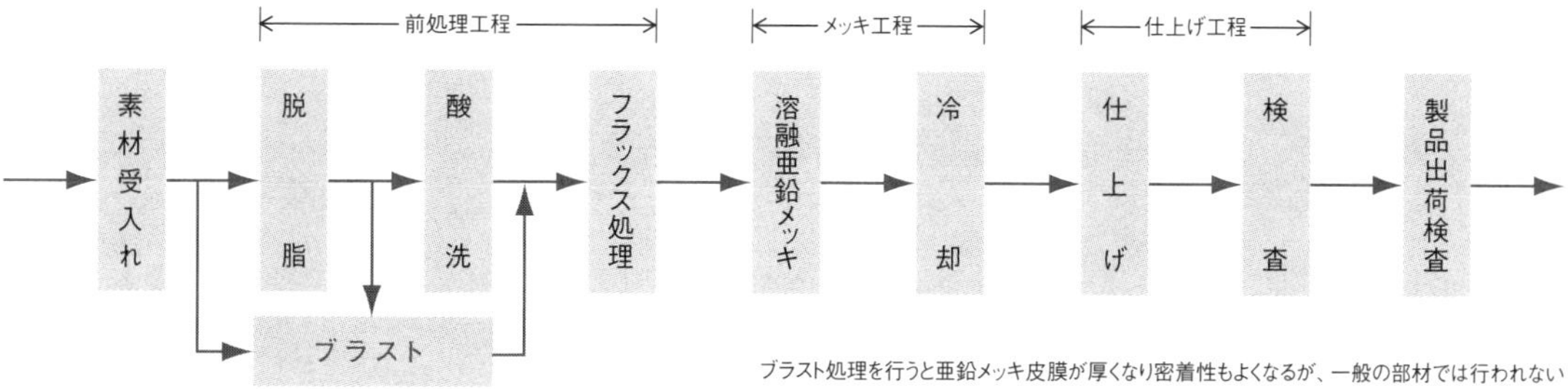

ブラスト処理を行うと亜鉛メッキ皮膜が厚くなり密着性もよくなるが、一般の部材では行われない

乾式外装工事 3

建物の性能・意匠を決めるうえで、外部工事は非常に重要な役割をもつ。求められる性能としては、防火性、水密性、断熱性が3大要素といえる。ここでは、外装材について解説する。

カーテンウォールの材料

カーテンウォール
CWと略し、建物外周に取り付けられるパネルなどを指す[図1]。本来は、建物の荷重を負担しない外壁全般を示すものだが、金属（メタル）カーテンウォール[写真1]、PCa版や金属パネル、ガラス外装など、含まれる範囲は広い。狭義にはカーテンウォールというと連続的なアルミサッシのことを指し、この場合ガラスカーテンウォールと呼ぶこともある[写真2]。

押出し形材｜おしだしかたざい
単に**形材**ともいう。アルミ合金を油圧装置でトコロテンのように押出成形したサッシ部材[158頁写真3]。長尺で複雑な断面形状が得られ、強度が安定している。押し出す前の円柱状のアルミ合金材をビレットと呼び、**地金**のアルミインゴットから鋳造される。また断面形状を決めるためのスチール製金型を**ダイス**と呼ぶ。断面に中空部をもつ押出形材を**ホロー材**(hollow)と呼び、中空部のないものを**ソリッド材**という。

化成皮膜｜かせいひまく
クロム酸の薬液にアルミを浸して微細な凹凸を生成させる方法。容易に安定した性能が得られ処理費も安いことから、塗装下地として広く使われているが、薬液に六価クロムを含むため、環境上の問題を抱えている。近年はクロムを使わずに薄いアルマイトを下地にする方法も行われている。

陽極酸化皮膜｜ようきょくさんかひまく
一般的には**アルマイト**と呼ばれる表面処理方法[写真4、図2]。硫酸などの電解液中にアルミ材を浸し、

写真1｜金属カーテンウォール

写真2｜PCaカーテンウォール

図1｜カーテンウォールの納まり

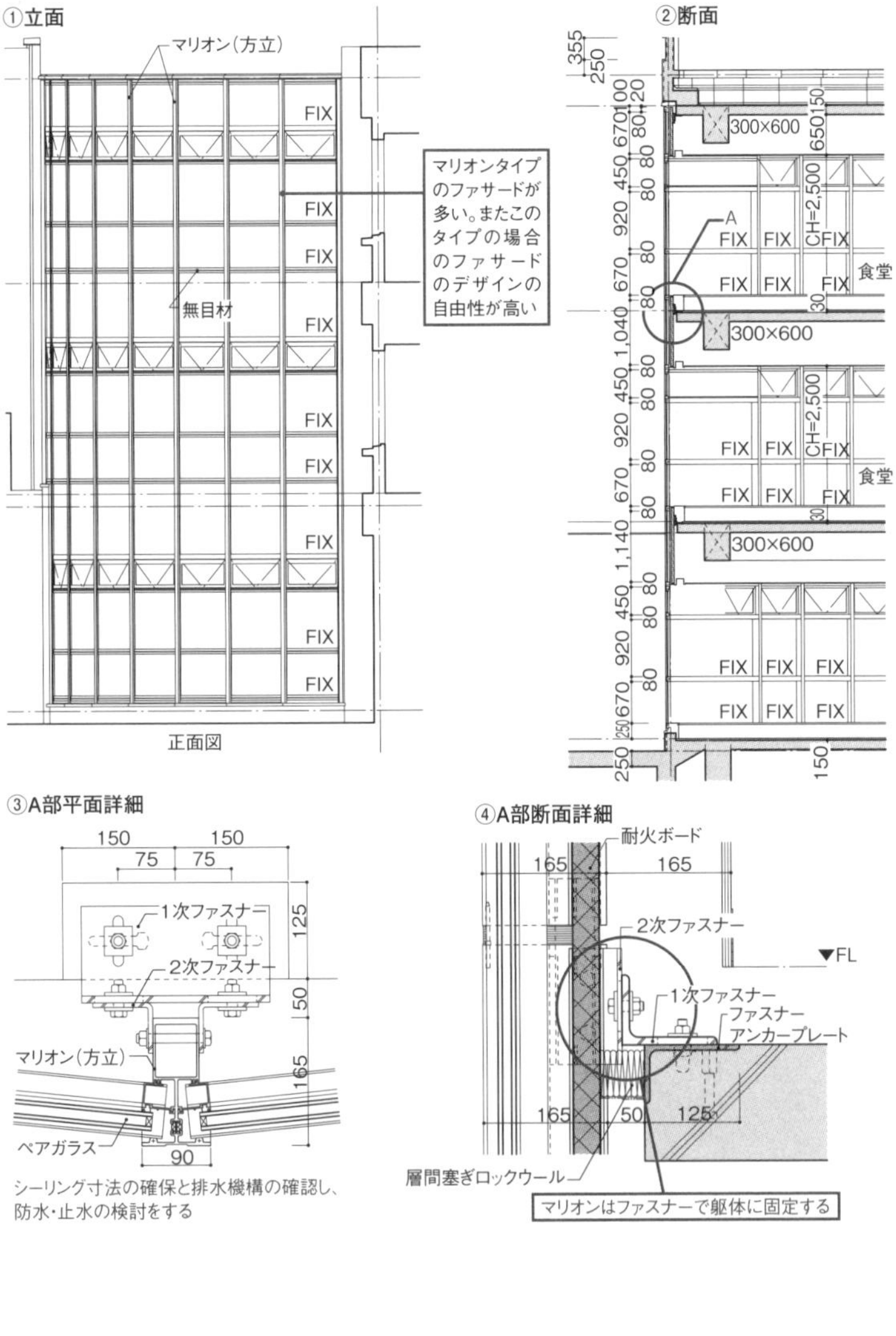

シーリング寸法の確保と排水機構の確認し、防水・止水の検討をする

写真3｜押出し形材

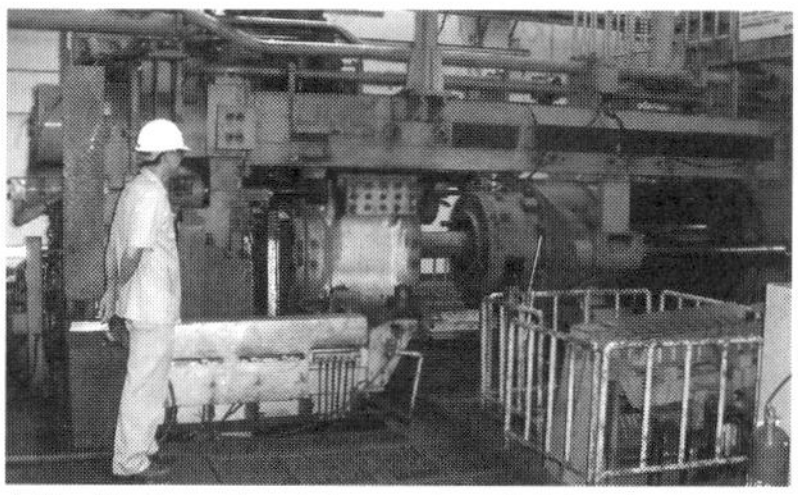

右側に油圧シリンダー、中央にアルミの円柱（ビレット）が見える

写真4｜アルマイト断面の顕微鏡写真

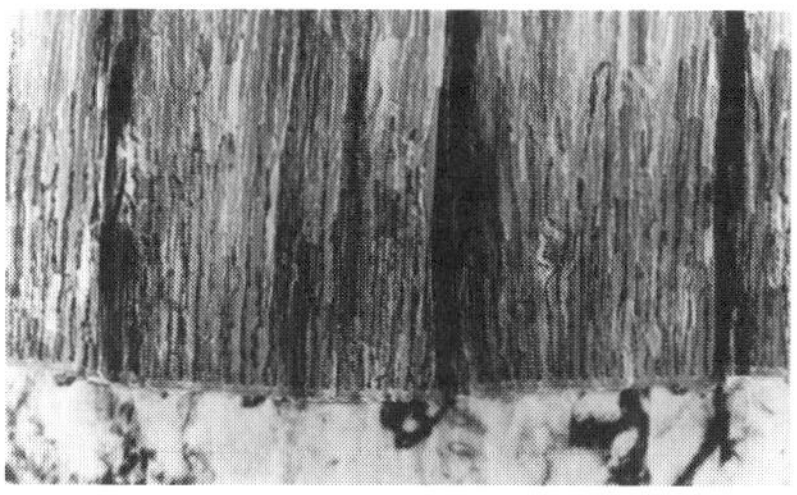

微細な球状の孔構造が分かる

電気分解して6～15ミクロン程度の透明酸化皮膜を生成させる。防食が主な目的だが、前後の処理によっていろいろな仕上げが得られ意匠的価値が高められる。特に**2次電解着色**は、金属塩溶液中で再び電気分解することでステンカラー、ブロンズ、ブラックといった色を得る方法で、一般サッシ、カーテンウォールともに広く用いられている。

陽極酸化皮膜が単独で使われることは少なく、アクリル樹脂クリア塗装と組み合わせた複合皮膜が一般的である。

複合皮膜｜ふくごうひまく

陽極酸化皮膜を生成させたアルミ部材を樹脂塗料の水溶液中に浸し、電圧をかけて塗料を吸着させ一様に塗装する方法のこと［図2］。陽極酸化皮膜と塗装のもつそれぞれの耐久性能の相乗効果により、耐久性に優れた皮膜が安価に得られる。日本の使用環境に適しているためアルマイト皮膜の標準となっている。

図2｜金属材の各種表面処理

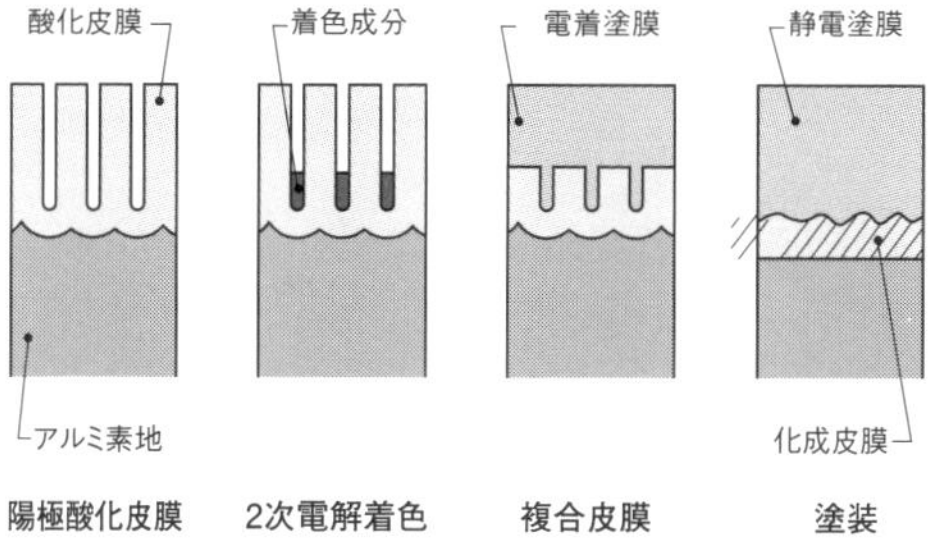

焼付け塗装｜やきつけとそう

金属の工場塗装に用いられる、加熱によって反応が進んで硬化するタイプの塗装。アルミ部材の塗装のほとんどにこれが施されている。フッ素樹脂、ウレタン樹脂、アクリル樹脂などに分かれ、価格や耐久性に差がある。

下地処理のすんだ部材をレールに吊るし、**静電塗装**と呼ばれる、高電圧を利用した噴霧装置で塗装（**コート**）、そのあと焼付け炉に運んで加熱（**ベーク**）する。塗装の回数、焼付けの回数は仕様によって異なり、3コート2ベークなどと呼ばれる。均質な仕上がりを得るためには、塗布量や焼付け温度などに高度な管理技術が必要である。

粉体塗装｜ふんたいとそう

パウダーコートとも。塗装法の1種で、液状の一般的な樹脂系塗料と異なり、粉末状の塗料を使用する。溶剤を用いないので環境負荷が小さく、欧州では早くから採用されている。粉体塗装にも樹脂の種類はさまざまあり、カーテンウォール用としては高耐候性ポリエステル樹脂が中心である。室内塗装用として主に輸入サッシで使われている。最近はフッ素樹脂粉体塗装も着目されはじめた。

図3｜フィルドジョイント（PCa版パネル）

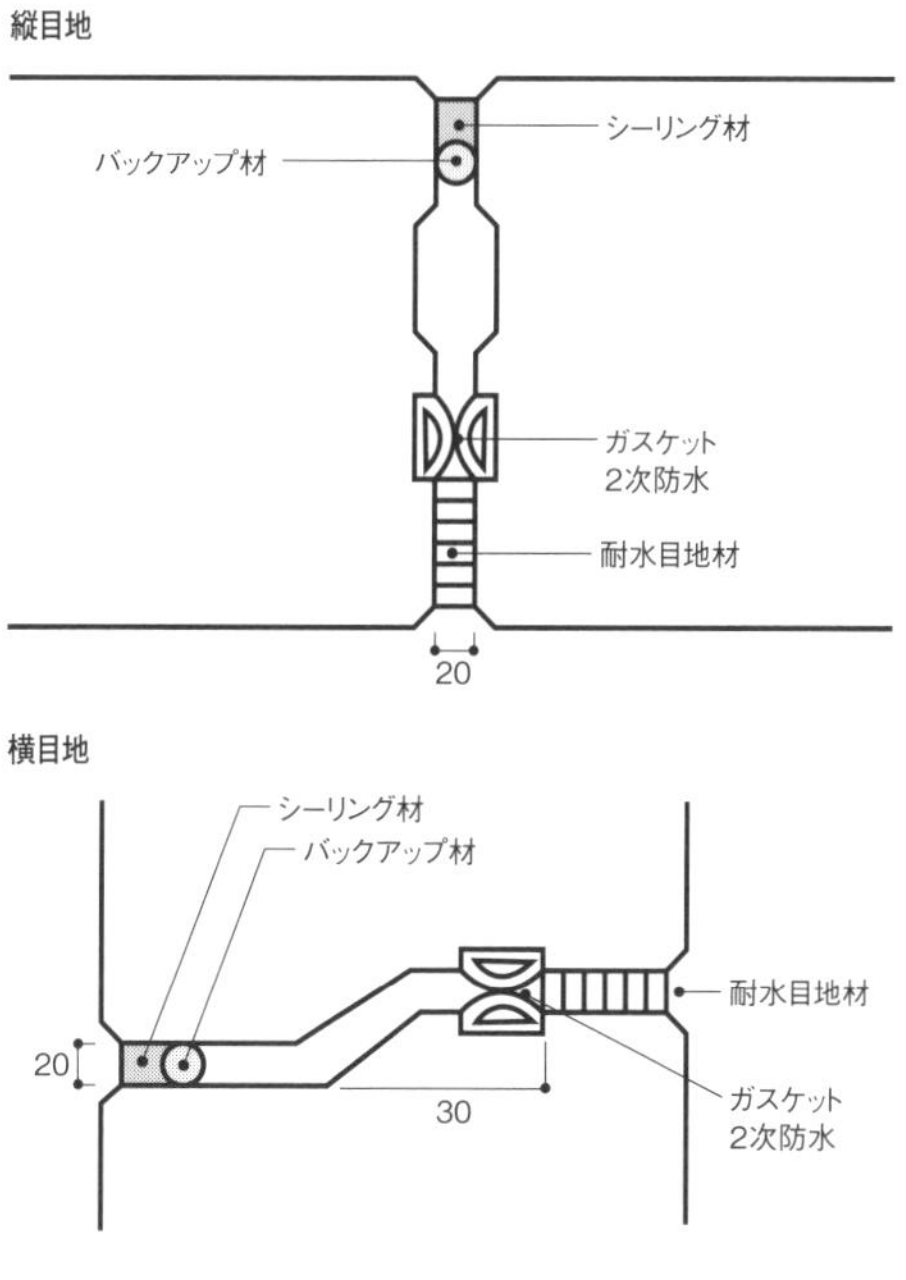

フィルドジョイント

充填目地、シーリング目地ともいう。外部側にシーリングを充填する一般的な目地［図3］。PCa版目地では室内側にガスケットを備えて、シーリングが切れて目地内に水が入っても2次的に止水するようにしている。普通は積極的に外気を目地内に導入しない非等圧目地になる。

ドライジョイント

シーリング材を使用せずにガスケットだけで構成された目地。隙間が生じるためオープンジョイントにしないと成り立ちにくい。これに対して、シーリング材を使用した目地を**ウェットジョイント**と呼ぶことがあるが、普通は外部側にシーリング材を打った目地、**フィルドジョイント**のことを指す。

写真5｜ユニットカーテンウォールの組立作業

カーテンウォールの性能・工法

スペック
設計仕様(specification)のこと。建築工事一般に使われる用語だが、さまざまな要求事項を満たす必要があるカーテンウォール工事では特に重要で、設計時に、耐風圧性能、水密性能、耐震性能など多くの項目を規定する。スペックによってカーテンウォールの価格が異なるため、見積りの前に、細目まで確定しなくてはならない。

ユニットカーテンウォール
アルミ枠を工場で枠材を組み立て、ガラスやボード類を取り付けて完成品のパネルにし、それを現場に運搬しクレーンなどで外壁に取り付けたもの、またその工法[図4・5、195頁写真5]。ユニタイズドCWともいわれる。品質が安定し、現場工程が短い、外部足場が不要という長所がある。割高なために従来はあまり採用されなかったが、工期の短縮化や低価格化によって現在の高層建築では主流工法になっている。

ノックダウンカーテンウォール
加工の済んだアルミ枠を順次現場に持ち込み、取付け場所で組み立てる方式のカーテンウォール。その工法[図6]。わが国では規格品のカーテンウォールや、特注品でも中小規模の工事の標準的な取付け方法である。現場環境や作業者の技能に品質が左右されやすい欠点をもつ。方立を差込み式に連結することから**スティックシステム**ともいう。

実大性能試験|じつだいせいのうしけん
実際と同じ大きさのカーテンウォールの1部を試験架台に取り付け、スペックに定められた性能が得られるかどうか確認する試験[写真6]。気圧をかけて部材の強度を調べる耐風圧試験、気圧とともに散水して漏水を調べる水密試験、架台を動かして地震を再現する層間変位試験などが可能。既製品サッシの開発時のほか、大型プロジェクトでは個別に実施する。

FEM解析|えふいーえむかいせき
有限要素法(Finite Element Method)による解析。複雑な形状のPCa版の構造設計を行う際に用いる計算手法。荷重の加わった板の変形や応力が細かく求められるので、最適な板厚さや配筋を決定できる[図7]。

ひび割れ制御|ひびわれせいぎょ

図4 PCa版カーテンウォールの施工
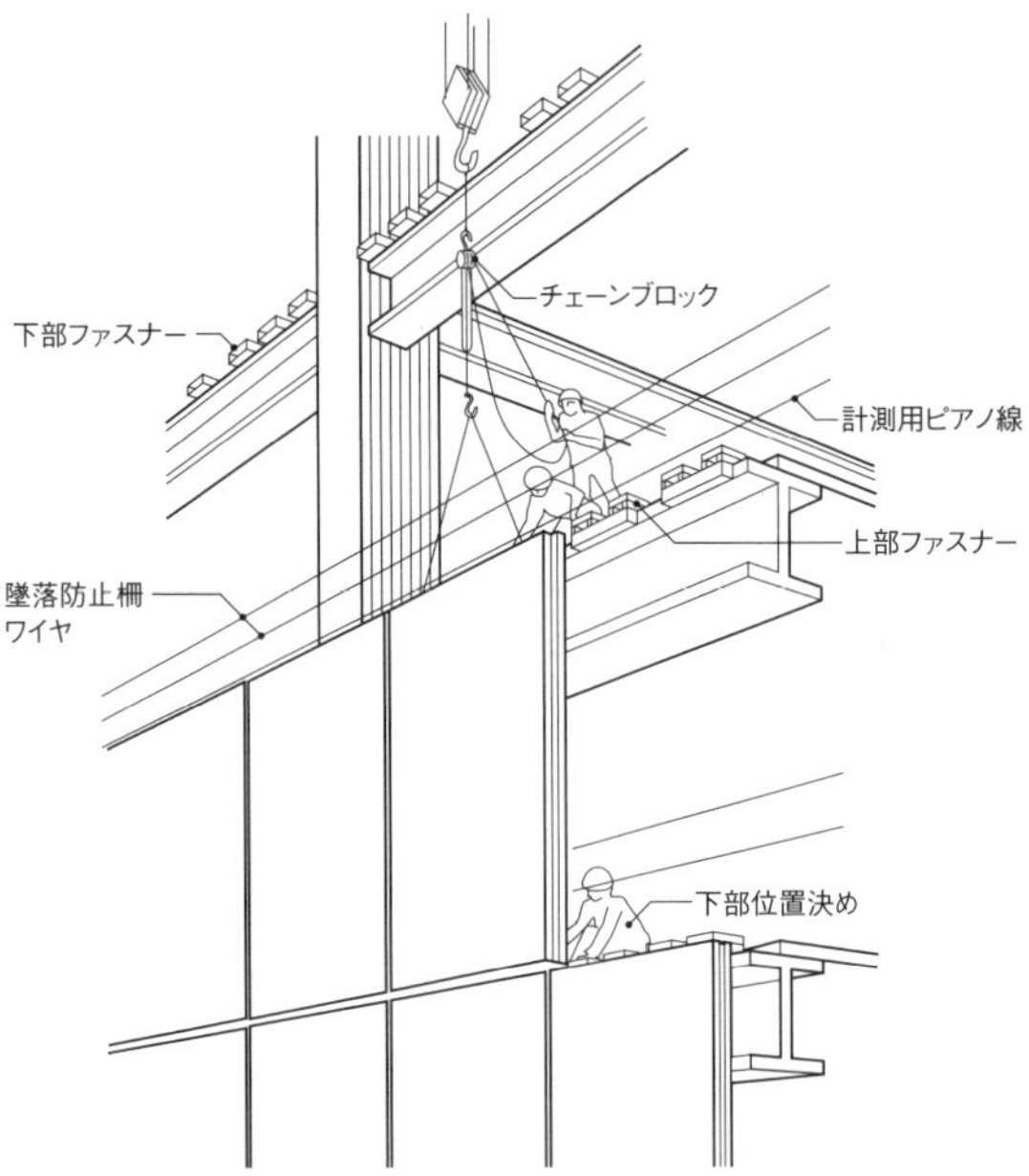

図5 ユニットカーテンウォール
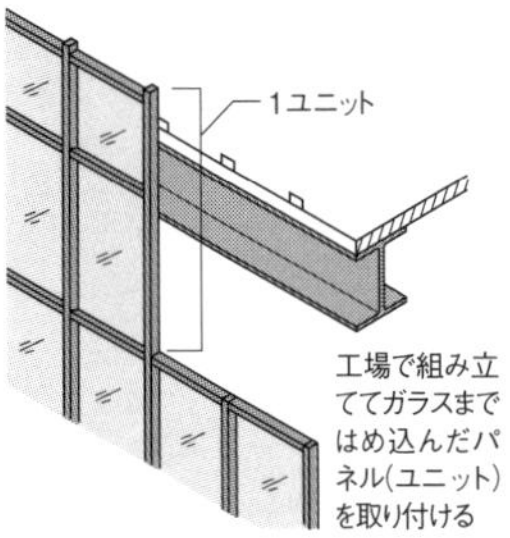

図6 ノックダウンカーテンウォール
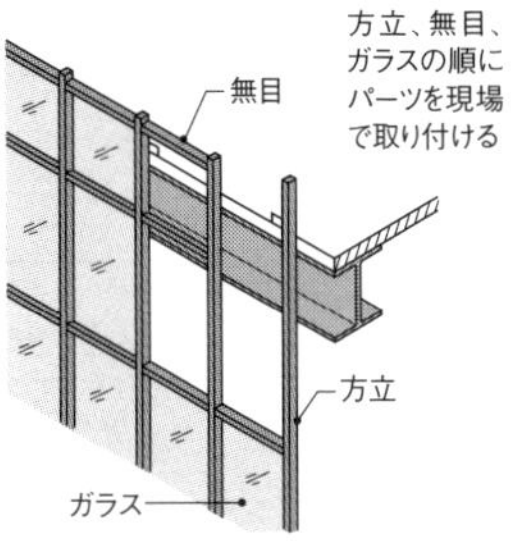

写真6 実大性能試験の様子

図7 PCa版のFEM解析の出力例
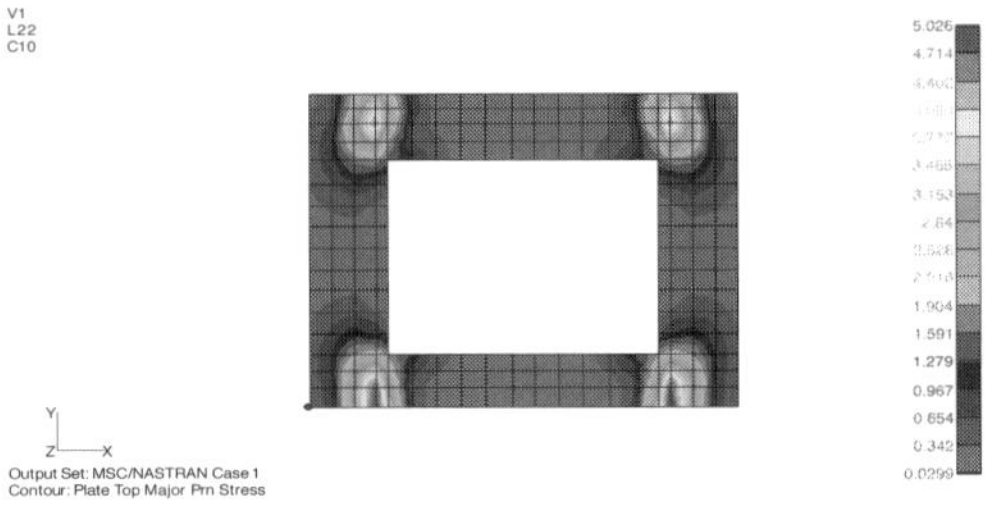

図8 PCa版オープンジョイントの例
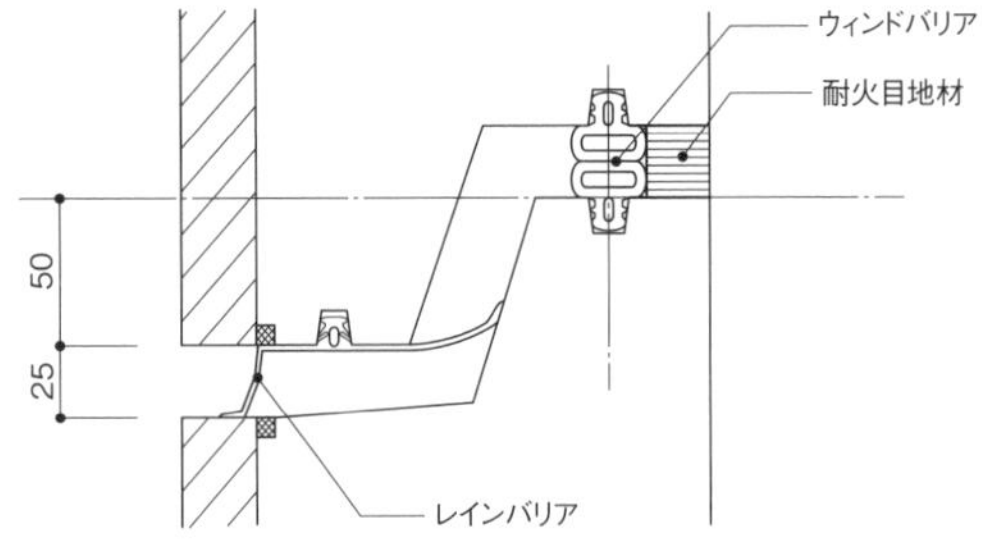

写真7｜空気導入孔

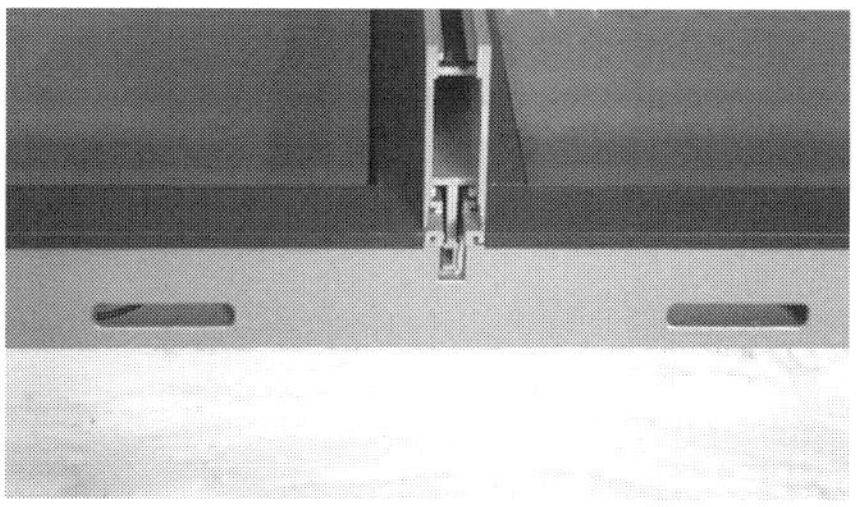

カーテンウォールユニットの下部に設けられた空気導入孔

荷重によって生じるひび割れ幅を制限する、PCa版の設計手法。クラックコントロールともいう。

等圧工法｜とうあつこうほう
オープンジョイントとも。カーテンウォールの内部・外部の圧力差を少なくすることで、内部への雨水の浸入を防ぐ方法のこと［図8］。漏水の主な原因は、風などの圧力によって雨水が隙間から浸入することである。そこで、目地や枠材の内部に外気を導入する空気導入孔（等圧孔）を設けることで、外部からの風の圧力を軽減し、水の浸入を防ぐ［写真7］。設計は難しいが、防水をシーリング材に頼らなくてすみ、経年変化による防水性能の劣化が少ない。

図9｜エッジクリアランスと面クリアランス

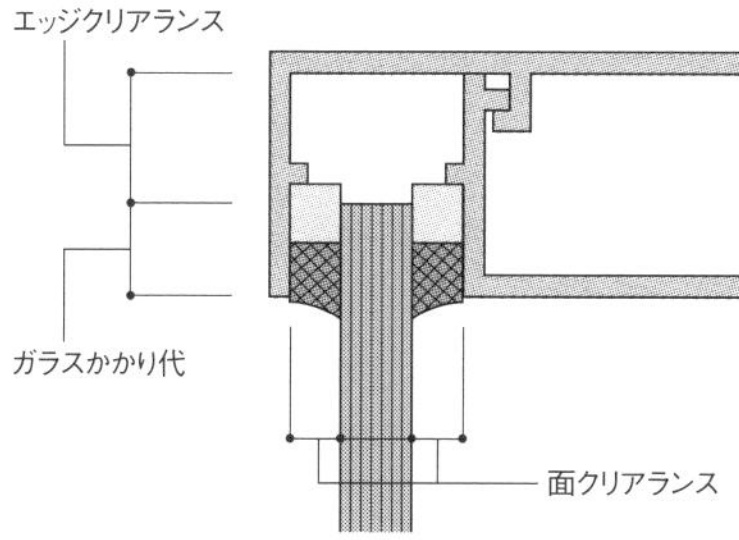

インターロッキング
一部のユニットCWで使われる、フィン同士が噛み合う目地方式。迷路効果で止水性が高まるうえ、2つの枠材が一体化して強くなる。

ロッキング
地震、風などの建物の変形時に外装材が回転すること。

層間変位ムーブメント｜そうかんへんい―
各階の地震、風による動きをいう。

面クリアランス｜めん―
ガラスカーテンウォールでの、ガラス面と枠溝内端との隙間寸法［図9］。通常はガラスシーリングの幅。略して面クリともいう。層間変位や熱伸縮によりガラスシーリングに変形が生じるため、許容変形率が守られるだけのクリアランスが必要になる。一方、ガラス小口とサッシ溝底との間隔は**エッジクリアランス**と呼ばれる。層間変位によってガラスが移動する際に、この部分でサッシとの接触を避ける。どちらも断面設計の際に重要な項目である。

写真8｜木材によるモックアップ

エッジクリアランス
ガラスカーテンウォールでの、ガラス端と枠溝底との隙間寸法のこと［図9］。層間変位により枠変形が生じると、先にガラスと方立が接触し、次いで浮き上がったガラスと上部の無目が当たってそれ以上変形できない限度に達する。これよりエッジクリアランスが大きいほど層間変位追従性が高いといえる。地震時にサッシとガラスの接触を防ぐため、エッジクリアランスはある程度保持する必要がある。

カーテンウォールの製造・施工

写真9｜ブラケット

高力ボルトで固定されたアルミ押出形材ファスナー

バラ図｜―ず
工場で使用される部材加工図。部品ごとにばらした（分解した）図の意。

モックアップ
実物大模型のこと。カーテンウォール工事では、製造に先立ってモックアップをつくり、色調や大きさ、他工事との取り合いなどを確認することがある［写真8］。多くの場合は、木材や金属板などを使って、実物を再現する。

写真10｜PCa版の取付け用ファスナー

ウォーターコート
吹き付けるだけで防汚性と対候性を向上させるコーティング材。

ブラケット
サッシの直交部材を連結するL型やT型の持送り金物を全般にブラケットと呼ぶ［写真9］。ブラケットのうちカーテンウォール自体を建物躯体に取り付けるものを**ファスナー**と呼んで区別することがある。ファスナーを躯体に固定するには溶接が一般的だが、一部で高力ボルトによる摩擦接合も使用されている。鉄骨工事と同様に摩擦面やナット回転角など、現場での品質管理が要求される。

図10｜1次・2次ファスナー

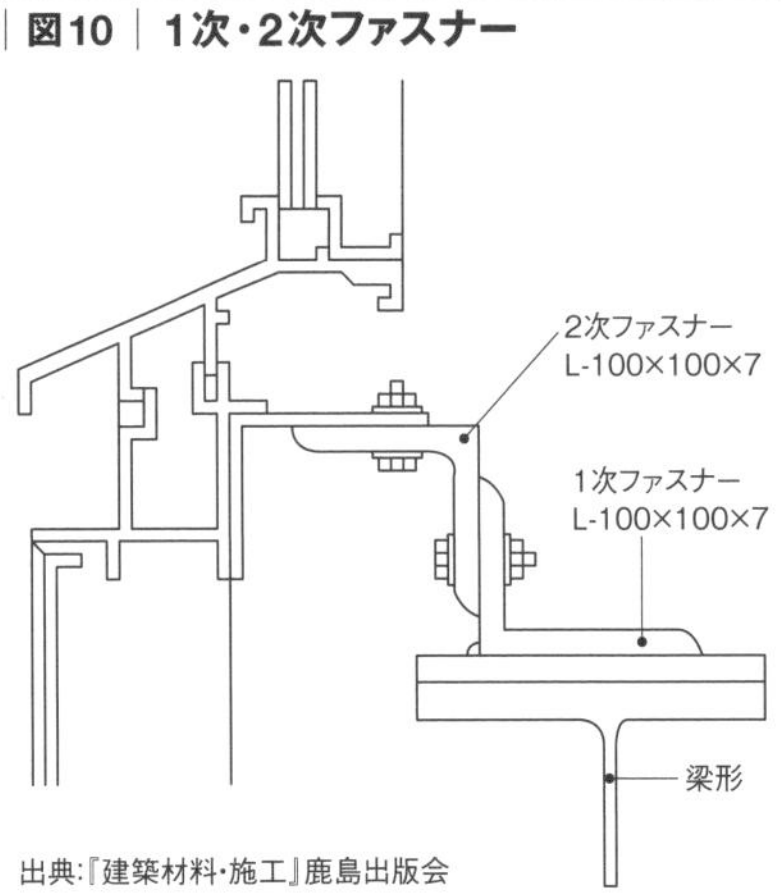

出典:『建築材料・施工』鹿島出版会

図11｜層間変位への追従方式

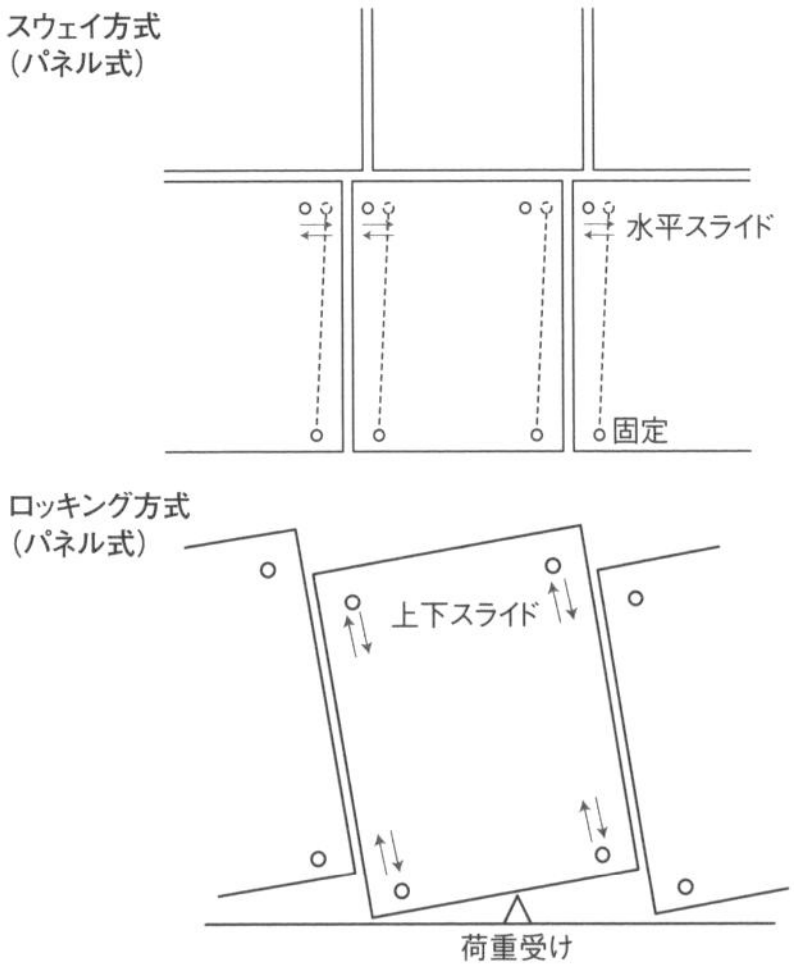

写真12｜カニクレーン

カニのような脚が特徴の小型移動式クレーン

写真13｜トラックに積まれたPCa版

写真11｜ガスケット

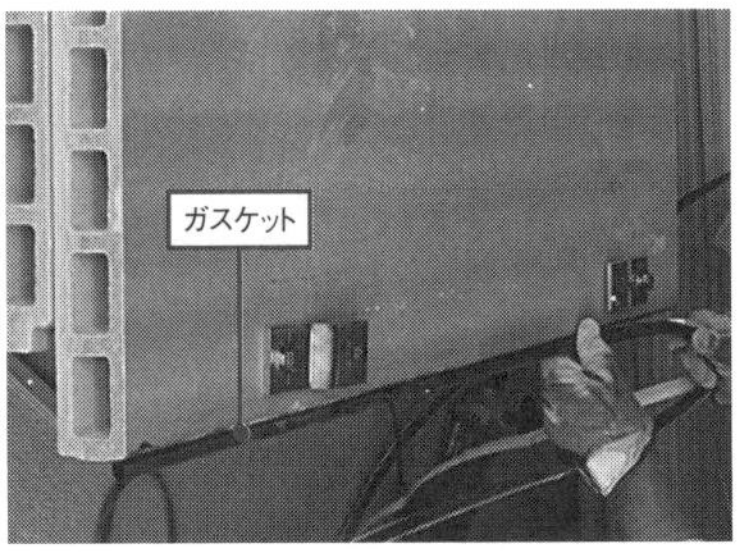

ファスナー
パネルやサッシ躯体に取り付けるための金具[197頁写真10、図10]。アングル型、ターンバックル型、Z金物、リング型など多種多様にある。

荷重受け｜かじゅううけ
パネルのファスナーのうち、自重を支持するものを指す。この荷重受けをパネル上部に設ける方式を上吊り、下部に設けるものを下置きと呼び、水平目地の位置などによって使い分ける。

振れ止め｜ふれどめ
パネルのファスナーのうち、風や地震による水平力を支持するもの。荷重受けを兼用する場合もある。

ガラリ
設備開口や換気孔などに取り付ける連続羽状の覆い戸。通気を確保しながら雨水を遮る。一般的な水平羽根のガラリに加え、止水性に優れる縦ガラリもつくられている。本来ルーバーもガラリと同じものだが、こちらは日よけや目隠しの意味が強い。

水返し｜みずがえし
水平目地内に設けた立上がりやフィンなどを指す。重力を利用して止水するため、寸法が大きいほど効果的だが、PCa版では一般的に25㎜前後、高層ビルでは60㎜程度の立上がりをとる。

水抜き｜みずぬき
パネル目地やアルミサッシ内に入った水を外部に抜くこと。またはそのための孔やパイプ類を指す。

減圧溝｜げんあつみぞ
PCa版の縦目地内に設けられたやや幅の広い部分。流入する空気の圧力を減じて流速を下げ、水を落下させることが目的だが、実際の減圧効果は疑問である。ただし水切目地としての働きはある。

ガスケット
カーテンウォールでは目地内に取り付けて水や空気を遮るためのゴム部品を指す。板状や丸棒、中空(環状)などさまざまなものがある。板状のガスケットを通称ひれゴムという。クロロプレンゴムやシリコーンゴムなど材料の種類も多く、耐火性能をもたせたガスケットもある[写真11]。

耐火目地材｜たいかめじざい
耐火性能を確保するためPCa版などの目地に取り付けられる無機繊維系のひも状材料。岩綿やセラミックファイバーが用いられる。

滑り材｜すべりざい
パネルやサッシの変形や移動を滑らかに逃がすため、接合部にはさむ低摩擦の材料。きしみ音を防ぐのが目的。テフロンなど樹脂系のものと、**黒鉛（グラファイト）**を塗布した金属板などがある。

排水経路｜はいすいけいろ
枠内や目地内に浸入した水、あるいは結露水が排出されるための道筋。室内側に迷走すると漏水故障になるので、逆勾配や障害物があってはならない。

熱伸び｜ねつのび
温度上昇に伴い部材が長手方向に膨張すること。

音鳴り｜おとなり
熱伸びによってカーテンウォール部材が擦れて生じる有害な音。雲間から太陽が現れただけでも大きな軋み音がすることがあり、重大な欠陥になる。滑り材を要所には

図12｜押出し成形セメント板の納まり

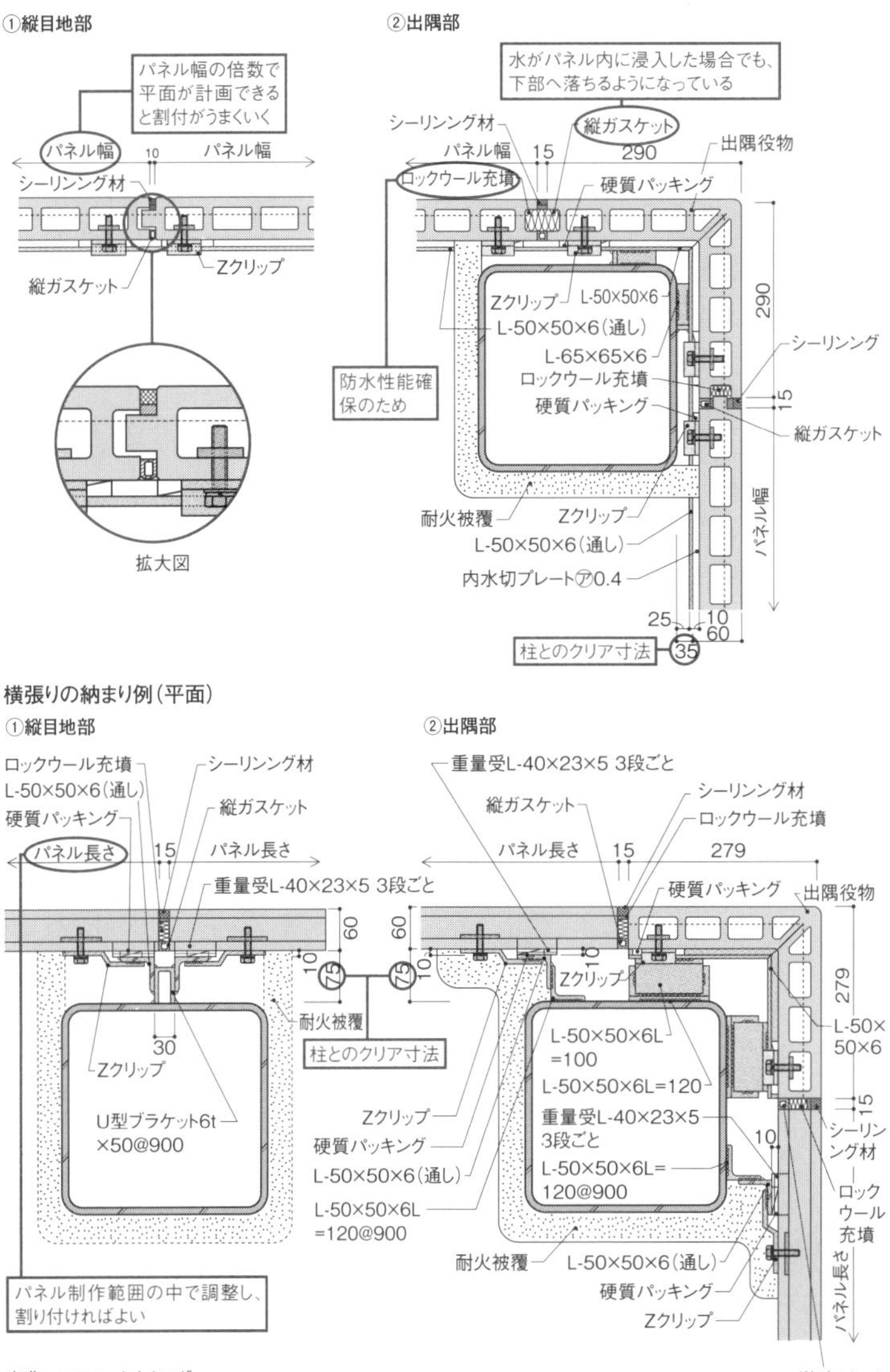

出典：アスロックカタログ

写真14｜押出し成形セメント板

図13｜押出し成形セメント板の2次防水工法

①縦張り工法

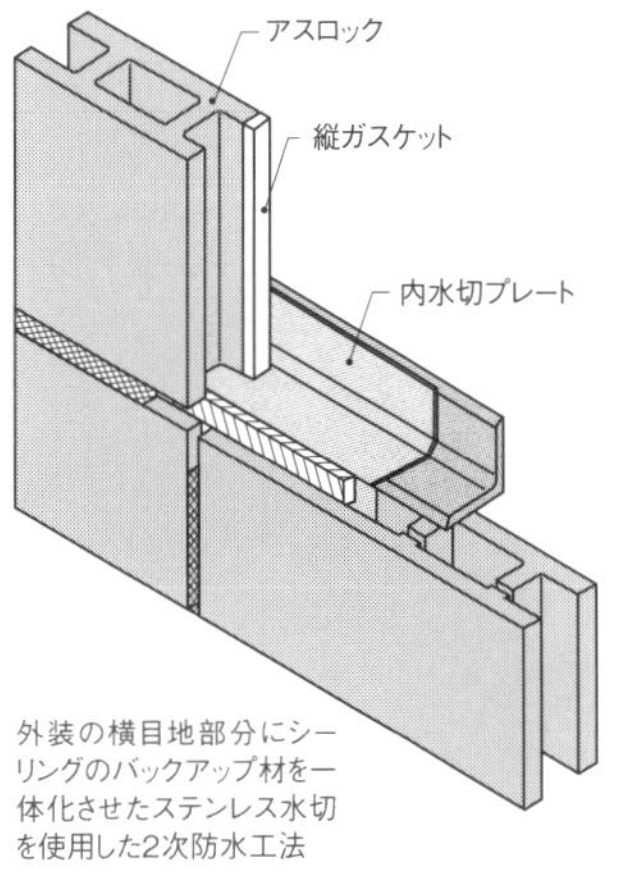

外装の横目地部分にシーリングのバックアップ材を一体化させたステンレス水切を使用した2次防水工法

②横張り工法

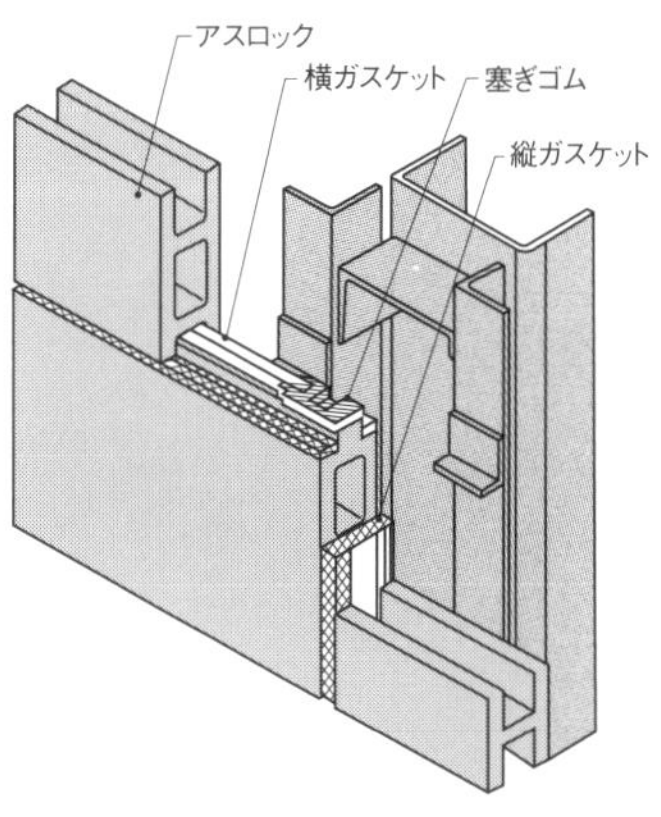

出典：「アスロック／セーフティーシール工法」ノザワ

さんで発音を防止する。

枠変形｜わくへんけい
層間変位を受けたガラスカーテンウォールの枠が平行四辺形に変形すること。ずれを許容できるだけの余裕が必要。ユニットカーテンウォールでは、ＰCa版のようにスウェーやロッキングで変位を吸収する設計方法もある[図11]。

カニクレーン
キャタピラで自走する小型クレーン[写真12]。荷物を吊る際に転倒しないよう長い4本足を備えていることから、この名で呼ばれる。ビルの床に設置してカーテンウォールの取付けに使われる。

窯業系外装材

ＰCa版｜ぷれきゃすとばん
前もって製作し、現場で取り付ける（プレキャスト）コンクリート製のパネル。ほとんどが専門メーカーの工場で製作され、主に中高層ビル用の外壁として使われる。なおプレストレストコンクリート（ＰＣ）との混乱を避けるために、ＰCaと書き表す[写真13]。

超軽量ＰCa版｜ちょうけいりょうぷれきゃすとばん
通常のＰCa版は比重1.9程度（コンクリート比重）だが、特殊なコンクリートを用いて、より軽量化したＰCa版。軽量骨材や気泡を混ぜることで、比重1.0～1.5とした製品が各種開発されている。

繊維補強コンクリート板｜せんいほきょう―ばん
補強繊維をコンクリートに混ぜることで強度を増したＰCa版。板厚を薄くできるため結果的に軽量化につながる。ガラス繊維を用いたＧＲＣ、炭素繊維のＣＦＲＣ、ビニロン繊維のＶＦＲＣ、ステンレス繊維のＳＦＲＣなどがある。

押出し成形セメント板｜おしだしせいけい―ばん

無機繊維とセメントの混合材料を押出し成形した規格品の中空パネル。中小ビル用の安価な外壁材として、**ALC板**と並ぶ位置を占める。板幅の広い（900～1200㎜）規格品も用意されている。サイディングと呼ばれる住宅用の薄い製品の多くはこの種類に含まれる［**199頁**写真14、図12・13］。

穴あきPCa版｜あなあきぷれきゃすとばん

連続成型されたプレストレス筋の入った規格品の中空コンクリート板。PCa版と押出し成形セメント版の中間的な存在。

オムニア板｜―ばん

別名ハーフPCa、PCF（フォーム＝型枠）などともいう。トラス鉄筋が半ば露出した厚さまでコンクリートを打設したPCa版。主に打込み型枠として用い、現場で残りのコンクリートを打って壁が完成する。ハーフPCaに対して普通のPCaをフルPCaと呼ぶこともある。

ALC板｜えーえるしーばん

高温高圧蒸気養生（**オートクレーブ養生**）された軽量気泡コンクリート製品で、普通のコンクリートとは性質がまったく異なる。パネル状に成形されたものが主に住宅や中小規模ビルの外壁に使用されている［**図14**、**写真15**］。

原料は珪石、セメント、生石灰が主で、それに発泡性のアルミ粉末と安定剤、水が加えられる。断熱性や耐火性など優れた性能をもつ。Autoclaved Light-Weight Concreteの略。

図14 ALC外装の納まり

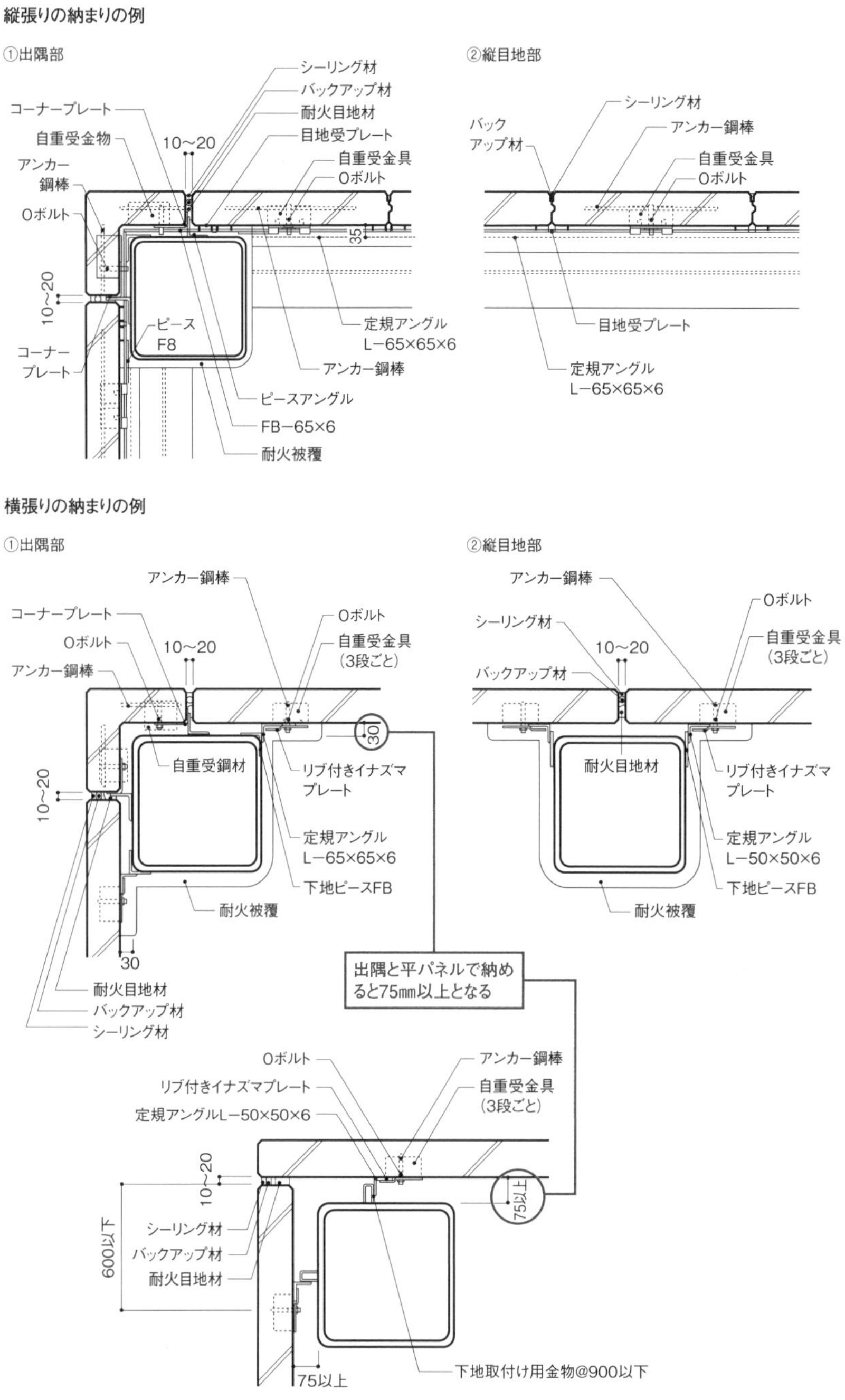

写真15 ALC板

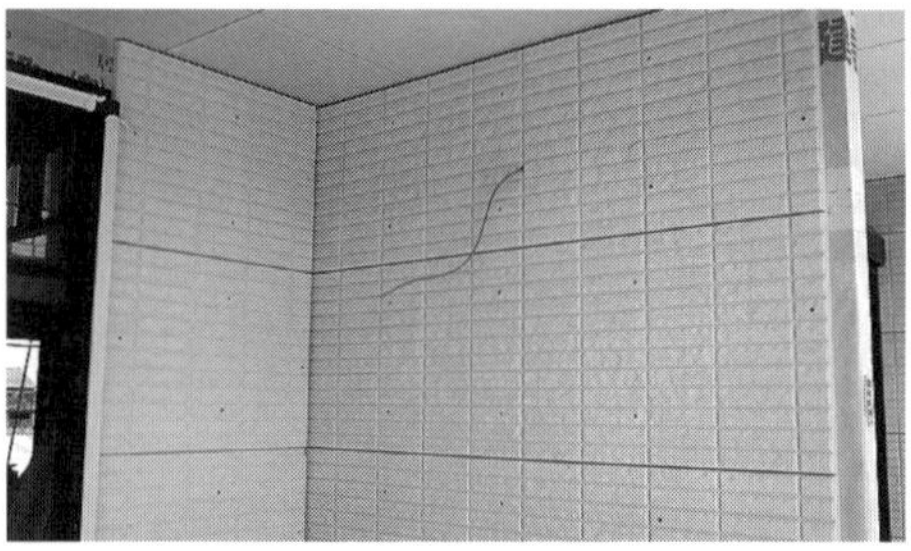

窯業系外装材の製造

鋼製ベッド｜こうせい―
単にベッドともいう。パネル製造時に使用する頑丈な鋼製テーブル。直接コンクリートを打設する場合は、仕上げ面が写し取られるため平滑度が重要。コンクリートの充填をよくするためにベッドごと振動させることもある。

蒸気養生｜じょうきようじょう
脱型を早め製造効率を高めるため、PCa版ではコンクリート打設後に、ベッドごとシートで覆い蒸気を送り込んで加熱する。通常、翌朝に脱型が可能になる。

オートクレーブ養生｜―ようじょう
高温、高圧の窯で行うコンクリート製品の養生方法。ALC板では180℃10気圧の養生が行われる。

脱型｜だっけい
必要な強度に達したコンクリート製品から型枠を取り外し、ベッドから移動すること。

反転｜はんてん
清掃や仕上げなどのために水平なパネルの表裏を入れ替える作業。

ストック
製造の終わったパネルを工場出荷まで仮置きすること。この間に強度が完全になり乾燥が進む大事な製造工程である。

建て起こし｜たておこし
平積みされたパネルをクレーンなどで起こして、鉛直な吊り姿勢にすること。

図15｜特注カーテンウォール無目と押縁の例

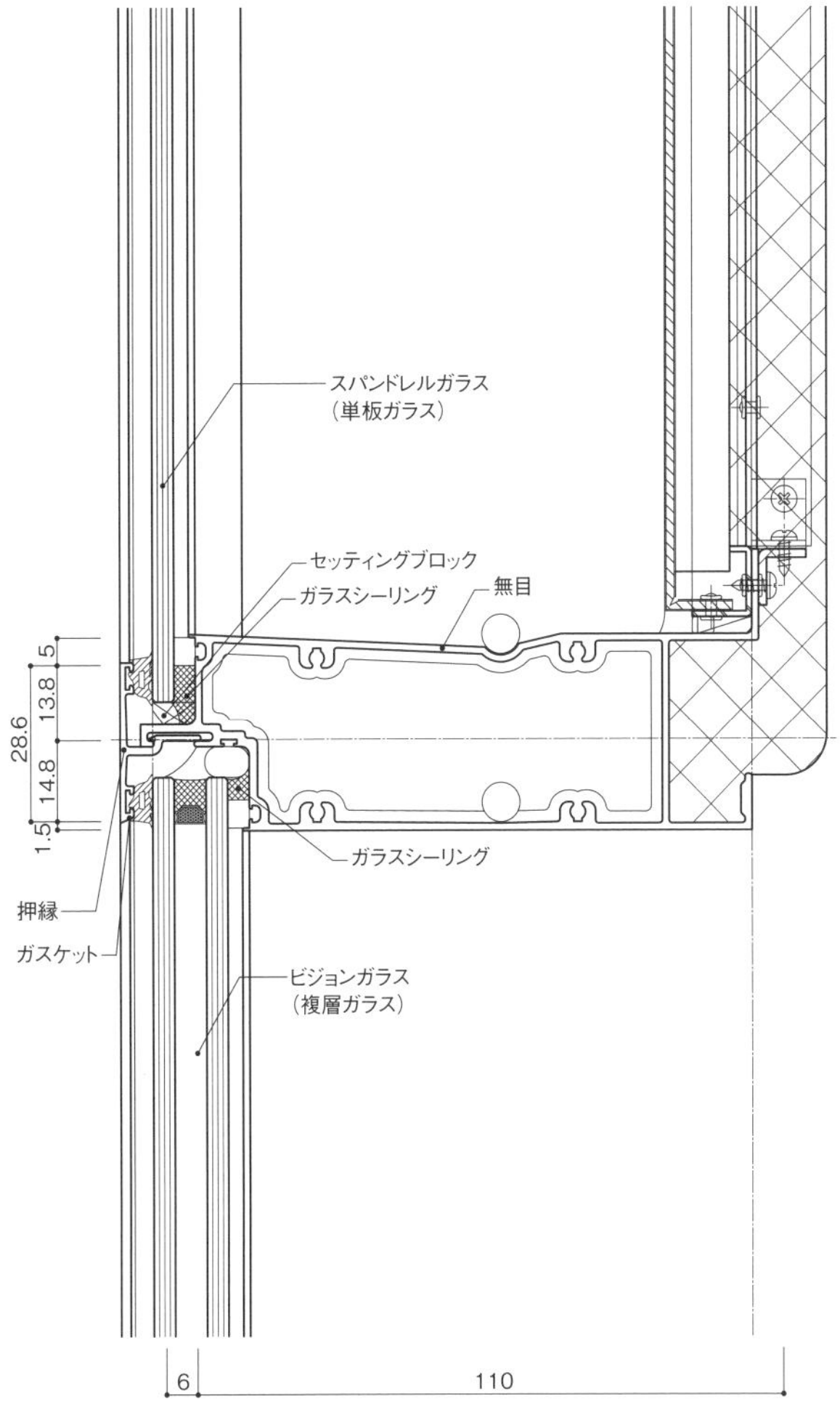

金属カーテンウォールの材料

アルミ合金｜―ごうきん
アルミにほかの金属を少量加えることで、強度や加工性を改善した合金。カーテンウォールに使われるのは、板材ではA1100P(純度99%以上のアルミ)、押出し型材ではA6063S(アルミ、マグネシウム、シリコーンの合金)というJIS規格のアルミ合金がほとんど。

新型｜しんがた
新たに製作するダイスまたはそれによる押出し型材のこと。通常は数百m分使用しないと割高になる。新型に対して、サッシメーカーがすでに保有しているダイスを有り型という。

方立｜ほうだて
カーテンウォールの中間縦部材。端部の部材は縦枠。マリオンともいう。

無目｜むめ
カーテンウォールの中間横部材。トランサムともいう。最上部は上枠、最下部は下枠と呼ぶ。方立に仕切られた無目を通し材のように見せるために、無目カバーが使われることもある[図15]。

押縁｜おしぶち
ガラスをはめるため、アルミ枠の一部を外せるようにしたもの。

障子｜しょうじ
カーテンウォールの開閉窓の可動部分。木や紙でできていなくても障子と呼び習わされる。

ホロー材｜―ざい
中空部をもつ押出し型材。中空(hollow)をつくれるのは押出し型材のメリットで、強度を上げたり、止水機構をもたせたり、開閉装置を組み込んだりすることが可能になる。対して、ホローのないものをソリッド材という。

グレージングガスケット
枠溝にガラスをはめた際に生じる隙間に設置する紐状のゴム材。ガラスはシリコンシーリング材で留めるのが最も普通だが、最近は汚れの発生を嫌って外部側にはガスケットを使用することが増えてきた。接触が不十分だと抜け出したり、止水性が悪くなったりする。

シーラー
縦枠と横枠などを接合する際、止水のため接触部に狭み込む合成ゴム製のシート。接着性はないので、ビスによる締込みで性能を発揮す

写真16｜押出し形材のもととなるアルミの合金ビレット

る。

タッピングホール
ビスを打ち込むために押出し型材断面に設ける半筒状の部分。

ボルトポケット
ボルトの頭がかかるよう、押出し形材断面に設ける角溝状の部分。

結露排水弁｜けつろはいすいべん
無目や下枠に溜まった結露水を室外に排出しながら、空気の逆流を防止する弁。ゴム弁や樹脂ボールなどいくつかのタイプがあるが、いずれも鉛筆の太さ程度の小さなもの。つぶれたりゴミが詰まったりすると機能しない。

耐火ボード｜たいか—
耐火のためカーテンウォールの裏面に設置する板。ケイ酸カルシウム板がよく使われる。主に上階延焼を避けるための90㎝区画用として使用されるが、鉄製の金物で躯体に留める必要がある。厚さによって30分耐火用と1時間耐火用がある。

2次電解着色｜にじでんかいちゃくしょく
陽極酸化皮膜の生成したアルミ材を再び金属塩溶液中で電気分解し、金属塩固有の色調に着色すること。

電着塗装｜でんちゃくとそう
アルミ部材を樹脂塗料の水溶液のなかに浸し、電圧をかけて塗料を吸着させて一様に塗膜を生成させる方法。
陽極酸化皮膜の上にこの塗装を行って、保護したり、着色したりする。
大型タンクで処理するため、一般的にはアクリル樹脂塗装のクリア、ホワイト、グレーなどに限られる。

静電塗装｜せいでんとそう
塗料スプレーノズルとアルミ部材の間に高電圧を加え、静電気の作用を利用して塗料を付着させる方法。
フッ素樹脂塗装やポリエステル樹脂粉体塗料に使用される。

3C2B｜すりーこーとつーべいく
フッ素樹脂など焼付け塗装の仕様を表す記号例。この場合、下塗りと上塗りで2層塗装したあと1回目の焼付けを行い、さらに3層目の塗装（たいていはクリア塗膜）を塗って2回目の焼付けをするという意味。

マット処理｜—しょり
アルマイト生成処理の前に、アルミ材を腐食性の薬液で処理し、ざらざら状にしたもの。

先打ちシール｜さきうち—
ノックダウンカーテンウォールで、方立と無目の接合部など現場で施工するシーリング材のこと。

金属カーテンウォールの欠陥

点蝕｜てんしょく
アルミに特有の斑点状の腐食。アルミは腐食しにくい金属だが、使用条件によっては白錆が生じる。

金属カーテンウォールの製造

ビレット
押出し形材のもとになる、円柱状のアルミ合金。地金のインゴットから鋳造される。サイズは直径のインチ数で表し、6～10インチ材がよく使われる［写真16］。

ダイス
本来はダイ（Ｄｉｅ）。アルミ押出し形材を製造する際、加熱したビレットを油圧シリンダーで押し出すための鋼製口金。

ダイスマーク
押出し形材の製造時に生じる、線状で数ミクロンの凹凸。押出し型材の断面形状や押出しの速度によって程度が異なる。

板目｜いため
圧延ローラーによって金属板に生じる微細な筋目。

金属系パネルの材料

曲げ板パネル｜まげいた—
通称弁当箱。金属板を箱状に曲げて補強枠や直接下地に取り付けたパネル。

切り板パネル｜きりいた—
カットパネルともいう。切断した金属板を補強枠に取り付けたパネル。主に厚手（3㎜以上）のアルミ板で用いられる。曲げ板パネルよりも高級な仕様。

鋼板断熱壁パネル｜こうはんだんねつかべ—
通称サンドイッチパネル。断熱材を曲げ加工した鋼板でサンドイッチしたもので、規格品が多種商品化されている。幅600～１０００㎜、厚さ25～50㎜、長尺が可能。断熱材にはポリウレタンフォーム、イソシアヌレートフォームなどが使われる。

アルミキャストパネル
アルミ合金鋳物製のパネルのこと。特殊な砂でつくられた鋳型に、溶解したアルミ合金を流し込んで製造する。

アルミハニカムパネル
蜂の巣状のアルミ芯材（ハニカムコア）を2枚のアルミ板ではさんで一体化したパネル。樹脂接着、金属溶着によるものがある。

アルポリック
三菱樹脂のアルミ複合板の商品名。厚さ数㎜のプラスチックの両面に薄いアルミ板を張り付けた建材。

アルミスパンドレル
壁や天井仕上げに用いられる、100～150㎜幅程度のアルミ押出し形材。凹凸形状やフィン形状などがある［写真17］。

鋼製波板｜こうせいなみいた

鋼板を波形、山形などにロール成形した長尺壁仕上げ材。幅450～750㎜の各種既製品がある。

ホーロー鋼板—こうはん
ガラス質の釉薬を鋼板表面に塗装し炉で焼き付けたもの。樹脂塗装と異なり無機系の仕上なので耐候性が高く、衝撃にも耐える。

写真17　アルミスパンドレル

写真18　ヘアライン仕上げ

ボンデ鋼板—こうはん
新日本製鐵の商品名。電気亜鉛めっき鋼板にリン酸塩処理を施したもの。

ガルバリウム鋼板—こうはん
エヌケーケー鋼板の商品名。亜鉛43％・アルミ55％・ほかの合金を溶融めっきした鋼板。防錆性能が高く外装用に広く使われる。

スタッドボルト
アルミパネルを裏から固定するための、溶接された短いボルトをいう。

金属系パネルの製造

ベンダ
曲げ金型に金属板をはさみ、油圧プレスで曲げ加工する機械。

ロールフォーミング
多段のローラー内に鋼板を通し、長尺のまま望みの形状に曲げ加工する方法。折板や波板の成形に使われる。

シャーリング
押し切りばさみの要領で金属板を切断する機械。

アルゴン溶接—ようせつ
アルゴンガスで溶接部の酸化を防止しながら行うアーク溶接。アルミやステンレス板の溶接に使われる。タングステン電極を使うティグ溶接が代表的。

プレコート
加工前の材料に一括して工場塗装すること。カラー鉄板やカラーステンレス板の製造工程。

金属系パネルの欠陥

ウォータースポット
養生フィルムを長期間張った塗装板に水滴状の染みが残る現象。養生フィルムを透過した水蒸気が気泡内に閉じ込められ、塗膜に浸透して変色を起こすのが原因。

アルマイトクラック
熱や加工によりアルマイトにひびが入ること。

金属系パネルの仕上げ

ヘアライン仕上げ—しあげ
一方向に細かい筋目を入れた金属の代表的な仕上げ方法［写真18］。

バイブレーション仕上げ—しあげ
不規則で微細な回転傷を付ける金属表面仕上げ方法。ヘアラインより落ち着いた反射を見せる。

ダル仕上げ—しあげ
ダルロールで仕上げ圧延し、微細な凹凸を金属表面に付ける仕上げ方法。反射を鈍く見せる。

グライト
商品名。焼成したバーミキュライト（蛭石）の粒を結合剤の樹脂とともに吹き付ける処理方法。断熱、結露防止、防振などを目的に、金属パネル裏面によく使われる。

サイディング

サイディング
ボード状に仕上げられた既製品の乾式外壁材の総称。基本的に胴縁

図16　サイディング施工の外壁構成

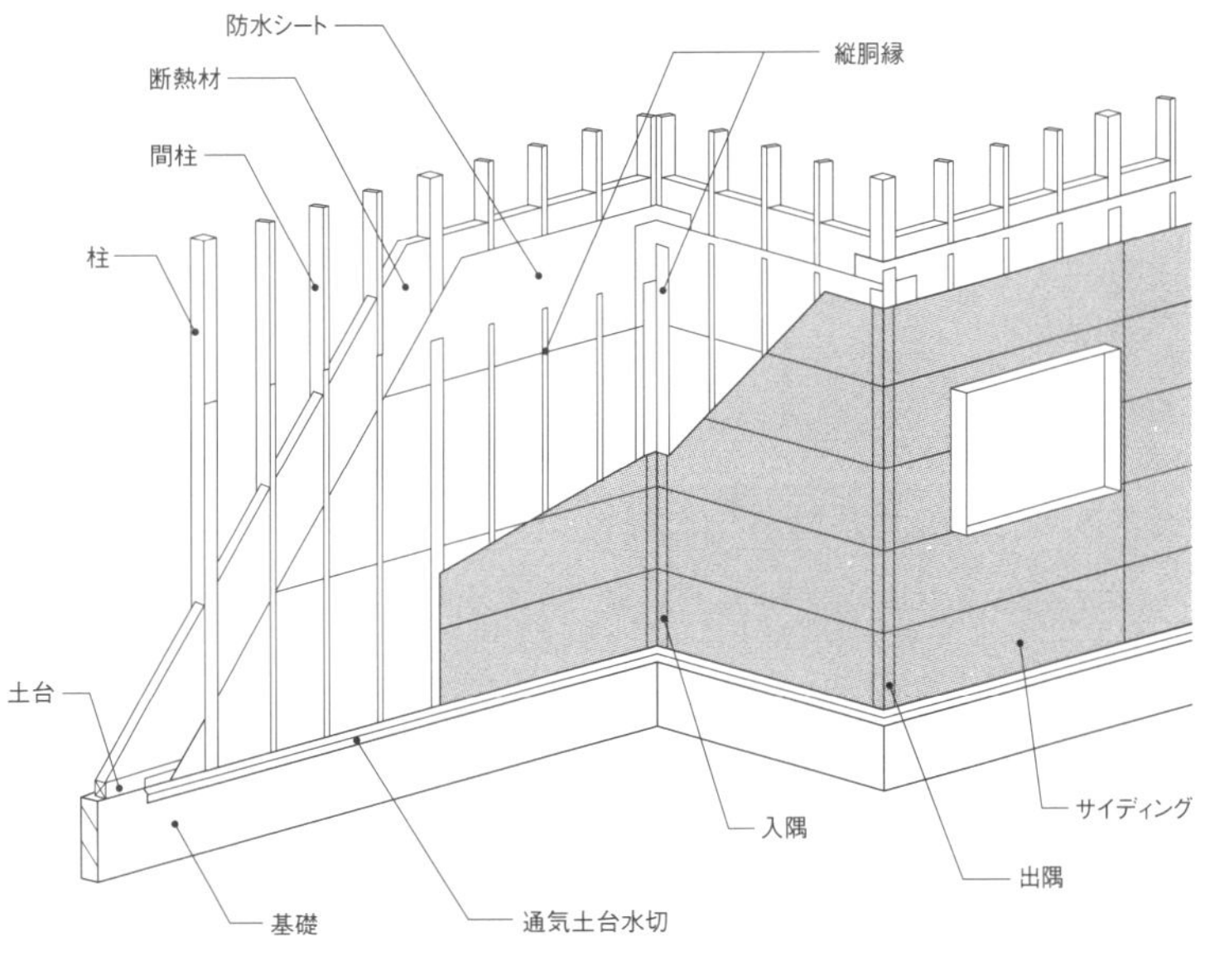

横胴縁で施工するタイプ、専用の金物で留め付けるタイプもある

に釘で留めていくため施工が早く、比較的低価格で、外壁材の主流となっている。最近では専用の金物で留め付けるタイプも登場している。[203頁図16・17]。

窯業系サイディング｜ようぎょうけい―

主原料にセメント質原料と繊維質原料を用いて板状に成形し、養生・硬化させたサイディング。サイディングのなかで最も普及しており、サイディングといえば窯業系サイディングを指すことも多い。セメントなどの無機結合材を木繊維や木片を用いて補強し、強化させた**木繊維補強セメント板**系、セメントなどの無機結合材を無機質・有機質繊維を用いて補強し、強化させた**繊維補強セメント板**系、そしてセメントおよびケイ酸カルシウムなどの無機結合材を無機質・有機質繊維で補強し、硬化させた**繊維補強セメント・ケイ酸カルシウム板**系の3種類がある。また、既塗装品と無塗装品があり、工場塗装品であっても経年劣化による補修は必要。

金属系サイディング｜きんぞくけい―

鉄、アルミ、ステンレス、銅などの金属からつくられたサイディングで、軽量で施工しやすいことが特徴。特にアルミ板は軽量なうえ錆びにくく、ステンレス板、銅板は耐久性や耐候性に優れている。素材自体の断熱性能が低いため、断熱材が裏打ちされている断熱サイディングが主流[写真19]。

木質系サイディング｜もくしつけい―

木材で構成された外装材。防火指定の地域などでは使用できない場合があるので注意。

胴縁｜どうぶち

壁に合板やボード類などを張る際に、それらを留めつけるための下地材。**縦胴縁**と**横胴縁**があり、一般には33～45㎝程度の間隔で取り付けられる。

外装用途で使われる場合、サイディングと躯体との間に通気層をつくるため、**通気胴縁**ともいう[図18]。

シーリング材｜―ざい

雨漏りや隙間風を防ぐためサイディングのジョイントに使われる目地充填材。

図17｜サイディングの張り方

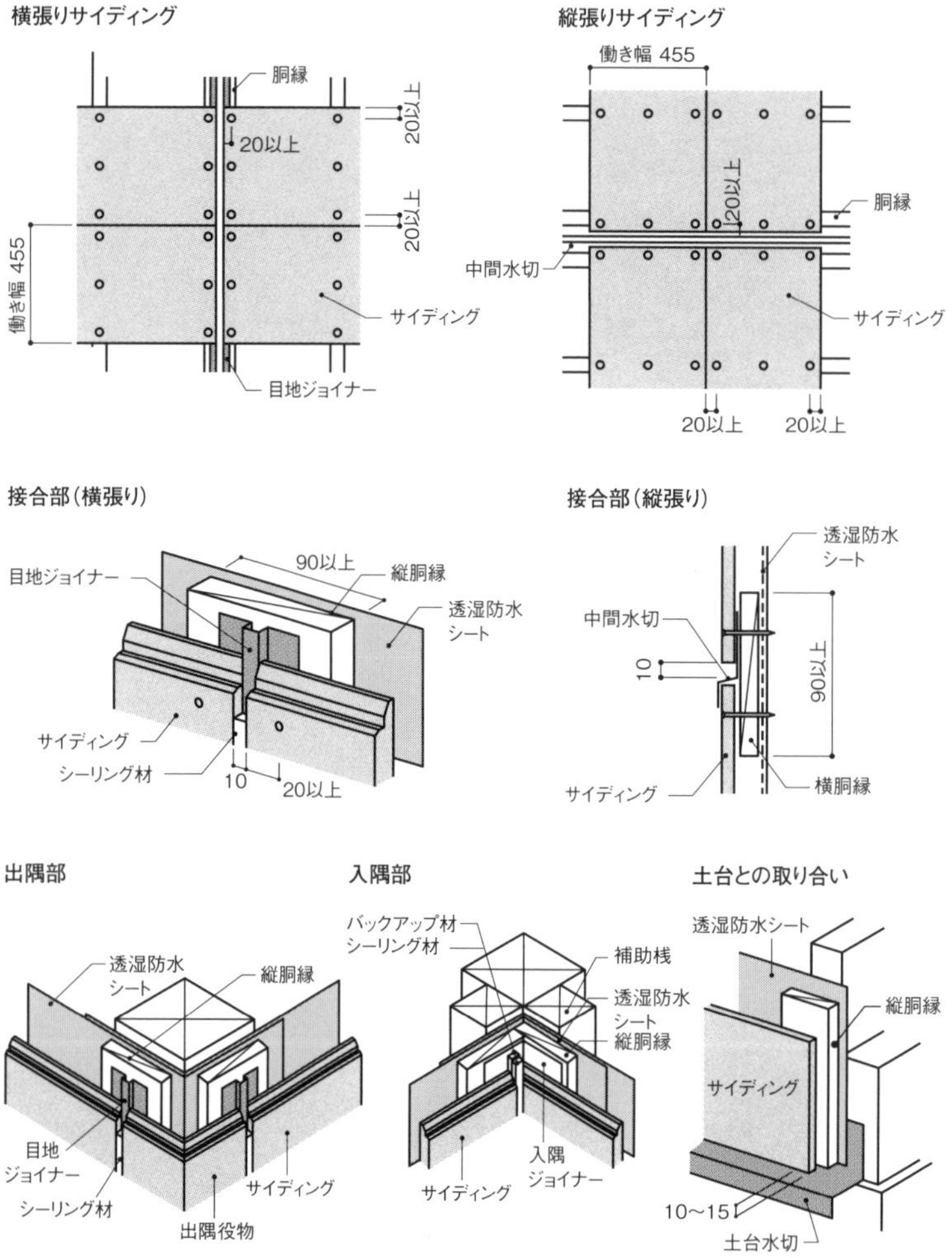

写真19｜金属系サイディング

図18｜開口部廻りの通気胴縁の留め方

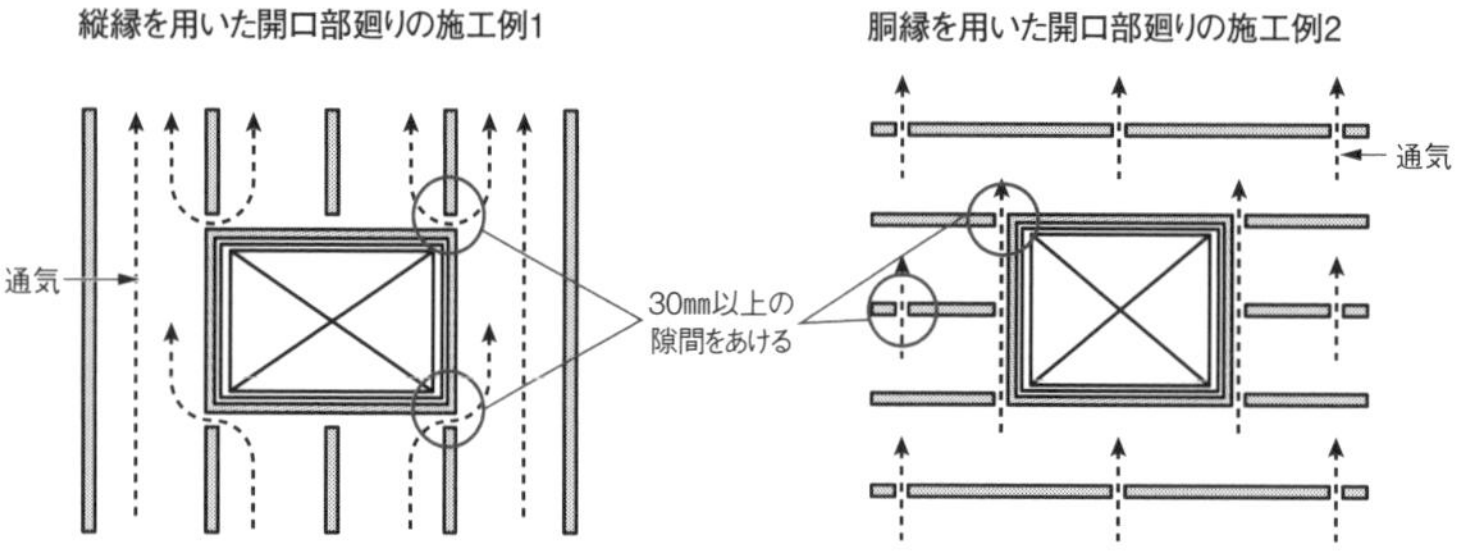

仕上げ

ガラス工事 4

材料

フロート板ガラス—いた—
フロート製法による板ガラス。現在最も一般的な透明ガラス。その名の由来は、溶けたガラスを高温の錫の表面に浮かせ（フロート）平滑面を得ることからきている[図1]。建材用として2～25㎜までの厚さが製造されているが、よく使われるのは6～15㎜。最大で幅約3m、長さ約10mまで生産できる。図面上では**FL**と表記されることが多い[図1]。

フロストガラス
フロートガラスの片面をサンドブラスト加工し、さらに薬品処理をした乳白色のガラス。タペストリーガラスとも呼ばれる。見た目はすり板ガラスと似ているが、フロストガラスの方がやや透け具合が高い。手垢がつきにくく、割れにくい。厚みは5～19㎜。耐熱温度が低く、急な温度変化に弱い。

すり板ガラス—いた—
フロート板ガラスの片面を珪砂や金属ブラシですり加工し、ツヤを消して不透明にしたもの。

型板ガラス—かたいた—
ガラス製造時に型ローラーを通し、片面に型模様を付けたもの。光を拡散するとともに、視線をさえぎり、装飾効果がある[写真1、図1]。

安全ガラス—あんぜん—
衝撃などによる破損に対して安全対策がなされたガラス。**強化ガラス**と**合わせガラス**がこれにあたる。強化ガラスは破損しにくく、破損しても破片が粒状になる。合わせガラスは、樹脂中間膜の効果によって、貫通や破片の飛散が起きにくい。網入り板ガラスや倍強度ガラスは安全ガラスではない。

熱処理ガラス—ねつしょり—
フロートガラスを熱処理することで強度を高めたガラス[206頁図2]。強化ガラスと倍強度ガラス、耐熱強化ガラスがある。必要な強度や法規によって使い分けられる。

合わせガラス—あわせ—
2枚あるいはそれ以上のガラスを強靱な接着フィルムで加熱圧着して張り合わせた安全性の高いガラス[図1・206頁図2]。飛散防止、防犯、装飾などが目的。安全性を要求する窓、ドア、トップライトに利用される。また、和紙をはさむなど意匠上の理由で使われることもある[写真2]。

写真1 型板ガラスの一例

花のモチーフのパターン　ランダムなパターン　石を削り取ったようなテクスチュア

写真2 合わせガラスの一例

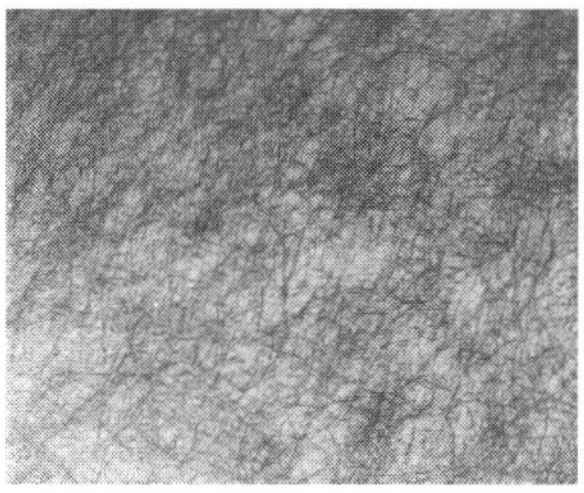

和紙をはさんだもの（吉祥樹）

図1 ガラスの種類と特徴

フロート板ガラス	型板ガラス	網入り板ガラス	強化ガラス
フロート製法による板ガラス。現在最も一般的な透明ガラス。複層ガラスや合わせガラスの素板	ガラス製造時に型ローラーを通し、片面に型模様をつけたもの。光を拡散、視線を遮り、装飾効果がある	金網の入ったガラス。飛散防止効果があり、天窓や防火設備に使用する。熱・さびによる割れに注意する	板ガラスを加熱して、フロートガラスの3～5倍の強度を付与したもの。製造後の孔あけ、面取りなどの加工は一切できない。通称「テンパー」

合わせガラス	複層ガラス	高遮へい性能熱線反射ガラス	ガラスブロック
2枚あるいはそれ以上のガラスを強い接着フィルムで加熱圧着して張り合わせた安全性の高いガラス。飛散防止、防犯、装飾などを目的に使われる	2枚のガラスの間に密封した空気層をつくり、断熱性を向上させたガラス。結露防止に有効	現在の熱遮へいガラスの主流。フロートガラス表面に金属を蒸着させている。可視光線の反射によるミラー効果、日射熱・紫外線の遮へい効果がある	内部が真空に近いため、音響透過損失が小さく、優れた遮音性を発揮。断熱性・耐火性にも優れる。パネル工法により、大壁面への施工も可能

ＰＶＢ樹脂やＥＶＡ樹脂などの中間膜をガラスにはさみ、加熱炉に入れて溶融接着させるのが一般的製法だが、アクリル系の樹脂を流し込んで固める方法も知られている。

強化ガラス｜きょうか―
俗称テンパー（tempered）。板ガラスを軟化点（650～700℃）近くまで加熱したあと、空気を均一に吹きつけて急冷すると、ガラス表面に圧縮応力が入って強化ガラスになる。普通の板ガラスに比較して３～５倍の耐衝撃性・耐風圧強度をもっている。割れると破片は細粒状になる［205頁図１］。

倍強度ガラス｜ばいきょうど―
別名エイチエス（ＨＳ＝Heat Strengthened）または半強化ガラス。強化ガラスと同じ製法だが、冷却速度を遅くすることで、強化ガラスよりもやや強度の低いガラスになる。

網入り板ガラス｜あみいりいた―
延焼区画の開口部やトップライトになくてはならない金網の入ったガラス。線入りガラスと共に飛散防止効果をもたせる目的。防火設備に使用できる［205頁図１］。

線入り板ガラス｜せんいりいた―
網の代わりに平行ワイヤーを入れたのが線入り板ガラス。加熱されて割れるとガラス片が抜け落ちてしまうため防火上有効でない。

熱線吸収板ガラス｜ねっせんきゅうしゅういた―
通称**熱吸**［ねっきゅう］。日射を吸収するために、ガラス原料に微量の鉄、ニッケル、コバルトなどの有色金属を加えてブルー、グレー、ブロンズ、グリーンなどの色付きにしたフロートガラス。透明な板ガラスに比べて多くの日射エネルギーを吸収し、赤外線や可視光線、紫外線などの透過を適度に抑える性能をもつ。世界的に生産量が減っている。

熱線反射ガラス｜ねっせんはんしゃ―
通称**熱反**［ねっぱん］。フロートガラス製造時に溶けた金属または金属酸化物などを噴霧して反射膜をコーティングしたもの。ビル外装に使うと、熱も光も反射するため鏡のように見える。製造方法からオンライン熱反といったり、被膜が丈夫なため**ハードコート**と呼んだりする。色付きの熱吸に反射膜を付ければ**熱吸熱反**になる。現在はほとんど高性能熱反に切り替わっている。

Ｌｏｗ－Ｅガラス｜ろーいー―
表面に低放射コート（主に銀）を施して表面輻射率を小さくしたガラス［図２］。断熱性、遮熱性が高い。銀を主に多層コートされているが、皮膜が傷みやすいため必ず複層ガラスにして使用する。可視光はよく通すため透明感が損なわれないことが特徴である。
また、コーティング面を複層ガラスの屋外・室内側に変えることで、遮熱・断熱の性能を調整できる。断熱性能をさらに高めるため、多層コーティングのなかに２層の銀皮膜を含むダブルＬｏｗ－Ｅガラスも製造されている。

高遮蔽性能熱線反射ガラス｜こうしゃへいせいのうねっせんはんしゃ―
高性能熱反とか**スパッタリングガラス**（スパッタ）と呼ばれる、現在の熱遮蔽ガラスの主流。フロートガラスを真空炉に入れ、炉内の金属ターゲットを電極にし高圧放電させてガラス面に薄い金属膜を蒸着させる。皮膜が弱いので、工事や清掃には気を使う。

特殊機能ガラス｜とくしゅきのう―
瞬間調光ガラス、低反射ガラス、無反射ガラス、電磁遮蔽ガラスなどがある。

高透過ガラス｜こうとうか―
俗称**白ガラス**。**ローアイアン**などとも呼ばれる。普通のガラスは緑色がかっている。これは原料中の鉄分の影響なので、鉄分を減らすことで透明度の高いガラスが得られる［写真３］。製法上はフロート板ガラスと変わりないが、原料価格や生産効率によるコストアップが避けられない。元来はショーケースなどが用途だが、最近はビル外装でも使われている。

複層ガラス｜ふくそう―
２枚の板ガラスをスペーサーで一定間隔に保持し、周囲を封着材で密封して内部の空気を常に乾燥状態に保った断熱性の高いガラス［205頁図１］。結露防止にもなる。**ペアガラス**ともいう。さらに金属皮膜を蒸着させ高性能化したものを**Ｌｏｗ－Ｅペアガラス**という。このほかガラスとガラスの間にフィルムを封入したり、中空層にアルゴンガスなどを入れて断熱性能を高めるなどさまざまな複層ガラスが開発されている。

図2｜主なガラスの製造ライン模式図

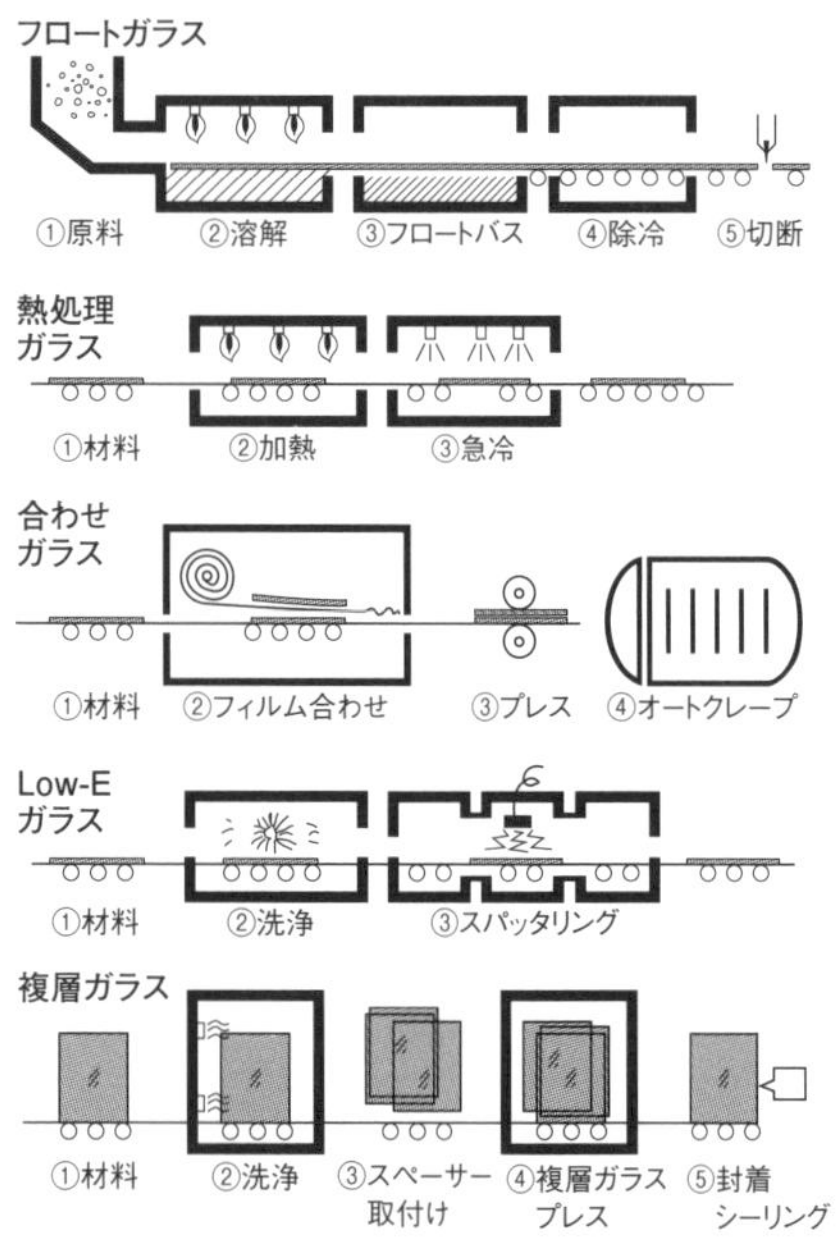

写真3｜高透過ガラス（アメリカ自然史博物館）

写真4｜ステンドグラス

小笠原伯爵邸

写真5｜ノンスリップガラス

グラスキューブ

写真6｜ガラスの屋外床

真空ガラス｜しんくう｜

2枚のガラスの間に0.2㎜のステンレス球を格子状に並べ封着して空気を抜いた特殊な複層ガラス。魔法瓶の原理で、高い断熱性能をもつ。日本板硝子の「**スペーシア**」がある。一般的な複層ガラスのような空気層をもたないので、総厚さが薄く、既存の溝幅の狭いサッシにもはめ込めるため、断熱改修などにも活用できる。

タペストリーガラス

通称タペ。205頁のフロントガラスと同じもの。すり板ガラスと異なり汚れが付きにくい。

防火ガラス｜ぼうか｜

開口部の防火戸として性能が認められたガラスで、網入りガラスが一般的。ほかに、**低膨張ガラス**と超強化ガラスが商品化されている。低膨張ガラスはホウケイ酸ガラスを用いたものと、結晶化ガラスのものがあり、いずれも熱膨張が極めて少ないため加熱されても割れないことから防火性能を得ている。また**耐熱強化ガラス**は熱処理によって、強化ガラスのさらに約2倍の強度をもたせ、火災時の熱ひずみに耐えられる。前者のほうがガラス自体のひずみは少ないが割高である。

耐火ガラス｜たいか｜

耐火壁としての性能をもつガラス。数枚のガラスをケイ酸ソーダ系樹脂（水ガラス）で積層してある。加熱されるとケイ酸ソーダが発泡し遮熱性能を発揮する。

表1｜主な透過材料の比較表

材料名	アクリル	ポリカーボネート	ガラス
長所	最高の透明性 優れた耐久性 加工性の良さ	割れにくい 燃えにくい	傷つきにくい 耐久性が高い 燃えない
短所	高温で変形 燃えやすい	傷つきやすい 加工しにくい	割れやすい 加工が困難 重い
透明度	93％	86％	92％
加工性	良	難	難
耐候性	良	難	高い
強度	強い	非常に強い	破損しやすく、破損個所が危険
硬さ（ポリカーボネートを1として）	3～4	1	10
燃焼性	可燃	自己消火	不燃
比重	1.19	1.2	2.5（重い）

遮音ガラス｜しゃおん｜

遮音性能を高めるため、中間膜に特殊フィルムを使用した合わせガラス。ガラスにはコインシデンス効果と呼ばれる共振現象があり、特定の周波数で遮音性が低下する。遮音ガラスは柔らかい特殊フィルムが振動を吸収するので、コインシデンス効果が低減され、遮音性が向上する。ただし、遮音性能が劇的に向上するわけではないので、より厳しい遮音性能が必要な場合は、適切な中間層を設けた**2重サッシ**を使わざるを得ない。

低反射ガラス｜ていはんしゃ｜

表面の反射率を約1％まで抑えたガラス。表面の反射率が約8％のフロートガラスに比べて映り込みが少ない。博物館・美術館の展示ケースや、店舗のショーウインドウなどに使われる。両面に特殊コーティングを施してあるので、メンテナンスには注意が必要。

ブラインドグラス

フロート板ガラスの両面に、互い違いにストライプ状のフロスト加工を施したガラス。真正面から見ると視線が遮られ、斜めから見ると向こうが透けて見える特徴がある。屋外での使用も可能。

ブラインド入り複層ガラス｜いりふくそう｜

2枚のガラスの間にブラインドを内蔵したもの。ブラインドの角度を調整することで、光や視線をコントロールできる。室内にブラインドを設けるよりも遮熱効果が高い。ブラインドは密封されているので、羽根が折れる心配がなく、掃除の手間も省ける。

瞬間調光ガラス｜しゅんかんちょうこう｜

2枚のガラスで挟んだ機能性液晶シートに電気を通すことで、不透明から透明に切り替わる調光ガラス。樹脂板の間にシートを挟むタイプや、ガラスに後張りできるローコストなシートも開発されている。西日や直射日光を拡散させた窓にプロジェクターで映像を投影してスクリーンや間仕切に変化させることもできる。

セラミックプリントガラス

表面に無機系インクで模様をシルクスクリーン印刷し、焼付け処理したガラス。通称セラプリ。白色のストライプやドット模様が一般的だが、色柄とも選択は可能。

電波透過ガラス｜でんぱとうか｜

テレビなどの電波を透過する高性能熱反ガラス。受信障害防止のためビル外壁に電波吸収性能をもた

写真7｜**正確なガラス加工が必要なDPG構法**

図3｜**DPG構法**

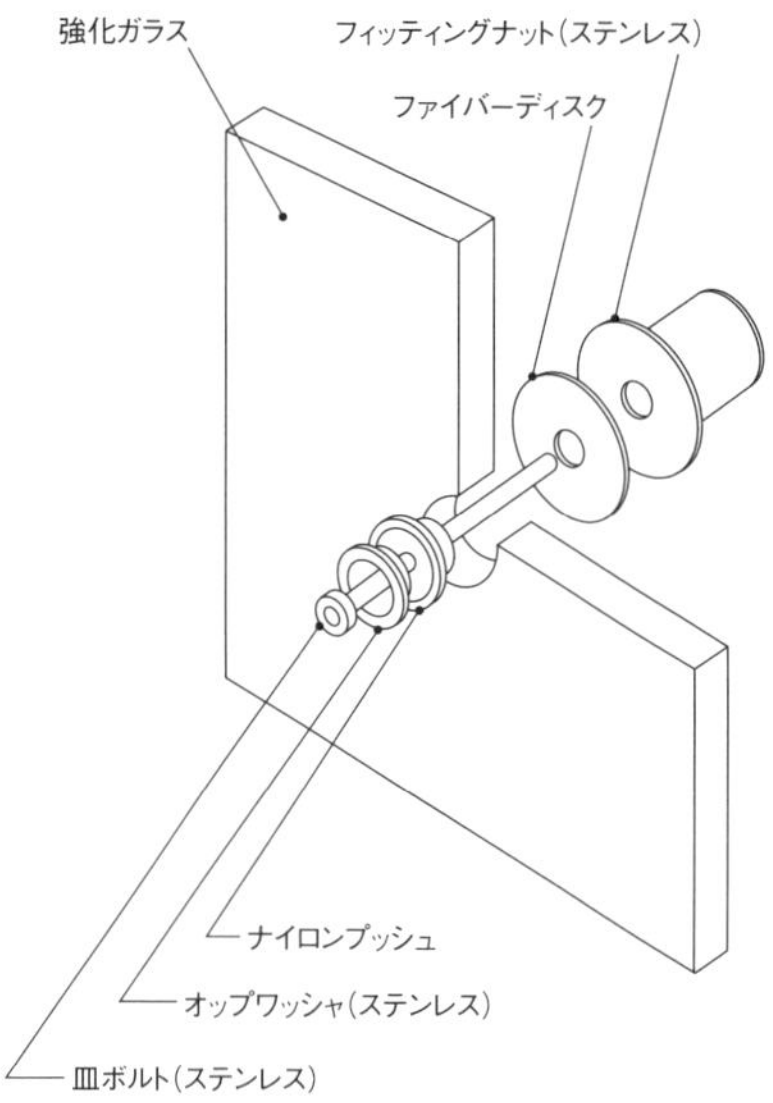

せることがあるが、ガラスの性能にも気を付けないとならない。フロートガラスや熱反では問題ないが、高性能熱反は金属皮膜の影響で電波を反射し障害を起こしやすい。ところが、皮膜の種類を特別に考慮することで反射率を抑えた電波透過型ができる。

生板｜なまいた
強化ガラスや倍強度ガラスのような熱処理をしていないガラス。

装飾ガラス｜そうしょく―
フロストグラス、ブラインドグラス、ステンドグラス、和紙調ガラスなど、いろいろな装飾を施したガラス[207頁写真4]。

ステンドグラス
装飾ガラスの一種。伝統的な工法では、鉛の桟で色板ガラス片を結合する。ガラス片の上に絵付けを施すこともある。セメントや樹脂の桟を用いる工法や、ガラス片を熱で融着させる工法などもある。ペアガラスや防犯ガラスとの組み合わせも可能。

和紙調ガラス｜わしちょう―
和紙調のフィルムが付いたガラス。シングルガラスの片面にフィルムを密着させたもの、ペアガラスの片面に密着させたものなどがある。和紙を挟み込んだオリジナルの合わせガラスも製造可能。ガラスに張れる和紙調の装飾フィルムも流通している。

ノンスリップガラス
ガラス床のために開発された三芝硝材の商品。ガラス表面に、小さな粒状ガラスを規則正しく融着させて、ノンスリップ性を得ている。本来、ガラスは床材に向かないが、その緊張感を逆手に取ったり、光の透過性を利用したりという目的でガラス床が使われることがある。滑止め用に、深い溝を付けたタペストリーガラスを用いて屋外床をつくった例もある[207頁写真5・6]。

アクリル
合成樹脂の一種。ガラス以上の透明度で、樹脂としては表面が硬く、耐候性も高い[207頁表1]。ガラスの10～16倍の耐衝撃性がある。加工の自由度が高く、接着剤による張り合わせが可能で着色も容易。大型窓など建材のほか、大型水槽・ショーケース・照明器具・看板・浴槽・便器などにも使用される。

ポリカーボネート
透明度はガラスよりやや劣るものの高く、軽量。加工や着色も容易。自己消火性がある。耐衝撃性はアクリルや塩ビの数倍強く、広い温度域で使用できる。アーケードやカーポートの屋根などにも広く用いられるが、屋外使用は耐候処理を施したものが望ましい。

中空ポリカーボネート板｜ちゅうくう―ばん
ポリカーボネートを特殊技術で一体成型した中空パネル。同じ厚さのガラスの約1／10の軽さで、剛性・断熱性に優れ、光の透過性も高い。中空部分にX構造のリブを追加することで更に剛性が高まる。

塩化ビニル｜えんか―
アクリルやポリカよりも安価で、透明度や耐候性などではやや劣るものの、軟らかく加工しやすい。色も豊富。塩化ビニル製の建材は、塩ビシート・ビニルクロス・樹脂サッシ・配管など多種多様。

FRP｜えふあーるぴー
ガラス繊維などでプラスチックの強度を向上させた複合材料。軽量で強度があり、耐水性、加工性、耐食性、耐薬品性などに優れ、熱膨張率が小さい。反面、変褪色しやすい。平板、波板、グレーチングなどが流通。

構法

サッシレス
サッシを用いないガラス支持方法のこと。**フレームレス**ともいう。ガラスの隅に孔をあけ、ボルトで固定する**DPG工法**や、目地交差部に設けた金属板でガラスを挟み込む**MPG工法**などが知られている。

2重サッシ｜にじゅう―
サッシを2重に取り付けたもの。防音性と断熱性が向上するが、開閉は不便になる。内外のサッシの距離が遠いとサッシ間で対流が起こり、断熱性は低下する。また、サッシ間の空気は湿気を含むため、結露を生じる可能性がある。

DPG構法｜でぃーぴーじーこうほう
Dot Point Glazing の略。ガラスの隅にあけた孔を金物で支持して構造体に留める方法。サッシなしで大きなガラス面を構成できるので、アトリウム外壁やトップライトなどに使われている［図3、写真7］。

MPG構法｜えむぴーじーこうほう
Metal Point Glazing の略。ガラスの四隅あるいは辺を円盤状などの金物で支持する方法。DPG構法に比べてガラスの孔あけ加工が不要な点でコストメリットがある［図4］。

ＳＳＧ構法｜えすえすじーこうほう

Structural Silicone Glazingの略。変形の小さな高モジュラスシリコーンシーリング材でガラスをサッシに接着する構法。普通のサッシは溝のなかにガラスをはめて、シーリング材やガスケットで固定と止水をするが、ＳＳＧでは外部側にサッシ部材がなくてもガラスが止められる。シーリング材に接着不良が生じた場合、最悪ガラスが外れる恐れがあるという問題を抱える。欠陥の責任所在が明確になりにくく、保険が浸透しないわが国では採用に踏み切れず、ほとんど広まっていない［図5］。

リブガラス構法｜こうほう

フェイスガラス（面ガラス）を、シリコーンシーリング材を介したリブガラスで保持し、比較的大きなガラススクリーンを構成する方法。リブガラスの形状により、片リブ・両リブ・貫通リブに分けられる。シリコーンシーリング材の接着力で風圧に耐える構造なので、ＳＳＧ構法の変形と考えられる。ほとんどがビルのエントランスホールや店舗のショールームなど1階部分に使われる。

プロフィリットガラス

型板ガラスをコの字形に曲げたもので、別名溝形ガラス。両端支持のみで連続構成が可能。求められる耐風圧・断熱・遮音などの性能に応じて、シングル・ダブル・ボックスなど施工方法を選べる。

工法・施工

映像調整｜えいぞうちょうせい

建物に取り付けられた反射ガラスに映りこむ像が整うように、ガラスやサッシを選定したり、はめ込みの際にガラス位置を調整したりすること［写真8］。

切断加工｜せつだんかこう

ガラスを切断するには、超硬合金のカッターでガラス表面を傷つけ、折り割りする。面に垂直で欠けや突起のない切断状態を**クリアカット**と呼ぶ。網入り板ガラスも同様の方法で切断するが、網を切断するためにガラスを加工台の上で強くずらす作業が加わる。また、ガラスを曲線に切断する際は、研磨材を混入させた高圧水を使ったウォータージェット加工機が用いられる。

小口処理｜こぐちしょり

切断されたガラスの端部を加工すること［図6］。角を細く45度に落とす糸面取りと小口面の凹凸を除く荒擦りが基本的な処理。さらにガラスの使い道によって、面取り磨きや小口磨き、かまぼこ形状の加工などが行われる。

グレージングマシン

ガラスの取り付けは吸盤（通称**タコ**）を用いて人力、あるいはウィンチを使用して行うのが基本だが、グレージングマシンと呼ばれる専用の機械を使う場合もある［210頁写真9］。施工の省力化が図れるが、かなり大きな装置なので、完成後のビルでは使用しにくい。

写真8｜**美しく映像調整された反射ガラスファザード**

図4｜**MPG構法**

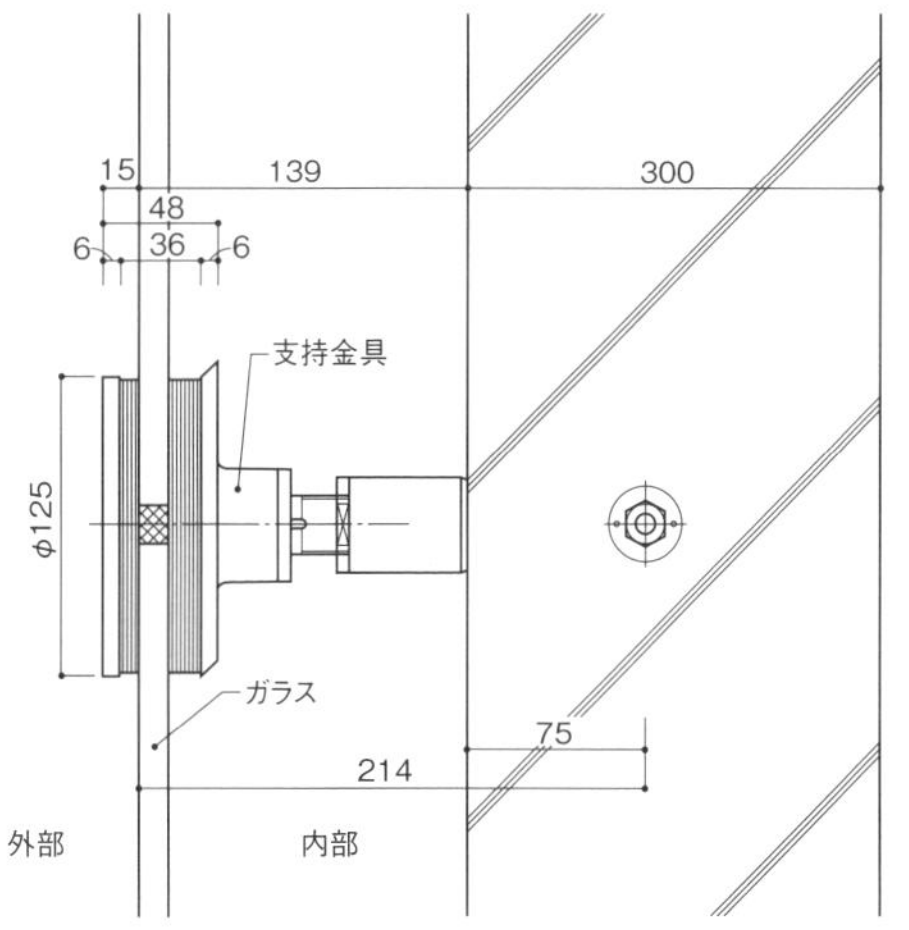

商品名:MPG-1（立山アルミ）

図5｜**SSG構法**

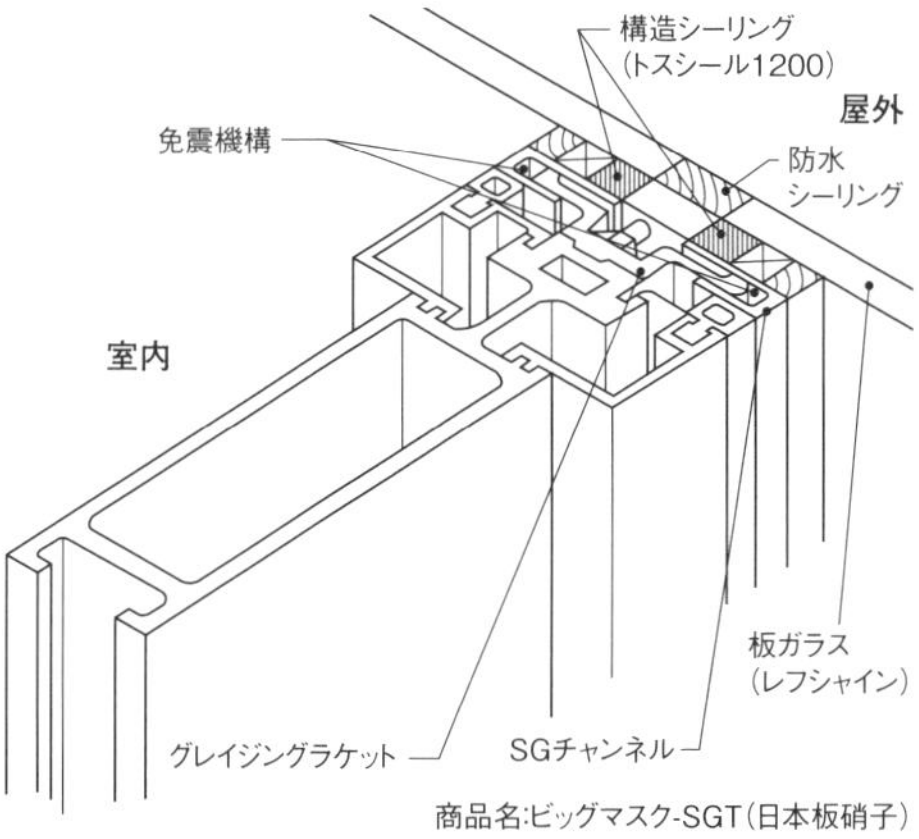

商品名:ビッグマスク-SGT（日本板硝子）

図6｜**ガラスの小口処理**

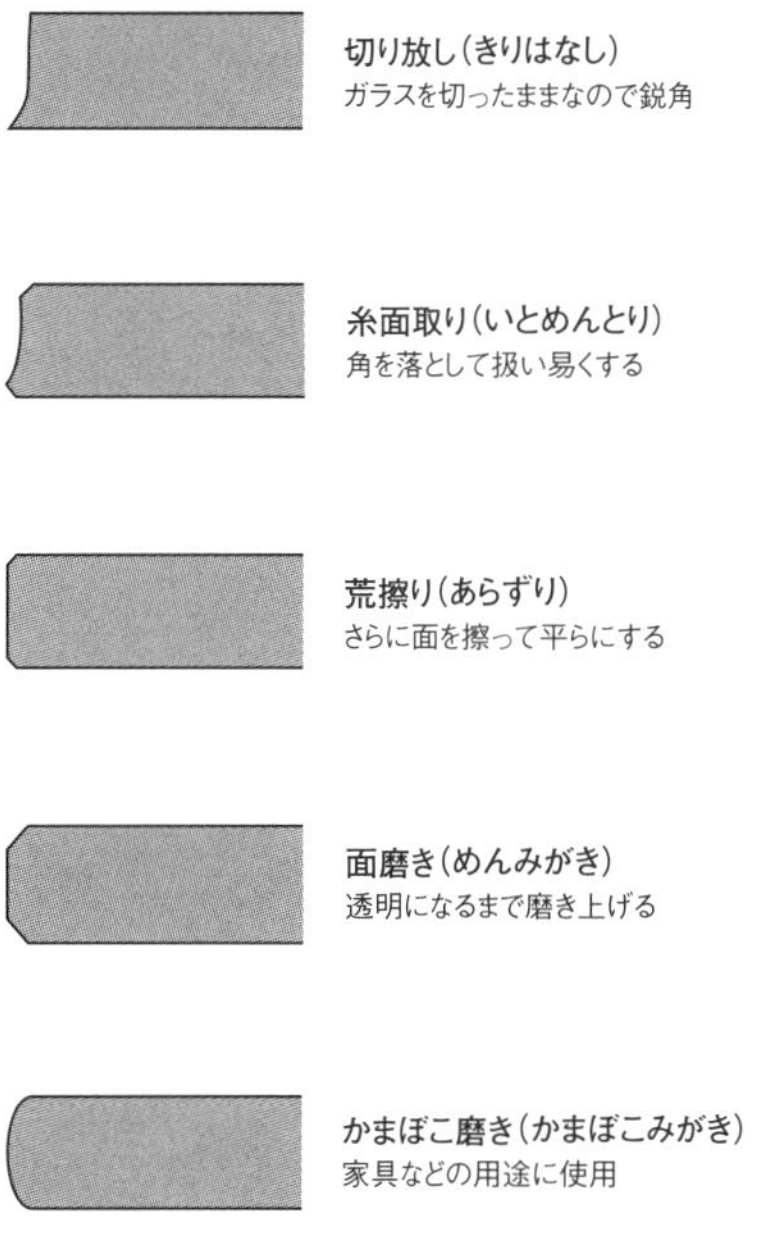

写真9｜グレージングマシーン

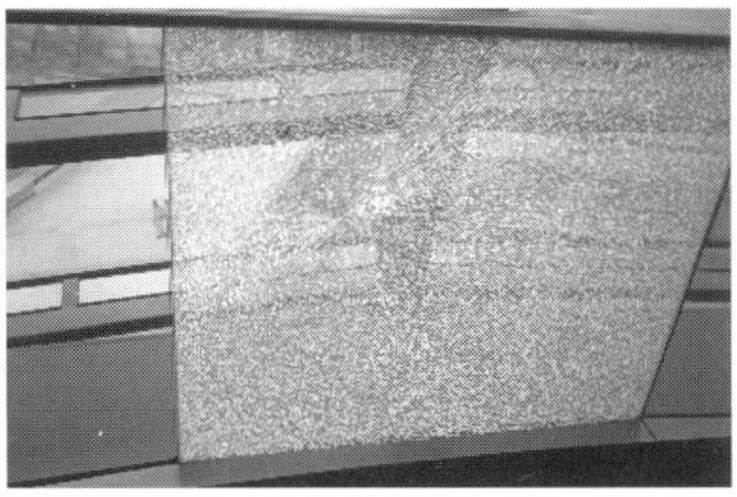
写真10｜強化ガラスの自爆による網目のひび割れ

ガラスフィルム
ガラスに後から張って、さまざまな機能を付加する樹脂接着膜。機能としては、養生・飛散防止・着色・日照調整・断熱・視線遮断・装飾などと多岐にわたる。

不具合

写真11｜ヒートソーク試験

自爆｜じばく
過度の外力や温度差が加わることなくガラスが自己破壊すること。強化ガラスに多い自然破壊現象である。熱処理ガラスすべてに起こり得る。傷が成長して起こることもあるが、多くは成分中の不純物の膨張が原因。ガラス成分中の不純物であるNiS（硫化ニッケル）は高温ではα型で安定しているが、温度が下がるにつれほとんどがβ型に転移する。ところがα型のまま残留したNiSがあとからβに変化すると体積増加が起き、強化ガラス内部の応力バランスが壊れて破壊する。破壊による脱落防止のために、合わせガラスにするか飛散防止フィルムを張る［**写真10**］。メーカーでは出荷前に強制的に自爆を促す**ヒートソーク試験**［**写真11**］を行っているが、試験をすり抜けてしまうガラスもある。

写真12｜ミラーガラスの映像ゆがみ

ヒートソーク試験｜—しけん
別名熱処理試験。強化ガラスを製造後に再び過熱し、不純物の混入などで強度が足りないものを強制的に破壊する試験［**写真11**］。

熱割れ｜ねつわれ
日射などの加熱により窓ガラス内に温度差が生じ、周辺部に発生した引張り応力によって割れが起きる現象。

錆割れ｜さびわれ
網入りガラスの網小口が錆びることが原因でガラスが割れる現象。多くは熱割れの引き金となる。排水が不十分なサッシや、プールなどによる塩素の影響下では、小口から錆が侵入・進行しやすい。防錆処理としてガラス小口に防錆塗料を塗る、防錆油を塗る、ブチルテープを張るといった対策を行う。

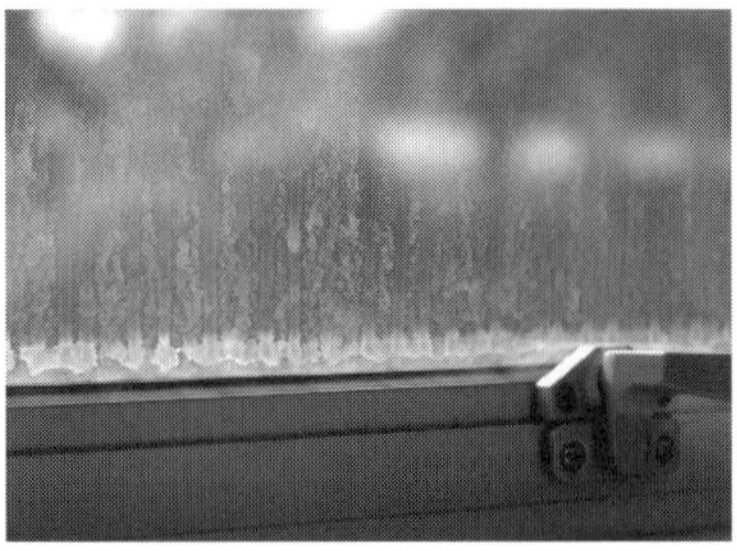
写真13｜焼け

映像ゆがみ｜えいぞうゆがみ
外装ガラスに映った像のゆがみ［**写真12**］。原因には、熱処理ガラスの板反りや波模様（**ローラーウェーブ**）、複層ガラスの凹凸変形などがあり、これらは製造技術による程度の差が大きい。こうした要因のないフロートガラス単板でも、施工時に無理な力が加わって映像ゆがみが生じることがある。

焼け｜やけ
ガラス表面にできる白い跡［**写真13**］。ガラスが水分にさらされ続けると、溶解したアルカリ成分が大気中の二酸化炭素と結び付き、シリカゲルとなってガラス表面に白く堆積する。雨水程度では問題にならないが、プールや浴室、シャワー室、噴水のそばなど多量の水がかかる場所では発生することがある。焼けを防ぐためには、定期的な清掃を行う必要がある。

写真14｜デラミネーション

デラミネーション
合わせガラスが部分的に剥離する欠陥［**写真14**］。樹脂中間膜の接着状態に不具合が生じると、シダの葉のような気泡が現れる。ガラスの凹凸による密着不良・製造時のガラス洗浄不足・中間膜の含水過多、などの要因が挙げられる。こうした原因がなくても、外気に面する小口部のわずかなデラミネーションは避けがたいとされる。

仕上げ

タイル工事　5

材料

タイル

粘土を主原料に成形して焼成した小片状・陶磁器質の薄板［表1・2、写真1］。形状や質感を似せた擬似材料と区別するために**セラミックタイル**とも呼ばれる。吸水率により区分され、1％未満の磁器質は1千300℃前後で焼成され硬くて緻密、5％以下のせっ器質は1千200℃前後で焼成されやや軟らかく、22％以下の陶器質は1千100℃前後で焼成され軟らかく主に屋内壁に用いられる。このほか、吸水率22％以上のものも流通している。製造には粉末状の原料を高圧プレスする乾式製法と、粘土状の原料を押出しや鋳込み成形を行う湿式製法がある。外装タイルの寸法は、れんが寸法をもとに小口面の大きさの小口平、長手面の二丁掛けを基本に、その1.5倍の三丁掛け、2倍の四丁掛けと呼称する。また小割の50角・50二丁などのモザイクタイルがある。内装用は100角をはじめ、円形や不定形など多種。従来からあるタイルの寸法を超えるものは**大型タイル**と呼ばれ、長辺が3ｍ以上のものも製造されている。

素地｜きじ

素地［そじ］、**生地**［きじ］ともいう。タイルの素材のこと。砂・石・粘土などの原料を微粉砕・調合したものを素地または**坏土**［つち］という。素地を型に入れて焼き固めるとタイルになる。原料、焼成方法などによって性質が異なり、特に吸水率に影響する。吸水率によって、磁器質（1％以下）・せっ器質（5％以下）・陶器質（22％以下）に分類される。

釉薬｜ゆうやく（うわぐすり）

タイル表面に塗布して焼成することで、色彩や光沢などを付加する無機質材料。真珠光沢を得るためスズやチタンを用いた**ラスター釉**、焼成時の自然な色変化を狙った**窯変釉**、つや消し効果のある**マット釉**など多様。意匠によって使い分けられる。

土物｜つちもの

無釉の湿式製法タイル。砂や粘土など原料自体の色を見せるものが多い。

練り込み｜ねりこみ

無釉の乾式製法タイル。原料に顔料を混ぜて着色する。

外装用タイル｜がいそうよう—

外装で用いるための耐候性に優れたタイル。磁器質、せっ器質が用いられる。

表1｜タイルの分類と寸法

分類	呼称	寸法（mm）
モザイクタイル	八分 50角 50二丁	24.5×24.5 45×45 45×95
外装タイル	小口 ボーダー 二丁掛け 三丁掛け	108×60 227×40 227×60 227×90
床タイル	100角 100角二丁	94×94 194×94
内装タイル	100角 200角	97.5×97.5 197.5×197.5

※れんがの小口面は108×60mm、長手面は227×60mm

表2｜タイルの焼成温度と性質

素地の質	焼成温度	素地の特徴	適応
磁器質	1,250℃	キメが細かい・薄くて丈夫	外装・床でも使用可
せっ器質	1,200℃	焼き締まっている・薄くて丈夫	外装・床でも使用可
陶器質	1,000℃	キメが粗い・厚みがあり、丈夫	内装壁のみ使用可
土器質	800℃	最もキメが粗い・厚みがあり、やや脆い	外装・床でも使用可。凍害注意

写真1｜各国のタイル

ポルトガルのタイル　アズレージョ。白色施釉の素地に顔料で絵付けをする

マレーシアのタイル　多彩なレリーフは華のモチーフが多い。腰壁などに用いる

モロッコのタイル　ゼリージュ。日干しレンガの窯で焼成。モザイク状に張る

スペインのタイル　テラコッタタイル。素焼きの土っぽい風合い。床に多用される

素焼きのテラコッタタイルを張った床。装飾的な壁面とは対照的。スペインやポルトガルで多く用いられる

図1｜裏足寸法の考え方

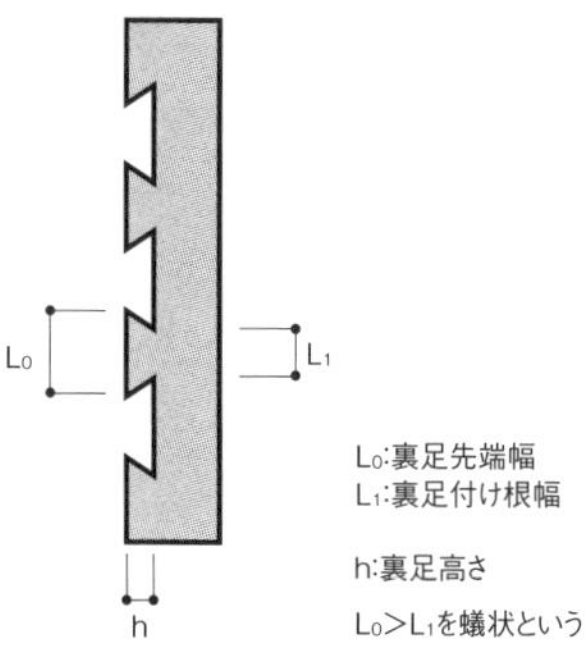

写真2｜モザイクタイルを使ったキッチン

図2｜建築用石材の分類

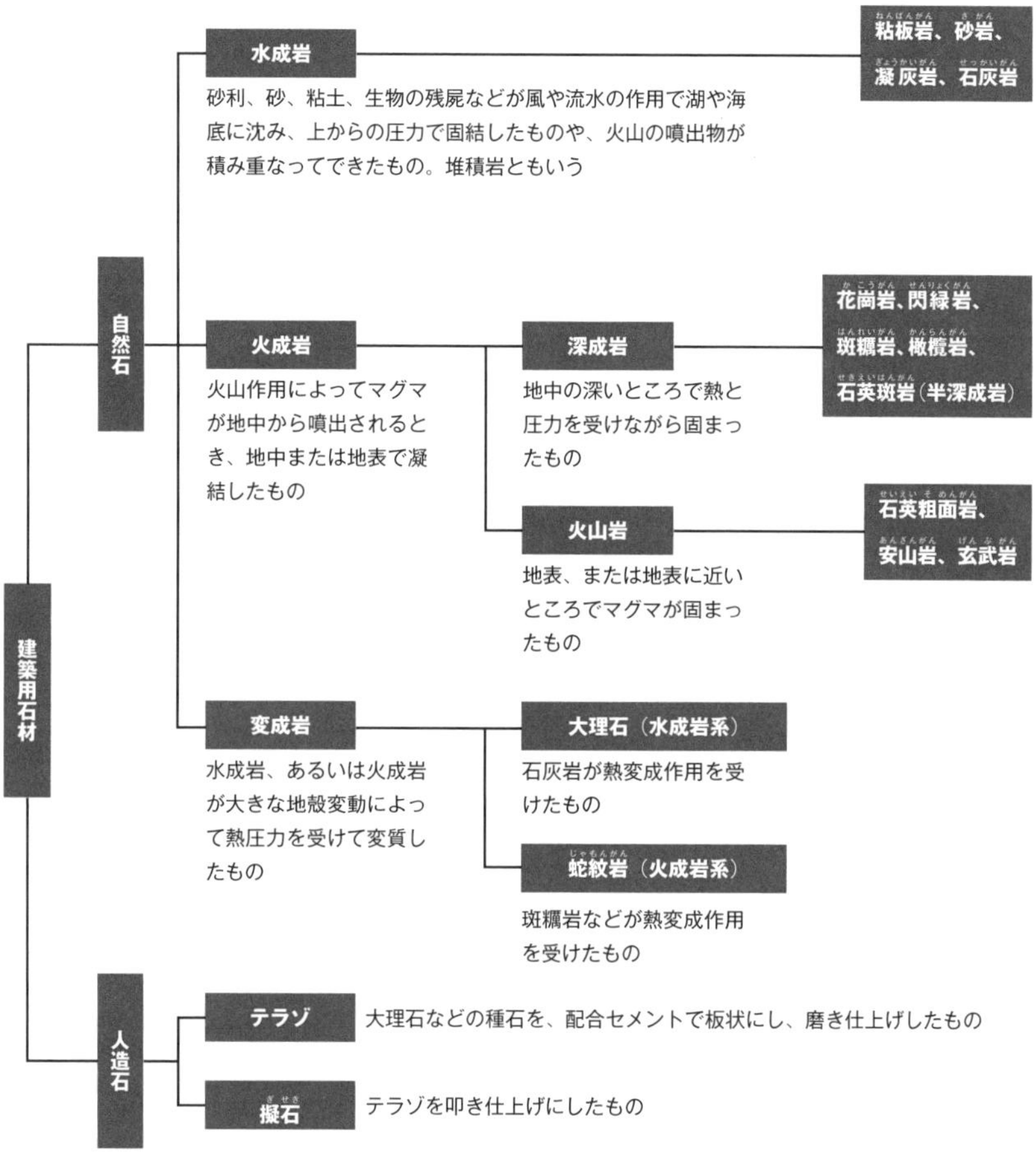

大型タイル｜おおがた—

従来からある一般的な寸法を超えたタイル。外壁では乾式工法・PCa打込み用として使用される。内壁では長辺3m以上のものも改良圧着張りで施工される。

小口タイル｜こぐち—

旧規格レンガの小口面サイズ（60×108㎜目安）のタイル。同長手面のサイズ（60×227㎜目安）のタイルは二丁掛けと呼ばれ、幅は小口タイル2枚分に目地を加えた寸法になっている。

テラコッタ

建材用の焼き物のうち、普通のタイル形状以外のもの。一般のタイルやレンガより重く、大きく厚みのあるものを指す。元来は装飾用の素焼き陶器を指したが、現在は硬質で寸法精度の高いルーバーや外装用パネルなどもつくられるようになり幅が広がった。近年では国内外の著名な高層ビルでも見かけるようになった。

スクラッチタイル

くし目を付けた昔風の湿式タイルのこと。

割肌タイル｜わりはだ—

厚手の湿式タイルを割って、割り石のような仕上げにしたもの。

ラスタータイル

タイル表面に錫やチタンの薄い被膜を生成させて、真珠のような光沢をつけたもの。

ブリックタイル

型枠先付けに使う、釘孔のついた大型タイル。

モザイクタイル

小さなタイルのことで、一般的に10～50㎜角程度のものを指す［写真2］。

光触媒｜ひかりしょくばい

紫外線によって活性化し、汚染物質を分解する作用のあるコーティング材。原料には酸化チタンが用いられる。もともとタイルは汚れにくい材料だが、さらに汚染防止を狙って開発された。

裏足｜うらあし

タイル裏面のリブ状の凹凸形状［図1］。タイル張りの際にモルタルが引っ掛かって付着させるため、裏足の深さと形状は重要。裏足の溝底が開いた形状を**蟻足**［ありあし］と呼び、外装用タイルでは必須とされる。輸入品には蟻足でないものもある。溝の深さ（裏足高さ）についても規定があり、小口タイル以上は1.5㎜以上、モザイクタイルでは0.7㎜以上が必要。

平物タイル｜ひらもの｜表面がほぼ平らな一般的なタイル。施工しやすいように多数枚をシート状に連結したユニットで流通しているものもある。

役物タイル｜やくもの｜平タイル以外の特別な形状をしたタイルの総称。出隅・入隅や、開口部などに用いる。

面取タイル｜めんとり｜側面を丸く加工する「R面取り」を施した出隅用タイル。1辺のみ加工した片面取りと、隣接する2辺を加工した両面取りがある。

段鼻タイル｜だんばな｜役物の一種。階段の踏面先端(段鼻)に付けるタイル。滑り止めの溝や突起が付いたものもある。

大理石｜だいりせき｜石灰岩が再結晶した変成岩の一種。マーブルともいう。組成は異なるが、トラバーチンや一部の蛇紋岩、石灰岩も大理石として扱われる。ヨーロッパやアジア産が多く流通。主に本磨きや水磨きで用いられる。酸に弱い。図2も参照。

御影石｜みかげいし｜火成岩の花崗岩や斑れい岩などを石材に加工したものの総称。兵庫県東灘区の御影地区産のものは他地域産と区別して本御影と呼ばれる。酸に強く、硬くて風化しにくい。内外装の仕上げ材として広く使われる。耐火性はやや劣る。白御影、桜御影、黒御影などの色別でも呼ばれ、本磨き、水磨き、ビシャンなど仕上げもさまざま。

鉄平石｜てっぺいせき｜簡単に薄板状に割れる石材の称。安山岩の諏訪鉄平石や佐久鉄平石、インドネシア産のジャワ鉄平石などが有名。乱形や方形の敷石材や壁張り材、小端積みの塀材などに用いられる。

大谷石｜おおやいし｜凝灰岩の一種。栃木県の旧大谷町(現在は宇都宮市)付近が産地。軽くて加工が容易。石塀、土留め、石蔵、敷石などに用いられてきた。ミソと呼ばれる茶色の窪んだ斑点が特徴。

砂岩｜さがん｜砂粒が硬化した堆積岩の一種。主に割り肌で使用される。風化に弱い。古くから世界各地の建築物に用いられ、日本ではインド砂岩が有名。国産では諫早石や、錆状の縞模様が特徴の多胡石が代表的。

粘板岩｜ねんばんがん｜色は濃緑、青灰、黒色系など。やや光沢があり、緻密。薄板状に加工しやすい。屋根葺き材のスレートは粘板岩の一種。

凝灰岩｜ぎょうかいがん｜細かい火山灰が硬化した堆積岩の一種。風化しやすいが、耐火性は高い。大谷石、十和田石、伊豆青石などが代表的。保温性が高く滑りにくいため浴室に適する。

石灰岩｜せっかいがん｜堆積岩の一種。炭酸カルシウムが主成分。セメントの原料、コンクリートや道路用の骨材などに使用。石材用の場合、ライムストーン(英名)と呼ぶことが多い。

テラゾ
大理石の砕石と色粉、白セメントなどを混ぜ固め、滑らかに磨いた人造石。現場施工のほか、板状、タイル状の製品も流通。樹脂で固めたレジンテラゾもある。

擬石｜ぎせき｜大理石以外の砕石と色粉、白セメントなどを混ぜ固めた人造石。平板、縁石、階段、車止めなど、景観資材にも使用。広義ではFRPなどで石を模したものも含む。

不具合

虹彩｜こうさい｜施工後のタイル表面に現れる皮膜状の汚れで、虹色に見えることからこの名前が付いた。セメント成分と炭酸ガスが反応してできたケイ酸質の皮膜により干渉色を示す。釉薬の種類によっては目立ちやすいものがあり、特にラスタータイルで目立つ。先付け工法でも現れることがある。除去には劇薬のフッ酸を用いることが必要となるため、タイルを傷めないように注意が必要である。

白華｜はっか
エフロ(エフロレッセンス)、鼻垂れともいう。セメントの硬化過程でモルタルが含有する水酸化カルシウムが水に溶けてカルシウムイオンが溶け出し、大気中の二酸化炭素と結合して不溶性の炭酸カルシウム($CaCO_3$)を生成したもの。白い粉体や固まりになりタイル面を汚す。タイルや石の場合、下地のモルタルが白華現象を起こし、タイル、石の表面に付着する。タイル裏面に水が回らないようにすることが根本的な対策。軽度なものは酸洗いで除去可能。

図3｜タイル目地の種類

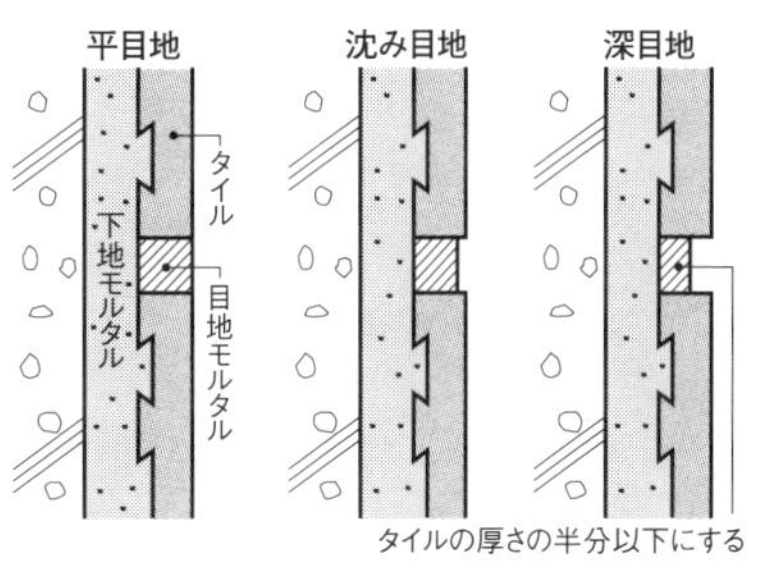

凍害｜とうがい｜タイルや石に染み込んだ水分が凍り、破壊する現象。タイルでは陶器質のもの、素焼きのテラコッタ、石は砂岩、石灰岩など吸水性が高いと起こりやすい。寒冷地では水廻りだと屋内でも起こる。

熱破壊｜ねつはかい｜熱で急激に膨張したタイルに、せん断応力が生じて起こるクラック。主に浴室床や浴槽で使用開始後2〜5年の間に亀裂が生じる。層状破壊ともいう。骨材を加えた目地や既調合の専用目地を用いればリスクを減らせる。

工法・施工

張り代｜はりしろ｜石やタイルを張り付ける場合のモルタルの厚み。

おなま
タイルの原型のままなもの。

タイル目地｜—めじ
タイルとタイルのすきま（間隙）[図2]。止水とタイル保持のため、一般に目地モルタルを充填する。目地の深さにより、タイル面とほぼ同面の**平目地**、タイル面よりも少し目地を落とした**沈み目地**、さらに深い**深目地**に分けられる。深すぎる目地は剥落の原因になるので、タイル厚さの半分以下に留める。

深目地｜ふかめじ
タイル厚さの半分以上の深さをもつ目地仕上げ。目地には止水のほかにもタイルを保持する役目もあり、深目地は剥落の可能性が高い。タイル面よりも少し目地を落とした沈み目地がほとんど。

伸縮調整目地｜しんしゅくちょうせいめじ
タイルの割れや剥落を防ぐために設ける目地。地震などの揺れ、温湿度による下地のモルタルやコンクリート躯体の収縮膨張、タイルの熱膨張などに対抗するもの。目地材はシーリング材などが主流。

製法｜せいほう
タイルの成形方法。原料の練り土を金型から連続的に押し出して成形する**湿式製法**と、調合した粉体をプレスして成形（加圧成形）する**乾式製法**がある[図4]。湿式は厚手で柔らかい雰囲気、特に無釉の湿式タイルは**土もの**と呼ばれ、砂や粘土など原料自体の色を見せる。乾式は正確な寸法精度が特徴で堅い表情。乾式で無釉の**練込み**は原料に顔料を混ぜて着色したもの。

焼成｜しょうせい
窯でタイルを焼くこと。窯内に十分な酸素のある**酸化焼成**と、反対に酸素欠乏状態で焼く**還元焼成**がある。不均一で味のある色調は還元焼成で得られる。

ハイドロテクト
TOTOが開発した光触媒技術。紫外線によって活性化する酸化チタン皮膜をタイル表面に形成させ、超親水化と有機物分解作用によって汚れにくくする。ガラス、ホーロー鋼板などに使用されている。

乾式工法｜かんしきこうほう
張付けモルタルを使用する湿式工法ではなく、アンカー金具やレールなどで機械的にタイルを固定する工法[図5①]。接着不良による剥落の恐れがないことと、ボード系の下地でも適用できることが利点。モルタルによるエフロレッセンスとも無縁であるが、割高である。特殊タイルと専用金物をセットにした商品がある。

湿式工法｜しっしきこうほう
現場で水を使って凝固させる工法。壁タイル張りでは、タイルにモルタルを塗る方法、下地にモルタルを塗る方法、両方にモルタルを塗る方法などがある。壁石張りでは、躯体に緊結した石裏にモルタルを充填する。施工や養生に時間がかかるが、表現の自由度は高い。

接着張り｜せっちゃくばり
乾式工法の1種。モルタル下地や石膏ボード下地に接着剤を塗布して櫛目を付け、もみ込むように張る。簡易なため施工能率に優れる。主に台所など水掛かりの少ない内装に行われる。外装での適用を目指し、接着安定性の優れた弾性接着剤の開発や施工試験が長く行われてきたが、割高な価格や瑕疵責任区分のあいまいさが障害になっている。最近は耐水性の高い接着剤を用いて浴室や屋外など水掛かりの部位でも採用されている。

弾性接着剤張り｜だんせいせっちゃくざいばり
挙動追従性の高い弾性接着剤（変成シリコーン・エポキシ樹脂など）でタイルを張ること。外装での実施例は少ない。

圧着張り｜あっちゃくばり

図4｜湿式タイルと乾式タイルの原理

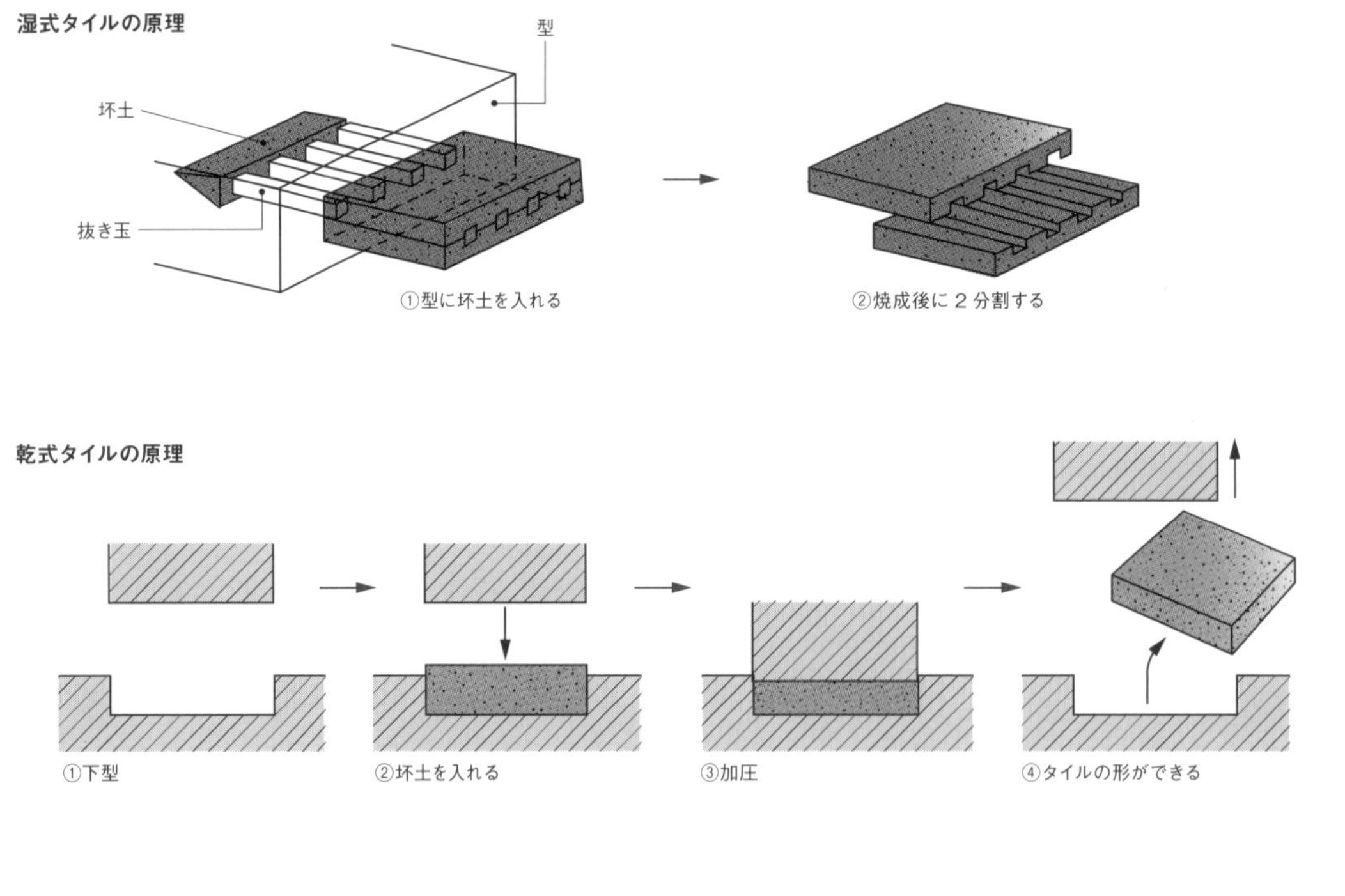

図5｜タイルの主な工法

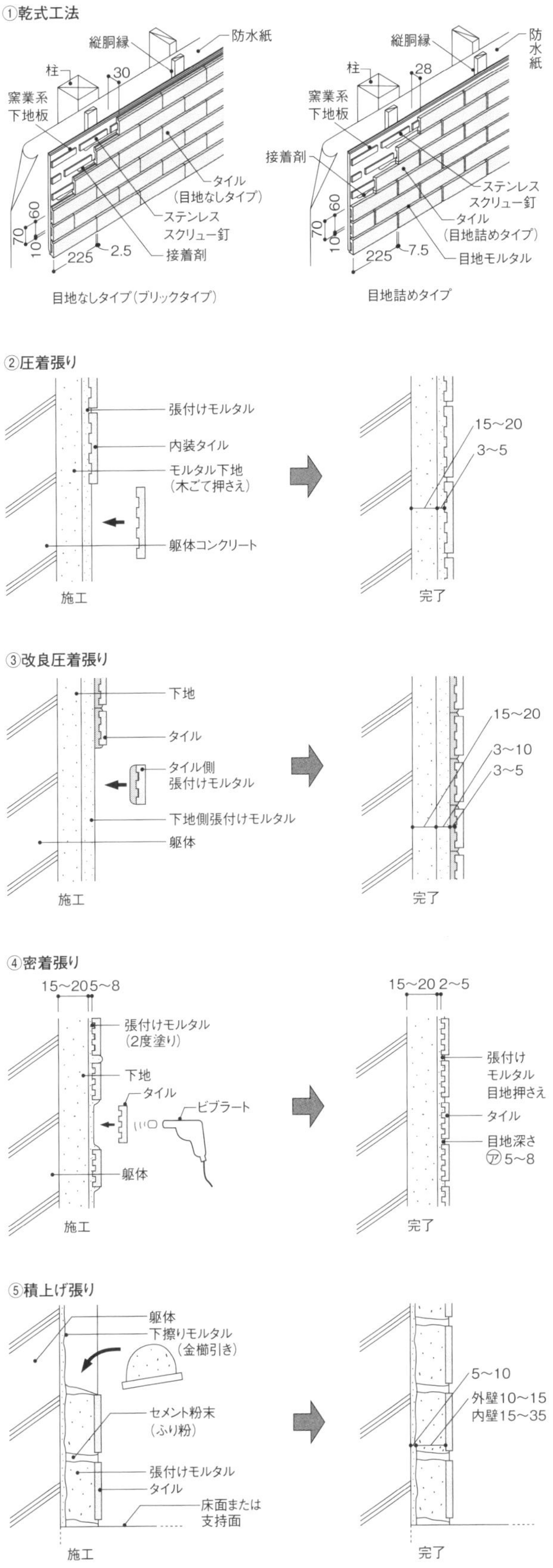

後張り工法の1種で、下地に張付けモルタルを塗り、タイルを押さえ込んで張る工法[図5②]。施工能率がよく、多用されている。しかし、モルタルの**ドライアウト**（乾燥）や厚み不足、押さえ不足による充填不良などの欠陥が起こり得る。タイルを1枚ずつ張る場合と、モザイクタイルユニットごとに張る場合がある。

改良圧着張り｜かいりょうあっちゃくばり
後張り工法の1種で、下地面に加え、タイル裏面にも張付けモルタルを塗って張る工法[図5③]。多少手間がかかるが、圧着張りに見られる欠陥が減少し、信頼性が向上する。モルタル厚さが増すため、小モザイクタイルには不向きで、小口タイル（108×60㎜）より大きなタイルに使用される。

密着張り｜みっちゃくばり
後張り工法の1種。**ビブラート工法**とも。圧着張りでは鏝の柄や木ブロックでタイルを叩いて押さえるが、同工法では小型振動機（**ビブラート**）を用いられる[図5④]。振動でモルタル充填が改善され、接着力のバラツキが少ない。主に外壁に用いられる。

積上げ張り｜つみあげばり
湿式工法の1種。張付けモルタルを裏面に載せて、櫛引きしたモルタル下地に揉み付けて張る壁に適用する方法[図5⑤]。**だんご張り**ともいわれる。主に内装水廻り壁に用いられる。

モザイクタイル張り｜—ばり
シート張りのモザイクタイルユニットに対し、圧着張りを行う工法のこと。

マスク張り｜—ばり
後張り工法の1種で、モザイクタイルユニットの裏面に孔のあいたマスクと呼ばれる板をあててモルタルを塗って張る工法。マスクを使うのは、タイル裏面へのモルタル付着を高め、均一な張付けモルタル厚さを確保するため。

直張り｜じかばり
コンクリート面に下地モルタルを塗らず補修程度で直接タイルを張ること。省力化できるため普及している。

シート張り｜—ばり
施工性をよくするために、仕上がりに合わせて並べられたモザイクタイルの表面に紙張りしたもの。30㎝角で1ユニット。

砂伏せ｜すなぶせ
砕石などの路盤材の上に砂を敷き詰め、仕上げ材を敷く乾式工法。目地にも砂を充填する。厚みのあるレンガや透水ブロックなどが用いられる。

図6｜タイル張り

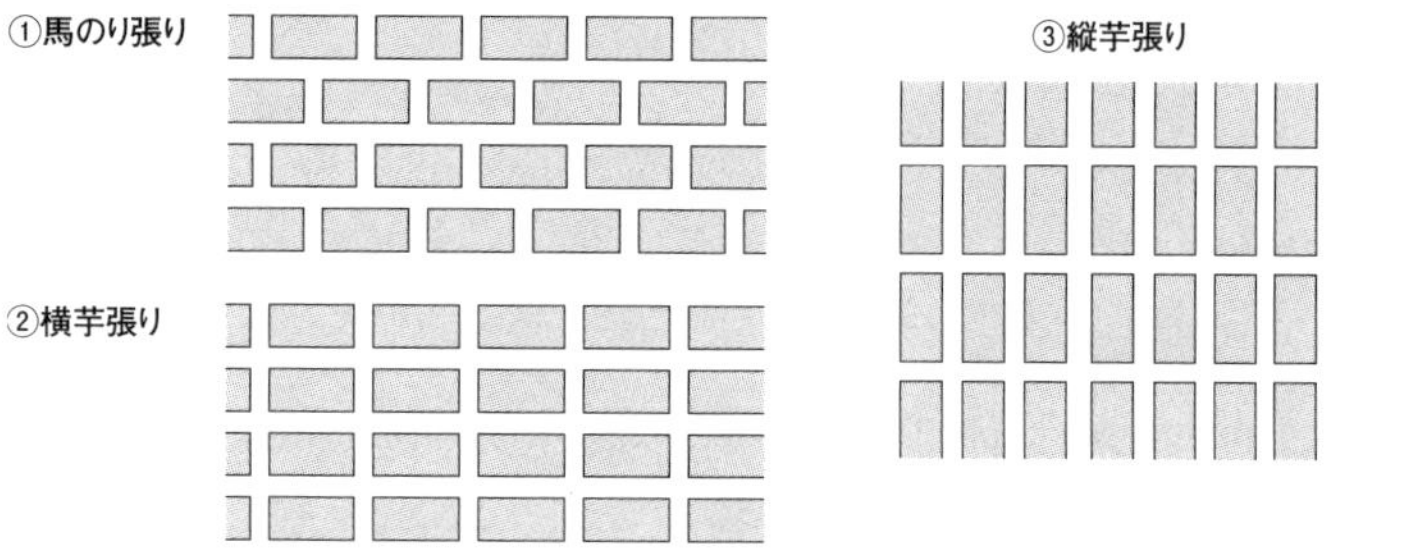

剥落防止工法｜はくらくぼうしこうほう
コンクリートやタイルの剥落を防ぐための工法。新築の場合、タイル張り外壁では下地面・接着層・施工信頼性の向上など、改修の場合では表面をネット・パネル・コーティング材で覆ってアンカーピンを併用する方法などがある。

図7｜タイル割りの考え方

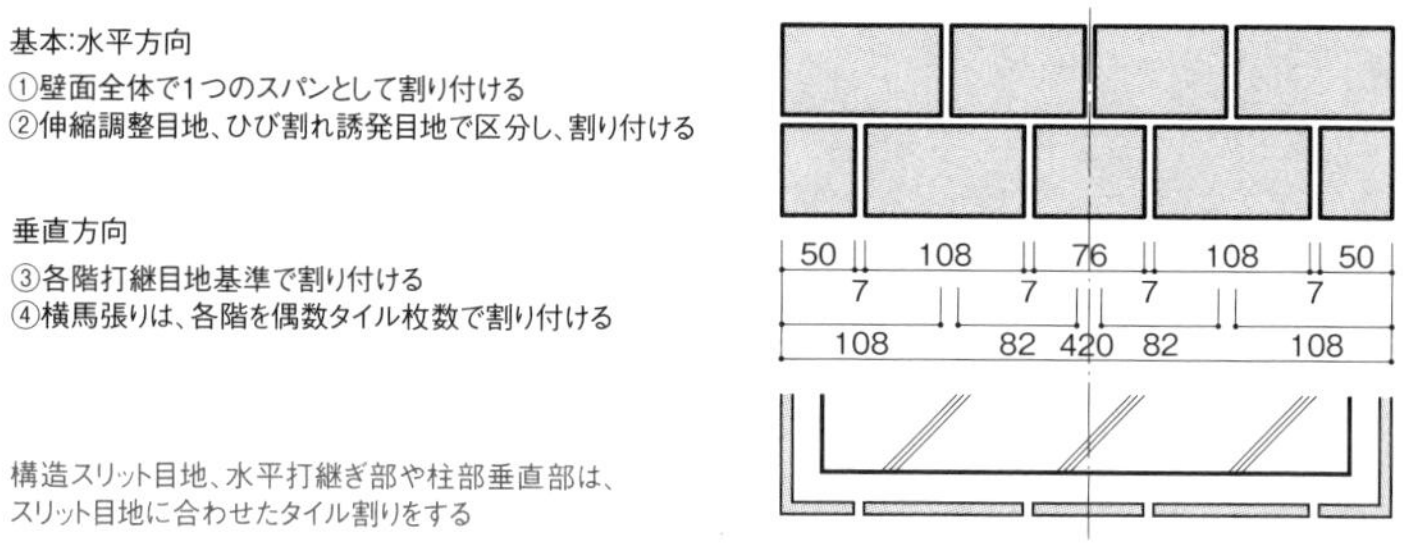

先付け工法｜さきづけこうほう
現場でタイルを張る**後張り工法**に対し、PCa版にタイルを打ち込む工法。後張り工法に比べて剥落の危険性が小さい。また、現場打ちコンクリート工事で、型枠に先付けしてコンクリートに打ち込む方法も先付け工法の1種と考えられるが、コンクリートの充填状況が確認できないため、躯体の品質管理が難しく、現在はほとんど行われない。

図8｜一般的な柱型の割付け

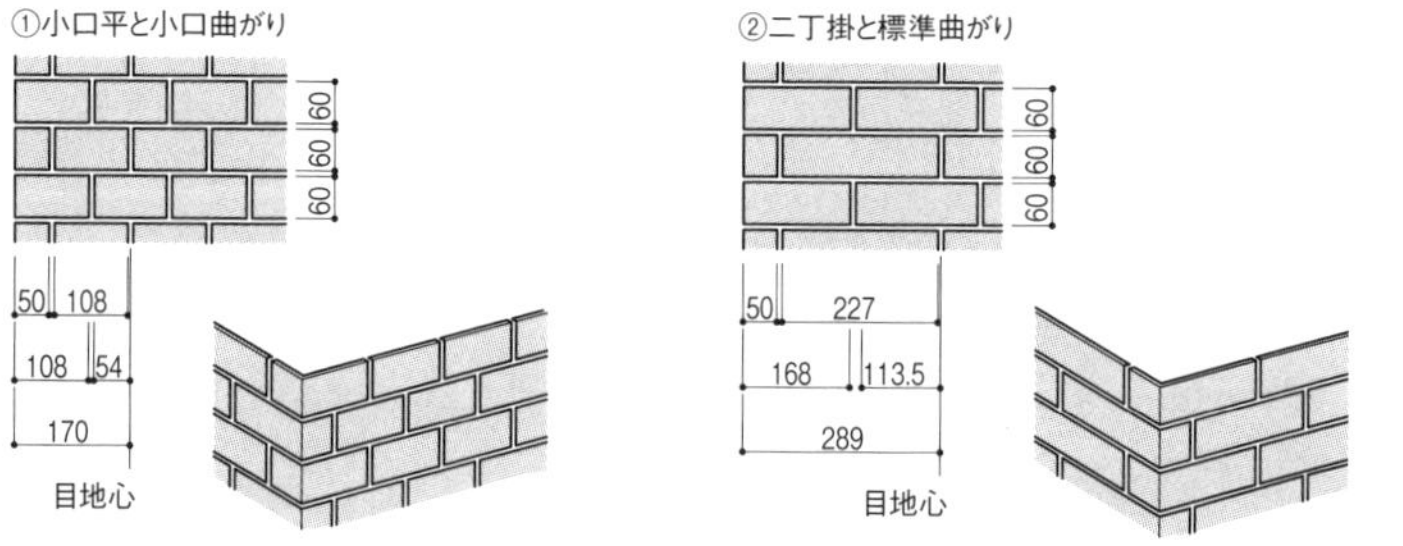

タイルパック
接着シートにタイルと発泡目地材を張ってユニットにしたもの。PCa板にタイルを打ち込む際に使用する。タイルが動かないこと、のろが洩れないこと、コンクリート目地の仕上がりがきれいなことが要求される。

タイル割り｜—わり
タイルの配列方法または配列を整えること。タイル割りはレンガ積みのパターンに起源があり、芋張り、馬のり張りに加え、各種の小口と二丁掛けの組合せ方法が知られている[図6～8]。

MCR工法｜えむしーあーるこうほう
モルタル・コンクリート・リベットの略。タイル下地のコンクリート面にモルタルの食いつきに優れる連続孔を形成する方法。タイルの剥離防止に大きな効果がある。梱包用のエアパックに似た専用シートを使う。

剥落防止ネット｜はくらくぼうし—
タイルあるいは下地モルタルが外壁などから剥がれ落ちないようにモルタル中に埋め込むネットのこと。ポリプロピレン繊維などを使用した立体網目不織布・立体織布などがある。

高圧洗浄｜こうあつせんじょう
超高圧水でコンクリート面を目粗しして、モルタルの付着性を安定化させる方法。また目粗しとともに脆弱部を除去することもできる。清掃用のジェット水程度では効果が薄い。

既調合モルタル｜きちょうごう—
張付けモルタル・目地モルタル用にセメント・細骨材・無機質混和材・水溶性樹脂などを工場配合したもの。現在では良質な砂の入手が困難なため多く利用されている。材料配合によるバラツキが少なく、各種の混和材が配合され、施工性がよい。

耐滑り性試験｜たいすべりせいしけん
人を前提としたタイルの耐滑り性試験では、東工大式試験機が広く用いられている。紳士靴歩行はCSR、素足歩行はCSR・Bが単位となる。床タイルの使用可能部位の表記についての統一基準はなく、耐滑り性試験の数値と実際に人が歩いて感覚をテストする官能試験を合わせて評価するなど、各メーカーの判断による。

引張り試験｜ひっぱりしけん
施工後のタイルの接着力を測定する破壊試験。基準によれば、後張りでは0.4N／㎟、PCa打込みでは0.6N／㎟が合格ライン。

打診検査｜だしんけんさ
タイルの浮きを調べるため、鋼球の小ハンマーを用いて打音を聞く検査方法。簡単で確実。広い面積を自動的に診断するロボットも開発されている。

左官工事 6

左官は、水を用いた塗り材料で仕上げる工法で、時間の経過とともに余分な水を蒸発させ、壁を完成させる。湿式工法といわれ古来より行われている。

工法別に大別すると土系、漆喰系、モルタル系、プラスター系がある。最近は自然素材ブームから、左官仕上げのもつテクスチュアが見直されている。

下地・下地補強材

下塗り｜したぬり
下地とその後の塗り層を結合させるための塗り層。荒壁がこれに当たる。

中塗り｜なかぬり
中塗りは、塗壁で最も重要な塗り層。中塗り土＋スサ＋砂で構成される。

上塗り｜うわぬり
仕上げ層を塗る工程。色土に骨材やスサを練り混ぜたものや、漆喰を用いる。

小舞・木舞｜こまい
土壁を構成する竹や木で縦横に組んだ壁などの下地のこと［図1、写真1］。小舞の編み方（**小舞を掻く**［こまいをかく］という）や種類は地方によって異なる［表1］。最近は、金属製のラスも使用される。

割り竹｜わりたけ
小舞に使用できるように、1.5〜2.0cm幅に竹割り器やなたで竹を割ること。

小舞掻き｜こまいかき
小舞竹を編む方法のこと。**千鳥掻き**と縄からげがある。

千鳥掻き｜ちどりかき
小舞の縦竹に適した結わえ方。

縄からげ｜なわ―
小舞の横竹に適した結わえ方。

小舞縄｜こまいなわ
小舞を掻く縄のこと。わらの細目や、シュロ縄が用いられる。ビニルひもが使用される場合もあるが、滑るなどの欠点がある。

間渡し竹｜まわたしたけ
えつり竹ともいう。小舞竹をからめていく親骨の竹で、若干、太いものを選んで用いる。

荒壁｜あらかべ
小舞に1番最初に塗る壁で、粘性土とわらスサで構成される［図2］。

荒木田土｜あらきだつち
荒壁に使用する土で、粘土を含む粘性土。関東での呼び名である。荒木田と略すこともある。

裏壁｜うらかべ
裏返しともいう。荒壁を付けたその裏側のこと。裏壁には、荒壁の裏にはみ出したイボを掻いてから、若干、軟らかめの練り土を使うが、砂を混ぜる場合もある。

写真1｜竹小舞壁

表1｜小舞の種類

竹小舞［たけこまい］	温暖地に生える真竹を八〜十つ割にして掻いたもの
木小舞［きこまい］	9×24㎜程度の杉目材の木を配した小舞。大壁にする場合や、塗り厚が厚い土蔵などの下地に使われる
篠小舞［しのこまい］	真竹より細く節と節が長い女竹を四つ割にして掻いたもの
葭［よし］	竹の育たない寒い地域では葭を2本重ねて小舞に使用する
小舞縄［こまいなわ］	藁、棕櫚を細かく編んだ縄で約1mの長さに切って使用する
間渡し（竹）［まわたし（だけ）］	柱間や貫間に打ち、小舞縄をからめる力竹
本四つ小舞［ほんよつこまい］	縦、横ともに真竹の割り竹を用いたもの
縦四つ小舞［たてよつこまい］	縦のみ真竹の割り竹、横は篠竹の割り竹を用いたもの
並小舞［なみこまい］	縦横ともに篠竹を用いたもの。竹を丸のまま間渡しに使用したり、二つ割りにして小舞にしたもの
バンブーネット既製小舞［きせいこまい］	四つ割の真竹を格子状に組み合わせ、あらかじめネット状にした竹製ラスのようなもの。貫板に釘またはステープルで留める
小舞ラス［こまい―］	金属性のラスで貫を挟んで両面からステープルで留める

図1｜小舞土壁の構成

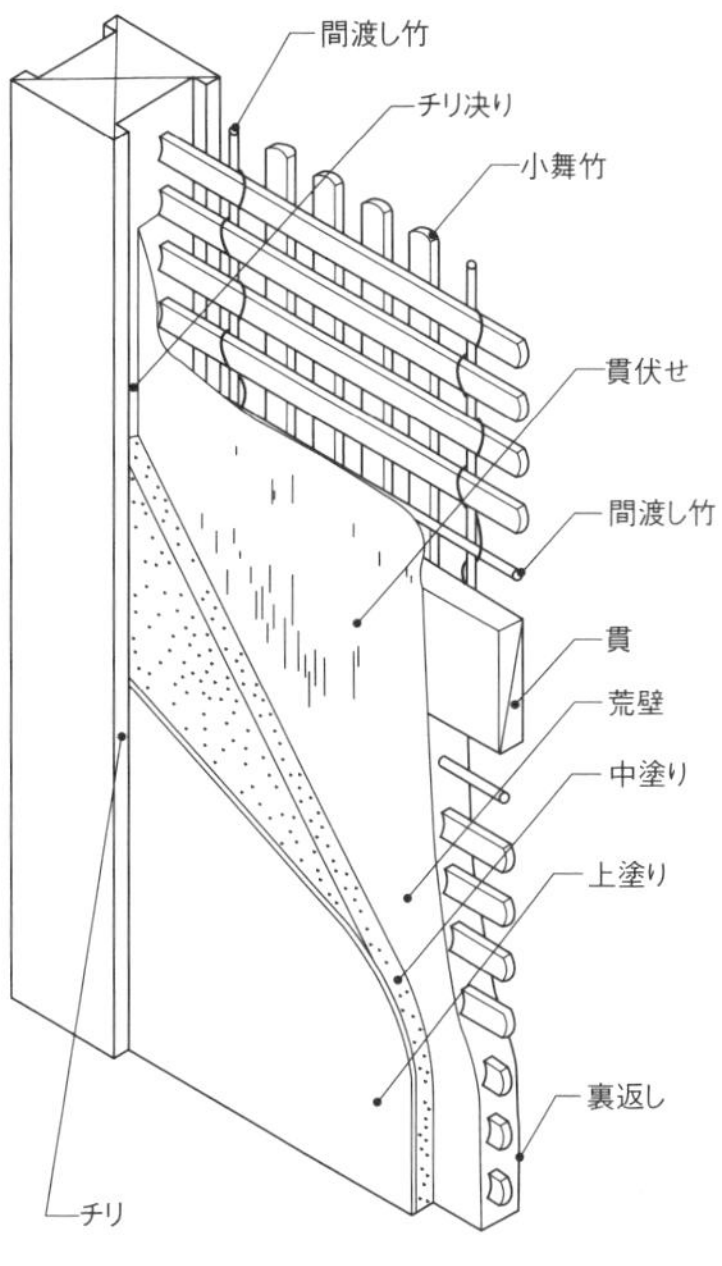

図2｜小舞土壁の施工フロー

割竹 → 小舞掻き → 荒壁・裏壁 → 貫伏せ・チリ廻り → 中塗り → 上塗り（京土壁、大津壁、漆喰）

写真2｜ラスボード

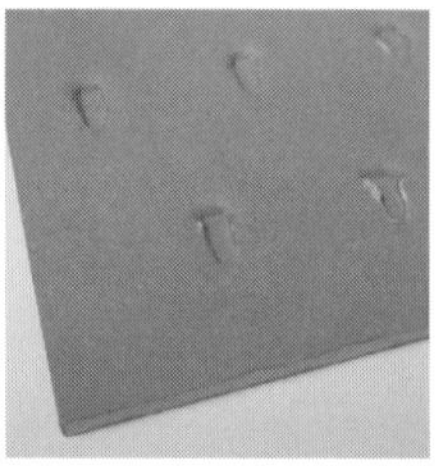

左官材の付着をよくするために孔があけられている（ニューラスボード）

写真3｜塗込みメッシュ

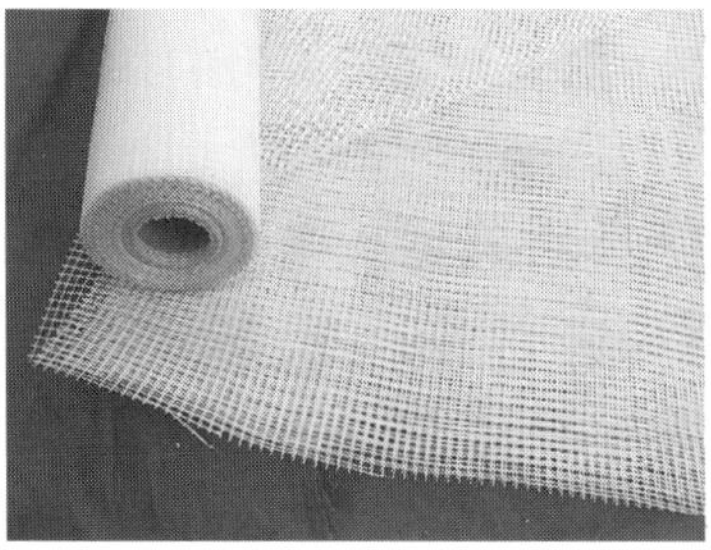

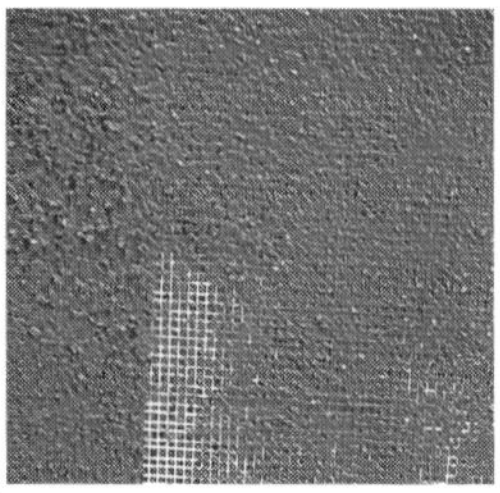

編み目が見えなくなるまでコテで押さえる

木摺｜きずり
目の通ったスギの小幅板（1寸幅）を、野縁、貫に打ち付けた漆喰下地のこと。

ラスボード
孔のあいた石膏ボードのこと。下地として、石膏プラスター塗りに使用することが多い[**写真2**]。

図3｜ラスモルタル下地の壁の構成

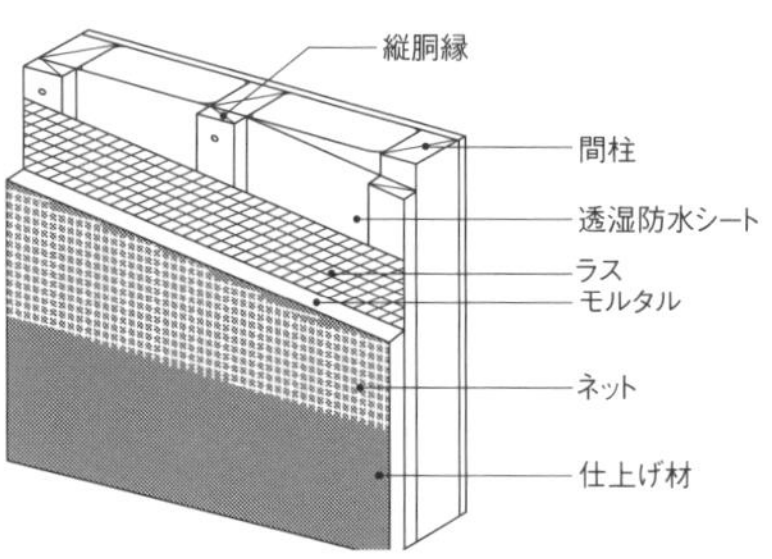

表2｜ラスの種類

メタルラス	上浦など薄塗りの下地に使用する。平ラスともいう
ワイヤメタル	ラス目がメタルラスの倍のラス。鉄板が厚いものは耐震ラスとして使われる
リブラス	鉄骨をくるむのに使う。ラス目はメタルラスより細かい
ラスシート	波形鉄板にメタルラスを溶接した下地
ラスカット	構造用合板にポリマーモルタルを型付けした下地材

石膏ボード｜せっこう―
プラスターボード。無機系ボードで、最近はこの下地にプラスターを薄塗りで仕上げる工法が増えてきている。

写真4｜平ラス

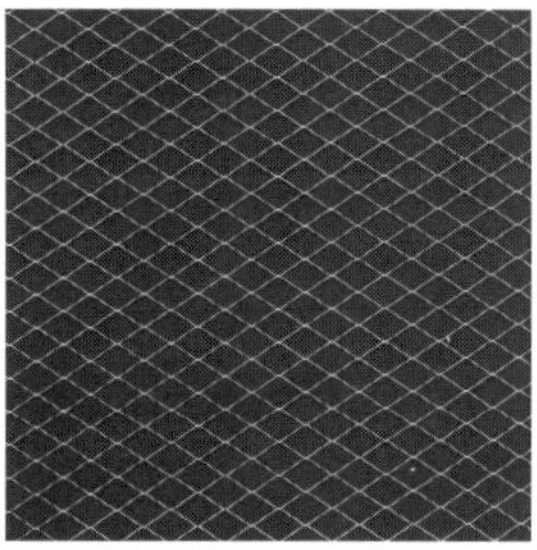

塗込みメッシュ｜ぬりこみ―
ボードの継ぎ目に、ひび割れ防止のために張る3～5㎜目の網のこと。寒冷紗や耐アルカリ性ガラス繊維などがある[**写真3**]。

ラス
モルタルを塗る下地のこと[**図3**、**表2**]。ラス網とも。形状で平ラス、コブラス、波形ラス、リブラスに分かれる。線径が細く、防錆処理が施されていないものは、腐食などの耐久性に劣る。ラスは千鳥に張り、開口部に継目がこないように配慮する。

ラス下｜―した
ラス張りの下地のこと。木造のモルタル外壁などに使われる一般的な下地である。ラス下地材や構造用合板などが使われる。ラス下地材は12×75㎜以上、20㎜間隔程度の目透かし張りで、5枚以下ごとの乱継ぎにし、N50釘2本を平打ちする。ただし、N50の釘打ちは、ラス下地材の材質によっては割れが生じることがあるので、FN50釘を機械打ちする場合もある。ラス下地材は、腐りにくい樹種で十分な板厚をもち、必ず乾燥材でなくてはならない。構造用合板は、柱・間柱・土台・梁などの横架材に確実に釘で留め付ける。910×2730㎜版は縦張り、910×1820㎜版は縦張りや横張りと使い分ける。

写真5｜波形ラス

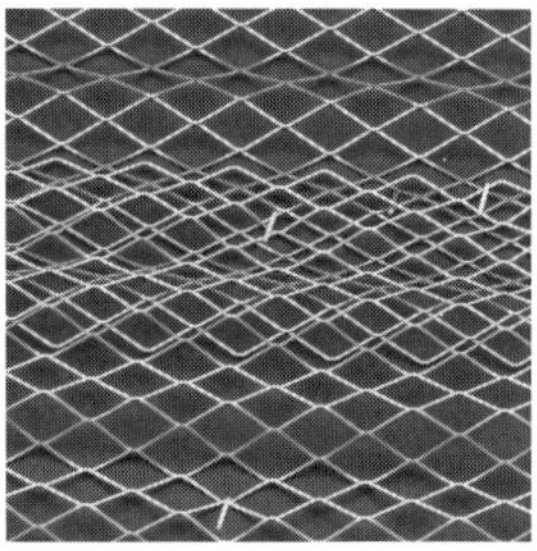

平ラス｜ひら―
補強用に使用されるメタルラス[**写真4**]。現場では単に**メタル**とも呼ぶ。関東地方の平ラスに比較して、関西地方のものは網目が大きくて太い。薄い平ラスは、もつれたり、折り曲がったり、変形してしまうことがある。

波形ラス｜なみがた―
波を打つような形状のラス[**写真5**]。波形1号（700g/㎡）が木造外壁に多く使用され、JASS 15や公庫仕様に規定されている。張付けは継目を縦横とも30㎜以上重ね継ぎ、19㎜の足長ステープルで100㎜間隔に千鳥に打ち付ける。

写真6｜リブラス

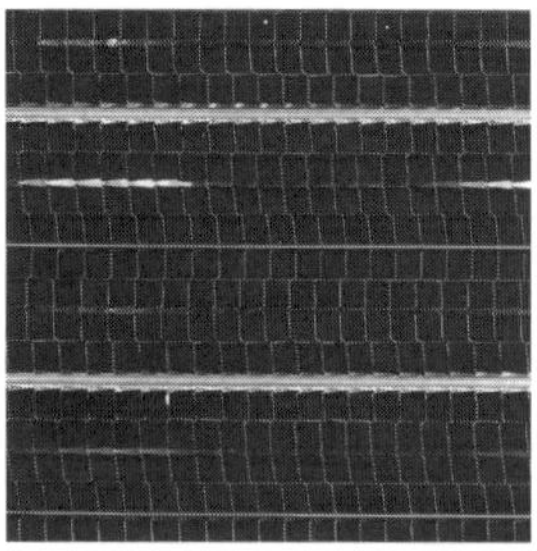

こぶラス
平ラスの1部をコブ状に盛り上げたもの。一定間隔でコブを設けることで、モルタル塗りの厚さを確保できる。これによって安定した強度を保てるようになった。こぶラスは一時期あまり見かけなかったが、改良によって見直されてきている。

リブラス
一方向に引き伸ばされたメタルラスに、一定間隔でV形のリブ鉄板を付けたものである[**写真6**]。リブラスは下地板なしの状態で仕上げられ、主に鉄骨造の防火モルタル仕上げの下地や天井・屋根下地に使用される。鋼線での接合は腐食

写真7｜ジョイントテープの施工

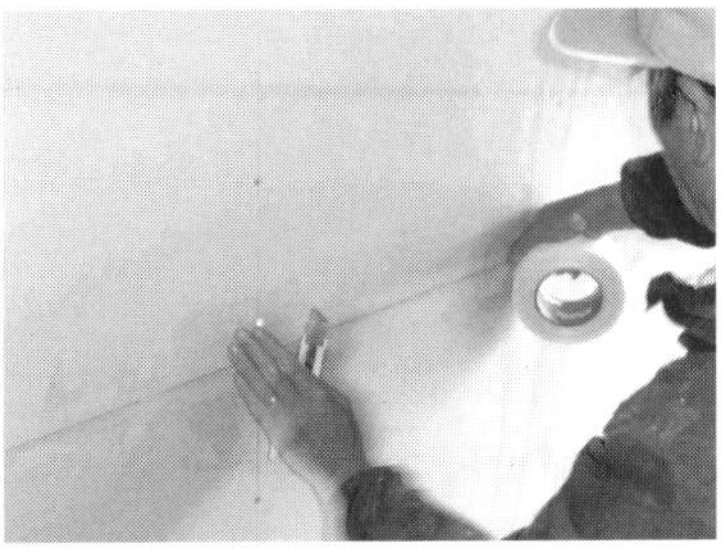

するため、ステンレス線を用いる。モルタルに耐アルカリ繊維を混入すると、付着がよくなり、耐久性が高まる。

ラスシート

亜鉛鉄板を角波形に加工した面にメタルラスを溶接したもの。小規模の鉄骨造・木造建築物に使用されている。当初、鉄骨外壁のモルタル下地材料として昭和30年に実用新案が登録され、その後、鉄骨造の屋根・床・間仕切から、柱・梁の耐火被覆下地として用いられてきた。しかし、現在ではALC板のような面材が普及したため、ラスシートの施工例は少なくなっている。

ジョイントテープ

石膏ボード継目部に張るひび割れ防止用のテープのこと[写真7]。幅40～50mmの紙製と、幅50mm、厚さ0.2mm程度のガラス繊維製が一般的である。それぞれ糊付きと糊なしがある。紙製のものは、比較的厚塗りの仕上げ材に使い、テープ内側に空気溜まりができないように貼ることが重要。ガラス繊維製は、比較的薄塗りの仕上げ材に使う。施工では、両者とも肉厚の薄いコテやパテヘラで継目に沿って切り口方向によくしごきながら密着させる。

図4｜埋込み定木の使用部位

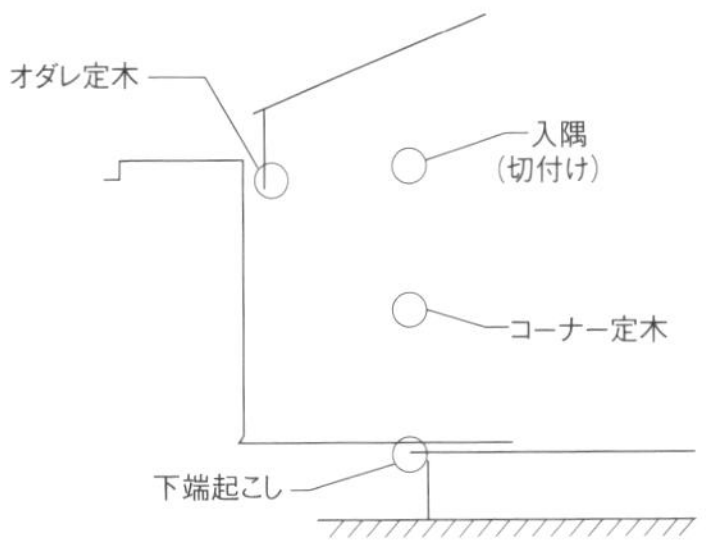

防水紙｜ぼうすいし

防水シートのこと。ラス張りの下張りに用いる。アスファルトフェルトやアスファルトルーフィング、透湿防水シートなどがある。

ステープル

ラスを留める釘。最近は、エアータッカーを用いて19mmのステープルを打つのが一般的となっている。

写真8｜パテの施工

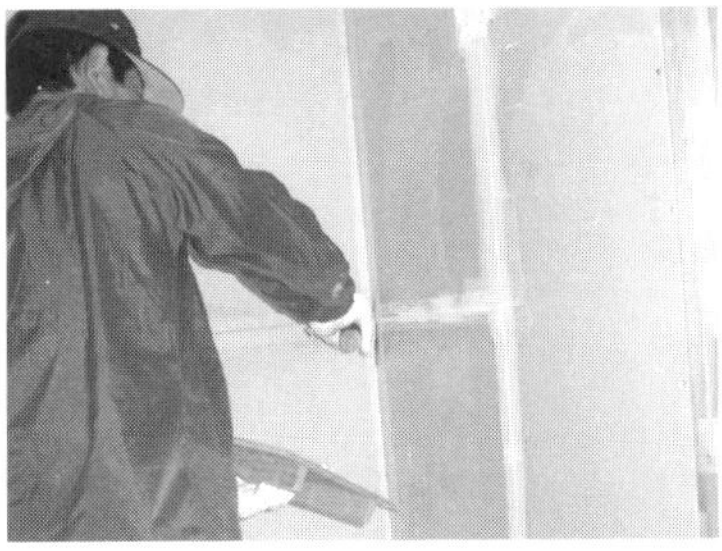

ラスカットパネル

構造用合板にポリマーモルタルを下塗りしたノダの製品。塗る回数が減るため、工期短縮が可能となる。なお下塗りはモルタルに限る。

埋込み定木｜うめこみじょうぎ

角面などに張り、モルタルで埋め込むプラスチック製の定木[図4]。

左官材料

セメントフィラー

日本住宅公団（現・都市再生機構）が始めた工法で、セメント＋ケイ砂＋ポリマーディスパーションからなる下地調整材。

パテ

石膏ボードの目地処理材のこと。正しくは**ジョイントコンパウンド**という[写真8]。焼石膏が主成分で、ペースト状や粉末状のものがある。粉末状のものは現場で水を加えて使用するもので、水との反応によって硬化する。厚塗りが可能であるが、ボードとの塗り尻部分に段差がつきやすいので、薄塗りで重ねて塗るのが望ましい。薄塗りの仕上げ材によっては、目地処理材料が表面に浮き出してしまうこともあるため、仕上げ材料で目地処理する方法もある。また、上塗りの際、吸水の違いによって処理部分に色ムラの発生することがあるので、シーラー処理で吸水調整をするとよい。

パテには、炭酸カルシウムを主成分とした乾燥硬化型のものもある。弾性があるため、応力を過分に受けやすい場所に適するが、やせが生じる場合がある。

あく止めシーラー｜―どめ―

下地となるセメントや合板などのアルカリ分やヤニの溶出を止める塗料で、耐アルカリ性の合成樹脂エマルションやでんぷん糊を主成分としたものが多い。アルカリ分などの溶出がひどい場合には、3～4回と塗り重ねる必要がある。

石膏プラスター｜せっこう―

主に石膏ボードの下塗り材として用いるもの。ボード下地の補強・仕上げの作業性向上のために使用する。

軽量骨材の入った既調合のものと、現場で砂を混入する現場調合のものがある。また、薄塗り用、厚塗り用に分かれている。きれいな水で希釈しないと硬化不良を起こす。セメントモルタル塗りなどと違い、塗重ねの間隔が短く、可使時間が2時間以内なので注意が必要である。

プレミックスモルタル

既調合モルタルともいう。セメント、軽量骨材、糊材、粉末樹脂、繊維などをあらかじめ工場で既調合した製品である。使用する場合には、混練水量や練り厚など、製造所の仕様により適切に調合・施工する。

バサモル

バサモルタルともいう。空練りモルタルに少し水を加えたモルタル。床タイルの下地に用いられる。混水量が多いと乾燥時にくぼみをつくる原因となる。

土物仕上げ｜つちものしあげ

色土＋スサ＋砂を、仕上げの状態を考え、左官職人自身が配合し仕上げをする工法[220頁表3]。

大津壁｜おおつかべ

表3｜仕上げチャート

仕上げ材（材料）×仕上げ方＝仕上げ となる　例　土佐漆喰×磨き＝土佐漆喰磨き

仕上げ材（材料）	主な色土	聚楽土	灰褐色
		稲荷黄土	黄色
		大阪土	赤色
		京錆土	褐色
		浅黄土	水色
	主な漆喰	本漆喰	消石灰＋角叉糊＋生浜スサからなる
		土佐漆喰	土佐地方産の漆喰で練った状態のもの。糊が必要ないので耐久性がある
		油漆喰	漆喰に植物油を添加したもの。屋根漆喰用途
		砂漆喰	漆喰に砂を加えたもの。下塗りに用いる
		土漆喰	漆喰に粘土・骨材を加えて仕上げ材にしたもの
		生石灰クリーム	生石灰の消化過程でクリーム状態で取り出したものに糊材などを加えたもの（「タナクリーム」などの製品がある）

仕上げ方	主な工法（土物仕上げ）	水捏ね	色土・微塵スサ・微塵砂からなる仕上材を用いたもの
		糊差し	水捏ね土に使用時に糊を添加したもの
		糊捏ね	水捏ね土を最初から糊液で練ったもの
		既調合京壁	糊ごね材をあらかじめ乾式調合したもの
		切返し中塗	中塗りのスサを細かく切返し、中塗りの状態で仕上げたもの
	仕上げ材の主な塗り方	押さえもの	仕上げに際して、材料の水分が切れた頃に金ごてで押さえ、コテムラを消す押さえという方法で仕上げたもの（各種の漆喰、漆喰調珪藻土塗材、石灰クリームなどで用いる）。押さえる際は、塗面に直角に押す
		磨き	押さえより、さらに硬くなるまでコテで押さえること。両者の差は、光沢によって分かる
		撫ぜもの	仕上げ方法の1つ。塗り終えた壁に、硬化前にコテでなぜること。仕上げコテをかける作業。まだ壁が軟らかいうちに、仕上げコテを軽く力を抜いて通す。土物や土壁系珪藻土などに用いる仕上げ方法
		引摺り	平らに塗った上塗りを、コテや器具を用いて引摺り模様をつくる工法。表面を、コテや器具を引っ張り上げた模様は引起しという
		掻き落とし	配合粉体と白竜石および寒水石などの砕石、顔料で材料を錬り、塗付け後、剣山やコテで掻き落として仕上げる工法。最近は、「かきりしん」といったプレミックスしたものを使用することが多い

図5｜漆喰塗りの施工フロー

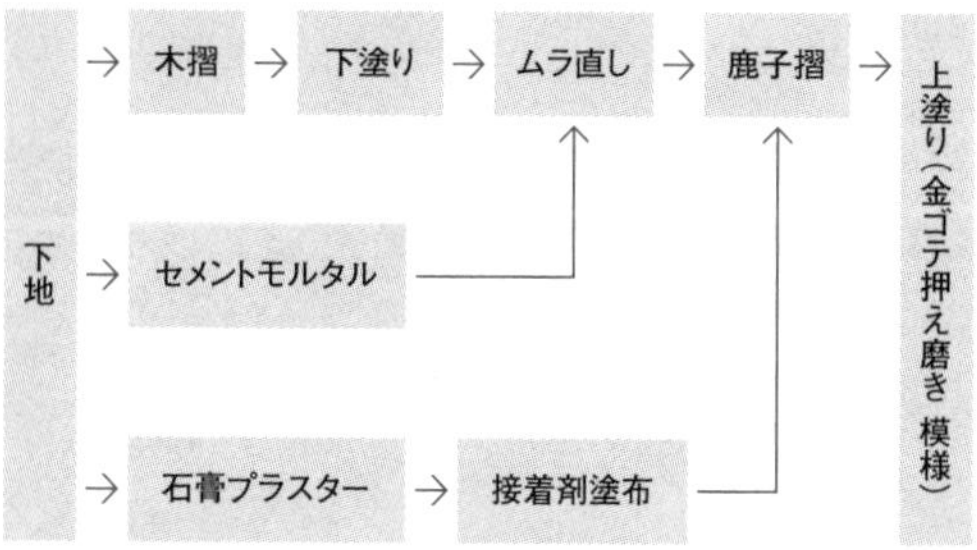

色土＋消石灰＋麻スサに糊を加えずに塗ったものを上塗りとした壁。そのうち、磨きで仕上げたものを大津磨きという。

じゅらく壁｜じゅらくかべ
土壁仕上げの一種。かつて聚楽第が築かれた京都市上京区の付近から産出した色土を使用したことが名称の由来。経年に伴い、独特のわびさびの風合いを醸す。ごく薄塗りで、色は淡栗灰・灰褐色。耐火性に優れる。

繊維壁｜せんいかべ
既製調合仕上げ材料。繊維材料・色土などに混和材料であるCMC・MC・合成樹脂エマルションといった糊材を混ぜ合わせたもの。昭和40年代の住宅で多く使用された。

ジョリパット
アクリル系の壁仕上げ材。テクスチュアが豊富で内外壁に使用される。粘り気があり、施工面での自由度が高い。鏝やローラーで模様をつけるほか、水で薄めることにより吹付け仕上げもできる。耐久性も高く、色合いや質感を長期にわたって保持できる。塗替え回数が少なくて済むため、メンテナン

表4｜色土の種類

名称	色	産地	用途	備考
浅葱土［あさぎつち］	淡青色	淡路（徳島）伊勢（三重）江州（滋賀）	糊捏ね、水捏ね、糊差し、大津磨き	少量の灰墨を加えて色を整える
稲荷黄土［いなりきつち］	黄色	伏見（京都）	糊捏ね、水捏ね、大津磨き、ちり土、貫伏せ、糊差し	今治、豊橋など黄土の産地は多い
京錆土［きょうさびつち］	茶褐色	伏見（京都）山科（京都）	糊捏ね、水捏ね、糊差し	豊橋なども錆土を産出する
九条土［くじょうつち］	灰色 深黄色	九条（京都）	糊捏ね、水捏ね、糊差し、大津磨き	濃褐色の聚楽に灰墨を入れて代用可能
江州白［こうしゅうじろ］	白色	江州（滋賀）	糊捏ね、水捏ね、糊差し、大津磨き	山形なども白土を産出する
聚楽土［じゅらくつち］	淡褐色 濃褐色	大亀谷（京都）西陣（京都）	糊捏ね、水捏ね、糊差し	淡褐色のものを黄聚楽、濃褐色を錆聚楽という
紅土［べにつち］	淡赤色	内子（愛媛）沖縄（沖縄）	糊捏ね、水捏ね、糊差し、大津磨き	白土にべんがらを加えたものもある

表5｜漆喰の種類

油漆喰	油を混入して防水性・耐久性を高めた漆喰
天川漆喰	安山岩の風化した土に消石灰を混ぜて焼き上げる
沖縄漆喰	沖縄の屋根漆喰に用いられる。ムチと呼ばれる
鹿の子摺り漆喰	砂漆喰を糊で濃く軟らかくして下擦りし、壁の凹所を目立たせまだらに仕上げる
生漆喰	主として屋根漆喰の下塗り用
京捏ね漆喰	海藻・角又（つのまた）を濃く煮て、篩（ふるい）に通したものを使う。スサを多めに入れたもの
砂漆喰	石灰モルタルのこと
狸漆喰	漆喰に粘土、砂を混ぜたもの
卵漆喰	酸化黄（さんかおう）または稲荷山土の溶液を流し込み、練り合わせたもの
散り漆喰	角又の濃い漆喰で、散り廻りに用いる
手づくり漆喰	鏝絵などに使用するもので、糊材の多いもの
土佐漆喰	粒土の大きい消石灰に、発酵させた稲藁スサを挽き、混ぜたもの。糊は用いない
南蛮漆喰	下塗り用の漆喰で、糊の効いた粘り気の多い漆喰を指す
鼠漆喰	ねずみ色の上塗りのこと
屋根漆喰	濃い糊を用いた粘性のある漆喰で、スサに油を浸み込ませ、さらに水油を加えて練ったもの

写真9｜消石灰

写真10｜生石灰クリーム

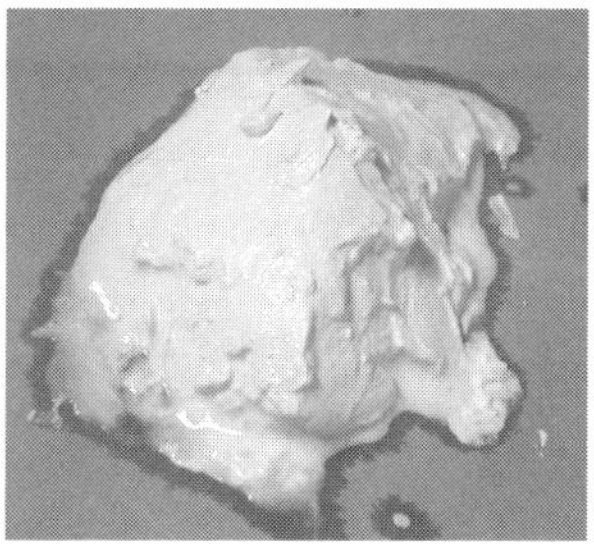

スの費用を比較的安く抑えられる。本来はアイカ工業製品の商品名。

古土｜ふるつち
古い壁を落とした土。荒壁に混ぜて使用するとアクが出にくい、乾燥収縮がしにくくなるなど、土塗り壁の品質がよくなる。

練り土｜ねりつち
産地であらかじめ練って出荷する壁土。水合せが不要。

中塗り土｜なかぬりつち
全国の地場から採取される粘性土で、砂と水を配合する。配合比率は土によって左右されるが、乾燥土の重量の2～3倍。この材料で中塗りし、中央を若干ふくらませておく。

図6｜土佐漆喰の製造

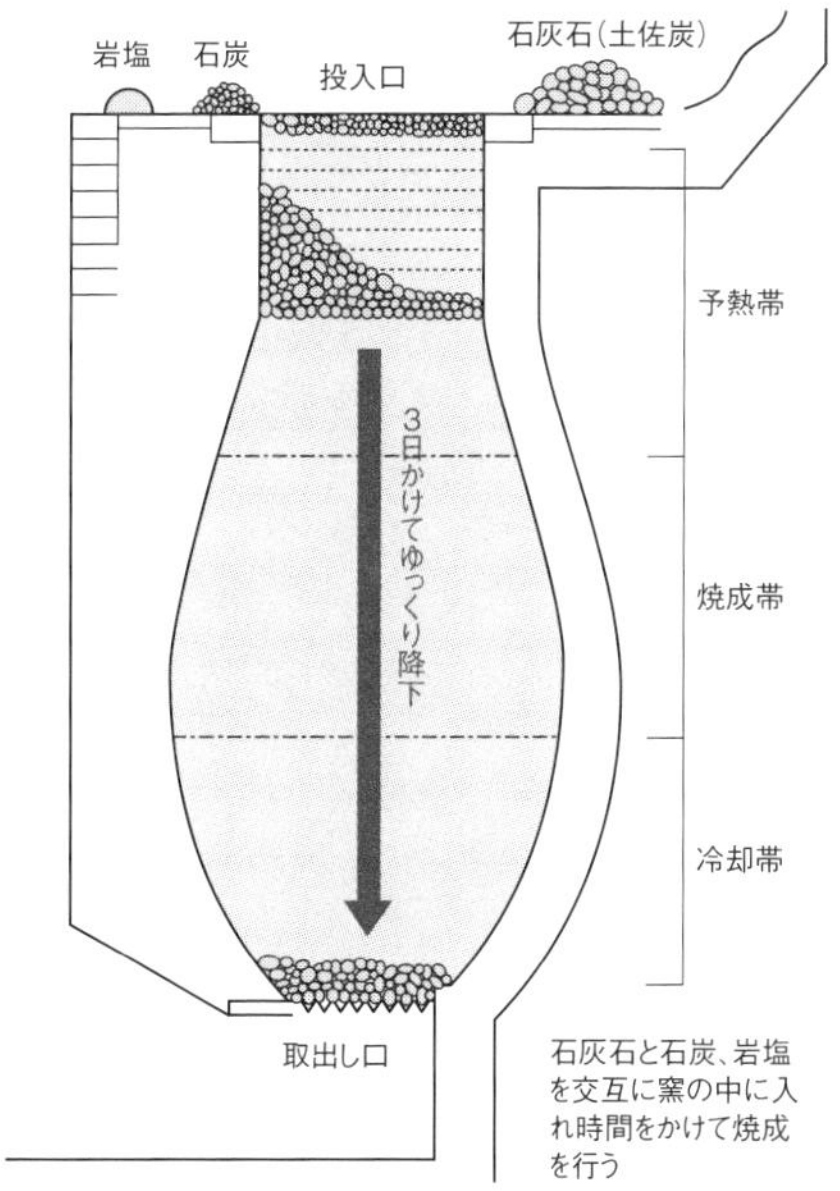

塗り土｜ぬりつち
使用する前に練って寝かしておくこと。古い土壁を混ぜる場合も。

灰土｜はいつち
並大津、大津磨きに使われる材料。消石灰＋微塵スサ＋京土からなる。

引土｜ひきつち
大津磨きのノロ。灰土の上に塗る。色土＋紙スサ＋消石灰からなる。

色土｜いろつち
上塗り用の、特に**水捏ね仕上げ**用の土で、土物仕上げに用いる色の着いた粘土質の土。全国から産出する。この色土を原料にして、様々な土物壁ができる［表4］。

漆喰｜しっくい
消石灰＋スサ＋糊を練ったもの。このほか、糊を用いない**土佐漆喰**［とさじっくい］（塗布直後はやや黄色いが、時間とともに白色に変わる。外壁仕上げ材に適す）や、合成樹脂エマルションを添加したものなどがある［図5、表5］。既調合品が一般的に使われており、現場調合より品質が安定している。既調合品のなかには、粉体梱包だけでなく、混練りされた色漆喰やクリーム状のものも販売されている。冬季に現場調合の色漆喰を使用する場合、色ムラが発生しやすいので、先の既調合漆喰を用いるほうがよい。日本漆喰協会では化学物質放散の自主認定制度を設けている。

消石灰｜しょうせっかい
石灰石を焼成→消化→乾燥したもの。漆喰塗りに使われる［写真9］。

石灰｜せっかい
石灰岩を焼いてできる生石灰を水和させたもの。水を噴霧して粉状にした消石灰と、生石灰クリームがある。通常、石灰というと消石灰を指す。灰ともいう。

貝灰｜かいばい
貝灰はカキ殻などの貝殻を用いて製造した石灰。漆喰塗りに使われる。消石灰は基本的に石灰石を原料としているが、貝灰は糊の使用量が少なくて済む、収縮が小さいなどの利点がある。

生石灰クリーム｜きせっかい―
焼成した生石灰（酸化カルシウム）を多量の水の中に入れて消化させ、乾燥させていないもの。製品は白いクリーム状になっている［写真10］。可塑性が大きいため、コテだけでなく、刷毛などでも自在に塗れる。消石灰に比べて乾燥後の表面硬度が高い。表面が半乾燥状態のときにコテで押さえ続けると、表面に光沢が出る。**タナクリーム**（田中石灰工業）などの商品が有名。

土佐漆喰｜とさじっくい
高知県産の塩焼消石灰を高温で塩焼きしたものに、3カ月以上発酵させた藁スサを練り混ぜた漆喰［図6］。土佐漆喰は糊材が使用されていないため漆喰より耐水性・耐久性が高く、外壁に多く使用されている。また、乾燥収縮が小さいため、ひび割れも入りにくい。仕上げの種類にはノロ掛けの磨きや骨材配合の押さえもの、半田仕上げなどがある。一般の漆喰よりも厚めに塗り付け、コテで締め固めながら仕上げる。

半田｜はんだ
土佐漆喰と粘性土でつくった材料。通常は漆喰仕上げの中塗りに用いられるが、水にも強く比較的柔らかいテクスチュアになるため、仕上げとする場合もある。

砂漆喰｜すなじっくい
消石灰・糊・スサに砂を加えた塗材。

生漆喰｜なましっくい
砂を入れない漆喰で、スサに白毛スサを使う。

パターン漆喰｜―しっくい
糊入り漆喰のスサを減じ、微粉や

図7｜セメント系下地の施工フロー

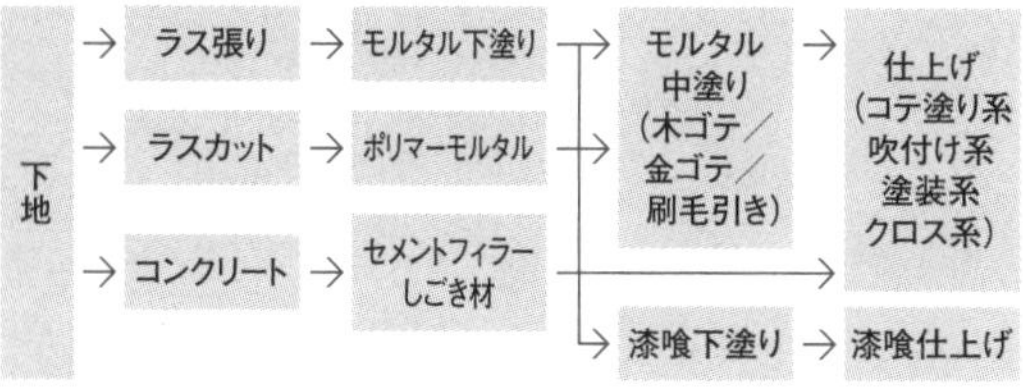

表7｜石膏プラスター塗りの材料

種類	名称
プラスター	ボード用、既調合ボード用、薄塗り用プラスター
骨材	川砂（中目、細目）、パーライト
仕上げ	既調合京壁類、漆喰、珪藻土塗材、土壁

図8｜石膏プラスター系下地の施工フロー

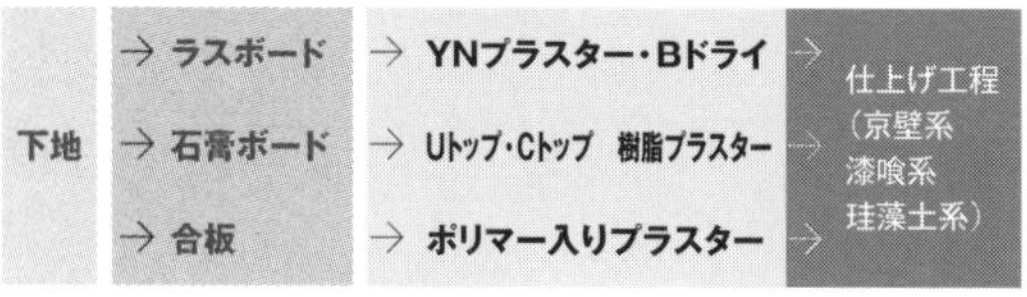

表6｜モルタルの調合（容積比）

下地	下塗りまたはラスこすり	むら直し・中塗り	上塗り	施工個所
	セメント：砂	セメント：砂	セメント：砂	
コンクリート PCパネル	–	–	1：5	張りもの下地の床
	–	–	1：2.5	床の仕上げ塗り
	1：2.5	1：3	1：3	内壁
	1：2.5	–	1：3	天井・庇
	1：2.5	1：3	1：3.5	外壁・その他
コンクリート ブロック	1：3	1：3	1：3	内壁
	1：3	1：3	1：3.5	内壁・その他
メタルラス	1：3	1：3	1：3	内壁
ワイヤラス	1：2.5	1：3	1：3.5	天井
鉄板ラス				
金網	1：2.5	1：3	1：3.5	外壁・その他
木毛セメント板	1：3	1：3	1：3	内壁
木片セメント板	1：3	1：3	1：3.5	外壁・その他

樹脂を加えた厚付け漆喰。自由に着色できるのも魅力。

色漆喰｜いろじっくい
上塗り漆喰の捏ねる過程で顔料（黄・緑・黒・青など）と白漆喰粉体を混ぜたもの。

漆喰磨き｜しっくいみがき
漆喰に雨があたると表面が洗われてしまうので、耐久性向上のため、表面にノロをかけ、コテで磨いたもの。表面が鏡のように光るので高級仕事になぞらえる。

ノロ
石灰、プラスター、セメントなどを水で練り、長時間寝かしておいたペースト状のものを指す。アマともいう。大津磨きや漆喰仕上げでは上塗り材を目の細かいフルイで漉し同材を水で練った**共ノロ**［とも—］をつくり、コテなどで押さえる。使用時は、板こすりをしてダマをつぶしてから用いる。

黒ノロ｜くろ—
仕上げ用漆喰に松煙や灰墨、紙スサなどを入れて黒く着色したもの。これで仕上げた漆喰壁を**黒漆喰**［くろしっくい］という。

モルタル
セメント・砂・糊・混和材・水からなる塗り材。セメントを使ったものをセメントモルタルといい、一般的にモルタルといえばこれを指す［表6］。セメントモルタルには、**川砂モルタル**と**軽量モルタル**、そのほかに消石灰・川砂・水からつくる**石灰モルタル**がある。

セメント
石灰石・粘土を主成分として焼成したもの。

川砂モルタル｜かわずな—
混和材の砂に川砂を使ったモルタルをいう。

軽量モルタル｜けいりょう—
砂に加えてセメント・スチレン粒やパーライト、バーミキュライトなどの軽量骨材・糊・粉末樹脂・繊維などプレミックスしたモルタルで、モルタル塗りの主流をなしている［図7］。軽いので、耐震性や防火性に優れた特性がある。上塗りには軽量既調合材が使用される。配合の種類によって**現場配合形**と**既調合形**とがある。また、セメントの割合により、**富調合モルタル**と、**貧調合モルタル**がある。

パーライトモルタル
パーライトとセメントまたはプラスターと混合したもの。吸音性、断熱性をもつ。

富調合モルタル・貧調合モルタル｜ふちょうごう—・ひんちょうごう—
前者はセメントの割合を多めに調合したもの。後者はセメントの割合を少なめに調合したもの。乾燥収縮によるひび割れ、剥離防止になる。

サンドモルタル
現場でセメントと混合して使用するモルタルで、骨材にスチレン樹脂発泡粒を使う。主に下塗り用として使われる。

アマ
セメントと消石灰の配合物で、モルタルの洗出しに使う。

色モルタル｜いろ—
顔料を加えてモルタルを着色したものや、白色セメントを用いて調合するもの、既調合品などがある。施工は色を一定に仕上げるのがポイントで、コテ押さえと水引きを一定に保つのがコツである。灰墨などで色付けする場合もある。

混和材（剤）｜こんわざい
モルタルの欠点を補うために現場で必要に応じて混ぜる補助材料。モルタルの場合、比較的多量に用いるものを**混和材**、薬品的に少量用いるものを**混和剤**という。

写真11｜珪藻土

写真12｜珪藻土の顕微鏡写真

北海道産珪藻土。小さな片がたくさんある。ハスの実のように穴が並ぶ種類もあり、産地により形状が異なる（サメジマコーポレーション）

写真13｜珪藻土仕上げ

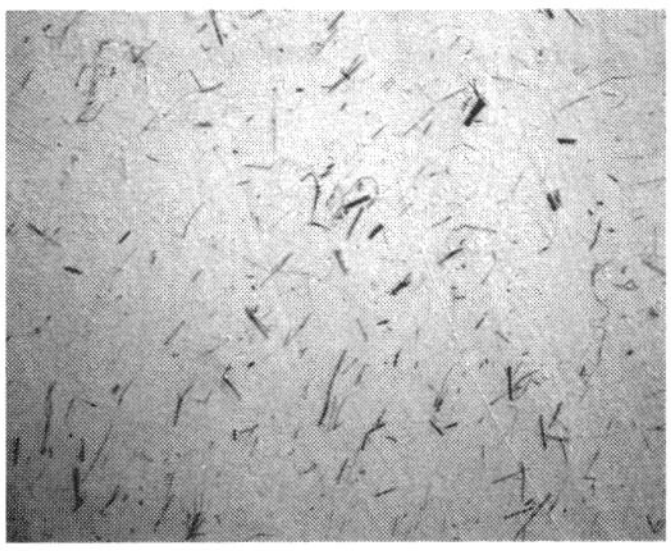

樹脂ノロ｜じゅし―

セメントをEVAなどで練った水状のペースト。モルタル塗りに使われる。

ポリマーモルタル

各種高分子系混和剤を混入したモルタル。セメント量に対してポリマー量が固形分で5％以上のものをいう。

配合比｜はいごうひ

材料によって重量比で配合する場合と容積比で配合する場合がある。モルタルは一般に容積比で配合されている。

膨張剤｜ぼうちょうざい

モルタルを初期に膨張させ収縮を補償する。

収縮低減剤｜しゅうしゅくていげんざい

モルタルに添加して使用する。表面張力を低下させ収縮を減少させる。

耐寒剤｜たいかんざい

寒冷期に施工するモルタルに混ぜて使用する薬剤。

防水剤｜ぼうすいざい

モルタルに混ぜて防水性を与える混和剤。塗布型もある。

プラスター

鉱物質の粉末を練ってつくった左官材料の総称。石膏プラスター、ドロマイトプラスターがある[表7]。石膏は主成分が水溶性の硫酸カルシウムであるため湿気に触れると加水分解するため、用途は室内に限られる[図8]。

ドロマイトプラスター

原料に**ドロマイト**（白雲石）を使用して焼き、水和熟成させたもの。空気中の炭酸ガスに触れて硬化する。砂やスサなどを混ぜて内壁の仕上げとして利用される。漆喰と類似している。粘度が高く、展性・延性・保水性が消石灰より優れているため、糊を加えずに塗ることができ、粒子が細かく揃っているので保水性や施工性もよい。ただ、水引きに時間がかかり、乾燥に伴う収縮が大きいので、つなぎに麻スサなどを混ぜる必要がある。

樹脂プラスター｜じゅし―

石膏を含まない、ポリマー入り粘性塗材。

ボード用プラスター｜―よう―

化学石膏から生産する専用プラスターでα型、β型がある。現場で砂を配合して用いる。

既調合プラスター｜きちょうごう―

工場でボード用プラスターと軽量骨材をあらかじめ混合して出荷した製品のこと。**プレミックス**ともいう。以前は現場で砂とプラスターを混合していたが、最近は既調合タイプが主流となった。主な製品としては、「**Bドライ**」（吉野石膏）などが挙げられる。薄塗り用には、

表8｜石膏を下地とする主な仕上げ材

種類	製品名	メーカー	主な原料
漆喰	はい漆喰	日本プラスター	塩焼石灰・角叉糊
	本壁	宮田石灰	塩焼石灰・M.C糊
	城かべ	近畿壁材	角叉糊・紙スサ
	古代漆喰	近畿壁材	生石灰クリーム・麻スサ・練り
	タナクリーム	田中石灰	生石灰クリーム・M.C糊・練り
	土佐純ねり	田中石灰	わらスサ・練り
京壁類	京壁	富士川建材	色土・木粉・M.C糊
	わら聚楽	梅彦	色土・セラミック骨材・わらスサ
	日本聚楽	サンクス	色土・木粉・M.C糊
	ジュラックス	四国化成	色土・砂・M.C糊
	京壁	四国化成	色土・木粉・M.C糊
珪藻土	聚楽	四国化成	珪藻土・繊維・粉末樹脂
	モダンコート	四国化成	珪藻土・白竜石・粉末樹脂
	エコクリーン	サンクス	珪藻土・色土・ケイ砂・樹脂
	わら聚楽	梅彦	珪藻土・色土・わらスサ・樹脂
	BLパウダー	サメジマ	珪藻土・消石灰・ケイ砂・樹脂
	土紀	壁公望	珪藻土・消石灰・セメント
	ケーソーライト	大阪ガス	珪藻土・消石灰・ケイ砂・樹脂
	ケイソウくん	ワンウィル	珪藻土・石灰・白セメント
	エコクイーン	日本ケイソウド建材	珪藻土・消石灰・白セメント
	シルタッチSR	フジワラ化学	珪藻土・無機系骨材・無機顔料
	レーヴ	富士川建材工業	珪藻土・消石灰・炭酸カルシウム
ローム	スイスローム	池田コーポレーション	スイスローム
シラス	中霧島壁	高千穂	薩摩シラス・糊
石膏	混合石膏プラスター	吉野石膏	焼石膏・消石灰

写真14 洗出し仕上げ

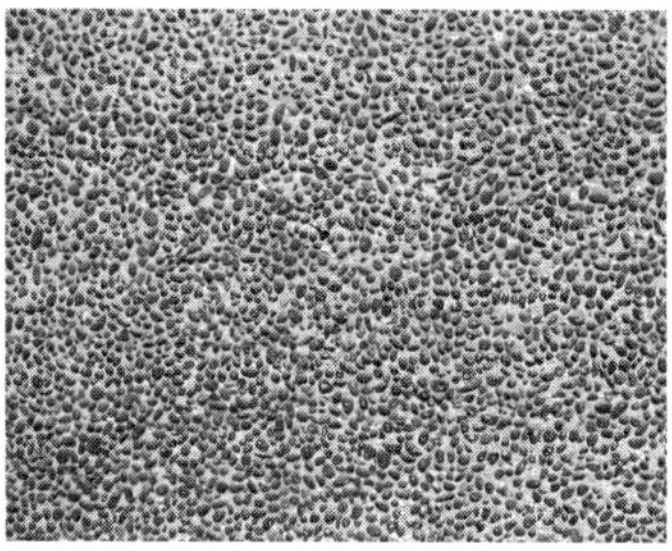

写真15 スタッコ

写真16 三和土仕上げ

写真17 磨き仕上げ

写真18 押さえ仕上げ

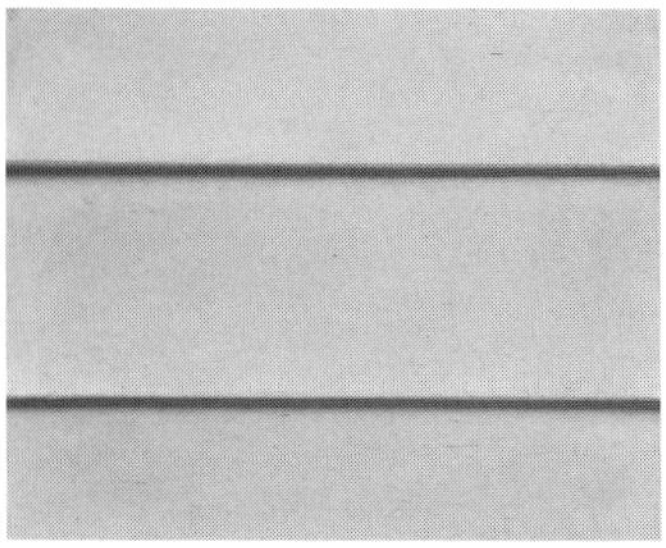

写真19 撫切り仕上げ

「**Uトップ**」(同)などもある。

ポリマー添加プラスター｜てんか―

プラスターの強度を上げたいときや、耐水性を付与したいとき、また、接着力を上げたいときに使用する。ポリマーは、エチレン酢酸ビニルエマルションが適す。

珪藻土｜けいそうど

水棲微細植物であるケイソウの死骸が海底や湖底に堆積してできた粘土状の泥土である。多孔質であるため、断熱性、調湿性、吸音性がある。

珪藻土仕上げ材は既調合品であるため水を加えて練るだけで使用でき、また、さまざまな表現ができる。叩き仕上げによる土間も可能［223頁**写真**11～13、**表**8］。また、混練された土によって、珪藻土・消石灰・糊・微粉からなる**漆喰系珪藻土**［しっくいけいけいそうど］や、京土、珪藻土、微塵砂、木質繊維、糊からなる**聚楽系珪藻土**［じゅらくけいけいそうど］などの既調合品もある。これ自体は自ら固まる性質はないので、結合材料が必要である。結合材料には、消石灰や水溶性樹脂などが使われ、JIS A 6909の基準値で70g／㎡が調湿形と表示できるようになった。冬季施工の場合、色ムラが発生することがあるので、施工時の採暖の用意が必須。

ミュールコート

骨材露し仕上げ材。旭化成の製品名。アクリル酸エステルと仕上げ砕石とで練り、塗付け後、樹脂が透明になることから種々の色調砂を利用した仕上げが可能。骨材は、金華砂利、古代錆、大礎などを使用する。

ケツロナイン

キクスイの内装用塗材。樹脂系コテ塗りで、結露しない塗壁をつくれる。

ポリマーディスパーション

高分子樹脂を水中に分散させたもので、水が蒸発すると被膜形成する。用途により希釈して用いる。

バインダー

結合材のこと。漆喰では消石灰がこれに当たる。

シラス

火山灰の珪酸質成分に、結合材を混入したもの。珪藻土同様に多孔質で、調湿効果がある。**薩摩中霧島壁**（高千穂）は結合材として石膏を混入したもの。アッシュライト（東邦レオ）は火山灰に結合材として消石灰を混入したもの。結合材によって硬化のメカニズムが大きく異なるので注意したい。石膏は混練り2時間以内に使用し、消石灰は練置きが可能である。

仕上げ塗材｜しあげぬりざい

石膏下地などの上に、仕上げとして塗られる上塗り材料。この場合は、既調合材を指す。JIS A 6909建築用仕上塗材に品質が定められている。

弾性仕上げ塗材｜だんせいしあげぬりざい

アクリルゴムを主成分とする塗材。コテ塗り、ローラーで仕上げる。製品としては、「ジョリパット」(アイカ工業) などがある。

表現・仕上げ

人造石塗り｜じんぞうせきぬり

種石を、表面に出してセメントで固定する仕上げ。仕上げ方法には、洗い出し、**研ぎ出し**などがある。種石の大きさが小さい場合は人造石塗り、大きい場合はテラゾ塗りと呼び分ける。

人研ぎ｜じんとぎ

人造石研出し仕上げのこと。ポルトランドセメントと種石を混合して捏ねたものを塗り付け、硬化の程度を見計らって、サンダーで荒研ぎ、中研ぎを行う。表面が十分硬化した後に仕上げ研ぎして表面を

写真20｜引摺り仕上げ

写真21｜刷毛引き仕上げ

写真22｜櫛引き仕上げ

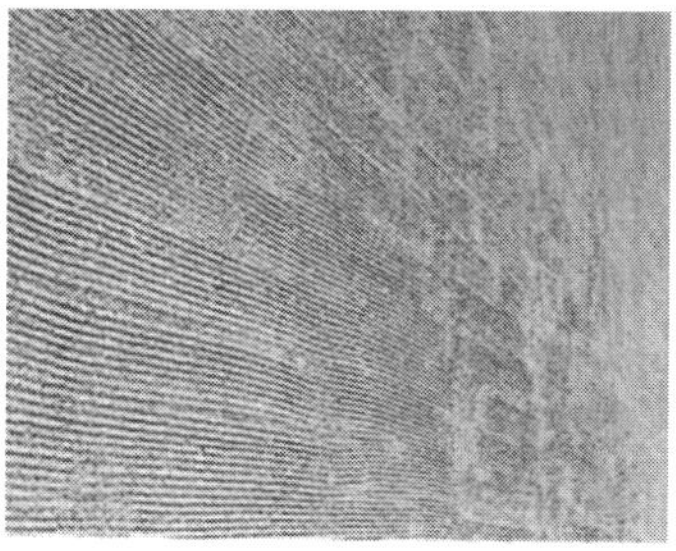

写真23｜掻き落とし仕上げ

平滑にする。研出しが早すぎると種石が飛んでしまい、遅すぎると硬化が進み作業が困難になる。寒水石のような軟らかい種石の場合は1日、蛇紋石のような硬い種石の場合は2日程度の硬化期間が必要である。大きな大理石を種石に使ったものは特に**テラゾ**と呼ぶ。

荒壁仕上げ―あらかべしあげ
荒壁土を塗り、裏返しをして仕上がりとする手法。

切返し中塗り―きりかえしなかぬり
中塗りの揉みスサを切り返して、使用した中塗り土を仕上げとする工法。

水捏ね（仕上げ）―みずこね（しあげ）
中塗り土のスサと砂を細かくしたもの。工法は切返しと同じ。

糊差し（仕上げ）―のりさし（しあげ）
水捏ね土に角叉などの糊を少量添加し、保水性、粘性を改善した土とその仕上げを指す。

糊捏ね（仕上げ）―のりこね（しあげ）
水捏ね土を糊液で練ったもの。既調合の京壁はこれに属する。

並大津―なみおおつ
上塗りで使う、京土、消石灰、微塵スサで構成される材料。

大津磨き―おおつみがき
並大津と同じ材料を塗り伏せ込み、引き土をノロ掛けして磨いた仕上げ。

洗い出し―あらいだし
セメント・消石灰を配合した材料と砕石（御影など）、天然石とで練り、塗付け後に洗い出す。玉砂利や砕石を入れた上塗り材料が完全に乾燥しないうちに噴霧機などで水洗いし、砂利を表面に浮かび上がらせる仕上げ［写真14］。洗出しは伏込みが重要で、伏せ込んで浮いたアマをブラシで取り除く作業を数回繰り返し、石の並びを緻密にする。伏込みが不十分だと洗い作業中に剥がれたり、石を流出したり、色ムラになる。新聞紙を張り付け、セメントの粉をまぶして、上塗り層の均一な水引きを施すなどが必要。硬化遅延剤を用いる洗出し工法もある。製品に「**ルガゾール**」（日本シーカ）など。

スタッコ
大柄の凹凸模様の仕上げ。**セメントスタッコ**ともいう。セメントモルタルを5～10㎜厚程度吹き付けるかあるいは塗り付けた後、コテやローラーで表面に大柄の凹凸模様を付けた外装仕上げ。本来の意味は大理石に似せたイタリア産の塗装材のこと。押さえるタイミングは気温・風速・日照などの気象条件でも異なる［写真15］。

叩き（三和土）―たたき
土間仕上げの総称［写真16］。**セメント叩き**（コンクリート直仕上げや色モルタル仕上げ）と、消石灰、粘土入りの山砂利、にがりでつくった材料を床に敷き小槌で叩いて固めた三和土の2種ある。産出地の材料で調合が異なるので、経験のある左官職人に依頼する。

コテ仕上げ―しあげ
表面をコテで撫でて仕上げること。磨き仕上げ、押さえ仕上げ、撫切り仕上げ、荒らしもの仕上げの4つに分類される。

磨き仕上げ―みがきしあげ
コテで磨いて光沢を出す手法［写真17］。

押さえ仕上げ―おさえしあげ
コテで平滑に均す仕上げ［写真18］。

撫切り仕上げ―なできりしあげ
コテでざらついた感じに仕上げる手法［写真19］。

荒らしもの仕上げ―あらし―しあげ
1度コテで押さえた表面をコテや櫛、刷毛などを用いて粗面にする技法。引摺りコテを使って土もの壁や漆喰壁の表面を横に引き摺りながら凹凸面をつくる**引摺り仕上げ**［ひきずりしあげ］［写真20］、表面を刷毛で撫でて荒らし目を付ける**刷毛引き仕上げ**［はけびきしあげ］［写真21］、モルタルなどで表面が硬化しないうちに櫛目に切った板やワイヤブラシなどで壁の表面に荒らし目を付ける**櫛引き仕上げ**［くしびきしあげ］［写真22］などがある。櫛引き仕上げは珪藻土にも採用できる。

掻き落とし仕上げ―かきおとししあげ
コテで1度押さえた表面を剣山などで掻き落として仕上げる工法。［写真23］リシン仕上げとも呼ばれる。リシンとは、御影や大理石など天然石を細かく粒状にしたものに顔料などを混ぜ、塗り壁材としたもの。壁面にリシンを6㎜以上塗り付け、凝結硬化の初期に金グシ・コテ・ブラシなどを用いて表面を掻き落として仕上げる。骨材の粒度や金グシの歯の大きさなどにより粗面の状態が異なるため、事前に見本などで確認したい。施工は掻く時期がポイントで、硬化しすぎれば引っ掻きが困難になるし、軟らかすぎると仕上げ面が均一にならない。

本漆喰仕上げ｜ほんじっくいしあげ
磨き仕上げを施した漆喰塗り。

並漆喰｜なみしっくい
コテ押さえで仕上げた漆喰塗り。

写真24｜髭剃り跡仕上げ

（久住左官）

パラリ（仕上げ）｜（―しあげ）
紙スサ入りの糊の濃い漆喰を1回塗りして軽く押さえたもの。未消化の消石灰を使うと特徴がよく出る。

梨目｜なしめ
梨地ともいう。梨の実の表面のような凹凸のある仕上げ。壁面全体をコテでき細かく仕上げるには技量が必要。仕上げ面の水引き状態を均一にするため、吸水調整材の塗布や仕上げ材の下擦りが必要である。

刷毛引き｜はけびき
モルタルやコンクリートの表面仕上げの方法で、仕上げ表面を木コテで押さえた後、硬化しないうちに表面を刷毛で撫でて粗面とする仕上げ。刷毛に水を含ませない**空刷毛**［からはけ］と水を含ませる**水刷毛**［みずはけ］がある。

錆壁｜さびかべ
上塗り土に鉄粉を入れ、施工後に湿気を吸い、錆びたものがほんのり赤く現れる土塗り壁の仕上げ。別名**ホタル壁**［―かべ］。

よろい仕上げ｜―しあげ
土佐漆喰などを施した壁面に水切の段差を付けた外壁の仕様。施工は煩雑だが、耐久性のある壁ができる。

うろこ壁仕上げ｜―かべしあげ
洋風漆喰の手法。漆喰を押さえずに塗りながら仕上げるため、表面に光沢がある。

図9｜種石の条件

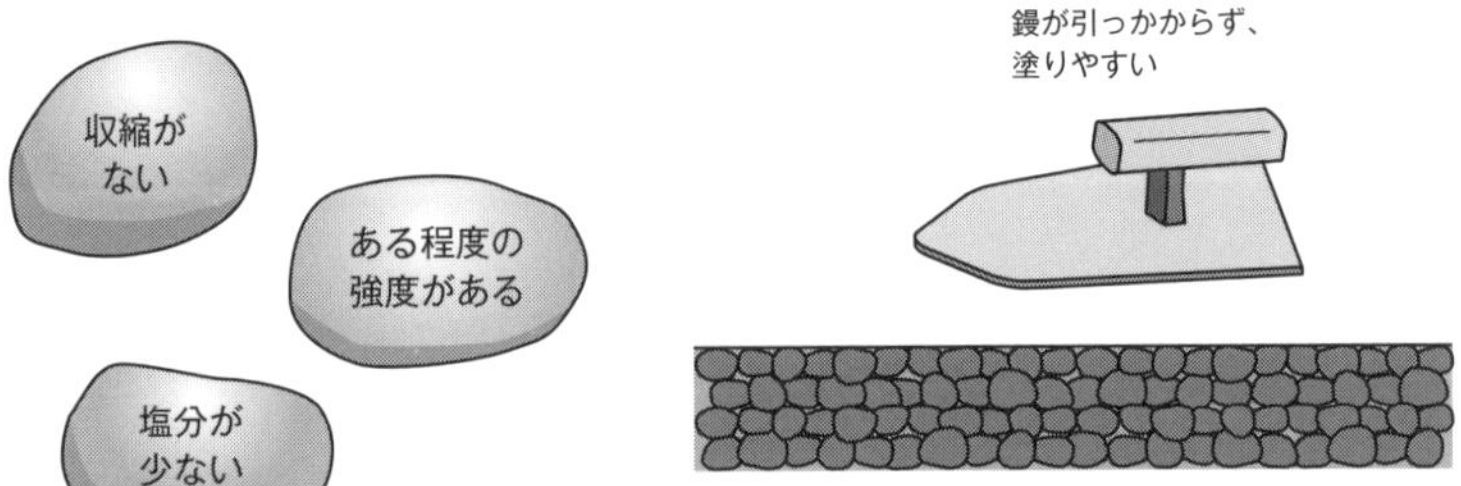

洗い出し仕上げの場合、鏝で塗り付けるため、丸みのある石のほうが向いている

イタリア磨き｜―みがき
消石灰と大理石粉を主材とした上塗り材を色ムラを付けて塗り付け、コテやサンダーで磨き出すイタリアの伝統手法。塗り厚は2㎜程度だが、大理石調のパターンが出せる。アンティコスタッコともいう。

髭剃り跡仕上げ｜ひげそりあとしあげ
イタリア磨きの1種。混入した骨材の頭を磨きゴテで磨き出し、髭

写真25｜代表的な種石

那智石：深みのある黒い艶が特徴の那智黒と、気品漂う白さをもつ白那智

大磯砂利：濃い緑色で、洗い出し仕上げの定番となっている

南部砂利：錆色に茶系の色が混ざった玉砂利で、上品な彩りをもつ

桃山砂利：錆色に淡いグリーンが混ざり、柔らかい印象を与える

剥り跡のようなパターンを付ける。カルチェ・ラザータという[写真24]。

種石―たねいし
骨材の一種。人造石塗り、テラゾなどで、表面に出してセメントで固定する小砂利や砕石。種石の種類や寸法次第で、性能も外観も変化する。洗出しは大磯砂利、研ぎ出しは寒水石、埋込み仕上げは那智石が代表的[写真25]。近年は、さび色に淡い緑が混ざった桃山砂利も、大磯砂利の代わりとして洗い出しに使用されるようになった[図9]。

研ぎ出し―とぎだし
セメントと種石を混合したものを塗り付け、硬化の程度を見はからって荒研ぎ・中研ぎを行い、ノロで目つぶしをして十分に硬化させた後、仕上げ研ぎをする工法。

写真26｜硅砂

小叩き―こだたき
①**びしゃん仕上げ**［―しあげ］（特殊合金製の金槌で石材の表面を凹凸状にする仕上げ）した人造塗りの表面に、更に専用の鑿で細かな刻み目を付けたもの。②塗り付けた上塗り面を、ブラシや刷毛で叩き、全面に小突起を形成したもの。

補強材料

砂―すな
ひび割れ防止に配合する天然骨材。粒度が粗いほうがひび割れしにくい。

粗目・中目―あらめ・なかめ
中塗り土に混合する砂の種類。砂の粒度で分類される。

表9｜左官塗りで使用する砂の粒度

種類	各フルイを通るものの重量百分率（%）					
	5.0㎜	2.5	1.2	0.6	0.3	0.15
粗目A	95	80	63	42	21	6
中目B	100	88	69	50	33	8
細目C	100	98	82	62	37	9

用途A＝モルタル下塗り、土壁中塗り　用途B＝モルタル上塗り砂漆喰、土壁切返し　用途C＝土壁上塗り、その他薄塗り用

微塵砂―みじんすな
粒径1㎜以内の砂または珪砂[写真26]。

川砂―かわずな
河川から採取する砂。左官砂として最良とされる。漆喰壁では不純物を含まない中目の川砂が適当とされ、石膏に配合する砂は鉄分、泥分を含まないものを選ぶ。

陸砂―りくずな
元河川であったところから採取した砂。泥分を含んでいる。

砕砂―さいしゃ
砂岩、石灰石などを砕き生産した砂。角がある。

海砂―うみずな
海中から採取し、塩分を取り除いた砂。

フルイ砂―すな
産地でフルイに通した砂のこと。そのまま使用できる。

表10｜スサの種類

素材	名称	用途	備考
藁	荒スサ［あらー］	荒壁土	稲の茎を3～5㎝程度に切断して乾かしたもの
	中塗りスサ（揉みスサ）［なかぬりー（もみー）］	中塗り土	よく蒸した藁を約3㎝に切ったもの
	ひだしスサ（揉みスサ切返し）	切返し土	中塗りスサを厳選し、約1㎝の長さにしたもの
	微塵スサ［みじんー］	土もの壁の水捏ね専用	良質な古藁を3㎜以下に切断し蒸したもの
紙	紙スサ［かみー］	大津壁、漆喰壁の磨き仕上げ	強靱な和紙を水に浸し、棒で叩いて繊維をほぐしたもの
麻	浜スサ［はまー］	洋風漆喰、ドロマイトプラスターの下・中塗り	大麻を長さ1.5～3㎝に切ってほぐしたもの
	マニラスサ（白毛スサ）［しらげー］	洋風漆喰、ドロマイトプラスターの下・中塗り	マニラ麻製品の古物を約5㎝に切ったもの。白毛と呼ぶが、必ずしも白くない
	硝石スサ［しょうせきー］	石膏プラスターの下塗り	ジュート麻からつくったもの
	油スサ［あぶらー］	屋根漆喰	菜種油を絞った麻袋の古物からつくったもの
	さらしスサ	大津壁、漆喰壁、ドロマイトプラスターの上塗り	浜スサ、硝石スサを漂白したもの
無機質繊維	ガラス繊維［ーせんい］	モルタルなどの下・中塗り	

砂粒度―すなりゅうど
砂のフルイ寸法によって、細目、中目、荒目に分けられる[表9]。粗粒率（値が大きいほど粗粒）で表す場合もある。

パーライト
真珠岩・黒曜石を原料として焼成、膨張させた軽量骨材。

蛭石―ひるいし
バーミキュライトともいう。

スチレン粒―つぶ
スチレンを原料とする軽量骨材。

スサ
土壁や漆喰壁の亀裂防止のために入れる繊維質の材料の総称[表10]。漆喰などの保水性を高めて補強する**麻スサ**[228頁写真27]、土物の粘性を高めて補強する**藁スサ**[228頁写真28]がある。化学繊維製では、ガラス繊維、カーボン、ナイロン[228頁写真29]などがある。これらは強度は高いが、保水効果は期待できない。塗層によって適したスサを混合する。量は土の重量比2～3%である。

糊―のり
消石灰に添加することで、粘性や

写真27｜麻スサ

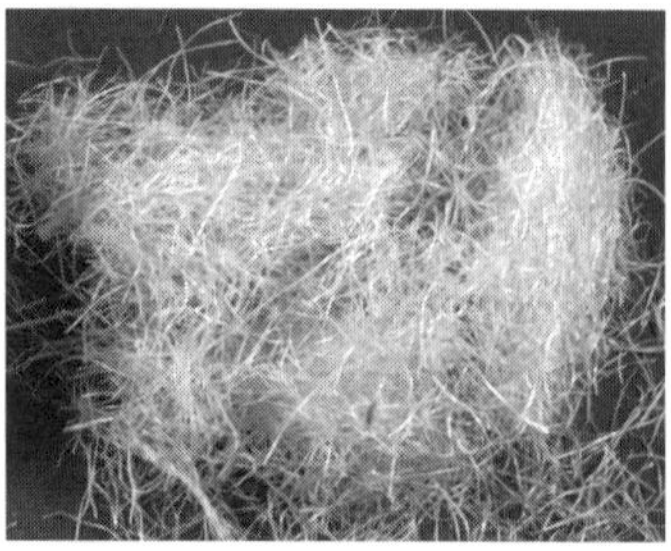

保水性を改善し、塗付け作業性を向上させる。特に漆喰には欠かせない。**角叉**（海草が原料の糊で、現場でつくる。ふのりや**銀杏草**などさまざまな種類がある）や、**粉角叉**［つのまた］（工場で精製されたもの）、**メチルセルロース**（化学糊）などがある。

焚き糊｜たきのり
角叉を釜などで焚き、フルイで通した糊のこと。

角叉｜つのまた
古くは角叉の炊き糊で、有名なのは、ふのり、**銀杏草**［ぎんなんそう］、**仙台角叉**［せんだいつのまた］など。今は**粉角叉**［こなつのまた］と呼ばれる粉末糊もある。漆喰糊として最適［写真30］。

MC糊｜えむしーのり
メチルセルロース糊の略。耐アルカ

写真28｜藁スサ

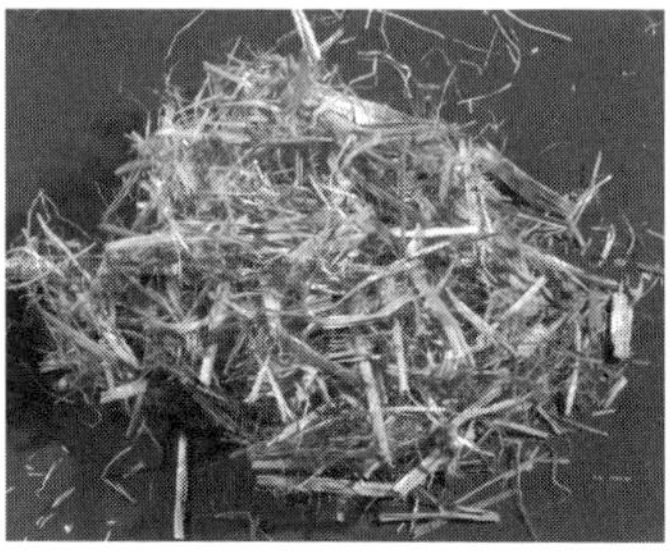

リ性、耐水性に優れるが、甘い香りがするので虫が寄る、カビが生えやすいなどの欠点がある。

布連｜のれん
チリ隙を防ぐために用いるチリ廻り塗りの1手法。麻布や寒冷紗が使われる。

トンボ
チリトンボ、ひげこともいう。布連と同様に、チリ隙を防ぐために用いる麻製のひも。材料は苧麻、棕櫚毛、マニラ麻など。ステンレス釘などで柱際に留めることをトンボを打つという。

下げ苧｜さげお
下塗り時に塗り込む漆喰塗りの木摺下地に千鳥に配置した麻紐。

寒冷紗｜かんれいしゃ
貫伏せ、布連に用いられる目の荒

写真29｜ナイロンスサ

い麻織物。

アクリル樹脂エマルション｜ーじゅしー
アクリル系のポリマーディズパージョン。吸水性のあるコンクリート、モルタルにシーラーまたはプライマーとして使用する。水と1：1に薄めるとプライマーとなり、1：3まで薄めると吸水調整剤であるシーラーになる。

EVA樹脂エマルション｜いーぶいえーじゅしー
エチレン酢ビ素のポリマーディズパージョン。水で2～4倍に希釈して吸引調整、接着力増強、強応増加に用いる。

アクアシール
住友精化の製品名。シリコン系の樹脂。漆喰表面に塗布することで吸水防止、汚れやかびの発生防止

写真30｜角叉

効果がある。

シーラー
下地に使い、塗り付ける材料の水分が下地に吸収されるのを遅らせるもの。

接着剤｜せっちゃくざい
異種の下地へ塗る場合に、下地に塗布する。材質は、アクリル系やEVA系、SBR系が主で、水で希釈して用いる。

工具・道具

コテ
左官の代表的な道具で、左官材料を下地に塗り付けたり、均し、押さえ、磨きなどをする道具。下地塗りから仕上げまで塗り工程のすべてを行える。**金ゴテ**、**プラスチックコテ**、**ステンレスコテ**、**木ゴテ**などがある［表11、図10］。素材により仕上がりも異なる。

コテ板｜ーいた
塗り手が左手にもち、材料を載せる板（右ききの場合）［写真31］。

通し｜とおし
篩のこと。2分通しとは篩の編み目寸法が2分目のこと。篩目で使われるメッシュという単位は、1インチに縦横にそれぞれ織り込まれた本数をいう。
また、コテを散り際から散り際まで一気に押さえ込むことも指す。**大津壁**（土と消石灰を混ぜて塗って、平滑に仕上げた土壁）の最終仕上げはコテ幅を揃えて仕上げをする。このとき使用するのが大津通しゴテである。

才取棒｜さいとりぼう
練った土を舟などからすくって塗り手に渡す道具。

鍬｜くわ
土を捏ねる用具で、小さいものは**手鍬**［てぐわ］という。

ミキサー
材料を捏ねる用具。電動式、エンジン式がある［写真31］。

舟｜ふね
材料を捏ねる底の浅い箱。鉄板製、

表11｜コテの分類

荒塗り鏝	幅広鏝とも呼ばれ、一度に大きな面積を塗れる		
中塗り鏝	上げ浦鏝と称され、壁の均し、伏せ込み、ムラ直しなどに用いる		
仕上げ用の鏝	壁の仕上げに用いる鏝	大津通し鏝	中塗り鏝に比べ鏝幅、肉厚ともに狭く薄く弾力性がある
		人造中首鏝	丹念に鍛造して焼き入れたもので、硬く弾力は乏しい。鏝の平の背にむくみがあり肉は厚く重くできている
		繊維壁の鏝	大津通し鏝より幅が広く、全体に柔らかくできている
細工の鏝	仕上げ過程、各部位の仕上げによって、各種の仕上げ細工の鏝がある	面引き鏝	出隅部分の仕上げに用いる。形状・寸法の種類は多岐にわたる
		切付け鏝	入隅部分の仕上げに用いる
		目地鏝	目地仕上げに用いる。目地幅寸法によって多様な形状がある
		くり鏝	壁と床、壁と天井の接合部でアール面のときに用いる
		四半鏝	主力の鏝で最も多く使用されてきた。四半鏝の名は1尺の四半分であることが由来といわれている。幅の狭いほうから示すと、元首四半鏝、元首四半柳刃鏝、元首お福柳刃鏝と呼ばれる
京壁（土壁）用の鏝	糊捏ね・糊差し・水捏ねとそれぞれ使い分け、作業工程でその条件にあった鏝を選別する	こなし鏝	鋼を丹念に鍛造したもの。大津磨き、漆喰磨きの伏込みなどに使用する
		波消し鏝	鏝厚は薄く繊細な鏝。先端には「糊溜まり」と称する凹みがついている
		波取り鏝	京壁の「あま」を軽く押さえて拾い上げていく。塗り付ける道具ではない
		水捏ね撫で鏝	水捏ねに使用する鏝で、ほかの鏝に比べて肉厚にできている
		富士形引き鏝	富士山に似た形状に由来する。磨き仕上げなどに用いる
欧米の鏝	欧米の鏝は刃に取り付ける補助板がビス留めされている	角鏝	平滑な広い面積の壁を効率よく仕上げるのに適する
		土間鏝	鏝先が丸みを帯びているのが特徴で、鏝波ができにくい
		レンガ鏝	桃型（ハート型）とお福型（おかめ）と2種類がある。大きいほうから一、二、三、四、五番と区別される

図10｜コテの名称

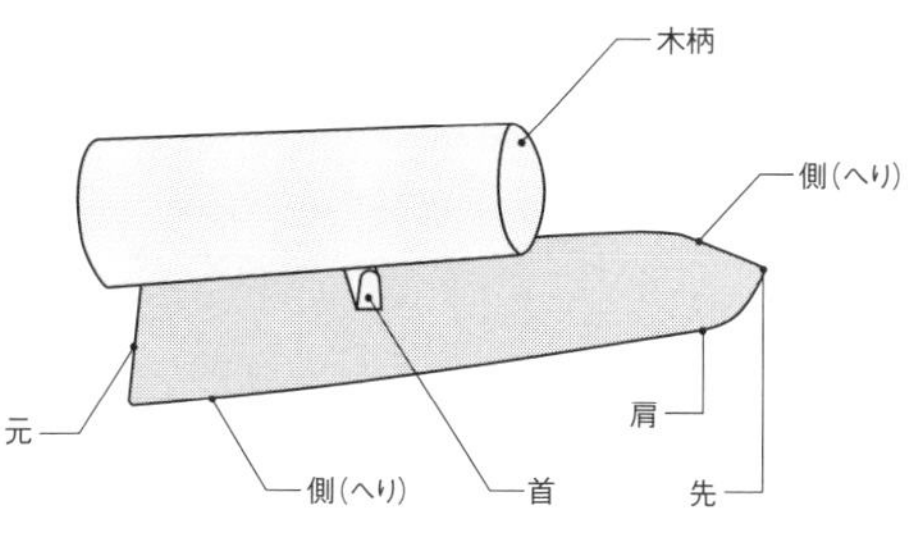

写真31｜コテ板

写真32｜荒壁用の土をミキサーで練っているところ

木製、プラスチック製などがある。

ハンドミキサー
モルタルまたはモルタルのシゴキ材を練る道具。少量を捏ねる場合に使われる。

定木｜じょうぎ
塗り壁の角測りや蛇腹引きなどで、直角・曲線を定めるのに使用される。材質は木やゴムなど。塗面の基準、定木摺りの当たりとするために、基準墨に合わせ、あらかじめ土手状もしくは団子状に塗ることを「定木当たり」という。

刃定木｜はじょうぎ
角の直線や出隅の塗り厚を決めたり、不陸を直したりするのに使う。**走り定木**［はしりじょうぎ］、**蛇定木**［へびじょうぎ］、プラスチック製の**埋込み定木**［うめこみじょうぎ］などがある。

ウーローラー・ミドルローラー
シーラー塗布に使用する毛ローラー。

剣山｜けんざん
掻き落とし仕上げに使う用具。生け花に使う剣山と同一。

ワイヤブラシ
珪藻土を掻き落とすのに使う。

洗出しポンプ｜あらいだし―
洗出し仕上げに使う。霧状で噴射して、ペーストを洗い石を出す。

スポンジ
床の洗出しに用い、ペーストを拭き取って石を出すのに使う。

チリ箒｜―ぼうき
柱や廻り縁の汚れを洗う道具。

大割り｜おおわり
小舞に使う真竹を四つ割や、五つ割に割る器具とその作業。

小割り｜こわり
大割りした竹を、ナタでさらに細かくすること。

小舞鋏｜こまいはさみ
小舞に使う細かい竹を切る鋏。植木や生け花に使うものと同じ。

ラス切り鋏｜―きりはさみ
メタルラスなどを切断するのに用いる鋏のこと。

タッカー
ラス張りに使用される工具。ハンマー式、握力式などの手打ち式と、圧縮空気によるエア式などがあり、ガンタッカーともいう。

施工・工法

土壁｜つちかべ
土もの壁ともいう。色土に砂やスサを加え、水で練ったものを上塗りした壁仕上げの総称[表12・13]。

施工の行程は図11～14に示す。

漆喰壁｜しっくいかべ
消石灰にスサを加えて糊で練った左官壁。下地は木摺［きずり］や土壁をはじめ、コンクリート、コンクリートブロック、ALC板、モルタル、メタルラスなどが適するが、下地処理の方法が異なる[表14、232頁図15・16]。

モルタル塗り｜—ぬり
セメントモルタルを塗る工法。刷毛引き仕上げや金ゴテ仕上げ、木ゴテ仕上げ、掻き落としなどがある[表15、133頁図17]。

アマだし
人造石塗りの仕上げ伏せ込みのとき、種石が現われないセメントペーストのみの部分。アマとは甘皮の略。ほぼ同義語に「ノロ」があるが、これはセメントペーストを練ったものだけを塗りつけて浮き出させたもの。

送りゴテ｜おくり—
コテを引き通すため1度コテを止め、体を移動してさらにコテを操作する作業。左官の基本動作で、仕上げ精度を高める。

表12｜土壁に使用する材料

部位	材料
小舞	真竹、女竹、篠竹、葭、木舞縄、釘、小舞ラス
荒壁	荒木田土、古土、稲ワラ
中塗り	粘性土、揉みスサ、砂、パーム（貫伏せ）、布連、トンボ
上塗り	色土（京土）、微塵スサ、微塵砂、消石灰、糊

表13｜土壁仕上げの材料

仕上げの種類	材料
切返し中塗り	中塗り土、砂切返しスサ
水捏ね	色土、微塵砂、微塵スサ
糊差し	色土、微塵砂、微塵スサ、角又糊添加
糊捏ね	色土、微塵砂、微塵スサ、角又糊液で練る
大津灰土	色土、消石灰、微塵スサ
大津引土	色土、消石灰、紙スサ
既調合京壁	色土、木質繊維、川砂、糊、EVA、珪砂

表14｜漆喰塗りの材料

工程・種類	材料
下地処理	接着剤（エマルション系）、ポリマーセメント
下塗り・中塗り	消石灰、白毛スサ、角又糊、メチルセルロース、下げ苧
上塗り	消石灰、浜スサ、角又糊、生石灰クリーム、壁土
既調合漆喰	土佐漆喰、工場既調合、生石灰クリーム

表15｜モルタル塗りの材料

種類	名称
セメント	普通ポルトランドセメント、混合セメント
骨材	川砂、陸砂、砕砂、パーライト、スチレン粒
混和材料	ポゾラン、ガラス繊維、膨張材、収縮低減剤、耐寒剤、MC糊、防水剤
既調合	軽量モルタル、ポリマーモルタル
ラス	メタルラス、ハイラス、リブラス、ラスシート、ラスカット
仕上げ	リシン掻き落し、珪藻土、樹脂、人造砕石、吹付け塗料

写真33｜荒壁塗り（施工後）

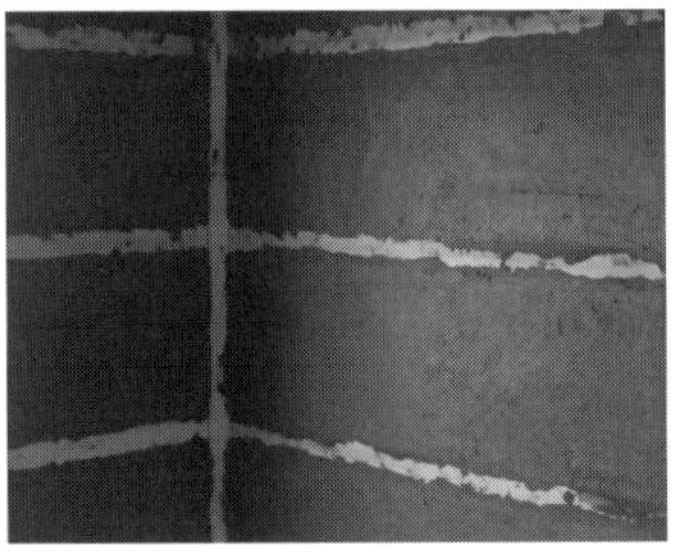

水合せ｜みずあわせ
施工前に壁土を藁スサで練って寝かせておくこと。

寝かす｜ねかす
練った材料を7日以上そのまま置いておくこと。

荒壁塗り｜あらかべぬり
荒壁塗りの手順を図13に示す。最近は練り土が使用されていることが多いので、水合せを簡素化する場合もある[写真33]。
小舞からはみだした土をイボと呼び、荒壁塗り後に撫でておく（**裏撫で**［うらなで］という）。

裏返し｜うらがえし
荒壁の裏側（小舞竹の縦竹）を塗ること。

ラス擦り｜—こすり
ラスボードにモルタルなどを薄塗りして中塗り用に表面を荒らすこと。

付け送り｜つけおくり
コンクリート下地や塗り下地の表面の凹凸が著しいときに、モルタルやそのほかの材料を塗り足して凹部分を埋め均すこと。

中付け｜なかづけ
上塗りを厚く塗る場合、下地ムラを直すために先に付けること。

中付けムラ直し｜なかづけ—なおし
中塗りする前に塗る作業のこと。1度に厚く塗るとひび割れが生じるので、中塗り前にチリ廻りで生じた段差を補整するための層をつくる。

擦る｜こする
仕上げ面を、手や布で擦り艶を出すこと。

下擦り｜したごすり
下地に食い込ませる技法。

貫伏せ｜ぬきぶせ
貫の上に発生する亀裂、ひび割れを防止するために、貫の表面に寒

図11 | 土壁塗りの工程

各種小舞
↓
荒壁塗り
↓
裏壁
↓
貫伏せ
↓
ちり廻り塗り
↓
中塗り
↓
上塗り

図12 | 土壁の中塗りの工程

荒壁乾燥
↓
貫伏せ塗り
↓
墨打ちチリ際の墨打ち
↓
ちり廻り塗り
↓
中付け（付送り）
↓
上付け（中塗り）

図13 | 荒壁塗りの工程

練り土
練り土は水合せの工程が不要 → ミキサーで本練り

乾燥土
↓
水合せ練り
土・藁・水を練る
寝かす ↓
ミキサーで本練り
藁・水を追加 ↓
塗付け（横竹側）
乾燥後 ↓
裏返し塗り
軟目土を使う

図14 | 土壁塗り上塗り工法の工程

切返し 中塗り	→ 中塗り ムラ直し 中塗り土を使用	→ 切返し 中塗り	→ 水捏ねコテ			
水捏ね 上塗り	→ 中塗り 湿潤面	→ 水捏ね土 塗付 微塵スサを使用	→ 水捏ねコテ			
糊差し	→ 中塗り乾燥	→ 水捏ね土に糊添加 角又糊を使用	→ 塗付け（上浦コテ）	→ 水捏ねコテ（やわ仕上げ）		
糊捏ね	→ 糊差し	→ 水捏ね土を糊液で練る	→ 塗付け（上浦コテ）	→ 水捏ねコテ（やわ仕上げ）		
並み大津	→ 中塗り乾燥面	→ 灰土塗り	→ 大津通し押さえ			
大津磨き	→ 中塗り乾燥面	→ 水湿し	→ 灰土塗り	→ 伏込み	→ 引土塗り	→ 磨き工程

冷紗やパーム（ヤシの葉や幹の繊維をほぐしたもの）、畳表を中塗り土で塗り込む作業のことをいう[写真34]。

墨出し｜すみだし
柱チリを一定にしたり、平らな面をつくったりするために打つ。左官工程においては、仕上げのムラ直しの塗り厚を決めるつけ**代墨**［—しろすみ］、チリ幅の基準となる**チリ墨**［—すみ］などがある。

チリ
真壁の、柱面と壁面の距離。散りとも書く。

チリ廻り｜—まわり
柱チリ、**廻縁**の**チリ切れ**（乾燥によって、柱・内法材と左官仕上げの間に隙間ができること）を防ぐために、**のれん**（細長い竹に、麻布を付けたもの）や**チリトンボ**（釘にさらし麻を巻いたもののこと。**下げ苧・ひげこ**ともいう）をチリ際に打ち、中塗り土で塗り込む作業。

チリ廻り塗り｜—まわりぬり
柱と壁の間が切れないようにする技法[232頁写真35]。墨出し後にチリの内側に均等に塗り付けるこすり塗りをし、チリ墨に合わせて表面を整えるチリ塗りで仕上げる。大工仕事で柱に小溝を彫って壁土を押し込んで塗る**チリ決り**［—じゃくり］を行う場合もある。

チリ決り｜—じゃくり
柱や額縁（窓や出入口の枠と壁の見切り部分）と、壁面との間に設ける溝のこと。

チリ切れ・チリ隙｜—ぎれ・—すき
木材や塗り材の乾燥収縮により、チリ際がもち上がり柱際に隙間があくこと。

チリはね
チリに凸凹ができる不具合のこと。

ムラ直し｜—なおし
下地の凸凹が大きい場合に用いる工程と、中塗り面の処理方法との2種がある。後者は、中塗り面と上塗りの接着しやすく平滑にするため、木ごて処理やスチロール荒しなどで、上塗りがしやすいようにする工法のこと。

軟目｜やわめ
塗り土の施工軟度のこと。

伏せ込み｜ふせこみ
下地が上塗りの水を吸収する際に塗り付けた材料の表面を圧力をかけて押さえること。

荒し目｜あらしめ
平滑で付着しにくい下地に凹凸を付け粗面にすること。**目荒し**［めあらし］ともいう。次の層への接着性を上げるための処理。櫛目を付ける、木ゴテで荒らすなどほか、**押出し法ポリスチレンフォーム**などの下地を用いたりする櫛目、箒目などの種類がある。

ノロ引き｜—びき
セメントペーストを刷毛で塗り、コンクリートの表面仕上げとすること。または、コンクリートにモルタルを塗るために接着性を増す下地として塗ること。

パターン付け｜—づけ
各下地に下塗り材を塗布後、主材料を下こすりし、上付けしながら自由にコテでパターンを付ける技法。

写真34 | 貫伏せ塗りの一手法

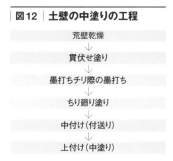

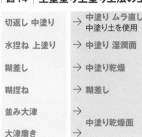

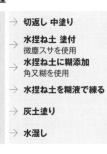

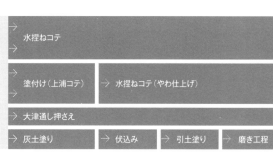

写真35 | チリ廻り

図15 | 漆喰塗りの工程

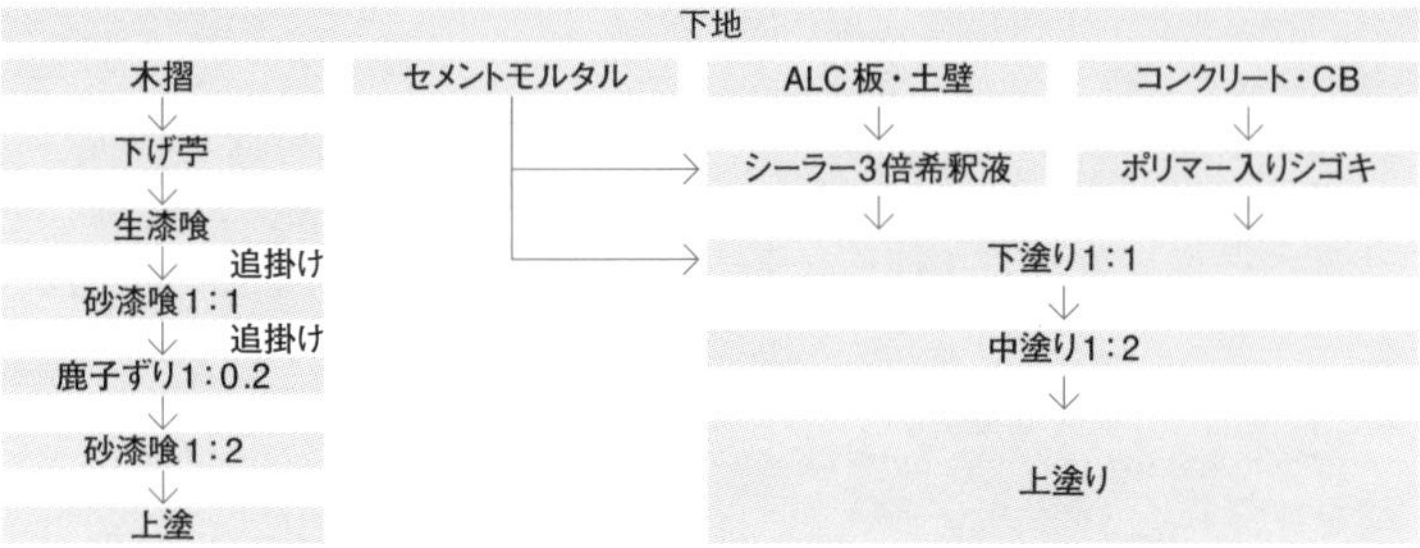

図16 | 漆喰上塗り工法の工程（外壁）

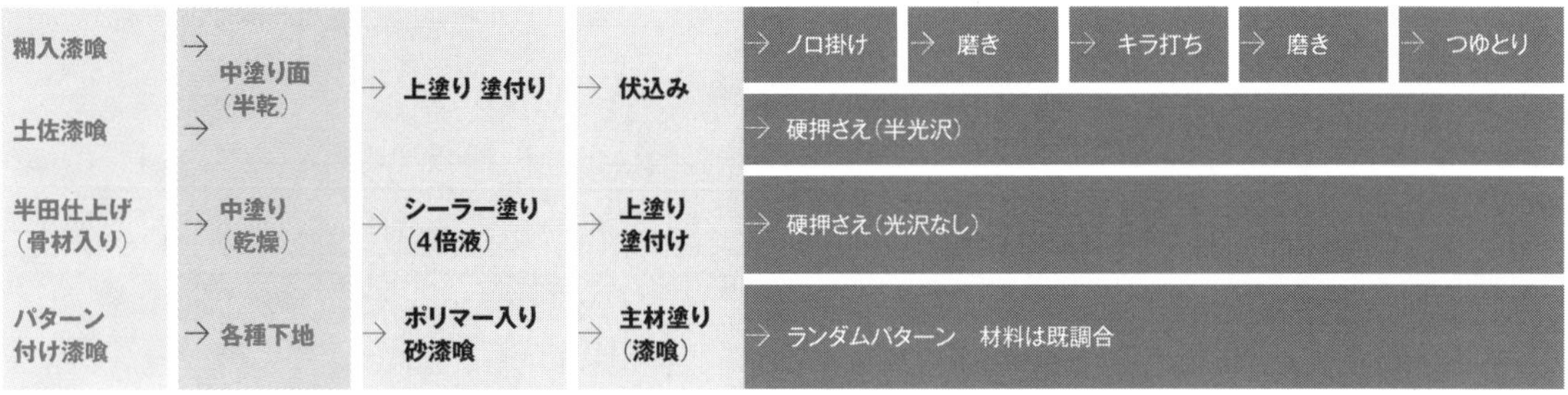

定木摺り｜じょうぎずり
壁や床の塗り面を平らに仕上げるために長い定木で表面をこすること。

鹿子摺り｜かのこずり
土壁では中塗り土を薄く、こすり塗りすること。また、漆喰塗りでは木摺下地の中塗り前に下擦りする工程を指す。下地との接着、中塗りからの吸水調節の役割をもつ。塗厚2～3㎜で1種の下ごすりだが、配合が下塗りや中塗りとは異なり別扱い。最近はシーラーに代わりつつある。

ノロ掛け｜―がけ
上塗り材のスサを除いたもので、漆喰上塗りの光沢を出すために行う。

雲母打ち｜きらうち
磨いているうちにコテが重くなるので、雲母を打ってさらに磨く作業。

雲母（粉）｜きら（こ）
雲母の粉。漆喰壁や大津壁、プラスター壁磨き仕上げに使われるほか、型抜きの剥離剤にも使われる。

追掛け｜おっかけ
作業を始めたその日のうちに、下塗り・上塗りをしてしまうこと。下塗りが軟らかいうちに次の層を塗ることも指す。追掛け塗りなど。

翌日塗り｜よくじつぬり
下塗りの翌日に上塗りすること。

いちころ・ピンころ
1度に下地から仕上げまでやってしまうこと。左官の禁じ手で剥離・ひび割れの原因になる。工期は適切にとることが肝要で、それができない場合には、メッシュなどの補強材料や適切な混和材の使用が必要。

しごき
界面の接着力を向上させるためにポリマーモルタルを使用して薄くしごくこと、不陸の下地に強く擦り塗りすること。材料メーカーから発生した用語で、鹿子摺りや下ごすりと同じ意味と思われる。

あんこ
漆喰塗りやプラスター塗りで上塗りでコテ押さえをしたときに、上塗りの表面に浮き出てくる中塗り材のこと。「あんこが出てきた」などという。

散水｜さんすい
砂モルタル下塗りにおいてセメントの硬化を助けるために水をかけること。

樹脂塗り｜じゅしぬり
樹脂塗りは、界面の付着をよくするために行い、下地の乾燥と塗付け後の低温に注意する。コンクリート床の場合は富配合モルタルを使うため、剥れが問題となる。特に、コンクリートとの界面が剥がれるので、樹脂入りのセメントベースを塗っておくと剥離しにくい。

捏ねる｜こねる
漆喰、土壁などを舟のなかで、鍬を用いて材料を塗り練る行為。

練混ぜ｜ねりまぜ
ミキサーを用いて、モルタルや石膏プラスターを混合すること。

練置き｜ねりおき
1度練った材料をそのまま10～20分置き、再び練り返すこと。

養生期間｜ようじょうきかん
各塗装間の間をおくこと。

初期養生｜しょきようじょう
モルタルの強度発現。ひびわれ防止のため、シートや散水をして、塗付け後の乾燥を防ぐ。

黄変｜おうへん
表面が黄ばむこと。塗装では高温や多湿など、漆喰ではトイレなどからのアンモニア吸収などが原因で生じる。

ドライアウト
左官材が、正常に凝結硬化する時間よりも早く乾いてしまうこと。乾きが遅れ、強度が出ないことをスエットアウトという。

ぶつ
塗り付けた材料に空気泡が入ること。

蛙｜かえる
上塗り内部に空気が入ることで、かぜともいう。剥離の原因となる。

あぜる
内部より表面が早く乾いてしまった状態で、表面にコテを当てることで内部の材料を引き立ててしまうこと。糊の強いときや、ポリマー添加の際に起きやすい。

図17｜外部モルタル塗りの工程

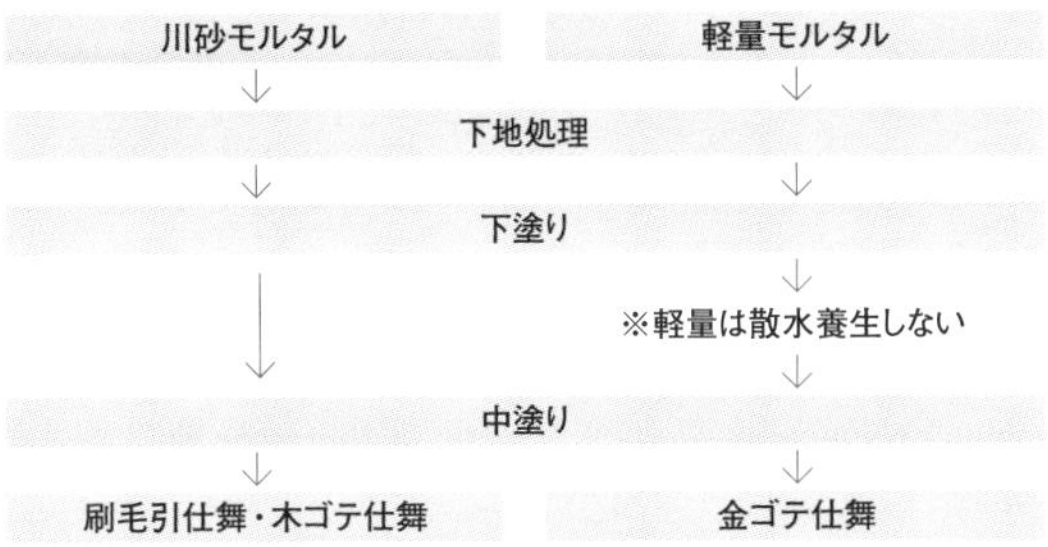

凝結｜ぎょうけつ
水を加えると、しばらく可塑性を有するが、やがて固くなり始めること。

硬化｜こうか
凝結よりさらに固さを増し始める状態。石膏の場合は、凝結すると固くなるが、そのままだと強度が出ない。強度は乾燥によって促進されるので、石膏の場合はそのほかの場合と区別して、乾燥して強度が出たことを硬化という。

可使時間｜かしじかん
水を加えてから、作業が可能な時間。特に石膏は凝結するため、可使時間内に材料を使い切る必要がある。

気硬性｜きこうせい
空気中で硬化し強度を得ること。土壁や漆喰、石膏プラスターなど、左官材の大半はこの性質をもつ。

水硬性｜すいこうせい
水中で硬化し強度をもつこと。

富調合｜ふちょうごう
セメント対砂の比が、1：3より砂が少ないと富調合、多いと貧調合という。

付着｜ふちゃく
まだ軟らかい状態で接着している状態を付着という。硬化したのち、接着力の程度を問題にする場合は接着という用語を使う。

凍る｜いてる
塗って間もなく凍ること。

水引き｜みずひき
コンクリートやモルタル表面に出てきた水が乾くこと。

しまる
直射日光や急激な水引きにより、硬化していないのに固くなること。

お茶漬け｜おちゃづけ
固まりかけた材料に水を入れて戻すこと。左官の禁じ手で、特に石膏プラスターで同様のことを行うと施工後硬化不良になる。

かけセメント
ふり粉、**メン粉**ともいう。下塗りなどの表面にセメントを振りかけることで、表面の湿り気をとり、水引きを促進させることで、短時間に次の作業に取りかかれる。多量にかけると変色、ひび割れの原因となる。

風をひく｜かぜをひく
馬鹿になるともいう。セメントなどが湿気を帯びること。この状態になると硬化不良を起こすことがあるので、端太角、合板などで置床をつくって対処する。

喰付き｜くいつき
下地に対する塗膜の付着力のこと。付着をよくするには、小さい面積のコテでていねいにコテ圧をかけることが重要。

さくい
辛いともいう。**甘い**・**ねばい**の反意語。塗り材料が貧調合（セメントの割合が少ない配合）の状態。この状態では、接着不良が起こりやすく、作業性も悪くなる。

駄目｜だめ
建築全般で使うが、左官では前工程の木工事未完了の影響などで塗り残した小面積の壁を指す。請算金に影響を及ぼすことがある。

甘い｜あまい
塗り材料が富調合（セメントの割合が多い配合）の状態。作業性は改善されるが、ひび割れを引き起こしやすい。**ねばい**ともいう。反意語は**さくい**。

伸び｜のび
左官材料の作業性がよいこと。「伸びがよい」という。伸びを確保するには、材料調合の際、水量・糊材・スサなどのバランスが重要で、左官職人によっても好みが分かれる。一定量の塗り材料で塗り得る面積の量を指すこともある。**塗り坪**［ぬりつぼ］と同義。

肌別れ｜はだわかれ
剥離［はくり］ともいう。仕上げ層が下地や下塗り層と分離した状態をいう。改善には、以下の処置を行う必要がある。
①機械的に引っかかり部分を増大させる：くし引きや木ゴテで目荒らしして、接着面積を大きくする
②下地を改善する：ブラシこすり、清掃、剛性強化、水湿し、吸水調整材の塗布など
③塗り材料の収縮を低減させる：スサなどの混和材料やポリマーセメントモルタルを用いる

継粉になる｜ままこになる
セメントや顔料などの粉末材料と水を混ぜる際に、粉末材料と水が十分に混ざらず、粉末がダマのように残ってしまう状態。そのまま塗り付けると、ダマが残り、仕上げ面であばたとなる。これを防ぐには、水を混ぜる前に粉末材料どうしを十分に混和させ、水は少しずつ、基準水量より少なめに混入する。練り上がったら5～10分程度寝かせて再度練り直す。

仕上げ

塗装工事 7

ここでは、材料、塗装方法・工程、仕上げに分け、塗装工事に関連する用語を解説する。なお、塗料の種類は非常に多く、その分類として、①適用する素地、②塗膜を形成する合成樹脂、③塗料の性状、④塗膜の性能・機能、⑤乾燥方法による分類、などが挙げられる。主な塗料の種類を表1、235頁表2に示す。

材料

塗膜形成要素｜とまくけいせいようそ
連続した皮膜を形成する成分。この成分は①顔料、②**塗膜主成分**（油・樹脂など）、③**添加剤**（乾燥剤・安定剤など）からなる。

顔料｜がんりょう
塗料に色を付けるほか、防錆効果、造膜保護効果をもつ重要な構成要素。組成によって**有機顔料**と**無機顔料**に分けられ、有機顔料は鮮やかな色彩のものが多いが、一般に退色しやすいため、外装用には無機系顔料を使用する。

樹脂｜じゅし
本来はヤニを指す。天然樹脂と合成樹脂の2種類に分けられ、天然樹脂にも動物性と植物性が存在する。合成樹脂は化学処理により人工的に製造された化合物（＝プラスチック）。

塗膜主成分｜とまくしゅせいぶん
塗膜を構成する主成分。油性系、天然樹脂系、合成樹脂系、ニトロセルロースなどがある。**ビヒクル**とも呼ぶ。

添加剤｜てんかざい
可塑剤、増粘剤、造膜助剤、防カビ剤など、塗料の性能を補助し、塗膜形成などの副要素となる材料のこと。

溶剤｜ようざい
塗料を希釈し、溶解・分解して取扱いを容易にする揮発性の液体。主にアルコール、ケトン、エステルなどを使用する[図1]。水性塗料であれば水がそれに相当する。一般には石油系のものを指し、**シンナー**と呼ばれる。各塗料に応じて多くの種類がある。汎用のシンナーで希釈する塗料もあれば、その塗料専用のシンナーが設定されているものもあり、組合せを誤ると、ゼリー状に固まったり分離したりするなど、トラブルが生じる。

クリア
塗料を構成する、顔料、重合体、添加剤、溶剤の4要素のうち顔料がなく透明な塗料のこと。

油変性樹脂塗料｜あぶらへんせい

表1｜塗料種類と分類

展色剤種類	溶液形態		塗料の種類
油変性	溶剤系	油性系	油ワニス
			油性調合ペイント
			錆止めペイント1種
		油変性樹脂	錆止めペイント2種
			合成樹脂調合ペイント
			フタル酸樹脂エナメル
熱可塑性樹脂系	水系樹脂系		合成樹脂エマルションペイント
			つや有り合成樹脂エマルションペイント
			シリカ系ペイント
	弱溶剤系 溶剤系		NAD形アクリル樹脂エナメル
			アクリル・酢ビ系樹脂エナメル
			塩化ゴム系エナメル
熱硬化性樹脂系	水系樹脂系		ポリウレタンエマルションペイント
			常温乾燥形フッ素樹脂エマルションペイント
			アクリルシリコーン樹脂エマルションペイント
	弱溶剤形		弱溶剤形ポリウレタンエナメル
			弱溶剤形アクリル・シリコーン樹脂エナメル
			弱溶剤形常乾形フッ素樹脂エナメル
	溶剤形		2液変性エポキシ樹脂プライマー
			2液形エポキシ樹脂エナメル
			2液形厚膜エポキシ樹脂エナメル
			ポリウレタンワニス（1液形・2液形）
			2液形ポリウレタンエナメル
			常温乾燥形フッ素樹脂エナメル
			アクリルシリコーン樹脂エナメル
	加熱乾燥形（焼き付け）		アミノアルキド樹脂（メラミン）エナメル
			アクリル樹脂エナメル
			フッ素樹脂エナメル

図1｜塗料の構成

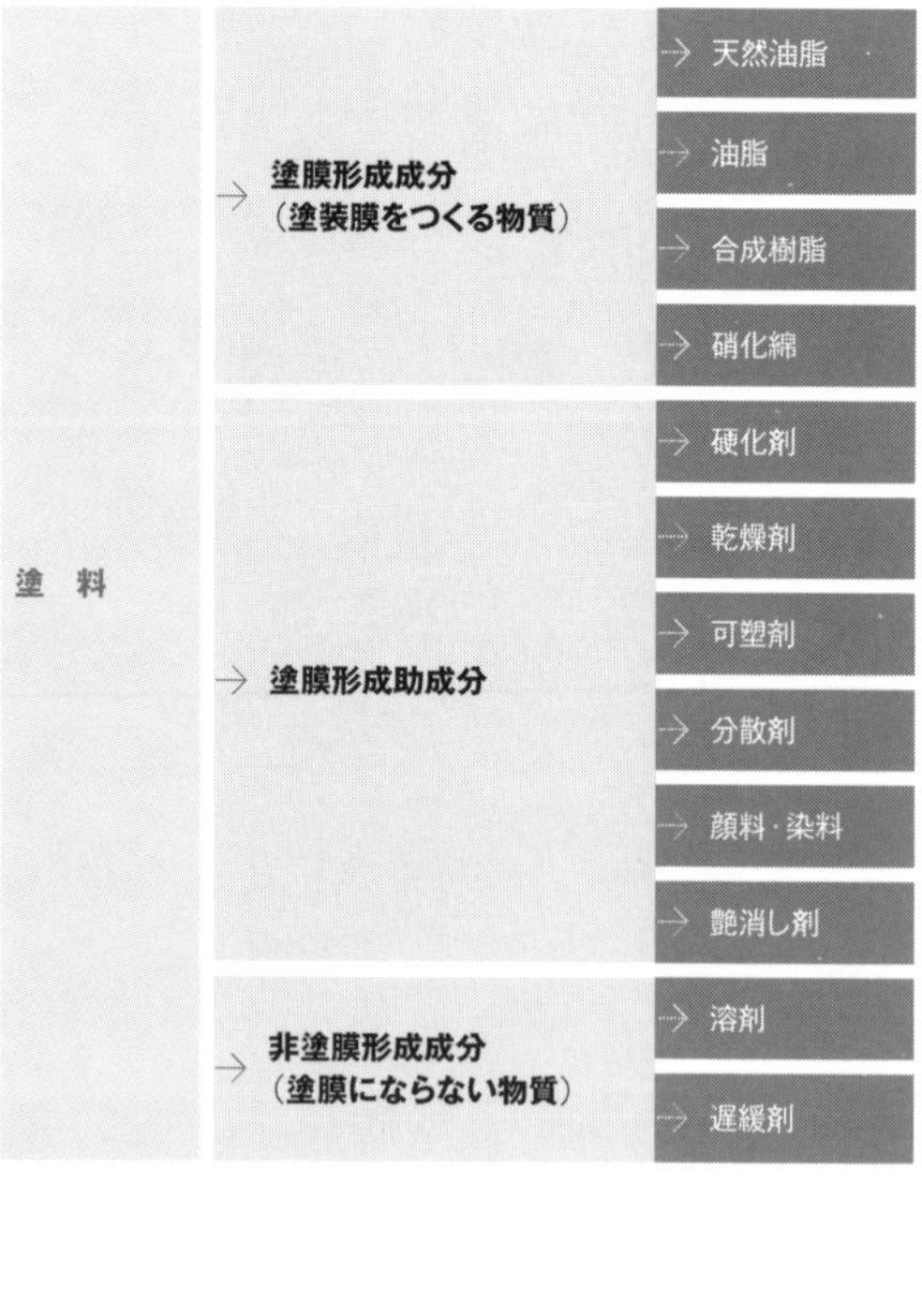

じゅしとりょう
塗料の原点である油を用いた塗料から発展的に改良され、油（乾性油）の特性を生かしながら乾燥性を早めた油変性合成樹脂（アルキド樹脂）を用いた塗料。酸化重合によって乾燥する。

熱可塑性樹脂塗料｜ねつかそせいじゅしとりょう
熱可塑性樹脂を展色剤として用いる塗料で**溶剤形・弱溶剤形・エマルション形**などがある。特に環境対応を配慮して弱溶剤形・エマルション形が中心となる。溶剤形は化学反応を伴わず、塗料中の溶剤の揮発によって乾燥する。エマルション系、**NAD系**は、水または弱溶剤が蒸発することによって乾燥する。

熱硬化形樹脂塗料｜ねつこうかがたじゅしとりょう
熱硬化形（反応硬化形）樹脂を展色剤として用いる塗料で溶剤形・弱溶剤形・エマルション形などがあり化学反応を伴って硬化することから高性能の塗膜が多い。

溶剤形塗料｜ようざいけいとりょう
脂肪族系および芳香族系炭化水素、アルコール、ケトン、エステルなどの有機溶剤を含む塗料。

強溶剤形塗料｜きょうようざいけいとりょう
塗料は何で希釈するかにより、おおむね強溶剤系塗料、弱溶剤系塗料、**水系塗料**の3種に大別できる。強溶剤系塗料は、**ラッカーシンナー**、**ウレタンシンナー**、**エポキシシンナー**など揮発性と臭気が強い溶剤で希釈する塗料である。

弱溶剤形塗料｜じゃくようざいけいとりょう
従来の有機溶剤よりも安全性の高い、引火点の高い有機溶剤を使用した塗料。水ではなく弱溶剤に合成樹脂を分散させて乳化した樹脂を用いている。以前はアクリル系が中心だったが、現在はウレタン系・シリコーン系・フッ素系など、高耐候性を備えたものがある。揮発性・臭気がともに弱い溶剤、主に、灯油に近い**塗料用シンナーA**で希釈する。エマルション塗料のように水を使用していないので塗装環境に左右されにくく、素地や下地に対する付着性もよい。**NAD形塗料**、**非水分散形塗料**とも呼ばれる。

水系塗料｜すいけいとりょう
水で希釈可能な塗料のこと。最近の塗料の定番ともいえる合成樹脂エマルション塗料はこれに当たる。その成分にVOCを含むものもあ

表2｜塗装材料特性一覧

塗装材料名	適用素地	屋外使用	耐久性・塗り替えの目安	その他の特徴	コストの目安（円/㎡）［※3］
漆（摺り漆）	木質	×	耐水性・耐薬品性・耐擦傷性に優れる	紫外線に弱い。乾燥には高湿度な環境が必要	20,000～30,000（摺り漆4回）
カシュー樹脂塗料	木質	×	ポリウレタン樹脂塗料と同等。耐擦傷性良好	紫外線で退色する。乾燥に時間がかかる	3,500～5,500（塗着効率50%）
オイルフィニッシュ	木質	×	ほかの塗料より劣るが、塗膜割れなどは生じない。2年	塗装の作業効率はやや悪いが、素人でも塗装可能	2,000～2,500（ワトコオイル）
ワックス	木質	×	撥水作用はあるが防湿性は劣る。半年	乾燥が極めて速く、作業性はよい	800～1,000
木材保護着色塗料	木質	○	初回の2年後、2回目からは5年ごと	スプレー塗りは不適	1,500～1,700（2回塗り）
ラッカー	木質	×	ウレタン樹脂塗料に比べてやや劣る	乾燥が速い（通常1～2時間）	1,500～2,500（3回塗り）
フタル酸樹脂塗料	木質	△［※1］	耐水性・耐酸性・耐油性がよい。4～5年（屋外）	乾燥に時間がかかる。刷毛塗り作業性がよい	1,800～2,700（3回塗り）
	金属	○			—
2液形ウレタン樹脂塗料	木質	△［※1］	優れている。9～10年（屋外）	高級仕上げ。アクリルシリコーン樹脂塗料に次ぐ塗膜性能	2,500～3,000（3回塗り）
	金属	○			—
	セメント				—
アクリル樹脂塗料	金属	○	比較的優れている。6～7年（屋外）	乾燥が速く、作業効率がよい	1,900～2,200（3回塗り）
	セメント				—
アクリルシリコーン樹脂塗料	金属	○	非常に優れている。10～12年（屋外）	塗膜性能はフッ素樹脂塗料にかなり近い	3,700程度（4回塗り）
	セメント				—
フッ素樹脂塗料	金属	○	非常に優れている。12～15年（屋外）	現在、最も耐候性に優れた建築用塗料	4,600程度（4回塗り）
	セメント				—
合成樹脂調合ペイント	木質	○	耐久性を要する場合は不適。2～5年	乾燥は遅いが、作業性は極めてよい	1,800～2,000（3回塗り）
	金属				—
合成樹脂エマルションペイント	木質	△［※2］	耐久性を要する場合は不適。5～6年（屋外）	工程が単純で、作業性がよい	1,600～2,000（3回塗り）
	セメント				—

凡例　○：可、△：条件付き可、×：不可
※1　クリヤー（ワニス）塗料による屋外木部への塗装は不適
※2　屋外に使用できるタイプがあるが、実際に用いられる用途は圧倒的に屋内が多い
※3　素地調整費、養生費、足場代などを除く材工設計価格（参考価格）

図2｜エマルション塗料のメカニズム

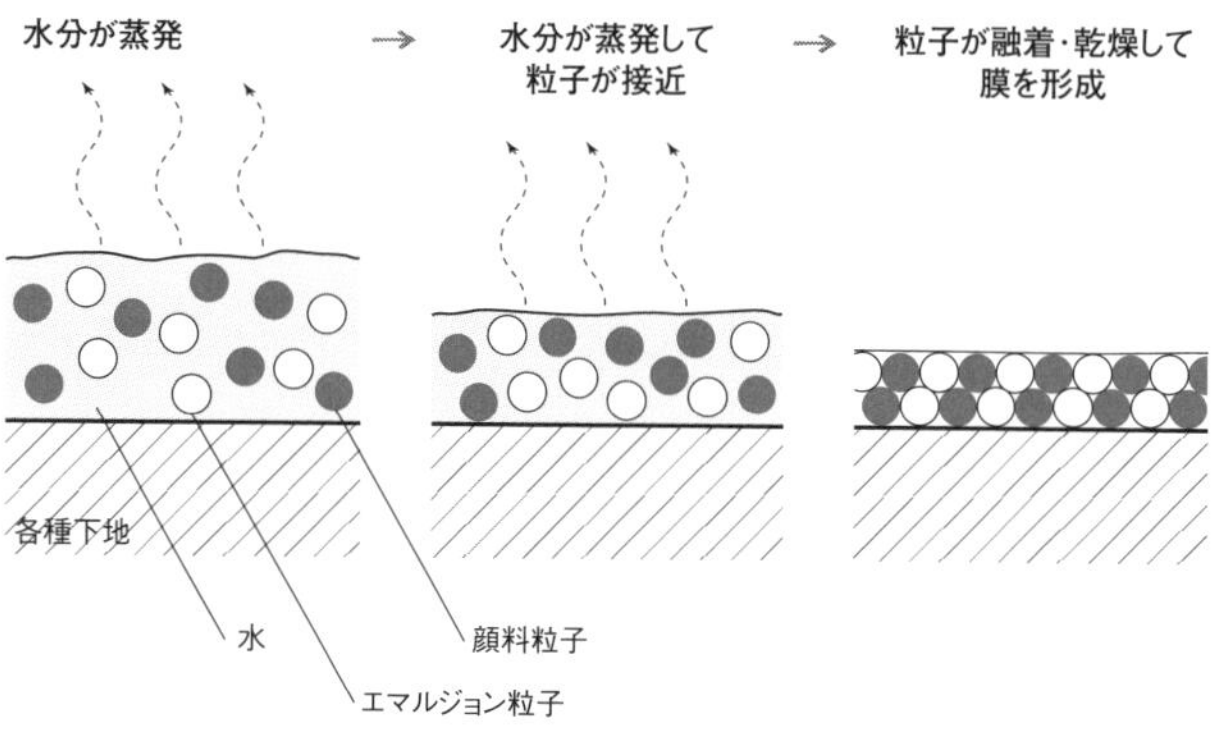

図3｜住宅外装に主に使われる塗料

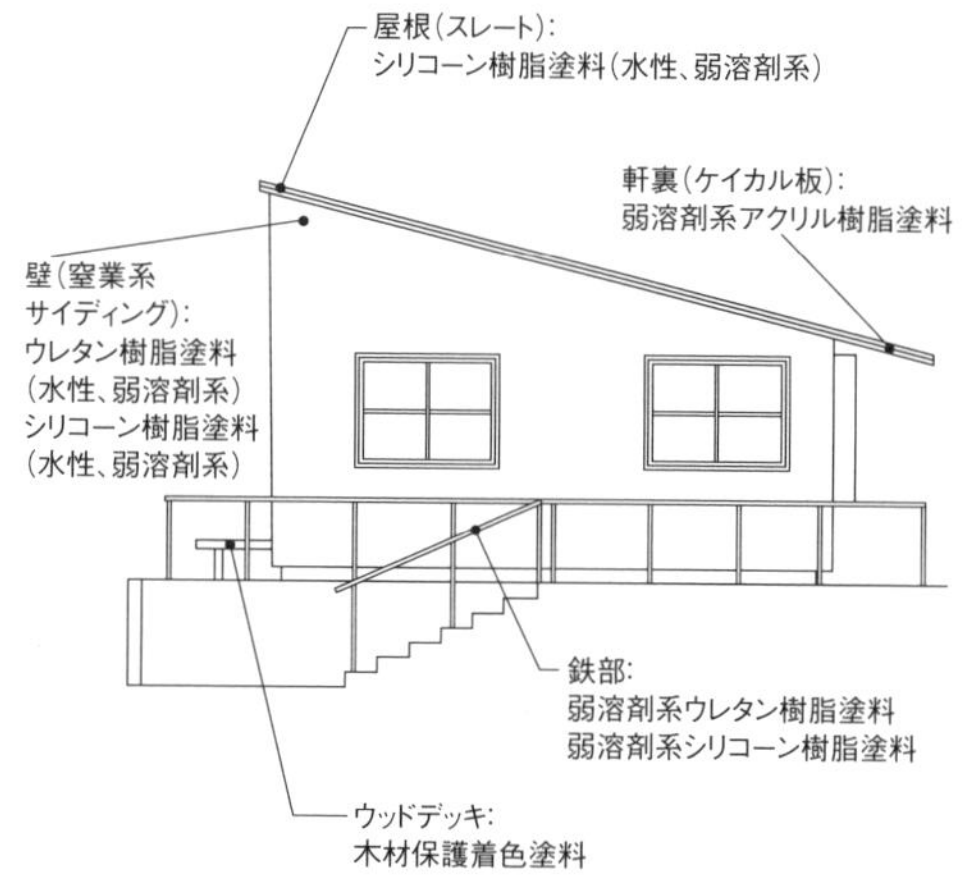

るが、溶剤系塗料に比べると臭気が少なく、ほぼ無臭のものもある。

合成樹脂エマルション塗料｜ごうせいじゅしーとりょう

水系塗料のことで、**EP**と略す。多くがアクリル樹脂を基材としており、それらは**AEP**ともいう。主に内装用に使われてきたが、耐洗浄性や抗菌性など、さまざまな機能が付加されてバリエーションは広がっている。最近では、シックハウス症候群に対応するための内装用水系塗料として、**低VOC塗料・ゼロVOC塗料**が登場している[図2]。

エマルション樹脂｜—じゅし

水系塗料の1種で、水分中に合成樹脂を分散させ、乳化した樹脂。

2液形塗料｜にえきがたとりょう

別々に缶詰めされた主剤と硬化剤の2つの液体を規定の割合で混合して化学反応によって塗膜を形成する塗料のこと。計量の手間がかかる、混合してから使用できる時間に制限があるなど、希釈するだけで使用できる**1液形塗料**に比べ作業性では劣る。しかし、その塗料の、合成樹脂（アクリル、ウレタン、シリコーン、フッ素など）と溶剤の種別（強溶剤系、弱溶剤系、水性）が等しい場合、1液形塗料よりも2液形塗料のほうが性能的には優れている。

エナメル

着色顔料を含有した塗料。

含浸塗料｜がんしんとりょう

木材などの素地に浸して含ませる塗料。表面に膜を形成しない。浸透塗料ともいう。

油性塗料｜ゆせいとりょう

OPと略し、俗にペンキと呼ばれる塗料。本来のOPは植物性の油で希釈する塗料であり、乾燥が遅いため、現在はほとんど使われていない。そのOPに代わって使われているのが**SOP（合成樹脂調合ペイント）**である。鉄部の塗装などで指定されていることが多いが、「安い」「塗りやすい」ということから汎用的に使用されている。内装用であればSOPで十分な場合もあるが、外装塗装の場合には耐候性を考慮する必要があるので、ウレタン樹脂塗料以上のグレードが望ましい[235頁表2、図3]。

柿渋塗料｜かきしぶとりょう

塗料の一種。渋柿の青い果実から搾った汁を発酵させ濾した液。漆器の下塗り、木・麻・紙などの防水や防腐剤として使用。[図4～6]参照。

トップコート

仕上げ材として外壁面に色彩、光沢などを与えるために用いられる。2次的に耐候性、耐汚染性などの効果も得られ、アクリル、アクリルシリコーン、ポリウレタン、フッ素などが一般的に使われている。

ワニス

天然または合成の樹脂を溶媒に溶かしたもの。ボイル油や乾性油で溶かした油ワニス、揮発性溶媒に溶かしたスピリットワニスなどがある。別名ニス、**仮漆**［かしつ］。漆もワニスの一種。

ワックス

ロウが主な原料で、表面に塗膜をつくる塗料。汚れ防止や撥水効果を得るため、主に和室の柱枠などの白木の仕上げに使われる。水性のものもある。

クリアラッカー

略号**CL**。乾燥が早く、平滑性の高い透明塗料。造付け家具の仕上げに用いる場合が多い。

オイルステイン

略号**OS**。木部を塗り潰しにならない程度に半透明に着色する塗料。着色後に透明塗装を行って仕上げたい場合には、油性（オイル）ではなく水性やアルコール系のステインで着色を行う場合もある。

木材保護着色塗料｜もくざいほごちゃくしょくとりょう

WP（ウッドプロテクション）ステインともいう。表面に塗膜をつくらず、浸透させるタイプの木材専用塗料のこと。防腐防虫効果を有したものと、そうでないものがある。

装飾性仕上げ塗材｜そうしょくせいしあげぬりざい

吹付け、コテ塗り、ローラー塗りなどで模様付けが可能な塗料。広義では、天然石や陶磁器の粒を混入した塗材を使用して石張りに似せた表情に仕上げる**石材調塗材**も含む。

アクリル樹脂塗料｜—じゅしとりょう

塗料の主成分である合成樹脂がアクリル系の塗料のこと。建築物の内・外壁の仕上げ塗料として約40年の実績をもつ。主な特徴は、耐薬品性・耐候性に優れており、中庸的な耐久性で、経済性も高いことである。また、速乾性塗料であるため作業効率が高いが、塗料の不揮発分が少なく、肉もち感が劣る短所がある。エマルションタイプ（AEP）は内装塗料の定番として使用されている。

ポリウレタン樹脂塗料｜—じゅしとりょう

ウレタン結合をもつ塗料の一般的な呼称。ポリウレタン樹脂塗料には1液形と2液形があり、1液形は床用塗料として、2液形は、木部塗装では高級仕上げとして位置付けられている。主な特徴は、①光沢、肉もちがよい、②塗膜が強靱で付着性に優れている、③耐薬品性、耐水性に優れている、④耐候性がよい、⑤乾燥性に優れている、などが挙げられる。

エポキシ樹脂塗料｜—じゅしとりょう

密着性・耐摩耗性に優れるといわれるエポキシ樹脂を含有した塗料。錆止めとして、また、駐車場や内部通路の床面、工場などの床面のコンクリートの摩耗による粉塵の発生を抑える防塵塗料として使用されている。また防食性や耐薬品性に優れているため、重防食塗料として多用されている。ただし、耐候性には劣るため外装には向かない。

塩化ビニル樹脂塗料｜えんか—じゅしとりょう

VPと略す。耐薬品性に優れており、ガソリンスタンドの塗装に用いられることが多い。EPより耐候性に優れるが、非常にシンナー臭が強く、最近ではあまり使われない。

フタル酸樹脂塗料｜—さんじゅしとりょう

図面上では**FE**と表記されることもある。SOPに比べ乾燥が早いため塗りにくいが、平滑性に優れ肌がよく、内装の枠廻りなどの仕上げに使われることが多い。ただし、希釈剤はシンナーであり、低VOCを求める風潮のため、内装には使われなくなりつつある。最近では、同塗料の仕上がりに近づけた水系塗料も登場している。

アクリルシリコーン樹脂塗料｜—じゅしとりょう

塗料の主成分である合成樹脂がシリコーン系の塗料の一般的な呼称。**シリコーン樹脂塗料**ともいわれる。フッ素樹脂塗料とともに「高耐候性塗料」と称され、フッ素樹脂に次ぐ耐久性をもちながらも、コストパフォーマンスのよさが評価されている。

フッ素樹脂塗料｜—そじゅしとりょう

主に建築物の金属系素地・セメント系素地に使用され、化学的安定

図4｜**主な柿渋と、柿渋のつくり方**

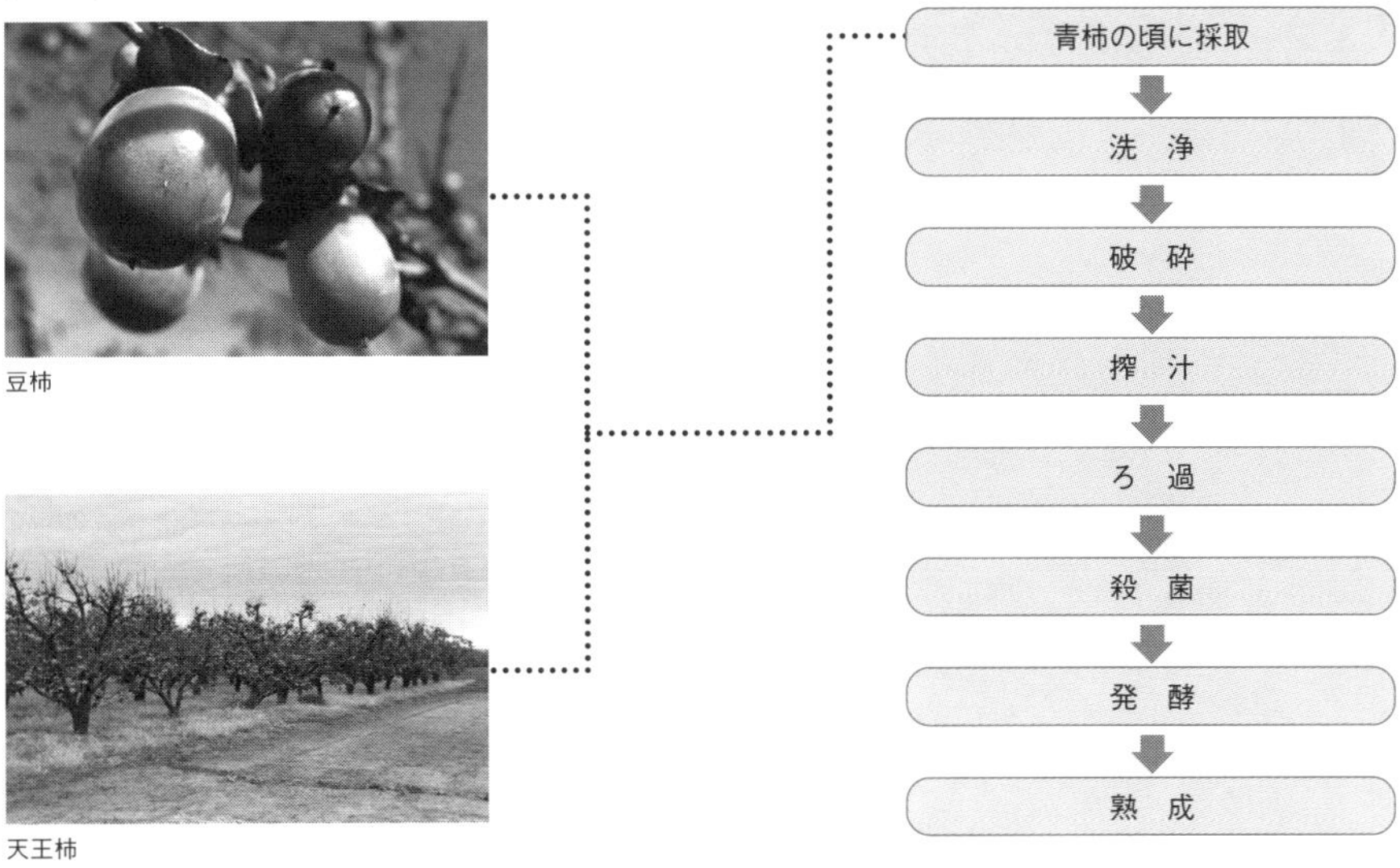

図5｜**柿渋の効果**

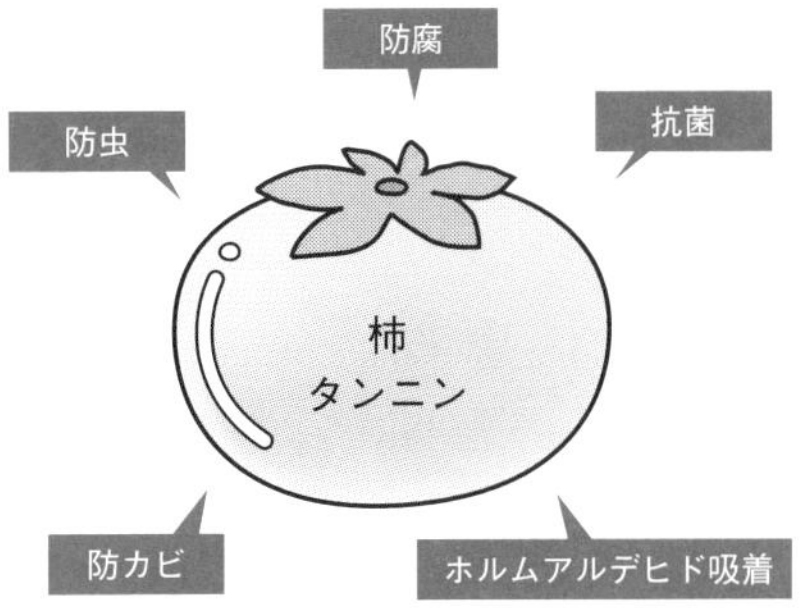

タンニン

ポリフェノールの一種。渋柿に含まれるタンニン成分がホルムアルデヒドを吸着分解させる。シックハウス症候群の建築主にも使える

図6｜**外装に柿渋を塗装する場合**

性が高いフッ素結合を有する樹脂を使用した塗料。1液形と2液形がある。主な特徴としては、①抜群に優れた耐紫外線性をもち、光沢保持率もよいこと、②15年程度の耐久性が見込めることなどが挙げられる。かつて、汚れやすいという弱点があったが、最近では低汚染タイプが普及しており、高耐候で知られる。シリコーン系よりさらにフッ素系が高耐候である。

セラミック塗料—とりょう
塗料の種類の1つとしてカタログなどに記載されるが、ＪＩＳ規格などでは分類されていない特定の塗料を指す名称。塗膜にシリカを含んだもののほか、石材調塗料、断熱塗料、遮熱塗料を指すこともある。

漆—うるし
漆の木に傷を付けて滲出する樹液を原料とする。木地の保護に加え塗膜のもつ美しさを生かし、建具、床の間、柱、天井、床などの仕上げに用いられる。

写真1 マスチック仕上げ面

カシュー樹脂塗料—じゅしとりょう
カシューナットシェル液を原料とし、再生産可能な植物資源を利用した合成樹脂塗料。塗膜は肉持ち感や平滑性、深み感に優れ、場合によっては漆よりも高い光沢度をもつ。

カチオン電着塗料—でんちゃくとりょう
水性塗料中に浸漬された被塗物を陰極として、対極との間に直流電流を流すことにより被塗物は電気的に塗着される塗料。

シリコーン塗料—とりょう
シリコーン樹脂が主成分の塗料。塗料の種類の中でも一番コストパフォーマンスが良いとされる。アクリル塗料やウレタン塗料よりもグレードが優れているが、フッ素塗料には劣る。シリコーン樹脂が少しでも含まれていればシリコーン塗料と呼ばれるため、安価なものから高価なものまで様々な種類がある。

付帯塗装—ふたいとそう
外壁と屋根以外の部分の塗装のこと。雨戸や雨どいや換気扇フードなどはもちろん、破風板や幕板（帯板）などの塗装も付帯塗装に入る。鉄部や木部など、箇所によって材質が様々なので、それぞれに適した処置が必要。

エチレン酢酸ビエマルション塗料—さくさん—とりょう
エチレンと酢酸ビニルを共重合させ作られた塗料。酢酸ビニルエマルション塗料に比べて、耐水性、耐アルカリ性が優れている。

ラジカル制御塗料—せいぎょとりょう
光安定剤をコーティングした塗料の事。光安定剤は高耐候酸化チタンと同様に発生したラジカルを捕まえ、ラジカルの動きを抑制する働きがある。

エポキシ変成アルキド樹脂塗料—へんせい—じゅしとりょう
アルキド樹脂とエポキシ樹脂をコールドブレンドした塗料。エポキシ樹脂によって、耐水性、耐薬品性、付着性がよくなるが、アルキド系塗料に比べ耐候性が低下する。主に下塗りや中塗りに使用される。

塩化ゴム塗料—えんか—とりょう
塩素化ポリエチレン、塩素化ポリプロピレン、イソプレンを芳香族炭化水素系溶剤に溶解し、DBP、塩化パラフィンなどの可塑剤にアルキド樹脂などを加えて、付着力や硬さなどを改善し、顔料を分散混合した塗料。耐水性、耐候性に優れ、橋梁や船舶などに使われている。

スタッコ
ＪＩＳ Ａ６９０９のなかの厚付け仕上げ塗料。大別するとセメント系のものとアクリル系のものがあり、現在ではアクリル系のものが主流である。アクリル系のもののなかにはひび割れへの追従を目的とした弾力性を有するものがあり、**弾性スタッコ**と呼ばれる。下塗りの後、8～12㎜の口径のスタッコガンで2回吹き付けて施工する。仕上がりは、柄が大きくガサガサしている。昭和45年ころからセメントシリンの超厚付けや、合成樹脂エマルションで模したスタッコも出現し一時大流行したが、汚れやすいこともあり、現在では下火になっている。

リシン
ＪＩＳ規格の**薄付け仕上げ塗材**の代表的なもの。スタッコ同様、大別するとセメント系のものとアクリル系のものがあったが、現在ではアクリル系になっている。アクリル系のものの中にはひび割れへの追従を目的とした弾力性を有する**弾性リシン**がある。下塗りの後、6～8㎜の口径の吹付け器具で1～2回吹き付けて施工する。

吹付けタイル—ふきつけ—
ＪＩＳ規格の**複層仕上げ塗材**の代表的なもの。スタッコ、リシンが下塗り後、単一の塗料を吹き付けることにより模様付けを行って仕上げるのに対し、吹付けタイルは下塗り後、厚みと模様を加えるため主材の吹付けを6～8㎜の口径のガンで2工程行い、その上に上塗りを2回塗って仕上げる。そのため、異種塗料2層の構成となる。吹付けタイルの主材には主に、標準的なものと硬度が高いエポキシタイルと弾力性のある弾性タイルの3種類が存在する。上塗りはアクリルからフッ素までさまざまである。

マスチック塗材—ぬりざい
厚塗り可能な高粘度のセメント系やアクリル系の塗材を専用のマスチックローラーで塗ることによって、表面にさざ波状やゆず肌状の模様を付ける[写真1]。吹付けによらず模様を付けるために考案された。

錆止め塗料—さびどめとりょう
最安価なものはＪＩＳ Ｋ５６２１の一般さび止め塗料で、特に指定がない限り使用されることがあるが、防錆力に劣る。ＪＩＳ規格的には建築塗装の標準的設定は

JISK5674鉛・クロムフリーさび止めペイントである。近年ではエポキシ樹脂系の錆止め塗料が使われることが多い。エポキシ樹脂系の錆止塗料にも多種多様なタイプがあり、上級製品は2液形になる。

鉛・クロムフリー錆止め塗料｜なまり・くろむふりーさびどめとりょう

従来の油性系錆止めペイントは錆止め顔料として、人体に有害であるといわれている鉛・クロムが配合されていたため、2003年にJIS規格で鉛・クロムを含まない錆止め塗料が規定されている。鉛・クロムフリー錆止め塗料は、JIS規格で1種溶剤形、2種は水素形である。グリーン購入法対象商品[※]である。

MIO塗料｜えむあいおーとりょう

雲母状酸化鉄塗料のこと。顔料が安定かつ雲母状の塗料である。塗装するとウロコ状の顔料がレンガを積み上げたように重なり合うことから遮断性がよく、防錆性にも優れた能力を発揮する。ただし、平滑性は劣る。ビヒクルはフェノール樹脂やエポキシ樹脂が代表的である。

ハンマートーン塗料｜—とりょう

ハンマーで叩いて凸凹を付けた板金面のような独特の模様を形成する塗料。被塗物の素材表面の粗さや凸凹を視覚的にカバーできる。

表3｜機能性塗料の種類と特性

機能	塗料種類	特性
光学的機能	発光・蛍光塗料	昼光蛍光顔料を展色剤に分散させた塗料災害防止の表示・ポスターなどに用いられる
	夜光塗料	蓄光性（光の吸収により発光）と自然発光性（共存する放射性物質の放射線により発光）の2種類あり、夜行表示・非常標示などに活用
環境保全	抗菌塗料	抗菌剤に銀イオン系の非拡散性接触タイプと溶出タイプの2種類を用いた抗菌塗料建築物の院内感染防止用に壁・天井などに用いる
機能	防かび・藻塗料	防かび剤・防藻剤などを塗料中に配合したもの。拡散性があり、かびの種類により防かび剤を選択して用いる
	結露防止塗料	合成樹脂エマルションに珪藻土・蛭石・パーライトなどの吸水性・断熱性を有する塗膜を形成する塗料
	結氷・着雪防止塗料	塗膜自体の撥水性・防水性を利用して結氷・着雪防止する塗料
	滑り止め塗料	けい砂・金剛砂などを混合し、粗面と下塗り床を形成する床用塗料
	防音・防振塗料	防振性・制振性などの防音機能を塗膜にもたせることのできる塗料
	貼紙防止塗料	塗料中にガラスビーズを分散し、スリックス剤を配合し、貼り紙の付着を防止し、自然に剥離する塗膜を形成するもの
	自己洗浄形塗料	塗膜が経時的に変化し、雨水などにより汚れが塗膜成分と一緒に洗い流されるセルフクリーニング性を発揮する塗料
	低汚染形塗料	塗膜に親水性を付与し塗膜面に水膜を形成し親油性成分の汚れの付着を防止する塗料で、超耐久性塗料にもたせる技術開発がなされている
	光触媒塗料	酸化チタンの光による触媒作用で有機化合物の酸化還元作用を起こし、防かび・抗菌・排気ガス汚染防止・ホルムアルデヒド分解など有機化合物による弊害を排除する塗料
熱的	耐火塗料	構造用鉄骨などの火災時の熱で変形する事を防止するために機能加熱時発泡断熱層を形成する鉄骨耐火被覆塗料
	防火塗料	火災時に毒性ガス・煙などの発生がなく火炎伝幡性を防止する機能をもたせ発泡断熱層を形成する塗料
	耐熱塗料	耐熱性を有するシリコン系樹脂などを用いて耐熱性と熱酸化腐食防止能力をもたせた塗膜を形成する鉄面用塗料
	示温塗料	特定の温度で変色する化合物を顔料とした温度測定用の塗料
	外断熱用塗料	ポリスチレンなどの発泡樹脂を用いた断熱性能をもつ塗装材料：欧米で多用されている湿式外断熱工法システム用塗装仕上材

機能性塗料｜きのうせいとりょう

特別な機能を付与した塗料。その種類を表3に示す。

多彩模様塗料｜たさいもようとりょう

仕上りが単色でない塗料で、1つの缶のなかに数色が混じらずに存在しているものと、別々の缶に入った2色の塗料を同時に塗ることが前提にされているものがある。また、数色を複数の工程で塗り重ねて仕上げることを、多彩模様仕上げと呼ぶ場合もある。

高耐候性塗料｜こうたいこうせいとりょう

耐候性に優れた塗料の総称。近年では、ポリウレタン樹脂塗料、アクリルシリコーン樹脂塗料やフッ素樹脂塗料などが当てはまる。塗替えの目安は、ポリウレタン樹脂塗料で8～10年、アクリルシリコーン樹脂塗料で13～15年、フッ素樹脂塗料で15～20年といわれている。無機有機複合形塗料（セラミック技術と高耐候性樹脂を組み合わせたタイプが多い）はメーカーによって20～30年を謳っている。

非トルエン・キシレン塗料｜ひ—とりょう

総揮発性有機化合物であるトルエン・キシレン・エチルベンゼンの含有比率が0.1％未満の塗料。弱溶剤性塗料では、含有量が曖昧なため、含有していないことを明確にするための表記。

低汚染塗料｜ていおせんとりょう

汚れにくい機能をもった塗料のことで、塗膜表面の親水性を高めて雨などによって汚れを流す仕組みをもったもの[240頁図7]。雨のかかりやすい個所ほど汚れは除去されるが、雨のかからない個所は従来塗料と変わらないので注意したい。ウレタン系、アクリルシリコン系、フッ素系などがある。超低汚染塗料などと表示しているメーカーもあるが、同じものである。低汚染の評価は難しく、特に建物の汚れは、建物の構造や雨がかりなどに影響されるので、効果の程度については、建築主に十分説明する必要がある。

高照度塗料｜こうしょうどとりょう

室内用高拡散反射塗料のこと。拡散反射率を上げて照度を高くすることができる。

落書き防止塗料｜らくがきぼうしとりょう

ラッカーなどで書かれた絵や文字が付着しにくく、また専用の除去

※：環境配慮型商品のうち、グリーン購入法に定められた基準をクリアし、認定された商品のこと。国などの機関は一定数のグリーン購入対象商品の購入が義務付けられる

図7｜低汚染塗料

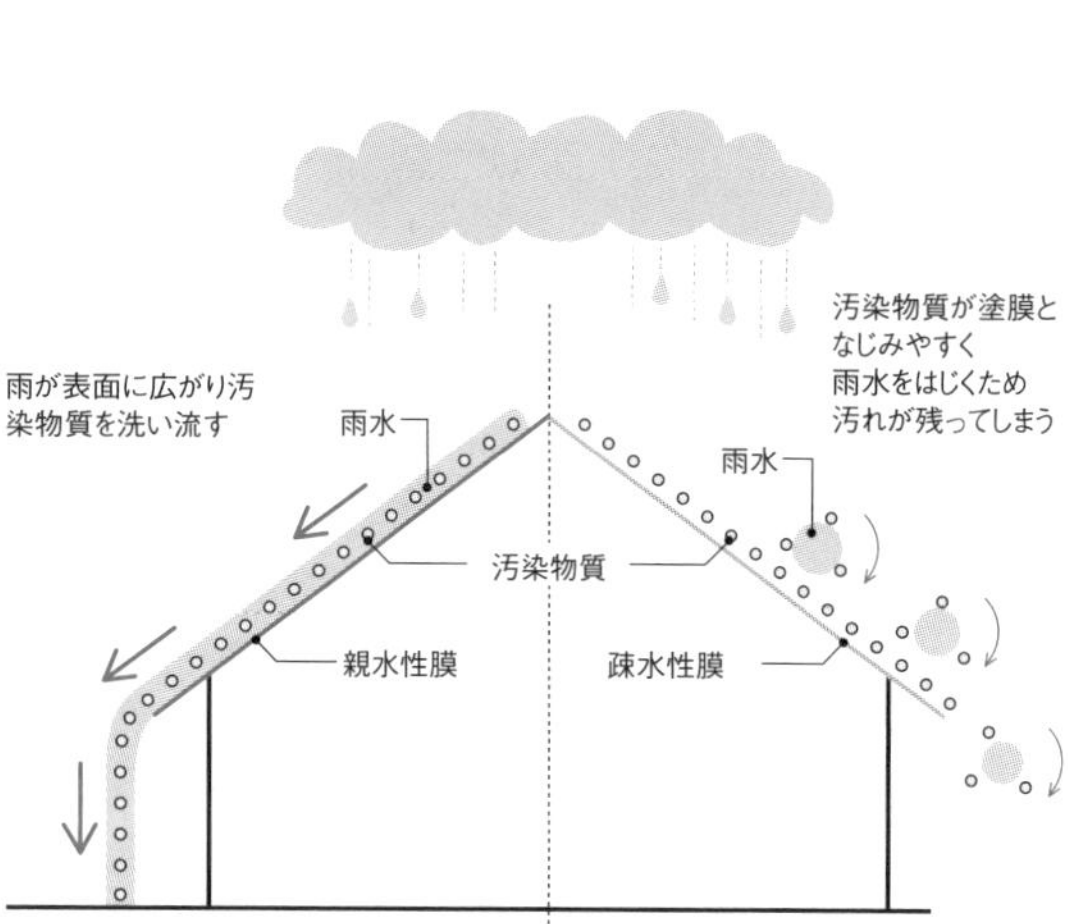

図8｜遮熱塗料のメカニズム

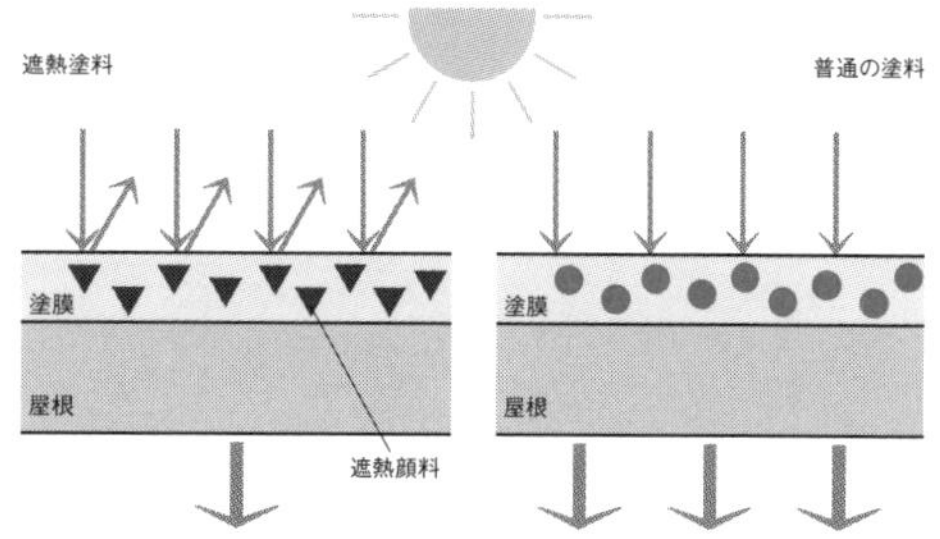

屋根材などの金属下地によく使用される。特殊な顔料が含まれ、室内に伝わる熱を減らす効果がある

剤で容易に拭き取ることができる性質をもつ塗料。シリコーン樹脂など、物が付着しにくい樹脂をベースとしている。

遮熱塗料｜しゃねつとりょう
遮熱効果をもつ塗料のことで、塗膜中に中空の粒（バルーン）や遮熱塗料が配合され、紫外線を反射し被塗物の温度上昇を低減させる。屋根用・外壁用・道路用などがある[図8]。

断熱塗料｜だんねつとりょう
熱が伝わる効率を抑える効果をもつ塗料。遮熱塗料が外からの熱のみを抑えるのに対し、断熱塗料は家の外と内双方からの熱の伝達を抑える。夏にも冬にも抜群の効果を発揮する。遮熱と断熱両方の機能を併せ持ちＪＡＸＡの宇宙ロケットにも使われている日進産業のガイナなど、各塗料メーカーより発売されている。

光触媒塗料｜ひかりしょくばいとりょう
光が当たることで触媒作用（化学反応を増大させる作用）を発揮する機能を持つ塗料。汚れの分解や抗菌・殺菌、空気清浄化、高親水性などの効果を発揮し、耐久性も高く、環境にも優しい。普通の塗料に比べ1回の塗り替えでの費用も高いが、耐久性にも優れているので、20〜30年など、長いスパンで比較すると、通常の塗料よりも費用が安くなる場合もある。

示温塗料｜しおんとりょう
測温塗料（そくおんとりょう）とも言う。ある特定の温度になるとはっきり変色する特殊な塗料で、物体の表面温度の測定や監視に使われる。次の2種がある。
1不可逆性示温塗料。特定の温度以上になると変色し、冷却後もその色を保つ顔料。コバルト、ニッケル、銅その他の化合物を顔料とする。450℃程度まで使用できる。
2可逆性示温塗料。一旦変色しても、特定の温度以下になると再び元の色に戻る顔料。化合物の結晶系の転移やその他の物理的変化を利用し、組成変化はない。ヨウ化水銀（II）酸塩などが使われ、200℃近くまで使用できる。

耐火塗料｜たいかとりょう
耐火性能をもつ塗料のこと[241頁図9]。室内などに鉄骨などを露出させる場合、ロックウールなどの耐火材の代わりとして使われる。火災時に塗膜の中塗り材が熱せられると、数十倍に膨張・発泡し、熱を遮断、耐火性を発揮する。1時間耐火や2時間耐火などがある。

防カビ塗料｜ぼう―とりょう
防カビ剤を配合した塗料で、防カビ効果を発揮する。防カビ塗料はカビの発生しやすい浴室や厨房、食品工場などの天井や壁に用いられる。類似した機能をもつものに、抗菌塗料があり、院内感染対策で病院の内装に使用される。

寒冷紗｜かんれいしゃ
コンクリート下地や各種ボードを塗装仕上げにする場合に、ひび割れを防ぐために下地に張るガーゼ状のものを寒冷紗と呼ぶ。絹、ナイロン、ガラス繊維、カーボン繊維などさまざまな素材のものがあり、幅が5cm程度のものを継ぎ目に沿って張るだけの場合と全面に張り付ける場合がある。なお、寒冷紗を張れば割れないと考えるのは大きな間違いで、下地が動けば必ず塗装面も割れる。

光輝性顔料｜こうきせいがんりょう
薄片状で特有の光沢を持つ顔料の事。見る角度によって塗膜に異なる色感を持たせる。アルミニウムや雲母に酸化チタンをコーティングしたものなどがある。

体質顔料｜たいしつがんりょう
塗膜がやせて薄くなるのを防ぐ造膜補助材の事。天然の岩石、粘土を粉砕したものなどでつくられる。炭酸石灰粉、沈降性炭酸カルシウム、石膏、クレー、シリカ粉、珪藻土、タルク、アルミナホワイト、塩基性炭酸マグネシウム、バライト粉、砥の粉などがある。

剥離剤｜はくりざい
既存塗膜（旧塗膜）を溶解・軟化させ剥がす薬品。用途によって、多くの種類がある。

エコ塗料｜―とりょう
広義では水系塗料もエコ塗料と呼ぶ場合があるが、人体に有害な成分を抑えた塗料の総称。溶剤にシンナーを使わず天然油を使うなど、天然原料を使用している塗料を指すことが多く、**自然塗料**、**健康塗料**などと称されることもある。有害性の低さがアピールされ、エコブームで脚光を浴びつつある。また、

表4 主なエコ系塗料リスト

商品名	メーカー名[注]	特徴
オスモカラー	日本オスモ	ドイツ最大の建材・木製品メーカーのオスモ社の塗料。溶剤としてイソパラフィン（化学物質だが、害がないといわれる）を含む
リボス	イケダコーポレーション	ドイツの塗料メーカーのリボス社の塗料。溶剤としてイソパラフィンを含む。創設者は教育芸術家であるシュタイナーの弟子
アウロ	玄々化学工業	ドイツの塗料メーカーのアウロ社の塗料。100%天然原料を用い、原料名をすべて表示している
エシャ	ターナー色彩	絵の具メーカー。オイルフィニッシュ、オイルステインが主。植物を中心とした自然成分が主体。溶剤としてイソパラフィンを含む
アグライア	吉田製油所	ドイツの老舗塗料メーカー、ベーク社の塗料。石油化学製品を一切不使用
ブレーマー自然塗料	エコ・オーガニックハウス	ドイツの塗料メーカー、ブレーマー社の塗料。100%自然素材
ビオファペイント	シグマ技研	人体のアレルギー反応物質の低減、作業者の仕事環境の改善などがコンセプト
ミルクペイント	コーティング・メディアサービス	ミルクカゼインというタンパク質が主成分の水性塗料。アメリカの塗料メーカーの塗料
ナチュレオイル	アトリエ・ベル	塗装業者（寿々木塗装店）が、「木には塗装しない」ことを考えてつくった塗料。オイルフィニッシュやオイルステインが主
トライド・アンド・トゥルー	マルホン	100%天然素材の亜麻仁油塗料
匠の塗油	太田油脂	純正えごま油がベースの100%植物油
未晒し蜜ロウワックス	小川耕太郎∞百合子	無漂白蜜ロウと純粋えごま油が原料
セラリカコーティング・ピュア	セラリカNODA	木ロウ、精製亜麻仁油など100%植物原料
柿渋 **柿渋ペイント**	トミヤマ	柿渋ペイントは、柿渋をベースにベンガラや亜麻仁油、蜜ロウを配合した水性塗料

注　販売代理店含む。輸入品、小ロット品もあるため在庫のない場合もあり

図9 耐火塗料（耐火の仕組み）

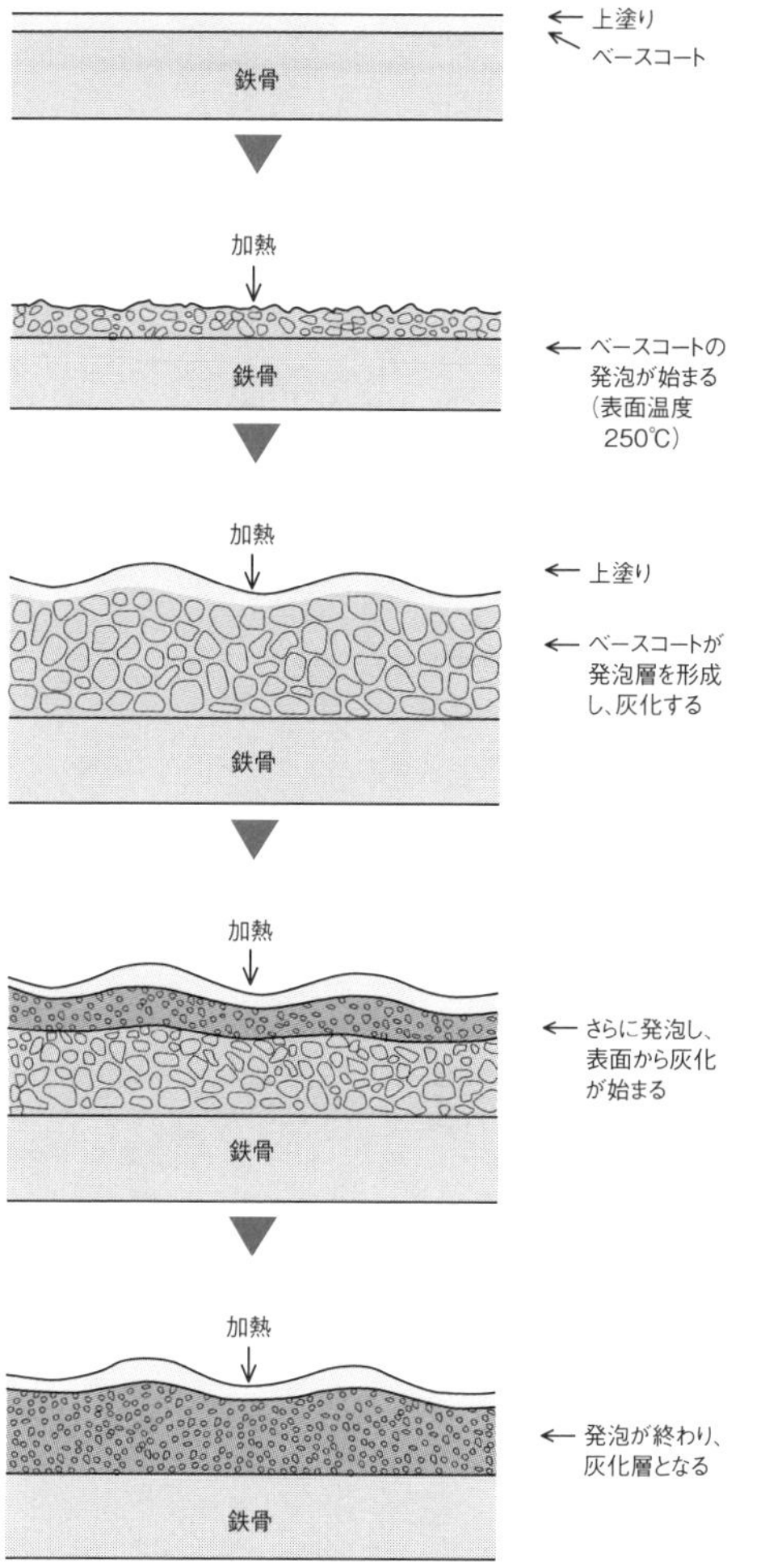

環境問題への意識の高まりから、**柿渋**など昔ながらの塗料への回帰志向の動きもある[表4]。

プライマー

素地や下地に直接塗装する密着性の高い塗料[242頁図10、表5]。プライマーは「初めに」という意味があり、素地に直接塗布する塗料を指す。金属のように吸込みのない面に主に使用する下塗りを指すことが多い。プライマーには、被塗面との付着性や、中塗りとの付着性が要求される。金属下地用とみなされるため、防錆効果も期待されており、錆止め塗料とほぼ同義語として使われる。

ジンクリッチプライマー

錆止め顔料に亜鉛粉末を使用しているプライマー。無機タイプと有機タイプがあり、一般に塗装適用幅の広い有機タイプが使用される。塗装は1種ケレンが前提になる。ジンクリッチプライマーは薄膜タイプで、厚膜タイプのものを**ジンクリッチペイント**といい、防食性に優れる。

逆プライマー｜ぎゃく―

バリアプライマーともいう。下地材と仕上げ材を絶縁するための下地処理剤。外壁の吹付け塗装仕上げにおける伸縮目地のシーリング部分などに実施されるシーリング材には塗料を変質させる成分（可塑剤）を含むものがあり、シーリング材の上に塗装した場合にその成分が塗装表面に移行し黒ずみやべたつきなどが生じることがある（**ブリード**）。これを防ぐための下塗り材のこと。シーリング材の上に塗装する場合にはあらかじめブリードを生じないタイプのシーリング材を使用されたい。

ウォッシュプライマー

亜鉛メッキ面に多く用いられる下塗り塗料で、メッキ面に直接塗布する。**エッチングプライマー**ともいう。化学的な表面処理が目的。厚く塗ると上塗りの付着が悪くなるともいわれ、上塗りするまでの時間に制限があり、塗装後2時間以上8時間以内に次の工程に入る必要がある。亜鉛メッキは防錆のために施されているが、塗料の付着が悪く、そのまま上塗りすると剥がれやすいため、塗装して仕上げたい場合には必須の工程である。

シーラー

シーラーは「覆う」という意味。素地や下地に直接塗装する塗料で、一般には窯業系建材や木のような吸込みのある面に使用する下塗りを指すことが多い。シーラー塗装を吸込み止めともいう[図11]。シーラーの役割は、塗料の付着性向上や吸込み止め、アルカリ抑えなど

表5｜プライマーの標準塗付け量

塗料名称と適合規格		標準膜厚（pm/回）	塗付け量（kg・㎡/回）	塗重ね時間
一般用さび止めペイント JIS K 5621	1種	35	0.09	48時間以上6カ月以内
鉛用さび止めペイント JIS K 5622	1種	35	0.17	48時間以上6カ月以内
	2種	30	0.17	24時間以上6カ月以内
亜酸化鉛さび止めペイント JIS K 5623	1種	35	0.10	48時間以上6カ月以内
	2種	30	0.12	24時間以上6カ月以内
塩基性クロム酸鉛さび止めペイント JIS K 5624	1種	35	0.12	48時間以上6カ月以内
	2種	30	0.10	24時間以上6カ月以内
鉛・クロムフリーさび止めペイント JIS K 5674		30	0.13	24時間以上6カ月以内
水系さび止めペイント JASS 18M-111		30	0.13	24時間以上6カ月以内
鉛用ジンクロメートさび止めペイント JIS K 5628		30	0.13	24時間以上6カ月以内
エッチングプライマー JIS K 5633　2種		15	0.14	24時間以上3カ月以内
変性エポキシ樹脂プライマー JASS 18M 109		40	0.14	24時間以上7日以内
ジンクリッチプライマー JIS K 5552		15	0.14	24時間以上6カ月以内

図10｜プライマー

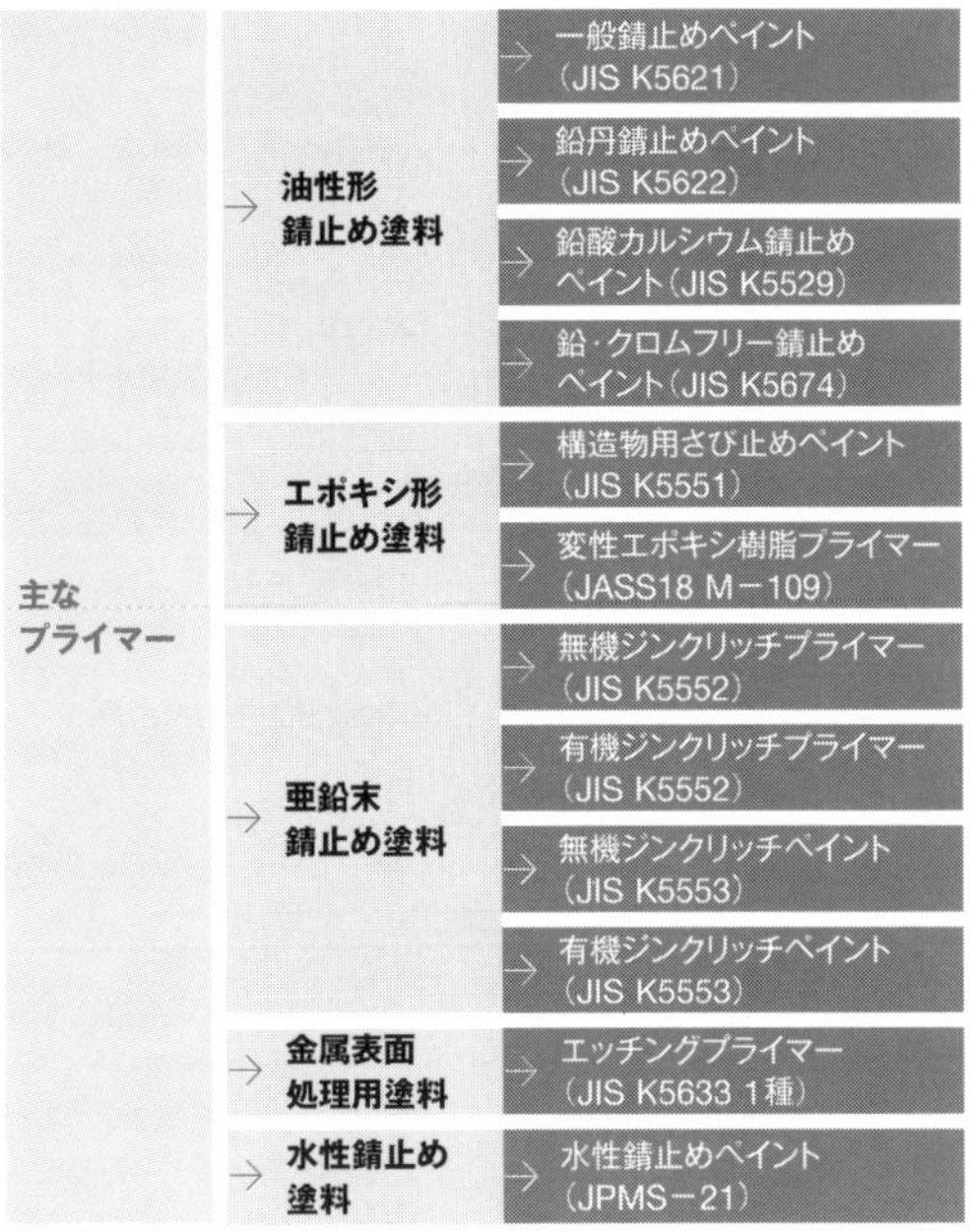

図11｜シーラー

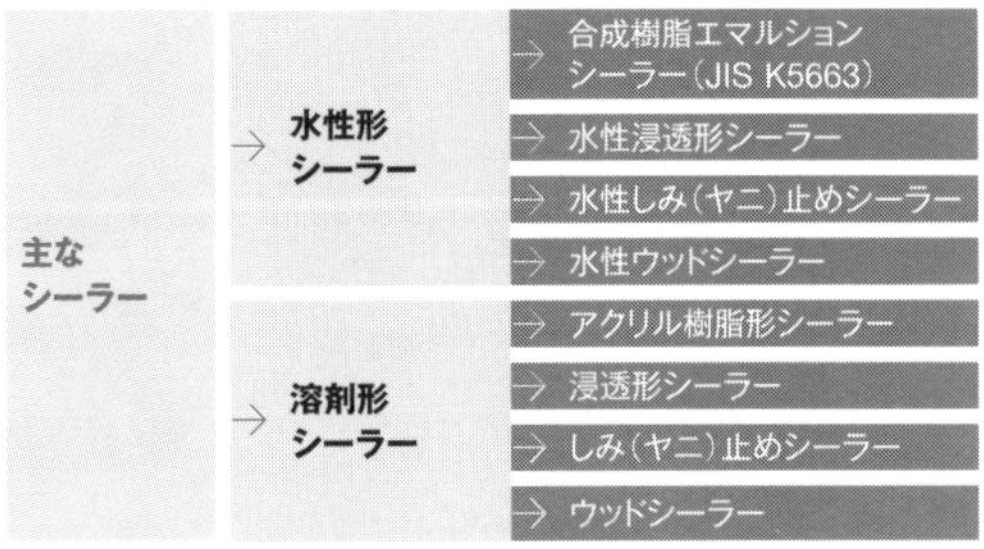

である。窯業系建材などは下地の密度が均一でなく、その差によって塗膜の乾燥時間が大きく異なるため、吸込み止めは欠かせない。

合成樹脂エマルションシーラー
―ごうせいじゅし―

最も効果を発揮する性能・機能は、硬化により素地の吸込みを止めること。耐アルカリ性だが、素地のアルカリ性が強い場合はその効果は十分発揮できず、**エフロレッセンス**などの防止能力は低い。

合成樹脂シーラー｜ごうせいじゅし｜

熱可塑性合成樹脂で耐薬品性の優れた塩化ビニル樹脂やアクリル系樹脂を用いたシーラーが代表的。素地の吸込みを抑え、また耐アルカリ性に優れた塗膜によりエフロレッセンスなどの防止効果も発揮する。

反応硬化形合成樹脂シーラー｜はんのうこうかがたごうせいじゅし｜

2液形エポキシ樹脂シーラーに代表され、耐薬品性・付着性の優れた塗膜を形成する塗料。

浸透形シーラー｜しんとうがた｜

下地の表面強度を向上させるシーラー。珪酸カルシウム板など、無機系材料には、下地がぜい弱なものがあり、そのまま塗装すると塗膜剥離しやすくなるため、浸透形シーラーの塗布が欠かせない。浸透形シーラーは粘度が低く、透明タイプが一般的。水性形と溶剤形があるが、下地への含浸効果は溶剤形がよい。

しみ止めシーラー｜しみどめ｜

素地や下地に付着したタバコのヤニなどのしみを抑え込むシーラー。水性形と溶剤形がある。環境問題から建物内部に溶剤形塗料の使用は制限されることが多く、水性形を使用するようになっているが、溶剤形に比べるとしみ止め効果に劣るため、しみの付着程度によっては事前に清掃が必要になる。着色タイプが多い。

サーフェーサー

仕上り性を高めるために下塗り後に塗布する塗料。**中間調整材**ともいう。サーフェーサーは下地を整える機能をもった2度目の下塗りという意味合いが強く、素地に直接塗布することを前提にしたタイプのものが「プライマー」＋「サーフェーサー」でプラサフと称されることがある。

フィラー

サーフェーサーの1種で、シーラー効果と目止め効果を兼ねた下地調整材[図12]。外壁などに使用する。主に**セメント系フィラー**と**有機系フィラー**がある。

セメント系フィラーは、粉体と混和液を規定量混合して使用するもの。新築用と塗替え用に分かれており、新築用の塗装方法はコテ塗りに限定されている。有機系フィラーは、合成樹脂塗料と同じように新築と塗替え両方に適用する。有機系のうちよく用いられるのが**微弾性フィラー**で、規定どおりの膜厚を付ければ、0.3㎜程度以下のひび割れに追従でき、既存塗膜に発生している小さなクラックを隠すことも可能である。有機系フィラーには木部の導管や切断面の穴を充填する木部用フィラー（目止め）もある。状況に応じ、コテ、ローラー

図12｜フィラー

主なフィラー		
	セメント形フィラー	セメント形下地調整塗材1種（JIS A6916 主に塗替え用）
		セメント形下地調整塗材2種（JIS A6916 主に新築用）
	有機形フィラー	合成樹脂エマルション系下地調整塗材（JIS A6916）
		一般形有機系フィラー
		微弾性形有機系フィラー
	木部用フィラー	油性形目止め材
		合成樹脂形目止め材
		水性形目止め材

などで塗布する。

微弾性フィラー｜びだんせい―

下地調整機能をもった下塗り材。近年、塗替えの場合には、シーラーに代えて微弾性フィラーを使用する仕様が主流になりつつある。シーラーに比べ粘度が高く厚みを付けられるため微細なクラックなどを充填できる。微弾性フィラーを使用することで下地調整の省力化が可能。

パテ

孔、ひび、段差など素地を修整するための材料で、粉末を水で練るもの、あらかじめペースト状のものが缶詰めにされているもの、2つの材料をこね合わせて硬化させるものなど、多くの種類がある［図13、写真2］。全面にパテを付けて平滑度を高める場合を総しごきと呼ぶほか、部分的に充填する場合にはパテかい、全面に付ける場合の1回目の塗布を地付けと呼ぶ場合がある。主に内部用として使われるが、外部に使用できるもの（反応形合成樹脂パテ）もある。コンクリート系下地や金属、木部面に、必要に応じて全面または部分的にパテべらを用いて塗り付け、塗装下地を平滑にする。パテ塗り作業のうち、素地や下地の全面に一定の厚みにパテを塗り付けることを**パテ付け**、凹凸部やジャンカなどの不具合部にパテを塗り付けることを**パテ飼い**という。

図13｜パテ

主なパテ		
	合成樹脂エマルションパテ	耐水形薄付け用パテ（JIS K5669）
		耐水形厚付け用パテ（JIS K5669）
		一般形薄付け用パテ（JIS K5669）
		一般形厚付け用パテ（JIS K5669）
	溶剤形パテ	ラッカーパテ（JIS K5535）
		オイルパテ
	反応形合成樹脂パテ	2液形エポキシ樹脂パテ（JASS18 M－202(2)）
		2液形ポリウレタンパテ（JASS18 M－202(2)）
		不飽和ポリエステルパテ（JASS18 M－110）

写真2｜ジョイント部分をパテ処理した状態

合成樹脂エマルションパテ｜ごうせいじゅし―

建築の内装仕上げに用いられる代表的なパテ。作業性は優れているが、耐水性・耐アルカリ性といった性能面はあまり良好とはいえない。ただし耐水形であっても外部には使用できない。

合成樹脂溶液形パテ｜ごうせいじゅしようえきがた―

熱可塑性合成樹脂の代表である塩化ビニル樹脂タイプでシーラーと同様に耐水性・耐アルカリ性などに優れているが、作業性、特に厚付け性・研磨性が悪い。

反応硬化形合成樹脂パテ｜はんのうこうかがたごうせいじゅし―

2液形エポキシ樹脂パテと2液形ポリエステルパテで代表される。

2液形エポキシ樹脂パテ｜にえきがた―じゅし―

耐薬品性・接着性の最も優れたパテでコンクリート系素地や金属面素地に用いられ、特に高耐久形合成樹脂エナメル用のパテとして用いられる。その塗膜が強すぎるためALCパネルなどの表面強度の低い素地には適用できない。

2液形ポリエステルパテ｜にえきがた―

厚膜性に優れ、研磨性も良好に設計されているが、耐アルカリ性がないため、セメント系素地に適用できず、金属・木部などに用いられる。

仕上げ塗材用下地調整材｜しあげぬりざいようしたじちょうせいざい

建築用仕上げ塗材・塗料などの仕上げ工事の下地調整に使用する。

セメント系下地調整塗材｜―けいしたじちょうせいぬりざい

1種（**C-1**）は吹付け、コテ塗り、ローラー塗りなどで0.5～1㎜程度の膜厚で塗布するタイプで、改修工事に用いられることが多い。2種（**C-2**）は、コテ塗り専用で1～3㎜程度の膜厚で塗布する。

セメント系下地調整厚塗材｜―けいしたじちょうせいあつぬりざい

一般的にポリマーセメントモルタルの通称で呼ばれ、3～10㎜程度の膜厚で塗布する。1種（**CM-1**）は適用できる仕上塗材に制限がある。2種（**CM-2**）はすべての仕上塗材に適用できる。

合成樹脂エマルション系下地調整塗材｜ごうせいじゅし―けいしたじちょうせいぬりざい

合成樹脂エマルションを結合材に用いた仕上げ塗材用下地調整塗材。ALCパネル・コンクリートなどの下地に塗り厚0.5～1㎜程度で用いられる。

塗装方法・工程

工場塗装｜こうじょうとそう

各種建具類・部位部材などの塗装を製作工場で行う塗装作業のこと。塗装工程のすべてを行う場合と鉄鋼材のように錆止めペイント塗装のみを行う場合とがある。

焼付け塗装｜やきつけとそう

加熱して塗膜を硬化させる塗装。

主として金属に施し耐熱・耐汚染・耐候性に優れる。アクリルエナメル系は鋼製・アルミ建具などに、メラミン（アミノアルキド）系は空調機器・電気器具などに用いられる。エポキシ系もある。

焼付け時間｜やきつけじかん
塗膜に規程の熱を加えて乾燥させる時間。

ウエットオンウエット
常温で硬化がまだ進行していない状態の面に次の工程の塗料を塗り2層を同時に焼き付けて乾燥させるための方法。

図14｜中塗り

主な中塗り	→ 油性形中塗り塗料	→ 合成樹脂調合ペイント中塗り用（JIS K5516）
	→ 雲母状酸化鉄塗料	→ フェノール樹脂形雲母状酸化鉄塗料（JIS K5554）
		→ エポキシ樹脂形雲母状酸化鉄塗料（JIS K5555）
	→ 高耐候性塗料	→ 鉄構造物用ポリウレタン樹脂塗料用中塗り（JIS K5657）
		→ アクリルシリコーン樹脂塗料用中塗り（JASS18 M－404）
		→ 鉄構造物用フッ素樹脂塗料中塗り（JIS K5659）
	→ 耐火塗料	→ 発泡性耐火塗料
	→ 外装材	→ 複層仕上塗材（JIS A6909）
		→ 防水形複層仕上塗材（JIS A6909またはJIS A6021）

現場塗装｜げんばとそう
建設現場で行う塗装作業のこと。

下塗り｜したぬり
最初に塗装する工程のことで、被塗物の表面の種類によって最適な塗料を選択する必要がある。下地の表面を強化し、塗料と下地双方に影響が及ぶのを抑えるのが目的。塗料と下地のなじみもよくする下塗りが適切に行われないと塗膜の剥離が起きるため、素地や下地に対して相性のよい材料を選ぶ。中塗りとの付着性も重要になる。さらに錆止めや**吸込み止め**などの目的によって種類を選択する。一般的にプライマー、シーラーなどと呼ばれる。

中塗り｜なかぬり
下地の保護や、塗装面に凹凸などの模様を出すための工程[図14]。中塗り工程では、中塗り専用の塗料を使用する場合と、上塗り塗料と同じ塗料を塗り重ねる場合がある。専用の中塗りを使用する場合は、塗膜に厚みを付加するねらいがある。外装では、特に**主材**（ベース）と称して、テクスチュアを形成したり、防水層などの役割を果たす。下塗りにも上塗りにも付着のよいものが使用される。

図15｜上塗り

主な建築用	→ 自然乾燥形	→ 油性形	→ 合成樹脂調合ペイント	
			→ フタル酸樹脂エナメル	
		→ 水性形	→ 合成樹脂エマルションペイント	
			→ つや有り合成樹脂エマルションペイント	
			→ ポリウレタン樹脂形エマルションペイント	
			→ アクリルシリコーン樹脂形エマルションペイント	
			→ フッ素樹脂形エマルションペイント	
		→ 溶剤形	→ アクリル樹脂系非水分散形塗料	
			→ アクリル樹脂エナメル	
			→ 塩化ビニル樹脂エナメル	
	→ 反応硬化形	→ 溶剤形	→ エポキシ樹脂塗料	
			→ ポリウレタン樹脂塗料	
			→ アクリルシリコーン樹脂塗料	
			→ フッ素樹脂塗料	
	→ 建築用仕上塗料	→ 薄付け仕上塗材		→ 一般形、可撓形、防水形
		→ 複層仕上塗材		→ 一般形、可撓形、防水形
		→ 厚付け仕上塗材、可撓形改修用仕上塗材		

上塗り｜うわぬり
塗装の最終工程で、耐候、耐汚染のためや、美観のために仕上げとして性能・意匠を発揮する[図15]。塗膜は、下塗り＋中塗り＋上塗りの3層の塗膜によって性能を発揮するが、一般には上塗り塗料の性能で評価されることが多く、塗装のランクや性能は、上塗りに用いる樹脂名で表現される。**トップコート**ともいう。

基層塗り｜きそうぬり
複層仕上げ塗材の場合に、主材を2度塗り重ねる際の1回目のことをいい（**ベース吹き**、**主材塗り1回目**）、全面にまんべんなく塗材を吹き付けることを指す。その後、大きめの粒を適度な密度で吹き付けることを模様塗り（**玉吹き**、**主材塗り2回目**）という。

塗膜｜とまく
塗料を被塗面上に薄く広げ、時間の経過につれて生じる流動しない連続した皮膜。

旧塗膜｜きゅうとまく
再塗装工事の際、既存の塗膜を旧塗膜と呼ぶ。なかでも、まだ十分な密着を保っている場合を活膜、そうでない場合を死膜という。死膜は除去するが活膜は残すのが通常の塗替えである。

素地｜そじ
塗装する金属・木・コンクリートなどの素材そのものの表面が露出している状態を指す。塗装工事以外では一般に下地という。

下地｜したじ
塗装を行おうとする面で、すでに塗膜が存在する面のこと。

素地調整｜そじちょうせい
素地面を清掃し、塗装した塗膜の付着性・仕上がり性を良好にするために行う塗装の最初の工程[図16、表6、写真3]。具体的には、ケレンなど問題部分を除去する行為と、**パテ付け**など問題部分を隠すために何かを付加する行為がある。下地に対して同様のことを行う場合は、**下地調整**という。

下地調整｜したじちょうせい
塗装下地（被塗面や塗膜）、劣化部などを清掃する工程[246頁図17]。

ケレン
Cleanの転訛した塗装用語。素地調整・下地調整をすべて含めて「ケレン」と表現することが多い[表7、図18、写真4]。素地でも下地でも塗装に適した状態にする作業を指

写真3｜素地調整

す。作業内容のレベルによってケレングレードがあり、求める素地レベルによって使い分ける。鉄部の場合、1種から4種まで定義がある。錆びや付着しているゴミなどを研磨紙（サンドペーパー）やワイヤブラシなどで取り除く4種ケレン、さらに電動工具を併用する3種ケレンまでは、活膜を残す。2種ケレンは狭所やくぼみ以外、活膜も除去する。1種ケレンは既存塗膜を100％除去する理想的な処置であるが、現場施工では種々の制約があり実行困難である。

磨き｜みがき
研磨した塗面により光沢を発揮するために行う操作。

サンディング
研磨のこと。

拭き取り｜ふきとり
塗った塗料が乾燥しないうちに拭き取り、木目の凹部に塗料を残して、木目の着色をはっきりさせる操作。**ワイピング**ともいう。

捨て塗り｜すてぬり
木目を鮮明に仕上げるために、素地調整の後、目止めをする前にワニスを塗ること。

くいつき
塗膜の付着性のこと。

砥の粉｜とのこ
乾燥した黄土の粉末。

タッチアップ

図16｜素地調整の工程

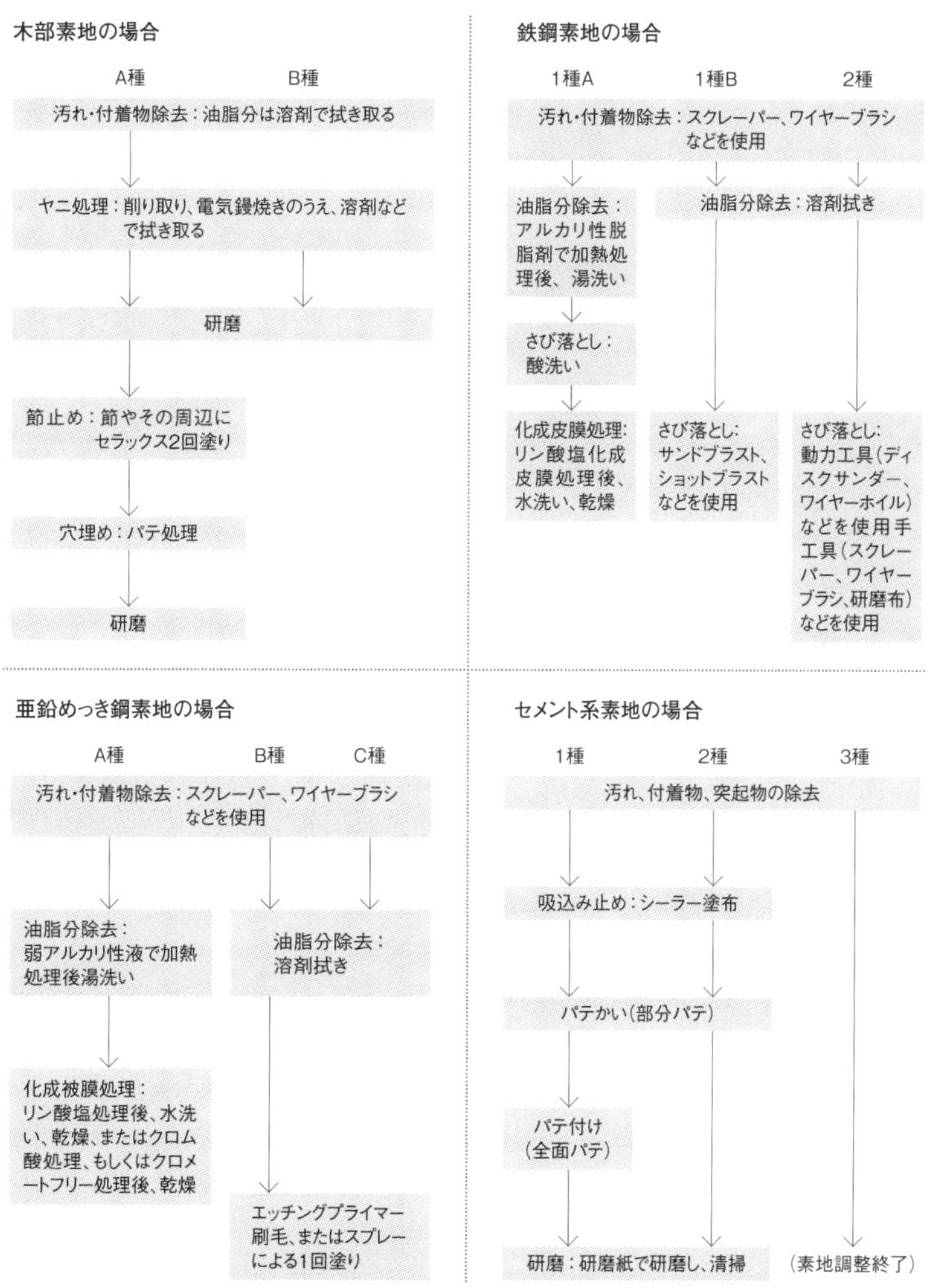

表6｜素地調整（錆の除去の場合）

処理方法（錆の除去）	特　徴	欠　点	欠点に対する解決策
ブラスト法	ミルスケール・赤錆・付着物が完全に除去できる	・工場が中心になる ・飛散が著しい	現場で施工する場合は、周辺に影響を与えないように養生する
チューブクリーナー	・素材の形状に応じて先端の器具を替え、効率よく除錆できる ・ホコリの発生が少なく、比較的手軽に扱える	手作業なので能率が悪い	施工中の部分的な錆落としや素地調整などにケレンに用いると効率がよい
ディスクサンダー ワイヤホイル	・比較的手軽に、効率よく錆落としができる ・現場向きである	凹部の錆やミルスケールが除去できない	ディスクサンダーやワイヤホイルなどを併用するとよい
ワイヤブラシ	・凹凸の多い面を、手軽に清掃できる ・現場向きである	錆落としの程度がよくない	応急的用途や小面積のケレンに用いる
スクレーパーケレンのみ	付着量のよい錆や汚れを、手軽に掻き落とすことができる	・凹凸の多い面では有効ではない ・小面積向きである	応急的用途や小面積のケレンに用いる

塗膜の小さな傷など、その部分のみを補修すること。

ネタ場｜―ば
塗装材料の置き場。

希釈割合｜きしゃくわりあい
シンナーまたは水を加えて塗料を薄める割合のこと。薄めずにそのまま塗る塗料もあるが、多くの塗料は適度に薄めて塗るようにつくられており、薄め過ぎも濃過ぎも仕上りに悪影響がおよぶ。職人の間では、塗料を**ネタ**、粘度を**コミ**とよび、粘度が高い場合は「ネタのコミがいい」と表現する。逆に、粘度が低い場合は「ネタが**シャブイ**」と表現する。

塗付け量｜ぬりつけりょう
被塗面に塗り付けた希釈前の単位面積当たりの塗料量。塗装時のロスは含まれない。

所要量｜しょようりょう
被塗面を仕上げるのに使用する単位面積当たりの希釈前の塗料量。塗装時のロスを含む。

パテ飼い｜―がい
被塗面に生じている凹凸などの不陸部分にパテを塗り平滑にする工程。**拾いパテ飼い**ともいう。

パテしごき
被塗面にパテを塗り付けた後、パテが乾燥する前にしごいて、余分なパテを取り除き、素地表面の不陸を修正し、素地の肌を揃えるために行う作業のこと。

パテ付け｜―つけ
被塗面素地全面にパテをある一定の厚みに塗り付け、素地表面を平滑にする作業をいう。**地付け**［じつけ］ともいう。

研磨｜けんま
研磨紙などにより塗膜表面を削り平滑にする行為で、パテ面においても必ず行われる。各工程間に必要に応じて行う。特にパテ付けした面には必須である。

吹付け工法｜ふきつけこうほう
塗料を霧状、あるいは粒状に飛ばして付着させる塗装方法［表8］。**エアレススプレー工法**と**エアスプレー工法**がある。前者は、直吹きして仕上げるため、吐出口の口径や吐出圧の調整をする必要がある。後者は、吹付け開始直後は、それまでの吐出口の圧力負荷が大きいため、大量の塗材が吹き出ることがあり注意を要する。いずれの場合も、

図17｜金属系下地用の塗装のための下地処理

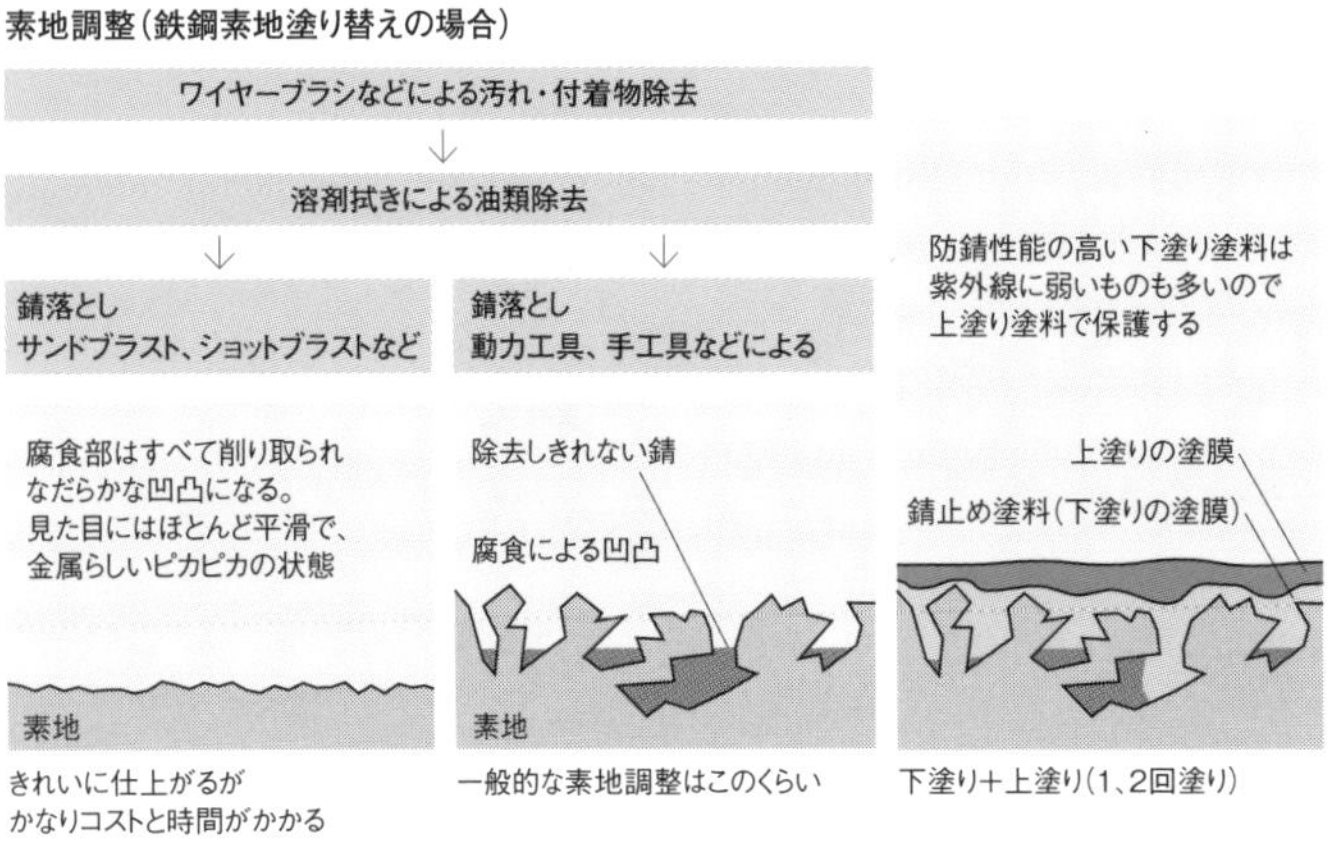

表7｜ケレン（金属塗装）

種　類	作業内容	作業方法
1種ケレン	錆を完全に除去し清浄な金属面にする	ブラスト法
2種ケレン	完全に付着したミルスケール（黒皮）は残すが、脆弱化したミルスケールや赤錆は除去する。わずかに金属光沢が出る程度が目安	ディスクサンダー・ワイヤホイルなどの電動工具と手工具を併用する
3種ケレン	完全に付着した赤錆は残すが、可能なかぎり、赤錆は除去する。一様に赤みを帯びた程度が目安	ディスクサンダー・ワイヤホイルなどの電動工具と手工具を併用する

図18｜目視による錆の判定方法

評点6（1%→3種ケレン）　評点4（10%→2種ケレン）　評点2（33%→1種ケレン）

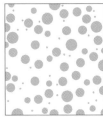

写真4｜鉄部のケレン作業

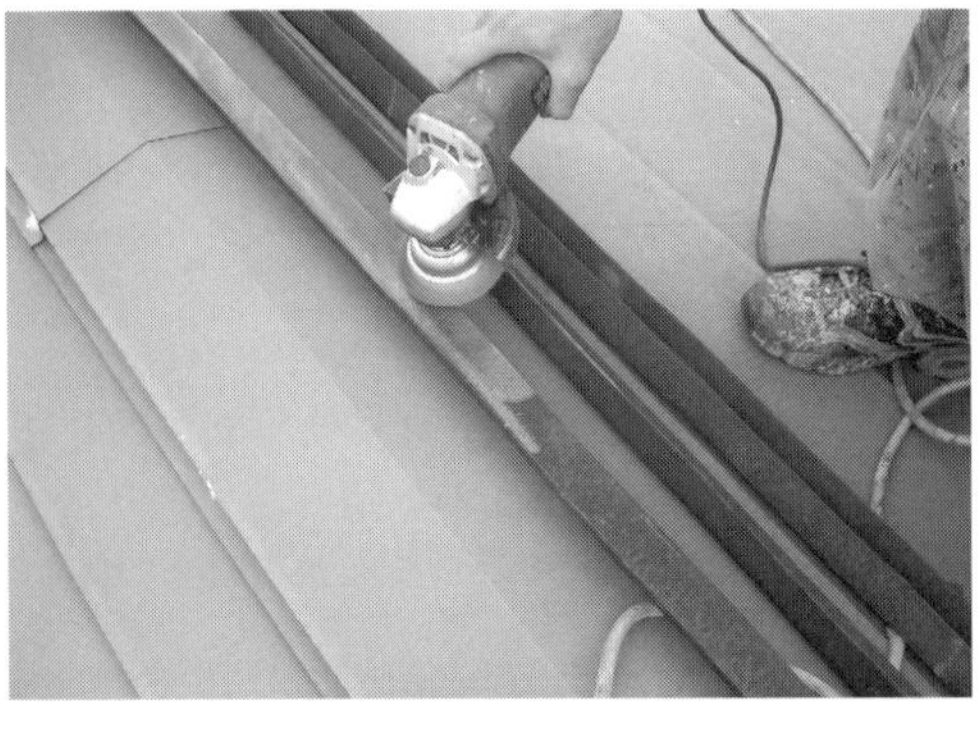

吹付け塗装工具はガンと呼ぶ。

刷毛塗り工法｜はけぬりこうほう

刷毛に塗料を含ませ塗面に均一に塗り付け、仕上げるもの[表8]。最初の材料のくばりの単位面積当たりの塗付け量がポイントとなる。使用する塗料の種類や塗装する対象物によって、さまざまなサイズ、材質の刷毛がある[図19]。水性塗料専用の刷毛もある。刷毛を動かした跡を刷毛目と呼び、これを極力目立たなくさせる、あるいはきれいに揃えて仕上げるには熟練を要する。

刷毛目や**塗継ぎムラ**（上から下まで一気に塗り切れないため、途中で塗り継ぐことでできるムラ）が目立たないように塗装することが望ましい。

ローラーブラシ工法｜―こうほう

ローラーブラシに塗料を含ませ、回転させることで塗装する工法。ならし後、速やかに次のとおしの段階に進まないと仕上がりに影響する場合があるので、ならし・とおしのインターバルを置かずに施工することが重要。刷毛塗りに比べると作業が容易で、塗装スピードに優れる。塗装目的によってさまざまな種類がある[写真5]。ローラーマーク（転圧跡）が出るが、ローラーマークが目立たないように塗装することが望ましい。

エアスプレー塗り｜―ぬり

圧縮空気により、スプレーガンのノズルで塗料を霧化して被塗物に塗り付ける方法[写真6]。塗料のロスが多く、飛散もしやすいため、建築塗装では最近あまり使われない。金属粉が含まれたメタリック塗装はエアスプレーで行われる。

低圧ガン塗り｜ていあつ―ぬり

エアスプレーと原理は同じだが、低圧で霧化し、ガンの周辺をエアカーテンなどでバリアをつくることで、塗料の飛散を最小限に防ぐ。塗装スピードはエアスプレーに比べやや劣る。

エアレススプレー塗り｜―ぬり

塗料を高圧で加圧し、ノズルチップから噴出させ、被塗物に塗り付ける方法。塗料を霧化させないので、エアスプレーよりロスが少ない。適用できる塗料の幅が広く、高粘度塗料も吹付けできる。大面積の塗装に適している[248頁写真7]。

タイルガン塗り｜―ぬり

エアスプレーと原理は同じだが、外装材用の塗料のような高粘度塗り材を対象にしているので、塗り材は霧化せずに粒状で被塗物に付着する。リシンガン、タイルガン[図20]、スタッコガンなどがあり、吹

表8｜塗装方法の特徴

塗装方法	長　所	短　所
刷毛塗り	1.使用道具が簡単である 2.複雑な形状の被塗面に対しても塗装が可能である	1.吹付け塗りに比べて塗装効率が劣る 2.均一な塗膜にするには熟練を要する 3.速乾性や粘性の大きい塗料には不向きである
吹付け塗り	1.刷毛塗りより塗装効率がよい 2.美麗な仕上げができる 3.速乾性や粘性のある塗料に適する	1.スプレーダストの飛散が多く養生や衛生上の処置が必要であり、工事現場塗装には不向きである 2.塗装面積の少ない構造物には不向きである 3.狭い個所の塗装ができない

図19｜刷毛

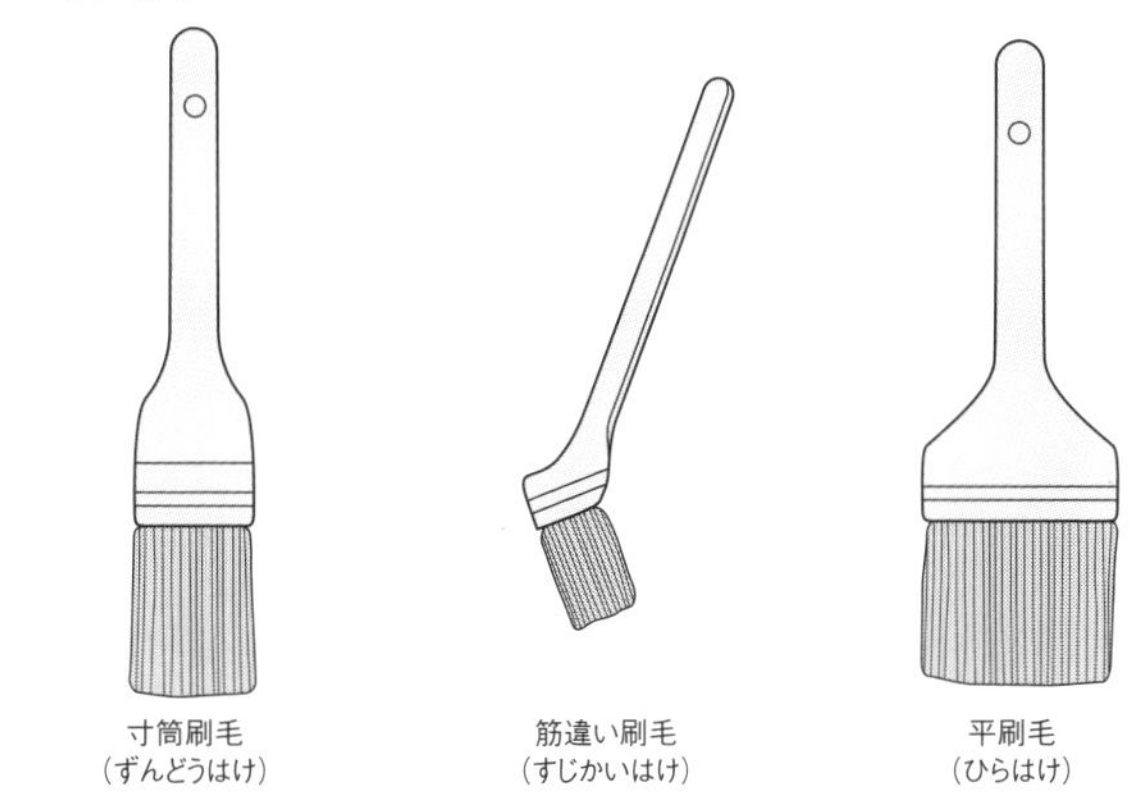

写真5｜ローラーとローラーハンドル

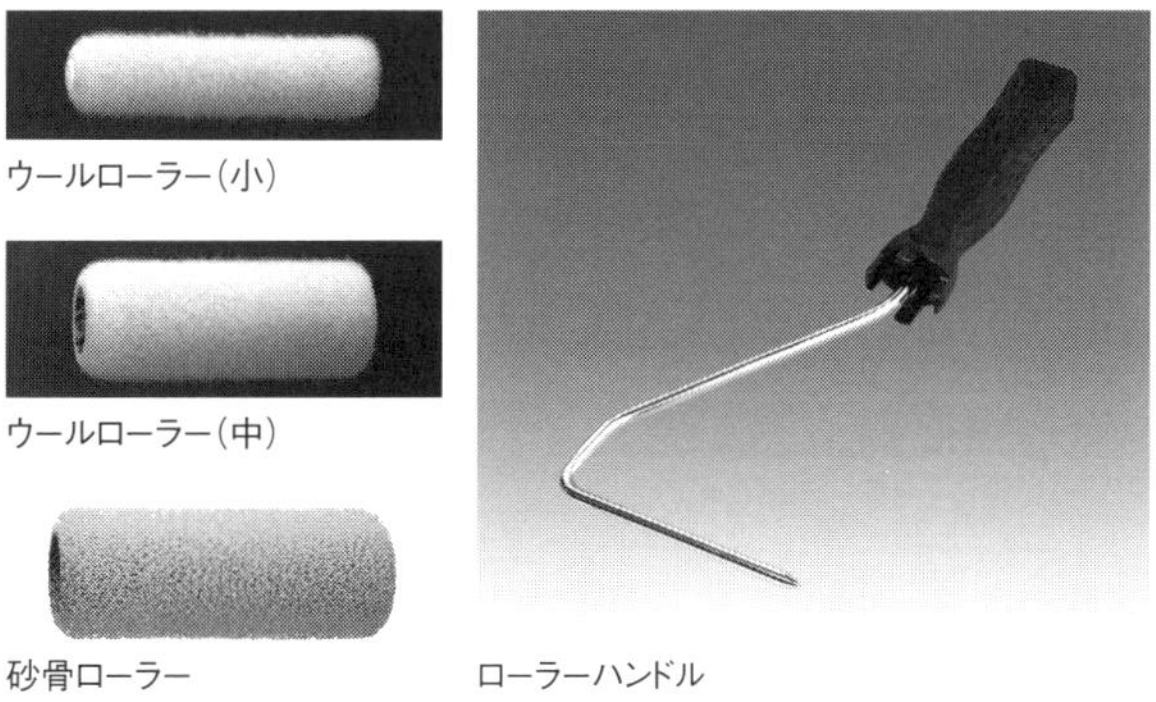

図20｜タイルガン

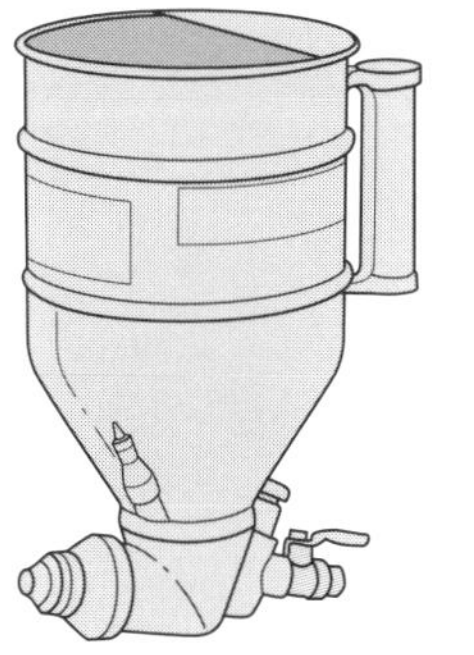

モルタル、リシンなど高粘度塗料に使われる

写真6｜エアスプレー

写真7｜エアレススプレー塗り

写真8｜コテ塗り

付けに用いる塗り材により形状やノズルの大きさが異なる。

コテ塗り｜こてぬり
コテを用いて塗装する方法。補修塗りや左官調の厚塗りの塗料などの塗装に使う［写真8］。

可使時間｜かしじかん
2液形塗料のように、塗料液と硬化剤を混合して使用するものは、混合後、反応硬化が進行し、塗装に適した流動性を保つ使用可能な時間が限られている。この使用可能な時間のことを指す。**ポットライフ**ともいう。可使時間を過ぎた塗料を使用すると、性能低下や仕上がり不良などに結び付く。気温によって変動するので注意。

熟成時間｜じゅくせいじかん
2液形塗料のなかには、混合した後、一定の時間を置いてから塗装に適した状態まで熟成させ、使用するように規定されているものがあり、その時間を熟成時間と呼ぶ。気温により変動するので注意。

放置時間｜ほうちじかん
塗料を塗り付けて乾燥するまで放置する時間。**乾燥時間**［かんそうじかん］ともいう。

工程内間隔時間｜こうていないかんかくじかん
同じ塗料を重ねて塗布する場合に、1回目と2回目との塗り重ねるために置くべき間のこと。

工程間間隔時間｜こうていかんかくじかん
中塗りと上塗りの場合のように異なった工程の組合せの場合、最初の工程と次の工程の塗り重ね可能な乾燥時間。

指触乾燥｜ししょくかんそう
指で触っても塗料が付かない程度の乾燥状態を指す。

最終養生時間｜さいしゅうようじょうじかん
すべての塗装工程の完了後、塗膜表面に傷が付きにくくなるまでの乾燥時間。なお、塗料のパンフレットに記載されている工程内間隔時間、工程間間隔時間、指触乾燥、最終養生の時間は、気温20℃、湿度65％を基準にしており、温度が低い場合や湿度が高い場合にはより長く時間を置く必要がある。

膜厚｜まくあつ
塗り付けた塗料の乾燥した塗膜の厚みをいう。塗り付けた直後の未乾燥状態で測定することがある。

目止め｜めどめ
塗るものの表面が粗い場合や、木材やALC板のように微細な穴がある場合に、それを目止め剤で埋めて平滑にすること。

節止め｜ふしどめ
マツやスギなど木材の種類によっては節からヤニが生じて塗装の仕上りに悪影響を及ぼす場合がある

参考｜金属系塗装の工程

素地調整
素地表面の付着物などを除去し清掃
↓
ケレン
鉄面の錆を除去
↓
下塗り
錆止めペイントやプライマーを用いて金属面に直接塗装
↓
下地調整
下塗り1回目の塗膜表面の汚れ・付着物を除去
↓
補修塗り
運搬中・取付作業中などで生じた、傷、はがれ、錆発生部分などを補修
↓
下塗り
取付け作業完了後、下塗り2回目を建設現場で塗装
↓
パテ飼い
パテを全面に塗付け素地表面の状態を修正
↓
研　磨
研磨紙を用いてパテ飼い部分の盛り上がったパテを研磨
↓
中塗り
塗料は中塗り専用の場合と上塗りと同じものを用いる場合がある
↓
研　磨
細かい粒子の研磨紙を用いて研磨
↓
上塗り
刷毛・ローラーブラシなどで上塗りする

参考｜木質系素地の工程

素地調整
表面の付着物・樹液などの除去、十分な乾燥をさせる
↓
目止め
油性目止め・砥の粉などを塗り付け、余分なパテを拭き取る
↓
着　色
油性着色剤を用いて均一に着色
↓
下塗り
合成樹脂ワニス、ウッドシーラーなどを用いて塗る
↓
中塗り
研磨性の優れたサンジングシーラーが用いられる
↓
研　磨
表面を番手の大きい細かい粒子の研磨紙を用いて研磨
↓
上塗り
ワニス・クリヤーなどが用いられる

参考｜セメント系塗装の工程

素地調整
表面アルカリ性(PH=10以下)・含水率(5%以下)を低下させるため放置
↓
下塗り
合成樹脂エマルション系シーラーなどで塗装
↓
パテ飼い
素地表面の巣穴などの凹部・継ぎ目などの不陸状態を平滑にする
↓
研　磨
パテ飼い部分を研磨紙で研磨
↓
パテ付け
パテを全面に塗付け素地表面の状態を修正
↓
研　磨
不陸状態をなくすように研磨紙で全面を研磨
↓
中塗り
上塗りの役割を補強
↓
上塗り
美装性や、耐水・耐摩耗性・耐汚染性の役割を果たすために塗布

ので、それを抑止する下塗りを行うこと。**ヤニ止め処理**。セラックワニスが主に用いられる。

だめこみ
窓廻りや入隅、目地などの端部や狭所を刷毛で先行塗りすること［写真9］。

着色｜ちゃくしょく
木部の透明塗装で木の表面に染料を溶かした着色剤で木目を生かしながら色を付ける方法。

色押さえ｜いろおさえ
着色剤で着色した木面がぼけるのを防ぐために行う工程。

増し塗り｜ましぬり
防水形複層仕上げ塗材において主材塗りで壁面の出隅、窓廻りなどひび割れの発生しやすい部位の防水性を強化するためにほかの面より多く塗ること。この用語は意匠的意味合いには用いない。

模様塗り｜もようぬり
複層仕上げ塗材において主材塗りの基層塗りの乾燥した面に凹凸模様などを付けるために塗る。

補修塗り｜ほしゅうぬり
塗面に塗り残しやキズなどがある場合、次の工程に入る前にその個所や周辺を塗装すること。**タッチアップ**ともいう。補修塗りは原則として同一ロットで行う。特に調色品は、同一ロット以外を使用してはならない。

化成皮膜処理｜かせいひまくしょり
金属塗装において金属表面の塗膜の付着性を良好な状態にするために化学薬品を用いて変化させるための処理。

塗り見本｜ぬりみほん
設計段階で、色・光沢・模様・塗り回数などを決定するためにつくる見本。

素地研磨｜そじけんま
よい仕上げをするのに適するように研磨紙で素地を研磨して平滑にすること。

研ぎ｜とぎ
塗面を研磨すること。

写真9｜だめこみ作業の様子

入隅と目地を刷毛で塗装している

水研ぎ｜みずとぎ
塗面を平滑にするために水を付けながら研磨する操作のこと。

空研ぎ｜からとぎ
塗面を研磨紙で研磨すること。

工具・道具

刷毛｜はけ
最も古くから使用されている塗装工具［250頁表9］。

ローラーブラシ
塗料を含ませたローラーブラシを被塗面に回転させ、その遠心力で塗料を吐き出し塗り広げる塗装に用いる工具。［250頁表10］。

エアスプレー
圧縮空気で塗料を霧化して吹き付けて塗装する工具。空気圧は通常3～5kg/㎠で行う［250頁図21、写真10］。

エアレススプレー
塗料に高圧で加圧してノズルチップより噴出し、吹き付ける工具。エアスプレー方式より塗料ロスが少なく、高粘度塗料も塗装できる。大面積の塗装に適している［250頁図22］。

ウエス
塗装時の塗料の拭取りや、用具を洗浄する場合に使う布。

ヘラ
パテなどの高粘度塗料の塗装に用いる工具。金属製・木製・プラスチック製・ゴム製などがある。

定盤｜ていばん
パテを練り、パテ付けするときに、材料を載せて片手でもつ平板。

研磨紙・布｜けんまし・ぬの
各種の研磨材を布や紙に接着したもの。粗さは番号（番手）で表示され数字が小さいほど粗い。

耐水研磨紙｜たいすいけんまし
水を使って研磨する場合に用いる耐水性の研磨紙。

スチールウール
金属面の錆除去、金属表面の艶消しなどに使用する、スチールをウール状にしたもの。

マジックロン
ケレンに使用されるナイロン製のタワシ。鉄部のサビ落としなどに使用される。場所によって、切ってサイズを調整して使用する。

ポリッシングコンパウンド
塗膜表面を最終的に磨き上げてつやを出すための材料で、細目・中目・粗目がある。

きさげ
古い塗膜をそぎ取る剥離用の手工具。

スクレーパー
錆落としに使うきさげ、1号から6号まである［写真11］。

皮すき｜かわ—
古い塗膜や錆を取り除くための手工具。

スケロ
錆落しに使う金具。

カンカンハンマー
鉄面塗膜を叩いて剥がす工具。

ワイヤブラシ
鉄面の錆や旧塗膜を除去する鋼線を植え付けたブラシ［251頁写真12］。

手板｜ていた
塗装工事においては、塗物を並べて棚に揚げる細長のスギ板［251頁写真13］。

表現・仕上げ

テクスチュア

塗装することによって得られる模様のこと。形態、色彩と並ぶ造形要素の基本概念で質感・材質感など触覚的な性質。

ゆず肌模様―はだもうよう　マスチック塗材専用のローラーには「荒目」と「細目」の2種類あり、細目のローラーでつくった模様のこと。また、塗料を希釈する度合いによって凹凸の具合も異なる。工法には、模様を付ける塗料がそのまま上塗りを兼ねる方法や、模様付け後に上塗りをして仕上げる方法などがある［250頁写真14］。

ヘッド押さえ―おさえ　スタッコ、吹付けタイルなどの模様塗りを行った直後、乾燥前にプラスチックのローラーや金コテで押さえ、凸部頂上を平らにする仕上げ方法を指す。**凸部処理**ともいう。

表9｜刷毛の種類とその用途・特性

種類・名称		材質・特性	用途
ずんどう刷毛		刷毛の腰が強く、塗料の含みがよい 毛質：馬毛	比較的粘度の高く乾燥の遅い塗料に用いる。 合成樹脂ペイント
平刷毛	白毛平刷毛	塗料の含みがよく毛の柔らかい羊毛がよい	水系塗料（エマルションペイント）のように粘度の低い塗料を塗るのに用いる
	黒毛刷毛	塗料の含みがよく毛の柔らかい羊毛がよい	油性ワニス、合成樹脂塗料を塗るのに用いる
	むらきり刷毛	刷毛目の修正用として用いる	塗装の際の刷毛むらを消す
筋違い刷毛	黒毛筋違い刷毛	馬毛のほか牛毛も混毛される	塗装の細かい部分（すみ・わき・塗り分け）を塗るのに用いる
	白毛筋違い刷毛	毛のほかに山羊毛も混毛される	粘度が比較的低い塗料・木材着色剤などの塗装に用いる
	下地刷毛	馬毛のほかに牛毛も混毛される	目止め用のほか、木部塗装以外に下地用刷毛として曲面、隅部のパテ付けに用いる
洋刷毛	エナメル刷毛　平はけ（洋刷毛）		油性エナメル、油性ワニスなど比較的大面積塗り用

写真10｜エアスプレーによる塗装

表10｜ローラーブラシの種類

種類・名称	特性	用途
ウールローラー	羊毛合成繊維など 長毛・粗面用 中毛・万能用 短毛・平滑面用	あらゆる塗料に適用 合成樹脂エマルション塗料 合成樹脂塗料
デザインローラー（模様付けローラー）	ウレタン発泡体 低発泡・高発泡	高粘度タイプ・骨材混入タイプ塗料に用いる。凹凸模様形成・砂壁仕上げ
ヘッドカットローラー	合成樹脂製 ハードタイプ ソフトタイプ	デザインローラーや吹付けなどにより形成した凹凸模様の凸部を押さえるローラー

写真11｜スクレーパー

図21｜エアスプレー塗装の種類

カップの取付け位置	カップの取り付け位置	スプレーガンの種類
カップ式 カップ塗料の供給が断続的である	→ **重力式** 塗料の供給が断続的である	→ モルタルガン → タイルガン → リシンガン → スタッコガン
	→ **吸上げ式** ガンの下にカップが付きエアーの吹き出しによって吸い上げられる	→ ラッカーガン → ゾラコートガン
圧送式 塗料の供給が連続的である	→ **エアレスポンプ式** → **タンク圧送式** → **スネーク式** → **ピストン式** → **スクイーズ式**	→ ピストルガン

図22｜エアレスポンプ式の種類

エアレス式	→ **スクイーズ式** 圧縮空気で駆動するプランジャーポンプで塗料を加圧する方式で、主として大型構造物に適している
	→ **タイヤフラムポンプ式** 電力またはエンジンで駆動するダイアフラムポンプで塗料を加圧し塗装する。小型なので建築現場に適している

写真12｜ワイヤブラシ

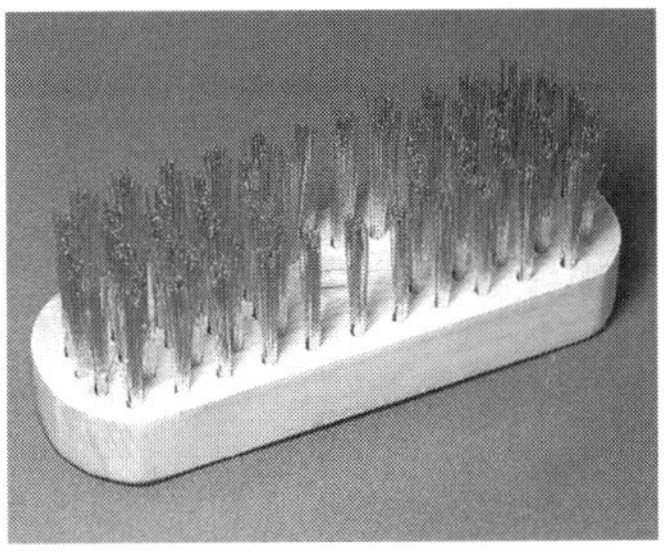

ヘッド押さえを行わない場合は**吹きっぱなし**という［写真15］。

くし引き｜―びき
装飾性仕上げ塗材などをコテ塗りあるいは吹付け直後、乾燥前にくしで模様を付ける方法。くしのほかにも、コテで任意の模様を付ける方法や凹凸が刻まれたローラーを使用して模様を付ける方法もあり、メーカー側で「**キャニオン**」「**ウェーブ**」などさまざまなネーミングをした模様がある［写真16］。

艶｜つや
物体の表面から正反射する光の多い・少ないによって起こる現象。

艶あり｜つや―
光沢の程度の表現の1種。正反射の光の量が多い状態。艶のあるものから順に**艶あり**、**7分艶**、**5分艶**、**3分艶**といい、艶のないものを**艶なし**という。また、光沢のある仕上げを**艶あり**、**全艶**、まったく光沢のない仕上げを**艶消し**、**全艶消し**、**マット**、**フラット**と呼ぶ。なお、下地を極度に平滑にして艶ありで仕上げることを**鏡面仕上げ**と呼ぶ。

写真13｜手板

エナメル艶あり仕上げ｜―つやありしあげ
光沢が75以上ある下地を隠蔽した仕上げをいう。配合や樹脂の種類によって艶の程度に差があるので、必要に応じて塗り見本などを利用し、光沢の程度を確認するとよい。

エナメル艶消し仕上げ｜―つやけししあげ
光沢を調整してあり、光沢の程度によって、艶消し、3分艶、半艶（5分艶）などと表現する。一般にグロス12以下を艶消し、グロス20～40を3分艶、グロス40～60を半艶の目安にしている。艶の感じ方には個人差が大きいので、塗り見本などで確認する。

写真14｜ゆず肌模様

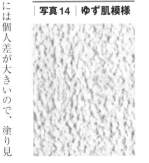

クリア仕上げ｜―しあげ
顔料を含まない透明な仕上げ。素地（下地）がそのまま見えるので、クリア仕上げしてもよい下地の状態かを十分に確認する。

着色生地仕上げ｜ちゃくしょくきじしあげ
素地が見える程度に着色したクリア塗装である。木部や打放しコンクリートなどの素地を生かしながら着色する場合に適する。

目はじき｜め―
オープンポアー仕上げともいう。塗料や目止め剤で道管（目）を完全に埋めずに、木目が開いた状態のまま仕上げる塗装仕上げのこと。反対に、素地表面に開いた道管や孔をすべて塞ぎ、平滑で厚い塗膜を形成させる塗装仕上げのことをつぶし（クローズポアー仕上げ）という。

写真15｜ヘッド押さえと吹きっぱなし（吹き付けタイルの場合）

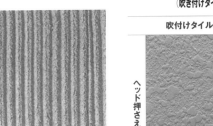

写真16｜吹付け塗装材の表面仕上げ

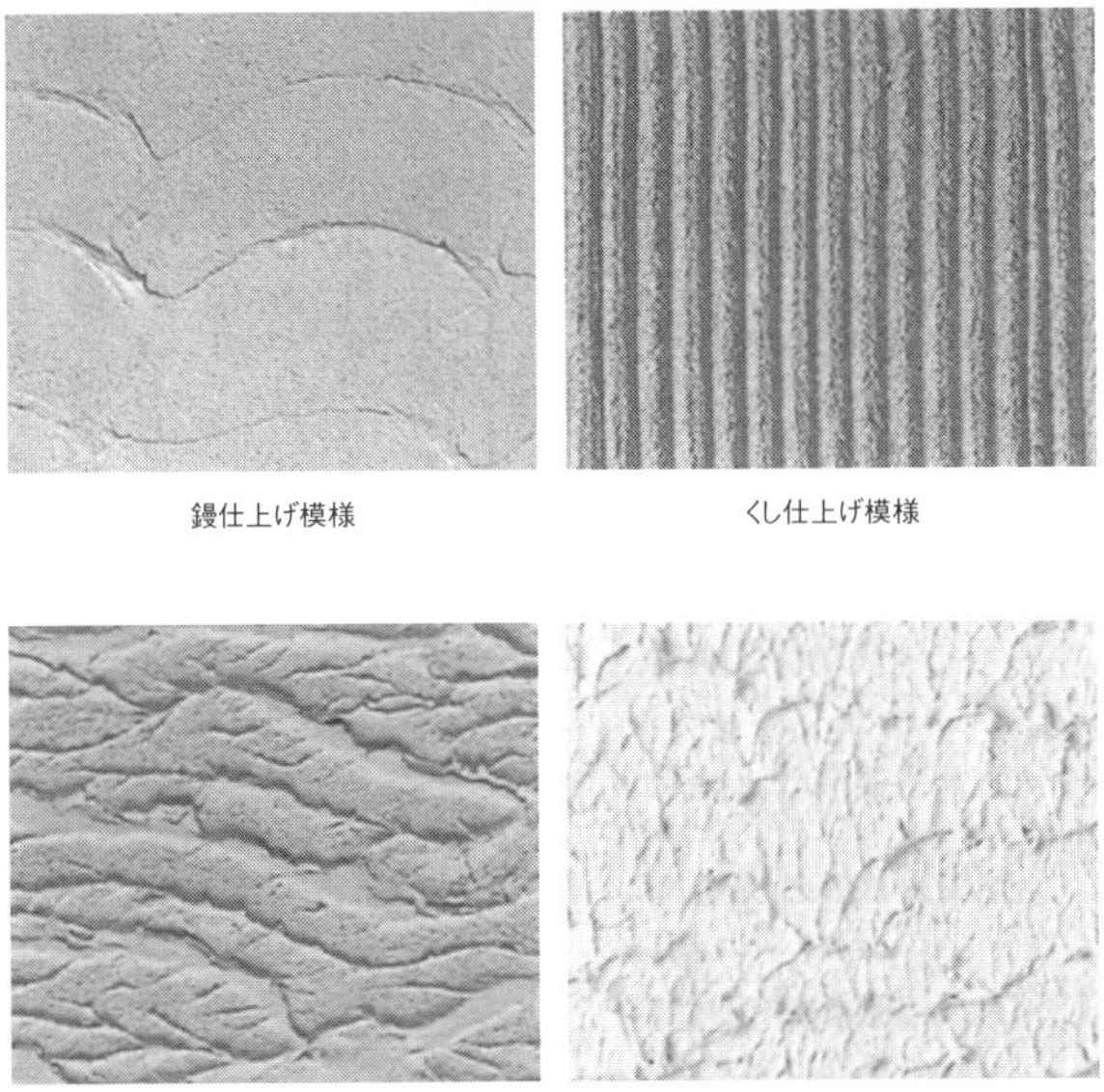

鏝仕上げ模様　くし仕上げ模様
パターンローラー仕上げ　パターンローラー仕上げ

デコラティブペインティング
ヨーロッパで発祥した、各種の塗装技能による芸術性の高い仕上げ法。木目や大理石などを模した装飾的塗装で、塗装というよりは絵画に近い。種類については252頁表11参照。

メタリック仕上げ｜―しあげ
隠蔽性の弱い着色顔料を少量加えたクリア塗料に、塗膜表面まで浮き上がってこないアルミ粉を配合した塗料。その名のとおり、色は限られるが、艶によって金属的な質感に仕上がる。エアスプレーガンで塗装するが、ムラになりやすく現場施工には不向きである。

パール仕上げ｜しあげ
メタリック仕上げのアルミ粉に代えて「パール」と呼ばれる二酸化チタンを被覆したマイカを用いるとパール仕上げが得られる。

青銅緑青調仕上げ｜せいどうりょくせいちょうしあげ
下地色のブロンズ色の上に、緑青色を2度薄く吹いている。色の濃淡や玉の大きさで微妙にテクスチュアを変えることができる。

白木塗装仕上げ｜しらきとそうしあげ
北欧で開発された塗装。塗料による塗れ色を出さないで白木の色そのままの感じに仕上げる。

オイルフィニッシュ
デンマークで開発された塗装。木部塗装において、塗膜を形成させるのではなく、塗布してから布等で拭き取りを行い、木材のなかに油を染み込ませて仕上げる方法のこと。

調色｜ちょうしょく
基本的な原色である白・黒・赤・青・黄などを混ぜ合わせて要求された色をつくり出す作業をいう［表12］。調色では**色見本**（カタログなどに印刷されている色のイメージ）を見て、そこに記載されている原色とその割合を決定する。

調合では、割合の大きい順に混合する。このとき黒を添加しすぎると調整が利きにくいので注意すること。色が色見本に近づいてきたら、塗料を塗り板などに塗り付け［**塗り見本**、表13、図23］、乾燥させて見本色と色を比べ、色が合っているかの判定を行う。色の判定は、直射日光の当たらない北側の窓際から50cmくらい内部に入った明るい場所が適する。

表11｜デコラティブペインティングの種類

仕上げの種類	スペシャルフィニッシュ（特殊仕上げ、創作的な模様）
	フォーフィニッシュ（疑似仕上げ、大理石模様・木目書き）
	ミューラル（壁画、建築内部の壁天井などへのデザイン的効果）
	トロンプロイユ（騙し絵）、トリックアート、幾何模様、写実模様
技法の種類	グレイジング（半透明の塗り重ね）
	ギルティング（金箔、アルミ箔貼り）
	テンシリング（型紙模様）
	マーブリング（石目模様）
	グレイジング（木目模様）
	アンチーキング（エイジング古風仕上げ）
	マスキング

表12｜調色

項目	内容
現場調色	建築塗装現場で汎用的に使用する塗料の白と原色を用意しておき、必要に応じて色をつくる作業である。ただし、昨今はメーカーの供給対応がよくなったことで、現場調色は激減している
工場調色	指定された色をメーカーが工場で製造すること。昨今はコンピュータの進歩に伴い、色の測定から混合する原色の種類や添加量まで計量されるので、容易に早く色をつくれるようになっている。結果的に、塗装技能者の能力であった調色技能が低下してきている
生塗料	使用する塗料の現物をいう。また、稀釈しない原液の塗料や塗料そのもののサンプル（調色のために塗り板や見本帳に使う）のことを生塗料見本ということがある

表13｜塗り見本

項目	内容
仕上がり見本	指定した塗料で塗装すると、どのような仕上がり（完成したときの塗膜状態）になるかの確認に用いられる。板の大きさは、10×20cmまたは20×30cm程度が多い。外装では実際に被塗物に塗装したり、三六判の合板を用いることもある
色見本	色を確認するための見本板である。板の大きさは5×10cmまたは10×20cmの小さい板でよいが、最終的には、仕上がり見本で確認することもある
工程見本	塗装仕様の工程やそのときの塗膜の色などが分かるように、工程ごとの塗膜が見えるよう一定幅を残しながら作成された塗り板のこと

図23｜工程見本の例

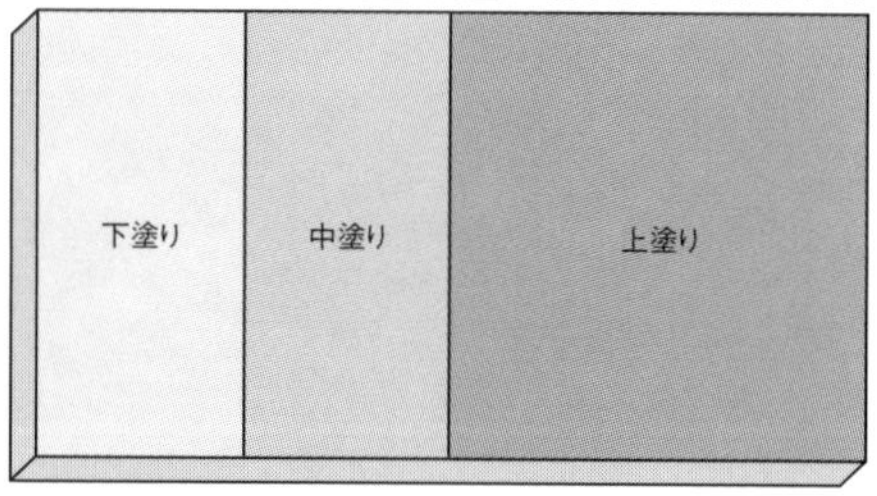
定期的に下塗り、中塗りが見えるように塗装されている

不具合・欠陥

ぶつ
塗面に付着する荒い粒子のこと。

ざらつき
ぶつの付着が多く生じている現象のこと。

ゆず肌｜はだ
塗装面が平滑にならず柚子の皮の表面と同様な凹凸状態となる現象。**オレンジピール**ともいう。

にじみ
下地の塗膜・素材の成分が上塗り塗膜面に浮き（にじみ）出てくる現象。**ブリード**ともいう。

透け｜すけ
上塗りの隠蔽力が小さく、塗り膜厚が不足していると生ずる下地が見える現象。

塗りムラ｜ぬり―
アルカリ作用、技術不足などで生じる塗り層の不均一や変色。

艶ムラ｜つや―
部分的に光沢不足や強い艶が発生する不具合現象のひとつ。

色褪せ｜いろあせ
塗料が変色や褪色すること。酸化や紫外線による劣化などが原因で生じる不具合現象。

色ムラ｜いろ―
塗膜表面で部分的に色が違う現象。

色別れ｜いろわかれ
塗料の乾燥段階で顔料が凝集や浮きなどによって不均一となり色ムラを生じる現象。

白亜化｜はくあか
塗膜の表面部分が紫外線劣化など

により粉化状になり、手などに容易に付く状態になる現象。チョーキングともいう。

剥れ｜はがれ
樹皮が剥がれるように塗膜が浮き上がって脱落する現象。

あわ
素材の穴や塗膜中に残った空気、塗膜中に残った溶剤などの影響で塗膜に小さな穴が空いたり、ふくれたりすることがある。塗膜に穴の空いた状態を**ピンホール**といい、ふくれた状態を**発泡**［はっぽう］または**あわ**という［写真17］。

垂れ｜たれ
垂直面に塗った塗料が下のほうに流れて仕上げが不良となる現象。流れともいう。

はじき
塗料を塗ったときに素地面から反発されて素地まで達するへこみを塗膜に生じる現象。

写真17｜あわ

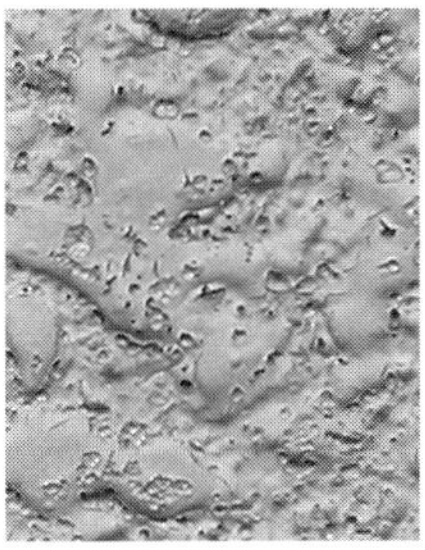

しわ
厚塗りしたり、上乾きした場合に下塗りの乾燥が不十分などの場合に、塗膜面がしわ状になる現象。縮みとも。

割れ｜われ
塗膜面に不規則な線状の割れ目ができる現象［写真18］。**クラッキング**とも。

ひび割れ｜—われ
細かい割れ。

塗り落とし｜ぬりおとし
塗り残し。

目やせ｜め—
木材の塗装で、導管の目止めが不十分な場合、塗膜が導管に沿って凹む現象。

浮き｜うき
塗料を塗り重ねたとき、上塗りが下塗り塗膜を侵して小さなしわや割れ模様を生ずる欠陥現象［写真19］。

写真18｜割れ

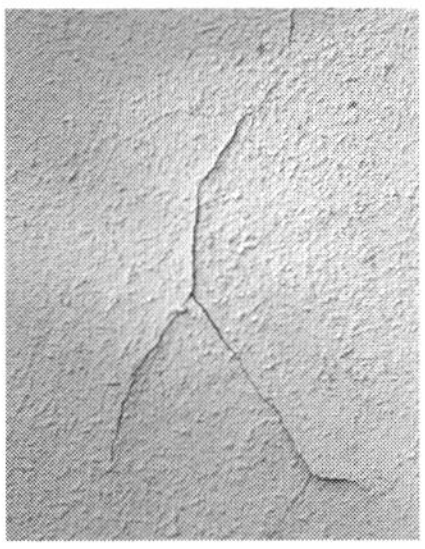

塗膜試験

クロスカット試験｜—しけん
既存塗膜の付着性を判断する試験方法の1種［図24］。塗膜をカッターなどで×状に切って、その上にセロハンテープを強く貼り付けた後、セロハンテープを垂直に強く引張って剥がした剥がれ具合から付着性を判断する。簡便な方法で、平滑な塗膜であれば使用できる。注意したいのは、塗膜が劣化し表面が粉化していたり、付着物が残ったりしていると、セロハンテープの付着が不十分となり、本来の強度が確認できない。この場合は十分に清掃してから試験する。また、カット時は下地まで届くように切ることが重要。

碁盤目試験｜ごばんめしけん
既存塗膜の付着性を判断する試験方法の1種［図24］。試験方法はクロスカット試験と同じだが、異なるのは塗膜のカット方法で、ここでは塗膜表面を碁盤目状に切り、その剥がれ具合を割合で判断するという点である。碁盤目に切る幅は、下地の種類や塗膜の種類で異なる。下地が金属ならカット幅は1～2㎜程度、セメント系建材では5㎜程度でよい。

アドヒジョン試験｜—しけん
既存塗膜の付着性を判断する試験方法の1種で、専用の測定器を用いる。測定する塗膜の表面を十分に清掃した後、1円玉サイズの円形アタッチメント接着剤で貼り付ける。乾燥後、アタッチメントの周辺に、カッターなどで下地に届くまで切り込みを入れ、アドヒジョン試験器をセットして測定する。付着強度が数字で示されるので判断がしやすい。

引張り試験｜ひっぱりしけん
既存塗膜の付着性を判断する試験方法の1種で、専用の測定器を用いる。アタッチメントが40㎜角と大きいため、粗面にも使用することができる。

試験手順としては、測定面に接着剤でアタッチメントを十分に接着してから、アタッチメント周辺をカッターなどで下地に届くように切り込みを入れる。その後、測定器をセットして測定する。付着強度が数字で示されるので判断がしやすい。

写真19｜浮き

図24｜クロスカット試験と碁盤目試験

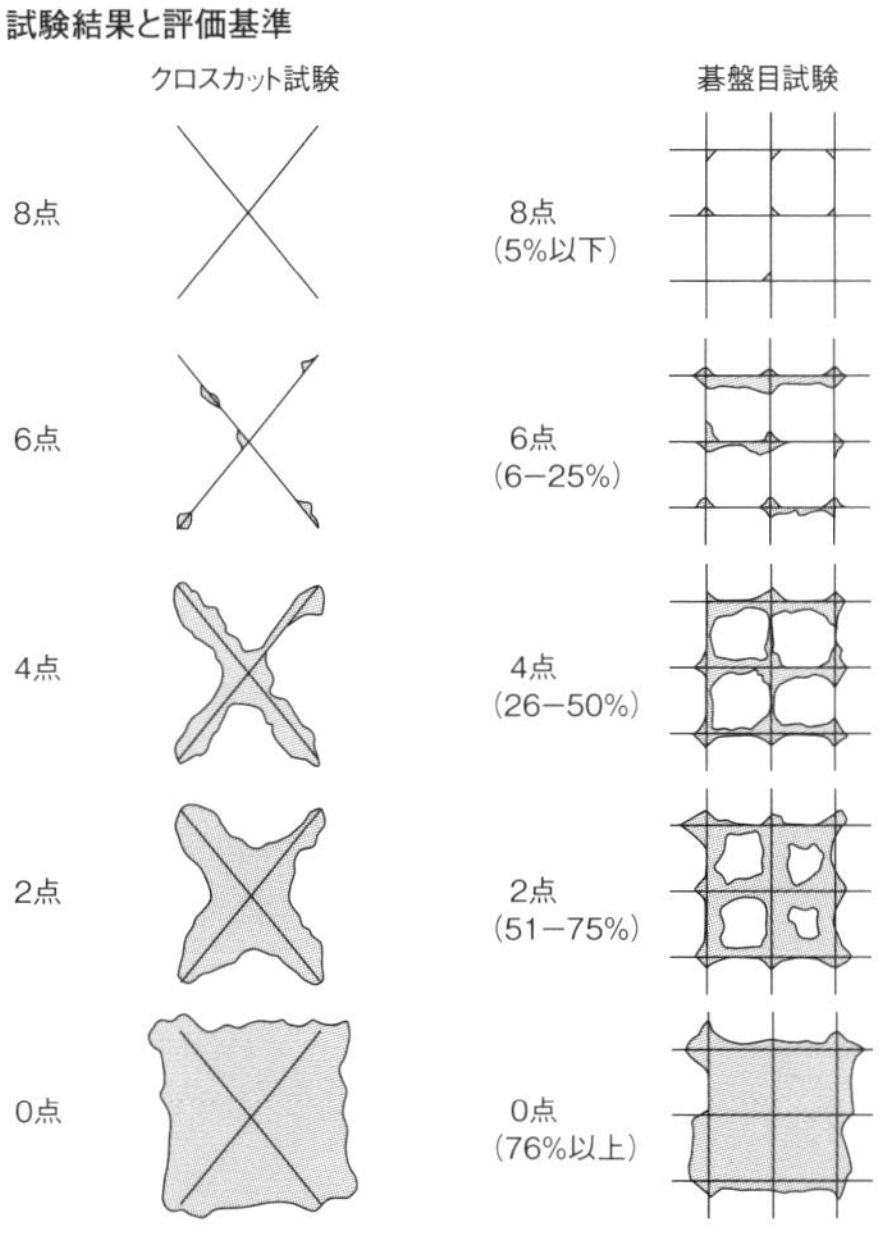

TOPICS｜4

抗菌・抗ウイルス素材

微生物｜びせいぶつ
肉眼では見えなく、顕微鏡で観察しないと見えない生物で、細菌、ウイルス、カビなどの菌類、藻類、原生動物（アメーバなど）などが含まれる。

感染症｜かんせんしょう
微生物がヒトの体内に侵入、増殖することにより引き起こされる病気。ウイルスによる風邪やインフルエンザ、細菌による食中毒なども感染症である。

感染経路｜かんせんけいろ
感染症を引き起こす微生物が、ヒトの体内に侵入する経路。飛沫感染、空気感染、接触感染、経口感染などがある。室内で感染する経路としては、飛沫感染や空気感染、接触感染が主な経路であるが、換気や衝立など物理的に経路を遮断することにより、飛沫感染や空気感染はリスクを低減することができる。

細菌｜さいきん
栄養分や温度などの環境が整えば、自己増殖できる。細菌細胞の外側に位置する細胞壁の構造の違いによりグラム陰性菌と陽性菌の２つに大別できる[図１]。

大腸菌｜だいちょうきん
グラム陰性菌の代表菌で、抗菌評価に用いられる。食中毒で問題となるＯ１５７も大腸菌の一種。住宅内では、トイレやキッチンなどの水まわりで観察される。

黄色ブドウ球菌｜おうしょく―きゅうきん
グラム陽性菌の代表菌で、抗菌評価に用いられる。ヒトや動物の表皮に常在している。住宅内では、手足や肌が接触する場所である床面、水まわりでは、浴室などで観察される。

MRSA｜えむあーるえすえー
メチシリン耐性黄色ブドウ球菌の略。黄色ブドウ球菌が、メチシリンという抗生物質に耐性を持った細菌。院内感染で問題となる。

ウイルス
生物と無生物の間に位置するとされ、普通の生物のように自己増殖はできない。宿主細胞に侵入し、その増殖システムを使って、自己増殖する。自己増殖後、宿主にダメージを与えて、ほかに宿主が存在すれば、次々と侵入、増殖を繰り返す。この宿主へのダメージにより病気が引き起こされる。

エンベロープ
ウイルスをその構造で２つに大別すると、エンベロープをもつウイルスともたないウイルスになる。エンベロープは、主に脂質二重膜とタンパク質で構成されている[図２]。

ノロウイルス
エンベロープをもたない代表的なウイルスで、胃腸炎の原因となる。ノロウイルスは人工的に増殖させるのが難しいため、抗ウイルス評価では、代替として、ネコカリシウイルスを用いる。

インフルエンザウイルス
エンベロープをもつウイルスの代表的なウイルス。抗ウイルス評価で用いられ、宿主細胞としては、ＭＤＣＫ細胞（イヌ腎臓尿細管上皮細胞由来）が用いられる。

新型コロナウイルス｜しんがた―
COVID-19の原因となるウイルス（SARS-CoV-2）。エンベロープをもち、ヒトの鼻やのどなどの粘膜に付着し、感染する。抗ウイルス評価では、ベロ細胞（アフリカミドリザル腎臓上皮細胞由来）が宿主として用いられる。

抗菌｜こうきん
細菌の増殖を抑制すること。殺菌や除菌もふくめて抗菌ということもある。

抗ウイルス｜こう―
物体の表面や液中にある特定ウイルスの数を減少させること。ウイルスの感染力を失わせることは、ウイルスの不活化という。また、ウイルスの数は、感染価という。すなわち、感染価が低下すれば、ウイルスは不活化したということになる。

滅菌｜めっきん
すべての微生物を死滅させること。

図1｜細菌・ウイルスの大きさ

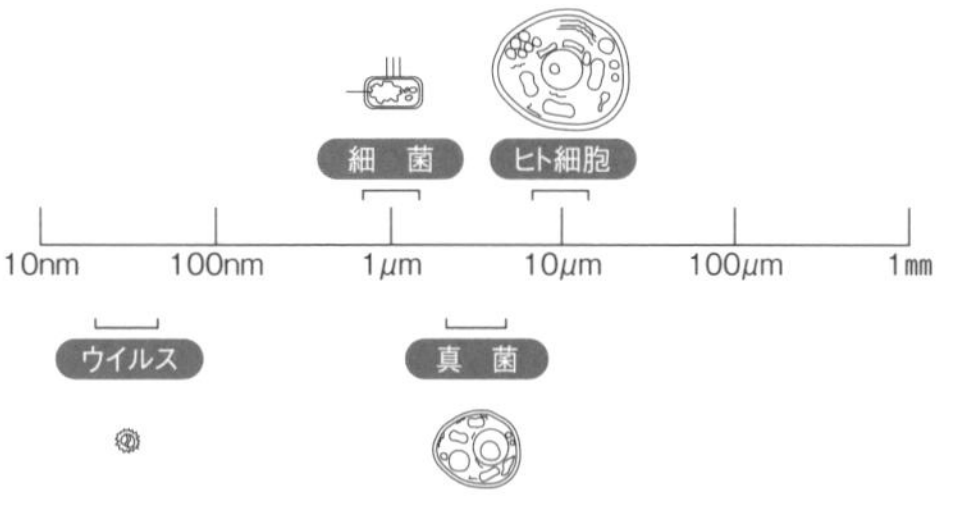

図2｜ウイルスの構造

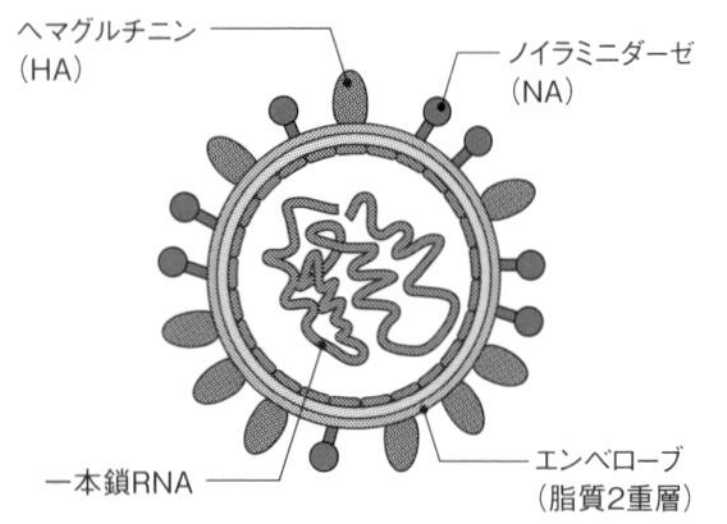

図3｜ウイルスの種類

エンベロープウイルス
・新型コロナウイルス　・インフルエンザウイルス
・ヘルペスウイルス　・B型やC型肝炎ウイルス
・風疹ウイルス　・エイズウイルス　等

ノンエンベロープウイルス
・ノロウイルス　・ロタエンザウイルス
・ポリオウイルス　・アデノウイルス　等

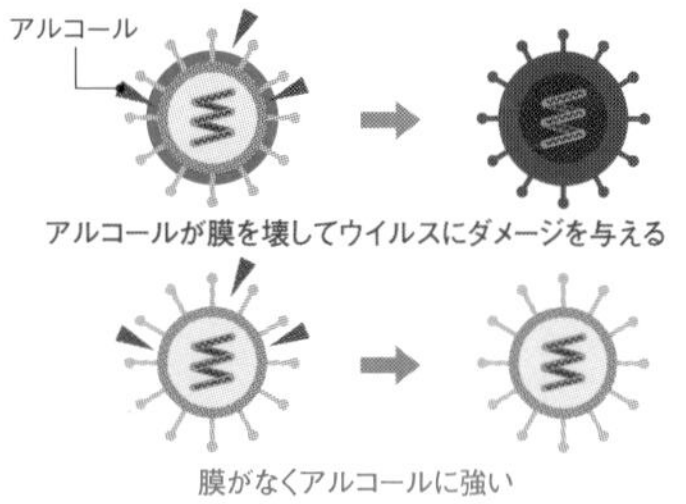

例えば、オートクレーブでの処理が滅菌に該当する。

殺菌｜さっきん　細菌の増殖を抑制するだけではなく、細菌の初期生菌数から減少する場合、すなわち細菌が死滅した場合には、殺菌となる。

消毒｜しょうどく　殺菌や不活化したい対象が病原性をもつ細菌やウイルスの場合に、用いられる。エタノールや次亜塩素酸ナトリウム溶液など、液体の場合が多い。

除菌｜じょきん　住宅や建物内での限られた空間に元々存在していた細菌を、その空間より除去すること。

抗菌・抗ウイルス材料｜こうきん・こう－ざいりょう　上記に定義した抗菌・抗ウイルスの活性を発揮する材料のこと。本項では、住宅や建物で使われるガラスやタイルやプラスチックなどの平板材料に、コーティングあるいは練り込むことによって、抗菌・抗ウイルス効果を得られる材料もある。

抗菌金属｜こうきんきんぞく　抗菌活性を示す金属で、銀イオンを漏出する銀化合物や、銅イオンを漏出する銅化合物、古代では、ミイラに使われていた水銀なども抗菌金属である。

金属化合物｜きんぞくかごうぶつ　イオンを漏出する金属化合物だけでなく、酸化銀や酸化銅、酸化亜鉛、酸化モリブデンなどの金属酸化物を中心とした金属化合物も抗菌・抗ウイルス活性を示す。特に、酸化第一銅（Cu_2O）は、酸化第二銅（CuO）に比較して、高い抗菌、抗ウイルス活性を示す。

光触媒材料｜ひかりしょくばいざいりょう　光を照射することによって、抗菌活性や抗ウイルス活性、また脱臭効果やセルフクリーニング効果など、多機能な効果が得られる材料。照射する光によって、紫外光応答型光触媒材料と可視光応答型光触媒材料がある。

紫外光応答型光触媒材料｜しがいこうおうとうがたひかりしょくばいざいりょう　光触媒材料の代表的なものは、酸化チタン（TiO_2）で、380nm以下の紫外光を照射することにより、多機能な活性を発揮する。380nm以下の紫外光は、太陽光照射によって得られるが、屋内では、屋外の太陽光の1／1000程度しか得られない。室内で紫外光応答型光触媒材料を使う際には、ブラックライトや紫外光LEDなどの光源の確保が必要である。

可視光応答型光触媒材料｜かしこうおうとうがたひかりしょくばいざいりょう　蛍光灯や可視光LEDなど可視光（400～800nm）を照射することにより、抗菌や抗ウイルスといった効果が得られる光触媒材料。銅担持酸化チタン（Cu_xO/TiO_2）は、日常空間で得られる照度の可視光で高い抗菌・抗ウイルス活性を示す。新型コロナウイルス（SARS-CoV-2）に対する評価で抗ウイルス活性をもつことが証明された。

光触媒コーティング製品｜ひかりしょくばい－せいひん　紫外光応答型光触媒材料や可視光応答型光触媒材料をガラスやタイルやカーテンウォールなどの建材や自動車のドアミラーなどの表面にコーティングされた製品。

光触媒反応｜ひかりしょくばいはんのう　光触媒材料表面に光が照射された際に起きる反応で、光誘起分解反応と光誘起親水化反応の2つの反応が起きる［図4・5］。

光誘起分解反応｜ひかりゆうきぶんかいはんのう

図4｜光触媒による酸化分解

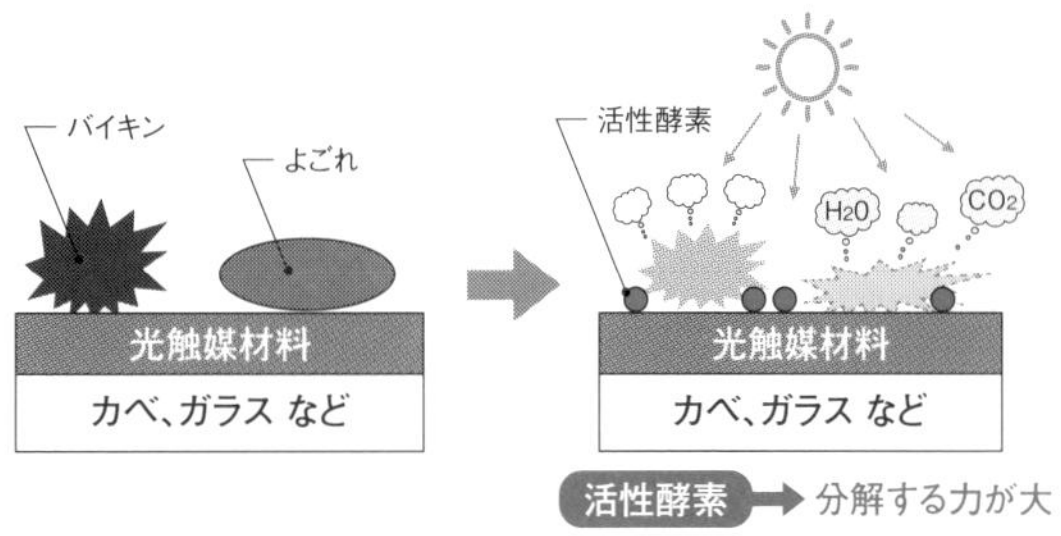

図5｜光触媒素材の超親水性

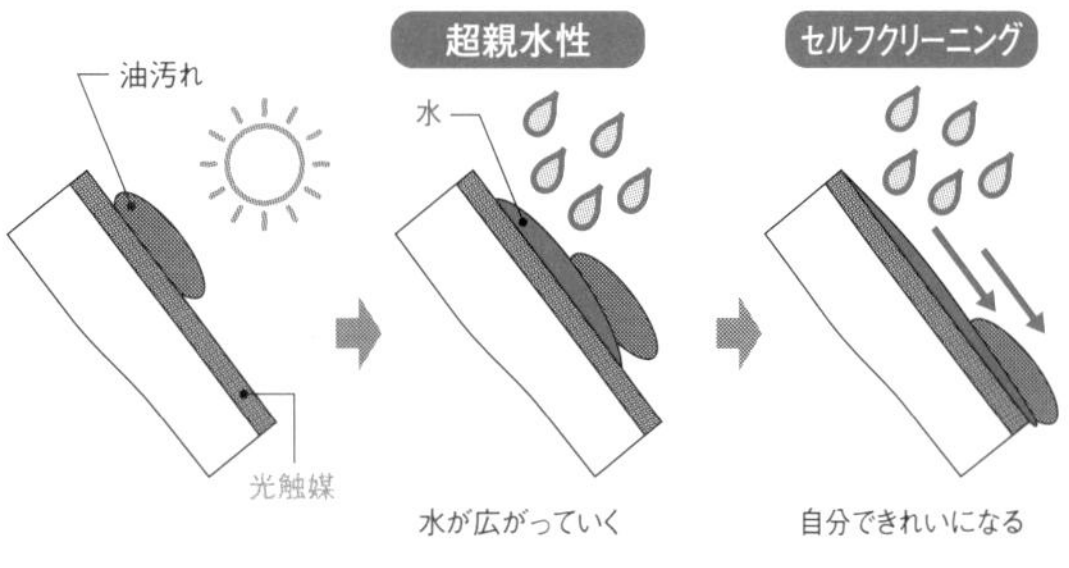

図6｜光触媒による抗菌効果のメカニズム

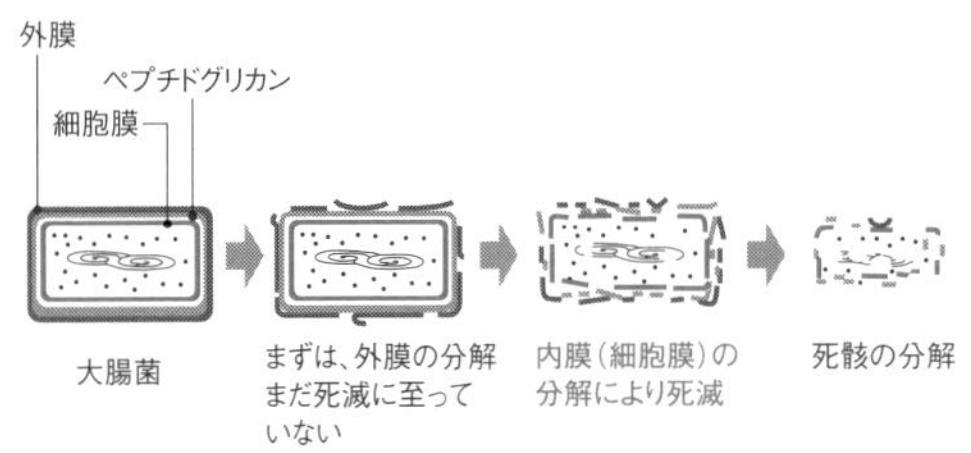

図7｜UVライト

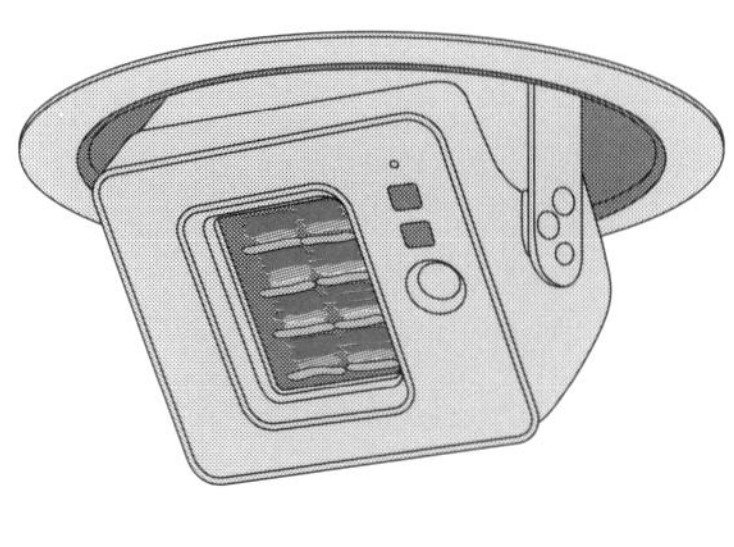

表面に付着している有機物を分解できる反応で、この反応により、抗菌・抗ウイルス効果や臭い成分の分解による脱臭効果（空気清浄機の場合もふくまれる）、表面に付いた汚れを分解することによる防汚効果が得られる。

光誘起親水化反応｜ひかりゆうきしんすいかはんのう

光触媒材料でコーティングされた表面が非常に水に濡れやすくなり、付着した雨などの水が水滴にならずに水膜となる現象が起きる。この現象により材料表面についた汚れが水がかかれば落ちるため、セルフクリーニング効果が得られる。また、水滴にならずに水膜となることから、防曇効果も得られる。

液体の抗菌・抗ウイルス剤｜えきたい―こうきん・こう―ざい

液体の消毒剤。秒や分の時間単位で、細菌・ウイルスを不活化できる。

エタノール

消毒用エタノールとして市販されているのは、70～80％のエタノール濃度のもの。エンベロープがあるインフルエンザウイルスや新型コロナウイルスを不活化できるが、エンベロープをもたないノロウイルスを完全には不活化できない。

界面活性剤｜かいめんかっせいざい

NITE（独立行政法人製品評価技術基盤機構）が界面活性剤による新型コロナウイルスの消毒効果について有効性を認めたものは、家庭で用いる住宅・家具用洗剤や台所洗剤と、すでに病院などで消毒剤として使われていた塩化ベンザルコニウムなど。効果のある濃度に薄めて、ドアノブや手すり、エレベーターのボタンなどの清拭に用いる。空間に存在するウイルス除去のために、界面活性剤を空間にスプレーすることは安全上、避ける。

次亜塩素酸ナトリウム溶液｜じあえんそさん―ようえき

家庭にもある塩素系漂白剤でアルカリ性。細菌や新型コロナウイルス、ノロウイルスなどウイルスも不活化できる。

次亜塩素酸水はPH6.5以下で、酸性。NITEでの有効性評価では、有効塩素濃度35 ppm以上で表面の汚れを拭きとってから十分の次亜塩素酸水をかけて消毒するとある。空間にスプレーすることは安全上、避ける。

UV｜ゆーぶい

紫外線。短波長の紫外線（254 nmなど）を照射することで、殺菌やウイルスを不活化できる。手術室などの空間の殺菌にも用いられているが、安全上、無人場所での使用となる〔図7〕。

SIAA｜えすあいえーえー

（一社）抗菌製品技術協議会の略称。平板材料に抗菌・抗ウイルス加工をした製品の認証を行う。認証基準は、

①抗菌・抗ウイルス加工製品とも、加工していない無加工製品に比較して24時間以内に99％以上の生菌・ウイルス数を減少できること。

②抗菌・抗ウイルス活性が耐久性や持続性をもつこと。耐水・耐光処理をした製品も、①の抗菌・抗ウイルス活性が認められること。

③SIAAの安全性基準を満たしていること。

認証基準を満たした製品には、「SIAA」マーク〔図10〕が付与される。

PIAJ｜ぴーあいえーじぇー

光触媒工業会の略称。光触媒材料や製品の認証を行う。抗菌・抗ウイルスの性能判定基準は、

①紫外光または可視光（白色蛍光灯500 lux）照射下で、無加工に比較して99％以上の生菌・ウイルス数が低下していること。照射時間は抗菌で8時間、抗ウイルスで4時間。SIAAより反応時間は短い。

②光触媒反応での効果を証明できるように、暗所での生菌・ウイルス数に比較して、光照射下の方が50％以上の低下率を示すこと。

③促進試験や曝露試験後にも、上記①や②の性能が持続するデータを取得してあること。

④PIAJの安全性基準を満たしていること。

性能判定基準を満たしている製品には、「PIAJ」マーク〔図8〕が付与できる。

SEK｜えすいーけー

（一社）繊維評価技術協議会の略称。寝装品などの繊維製品に関する抗菌防臭・制菌・抗ウイルス加工などの認証を行う。認証基準は、

①無加工布（標準布）に比較して、制菌加工では18時間の作用で標準布の増殖値以下に生菌数が抑えられていること。抗ウイルス加工では、2時間の作用で99.9％のウイルス数が低下していること。

②加工の耐久性として、決められた洗濯方法と回数を施した加工布で①の活性をもつこと。

③SEKの安全性基準を満たしていること。

認証基準を満たしている製品には、「SEK」マーク〔図9〕が付与でき、加工の種類でSEKマークの色が異なる。

図8｜PIAJマーク

図9｜SEKマーク

図10｜SIAAマーク

バリアフリー

ADL｜えーでぃーえる
Activities of Daily Livingの略。日常生活動作と訳される。毎日の生活を送るための基本的動作群、①身の回り動作（食事・更衣・整容・トイレ・入浴の各動作）、②移動動作、③そのほかの生活関連動作（家事動作、交通機関の利用など）など。

QOL｜きゅーおーえる
Quality Of Lifeの略。生活の質、生命の質、人生の質などと訳される。物理的・経済的な豊かさや個々の身辺自立などの実際的な生活における条件だけではなく、満足感・安定感など精神面との調和をとり、生活全体の質を高めようとする概念。

PT｜ぴーてぃー
Physical Therapy（理学療法）、physical Therapist（理学療法士）の略。理学療法とは、機能障害や形態障害に対して、その基本的動作能力の回復を図るために行う治療体操などの運動療法や電気刺激、マッサージ、温熱療法などの物理療法。

OT｜おーてぃー
Occupational Therapy（作業療法）、Occupational Therapist（作業療法士）の略。作業療法とは、身体または精神に障害がある者などに対して積極的な生活を獲得させるため、病院での治療・訓練にとどまらず、種々の作業活動を用いて行う治療・訓練・指導および援助をいう。作業活動には、①日常生活における個人的活動（ADL）、②生産的・職業的活動、③表現的・創造的活動、④レクリエーション活動、⑤認知的・教育的活動がある。

MSW｜えむえすだぶりゅー
Medical Social Work（医療ソーシャルワーク）、Medical Social Worker（医療ソーシャルワーカー）の略。医療ソーシャルワーカーとは保健・医療機関などで行われる社会福祉援助を指し、患者と家族が保健・医療サービスを有効に活用できるように援助する技術や活動をいう。保健・医療機関に所属し、患者や家族の経済、家庭生活などの問題を、社会保障や社会福祉サービスなどの社会資源を紹介・活用して調整や解決を図り、患者と家族の自立を援助する。

ホームヘルパー
高齢者や障害者などの家庭などを訪問して、入浴・排泄・食事などの日常生活動作の手助けや買い物、洗濯、掃除、また関係機関などとの連絡、生活・身上・介護に関する相談・助言などを行う訪問介護員。

CW｜しーだぶりゅー
Care Worker（ケアワーカー）の略。ホームヘルパーの行う家事援助や介護（ケア）を業とする専門職種。国家資格として介護福祉士があるが、単に家事援助や身体介護の技術だけでなく、援助対象者の心身両面にわたる状況把握や、家族・地域など環境面の把握とその援助技術、そして高い職業倫理が求められる。

ケアマネージャー
介護支援専門員。要介護者などが自立した日常生活を営むための相談に応じ、地域社会にあるさまざまな社会資源としての在宅サービス、施設サービスの利用を調整する専門職。指定居宅介護支援事業者として要支援・要介護認定書の「介護サービス計画」を作成する。また介護保険関連の入所施設では、利用者の「介護サービス計画（ケアプラン）」を作成する必要性から配置が義務付けられている。

福祉住環境コーディネーター｜ふくしじゅうかんきょうこーでぃねーたー
高齢者や障害者に対して住みやすい住環境を提案するアドバイザー。医療・福祉・建築に関する体系的で幅広い知識を身に付け、各種の専門家（建築士・ケアマネージャーなど）と連携しながら、利用者に適切な住宅改修プランを作成すると同時に、福祉用具[図]や介護保険を含むさまざまな施策情報などについても助言し、問題解決を図る。

特別養護老人ホーム｜とくべつようごろうじん
略称は特養。老人介護福祉施設。1963年老人福祉法が施行され、従来の「養老施設」が特別養護老人ホーム、養護老人ホーム、経費老人ホームの3つに分類された。身体上、または精神上著しい障害があるために常時の介護を必要とする高齢者で、在宅で適切な介護を受けることが困難な者を入所させることを目的とした施設。現在では居室は全室個室とし、入所者を10人程度のグループに分け小規模単位で自立性を尊重したケア（個室ユニットケア）を行う、居住福祉型介護施設（新型特養）に変わりつつある。

老人保健施設｜ろうじんほけんしせつ
略称は老健。1986年に制度化され、建設されるようになった老人介護保健施設。病状安定期にリハビリテーションを行うとともに、日常生活上の世話をすることを目的とする。在宅での居住を促進するための施設として位置付けられ、入所期間は原則3カ月となっている。

図｜福祉用具の例

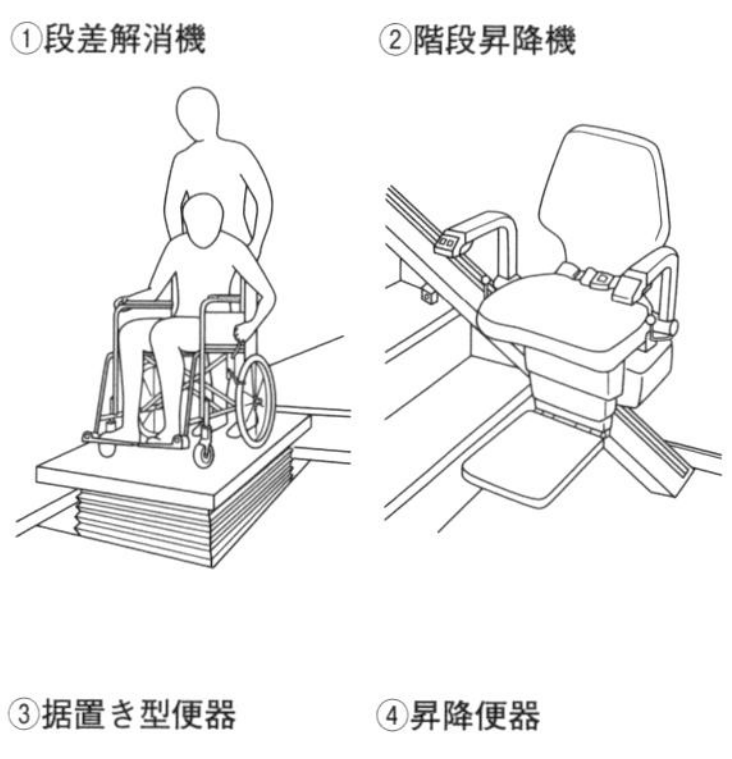

資金・法規・監理
地盤・基礎
躯体
性能
仕上げ
建具・家具
設備
索引

仕上げ

造作・内装工事 8

ここでは、床、壁、天井などを中心に乾式工法の内装工事に関する材料、納まり、工法などについて解説する。また、主な仕上げ板を表1にまとめたので参考にしていただきたい。

造作・加工

大壁｜おおかべ
建物の内外の壁において、仕上げ材などで柱や梁の構造材が隠されて見えない壁の納め方。洋室などに用いられており、気密性もよく防寒、防音の効果も高い［図1］。

真壁｜しんかべ
柱の見える壁のことで、壁の仕上げが柱面よりなかにあり、主に和室などに用いられる。真壁の軸組は壁体が薄いので大きい断面の筋かいは入れにくい［図1］。

畳寄せ｜たたみよせ
真壁の和室の場合、畳と壁が接する部分に隙間ができる。その隙間を埋める部材。

幅木｜はばき
床と壁の接点廻りに取り付ける部材。床材と壁材を見切る役目をする。施工上、壁下端の保護や隙間が出るのを防ぐ効果もある。壁面より散りぶん出す形式を**出幅木**［ではばき］、壁面より引っ込ませる形式を**入幅木**［いりはばき］、壁面と同面に納める形式を**平幅木**［ひらはばき］（**面幅木**）という［図2］。幅木の材料には、木、合成樹脂（硬質・ソフト幅木）、石、タイル、モルタルなどが使われる。幅木を壁・床仕上げに先立って施工する場合は、汚損しないように養生すること。

付け幅木｜つけはばき
壁を施工してから付ける幅木のこと。最も簡単な施工方法。

ササラ幅木｜―はばき
階段の壁際に使用する幅の広い塩ビ製の幅木。1枚を階段に合わせてカットし、1枚から2枚分とるのが一般的。

表1｜主な仕上げ材の種類

メラミン化粧板	メラミン樹脂含浸紙をフェノール樹脂積層板の表面に熱で圧着した製品の総称。耐摩耗性や耐熱性が高く、カウンターやテーブルなどの天板に用いたり、水廻りをはじめとした内装に多く使われる。また、芯材・表面材ともにメラミンでできているコア材は、高価ではあるが、家具の小口にのみ使用するなどしてうまく使いまわせば、少量で高い効果を得ることも可能
ポリエステル化粧合板	下地の合板に専用の紙を張り、そのうえにフィルムとともにポリエステル樹脂を流しこんでつくる厚さ2.7～4.0㎜の化粧合板。耐水性に富み、水廻りの内装や建具、家具の仕上げ材として用いられることが多い。水拭きも可能なので、手入れが楽である。最近ポリエステル特有の臭いを消した商品も開発され、より家具や内装に採用しやすくなった
セラミック化粧板	セメント・石綿・シリカなどを高圧プレス・成型し、その表面にセラミック化させた無機顔料で色をつけた化粧ボード。基材・塗膜ともに無機質で完全不燃なので、住宅では火気使用室（台所）の使用も考えられる。また、耐水性・耐候性・耐汚染性・耐薬品性などにも優れており、内装に限らず外部にも使用可能。製品としては、東レACEの「グラサル」などがある
キッチンパネル	メラミン樹脂やアクリル系樹脂などを、無機質の基材のうえに圧着した製品。不燃なことが重要で、名前からも分かるように主にキッチンの周辺で使われることを前提に開発されている。特にガスコンロ付近は、従来タイルくらいしか選択肢がなく目地の汚れに苦労していたが、この製品の登場により、そういった悩みからは開放された。各種の柄が用意されている。製品としては、住友ベークライトの「デコラフネン」、大建工業の「カベタイル・パネリア」などがある
アクリル板	プラスチックのもつ「錆びない」「腐らない」といった特性に、透明性や加工しやすさ、耐候性を加えたアクリル樹脂が主成分。キャスト製法と押出し製法でつくられる。全光透過率93%の値は、ガラスの90%を凌ぐ。また、中空アクリル板もある。いずれも、間仕切や建具の素材として利用されている製品としては、旭化成の「デラグラス」、クラレの「コモグラス」「パラグラス」、住友化学の「スミペックスE」「スミペックス」、三菱レイヨンの「アクリライトE」「アクリライト」などがある
ポリカーボネート板	ガラスの半分近い比重ながら透明度や平滑性もよく、切断や穴あけの加工もしやすい。平板・中空板・波板などがあり、ガラスの代用や間仕切、建具、屋根材などに向く。特に耐衝撃性や断熱性などに優れるが、静電気による汚れやすさや傷付きやすさ、準不燃の認定しか取れていないことなどが欠点。製品としては、旭硝子の「レキサン」「カーボグラス」「ツインカーボ」などがある
FRP板	FRP素材は防水材としてなじみ深いものだが、引抜き成形品や板材・波板・ルーバー材などでも広く用いられている素材である。ほかのプラスチック系素材の透明感とは一線を画した、独特の素材感を生かす使い方を探りたい。製品としては、旭硝子マテックスの「アーモライト」などがある
人工大理石	住宅では、扱いやすさや価格の点から人工大理石を使う機会は多い。大理石と称していても必ずしもそうは見えず、御影石を模したものや、単色の製品もある。成分として数種の樹脂を用いているが、アクリル系（メタクリル樹脂）のものが性能は高い。使用個所としてはカウンターが多いが、洗面器や照明器具、間仕切りなどにも使える。製品としては、デュポンの「コーリアン」、アドヴァンの「コーリライト」などがある
突き板	天然の銘木から剥ぎ取った化粧単板のことで、単板自体は0.25～1.0㎜くらいの厚さのもの。住宅では通常、普通合板を台板にして突き板を貼り付けた天然木化粧合板として使うケースが多い。表面の銘木の種類や台板への張り方のパターンによってさまざまな表情を見せる。ただ天然木であるだけに、サンプルと現物に違いがあることも考慮する必要あり。使用個所としては、家具・天井・壁・建具などに広く用いられる
MDF	木質系廃棄物を原料に、繊維状にしてからプレス加工した繊維板の1種。一般的に合板より均質で平滑な表面をもち、内部まで緻密なのでカットした木口も美しく、そのまま見せることもできる。カウンターや天板、内装材、家具、建具などに使える

図1｜真壁と大壁の違い

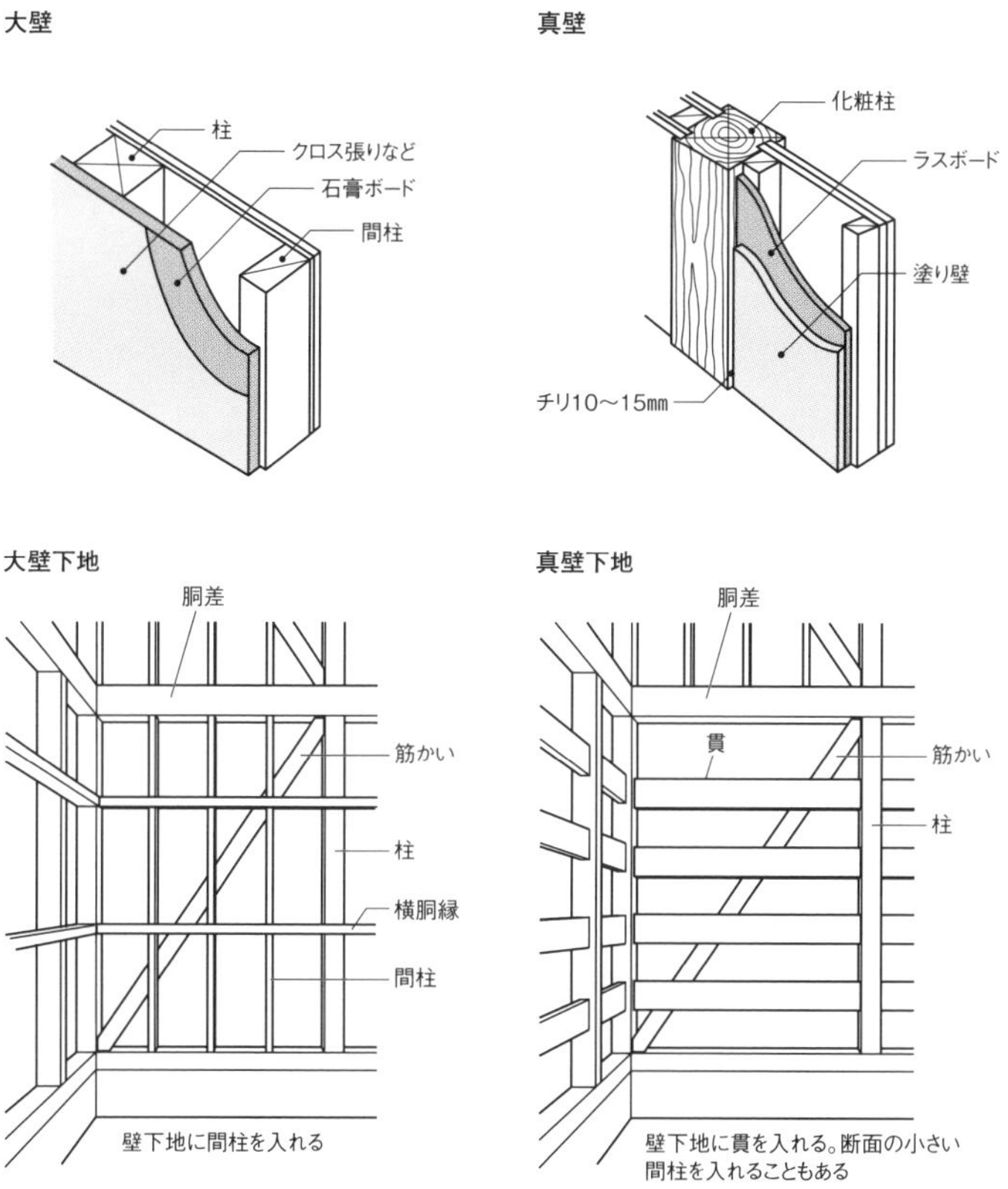

壁下地に間柱を入れる

壁下地に貫を入れる。断面の小さい間柱を入れることもある

図2｜幅木

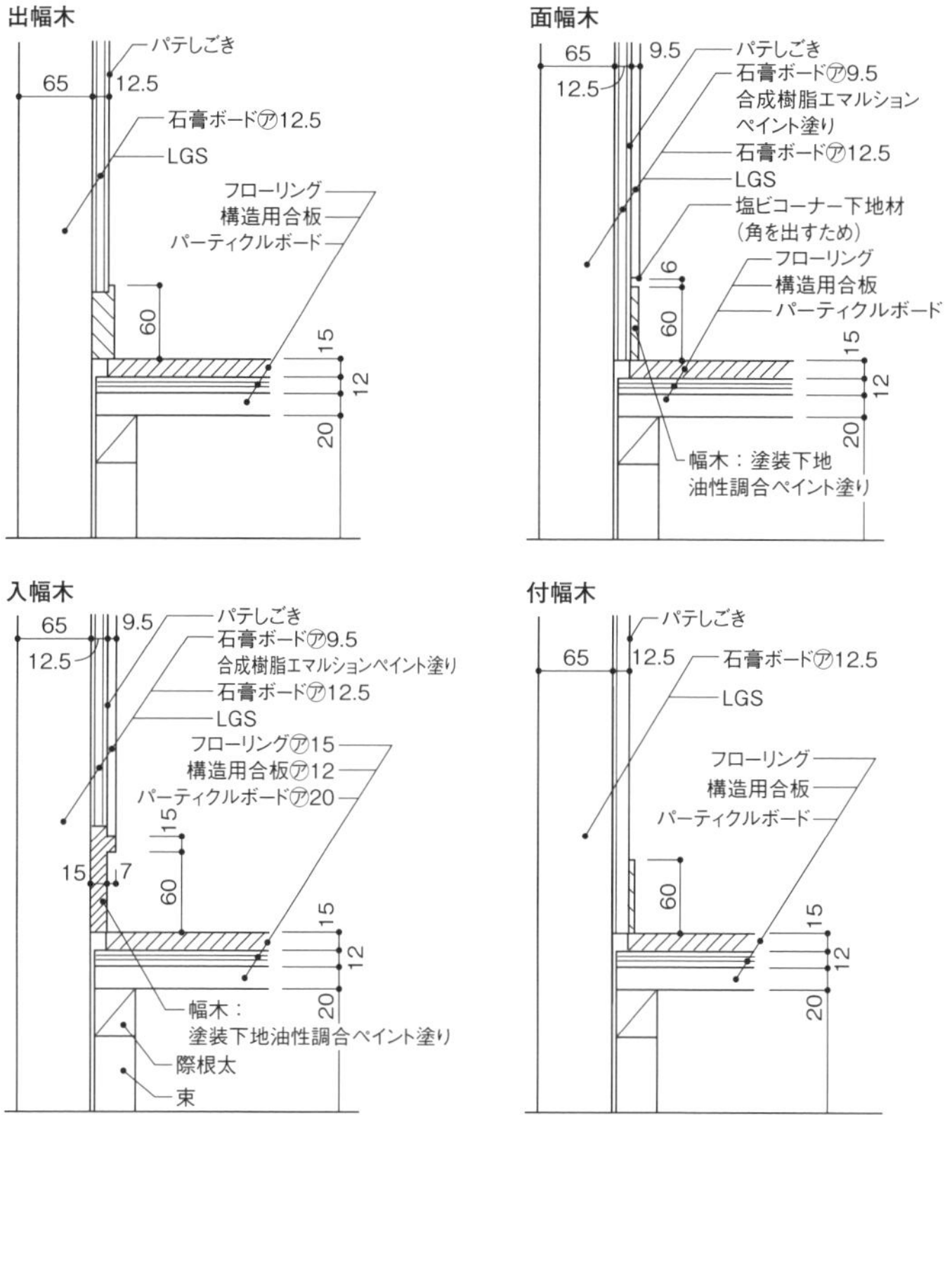

廻縁｜まわりぶち

壁と天井の接点まわりに取付ける部材。壁材と天井材を見切るはたらきをする[260頁図3・4]。納まりと意匠を兼ねた目的で入れられる棒状の部材。木製のほかに樹脂製の製品もある。

見切り縁｜みきりぶち

段差がない場合に見切りとして入れられる横木。また、床材に真ちゅう棒などを見切り縁として入れる場合もある。

雑巾摺り｜ぞうきんずり

主に和室で使われる床の間や地板、押入の中板、棚板などの部材と壁との見切りに取り付ける小断面の部材のこと。壁際の板床を雑巾がけするときに当たる部分で、雑巾の水気と汚れから壁面を保護することからこう呼ばれる。和室から廊下・押入・床の間まで、和室の仕上げについて広く使われる。

押し縁｜おしぶち

板ものの継目や端部などに隙間を隠したり、押さえるために取り付ける細い棒状の部材。

額縁｜がくぶち

窓や出入口とその周囲の壁とが接する部分に壁材を見切るために取り付ける部材。ドア枠が既製品の場合は、**ケーシング**ともいう。

付け柱｜つけばしら

大壁下地などの上に、構造的には関係なく、大壁下地を真壁にみせるように取り付けられる化粧材の柱。大壁下地の前に薄い板を取り付けた状態になるため、十分乾燥した材を使うこと。また、他室とは壁仕上がりの位置が変わってくるため関係する枠納まりにも注意する。

床の間｜とこのま

和室の一部に設けられる室内装飾のための空間。現代の床の間は、幅1間（約1.8ｍ）、奥行半間が標準的である[260頁図5]。

床｜とこ

床の間の床部分を指す。床の間の床には**本床**、**蹴込み床**、**踏込み床**などがある。

本床｜ほんどこ

正統な書院造りの床の間。床柱は

図3｜室内の部位名称

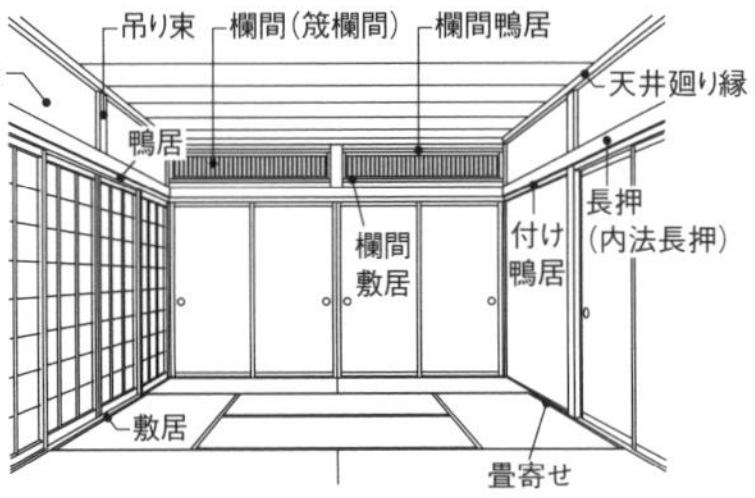

真壁納まり（和室）の造作材

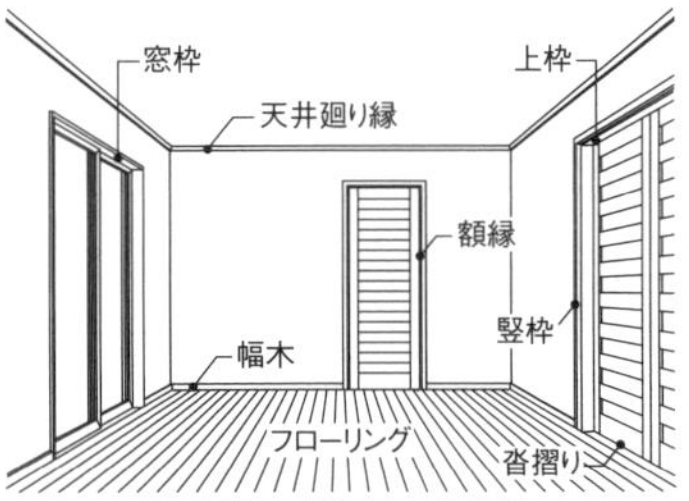

大壁納まり（洋室）の造作材

図4｜廻縁

木製廻り縁

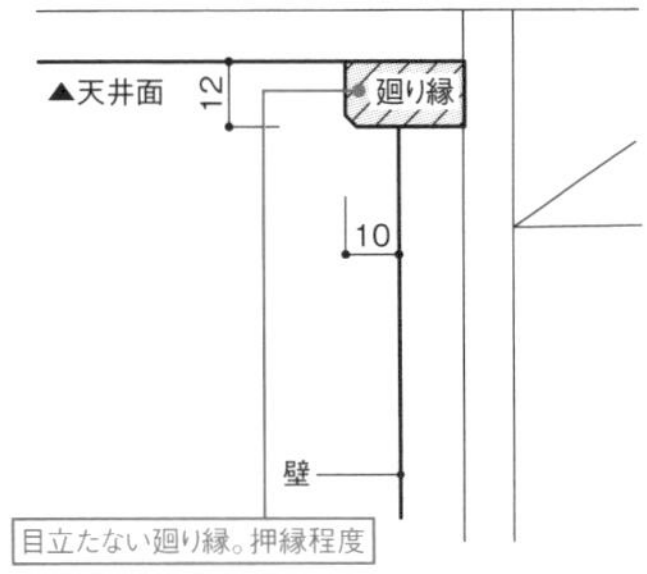

既製廻り縁

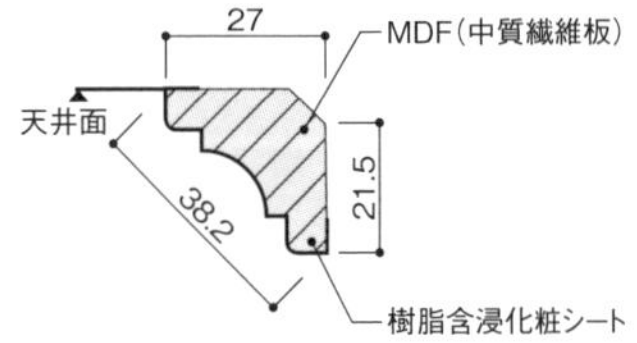

アルミ製廻り縁

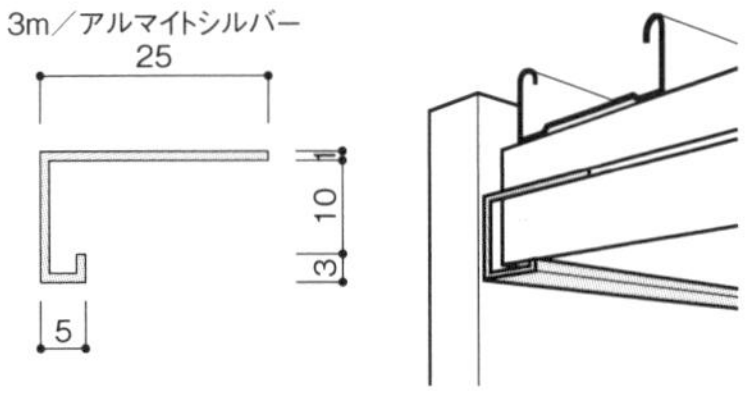

アルミ製のほかに樹脂製のものもある

図5｜床の間の部位名称

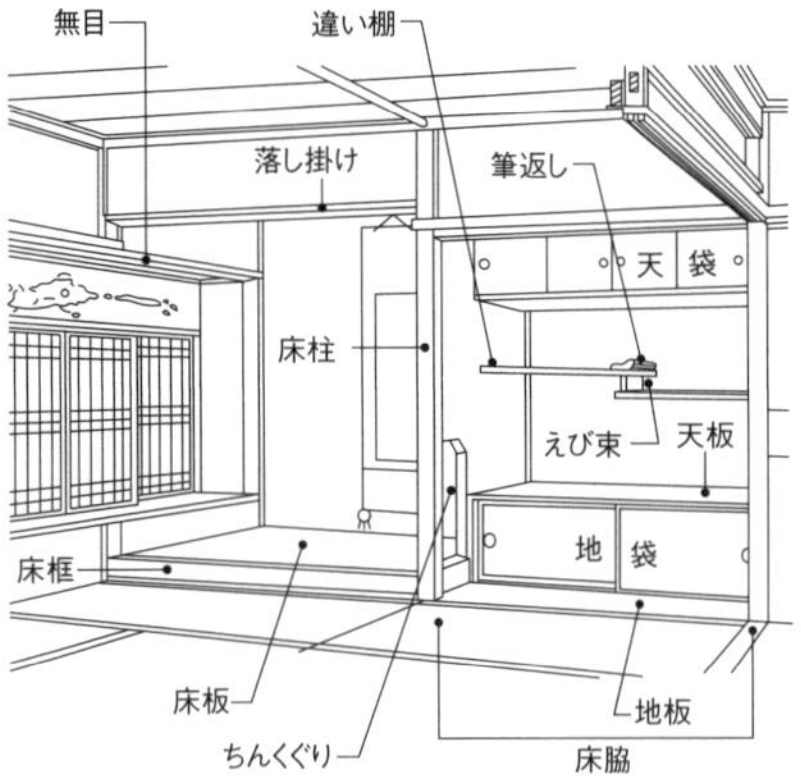

面取りした角材、床框は漆塗り、床は畳敷き、上部は落し掛け、縁側には書院、奥側には床脇といった構成が基本。

蹴込み床｜けこみどこ
床框を設けず、地板の小口を露し、畳面より1段高くした床の間。地板と畳寄せの間に、少し引っ込むかたちで蹴込み板をはめ込む。

踏み込み床｜ふみこみどこ
床框を設けず、和室の畳面と同じ高さに地板（または畳）を敷き込んだ床の間。通常は奥行きをやや深くする。少しくだけた趣になる。

框｜かまち
床の間や玄関の部分の上がり部分に、横に入れる化粧材。

床框｜とこがまち
和室の床の間の段差のある部分に入れる化粧材。床框は床柱と同様種類が多く、色漆や木肌を生かした透明仕上げや梨地仕上げ、艶消し仕上げなどが施されている。框の形状は角型が主であるが、框の全面に磨き丸太を張り付けたり、ヒノキ錆丸太を加工したものがある。生地仕上げではシタン、コクタン、クロガキ、ケヤキ、トチ、クワ、カリンなどが使われる。

敷居｜しきい
障子や襖などを滑らせるために溝を切った横材[図6]。上部の鴨居と対になる。縁側の外部に設けて雨戸などに使用する**一筋敷居**［ひとすじしきい］、溝のない**無目敷居**［むめしきい］、足固めを兼ねた**差し敷居**［さししきい］などがある。マツ、ヒノキ、ツガなどの平柾や、サクラ、南洋ザクラの上端無地材などがよく用いられる。高級な仕事では敷居溝底に6㎜厚の埋木（埋め樫）を埋め込む。

鴨居｜かもい
障子や襖などの建具を入れる部分の上部にある横部材。引戸の場合は鴨居溝が掘ってある。ヒノキ、スギ、ツガ、スプルースの側柾がよく用いられる。溝のないものは**無目鴨居**［むめかもい］と呼ぶ。壁面に取り付け、鴨居に似せた化粧材を**付け鴨居**［つけがもい］という[図6]。

付け鴨居｜つけがもい
和室内法の鴨居の高さに合わせて鴨居の付かない壁面に取り付ける横部材。

吊り束｜つりつか
欄間を設ける際、鴨居が垂れ下がらないように上から吊って支える造作材。化粧柱と同寸が一般的。

長押｜なげし
柱を両側から挟み打ち付けた横材[図3]。和風建築で用いられる。元来は梁や桁と同じ構造材であったが、現在では化粧材としての意味合いの大きい**内法長押**［うちのりなげし］を示す場合が多い。使用される位置によって、**地長押**［じなげし］、**腰長押**［こしなげし］、**天井長押**［てんじょうなげし］などがある。茶室やモダンな和室では省略される場合がある。せいは部屋の広さなどで変わるが、8畳程度の場合は75～90㎜程度にする。

落し掛け｜おとしかけ
床の間の上部の、下がり壁部分の下端に床と平行に入れる部材。鴨居よりやや せいを高くし、取付け高さは長押の天端から約45㎜程度（長押のない場合は鴨居の上端から約100㎜程度）上に取り付けるのが一般的である。

地板｜じいた
床の間や床脇に敷かれる板。床板とも呼ばれる。材種はケヤキやマツが一般的。幅広の部位となるので、反りや割れに注意が必要。

天袋｜てんぶくろ
天井付近に設けられた袋戸棚。床脇に、違い棚と共に取り付けられることが多い。押入れの上に設ける収納部分のことも指す。間口が6尺の床脇の場合は4枚の引違い、間口が6尺の押入れの場合は2枚の引違いにするのが一般的。

地袋｜じぶくろ
床脇の違い棚の下部や、付書院の下部などの床面に設けられる袋戸棚。地袋の天板には、地板同様、杢目の美しいケヤキやマツが用いられる。

違い棚｜ちがいだな
床脇に、2枚の板を左右から段違いに張り出して設ける飾り棚。上下の棚板の間にえび束と呼ばれる束を立てる。ちんくぐりからの採光を遮らないよう、床の間に近い側の板を高くする。板に用いる樹種はケヤキ。

筆返し｜ふでがえし
2枚ある違い棚のうち、高いほうの中央側の端に取り付けられる装飾。元々は棚に置いた筆などの転落を防ぐためのもの。

付け書院｜つけしょいん
床の間の縁側に張り出した書院。明かり障子を採光窓として建て込む。下部には地袋を設けることが多い。元々は読書を目的に、机の役目を果たす**出文棚**［いだしふづくえ］と呼ばれる棚が造り付けられた。**出書院**［でしょいん］とも呼ばれる。縁側に張り出さず、明かり採りの書院窓だけを設けたものは**平書院**［ひらしょいん］と呼ばれる。

床柱｜とこばしら
床の間と床脇の間に使われる化粧柱。種類は多種多様で塗り物や丸太や生地のままのものなどがよく見られる。金属を用いる場合もある。

床脇｜とこわき
床の間の横につくられ、一般的には違い棚、地袋、天袋、地板などで構成される。

戸当たり｜とあたり
ドア枠中央部分の、ドアが閉まったときに当たる部分の部材［図7］。

靴摺り｜くつずり
ドアなどの開き戸の下部に付く敷居の事。歩きやすくするために角面を斜面に削ってある。近ごろはバリアフリー化が進み、付けないことが多くなった。

モールディング
見切りや家具に付けられる帯状の装飾的な部材の総称。

大手｜おおて（おおで）
横手［よこて］ともいう。引き戸の竪框や柱が竪枠に接する見込み部分を指す。フラッシュ戸ではこの部分の表面小口を一般的には突付け張りにして納める。また、小口処理用のテープのことをいう［写真1］。

稲子｜いなご
竿縁天井の継目を重ねて留めるために付けられる長方形の木製の留め具。形状がイナゴに似ていることからその名称で呼ばれる。

フィニッシュ釘｜―くぎ
フィニッシュネイルともいう。頭の小さい釘で、ネイラと呼ばれる

図6｜鴨居・敷居

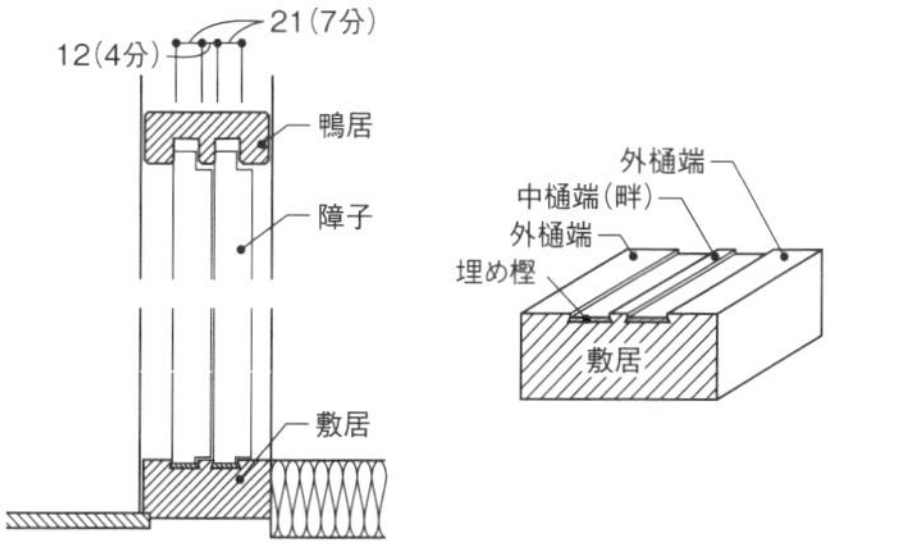

写真1｜大手

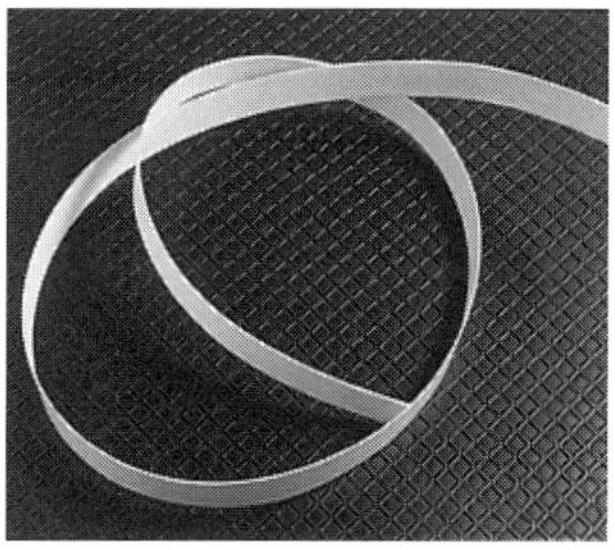

図7｜ドア枠廻りの部位名称

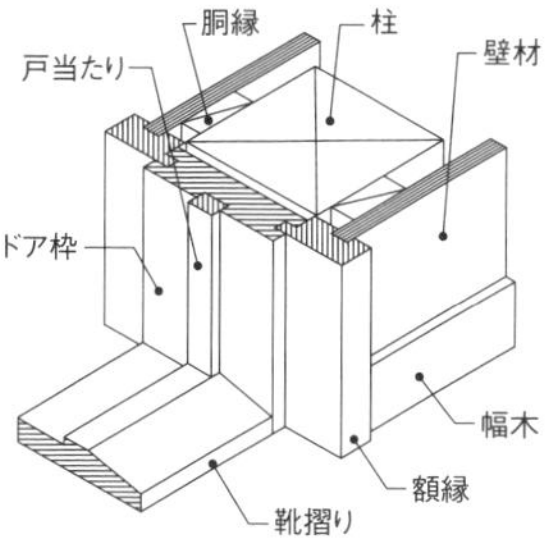

表2｜住宅で用いる天井の種類

駆込み天井	1つの部屋の中に平天井と勾配天井を組み合わせた形態
落ち天井	平天井の1つ。主天井より1段低い部分にある天井形態のこと
化粧屋根裏天井	屋根の野地板などをそのまま露出した天井形態。野地板や小屋組部材は化粧したものを使うのが一般的
踏み天井	化粧天井を張らず、2階床梁などに床板が打ってあるもの。下から梁や床板がそのまま見える構造のことも指す
竿縁天井	廻縁に竿縁という細長い30㎜角程度の横木を45㎝くらいの間隔で取り付け、その上に天井板を張ったもの

専用の電動工具で打ち込む。床や壁の見え掛かりの仕上げ材に打ってもあまり目立たない。色は白、ベージュ、茶、薄茶の4色がある[写真2]。

平天井｜ひらてんじょう
平らにつくられた天井の総称であり、最も一般的な天井形態。そのほか、駆込み天井、落ち天井などがある[261頁表2、図8]。

図9｜猿頬加工と吹き寄せ

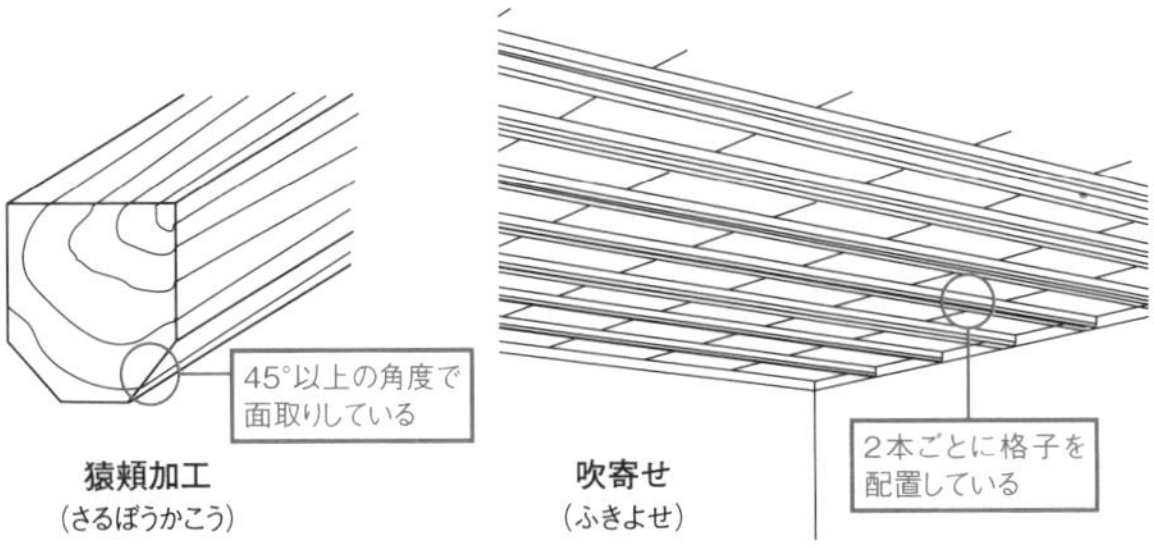

写真2｜フィニッシュ釘

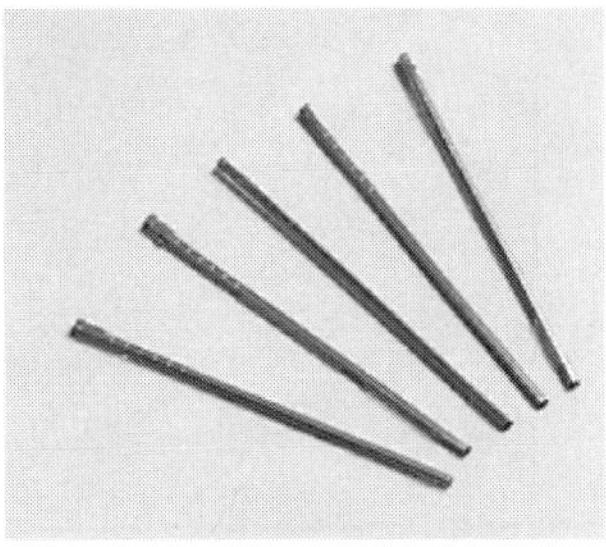

図10｜軸回し

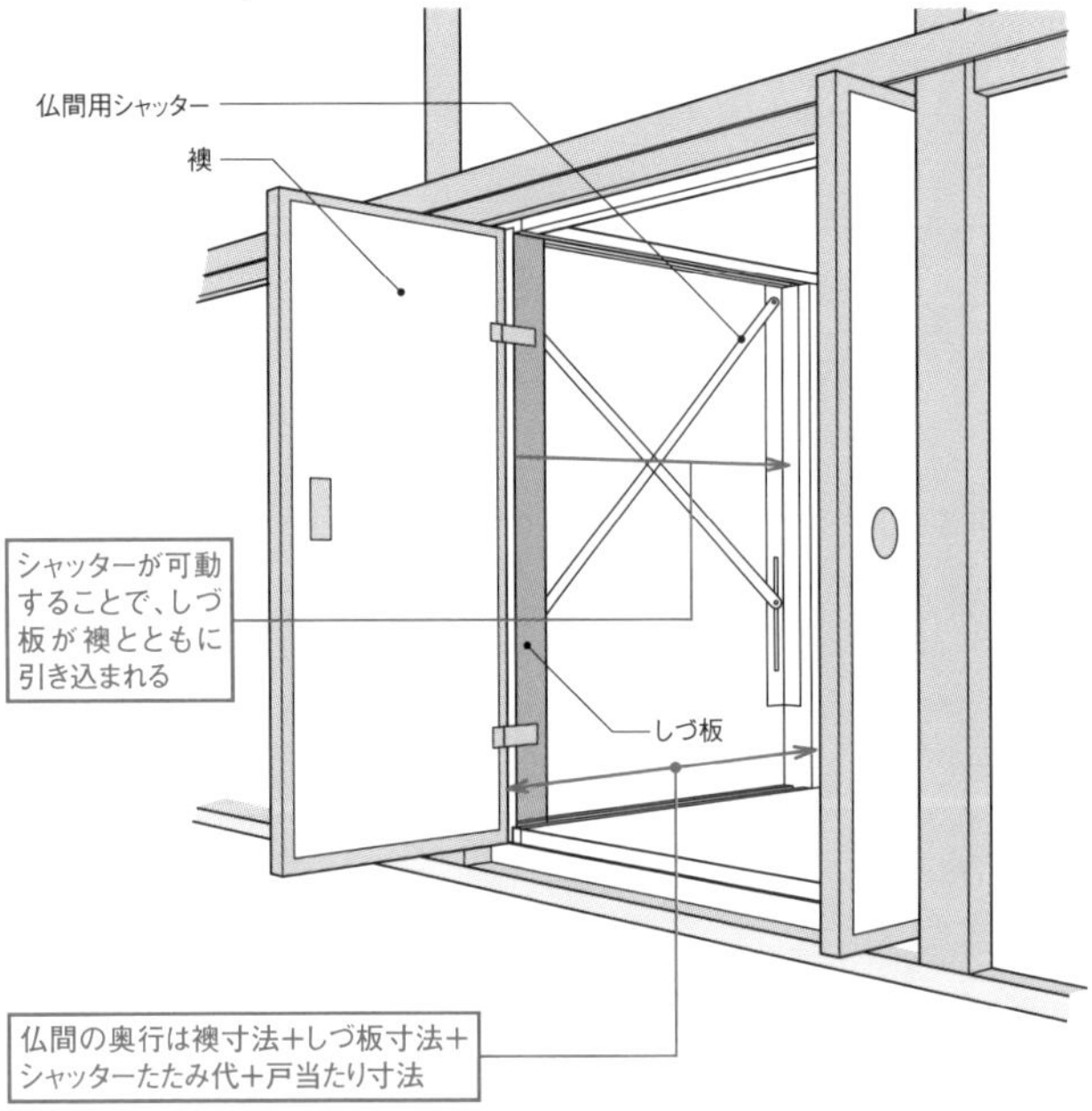

図8｜主な天井の形状

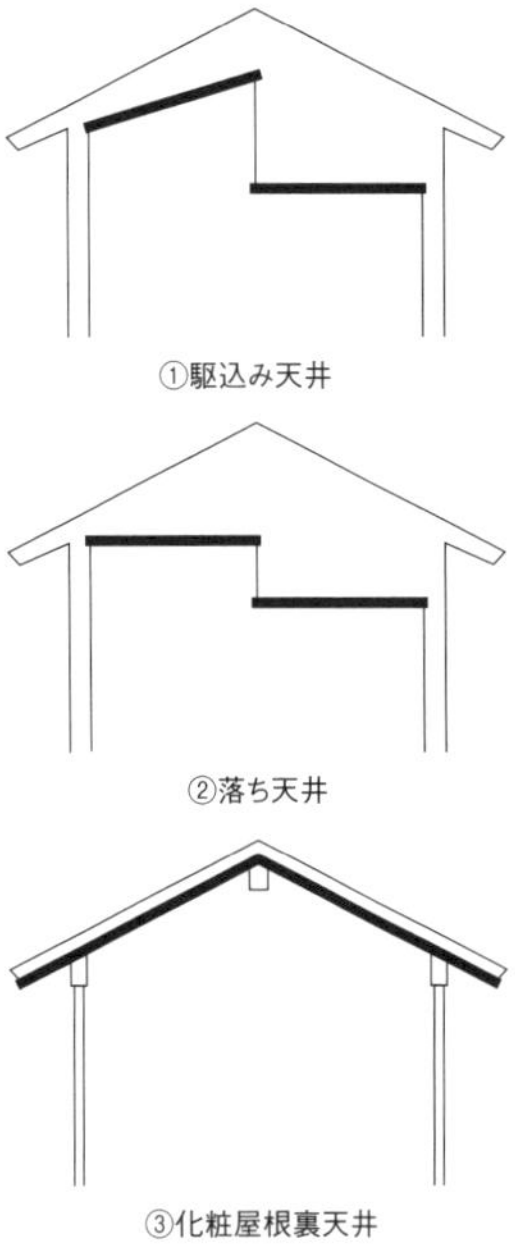

竿縁｜さおぶち
床の間に並行に配置された天井材で、天井板と直交させて天井板を受ける部材。樹種はスギ、ヒノキ、ツガが一般的である。意匠により小丸太、皮付き丸太、竹などを使ったり、**猿頬加工**（45度以上の角度で面取りする加工）や**吹寄せ**（格子などを2本ごとに1組として配置する方法）にする場合もある[図9]。

窓台｜まどだい
窓を支える横架材で、窓の下枠を下部に取り付ける下地材のこと。**膳板**［ぜんいた］の荷重も受けるため釘でしっかりと取り付ける必要がある。

窓枠｜まどわく
窓周囲の枠。額縁。建具と壁との取合いに設けられる部材。上枠と左右の竪枠を合わせて三方枠、下枠を窓台や膳板と呼ぶ。

膳板｜ぜんいた
窓の額縁と一体になり、窓台の上に窓の下枠と一緒に納まる部材。

薄縁｜うすべり
床の間の床面に敷く畳表。床面の畳と縁の種類を装飾性のあるものに変えることが多い。

軸回し｜じくまわし
仏間の襖の納まりで、90度開いた襖を溝に沿わせながら壁沿いに収納する仕組み[図10]。仏間の奥行が襖1枚の幅＋12㎝程度ないと襖が収納できないので注意が必要である。

しづ板｜しづいた
軸回しに使う部材の1種で120×21㎜のヒノキが使われる[図10]。仏壇襖の吊り元となり、これにシャッターを取付けスライドさせる。最近はスライドレールが軸回しに使われている。

造付け｜つくりつけ
建物の1部として家具などを造ることをいう。製作者によって、大工が現場で製作・取付けを行う大工工事と、家具職人が工場で製作、現場で取付けを行う家具工事に分けられる。これらは予算、仕上がり、工程などを検討したうえで使い分ける。また、必ず建築と取り合うので、天井・壁・床との納まりを十分検討する必要がある。建築と一体化しない既製品の家具を**置家具**という。

チリ
2つの部材が小さな段差をもって納まる個所の段差のこと。一般的に和室の真壁における柱と壁の段差のことをいう。

図11｜面取りの種類

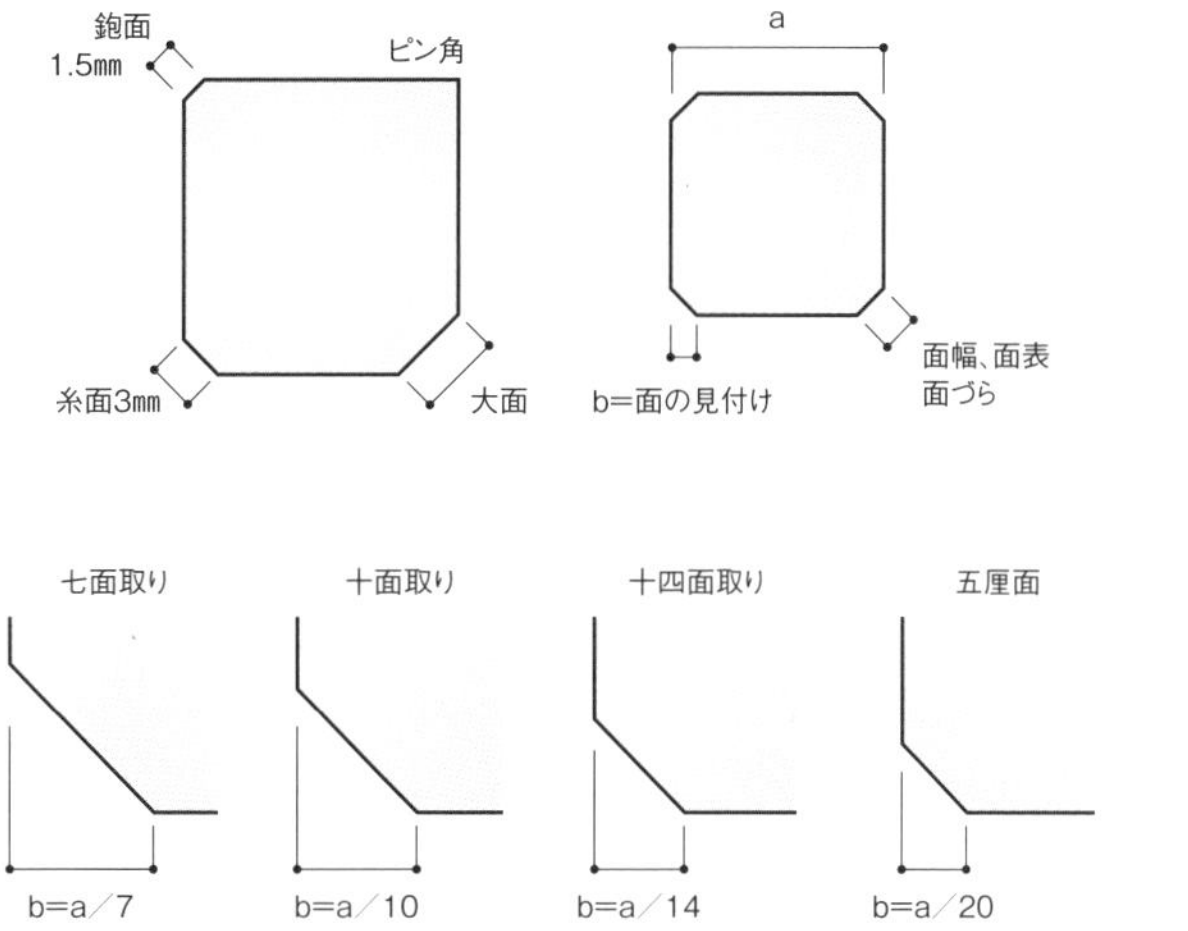

図13｜見込み（建具枠廻り）

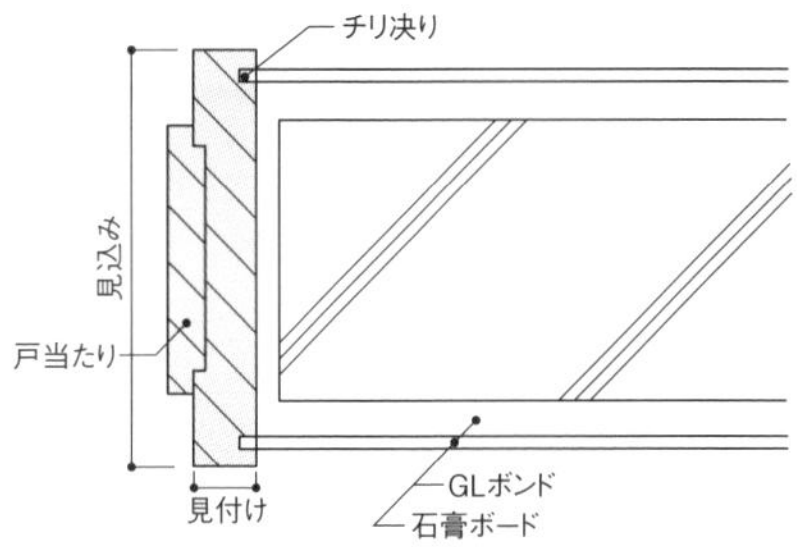

図12｜面内・面中・面ぞろ

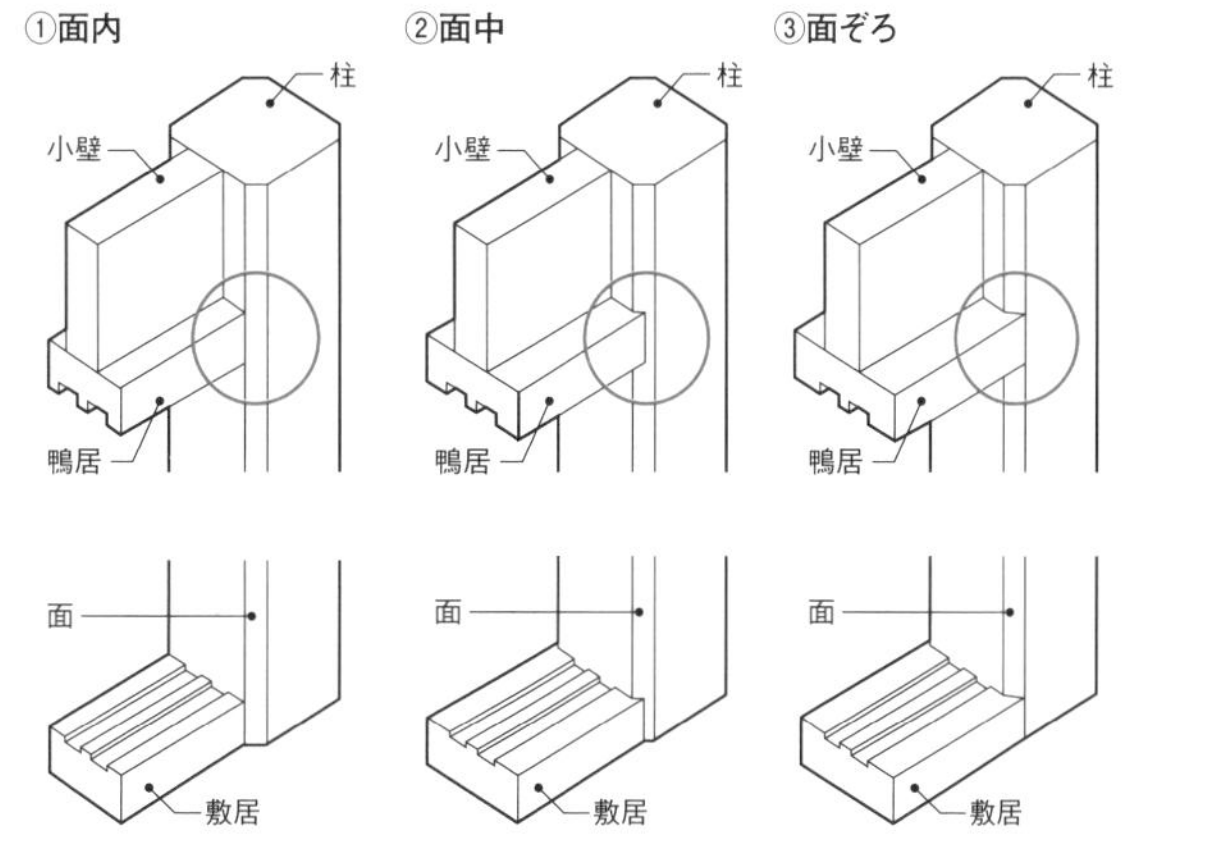

面取り｜めんとり
柱や梁材、建具の框材などの角断面をもつ部材の角を、斜めの平面やほかの形に削り取ることをいい、それによって生じた表面のことを**面**［めん］という。面取りせずに90度になっているものは**ピン角**［―かど］という。面の見付幅によって**大面**［だいめん］、**糸面**［いとめん］、**鉋面**［かんなめん］などと呼ばれる［図11］。

面落ち｜めんおち
框や桟などの仕口において部材に取られた面を避け、その内側にもう片方の部材を納める方法をいい、**面内**［めんうち］とも呼ばれる［図12］。施工の逃げがきく納まりなので、内装造作で多用される。また、面の途中に取り付けるものを**面中**［めんなか］という。

面一｜つらいち
面ぞろ［めんぞろ］ともいい、面落ちに対して、部材を段差なく納める方法［図12］。面一は仕事の精度が要求されるが、建具では常用されている。

糸面｜いとめん
柱・壁などの角になるところの直角をなくして面の形に整えることを**面取り**といい、角部分の保護と手触り感の向上、そして意匠的な効果が目的である。糸面は鉋を1回かけた程度の細い面取りをいう。

図15｜決り（建具枠廻り）

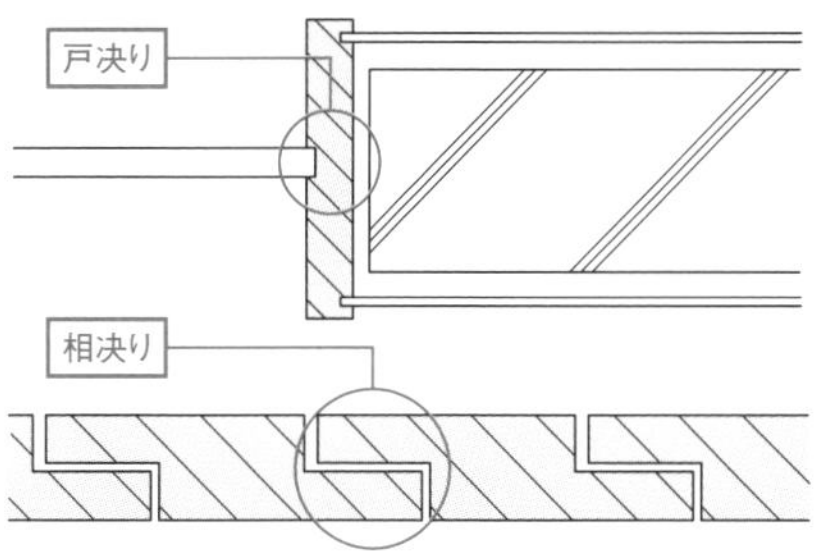

図14｜はっかけ

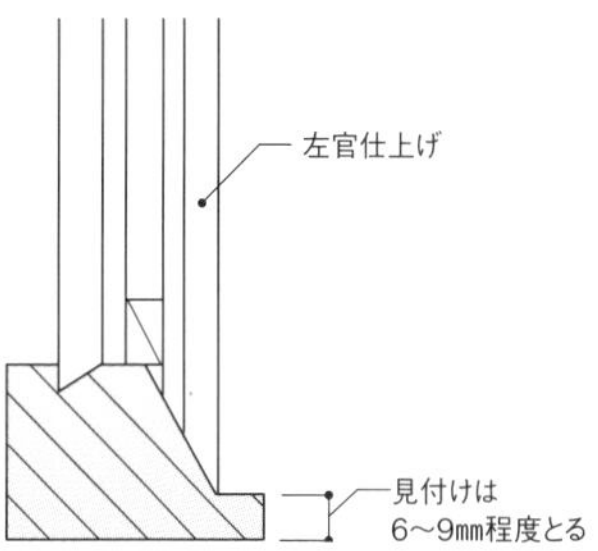

はっかけ
木部と塗り壁の納まりで、柱や窓枠などの木部の見付けを細く見せる方法［図14］。正面から見ると柱や枠が線のように細く見えるように表面を削り取って、左官材などを塗り込む。落とし掛けや袖壁などの端部に用いられ、木部の見付けは6～9㎜程度である。

決り｜しゃくり
板材や枠材の、主として**板傍**（側面）などに溝を彫ったり、削って突起を付けたりすること［図15］。彫った溝は**小穴**という。決りは回転刃をもつ振動溝切りカッターが用いられる。塗り壁などの端部の木部に溝を設ける**散り決り**、板材の厚さを半分ずつに削り取って相互に張り合わせる**相決り**などがある。開戸や引戸を閉めたときに枠と戸の間に隙間が生じないように、枠に戸の厚さ分の溝を入れることを特に戸決りという。

相決り｜あいじゃくり
2枚の板の側面をそれぞれ半分削り、かみ合わせてつなぐ方法。

目透かし｜めすかし
一般に天井、壁などにボード形状の部材（板・石・タイルなど）を

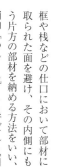

張るときに、その部材を突付けとせず、多少隙間をあけて納める方法[写真3、図16]。**目透かし張り**ともいう。天井と壁との境に隙間を設け、廻り縁を省略するのも目透かしの1つである。

見付け｜みつけ

見え掛かる部材の正面から見たときの面の幅をいう。

見込み｜みこみ

見え掛かる部材の正面から見たときの側面の奥行寸法をいう[263頁図13]。

見切｜みきり

仕上げの終わる部分や、複数の仕上げの取合い部分、またはその納まりをいう[図18～20]。見切部分の納まりがきっちりしていないと、仕事が雑に見え、空間に締まりがなくなる。

図16｜目透かし（天井）

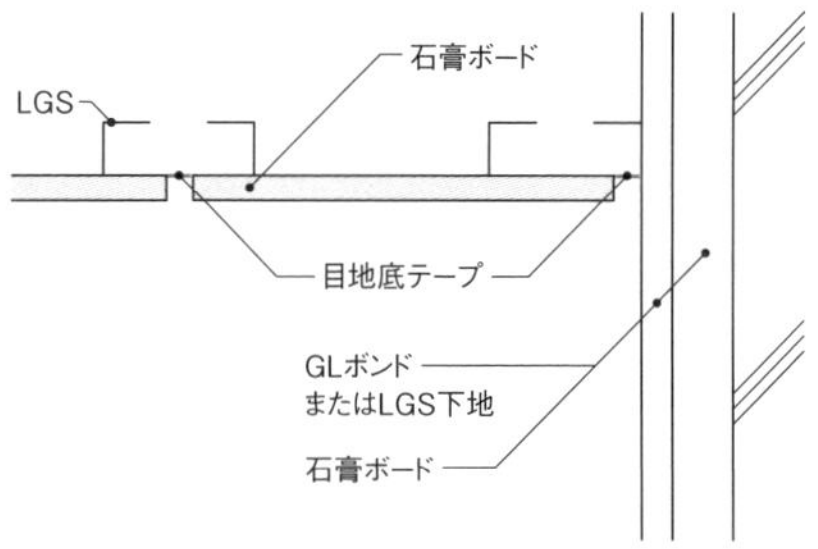

図17｜矧ぎ合わせ

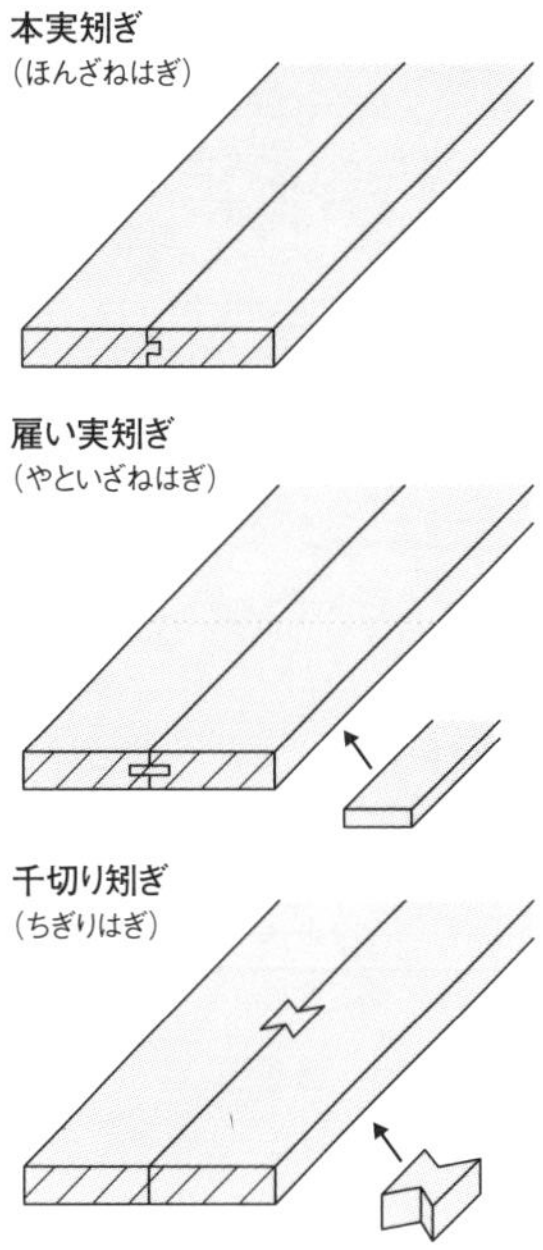

写真3｜目透かし

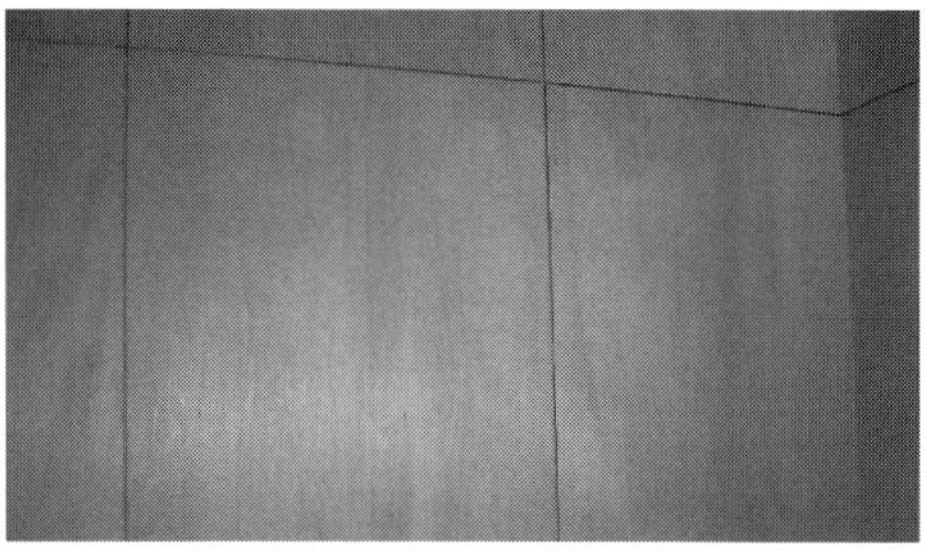

図18｜見切（床仕上げ）

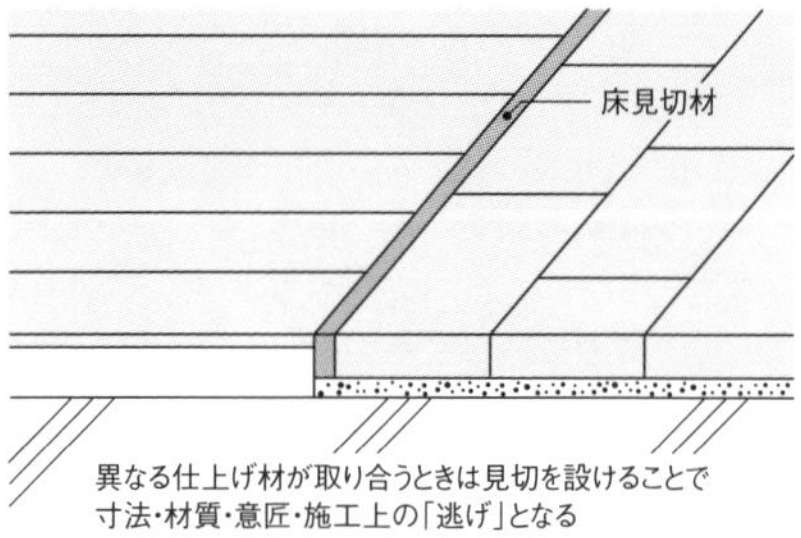

異なる仕上げ材が取り合うときは見切を設けることで
寸法・材質・意匠・施工上の「逃げ」となる

図19｜見切（梁廻り）

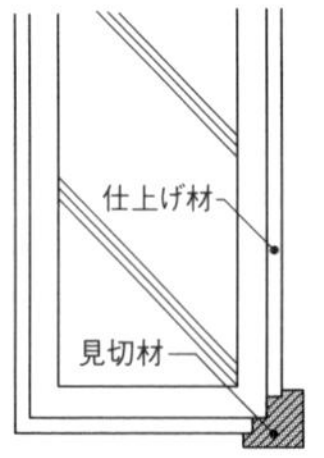

ここでは意匠だけでなく出隅の欠け対策と
仕上げの逃げも兼ねている

図20｜見切りの種類

<同一材料の見切方法>

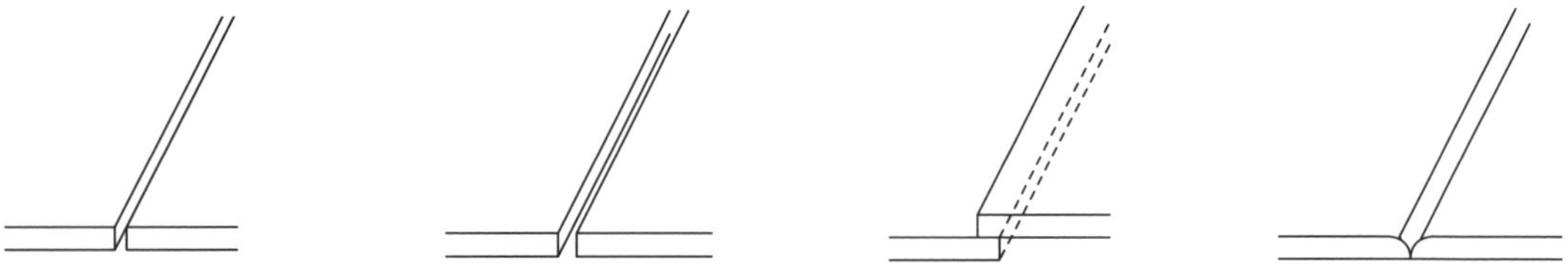

突付け
誤差や変形を吸収する機構をもっていない

目透し
目地のふぞろいが目立ちにくい

重ね
誤差や変形の吸収が容易。
段差が生じる

面取り
突付けと目透しの折衷

<異なる材料の見切り方法>

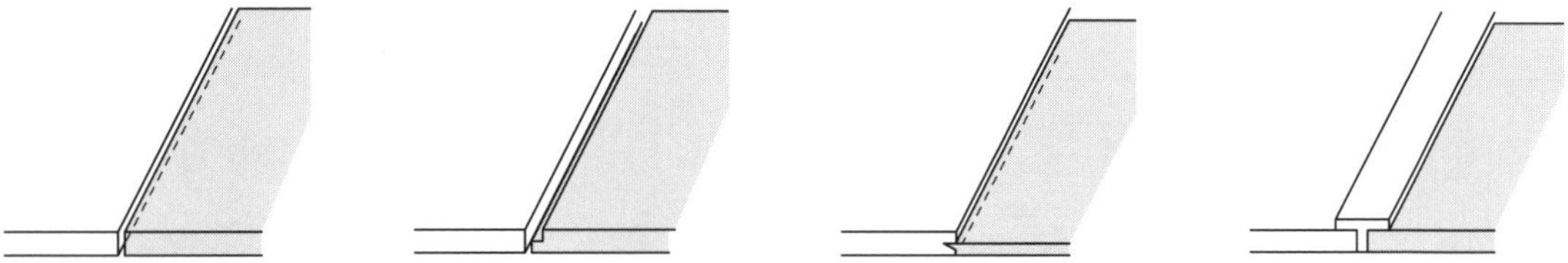

面一（つらいち）
施工精度が要求されるが両者の経年変化は異なる

目地分かれ
目地のふぞろいが目立ちにくい

決《しゃく》り
変形収縮しても目立ちにくい

見切材（縁）
変形収縮のクリアランスをとる

図21｜樋端

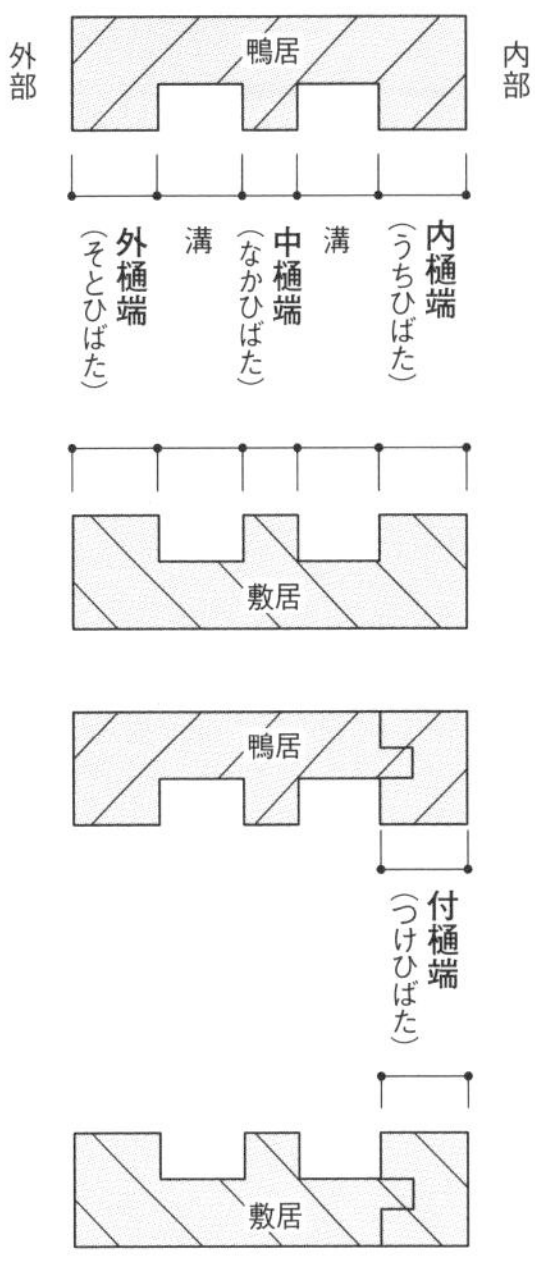

図22｜角柄

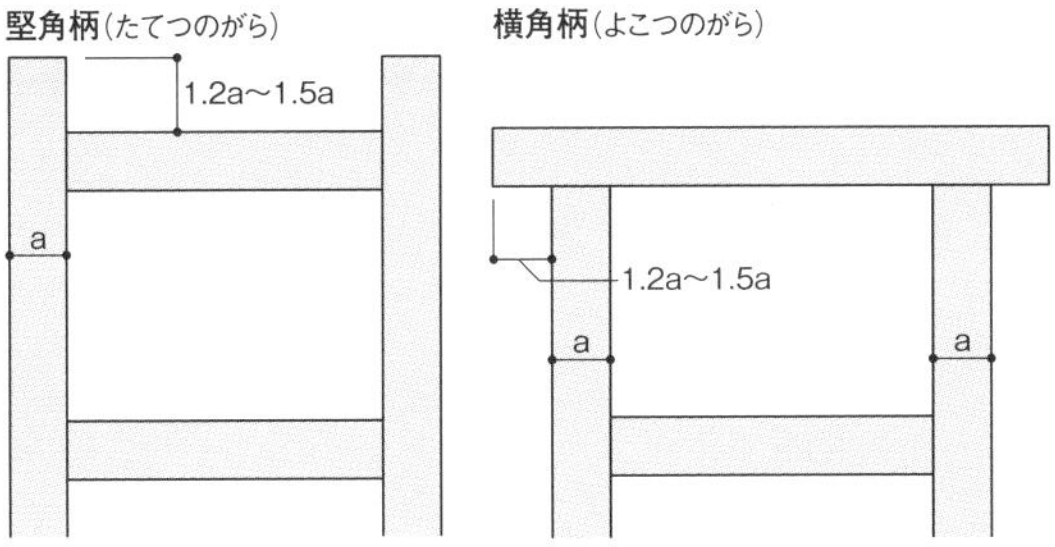

留め｜とめ

ドア枠や額縁を組む場合の仕口。直角に接合する材を、それぞれ45度に加工接合し、見え掛かりに小口を見せない納まりで、意匠性を重視する場合に用いる。かつては留めの線引きに留め定規を用いて加工していたが、現在は角度を設定し切断できる電動の押切りを用いる。

図23｜倹鈍

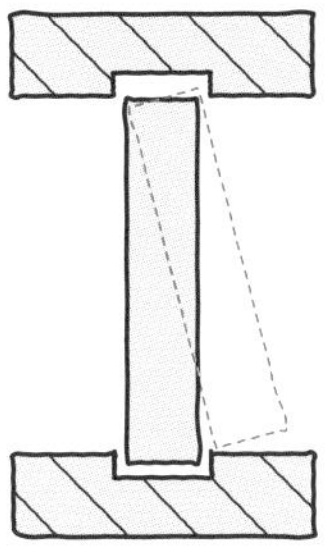

図24｜埋め樫

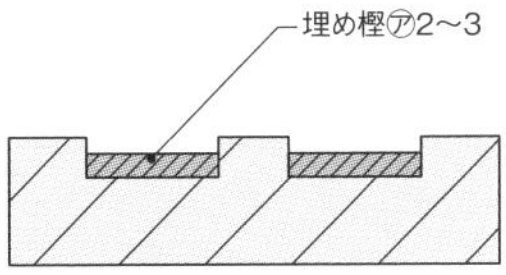

埋め樫を施すことで、敷居の溝の磨耗を防ぎ、戸の滑りをよくする

矧ぎ合わせ｜はぎあわせ

幅広の板をつくる際、複数の小幅の木材を同じ繊維方向に接着させながら成形すること。また、そのようにしたもの[図17]。1枚板より反りやねじれが起きにくく、均質で長大な板をつくることができる。

接合の方法に本実矧ぎ、雇い実矧ぎ、千切矧ぎなどがある。

図25｜大入れ

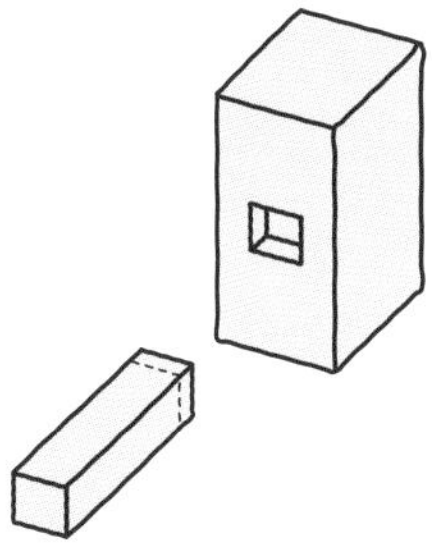

図26｜胴付き

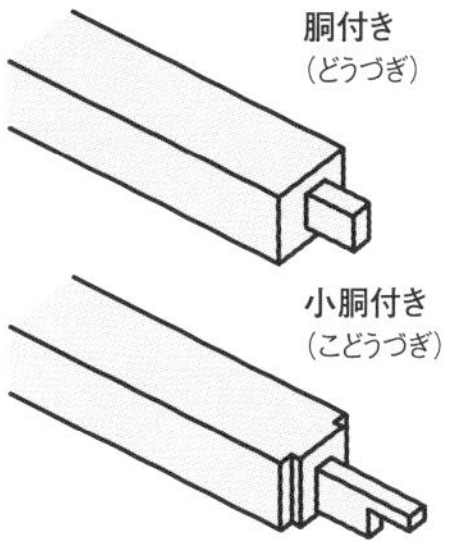

千切り矧ぎ｜ちぎりはぎ

矧ぎとは幅の広い板材を拵えるために板と板を接合すること。千切りは接合部の割れや広がりを抑えるために埋め込まれる部材。デザインのアクセントにもなる。蝶々の形状が主流のため、**バタフライジョイント**とも呼ばれる。

実｜さね

板などの側面に凸部と凹部をつくって、はめ込むつなぎ方を**本実**という。また両方の側面に溝を作って別の木をはめ込んで接合するつなぎ方を**雇い実**という[図17]。

本実｜ほんざね

板を接合する場合に板同士がかみ合うように、**板傍**に加工した凸型の突起のこと[図17]。**矧ぎ合わせ**ともいう。その突起が刺さるように、一方に凹型の溝に加工して継ぎ合わせることを**本実矧ぎ**という。フローリングなどの多くはこの接合方法である。

雇い実｜やといざね

両方の板を凹に加工し、その溝に納める棒状の加工材のこと[図17]。この接合方法を**雇い実矧ぎ**という。雇い実には共材か、細く切った合板などを使用する。

樋端｜ひばた

敷居や鴨居の溝の両脇の凸部分を指す[図21]。2本以上の溝の場合、溝の外側を**外樋端**、間を**中樋端**、内側を**内樋端**という。別の角材を取り付けて溝をつくった場合は**付樋端**という。板目の通った材質を選ぶと溝の加工がしやすい。

角柄｜つのがら

建具の枠の納まりで角部を留めに納めず、竪枠や上下枠それぞれの部分を突き出した納まりにしたところをいう[図22]。竪枠を突き出した納まりを**竪角柄**、上下枠を突き出した納まりを**横角柄**という。突き出す寸法のバランスに配慮が必要である。

倹鈍｜けんどん

上下・左右溝のあるところにはめ込むように入れ、取外しもできる建具や蓋の開閉のこと[図23]。溝の深浅により取り外しができる。溝は上部が深く、下部は浅くする。

無目｜むめ

建具溝の突いていない鴨居、欄間の敷居をいう。一般的に内法高さで障子、襖が入らない部分に用いられる。また、窓のサッシを上下・左右につなげる際にサッシどうしの中間に取り付ける桟を指すことも多い。

埋め樫｜うめがし

敷居の溝の磨耗を防ぎ、戸の滑りをよくするために、溝に埋めるサクラやアカガシなど堅木の薄い材のこと[図24]。合成樹脂製や竹製も用いられる。戸の下桟に設ける**摺り桟**と埋め樫の工夫で、戸の開閉は軽くなり長持ちする。

現造｜げんぞう

ホゾの工作をせずに突付けで納める仕口のこと。額縁・入口枠などなどに使われる。加工が簡単なため、熟練を必要としない。単に突付けだけでは後に隙間や歪みが生じることが多いため、接着剤・ビスを併用する。

大入れ｜おおいれ

材の端部の形状をそのまま隙間なくもう一方の材に差し込む仕口のこと[265頁図25]。差し込まれる側のみ彫込みがなされる。長さ方向の伸縮への逃げが効き、柱と敷居・鴨居の取付けなどに使われる。一方で、差し込む側の材の断面形状を正確にもう一方へ写し取る必要があり手間がかかる。

胴付き｜どうづき

柱に横架材をホゾ差しするとき、ホゾの根本にある材の小口の平面部分をいう[265頁図26]。胴付き部分の両側を欠き取り、段をつけ、柱などに差したとき柱表面と接する小口部分を**小胴付き**という。小胴付きを施した仕口は差し込む部分の断面積が大きくなるため、ホゾへの耐力負担が小さくなる。胴付きが取り合う材に密着するかどうかで仕口の出来栄えと強度に影響する。

遊び｜あそび

釘・ボルトが緩んでいて、部材どうしが十分緊結されていない状態。場合によって遊びをとって力の流れを調整することがある。また目的どおりの働きをしていない部材などを指して「遊んでいる」ともいう。

テーパー

材料に勾配の付いている部分をいう。靴摺や床の見切材などに用いられている。

縦勝ち｜たてがち

部材を直角に接合する際に、縦材のほうを伸ばして接合させる方法のこと。

床下地

コンパネ下地｜したじ

コンパネとはコンクリートパネルの略語で、本来は型枠用の耐水合板のことだが、コンパネを床下地に転用する場合にこう呼ぶ。多くの場合は捨張りとされる。

荒床｜あらゆか

下地として板を床に張る場合、畳下に張るもの。最近は畳下の荒床に合板を利用することが多いが、木造の場合、床の通気をよくし床下からの湿気による腐食を防ぐためにも、荒床にはムクのスギ板を張ることが望ましい。

フリーアクセスフロア

フリーフロア、**OAフロア**ともいう。床下を利用して配管や配線を通すことができる2重床システムで、

図27｜フリーアクセスフロア（銅製）

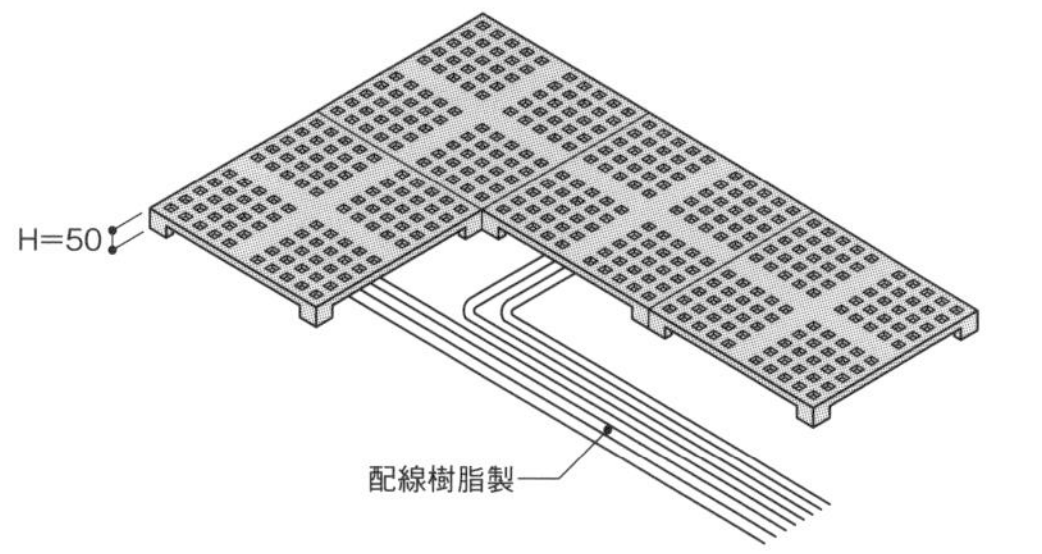
H=50
配線樹脂製

図28｜フリーアクセスフロア（樹脂製）

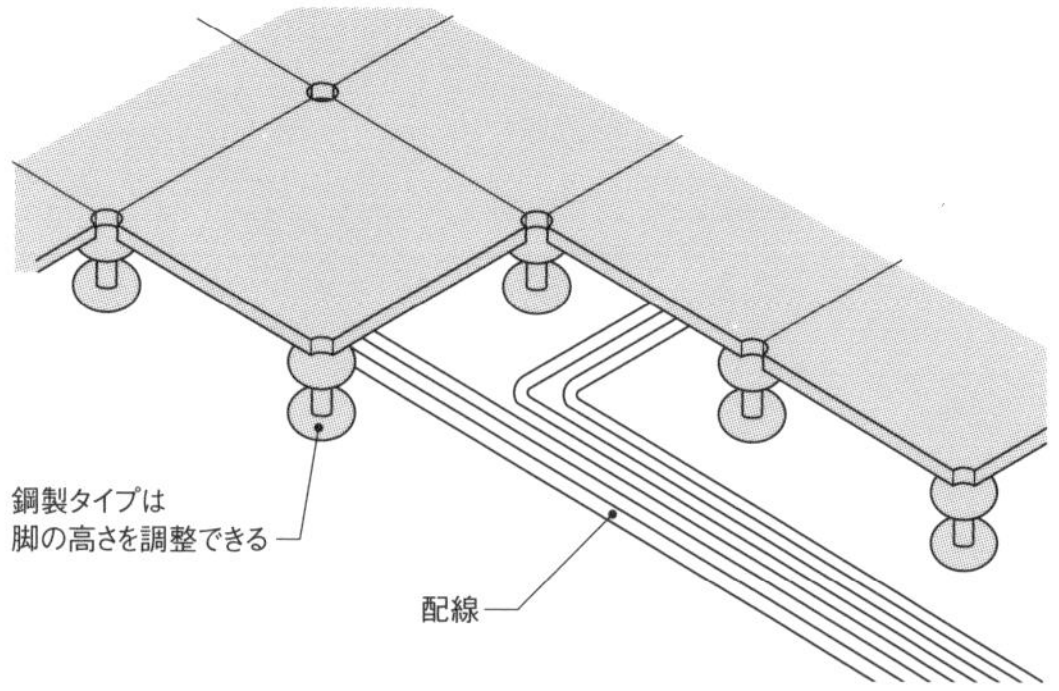
銅製タイプは
脚の高さを調整できる
配線

写真5｜フリーアクセスフロア（樹脂製）

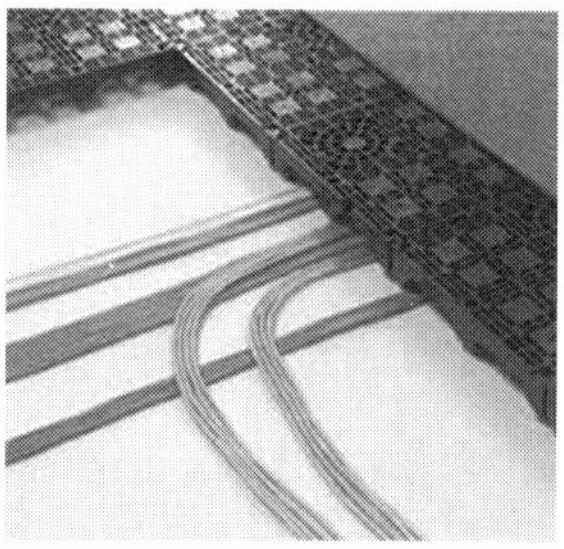

写真4｜フリーアクセスフロア（銅製）

図29｜根太フォーム

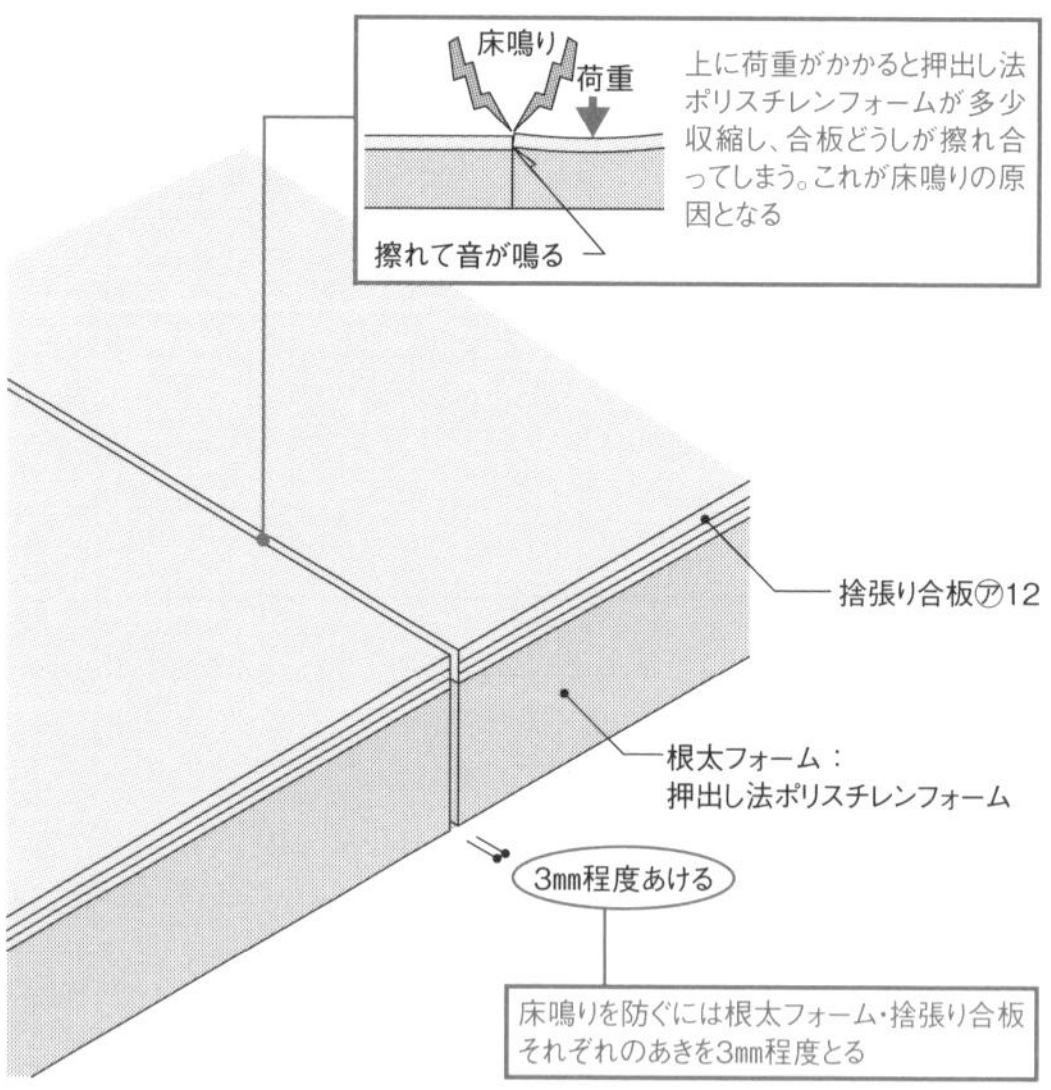
床鳴り
荷重
擦れて音が鳴る
上に荷重がかかると押出し法ポリスチレンフォームが多少収縮し、合板どうしが擦れ合ってしまう。これが床鳴りの原因となる
捨張り合板⑦12
根太フォーム：
押出し法ポリスチレンフォーム
3mm程度あける
床鳴りを防ぐには根太フォーム・捨張り合板それぞれのあきを3mm程度とる

図30｜樹種による堅さの違い

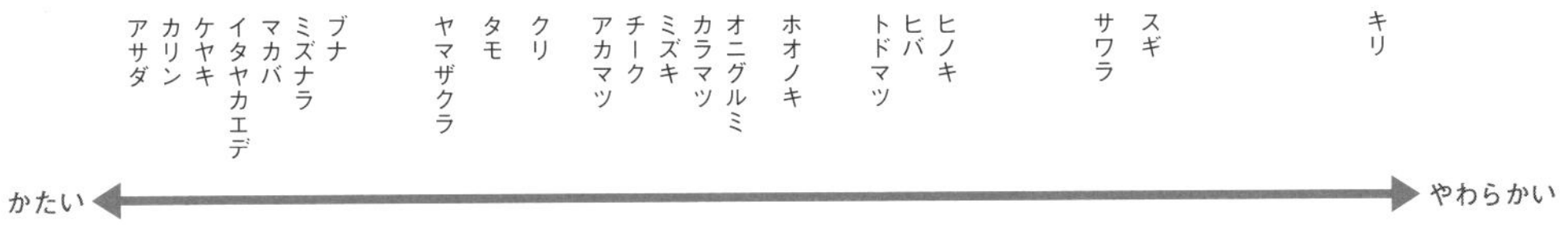

写真6｜フローリングの主な樹種と張り方

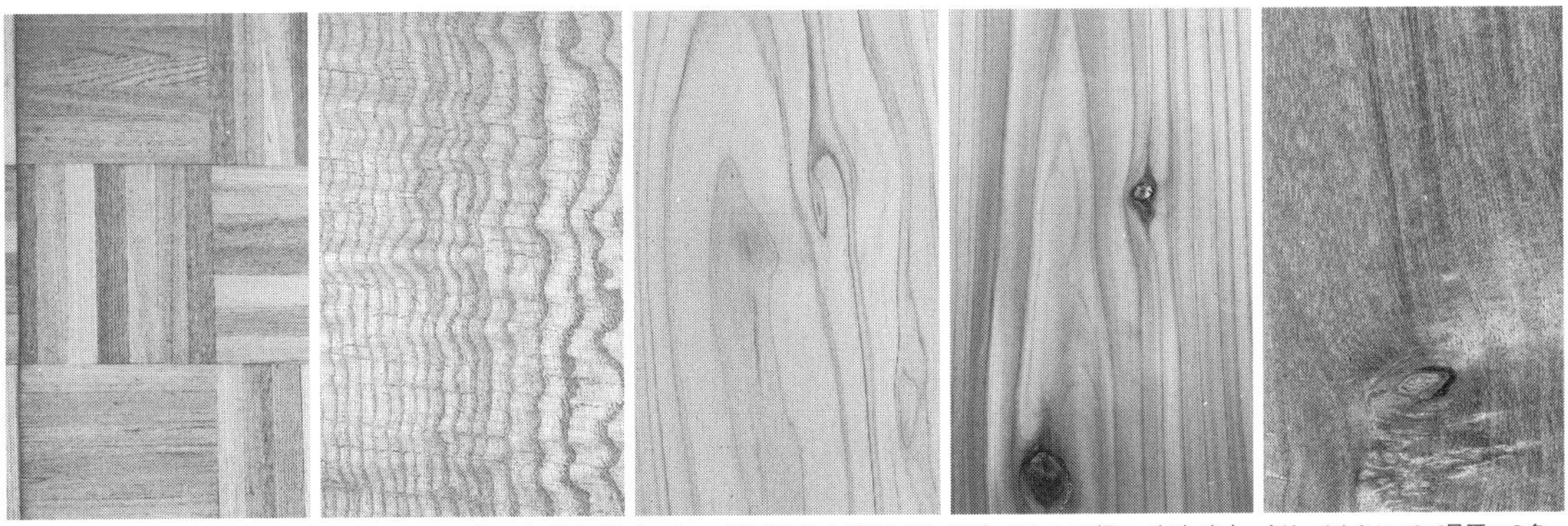

パーケット 市松張り 小板をたて・よこ交互に張ったパターン

タモ 肌目はやや粗いが、硬くて狂いが少ない

ヒノキ スギと似た仕上がりで、耐久性がより高く、香りがよい

スギ やわらかく軽い。赤味、白太、節など表情が豊か

キリ やわらかいので足腰への負担が少なく、保温性に優れている

点検や設備変更に容易に対応できる[図27・28、写真4・5、274頁図42③]。特に低床式（50～150㎜タイプ）のものはOA化の普及によって事務室の床には必ずといってよいほど使用される。また、鋼製で支持脚の高さを調整できるタイプと、樹脂製で下地を平滑にし、敷き並べるタイプがよく使われる。取付けが不十分だと足で踏んだときにガタ付き、歩行感に影響するので注意したい。

レベリング

セルフレベリングともいう。コンクリートスラブ上に直接仕上げを張る場合など、レベル調整する自己水平性のある左官材料。石膏系とセメント系がある。施工では液体の状態の製品を床面に流し込み、トンボで均しておけば、所定の時間で硬化し、精度の高い平滑な床面が得ることができる。

根太フォーム｜ねだ―

床下地の捨張り合板の裏に押出し法ポリスチレンフォームが張ってある製品[図29]。RC造などで転ばし根太の代わりによく使われる。施工ではスラブの上に接着剤を塗布し、その上から敷き詰めるが、床面に転ばし配管などがある場合は、配管が当たる部分の押出し法ポリスチレンフォームを削り取る必要がある。また歩行時の床鳴りを防止するため、パネル間は3㎜程度離して敷き並べる。

転ばし根太｜ころばしねだ

コンクリートスラブ上に床組をする場合、大引を用いないで直接根太を置いたもの。**転ばし根太**を使った床組を転ばし床という。

フローリング

フローリング

床に張られる板材。無垢材を使った単層フローリングと、合板の上に化粧材を張った複合フローリン

図31｜ムクフローリングの納まり（木造下地）

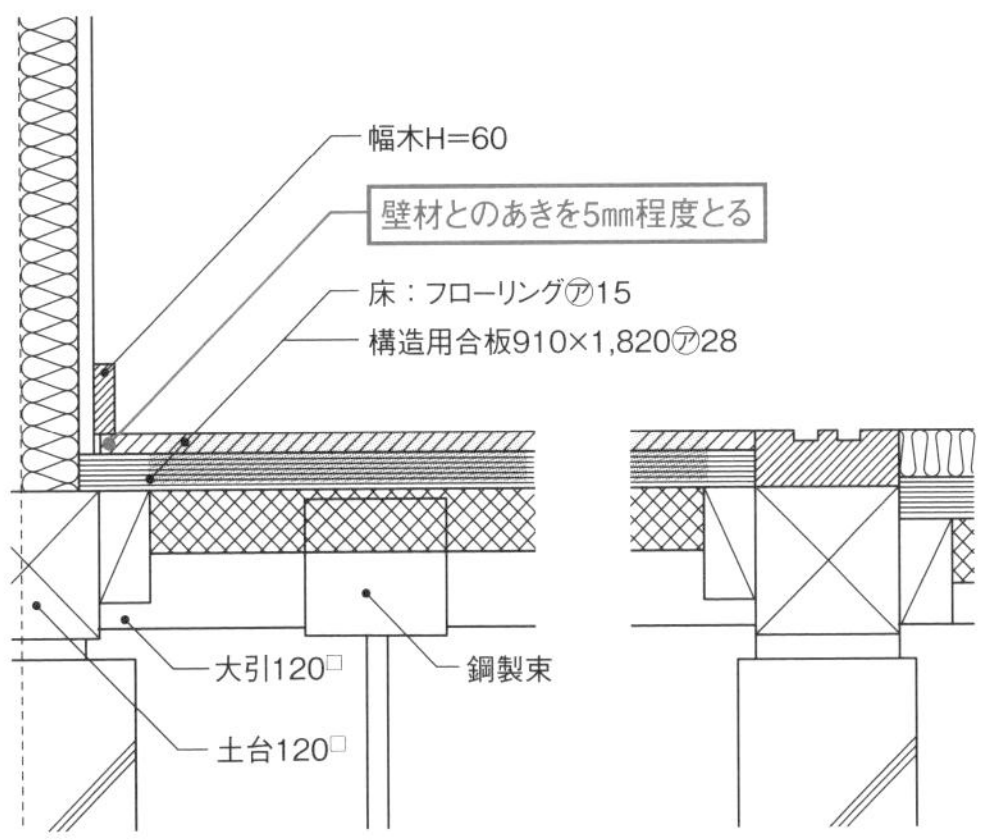

図32｜ムクフローリングの納まり（コンクリート下地）

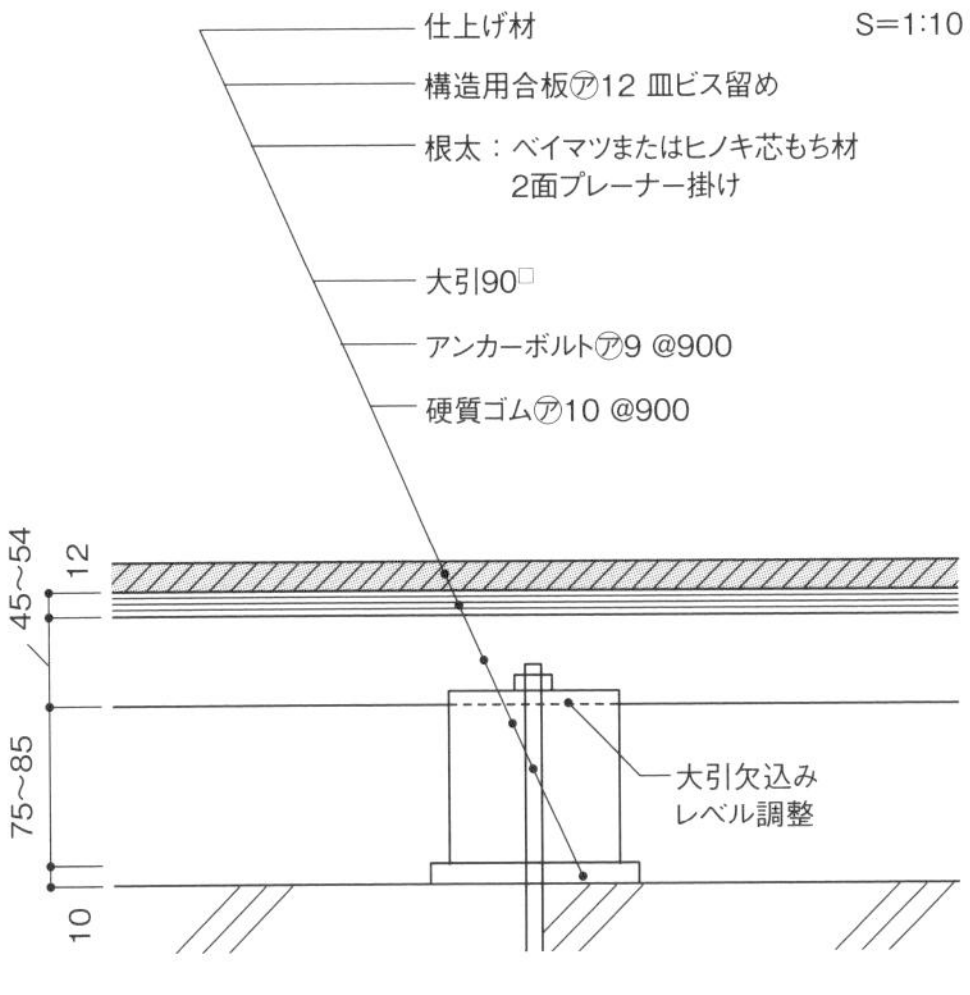

グがある。

ムクフローリング
1枚板のフローリング（単層フローリング）のこと［267頁図30、写真6］。最近ではナラ・カバザクラなどの樹種がよく使われる。**緑甲板**なども含まれる。材種（ブナなど）や乾燥の程度によって、暴れ、狂い、伸縮が生じる場合があるので、割付けや留め方に留意する必要がある［267頁図31・32］。また、下地の捨張り合板の継手の位置とフローリングの継手の位置を同じ位置にしないよう注意する。ムク板ともいう。

WPC加工フローリング｜だぶるぴーしーかこう｜
Wood Plastic Combinationの略。木の繊維にプラスチックを注入し、硬化させたもの。木の素材感を保ちながら、傷や熱に強く耐久性も備えたフローリング。

緑甲板｜えんこういた
長さが2間（3・64m）程度で、幅80～120㎜、厚さ15～18㎜の板の長手方向の両側を本実加工したもの。廊下や部屋の板床材として使用されるほか、壁や天井に張られることもある。樹種にはヒノキ、スギ、パイン系などが使われる。なお、壁・天井に使う材のことを特に**ピーリング**ということもある（ピーリングは壁、天井の薄張り材を指すこともある）。

幅広板｜はばひろいた
緑甲板より幅の広い板のことで板の間や玄関などで用いられてきた。厚さは18㎜以上が基準で、40㎜程度のものまでつくられている。幅方向に材が動けるようにしておかないと板割れが起きるので、**吸付き桟**［すいつきざん］やかすがいを使って納めるとよい。

単層フローリング｜たんそう｜
1枚の板を基材とし、表面に厚さ1.2㎜以下の薄い突き板を張り合わせたもの。性質や扱い方は**ムクフローリング**と同じである。ムク材を用いたムクフローリングや、表面が寄せ木状になっている**FJLタイプ**、一間ものでジョイントのない**OPCタイプ**などがある［写真7］。

複層フローリング｜ふくそう｜
表面は単層フローリングと同じでも、基材が合板か集成材かなどによってJAS規格で1～3種に分けられている。

複合フローリング｜ふくごう｜
最も種類の多いフローリングで、台板となる合板の上に突き板などを張り付けたもの［図33、表3］。3層フローリング、**複合プライフロー**

写真7｜集成ヒバの厚板フローリング

写真8｜竹フローリング

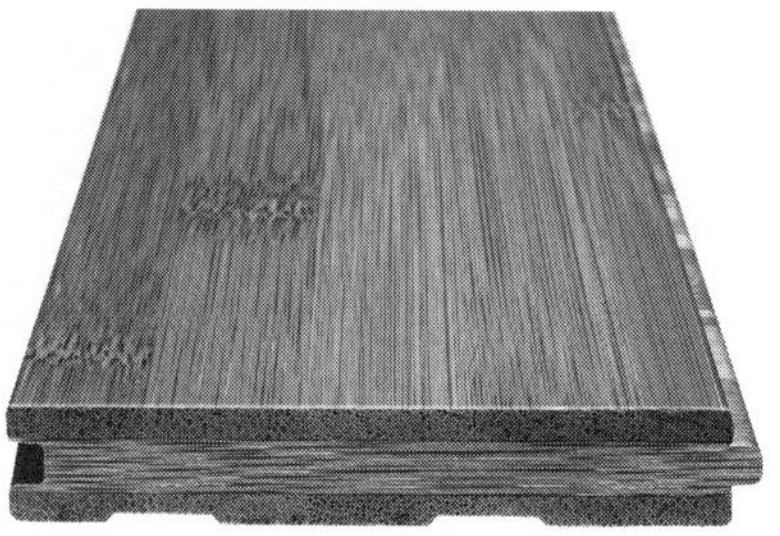

図33｜複合フローリング

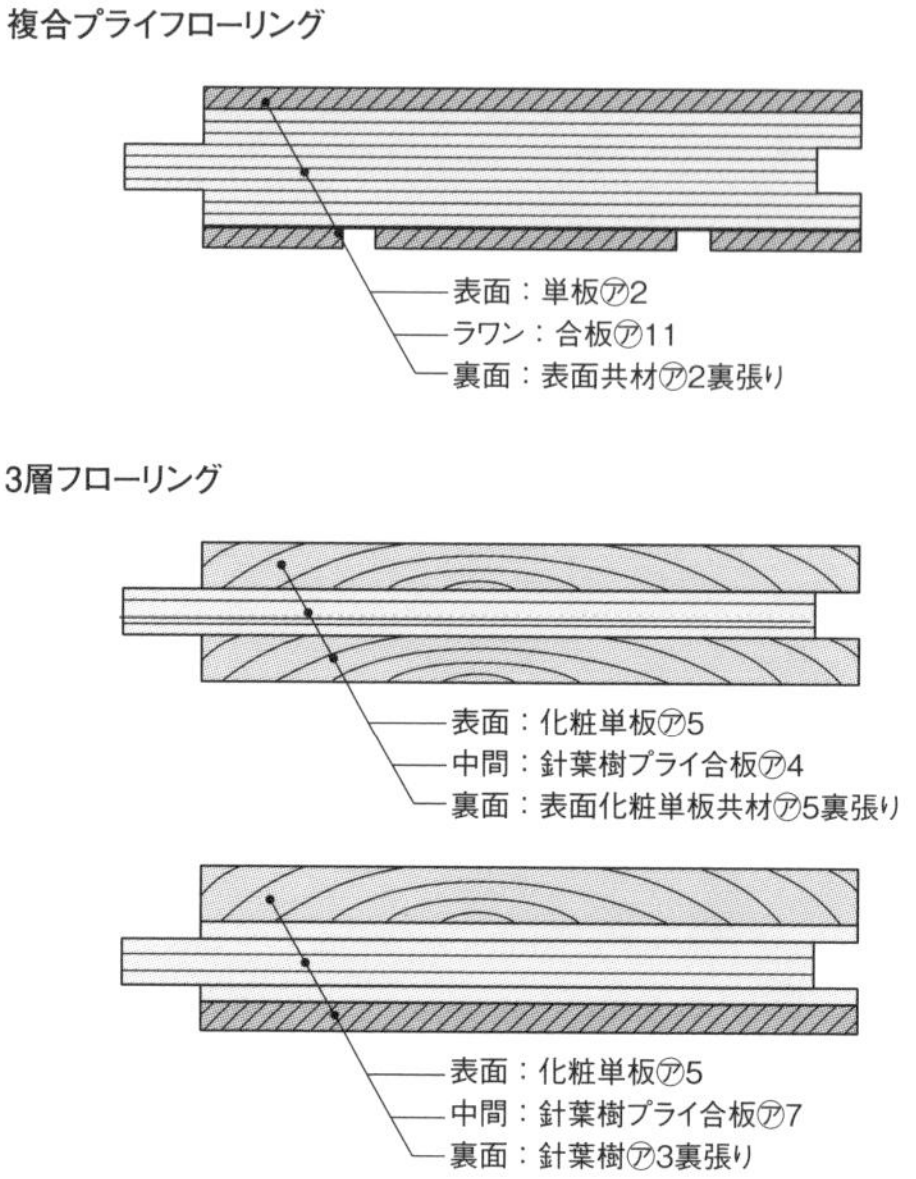

表3｜フローリングの種類と用途

種類		用途 根太張り用	直張り用	定義
単層フローリング	フローリングボード	○	○	1枚の挽き板（挽き板を縦継ぎしたものを含む）を基材とした単層フローリングで、根太張り、または直張り用として使用されるものをいう
	フローリングブロック	―	○	挽き板（挽き板を縦継ぎしたものを含む）を2枚以上並べて接合したものを基材とした単層フローリングで、直張り用として使用されるもの
	モザイクパーケット	―	○	挽き板の小片（最長辺が22.5㎝以下のものに限る。「ピース」という）を2個以上並べ、紙などを用いて組み合わせたものを基材とした単層フローリングのうち、直張り用として使用されるもの
複合フローリング	複合1種フローリング	○	○	ベニヤコアの合板のみを基材とした複合フローリングで、根太張り、または直張り用として使用されるもの
	複合2種フローリング	○	○	挽き板、集成材、単板積層材、またはランバーコアの合板を基材とした複合フローリングで、根太張り、または直張り用として使用されるもの
	複合3種フローリング	○	○	複合1種フローリング、および複合2種フローリング以外の複合フローリングで、根太張り、または直張り用として使用されるもの

リング（**カラーフロア**）などがある。表面はナラ材が多く、長さ1818×幅303×厚さ12㎜のものが普及している。反り・伸縮が少ないのが特徴で、防音用や床暖房用などさまざまな付加機能のついた既製品も多い。

乱尺フローリング｜らんじゃく｜
厚み、幅は同じだが、長さが一定ではないフローリングのこと。これを使った張り方を**乱尺張り**という。ナラ、ブナなど長尺でとりにくい材質が多い。割付けの際には長さ別に仕分けて全体のバランスを取る。

厚付きフローリング｜あつづき｜
表面単板の厚さが2㎜以上ある、一見ムク材に見えるフローリング。1枚ずつ木目が異なり、単層フローリングと見分けがつかないものも出現してきている。

ワイドフローリング
幅広のフローリング。基本的に受注生産で、長さ4000×幅900×厚さ15㎜の**フローリングパネル**と呼ばれるものなどがある。主に店舗で使用される。

竹フローリング｜たけ｜
表面に竹材を使用した複合フローリング。通常の一間タイプのほかに、300、450、600㎜角のフローリングパネルもある。竹フローリングはやや滑りやすいため、使用個所を考慮する必要がある［写真8］。

床暖房対応フローリング｜ゆかだんぼうたいおう｜
電気、温水、蓄熱など各方式の床暖房に対応した複合フローリング。ただし、床暖房に対応したものでも、床暖房の熱によって材に割れや反りが生じることがあるので要注意である。

フローリングブロック
挽き板などを正方形や長方形に接合したフローリング。通常、300㎜角が主流。素地床の上に接着剤と**波釘**［なみくぎ］で張る［表3］。

パーケットフロア
一般的に正方形のブロック状の板床材。厚さ8㎜程度のムク材のものや、寄せ木状の**モザイクパーケットフロア**［表3］などがある。

遮音フローリング｜しゃおん｜
高層の集合住宅に多く用いられる、上下階の遮音を確保するためのフローリング。裏面に遮音マットが張り付けられ、コンクリートスラブに直接接着剤で張り付けられる。

重歩行用フローリング｜じゅうほこうよう｜
重歩行や土足歩行に耐える高い耐久性をもったフローリング。木質繊維のなかに樹脂を注入し耐久性を高める**WPC加工**を施したものなどがある。

羽目板｜はめいた｜
壁、天井などの板張りに用いる材のこと。張り方によって、縦羽目と横羽目がある。スプルース、ヒノキの柾目など狂いの生じにくい材を使用する。板の接合部には本実・雇い実・相決りなどが使われる。相決りの際には化粧釘留めとする。

ビニルタイル・カーペット

パイル
カーペットの表面にある毛足のこと。輪の状態になったものを**ループパイル**、ループをカットしたものを**カットパイル**と呼ぶ。同じ素材・規格ならば、ループパイルのほうが耐久性に優れている。

ゲージ
タフテッドカーペット［表4］の幅方向に、何本のパイルが刺しゅうされているかを示す単位。1/10ゲージは、1インチ間に10本のパイルがあることを意味する。

ステッチ
タフテッドカーペットの縦方向に、何本のパイルが刺しゅうされているかを示す密度の単位。10ステッチは、1インチ間に10本のパイルが刺繍されている。

フィラメント糸｜し｜
長繊維（フィラメント）の糸。

紡績糸｜ぼうせきし｜
短繊維（**ステープル**）を引き揃えて、撚りをかけた糸。

レベルループ
パイルがループ状で高さが均一なもの。パイルの高さに高低をつけたものは**マルチレベルループ**という。

表4｜主絨毯・カーペットの種類

タフテッドカーペット	刺繍カーペット。現在、流通しているカーペットの大半は同カーペット
オムニカット	柄物タフテッドカーペットの1種。レベルカットで幾何学模様の表現が可能
手織り絨毯	手で織りあげていく絨毯で緞通と同意語。「ペルシャ絨毯」のように産地名を冠して呼ぶ場合が多い。綿の地経糸に手作業でパイルとなる絹やウールの糸を結び付けてつくる。結び方にはペルシャ結びとトルコ結びの2種がある
ウィルトンカーペット	18世紀中頃、英国のウィルトン地方で開発された機械織カーペット。使える色数は織組織の関係で5色までと制約がある
アキスミンスターカーペット	英国アキスミンスター地方で盛んにつくられたのが名称の由来。スプール法とグリッパー法の2種があり、いずれも多数の色糸で柄を構成することが可能。グリッパー法は12色までだが、スプール法は20～30色を使うことも可能
ニードルパンチカーペット	パイルのない不織布カーペット。デザイン性には乏しいが、安価
コントラクトカーペット	重歩行用カーペット。素材はBCFナイロン（バルキー［嵩高］加工をした長繊維）が一般的
シャギー	パイルの長さが3～12㎝程度の装飾性を優先させたカットパイル・カーペット。豊かな風合いを感じさせ、肌触りも抜群。ただし歩行量の少ない場所でしか使えない
ハードツイスト	パイルの1本1本に強い撚りをかけたカットパイル・カーペット。ハードなタッチで弾力性があり丈夫
サキソニー	パイル長が約15㎜のカットパイル・カーペット。ヒートセットされた撚糸をパイルに用いる

表5｜シート系床材の分類特徴

材料分類／特徴		クッション性	耐久性	デザイン性	耐水性	耐薬品性	VOC含有量	メンテナンス	価格
樹脂系	ビニル床材	×	○	△	○	○	△	○	○
	クッションフロアー	○	△	×	○	○	△	○	○
自然系	リノリウム	△	○	○	△	△	○	○	△
自然+合成系	ゴム系床材	○	○	△	○	△	○	○	×

写真9｜リノリウム

遊び毛｜あそびけ
カーペットの組成から遊離しているパイル糸の毛くず。遊び毛が出るのは紡績糸で、フィラメント糸からは発生しない。

ファズ
歩行などによってパイルがケバ立つ状態のこと。短繊維強度が異なるパイルが混ざっているカーペットの場合、繊維が絡まりあってピリング（毛玉）になる。

デニール
フィラメント糸の太さの単位。

番手｜ばんて
紡績糸の太さの単位。パイル糸に用いる**毛番手**（**メートル番手**）では、1gで1mの糸を1番手とし、数字が大きくなるほど糸は細くなる。

シーミングテープ
カーペットのジョイントを固定するテープ。大きな面積にカーペットを施工する際に、カーペットをこのテープでつなぐ。

くも現象—げんしょう
カットパイルのカーペットで、1部のパイルだけが、ほかと異なる方向に寝たため、色が違って見える現象をいう。

長尺シート｜ちょうじゃく—
幅が1320～1800㎜で、丈が最低でも9m以上の、長いシート状の床材。塩ビ製が多い。継目の本数が樹脂系の床タイルに比べて少なく、継目も溶接で継ぐので、ある程度の防水性があり、水や薬品を取り扱う用途の部屋にも使用できる[表5]。
また、エンボス加工された製品もありマンションの廊下、バルコニー、階段にも使用可能。長尺シートには裏打ち材があるものとないものがあるが、一般的に使用されるのは前者で、後者は手術室や研究施設など特殊用途に使用される。

クッションフロア
CFともいう。居住用途を対象とした、幅が1320～1800㎜程度の長尺シートで中間に発泡系樹脂層が入ったもの。**ケミカル・エンボス**とも呼ばれている。ビニルシート保温・断熱・衝撃吸収性に優れる。重歩行用と軽歩行用の2種類がある。軽歩行用は足触りのために表面が軟らかくできているので、住宅など素足で使用する部屋には適するが、傷付きやすい。店舗などには表面強度に優れる重歩行用を使用したい。クレーム回避を考えるなら住宅でも重歩行用がよい[表5]。

インレードシート
米国アームストロング社によって開発された長尺シート。多色のチップを埋め込むという象嵌手法によって柄を構成している。柄が印刷ではなくチップなので耐摩耗性に富むのが特徴。

リノリウム
自然素材の長尺シート。主要材料は、亜麻仁油、コルク、木粉、ロジン（松脂）、顔料。裏面に寸法安定性と施工性をアップさせるためジュート（粗麻）などの平織基布が裏打ちされた天然素材床材。一時は樹脂系床タイルに押されて生産料が減っていたが、近年のエコロジーブームで復活してきた[表5、写真9]。

コンポジションビニル床タイル
—ゆか—
塩化ビニル樹脂または、塩化ビニル共重合樹脂に可塑剤、安定材を加え、荒粒の炭酸カルシウムを主とし、有機または無機の繊維など無公害充填材を使用したビニル床タイル。安価で施工性・寸法安定性が高く、最も普及している製品で、長尺ものが多いのも特徴である。

Pタイル｜ぴー
樹脂系の床タイルの1種。正式には**コンポジション半硬質ビニルタイル**という。価格が安く施工性もよい。難燃性も高く、タバコの焼け焦げ跡も付きにくい。熱、水、薬品にも強く、変形や反りも発生しにくい。ただし、固く脆いので歩行感や耐摩耗性に劣る。

Mタイル｜えむ
樹脂系の床タイルの1種。正式にはコンポジション軟質ビニルタイルという。Pタイルより塩化ビニル樹脂の比率が若干高く、そのぶん歩行感、耐摩耗性が向上している。そのほかの性能はPタイルと同じ。スルーチップ（磨り減っても柄が消えない加工）、エンボス加工などで製品の多様化を図っている。Pタイルより高価。

ホモジニアスビニルタイル

表6｜カーペットに使われる主な化学繊維

繊維の種類	長所	短所
レーヨン	・染色性がよい　・吸湿性がよい ・安価である	・耐久性が劣る　・防火性能が劣る ・虫害を受ける
アクリル	・保温性がよい　・軽量で強く、弾性に富む ・撥水性がある　・帯電しにくい	・ケバ立ちが起こる　・防火性能が劣る ・吸湿しやすい
ナイロン	・耐摩耗性に優れている　・染色性がよい ・耐久性・耐虫性がよい	・耐候性にやや劣る　・防炎性に劣る ・帯電しやすい
ポリプロピレン	・比重が小さく、軽量　・撥水性がある　・汚れにくい ・ほかの繊維よりも強度が大きい	・弾力性が劣る　・熱に弱い　・吸湿しやすい ・帯電しやすい
ポリエステル	・耐摩耗性がよい　・耐久性、耐虫性がよい ・ほかの繊維よりも耐熱性がよい	・防炎性が劣る　・弾力性が劣る

樹脂系の床タイルの1種。充填材として微粒炭素カルシウム・クレーなどを使用したもの。充填材を含まないものをピュアビニル床タイルと呼ぶ。主要な製品である**メルストーン**（東リ）の名前で呼ばれることもある。塩化ビニル樹脂の比率を30％以上に高めたもので、歩行感がよく、耐磨耗性、耐薬品性も高いが、タバコの焼焦げ跡が付きやすい。鮮明な色の製品やプリントをラミネートした製品が多いのも特徴。Mタイルより高価。

エンボスビニル床タイル―ゆか

ビニル床タイルの表面に機械的にエンボス加工を施し、柄・模様をプリントした床タイル。

レジンテラゾータイル

ポリエステルまたはエポキシ樹脂に充填材・軟化材を加えた粘結材で、天然大理石などの砕石を成形した、テラゾーの意匠をもつ床タイル。

写真10｜アキスミンスター

写真11｜ループパイル

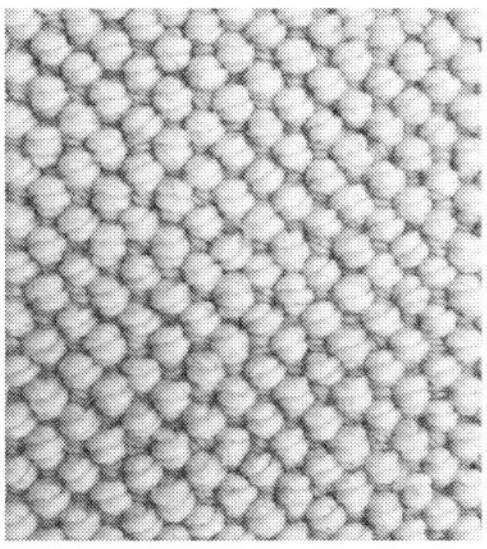

写真12｜タフテッド

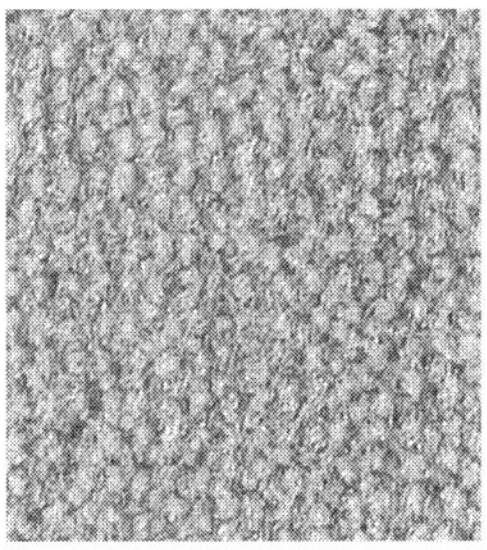

図34｜タフテッド（ループパイル）

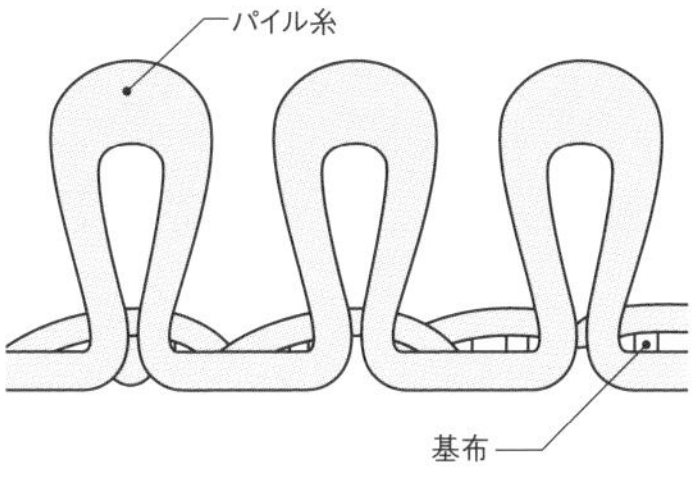

パイルがループ状で適度な硬さとなめらかさがある

図35｜タフテッド（カットパイル）

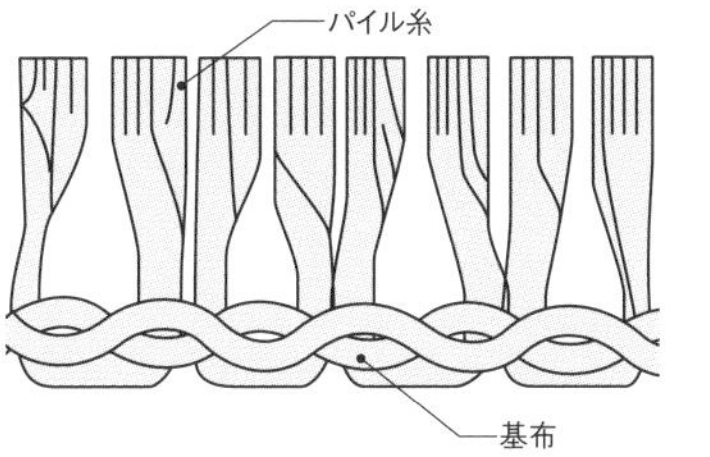

パイル先端をカットした断面で繊細なパターンを表現

図36｜ウィルトンカーペット

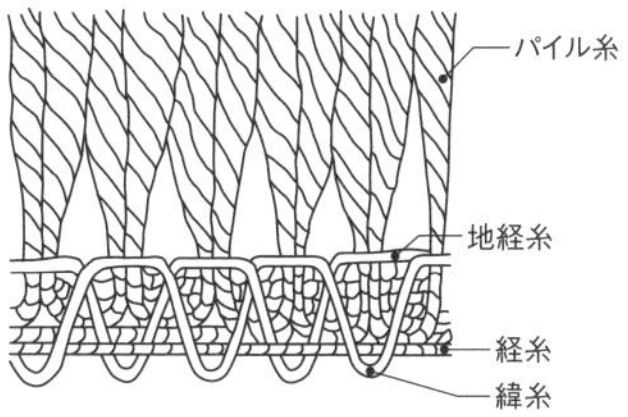

機械織りの代表。パイルの長さ調節が自在で5色まで使えるため模様の表現度が高い

図37｜ニードルパンチカーペット

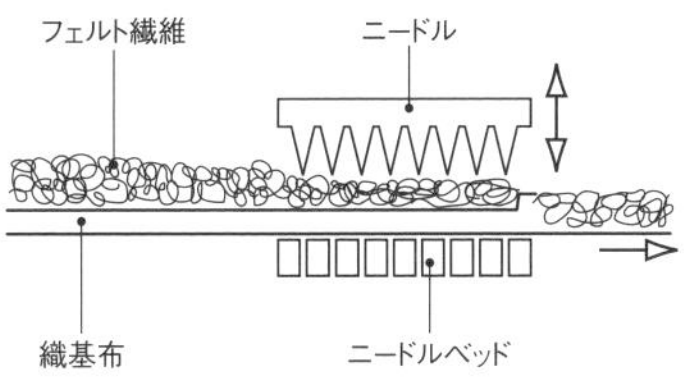

フェルト繊維を基布に圧縮成形してつくる。弾力性に欠けるが耐久性があり、用途が広い

カーペット

通常使用される頻度の高いものには**織物カーペット**と**刺繍カーペット**の2種類がある[表6]。織物カーペットでは**ウィルキントン**や**アキスミンスター**[写真10]がホテルなどに使用されている。毛足（**パイル**）が長く高級感があるが、小ロットでしか生産できないため、高価。刺繍カーペットは、別名**タフテッド**と呼ばれ、国内のカーペットの総数の90％以上を占める。パイルの処理方法によって、**ループパイル**[図34、写真11]と**カットパイル**[図35]に分けられる。前者は耐久性や歩行性に優れる。一方、後者は性能面では劣るが、毛先を生かした繊細なパターンや色合いがもち味である。

ウィルトンカーペット

代表的な機械織りカーペットで、パイルと基布を同時に織ったもの。耐久性に優れる。パイル糸の材質はウール、混紡糸、アクリルなどがある。パイル長さは5～15㎜[図36]。

アキスミンスターカーペット

20～30色の色糸を使用し、自由に模様を織ることができる。パイル糸の材質としてはウール、アクリルなどがある。パイル長さは8～11㎜。

写真13｜コルクタイル

写真14｜コルクタイルの施工例

タフテッドカーペット

既製の基布にミシン針で植え付け、裏面からラテックスで固定させ、同時に織ったもの。パイル糸の材質はポリエステルナイロンなどがある。パイル長さは4～12㎜［写真12］。

ニードルパンチカーペット

基布にフェルト繊維を針（ニードル）で突き立て、フェルト状に圧着、成形したもの。安価で施工が簡単なため使用範囲が広い。パイル糸の材質はポリプロピレン、ポリエステルアクリルなどがある。パイル長さは3.5～7㎜［271頁図37］。

タイルカーペット

50㎝角のタイル状のカーペットの総称。表面にはアクリル・ナイロン系のタフテッドが使われ、裏はゴム状のバッキンとなっている。運搬・施工・張替えが容易で、汚損・劣化してもその部分だけの取替えやクリーニングが可能なため、オフィスで多用されている。フリーアクセスフロアの定番の仕上げ材でもある。

コルクタイル

コルクを主原料とした床材。多くは熱などを加えて圧着しているので身体に安全な材料である。コルクを薄くスライスした30㎝角のタイル状のものと、コルクの粒を接着剤で固めて薄いタイル状にしたものとに分けられ、クッション性と断熱性に優れている。

無塗装品とコーティング加工品があり、無塗装品は特に歩行感に優れるが、反面使っているうちに黒く汚れてしまう。一方、コーティング加工したものは汚れにくく掃除しやすいが、無塗装品と比べて歩行感に劣る。浴室の床面に使える製品もある。

コルクの素材は樫の木の皮。この木は、皮が厚く長命な常緑樹で、立木を枯らさない程度の皮を同じ木から周期的に剥ぎ取ることができ、全体で年間約50万トンも生産できる。このことから、環境に優しい製品として脚光を浴びている［写真13・14］。

畳

畳表｜たたみおもて

乾燥したい草を横糸にし、麻や木綿糸を縦糸にして織り上げる畳の表面部分をいい、編み方によってさまざまな表情が現れる。一般的なものが**引目表**（**諸目表**ともいう）で、ピッチの細かい**目積表**、荒々しいテクスチュアの**琉球表**などもよく使われている［図38・39］。

畳床｜たたみどこ

畳の下地、芯になる部分。藁のみ

図38｜畳の名称

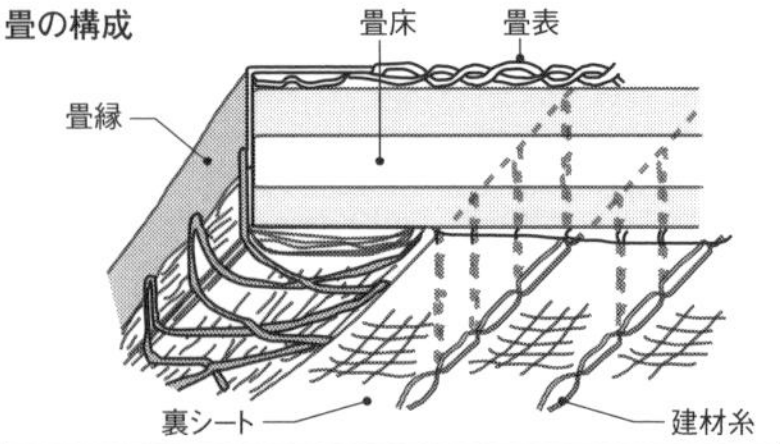

畳表はい草を緯、糸を経として製織する。畳の心材となる畳床は、ワラやポリスチレンフォーム、タタミボードなどで構成される

図39｜畳表の織り方

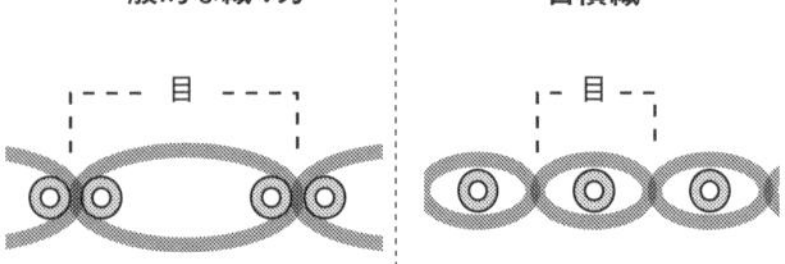

1目の中に綿や麻糸でできた経糸が2本入っている。諸目表などがこれにあたる

1目に経糸を1本のみ入れる。目が詰まっている。

図40｜化学畳床の断面構成

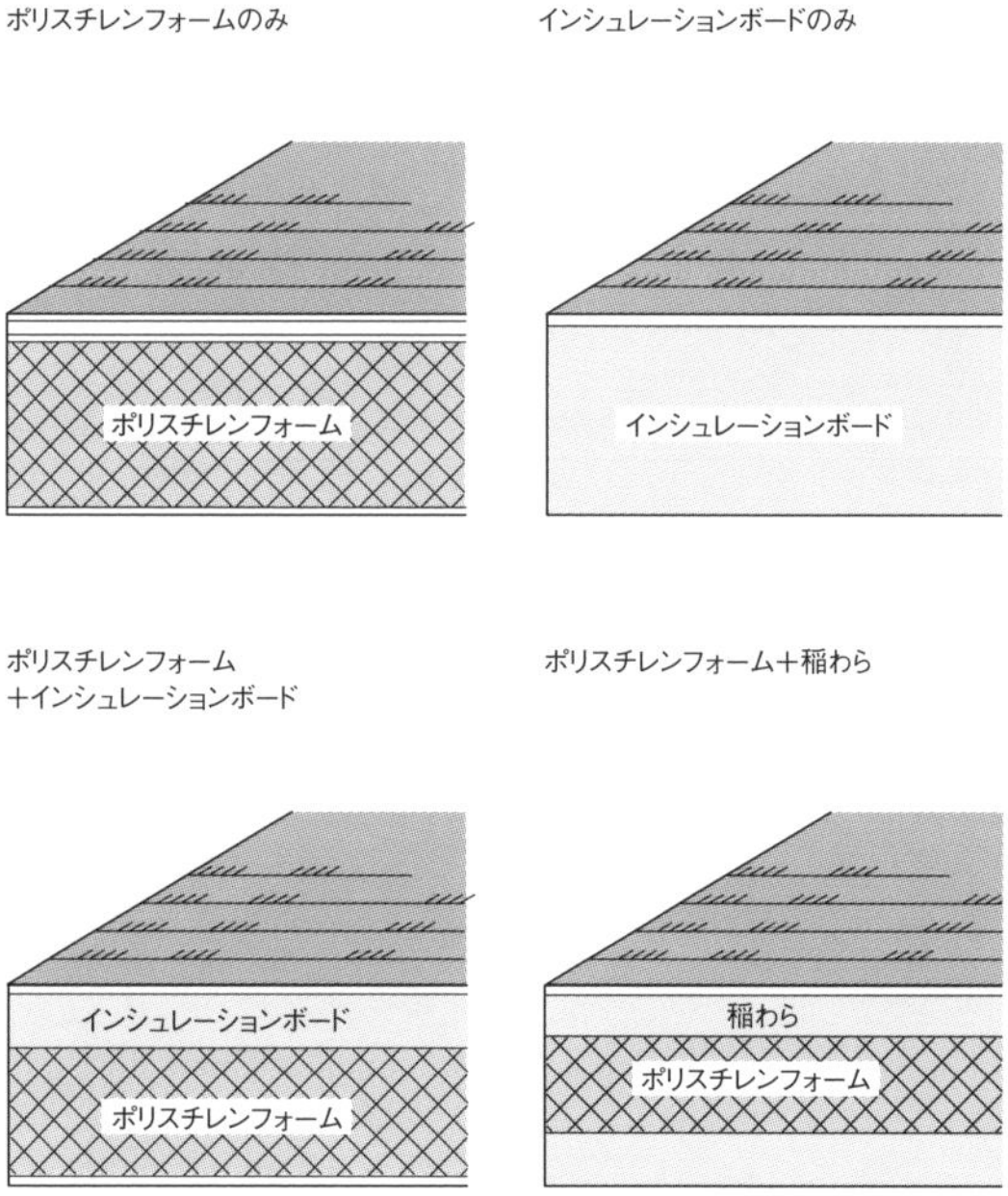

写真15｜琉球畳

表7　JAS規格による畳寸法（単位：㎜）

JAS規格	種類	通称	長さ	幅（㎜）	主な使用地域
一種間	本間	京間、関西間	1,910（6.3尺）	955	関西、中国、山陰、四国、九州
	六二間	佐賀間	1,880（6.2尺）	940	佐賀、長崎など
	六一間	安芸間	1,850（6.1尺）	920	山陽地方の瀬戸内海に面した地域
二種間	三六間	中京間	1,820（6尺）	910	中京地区、東北・北陸の一部、沖縄
三種間	五八間	関東間、江戸間、田舎間、狭間	1,760（5.8尺）	880	全国的に普及
	五六間	団地間	1,700（5.6尺）	850	公団公営住宅、建売住宅

を使用する**稲藁床**、藁の間に発泡ポリスチレンフォームなどを挟んだ**サンドイッチ畳床**（または**化学畳床**）、藁をまったく使わずインシュレーションボード（建材畳床）を積層した化学畳床がある［図40］。稲藁床はクッション性に優れるが、非常に重く高価で流通量も少ない。

琉球畳｜りゅうきゅうたたみ
一般的に縁のない正方形の畳の総称として使われているが、本来は沖縄で取れた強度に優れるい草を使用した畳のことで、表面はごつごつしており、目が不揃いで、荒っぽく、普通の畳よりもざっくりとした風合いをもつ。この畳表のことを**琉球表**という［写真15］。かつては道場の畳によく使われたが、最近は住宅でも好んで採用される。

本畳｜ほんたたみ
畳床が天然素材（稲わら）のもの。湿気の吸放湿に優れ、丈夫。

スタイロ畳｜—たたみ
木材繊維などと押出し法ポリスチレンフォームを組み合わせた畳床を使用。断熱効果が高く、軽い。

図41　畳敷き様

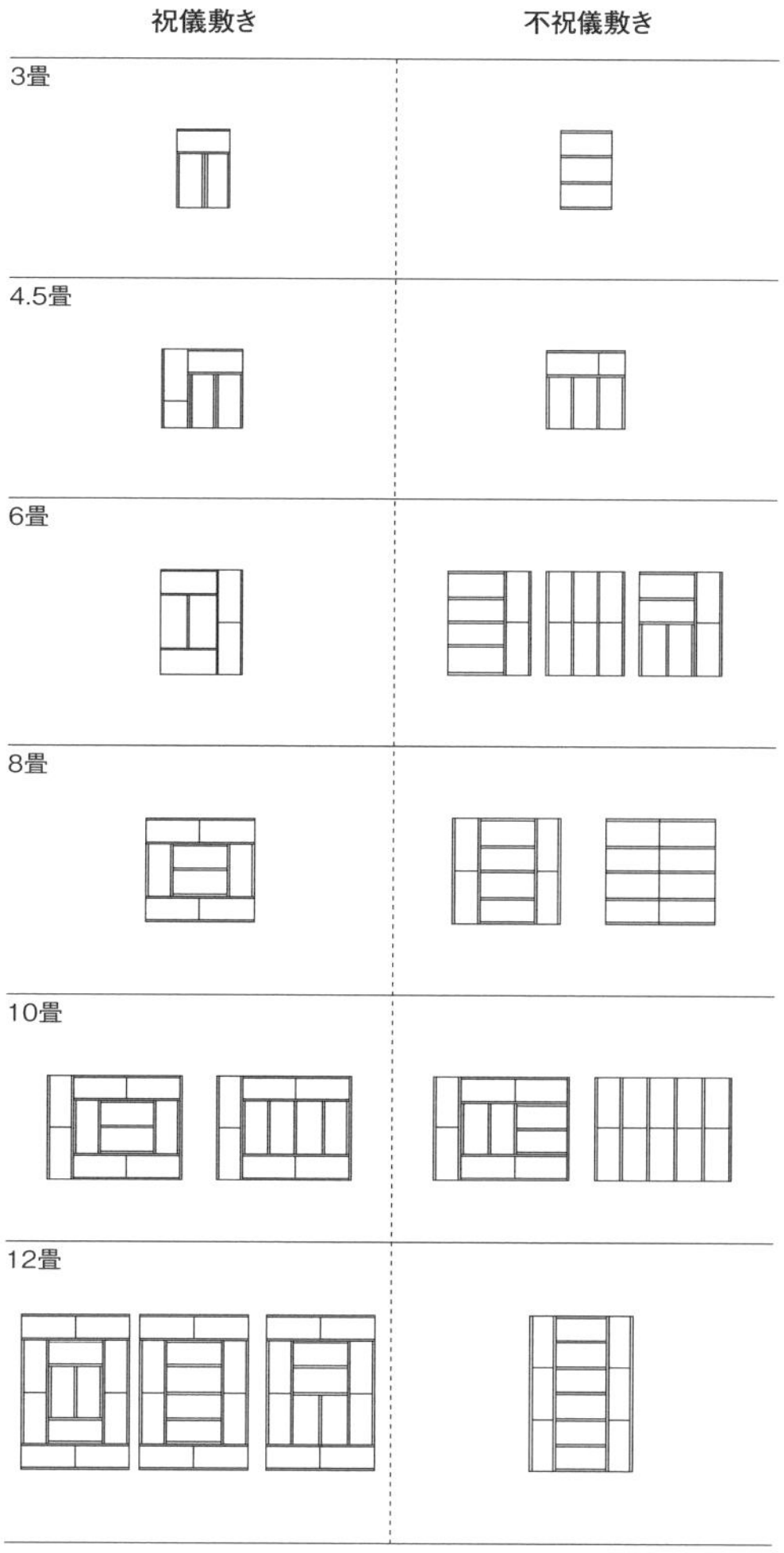

縁なし畳｜ふちなしだたみ
縁のない畳に、通常の畳表より目の細かい**目積表**などを使用したもの。正方形が一般的だが、長方形のものもある。畳縁がないぶん、畳表の材料が多く必要になってくるので、一般の畳よりコストがかかることが多い。また、縁がないため、縁のあるものに比べて耐久性に劣る。

置き畳｜おきだたみ
板張りの床に畳を置いて一角を畳コーナーにするときなどに用いる。厚みも15㎜程度と薄く軽量なので、ラグ感覚で使用できる。また、裏に滑止めが付いているタイプもある。

畳縁｜たたみぶち（たたみべり）
畳の縁に付けられるもので、畳表の長手方向の縁を、畳に固定させるために用いる。昔は家の格式により色分けされていた。材料は、天然素材よりも化学素材が主に使われている。畳縁の幅は、9～1寸（27～30㎜）とするのが一般的であるが、部屋の印象を軽くするために8分（24㎜）と細くすることもある。

京間｜きょうま
畳のモジュールの1つ。京都を中心に大阪、瀬戸内、山陰、九州で用いられてきたもの。なお、畳の大きさは地方により差があり、約191×95・5㎝の関西間、約181・8×90・9㎝の中京間（大津間）、約175・8×87・9㎝の関東間（江戸間）、約169・6×84・8㎝の団地間などがある［表7］。

田舎間｜いなかま
田舎間は、京間の1間＝6尺5寸に対して1間を6尺にとったもの。**関東間**、**江戸間**ともいわれ、長さが5尺8寸であることから**五八間**［ごはちま］ともいう。

中間｜なかま
中部、東北、北陸の1部、沖縄などで使用されてきた畳の基準尺。京間と田舎間の寸法の中間にあるもので、長さ6尺×幅3尺のもの。**相の間**［あいのま］、**中京間**と呼ばれることもある。

畳割り｜たたみわり
畳の寸法を基準にする平面計画法のこと。畳割りでは、基準寸法の畳数によって部屋内の柱内法寸法を割り出し、その外側に柱を配置させて柱間寸法を決定する。

畳敷き様｜たたみじきよう
畳を一室に敷き詰める場合の社会的な慣習のことをいう。婚礼などの祝い事では**祝儀敷き**［しゅうぎじき］とし、葬儀などの不祝儀の際には**不祝儀敷き**［ぶしゅうぎじき］とする［図41］。

床工法・納まり

図42｜床工法

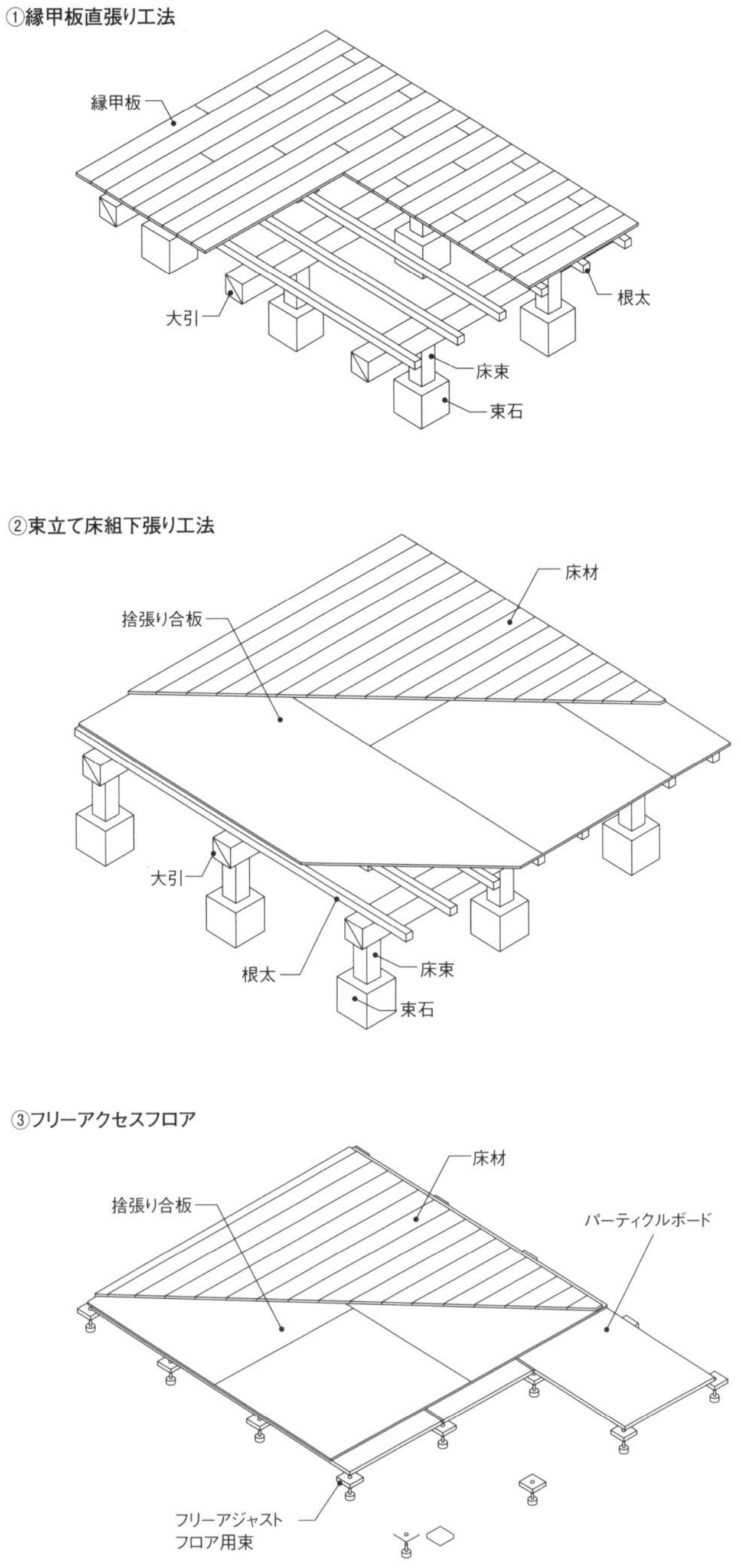

直張り工法｜じかばりこうほう
床仕上げに限らず、仕上げ材を張る場合、下地を張らずに直接仕上げる工法[図42①]。主にカーペットを張るときに使われ、**接着工法**とも呼ばれる。カーペットの場合、床の全面に直接接着剤を塗布し、カーペットを床面に全面圧着する。

捨張り工法｜すてばりこうほう
仕上げ材の反りや暴れなどを防ぐために、表面材の裏側に、もう一層材料を張ること[図42②]。床の場合は一般的に厚さ約12㎜の合板などが用いられる。天井の場合は石膏ボードを張ったりする。床仕上げなどの場合、コンパネを捨張りにする場合などがある。床の場合、捨張りをすることで、根太に関係なくフローリングの張り方向が決められる、薄い仕上げ材を使えるなどのメリットが得られる。根太レス工法の下地合板は捨張りとはいわない。

根太張り工法｜ねだばりこうほう
根太とは木工事において床材を直接受ける角材のことで、大引に載せて梁間に架け渡す工法。1階で大引に平行な壁際には、根太掛けを平割材で取り付ける。2階の根太はせいが大きいため、載せ掛けにせず梁に根太掘りを施し、転びやねじれが起きるのを防ぐ。

コンクリート直張り工法｜—じかばりこうほう
現場で打放しした鉄筋コンクリートの床の上にフローリング、ビニルタイルなどの仕上げ材を直接張る工法。ただし、コンクリートそのままでは下地にならないため、厚さ15～20㎜の**均しモルタル**［ならし—］で平面に均す必要がある。

乾式2重床｜かんしきにじゅうゆか
大引や根太などで組まれた乾式の床のこと全般を指す。**2重床構造**とも呼ばれる。

乾式浮き床｜かんしきうきゆか
床の衝撃音や振動音を遮断するために、床とコンクリートスラブなどの構造体との間を防振材で絶縁する床の工法。

転ばし床｜ころばしゆか
土間やコンクリートスラブの上に木造の床を組む場合の工法で、半割りの大引の上に根太を打ち付けるもの。2重床のような床下の空間はできない。

置敷き工法｜おきじきこうほう
カーペットで中敷きや部分敷きをする場合、床を傷付けないように釘や接着剤を一切使わず、置くだけの工法。滑りやすい床の場合、カーペットが動いてしまい危険なため、スリップ止めとして裏面に下敷き材を使用する必要がある。

グリッパー工法｜—こうほう
敷き詰めカーペットの最も一般的な工法。クッション性を増すためにカーペットの下にフェルトなどの**アンダーレイ**（下地材）を敷き、敷き込む部屋の周囲に木製のグリッパーエッジを打ち付け、カーペットを引き伸ばし、逆目のピンに差し込んで留め付ける。カーペットの端は壁とグリッパーエッジの隙間に差し込む[図43、写真17]。

本実継ぎ｜ほんざねつぎ
フローリングや板壁など板ものの接合方法で、最も一般的に使われる。雄実側に隠し釘を打ち、決り側を取り付けることで、部材の上下方向の動きを止めることができる[図44①]。

雇い実継ぎ｜やといさねつぎ
決りを設けた両方の板の間に、雇い実はぜを差し込み、部材をはぎ合わせる方法。本実継ぎに比べ1枚の板の有効幅を広く使うことができる[図44②]。

合決り継ぎ｜あいじゃくりつぎ
板厚が本実加工や雇い実加工をするには薄すぎる場合、半分欠き込みを入れて重ね、重ね部分の板の上から釘留めするもの[図44③]。

突付け継ぎ｜つきつけつぎ
荒床などを下地として床板を張る場合に材の端同士を突き付けて、板の端に釘打ちして留める[図44④]。

立上げ施工｜たちあげせこう
簡易防水性を得るため、壁際から水が浸入しないよう床材を壁面に立ち上げて張る施工法。

筏張り｜いかだばり
定尺フローリングの張り方の1つ[図45①]。

りゃんこ張り｜―ばり
定尺フローリングの張り方の1つ。継目が規則的に交互に出るようにする方法[図45②]。

乱張り｜らんばり
定尺フローリングの張り方[図45③]。

畳張り｜たたみばり
角部におけるフローリングの張り方。入隅の1枚だけを留めとする一般的な納まり[図45⑥]。

留め張り｜とめばり
角部におけるフローリングの張り方で双方の板に同じ角度をとって納める方法。継目は実加工を施さずにへぎ目を通すのに技術を要する。また、透いたときに目立ちやすい[図45⑦]。

化粧釘｜けしょうくぎ
仕上げ材の表面に見える釘の打ち方。釘の頭の部分がピラミッド型、丸型などになっている。仕上げ材を損なうことなく打ち込むことが要求される。壁材などを取り付ける際に使われ、脳天より直接打って意匠上のアクセントとする。頭が小さく目立たないように着色された釘もある。

隠し釘｜かくしくぎ
外部から見えないように継目の実部分などに打つ釘のこと。**忍び釘**ともいい、長押などの部位の留め方

写真17｜グリッパー工法

図43｜グリッパー工法

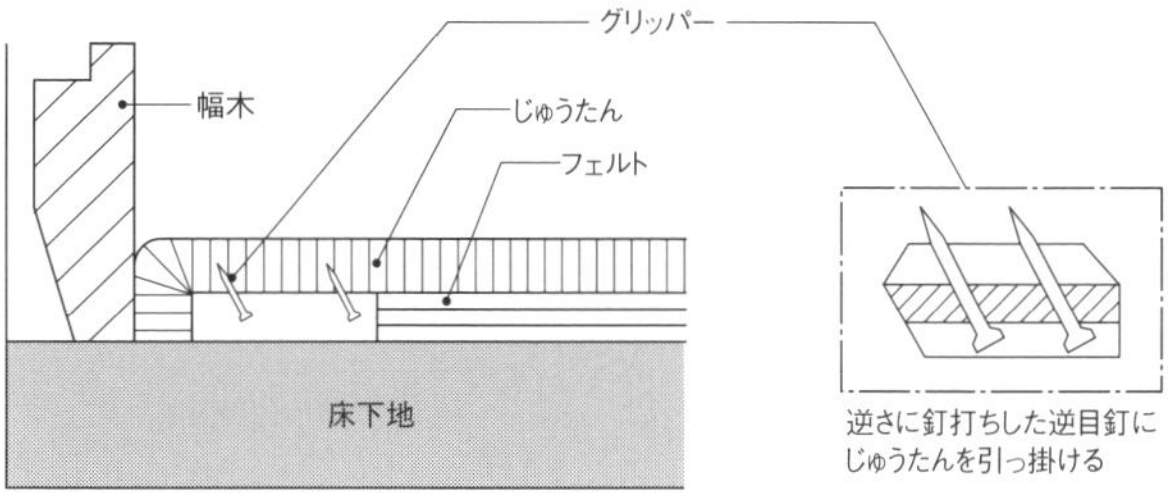

図44｜床材のジョイント部の接合方法

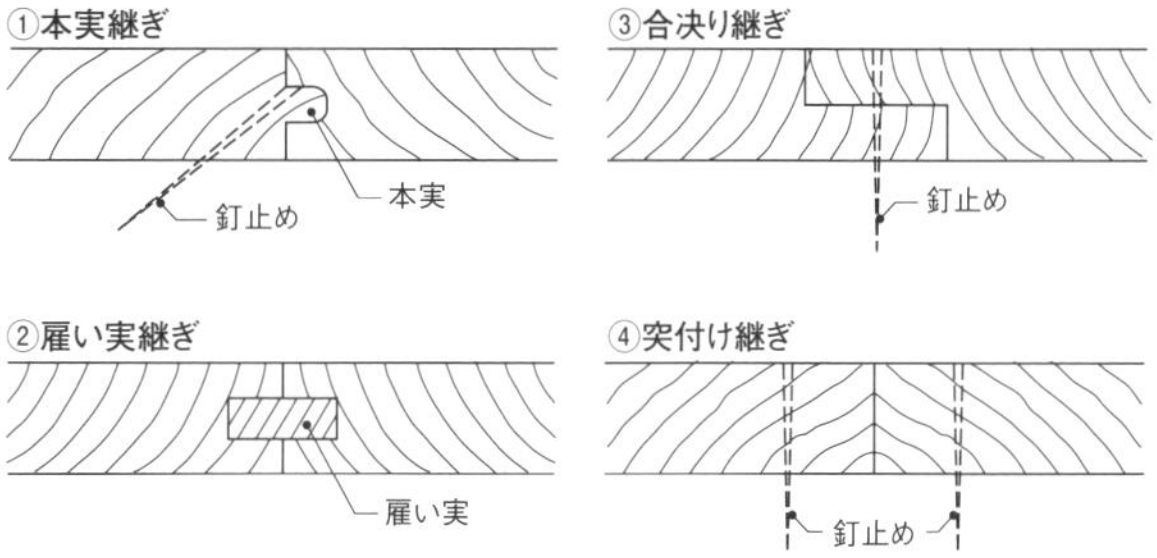

図45｜フローリング材の張り方

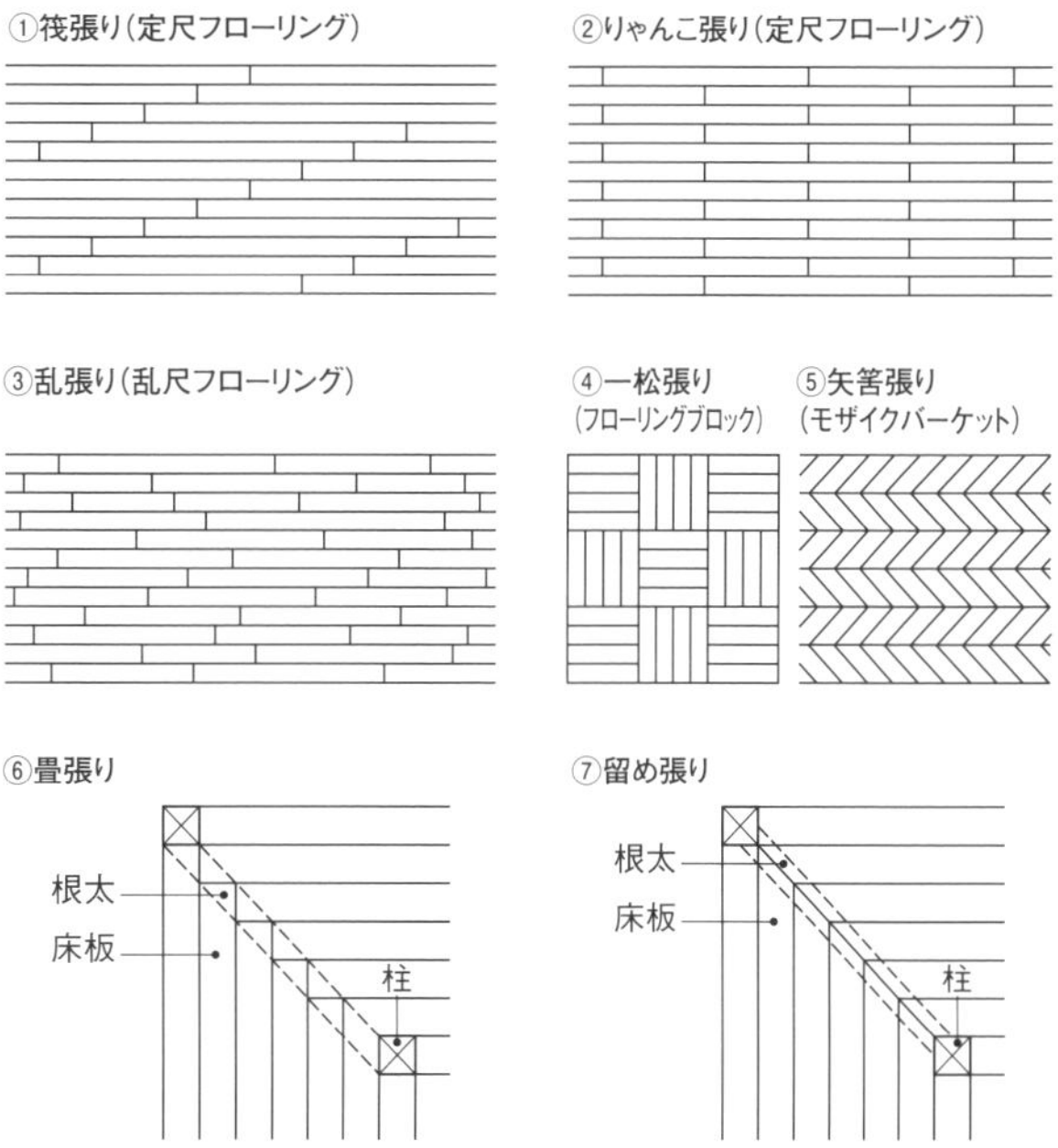

図48 吊り木受け

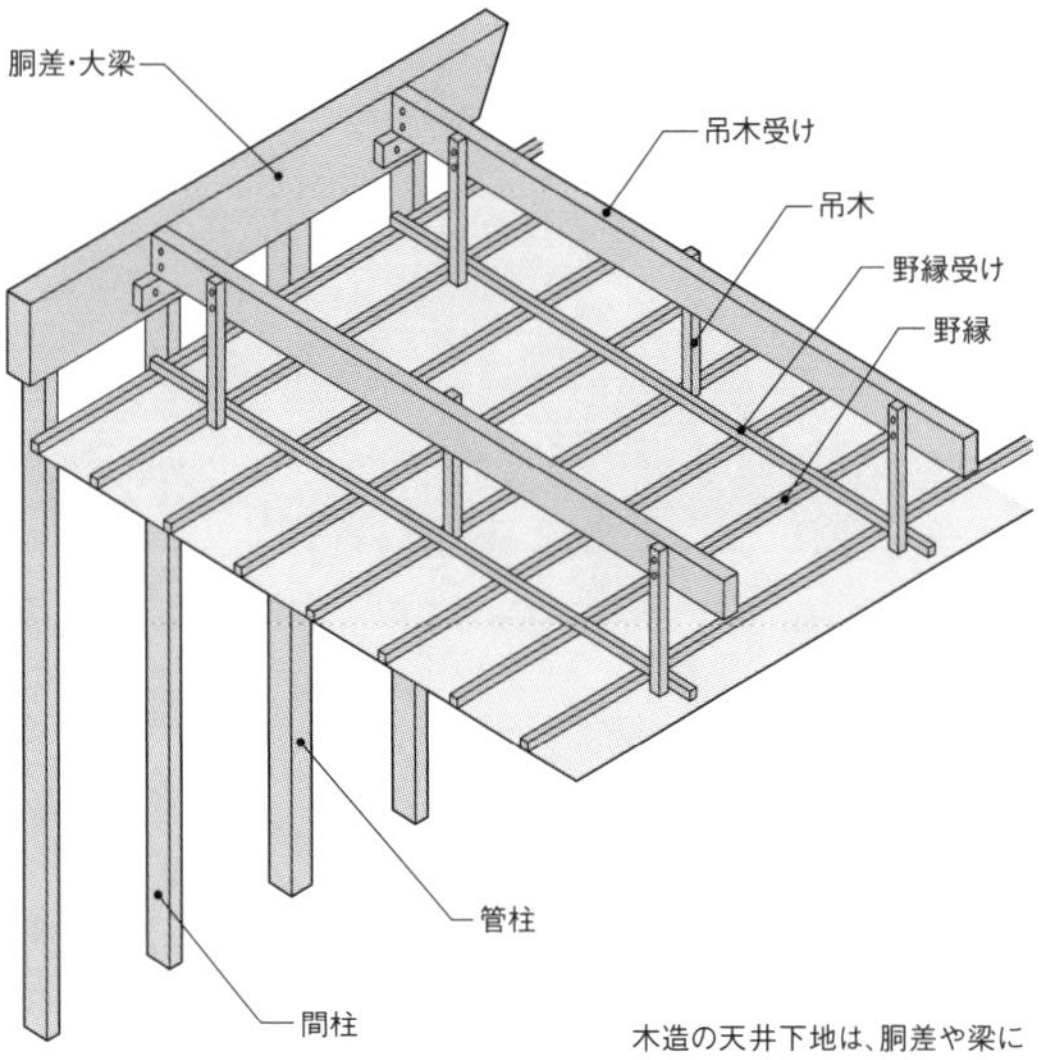

木造の天井下地は、胴差や梁に吊木受けをわたしてそこに吊木、野縁受け、野縁などの下地材を吊り下げるのが一般的

胴差・大梁の間隔と吊木受け寸法

胴差・大梁の間隔	通常の吊木受け寸法	重い天井の吊木受け寸法
2m	60×90㎜	60×100㎜
3m	60×120㎜	60×150㎜
4m	60×150㎜	60×180㎜
5m	75×180㎜	75×210㎜
6m	90×210㎜	90×240㎜

図46 木下地

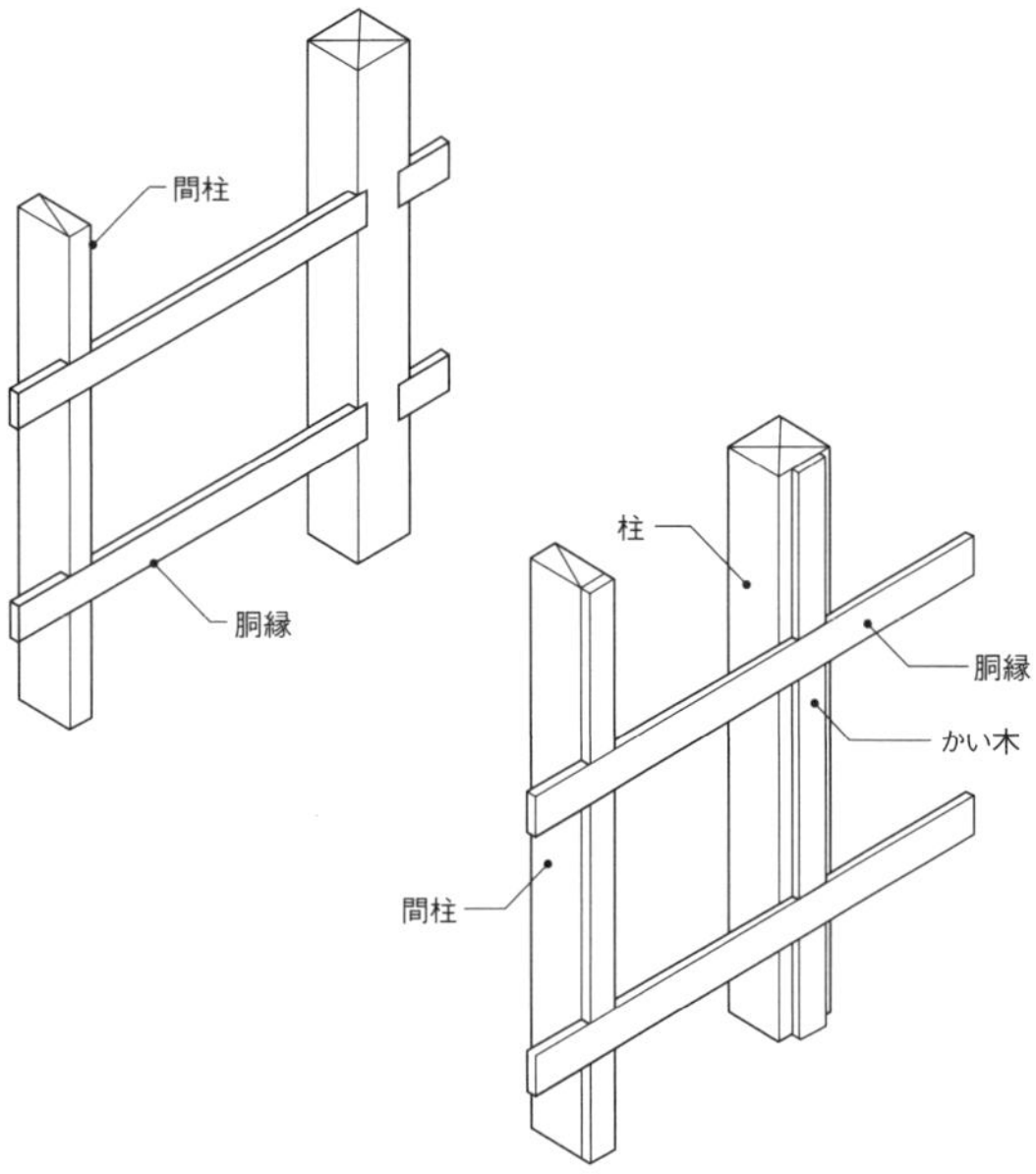

図47 軽量鉄骨下地

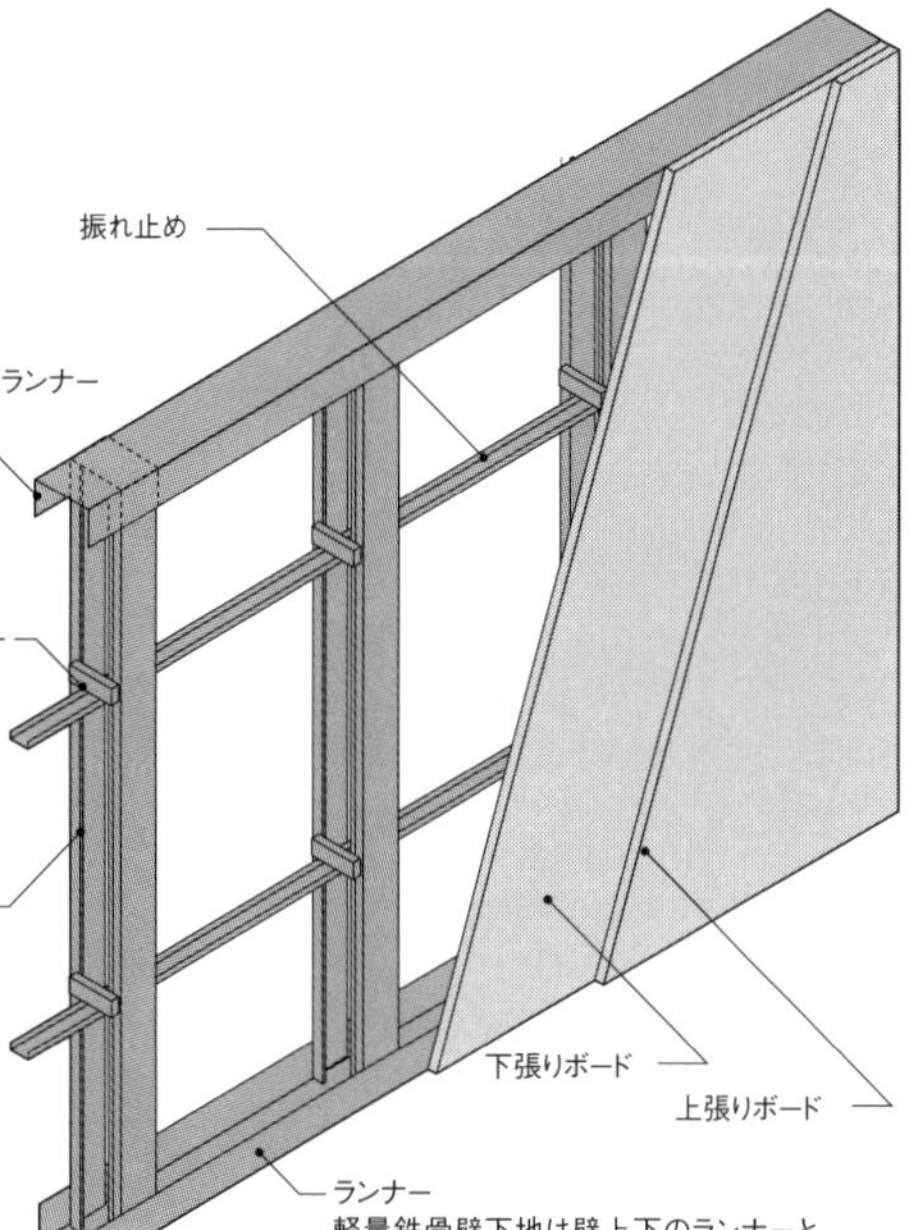

軽量鉄骨壁下地は壁上下のランナーとその間に設置されるスタンドで構成される

に使われる。実継ぎの板張り壁やフローリングで用いられる。一般には折れ釘を使用するが、折れ釘は強度がないので、接着剤を併用する。和室の床の間の床板を取り付ける際に使うものを特に**落とし釘**という。

根太ボンド｜ねだ―

床鳴り防止および面剛性増のために床と根太の接着に使用する木工用接着剤。いわゆる木工用（白ボンド）は湿気にきわめて弱いため使用は控えたほうがよい。

壁・天井下地

木下地｜もくしたじ

木製の間柱に下地板を打ち付けて下地としたもの。木造住宅だけでなくRC造や鉄骨造でも用いられる一般的な下地[図46]。

軽量鉄鋼下地｜けいりょうてっこうしたじ

軽鉄下地［けいてつしたじ］ともいう（軽天も含むことが多い）。LGS（軽量鉄鋼）でつくる天井や壁の下地。天井の場合、野縁受けは吊りボルトで上部から吊り、壁の場合は**スタッド**と**ランナー**で下組みをつくり**石膏ボード**などで間仕切壁をつくる。建築物の不燃化、省資源化、施工の省力化などの目的で木造以外の建物でよく使われている[図47]。

軽量鉄骨壁下地では、壁面の上下にランナーと呼ばれるコの字型の部材を設け、その間にスタッドと呼ばれるC型や□型の縦部材（LGS）を建て、その上に石膏ボードを張る。C型スタッドの場合は、スペーサーと振れ止めを使用する。スタッドには厚み寸法によって、50、65、75、90、100形があり、それぞれ建てる高さの上限が決められている。

胴縁｜どうぶち

板やボード張り仕上げの壁の下地を構成するためになど間隔で取り

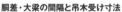

表9｜石膏ボード製品の種類（JIS A 6901による）

呼称	規格（㎜） 厚さ	規格（㎜） 寸法	防火性（国土交通大臣認定）	エッジ形状と目地処理の種類
3×6版	9.5	910×1,820	準不燃第2027号	スクウェアエッジ 突付け工法または目透かし工法 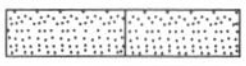
3×8版		910×2,420		
3×9版		910×2,730		
メートル版		1,000×2,000		
3×6版	12.5	910×1,820	準不燃第1027号	テーパーエッジ ドライウォール（継目処理）工法 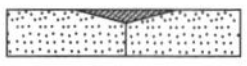
3×8版		910×2,420		
3×9版		910×2,730		
メートル版		1,000×2,000		
4×8版		1,220×2,440		
3×6版	15	910×1,820	準不燃第1027号	ベベルエッジ 突付けV目地工法 
3×8版		910×2,420		
3×9版		910×2,730		
メートル版		1,000×2,000		
4×8版		1,220×2,440		

写真18｜軽天

図49｜軽天

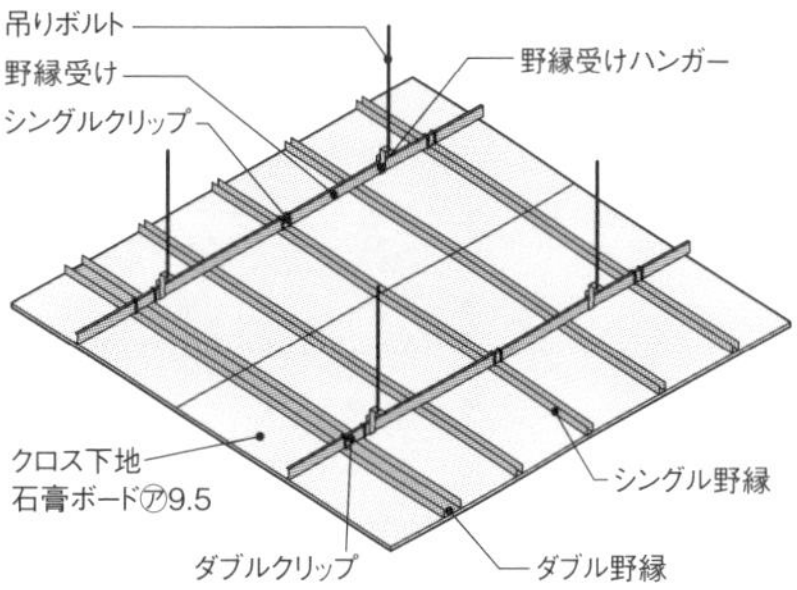

写真20｜ジョイナー

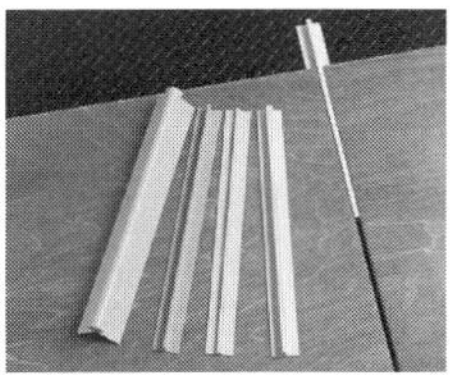

写真19｜天井に施工されたケイカル板

付けられる平棒状の部材。木下地の場合の木製のものと、軽量鉄鋼下地で用いられる鋼製のものがある。水平方向のものを**横胴縁**［よこどうぶち］、垂直方向のものを**縦胴縁**［たてどうぶち］という。

スタッド
間柱のこと。内装工事において鋼鉄下地＋石膏ボードによる壁仕上げなどの場合は、軽量鉄鋼製のものを指すことが多い。

ランナー
レールともいう。鋼鉄下地仕上げの場合、スタッドを立てるために床と天井に取り付ける水平の材料。インテリアではカーテンレールの部品を指す。

吊木受け｜つりきうけ
木造の天井下地部材の1つで上階の振動を下階に伝えないよう梁や胴差に渡す吊り木の受け材［図48］。一般にベイマツが使われる。渡す距離により、幅とせいが適切なものを選択する。一般に3m程度で60×120㎜、4m程度で60×150㎜、5m程度で75×180が目安。重い天井の場合はせい寸法を1サイズ大きくする必要がある。

軽天｜けいてん
軽量鉄骨天井下地のこと［図49、写真18］。LGSを使った下地組で、軽量鉄骨壁下地同様、木造以外の建物で標準的に使われる。石膏ボードの下地に野縁、それに直交するかたちで野縁受けを組み、それらを野縁受けハンガーを介して吊りボルトで吊り上げる。吊りボルトはデッキプレートやコンクリートスラブに設置したアンカーやハンガー金物にねじ込んで納める。

吊り天井｜つりてんじょう
下地となる野縁が梁などの構造体から吊られた天井。天井裏空間の確保、断熱・遮音の向上につながる。

石膏ボード｜せっこう—
石膏を芯材とし、両面ボード用原紙で被覆し、板状に成形したもの。安価なうえ防火性能・強度性能に優れるため、あらゆる用途・部位の内装壁下地材として利用される。またその重量特性から防音下地材としても利用できる。通常の石膏ボードを耐力壁として考えた場合、厚さ12㎜以上の石膏ボードを張った壁に15×90㎜の筋かいを入れた軸組で1.0倍。一般的な石膏ボードのほか、**シージング石膏ボード**、**強化石膏ボード**、**石膏ラスボード**、**化粧石膏ボード**などさまざまな種類の製品がある［表8・9］。また、ボードのエッジ（端の処理）から**スクウェアエッジ**、**テーパーエッジ**、**ベベルエッジ**に分類される。

ケイカル板｜—ばん
正式には**ケイ酸カルシウム板**と呼ぶ。内外装の下地材として使われ、軽量で耐火・断熱・遮音・加工性に優れている［写真19］。温度・湿度による伸縮は小さいものの、吸水率が高いため、水掛かり部には耐

表8｜石膏ボードの種類と特徴

名称	特徴
石膏ボード	二次加工しない基本の平板
石膏ラスボード	石膏ボード用プラスターの塗り下地として使いやすいように加工したもの。加工の仕方で型押しラスボードと平ラスボードがあるが、現在用いられているものは、ほとんどが型押しラスボードである。平ラスボードは、薄塗り用石膏プラスターの下地材として用いられる
化粧石膏ボード	石膏ボードの表面紙に化粧加工した紙を用いたものや、塗装、型押し凸凹などで加工したもの。内壁・天井の内装材として用いられている
シージング石膏ボード	両面の紙と芯の石膏に防水加工が施してあり、台所・洗面所など、湿潤な場所に用いられる
強化石膏ボード	芯の石膏にガラス繊維などの無機質繊維材を混入し、防火性能を高めたもの
吸音用孔あき石膏ボード	石膏ボードに吸音用の孔をほぼ均等にあけたもので、吸音性を要求される場所に用いられる

図50｜合板の種類

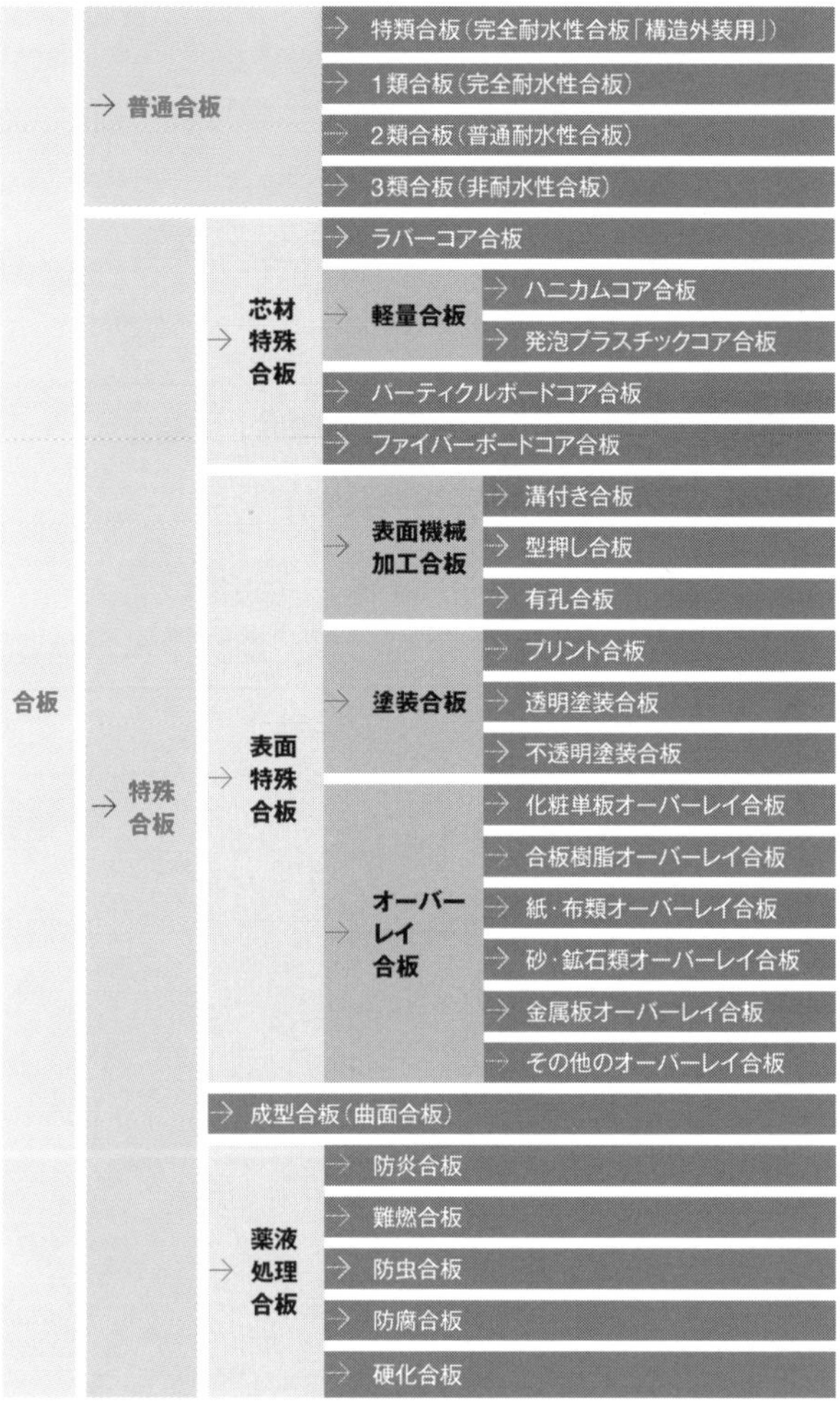

写真21｜シナ合板

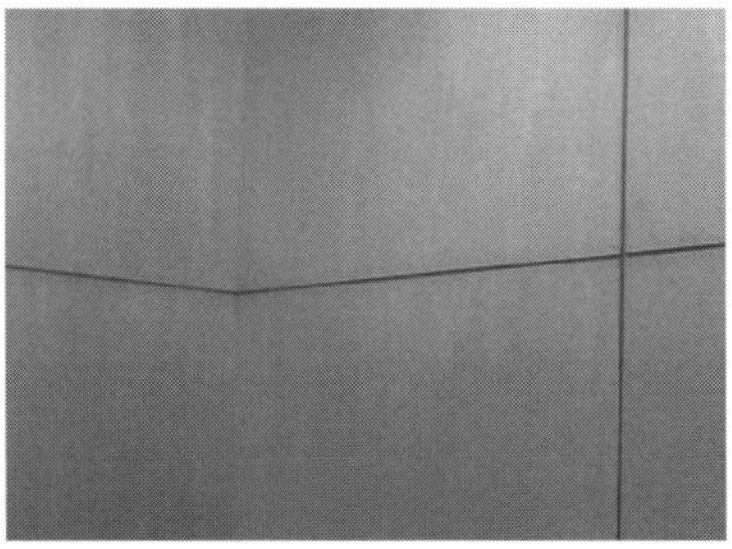

写真22｜MDF

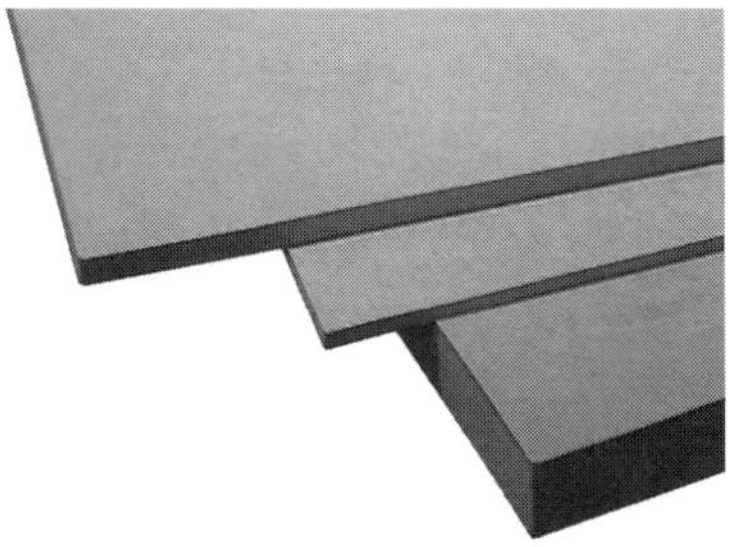

水性を考慮した表面処理を施す。6㎜厚のものがよくトイレや厨房の天井に使われるほか、25㎜厚のものは鉄骨の耐火被覆などに用いられる。

フレキシブルボード
略して**フレキ**ともいう。石綿とセメントを混ぜてつくられるボード材。現在はアスベスト問題のため、石綿の代わりに合成繊維、パルプ、耐アルカリ性ガラス繊維などが使われている。強度、可とう性がよく、厚物は床、間仕切の下地に用いられるほか、タワー型立体駐車場の外壁などにも使用されている。取付け方法はビス留めが一般的。

四分一｜しぶいち
壁の入隅部に付ける細い部材。

ジョイナー
ボード張りの目地部分に取り付ける、細い棒状の目地材。材料はアルミ製やプラスチック製などで、形状も多種多様［277頁写真20］。

壁・天井仕上げ材

天然木化粧合板｜てんねんぼくけしょうごうはん
天然木（ヒノキ、スギ、ケヤキなど）の薄い（0.2～1.0㎜厚）単板を張り付けた合板。**突き板合板**［つきいたごうはん］、**練付け合板**［ねりつけごうはん］、**銘木合板**［めいぼくごうはん］などとも呼ばれる［図50］。

シナ合板｜—ごうはん
表面にシナ材を張った普通合板。壁や天井、建具の表面仕上げに用いられている。基材はシナのほかラワンも使われている［写真21］。

突き板｜つきいた
コエマツ、ケヤキ、チークなどの高級樹種の原木から回転式切削機械で薄く削り取った単板のこと。厚さにより**薄突**［うすつき］（0・18～0.4㎜）、**厚板**［あついた］（0.5～1㎜）、**特厚**［とくあつ］（1～3㎜）がある。切削方法と木取りによって柾目、板目などさまざまな種類がある。

練付け｜ねりつけ
突き板を芯材や下地板に張り付けること。また、その製品を指す。芯材の種類には単板や合板、集成材などが用いられる。

合板｜ごうはん
いわゆるベニヤとは合板を構成する単板のことで、これを繊維方向に直行させて奇数枚接着させたものが合板である。合板を用いる場合、接着剤に含まれるホルムアルデヒドの放散量に注意が必要。JAS規格F☆☆☆の合板を使用したい。

積層合板｜せきそうごうはん
既製の化粧合板や構造用合板を積層したもの。さまざまな厚みの合板を積層することで簡単に必要な厚みへの対応が可能となる。積層した木口の表情を意匠的に扱うことも多い。ただし全体の重量が重くなるので注意が必要。

ムク板｜—いた
無垢板とも書く。合板のように貼り合わせてつくったり、集成したり、矧いだりしていない1枚板の木材のこと。反ったり割れたりすることもあるので使用の際は注意が必要。

表10｜樹脂の種類と特徴

種類		特徴	特性値 引張強度（kg／㎠）	引張弾性（10⁴kg／㎠）	熱膨張（10^{-5}／℃）	熱変形（℃）	燃焼性
熱可塑性樹脂	ポリカーボネート	・耐衝撃性に富む ・耐酸性良好 ・透明性が高い ・溶剤の影響を受ける	560〜670	2.5	6.6	130〜140	
熱可塑性樹脂	硬質塩化ビニール	・彩色・加工性良好 ・透明性良好 ・表面が傷つきやすい ・耐酸・アルカリに富む	350〜630	2.5〜4.2	5〜18.5	54〜74	
熱可塑性樹脂	アクリル	・透明性良好 ・比較的耐候性に富む ・表面硬度が小さい ・溶剤の影響を受ける	490〜770	3.2	5〜9	70〜100	おそい
熱硬化性樹脂	ポリエステル（FRP）	・耐熱性に富む ・耐寒性良好 ・表面硬度は高い	420〜910	2.1〜4.5	5.5〜10	60〜200	おそい
熱硬化性樹脂	ポリエステル（FRP）	・軽量・強靭	1,760〜2,110	5.6〜14.1	2〜5	—	自己消火性
熱硬化性樹脂	メラミン	・表面硬度が最も高い ・もろい ・耐水・耐薬品性に富む	490〜910	8.4〜9.8	4.0	204	自己消火性

写真23｜コーリアン

写真24｜ツインカーボ

写真25｜バスパネル

パーティクルボード
切削または破砕された木材のチップに、合成樹脂接着剤を塗布し熱圧成型したボード。遮音性、断熱性が高く家電製品のキャビネットなどに使用されている。

MDF｜えむでぃーえふ
中質繊維板。加工性がよく、木口面も緻密で加工面がきれいに仕上がる。ただ木口面の木ネジ保持力は低く割れが生じやすい［写真22］。

ハードボード
硬質繊維板。蒸煮解繊した高密度の木材チップ繊維に合成樹脂を加えて熱圧成型したボード。表面は非常に硬質で平滑（片面は編目）、曲げ強度が高く、型抜き加工、曲げ加工、塗装などの2次加工性に優れ、自動車の内装・家電製品の下地材として使われている。

メラミン化粧板｜—けしょうばん
フェノール樹脂板にメラミン樹脂で表面処理した板のこと。

コーリアン
デュポン社（米国）の商品名で、メタクリル樹脂強化無機材（メタクリル人工大理石）のことである。キッチンのカウンター材によく使用されている［写真23］。

ツインカーボ
旭硝子社の製品で、ポリカーボネートを特殊技術で一体成形した中空構造のシート。ツインカーボと同厚の一般ポリカーボネートシートに比べ約1／5と軽量［写真24］。

Uボード｜ゆー—
ユナイトボード社の製品で段ボール紙状の断面をしたボード。密度が石膏ボードの約1／6と超軽量。曲げに対する強度が高い。

唐木｜からき
インドや東南アジアの熱帯産の木材。チーク、マホガニー、カリン、紫檀、黒檀など、熱帯産の銘木が中国を経由して輸入されたことから由来する。

幅矧ぎ｜はばはぎ
板と板を幅方向に矧ぎ合わせてつくった板材。また、その仕口。

幕板｜まくいた
横に長く張った板。机の脚と脚の間の板などを指す。

浮づくり｜う—
木材の木理を浮き出させた仕上げのこと。美観の面のみ注目されがちだが、板の表面を強くする効果もある。

特種加工化粧合板｜とくしゅかこ

うけしょうごうはん

木目や柄をプリントした**プリント合板**、塗装を施した**塗装合板**やウレタン樹脂などの合成樹脂で被服した**オーバーレイ合板**など、表面に加工を施した合板。

図51｜壁紙の構造

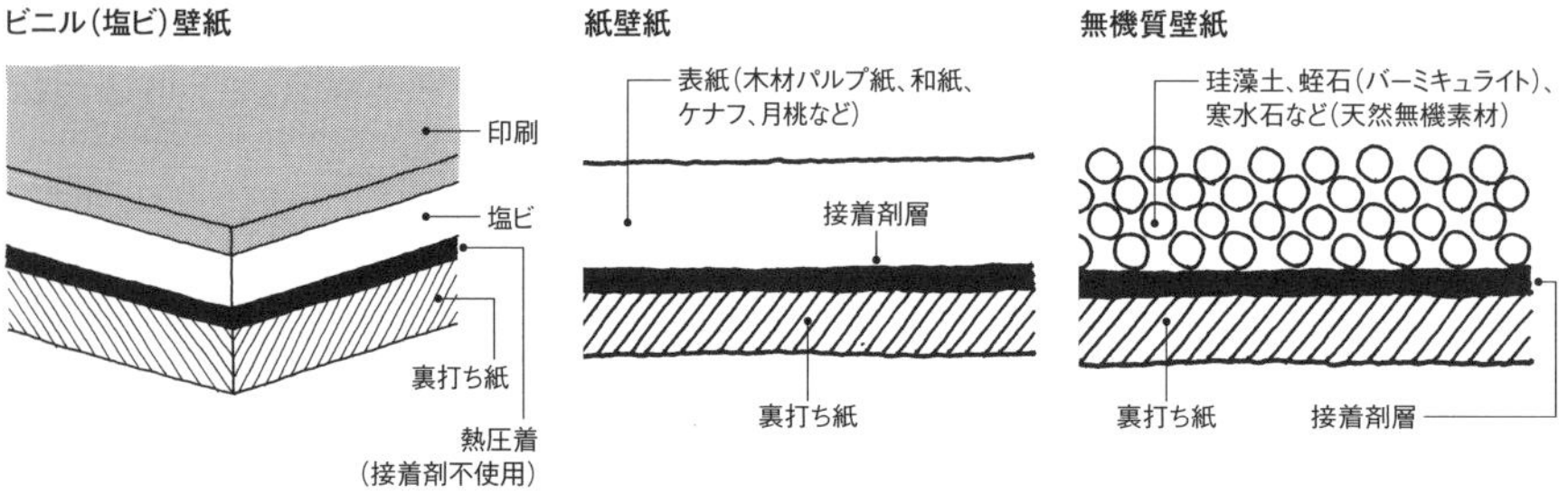

機械加工合板｜きかいかこうごうはん

機械で、表面処理を施した合板のこと。カッターで表面に溝を付けた**溝付き合板**、加熱ローラーで模様を型押しした**型押し合板**、装飾や吸音効果のために孔をあけた**有孔合板**［ゆうこうごうはん］などがある。

メラミン樹脂化粧合板｜—じゅしけしょうごうはん

メラミン樹脂を染み込ませた紙を数枚重ねて硬化させたものを合板の表板に接着させたもの［表10］。**樹脂系オーバーレイ合板**ともいう。一般にデコラ板の商品名で呼ばれる。

ポリエステル化粧合板｜—けしょうごうはん

ポリエステル樹脂を塗布し、これを硬化させることにより表面に皮膜を被せた合板。**樹脂塗布オーバーレイ合板**ともいう。

表11｜紙壁紙を主原料とする環境対応壁紙一覧

メーカー名	商品名	特徴
東リ	エコウォール	EM取得第1号。汚染防止機能あり。環境対応の壁紙のなかで最大実績を誇る
	ケナフウォール	非木材紙M取得第1号。数量でエコウォールに次ぐ実績
	ケナフウォール(ペインダブル)	ペンキ塗装が可能。非木材紙M取得
サンゲツ	ニューパピウォール	コットンが主原料。非木材紙M取得
	紙壁紙	再生紙を使用した紙壁紙。EM取得
ルノン	トルプルフレッシュ紙ウォール	ケナフ紙に、住江織物が開発したVOC対策のトリプルフレッシュ加工を施している。非木材紙M取得
	トルプルフレッシュ紙ウォール(起撥水)	紙ウォールに撥水加工をしている。非木材紙M取得
シンコール	リサイクル壁紙	とうもろこし、ヒノキの端材、ツガ木粉、わらなど多種多様な素材を再利用。TFM取得、RAL基準を満たす
	バンブー竹	成長が早く、再生力に優れた竹が原料。TFM取得
	エコマーク壁紙	再生紙が原料。EM取得
	エコマーク和紙	再生紙に楮や月桃を漉き込んである。EM取得
トキワ工業	バガス・紙	サトウキビ廃産物のバガスを再利用。非木材紙M取得

注1　掲載製品のすべてがSV規格マークを取得、F☆☆☆☆の認証を受けている
注2　EM＝エコマーク、非木材紙M＝非木材紙マーク、TFM＝ツリーフリーマークとする
注3　製品の在庫の有無はメーカーなどに要確認のこと

アクリル樹脂板｜—じゅしばん

アクリル酸、アクリルを板状に加工したもの。一般的には、この1種のメタアクリル樹脂板のことを指す場合が多い。透明度が高く、接着性に富む。比較的、酸・アルカリなどに強く、軽量で強靭だが、傷が付きやすく、有機溶剤に弱い。照明器具、看板、ドア、家具などに多用される。

ポリカーボネート樹脂板｜—じゅしばん

エステル型の熱可塑性プラスチック板。強度があり、透明性が高いため、ガラスの代わりに用いられることが多く、浴室のドアやトップライトなどに多用される。また、内部を中空にした、中空ポリカーボネート樹脂板もある。カラーバリエーションもある。ポリカと略称で呼ばれることも多い［表10］。

FRP｜えふあーるぴー

ガラス繊維強化プラスチック(Fiberglass Reinforced Plastic)の略。プラスチック樹脂にガラス繊維を混入させたきわめて強靭な樹脂。各種工作物、家具などに使用される［表10］。

化粧ケイカル｜けしょう—

硬質ケイカル板に仕上げをしてUVコートを施したもので、壁・天井の仕上げに使われる。表面をアクリルウレタン樹脂塗料や無機系塗料で仕上げたものと、不燃認定品で非塩ビ系シートを張ったものがある。前者はキッチン、トイレ、バスルームなどの水廻りから工場、病院、クリーンルームまで、後者はエントランスホール、会議室、エレベータホール、トイレ、廊下から店舗、体育館まで幅広く使われる。**アスラックス**が有名。

バスパネル

通称バスリブ。浴室の内部仕上げに使われる樹脂製の仕上げ材で、1枚の幅は100～300㎜程度のもので表面に大理石模様や木目模様がプリントされたものもある。裏面には断熱材が張り付けられたものもある。湿式工法に比べ工期、コストの面で優れている［279頁写真25］。

ビニル壁紙｜—かべがみ

ビニルクロスともいう。塩ビなどの樹脂を原料とした壁紙。ビニル壁紙は、日本の壁紙の全生産の90％を占める定番製品。紙壁紙に比べ比較的厚いため下地の影響を受けにくく、きわめて施工性が高い。また、8割程度は1千円／㎡以下で、表面模様もプリントや型押し、発泡仕上げなど各種あり、バリエーションも多彩である。近年、アクリル系やオレフィン系樹脂の商品も多数開発され、非塩ビ系の環境

図52｜ドライウォール工法

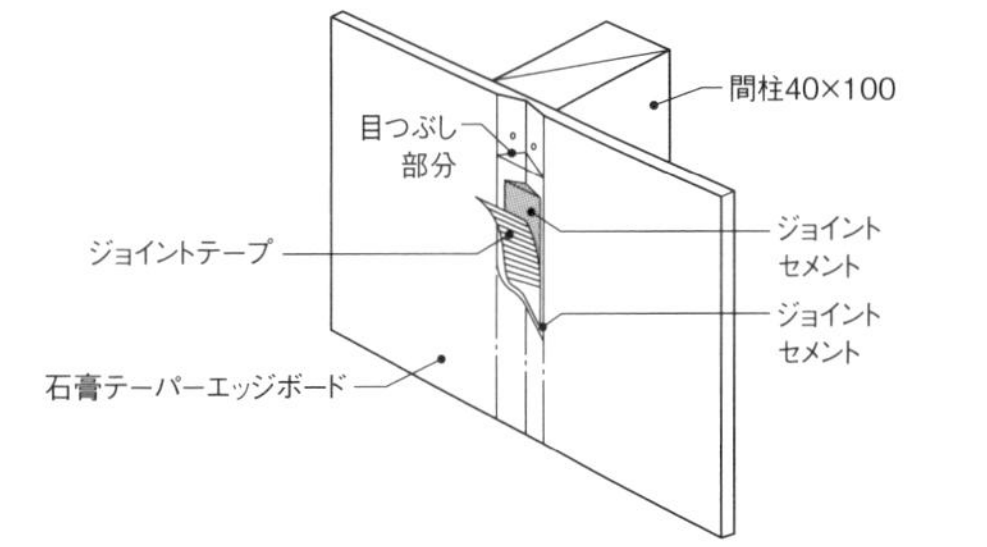

図53｜GL工法

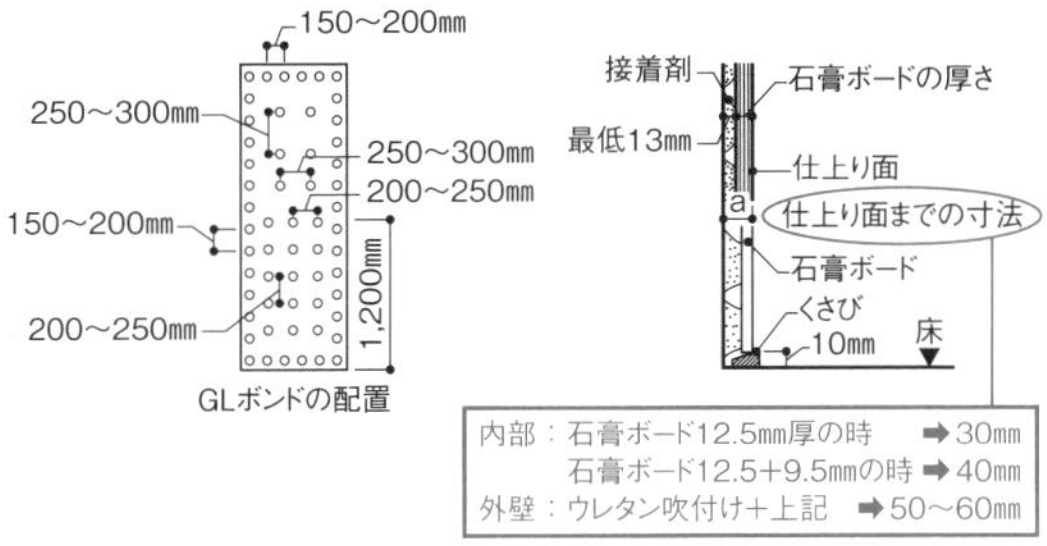

に優しく自然なテクスチュアの非塩ビ系ものが主流になりつつある。防火・防カビ・消臭・抗菌・汚れ防止などのほか、吸音・結露防止・帯電防止、エックス線飛散防止など、特殊な機能をもつものもある[図51]。

紙壁紙｜かみかべがみ
表面の化粧層に紙素材を使用した壁紙。パルプや再生パルプ、コウゾなどを原料として、難燃紙で裏打ちをし、プリントやエンボスなどの加工を施してつくられる。塩ビやアクリルで撥水加工されているものも多い。紙壁紙は環境に優しいということで注目されているが、ビニル壁紙に比べ下地の影響を受けやすく、施工性に劣るため、いまひとつ普及していない[図51、表11]。

和紙壁紙｜わしかべがみ
楮、三椏、雁皮などの靭皮繊維で漉いた和紙を化粧層に使用した紙壁紙の最高級品。

ケナフ壁紙｜—かべがみ
ケナフで漉いた紙を化粧層に使用した紙壁紙の1種。ケナフとはアオイ科ハイビスカス属の1年草で類い稀な早育性植物。

月桃紙｜げっとうし
沖縄特産の月桃で漉いた紙を化粧層に使用した紙壁紙の1種。月桃はショウガ科の多年草。

紙布壁紙｜しふかべがみ
紙を撚った糸で織物状に織ったり編んだりしたものを紙布と呼ぶが、その紙布を化粧層に使用した紙壁紙の1種。一見、織物壁紙のように見えるが、素材が紙のため紙壁紙に分類されている。

無機質壁紙｜むきしつかべがみ
水酸化アルミ、蛭石、金属など無機質材の細かいチップを裏打ち紙に散布して化粧層を構成した壁紙。蛭石や寒水石などの無機質素材壁紙。原料の特性から防火性能を高めているのが特徴であり、不燃石膏ボードを下地材にした場合、防火性能は「不燃仕上げ」として認められる。

参考｜収納・机・椅子の部位名称

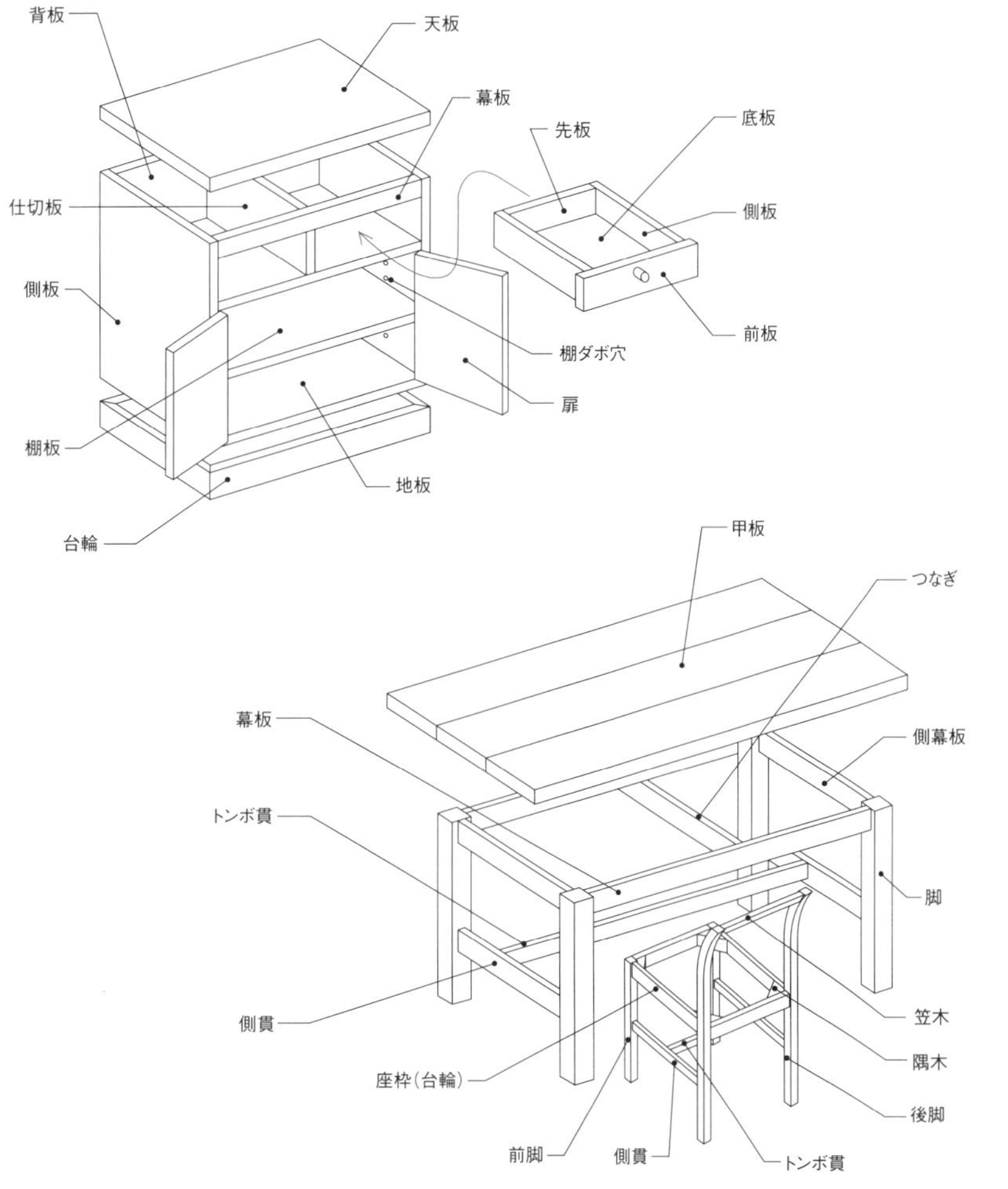

そのため内装制限により不燃仕上げが求められる場所（地下街、11階以上の建築物の内装、避難階段の壁・天井など）で使用することができる［280頁図51］。

オレフィン壁紙—かべがみ
オレフィン樹脂で化粧層を構成した壁紙。燃やしても塩化水素ガスが発生しないためエコ壁紙と評価する向きもある。

ペンキ下地壁紙—したじかべがみ
ペンキ塗装を前提とした壁紙。素材は紙、ガラス繊維、ポリエステル等と種類が多い。紙素材では**ラウファーザー**（エアフルト）、ガラス繊維では**タッソーグラス**（タッソー）が有名。

エコロジー壁紙—えころじーかべがみ
エコクロスともいう。天然素材を多く含む壁紙を用い、ホルマリンを含まない接着剤で施工するエコロジー系の壁紙。植物繊維、珪藻土、貝殻の粉、木材のチップなどの自然素材を利用した壁紙が各種発売されている。また、接着剤もエコロジー志向が進み、1998年4月に「壁紙及び壁紙施工用でんぷん系接着剤」のJISが改正され、ホルムアルデヒド放出量の基準値が引き下げられた。

写真26｜重ね張り（和紙張り）

織物壁紙—おりものかべがみ
平織、綾織などの織物や**経糸張り**［たていとはり］、不織布、伝統的な**葛布**［くずふ］を裏打ちしたものなどをいう。柔らかな質感があり吸音機能や調湿作用などももつ。素材はレーヨンが多いが、天然素材を利用したものなども登場している。防火壁装の分類では、防火性能の区分上「織物壁紙」と「化学繊維壁紙」に分けられている。織物繊維はレーヨンをはじめ、綿、麻などがある。化学繊維壁紙とはアクリル繊維などをいう。

写真27｜重ね裁ち（余分なクロスをカット）

ダイノックシート
接着剤付の塩化ビニル樹脂フィルムを総称してよく使われているが、本来は住友スリーエムの商品名である。同様の製品に**ベルビアンシート**（シーアイ化成）、**リアテック**（サンゲツ）、**パロア**（セキスイ）、**ルミディア**（リンテック）などがある。

デンプン糊—のり
日本ではすべての壁紙がこの接着剤で施工される。欧米ではメチルセルロース系の粉末糊が一般的で日本とは対照的。

岩綿吸音板—がんめんきゅうおんばん
無機質繊維のロックウールを主原料として、接着剤や混和材を加えて板状に成形し、表面を塗装やラミネート化粧して仕上げたもの。現在では非アスベスト製品が流通している。吸音性、断熱性・防火性に優れるが、耐湿性が低いので湿気の多い部分には使用しないよう注意が必要。また、材質が軟らかいので捨て張りなどが必要である。**ダイロートン**（大建工業）、**ソーラトン**（日東紡）、**彫り天**（パナソニック）などが有名。

写真28｜重ね裁ち（重ね裏地のテープを除去）

壁工法・納まり

ドライウォール工法—こうほう
平滑に一面の大壁とする工法。石膏ボード仕上げとし、ボードの幅方向の両端にテーパーを付けた製品を利用し、セメントやジョイントテープを使って仕上げる。**テーパージョイント工法**ともいう［281頁図52］。

GL工法—こうほう
躯体のコンクリート面などに粘土状の接着剤（GLボンド）を一定間隔に塗り、石膏ボードを押し付けて張る方法。ダンゴ状のボンドを躯体面に点付けしてボード類を張るが、ボンドが乾燥する前に壁紙を張ると、目地が密閉状態になって壁内部で結露やカビが発生しやすいので注意する。防音・遮音性能に劣るため、採用する際に考慮が必要である［281頁図53］。

SV規格—えすぶいきかく
壁紙製品規格協議会が制定した壁紙の安全品質基準。1998年にRAL基準とJISを合体させた壁紙安全品質基準を制定。現在、国産壁紙の95％以上がSV規格マークを表示している。

ISM基準—いずむきじゅん
壁装材料協会（現・日本壁装協会）がRAL基準を参考にし1995年に制定した安全品質基準。

RAL基準—らるきじゅん
ドイツの公的機関「ドイツ商品安全・表示協会（RAL）」が制定した安全品質基準。

下張り—したばり
クロスの貼り方の1つ。和紙などを下張りし、下地の凹凸を修正する。袋張り工法などがある。

重ね張り—かさねばり
簡単な壁紙のジョイント部処理法の1つで、まっすぐに裁断した壁紙の接合部を数mm〜1cmほど重ねながら張っていくもの［写真26］。和紙など、継目を意匠とする場合に用いられる。端部を1cm程度重ねながら張っていくので継目が意匠となって現れる。

重ね裁ち｜かさねだち
壁紙を上張りする際に、縁を2～3cmほど重ねて張り、ジョイント部分を2枚一緒に切って両方の余分を取り除く工法［写真27・28］。施工が速く、接合部分が目立たない。クロスの場合、上に重なるクロスの糊が下のクロスの仕上げ面に付着しないように裏地にテープを貼っておくとよい。

重ね切り｜かさねぎり
壁紙のジョイント部処理法の1つ。2枚の壁紙を約1～2cm重ねて金尺を当て、カッターで裁断する。

竪羽目板張り｜たてはめいたばり
板の方向を縦にして張り上げる工法。板の継手は、**突付け張り**［つきつけばり］、**合決り張り**［あいじゃくりばり］、**殺ぎ張り**［そぎばり］、**矢筈張り**［やはずばり］、**本実張り**［ほんざねばり］、**雇い実張り**［やといさねばり］、**目板張り**［めいたばり］、**大和張り**［やまとばり］などの方法がある。

横羽目板張り｜よこはめいたばり
板の長手を横方向にして、互いに少しずつ重なるように張る工法。一般に下見板張りといわれ、その水切性能から外装で使用されることが多い［写真29］。

目地｜めじ
タイルや合板を張るときなどの継目のこと。意匠、施工、材料の特性に応じて、**目地幅**［めじはば］と呼ばれる隙間が施される。目地を積極的に見せる場合と、はっきり見せない場合に大別され、隣り合う部材の間を密着させ、目地幅のないものを**眠り目地**［ねむりめじ］という。

目地割り｜めじわり
あらかじめ目地を納まりよくするために割り付けること。

突付け｜つきつけ
目透かしの逆で、2つの部材のジョイント部分を突き付けて隙間をあけないこと。板材・ボード類を壁・天井に張り廻す場合や、クロスの仕上げのときにも用いられる。クロスの突付け部分は精度が問われるため、仕上げの要求度によっては、施工手間がかかることもある。エコ紙クロスの**ルナファーザー**（日本ルナファーザー）などは木片チップが入っているので現場カットするときれいに切断できない。このため工場カットされた端部どうしを突き付けて張り、入隅などでカットするとうまく仕上がる。

天井工法

直天井｜じかてんじょう
躯体の上階の床や屋根のコンクリートスラブなどの下面を、そのまま露出させて天井面にする天井の形式。コンクリート打放し仕上げや塗装仕上げ、吹付け仕上げ、クロス直張り仕上げなどとすることが多い。躯体精度で仕上がりが決まるため、コンクリート打放しレベルの精度が求められる［写真30］。

システム天井｜―てんじょう
主にオフィス空間で使われる工場生産されシステム化された天井の

写真29｜横羽目板張り

写真30｜直天井

写真31｜システム天井

写真32｜折上げ天井（施工中。石膏ボード下地）

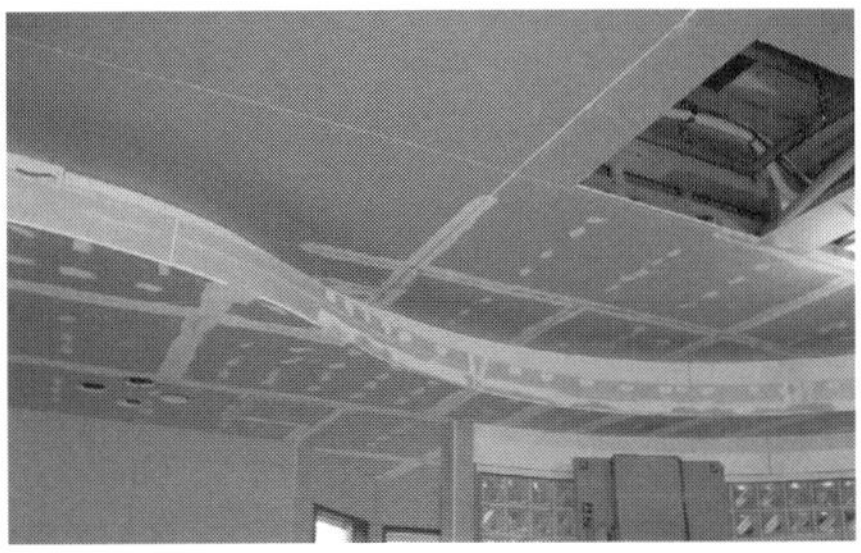

図54・写真33｜光天井

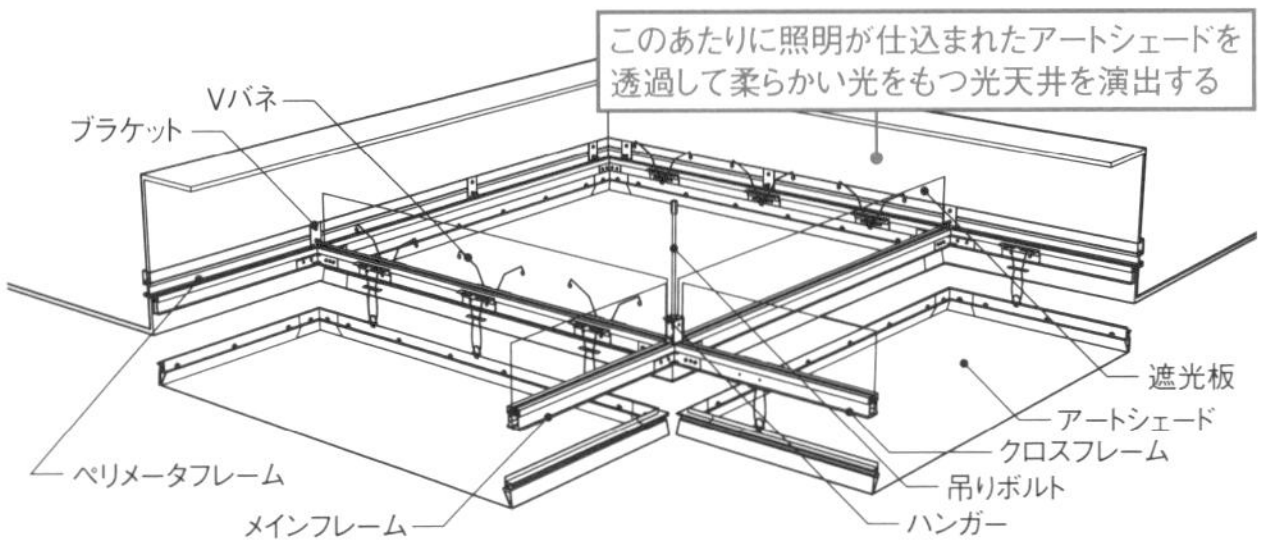

こと。一般にパネルで構成され、それぞれに空調や照明、各種配線、防災機器などの設備が一体化されている。期短縮のメリットのほか、寸法が一定しているので、パネルの移動により天井設備のレイアウト変更にも柔軟に対応できる。事務所・商業ビルなどでよく使われる[283頁写真31]。

折上げ天井｜おりあげてんじょう

断面形状が凸状の天井のことで、居間など空間性をもたせたい部屋の天井に用いる[283頁写真32]。特殊な場合は段差を複数設けたり、折上げ平面形状を楕円などにするほか、段部分を間接照明にする場合もある。

一般天井よりも折上げ部分は高くなるので、天井懐の検討をしておかないと設備などの納まりに支障をきたす場合がある。

光天井｜ひかりてんじょう

天井材に光を透過・拡散する材料を使い、天井内部に照明を数多く仕込むことで、天井全体または大部分が光る天井のこと[図54、283頁写真33]。下地の影が天井に現れるため、下地を含めたデザインが要求される。天井内部は光を拡散するような仕上げとし、光源の距離や間隔を検討する。天井内に汚れが残るとその汚れが影になって現れるため、施工後の清掃も重要である。

図55｜構造別階段の種類

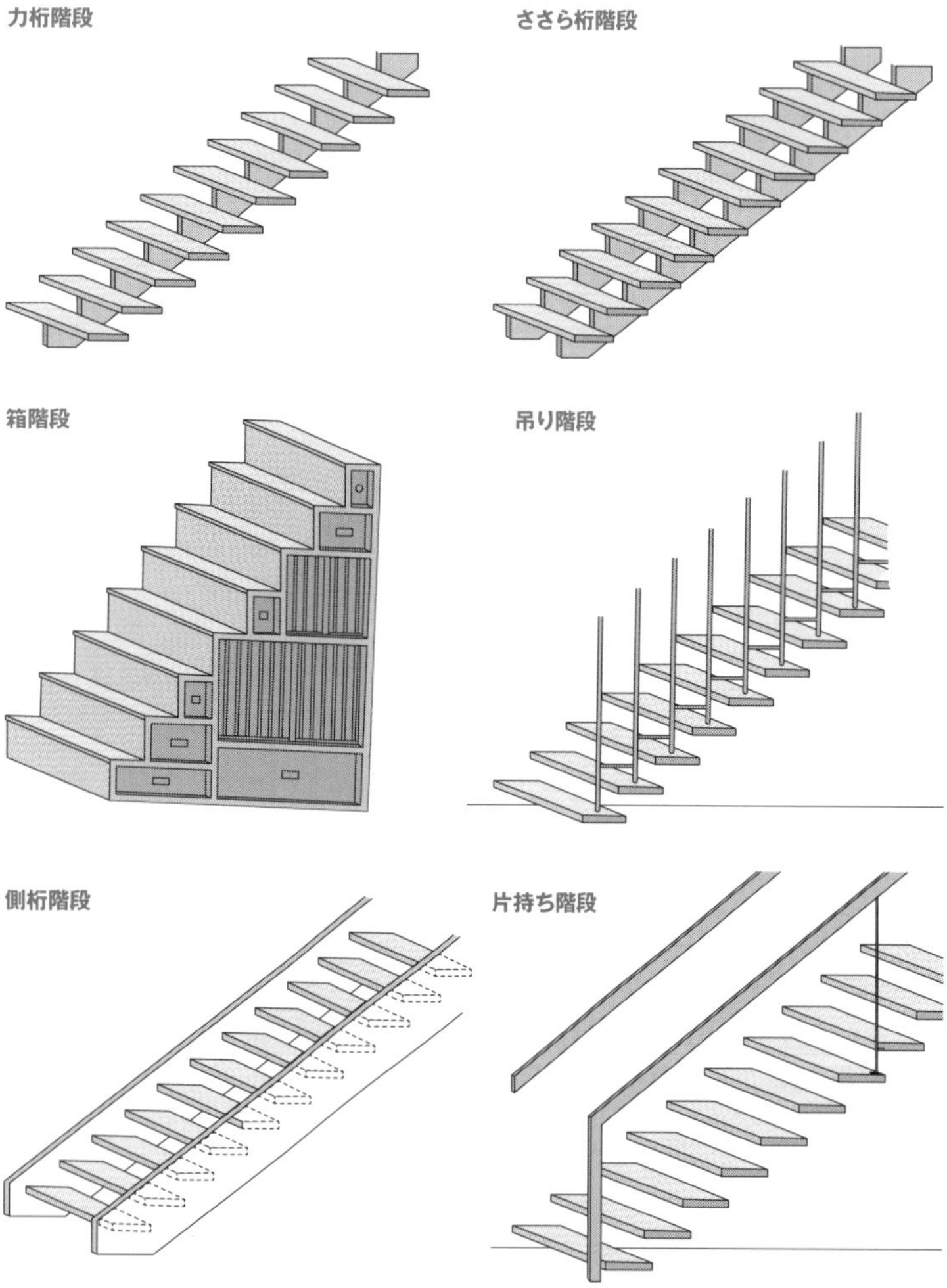

階段

内部階段・外部階段｜ないぶかいだん・がいぶかいだん

建物内部に設けられる階段を内部階段、外部に設けられる階段を外部階段という。住宅における内部階段は、幅750mm以上、蹴上げ230mm以下、踏み面150mm以上と規定されているが（令23条）、外部階段の場合は緩和規定により、幅600mm以上でよい。

ささら桁階段｜ささらげたかいだん

ささら桁で段板の両側を受ける構造の階段。一般的に蹴込み板は設けない。基本的に1本の桁で支える力桁階段に対し、ささら桁階段は2本の桁で受けるため、強度と意匠両方の面で安定感がある。片側のささら桁を壁体内で支持するとすっきりとした印象にすることが出来る。

力桁階段｜ちからげたかいだん

1本の太い登り桁で段板の真ん中を支える構造の階段。力桁は複数の場合もある。力桁と段板は吸付き桟やボルトなどでしっかり緊結し固定することが重要。桁の力強さと段板の浮遊感とを併せもつシンプルな印象で、空間に風・光・視線を通したい場合に有効な階段の構造といえる。

吊り階段｜つりかいだん

段板を天井や梁から吊り下げて支持する構造の階段。吊り材にはすっきりと細く見える丸鋼が使われることが多い。段板が宙に浮いたような浮遊感のあるデザインになる。階段は段板の水平ラインが強調されがちだが、吊り階段は吊り材が連続する垂直なラインが強調される。

箱階段｜はこかいだん

箱を積み重ねた形式の階段。段板下は家具として利用できる。古い町屋や農家では箪笥として多用され、近年では本棚やテレビボードとして利用されている。箱階段の収納部は、クロゼットなどよりも奥行きが深いため、両面から使えるように設計すると空間をより有効に活用できる。

片持ち階段｜かたもちかいだん

段板を片側の壁面から持ち出す構造の階段。片持ち構造のため、揺れやたわみの対策は十分に検討したい。鉄製だと揺れやたわみは起こりにくくなるが、根元をしっかりと固定すれば木製でも製作でき

図56｜形状別階段の種類

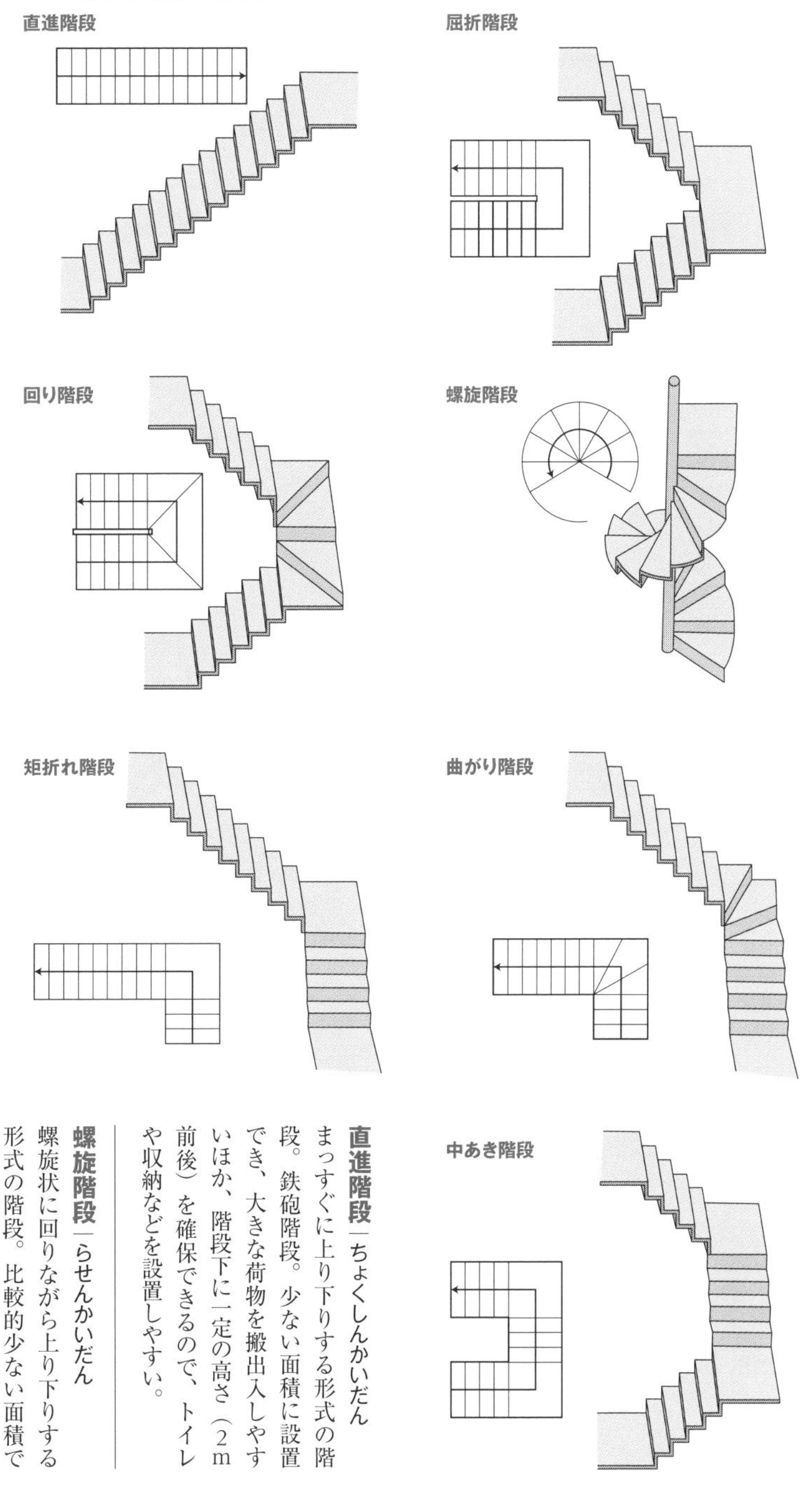

る。持ち出す段板の支持材は、柱や間柱などにしっかり固定し、柱や間柱にあたる部分は欠込みを施すなどの工夫が必要。手摺と共に安全性に配慮したデザインを心がけたい。

側桁階段｜がわげたかいだん
側桁（段板や蹴込み板を両側から挟み込むように支える登り桁）で支える構造形式の階段。側桁には事前に彫込み加工を施し、段板を差し込んで施工する（大入れ彫りという）。階段幅木と側桁を兼ねると施工性もよい。側桁を壁内に隠すとすっきりとした納まりになる。蹴込み板のないものはストリップ階段と呼ばれる。

屈折階段｜くっせつかいだん
踊場で180°向きを変えて上り下りする形式の階段。踊場があるため、高さに対する恐怖感も和らぎ、比較的上り下りしやすい。踊場が広い分、ほかの形式の階段より面積が広くなる。スキップフロアは屈折階段の応用ともいえる。いってこい階段、折返し階段とも呼ばれる。

直進階段｜ちょくしんかいだん
まっすぐに上り下りする形式の階段。鉄砲階段。少ない面積に設置でき、大きな荷物を搬出入しやすいほか、階段下に一定の高さ（2m前後）を確保できるので、トイレや収納などを設置しやすい。

螺旋階段｜らせんかいだん
螺旋状に回りながら上り下りする形式の階段。比較的少ない面積で設置できる。心棒ですべての段板を支えるため、納まりの関係から鉄骨で製作することが多い。意匠的な美しさを好む人も多いが、大きな荷物の搬出入は難しい。設計時には、上り始めと上り終わりの位置や向き、ヘッドクリアランスに注意が必要。

回り階段｜まわりかいだん
屈折階段の踊場を30°もしくは45°に分割し、段差を設けた形式の階段。回り部分の段板は大きな寸法となるので、反りやたわみ、きしみを考慮して材や厚みを決定する。回り階段の踏み面寸法は、踏み面の狭いほうから300㎜の位置で測る。

曲がり階段｜まがりかいだん
矩折れ階段の踊場部分を30°もしくは45°ずつに分割し、段差を設けた形式の階段。踊場部分で90°しか向きを変えない回り階段ともいえる。螺旋階段や回り階段同様、回るという動作と上下運動を同時に行うため、高齢者や障害者などはバランスを崩しやすいので注意を要する。

矩折れ階段｜かねおれかいだん
踊場で90°向きを変える形式の階段。L字型階段とも呼ばれ、直進階段と屈折階段の中間的な階段である。踊場を設けることで直進階段よりも転倒時のリスクを軽減しつつ、屈折階段と比較して少ない面積で設置できる。

中あき階段｜なかあきかいだん
屈折階段の踊場を広くしたり、矩折れ階段を2段構成にしたりなどして、中央部を吹抜けにした形式の階段。吹抜けを挟むことで、空間に広がりと回遊性をもたせられる。

外構工事

9

外構

オープン外構—がいこう
住宅の敷地の接道部を、境界を区切り遮断するようなフェンスや垣根を使わずに植栽だけで構成し、その家の住民だけでなく道を往来する人々も楽しめる植物優先外構。

クローズ外構—がいこう
住宅の敷地の接道部に、境界を区切り遮断するようなフェンスや垣根を設置し、敷地内が外部から見えないような外構。

ガレージ
車や自転車を置きとめる建屋。備品や整備道具を置けるスペースも設けることが多い。

カーポート
もとは車を置きとめる空間を指したが、多くはその空間に設ける上屋のことを言う。

ポーチ
porch。もとは建物から張り出た屋根が掛かった玄関部分。玄関部分の外側の空間を指す。タイルや石張りで仕上げる場合が多い。

境界杭—きょうかいぐい
隣地境界線の屈折点に据えられるコンクリートや自然石でできた杭。点を明確に示すために十字や点が刻まれている。

外構照明—がいこうしょうめい
エントランスや庭を照らすための照明。庭園灯。高さ1m以下のポールタイプか、緑地を照らす土に突き刺すスパイクタイプなどがある。

コンポスト
生ごみや植物の落ち葉などを分解して、たい肥にする機器。庭の一部などに場所を設けるが、臭いが出るので注意が必要。

塀・フェンス

コンクリートブロック
塀などに利用されるコンクリート製の建築材料。基本の大きさは縦幅19cm、横幅39cmで、奥行きが12cm・15cm・17cm・19cmの4タイプ。モルタルで接着しながら積み上げて、塀や花壇などをつくる。高く積む場合は鉄筋や補強壁を設置する必要がある。近年はそのままで仕上げずに、表面に左官や吹付けを施し、デザインウォールに仕上げることも多い。

型枠ブロック—かたわく—
通常のコンクリートブロックより表面が薄く、空洞部を広くし、コンクリートを打ち込むことを前提に作られたブロック。現場打ちのコンクリート壁に似せることができる上に、工期も短く、コストダウンにもつながる。さまざまな表面仕上げがある。

化粧ブロック—けしょう—
凹凸、色などで表情をつけたコンクリートブロックや型枠ブロック。

レンガ
標準寸法は21×10×6cm。モルタルで接着して、壁や花壇の縁、ベンチ、藤棚の柱などに使われる。色のバリエーションは土色の範囲になるが、白や薄いブルーも可能。舗装にする場合、保水性があることに注意が必要。水が溜まりやすいところではカビやコケが発生する。寒冷地では凍結による破損も起こる。

ネットフェンス
菱形や格子状に編んだフェンス。スチール、アルミ、木、樹脂などの素材がある。風と視線を全く通さないタイプを**目隠しフェンス**［めかくし—］、つる植物などを絡ませるものを**緑化フェンス**［りょっか—］と呼ぶ。

生垣—いけがき
樹木でつくる垣根。隣地や道路との境界、庭内の区画を明確化する。一般的には常緑樹を用いられる。

竹垣—たけがき
竹材でつくられた垣根の一種。

写真1 板塀(大和塀)

写真2 築地塀(筋塀)

板塀—いたべい
道路や隣地沿いに薄板を用いて設置される塀。**大和塀**［やまとべい］はその一種［写真1］。薄板のため耐久年数が短い。

築地塀—ついじべい
土を突き固めてつくられた塀［写真2］。雨水で崩れないように、塀の上部は瓦や板などで覆われる。

忍び返し—しのびがえし
不審者などの侵入を防ぐため、塀やフェンス上部に設置する針状の金物。

車止め｜くるまどめ
車両等の侵入を防ぐために設置する高さ1ｍ内外の金属製やコンクリート製のポール。フェンス状や板状のものもある。ボラードとも言う。

門扉｜もんぴ
門に敷設された扉。

門柱｜もんちゅう
敷地に入る際に通る扉を設置する柱。表札やインターホンなども併設するのが一般的。

門袖｜もんそで
玄関の前に設置して、表札やポストなどの機能を持たせる壁のこと。

アップゲート
駐車スペースなどに設けられる門扉。前後ではなく、上方に開く。

図1｜沓脱石《くつぬぎ》とその他の役石

伸縮ゲート｜しんしゅく―
アコーディオン状に伸縮して開く門扉。駐車場など、広い空間に出入口を設ける際に用いる。

ボラード
本来は船を係留する際にロープを巻いた柱。車両などの進入を防ぐ石製やスチール製の柱も指す。

ポストロ｜―ぐち
郵便物や新聞などを入れる箱の受け口部分。郵便受け口。門柱に埋め込むタイプや、自立する箱形タイプもある。

バリカー
車の進入を防ぐ高さ1ｍ前後の柱状のもの。取り外し可能で、スチール製、ステンレス製などがある。もともとは「バリケード」から造語された商品名。

図2｜枯山水

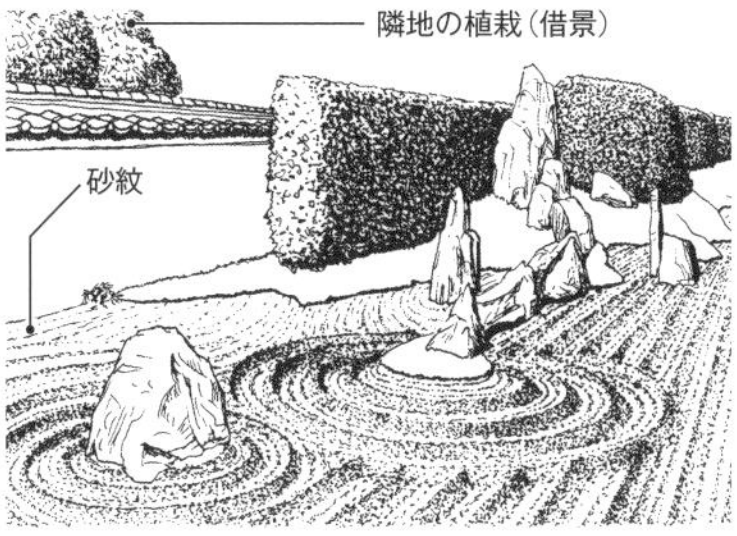

雨水タンク｜うすい―
雨樋に接続し、雨水を貯めるタンク。プラスチック製のものやワイン樽を利用したものがある。集めた水は、灌水や清掃に使う。

舗装・外部床

ウッドデッキ
木材や、木材とプラスチックを混合した樹脂でつくられたテラス。

グレーチング
雨水の排水を促すために設置される溝蓋。多くの場合は格子状や網目状になっている。材質もスチール製、ステンレス製、ＦＲＰ製などがある。

表｜砂利の種類

名称	特徴
玉砂利［たまじゃり］	直径3㎝以上の丸みのある石
砕石砂利［さいせきじゃり］	岩や石を砕いてつくったもの
伊勢砂利［いせじゃり］	花崗岩系の砂利でグレー系の色合い

洗出し舗装｜あらいだしほそう
砂利を混ぜ、舗装する部分に平らに流し込み、時間を置いた後、表面を洗い流して砂利の美しさを見せる。

敷石｜しきいし
地面に平に敷き詰める石。エントランス通路や駐車場などで用いられる。

ピンコロ
約9㎝角の小石。花壇の縁などに使用する。車路にも施工できる。

インターロッキングブロック
はめ込んで仕上げるコンクリート製舗装用ブロック。標準寸法は20×10×6㎝。

緑化ブロック｜りょっか―
厚さ6～8㎝程度のコンクリート製の舗装ブロック。穴や隙間に芝生などの地被類を植えられる。

透水性ブロック｜とうすいせい―
水を下部に通す舗装用ブロック。

砂利｜じゃり
細かく丸みを帯び、大きさが一定の石。石の種類や大きさで種類が分けられる[表]。より細かい砂や比較的大きい栗石や玉石を含むこともある。

庭・緑化

坪庭｜つぼにわ
周りを塀や垣根で囲われた2～3坪程度の小規模な中庭。

光庭｜こうてい
外部からの光を取り入れた比較的小規模な中庭。「ひかりにわ」ともいう。

築山｜つきやま
土を山状に持ったところ。大規模なものは階段や展望スペースを設ける。

景石｜けいせき
庭園に用いられ景観のポイントになる石。

沓脱石｜くつぬぎいし
和室の縁側に置かれる踏石。脱いだ靴や草履を載せておけるように、上部は平らで広さが必要[図1]。

枯山水｜かれさんすい
水を一切使わず石や砂利だけで自然や思想を表現した庭[図2]。砂や砂利で水面を表現したものを**砂紋**［さもん］と呼ぶ。

延段｜のべだん
平らな石を敷き詰めた園路。「段」は上下ではなく広がりの意。

石燈籠｜いしどうろう
灯をともすための装置で、自然石を素材に用いたもの。和風の庭の添景として扱われることが多い。火を灯す部分は**火袋**［ひぶくろ］と呼ぶ。昔は蝋燭などを置いて演出に用いた。

飛び石｜とびいし
踏み面が平らな直径30㎝程度の自然石。庭や通路に配する。

露地｜ろじ
茶室に通じる通路および周辺の庭。庭が広い場合は、外露地と内露地を簡素な扉で区切ることもある。

植栽帯｜しょくさいたい
植物を配置する区画。

借景｜しゃっけい
造園技法の一種。本来は、庭の外にある山や緑地などを風情ある背景として取り込むこと。大きな塔や寺院などの建造物を取り入れることもある。

トレリス
ツル植物などを絡ませるフェンス。Trellisは格子という意味［図4］。

ラティス
植物用の格子状板塀。**トレリス**ほどには積極的に植物を絡ませない［図5］。

パーゴラ
ツル植物を絡ませて日陰をつくる格子状の棚。**藤棚**はこれの一種［図6］。

トピアリー
常緑広葉樹を剪定して動物などの形に仕立てたもの。

パティオ
中庭。スペイン語のpatioから。

コンテナガーデン
樹木や草類を植えたコンテナ（植木鉢）を使用して構成された庭。

草屋根｜くさやね
芝生や野草類で覆われた屋根。屋根勾配が急だと棟上部の乾燥が著しくなる。保水と排水の双方に配慮が必要。

屋上緑化｜おくじょうりょっか
屋上に緑地をつくること。建物の最大積載荷重を考慮する必要がある。通常、土壌は1㎡あたり10㎝厚だとすると160kgを超える。そのため、2～4割ほど軽い人工土壌が使われる。

壁面緑化｜へきめんりょっか
建物や工作物の壁面を植物で覆うこと。地面部に植栽して壁に誘引、

図3｜壁面緑化の3パターン

① 地面から上へと緑化

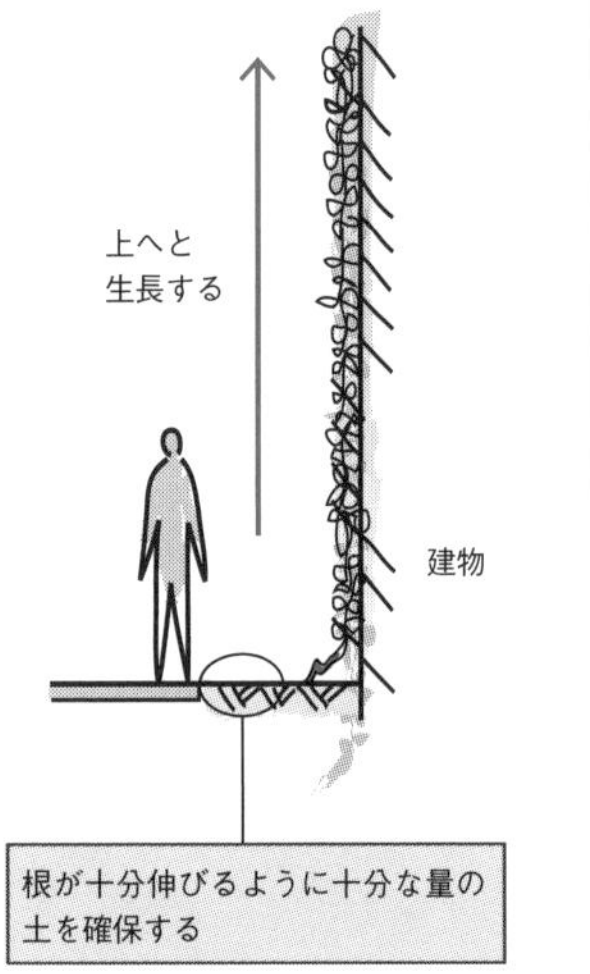
上へと
生長する
建物
根が十分伸びるように十分な量の
土を確保する

② 屋上などから下垂して緑化

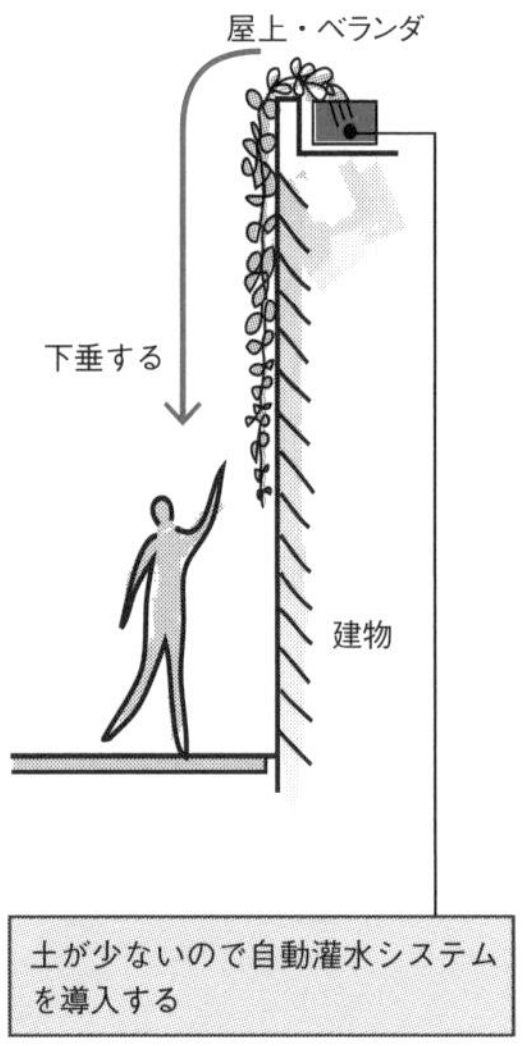
屋上・ベランダ
下垂する
建物
土が少ないので自動灌水システム
を導入する

③ 土の代用物を壁面に設置した緑化

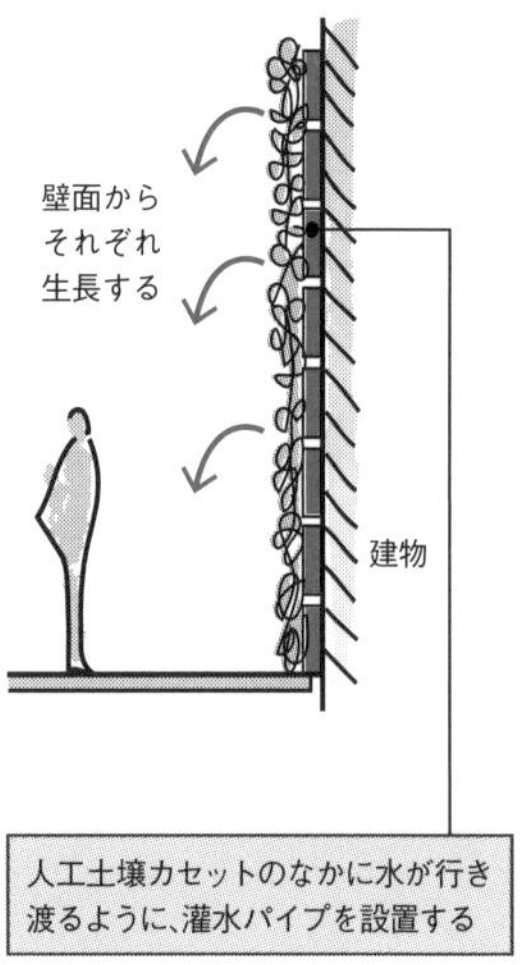
壁面から
それぞれ
生長する
建物
人工土壌カセットのなかに水が行き
渡るように、灌水パイプを設置する

	① 地面から上へと緑化	② 屋上などから下垂して緑化	③ 土の代用物を壁面に設置した緑化
緑化のパターン	地面から壁を伝わせて上方へ緑化	屋上やベランダに設置したコンテナから下方に向けて緑化	壁面に設置した代用品（コンテナ、繊維マット）から下方へ緑化
代表的な樹種	アケビ、イタビカズラ、カロライナジャスミン、フジ、ナツツダ、ヘデラ類	ハイビャクシン、ベデラ類、ワイヤープランツ	イタビカズラ、コケ類、タマシダ、ハイビャクシン、ヒューケラ、ヤブラン
特徴	●根が十分張れるように植栽地の土を確保する ●樹種によってはフェンスやロープなどの誘引資材が必要	●コンテナや繊維マットによる植栽のため、1株で大面積の緑化はできない ●定期的な灌水が必要 ●あるいは、自動灌水システムを導入する	●コンテナや繊維マットによる植栽のため、1株で大面積の緑化はできない ●定期的な灌水が必要 ●あるいは、人口土壌のなかに水が行きわたるように、灌水パイプを設置する

図4｜トレリス

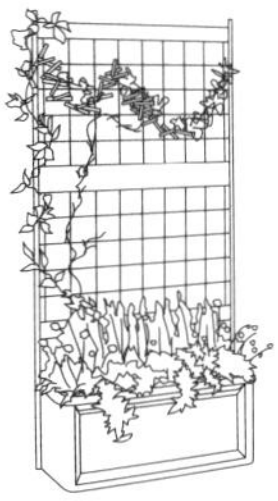

図5｜ラティス

図6｜パーゴラ

屋上などから下垂、壁面にパネルや土嚢を設置、という3パターンが主[図3]。

室内緑化｜しつないりょっか
室内に置かれる植栽。多くは観葉植物といわれる熱帯系の植物が使われる。

家庭菜園｜かていさいえん
住民が楽しむ程度の大きさの畑。庭につくる場合はブロックや枕木などで区切りをつける。

プランター
植物をいれる箱。材質はプラスチック、テラコッタ、木製などがある。

ポット苗｜―なえ
直径3～21㎝の黒いビニールコンテナでつくられた苗。地被やツル植物はこれで栽培されている。

図7｜植枡

シンボルツリー
庭のメインの樹木、あるいはエントランスに植える目立つ樹木。

植枡｜うえます
縁石やコンクリートで仕切られた木を植える空間[図7]。

支柱｜しちゅう
樹木を植栽したときにその樹木を風によって動かないように支えるもの。根がしっかりつく2～3年後にはずす。

バードバス
鳥が水浴びする様子を見て楽しむための水入れ台。イングリッシュガーデンによくみられる。

浸透管｜しんとうかん
ところどころ空隙があり、その部分から水が染み出す管。雨水をゆっくりと土に返す効果がある[図8]。

図8｜浸透管

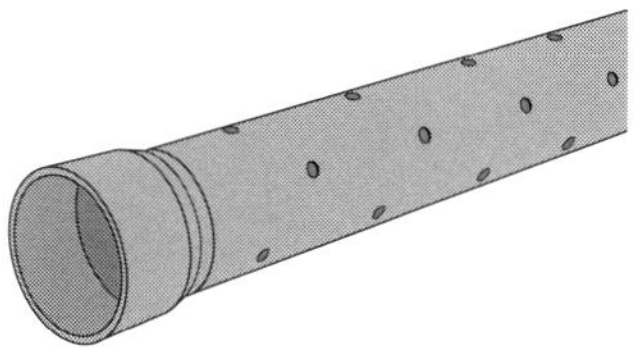

自動灌水装置｜じどうかんすいそうち
決められた時間に水やりを行う装置。

透水シート｜とうすい―
水は通すが、土壌などの固形物は通さないシート。

防根シート｜ぼうこん―
屋上緑化などの際、建物や構造物を植物の根から守るため、土壌や排水層の下部に設置するシート[図9]。

土壌改良｜どじょうかいりょう
植物を育てるには欠点がある土を、改良して植物が育ちやすい土壌にすること。

人工土壌｜じんこうどじょう
重量を自然土壌の6～8割に抑えた土壌。自然土壌の荷重は1㎡当たり160㎏以上で、屋上緑化にとっては大きな負担となる。

図9｜防根シート

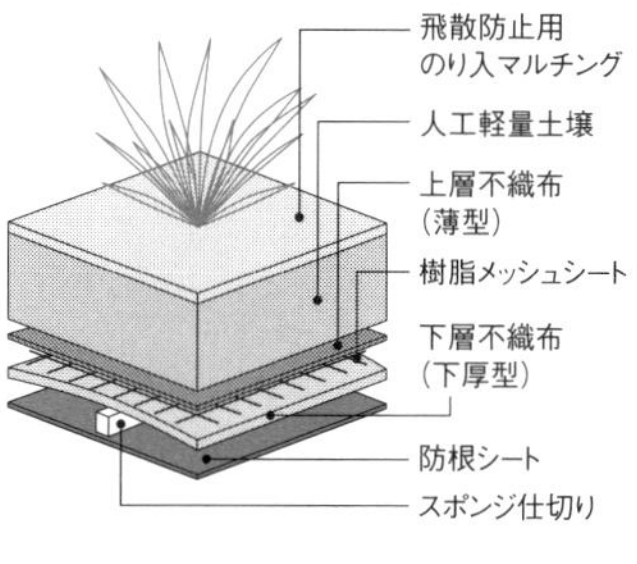

腐植質｜ふしょくしつ
腐葉土などの植物の栄養になるような有機質を多く含んだ土の状態。

粘土質｜ねんどしつ
粘土系のもので構成されている土。根が入らず、水を通さないため植栽土には向かない。

無機質土壌｜むきしつどじょう
腐葉土やたい肥などの有機的なものが入っていない土壌。

pH｜ぴーえっち
日本在来の庭木には弱酸性の土壌が適する。対して、オリーブなど地中海沿岸に育つ樹種には弱アルカリ性が適する。土壌は消石灰を混ぜれば弱アルカリ性となる。むかしは「ペーハー」と読んでいた。

保水力｜ほすいりょく
日本の植物は水を好むものが多いことから、土に保水力があることがのぞましい。砂質土は保水力がないため腐葉土などをまぜて保水力をあげる。

保水量｜ほすいりょう
植栽に用いる土壌の含水量。屋上緑化では土壌の乾燥が激しい。保

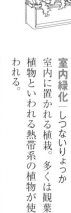

水性の高い土壌が必要となる。

マルチング
土を覆うこと。雑草の抑制や美観のためにマルチング材が用いられる。

客土｜きゃくど
植物を新たに植える際に、既存の土を除いて入れる土。

常緑樹｜じょうりょくじゅ
一年中葉をつけた状態を維持している樹木。落葉は一年を通してある[図10]。

落葉樹｜らくようじゅ
秋の終わり、寒くなった季節に葉を落とす樹木[図10]。

宿根草｜しゅっこんそう
冬に葉を落としてもまた次の年に発芽する草本。あるいは一年を通して葉をつけている草本。

広葉樹｜こうようじゅ
葉が柔らかく形は丸や手の平形の広さのある樹木。被子植物[図11]。

針葉樹｜しんようじゅ
マツ類やスギなどのように、葉が堅く針のような形をしている樹木。裸子植物[図11]。

陽樹｜ようじゅ
日当たりや日射しを好む樹木。日陰ではうまく育たない。

陰樹｜いんじゅ
日陰を好み、きつい日照をきらう樹木。

中庸樹｜ちゅうようじゅ
強い日差しを嫌い、全く日当たりがないところでは育たない樹木。

照葉樹林｜しょうようじゅりん
ヤブツバキやスダジイなどの、葉にツヤのある常緑広葉樹で構成された樹林。屋久島から関東まで分布する。

雑木林｜ぞうきばやし
種々雑多な種類の木が混じって生える森林で、薪や炭等に利用するために育てていた林。関東平野ではコナラ、イヌシデ、クリなどの落葉樹で構成される。

天然林｜てんねんりん
自然のまま人間が手を入れていない林。

雌雄異株｜しゆういかぶ
花の中でおしべとめしべが同居しない樹木。雄の花しか咲かないのが雄株、雌の花しか咲かないのが雌株。雌株でしか結実しない。

雌雄同株｜しゆうどうかぶ
花の中でおしべとめしべが同居している樹木。同じ場所に2株以上あるほうが結実しやすくなる。

図10｜**常緑樹と落葉樹**

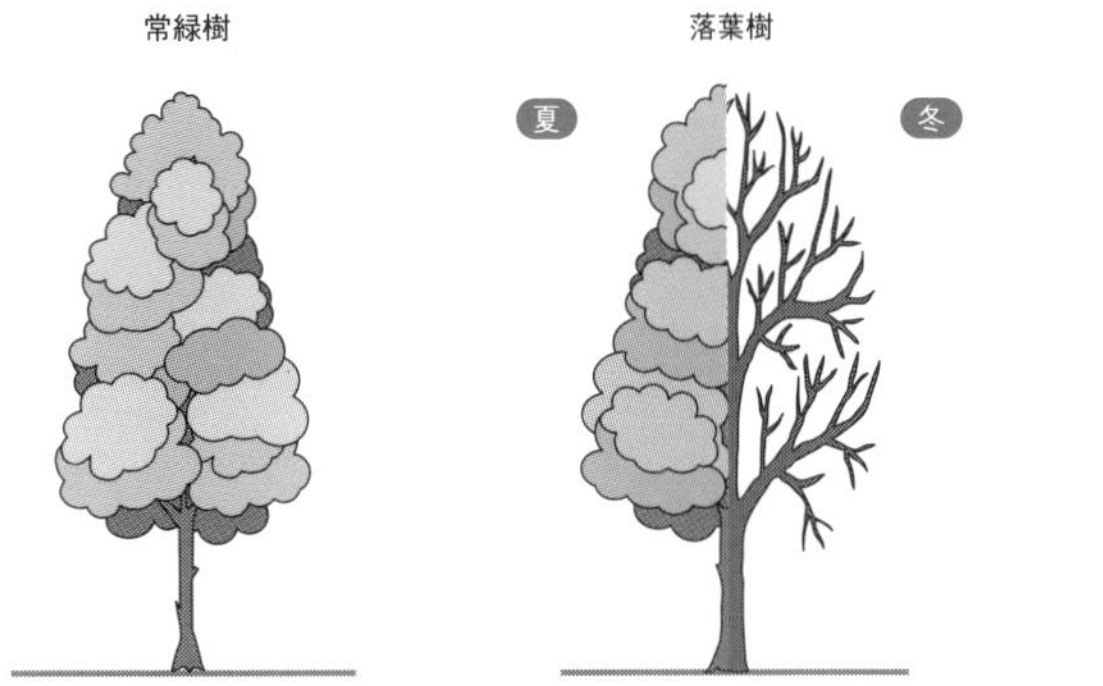

図11｜**広葉樹と針葉樹**

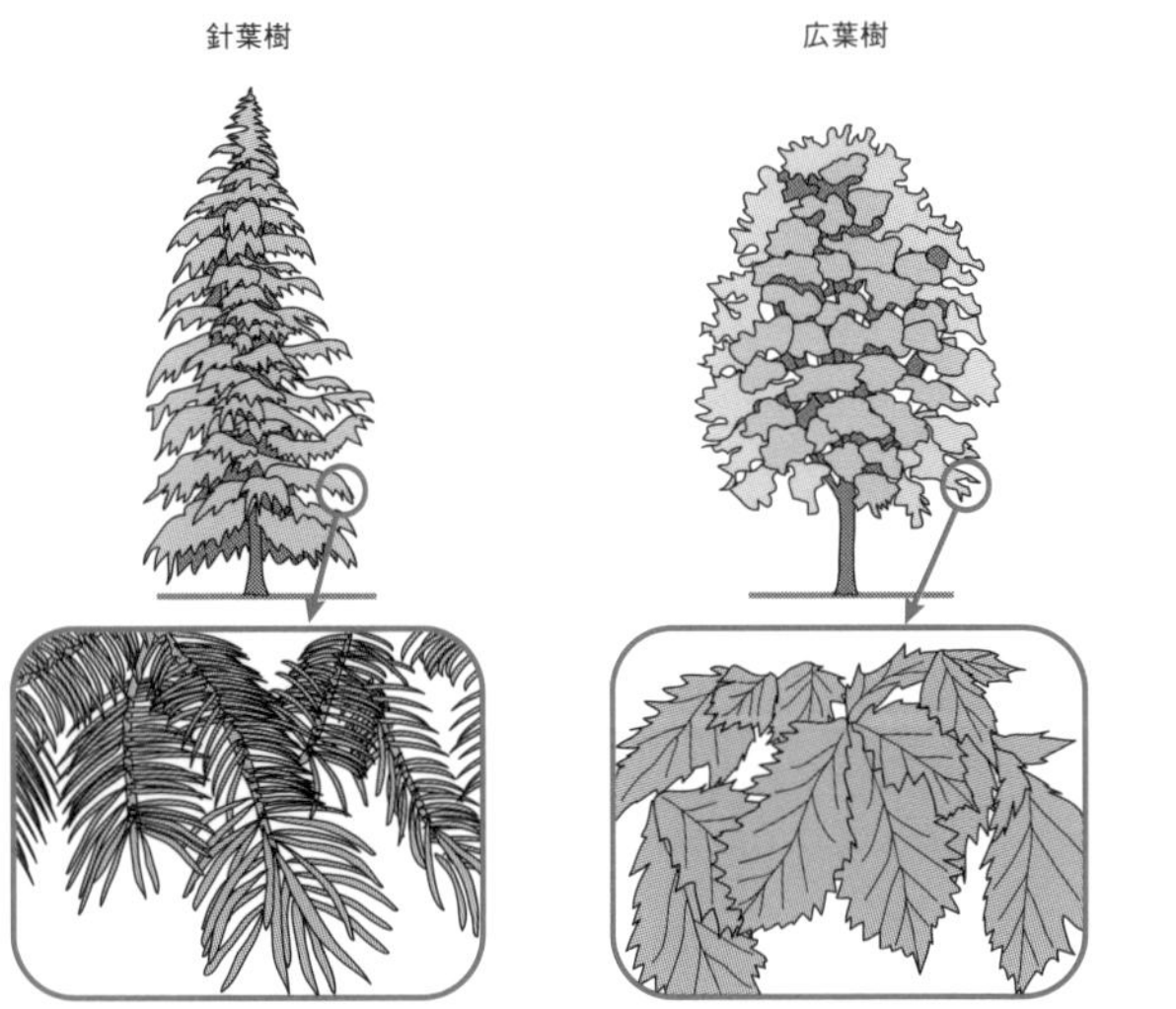

図12｜**高木・中木・低木**

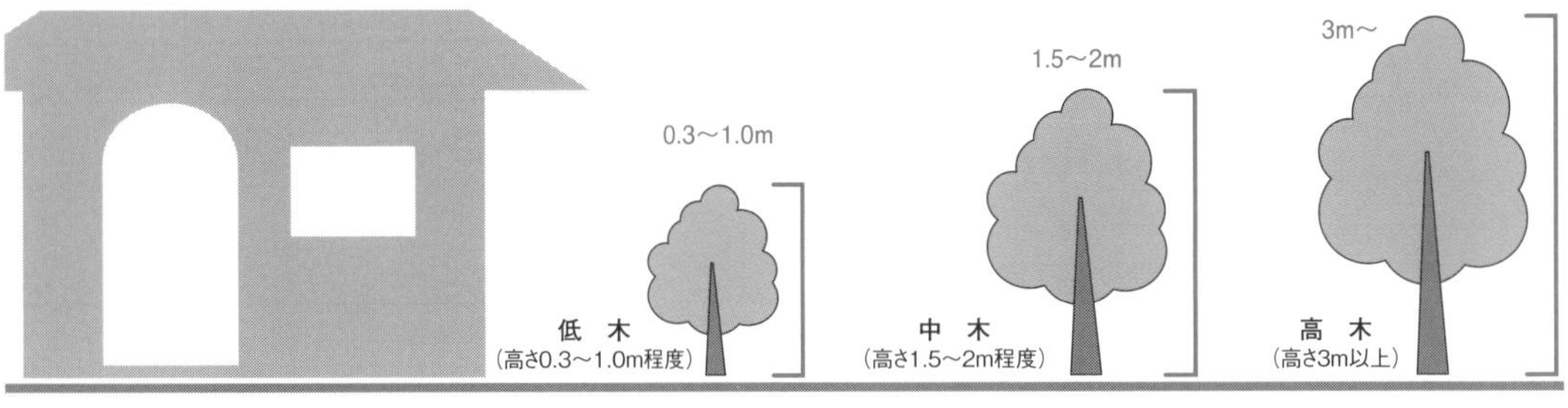

高木｜こうぼく
庭の場合は植栽時に3m以上の高さの樹木をさす[図12]。

中木｜ちゅうぼく
庭の場合は植栽時に1.5m～2.0m程度の高さの樹木をさす[図12]。

低木｜ていぼく
庭の場合は植栽時に0.3m～1.0m程度の高さの樹木をさす[図12]。

灌木｜かんぼく
アジサイやツツジ類など、藪状に広がる高さ1.0m前後の樹木のこと。現在では低木とほとんど同じ意味。

地被植物｜ちひしょくぶつ
芝やササなど、高さ0.5m以下で地面を覆うように成長する植物の総称。**グランドカバー**ともいう。

下草｜したくさ
樹木の足元や舗装の縁に植栽する草本類。

芝生｜しばふ
日本芝と西洋芝がある。日本芝はノシバ（野芝）とコウライシバ（高麗芝）があり、コウライシバの葉の細いものがヒメコウライシバ。冬に茶色に枯れるが、春になると新芽が出て再び緑色になる。茎が地上部を這い、ひげ根を伸ばし横へ広がる。西洋芝は暖地性のものと寒地性のものがある。**バーミューダグラス**や**ティフス**に代表される暖地性のものは日本芝の性質と同じで、夏に緑で冬は枯れる。寒地性の**ベントグラス**、**ブルーグラス**は関東よりも北の寒い地域に向いているもので、冬も青いのが特徴。西洋芝は通常は種子を蒔いて施工する

吹付芝｜ふきつけしば
機械に種と肥料と粘着性の土を混ぜ合わせたものを入れて吹き出させて地面を緑化する工法。

外来種｜がいらいしゅ
もともと日本に自生しない、外国産の植物。勢いが強いものが多いため導入には注意が必要。

カラーリーフ
葉の色が通常の緑ではなく、赤・赤銅色・青緑・黄緑・フイリなどのようにカラフルな植物。

セダム類｜―るい
土壌が薄い基盤で緑化が図れる多肉性植物。メンテナンスを怠ると衰弱しやすい。近年は利用が減少傾向にある。

砂苔｜すなごけ
乾燥に強く、屋上緑化に向くとされたコケ。管理は容易ではない。

ツル植物｜―しょくぶつ
幹が自立できず、何かに絡まるなどしながら上方へ生長する植物。壁面緑化で使われる。フジやイタビカズラなどが代表的。

樹冠｜じゅかん
樹木を上からみた枝の横の広がりの円[図13]。

幹周｜みきしゅう
樹木の根本から1.2m上部の幹の太さ。樹木の形状を指定するときに重要なサイズ。株立ちの場合は幹周の合計から算出する。3本の場合は3本の合計、5本の場合は5本の合計のそれぞれ7割が幹周となる[図14]。

根鉢｜ねばち
樹木の根本下の主要な根が入っている範囲の部分。樹高が3mぐらいの樹木だと直径50cm、深さ30cm程度[図15]。

樹高｜じゅこう
樹木の足元から垂直方向の枝先までの高さ。

剪定｜せんてい
大きくなりすぎたための形を整えるためや、思っている形に仕上げるために植物の枝や葉を切り落とすこと。

枝抜き剪定｜えだぬきせんてい
下から見上げて重なっている部分や混み合った枝を引き抜くように剪定すること[図16]。

切り詰め剪定｜きりつめせんてい
思っている形やサイズに仕上げるために植物の枝や葉を切り落とすこと[図17]。

幹巻き｜みきまき

図13｜樹冠

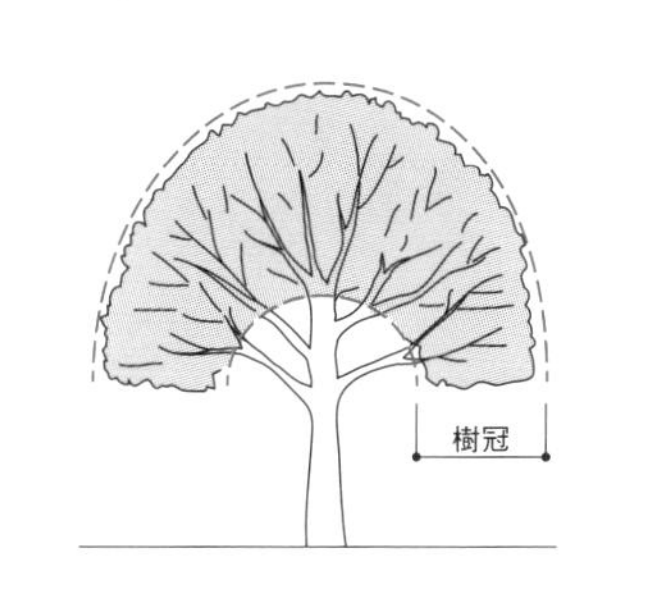

図14｜幹周（株立ちの場合）

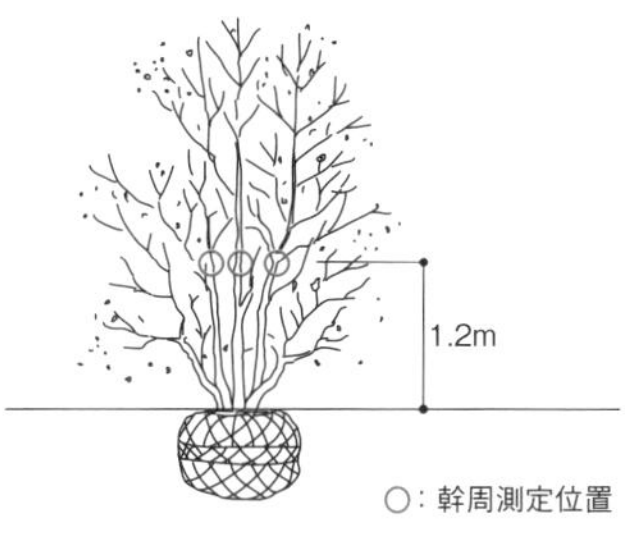

図15｜根鉢

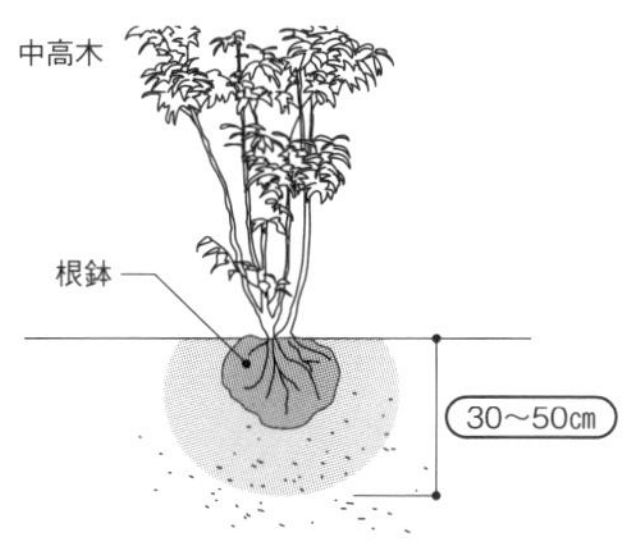

図16｜枝抜き剪定

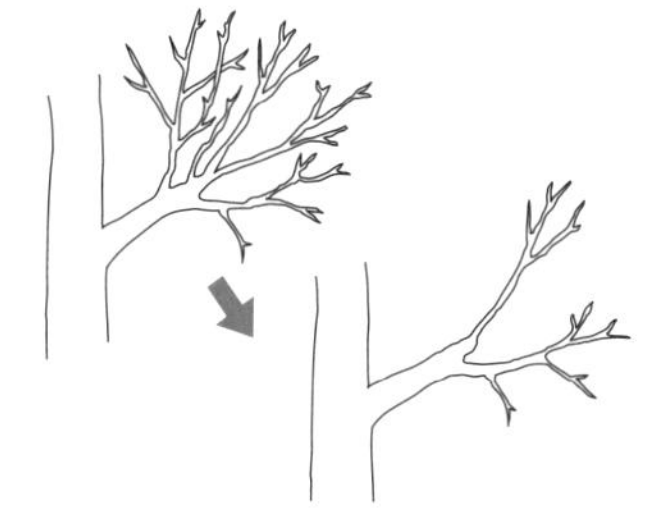

図17｜切り詰め剪定

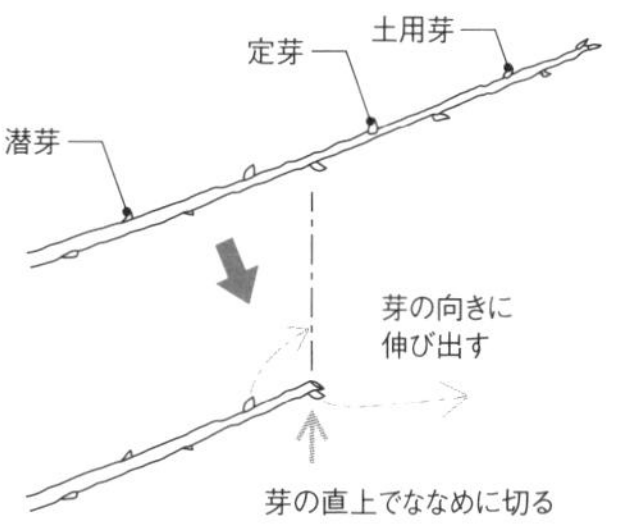

図18｜各種枝

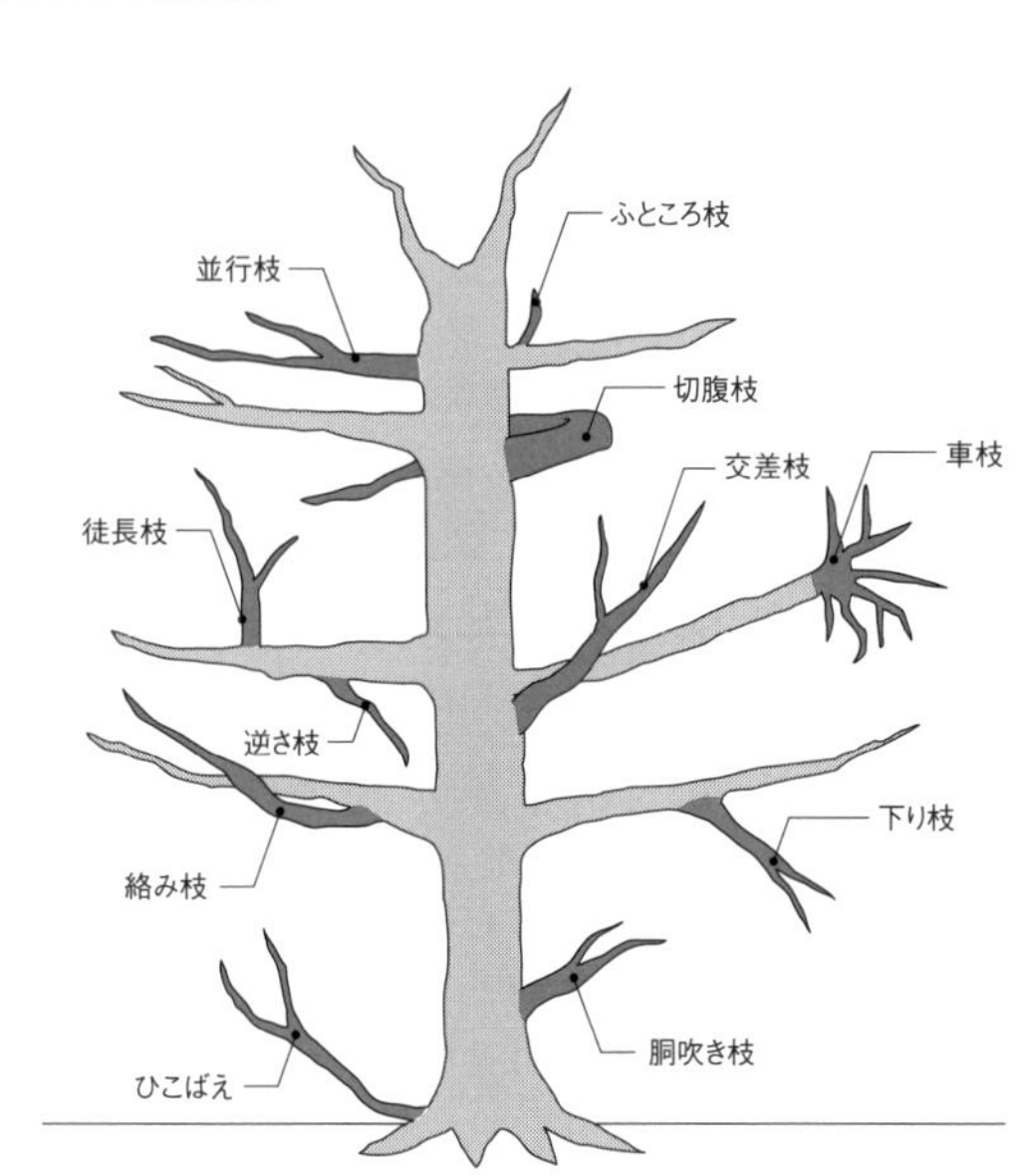

樹木の幹を藁や布で覆うこと。寒さよけや日射しよけ、工事のダメージよけなどの効果がある。

自然樹形｜しぜんじゅけい
刈込や剪定を行なわない樹木の姿。またそれに近い姿にすること。

仕立て物｜したてもの
玉ちらしや門掛かりなど、意図をもって樹形を強制的に作った樹木。樹種としてはマツ類やマキ類で行われること多い。

玉物｜たまもの
仕立物の一種で丸く仕上げるもの。ドウダンツツジやキャラなどが代表種。

主枝｜しゅし
中心になる幹や枝。多くは真ん中になる。

枝張り｜えだばり
縦・横に広がった枝の長さや姿をさす。

絡み枝｜からみえだ
枝が伸びる際に他の枝に絡んだり、またがったりする枝。不要枝として剪定する[図18]。

徒長枝｜とちょうし
周辺の枝より突出して出てしまった枝。普通は剪定する[図18]。

枯れ枝｜かれえだ
枯れた枝。不要枝として剪定する。

花芽｜はなめ
花が咲く可能性のある芽。春の花は夏の終わりからできてくるので、そのときに剪定してしまうと花が咲かなくなる。

ふところ枝｜—えだ
幹から出てほかの枝と重なったり邪魔になったりしている枝。剪定により取り除く[図18]。

ひこばえ
老木や調子の悪くなった樹木の根元から出てくる枝。大木を残す場合は剪定したほうがよいが、調子が悪くなっている証拠でもあるので、大木の方を伐採することもある[図18]。

光合成｜こうごうせい
植物が光を浴び、水と二酸化炭素を取り入れた後、養分と酸素を出す仕組み。

蒸散作用｜じょうさんさよう
植物から水蒸気が排出されること。そのことで地上部の温度が緩和され高温化を防ぐことができる。

微気候｜びきこう
地形のちょっとした差異や建物のあるなしで生まれる温度・日照・風向の変化。

ヒートアイランド現象｜—げんしょう
都市部の気温が郊外に比べて高くなる現象。原因として、電機類や自動車からの排熱、高層建物群による海風の遮断、緑地面積減少などの影響が指摘されている。

移植｜いしょく
樹木を掘り上げて別の場所に植栽すること。通常は1年前に根回しをかけておく。

水極め｜みずぎめ
樹木を植えるときに、植え穴に樹木を置いて土を軽くかぶせたあと水をたっぷりいれて土をついて根の隅々まで土を行き渡せること。

植木畑｜うえきばたけ
樹木を育てている畑。

病害虫｜びょうがいちゅう
樹木に発生したりついたりする病気や虫。ツバキ類につくチャドクガが代表種。

益虫｜えきちゅう
人間にとって迷惑な虫を食べてくれる虫。カマキリがその代表。

大谷石｜おおやいし
栃木県大谷町付近一帯で採掘される石材。柔らかく加工がしやすいため外壁などに使用される。

花崗岩｜かこうがん
庭では京都の御影石や白川石が代表種。上品な明るいグレーが特徴。

那智黒石｜なちぐろいし
三重県熊野市神川町で産出される粘板岩の一種。深い黒色が特徴で、玉砂利で黒く仕上げたいときは那智黒石を用いる。

間知石｜けんちいし
石積みに使われる、見えがかりがタテ・ヨコ25㎝前後の石。花崗岩や安産岩が使われる。

御影石｜みかげいし
京都の御影で採掘できる花崗岩。京都の本場物はほとんど手に入らないため、中国産の物が使われることが多い。

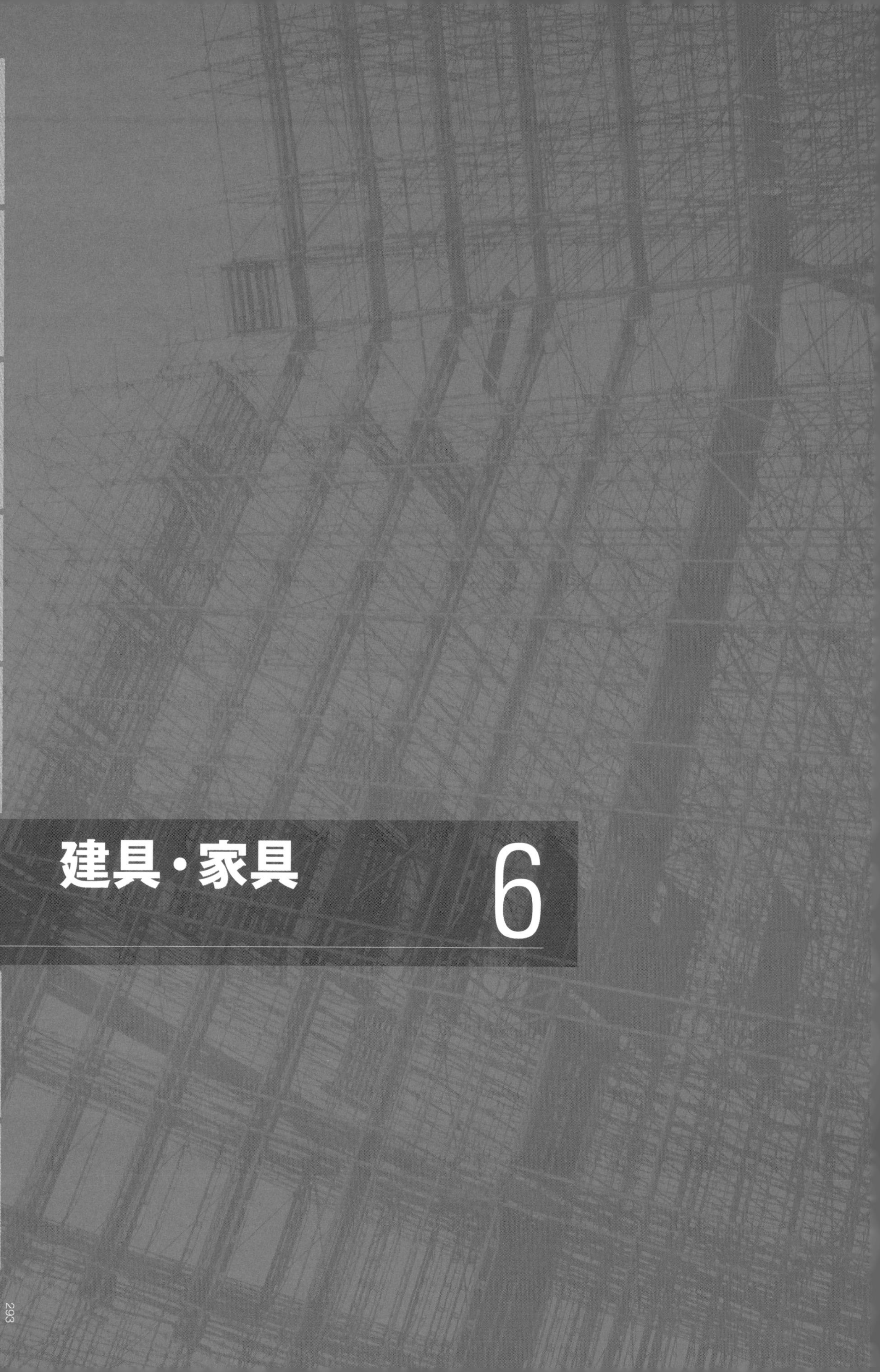

建具・家具　6

建具・サッシ・家具工事

共通項目の多い家具工事と建具工事の基礎用語を、同項で併せて解説する。

形式・材料・納まり

木理｜もくり
木目のこと。材のもつ質感を表すこともある。

板目｜いため
材面に現れる山形や波形の木目のこと[図1]。

柾目｜まさめ
樹心を、年輪に直角に製材したときに、材面に現れるまっすぐな縦縞の木目のこと[図1]。

杢｜もく
木目の紋様のうち、装飾価値が高い紋様のこと。

木表｜きおもて
木を製材したとき、樹幹の外側の面、樹皮に近い切断面のこと。

木裏｜きうら
木を製材したとき、樹幹の内側の面、樹心に近い切断面のこと。

指物｜さしもの
組手、継手などの手法を用い、木材を指し合わせて建具や小箱、机、箪笥などの家具調度品や木工製品をつくること。その職人を指物師と呼ぶ。

仕口｜しぐち
2つの木材を接合するために刻んだホゾや継手、組手の総称。

見付け｜みつけ
正面から見える部分や幅のこと。

見込み｜みこみ
側面の見え掛かり部分や奥行のこと。

ホゾ
木材の端部につくった突起。2つの木材を接合するとき、一方に開けた穴に、他方につくった突起をはめこむことで接合する。2枚ホゾや2段ホゾ[図2]など、さまざまな形状がある。

建具面材｜たてぐめんざい
建具に使用する面材。板戸、ガラス戸など建具は面材で分類される。板戸はさらに桟戸、舞良戸、鏡板戸、唐戸、フラッシュ戸などに分かれる。板材の種類や、張る方向が建具の表情に及ぼす影響は大きい。フラッシュ戸にはポリ合板、メラミン樹脂合板、天然木化粧合板が用いられる。布張りや塗装で仕上げる下地板としては、シナ合板が一般的。面材の選定には建具の反りを避けるため、表裏同材を原則とするなどの注意が必要である。

面落ち｜めんおち
面内、面去りともいう。相手材よりその面の部分だけ下がっていること[図3]。桟と框の仕口の納まりの1つ、面散りを指すこともある。

図1｜板目と柾目

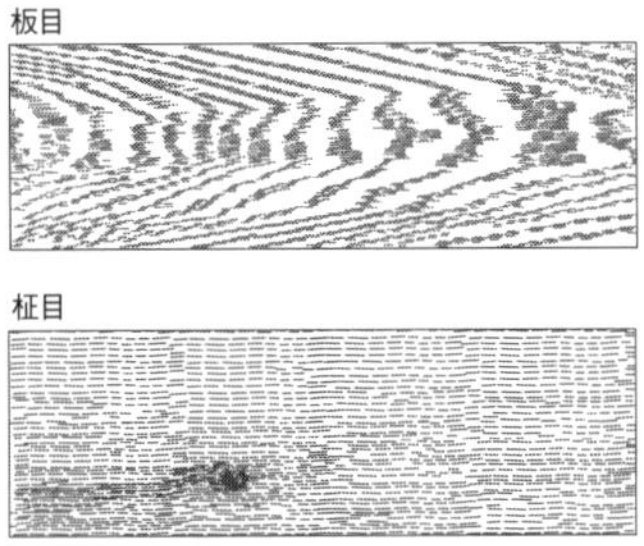

図2｜2段ホゾ

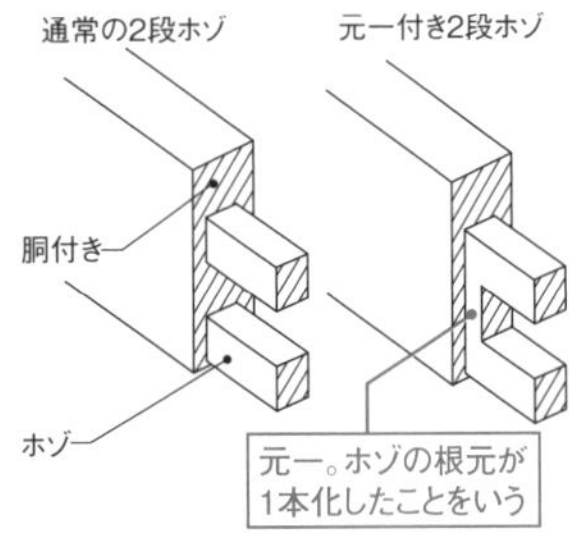

図3｜面落ちと面ぞろ

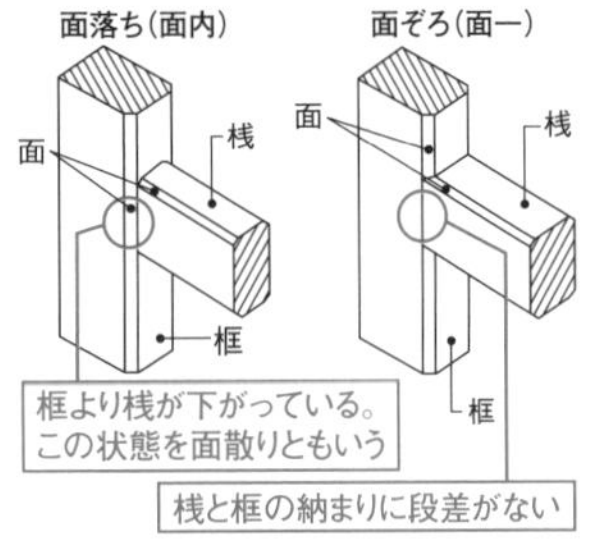

図4｜留

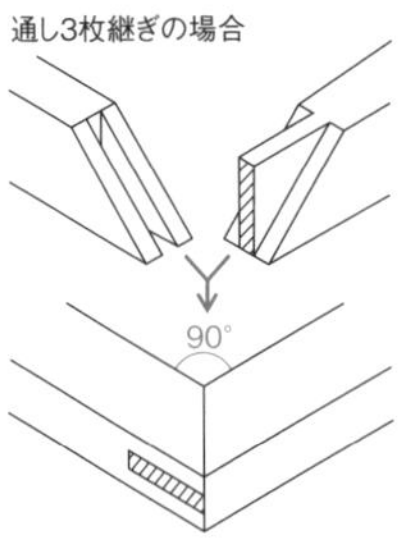

図5｜面取りの種類

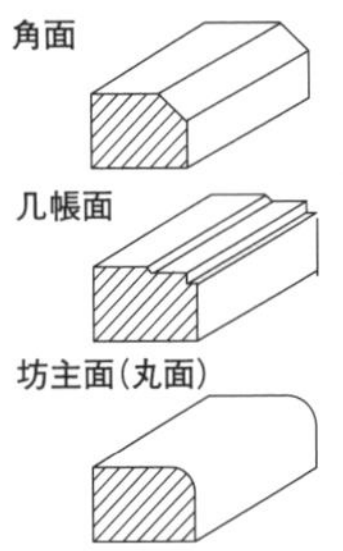

図6｜継ぎ方の主な種類

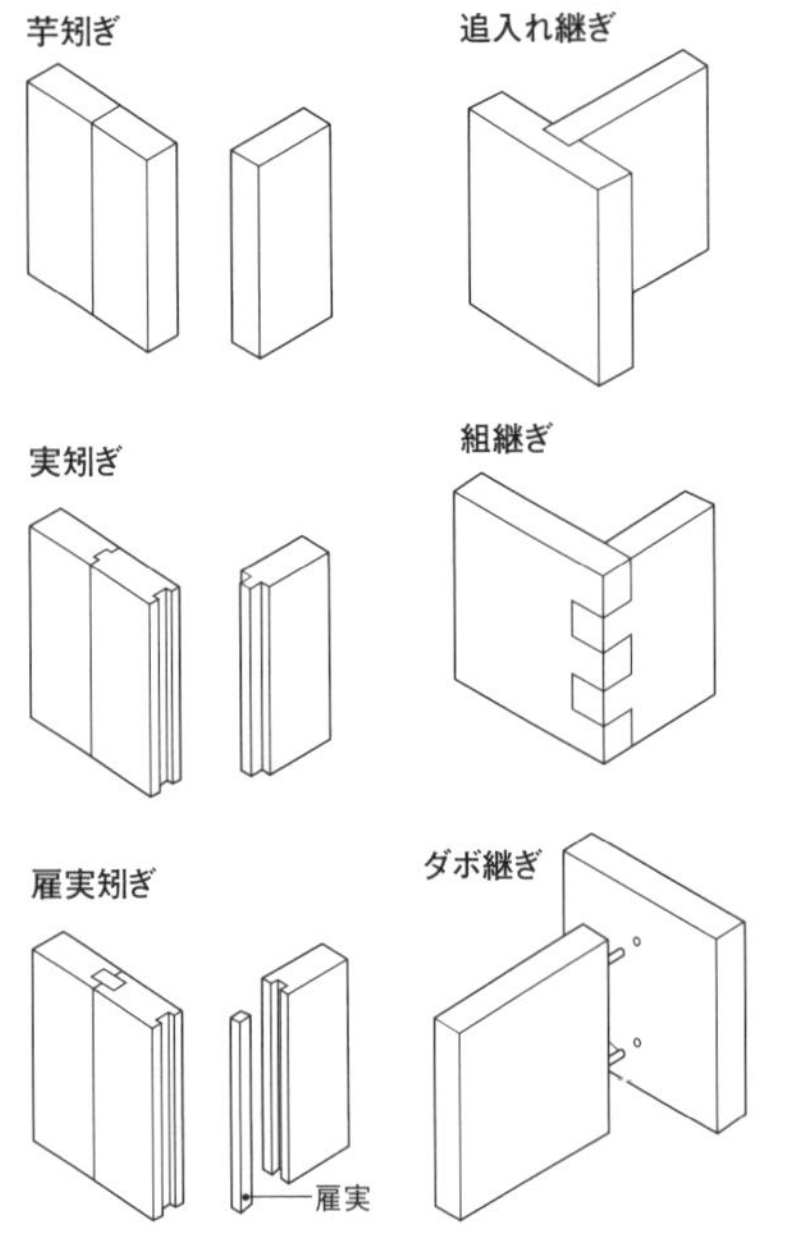

図8｜主な建具の形式

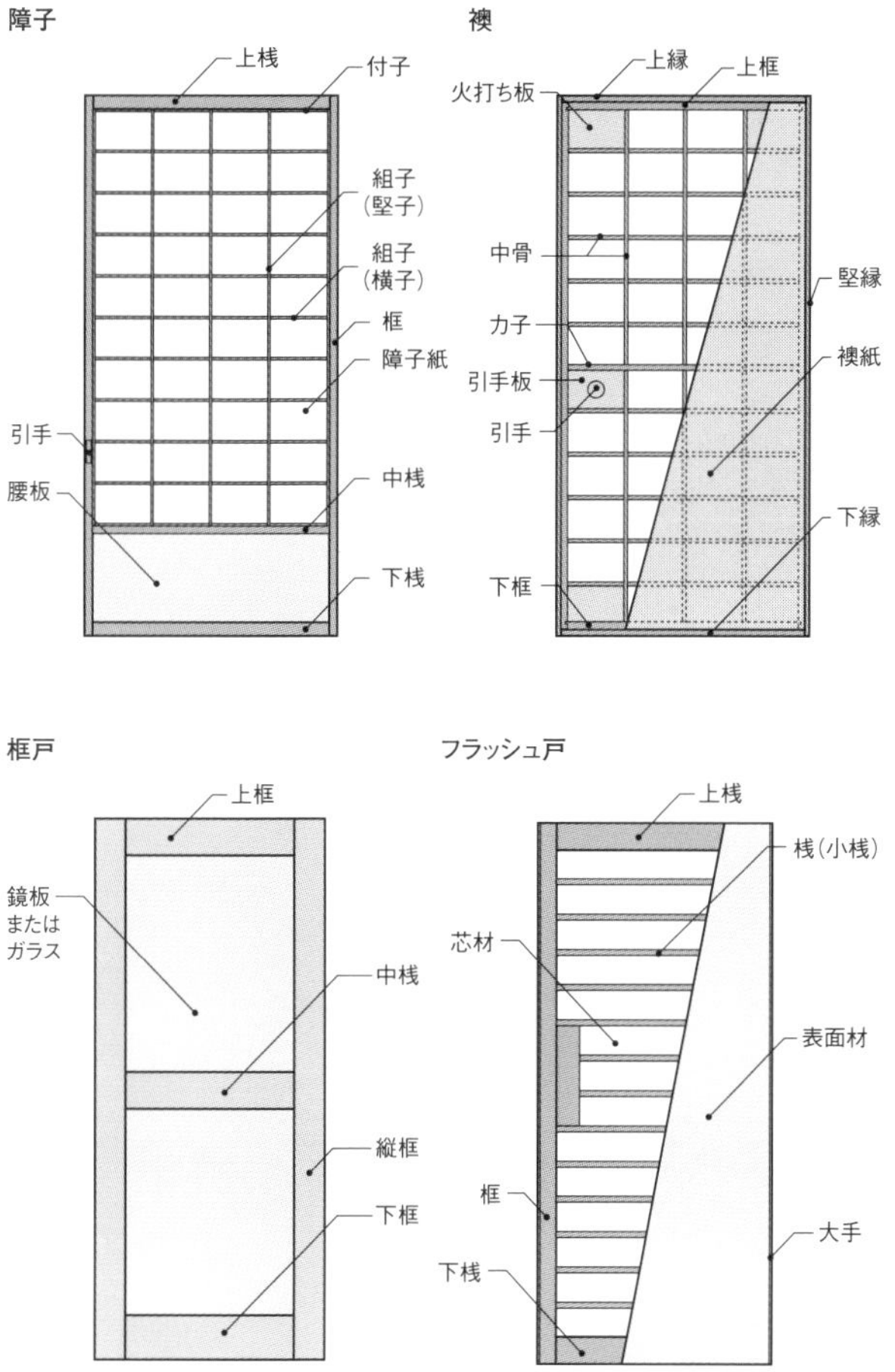

図7｜フィンガージョイント

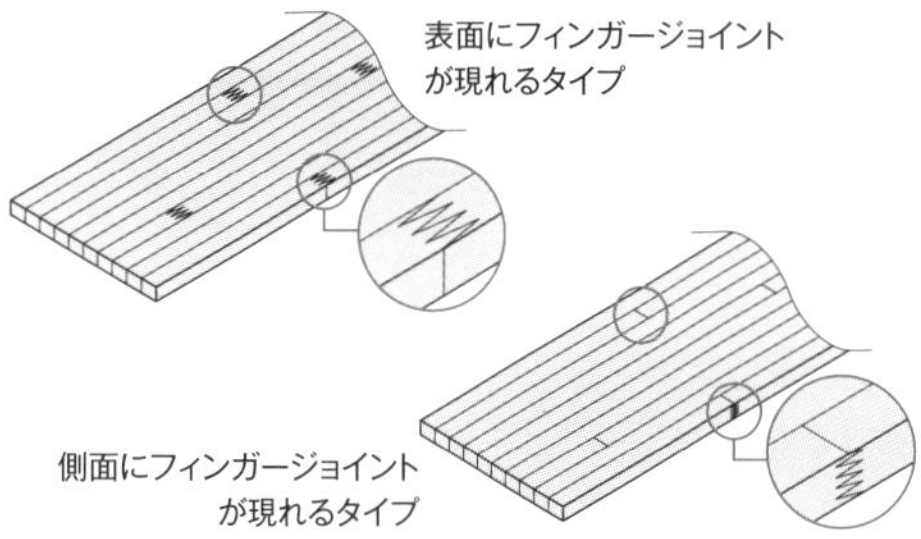

写真1｜横方向のみの桟（枠）を入れた障子

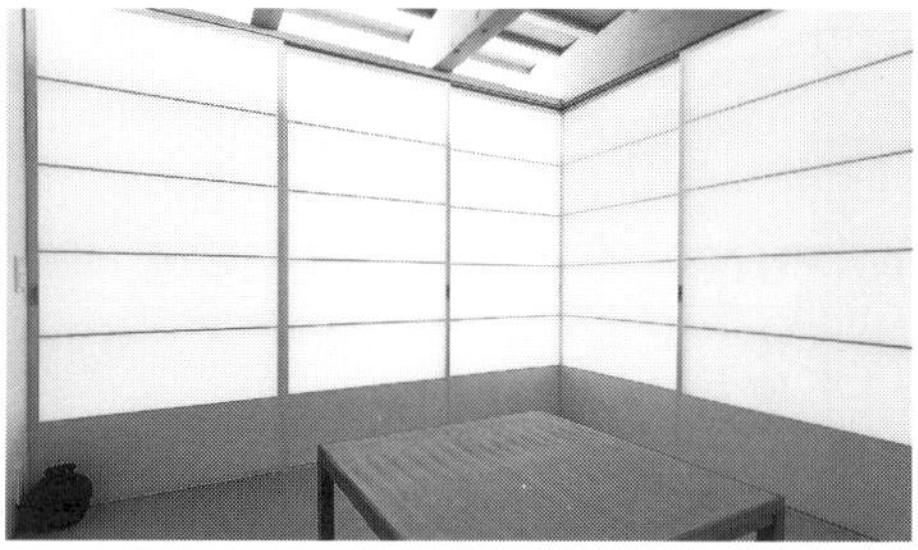
目黒の住宅［平真知子一級建築士事務所］

面ぞろ｜めん—
面一ともいう。仕上げに段差のない納まりのこと［図3］。

面散り｜めんちり
隣接する2つの平面のわずかな段差を指す［図3］。

内法寸法｜うちのりすんぽう
敷居上端から鴨居上端までの寸法のこと。また、2本の柱の向き合った面から面までの寸法を指すが、一般的には仕上がった内側の寸法を呼ぶ。

外枠寸法｜そとわくすんぽう
出来寸法ともいう。建具の出来上がりの実際の寸法のこと。呑込み寸法が加算されるので、内法寸法より大きくなる。

留｜とめ
小口を見せないで、90°に組む仕口［図4］。

阿呆留め｜あほうとめ
部材と部材を十字やT字形など、多角形に組み合わせたり、部材同士の見付け寸法が異なるなど、45度にならない留の仕口。

小口｜こぐち
木口と混同しやすいが、部材の横断面を小口と呼び、木材の年輪が見える横断面を木口と呼ぶ。

組手｜くで
組子（障子や襖の桟）の組み方。

建付け｜たてつけ
枠、柱、方立などと建具の取り付け具合の確かさをいう。建付けの正確さが、建具の動きや耐久性を左右する。

吊込み｜つりこみ
建具を枠、柱に取り付けること。

木殺し｜きごろし
木材と木材の矧合せや、木材と金属を接合する場合に、木材を叩いて圧縮すること。接合しやすくなるとともに、木材の痩せによる収縮防止となり、接合部の隙間の発生を防ぐ。

面取り｜めんとり
木材角形断面の出隅角を、保護や装飾の目的で削り取り加工したもの［図5］。

継手｜つぎて
木材を長手の方向に接合した接合部のこと［図6］。

フィンガージョイント
木材の端部を、指と指を組み合わせたようにジグザクに切削加工して、相互にはめ込んで接着する接合方法のこと［図7］。

押縁止め｜おしぶちどめ
建具に下見板、ガラス、網などを押縁（板状の部材の継ぎ目を押さえて留めるための細い材）で留めること。面材の取付け・取外しは容易である。

束割り｜つかわり
束とは短い鉛直部材のことで、ガラスをはめるためにその束を半分に割り、押縁用途に加工することをいう。建具で束とは、竪桟のことである。

落とし込み｜おとしこみ
ガラスをはめるときに用いる工法。部材を小穴から落とし込んで取り付けること。押し縁を使わず、上框を割って建具の上部からガラスなどの面材をはめ込む。押し縁がないのですっきり納まるが、上框が裏表で分かれてしまうので、強度は落ちる。上框にはドアチェックなどの金物を付けにくくなるので注意。

ダボ
2つの木材の接合に用いられる硬木でつくられた木片のこと。接合したい双方の部材に小穴を加工し、そこへ差し込んで接合する。また、本棚などの可動棚を留める金具のこともダボと呼んでいる。

障子｜しょうじ
建具工事では、紙張り障子を単に障子という[295頁図8、図9]。組子の1部を可動にした猫間障子、摺上げ部にガラスをはめ込んだ雪見障子など、たくさんのバリエーションがある。張る紙は、手漉き和紙からアクリルまでさまざまであり、透過する光の雰囲気、破れにくさ、コストを検討して決める。

荒組障子｜あらぐみしょうじ
組子の数が少ない障子。そのほか、障子には横組障子など多種多様な種類がある[295頁写真1]。

巻障子紙｜まきしょうじがみ
半紙判などの障子紙を横に繋ぎ合わせて、障子の組子の寸法に切り、障子4枚を貼れる長さの巻き物にしたもの。

二三判障子紙｜にさんばんしょうじがみ
2×3尺（約606×910㎜）に製作された障子紙。手漉き障子紙の寸法である。

1枚貼り用障子紙｜いちまいばりようしょうじがみ
障子1枚を継ぎ目なく貼れる寸法の障子紙。機械漉き障子紙で、ロールで出荷されている。

組子｜くみこ
障子の縦横の中桟。組子のサイズや割付けは、かなり自由にデザインできる。縦の組子のピッチを細かくした**竪繁**[たてしげ]、横組子のピッチを細かくした**横繁**、組子サイズを大きめにして数を減らした**荒間**[あらま]などがある。

襖｜ふすま
襖骨に紙や布を張り重ねて四周に縁を回した建具[295頁図8・図10]。縁は塗り縁か素地縁。縁を削ることはできない。障子やフラッシュ戸より見込み寸法が小さく軽い。敷居・鴨居の溝寸法は障子と異なるので注意。

腰襖｜こしぶすま
源氏襖の1種。このほか、襖は形

図9｜障子の主な種類

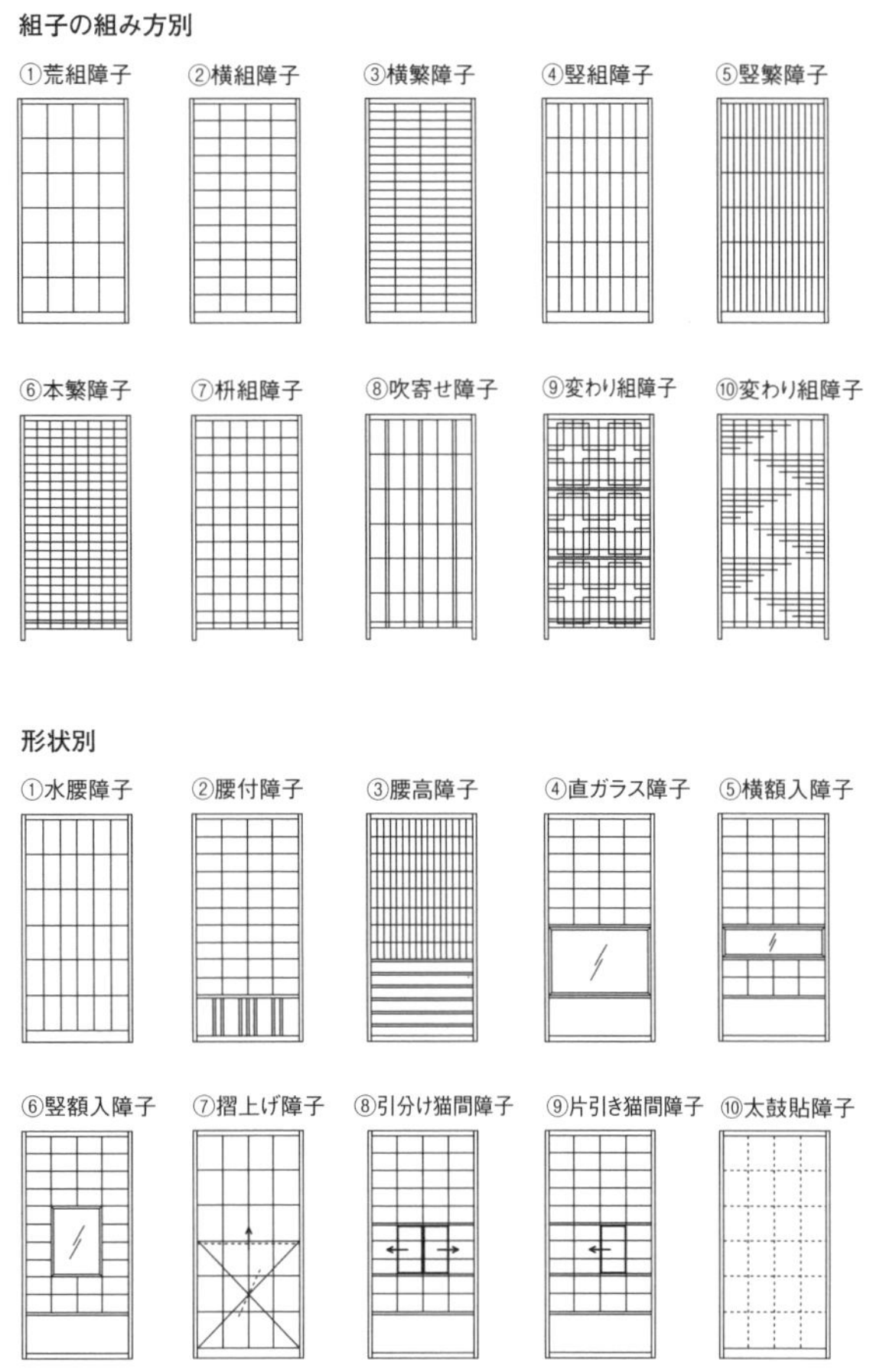

図10｜襖の主な種類（形状別）

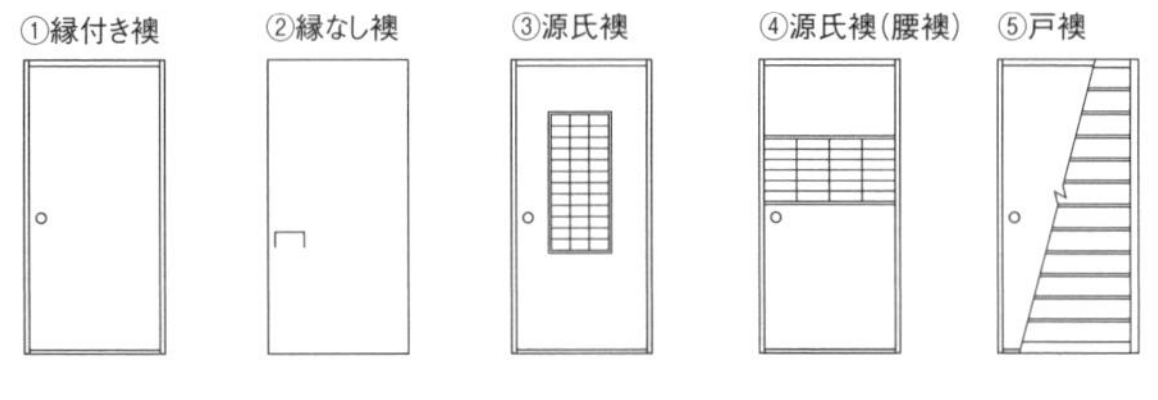

図11｜フラッシュ戸の例

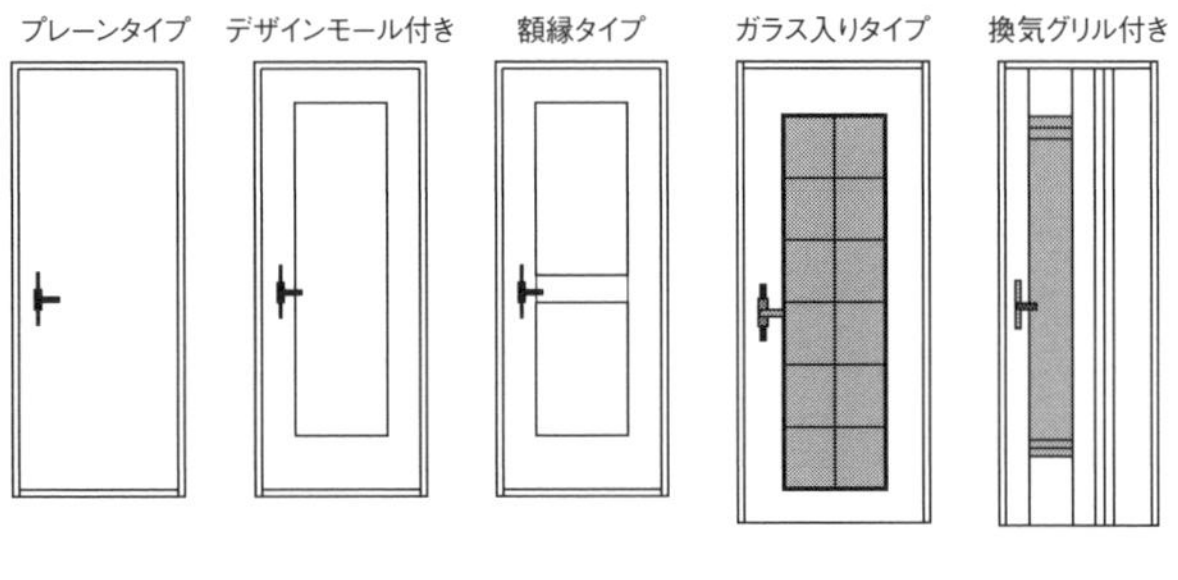

状別に数種類ある。

太鼓襖｜たいこぶすま
縁なし襖のこと。戸先、戸尻は襖紙を巻き込む。上下は敷居・鴨居で摺れるので摺り桟を付ける。

戸襖｜とぶすま
合板フラッシュ戸に襖紙を貼り襖風にしたもの。本来の襖（戸襖に対して**本襖**［ほんぶすま］ともいう）に比べて重量と見込み寸法が大きくなる。スムーズに開閉するためには底車が必要。鴨居・敷居も溝寸法も本襖より大きくなるので、本襖か戸襖にするのか事前に決めておく必要がある。

間合判｜まあいばん
襖紙の1つ。1尺3寸×3尺（約380×950㎜）に製作された襖紙。手漉き襖紙の寸法である。

間中判｜まなかばん
3尺×6尺（約950×1850㎜）に製作された襖紙のこと。1間の真ん中であるため間中といい、つまり1間=6尺の半分という意味で、3尺である。

図12｜**障子・襖・框戸の形状と部位名称**

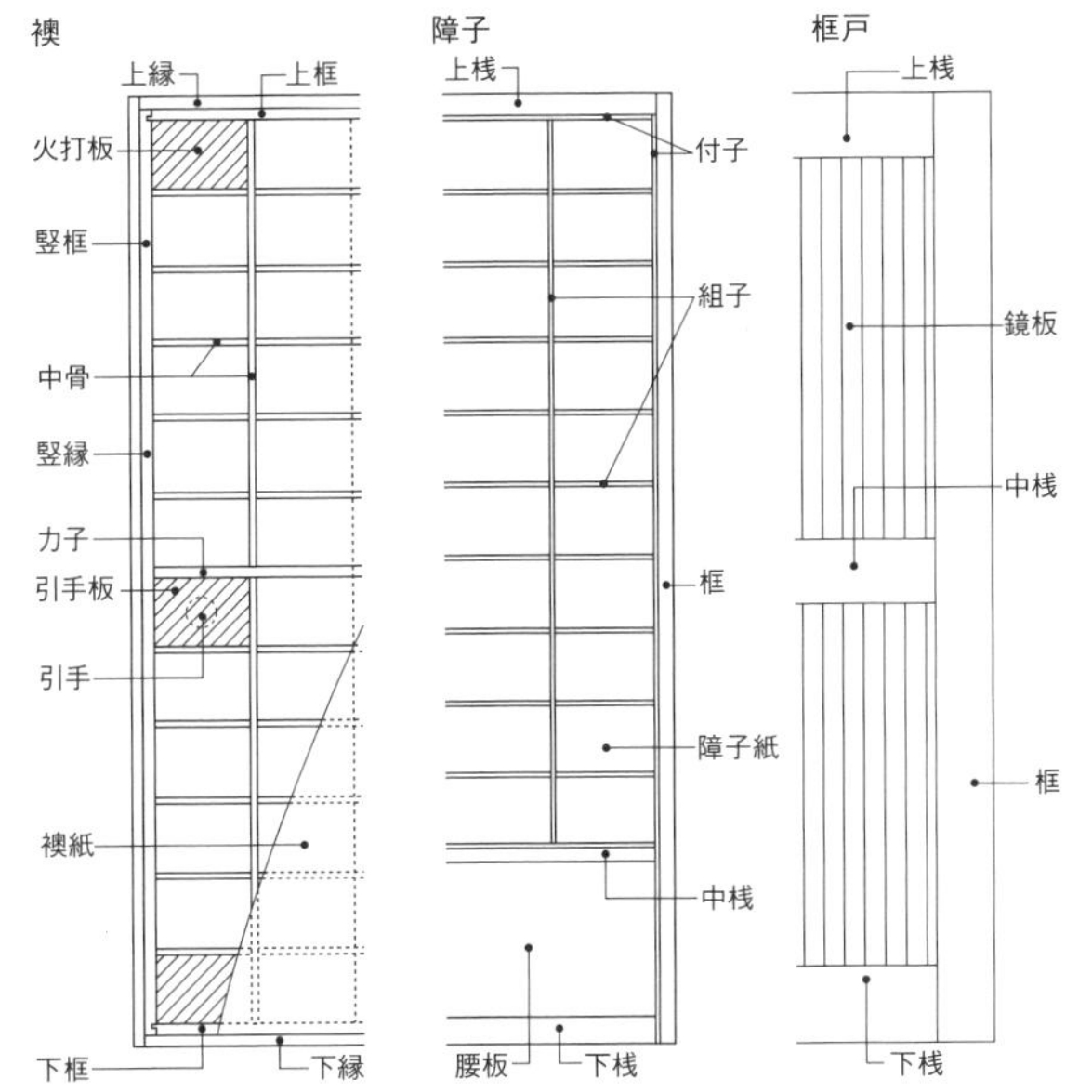

四六判｜しろくばん
4×6尺（約1240×1850㎜）に制作された襖紙。5×7尺に製作された五七判、7×9尺に製作された七九判がある。

坪巻き｜つぼまき
坪巻き機械漉きで、襖4枚分である約7200㎜を巻いた襖紙。

鳥の子｜とりのこ
雁皮・楮などを原料とした淡い黄色の襖紙。パルプの機械漉きで同様の風合いをもつものも鳥の子と呼ばれる。紙によって3×6版を超えるサイズはないものもあるので、大きなサイズが必要な場合は、中帯を入れるなどデザインを工夫する。

図13｜**戸先・戸尻・戸首**

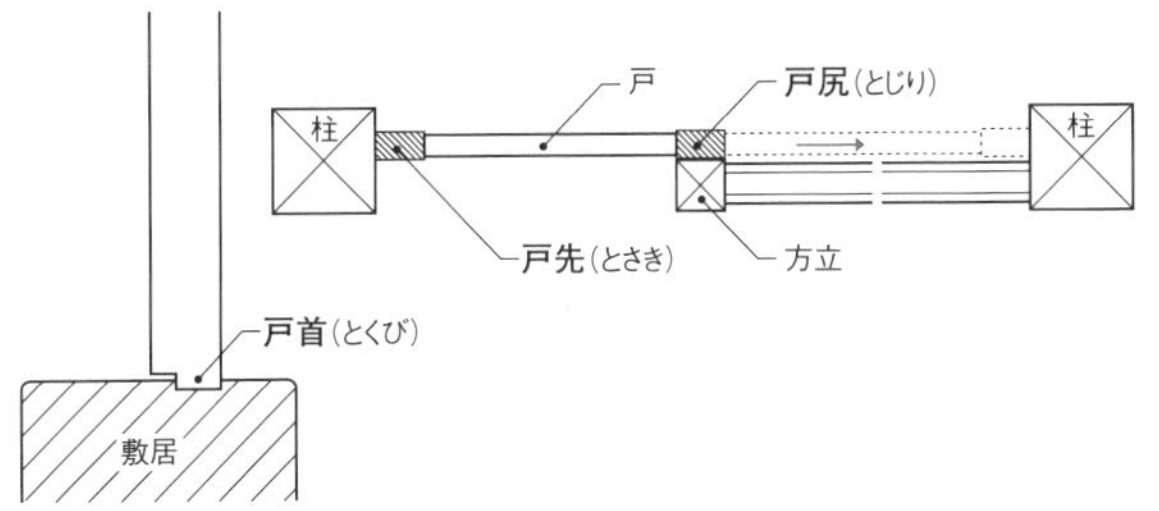

板戸｜いたど
面材として木の板を用いた建具の総称。雨戸や格子戸、鏡板戸、舞良戸など。板を鉛直に並べ、裏に横桟を打ち付けた桟戸、合板を使ったフラッシュ戸も含まれる。

框戸｜かまちど
四周に廻した化粧枠材（框）を仕口により組立てた建具［295頁図8・図12］。鏡板戸、帯戸、唐戸、桟唐戸、ガラス戸などがある。框の材質・サイズは、強度、意匠を考慮して決める。錠前が框に納まるか、金物のバックセット、見込み寸法を確認しておく。

唐戸｜からど
開き戸の框の内側に骨太の格子を組み、そこに鏡板をはめ込んだ建具。主に寺社建築の扉として用いられてきた。手の込んだ面取りを框や格子に施した、洋風のクラシックなデザインのものも含む。

図14｜**舞良戸の各部名称**

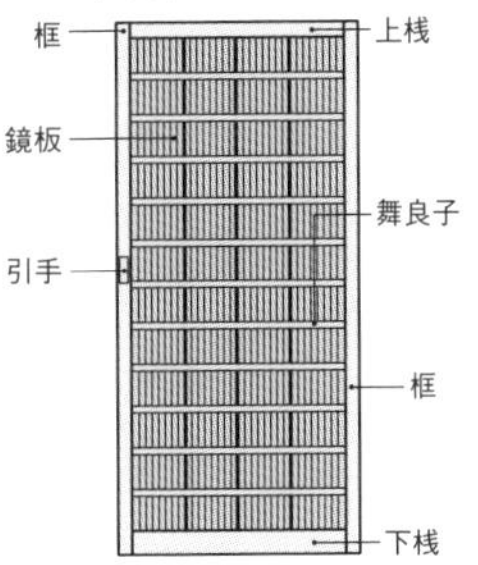

鏡板戸｜かがみいたど
框戸の一種。竪框、上下桟の間に1枚か2枚の板材（鏡板）を挟み込んで組み上げる。框材にはナラ、タモ、チークなどの堅木を使用する。鏡板として用いるのはケヤキの銘木の一枚板、突き板合板を両面に張り合わせたものなど。

ガラリ戸｜―と
框戸の1つ。遮光・通風などのために、**ガラリ**（一定の傾斜をつけ、少しずつ間をあけて平行に取り付けた幅の狭い薄板）を取り付けた戸のこと。

桟戸｜さんど
裏に桟を取り付けた頑丈な戸。舞良戸や格子戸などがある。

舞良戸｜まいらど
框の内側に、横桟（舞良子）を水平方向に定間隔で取り付けた板戸。通常、舞良子は片面のみ。

蔀戸｜しとみど
上下二枚組の格子戸。上側は横軸回転で天井方向に外開きし、吊り金具で固定する。下側は柱間に建て込む。

図15｜開き方の概念

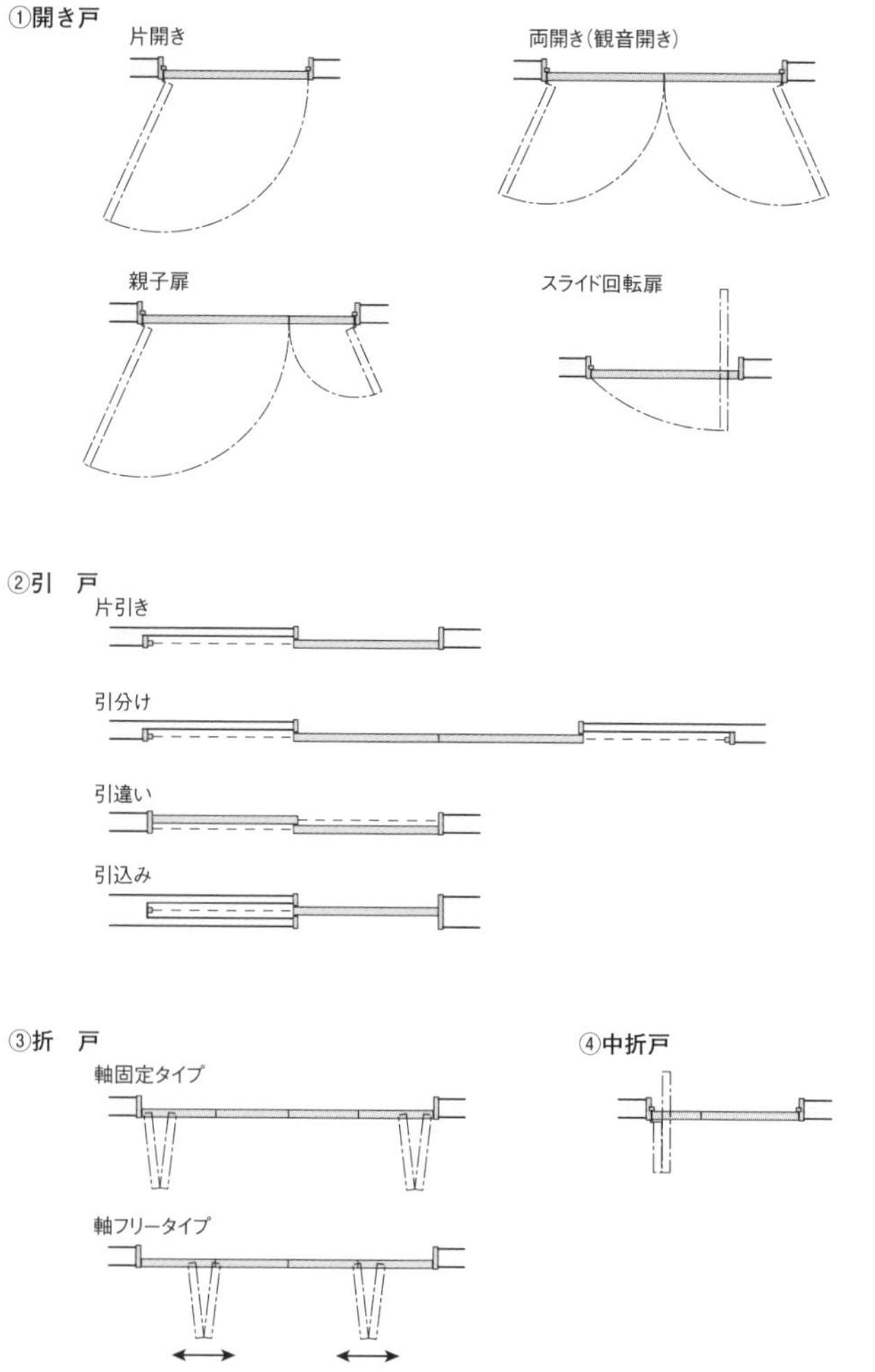

フラッシュ戸 ―ど
骨組に合板などの面材を張って、表面を平らに仕上げたドアのこと[295頁図8・296頁図11]。切り込んでガラスなど面材をはめ込むこともできる。一般には、木製の枠組みやロールコアなどの芯材に合板や金属板を張って仕上げる。建具の小口は面材の断面が見えてしまうので、見えがかり面は、**小口テープ**(突き板に粘着テープが付いたもの)やムク材を張って処理する。湿度変化による収縮率の違う面材を表裏で張ると、反りが出やすくなるので表裏同材とする。

ベタ芯 ―しん
フラッシュ戸のように両面に面材を張る場合、芯にMDFやパーティクルボードを用い、中空としないつくり方。頑丈でしっかりしたつくりとなるが、そのぶん重量も増すので、金物などは耐荷重を検討して選択する必要がある。

ハンガードア
天井や上枠に取り付けたレールに吊り下げて開閉する引戸や間仕切。下枠、敷居を省略できる。

開き戸 ひらきど
枠や柱に取り付けた縦軸の丁番で開閉する建具[図15]。1枚の片開き戸と2枚の両開き戸がある。

引違い戸 ひきちがいど
壁面内や枠内の2本以上のレールまたは溝をガイドとして、それぞれが移動、開閉する形式の引戸。

大型戸やガラス戸の場合は、框の厚みも増すためレール間隔に注意。レールには丸型、角型、V型、平型があり、それぞれのレールに対応した戸車を使う必要がある。

引込み戸 ひきこみど
建具を壁の中に収納できる引戸。常時開放する場合に適する。

折戸 おりど
扉が2枚に折れて開く建具[図15]。クロゼットの扉や間仕切に使われる。

石垣積み いしがきづみ
石垣張りともいう。障子紙の張り方の1つで、紙を組子の位置で継がず継ぎ目が見えるように張り、なおかつ紙の継手位置が上の段と互い違いになるように張る方法。

ベタ張り ―ばり
糊を紙の全面に付ける張り方。湿気による伸び縮みの影響を受けたくない場合など、しっかりと張りたい際に用いる。下地の凹凸を拾いやすいので、下地調整をしっかりと行いたい。クロスなど壁紙は基本的にベタ張りである。

袋張り ふくろばり
糊を紙の四周のみに付ける張り方。下地の凹凸を拾わず、ふっくらとした柔らかい表情になる。襖などは基本的にこの張り方になる。

勝手 かって
建具の動く方向や方式のこと。勝手は人の動きや使いやすさからそのつど選択すべきである。引戸を引く方向を**引き勝手**といい、引違いの場合は、通常右側の建具が手前となる。左手前は**逆勝手**、開き戸の開く方向を**開き勝手**という。

戸先 とさき
引戸を閉めた際、枠に接する側のこと[297頁図13]。戸先の反対側を**戸尻**[とじり]という。

戸首 とくび
引戸の敷居にはめ込む部分[297頁図13]。通常は建具の内側を決って外側にとる。裏表同じ表情にしたい場合は、建具の中央に堅木やアングルで戸首の代わりに突起を設ける。

戸厚 とあつ
建具の厚みのことで、シリンダー、サムターン、ハンドルなどが取り付いている部分の厚みを指す。見込みともいう。掘込み錠のかき込み寸法や建具の大きさを考慮して決める。

召合せ めしあわせ
襖や障子などで、両方から引き寄せて閉じるようになっているものの、戸が合わさる部分。

無目｜むめ
敷居・鴨居で溝のないもの。

水切板｜みずきりいた
接合部に水が進入しないように板で覆う部材のこと。雨押えとも。

膳板｜ぜんいた
窓枠の下枠に取り付けられた額縁状の部材のこと。

フラッシュ工法｜—こうほう
英語の「flush」が語源で、表面を平らに仕上げるパネル工法のことをいう。合板などの表面材の間に芯材を挟んだサンドイッチ構造。もともと軽量で反りやねじれの少ないパネルをつくる目的で生み出された工法で、芯材の入れ方、材料によりさまざまな種類がある。

枠芯構造｜わくしんこうぞう
フラッシュ工法の1つ。芯材を周囲の枠組と桟で構成し、内部を中空にする[図16]。軽量化を目的としたフラッシュ工法の本来の姿といえる。ほかのパネルとの接合部や、丁番などの金物が取り付く部分にも芯材を入れておく必要がある。

練芯構造｜れんしんこうぞう
フラッシュ工法の1つ。俗にベタ芯といわれる構造で、軽い木材でつくった集成材を芯材に使い内部が中空でないもの[図16]。ランバーコアなどが有名。

ロールコア
フラッシュ工法の1つ。枠芯構造の枠の内側に紙製のコア材を挿入しパネルにしたもの。ロールコアは、なかでも紙を円筒状に成形したものを指す。紙をハチの巣状に成形したハニカムコアなどもある。枠芯構造よりも表面材の波打ちが出にくく、練芯構造より軽いという利点がある。

片面フラッシュ構造｜かためん—こうぞう
フラッシュ工法の1つ。一般にフラッシュパネル材は表裏両面に同質の材料を張り合わせて製作されるが、コストの面から片面のみの構造もよく使われる。たとえば、裏板や壁際の隠れる側は片面フラッシュが用いられる。

框組構造｜かまちぐみこうぞう
日本の伝統的な工法で、ムク材で四周に枠組みをつくり、枠材自身の強度と仕口の接合強度で成立しているフレーム構造。枠材のうち垂直部材を框、水平部材を桟という。枠組みの内側にはめ込まれた面材を鏡板と呼ぶが、構造的には枠材の補強の意味合いしかない。主に扉材として使用される。

板組工法｜いたぐみこうほう
ムクの小幅板を矧ぎ合わせてパネルを製作する工法。幅広のムクの天板などを製作する場合、従来はムクの1枚板なども使われていたが、現在流通している国産材の板幅は150㎜程度が多く、幅広のものでも250～300㎜程度で高価であるため、それらを矧ぎ合わせて幅広の板に仕立てる。

家具・建具金物

丁番｜ちょうばん
蝶番のこと。左右（枠と扉）の部材に羽根を取り付けることで、開閉の軸となる金物[表1]。

擬宝珠丁番｜ぎぼしちょうばん
丁番の軸の端部に擬宝珠が付いたもの[図17]。擬宝珠を外して軸が抜けるが、木製建具の吊込み工事では、軸を抜いて取り付けることは少ない。擬宝珠の形状が平らなものを**平擬宝珠**[ひらぎぼし]という。耐荷重は大きい。

フランス丁番｜—ちょうばん
軸部分が小さいため、建具を閉めたときナックル（軸管部）しか見えず、デザイン的にすっきりしている[図18]。主に木製建具用で、重量のある建具には向かない。建具をもち上げれば外すことができる。左右勝手がある。

旗丁番｜はたちょうばん
羽根が左右旗状になっている丁番[300頁図19]。建具をもち上げれば軸を抜け、外すことができる。主に鉄扉に用いる。

角丁番｜かくちょうばん

図16｜練芯構造と枠芯構造

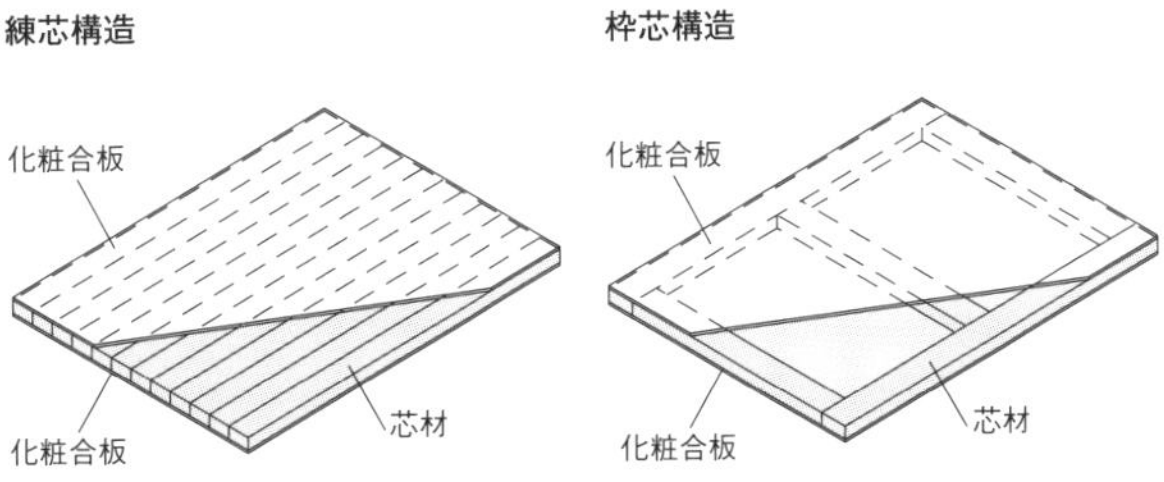

表1｜家具扉の開き方別丁番・ヒンジの種類

開き扉用	スライド丁番、Pヒンジ、平丁番、アングル丁番、隠し丁番など	最近の傾向としては、アウトセット扉（扉が建具枠の外に取り付いているタイプ）の納まりが多いため、スライド丁番が使用されることがほとんど。特に、施工性に優れたワンタッチ式が普及している
跳ね上げ扉用（フリッパードア）	平丁番、アングル丁番、スライド丁番など	開いた扉がそのまま奥にスライドして収納できるヒンジ付の専用スライドレールなどもある。ステー金具などを使用する場合、組合せ方に注意が必要
下開き扉用（ドロップダウンドア）	ドロップダウン丁番やミシン丁番など	ステー金具を併せて使用する必要がある

図17｜擬宝珠丁番

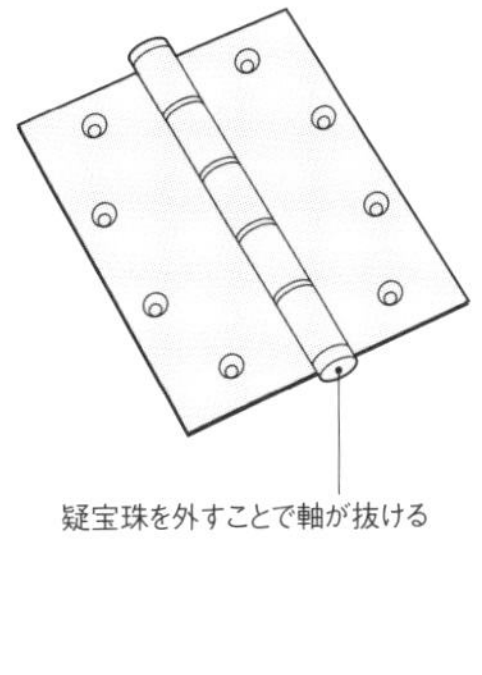

図18｜フランス丁番

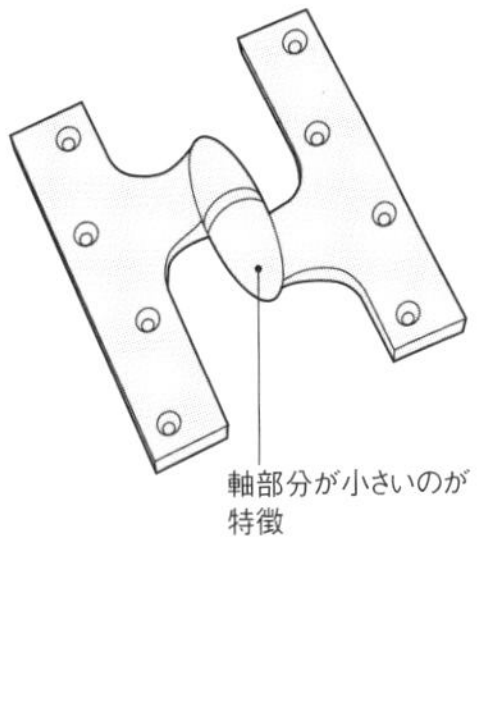

家具や物入れなど軽量建具用［図20］。平擬宝珠に似た形状であるが、軸部分が羽根と同じ長さで軸部分の出っ張りがない。平丁番ともいう。

スライド丁番—ちょうばん
収納家具用の開き扉で、丁番を隠したい場合に用いる扉支持金物。扉を外に持ち出し開閉させる［図21］。

隠し丁番—かくしちょうばん
開き戸の扉を閉じた際、枠と扉に隠れて外から見えない丁番［図21］。

図19｜旗丁番

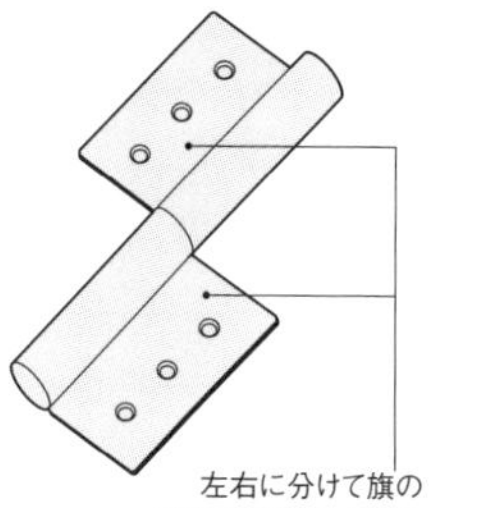

図20｜角丁番

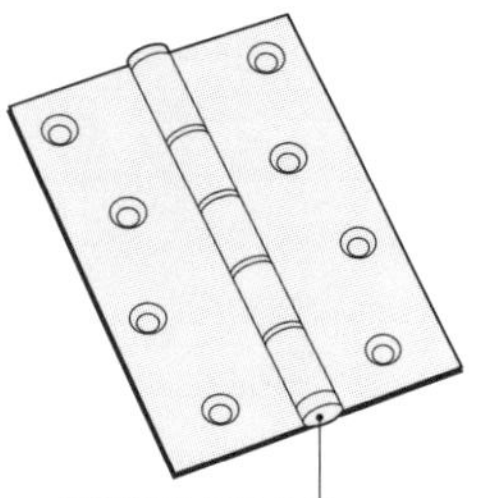

ドロップ丁番—ちょうばん
ライティングビューローの下開き扉に使われる専用丁番［図21］。扉とキャビネット甲板に面一に取り付く。

ミシン丁番—ちょうばん
折りたたみテーブルなど180°水平に開く家具の甲板に使われる丁番。**フラップ丁番**ともいう。

図21｜丁番の種類

名称（種類）・外観		取付け位置・扉の動き	名称（種類）・外観		取付け位置・扉の動き
❶スライド丁番	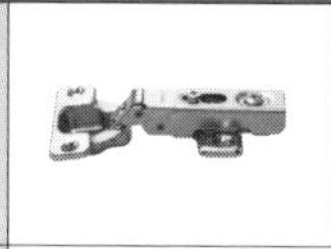	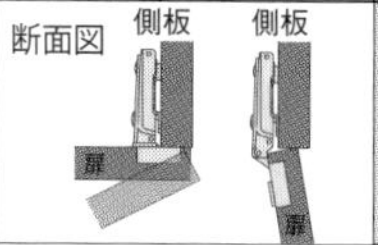	❷隠し丁番		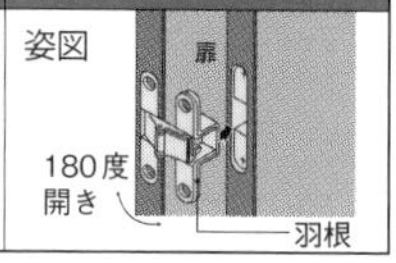
❸ドロップ丁番		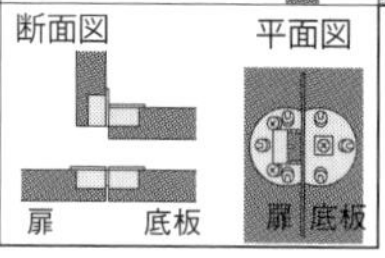	❶扉を開けるとき、扉が前にせり出しながら回転し、扉が閉じたときには、外から丁番が見えなくなる ❷アームが回転しながらスライドするため、扉を閉じたときは外から丁番が見えず、扉を180°開くこともできる ❸扉を開けたとき、扉の内側面と底板上面とが面一になる		

アングル丁番—ちょうばん
家具扉用の丁番。軸が枠と扉の間の目地に挟まるように納まる。

ピアノ丁番—ちょうばん
ナックル数が多く強度があり、扉の反りも防ぐ長い丁番。**長丁番**。

ガラス丁番—ちょうばん
ガラス扉用の丁番。ガラスを上下に挟み込んで納めるものと、ガラスに孔をあけて取り付けるものがある。

屏風丁番—びょうぶちょうばん
装飾画や間仕切に用いる折り畳み家具の丁番。内開き・外開き双方向に360°対応可能の構造をもつ。

アウトセット扉—とびら
開き扉や引戸で取り付け枠が隠れるように納まるもの［図22］。開き扉にはスライド丁番を用い、引戸の場合は背面の吊戸車とそのレールで取り付けるのが一般的。

図22｜アウトセット・インセット

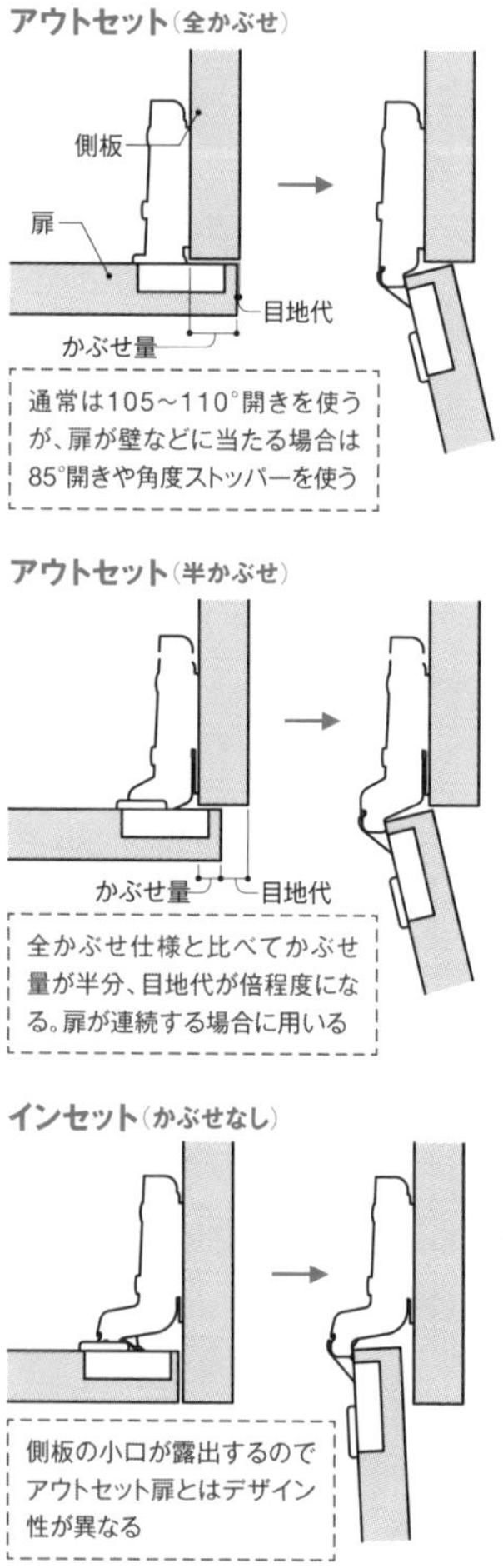

インセット扉—とびら
開き扉や引戸で取り付け枠の内側に納まるもの［図22］。開き戸では隠し丁番、スライド丁番などを使う。引戸では箱体上下のレールに沿い内側の扉が移動、開閉する。

自由丁番—じゆうちょうばん
扉を開けると、巻かれたコイルバネの反動で自動的に閉じる丁番。重量のある扉には適さない。

ヒンジ
軸吊金物のこと［299頁表1、図23］。戸に設けた回転軸で戸を支える。

ステー
扉の荷重を支えるための金物［図24］。勢いよく扉が閉まるのを緩和するための機構として、ブレーキ機構式、ソフトダウン式などがある。

キャッチ
扉が自然に開いてしまうことを防ぐ金物［図25］。一般的にはキャッチ本体をキャビネット側に取り付け、それに対応するストライクを扉に取り付ける。主な種類としては磁

図23｜ヒンジドア（扉用）

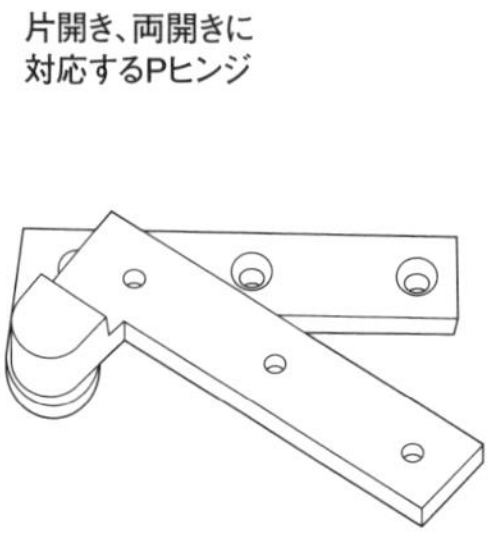

力を利用したマグネットキャッチ、金属やプラスチックの弾性を利用したローラーキャッチ、ボールキャッチなどがある。使用する扉の用途からキャッチの保持力などを選択する。地震時に扉が開かないようにするためにキャッチを取り付けることが多く、地震時に扉が自動的にロックする耐震キャッチなども出てきている。

図24 ステー（家具用）

図25 キャッチ（家具用）

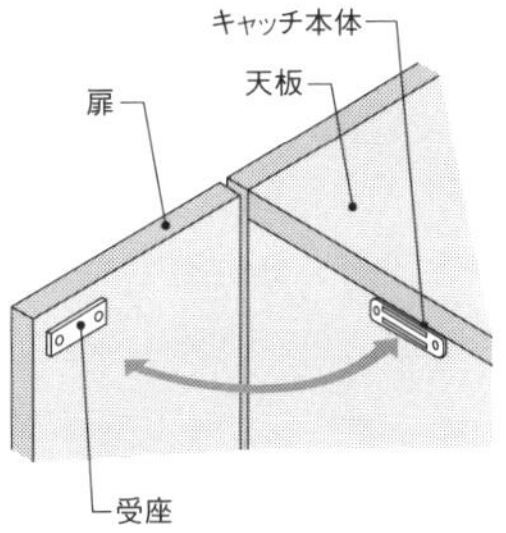

戸当り（部品）—とあたり
開いた扉や取手が壁に直接当たらないよう幅木や床に取り付ける突起金物。

引手—ひきて
引戸を開閉時や引出しを開けるときに指を掛けるためのもの。

取手—とって
開き戸の開閉のために建具端部などに取り付けるツマミや握り。

丸落とし—まるおとし
両開き扉や開き窓で、片方を枠に固定しておくため、建具枠の竪框に取り付ける上げ下げ式金物。

アームストッパー
開き扉の枠上部見込み面に取り付ける金物。開き戸が一定以上開かないための機構をもったもの。

ドアチェック
開き戸用の自動閉鎖装置。扉の開く側に付けるタイプと逆側に付けるタイプがある。

締結金物—ていけつかなもの
箱物家具の組み立て時に、天板・側板・地板・背板それぞれを連結させる金物。**ノックダウン金物**。

フリッパードア金具—かなぐ
スライドレールとスライド丁番が一体の収納開き戸専用の金物。

レール

甲丸レール—こうまる—
木造で使われる一般的な引き戸用レール[図26]。上面（戸車の接触面）に釘を打ち留めるので、釘穴の開いた部分から折れたり曲がったりしやすい。また、釘穴の部分を戸車が移動するとゴトンと音がする。

ノイズレスレール
鉄道のレール状の断面をしたレール[図27]。下部のリブに釘を打って留めるため、戸車の接触面に釘を打つ必要がなく、戸車の移動時に騒音が少ない。敷居に接する部分が広いので重量のある建具や通りの精度が必要な建具向き。甲丸レールより高価。**サイレントレール**ともいう。

図26 甲丸レール

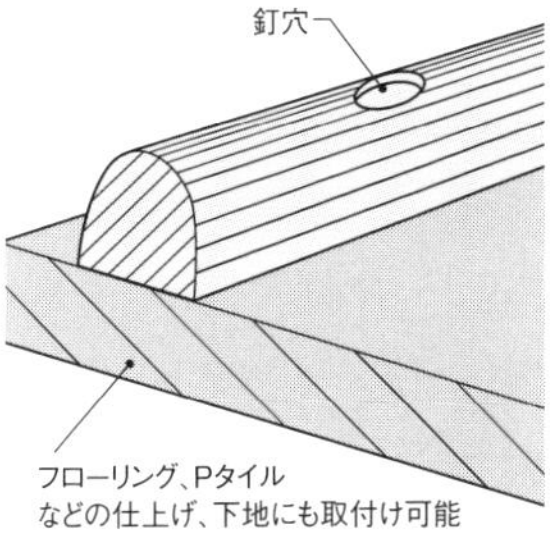

フラッターレール
後付け型で床面からの出寸法が小さいレール[図28]。幅は広くなるが棒状の出っ張りがない。Vレールやノイズスレールのことを指す場合もある。

埋込みレール—うめこみ—
コンクリート面に取り付け、モルタルなどで周囲を仕上げ、本体を全体もしくは部分的に埋め込んだレールのこと[図29]。土間などの水がかかる個所や外部に用いる。床を仕上げた後では直しにくいので、取付けの際には通り水平に十分注意する。

Vレール—ぶい—
レールがV状にカットされたレール。真ちゅう、アルミ、堅木などの製品があり、敷居や各種床材などに埋め込んで使用する[302頁図30・31]。敷居や床面から突出しないので、バリアフリー用途やレール

図27 ノイズレスレール

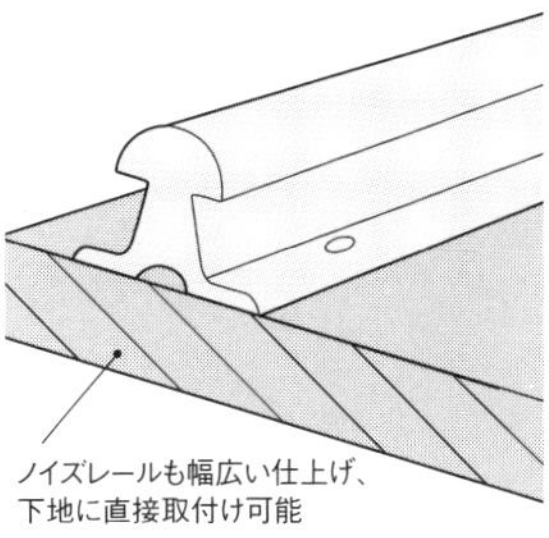

図28 フラッターレール

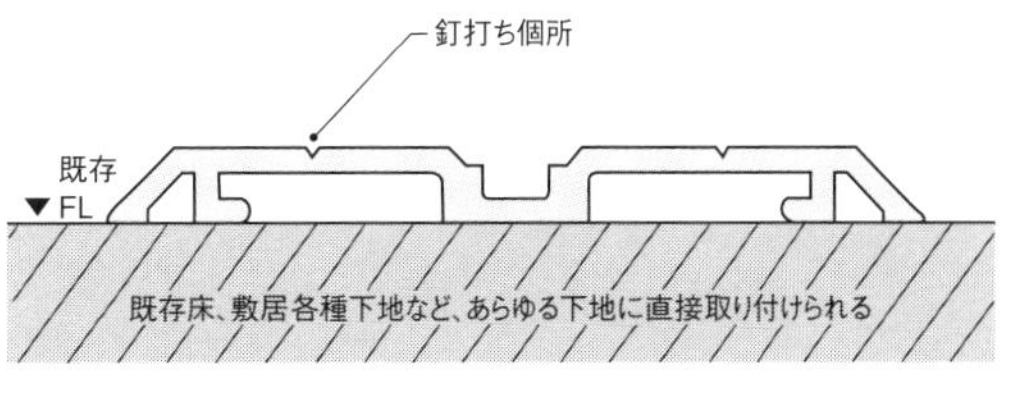

図29 埋込みレール

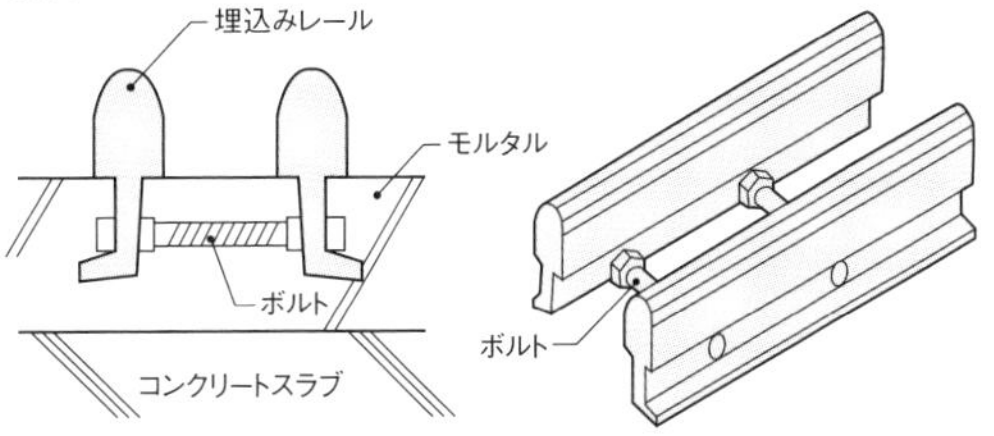

を目立たせたくない場合に適する。溝を掘るだけで簡易に取り付けが可能だが、引戸の重量によっては、下地などの補強や下地材の位置を検討する必要がある。

スライドレール

引出しやスライド天板などの出し入れをスムーズに行うための金具で、左右ペアで使用される。プラスチックの滑りを利用したスリ桟式とベアリングを利用した伸縮式がある。伸縮式には2段引き、3段引きなどがあり、3段引きは完全スライドと呼ばれ引出し奥行を完全に引き出すことができる。用途によってサイズ、耐荷重、キャッチ付（自然に引出しが出ることがない）、ワンタッチ脱着式などから機能的に選択する必要がある。

ハンガードアレール

ハンガーから吊り下げた引戸を戸車で水平走行させるためのレール。天井付け、壁付けがある。床面の振れ止めで横揺れを防ぐ。

錠前

箱錠｜はこじょう

ノブ（ハンドル）と**シリンダー**（鍵孔）が分かれているもので、箱状の錠全体がドアのなかに格納されている[図32]。**ケースロック**ともいう。開閉用の**ラッチボルト**（仮締）と施錠用の**デッドボルト**（本締）を備えている。

空錠｜そらじょう

施錠装置のないラッチボルトだけの錠[図33]。取手を一時的に固定する簡単なロックが付いているものが多い。一般に室内の間仕切建具に用いられる。

本締錠｜ほんじまりじょう

ノブ（ハンドル）部分のないデッドボルトだけの錠[図34]のこと。箱錠に加えて取り付け、ワンドアツーロックにする場合などに用いられる。

彫込錠｜ほりこみじょう

小口側から扉の厚みの中に彫り込んで取り付ける錠。一般的に用いられている。

面付錠｜めんつけじょう

扉を彫込まず表面に取り付ける錠。後付け型[図35]。扉の小口からの彫込みが不要なので取り付けは容易。マンションの玄関ドアなどに用いられる。製品の種類は少ない。

鎌錠｜かまじょう

引戸用の錠。鍵やサムターンを操作すると鎌状の止め具が回転しながら出て、枠や柱に取り付けた受け金物に引っかかり施錠される。

栓錠｜せんじょう

引違い戸用の錠。召し合わせ部に付く棒状の栓（ボルト）を相手側の受けに差し込んで施錠する。

握り玉｜にぎりだま

ノブのこと。重量のある扉では、お年寄りなど握力の弱い人には開けにくい。

レバーハンドル

レバー形状のハンドルで手が掛かるので開閉しやすい[図36]。形状によっては衣類のポケットが引っかかることもあるので、選択にあたってはデザイン性だけでなく機能性、

図30｜Vレール（RC造）

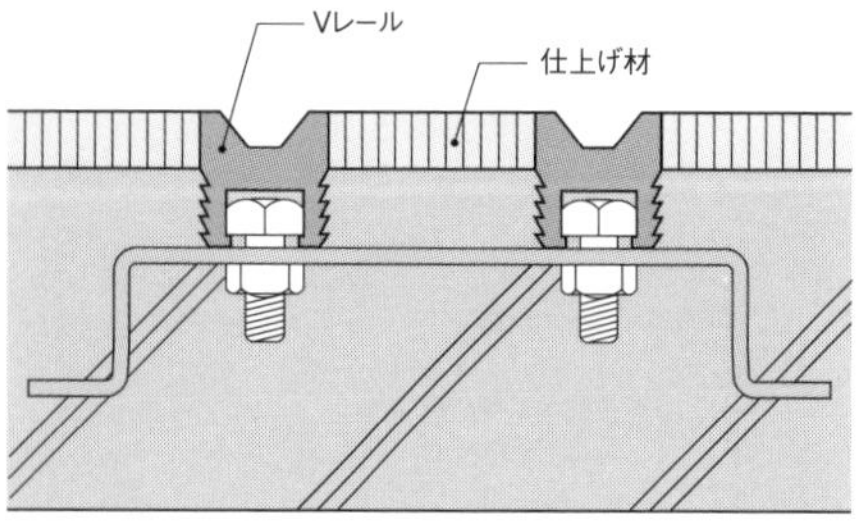

図31｜Vレール（木造）

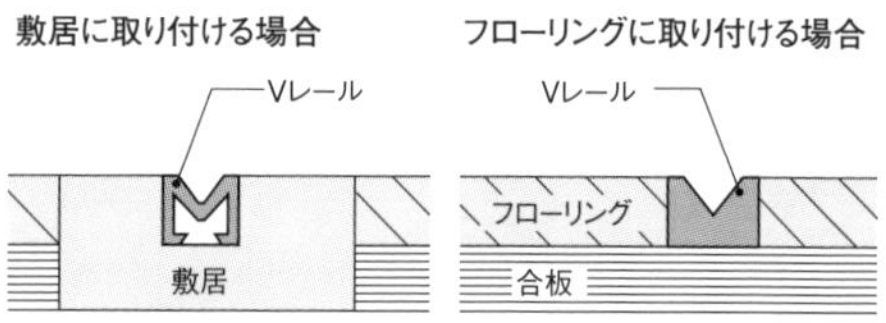

図32｜箱錠

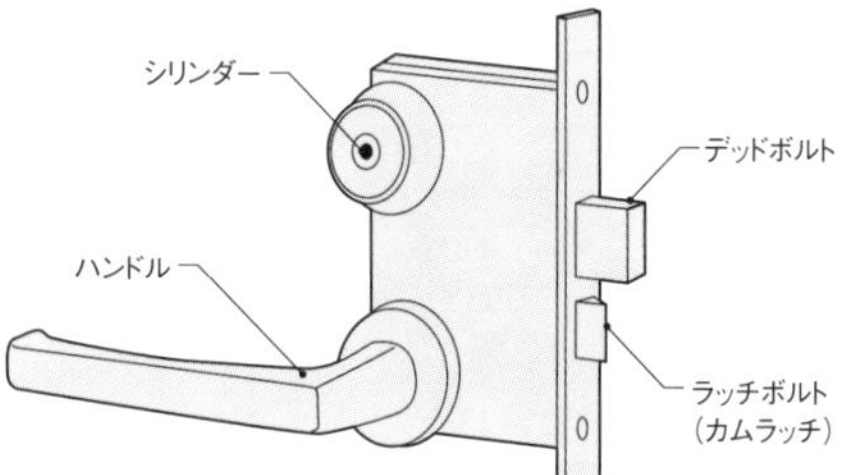

図33｜空錠

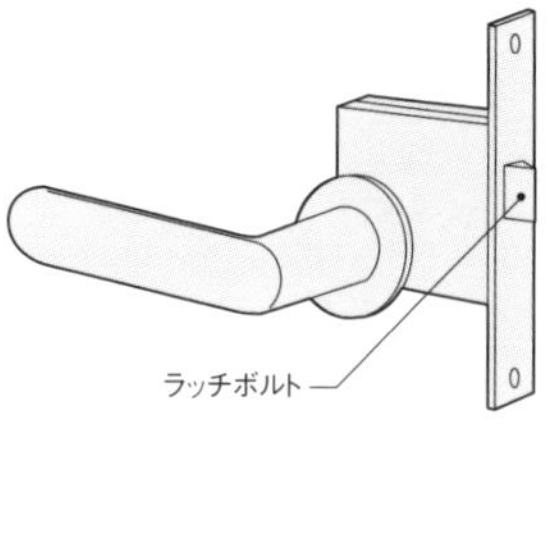

図34｜本締錠

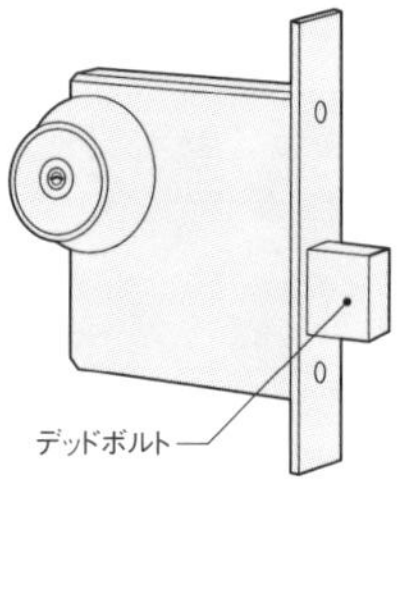

図35｜面付錠

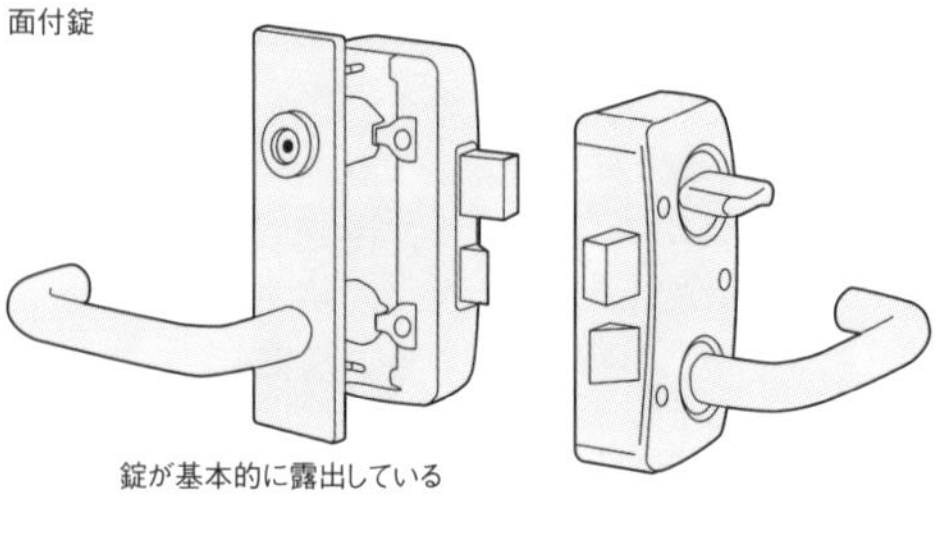

取り付け高さについても考慮する。

サムラッチハンドル
取っ手の上のラッチ（つめ）を親指（サム）で押して解錠するタイプのハンドル。開ける時に力が入りやすいため、重量感のある扉に用いる[写真2]。

図36｜レバーハンドル

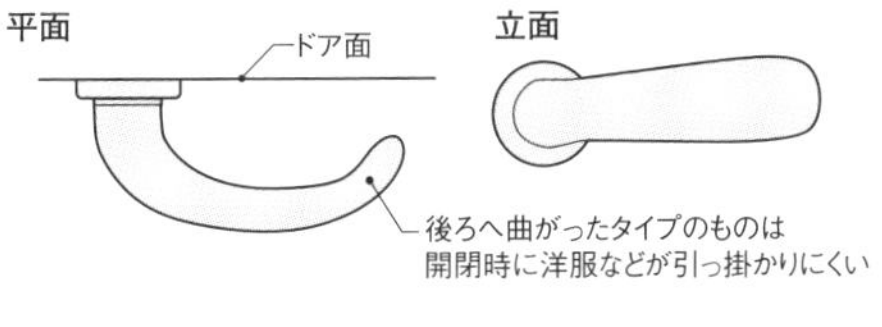

写真2｜サムラッチハンドル

サッシ

サッシ
開口部に用いる外部建具のこと。金属製の建具全般を指すが、広義では木製などの外部建具も含む。サッシのなかでも出入口用のものはドアという。また、木造用サッシは壁の厚みのなかで取り付く位置によって**外付け**、**半外付け**、内付けなどの種類がある[表2、304頁表3・4、図37～40]。

アルミサッシ
最も一般的なアルミ合金の押出し型材によるサッシ。特性として比重が2.7と軽く、熱伝導率が204W／mkと鉄の約4倍ほど高い。従来のアルミサッシより耐擦傷性が高く、傷がつきにくいサッシとして、「**ケミカルブラスト処理**（新日軽）」を施したサッシが登場している。これはアルミ素地表面に電気化学処理を施したもので、低光沢でマットな質感が特徴。

樹脂サッシ｜じゅし―
高耐候性硬質塩ビ（PVC）を型材にした部材でつくられたサッシ。PVCは熱伝導率が0・15W／mkと低く、アルミの1／1000以下の熱しか伝えないため、断熱性能がよい。

木製サッシ｜もくせい―
木材は熱伝導率がアルミの1／1500以下と、PVCよりさらに断熱性能がよい。木製サッシは従来の木製建具（**木建**）とは異なり、金物や断面形状の工夫により気密性を高めたものである。木材の木目、色合い、肌触りは人に心地よさを与えるが、塗装などのメンテナンスが必要とされる。

複合サッシ｜ふくごう―
異素材を組み合わせたサッシ。アルミの耐候性と樹脂の断熱性を組み合わせたサッシが多い。外側がアルミで内側が樹脂のものと、アルミとアルミの間に樹脂をはさみ、熱を絶縁させた構造のものがある。また、木製サッシの表面をアルミで保護した複合サッシ（**アルミクラッドサッシ**）もある。

スチールサッシ
通常ドアとして、なかでも防火戸に使われることが多い。

ステンレスサッシ
通常最も耐食性に優れたSUS304により製作される。スチール同様防火戸としても使用される。

バリアフリーサッシ
バリアフリー対応のために段差をなくしたサッシ。ただし、これまでバリアフリーサッシの対応基準は「下枠部は20mm以下の段差」と規定され、レール式サッシの場合、一見フラットのようでも20mm程度の段差があった。最近は、レールがなく下枠が完全にフラットな「**ノン・レールサッシ　ウォーキング**」（立山アルミニウム工業）などの製品も登場している。

外付け｜そとづけ
サッシを外壁側から取り付ける納まり[304頁図38]。主に真壁納まりに用いる。内外とも枠が不要なのですっきり納まるが、サッシの荷重

表2｜サッシに求められる主な性能

①**耐風圧性**	サッシがどのくらいの風圧（Pa）に耐えられるかを表す性能。JISでは、1㎡当たりどれくらいの風圧に耐えられるかを基準としてS-1からS-7までの等級で分類している
②**気密性**	枠と戸の隙間から、どれくらいの空気（隙間風）が漏れるかを表す性能。JISでは、1㎡から1時間当たりどのくらいの空気が漏れるかを基準としてA-1からA-4までの等級で分類している。空気の漏れは㎥／（h・㎡）で表す
③**水密性**	雨を伴った風のときに雨水の浸入をどれくらいの風圧まで防げるかを表す性能。JISでは、風雨にさらされた状態で1㎡当たり、どのくらいの風圧まで雨水の浸入を防げるかを基準としてW-1からW-5までの等級で分類している
④**遮音性**	室外から室内へ侵入する音、室内から室外へ漏れる音をどれくらい遮ることができるかを表す性能。JISでは、周波数ごとにどれくらい音を遮ることができるかを基準としてT-1からT-4までの等級で分類している。「外部建具の遮音性能値=室外の騒音レベル−室内の騒音の大きさ」で表される
⑤**断熱性**	熱が移動するのをどれくらい抑えることができるかを表す性能。JISでは、熱貫流抵抗（R値）を基準としてH-1からH-5までの等級で分類している。熱貫流抵抗は㎡・K／Wで表す
⑥**防露性**	結露の発生をどの程度防げるかを表す性能。サッシの断熱性と密接な関係がある
⑦**防火性**	建築物の火災に対する安全性のレベルを表す性能。建築基準法、施行令、告示などで規制されている。耐火建築物、準耐火建築物や防火地域または準防火地域にある建築物の外壁で、延焼のおそれのある部分の開口部については、「防火設備」または「特定防火設備」（防火戸）の使用が義務付けられている
⑧**開閉力**	開閉する際に必要な力をいい、単位はNで表す。JISでは、50Nで開閉できるよう規定されている。適用される開閉形式は、スイングでは開き窓と開き戸、スライディングでは引違い窓、片引き窓および引き戸である
⑨**開閉繰返し**	丁番・錠前などを含めた戸全体が、どれくらいの開閉回数まで支障なく使用できるかを表す性能。開き、閉じるをもって1回とし、繰り返しの回数を基準とする

表3｜主なサッシの材種

アルミ	鋼製（スチール）	木製	ステンレス	樹脂	複合
軽く、加工性に富むアルミは、押出し成形により気密性や水密性を確保するための断面形状が追求され、外部開口部の主流素材となっている。熱伝導率は鉄の4倍ほどと高い	鋼材はさびの問題が避けられないため、雨掛かり部分ではあまり使われない。外部開口部には、焼付け塗装などを施して意匠的に使われる	従来の木製建具と異なり、金物や断面形状の工夫により気密性を高めている。木材の熱伝導率はアルミの1／1,500以下と低いため、断熱性が高い	通常は、最も耐食性に優れたSUS304でつくられる。アルミに比べて強度・耐久性ともに優れ、店舗やオフィスビルなどの外部出入口のほか、住宅で使用されることもある	高耐候性硬質塩ビ（PVC）を型材にした部材でつくられたサッシ。PVCの熱伝導率はアルミの1／1,000以下で、断熱性能が高い	異素材を組み合わせたサッシ。アルミの耐候性と樹脂の断熱性を組み合わせたサッシが多い。木製サッシの表面をアルミで保護したものもある

図37｜木造用サッシの種類

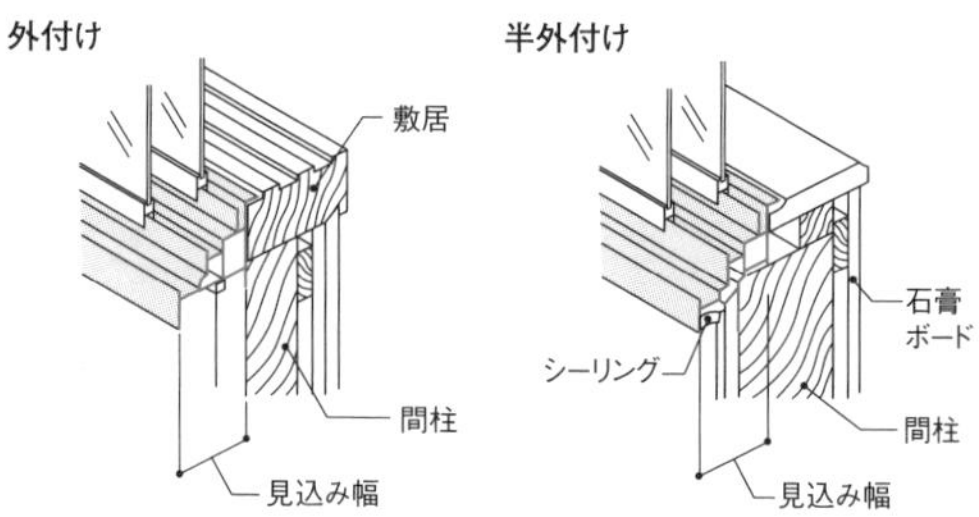

を取付けビス（釘）のみで支えることになるので、大型のサッシの場合は経年変化で下がらないよう注意が必要である。

半外付け｜はんそとづけ
外壁がアルミサッシの枠に納まるよう、枠を一部外壁面より外側に出した納まり[図39]。半外とも。内側は枠が必要。木造住宅はこれが主流。外張り断熱をする場合など、外壁の仕上げが厚い場合は枠の出寸法を確認しておく。

内付け｜うちづけ
サッシの見込みが壁厚内に納まる取付け方[図40]。外壁は枠を回すか左官を塗り込めて納める。内側にも木枠が必要。木造用アルミサッシの出始めの頃はほとんどこのタイプであったが、最近は半外付けに取って代わられ、少なくなっている。鉄骨造やRC造では一般的な納まりである。

W・H
幅・高さ寸法のこと。ビル用サッシでは内法寸法、木造用サッシでは外法寸法を指す。

窓台｜まどだい
サッシを取り付ける下枠。内付け、半外ではサッシの下枠が直接載る。木造の場合は内側の仕上げが真壁か大壁かによって寸法が変わる（上枠のまぐさも同様）。

まぐさ
サッシを取り付ける上枠。窓台との開口寸法はサッシの外法寸法よりクリアランスをみて施工する。

障子｜しょうじ
サッシ工事では、開口部に取り付けられた枠内にある建具の可動部を障子（ガラス障子）と呼ぶ。紙張り障子のことではない。

枠｜わく
障子をはめ込むアルミ（スチール）のフレーム部分。建物に取り付く部分なので、水平垂直の精度を確保するとともに、雨水の浸入対策

図38｜外付け

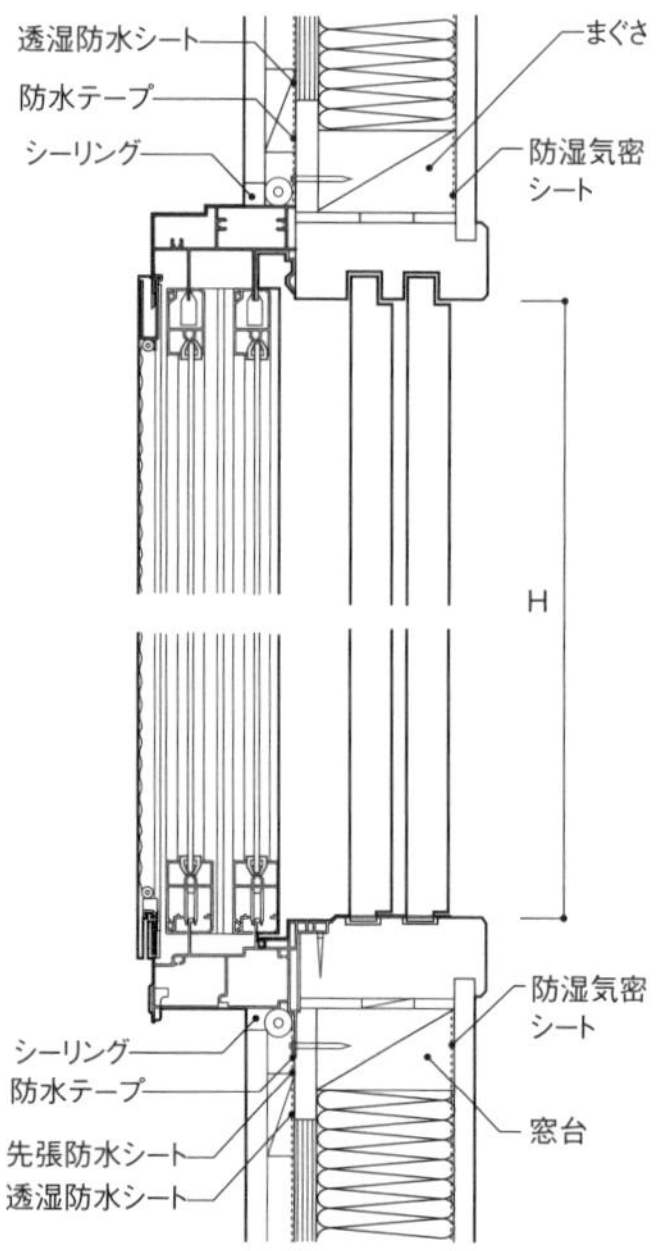

図39｜半外付け

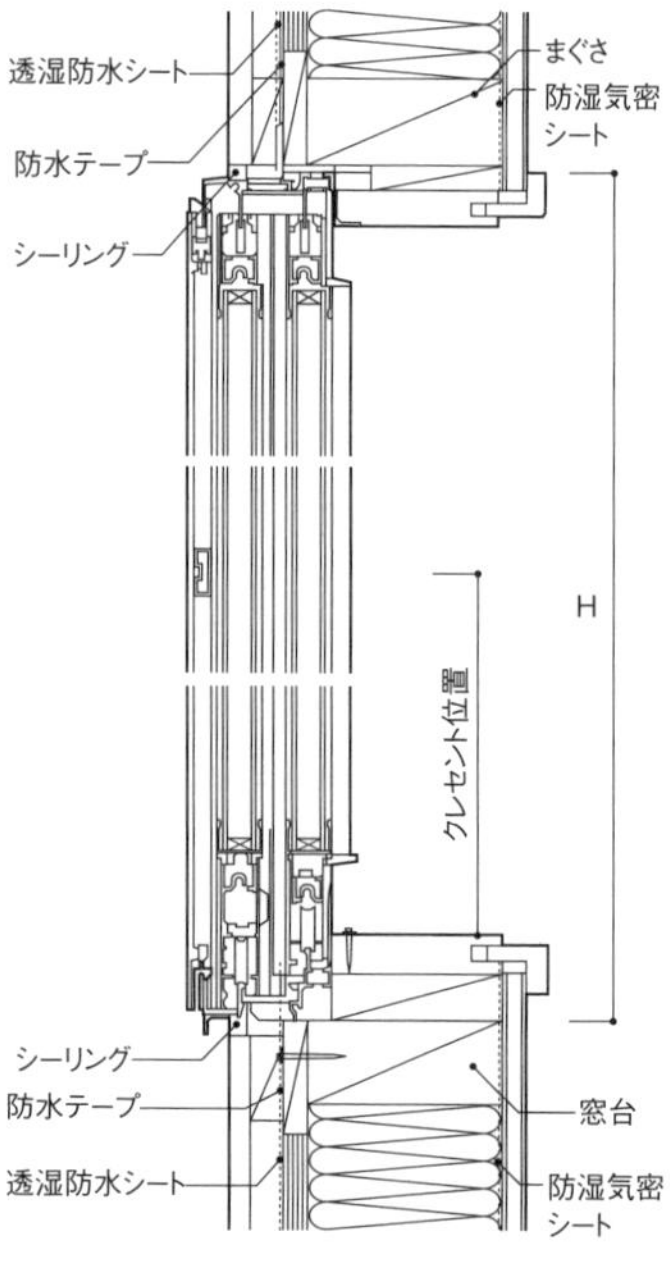

図40｜内付け

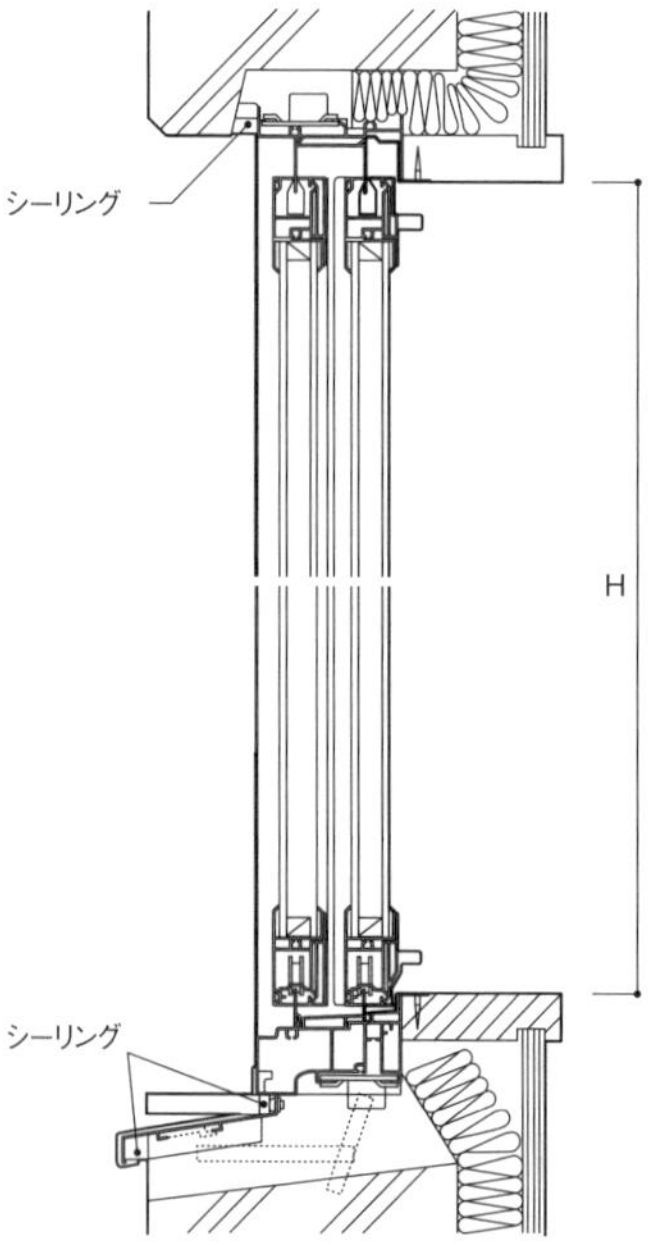

表4 サッシの開放形式と特徴

開閉方式	形状と特徴		長所と注意点
引き違い窓 （2枚・3枚・4枚建）	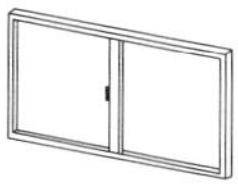	左右の障子をスライドさせて開閉する。日本では最も一般的な開閉方式	・窓の前後に物が置ける ・ガラス外面の掃除が可能 ・3枚建では、網戸の検討に注意する ・4枚建では、閉める際の障子の位置取りが難しい
片引き窓		引き窓とFIX窓を組み合わせた窓	・FIX部分のサッシの見付けが細く、きれいに見える ・FIX部分の掃除方法を注意する ・引き窓が内外どちらに付くかで、外動・内動に分かれる
両袖引き窓	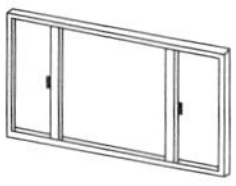	中央にFIX窓、両袖に引き窓を組み合わせた窓	・防火設備としても、大きな開口部とすることができる ・FIX部分の掃除方法の確認 ・引き窓が内外どちらに付くかで、外動・内動に分かれる
上げ下げ窓	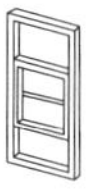	上下の障子をスライドさせて開け閉めする窓。上の障子がFIXタイプのものもある	・窓の前後に物が置ける ・縦長の窓となる ・全開口とすることはできない
縦辷り出し窓		縦回転軸を中心にして、障子を外側にすべり出して開ける。回転軸が移動するため、左右両面が開放される	・開放性が高い ・大きな開口はつくれない ・ガラス外面の掃除が可能
横辷り出し窓	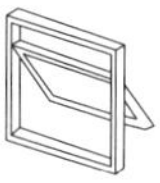	横回転軸を中心にして、障子を外側にすべり出して開ける。回転軸が移動するため、上下両面が開放される	・開放性が高い ・大きな開口はつくれない ・ガラス外面の掃除が可能
内倒し窓	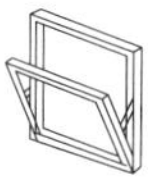	障子を内側に倒して開く窓。排煙目的に使用されることが多い	・排煙効果が高い ・不透明ガラスでは開けたときでも内部を覗かれにくい ・内部にカーテンなどを付けにくい ・網戸が掃除しにくい
外倒し窓		障子を外側に倒して開く窓。排煙目的に使用されることが多い	・排煙効果が高い ・雨が入り込みやすい ・ガラス外面の掃除が難しい
突出し窓		障子を外側に突き出して開く窓。平行に突き出すことで、4方向からの換気、通気が可能なものもある	・開けたときでも雨が入りにくい ・ガラス外面の掃除が難しい
ルーバー窓		ガラスのルーバーが可動することで開閉する窓。ガラスが2枚重なったダブルルーバータイプもある	・開けたときでも雨が吹き込みにくいため、換気窓に適している ・気密性が低い
オーニング窓		上下に並んだ複数の障子が稼動して開閉する窓	・障子の角度が調整可能 ・一枚一枚に枠が付いているため、ルーバー窓に比べ、気密性が高い
FIX窓	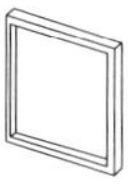	開閉できない窓。採光や眺望に適する	・サッシの見付け幅が小さく、眺望・採光に優れる ・ガラス掃除のための対策が必要
中軸回転窓	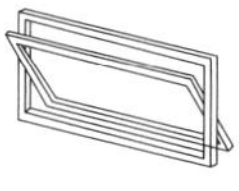	中心に配置された軸で回転させて開閉する窓。トップライトに多い	・開放性が高い ・ガラスの掃除が行いやすい

写真3｜無目

写真4｜グレチャン

写真5｜鏡板

を施す必要がある。アルミ枠の内側に取り付ける木枠も、現場では単に枠と呼ぶこともある。

上枠｜うわわく
サッシの上部の枠のこと。

下枠｜したわく
サッシの下部の枠のこと[図41]。

たて枠｜—わく
サッシの縦に位置する枠のこと[図41]。

框｜かまち
建具の四周を固める部位[図41]。

方立｜ほうだて
サッシが横に連続する場合に、単窓を横方向に連結する際のたて材。連窓の中柱だが、はめ殺しサッシなどの中間にあるたて柱なども含む。なお、縦に連続する場合に中間に取り付ける横桟を**無目**という。いずれも開口寸法から部材サイズが決まる。

無目｜むめ
段窓の間に入る横材[写真3]。

水切｜みずきり
サッシの下枠に水を切る目的で付ける水勾配のついた板。

額縁｜がくぶち
開口部の枠と、壁仕上げ材との納まりのために枠廻りに取り付ける化粧材。

クレセント
掛け金を受けに掛ける形式の窓用の閉まり部品。防犯意識の高まを受け、センサー付きや鍵付きのものが開発されている。

気密材｜きみつざい
サッシの枠材に装着する気密を保つための定型材。塩ビ系やゴム系の気密パッキン材である「**ピンチブロック**」や、ウールやポリプロピレン系の「**モヘア**」といわれる気密パイルなどが用いられる。

グレチャン
グレイジングチャンネルのこと。障子にガラスを固定する紐状の部材。ガラス厚などによってさまざまな形状がある。シーリング施工に比べて簡単にガラスを取り付けることができる。高レベルの止水、排水性が要求される複層ガラスや網入りガラスでは使わず、シーリング材による接着を行う。ただし、現場施工なので手間を考慮する[写真4]。

防水テープ｜ぼうすい—
止水をとるための粘着性のテープ。**気密テープ**と同じものである。木造にサッシを取り付ける場合に使われ、枠と外壁の防水シートを防水テープでつないで止水する。

枠廻りシーリング｜わくまわり—
窓枠廻りは雨水が浸入しやすいので、気密テープのほかに、サッシと、サイディングやモルタルなどの外壁仕上げとの間をシーリングを打つ必要がある。

雨戸

戸袋｜とぶくろ
雨戸を引き込むためのスペース。外壁面を2重にして雨戸を引き込む昔ながらの納まりでは、内壁に戸操り窓を設けたり、手先妻板を切り欠いて、引き込んだ雨戸を操作したりする。アルミサッシなど既製品もの場合は、サッシの枠と一体になっている製品が多い。

鏡板｜かがみいた
雨戸の戸袋に取り付けるカバー部材[写真5]。鏡板を省略する納まりもある。

図41｜住宅用サッシの部材名称

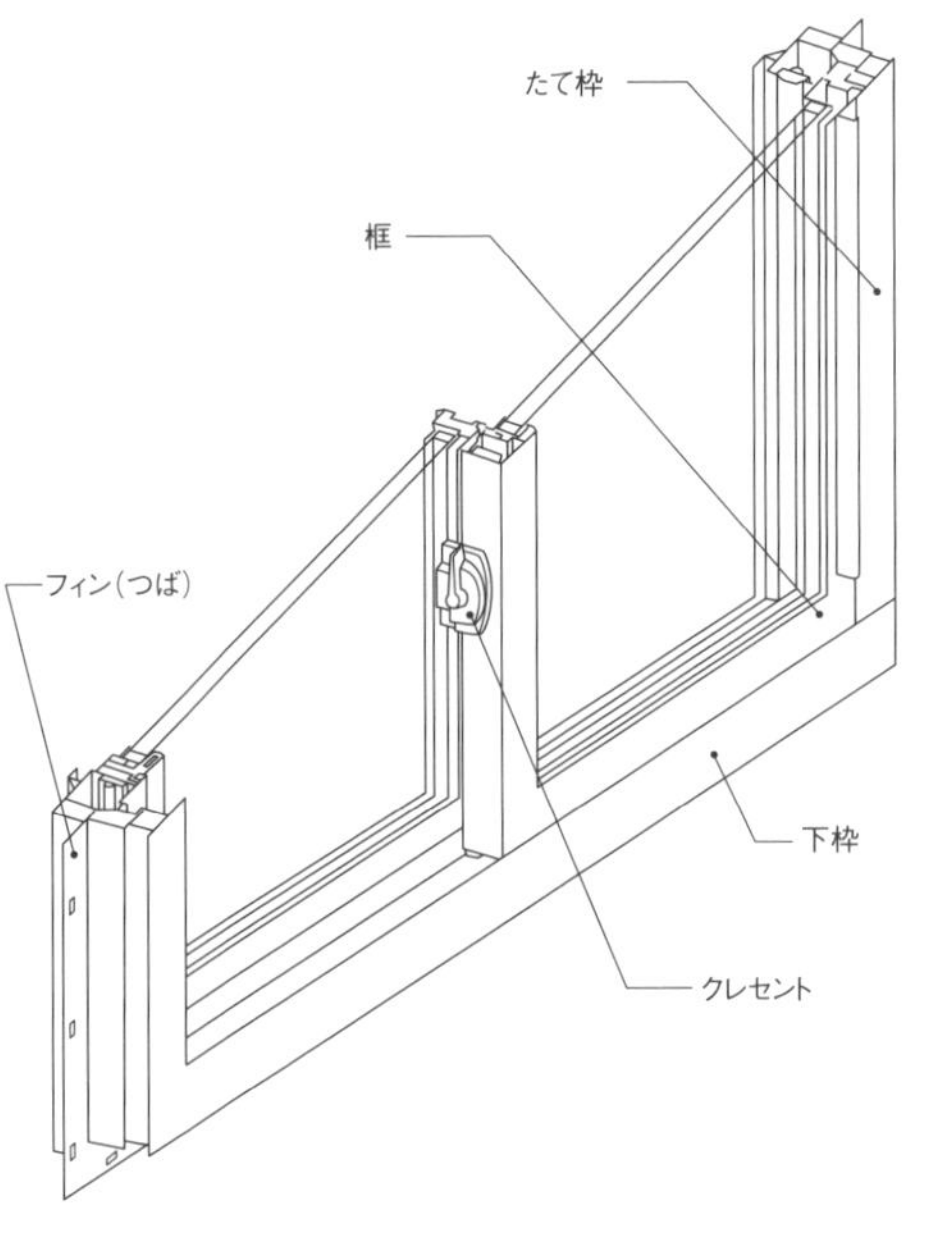

設備 7

電気工事 1

電気設備

電気―でんき
電荷（素粒子がもつ性質のひとつ）の移動や相互作用によって発生するさまざまな物理現象の総称。電気エネルギーは多くのエネルギーと相互変換が可能。一般的に電気設備はエネルギー搬送にかかわる**強電**、通信や制御情報にかかわる**弱電**に大別できる。

電圧―でんあつ
電気を流そうとする圧力。単位は**ボルト**（V）。ケーブルが長いほど末端部の電圧は弱まるが、太いものに替えることで改善される。

電流―でんりゅう
電気の流れ。単位は**アンペア**（A）。建物では照明やコンセントなどさまざまな**負荷**（電流によって電気エネルギーを消費するもの）に対して、ケーブルを使用して電気が流れる道（**回路**）を作る。

電力―でんりょく
一定の時間内に機器や装置で発生または消費される電気エネルギーの量。単位は**ワット**（W）。電力は、電圧（V）と電流（A）の積（V×A）で表せる。時間あたりの電力量を表す際は**ワットアワー**を意味する「Wh」が単位。

直流―ちょくりゅう
大きさと向きが常に一定である電気の流れ。電子機器に多い。照明器具でも専用電源で直流に変換してから使用することがある。

交流―こうりゅう
大きさと向きが変化する電流。図面上での表記は**AC**（直流は**DC**）。変化の早さ（**周波数**）は関東が50Hz、関西が60Hzと地域で異なる。

電気回路―でんきかいろ
電気素子を伝導体でつなげたもの。分電盤（電源）から照明・コンセントなど（負荷）の間は電線でひとつの輪（回路）になっている。回路図では電気の流れは時計回りで、上から下に流れるように描かれている。

EPS―いーぴーえす
Electric Pipe Space（あるいはShaft）の略称。電気のケーブルを上階・下階につなげるために縦方向に広がるスペース。主に電気用の配線・配管や盤などが収納されている。建築図面ではEPSと表記される。

契約電力―けいやくでんりょく
需要家（電力の消費者のこと）が電力会社と契約する使用最大電力。電力会社の供給規定で算出方法が定められている。

需要家―じゅようか
電気を使用する者のこと。電気を使用する1つの施設（**敷地**）で電力供給を受ける、契約者やその施設を表す。基本的には1つの需要家に対して1つの契約を結ぶ、1敷地に1引込みが基本である。**需要場所**とは、電気を使用するために電気設備を設置した場所を含む管理された1つの敷地全体をいう。

受電電圧―じゅでんでんあつ
電力会社から引き込む電源電圧をいい、契約容量によって異なる。契約電力が50kW未満で200Vか100Vの受電電圧のものを**低圧受電**、50kWを超え6600Vの電源電圧のものを**高圧受電**、2000kW以上は地域や契約容量により22kV、33kV、66kVなどの受電電圧となり**特別高圧受電**という。高圧以上の受電電圧では、施設内に変電設備が必要になる。

リミッター契約―けいやく
一般の住宅で最も多く採用されている電気の契約方法。10Aから60Aまで契約容量に応じたリミッターを設置するために、使用電力量が契約したリミッター容量を超えるとリミッターが作動し、回路を開放する。

図1｜単相3線式の配電方式

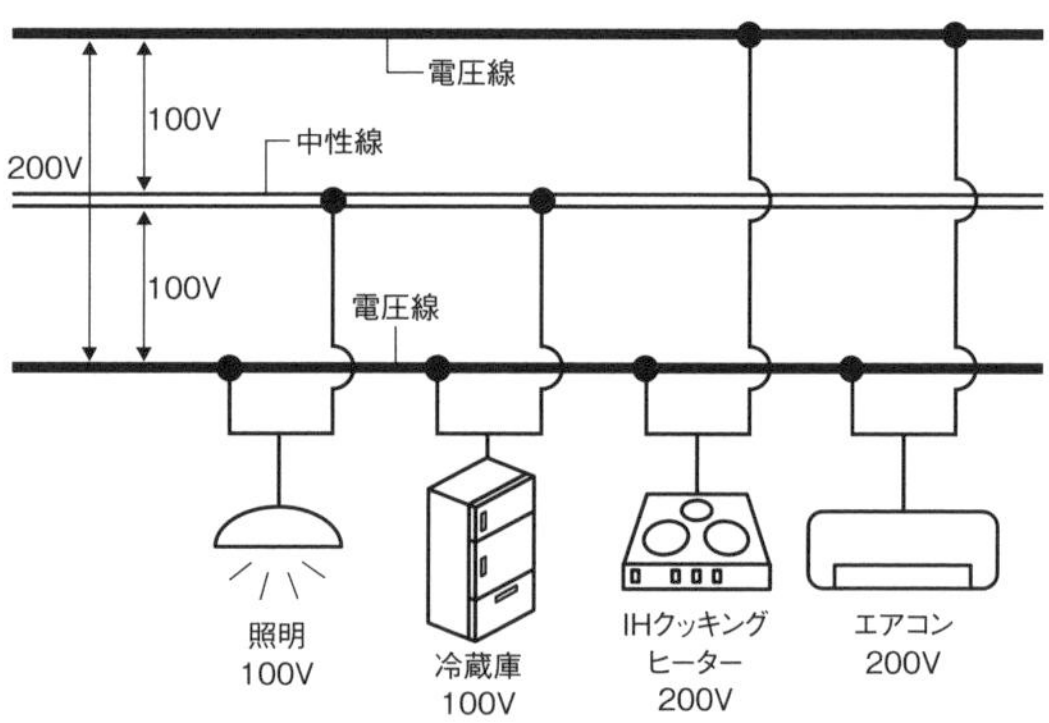

図2｜高圧キャビネット

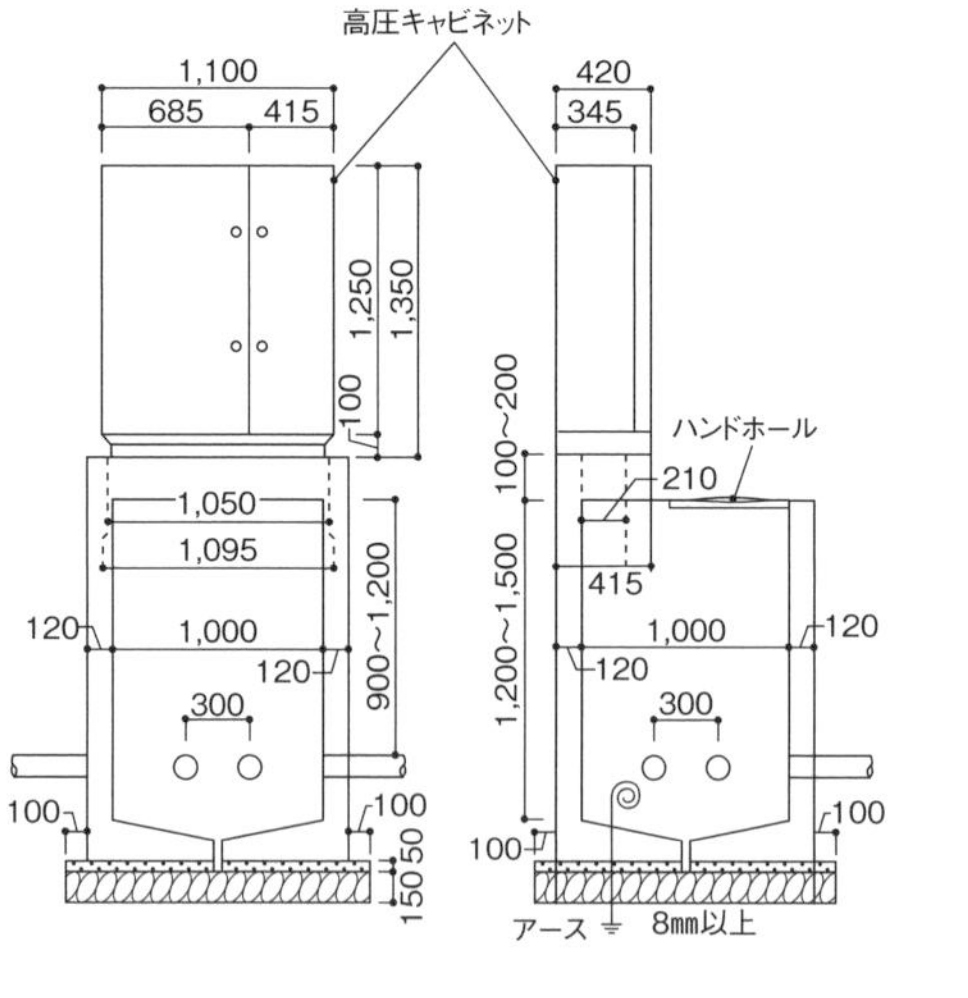

スマートメーター
電力量を計測することができ、かつ通信機能を保有しているため、遠隔でメーターの指示数を取得することができる。また内部にブレーカー機能を搭載しているためリミッターが不要になり、契約容量以上の電気を使った場合は自動で「切」となって一時的に停電になり、自動的に復旧する。

従量電灯｜じゅうりょうでんとう
電気の使用量に応じて料金を支払う契約方式。従量電灯Bは一般家庭で多く使われる契約で、10～60Aの範囲（**リミッター契約**）。従量電灯Cは6kVAを超える場合の契約方式で、設備器機の多い家庭や小規模店舗などはこの契約になることが多い。

図3｜パッドマウント

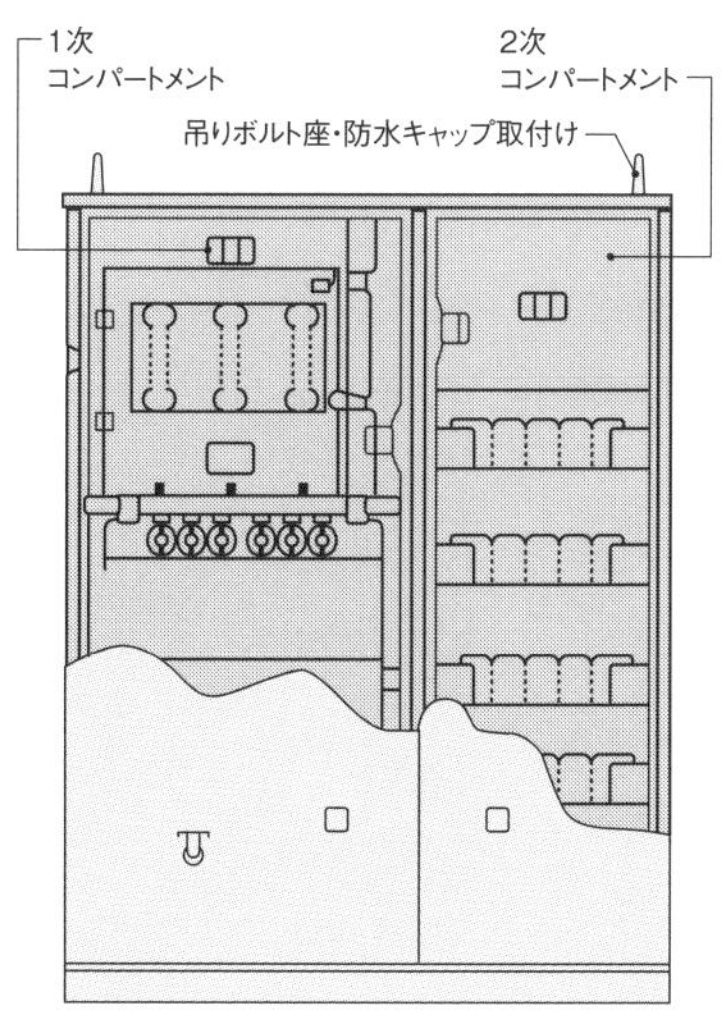

図4｜ピラーボックス

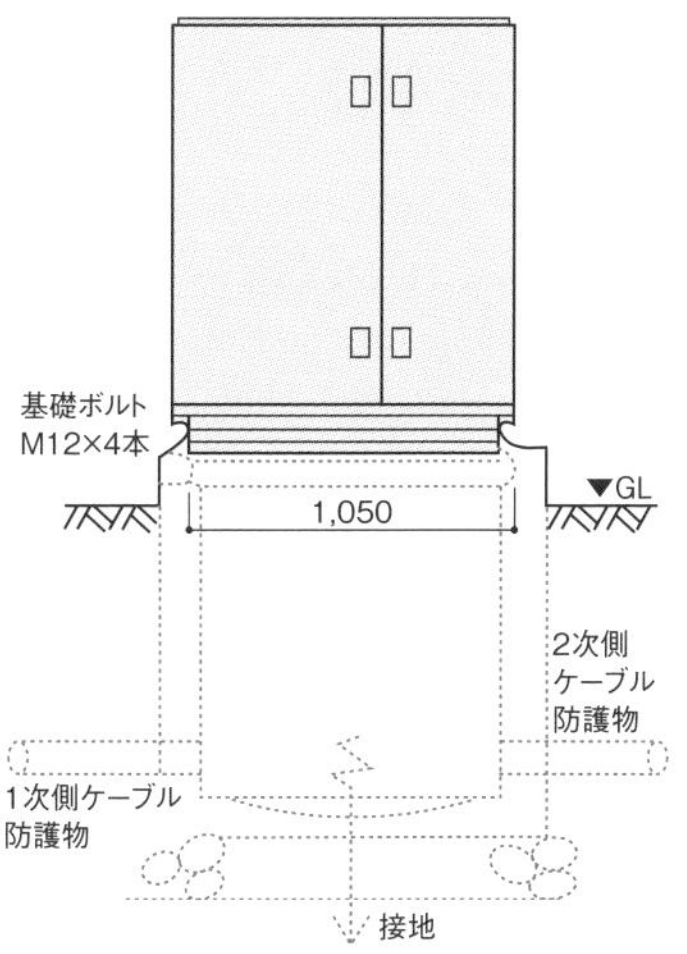

主幹ブレーカー契約｜しゅかんーけいやく
一般のリミッター契約の延長上にあるもので、メインのブレーカー容量によって契約内容が決定される電気の契約方法。

回路契約｜かいろけいやく
住宅の電気回路数と200V器具の電気容量の合計により自動的に契約容量が決定される契約方法で、6～49kWが可能。

弱電・強電｜じゃくでん・きょうでん
一般呼称であるが、弱電とは通信、制御情報に関連したものを、強電とはエネルギー搬送に関連したシステムを指す。また内線規程では、弱電流回路を電話などの信号、テレビなどの視聴回路、インターホン拡声器などの音声回路。

配電方式｜はいでんほうしき
施設内の配電方式のうち、低圧配電方式には単相と3相がある。単相電源は単相2線105V、単相2線210V、単相3線210―105V、3相電源は3相3線210V、3相4線415―240Vなどがある。単相電源は主に照明やコンセントなど小さい機器への電源供給として、3相電源は空調、衛生や昇降機などへの配電に用いられる。

単相・3相｜たんそう・さんそう
単相は位相が単一である交流電力で、一般的に電灯、コンセントなどの100V電圧として使われる。3相は位相が120度ずつずれた角速度の等しい3つの正弦波交流電力。一般に3相交流を電源とするモーターなどの200V電圧として使われる。

単相3線式｜たんそうさんせんしき
一般の100V電源と200V電源が同時に利用できるようにした配電方式をいう。200V電圧はエアコン、電気温水器、電磁調理器など電力量の大きな家電製品に必要とされる［図1］。

単相・3相3線式｜たんそう・さんそうさんせんしき
配電方式の種類。単相には**2線式**と**3線式**があり、2線式は100V、3線式は100Vと200Vの電気器具が利用できる。最近はエアコンや電気温水器、IHクッキングヒーターなどの200V器具に対応し、家庭用では単相3線式が一般的。3相3線式はモーター（動力）などの200V電圧として使われる。

動力｜どうりょく
動力回路の略。電動機、電熱器、電力装置に電気を供給するための3相電気回路を指す一般的な呼称。電灯や小型機器をのぞく電気機器を動力と呼び、その回路のことを指す。

引込み口装置｜ひきこみぐちそうち
低圧受電の場合で、電力会社から電源を引き込む部分の近くに設置し、施設内の事故時などに安全に電源を遮断できるようにする装置。一般にブレーカなどを使う。

高圧キャビネット｜こうあつー
電力会社が高圧需要家の埋設引入れ点に設ける、自立型の断路器箱［図2］。

パッドマウント
Pad-mounted Transformer。正しくは**地上設置型変圧器**のこと。**集合住宅用変圧器**ともいう。小中規模の共同住宅に使われる変電設備。大型共同住宅で必要な電力会社の借室に相当する。接地場所は配電灯と同じく、需要家敷地内の屋外とし、保守点検が容易な場所とする［図3］。

ピラー（pillar）ボックス
高圧の配電塔で**高圧キャビネット**ともいう。地中配電線の高圧機器を内蔵する屋外の鋼板製の箱で、電

図5｜引込み柱

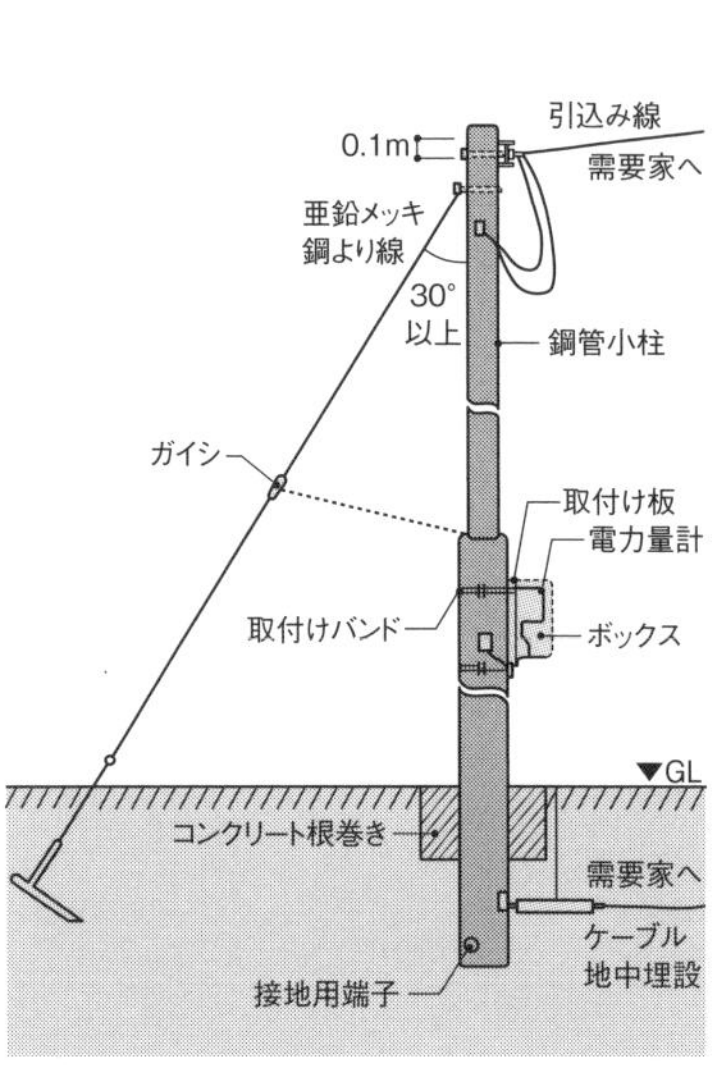

図6｜キュービクル

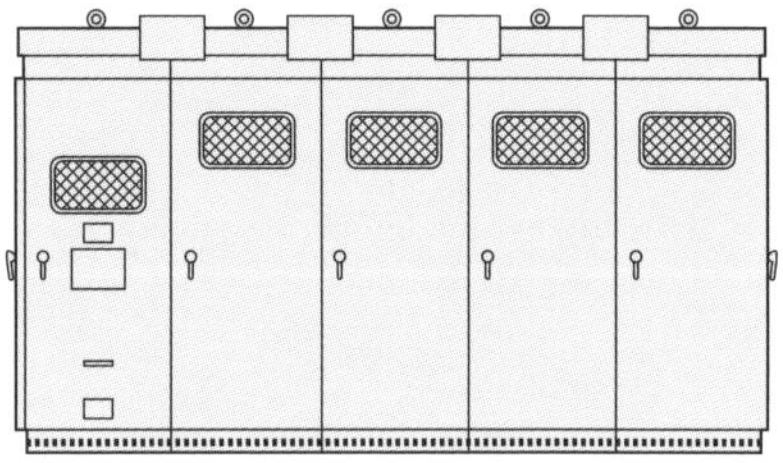

受電用の機器をこの中に配線しコンパクトに
収めている。このタイプで幅4m程度

図7｜スッキリポール

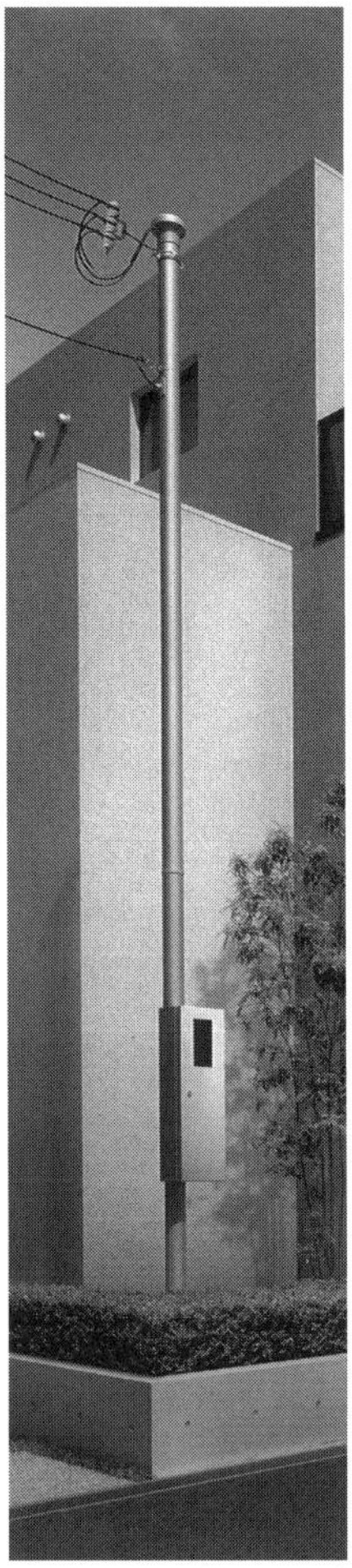

（パナソニック）

力会社と需要家との責任敷地境界の近傍で分界点として設置される。ピラーボックスの設置は需要家敷地内で展開した屋外とし、保守および点検の容易な場所とする[309頁図4]。

引込み柱｜ひきこみちゅう
主にコンクリート製で電力会社や電話局からの電線引込みに使用される[図5]。**架空引込み**（電柱から直接引込むこと）で低圧・高圧受電の場合に需要家の敷地内に設ける。電柱は、高圧受電の場合は、区分開閉器を設置し、**責任分界点**（電力会社と需要家の保安の責任が区分される点）となる。電話やCATV回線なども同一の柱に共架し引き込むこともある。

キュービクル
cubicle。一般呼称で**高圧変電設備**を表す[図6]。鋼板製の函型で、受変電の主要機器類（遮断機などの開閉装置、変圧器などの主回路機器や計器類）を一括して収納した受配電盤の総称で、**閉鎖型配電盤**ともいう。建物内や屋上、屋外に設置する。電気の関連法規以外に消防法、建築基準法で設置に関する規制がある。

薄型キュービクル｜うすがた—
変電設備には開放型と閉鎖型（一般的にはキュービクル型）があるが、閉鎖型配電盤のなかで点検を前面からのみとし、標準配電盤に比べて奥行きが薄い。

図8｜接地

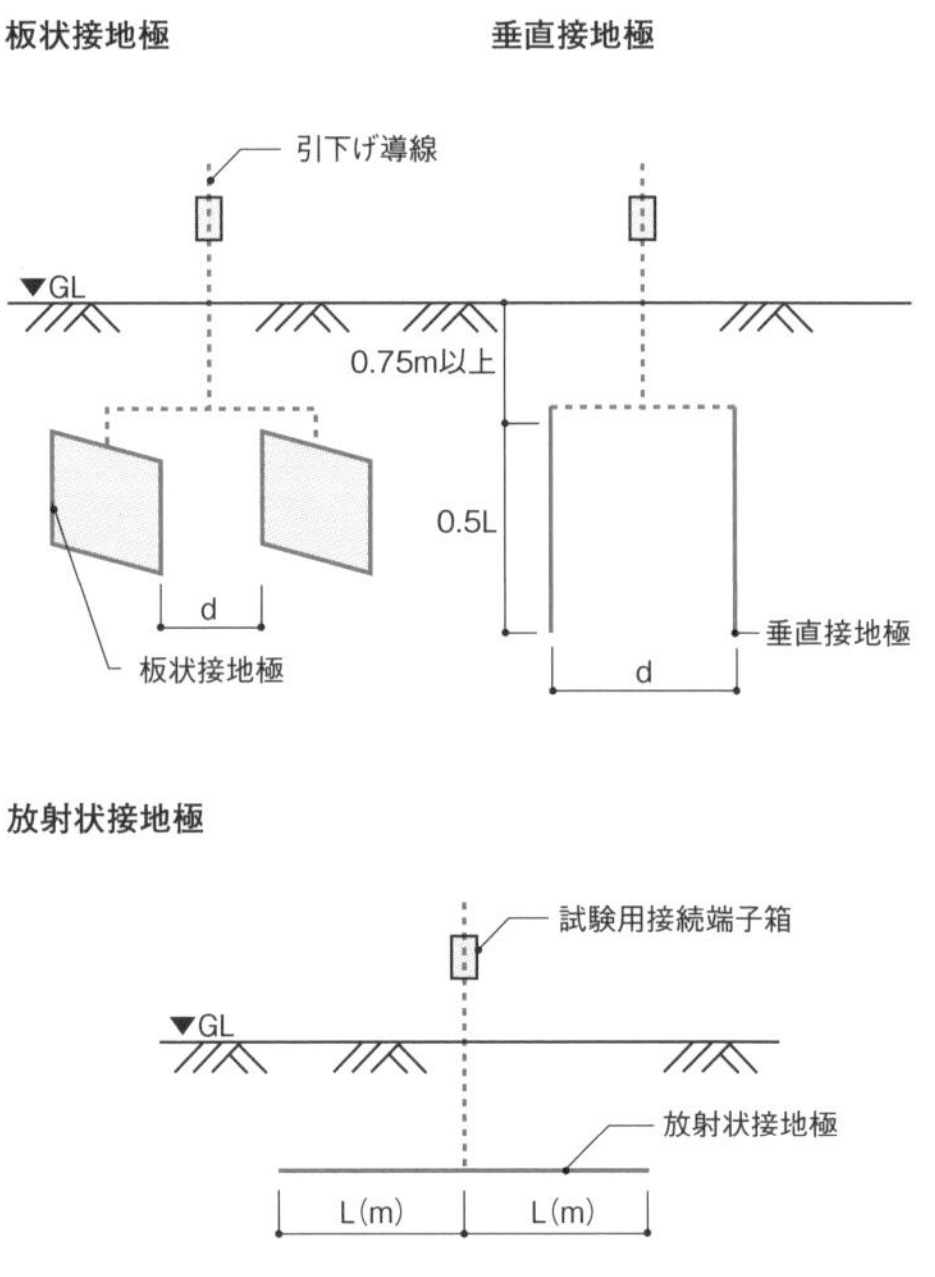

スッキリポール
メーカーの商品名で、住宅用鋼管引込み小柱[図7]。引き込む電線の種類によってサイズが選べる。

接地｜せっち
アース、グランドともいう。主に電力用と通信用がある。電力用は**保安接地**といい、安全に電力を供給するためのものと、人体の感電防止を目的としたものとがある。通信用はノイズを低減させたり、機器の動作を安定させたりするために用いられる。最下階の床施工の前に接地極を施工することもある。最近は、**統合接地**や**構造体接地**など鉄骨やデッキスラブの金属を接地媒体として利用するものもある[図8]。

接地抵抗｜せっちていこう
電気回路は大地から絶縁して使用しなければならないが、一方、保安のため電路の一部を接地することになっている。接地した場合、その抵抗値が高いと保安の目的を達せなくなる。一般には接地された導体と大地の間の抵抗と定義されている。高圧機器の外箱、避雷器などのA種接地の場合は10Ω以下が規定値である[図9]。

誘導電動機｜ゆうどうでんどうき
建築物に使用される電動機は、エレベータを除きほとんどが交流誘導電動機である。誘導電動機は直流電動機と違い、回転速度を直線的に変化させることが難しいが、インバータがそれを可能にした。誘導電動機は電源の供給電圧、周波数がトルク、回転数、電流などに関係する。たとえば、トルクは電圧の2乗に比例するので、電圧が定格電圧の70％に低下すればトルクは定格値の49％になる。

始動器｜しどうき

誘導電動機は電源を入れた始動時は交流抵抗（インピーダンス）が小さく、定常運転時の5〜7倍の電流（始動電流）が流れる。ポンプでは数秒後、ファンでは10数秒後に定常運転に入る。始動電流を小さくできれば、電線、過電流遮断器も小さくできるので、始動時に始動電流を小さく抑えるための機器が始動器である。

スターデルタ始動｜しどう

デルタ結線で運転する電動機を、始動時のみスター結線させ、始動電力、トルクとも直入れ始動の1/3に抑える方法。始動電流による電圧降下が軽減でき、減圧始動方式のなかで最も安価で手軽だが、始動電力、加速トルクが小さいので負荷をつけて始動できない。始動から運転にはいるときに電源が開放されるので電気的、機械的ショックがあり始動電流およびトルクの調整はできない［図10］。

変圧器｜へんあつき

受電した電圧を必要な電圧に変換する装置。高圧電源を低圧電源に降圧したり、特別高圧電圧を高圧電圧に降圧したりする。動力設備などには3相3線200V、電灯電源には単相3線200−100Vなどの電源種別ごとに変圧器を設置しなければならない。

UPS｜ゆーぴーえす

Uninterruptible Power Systemの略で、そのまま訳せば無停電電源装置となる［図11、写真1］。インバータ、コンバータ、バッテリーなどから構成される。停電が起きた場合にも、無瞬断で電力を安定供給できる装置で、コンピュータルームや病院の重要施設などを、停電によってシステムが停止する事故から守る。

MCCB｜えむしーしーびー

Moled Case Circuit Breakerの略で、**配線用遮断機**のこと。電気回路の保護用に用いられ、**過負荷**（使いすぎ）、**短絡**（ショート）などに対し回路を自動的に遮断する。熱動式、電磁式があり、配線用遮断器ともいう。**NFB**（no-fuse breaker）とも。

ELCB｜いーえるしーびー

Earth Leakage Circuit Breakerの略で、**漏電遮断機**のこと。電気回路や人体、家屋建物の保護のため、水廻りや湿気のある部分の回路に設置する。

分電盤｜ぶんでんばん

鋼製あるいは樹脂製の箱のなかに母線、分岐回路用過電流遮断器などを組み込んだもの。幹線から配線を分岐する個所に設ける。用途に応じて電灯用、動力用がある［312頁図12、表1、写真2］。

進相コンデンサー｜しんそう—

誘導性負荷機器（電動機類）に交流電力を供給すると、遅れ電流が流れるために力率（電気の使用効率）が低下する。この負荷の力率

図9｜接地抵抗測定の結線図

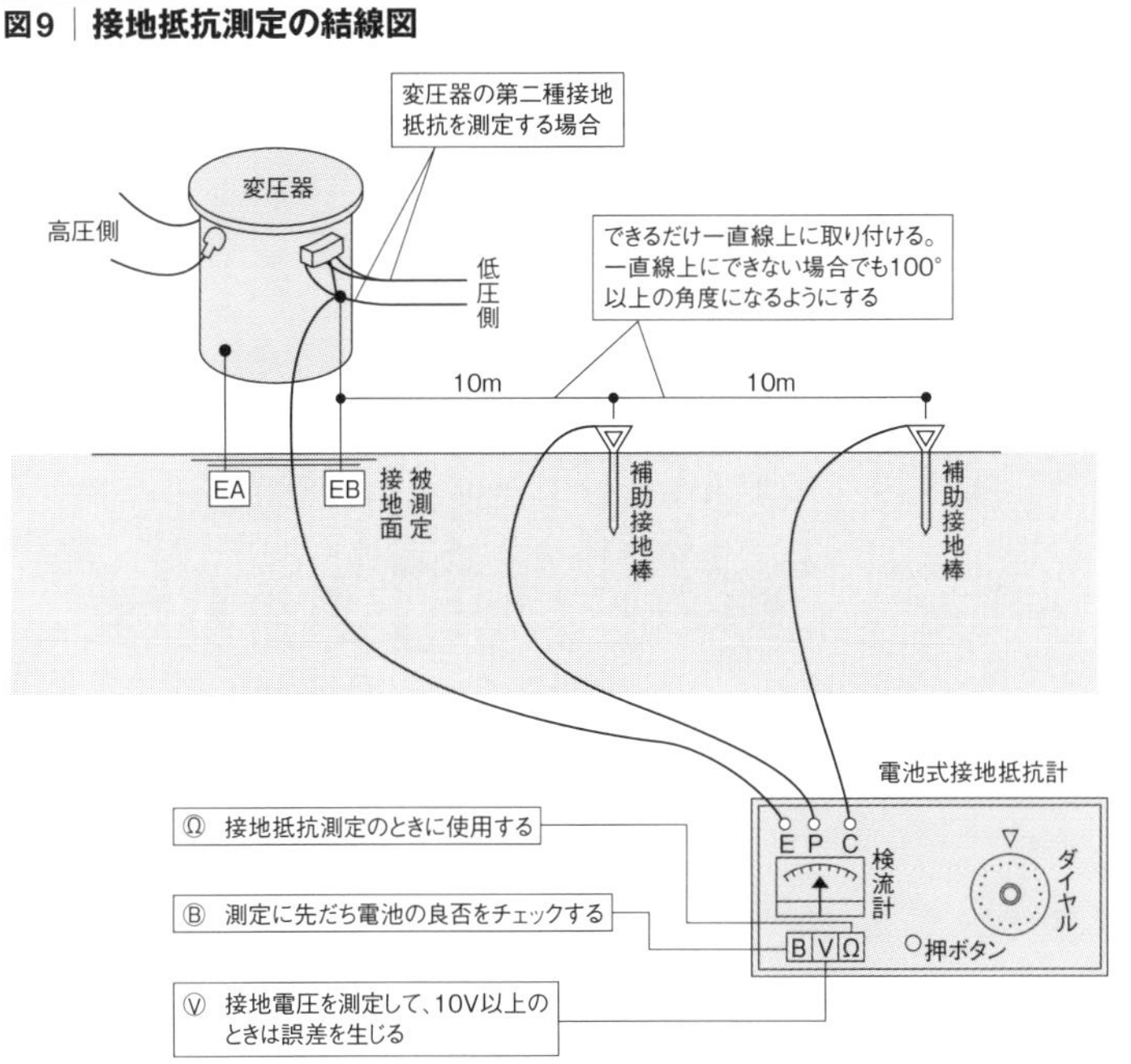

図10｜スターデルタ始動

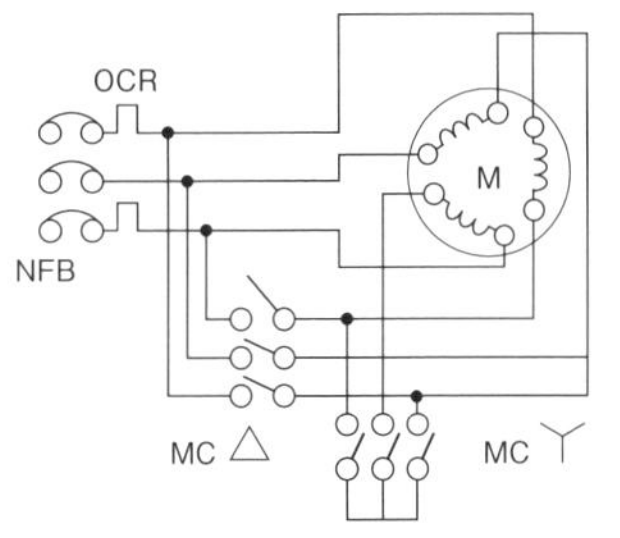

写真1｜UPS

図11｜UPS

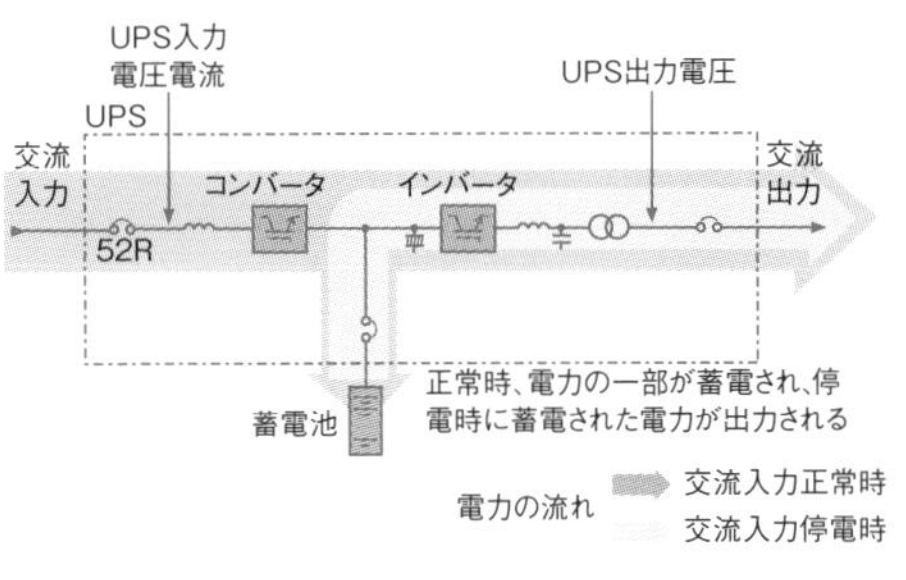

を改善するために、負荷の遅れ無効成分をコンデンサーの進み成分で相殺させるコンデンサーのこと[図13]。

ハンドホール
hand hole。マンホールを小形化して地下に埋設した函体。ケーブルの接続、試験、点検、修理などを行う。[図14]。

直流電源装置｜ちょくりゅうでんげんそうち
プラスとマイナスが変化しない直流電源を供給する装置で、建築電気設備では、防災用として非常用照明装置や受変電の操作、監視用の電源設備として計画され、電気室内に設置されることが多い。

電力ケーブル｜でんりょく—
電力を伝送するために用いるケーブルをいう[図15]。ケーブルはそのサイズによって、流せる電流値が決まっている。これを許容電流といい、許容電流の大きな電力ケーブルはその断面が大きくなる。照明やコンセントなどの電源配線は、**VVFケーブル**（600Vビニル絶縁ビニルシースケーブル。単線で屋内用中心）や**CVケーブル**（600V架橋ポリエチレン絶縁ビニルシースケーブル。より線で主に屋内外用）などに用いられている[図16]。

電線管｜でんせんかん
電線を収めて施設する管のこと[図17]。ケーブルは2重天井内、2重壁内や露出させて配線することができるが、電線は電線管内に配線しなければならない。電線管の内部では、電線に接続点を設けてはならないことが定められ、接続する場合はボックス内や盤内で行う。電線管には、金属製のもの（金属管）や樹脂製のもの（PF管、CD管など）があり、それぞれ定められた工法で施工を行う必要がある。特にコンクリート躯体内に並行して配管する場合には、適切な離隔距離を確保し、構造的に支障が起きないようにすること。

可とう電線管｜かとうでんせんかん
自由に曲げられる電線管。「とう

写真2｜分電盤

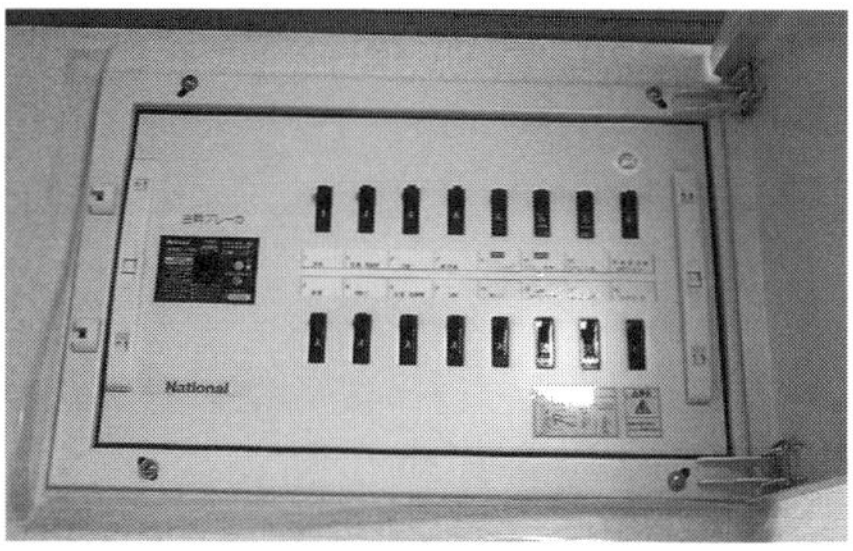

図12｜分電盤の構成

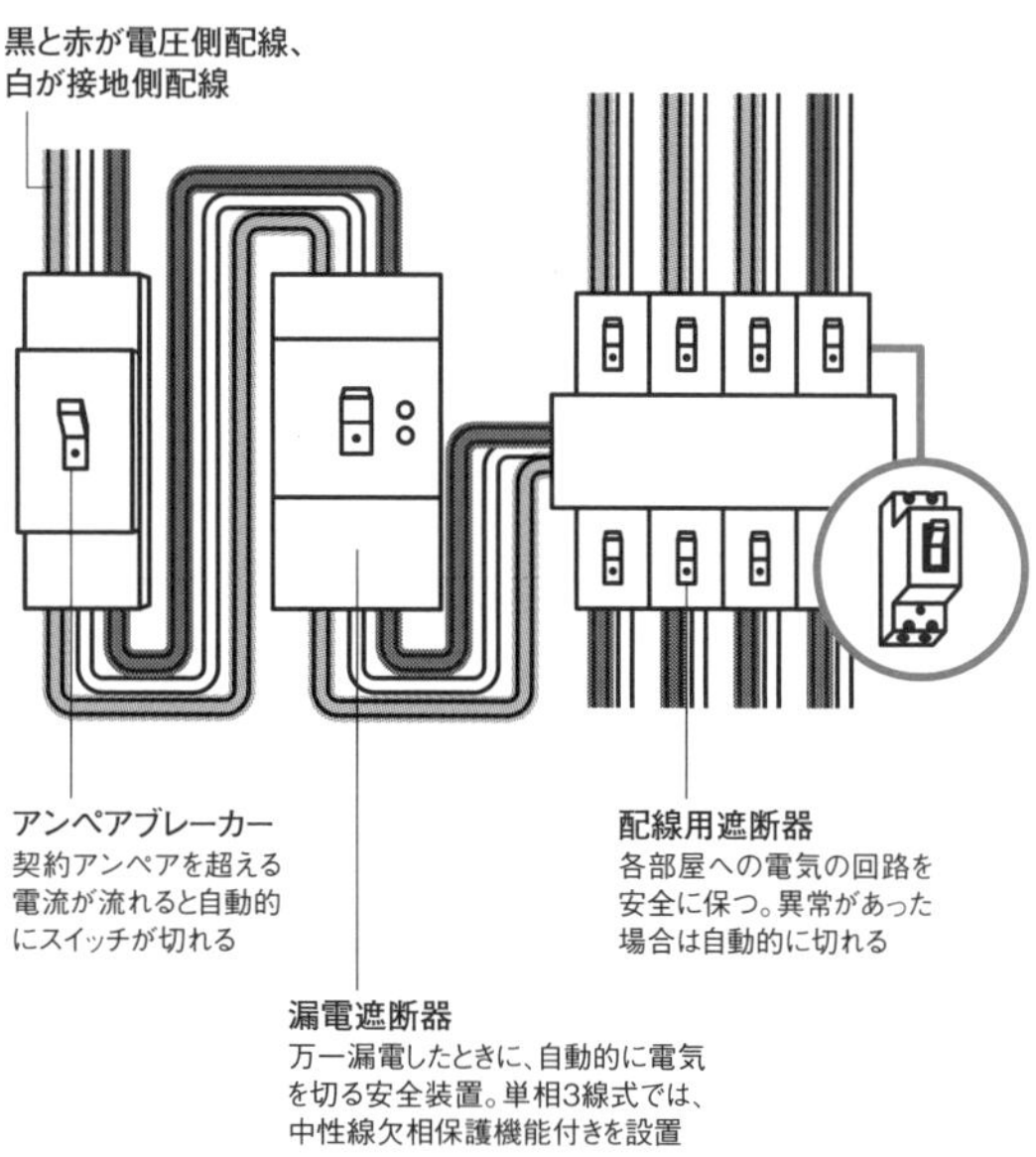

表1｜分電盤の回路数の目安

住宅面積[㎡]	一般回路			専用回路	合計
	コンセント回路		照明回路		
	キッチン	キッチン以外			
50（15坪）以下	2	2	1	α	5+α
70（20坪）以下	2	3	2	α	7+α
100（30坪）以下	2	4	2	α	8+α
130（40坪）以下	2	5	3	α	10+α
170（50坪）以下	2	7	4	α	13+α

図16｜電気配線の種類

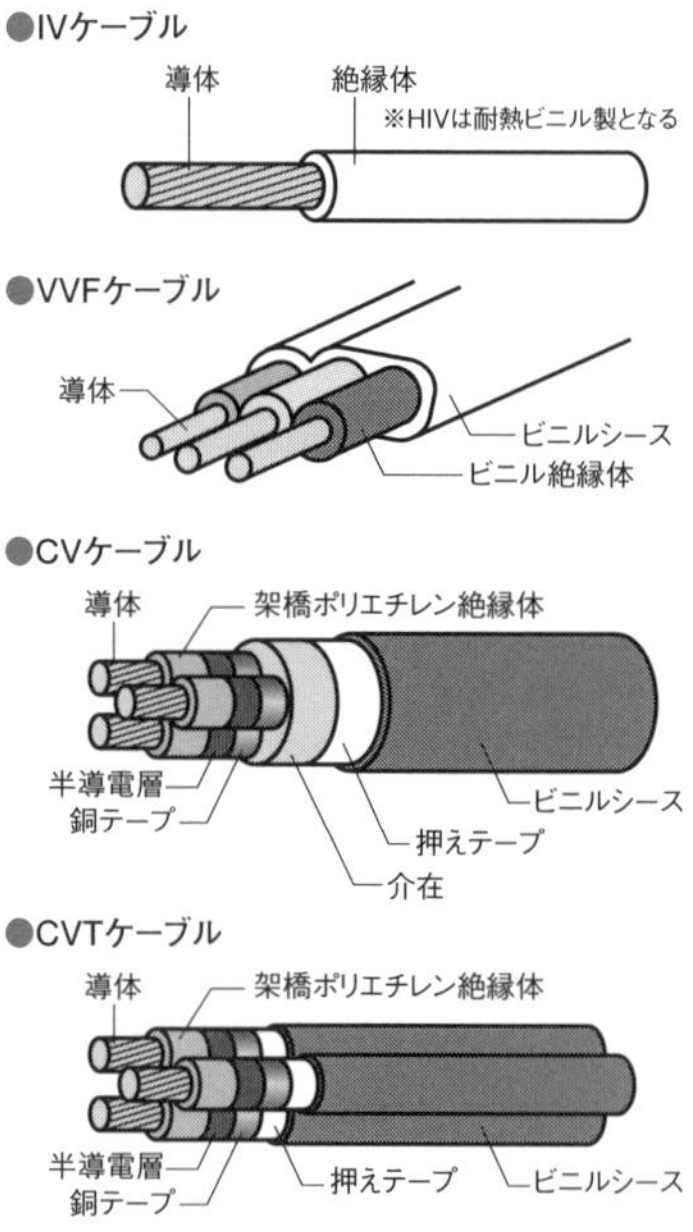

図13｜進相コンデンサー

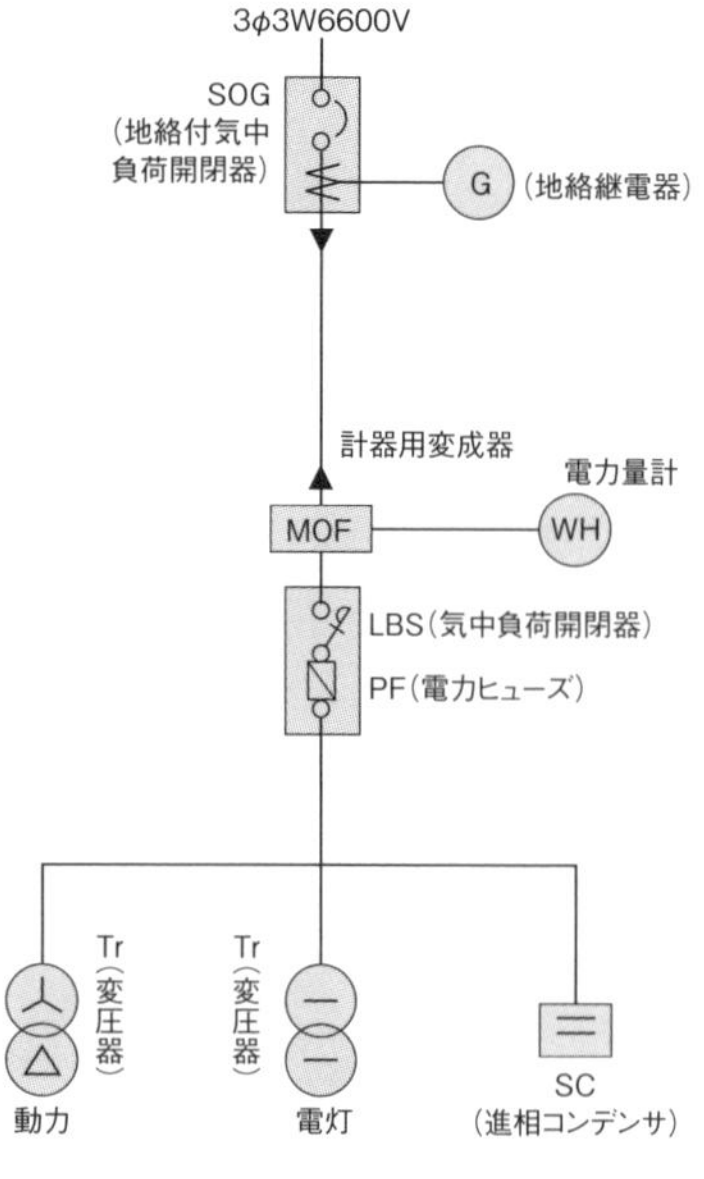

（撓）」とは「曲げる」という意味。合成樹脂製のPF管とCD管がある。PF管には耐燃性（自己消火性）があり、CD管にはない。亜鉛めっきを施した金属製のものもある。

CD管・PF管｜しーでぃーかん・ぴーえふかん
合成樹脂可とう電線管のこと。最も一般的な電気配管。耐燃性があるものがPF管（Plastic Flexible conduit）、耐燃性がないものがCD管（Combined Duct）。CD管はオレンジ色などで区別されており、コンクリート埋設用で、露出配管はできない［写真3］。

金属管｜きんぞくかん
金属製の電線管。露出配管などで多く使用される。

図14｜ハンドホール

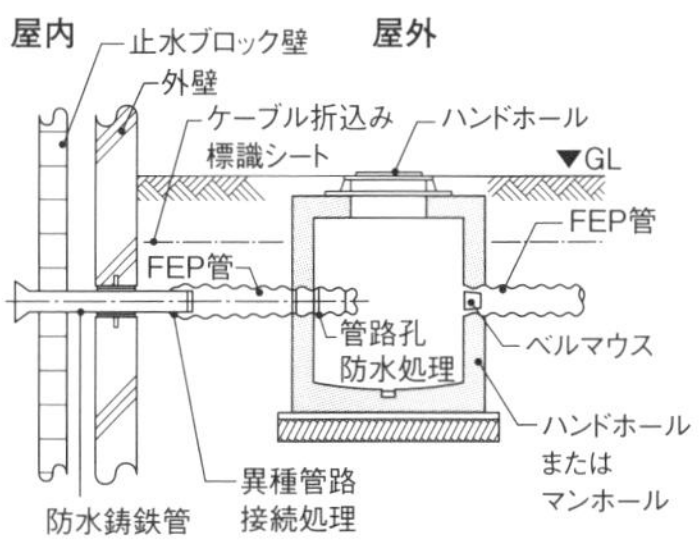

図15｜電力ケーブル

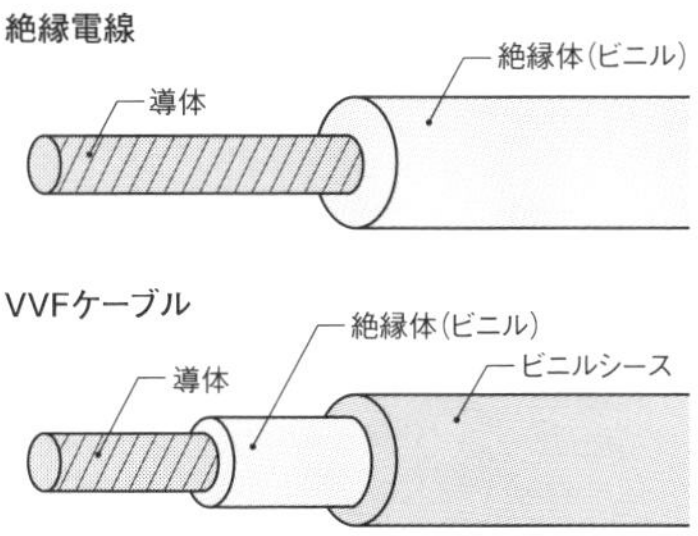

図17｜電線管

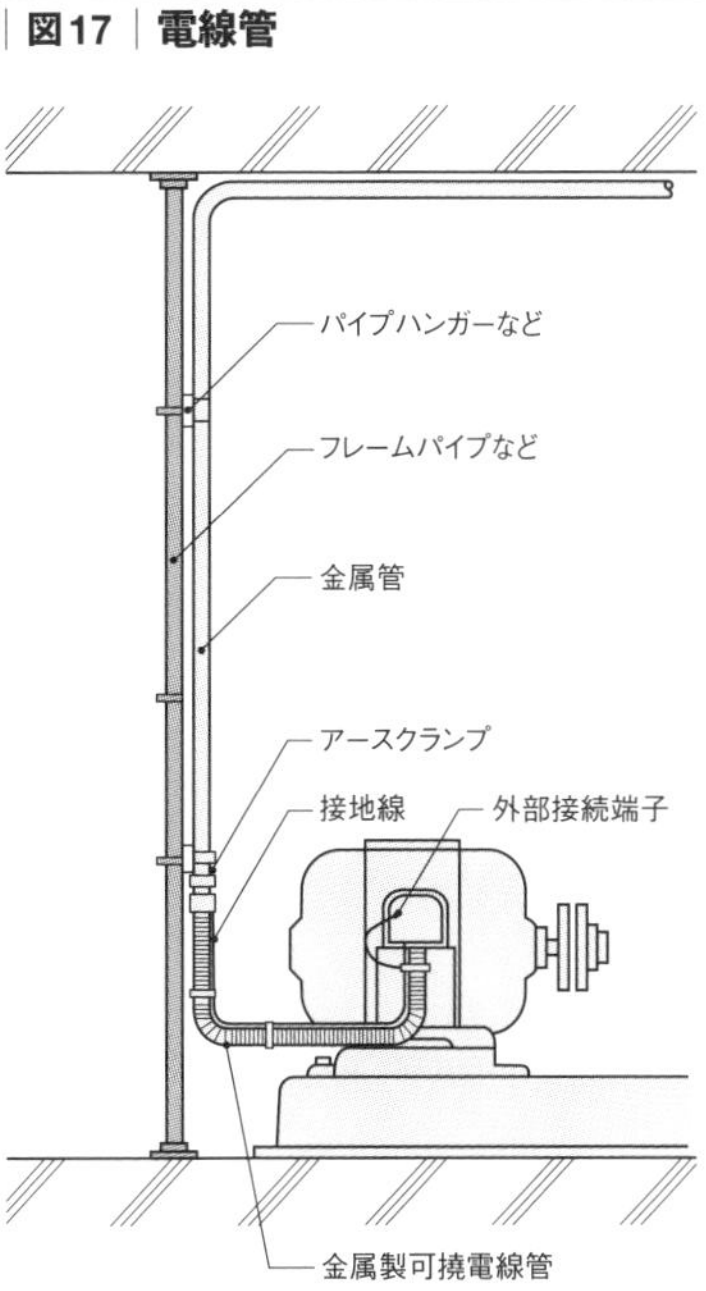

ライニング鋼管｜―こうかん
金属管表面にエポキシコーティングなどで防食処理を施した電線管。地中埋設や薬品、塩害地域などで使われる。

FEP管｜えふいーぴーかん
波付硬質ポリエチレン管のことで、地中ケーブルの埋設保護管に使用される。「**エフレックス**」は古河電工の商品名［図18］。

写真3｜CD管

写真4｜プルボックス

VE管｜ぶいいーかん
合成樹脂管の一種。硬質塩化ビニル樹脂製の直管電線管（**塩ビ管**）のこと。絶縁性があるため、漏電や感電のおそれが少なく、耐薬性や防腐性にも優れる。ただし、直射日光や熱に長い時間さらされるとひび割れなど起こしてしまうため、基本的には屋内で使用する。

アウトレットボックス
電線管用付属品。電気設備の壁、天井などの位置ボックスまたは末端の取出し口として用いられる。

プルボックス
電線管などの配管工事で電線の接続や取出し、器具の取付けのために使用される鋼板製の箱で、電線管の分岐個所、集合個所、配管の長い個所の途中に設ける［写真4］。

図18｜FEP管の構造

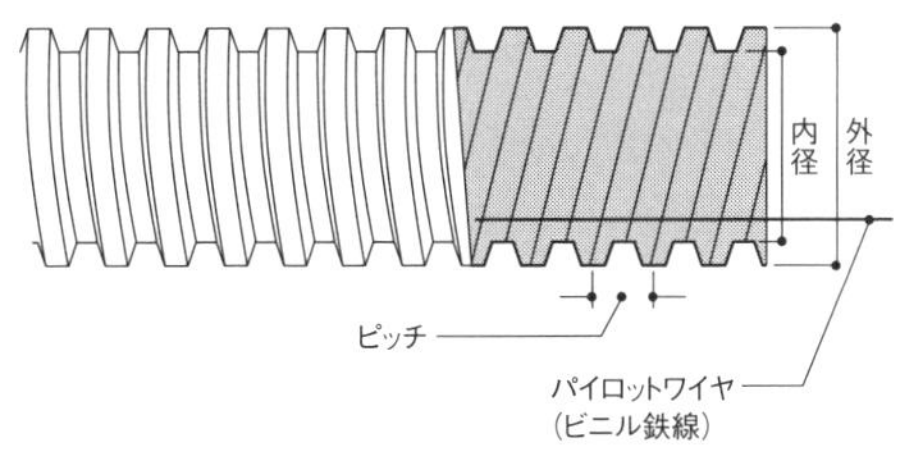

呼び線｜よびせん
電線管工事で、本設電線あるいはケーブルを通線するために、あらかじめ入れておく予備の線。

ケーブルラック
ケーブル工事に用いられる工法で、同一経路に複数のケーブルを設置する場合に使われる［314頁図19］。大量のケーブル配線を支持する梯子状の材料のことをさす。ケーブルラックの上にはケーブルを直接施工できるが、接地配線用の電線を除き、ほかの電線を直接施工することは内線規定［※］で認められていない。電気室・機械室などの露出部分以外に天井裏や床下ピットなどに設ける。材質は鋼板製やアルミ製、ステンレス製などがある。

ワイヤリングダクト
金属ダクトのことで、厚さ1.2㎜以上の鋼板製ダクトで、なかに多数の電線をまとめて収容するもの［314頁図20］。

Fケーブル｜えふ―
flat cable（フラットケーブル）の略。ビニル絶縁ビニルシースのうち平らな長円形につくったもの。丸形のものはVVRという。天井裏な

※：電気工作物の設計、施工、維持、検査の技術的事項を定めた民間の自主規格。電気事業者の間で広く普及している

どの隠蔽部に電線管なしで配線する経済的で簡易な電気の配線工法に多く使用される[図21]。

シールドケーブル
静電誘導や電磁誘導防止のために遮蔽層を施したケーブル。

同軸ケーブル―どうじく―
電話回線やLAN、有線テレビの回線などの広帯域の信号伝送に使われる不平衡通信ケーブル。伝送用の中心導体とそれを覆う円筒形の外部導体からなり、それらの中間を絶縁体でくるみ、外部導体の外側を金属シールドで覆い、さらに全体を保護外筒で被覆し、1対の往復線路を形成している[図22]。

コンジットパイプ
rigid metal conduitの略。電線管（電線、ケーブルを保護して配線するための管）のなかで金属製のもの。

フロアダクト配線―はいせん
オフィスビルなどにおいて、間仕切り変動に対して床コンセント（あるいは電話）などの引出しに対応できるようにフロアダクト内に通した配線。最近では代替としてOAフロア（二重床）配給方式を採用されることが多い。

スリーウェイフロアダクト
フロアダクトの1種で、電源、電話、通信の3種類の配線を別々に配線できるもの。

ノーマルベンド
金属管工事の直角屈曲個所に使用する屈曲した金属性の配管。金属管付属品の1つ。

幹線―かんせん
電柱などの引込み点から分電盤までの主幹となるケーブル。大規模建築での配電盤や電気室から各分電盤までのケーブルも指す。長距離の場合、電圧が降下しやすいのでケーブルを太くするとよい。

バスダクト
bus duct。電力の送電に使用され、鋼板あるいはアルミ板でつくられたダクト（ハウジングという）内に、帯状、管状もしくは丸棒状の銅またはアルミの導体を絶縁材で固定

図19 ケーブルラック

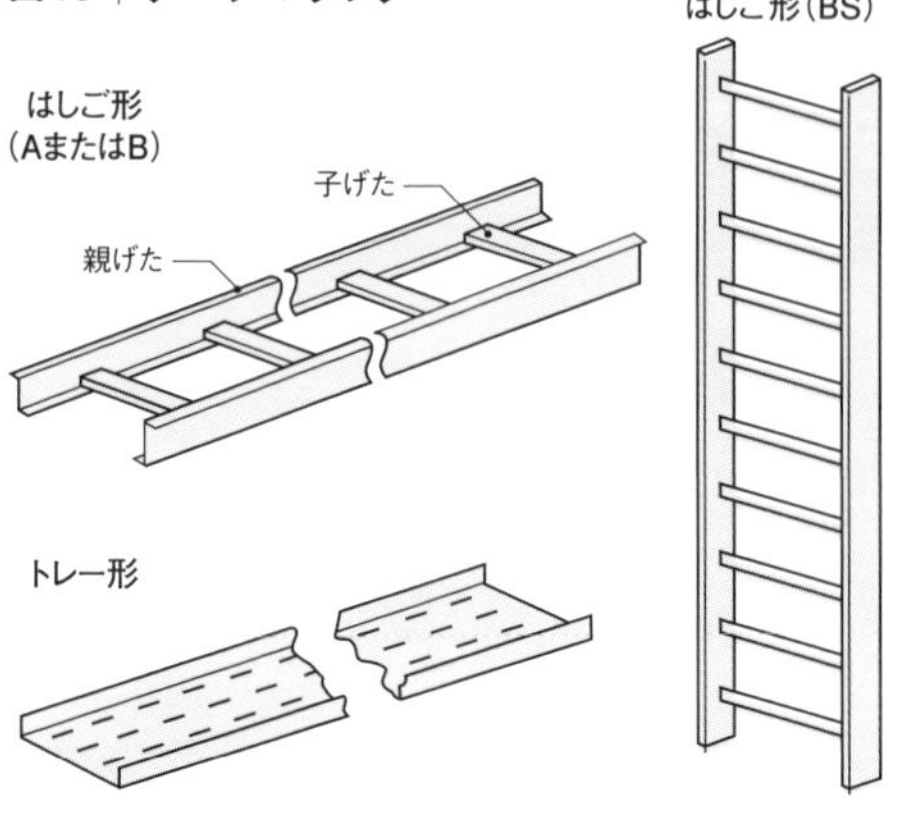

図20 ワイアリングダクト

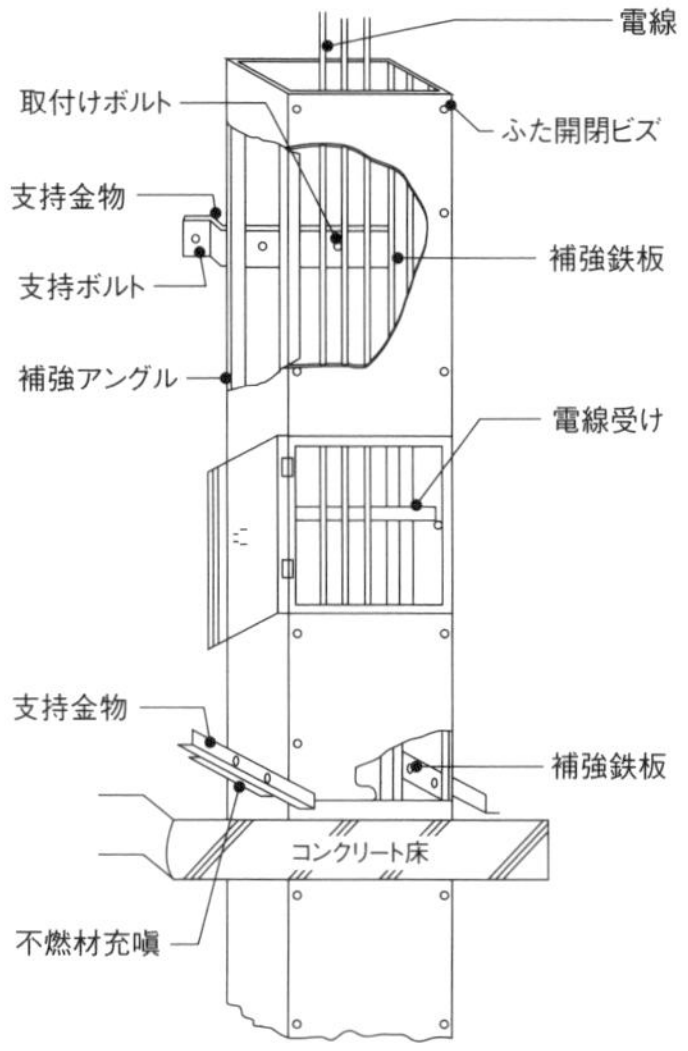

図23 バスダクト

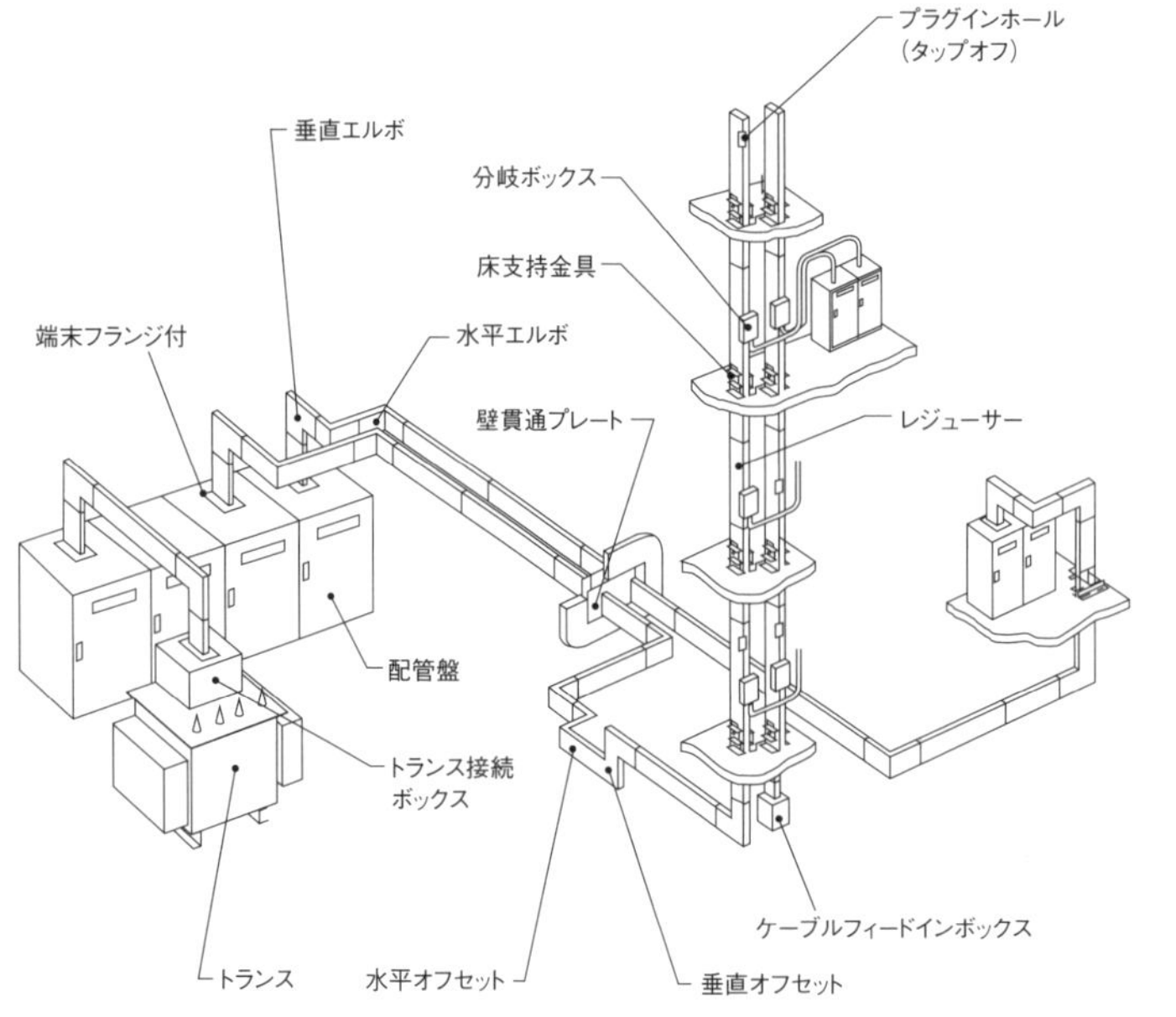

図21 Fケーブル

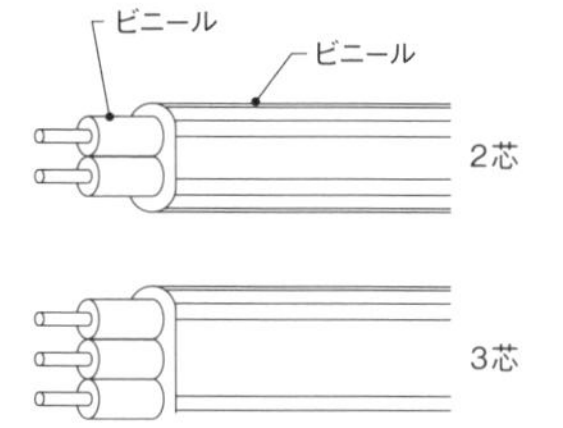

図22 同軸ケーブルの構造

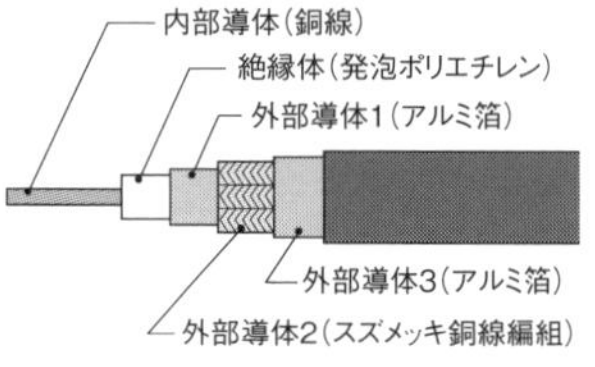

したもの[図23]。

ブッシング

Bushing。金属管付属品の1種で、管端に設け、管に電線の引入れや引出しをする場合に電線の絶縁物を傷めないために使用するもので、使用場所によって金属製のものと絶縁性のものとがある。

写真5 | 動力制御盤

図24 | 電灯分電盤

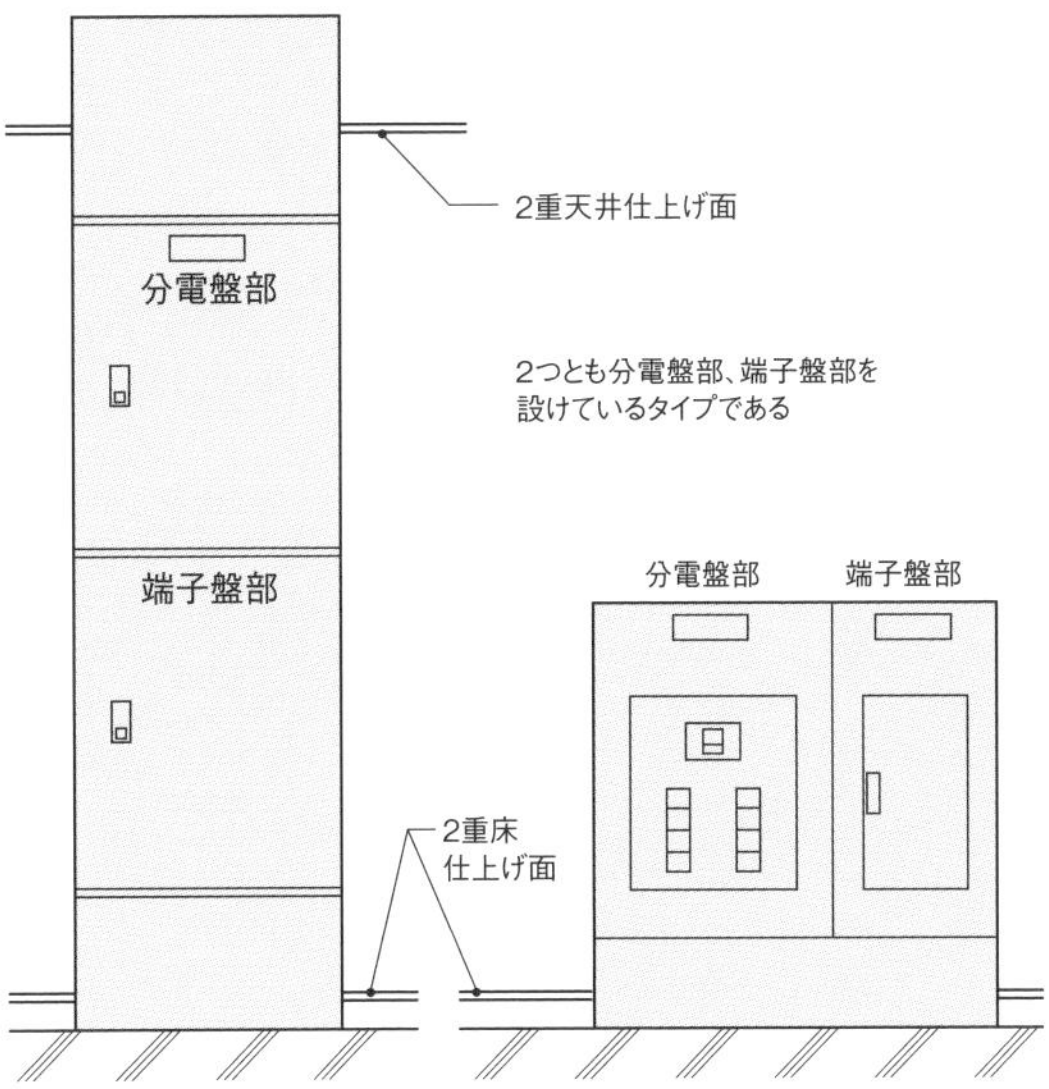

主配線盤（MDF）｜しゅはいせんばん

通信設備のひとつ。本配線盤。MDFはMain Distributing Frameの略。電柱などから引き込んだ電話線や光ケーブルなどをMDFに集約し、集合住宅・オフィスビルなどではMDFから各フロアの中間配線盤（IDF）に分岐して各部屋の端子盤に接続、そこから各部屋のテレビ・電話・LANアウトレットへつなげる。あらかじめスペースや回線数に余裕をもたせておくと改修などの際に対応がしやすい。

動力制御盤｜どうりょくせいぎょばん

動力盤ともいう。空調ファンや衛生用ポンプなどの運転を制御するために設置する盤。ブレーカ、スイッチ、保護装置やリレーなどを制御するための機器が収納されている。盤は、機械室やポンプ室などファンやポンプが設置されている場所の近くに設置する[写真5]。

電動機｜でんどうき

空調ファンや衛生用ポンプなどを動作させるためのもので、容量に応じて、3相電源の200Vから、高圧(6.6kV)で動作するものまである。これらの機器は、動力制御盤のなかにある制御回路でコントロールされる。

開閉器｜かいへいき

電源を安全に遮断するために設置するもので、ポンプやファンなどの**動力機器**とそれを制御する**動力制御盤**の距離が離れている場合などに、動力機器の側近に配置する。開閉器があることで、緊急時の電源切断による事故や、保守作業時の不慮の事故を防止し、安全性を確保できる。

電灯分電盤｜でんとうぶんでんばん

照明、コンセントや小型の100・200Vの機器へ電源供給するためのもの[図24]。機能的には負荷の中心に配置することが望ましく、主に各階のEPS(電気配管スペース)内や事務室内に設置される。

雷保護｜かみなりほご

雷によって発生する被害を低減させるためのシステムで、保護する領域レベルとしてLPZ(雷保護領域) 0〜3の区分がある。雷による被害は直撃雷による物理的損傷に留まらず、同時に発生する**誘導現象**（雷の放電によって、雷の巨大な電気エネルギーが電線などの中に誘導されて、高電圧の電気が発生すること）によって情報機器などに障害を与えることがある。避雷針や接地の設置はもとより、雷電流を安全に除去したり、空間からの誘導を遮断したりする**シールドや接地ボンディング**[※]などの装置を設置することにより、これらの影響を低減させる必要がある。

2P・3P｜つーぴー・すりーぴー

2極、3極形開閉器の略称で、同時に開閉できる部分（極）が2個または3個あるもの。電灯スイッチ、コンセント、ブレーカーの種類を示すのに使われる。通信用ケーブルの本数を示す場合もあり、こちらはペアの略で、2Pといえば2対、つまり4本の芯線をもつという意味になる。

アウトレット

Outlet。電灯、コンセントなどの電力を消費する装置に対する電気配線中の電気供給口。一般にはアウトレットボックスの略。金属管付属品の1種で、金属管工事のアウトレットに設ける鋼製の箱。硬質ビニル電線管用には硬質ビニル製箱が用いられる。

インバータ

周波数変換器のこと。住宅などの一般電源は通常、周波数は50Hzか60Hzであるが、その交流を1度直流に変えて、この直流をトランジスタなどのスイッチでオン・オフさせることによって再び交流に戻す。このオン・オフの時間の長さを変えることにより周波数を変化させる（すばやく切り替えると波の幅が小さくなり、高周波となる）。またスイッチの組合せを変えることで電流の向きを変える。それらのスイッチのオン・オフをしているのがマイコンである。

照明

調光装置｜ちょうこうそうち

壁スイッチに調光機能をもったものから、多数の調光回路を収納した盤形式のもの（調光盤）まである。個別のものは、単独で調光操作する単一機能のものが多い。調光盤

※：避雷針接地と電気設備接地をまとめるための装置

の場合は、調光レベルを記憶して再生できるものや、時刻や外部の照度を検知して自動的に調光シーンを再生するものまである[図25]。
調光盤は、分電盤と同じ程度からそれ以上の大きなものまであるので、設置場所を確保する必要がある。

色温度｜いろおんど
物体の温度を高めて400～500℃になると、暗所で赤く光り出す。さらに高めると光り方や輝度が急に高まって白熱する。このように物体の温度を高めると物体の表面からさまざまな波長をもった電磁波が放射される。照明器具の各種光源の発光色は放射波長の集まりとして見えるが、その色度が黒体のある温度のときの見え方とほぼ一致したとき、その黒体の温度（絶対温度）を使って表すもの。単位はK（ケルビン）。
光は温度が低いときは赤く、温度が高くなるほど赤から黄、白、青白となる[図26]。

逆富士型｜ぎゃくふじがた
蛍光灯照明器具の1種で、反射板の形状が逆富士型になっているためにこう呼ばれる[写真6]。

V形照明器具｜ぶいがたしょうめいきぐ
反射板がV字形の形状の照明器具。逆富士形とも呼ばれ、天井や壁に直付けする。

ハロゲンランプ
管内に封入したハロゲン元素（フッ素、塩素、臭素、ヨウ素、アスタチンの5つの元素）の働きによって、白熱電球に比べてランプ効率と色温度を高めると同時に、長寿命を実現したコンパクト光源である。

白熱電球｜はくねつでんきゅう
フィラメントの熱の温度放射で可視光線を出す光源。ガラスバルブ内に封入されるガス（**クリプトン**、**ハロゲン**など）によって特性が違う[表2]。

口金｜くちがね
白熱灯のソケット部分のことで直径17㎜、26㎜などのサイズがある[図27]。

無電極ランプ｜むでんきょく—
コイルに高周波電力を流すことで、電磁誘導によりランプ内のガスを放電させて発光させるもの。ランプは通常、電極部分の劣化やフィラメントの劣化によって寿命が決まることが多いが、電極劣化がないので、HID灯の2倍以上（約3万時間）と長寿命で発光効率もHID灯と同等。保守点検が容易にできない部分に用いる。

HID灯｜えっちあいでぃーとう
High Intenssity Dischage lightの略。高圧放電灯のことで**高圧ナトリウムランプ**、**メタルハライドランプ**、**水銀ランプ**などがある[表2]。ランプのガラス管の中に不活性ガスと水銀などの金属が封入され、ガラス管内の電極間放電現象によって発光するランプ。水銀灯や高圧ナトリウムランプ、メタルハライドランプ（メタハラ）などもこのランプの1種である。
白熱ランプよりも発光効率は高く省エネルギー効果があるが、**演色性**[えんしょくせい]（太陽光線で見たときの色の見え方の差）は劣る。しかし、最近では演色性の高いものも提供されており、商業施設や大空間などの施設にも使われている。価格は高価だが、**ミニクリプトン球**（一般の白熱電球に封入されているアルゴンガスより原子量の大きいクリプトンガスを封入し、ランプ効率を向上した小形電球）に比べて2～5倍の発光効率、3～

図25｜スイッチの種類

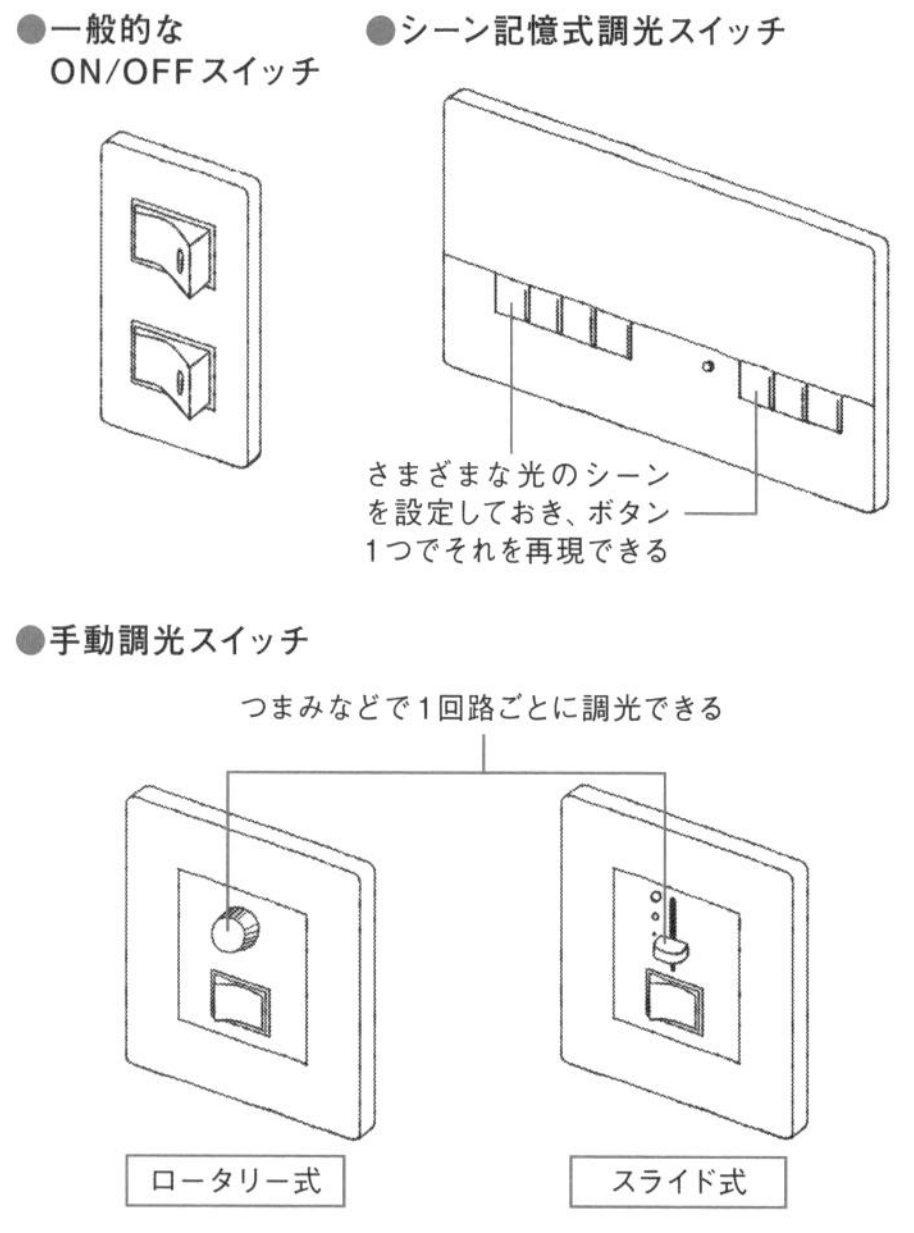

図26｜色温度と空間の雰囲気

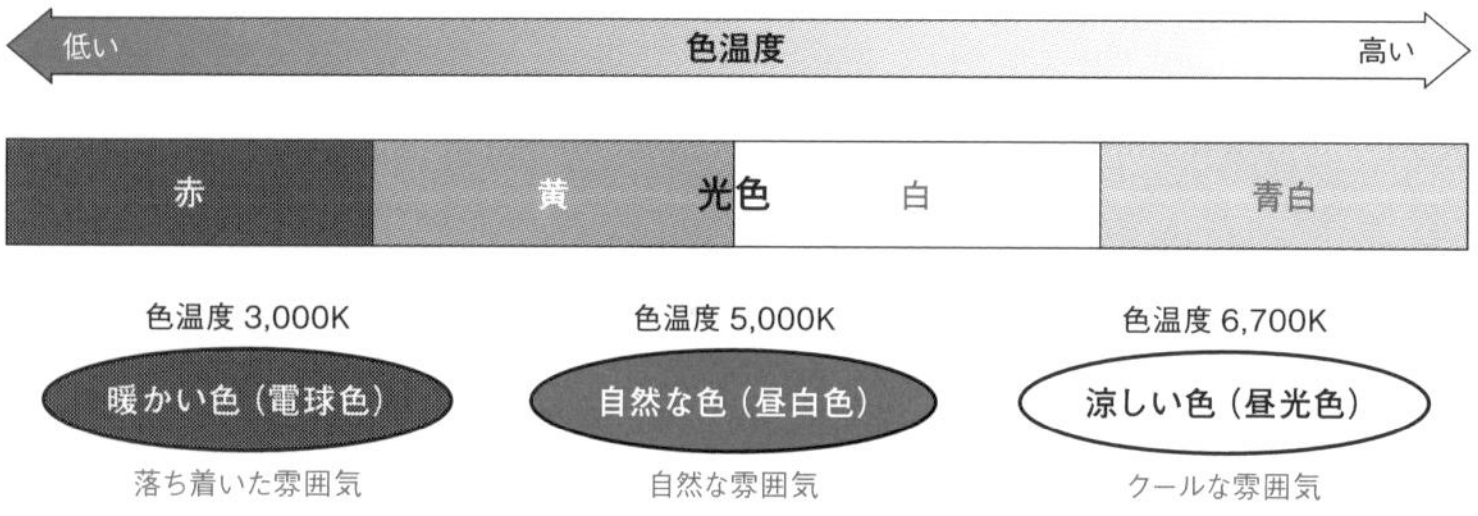

図27｜口金の種類

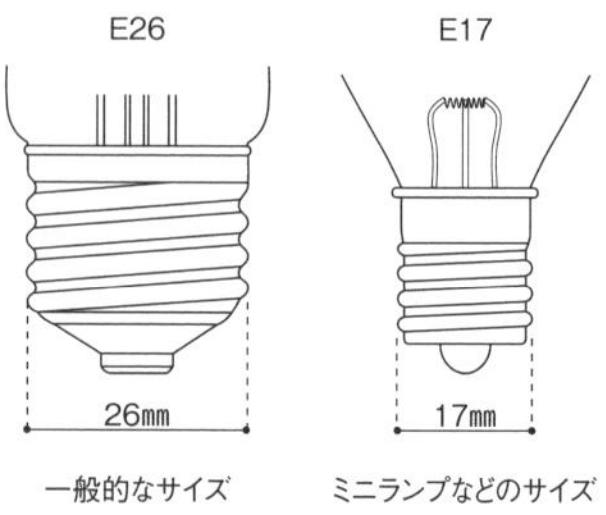

写真6｜逆富士型

6倍以上の寿命がある。**高輝度放電管**ともいう。

メタルハライドランプ
HID灯の1種で石英製の発光管のなかに水銀とアルゴンガス、金属ハロゲン化物を封入したランプ。ランプ効率が高く、高天井で広い空間の照明に使われることが多い。封入する金属の種類によりさまざまな色温度のものがある[写真7]。

シリカ電球—でんきゅう
シリカ粒子をバルブの内面に静電塗装した電球。ナス球とも[写真8]。

LED—えるいーでぃー
Light-Emitting Diodeの略で、**発光ダイオード**[はっこう—]のこと。半導体を発光させ、長寿命、低消費電力、フルカラーなどが特色。最近はこれを利用した照明器具が多く販売されている。

写真7　メタルハライドランプ

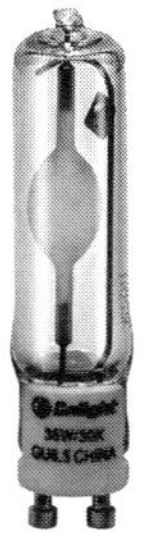

表2　ランプの特徴

	基本的な特徴	ランプの種類		特徴	主な用途
白熱電球	●点光源に近く、光を制御しやすい ●演色性がよく、暖かい白色光 ●点灯しやすく、瞬時点灯も可。安定器が不要 ●連続調光できる ●小形、軽量、安価 ●周囲温度の影響が小さい ●光束の低下が少ない ●ちらつきが少ない ●低効率、短寿命 ●熱線が多い ●ガラス球の温度が高い ●電源電圧変換が寿命・光束に影響を与える	一般照明用電球		ガラス球は、白色塗装拡散形と透明形がある	住宅や店頭などの一般照明など
		ボール電球	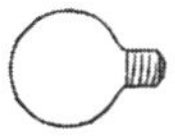	ガラス球は、白色塗装拡散形と透明形がある	住宅、店舗、飲食店など
		反射形電球	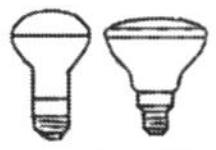	アルミ蒸着の反射膜が付き、集光性がよく、熱線もカットされている	住宅、店舗、工場、看板照明など
		小形ハロゲン電球		赤外反射膜付が中心。光源色がよく、熱線もカットされている	店舗、飲食店などのスポット照明やダウンライトなど
		ミラー付ハロゲン電球	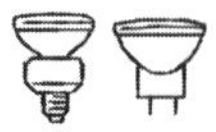	ダイクロイックミラーと組み合わせ、シャープな配光にできる。熱線もカットされている	店舗、飲食店などのスポット照明やダウンライトなど
蛍光ランプ	●高効率、長寿命 ●光源色の種類が豊富 ●低輝度、拡散光 ●連続調光できる ●ガラス管の温度が低い ●安定器が必要 ●周囲温度の影響を受ける ●寸法当たりの光束が少ない ●光を制御しづらい ●ちらつきが少しある ●高周波雑音がある	電球形蛍光ランプ	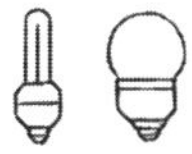	電球代替用。安定器が内臓され、電球口金が付いている	住宅、店舗、ホテル、飲食店などのダウンライト
		スターター形蛍光ランプ	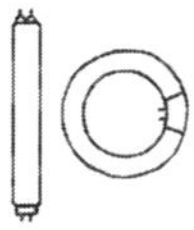	スターター(点灯管)と安定器で点灯する	住宅、店舗、事務所、工場などの一般照明。高演色形は美術館など
		ラピッドスタート形蛍光ランプ		スターターなしで即時点灯する	事務所、店舗、工場などの一般照明
		Hf(高周波点灯専用)蛍光ランプ		高周波点灯専用安定器で点灯。効率がよい	事務所、工場、店舗などの一般照明
		コンパクト形蛍光ランプ	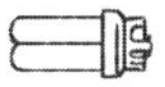	U形、ダブルU形のコンパクトなランプ	店舗などのベース照明やダウンライトなど
高輝度放電ランプ(HIDランプ)	●高効率。高圧ナトリウムランプが最高効率 ●長寿命。メタルハライドランプはやや短い ●光束が大きい ●点光源に近く、配光を制御しやすい ●周囲温度の影響が少ない ●安定器が必要。初期価格が高い ●ガラス管の温度が高い ●始動、再始動に時間がかかる	蛍光水銀ランプ	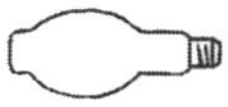	水銀の発光と蛍光体で、赤色成分を補っている	公園、広場、商店街、道路、高天井の工場、看板照明など
		メタルハライドランプ	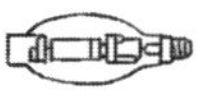	スカンジウムとナトリウムの発光を利用。効率がよい	スポーツ施設、商店街、高天井の工場など
		高演色形メタルハライドランプ	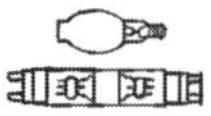	自然光に近い。ジスプロシウム系と錫(すず)系がある	店舗のダウンライト、スポーツ施設、玄関ロビーなど
		高圧ナトリウムランプ	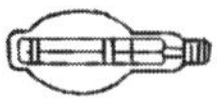	透光性アルミナ発光管を使用。橙白色の光	道路、高速道路、街路、スポーツ施設、高天井の工場など
低圧ナトリウムランプ	●単色光 ●ランプ効率が最大	ナトリウムランプ		U形の発光管、ナトリウムのD線の橙黄色の光	トンネル、高速道路など

出典:『照明基礎講座テキスト』((社)照明学会)をもとに作成

※蛍光灯、水銀灯は2020年12月末以降は製品の製造、輸出・輸入ができなくなりました。経済産業省(水銀に関する水俣条約)

ルーバー
照明器具の1部で、器具の下部に取り付けて光を効率よく制御し、必要な照射面に光を集める部材である。視環境を向上するため、まぶしさを低減し、不要な場所へ光を拡散させないようにする。ルーバーの表面を鏡面仕上げにすることによって高品質な光の制御が可能となるが、取り付けたときの見え掛かりとして暗い印象を受け、また、指紋などの跡が残りやすいので取扱いには注意が必要である[写真9]。

ダウンライト
天井に埋め込む小型照明器具。近年は明るさや色を調節できるものも普及している。

スポットライト
局部照明。器具の口径は20㎝以下、照射角度は20°以下が一般的。ライティングレールに取り付けるプラグタイプや、天井・壁に直接取り付けるフランジタイプがある。

シーリングライト
天井に設置された**引掛けシーリング**(照明用コンセント)に取り付ける照明。埋込み型はベースライトとも呼ばれる。住宅の全般照明として多用される。

ブラケットライト
壁面に取り付ける照明器具。全方向配光タイプや上下に光が伸びるタイプがある。間接照明としても使用される。浴室や屋外などには防雨型・防湿型を設置する。

ペンダントライト
天井から吊り下げられた照明器具。全体を照らす全般照明と、テーブルなど一部を照らす局部照明がある。器具選択と設置の際にはコード長さと、天井の高さ・傾斜・形状を把握しておく必要がある。

写真8｜シリカ電球

写真9｜ルーバー

スタンドライト
コンセントに接続可能な置き型の照明器具。フロアスタンドやテーブルスタンドなどがある。落下などの事故が起きないよう、配線や設置場所に注意。

間接照明｜かんせつしょうめい
光源を視線から隠し、壁や天井などに反射させた光を利用する照明手法。設計に際しては光を当てる部分との距離、反射させる部分の反射性能、照射角度などに注意。

フットライト
足元を照らす照明器具。主に屋内外の通路や階段に設置する。周囲が暗くなると点灯する自動点滅型や、人の接近に反応して点灯する人感センサー付きタイプなどがある。壁に埋め込むか、コンセントと一体型のものにすることで、壁面が端正になる。

蛍光灯｜けいこうとう
紫外線を蛍光物質に当てて光を取り出すランプ。色温度は電球色、昼白色、昼光色の3種類が主。形状も直管型や電球型・環型などさまざま。寿命は種類によって違いはあるが８０００時間～１２０００時間程度と白熱電球より長い。近年は、より長寿命で紫外線・赤外線の放射が少ないＬＥＤの普及が進んでいる。

光束｜こうそく
光の量を表す。単位は**ルーメン**(lm)。白熱球・蛍光灯ではワット数、**LED**では光束値で明るさを比較する。

光度｜こうど
光源が同じでも光の強さは方向により異なる。光度とは光源からある方向への立体角に含まれる光束の密度。端的にいえばある方向への光の強さ。単位は**カンデラ**(cd)。光度(cd)=光束(lm)÷単位立体角(sr)。

グレア｜
照明設備において「グレア」は、光源が直接視界に入りまぶしく感じることや、パソコンなどのモニターに光源が映り込み対象物が見えにくくなることを指す。グレアには光源の煌めきを美しく感じさせる効果もあるため、不快に感じるグレアを**不快グレア**と呼び区別している。

遮光角｜しゃこうかく
配光特性により、横方向へ拡散するのを防ぐことができる角度。一般的に、照明器具を取り付けた状態でランプが直接見えない角度を表す。ランプが直接見えないことから、まぶしさを低減できる範囲や位置を検討するために利用する。**カットオフアングル**ともいう。

輝度｜きど
発光面のある方向に対する単位面積当たりの光の量を表す[図28]。単位はcd/㎡(カンデラ平方メートル)。輝度の異なるものが同一視界に存在するとき、その比率(輝度比)の大きさによってまぶしさを感じる、という特性があるので照明計画の検討に用いる。

照度｜しょうど
照射面における単位面積当たりの光の量を表す[図29、表3]。単位は**ルクス**(lx)である。作業内容や

図28｜輝度の目安

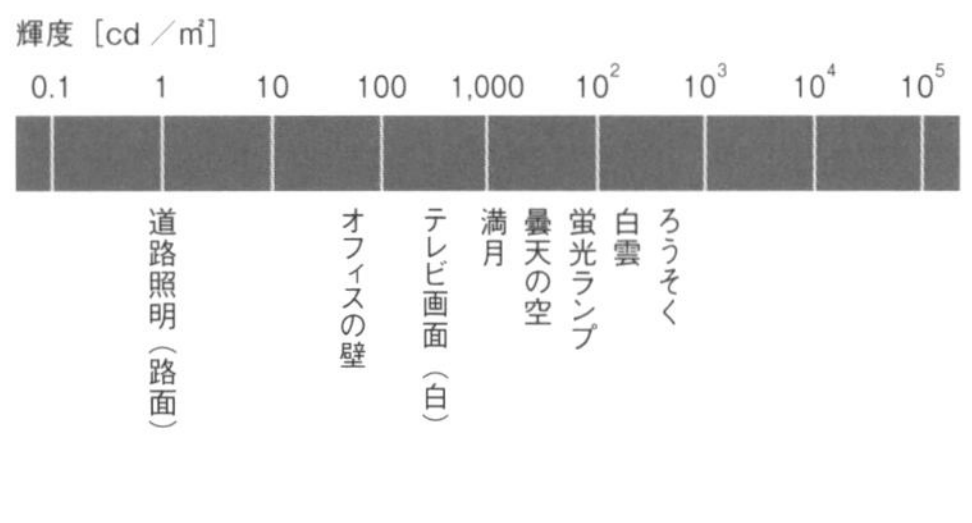

図29｜照度の目安

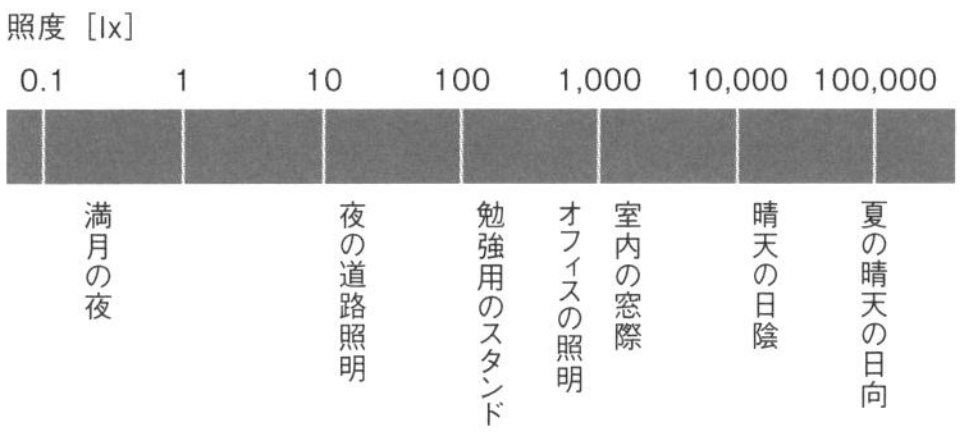

表3｜必要照度

照度（lx）	公共会館	宿泊施設（旅館・ホテル）	美容・理髪店	食堂・レストラン軽飲食店
1,500	支度部屋の鏡、特別展示品	フロント 帳場	結髪・毛染セット・メーキャップ	サンプルケース
1,000				
750	図書閲覧室、教室	車寄せ、玄関、事務室、調理室、荷物受渡台、客室机、洗面鏡	調髪、顔剃、着付、レジスター	集会室、調理室、食堂、レジスター、帳場、荷物受渡台
500	宴会場、大会議場、展示会場、集会場、食堂	宴会場		
300	講堂、結婚式場の控え室、書庫、楽屋、洗面所、便所	広間、食堂	店内便所	玄関、待合室、客室、洗面所、便所
200		ロビー、洗面所、便所		
150	結婚式場、ロビー、サロン、廊下、階段	娯楽室、脱衣室、客室（全般）、廊下、階段、浴室	廊下、階段	廊下、階段
100	—	庭の重点	—	—
75	雑品置場	防犯	—	—
50				
30～2	—			

図30｜弱電端子盤の仕組み

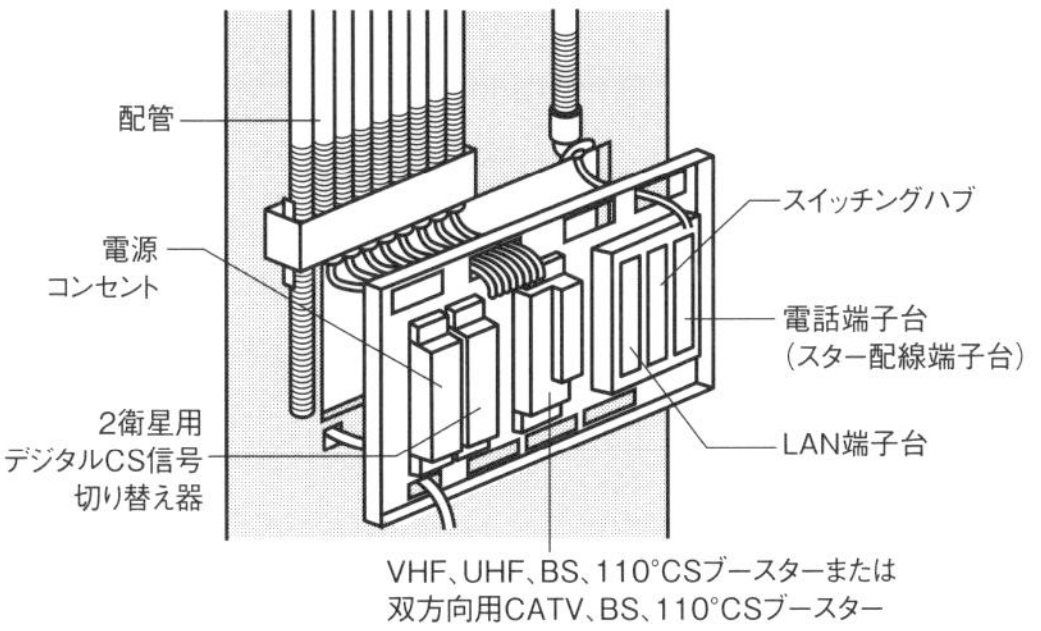

図31｜通信ケーブル

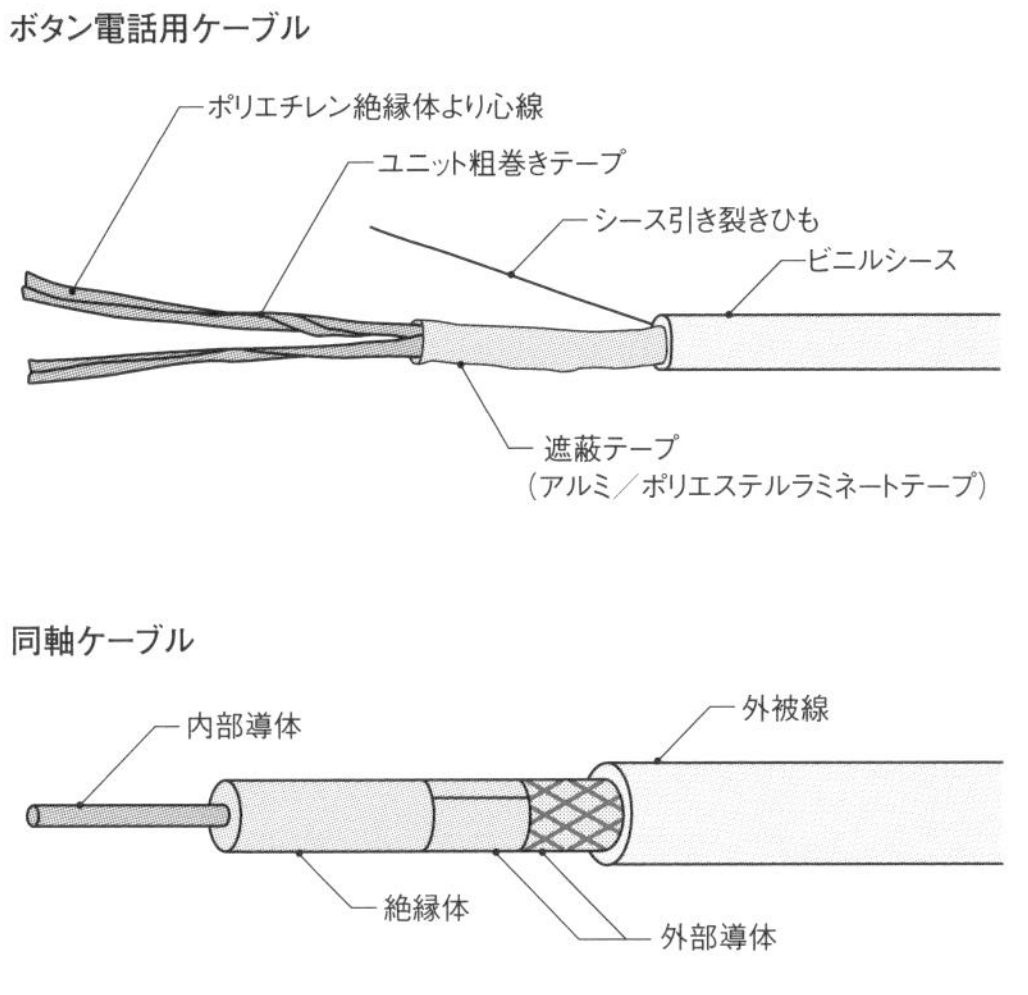

場所ごとの必要照度はJIS規格（JISZ9110：2010）で規定されている。照明器具を設置した時の照度は初期照度であり、時間の経過とともにランプの特性や器具の汚れなどの要因で低下してくる。照度は初期照度ではなく、時間経過した後でも保たれる照度で計画することが重要である。

フル2線式リモコンスイッチ｜—にせんしき—24Vの信号線2線ですべてのスイッチをネットワークし、**パルス信号**で照明制御するシステム。

遅れ消灯スイッチ｜おくれしょうとう—スイッチを切っても点灯し続け、一定時間後消灯する機能の付いたスイッチ。

タイマースイッチ 設定した時間後に自動的に止まるスイッチ。

3路・4路スイッチ｜さんろ・よんろ—2カ所もしくは3カ所以上の場所から点滅できるスイッチ。

トイレ換気スイッチ｜—かんき—スイッチを入れると換気扇・照明が作動し、スイッチを消すと照明はすぐ消灯になるが換気扇は一定時間後に止まるスイッチ。

動作表示灯付スイッチ｜どうさひょうじとうつき—動作状態が一目で分かるパイロットランプ付スイッチ。

弱電設備

通信回線引込み｜つうしんかいせんひきこみ—施設の外部から通信回線を引き込むこと。電話、CATV、光ケーブル、専用通信回線などの通信ケーブルがあり、主に地中引込みと架空引込みがある。**架空引込み**の場合、電力引込みと同じ電柱から引き込むこともある。通信回線の種類によっては、引込み後、借室電気室に通信会社の機器を設置する必要がある。

弱電端子盤｜じゃくでんたんしばん—通信配線の幹線と端末配線を接続する装置で、ケーブルの接続端子が収納される[図30]。電話、放送、インターホン、電気時計などの端子接続の用途で利用され、テレビの分配・分岐器や増幅器などが同一の盤に収納されることもある。EPS内などで電灯分電盤などと同一場所に配置されることが多い。

図32｜光ケーブルの構造

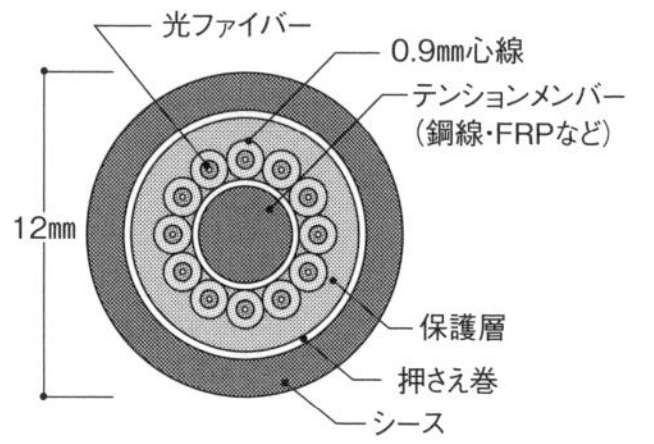

図33｜衛星放送アンテナ

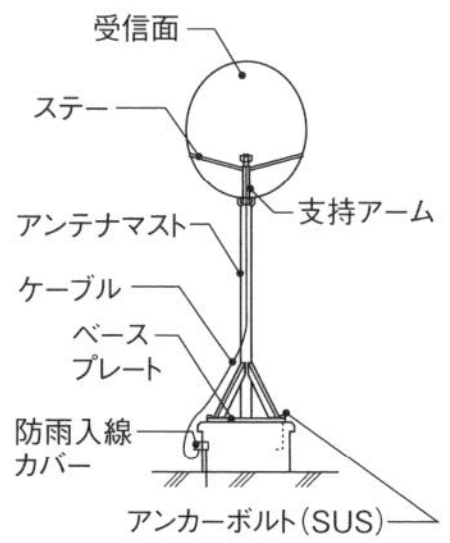

図34｜32bitと128bitの比較

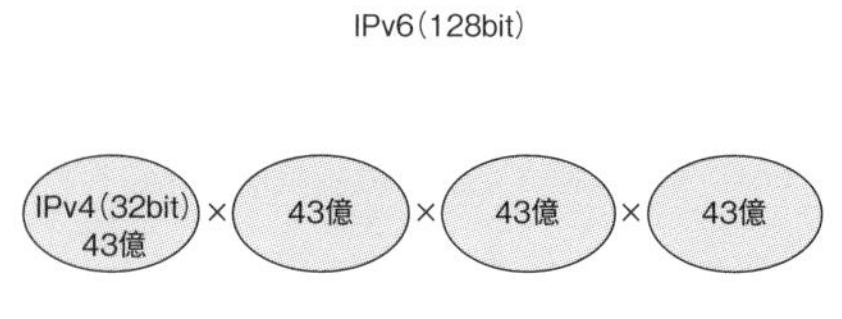

32bitのIPv4では43億個のアドレス数しかないが、128bitのIPv6では43億の4乗個という膨大なアドレス数が確保できる

図35｜マルチメディアコンセント

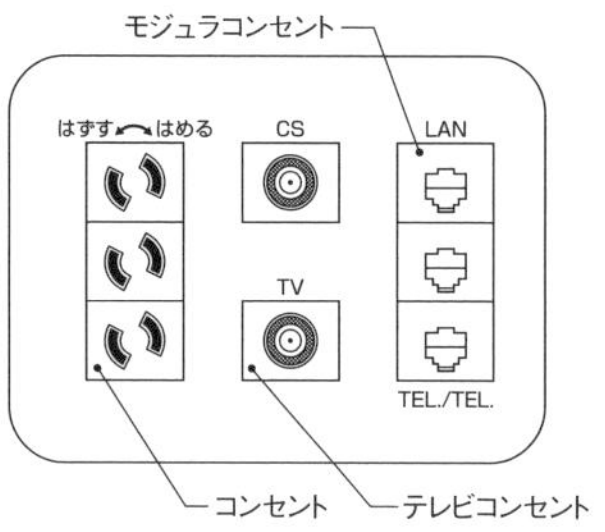

図36｜自動火災報知受信機

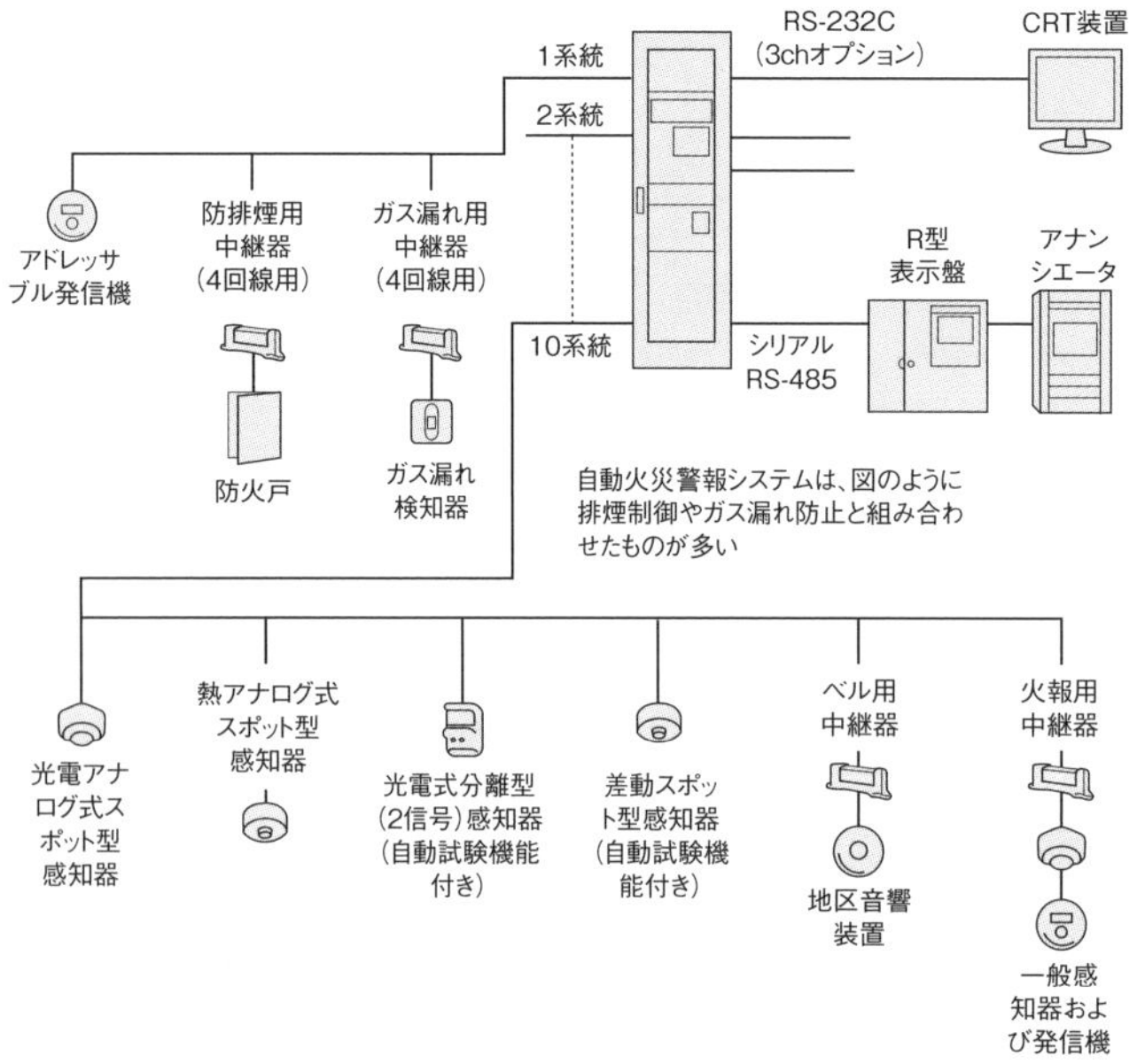

自動火災警報システムは、図のように排煙制御やガス漏れ防止と組み合わせたものが多い

弱電用ケーブル｜じゃくでんよう

通信ケーブルともいう。信号伝送を行うためのケーブルである[319頁図31]。伝送する信号の電圧、電流や周波数などによって求められる特性が異なる。主な種類は接点信号（ON／OFF）伝送、電圧、電流のアナログ値の伝送、デジタル伝送などで、媒体として銅や光ファイバーの線芯がある。ケーブルの太さは電力ケーブルに比べて小さいが、信号の種別や目的によってケーブルを用意するため、多くの本数が必要となる。

HII配線｜えっちあいあいはいせん

Home Information Infrastructureの略。住宅情報配線のことで、家庭内情報ネットワークインフラとして、BS放送、CS放送、CATV、一般放送、電話通信回線と電源コンセントを一体とした情報コンセントを各部屋に設置し同軸ケーブル、ツイストペアケーブル、電源線を用いて情報用分電盤を結び、どの部屋からでも情報の取出し・発信ができる。

FTTH｜えふてぃーてぃーえいち

Fiber To The Homeの略で、家庭用**光ファイバー**のこと。電話回線の2千倍の容量の情報を運べる**光ケーブル**（光ファイバーを皮膜で覆ったもの）を家庭までつなげるサービスをいう[図32]。

衛星放送｜えいせいほうそう

送信塔ではなく、衛星軌道上の衛星が電波を送信する放送。衛星によってチャンネルが異なる（BS、CS）[図33]。

地上デジタル放送｜ちじょうーほうそう

高画質画像の視聴、双方向サービスやデータ放送など付加価値の高い放送システムで、2011年には原則国内すべての地上波はデジタル信号で配信され、従来のアナログ放送は停波となった。

デジタル放送のサービスは、専用チューナーを使用しないと受信できない。なお、使用される周波数はUHF帯であることから、UHFテレビアンテナで信号を受信可能である。

IPv6｜あいぴーぶいろく（あいぴーぶいしっくす）

インターネットプロトコルヴァージョン6（Internet Protocol Ver-sion 6）の略。セキュリティに強く、割り振られるアドレス数が多くなりネット家電や情報サービスの幅が増える[図34]。

マルチメディアコンセント

1枚のプレートにコンセント、テレビ、インターネットの取出し口が設置されているもの[図35]。

顔認証入退室管理システム｜かおにんしょうにゅうたいしつかんりシステム

個人の顔という生体情報を利用して本人照合を行い、電気錠により入退室を行うシステム。防犯システムとしてはほかに指紋、眼球の虹彩などを利用するものもある。

図37 住宅用火災警報器の取付位置

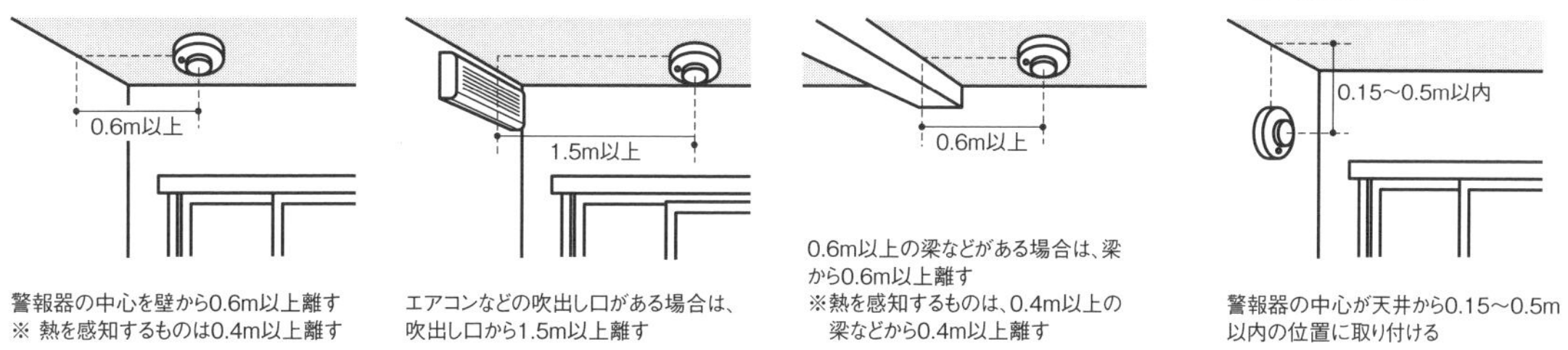

警報器の中心を壁から0.6m以上離す
※ 熱を感知するものは0.4m以上離す
エアコンなどの吹出し口がある場合は、吹出し口から1.5m以上離す
0.6m以上の梁などがある場合は、梁から0.6m以上離す
※熱を感知するものは、0.4m以上の梁などから0.4m以上離す
警報器の中心が天井から0.15～0.5m以内の位置に取り付ける

人感センサー｜じんかん｜人が近づくと自動的に点灯し、一定時間後に消灯するスイッチ。赤外線で範囲内の熱を感知する。

自動火災報知受信機｜じどうかさいほうちじゅしんき｜受信機は、警報を表示する部分と、防災機器を制御する操作部で構成され、壁掛けや自立盤の形状がある[図36]。火災発生時には自動的に警報を鳴動し、ほかの機器や設備と連動制御を行う。機器は、常時人がいる場所に設置しなければならない。受信機には、接点信号で処理するP型と、デジタル伝送のR型の種別がある。排煙の制御やガス漏れ検知を組み合わせたものもある。

火災警報器｜かさいけいほうき｜感知器と自動火災報知受信器で構成され、感知器で火災を判断して信号を発信、自動火災報知受信器でその信号を受けて、警報を発する[図37]。2006年より消防法で戸建住宅にも設置が義務付けられている（新築戸建住宅のみ。既存住宅は5年間の猶予期間がある）。感知方法により、煙の濃度から判断する**煙感知器**と、熱の温度上昇から判断する**熱感知器**に分けられる。

図40 家庭用コージェネの構成

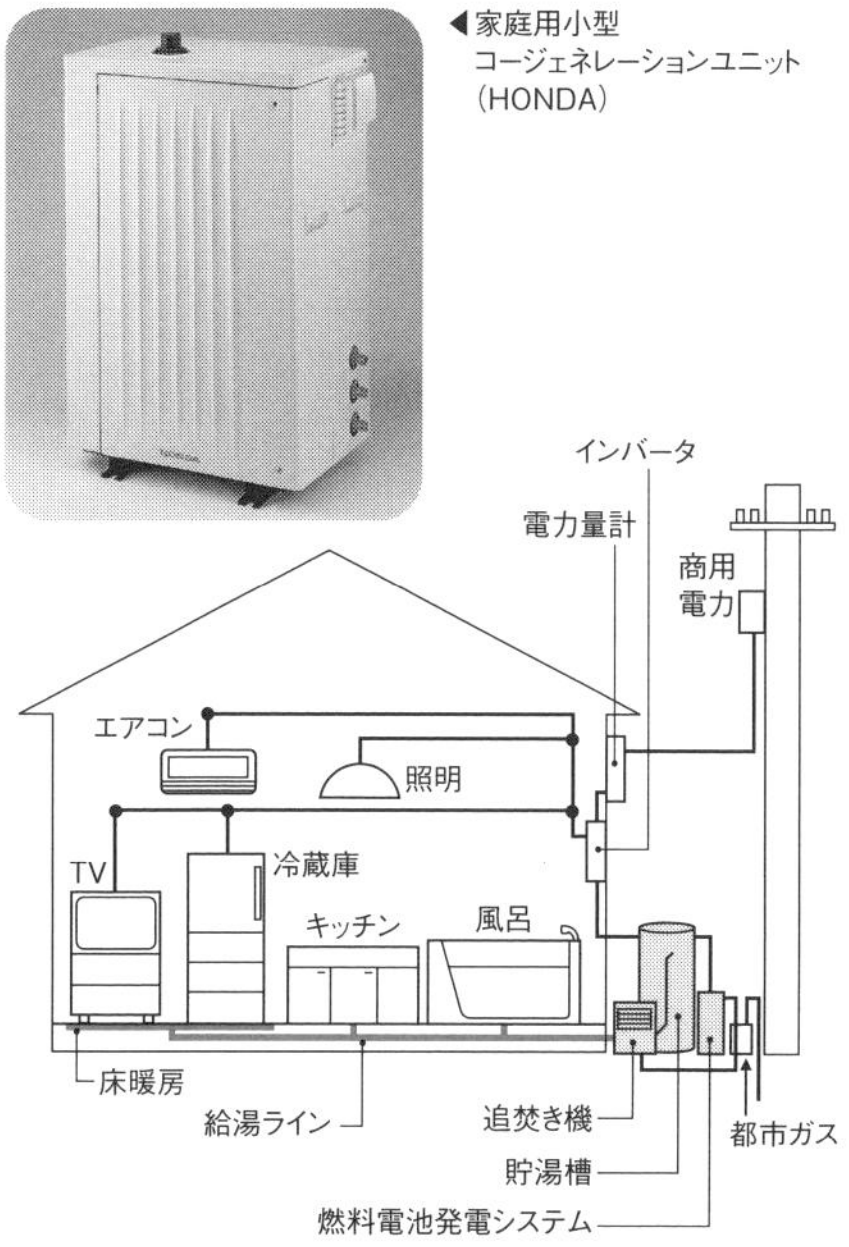

図38 BEMS

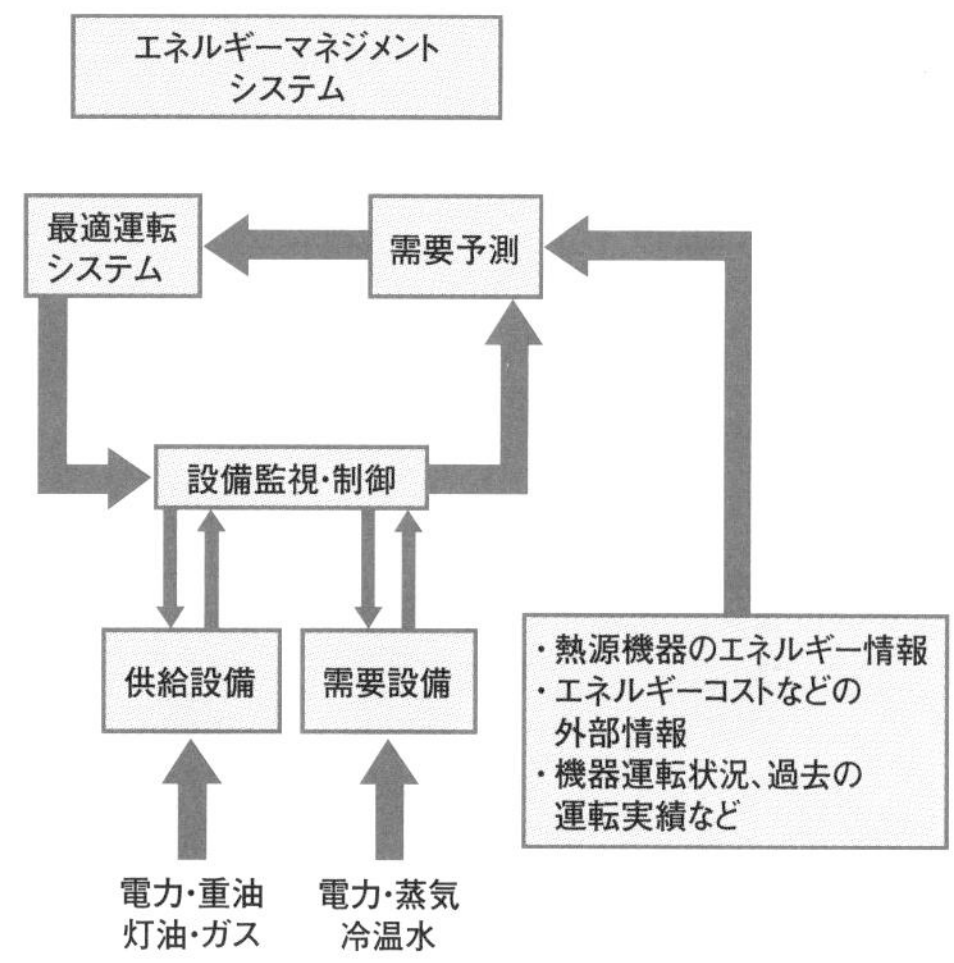

図39 コージェネ

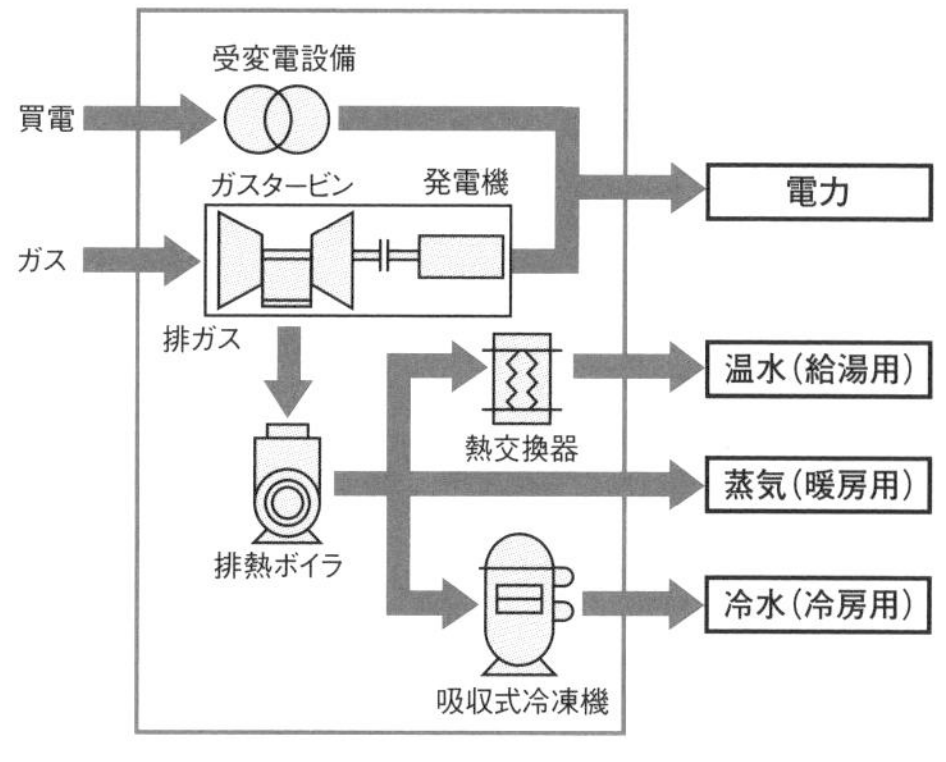

エネルギー関連

BMS｜びーえむえす｜Building Management Systemの略で、建物内の空調・衛生・受変電設備などの機器を集中させて監視制御を行うもの。監視モニタ、操作部、制御部、入出力装置などから構成され、壁掛け型やデスクトップコンピュータの形状のものがある。中央監視室や防災センター、守衛室などに設置される。

BEMS｜べむす｜Building Energy Management Systemの略で、施設内で消費されるエネルギー（電力、ガス、水道など）を効率的に利用するために、設備機器の最適な運転・管理を補助する装置である[図38]。BMSから収集したデータをパソコンに取り込み、分析できる。

コージェネ（コジェネ）

正式には**コージェネレーション・システム**という[321頁図39]。ガスや油などの単一エネルギーから、電気と熱の2つのエネルギーを取り出す装置である。エンジン機関をガスで運転し、電気エネルギーと空調用などの熱エネルギーを取り出すとともに、これら機関の排熱を冷暖房・給湯・産業用熱源として利用するシステム。熱効率としては、発電のみで使用する発電機の場合が25～35%であるのに対してコージェネでは70～80%を確保できる。ディーゼルエンジン、ガスエンジン、ガスタービン、燃料電池などのシステムがあり、家庭用のものも市販されている[321頁図40]。

図41｜燃料電池の発電原理

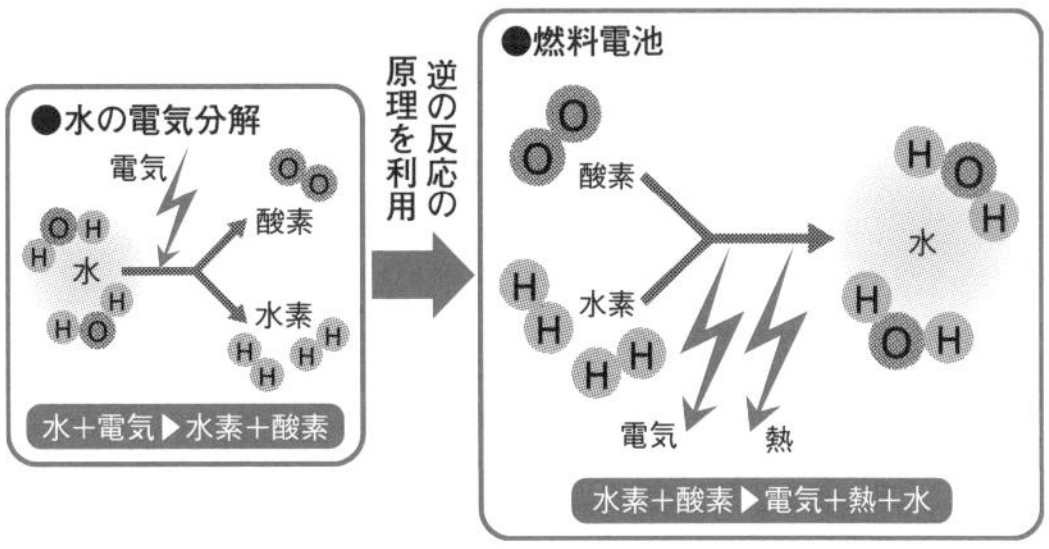
●水の電気分解
電気
酸素
水
水素
水＋電気▶水素＋酸素
逆の反応の原理を利用
●燃料電池
酸素
水素
水
電気
熱
水素＋酸素▶電気＋熱＋水

燃料電池―ねんりょうでんち

通常の電気分解とは逆に、都市ガスなどに含まれる水素と酸素などの電気化学反応によって、電力と熱（給湯用など）を発生する発電装置[図41]。コージェネ装置の1つであり、エネルギー利用効率は80%程度と高い。

現在は小規模用途のものが市販化されているが、高価である。導入にあたっては、新エネルギー財団や各自治体の補助金制度が利用できる。

太陽光発電―たいようこうはつでん

太陽光のエネルギーを電気エネルギーに変換する装置で、シリコンの単結晶、多結晶、アモルファスなどの方式がある[図42、**写真6**]。発電効率は、80～250W／㎡程度である。ただし、雨天や曇天時には発電できないことから、バッテリーで蓄電したり、風力発電と組み合わせたりしてシステムを構成することが多い。住宅などでは、昼間の晴天時に発電した電力を電力会社へ売却することもできるが（**売電**）、コストバランスを考えると家庭内の電気をすべてまかなうことは不可能で、基本的には補助的な電源として考える。屋根面や屋上に設置するときには、最大風速に耐えられるように適切な取付け支持材を選定する必要がある。

図42｜住宅とエネルギー機器の連携

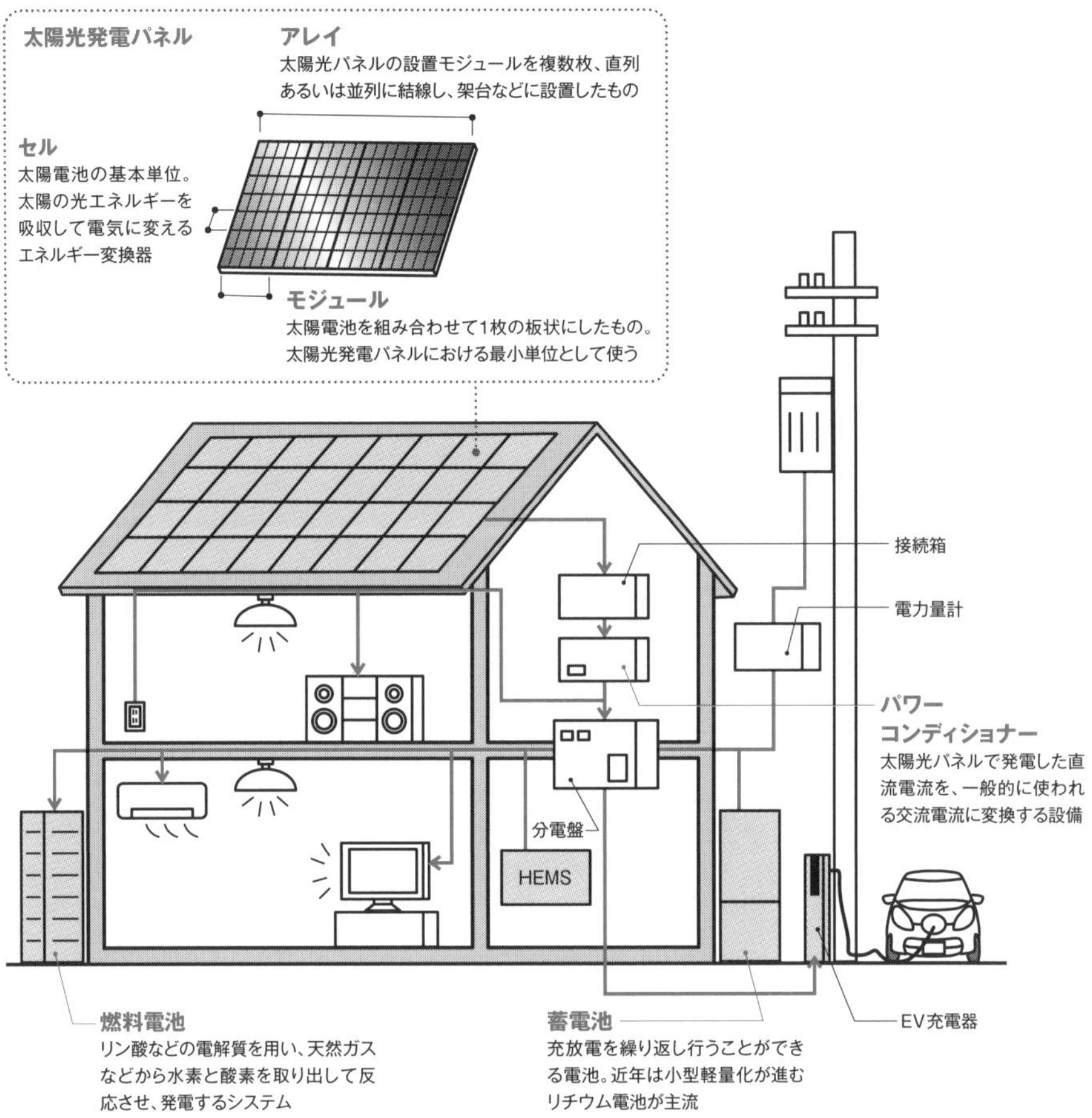
太陽光発電パネル
アレイ
太陽光パネルの設置モジュールを複数枚、直列あるいは並列に結線し、架台などに設置したもの
セル
太陽電池の基本単位。太陽の光エネルギーを吸収して電気に変えるエネルギー変換器
モジュール
太陽電池を組み合わせて1枚の板状にしたもの。太陽光発電パネルにおける最小単位として使う
接続箱
電力量計
パワーコンディショナー
太陽光パネルで発電した直流電流を、一般的に使われる交流電流に変換する設備
分電盤
HEMS
燃料電池
リン酸などの電解質を用い、天然ガスなどから水素と酸素を取り出して反応させ、発電するシステム
蓄電池
充放電を繰り返し行うことができる電池。近年は小型軽量化が進むリチウム電池が主流
EV充電器

太陽光パネル―たいようこう―

太陽の光エネルギーを電力に変換する発電システムの部品。太陽電池モジュールやソーラーパネルとも呼ぶ。設置時には日射の方角に十分配慮すること。

バイオマス発電―はつでん

木材、食品廃棄物、畜産廃棄物などゴミとして廃棄されてきたものを、**木質ペレット**（おが屑などの製材廃材や林地残材、古紙といった木質系の副産物、廃棄物を粉砕・圧縮・成型した固形燃料）[**写真7**]、メタノール、メタンなどに加工、燃料化してエンジンやタービンを駆動して発電するシステム［図43］。発電と同時に熱の利用も行うことで、エネルギー効率を高めることができる。

図43｜バイオマス発電

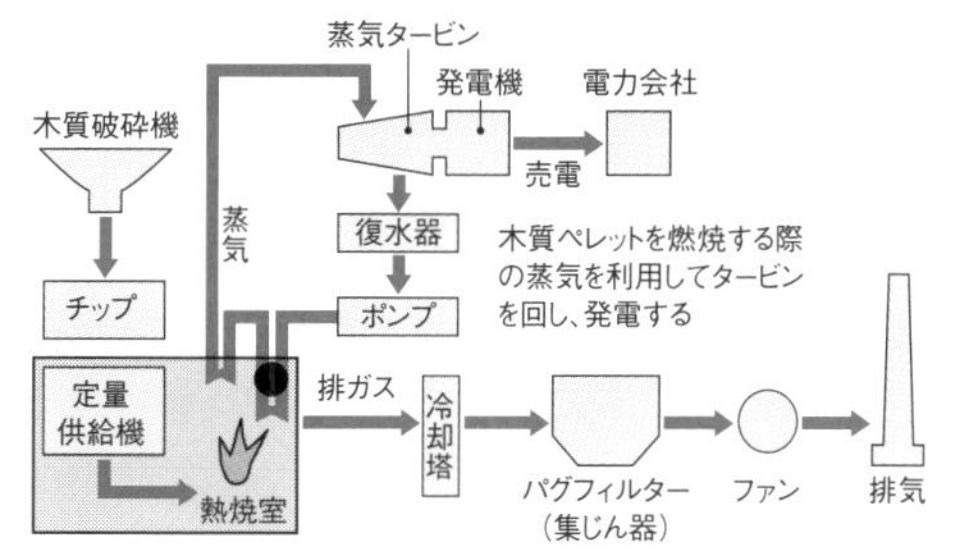

写真6｜太陽光発電

再生可能エネルギー｜さいせいかのう― 太陽光や風力、地熱など、自然界に常に存在しほぼ永続的に利用できるエネルギー。原子力エネルギーなどの代替として注目されているが、地域性や気候に左右されるなど安定供給に難がある。

風力発電｜ふうりょくはつでん 風力を利用して巨大な風車を回し、風車の回転運動を発電機に伝えて電気を起こす仕組み。コストも比較的低く、設置のための工期も短いが、安定供給と騒音の面で難がある。

地熱発電｜ちねつはつでん 地中深くから取り出した蒸気で直接タービンを回し発電するもの。太陽光発電および風力発電といった、他の主要な再生可能エネルギーを活用した発電と異なり、天候、季節、昼夜によらず安定した発電量を得られることが特徴。

写真7｜木質ペレット

エネファーム 正式名称は家庭用燃料電池コージェネレーションシステム。都市ガスやLPガスなどから取り出した水素と酸素を化学反応させて発電。発電する際の熱を利用してお湯を沸かす。発電所で送られてくる電気とは異なり、家庭で発電するので送電ロスが発生しない。エネルギー利用効率は従来システムの場合で約38％程度だが、エネファームでは約85％程度となる。

HEMS｜へむす 「Home Energy Management System」の略。家庭で使うエネルギーを節約するための管理システム。エネルギー消費量を数値などで「見える化」し、需要家の節電意識の向上を促す。機械による各設備の自動制御も可能。

写真8｜電磁調理器

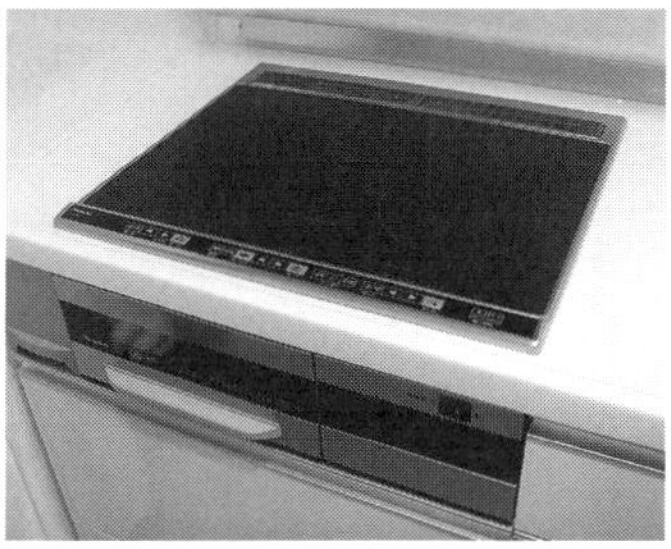

MEMS｜めむす HEMS同様にエネルギーを管理するシステム。頭文字のMはマンション（Mansion）の略。ほかにも、ビル向けの**BEMS**（Building）、工場向けの**FEMS**（Factory）、地域向けの**CEMS**（Community）などがある。

LCCM｜えるしーしーえむ ライフサイクルカーボンマイナス（Life Cycle Carbon Minus）住宅の略称。太陽光発電などによる再生可能エネルギーを利用することで、建設から居住を経て取り壊すまで、住宅のCO_2収支をマイナスにする住宅。

ZEH｜ぜっといーえいち ネット・ゼロ・エネルギー・ハウスの略称。高性能設備や制御機構を用いることで、年間の消費電力量と比べて住宅での発電量のほうが多くなる（または差がゼロになる）住宅。ZEHには国による補助金制度などが整備されている。

スマートハウス エネルギー消費量を制御する「HEMS」や、太陽光発電パネルをはじめとした蓄電池設備などを利用して、住宅内のエネルギー効率を最適化させた住宅。省エネと創エネルギーを組み合わせて取り入れることが必須とされる。

電磁調理器｜でんじちょうりき 一般に、IH（アイ・エイチ／Induction Heating＝電磁誘導加熱）調理器と呼称される。直火を使わない調理器なので、ガスコンロなどに比べて安全性が高い。磁力発生コイルに20～60㎑の高周波電流を流すと、コイル周囲に磁力線が発生し、鍋部分に渦電流ができる。このとき鍋がもつ電気抵抗により鍋自体を発熱させる。火気使用室における内装制限を設けていない自治体もある。ただし、消費電力が比較的大きく、専用の分岐回路を設けなければならないことから、住宅などでは契約電力を考慮する［写真8］。

設備

空調工事 2

空調計画

熱伝導｜ねつでんどう
物質内を温度差により熱エネルギーが移動する現象で、主に固体内部や流体の伝熱をいう。物体の熱伝導率が低いものは断熱材に使われ、主な種類には熱伝導率の低い気体の特性を利用した繊維質材や気泡分散材などがある。壁体などの負荷計算には単位厚さ・単位時間当たりの移動熱量として、熱伝導率が用いられる[図1・2]。

熱伝達｜ねつでんたつ
流体と固体表面間において熱エネルギーが移動する現象で、主に対流、放射、沸騰や凝縮などの相変化（状態変化）による熱伝達に分類される。壁体などの負荷計算に、単位面積・単位時間当たりに伝達される熱量として**熱伝達率**が用いられる。

熱放射（熱輻射）｜ねつほうしゃ（ねつふくしゃ）
物体が放出している熱エネルギーのこと。熱放射は、物体と物体の間で直接やりとりされる熱移動で、空調では総合熱伝達率に含まれ、負荷計算に利用されている。床暖房やパネルヒーターなどはこの効果を利用したものである。

熱貫流（熱通過）｜ねつかんりゅう（ねつつうか）
熱伝導、熱伝達、熱放射を考慮したもので、単位面積・単位時間・単位温度当たりの壁体などを移動する熱量。一般的な負荷計算では、対象とする壁などについてこの値を求め、それぞれの面積と内外温度差などにより負荷を算出する。

自然対流｜しぜんたいりゅう
機器を用いず温度差や圧力差により生じる熱や空気などの移動[図3]。空気が暖められて軽くなり上昇したり、冷えた空気が下降したりする現象で、この効果を1部利用している暖冷房設備に、ストーブ（ファンなし）や電気ヒーター、床暖房などが挙げられる。

強制対流｜きょうせいたいりゅう
ファンなどによって空気を強制的に撹拌し対流を起こすこと[図3]。この効果を利用している暖冷房設備に、一般のエアコンやファンヒーターなどが挙げられる。

潜熱｜せんねつ
水が氷に変化する、溶液が凝固する、気体中の水分量が変化するなど、液体や気体や固体の相転移によりそれぞれに貯えられたり、放出される熱量[図4]。人間は、一般に潜熱で53W／人の発熱がある。（顕熱発熱は69W／人）。室内に人間がいると空気中の水分量が上昇するのも潜熱変化の例である。氷蓄熱は潜熱変化を利用しているため、蓄熱槽容量が小さい。

顕熱｜けんねつ
物質の相変化[※]や化学変化を伴わず、温度上昇や降下に関わった熱[図4]。乾球温度の変化で表される熱量。1kgの水の温度が1℃上がると4・18kJの熱が必要。外気温度や発熱により室温が上昇するのも顕熱変化の例。

蓄熱｜ちくねつ
熱エネルギーを何らかのかたちで

図1｜熱貫流率と熱伝導率の関係

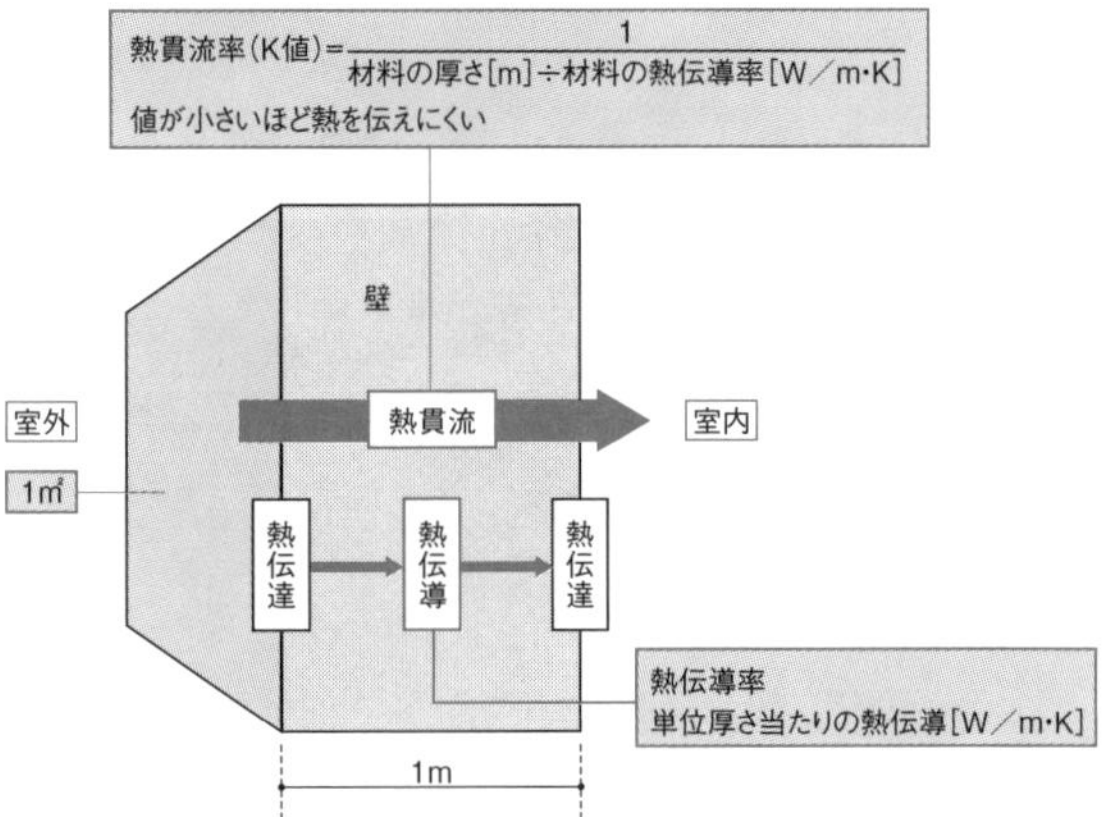

図2｜素材別の熱伝導率[W／m・K]

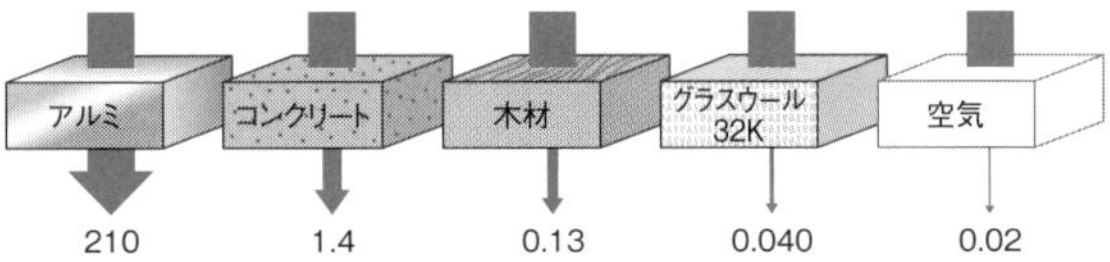

図4｜潜熱と顕熱

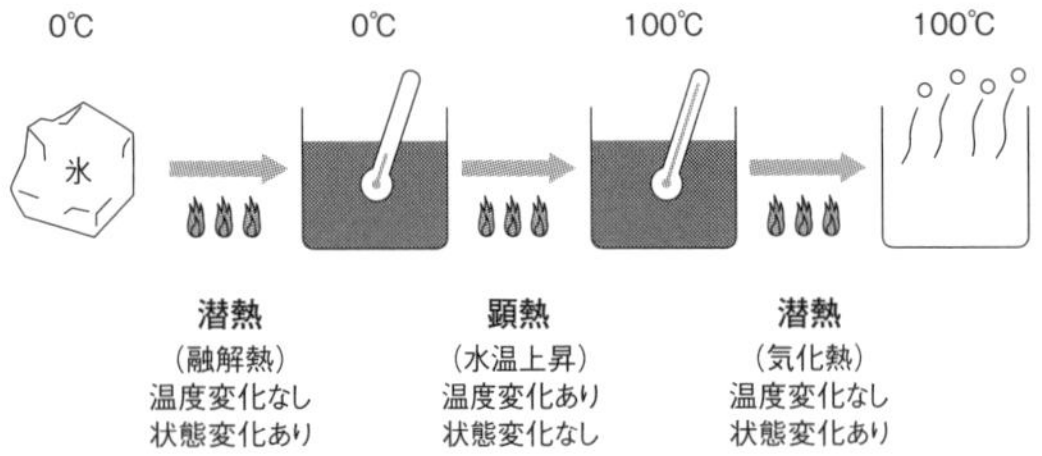

図3｜自然対流と強制対流

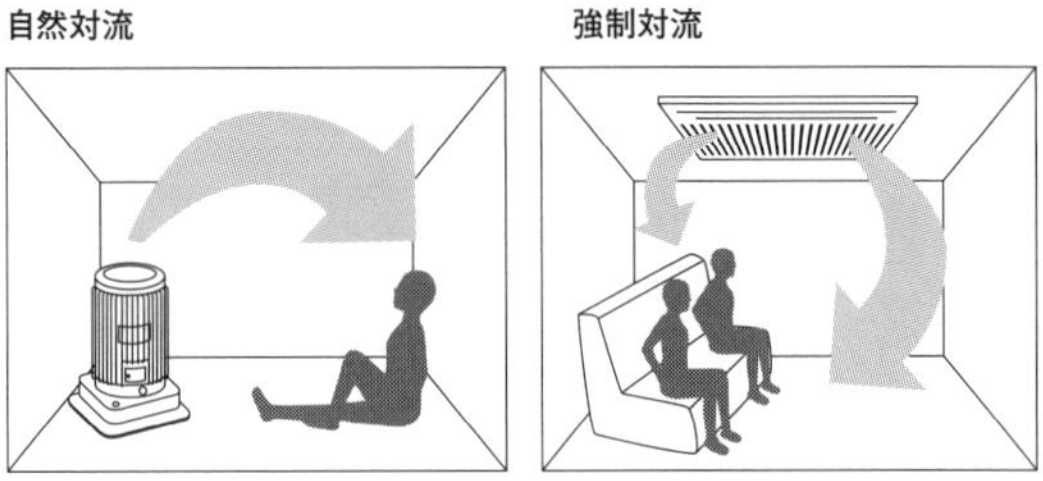

※：液体が気体になるなど、固体、液体、気体の間の変化

蓄えること。蓄熱のかたちには顕熱・潜熱・化学反応熱があり、主に水・氷・砕石・潜熱蓄熱材などが蓄熱材として利用されている。特殊な例として地盤や躯体を蓄熱材として利用するシステムもある。

ヒートロス

暖房中に壁や窓などから熱が逃げていくこと。

ヒートゲイン

冷房中に外の熱が窓などを伝わって入ってくること。

冷房負荷｜れいぼうふか

冷房のために取り去るべき熱量のこと。つまり冷却、減湿するために必要な熱量を指す。

暖房負荷｜だんぼうふか

暖房のために加えるべき熱量のこと。つまり加熱、加湿するために必要な熱量を指す。

コールドドラフト

ドラフトともいう。不快な空気の流れのことで、エアコンの吹出口からの冷風や、冬期に窓面で冷やされた空気が人体に直接当たる現象を指す。後者はダウンドラフトともいう。前者は、輻射熱タイプの冷暖房を導入することで、後者は窓の断熱性能を高めたり、窓面に暖房機を設置することで対応できる［図5］。

ヒートブリッジ

本来断熱材で縁が切れている物質どうしが直接接触することで起こる熱の移動のこと。

ペリメーターゾーン

空調を行う部屋の屋外に面する外壁や窓面から4～6m以内で、屋外の影響を受ける範囲をいう［図6］。特に窓に面する部分は日射が透過し、断熱性能も壁に比べて高くないため、屋外の影響を受けやすい。そのため、ペリメータゾーンは方位ごとにゾーニングを行い、

図5｜コールドドラフト

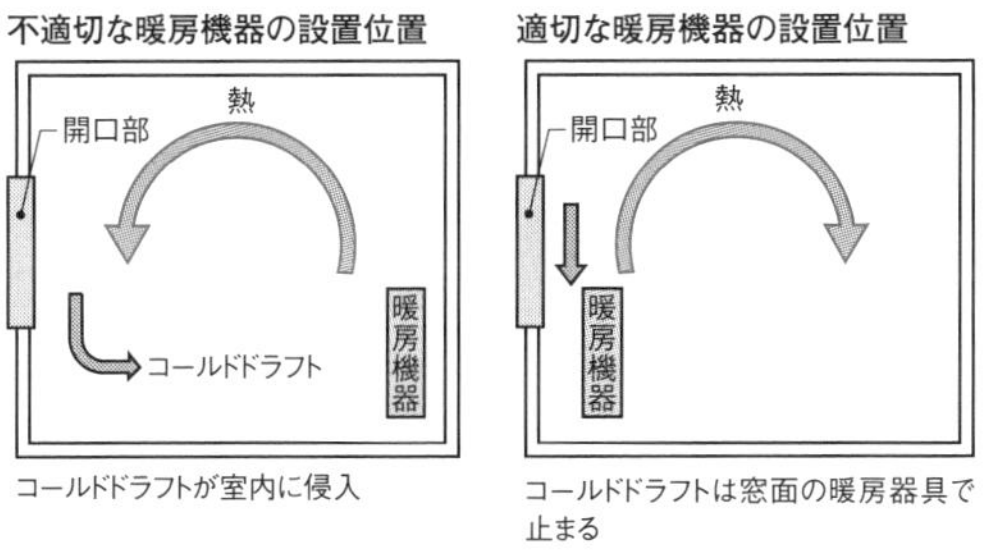

コールドドラフトが室内に侵入
コールドドラフトは窓面の暖房器具で止まる

図6｜ペリメーターゾーン

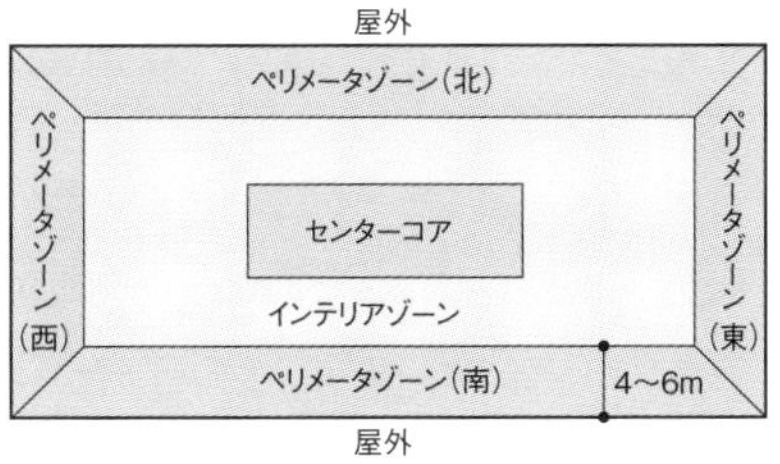

屋外に面する外壁や窓面から4～6mの範囲をペリメータゾーンという

図8｜庇などの日射遮蔽係数

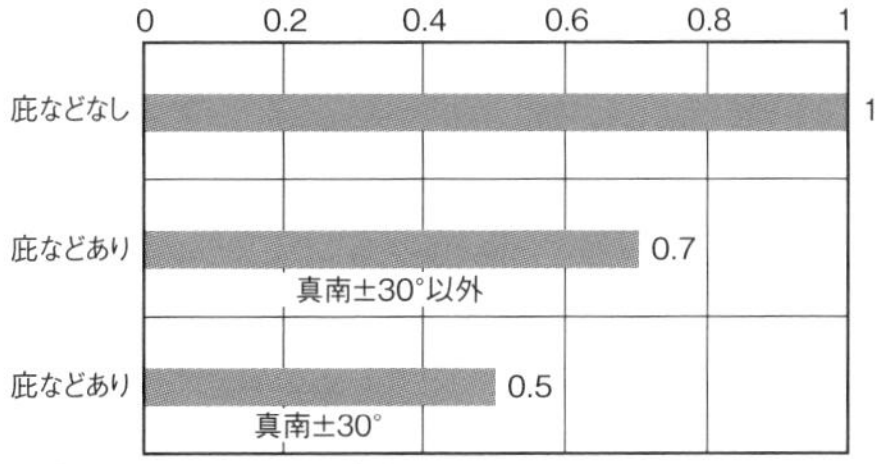

出典：「自立循環型住宅への設計ガイドライン」（（財）建築環境・省エネルギー機構）

図7｜開口部（ガラス面）の方位別日射熱取得率　引用：「空地調和ハンドブック」井上宇市 編、丸善出版

単位：W／㎡

	時刻	9	12	14	16
	トップライト	653	843	723	419
方位	北	42	43	43	38
	北東	245	43	43	36
	東	491	43	43	36
	南東	409	93	43	36
	南	77	180	108	36
	南西	42	147	377	402
	西	42	50	400	609
	北西	42	43	152	441

注　東京の場合（7月23日測定）

夏期にガラス面1㎡より、室内に入る日射熱量を示す。東～南東面の9時、西～南西面の16時が圧倒的に大きい。また、夏期はトップライトから熱エネルギーが終日室内に入る

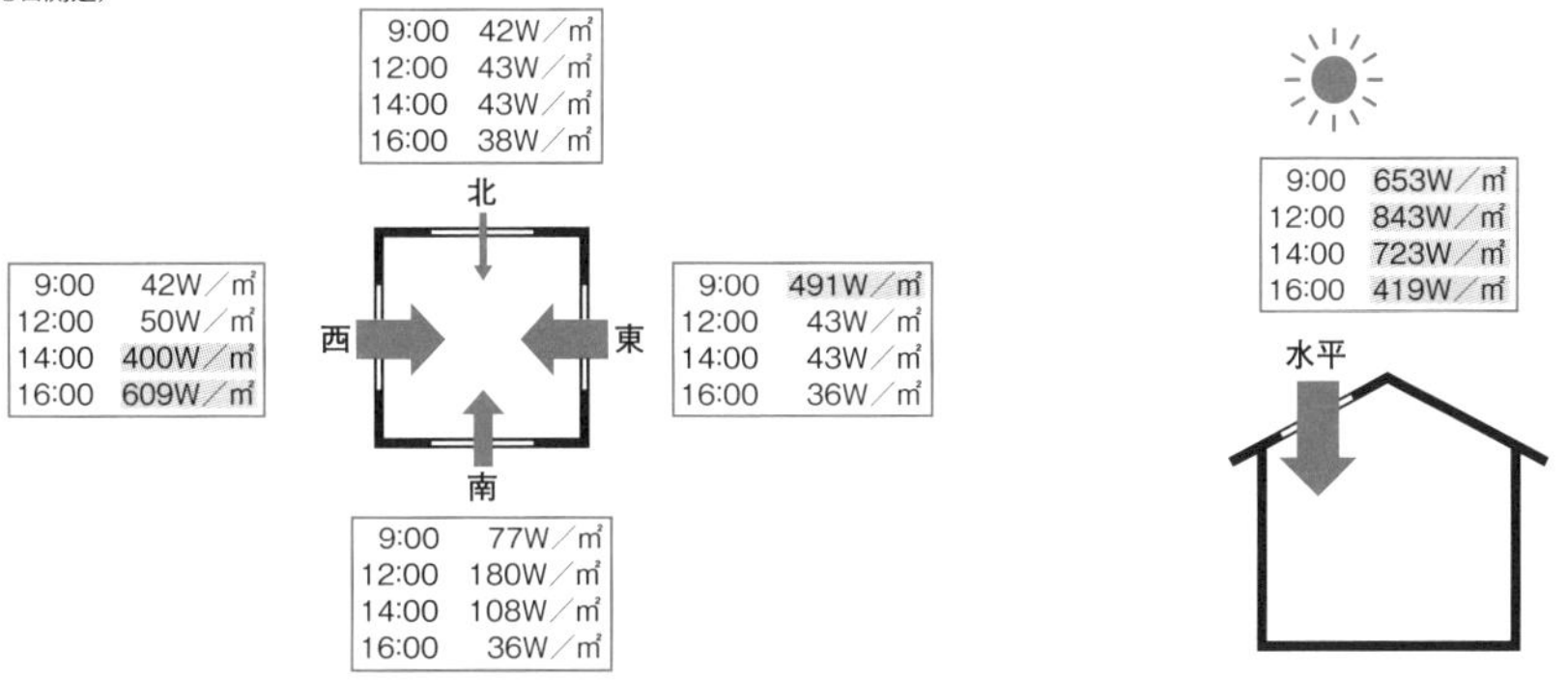

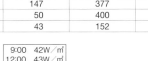

図9｜主にダクトの圧力損失が発生する部位

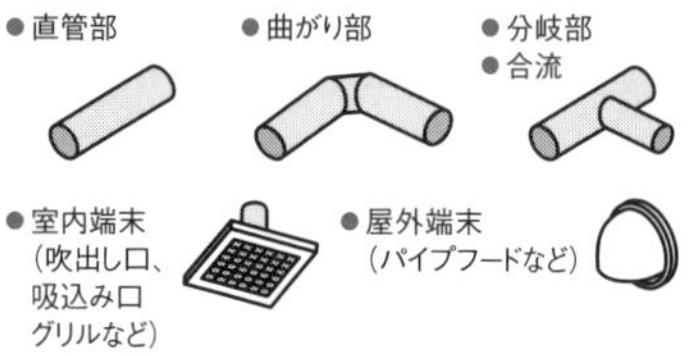

図10｜空調方式の決め方

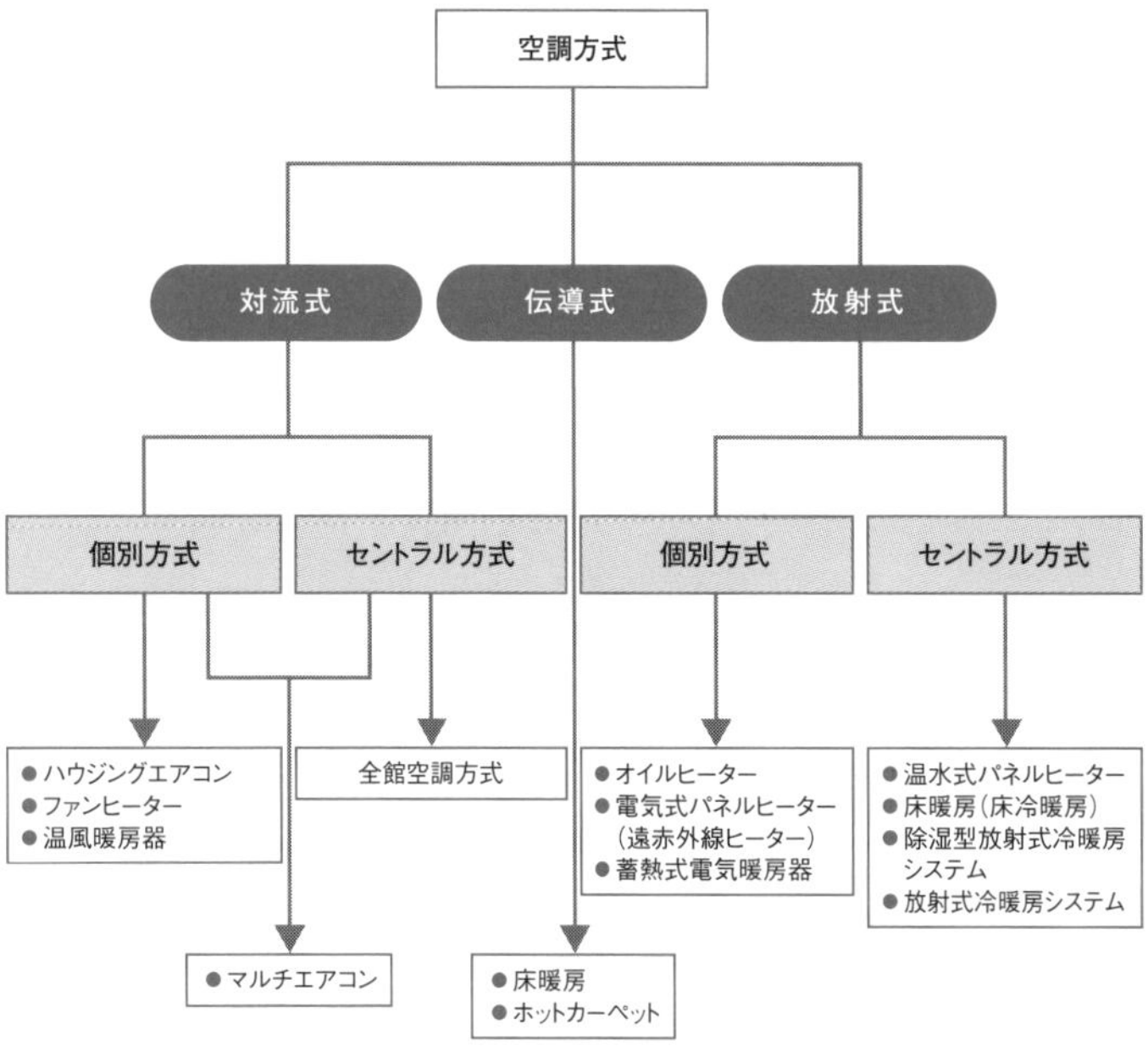

図11｜セントラル方式

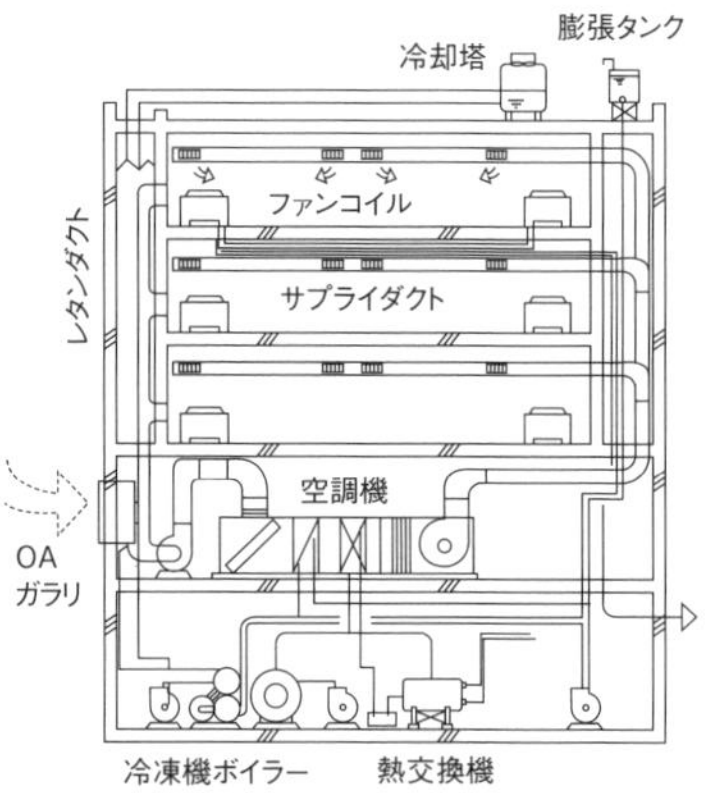

ファンコイルを設置するなど、それぞれ単独の空調とする対策を行う。

インテリアゾーン
室内にあって、外壁から離れていて、日射や外気の熱的な影響を受けにくいエリア。照明や人体などによる熱負荷の要素が多く、冷房負荷が大きくなりやすい。他方、外壁近くのエリアは**ペリメーターゾーン**と呼ばれる[325頁図6]。

熱容量｜ねつようりょう
物体の温度を1℃上げるのに必要な熱量。物体を熱した場合、質量・体積が大きいほど温度の上昇に時間を要する。単位はJ/K（ジュール毎ケルビン）。

日射｜にっしゃ
日光が射すこと。建築物内部への日射を適切に制御することで、居住の快適さを向上できる。

日射取得率｜にっしゃしゅとくりつ
ガラス外面に入射した日射熱のうち、透過および吸収後の放熱により室内に入る比率[325頁図7]。

遮蔽係数｜しゃへいけいすう
日射遮蔽装置あるいは特殊ガラスの遮蔽性能を表す指標[325頁図8]。

相当外気温度｜そうとうがいきおんど
日射量をそれと等価な温度に換算し外気温度を加えた温度。

非定常計算法｜ひていじょうけいさんほう
年間の空調負荷を計算する方法のこと。毎日・毎時刻に変動する室内外温湿度、日射、風速、風向、部屋の使い方や、休日などの空調運転停止時の影響も考慮したシミュレーションで、膨大な計算量をコンピュータによって計算する。

周期定常計算法｜しゅうきていじょうけいさんほう
温度や熱流が周期的（一般に1日周期）に変動するものとして、壁体の熱容量に起因する熱流の時間遅れや振幅減衰を考慮した負荷計算方法。

TAC手法｜たっくしゅほう
アメリカの暖房空調冷凍学会（ASHRAE）の技術諮問委員会が提案した、一定期間の観測記録の超過確率にもとづく統計手法による設計外界条件。

PMV｜ぴーえむぶい
予想温冷感申告（Predicted Mean Vote）のことでP・O・ファンガー教授が導出した快適性を表す指標。居室の温熱環境を評価するために用いられる。

人体の熱的快適感に影響する要素は6つあるが、室温・平均放射温度・相対湿度・平均風速の4つの物理的要素と2つの人間側の要素である在室者の着衣量と作業量が関係する。これらの要素に関して、その複合効果をどのように評価するかについての理論である。快適方程式に、この6つの要素を代入すると、人間がその時暖かいと感じるか、寒いと感じるかを「7段階評価尺度による数値」で表している。

圧力損失｜あつりょくそんしつ
空気がダクト内を流れるときや水が配管内を流れるときの摩擦抵抗を、空気や水がもつ圧力の低下（圧力の損失）で表したもの。換気の場合、搬送空気が機器・ダクト・吹出し口・吸込み口などから受ける抵抗で、抵抗値はそれぞれの仕様・形状によって異なる。抵抗の適切な算定が機器選定において重要である[図9]。

放射冷暖房｜ほうしゃれいだんぼう
対流ではなく固体面間の熱放射により冷房や暖房を行うもの。**輻射冷暖房**「ふくしゃれいだんぼう」ともいう。ドラフトを感じさせずに空調できるが、放射冷房の場合は表面結露が発生するため、冷房をすべて放射で行うのは難しい。放射暖房の例としては、パネルヒーティングがある。

温熱環境｜おんねつかんきょう
人が快適に過ごせる環境は、気温や湿度、作業・運動に伴う人間の代謝量の変化や衣服の種類などに左右される。夏は温度25℃で湿度50～60%、冬は温度22℃で湿度50～60%が最適とされる。

新有効温度｜しんゆうこうおんど
感覚的温度のひとつで「**ET***（イーティースター）」と表す。湿度50%を基準として、気温、湿度、気流、放射熱、代謝量、着衣量の6つの要素から総合的に評価する。代謝量や着衣量には個人差があるため、シミュレーションは容易ではない。

コージェネレーション
天然ガス、石油、LPガスなどを燃料として、エンジン、タービンを運転して発電、その際に生じた廃熱を冷暖房や給湯に利用するシステムの総称。非常に効率が高く、電気の使用が多い時期や時間帯に使用すれば電力のピークカットにもなる。停電時の非常用電源にも利用できる。エネファームもコージェネレーションの一種。

図12｜ヒートポンプの原理

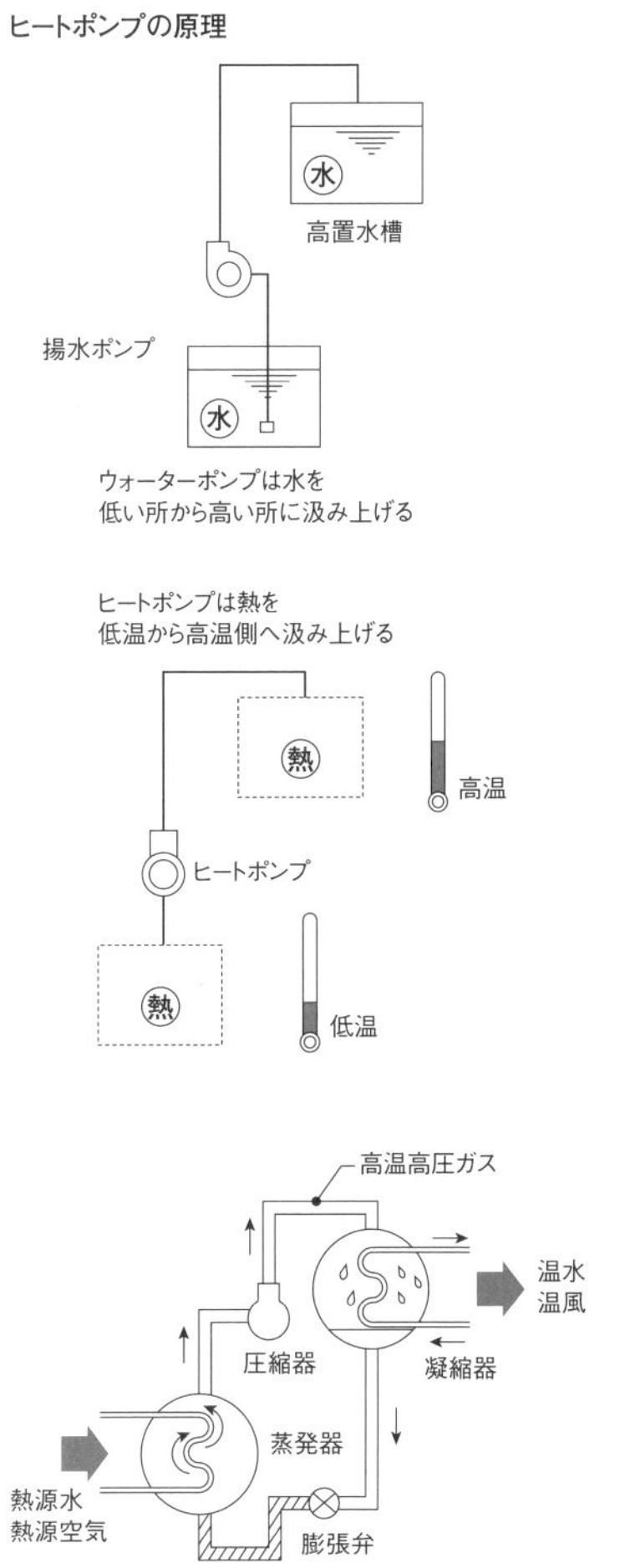

イニシャルコスト
新しい設備を導入する際、設置が完了するまでにかかる費用。初期費用ともいう。具体的には本体機器の価格、設置の際の人件費・運搬費・工事費などが含まれる。

ランニングコスト
設備を継続して使用するためにかかる費用。稼働中の電気代や燃料費だけでなく、安全かつ清潔に保つための定期的なメンテナンスのコストなどが含まれる。

空調方式

24時間換気システム｜にじゅうよじかんかんき―
常時換気を行うシステム。方式には、ダクトを利用して1台の換気機器で住宅全体を換気する**セントラル換気システム**やダクトを利用しない壁付けタイプの**個別換気システム**がある。

ゾーニング
建物を1台の空調機で空調するのではなく、階別、負荷別、用途別、時間別または方位別に分割して空調を行うこと。ゾーニングにより必要な部分のみ運転できるので、残業運転対応などが容易になる、空調負荷の大きい部分の温度設定を変更できるなど、小回りの利く運転や省エネルギー運転が可能。

エアカーテン
外気を遮断する空気の幕を作り出す装置。建物の天井に設置され、吹出し口から強力な空気を送り出す。用途はさまざまで、ほこり・花粉・臭気などを遮断できる。外気が室内に侵入することを防ぎ、冷暖房の空調効率を高めることもできる。気流の吹出し方向は上から吹き下ろす上下流式と、横から吹き出す横流式がある。分煙などにも利用される。

個別空調｜こべつくうちょう
1台の空調機で複数の部屋を空調するのではなく、各部屋に空調機器を配置し、部屋ごとに空調のオン・オフや温度・湿度制御ができる方式［図10］。個別空調は、各室の個別の温度要求に対応するフレキシビリティがあるが、機器が増えるためメンテナンスが増える。

各階ユニット方式｜かくかい―ほうしき
空調方法の一種。階ごとや方位別に設置した空調機器からダクトを通じて各室に温冷風を送り出す方式。ダクト接続方式。

マルチユニット方式｜―ほうしき
空調方式の一種。ビル用マルチエアコン（ビルマルチ）とも呼ばれる。332頁の「ビルマルチ」を参照のこと。

セントラル
セントラル方式の略。熱源機器、空調機、送排風機、自動制御監視・操作機器などを中央に集中した方式で、1つの熱源で建物全体の冷暖房を行う。主にボイラーや給湯機でつくった温水を利用して、床暖房やパネルヒーターで暖房を行う。全館空調ともいう。保守管理には有利だが、運転費や個別制御の面では不利な場合もある［図10・11］。

全空気方式｜ぜんくうきほうしき
熱輸送に空気のみを用いる空調方式。専用の機械室に設けたボイラーや冷凍機によって温度調節された空気を送る。機械が1カ所に集中することからメンテナンスはしやすいが、メンテナンス時には全館の空調に影響が出る。劇場などの大空間に向く。

セミセントラルヒーティング
住宅の暖房方式の1つで、1つの熱源で複数個所の暖房を行うシステムをいう。主にボイラーや給湯機を利用してつくった温水を利用して、床暖房やパネルヒーターで暖房を行う。

図13｜ヒートポンプ方式

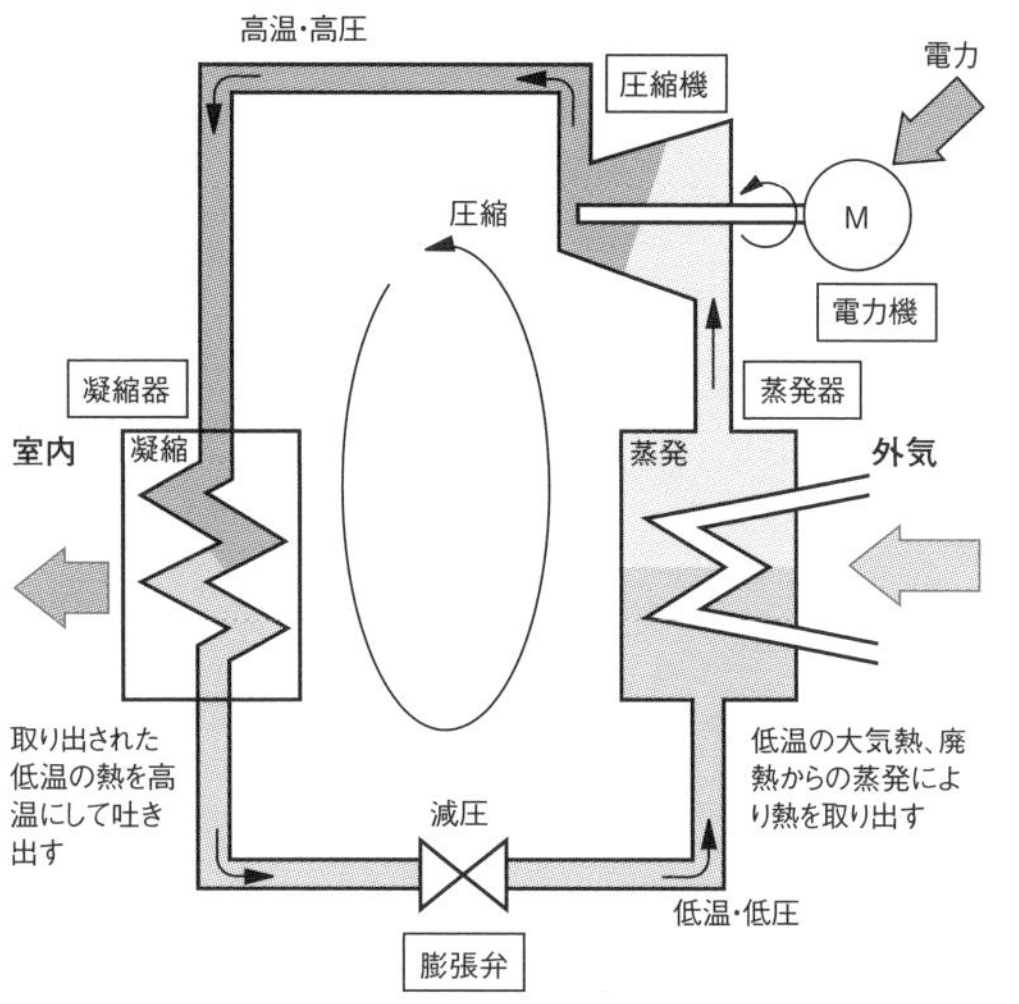

図14｜氷蓄熱方式

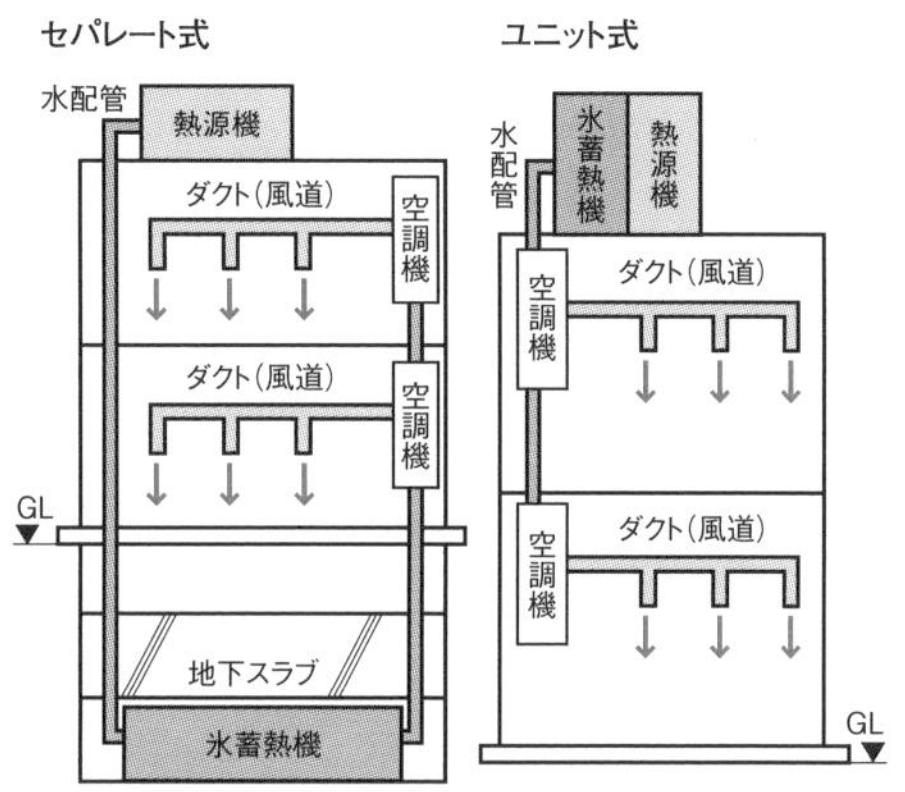

単一ダクト方式｜たんいつ—ほうしき　温風または冷風を空調機から単一のダクトで各室へ送り込む空調方式。各室の二酸化炭素濃度を下げるため外気を取り入れて送風する。

二重ダクト方式｜にじゅう—ほうしき　空調機から冷風と温風を別々のダクトで各室に送る空調方式。冷風と温風は各室の混合ユニットで適温に混合されてから吹き出す。冷暖房の制御が室ごとに調節でき、間仕切の変更にも対応しやすい反面、エネルギーの損失が大きいことから近年は減少傾向にある。

水方式｜みずほうしき　設置された熱源から冷温水を各室に送り、そこで空気と熱交換を行い空調する。ダクトがないことが特徴で、階高があまりとれない場合に有効。

2管式｜にかんしき　各室に供給する冷温水の配管が往き還りの各1本で計2本となる水方式。冷暖房同時運転はできない。冷温水の還り配管を足した3管式は冷暖房の同時運転が可能だが、冷温水の混合損失が大きいため、あまり普及していない。

4管式｜よんかんしき　温水・冷水それぞれの往き還りの管を計4本配して、冷水と温水を個別に利用できるようにした水方式。ほかの水方式に比べて、より細かな制御が可能だが、イニシャルコストとランニングコストが高いのが難点。

ダイレクトリターン　冷温水配管における配管方式の一種。直接環水方式。ポンプから近い順に機器を接続する。距離が長くなると圧力が弱まり、流水量も少なくなる。これは定流量弁を使用することで改善される。配管系統が単純なため、リバースリターンに比べコストは安い。

パーソナル空調方式｜—くうちょうほうしき　空調設備の制御を個人の快適感に対応させてきめ細かく制御する方式。イニシャルコストが高く、メンテナンス点検個所も増えるため維持管理コストも増大する。

VAV方式｜ぶいえーぶいほうしき　**可変風量方式**（Variable Air Volume System）の略。空調機から送られてくる一定温度の空気の送風量を、室内の負荷変動に応じて変化させる空調方式。空調機の給気ファンの風量をインバータで回転数制御を行うためにファンの動力の低減が可能な省エネルギーシステム。

定風量方式（CAV方式）｜ていふうりょうほうしき（しーえーぶいほうしき）（Constant Air Volume System）　空調機からの風量を常に一定に保ち、送風の温度・湿度を変化させて空調する全空気方式の一種。熱負荷が均一な大空間向き。

ヒートポンプ方式｜—ほうしき　低温の空気や水から熱を取り出し昇温して高温の熱として取り出す機械［327頁図12・13］。蒸発器で採熱する場所と凝縮器で放熱する場所を入れ替えることで温水や温風を取り出す。冷凍機は室内の熱を外部に排出しているが、ヒートポンプは低温の外気から熱を取り出し室内を暖房している。

氷蓄熱方式｜こおりちくねつほうしき　蓄熱方式の1つで、氷の潜熱を利用して蓄熱する蓄熱方式［図14］。水蓄熱方式と比較して蓄熱に必要な体積が小さく、建築工事への影響が少ない。しかし、水蓄熱と比較すると氷を製造するためシステム効率は下がる。熱源機と氷蓄熱槽の構成から、熱源機と氷蓄熱槽を別々に設置するセパレート式と、一体化させたユニット式がある。なお、蓄熱方式は深夜に運転されるので、近隣に住宅がある場合、熱源機器の騒音値と地域の騒音規制値を確認し、防音壁などの対策を行う。

熱回収方式｜ねつかいしゅうほうしき　建物の余剰熱や、ムダに捨てられている排熱を回収し、建物内の熱の不足している場所へ搬送して、暖房や給湯の熱源として利用する方法。空気と空気を熱交換する**全熱交換器**［ぜんねつこうかんき］を利用するものと、ヒートポンプを利用するものとがある。

熱リサイクル方式｜ねつ—ほうしき

図15｜エアコンの機能

除湿機能

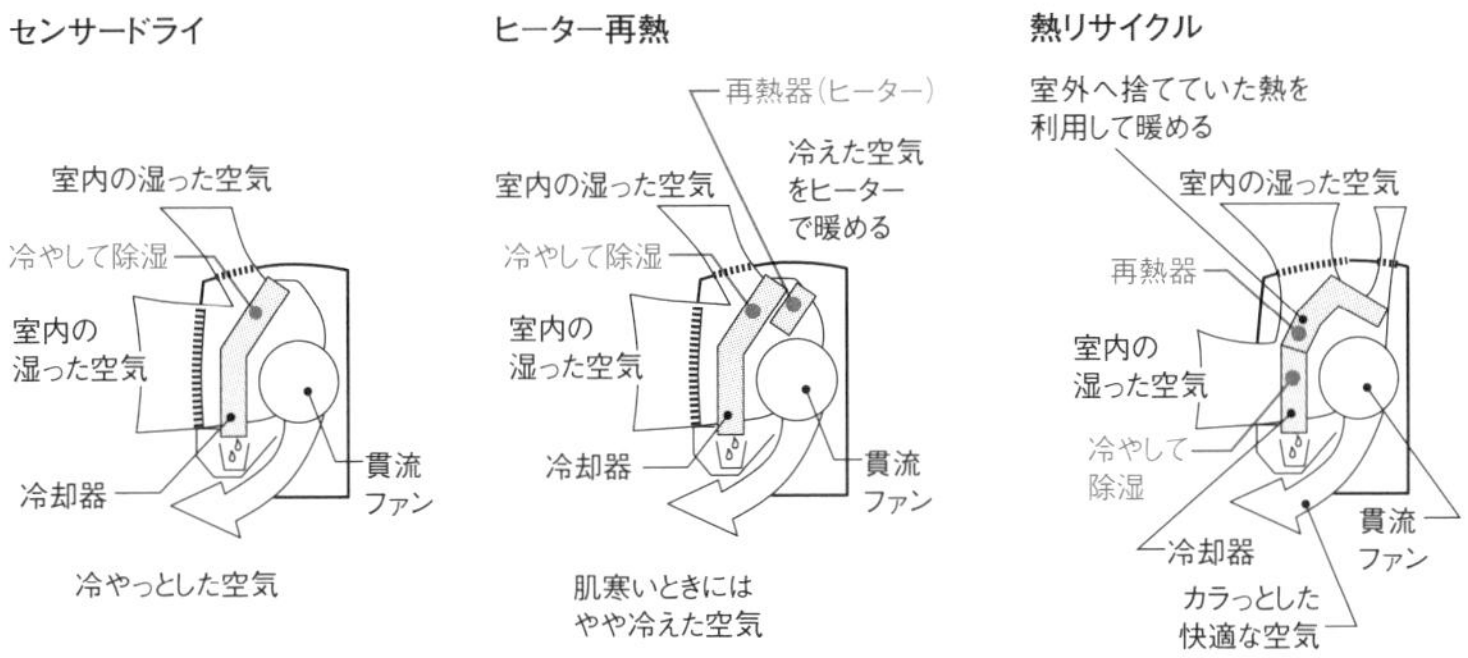

除湿方法には、①センサードライ（弱冷房を繰り返し除湿するが、吹出し温度が低く室温が下がる）、②ヒーター再熱方式（除湿のために冷やした空気を電気ヒーターで再熱し供給する）、③熱リサイクル方式（除湿のために冷やした空気を排熱を利用して再熱し供給する）、の3方式ある。省エネ·高性能を売りにした機種では③が主流

酸素供給機能

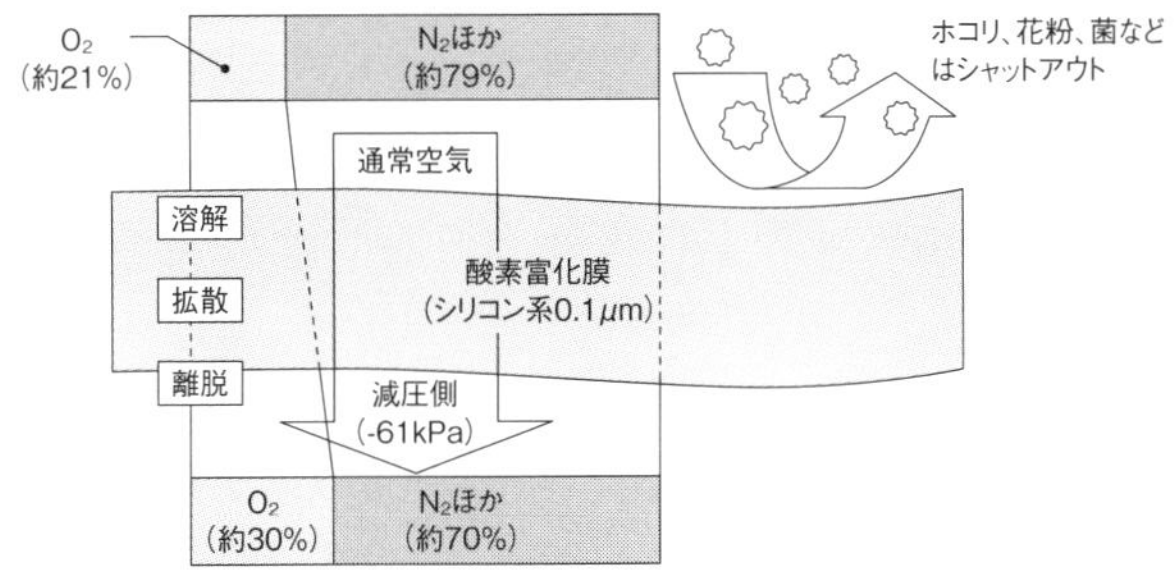

酸素富化膜を通る空気成分の速度の違い（酸素のほうが窒素より早い）を利用して高濃度の酸素を供給し、酸素濃度21%を維持する

空気清浄機能

臭い·細菌·ウイルスなどに対しては酸化チタンと紫外線で分解する光触媒方式、ホコリ·花粉·たばこの煙などに対してはフィルターで捕集する方式、電気的に帯電させ集じんする電気式集じん方式、また吸着させるイオン式などがある

床暖房機能

1つの室外機でエアコンと床暖房が利用でき、室温や快適性をそれぞれの組合せで自動制御できる

図16｜パッシブシステムの仕組み

エアコンにおける除湿方式の1つ。除湿効果を高めるには空気を冷やす必要があるが、室温を下げすぎないために冷やされた空気を室外機から排出される熱を利用して再熱し、温度を上げて室内に供給する除湿方式[図15]。

高温水暖房｜こうおんすいだんぼう

水は密閉容器のなかで圧力を加えて熱すると、沸騰点が100℃以上の温水が得られる原理を利用した方式。大量の熱搬送が可能なところから、工場や大学キャンパス、**地域暖房**に利用されている。

輻射冷暖房｜ふくしゃれいだんぼう

輻射（放射）によって暖冷房を行うシステム。輻射暖房とは放射暖房のことで、室内から外部に逃げる熱を、室内に設置した加熱面からの、主に放射熱によって補償する暖房方式で、加熱面として床、天井、壁などの建築体そのものを用いるものや、高温放射板や赤外線加熱器を用いるものなどがある。床暖房やパネルヒーター、ストーブ、暖炉などがあり、物体を直接暖めたり冷やしたりする効果があることから、熱源から離れた場所でも効果があり、気流のないマイルドな温熱感を得られる。天井面（パネル）を冷やし、輻射暖冷房を行う例もある。

遠赤外線暖房｜えんせきがいせんだんぼう

ガスまたは電気を熱エネルギー源として遠赤外線を放出する暖房方式。熱放射面が比較的低い表面温度（200～400℃）から人体そのほかに吸収されやすい長波長の赤外線、いわゆる遠赤外線を放出する材料でつくられているもの。

リバースリターン

冷温水配管における配管方式の一種。主に大規模な建物において、分岐配管の流体の循環量を均一にするための配管方式。各系統の抵抗が均一になるように、往管または返り管の一方を一度逆方向に流してから、元に戻すような配管方式。

パッシブソーラーシステム

太陽熱を室内環境のために有効利用したシステムで、太陽熱を直接取り込みリアルタイムで熱として利用する方法や壁や床に蓄熱させて有効に利用する方法がある。パッシブソーラーシステムを検討する場合、建物方位、開口部の面積と仕様、外壁などの仕様が大きく関わるため、十分検討する[329頁図16]。

アクティブソーラーシステム

太陽熱を室内環境のために有効利用したシステムで、何らかの動力を使って太陽熱を給湯の熱源に利用したり、空調の熱源としたりする。換気のために機械設備を併用するもの、暖冷房に機械設備を併用するもの、太陽熱で水を温めて給湯したり、ポンプで循環させて暖房に利用するものなど、さまざまなシステムが開発されている[図17]。

OMソーラーシステム—おーえむ

OMソーラー協会が販売する軒先から外気を取り込み、屋根面の集熱装置で暖めて建物内に取り込むシステム。冬は温まった暖気を床下の蓄熱コンクリートに送り、夜間利用される。夏は温まった暖気を利用して給湯の補助熱源とするとともに、屋根裏の排熱を行う。さらに、夜間の放射冷却によって冷やされた空気を取り込む。集熱パネル、集熱ダクト、ハンドリングボックス、蓄熱コンクリートなどから構成される[図18]。

ダイレクトゲイン方式—ほうしき

太陽からの日射熱を窓から取り込んで蓄熱材に熱を蓄え、夜間や曇天時にその熱を利用して暖房効果を得る方式。

トロンブウォール方式—ほうしき

窓ガラスの内側に蓄熱性のある壁を設け、昼間の日射で蓄積された熱を夜間や曇天時に利用して暖房効果を得る方式。窓と壁の間に生じた対流も利用する。

図17 アクティブシステムの仕組み

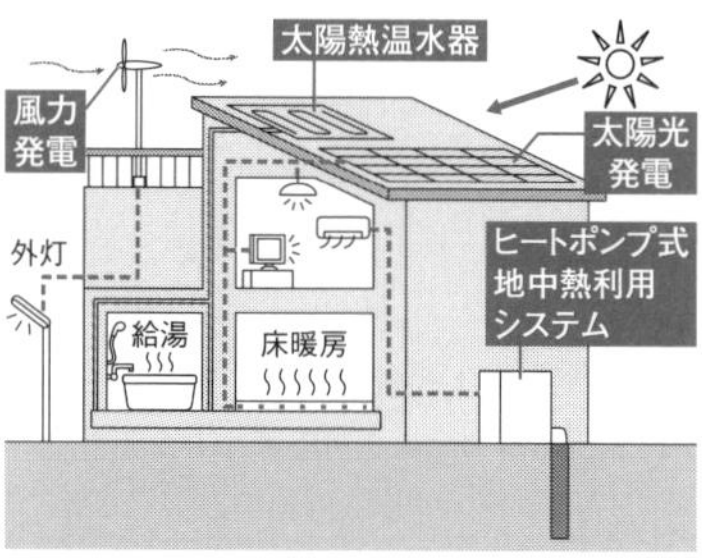

図18 OMソーラーシステムの仕組み

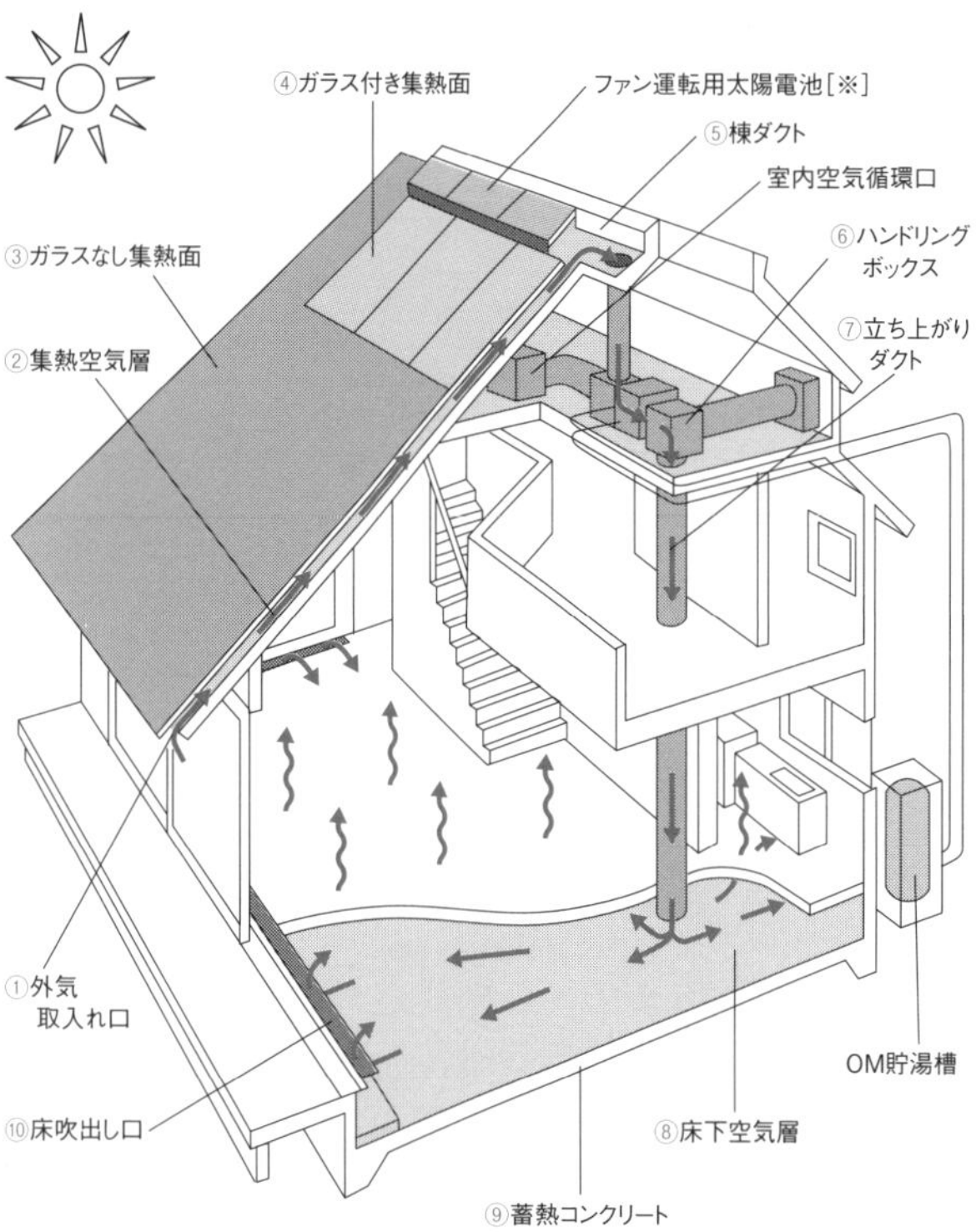

※ 自立運転型ハンドリングの場合

図19 空調機

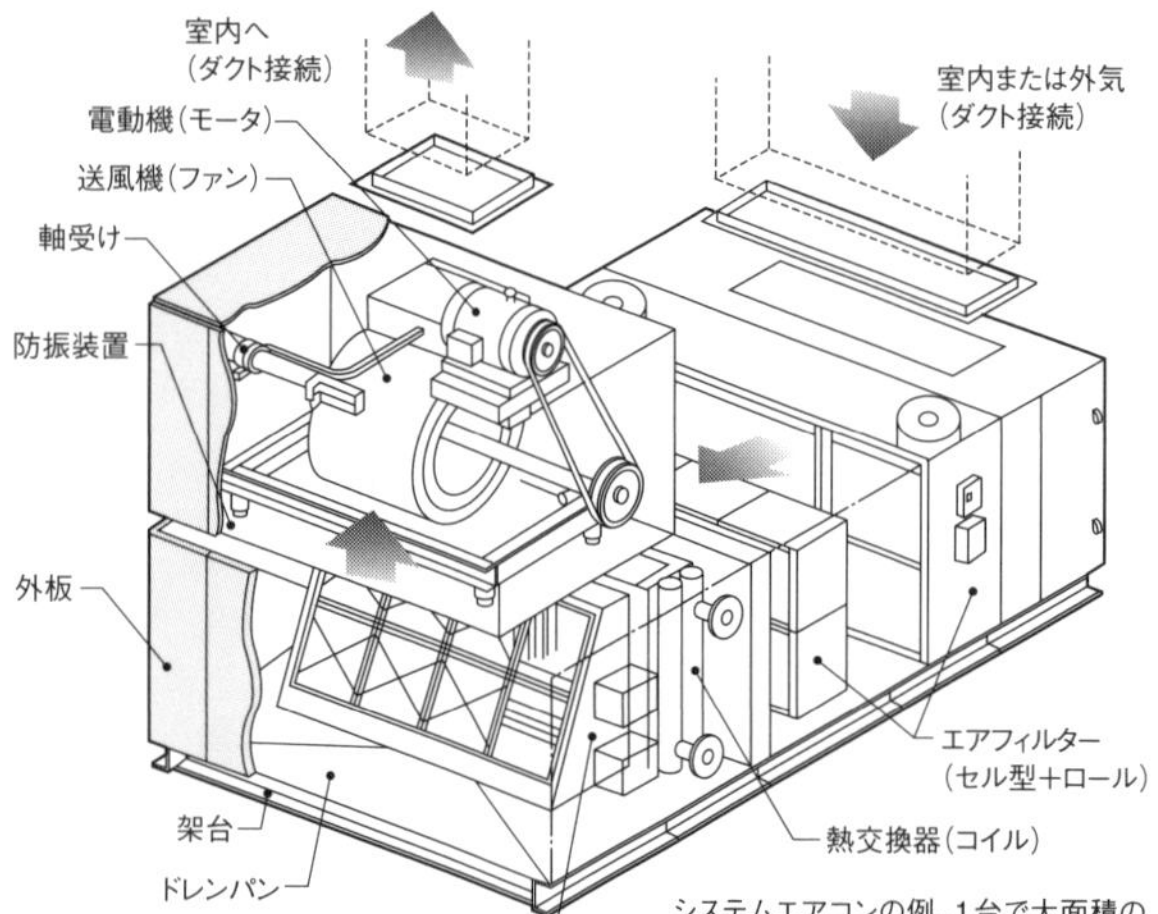

システムエアコンの例。1台で大面積の温度・湿度調整や空気清浄などを行える

図20 エアコンのタイプ

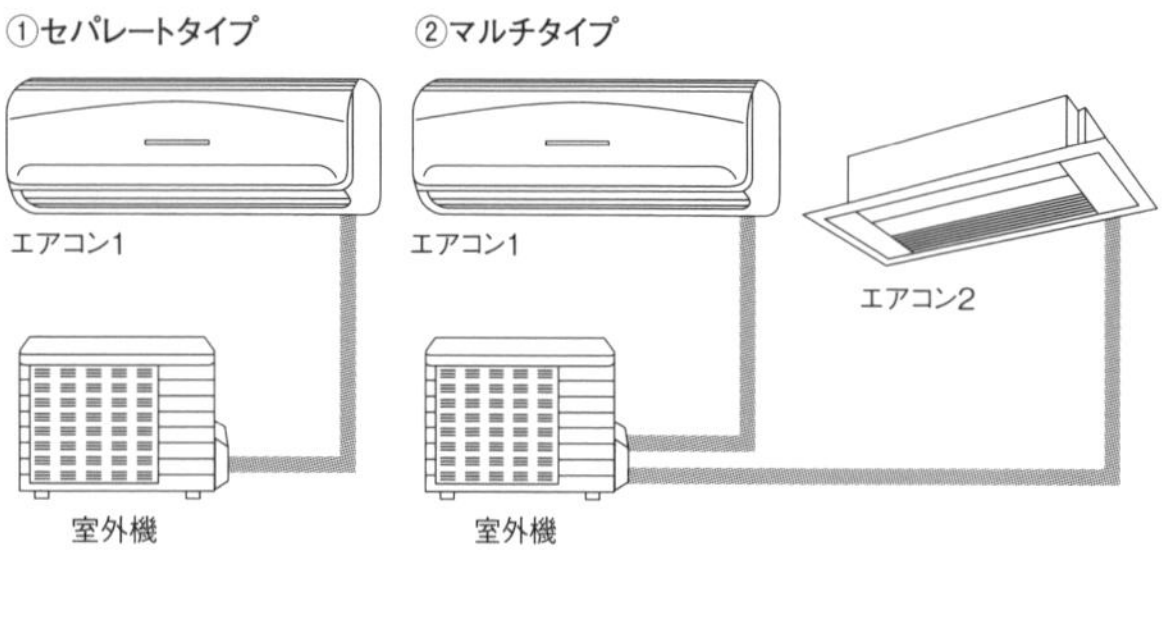

空調機器

空調機｜くうちょうき
室内の空気状態（温度、湿度、清浄度）を制御する装置[図19]。ファン、コイル、フィルター、加湿器や空気混合ボックスで構成されている。形状により、水平型、縦型がある。また、送風量が3千～4万m³/hで全熱交換器や換気ファンを組み込んだ**システムエアコン**、送風量が2千400～1万5千m³/hとして設置面積を抑え、オフィスなどで廊下とオフィスの壁の柱間に収納できる**コンパクトエアコン**がある。送風量が大きくなるほど空調機のサイズも大きくなる。そのため、送風量が1万5千m³/h以下になるように**ゾーニング**すると、搬入・搬出が容易とされている。

エアコン
エアーコンディショナーの略で、室内機と室外機および冷媒管から構成され、冷房・除湿・暖房など室内の空気を調整できる機械で家庭用に使用されているものをいう。原理は、室外機のコンプレッサーで圧縮した冷媒に、室内（室外）の熱を吸収・気化させ室外（室内）に放出することで暖冷房を行う。基本的には外気と室内の熱のやりとりである。住宅用では壁掛け型が一般的だが、天井カセット型や天井隠蔽型、また床置き型、天吊り型などがある。能力は主に2.2～5.0kWで6段階あり、多くは「対応する部屋の広さ○畳」と表示されている。木造の場合2.2kWは6畳、5.0kWは16畳が能力の目安である[329頁図15・図20]。

窓用エアコン｜まどよう―
窓枠に専用のフレームを挟んで設置する空調機。配管工事が要らないため設置が容易。近年はドレンレス型が主流。

CO_2エアコン｜しーおーつー―
CO_2を冷媒としたエアコン。フロンを冷媒としたものに比べ、地球温暖化への影響は小さいとされている。フロン系冷媒より大きな圧力が必要になることが課題。

セパレートタイプ
1台の室外機に対して室内機が1台のエアコン[図20①]。

マルチタイプ
1台の室外機に対して複数台の室内機が接続できるエアコン[図20②]。

天カセ｜てん―
天井吊り型カセットの略称で、ファンコイルユニットあるいはパッケージ型空調機の屋内機に応用される。それぞれの空調機能にフィルター、吸込み口、吹出し口、コントローラを一体に組み合わせて現場の施工性を向上させた機器。

パッケージ
パッケージ型空気調和機の略。構成は家庭用エアコンと同じ仕組みで、送風機、熱交換器、圧縮機、フィルター、制御機器などをパッケージに納めた空調機のこと[図21]。いわば冷凍機と空調機を一体にしたもので水冷式と空冷式がある水冷式は冷房専用で暖房が必要な場合は電気ヒータなどを組み込む。空冷式は冷房と暖房ができる。空冷式は室内機と屋外機に分かれていて、その間を冷媒管でつなぐ。床置き露出型、ダクト接続型や天吊型、天井カセット型、天井隠蔽型があり、ビルマルチもこの一種である。

GHP｜じーえいちぴー
Gas Heat Pump（**ガスヒートポンプ**）**システム**の略。ガスエンジン駆動のヒートポンプシステムのことで、空気熱源ヒートポンプパッケージ方式の電気モーター駆動の**EHP**（Electric Heat Pump）や灯油エンジン駆動の**KHP**（Kerosine）に対する略語である[図22]。暖房時は、燃焼廃熱も利用するため効率が高くなる。

エアハン
中央空調方式に用いられる空調機で、主な構成部品はエアフィルター、熱交換器、加湿器、送風機、ケーシングなどからできている。

システムエアハン
全熱交換器をエアハンドリングユニットに組み込み、自動制御装置を一体でコンパクトにまとめ、工場製作し、省スペースを図った空調機。

ファンコイル

図21｜パッケージ

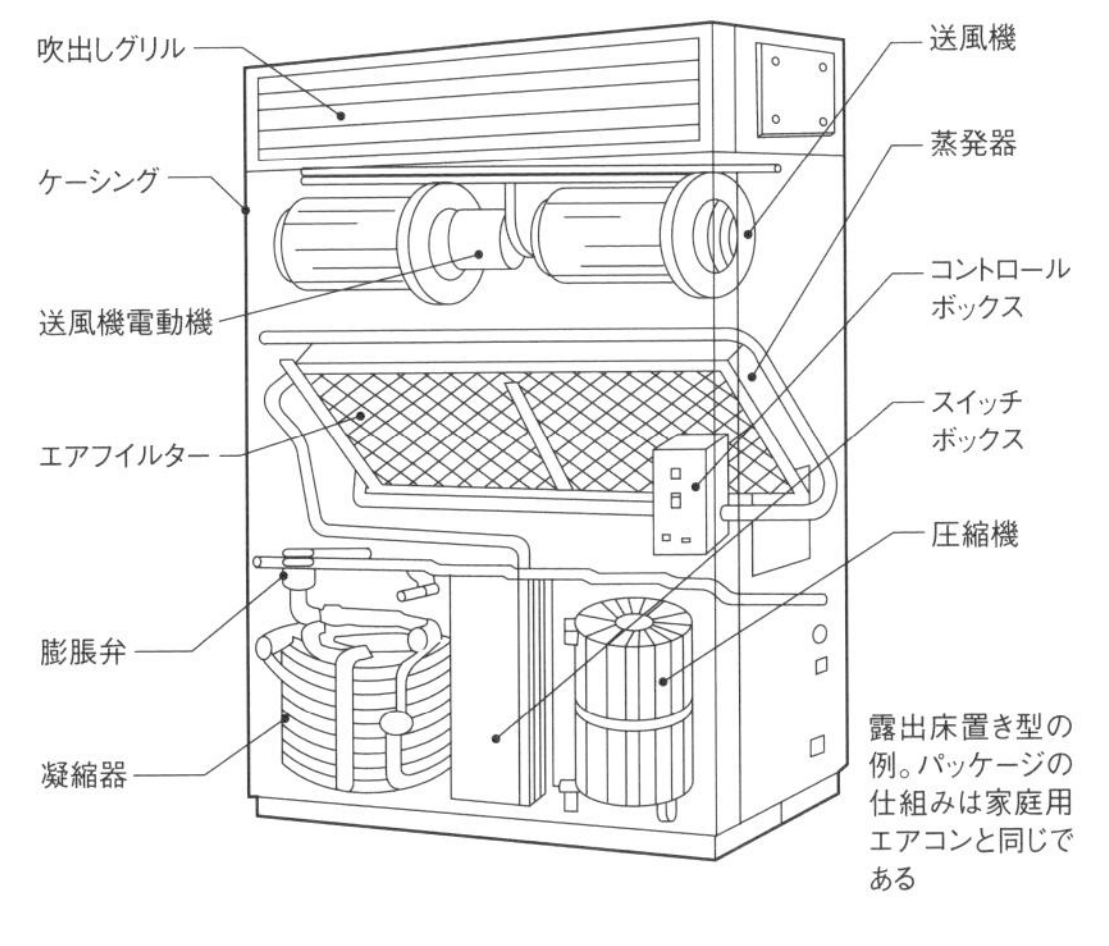

露出床置き型の例。パッケージの仕組みは家庭用エアコンと同じである

図22｜GHP

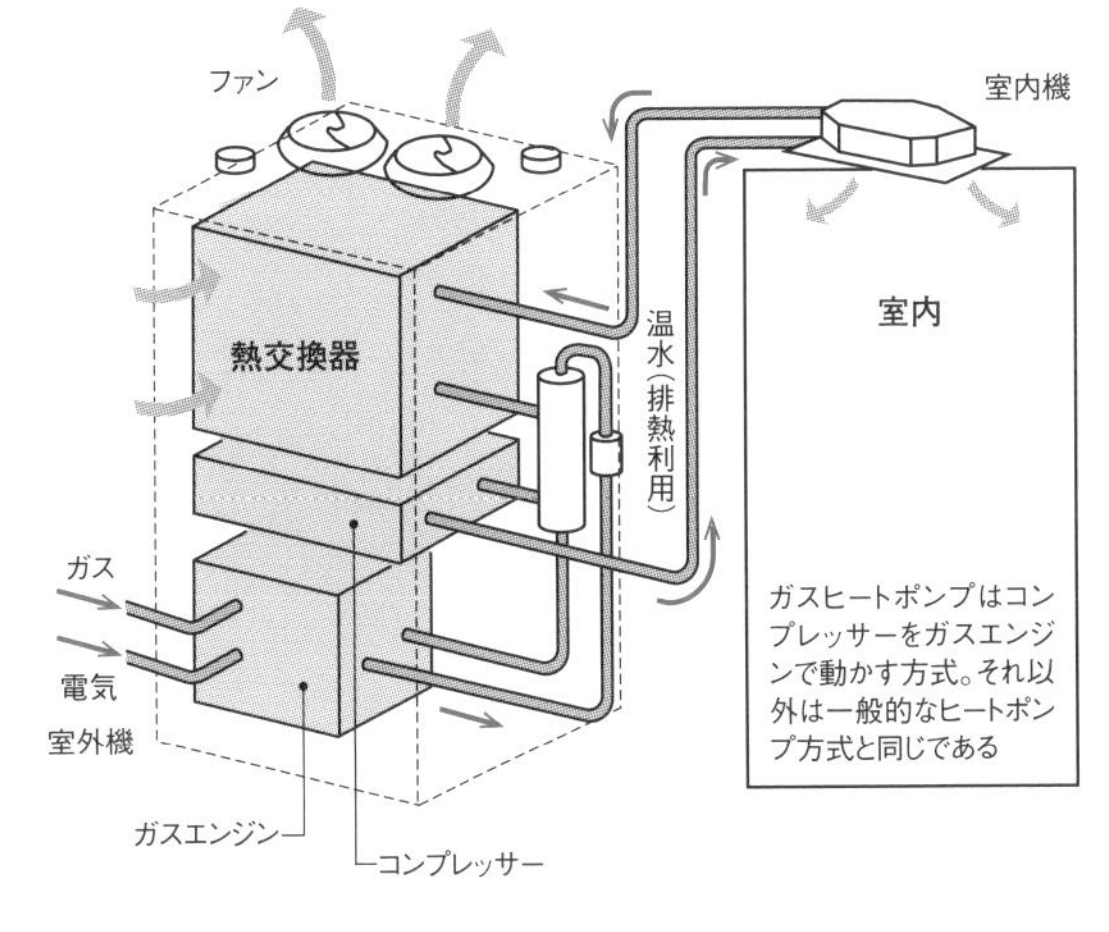

ファンコイルユニットの略称で、冷温水コイル、送風機、フィルタ、ケーシングから構成されており、冷水・温水の供給を受けて冷暖房を行うユニット[図23]。空調を行う室の床や天井に設置し、室に設置されたスイッチにより個別に運転できる。ファンコイルで使用する冷水や温水は、別途、冷凍機やボイラなどの熱源装置で製造し、ポンプと配管で送る。露出型、床置き隠蔽型、天吊露出型、吹出し口をダクトで接続する天井隠蔽型、天井カセット型がある。ファンコイルの空調能力は一般の空調機の1/10程度である。

図23｜ファンコイル

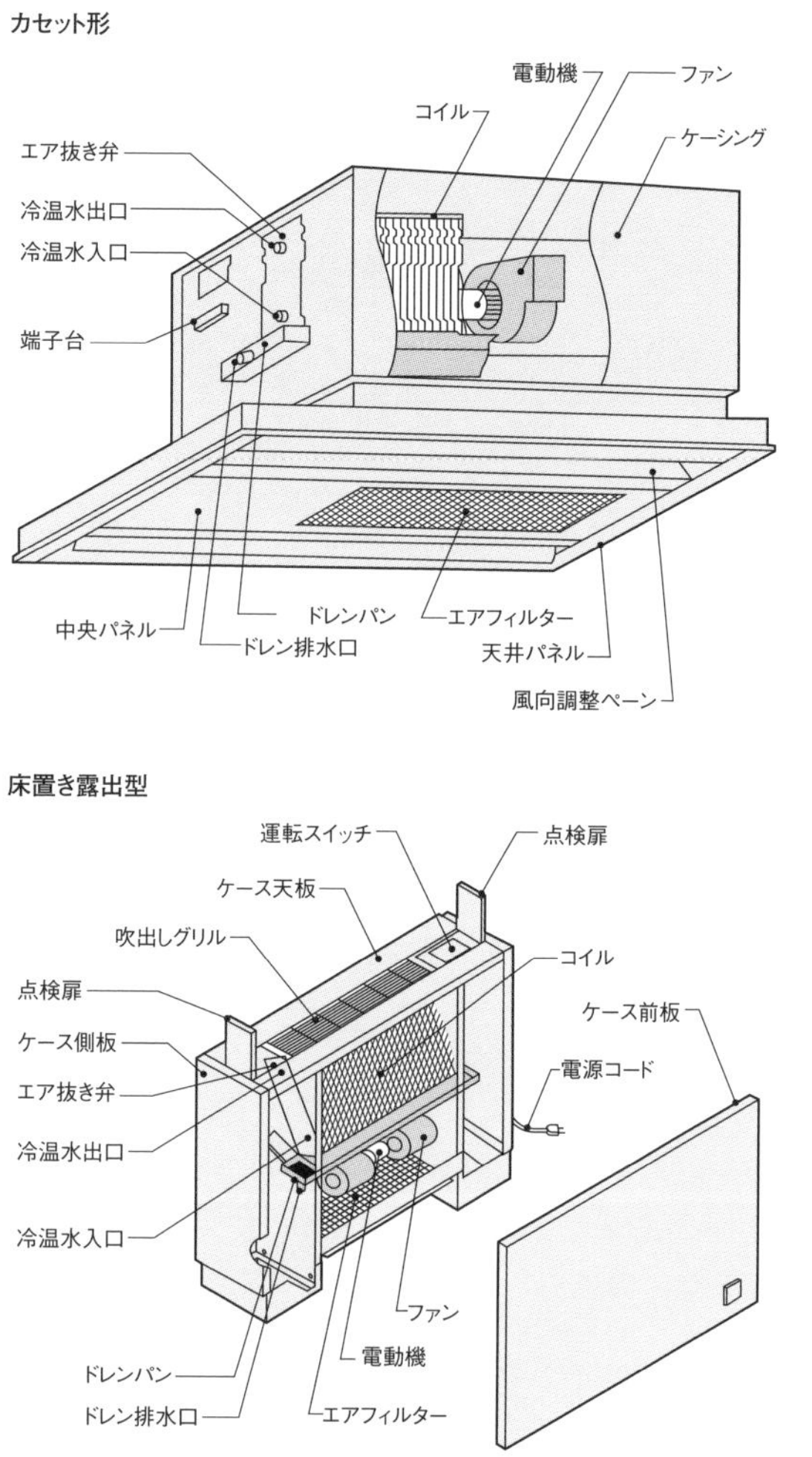

ビルマルチ

1台の屋外機と複数の屋内機を冷媒管で接続して1つのシステムを構成する個別空調方式[図24]。中小規模の建物を中心として用いられる。個別運転ができるため、残業運転などの対応が容易。冷暖房を同時に行う方式もある。室内機の形式としては、天井隠蔽型、天井カセット型、床置型がある。屋外機の容量があれば室内機の増設も容易である。

フィルター

空調する循環空気中の塵埃を取り除く目的で空調機内部に設置するもの。フィルターの種類としては、中性能フィルターが使用される。3千m²/h以上の特定建築物ではビル管法（建物の衛生的環境確保に関する法律）が適用され、室内の浮遊粉じん量が0・15mg/m³以下となるような換気量とフィルターの設定が必要。なお、厨房などからの排気される油煙に含まれる油脂分やダストを取り除くものを特に**グリスフィルター（グリース）**という。

熱交換器｜ねつこうかんき

エアコンの冷媒から空気に熱を伝えるコイル部分で、熱交換効率を高めるためコイルの周囲に多数のフィンが設置されている。熱交換器に通すことで室内空気を冷却・加熱し、暖冷房を行う。

全熱交換器｜ぜんねつこうかんき

空調に使用される排熱回収用の空気対空気熱交換器で、室内からの排気と取り入れた外気との間で、**顕熱**のみならず空気中の水分すなわち**潜熱**も同時に交換するもの。第1種換気方式である。省エネルギー効果が大きく、熱回収率は回転型（吸熱再生型）で80%程度、静止型（透過型）で60～70%程度と公称されている。**全熱**は顕熱と潜熱の両方という意味で、空気のエンタルピーに相当する[図25・26]。夏など高温で高湿度な外気を室内に取り入れる際、室内の乾燥し冷えた空気と温度・湿度が交換されるため、温度・湿度が外気よりも低い状態で室内に取り込むことができる。**ロスナイ**などはこの方式に当たる。

図24｜ビルマルチ

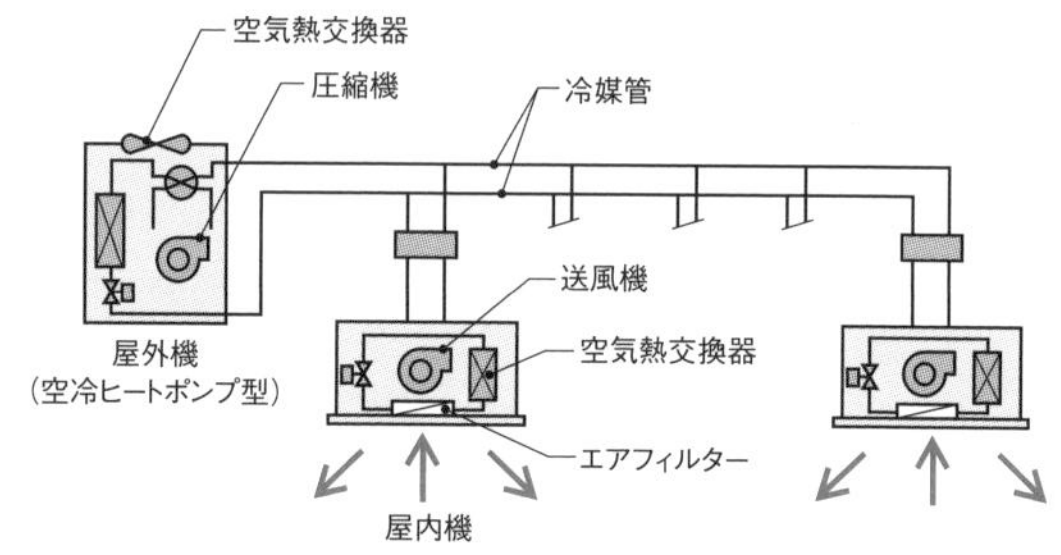

ドレン

室内の蒸気が熱交換器に吸い込まれて熱を失い、結露が生じて液体に変化したもの。これを室外などに排水する管を「ドレン管」と呼ぶ。ドレン管が水垢やほこりなどで詰まると水漏れの原因になるため、定期的な点検とメンテナンスを心がけたい。

ロスナイ

静止型全熱交換器の商品名で、透湿性のある特殊紙などで流路を仕切り、給気と排気を隣り合わせに流す全熱交換器[図27]。

顕熱交換型換気扇｜けんねつこうかんがたかんきせん

換気時の排気から顕熱を回収して給気する換気扇。外気と室温の差が大きいほど熱回収効果が高い。熱のみ回収するため湿気や臭気は移らないが、潜熱を回収しないため全熱交換型よりも効果は小さい。

コンベクター

対流放熱機のことで、対流によって熱の大部分を放熱する暖房などに用いる装置。

チラー

冷温水をつくる冷凍機のこと。圧縮機、凝縮器、電動機と冷却器（蒸発器）を組み合わせたもので、チリングユニットの略称。

コンプレッサー

冷媒を圧縮する部分。エアコンなどのヒートポンプを成立させ、効率よく熱放出させるための重要な要素である。

インバータ

圧縮機などの回転数を空調負荷に応じて変化させ、容量制御を可能にしたシステム。電圧を一定にして回転数を制御するPWM制御と、電圧を変化させることにより回転数を制御するPAM制御がある。

図25｜全熱交換器の種類

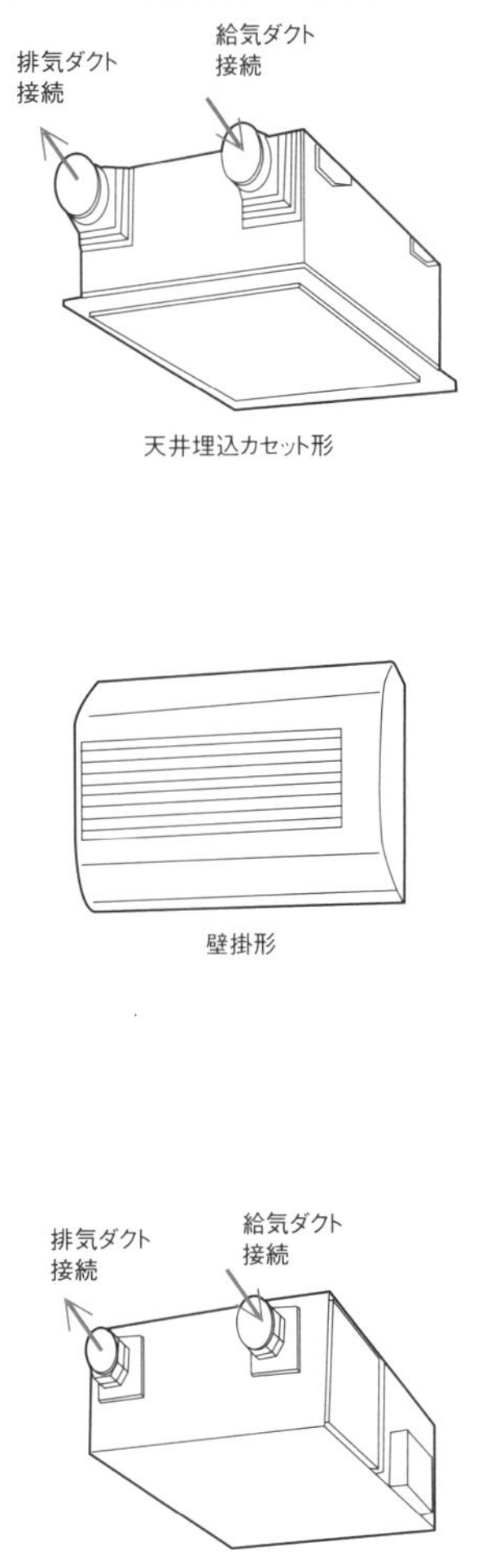

天井埋込カセット形

壁掛形

天井埋込ダクト形

図26｜全熱交換器

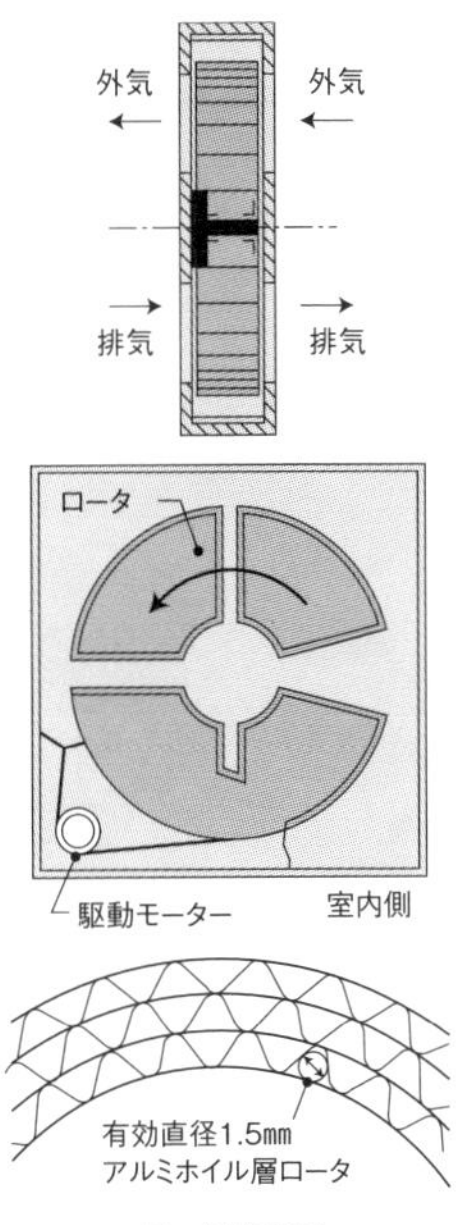

ロータ拡大図

COP｜しーおーぴー

成績係数と呼ばれ、機器の入力に対する出力の比である。エアコンのCOPは消費電力に対する暖冷房能力の比となり、数値が大きいほど能力が高い［図28］。

HEPAフィルター｜へぱー

High Efficiency Particulate Air Filterの略語。空気清浄のための高性能微粒子フィルター。定格風量で粒径が0.3μmのDOP粒子に対して99・97％以上の粒子補修率をもつ。

図27｜静止型全熱交換器

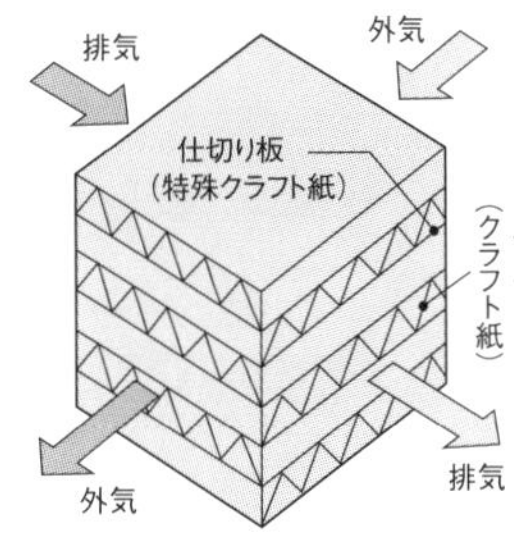

開放式燃焼機器｜かいほうしきねんしょうき

屋内で給排気する燃焼機器。酸素の供給が不足すると不完全燃焼を起こす。換気扇付近に設置することが望ましい。

半密閉式ガス燃焼機器｜はんみっぺいしき―ねんしょうきき

燃焼用の空気を屋内から取り、燃焼排ガスを排気筒で屋外に出す方式で、自然通気力による自然排気方式（CoVentional Flue=CF）と、排気ファンを用いる強制排気方式（Forced Exhaust=FE）方式がある。半密閉式ガス燃焼機器を設置するときは、正しく排気筒および換気口の設置をしないと、不完全燃焼や一酸化炭素中毒の原因ともなる。一般に強制排気方式のガス燃焼機器はガス機器自体に排気ファンを備えており、それに排気筒を取り付ければよい。

FF式燃焼機器｜えふえふしきねんしょうき

Forced draught balanced flue typeの略。強制給排気型暖房機のことで、燃焼機器への給排気を送風機によって強制的に行う密閉燃焼方式で室内の空気に関係なく燃焼させるので室内の換気は特別必要なく、室内空気が汚染されないとい

写真1｜温水式床暖房

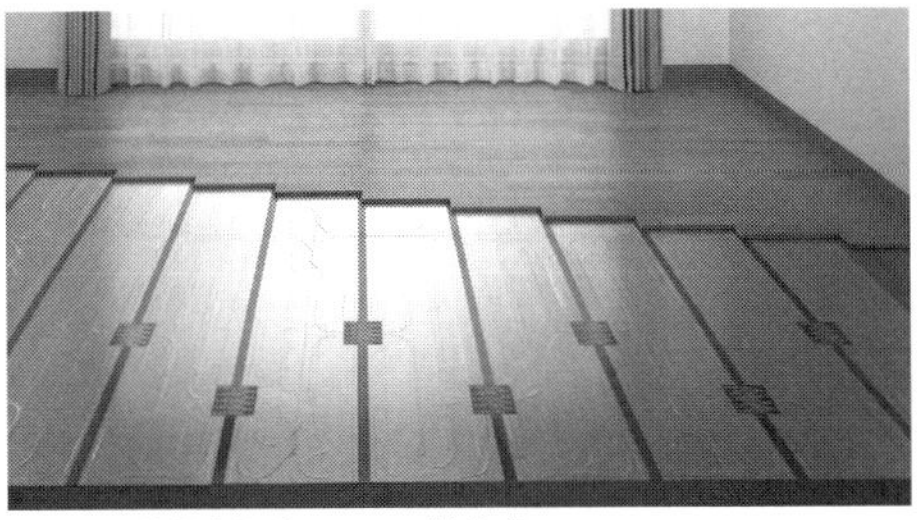

温水マット（小根太入り）フローリング仕上げ

図28｜COP

COP Coefficient of Performance

- エネルギー消費効率
- 一定の温度条件のもとでの消費電力1kW当たりの能力
- $\text{COP}=\dfrac{\text{定格能力[kW]}}{\text{定格消費電力[kW]}}$
- ヒートポンプのみの効率を示す

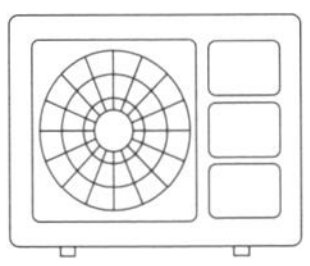

室外機

う特徴がある。強制対流または、放射＋強制対流により効果を得る。

RF式ガス燃焼機器｜あーるえふしき―ねんしょうきき

Roof top Flue式の略。屋外用ガス燃焼機器は機器本体を屋外に設置し、屋外で給排気することを前提とするものを総称しており、これらの機器は機器の上部に排気装置が設置されているものが多い。室内空気を汚染しないので、保安上の問題がなく、排気筒の設置が不要で軒下などのあいたスペースに設置できるなど長所が多い。

床暖房｜ゆかだんぼう

床面を暖め、熱放射、接触による熱伝導、および自然対流により温熱感を得るシステム。大きく温水式と電気式に分類できる［図29］。

温水式床暖房｜おんすいしきゆかだんぼう

床内部に配管を敷設して温水を供給し床表面を暖める方式で、主な熱源はボイラーや給湯器だが、電気式ヒートポンプを利用した機種もある。配管は在来で配管を施工する方法と、ユニット化されたパネルを敷設する方法がある［333頁写真1］。

電気式床暖房｜でんきしきゆかだんぼう

床内部に電気ヒーターを敷設して床表面を暖める方式で、ユニット化されたパネルを敷設する。一般的なヒーターユニットと自己温度制御性のあるPTC型式がある［図30］。

蓄熱式床暖房｜ちくねつしきゆかだんぼう

床内の発熱部周辺に蓄熱材を設置し、電気料金が割安な夜間に熱を蓄え、昼間に放熱する方式で、電気料金を低減できる。温水式、ヒーター式のどちらにも適用可能。蓄熱材には潜熱蓄熱材を利用したものが主流だが、躯体や水などを利用する方式もある。

また、木造床の場合の顕熱床暖房方式として、多層ラミネート材の袋状の蓄熱材とシートヒーターの

図29｜床暖房の種類

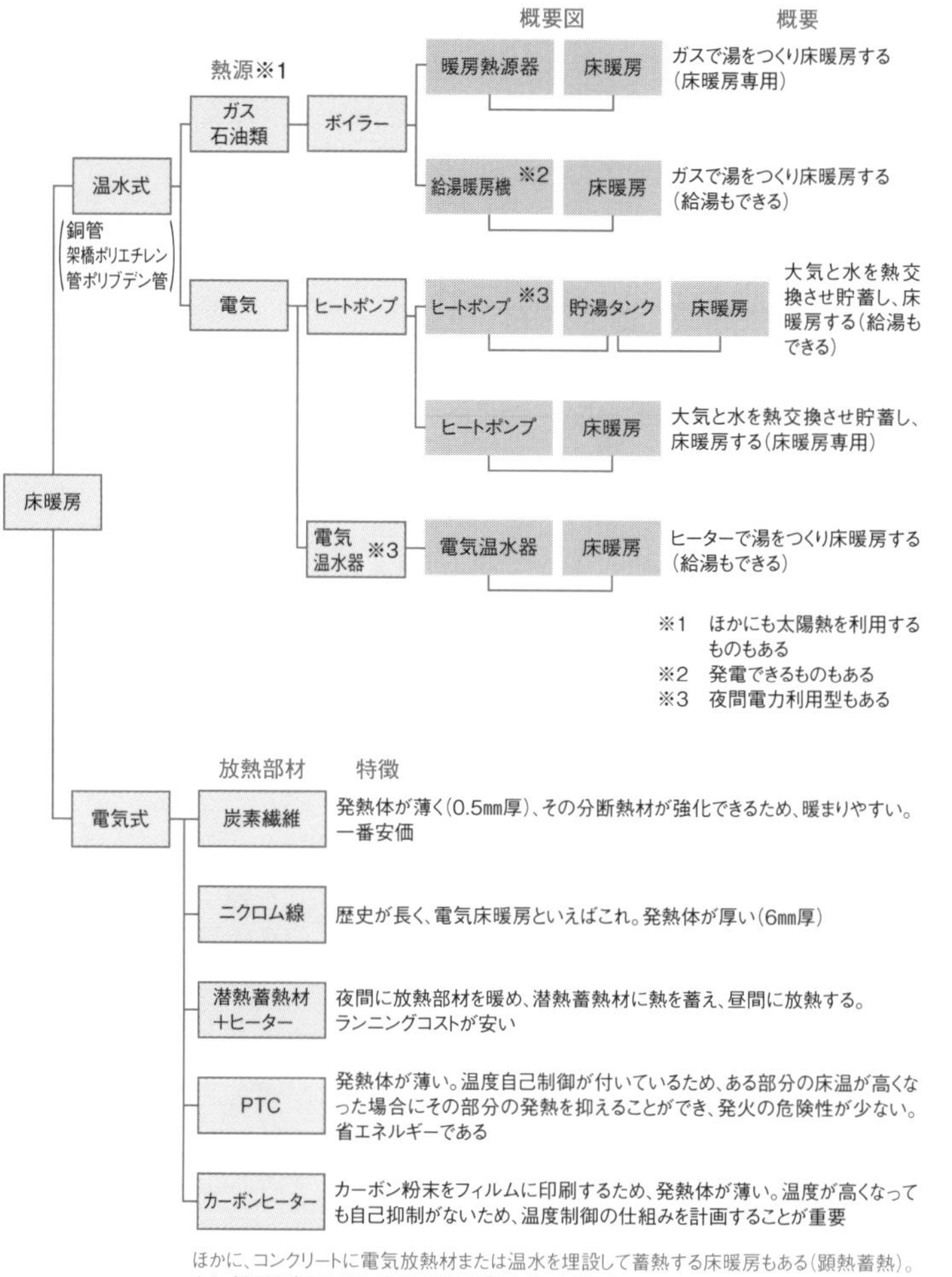

概要図
概要
熱源※1
床暖房
温水式
銅管
架橋ポリエチレン管
ポリブデン管
ガス
石油類
ボイラー
暖房熱源器
床暖房
ガスで湯をつくり床暖房する（床暖房専用）
給湯暖房機※2
床暖房
ガスで湯をつくり床暖房する（給湯もできる）
電気
ヒートポンプ
ヒートポンプ※3
貯湯タンク
床暖房
大気と水を熱交換させ貯蓄し、床暖房する（給湯もできる）
ヒートポンプ
床暖房
大気と水を熱交換させ貯蓄し、床暖房する（床暖房専用）
電気温水器※3
電気温水器
床暖房
ヒーターで湯をつくり床暖房する（給湯もできる）
※1　ほかにも太陽熱を利用するものもある
※2　発電できるものもある
※3　夜間電力利用型もある
電気式
放熱部材
特徴
炭素繊維
発熱体が薄く（0.5㎜厚）、その分断熱材が強化できるため、暖まりやすい。一番安価
ニクロム線
歴史が長く、電気床暖房といえばこれ。発熱体が厚い（6㎜厚）
潜熱蓄熱材＋ヒーター
夜間に放熱部材を暖め、潜熱蓄熱材に熱を蓄え、昼間に放熱する。ランニングコストが安い
PTC
発熱体が薄い。温度自己制御が付いているため、ある部分の床温が高くなった場合にその部分の発熱を抑えることができ、発火の危険性が少ない。省エネルギーである
カーボンヒーター
カーボン粉末をフィルムに印刷するため、発熱体が薄い。温度が高くなっても自己抑制がないため、温度制御の仕組みを計画することが重要

ほかに、コンクリートに電気放熱材または温水を埋設して蓄熱する床暖房もある（顕熱蓄熱）。また、温風を床下に通し床面を暖める「オンドル」がある

図30｜電気式床暖房

●電熱線式

電気カーペットなどに使用されている電熱線を発熱体として使用。サーモスタットや温度ヒューズを内蔵したパネルを敷く

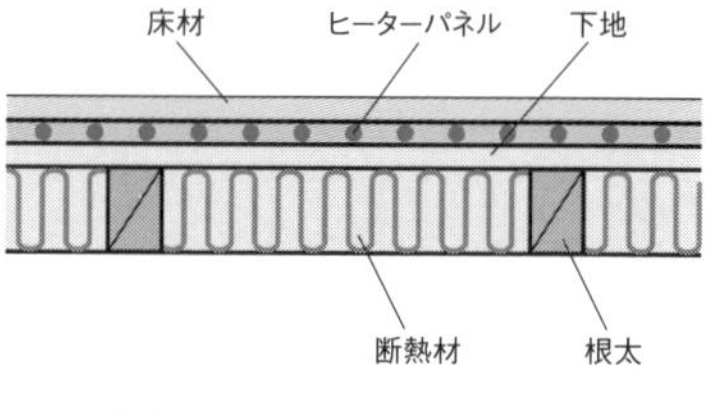

床材
ヒーターパネル
下地
断熱材
根太

●PTC［※］ヒーター式

ヒーター自体が周囲の温度によって発熱量をコントロールする。温度が高い部分は電気が流れにくくなるため、部分的な過度の温度上昇を抑える

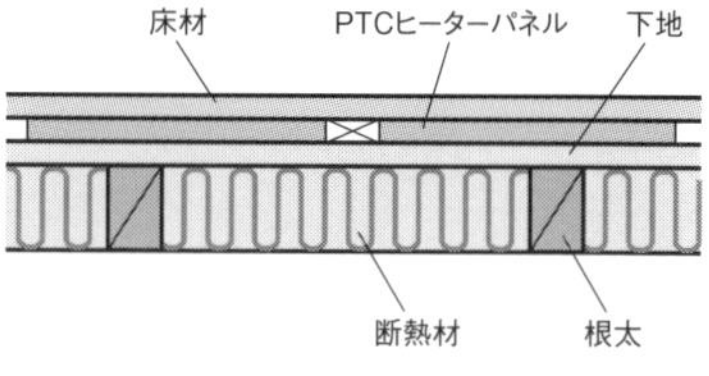

床材
PTCヒーターパネル
下地
断熱材
根太

※ヒーター温度が上がると、電気抵抗値が上昇すること。Positive Temperature Coefficientの略

写真2・図31｜顕熱蓄熱床暖房システムの例

根太間に蓄熱材を設置する

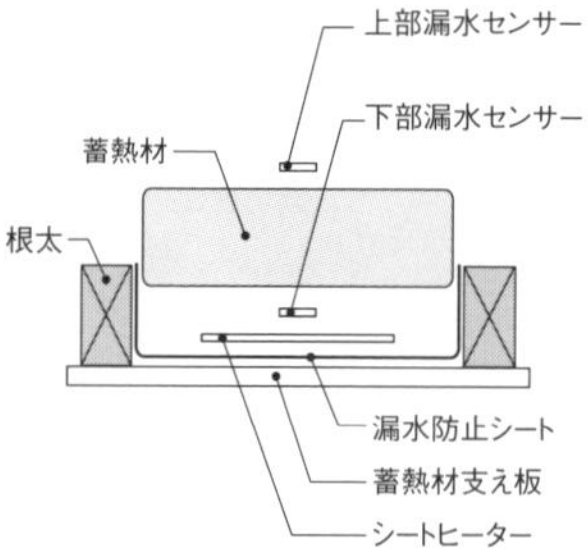

上部漏水センサー
下部漏水センサー
蓄熱材
根太
漏水防止シート
蓄熱材支え板
シートヒーター

セットを根太間に設置する方式がある［写真2、図31］。

架橋ポリエチレン管｜かきょう—かん
床暖房で温水を供給する際に利用される配管で、可とう性があり施工が容易であるという特徴をもつ。床暖房用に利用されるほか、給水や給湯配管として広く利用され、さや管ヘッダー方式などにも利用されている［写真3］。

写真3｜架橋ポリエチレン管

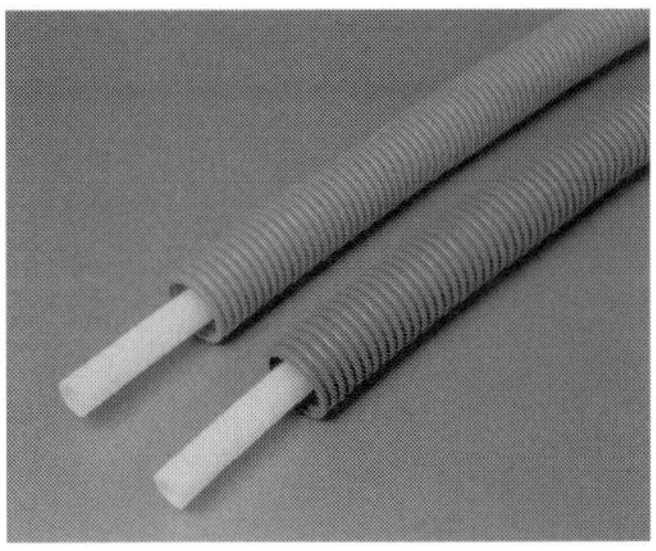

写真4｜温水ラジエーター

PTCヒーター｜ぴーてぃーしー
Positive Temperature Coefficient の略で、チタン酸バリウムを主成分とする半導体セラミック。ある温度（キュリー温度）で急激に電気抵抗が増加するように設定できる。自己温度制御性があり、バイメタルやサーモスタットのように断続的制御ではなく火花やノイズのない無接点作動で長寿命である。

温水ラジエーター｜おんすい—
配管に温水を流し、放射や自然対流によって効果を得る。放熱部分の形状はさまざまあり、壁掛け型、床置き型、インテリア性を考慮したタオル掛け型などがある［写真4］。

ボイラ
ガスや灯油を燃焼して温水や蒸気を発生させる機器［図32］。暖房用の熱源として、大規模用途から戸建住宅まで幅広く使われている。伝熱面積と使用圧力から労働基準監督署の圧力容器の届出が必要となり、大型になると運転資格が必要となる。方式としては、鋳鉄製のセクショナルボイラ、貫流ボイラ、電気ボイラなどがあり、大型では炉筒煙管ボイラや、水管ボイラがある。中小ビルでは、耐久年数は短いが取扱いが簡単な貫流ボイラや、法規上ボイラに該当せず運転資格の不要な真空温水発生機や無圧温水発生機が多く使用されている。
なお、ボイラは、機器の保護として軟水処理などの水処理が必要となる。ボイラは単独の室に配置する場合は、外開きの扉を原則として2カ所設置する。また、ボイラには燃焼ガスを排出する煙突が必要となる。

図32｜ボイラ

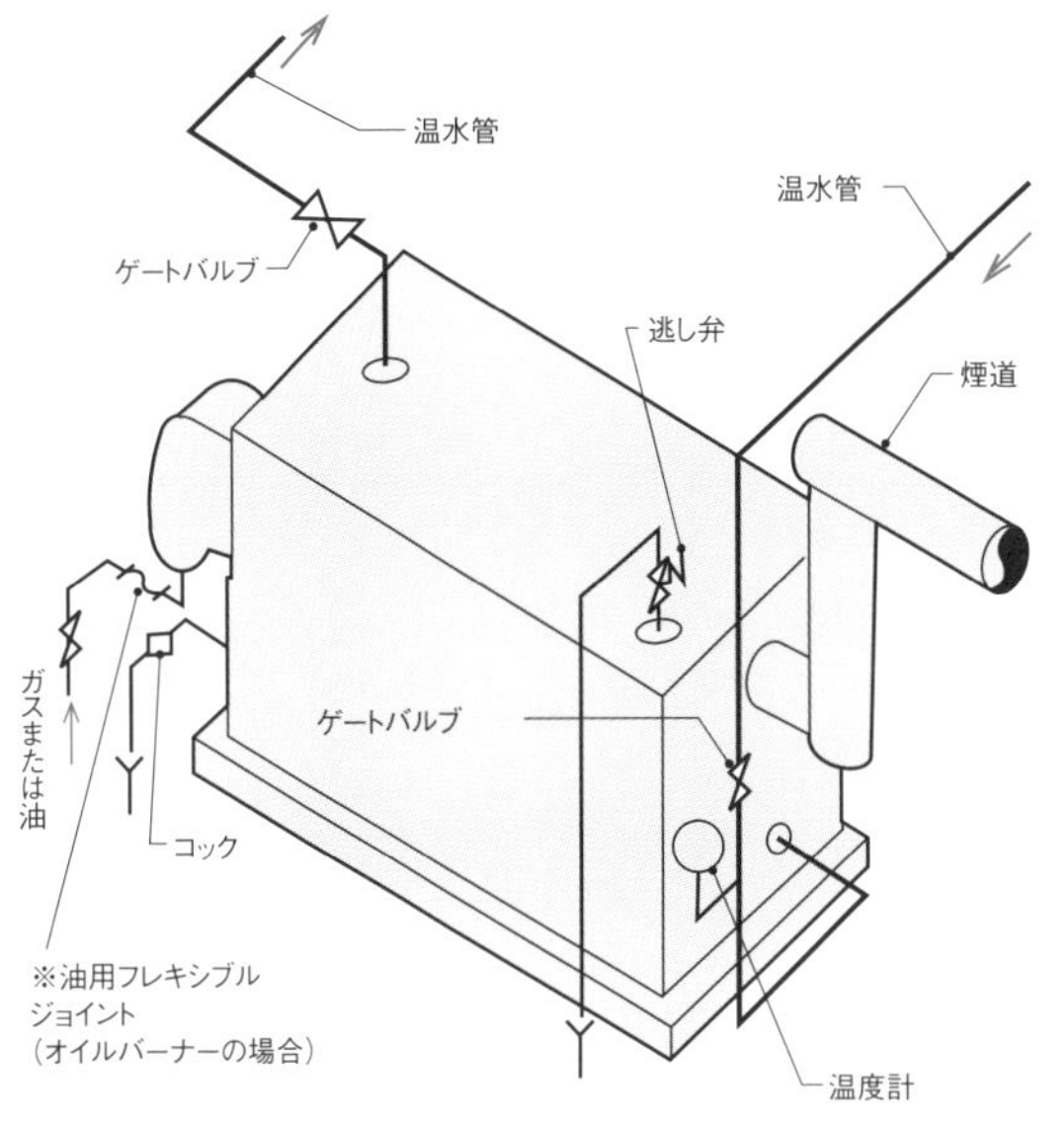

図33｜パネルヒーター

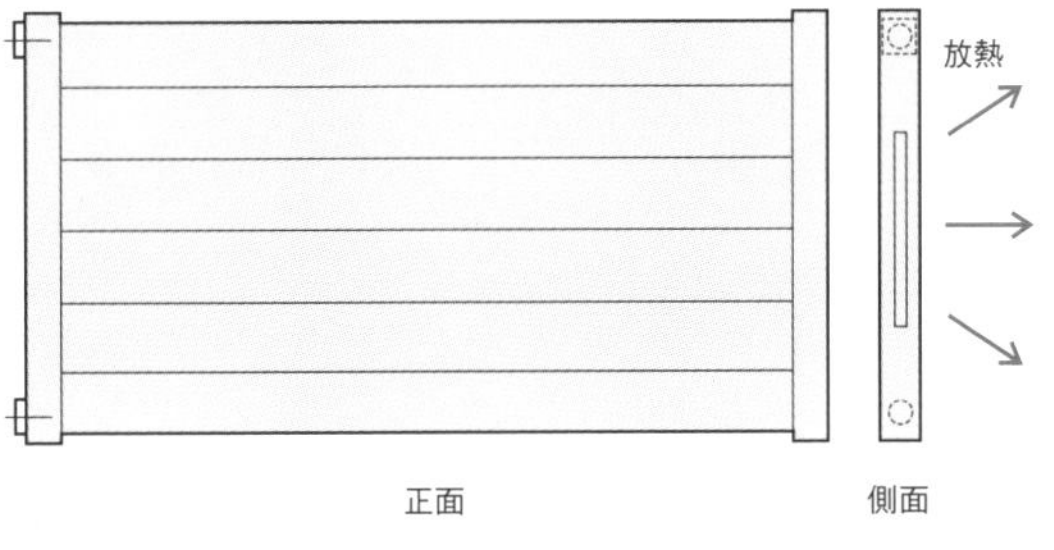

前面などに平面状の放熱面をもち、内部に温水を流すことで、輻射放熱を行う

パネルヒーティング
表面パネルをヒーターや温水、ヒーターで温めたオイルなどで加熱して効果を得る自然対流・放射型の暖房機器［図33］。平面状の放熱面をもち、機器内に温水を流すことで輻射と対流の放熱を行う。放熱面積を増やすために周囲にフィンが設置されたパネルもある。室内に生じる気流速度が小さく、放射により周辺の壁も暖められるため、一般的に強制対流式よりも上下温度差が小さく快適性も高い。低温度でパネルヒーターの放熱面積を大きくしたほうが輻射暖房の効果が大きい。

暖炉｜だんろ
主にアメリカやヨーロッパからの輸入品が多い。熱源はガス、薪、電気があり、燃焼ガスを排出する必要がある場合は、煙突の設置が必

写真5｜暖炉

要となる。強制給排気するFF式が普及している[335頁写真5]。

冷媒｜れいばい
冷凍システム中を作動媒体として循環させ、液体から気体、あるいは気体から液体に相変化することで、その容積に応じた大きな潜熱を蒸発器で吸収し、凝縮器で放出することで、蒸発器で熱を奪い、凝縮器で放出するための物質。従来はフロンが使用されていたが、オゾン層の破壊、地球温暖化防止の観点から、R134a、R407CなどのHFCと呼ばれる新冷媒や、CO_2、NH_3（アンモニア）などの自然冷媒が使用されるようになってきた。オゾン破壊係数はいずれもゼロであるが、HFCは地球温暖化係数が比較的高く、自然冷媒はほとんどゼロである。ビルマルチではR410Aなどが、ターボ冷凍機ではR13aなどが一般に使用されている。

HCFC｜えいちしーえふしー
R22と呼ばれる冷媒。空調機に広く使用されてきたが、オゾン層保護のために新冷媒R410Aに転換が進んでいる。先進国では2020年に生産全廃が決まっている。

フロン
冷凍機の冷媒に使用されていたが、成層圏のオゾン層を破壊するとして、地球規模の重大な公害物質として問題となっている。冷凍機の冷凍サイクルに利用されるフロンは空気中に漏れなければ実害はないが、マイクロチップなどをつくる工場などで洗浄に使用されたり、スプレー缶の加圧剤に使用されて大気中に放出されるものが最も影響が大きい。「フロン等規制法」により各種フロンの削減スケジュールが決定している。

特定フロンCFC｜とくてい―
Chloro Fluoro Carbonの略。塩素を含み、オゾン層破壊の程度が高い化合物で、フロン11、12、113、114、115などの大量に使われている5種を指す。

HFC｜えいちえふしー
R410Aと呼ばれるオゾン層破壊係数がゼロの代替フロン。HCFCからの冷媒転換が進んでいる。

自然冷媒｜しぜんれいばい
自然界に存在する物質で冷媒として特性をもつもの。次世代冷媒と呼ばれ、アンモニア、プロパン、CO_2などが研究されている。

蒸発器｜じょうはつき
冷媒液を蒸発させる装置。冷媒液が蒸発する際、周囲の空気は熱を奪われて冷気となる。

膨張弁｜ぼうちょうべん
凝縮器で高温・高圧の液体となった冷媒を急速に膨張させ、低温・低圧の気体に変える装置。

四方弁｜しほうべん
エアコンの冷媒の流れを逆転させて冷暖房を切り替える装置。

冷却塔｜れいきゃくとう
空調内の熱交換で高温となった冷却水を再利用するための装置。冷却方法には開放式と密閉式がある。開放式は冷却水のもつ熱を外気に放出させる。密閉式は冷却水の通る管に冷却用の水を当てて冷やす。**クーリングタワー**のこと。

ダクト・配管

ダクト
空調機からの冷風・温風を目的の室まで搬送する、あるいはある部屋から臭気などのある空気を排出するために用いられる[図34]。**風道**とも。部材の材質としては、亜鉛鉄板、ステンレス鋼板、塩ビコーティング鋼板、塩ビが使用される。一般には亜鉛鉄板を使用するが、厨房排気などではステンレス鋼板が、プールなど、腐食が懸念される個所に設置された換気ダクトには塩ビコーティング鋼板や塩ビを使用する。矩形、円形が一般的な形状であるが楕円ダクト（**オーバルダクト**）や三角形のダクトもある。空調設備では、ダクト内風速が15m/s以下、静圧が500Pa以下の低速ダクトで設計されている。ダクトサイズの選定は、摩擦損失は一般に1Pa/m、風速は10m/s以下とされている。ダクトの断面積は、急拡大や急縮小すると大きな圧力損失が発生するため、急拡大は15度以内、急縮小は30度以内としている。また、ダクト曲がりによる抵抗を大きくしないように、回転半径はダクトの幅の1.5倍以上としている。

グラスウールダクト
硬質（50kg/㎥以上）のグラスウールを角あるいは丸ダクトに成型したもの。外部にはアルミ箔が圧着され軽くて施工性がよい。鋼板ダクトで空調（冷風・温風）に利用する際、ダクト設置後に保温工事を行うが、グラスウールダクトは断熱性があるため、保温工事が不要となる。一方、グラスウールダクトは、鋼板製ダクトに比較して強度がないため、静圧の高いダクト系では使用できない。許容ダクト内全圧は角ダクトは490Pa、丸ダクトは590Pa以下[写真6]。

スパイラルダクト
幅の狭い金属板に傾斜をつけて螺旋状に巻き、板と板を甲ハゼで継ぎ目とした工場製作の円形ダクト[図34]。サイズは直径25～75㎜ピッ

図34｜ダクト

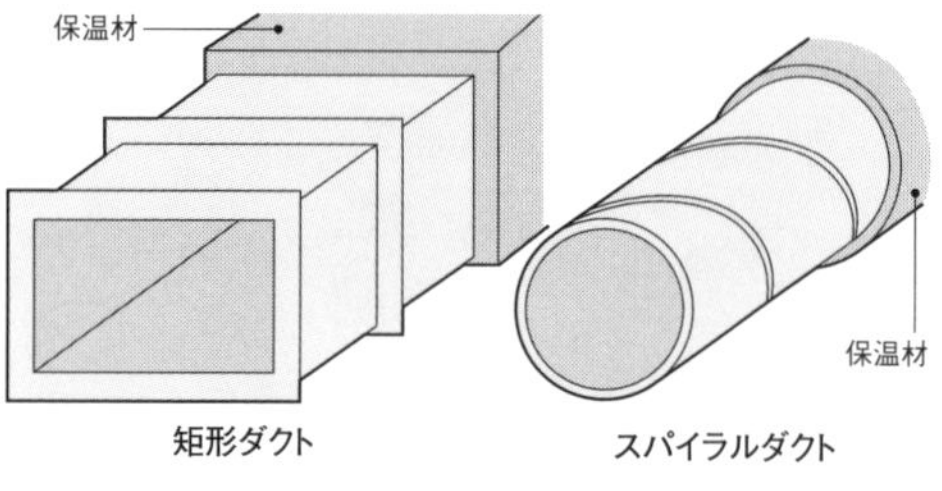

写真6｜グラスウールダクト

写真7｜フレキシブルダクト

チで製作されている。漏れが少なく、耐圧もあり高速ダクトにも使用される。

フレキシブルダクト

曲げ施工がある程度自由にできるダクトで、材質はアルミ、鉄、樹脂、グラスウールなど、さまざまな材質のものが使われている。レンジフード用には防火の観点から鉄が、セントラル換気用には樹脂が使われることが多い。また、振動伝播防止にも利用される。

吹出口チャンバーとダクトの施工誤差を吸収する目的で、ダクトと吹出口チャンバーの接続部分に用いられる[写真7]。

高速ダクト｜こうそく｜

ダクト内風速が15m/sを超えるものやダクト内の静圧が500 Paを超えるものを指す。送風機の動力がかかるため省エネルギーの観点から排煙ダクト以外では使用されない。

ダクト消火｜しょうか｜

厨房などの油分を含んだ排気により排気ダクト内の表面は油が付着している。ダクト内の油に着火し火災とならないよう、ダクトに消火設備を設置する。この消火設備の起動と同時にダクト系の送風機を停止される。排気フードに設置したものを**フード消火**という。

キャンバス継手｜つぎて｜

ファンの振動をダクトに伝えないように、ファンとダクトを接続する個所に設けるもの。2つのフランジの間をガラス繊維などを基材としたキャンバスでつなぐ。その間隔は250㎜程度。ファンの圧力で変形しないようにキャンバスの内部にピアノ線が入っている。

海老継ぎ｜えびつぎ｜

円形ダクトにおけるベンドの1つの形式で、円形ダクト自身を台形状に切断した後に組み合わせて接合したもの[図35]。

アスペクト比｜ひ｜

矩形ダクトの縦横比。この数値が大きいほどダクトが扁平となる[図36]。ダクトの縦・横のサイズを変更するとき断面が等しければ同等の性能と考えられがちであるが、ダクト内風速は、風量と断面積で決まるため、ダクトが扁平になるとダクト内を通過する空気の抵抗係数が急激に大きくなる。それに伴いダクトの空気抵抗も増え、ランニングコストにも影響を与える。さらに、長辺が長くなるとダクトの板振動による騒音の発生原因となるため、一般にはアスペクト比は4以内とされている。

静圧｜せいあつ｜

ダクトの片側をふさいでもう片側から送風機で空気を押し込む時に生じる内部の圧力。空気の流れがないときにも生じる圧力である。また、ダクトを開放すると空気が流れるが、風の速度によって生じる圧力を**動圧**または**速度圧**という。静圧+動圧を**全圧**という。

チャンバー

ダクト系の途中の曲がり、分岐、減速部などに設けられる箱形の空間で、整流や消音に用いられる[図37]。消音する場合は、グラスウールの内張りを行う。チャンバーの大きさはチャンバーに接続するダクトの大きさで決まる。吹出し口を取り付ける**吹出口チャンバー**、吸込口を取り付ける**吸込口チャンバー**、空調機の出口に取り付ける**サプライチャンバー**などがある。

図35｜海老継ぎ

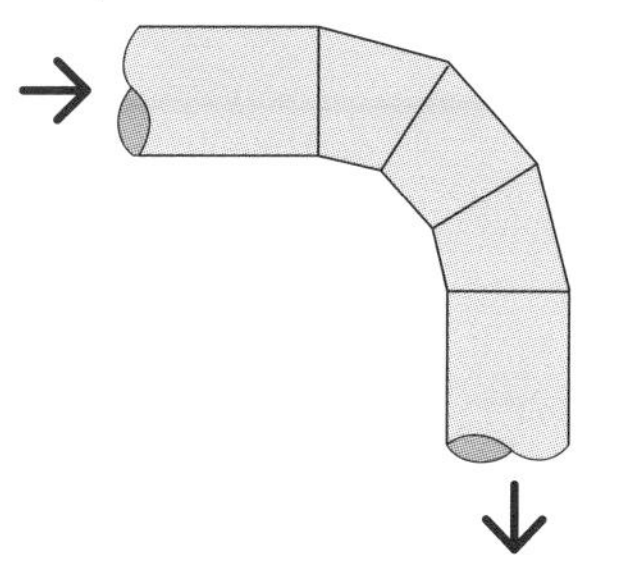

図36｜アスペクト比

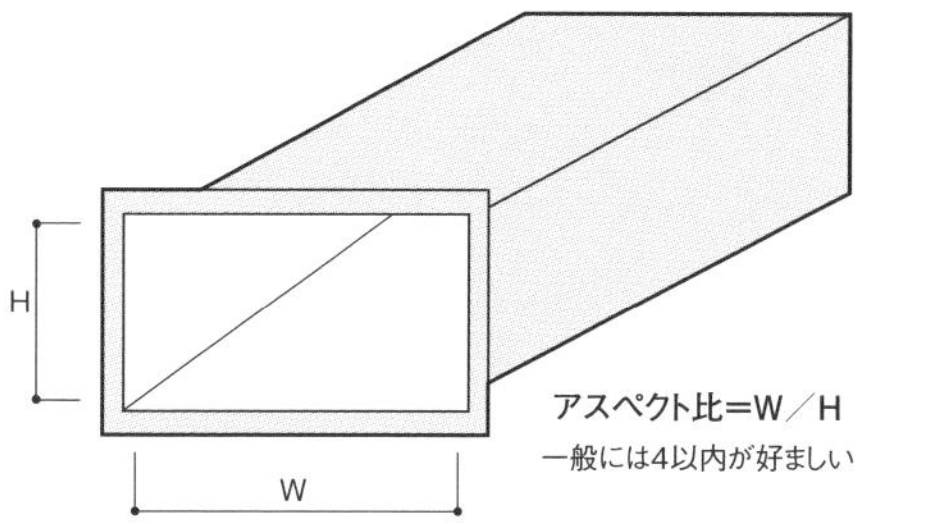

図37｜チャンバー

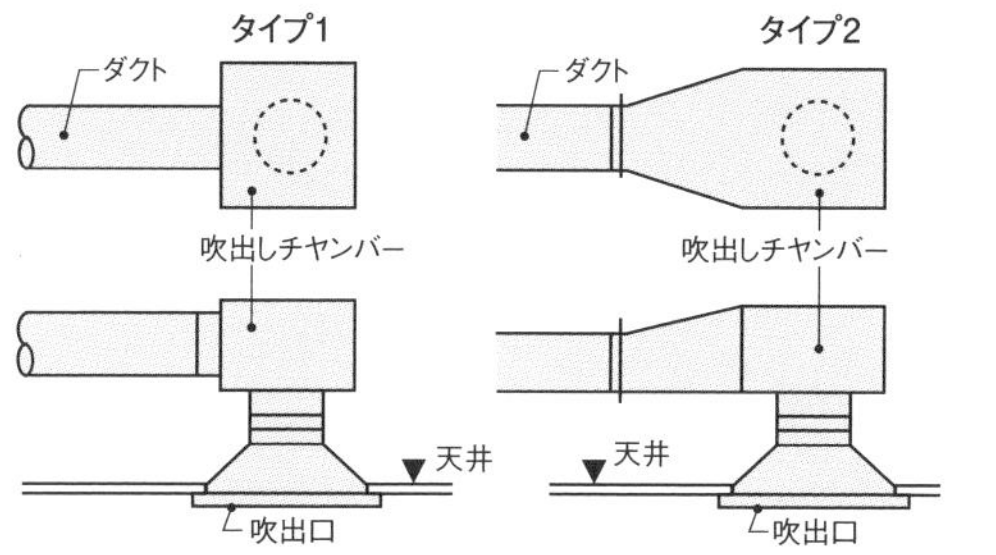

図38｜排煙設備

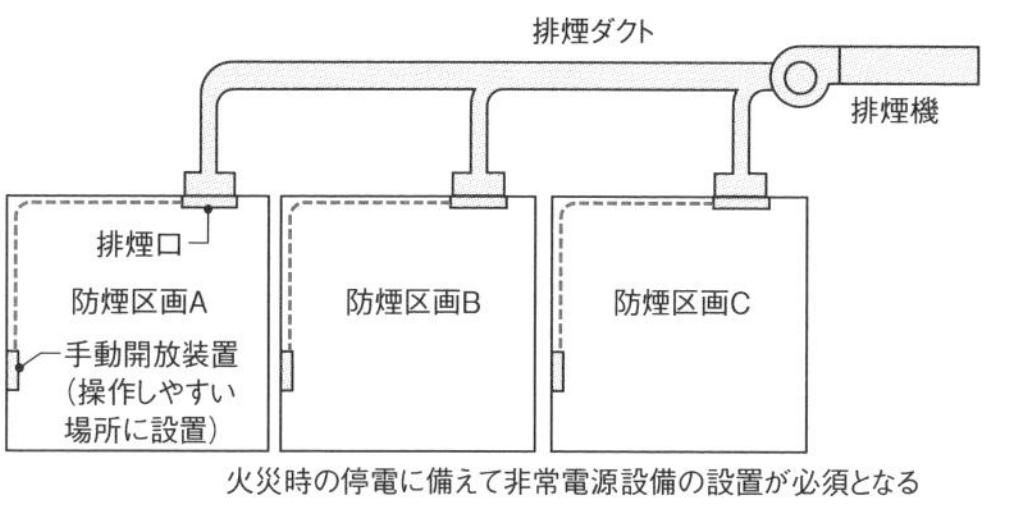

火災時の停電に備えて非常電源設備の設置が必須となる

図39｜自然排煙方式の有効開口

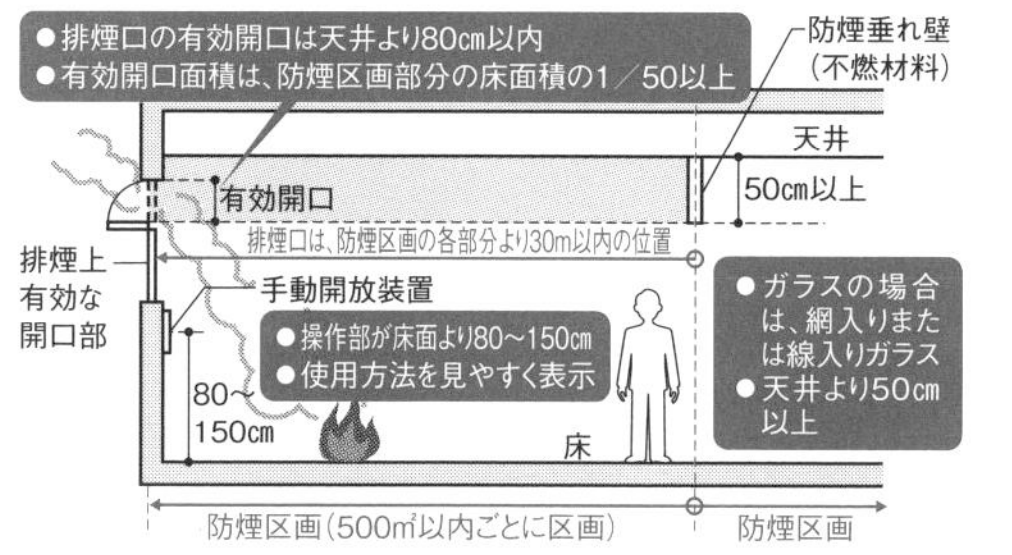

チャンバー方式—ほうしき
吸込口を天井面に取り付け、天井裏を吸込みチャンバーとして利用することで、空調機に戻るリターンダクトを省略する方式。事務所ビルなどで多く採用される。

排煙設備—はいえんせつび
火災時に発生する煙を排出し、人が安全に避難できるように設置する[337頁図38]。建築基準法により設置基準が定められている。**機械排煙**と**自然排煙**[337頁図39]があり、排煙に有効な窓が建築的に確保できる場合は自然排煙を、そうでない場合は機械排煙を選択する。機械排煙設備は非常電源設備が必要。機械排煙は一般に吸引方式が採用される。押出し方式もある。

ダンパー
ダクト内を流れる風量を調整したり、防火・防煙用に火煙を遮断するなどの役目をもった、羽根状または板状の扉[図40]。構造から対向式、平行式、バタフライ式などがある。また、機能別に、**風量調整ダンパー**（VD）、**防火ダンパー**（FD）、**煙拡散防止ダンパー**（SD）などがある。風量調整ダンパーは、送風機の風量を調節するため、ダクト系の分岐ごとに設置し、各分岐ダクトの風量のバランス調整、室の風量調整に用いる。防火ダンパーは火災の拡大を防止するもので防火区画を貫通するダクトに設置する。煙拡散防止ダンパーは、火災時のダクトを経由する煙の拡散を防止するもので、煙感知器の信号で閉じる。3階以上の他建物の階をまたがるダクトや異種用途区画部分に設置する。

対向翼ダンパー—たいこうよく—
風量調整ダンパー（VD）の一種。隣接する羽根どうしが反対方向に回転する。対して、隣り合う羽根が同じ方向に回転するものを**平行翼ダンパー**と呼ぶ。風量調節は対向翼式のほうが優れている。

スライド型ダンパー—がた—
羽根がスライドし、ダクトと直行する方向に挿入されるダンパー。集塵関連のダクトに向く。排気フードのネック部分や、ダクトの途中部分などに多く用いられる。

バタフライ型ダンパー—がた—
弁箱内の棒を軸として円板状の羽根が回転するダンパー。比較的小さなスペースでも設置できる。

FD—えふでぃー
ファイアダンパーの略。1.6㎜厚以上の耐火性能を有する鋼板製で、火災時に温度ヒューズが作動し閉鎖する構造[図41]。温度ヒューズは、一般空調では72℃、厨房や火気使用場所では120〜160℃、排煙ダクトに設置する場合は280℃で、それぞれ作動するものを用いる。防火区画を貫通するダクトは区画貫通部にFDを設置し、FDの点検口をその直近に設置することも義務付けられている。防火ダンパーには適合マークが付いている[※]。

FVD—えふぶいでぃー
Fire and Volume Damper（防火兼風量調整ダンパー）の略。建築物の防火区画を貫通するダクトの貫通部に取り付けられ、ダクト内の温度が上昇すると自動的に閉鎖する防火ダンパーと風量調整機構を兼ねもったダンパー。

図40 ダンパー

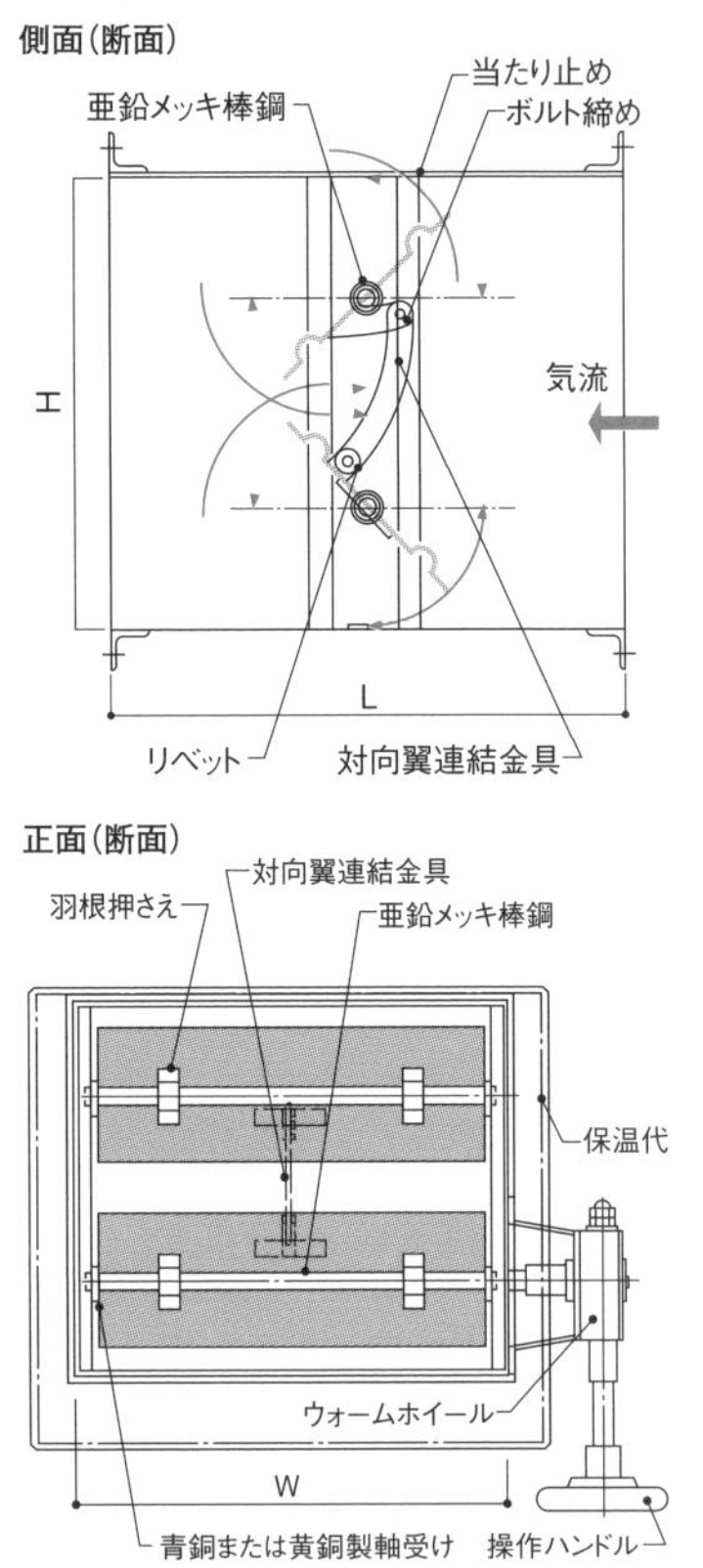

図41 FD

空調兼用防煙・防火ダンバー
(SFD-7M)

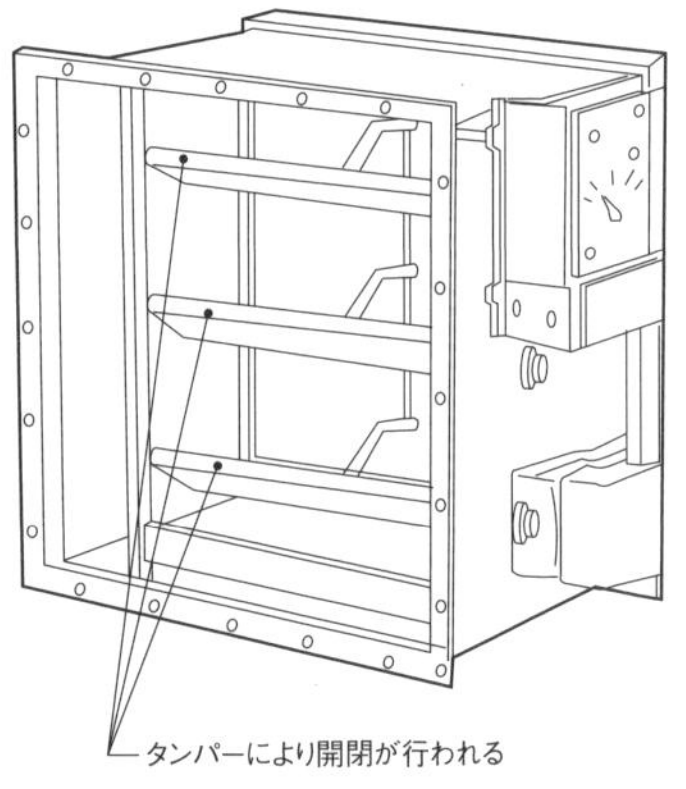

写真9 プロペラファン

図42 シロッコファン

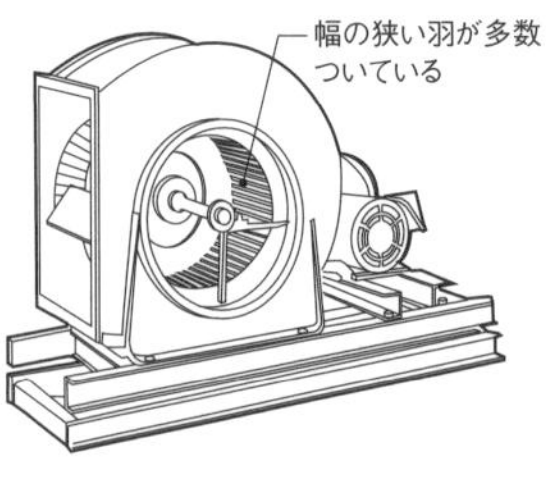

写真8 シロッコファン

写真10｜吸込口

シーリングディフューザー

ノズルディフューザー

ラインディフューザー

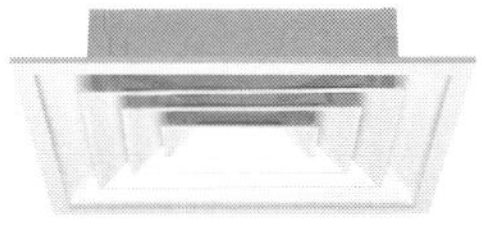
マルチディフューザー

ユニバーサルディフューザー

図43｜プロペラファン

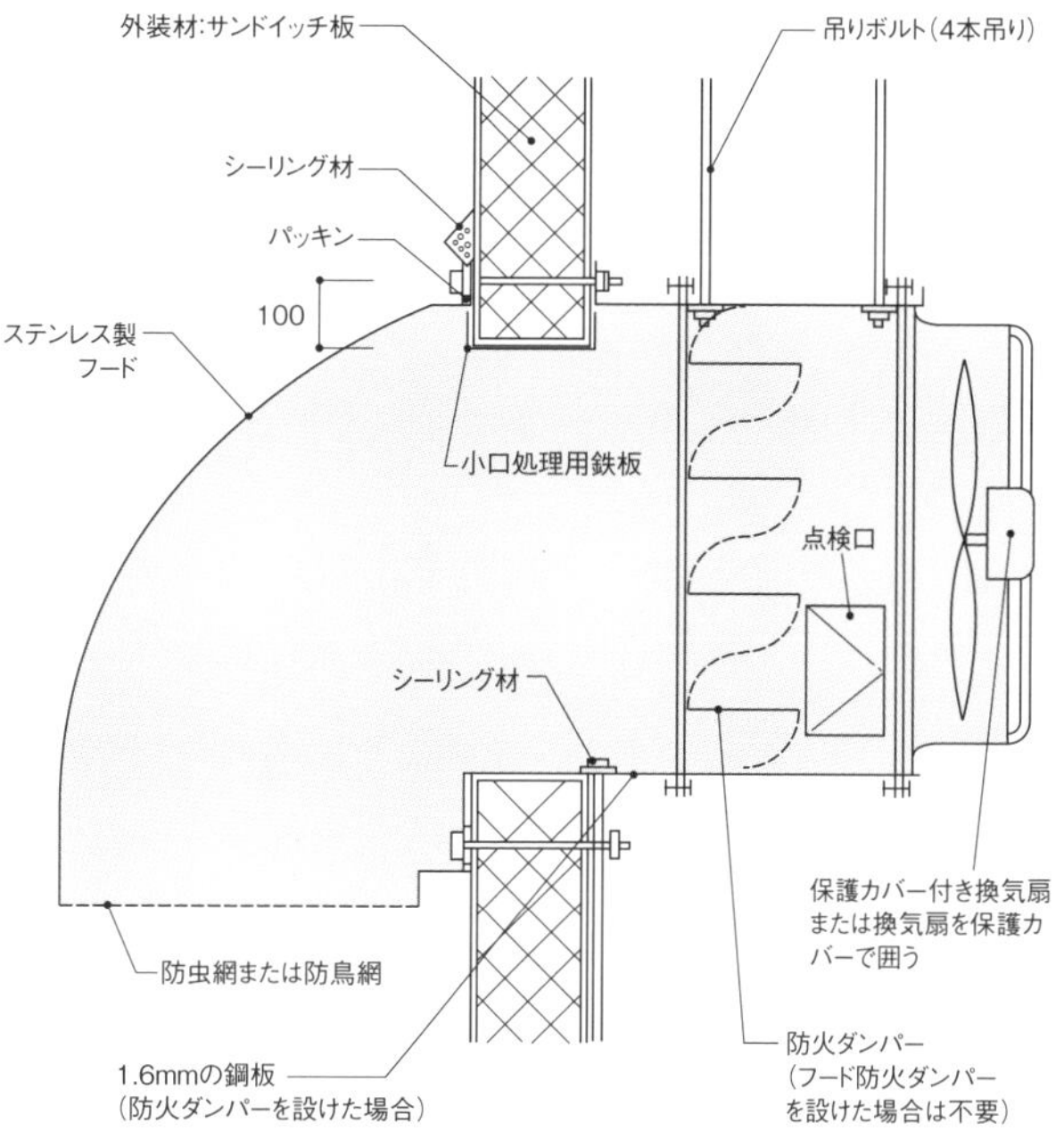

図44｜軸流吹出し口

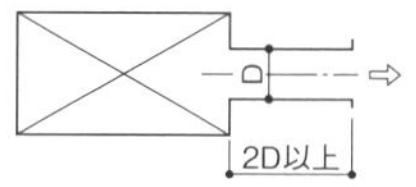

壁付ノズル形吹出し口

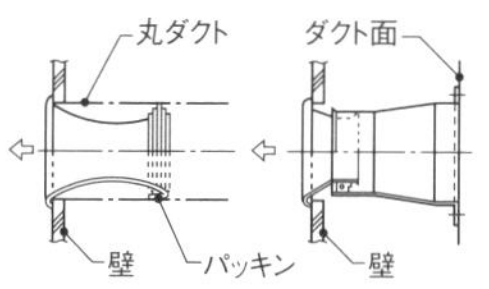

ノズル形吹出し口

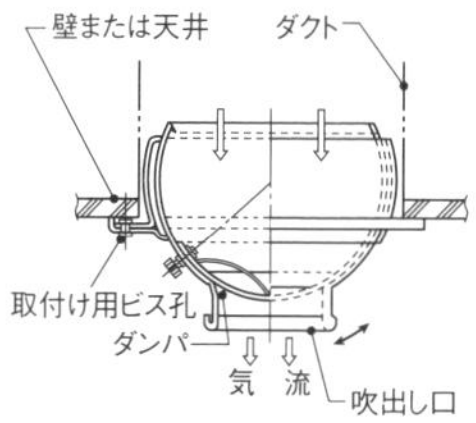

パンカルーバ吹出し口

図45｜アネモ型吹出し口

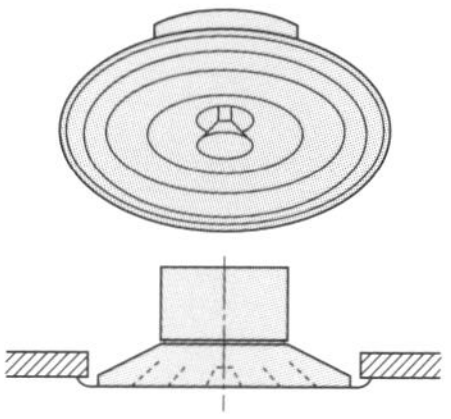
コーンを正常位置で使用すると下に向かって吹き出す（暖房時）
丸型アネモ

ターボファン

遠心式の送風機。羽根が回転方向に対して後ろ向きについている。空気は軸方向に吸い込まれ、軸と直行する方向に流される。風量が多く、羽根の強度も高い。

クロスフローファン

横流式の送風機。貫流ファン（送風機）とも呼ばれる。大きな風圧は得られないが、横に幅広く送風することができる。ルームエアコンやエアカーテンに適している。また、送風機の厚さが薄いため、室内に設置するファンコイルユニットやサーキュレーターにも利用される。

シロッコファン

送風機の形式の1つで、静圧が高く、ダクト式の換気システムで一般的に使用される［図42、写真8］。円筒状の羽を回転させ空気を吸い込み、ダクトを通して排気する換気ファンで、中心から空気を吸込み周囲から排出する。多翼ファンとも。ファンの大きさを表す番手は、羽根車の直径（mm）を150で除した数字である。送風機の仕様は、形式、送風量（m³／h）、静圧（Pa）とモータの出力（kW）で示される。米国送風機メーカーの商品名だが、現在では多翼送風機の俗称として多用されている。多翼ファンとも呼ばれる。風切り音が低いのが特徴。

プロペラファン

送風機の種類の1つ。プロペラ状の羽を回転させて空気を吸い込み、排気する換気扇［図43、写真9］。壁に設置した換気扇などが代表的である。静圧は低いが風量が大きい場合に適する。換気扇やレンジフードにも採用されている。外部から風を受けると換気能力が落ちるため、高層建築や強い風を受ける建物には適さない。静圧が低いためダクト接続はできない。風量が大きくなるとファンの騒音が大きくなるのも難点。

吸込口｜すいこみぐち

室内などに吹き出した空気を空調機に戻したり、排気したりする目的で室内の天井や壁などに取り付けるもの［写真10］。吸込口の配置は、吹出口の配置ほど室内の気流分布に与える影響は少ないが、極力均等に配置することが望ましい。吸込口の大きさは面風速で選定され、風速が速いほど騒音の発生が大きくなる。一般に吸込口の許容風速は3m／秒程度とされている。

吹出口｜ふきだしぐち

空調空気を室内に均一に吹き出す目的で天井面などに設置される。吹出口の種類には、拡散性のよい**アネモ型**、線上に吹き出す**ブリーズライン型**や大空間で到達距離が必要なときに使用する**ノズル型**がある。吹出口の大きさは、吹出風量、拡散半径、風速、吹出口での発生騒音を考慮して決める。吹出口の許容吹出風速は、事務所ビルの場合、一般に5～6m／秒。

※：平成12年の改正建築基準法施行に伴い、日本防排煙工業会（略称NBK）が平成14年7月から開始している「防火ダンパー自主管理制度」に、建築基準法施行令112条16項の構造に適合する製品に「自主適合マーク」を貼付できる

軸流吹出し口｜じくりゅうふきだしぐち
吹出し気流が一定の軸方向の周りに分布して流れる吹出口で、ノズル型、パンカールーバ型吹出し口が代表的[339頁図44]。

幅流型吹出し口｜ふくりゅうがたふきだしぐち
吹出し口の中心軸から全円周の外側方向に吹き出すもので、天井ディフューザーに使用される吹出口。別名アネモ型吹出し口。

アネモ
アネモ型吹出し口。内部に数枚のコーン状の羽根をもつ天井設置型の空気吹出し口で、吹出気流は室内空気を誘引混合して吹き出される。元来は米国アネモスタット社の製品名[339頁図45]。

VHS｜ぶいえいちえす
前面に風向調節用の可動式羽根をもつグリル型吹出し口で、縦横2重の羽根とシャッターの付いたもの。吹出し気流は室内空気を誘引混合して吹き出される。縦のverticalと横のhorizontalとshutterのそれぞれ頭文字を取った呼び名。

アンチスマッジリング
天井吹出し口の外縁部に取り付ける金属製の輪で、吹出し気流を天井面から離れるようにして天井の汚れを少なくする。

消音ボックス｜しょうおん―
内面に吸音材を貼った箱形の消音器で、ダクト系の途中やダクトと吹出し口の間に用いられる。消音量を増すために内部にバッフルを入れたものや、ダクトのエルボ部分に内貼りした**消音エルボ**、空調機出口の**プレナムチャンバー**に内貼りした**消音チャンバー**などがある[図46]。

ベントキャップ
通気管や通気口の端に取り付けられるカバーのこと。主に外壁に設置される。雨水や騒音、鳥、虫などの侵入を防ぐ。さまざまな形状があり、外壁を水で汚さないように水切板を外壁から少し突き出したものや、防風キャップのついたものなどもある。材質はステンレス、アルミニウム、樹脂など。ベントは通気口の意味。図面ではVC（Vent Cap）と表記される。外部フードの一種。

フード
排気フードとも。厨房の排気などの局所換気を行うときに使用されるもので、有害物質や臭気の捕集効率を上げるために用いる[図47]。厨房器具の上部に取り付ける排気フードには、強度・耐熱性・耐食性や、不燃材料であることから一般にステンレス鋼板が用いられる。排気フードの継目を気密にすること、グリスフィルターが容易に着脱できる構造とすることが求められる。業務用フードは、東京都の場合、東京都火災予防条例（条例65号3条の2第1項）に定められた規定に従う。

外部フード｜がいぶ―
室内の排気を外部へ排出する外壁に設置する排気孔で、材質はアルミ、ステンレス、樹脂など。形状はガラリのみのベントキャップ、一般的な浅型、雨の吹込みを考慮した深型などがある[写真11]。

写真11｜外部フード

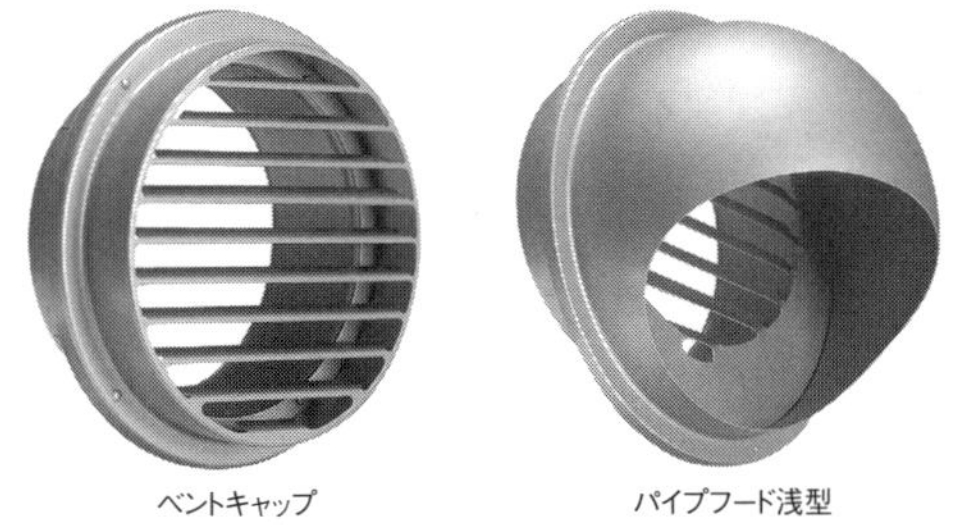

図46｜消音ボックス

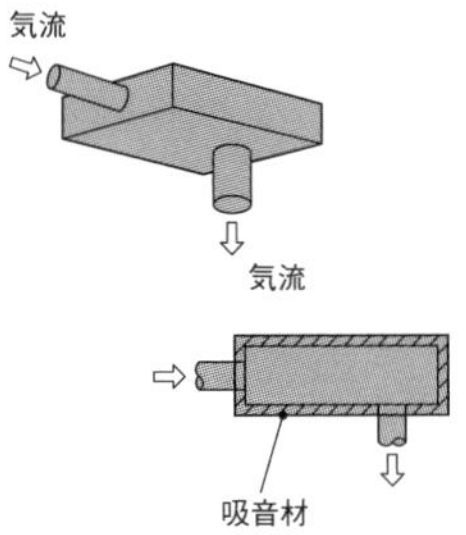

図47｜フード

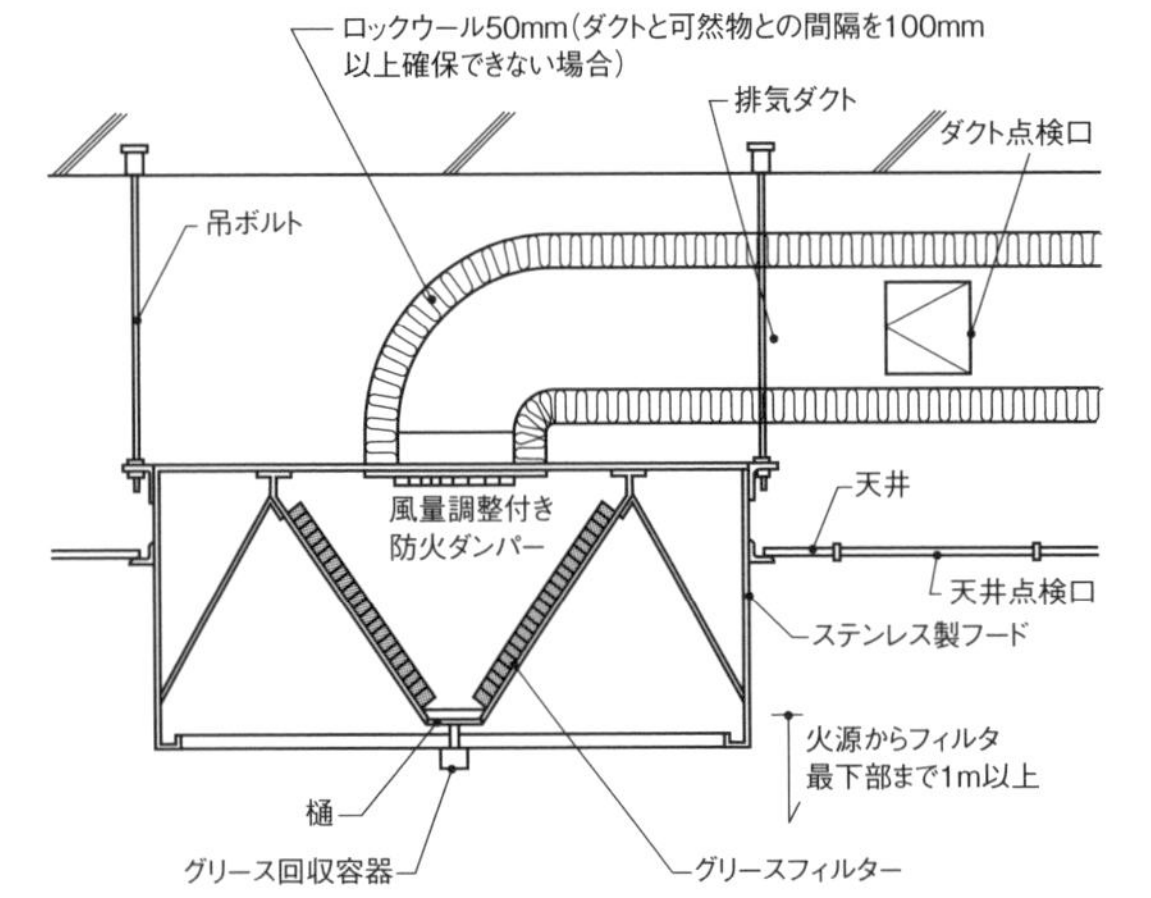

図49｜コーナーボルト工法

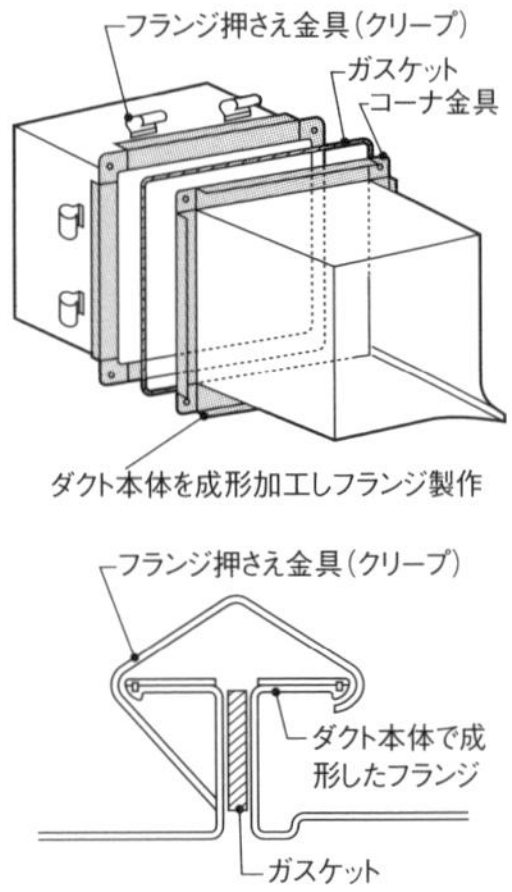

図48｜アングルフランジ工法

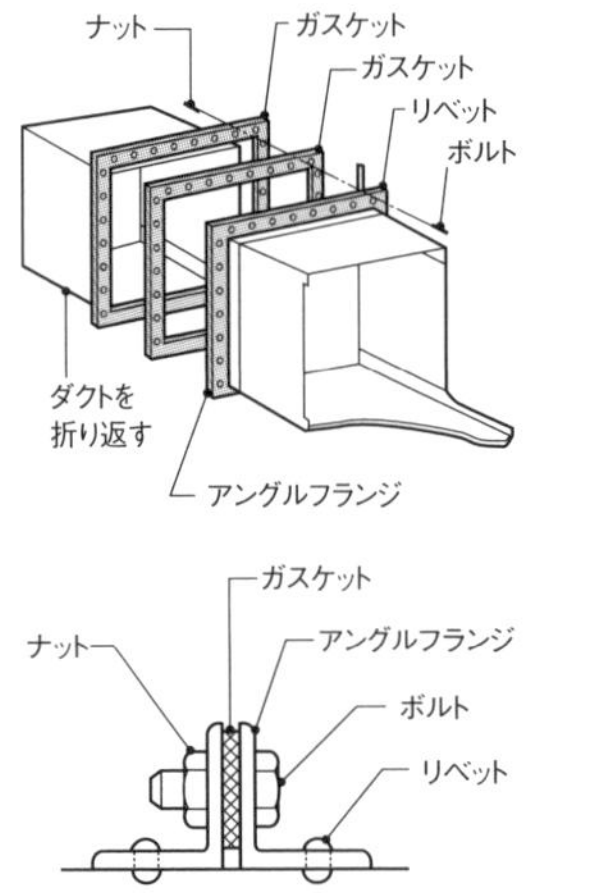

アングルフランジ工法｜こうほう
ダクトの接続方法の1つで、接続するダクトのアングルの間にガスケットを挟み、ボルトで締め付け固定する[図48]。漏気が少なく排煙ダクトや厨房排気ダクトに使用される。

コーナーボルト工法｜こうほう
ダクトの接続方法の1つで、従来からあるアングルフランジ工法よりも施工性を向上させるために開発された工法[図49]。漏気が問題となる厨房の排気ダクトや排煙ダクト以外の一般的ダクトに使用される。

支持間隔｜しじかんかく
配管やダクトを天井から支持する場合の間隔[図50]。支持間隔が長いと配管やダクトの変形を起こす。一般ダクトではアングルフランジ工法の場合３６４０㎜以内、コーナーボルト工法の場合３０００㎜以内としている。

図50｜**支持間隔**

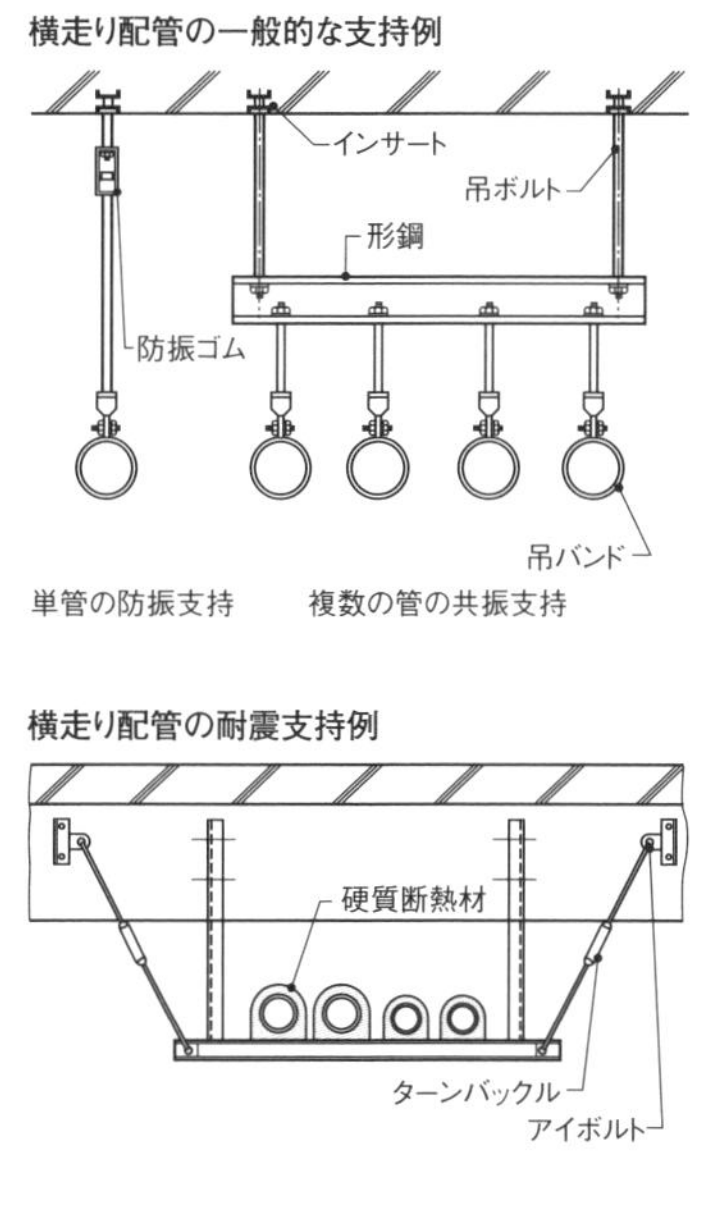

ポンプ
冷水・温水を圧送する機器[図51]。口径(㎜)、水量(ℓ/min)、**揚程**(m)で基本仕様が決まる。ポンプの形式では、小型の場合にはラインポンプが、それ以外では遠心ポンプを採用する。一般に鋳鉄製のケーシングに黄銅の歯車を使用し、ステンレスを採用する場合がある。また、防振架台として、ゴム防振やスプリング防振のどちらかを選択する。

揚程｜ようてい
ポンプから生じる圧力の大きさを示したもの。単位はメートル(m)。揚程の値は水温や配管内の抵抗などに左右されるので注意。

図51｜**ポンプ**

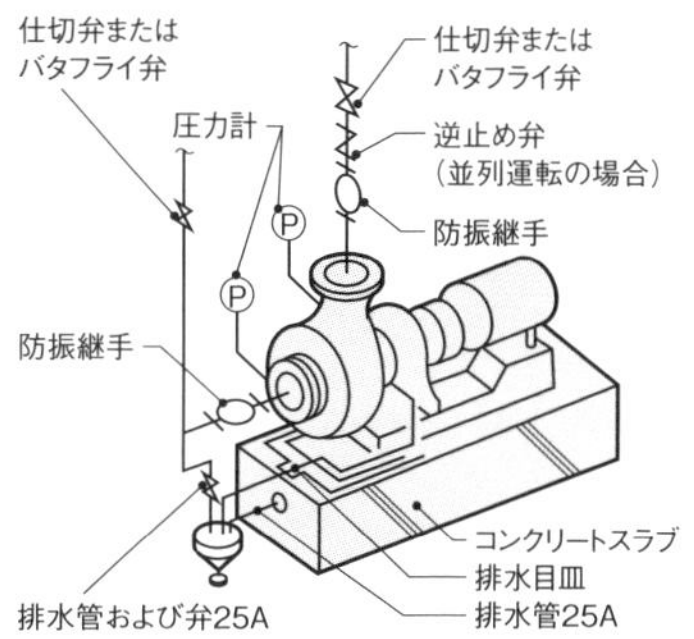

換気設備

自然換気｜しぜんかんき
ファンなどの動力を用いないで換気すること。外気の風による**風力換気**と**温度差換気**に分類される。ただし、自然換気は、風圧、風向や室内外の温度差などにより換気量が変動するため、一定した室内環境を確保しにくい。省エネルギーの観点から、エネルギーを使用せずに換気する方式として中間期(春・秋)などでは自然換気による室内環境づくりを行う例もでてきている。反意語は**機械換気**。**パッシブ換気**ともいう。

パッシブ換気｜かんき
機械的な動力を使わず換気を行うシステム。温度差による浮力や自然風を利用したシステムがあり、多く**パッシブソーラーシステム**との組合せで利用される[342頁図52]。

機械換気｜きかいかんき
ファンなどの機械を利用して強制的に換気を行うこと。建築基準法は、居室においては**常時換気**ができる機械換気設備の設置が義務付けている。自然換気に比べて安定した換気量を確保できるが、換気のためにエネルギーを消費する。給気と排気のバランスを計画的に行わないとドアの開閉に支障をきたす。機械換気の方式は、第1種、第2種、第3種換気方式に分類される[342頁図53]。**アクティブ換気**とも。

計画換気｜けいかくかんき
換気設備などを用いて、室内の換気量や換気経路をコントロールすること。第1種換気、第2種換気、第3種換気などの方式がある。

第1種換気方式｜だいいっしゅかんきほうしき
機械給気と機械排気との併用による換気方式。一般的には外気導入時に**エアフィルタ**を設置する[342頁図53]。給気・排気のそれぞれにファンを配置して行う。ほかの機械換気方式に比べて室内圧を任意に設計できるなど、換気量を確保するうえで最も適した方式である。熱交換器を設置して行う換気はこの方式に含まれる。

第2種換気方式｜だいにしゅかんきほうしき
機械給気と適当な自然排気孔とによる換気方式。外部からの汚染物質の流入を防止する場合に利用され、一般的にはあまり利用されない。住宅では、室内の湿気が躯体内に侵入するため推奨されない[342頁図53]。室内空気は給気により排気口から押し出される。これによって室内は正圧に保たれるため、給気孔以外からの空気の侵入を防げる。手術室などのように清浄度を保ちたい室に適用される。

第3種換気方式｜だいさんしゅかんきほうしき
機械排気と適当な自然給気による換気方式。排気系統のみにファンを設けて換気する方式。給気は排気することで室内に導入される。給気経路が確保されなければ、排気機はその能力を発揮できない。最も一般的な換気方式である[342頁図53]。トイレ、風呂や厨房などで、臭気、水蒸気や有害ガスが周辺の室に漏れないように直接排気したいところで採用される。

換気回数｜かんきかいすう

図52｜パッシブ換気

パッシブ換気

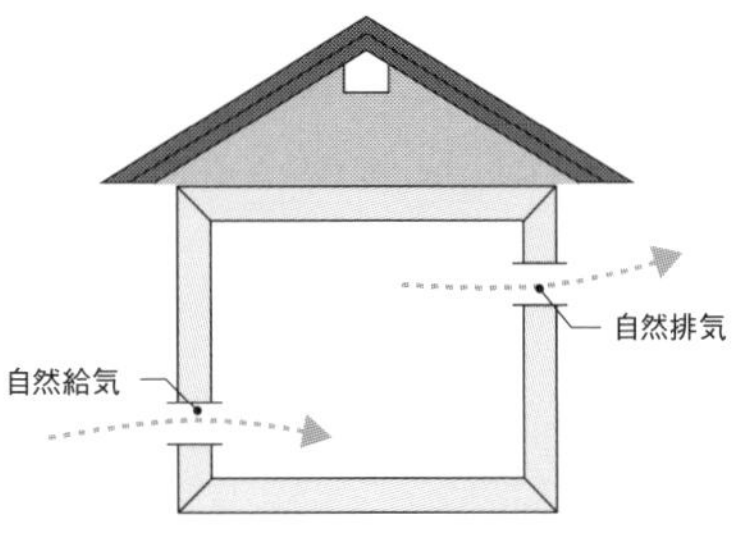

自然動力による給排気

図53｜換気方式の種類

第1種換気方式

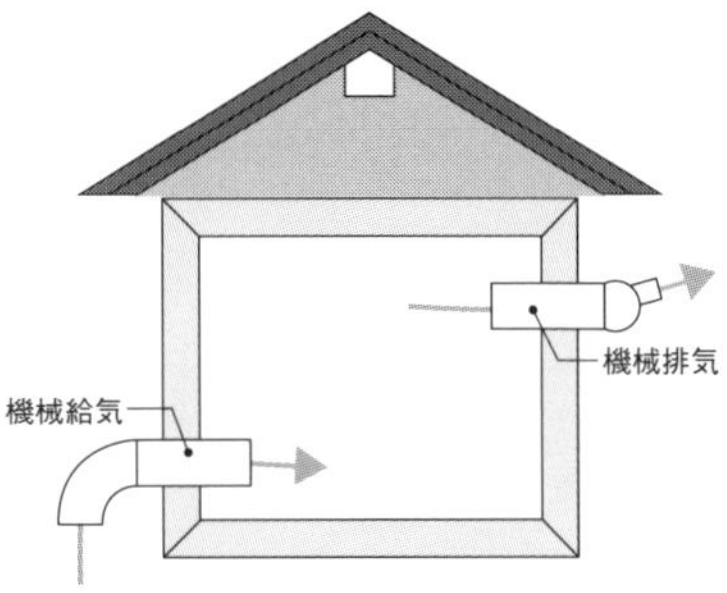

機械動力による強制給排気

第2種換気方式

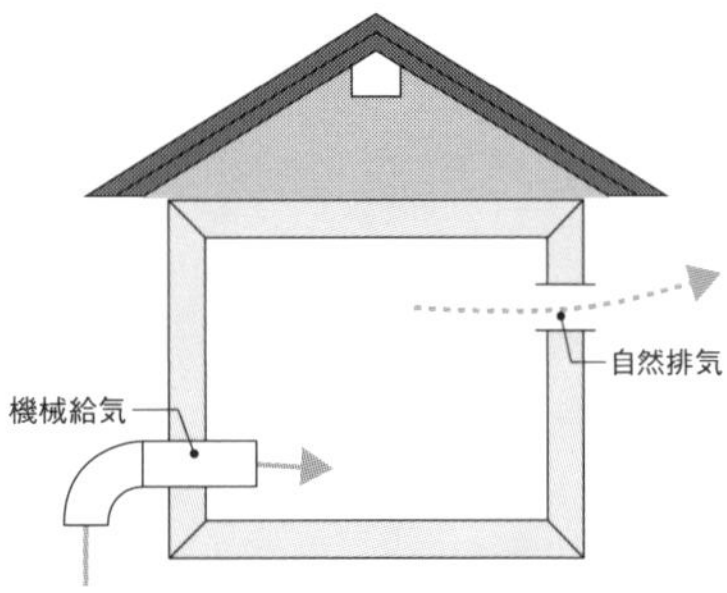

機械動力による給気と自然排気

第3種換気方式

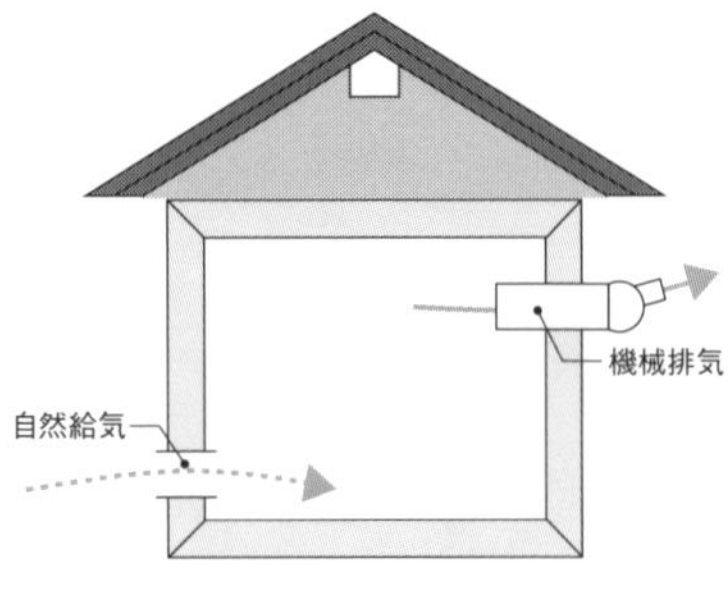

機械動力による排気と自然給気

図54｜換気回数の意味

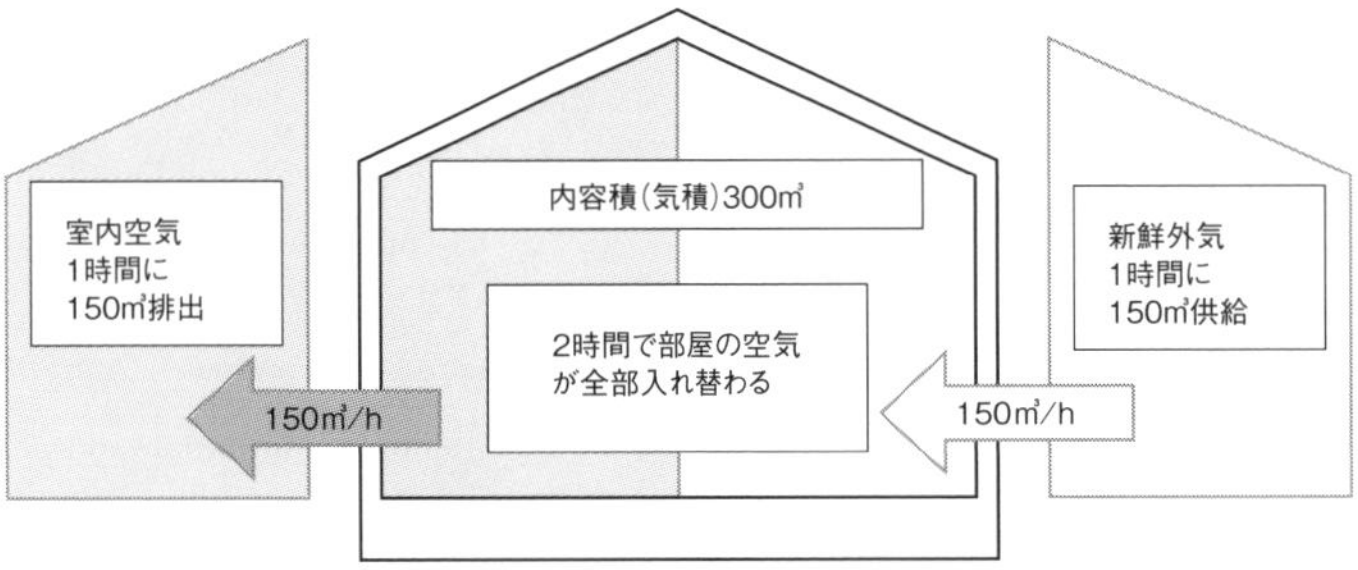

室内の容積が300㎥の住宅で、換気回数の基準値0.5回／hの意味するのは、
室内の空気が150㎥排出され、同量の新鮮外気が供給されることである

換気量を測る基準。換気量を室体積で除したもので、室内の空気が新鮮空気と入れ替わる1時間あたりの換気能力。建築基準法では0.5回／hの常時換気が義務付けられている[図54]。

局所換気｜きょくしょかんき
部屋全体を換気するのではなく、汚れた空気や多量の湿気などを局部的に換気する方法。浴室、トイレ、キッチンなど局所的なエリアのために専用の換気扇を設置して換気を行う。換気ファンの停止時に排気口から逆流しないように、チャッキダンパー（逆流防止用ダンパー）などを設置する。

ダクトレス換気｜かんき
ダクトを利用しない換気システムで、壁付けの換気扇などがある。個別換気システムの一種。

換気効率｜かんきこうりつ
新鮮外気の供給や汚染空気の排出などに関する換気性能を評価する効率・指標を総称したもの。例えば換気量が同じであっても汚染物質が排気口の近くに設置されている場合や外気の取入口と排気口が換気対象室に対して対角に設置されている場合などに換気効率は向上する。代表的な指標として基準化居住域濃度、燃焼排ガス捕集率、居住域平均空気齢などがある。

必要換気量｜ひつようかんきりょう
ある汚染物質の室内濃度を、その許容値に維持するために必要な最小限の取入れ外気量である。汚染物質以外にも水蒸気・室内発熱を対象とした必要換気量もある。汚染物質を対象とした必要換気量Q［㎥／h］は、完全混合状態で瞬時に部屋中に広がり平均化することを前提とし、室内での汚染質発生量がM［㎥／h］、外気の汚染質濃度をCo［㎥／㎥］、室内許容汚染質濃度をCi［㎥／㎥］とした場合、Q＝M／（Ci－Co）で計算される。これを基本必要換気量と呼び、室内が完全混合の場合はこれが必要換気量となる。ただし、ショートサーキットなどにより換気効率、捕集率が低下している場合は、基本必要換気量を修正したものが必要換気量となる。これを設計必要換気量と呼ぶ。

図55 必要有効換気量

建築基準法における必要換気量の例

①常時機械換気設備（24時間換気）に必要な有効換気量

必要有効換気量Vr（㎥/h）≧n・A・h

A：居室の床面積（㎡）
n：住宅等の居室にあっては0.5 その他の居室にあっては0.3
h：居室の天井高さ（m）

②換気上の無窓居室で機械換気設備を用いる場合に必要な有効換気量

有効換気量V（㎥/h）＝ $\frac{(20\times Af)}{N}$ → 1人当たり**20㎥/h人**

N：1人当たりの専有面積（㎡/人）
特殊建築物の居室 ⇒N≦3
その他の居室 ⇒N≦10

Af:居室の床面積（特殊建築物の居室以外の居室が換気上有効な窓その他の開口部を有する場合においては、当該開口部の換気上有効な面積に20を乗じて得た面積を当該居室の床面積から減じた面積）（㎡）

図56 多点風速測定法

矩形ダクトの簡易測定例（5点測定）　　矩形ダクトの詳細測定（JIS B 8330）

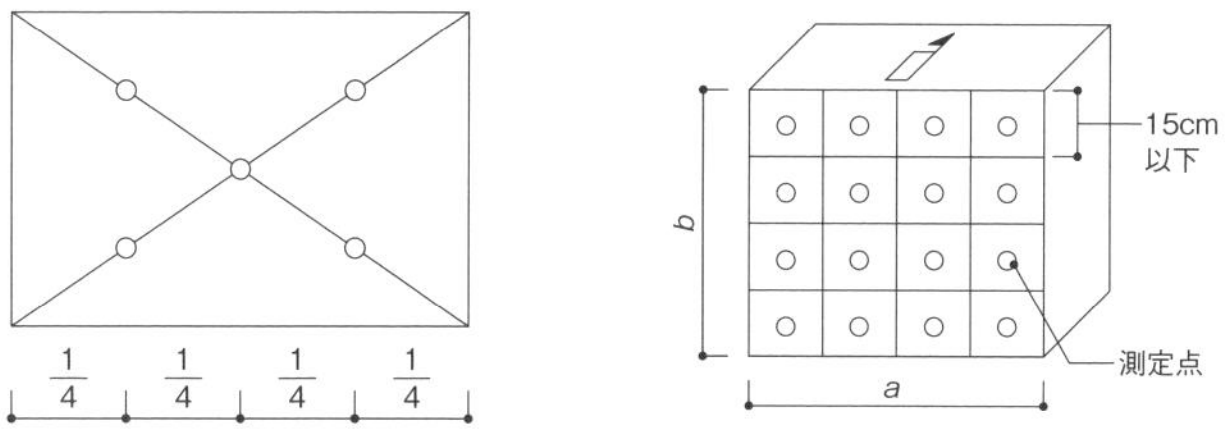

図57 フード利用測定法

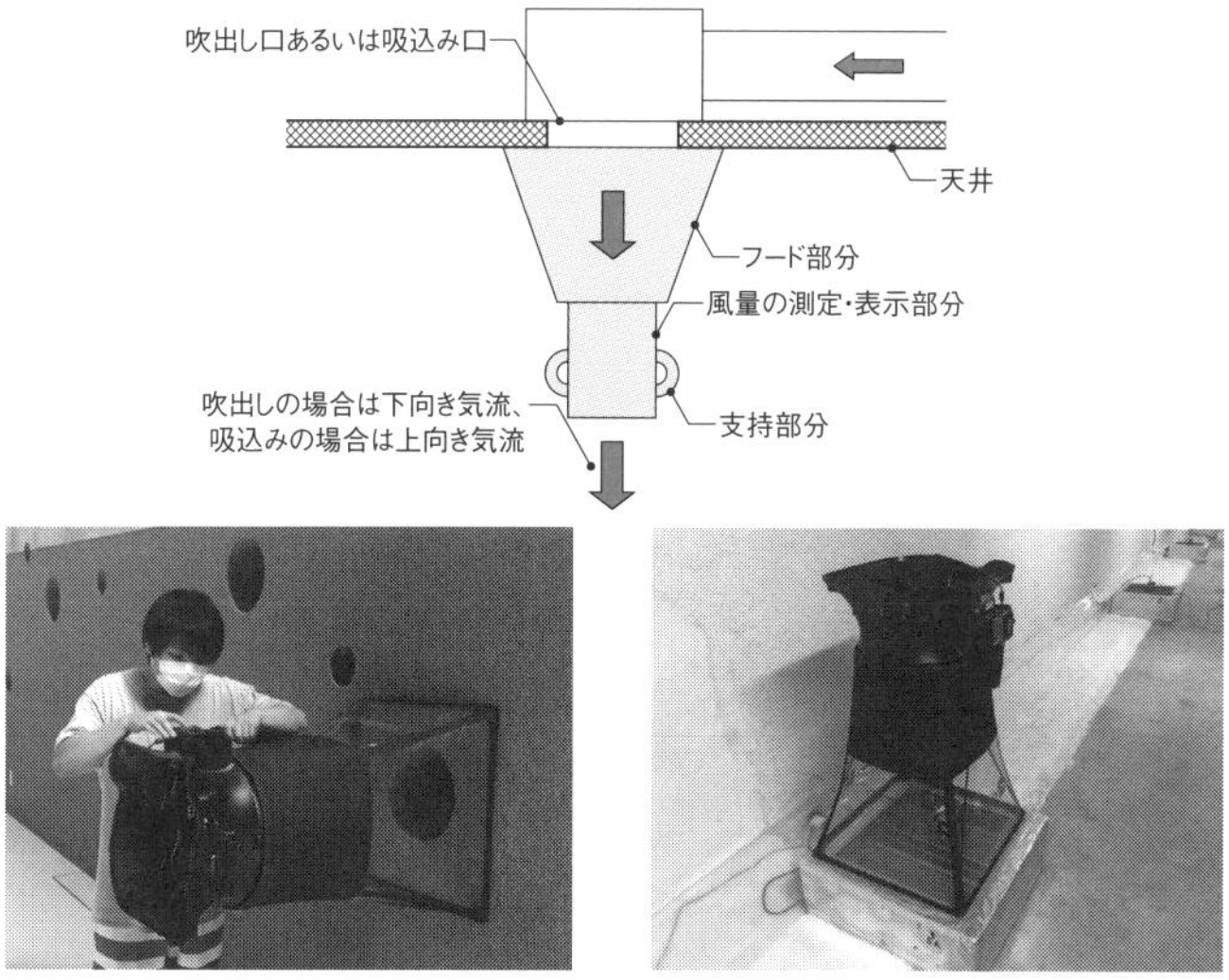

図58 PQ曲線

ファン能力（機種①～③）を表すP-Q線図

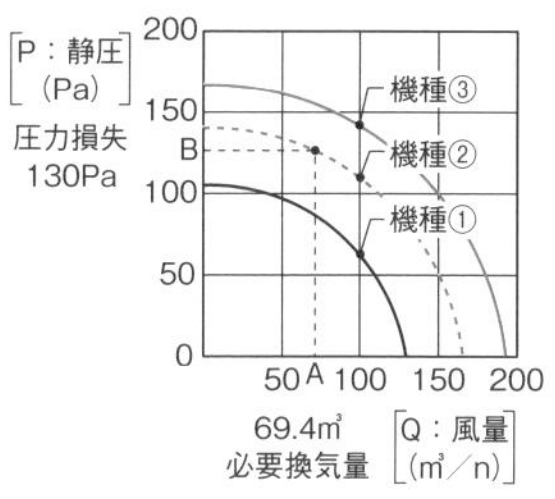

必要有効換気量｜ひつようゆうこうかんきりょう
建築基準法によって規定された、機械換気設備または中央管理式空調方式を採用した場合に確保すべき換気量。24時間換気における居室の0.5回／h換気の換気量などがこれに当たる。換気設備の実際の換気量はダクトや制気口の圧力損失によって定格風量（カタログ値）を下回ることがある。つまり必要有効換気量＝換気設備定格風量とならない場合があり、圧力損失を考慮して換気設備を選定する必要がある［図55］。

換気量測定｜かんきりょうそくてい
直接風量測定法として、フード利用測定法や給気口または排気口の面風速を多点測定し、平均風速に有効開口面積を乗じて風量に換算する方法がある。また、間接換気量測定法として差圧測定法やCO_2などをトレーサーガスとして用いた濃度減衰法・連続発生法・一定濃度法などがある。

多点風速測定法｜たてんふうそくそくていほう
熱線風速計などで面風速を多点測定し、風量を求める方法。簡易測定である5点法や精密測定である断面を15cm程度になるように分割して、それぞれの中心で測定する方法などがある［図56］。

フード利用測定法｜―りようそくていほう
壁面や天井面などの制気口・換気口にフード付きの風量計を当てて風量を測定する方法。3m／s以下の風量の小さい場合の測定に適するが、測定器自体が抵抗となって風量の誤差を生じるため、静圧の低い換気システムの測定には補正が必要となる［図57］。

乾き空気｜かわきくうき
乾燥空気ともいう。我々の周りにある空気は窒素・酸素・アルゴン・二酸化炭素等のガス成分と水蒸気で構成されているが、そのうち、水蒸気を含まない空気を乾き空気と呼ぶ。空気中に含まれる水蒸気の重量（絶対湿度）は乾き空気1kg当たりの水蒸気の重量［kg／kg（DA）］で表される。DAはDry Airの略。

湿り空気｜しめりくうき
水蒸気を含まない空気を乾き空気（乾燥空気）と呼ぶのに対して、ガス成分と水蒸気が混合した空気を湿り空気と呼ぶ。我々の周りにある空気は常に水蒸気を含んでいるため湿り空気である［344頁図59］。

PQ曲線｜ぴーきゅーきょくせん
送風機の圧力と風量の関係を示したグラフで、機器選定および能力確認時に利用される。設計圧力と設計風量との交点より選定機種の能力を確認する［343頁図58］。

正圧・負圧｜せいあつ・ふあつ

2つの圧力差のある空気に対し、圧力が高い空気の状態を正圧、低い状態を負圧という。空気は圧力の高いほうから低いほうへ流れる。

風量調整｜ふうりょうちょうせい

換気量を調整することをいい、住宅用では、吹出し・吸込み部分で面積の調整を行い風量の調節をする場合が多い。換気ファンの機器本体に強弱ノッチが設置されていて、機器設置時に調整する場合もある。

定常流・非定常流｜ていじょうりゅう・ひていじょうりゅう

流体について各部の流速・流量・圧力が安定しており、時間変化しない流れを定常流と呼び、条件変更により定常に至るまでの過渡期にある流れや常に変動する流れを非定常流と呼ぶ。室内においては、空調吹出口からの一定風によって形成される空気の流れは定常流に近くなり、自然換気などの常に変動する外気風などによる空気の流れは非定常流の性質を持つ。

換気経路｜かんきけいろ

外気が室内に導入されてから換気対象室を経由して屋外に排気されるまでに、新鮮外気が通過するゾーン及び開口部を換気経路と呼ぶ。

ショートサーキット

部屋に設置された新鮮外気の取入口と排気口の位置が近すぎるなどが原因で、新鮮外気が換気対象空間を十分に経由せずに排気されてしまうことを短絡（ショートサーキット）と呼ぶ。

妻面換気｜つまめんかんき

切妻屋根や入母屋屋根の建物などで、三角になっている部分の壁に換気口を取り付け、小屋裏を経由した換気を行う方法。結露防止またはシックハウス対策として屋根裏空間の換気を行う場合などに用いられる。また、室内外の温度差を利用して住宅内の汚染空気を排気するための自然排気口などとしても用いられる。

軒下換気｜のきしたかんき

外壁等から外側に出ている屋根部分の下面を軒下と言うが、軒下に換気口を設けて室内の換気を行うことを軒下換気と呼ぶ。外壁に換気口を設置する場合に比べ、雨が侵入しにくいという雨仕舞のメリットに加え、比較的大きな開口部を設置しても立面上目立ちにくいという意匠的なメリットがある。

クーラースリーブ

スリーブとは配管やダクトなどを通すために外壁や内壁、梁などに開けておく開口部であり、一般的には円形の穴になる。そのうち、エアコンの室内機と屋外機を繋ぐ冷媒管を通すために外壁に開けておく穴をクーラースリーブと呼ぶ。竣工段階で既に開けられており、キャップ等で開口部を塞いである場合や、クーラー設置段階で新たに外壁に穴を開けて設置する場合などがある［写真12］。

図59｜乾き空気と湿り空気

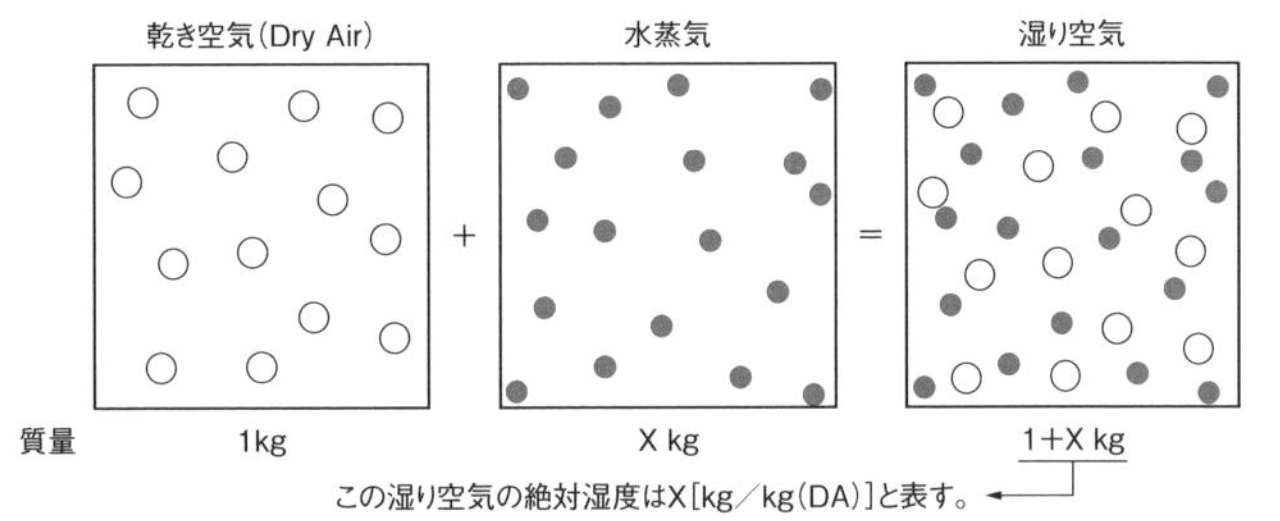

給気ダクト｜きゅうき—

図60｜各種ダクト

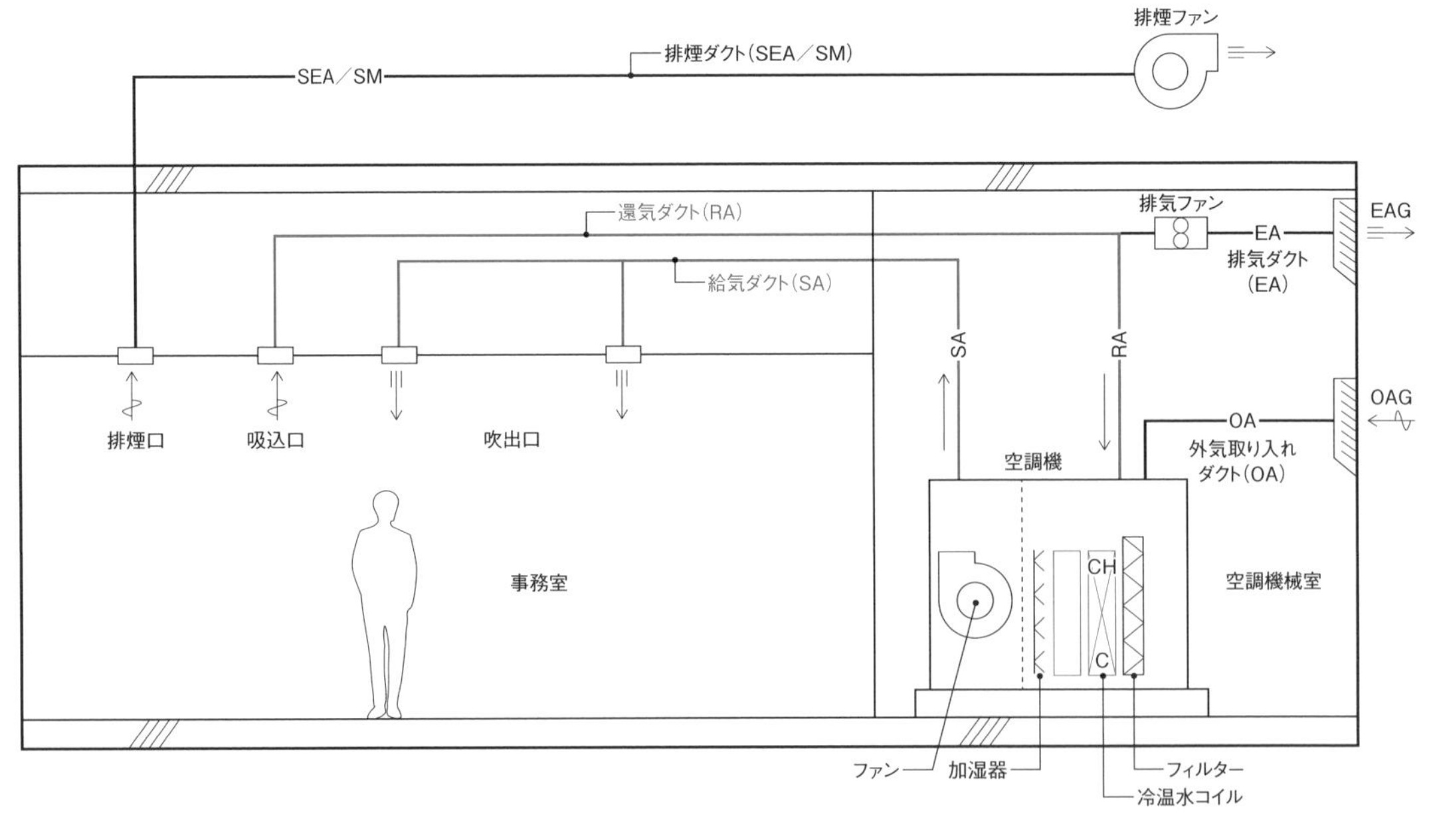

空調機で清浄度や温湿度を整えられた空気を室内に供給するダクト。SA(Supply Air)ダクトともいう[図60]。

還気ダクト｜かんき｜ 室内から空調機に空気を戻すダクト。RA(Return Air)ダクトともいう[図60]。

外気取り入れダクト｜がいきとりいれ｜ 新鮮外気を取り込み空調機や室内に供給するダクト。OA(Outdoor Air)ダクトともいう[図60]。

排気ダクト｜はいき｜ 室内から外部へ排気するダクト。EA(Exhaust Air)ダクトともいう[図60]。

排煙ダクト｜はいえん｜ 機械排煙が必要な建物において、各部屋から屋外に火災時の煙を排出するためのダクト。SEA(Smoke Exhaust Air)ダクト、SM(Smoke)ダクトともいう[図60]。

ウェザーカバー 外壁に設置した外気取り入れ口、排気口から雨、埃、強風などが室内に侵入するのを防止するために開口部に設置するカバー。設置目的はベントキャップと同じであるが、ベントキャップと比較して開口部面積が大きい場合などに用いられる[写真13]。

空気清浄度｜くうきせいじょうど｜ 汚染物質の濃度により評価される空気の清浄性を空気清浄度という。建築物環境衛生管理基準では浮遊粉じん・一酸化炭素・二酸化炭素およびホルムアルデヒドを空気清浄度の指標となる物質として規定している。そのうち二酸化炭素は空気清浄度を示す総合指標として位置付けられている[表1]。

室内汚染物質｜しつないおせんぶっしつ｜ 空気中に粒子状又はガス状物質として存在し、人体に悪影響を及ぼす物質。主な室内汚染物質としては浮遊粉じん・一酸化炭素・二酸化炭素・ホルムアルデヒド・揮発性有機化合物(VOCs)・窒素酸化物(NOx)・硫黄酸化物(SOx)・臭気・花粉やカビに代表されるアレルゲンなどがある。

クリーンルーム 半導体製造や医薬品、研究所、食

写真12｜クーラースリーブ

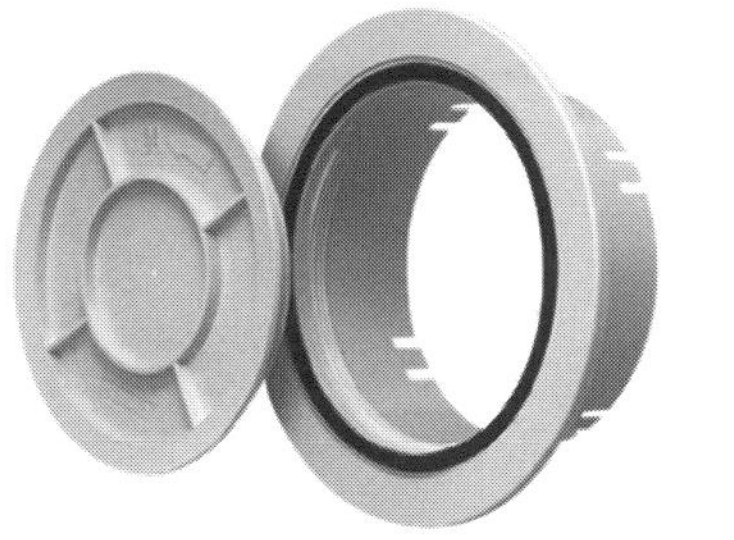

写真13｜ウェザーカバー

表1｜建築物環境衛生管理基準

浮遊粉じんの量	空気1㎥につき0.15㎎以下
一酸化炭素の含有率	10ppm以下（厚生労働省令で定める特別の事情がある建築物にあっては、厚生労働省令で定める数値）
二酸化炭素の含有率	1,000ppm以下
温度	17～28℃ 居室における温度を外気の温度より低くする場合は、その差を著しくしないこと
相対湿度	40～70%
気流	0.5m/s以下
ホルムアルデヒドの量	空気1㎥につき0.1㎎以下（0.08ppm）

図61｜ULPAフィルター

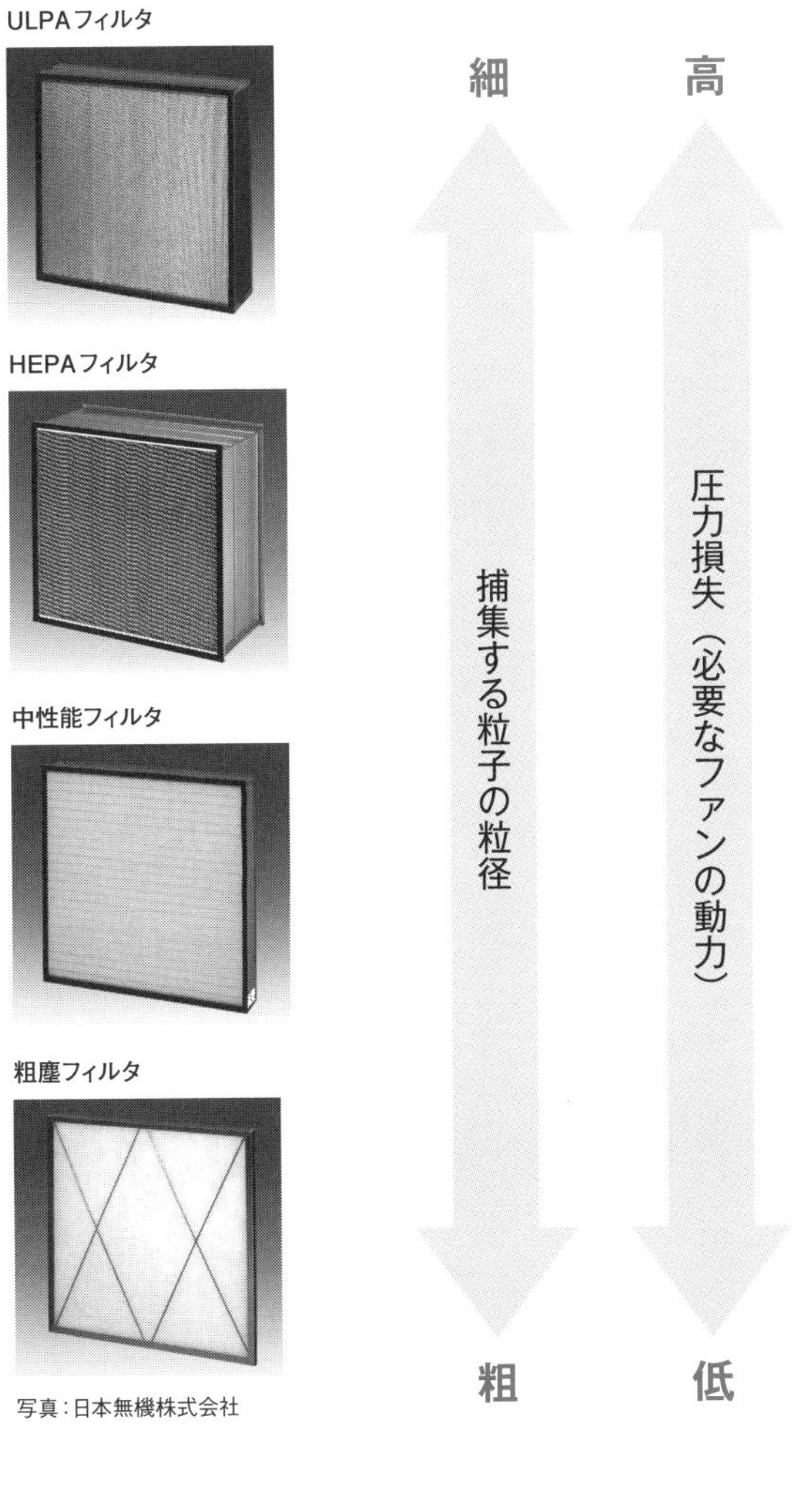

写真：日本無機株式会社

品などの高い清浄度を求められコンタミネーションコントロールが必要な部屋。

ULPAフィルタ｜うるぱ―

ULPAとはUltra Low Penetration Airの略であり、定格風量で粒径が0.15μmの粒子に対して99.9995%以上の粒子捕集率をもち、かつ初期圧力損失が245Pa以下の性質を持つエアフィルタと定義されている。半導体製造や医薬品、研究所、食品などの高い清浄度を求められるクリーンルームなどで用いられるフィルタである。HEPAフィルタが粒径0.3μmの粒子捕集率で定義されているのに対し、ULPAフィルタは粒径0.15μmで定義されており、より微細な粉じんを捕集できる[345頁図61]。

写真14｜有圧換気扇

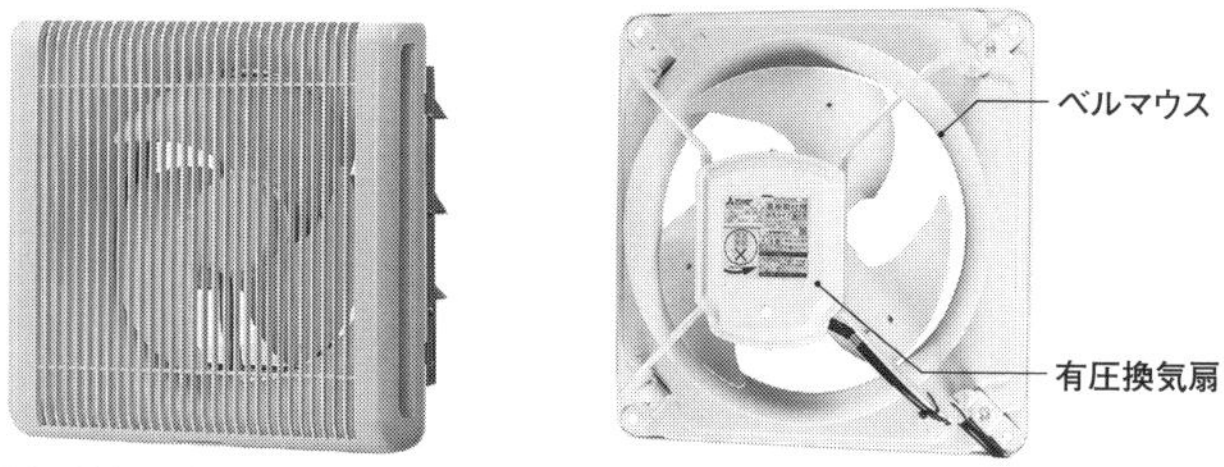

業務用有圧換気扇（格子タイプ）EFG-25KSB-W（三菱電機）
産業用有圧換気扇（低騒音型）EWF30BSA（三菱電機）

ケミカルフィルタ

粉じん以外の塩基性・酸性および有機ガスといった気中分子状汚染物質の除去が可能なフィルタ。活性炭などを用いた吸着により除去する。

換気基準｜かんききじゅん

建築基準法では一人当たりの換気量は20㎥/h人と規定されている。また、建築物衛生法では特定建築物に対して室内環境基準[表1]を満たすことを求めているが、そのうち二酸化炭素の上限値1000ppmを室内空気質の総合指標として用いており、人由来のCO_2発生量と外気のCO_2濃度から計算した場合に室内CO_2濃度が1000ppmに保たれるために必要な30㎥/h人の確保が推奨されている。しかし、近年では外気のCO_2濃度が上昇している傾向にあり、特に都市部では30㎥/h人を確保した場合にも1000ppmを超過する事例が見られるため注意が必要である。

有圧換気扇｜ゆうあつかんきせん

有圧扇ともいう。プロペラファンの一種である。住宅等で使用されている換気扇は静圧が小さく、外気風が早い場合には換気能力が落ちるという特徴があり、ダクト接続等もできない。それに対して、ベルマウス状のカバーを設置するなどの工夫により大量の風量と同時に静圧も確保したプロペラファンを有圧扇と呼び、外気風などの影響を受けにくく、ダンパーやウェザーカバー等を設置することも可能である。ダクトは一般的には接続せず、ダクト接続する場合はシロッコファンやターボファンを用いることが多い。工場・倉庫などの大量の換気が必要な用途に用いられるほか、防爆タイプやステンレスタイプなど、使用条件に応じて様々な種類がある[写真14]。

給気口｜きゅうきこう

室内への新鮮空気取入れ口。外壁に設置され、自然換気や第3種換気の給気の経路となる[図62]。

レンジフード

調理器具からの炭酸ガス・水蒸気・臭気・熱などを排出するために設置する換気設備。効果的に捕集できるようにフードが設置され、調理器具の種類（IHクッキングヒーター、ガスコンロなど）、換気扇設置場所、給気方法などによってさまざまな機種がある[図63]。

図62｜給気口と排気口の位置

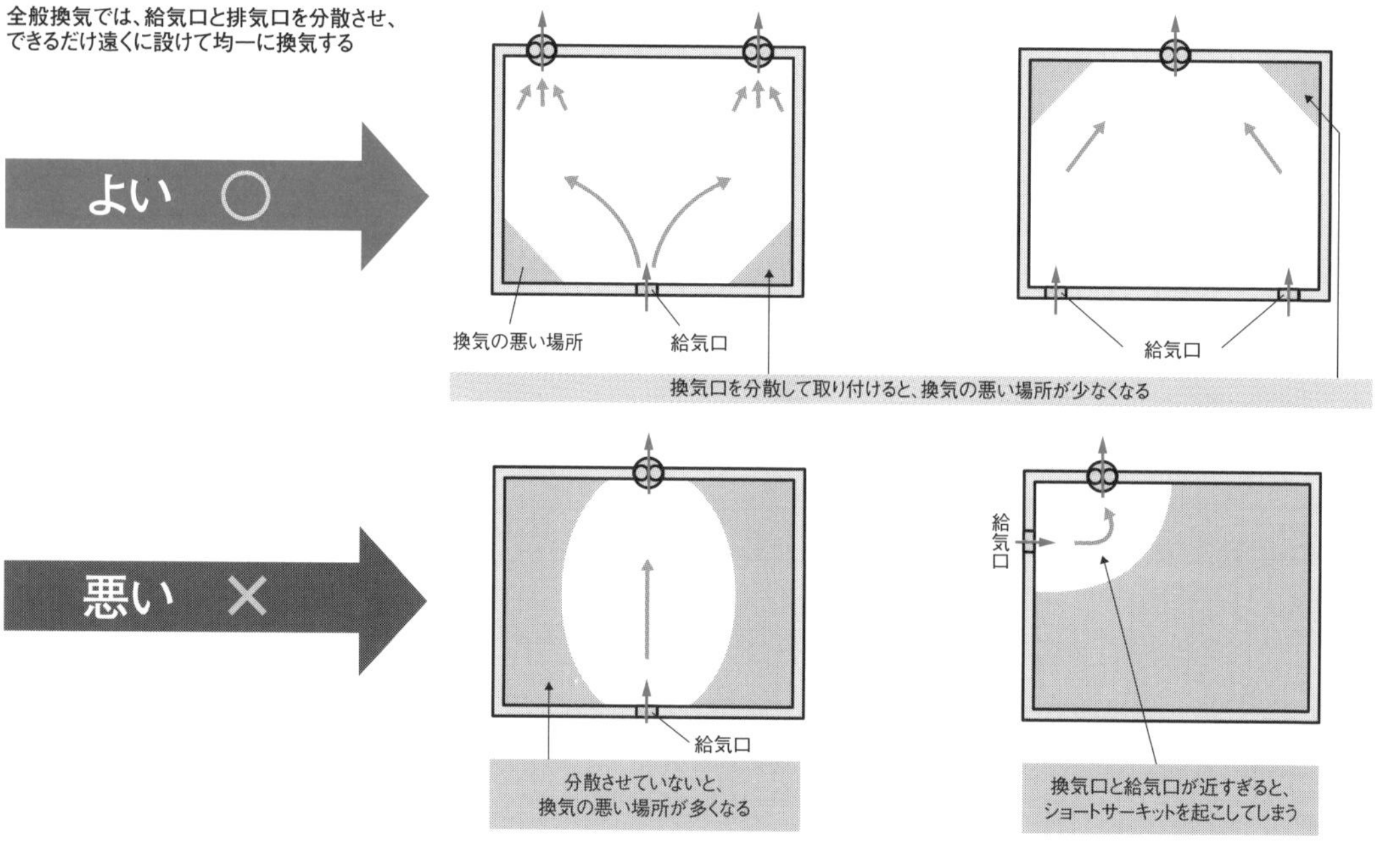

全般換気では、給気口と排気口を分散させ、
できるだけ遠くに設けて均一に換気する

図63 レンジフードファンによる換気

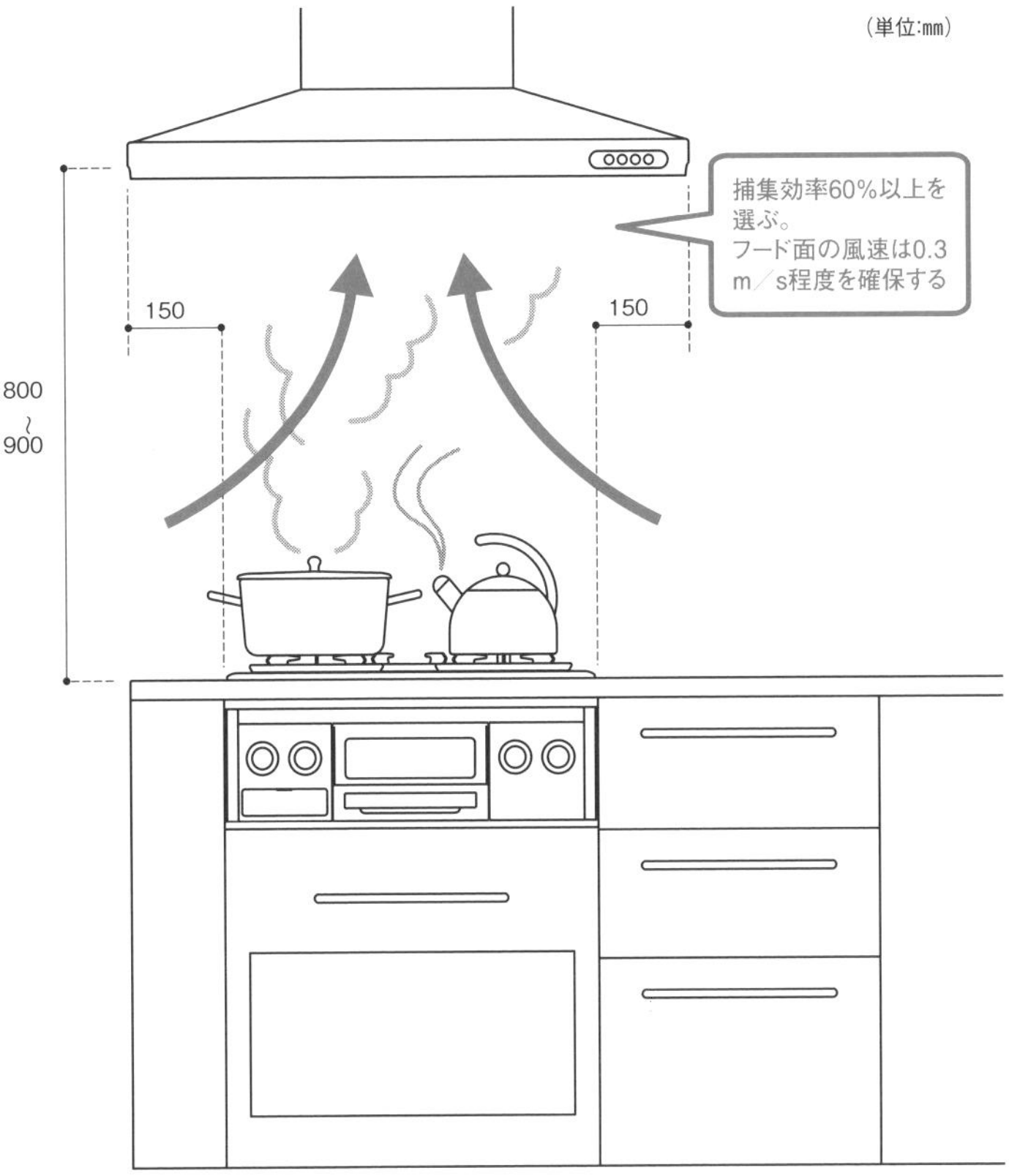

表2 水廻りの換気に必要な風量

	必要な風量（㎥/h）	備考
浴室	120	一般的な浴室（1〜1.5坪）の場合
洗面・脱衣室	60	浴室の換気量の半分程度
トイレ	20〜30	常に負圧を保つようにする

写真15 サーキュレーター

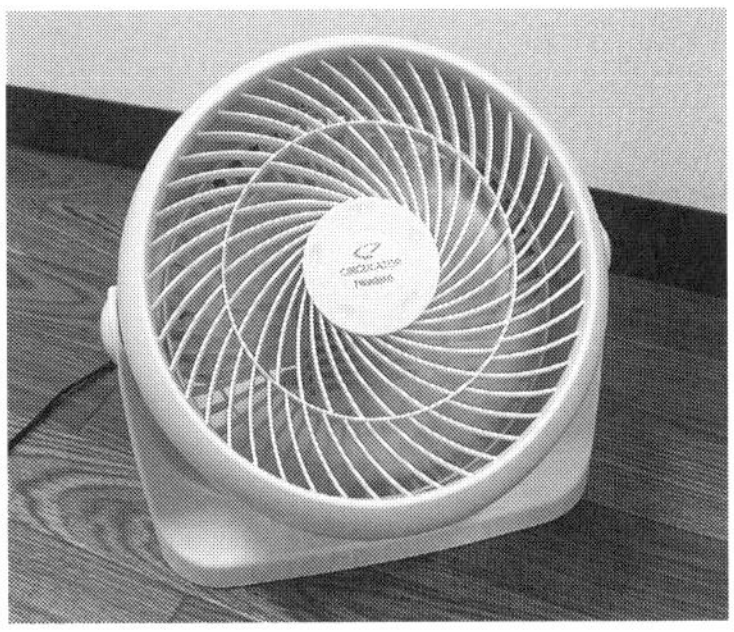

同時給排気型レンジフード｜どうじきゅうはいきがた―
排気と同時に給気される仕組みになっている換気設備で、排気による室内の過度の負圧化を防ぐ効果がある。高気密住宅に適している。

IHクッキングヒーター用換気設備｜あいえいち―ようかんきせつび
ガスコンロ利用時に発生する上昇気流は捕集効率や排気効果を高める働きがあるが、熱源から熱の発生がないIHクッキングヒーターは上昇気流の効果が低い。そのためIHクッキングヒーター利用時に、調理器具上部に強制的に気流をつくり捕集効率や排気効果を高めている。

高捕集タイプ｜こうほしゅう―
吸込み部の流速を高め、気流によって捕集効果を高めたレンジフード。

サーキュレーター
強制的に気流を発生させる装置で、局所的に気流を必要とする場合に用いられる。小型で床置きタイプのものや、天井に設置する**シーリングファン**もサーキュレーターと呼ばれる［写真15］。

省エネルギー

PAL*｜ぱるすたー
建物（非住宅建築物）の省エネ基準にかかわる新しい外皮基準の指標のこと。平成25年基準では、国際的にも使われている1次エネルギー消費量を指標として、同一の考えにより、断熱性能に加え設備性能を含め総合的に評価できる基準に一本化されている。

温室効果ガス｜おんしつこうか―
大気は太陽の波長の短い放射エネルギーを透過させ、これらは地球表面に吸収される。その多くは次に、近赤外線の波長領域で地球から宇宙に向かって再び放射される。しかしこの近赤外放射エネルギーは、大気中の二酸化炭素、**メタン**、**亜酸化窒素**、**フロン**などのハロゲン化炭化水素類、オゾンのような気体で吸収され、熱に変えられ地上に反射される。このように、地球を暖める効果のある上記の気体をいう。

CEC｜しーいーしー
Cofficent of Energy Consump-tion（**空調エネルギー消費係数**）の略。PALと同様に、省エネ法にもとづく告示に示された建築主の判断基準の1つで、空調エネルギー（CEC/AC）、換気エネルギー（CEC/V）、照明用エネルギー（CEC/L）、給湯用エネルギー（CEC/HW）、エレベーター用エネルギー（CEC/EV）についてエネルギー使用の合理化を進める指標。それぞれの年間エネルギー消費量を年間仮想負荷で除した値が規定の値以下でなければならない。

設備

給排水・衛生工事 3

基本用語

上水｜じょうすい
人の飲料に適した水。いわゆる**水道水**［表1］。

下水｜げすい
人間生活や産業活動から出る排水（**汚水**）と**雨水**の総称。

中水｜ちゅうすい
上水と下水の中間にある、排水や下水を高度処理して洗浄用水や雑用水として利用する水のこと。

雑排水｜ざっぱいすい
洗面器、流し、浴槽などからの排水で、トイレ・雨水以外。

給水設備

給水装置｜きゅうすいそうち
水道事業者［※］が設けた配水管から分岐して設けられた給水管、止水栓、給水栓（蛇口）、メーターなどのこと。基本的に水道事業者の指定を受けた指定給水装置工事事業者以外は、給水装置の新設・増設・改造を行えない。

表1｜水質基準（厚生労働省令より一部抜粋）

1	一般細菌	1mℓの検水で形成される集落数が100以下であること
2	大腸菌群	検出されないこと
6	鉛	0.01㎎／ℓ以下であること
8	6価クロム	0.02㎎／ℓ以下であること
25	総トリハロメタン	0.1㎎／ℓ以下であること

注　総トリハロメタンは、クロロホルム、ジブロモクロロメタン、ブロモジクロロメタンおよびブロモホルムのそれぞれの濃度の総和を表す

図1｜給水方式を決める流れ

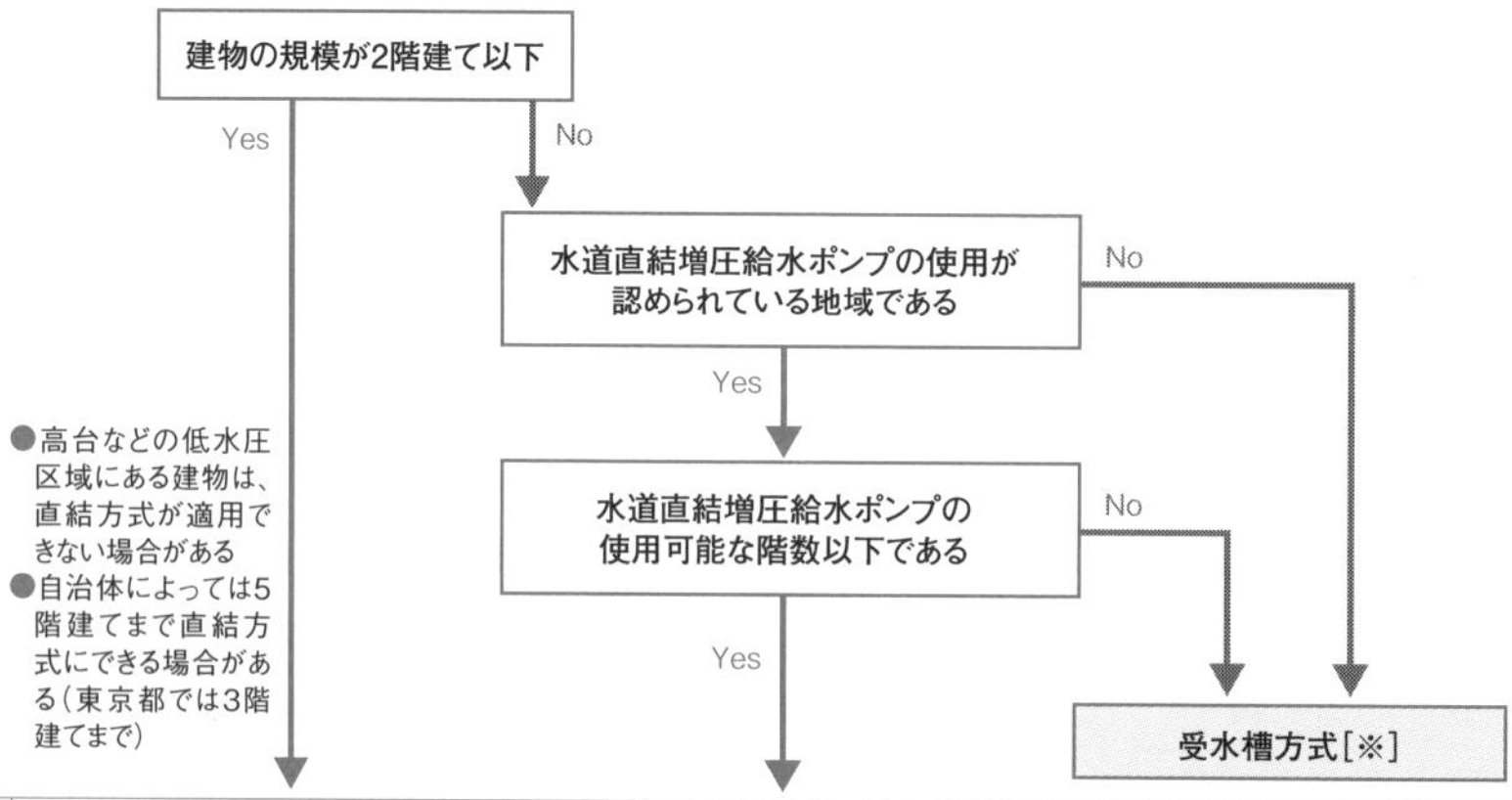

建物の規模が2階建て以下
Yes
No
水道直結増圧給水ポンプの使用が認められている地域である
No
Yes
水道直結増圧給水ポンプの使用可能な階数以下である
No
Yes
受水槽方式［※］
●高台などの低水圧区域にある建物は、直結方式が適用できない場合がある
●自治体によっては5階建てまで直結方式にできる場合がある（東京都では3階建てまで）

	①直結給水方式	②直結増圧給水方式	③ポンプ直送方式

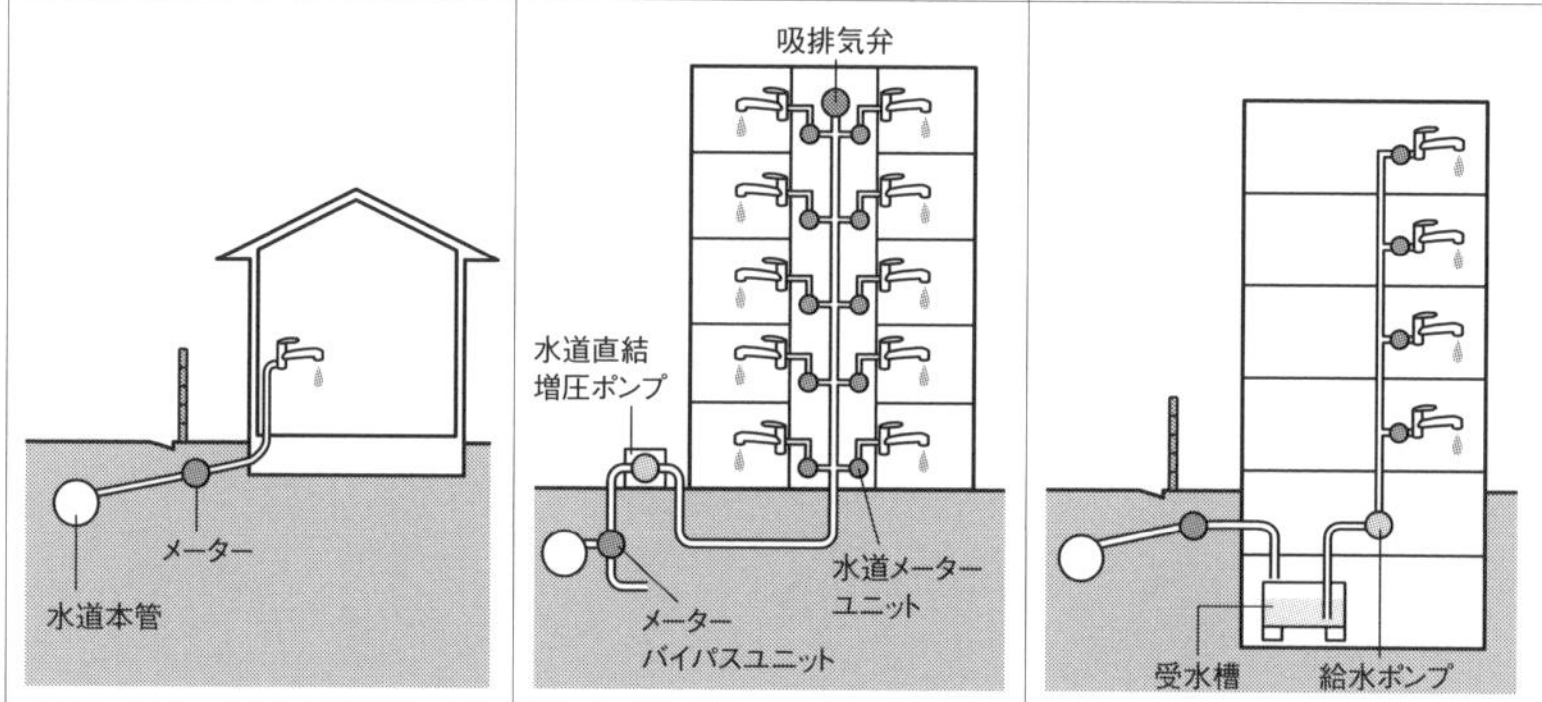

メーター
水道本管
吸排気弁
水道直結増圧ポンプ
水道メーターユニット
メーターバイパスユニット
受水槽
給水ポンプ

	①直結給水方式	②直結増圧給水方式	③ポンプ直送方式
適する建物の規模	低層・小規模	中低層・中規模	中規模・大規模
給水の仕組み	給水本管の圧力を利用して給水	引込管の途中に、圧力を増幅する水道直結増圧ポンプを設置することで、給水本管の圧力では給水できない高さへの供給が可能	受水槽に一時貯水した水道水を、加圧給水ポンプの圧力で給水する。ポンプの自動制御にかかる設備費が高い
給水圧力の変化	給水本管の水圧に連動してしまう	ポンプの自動制御により、ほとんど一定	ポンプの自動制御により、ほとんど一定
衛生面	水道水が直接供給されるので水質汚染の可能性が少ない		受水槽内への埃・虫の侵入などによる水質汚染のおそれがある
断水時	給水できない		受水槽内の残留分は給水可能
停電時	給水できる	給水本管の圧力範囲内のみ給水可能	給水できない
スペースの確保	必要なし	水道直結増圧ポンプの設置スペースが必要	受水槽と給水ポンプの設置スペースおよびメンテナンススペースが必要
注意点	水道局によっては、給水本管の水圧や材質などの条件が満たされれば、5階まで直結方式が可能な場合もある	多くの水道局で、メーターバイパスユニットの設置を義務付けている	使用水量を検討し、1日分の必要量の1／2程度を目安に受水槽の大きさを決定する

※受水槽方式には、ポンプ直送方式以外に重力給水方式もある

※：厚生労働省の認可を受けて水道事業を経営するもの（水道法3条5項、6条1項）。水道事業は原則として市町村が経営する

給水用具｜きゅうすいようぐ
給水装置の一部で、給水管や継手以外のものを指す。水道直結部に設置される分水栓、水道メーター、直結加圧形ポンプユニット、弁類、止水栓、給水栓、ガス給湯器などが当てはまる。

受水槽｜じゅすいそう
水道水を貯める水槽。水道直結給水ができない建物に設置される。水道法的に6面点検が義務づけられている。水槽上部への点検口設置、および上下左右前後に点検可能なスペースの確保が必要である。

貯水槽水道｜ちょすいそうすいどう
水道から供給される水のみを一時的に受けるために設けられる受水槽以降の給水設備。

簡易専用水道｜かんいせんようすいどう
貯水槽水道のうち、水槽の有効容量の合計が10㎥を超える給水設備のこと。

給水方式｜きゅうすいほうしき
建物に飲用水などを供給する方式。水道直結方式、直結増圧方式、高置水槽方式、圧力水槽方式、ポンプ直送方式などがある。

直結給水方式｜ちょっけつきゅうすいほうしき
水道本管の圧力を利用して、受水槽を経ず直接建物内に給水する方式［図1①］。

直結増圧給水方式｜ちょっけつぞうあつきゅうすいほうしき
直結給水方式の一種で、水道の配水管から分岐した給水管に直結加圧形ポンプユニットを設置して、水圧の不足分を加圧して高位置まで給水する方式［図1②］。受水槽や高置水槽が必要ないことで衛生面の品質が向上するため、採用例が増えている。この方式が採用できるかどうかは水道事業者が定める規定［※］によらなければならない。なお、水道断水時には給水が不可能となる。

重力給水方式｜じゅうりょくきゅうすいほうしき
揚水ポンプで受水槽の水を高所に設置した給水槽（**高置水槽**）に揚水し、重力によって給水する方式。

ポンプ直送方式｜—ちょくそうほうしき
受水槽の水をポンプによって必要個所に直送する給水方式で、ポンプの出口の圧力または流量によって、ポンプの回転数を変化させて送水量を変えたり、複数のポンプの運転台数を変えて、送水量を変化させる方式が用いられている［図1③］。

ウォーターハンマー
液体が充満して流れている管路で、弁などによって急激に全閉あるいは部分的に閉鎖して、流れを停止あるいは減速させると、弁直前に著しい圧力上昇が生じ、これが圧力波となってある速度で管路上流を伝わる。このような急激な圧力変動の波が管路内を伝わる現象で、**水撃**とも呼ばれる［図2］。

水撃防止器｜すいげきぼうしき
ウォーターハンマーの発生や影響を緩和するために設けるショックアブソーバーのことで、窒素ガスやプレチャージ空気をもった機器。給水配管系に設ける［図3］。

6価クロム｜ろっか—
水道水の「健康に関する31項目」で毒性があるとして示されている化合物。クロムは水道水では塩素

図2｜ウォーターハンマーの仕組み

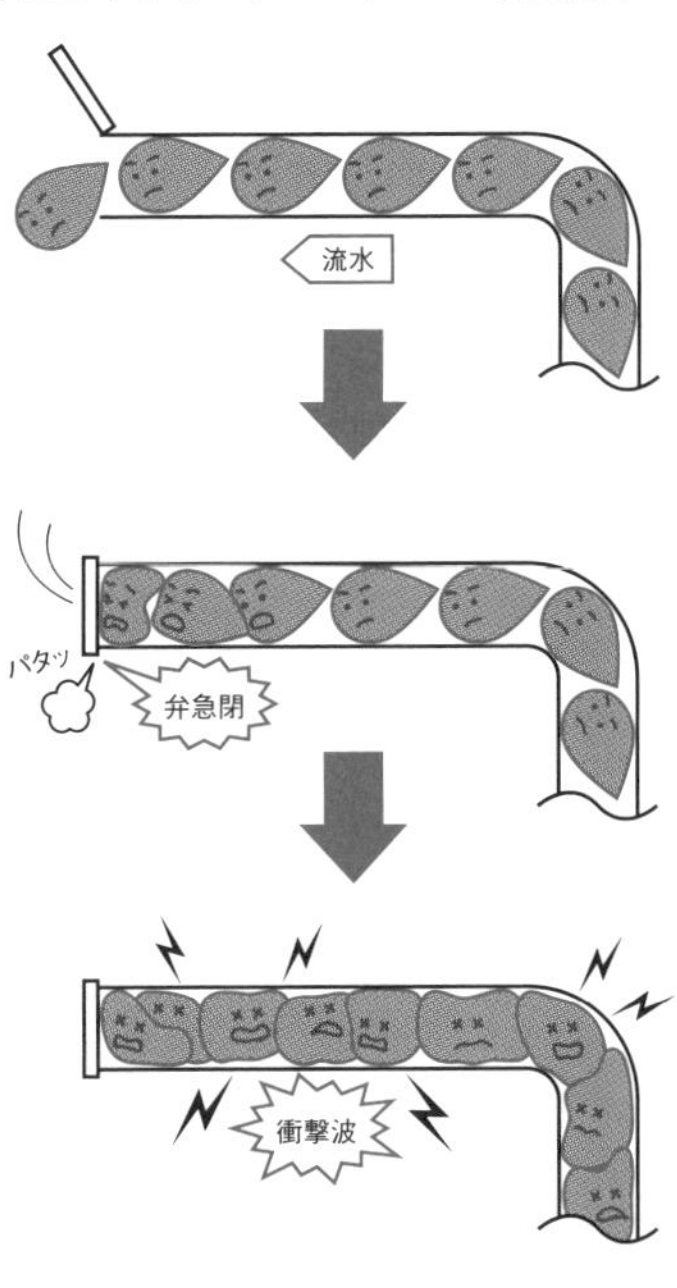

図3｜水撃防止器

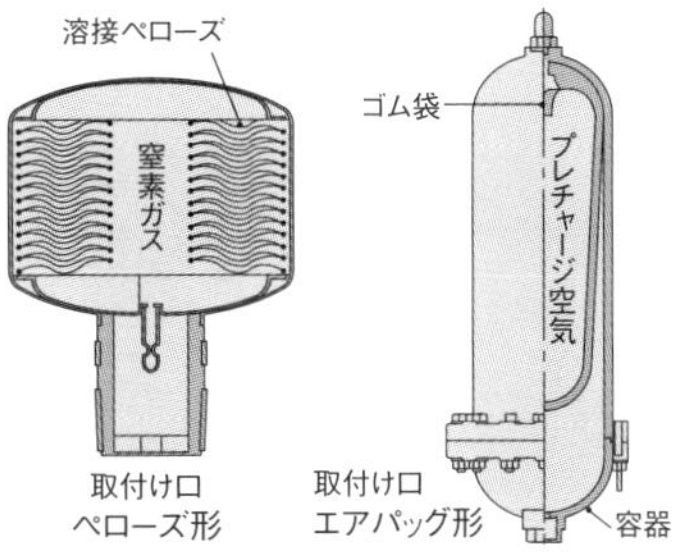

図4｜クロスコネクション

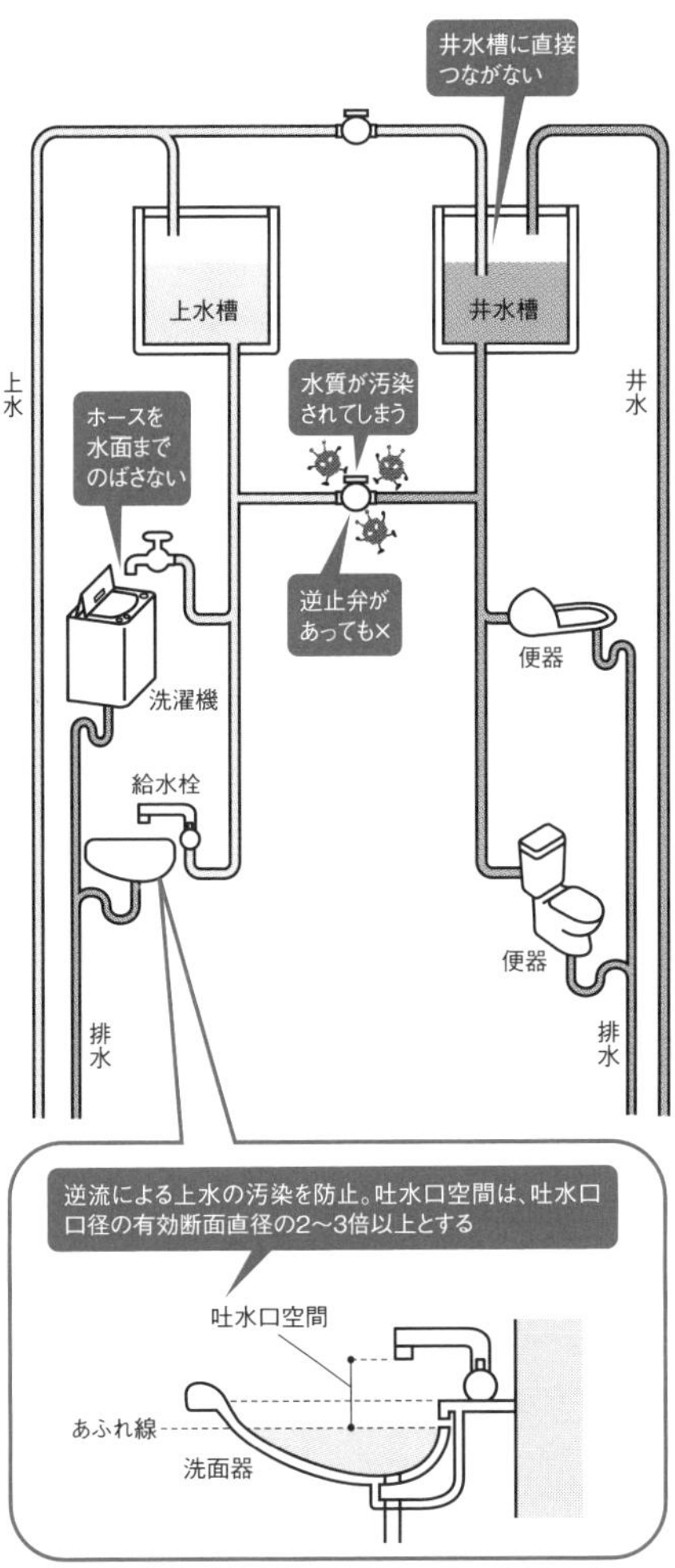

※：東京都の場合は、東京都給水条例および東京都給水条例施行規程

処理により6価の形で存在するため6価クロムと呼ばれる。基準値は0.02mg/ℓ以下でなければならない。健康への主な影響は激しい嘔吐と下痢、腎臓障害など[表1]。

トリハロメタン

水道水の原水中の枯れ葉などのフミン質に含まれているメタンと消毒用の塩素が反応して発生するといわれる発ガン性の有機塩素化合物。浄水場での消毒にオゾンを使用することにより解決できる。

遊離残留塩素｜ゆうりざんりゅうえんそ

浄水場で消毒のために投入した水道配管中の塩素が、殺菌のために消費された後にもまだ残って蛇口からの吐水中に存在しているもののこと。

赤水｜あかみず

給水や給湯配管から鉄管の錆が出ること。河川水などを水源とする上水道では、水原水質の悪化に伴って消毒剤としての塩素の投入量が増え、鉄管を素材とする配管を腐食させるなどして、ますます赤水の発生が多くなってきている。防食に強い樹脂ライニング鋼管も配管接続部の管端で鉄部が露出して赤水を出すこともある。同様に**青水**、**白水**、**黒水**なども配管の種類によって発生する。

青水｜あおみず

給湯の銅管などから溶け出した微量の銅イオンと、浴槽などに付着して残っていた湯垢（人の身体や石鹸からでた脂肪酸）とが反応して生成される不溶性の青い物質。「**銅石鹸**」とも呼ばれる。実際に水に色がついて見えることはまれ。

白水｜しろみず

水道管の中に入った空気がかき回されて無数の小さな泡となり、水と混ざった状態。この気泡は、水道管内で加圧されて水に溶け込んだ空気が、吐水により減圧されて、細かな気泡として出てきたもの。容器に入れて下のほうから泡は消え、透明に澄んだきれいな水になる。安全性に問題はない。

黒水｜くろみず

水道水にはごく微量のマンガンが含まれており、消毒に使用される残留塩素で酸化されると黒色の二酸化マンガンになる。この二酸化マンガンが水道本管（配水管）内に徐々に付着していき、断水や水道工事などで水の流れが急激に変化すると、剥離して排出される。このような黒水障害の発生防止のため、マンガンは水質基準では0.05mg/ℓ以下となるよう定められている。

逆流対策

クロスコネクション

給水管とそのほかの用途の配管とを配管・装置によって直接接続すること、あるいは給水と給水以外の水が混ざる現象のこと。給水管内の圧力低下あるいは真空などにより給水以外の水が給水管内に逆流することで絶対に避けなければならない。管内で逆流が生じ、飲料水系統へ汚染物質が混入する危険性がある。逆止め弁を介してあっても、逆止め弁に異物が噛むと、逆流を防げない。配管計画・施工の禁じ手である[349頁図4]。

吐水口空間｜とすいこうくうかん

飲料水給水管の**吐水口端**（蛇口先端などの水の出るところ）と**あふれ縁**（洗し台などの水受け容器から水があふれ落ちる縁）との垂直距離をいう[図5]。水受け容器の**オーバーフロー口**[※]の高さとは関係がない。ただし、飲料用水槽の場合には、オーバーフロー管の内底面をあふれ縁とみなす。吐水口空間は、断水などによる飲料水給水管の負圧発生時に、吐水した水が蛇口から給水管へ逆流する**逆サイホン作用**を防止するために欠かせない。

バキュームブレーカー

給水管内部に負圧が発生するとき、自動的に空気を吸引する機構をもった器具で、吐水した水や使用した水が逆サイホン作用により上水系統へ逆流するのを防止するために設ける。吐水口空間が確保で

図5｜吐水口空間の例

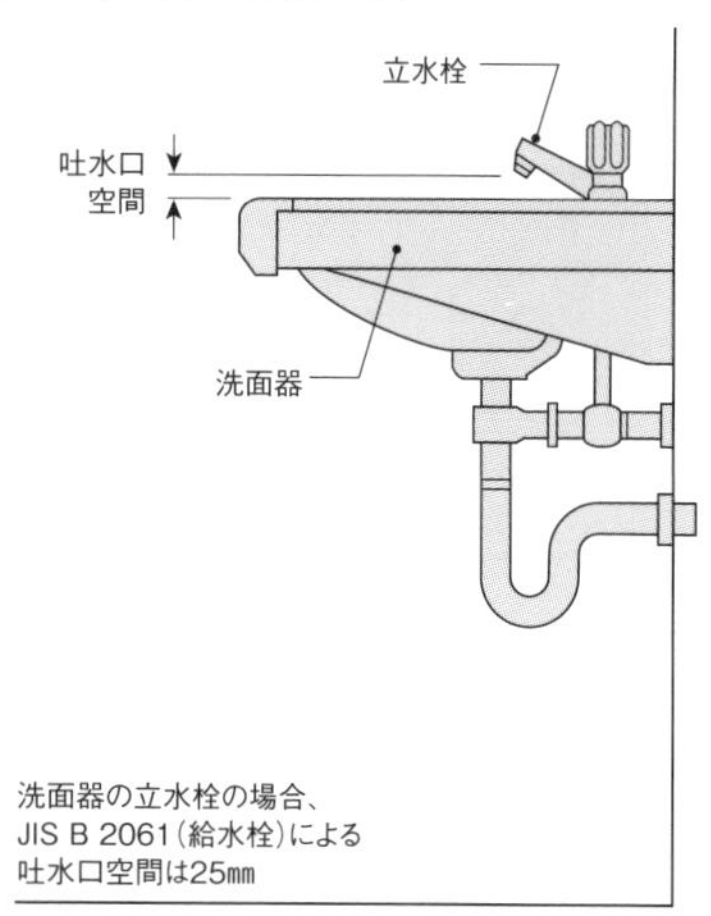

図6｜バキュームブレーカー

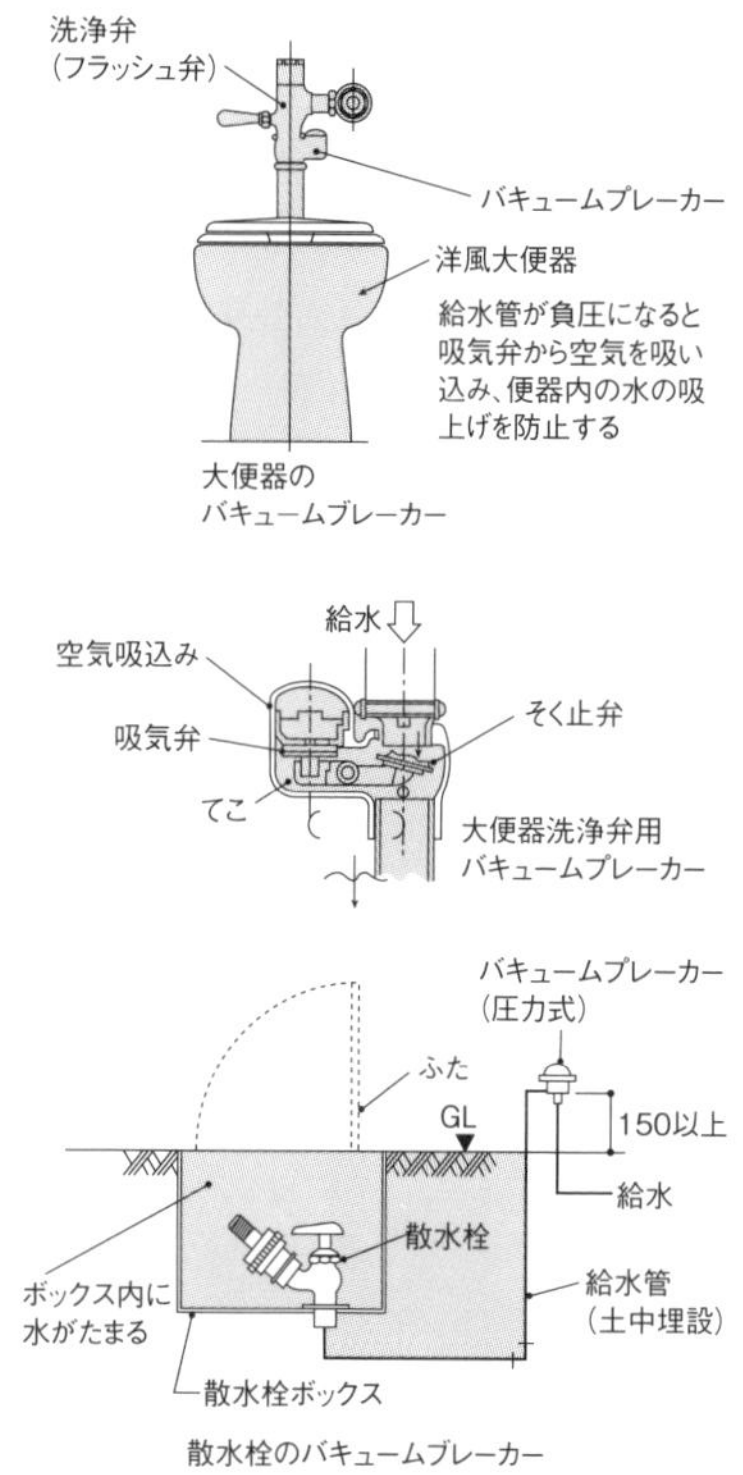

図7｜逆流防止器

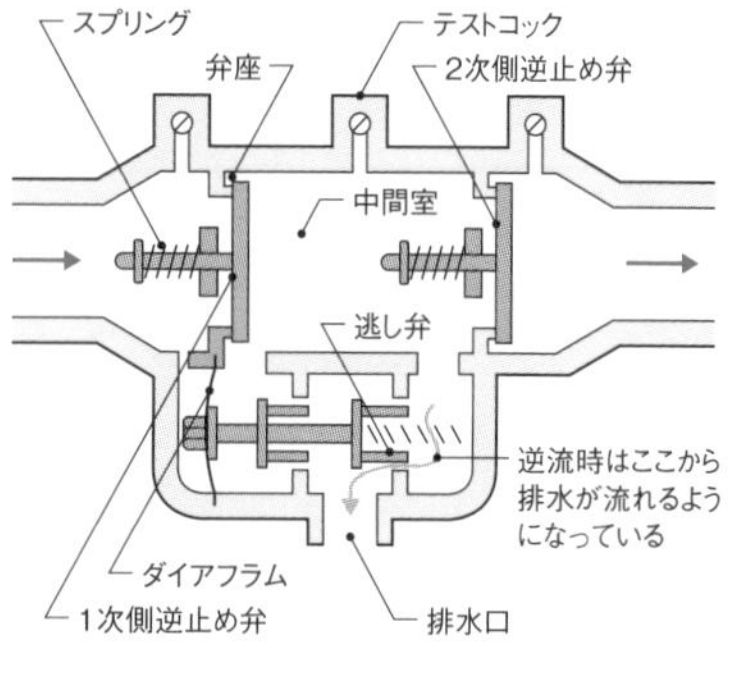

※：洗面ボウルや浴槽の水があふれないように、一定の高さを超えた水を流すために設けた排水口

図8｜トラップの仕組みと種類

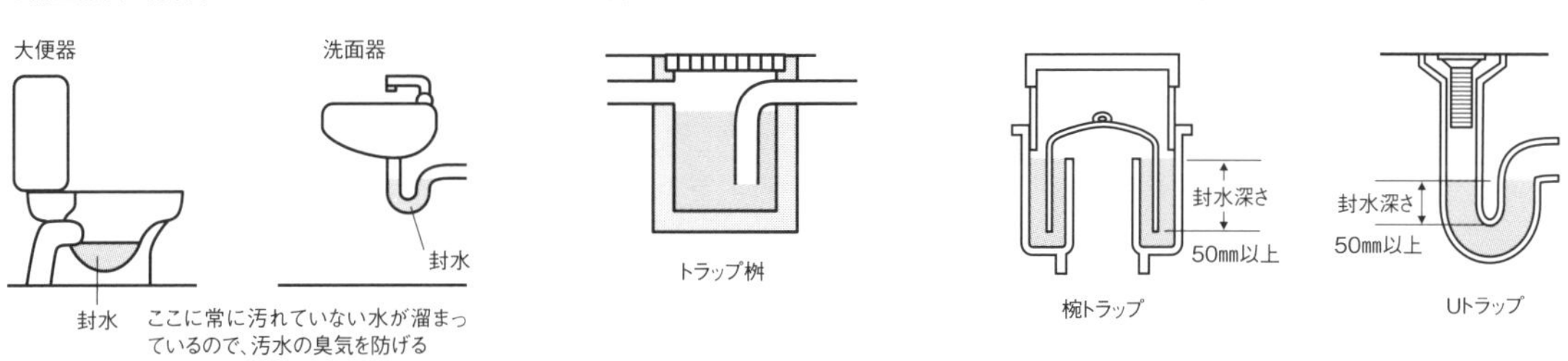

きない場合に使用する。給水先の圧力（逆圧）による逆流は防止できない。大気圧式と圧力式がある［図6］。

逆流防止器｜ぎゃくりゅうぼうしき

逆サイホン作用や逆圧による逆流を防止するための装置で、スプリングで弁体を押さえ付けているタイプのものをいう［図7］。種類としては、単式逆流防止器、複式逆流防止器、減圧式逆流防止器などがある。このうち減圧式は、給水管で逆流が生じた際、逆流水が排水口から排水されることで、逆流をほぼ完全に防止することができる。一般に直結加圧形ポンプユニット内に設置されている。

六面点検｜ろくめんてんけん

受水槽や高置水槽の周囲を前後左右および上下の6面すべての面に空間（600㎜以上・ただし上のみ1000㎜以上）をあけ、常に衛生的であることを確認できるようにすること。

図9｜トラップ各部の名称

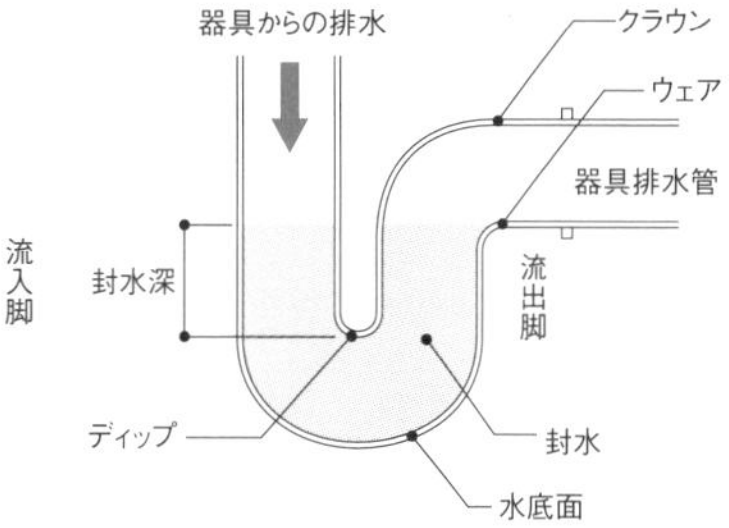

地震対策

スロッシング

水槽などの容器内で、液体の表面が地震などの外力によって揺れ動く現象。液体が強く揺れることで、水槽内に正圧や負圧が生じ、FRP製水槽の場合は水槽自体を破壊してしまうことがある。スロッシングによる破壊を防止するためには、発生する水槽内の正圧や負圧を緩和する工夫をしたり、水槽自体の強度を高める必要がある。

緊急遮断弁｜きんきゅうしゃだんべん

地震などの緊急時に水やガスの供給を遮断するための弁。給水用は、給水管が破損した場合に、水槽内の水の流出を防止するために水槽に設置するもので、震度を感知して、自動的に閉じる。

排水・通気設備

トラップ

一般には迷路あるいは罠を意味するが、衛生設備では排水トラップのこと［図8・9］。水は自由に流動させ排水できるが、排水管内の下水ガスや衛生害虫が室内に侵入するのを防ぐための水封部をもつ装置。水受け容器に内蔵されるか、排水金具としてあるいは排水系統中の装置として用いられる下水ガスや害虫などは逆流させないように**封水**する器具の総称。

封水｜ふうすい

排水トラップ内部に溜まっている水のことをいい、この水によって下水からの臭気やガス衛生害虫などが、排水管を通って室内に侵入するのを防止する。

破封｜はふう

排水器具類に設置されたトラップにある封水が、誘導サイホン作用、自己サイホン作用、蒸発、跳出し作用、毛管現象などにより流失する現象。

サイホン式トラップ｜―しき―

排水管をS字形やU字形などに成形し、排水が満水状態で通過するときのサイホン作用を利用して水封部分のゴミを吸い出す自浄作用。破封しやすい欠点がある。種類としては、Sトラップ、Pトラップ、Uトラップなどがある。

サイホン作用｜―さよう

連続した管を利用して、液体を所定の位置から低い位置に導くときに、途中の管が所定の位置より高い地点を通っても流下する現象。あらかじめ管内が液体で満たされていることが作用発現の条件となる。

非サイホン式トラップ｜ひ―しき―

サイホン式トラップ以外のトラップで水をためて水封部としたもの。破封されにくい特徴がある。種類としては、ベルトラップ、ドラムトラップなどがある。

二重トラップ｜にじゅう―

ひとつの排水管系統に直列に2個以上のトラップを接続すること。ダブルトラップともいう。衛生器具にはそれぞれにトラップを設けることが原則だが、さらに配管途

図10｜自己サイホン作用

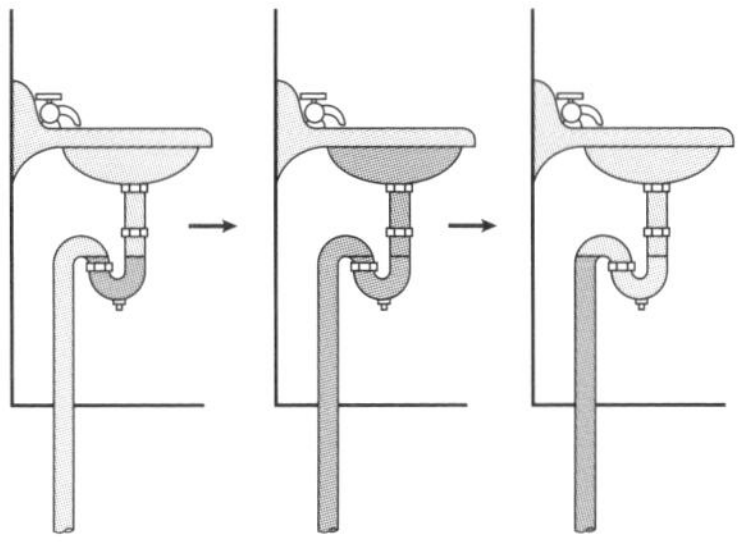

中にトラップを設けると、2つのトラップの間に挟まれた排水管内は閉塞状態になり、器具から排水とともに流入した空気の逃げ場がなくなり、トラップの封水や排水の流れが悪くなるので、二重トラップは禁止されている。

自己サイホン作用｜じこ—さよう
衛生器具において排水を行う際に、その器具自身の排水により生じるサイホン作用によって、器具トラップの封水が流出し、封水が失われる現象［351頁図10］。

跳ね出し現象｜はねだしげんしょう
排水縦管中に上階から大量の排水が流下すると管内の気圧が一時的に高くなる。このため、流下する排水塊の下階に接続されている排水横枝管にも圧力がかかり、トラップ内の封水が逆流し、衛生器具類から跳ね出す現象。通気設備が適切に設計されていないと起こる。

ランニングトラップ
U字型の排水トラップで、**Uトラップ**ともいう。公共下水管からの下水ガスの進入を防ぐために、雨水系統の排水横主管末端に設ける場合には**家屋トラップ**と称することもある。

わんトラップ
ストール小便器、実験用流し、台所流し、床排水などに多く使用されている**排水トラップ**の一種。わんの形状をした部品を排水口にかぶせてトラップを形成したもの。このわん型金物は取り外して容易に清掃できるが、これを取り外せばトラップとしての機能を失う。**ベルトラップ**ともいう。

通気管｜つうきかん
重力式排水方式の排水系統において、排水を円滑にし、かつ排水によって生じる管内気圧変動からトラップ封水を保護する目的、または水槽類において水位変化によって生じる気圧変動を調整する目的で、空気を流通させる配管［図11］。

伸頂通気方式｜しんちょうつうきほうしき
各個通気方式、ループ通気方式と並ぶ通気方式の1つで、伸頂通気管のみを採用するものをいう。排水竪管の管径を太くすることで通気竪主管を省略した方式で特殊継手を使用する場合は原則としてこの方式を採る。

返し通気管｜かえしつうきかん
通気管を通気系統に接続しないで、取出し位置より下流の排水管に接続し、その部位の管内圧力を緩和する通気方式および通気管［図12］。

湿り通気管｜しめりつうきかん
通気管が設けられている器具排水管がほかのトラップの通気の役割を兼ねる場合の通気方式。その器具排水管を湿り通気管という。なお、便器排水管は湿り通気管に接続してはならない［図13］。

通気弁｜つうきべん
排水竪管内の気圧変動を緩和するためには、管内に空気を導入する必要がある。排水竪管の延長部である伸頂通気管を大気に開口する代わりに、その頂部に設ける弁［図14］。伸頂通気管内が負圧のときは開き、正圧のときには閉じている。伸頂通気管を大気に開口しないので、建築躯体の穴あけが不要となるメリットがある。

単管式排水方式｜たんかんしきはいすいほうしき
通気竪管を設けないで、伸頂通気管による通気のみによる排水方式。排水竪管内に流下水が排水横管からの流入に影響を与えないように、排水竪管の横管接続部に何本かの

図11｜**通気管の取り付け**

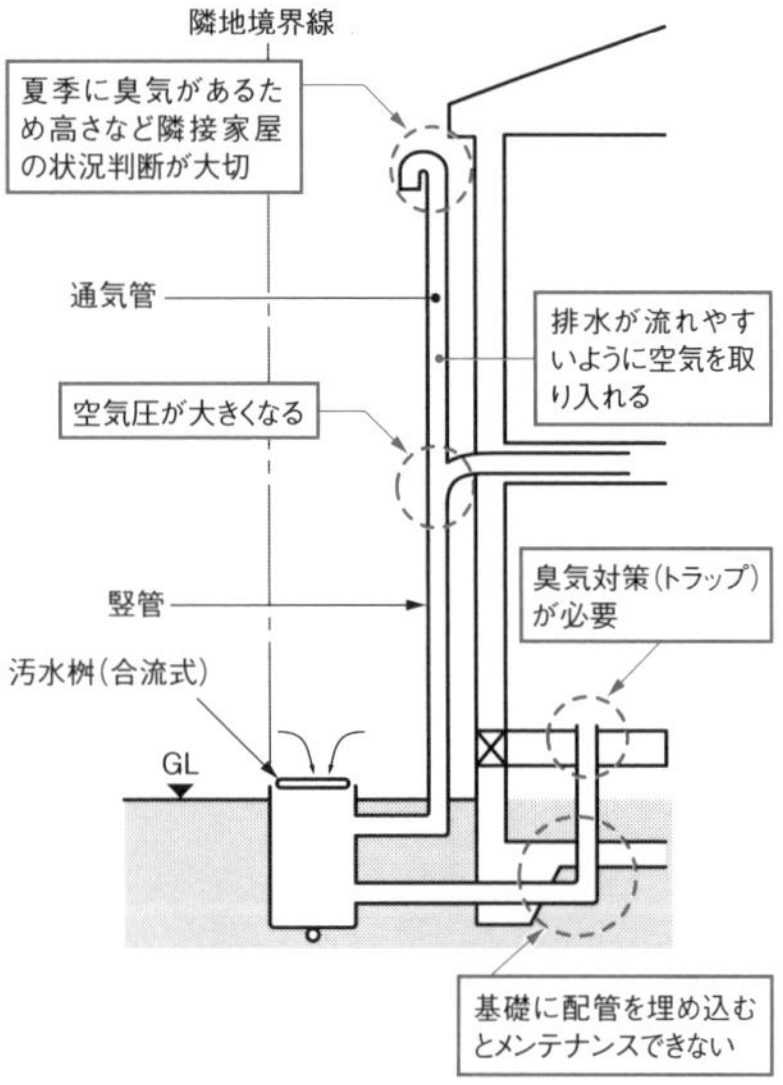

通気管を排水管に接続すると、空気を取り入れて圧力が高くなるため、水が流れやすくなる。ただし、通気管の出口の高さや向きには、周辺の家屋の状況を判断することが重要

図12｜**返し通気管の例**

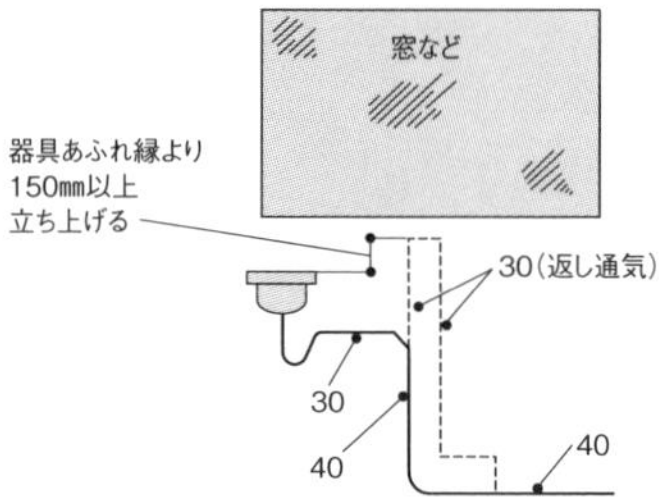

図13｜**湿り通気のとり方の一例**

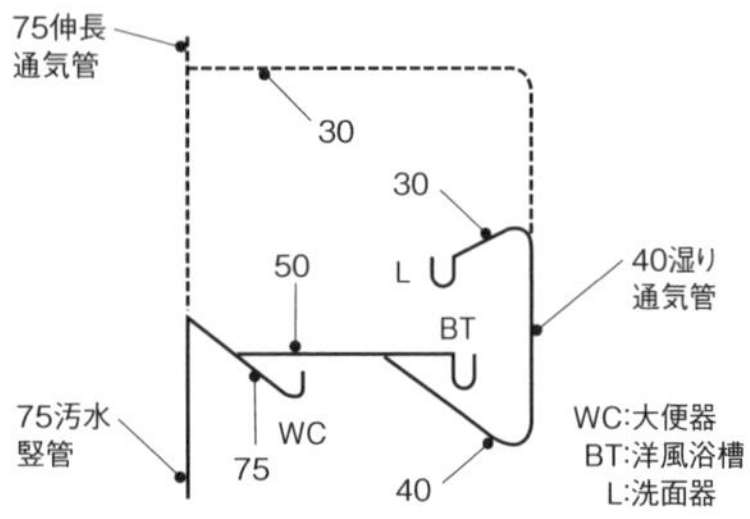

図14｜**通気弁**

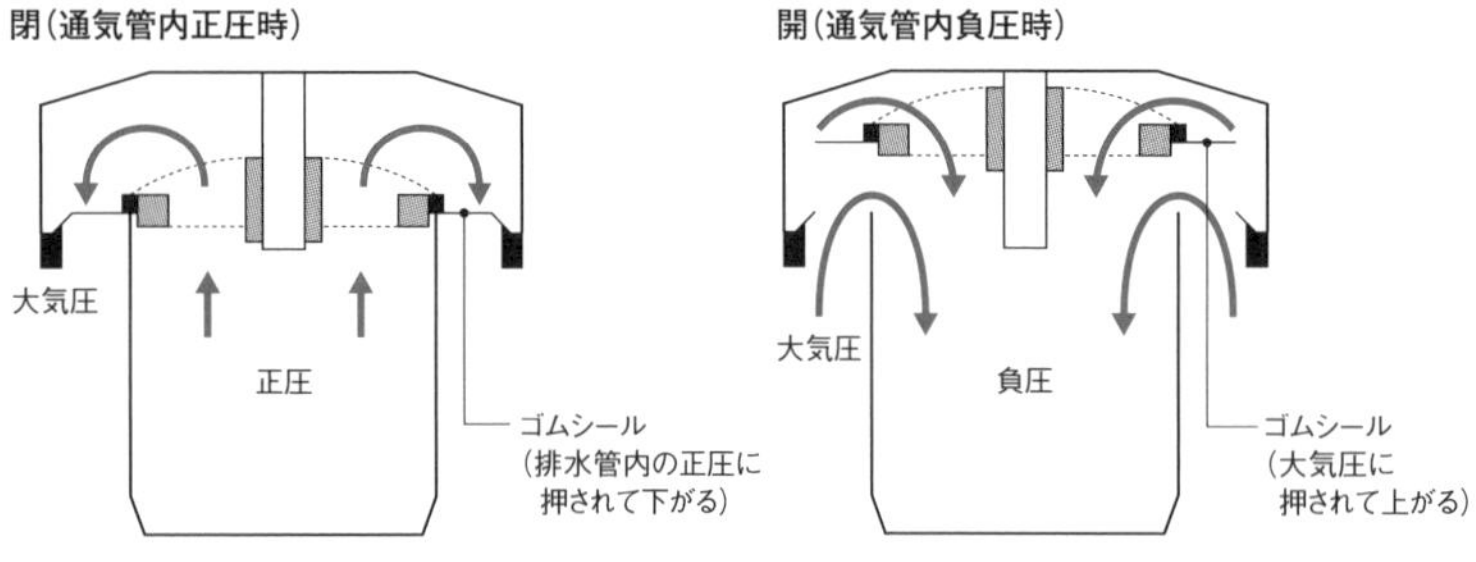

横管を接続できる特殊排水継手を使用するものが多い。[図15]。

重力式排水方式｜じゅうりょくしきはいすいほうしき

排水ポンプなどの動力を使用せずに重力により高所から低所に排水する一般的な排水方式。

排水の合流式と分流式｜はいすいのごうりゅうしきとぶんりゅうしき

公共下水道と敷地内排水系統では内容に違いがある。公共下水道では汚水および雑排水のなかに「雨水」を入れるか入れないかによって区分され、敷地内排水系統では「汚水」と「雑排水[※]」を一緒にするか分けるかによって区分される[図16]。

ビルピット対策｜―たいさく

ビルの排水槽（ビルピット）の悪臭防止対策のこと。排水槽に長時間排水が貯留されていると、排水が腐敗し、硫化水素などの物質が発生し、排水ポンプで排除するときにマンホール蓋から悪臭が発生し、近隣に迷惑をかける。多くの下水道管理者などでは指導要綱を制定、指導を行っている。

グリーストラップ

グリース阻集器［―そしゅうき］のこと。厨房からの排水中に含まれる油脂類（グリース）の除去装置のこと[図17]。飲食店などの営業用厨房の排水には油脂類が多く含まれ、それが排水管内に付着してスライム化し、流水断面積の縮小や管閉塞をもたらす。この油脂類などを排水中から分離除去する。排水の流下によって排水の温度が低下すると、油脂類が固化して排水管壁に付着し、排水管を閉塞させるため、昭50建告1597号で設置を義務付けている。しかし、適切な容量のものが設置されていない、適切な維持管理がなされていないなどの問題点も多い。

BOD｜びーおーでぃー

Biochemical Oxgen Demand（**生物化学的酸素要求量**）の略。水中の有機物が好気性微生物によって、生物化学的に分解される際に消費される酸素の量で、BODの高い排水ほど水中の有機汚染物質が多い[**表2**]。

合併処理｜がっぺいしょり

し尿浄化槽において、し尿と雑排水（工場排水、雨水そのほかの特殊な排水を除く）とを一緒に（合併して）処理することをいう。

浄化槽｜じょうかそう

し尿や雑排水を敷地内で1個所に集めて下水道以外に放流するための処理設備である。公共下水道が完備されていない地域などで使用される。近年、し尿のみを処理す

図15｜単管式排水方式

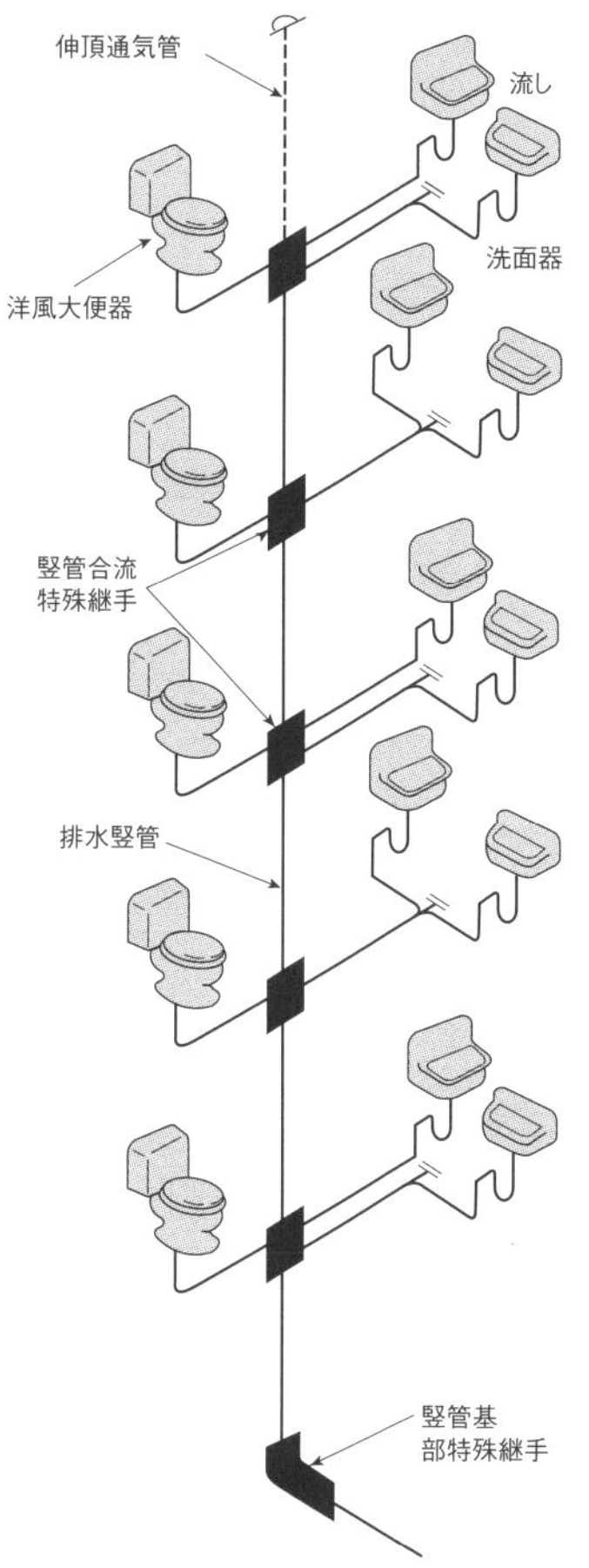

表2｜生活排水の標準的な水量と水質

排水源		汚水量（ℓ／人・日）	BOD量（g／人・日）
汚水（トイレの排水）		50	13
雑排水	キッチン	30	18
	浴室	50	9
	洗面器	20	
	洗濯機	40	
	その他	10	
合計		200	40

図16｜排水の分類

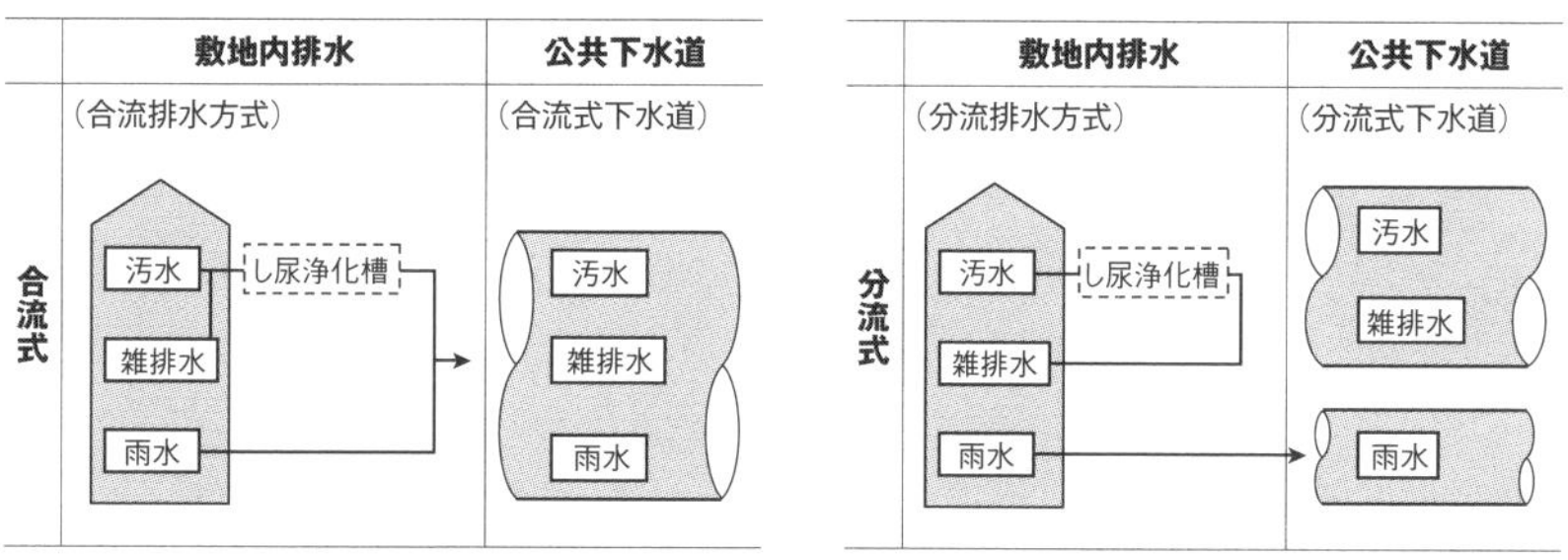

図17｜グリーストラップ

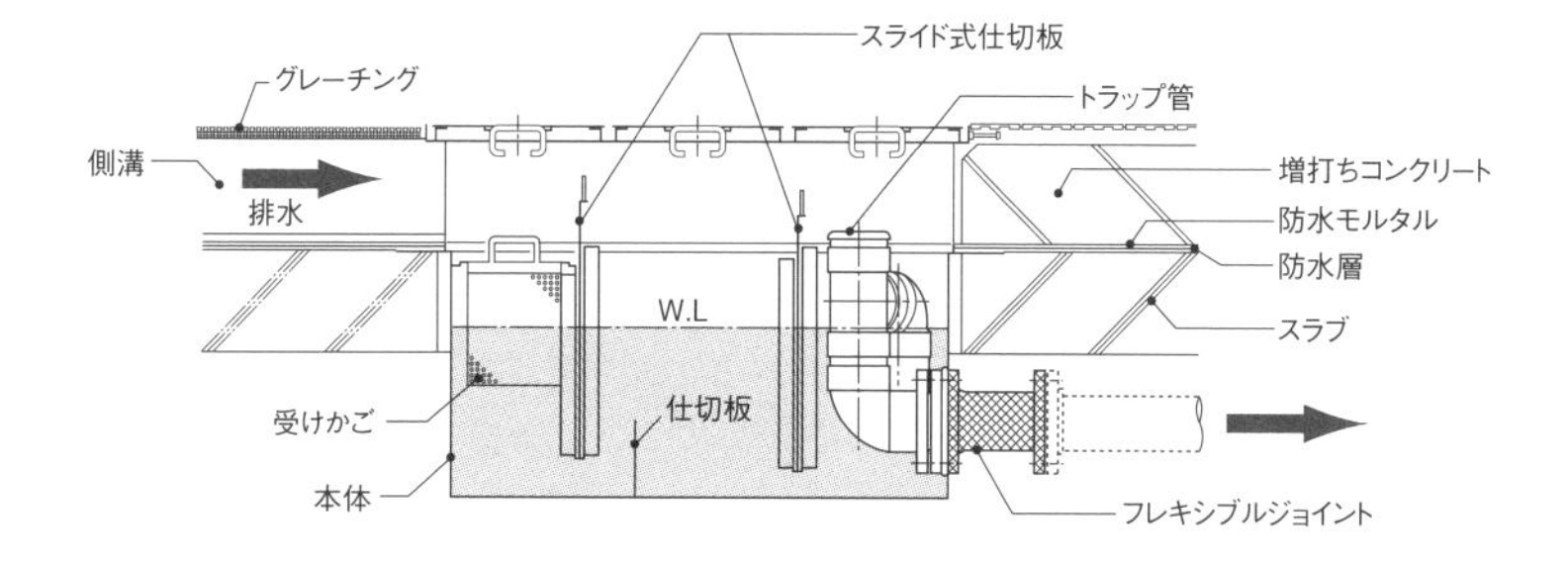

※：生活排水のうち、トイレと雨水以外の排水のこと

る**単独浄化槽**の新設が禁止され、浄化槽は**合併処理浄化槽**でなければならなくなっている。また、平成18年施行の浄化槽法施行規則1条の2において、浄化槽から公共用水域などの放流水の水質については、「**BOD**（生物化学的酸素要求量）20㎎／ℓ以下、BOD除去率90％以上」と定められている。設置後は法定検査と定期的な清掃が定められている［図18、表3］。

衛生器具・設備

カラン

給水栓、**水洗**、**蛇口**のこと。給水・給湯配管の端末に取り付けられ開閉により水または湯を供給、もしくは止水するための器具の総称。

SK｜えすけー

掃除流しの略称。掃除用の水をバケツで取水したり、掃除後の汚れた水を流したり、掃除道具を洗ったりする大型の衛生陶器。

ストレーナー

水、温水、蒸気配管内に含まれる異物を除くために、配管中または末端の給水栓中に設ける濾過器または濾過装置。

配管類

白ガス管｜しろ―かん

亜鉛メッキを施した**配管用炭素鋼鋼管**の俗称［表4］。

黒ガス管｜くろ―かん

亜鉛メッキを施さない**配管用炭素鋼鋼管**の俗称。酸化鉄で覆われて黒色になる。ガス・蒸気・油などの配管に多く使われる。

樹脂ライニング鋼管｜じゅし―こうかん

鋼管の赤水や出水不良の防止、腐食防止のために、管の内面あるいは外面に合成樹脂をコーティングした管をいう。硬質ポリ塩化ビニルライニング鋼管、ポリエチレン粉体ライニング鋼管などがある。樹脂ライニング鋼管は、切断すると管端に鋼が露出するので、その部分の腐食を防止するため、継手・弁類には**管端防食型**［図19］のものを使用する。

塩ビライニング鋼管｜えん―こうかん

鋼管の内側に硬質ポリ塩化ビニルをライニングした鋼管。ライニング

図18｜浄化槽

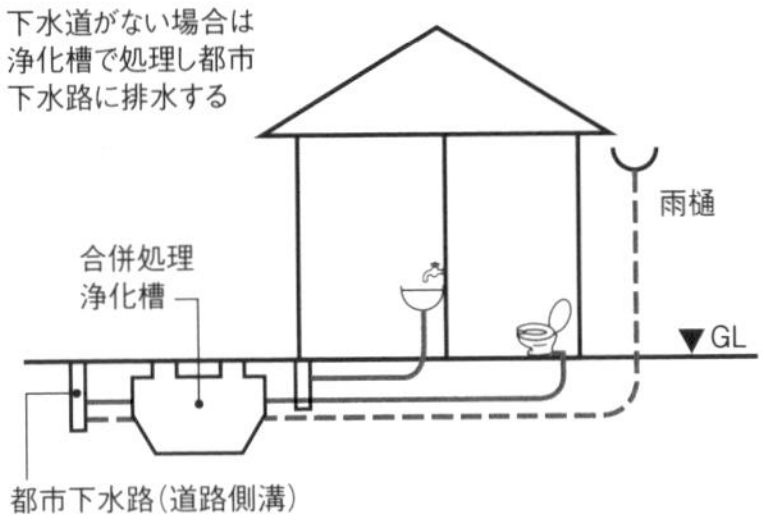

表3｜浄化槽サイズの目安

戸建住宅

処理対象人数［人］	寸法［㎜］縦	横	深さ
5以下	2,450	1,300	1,900
6・7	2,450	1,600	1,900

共同住宅

処理対象人数［人］	寸法［㎜］縦	横	深さ
8～10	2,650	1,650	1,800
11～14	3,100	1,700	2,000
15～18	3,200	2,000	2,150
19～21	3,500	2,000	2,150
22～25	3,850	2,000	2,150
26～30	4,300	2,000	2,150
31～35	4,750	2,050	2,150
36～40	5,200	2,050	2,150
41～45	5,600	2,050	2,150
46～50	6,100	2,050	2,150

表4｜配管の種類と使用に適した部位

名称	記号	給水 住戸内	給水 共用部	給湯	給水・通気 汚水	雑排水	雨水	通気	ドレン管	消火
硬質ポリ塩化ビニルライニング鋼管	VLP	○	○							
耐衝撃性硬質塩化ビニル管	HIVP	○	○							
硬質ポリ塩化ビニル管	VP	○	○		○	○	○	○	○	
耐熱性硬質塩化ビニルライニング鋼管	HTLP			○						
被覆銅管、銅管	CU			○						
耐熱性硬質塩化ビニル管	HTVP			○		○				
樹脂管（架橋ポリエチレン管）	—	○		○						
樹脂管（ポリブデン管）	—	○		○						
ステンレス鋼管	SUS	○	○	○						
排水用硬質塩化ビニルライニング鋼管	DVLP				○	○	○	○	○	
耐火2層管（トミジ管）	TMP（VP）				○	○	○	○	○	
配管用炭素鋼鋼管	SGP白						○	○		○

は「内張り」の意味があり、ライニング鋼管は通常鋼管の内面に比較的厚いコーティングを施した製品をいう場合が多いが、明確な定義はなく、広義のコーティング鋼管を指す場合もある。［図20］。

ステンレス鋼管—こうかん
ステンレス鋼を素材とした鋼管の総称。給湯用に多く使われる。鋼種によってフェライト系ステンレス鋼管とオーステナイト系ステンレス鋼管とがある。前者はおもに室内装飾用として用いられるが、後者は耐食性に優れていることから、工業用あるいは建築用配管材料として広く使用されている。

ステンレス製フレキシブル管—せい—かん
空気・蒸気・ガスなどの気体から水・油類・薬品類などの液体まで、幅広い流体の移送に用いられ、管系の往復運動、熱膨張吸収、振動吸収、配管の芯調整などの役目を果たす継手配管。特に、薄肉のステンレス管を波形加工したものはステンレス製フレキシブル管といい、柔軟性に富み、優れた強度・耐食性・耐圧性を有する。波形は高圧でもねじれが発生することのない独立した一山ずつのリング状になっている。

H-VP—えいちあいぶいぴー
High Impact unplasticized Vinyl chloride Pipe（**耐衝撃性硬質ポリ塩化ビニル管**）の略。主原料であるポリ塩化ビニル樹脂にほかの耐衝撃性樹脂を加えて製造した管で、普通の硬質ポリ塩化ビニル管に比べて外部からの衝撃に強い。

ポリエチレン管—かん
ポリオレフィン系の樹脂でつくられた配管で、屋外の土中などに使用する。軽量で可撓性に優れている。水道水以外の水の輸送に使用する一般用ポリエチレン管（呼び径50～100㎜）、水道用ポリエチレン2層管（呼び径13～50㎜）、ガス用ポリエチレン管（呼び径80・100㎜）などがある。

ポリブテン管—かん
ポリエチレン管などと同じポリオレフィン系の樹脂配管。水道水以外の温度90℃以下の水の輸送に使用するポリブテン管（呼び径8～100㎜）や屋内配管用の水道用ポリブテン管（呼び径10～50㎜）がある。呼び径10～20㎜の水道用ポリブテン管はさや管ヘッダー工法に使用されている。

ポリエチレン被覆鋼管—ひふくこうかん
鋼管の外面にアンダーコート（粘着剤）を塗布し、その上を押出し法によるポリエチレン樹脂で被覆した鋼管。地中埋設用の防食鋼管として耐食性に優れている。

架橋ポリエチレン管—かきょう—かん
ポリエチレン管で、給湯管そのほかの温水配管にも使用できるようにした樹脂配管。耐熱性、耐薬品性、耐クリープ性［※］に優れたポリエチレン管である。比較的柔らかで継手なしで配管でき、共同住宅用のさや管ヘッダー方式に使用されている。接合方法によって、機械的接合用のM種と電気融着接合用のE種とに分けられる。このうちE種は2層管であり、電気融着ができるように、外側が架橋されていないポリエチレン層である。
また、用途に応じ、水道水以外の温度95℃以下の水の輸送に使用する架橋ポリエチレン管（呼び径6～50㎜）と、水道用架橋ポリエチレン管（呼び径10～50㎜、E種は25㎜まで）がある。特に10～20㎜の水道用架橋ポリエチレン管はさや管ヘッダー工法に使用されている。

耐火二層管—たいかにそうかん
排水用の管で、硬質ポリ塩化ビニル管の外側を繊維補強モルタルで被覆したもの［写真1、図21］。国土交通大臣の認定を受けたものは、防火区画の貫通が可能である。

排水用リサイクル硬質ポリ塩化ビニル管—はいすいよう—こうし

図19 管端防食継手

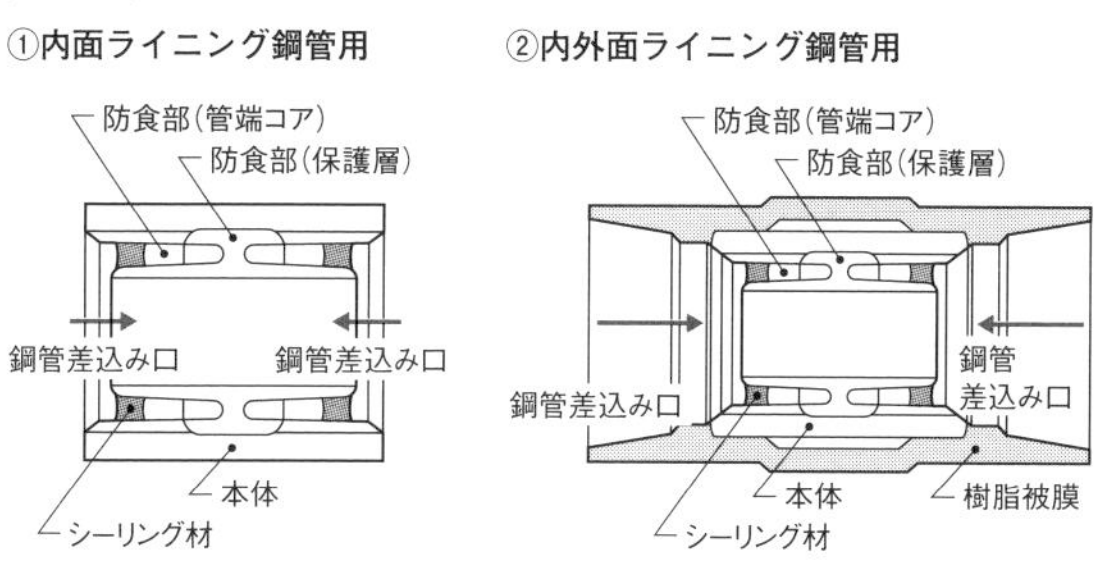

図20 塩ビライニング鋼管

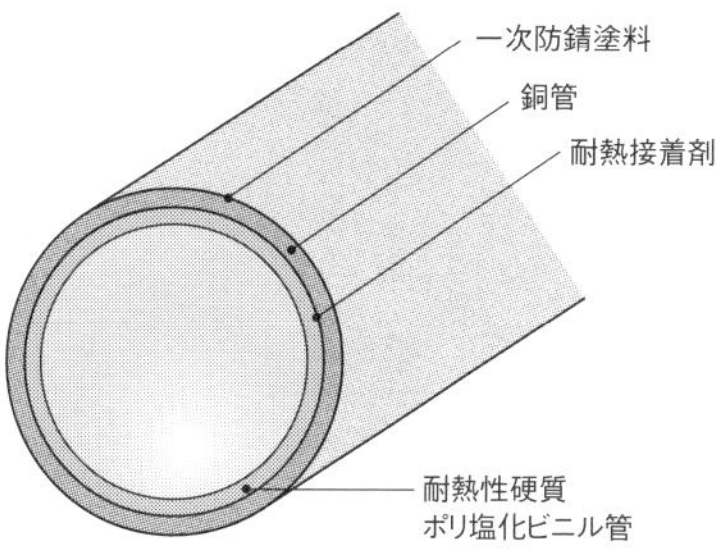

写真1 耐火二層管

図21 耐火二層管の構成

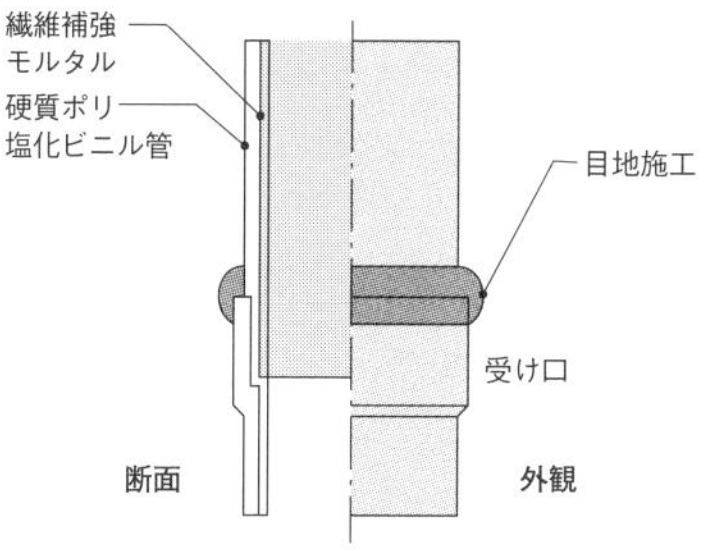

図22 排水用リサイクル硬質ポリ塩化ビニル管

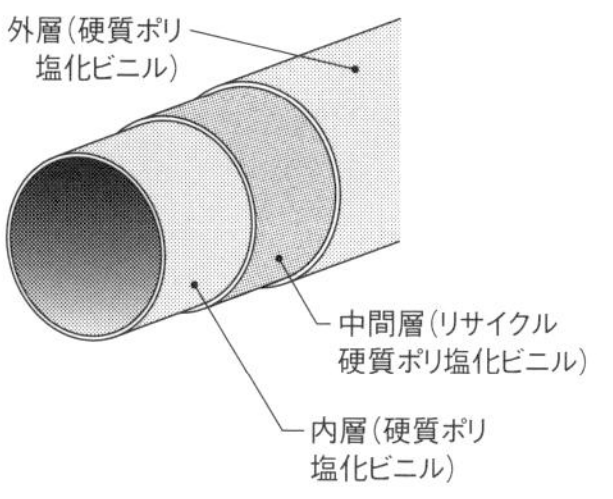

※：クリープとは材料に一定の荷重が長期間にわたって継続的に作用すると、時間とともに変形が増大すること。耐クリープ性はクリープに耐える性能のこと

つ―えんか―かん
使用済みの硬質ポリ塩化ビニル管継手や関連製品をリサイクル材として製造した排水用の硬質ポリ塩化ビニル管［355頁図22］。排水用リサイクル硬質ポリ塩化ビニル管（屋外埋設配管用）、リサイクル硬質ポリ塩化ビニル発泡3層管（屋内配管用）、リサイクル硬質ポリ塩化ビニル3層管（屋外埋設配管用）がある。

排水用鋳鉄管｜はいすいようちゅうてつかん
排水・通気用に用いられる直管と異形管の総称。JIS G 5525に規定されているが、この規格の接合方式は受け口部に管を差し込んで、ゴム輪を介して受け口と押し輪をボルト・ナットで締め付けるメカニカル形接合と、竪管用の受け口部および差し口部にシール性滑剤を塗布した後、管を差し込んで接合する差込み形接合とがある。

配管用炭素鋼鋼管｜はいかんようたんそこうこうかん
「ガス管」という名前で広く一般に使用されている鋼管。使用圧力の比較的低い蒸気、水（上水道用を除く）、油、ガス、空気などの輸送に用いられる。配管の内面に亜鉛めっきを施したものが白管、そうでないものが黒管と呼ばれる。

電縫管｜でんぽうかん
コイル状に巻かれた長尺の帯鋼を使用し、これを管状に形成して電気抵抗または電気誘導により、その継目に発生する抵抗熱を利用して溶接、製管した鋼管の総称で**電気抵抗溶接鋼管**とも呼ばれる。

スリーブ
Sleeve。配管類が壁、床などを貫通する場合、その開口を確保するためのさや管。一般にはコンクリート打設前にあらかじめ設置しておく紙筒あるいは金属製の筒、塩ビ管など。

サクション
ポンプ、送排風機における吸込みのことで、機器接続の手前をいう。特に開放系のポンプの場合、大気圧よりも負圧になる吸込み配管側をいう。

オフセット
配管経路を平行移動する目的で、エルボまたはベンド継手により構成されている配管の移行部分。排水竪管におけるオフセットは、その角度により管内の水の流れと空気の圧力に大きな影響を及ぼすので注意を要する。

サージング
ポンプや送風機・圧縮機を低流量域で使用すると、渦流や偏流が発生し、振動、騒音が発生する現象。ポンプ配管系では揚程と吐出し量の曲線が右上がり勾配をもち、配管中に気相部分が存在し、しかも吐出し弁の位置がその下流にある場合に発生する。

キャビテーション
液体の流れ場である配管の曲がり部などにおいて、流速の増加や渦の形成などによって、固体壁面上あるいは液体の内部静圧が局部的に低下し、ある限界圧力以下になると、そこに気泡が発生する現象のこと。騒音・振動などを引き起

図23｜ハウジング接合
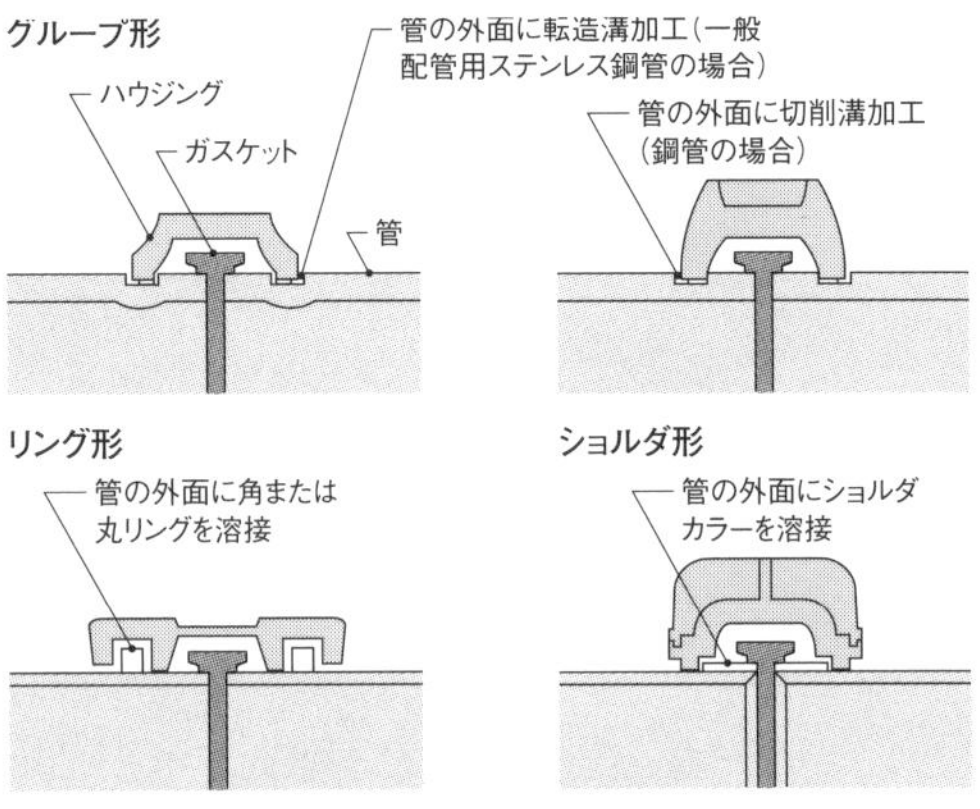

図24｜ドレネージ継手
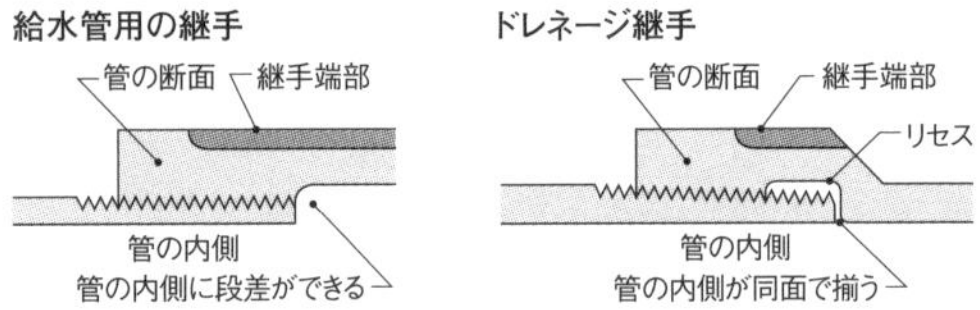

図25｜アバカス継手
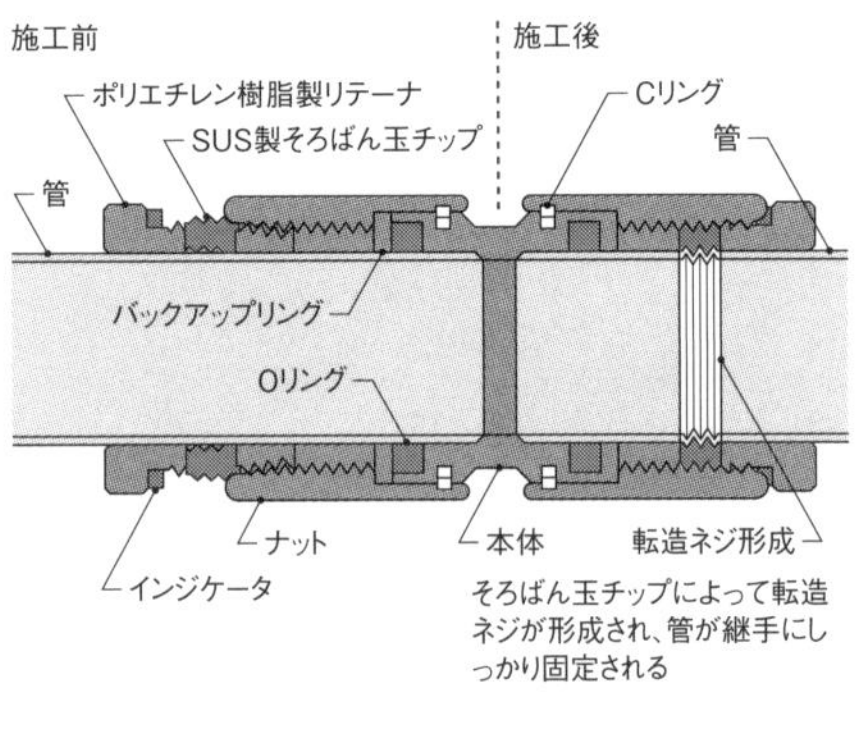

図26｜ユニオン継手
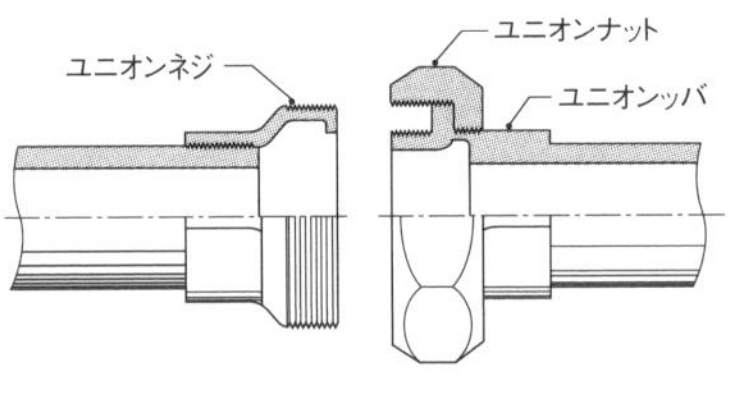

図27｜スイベル継手
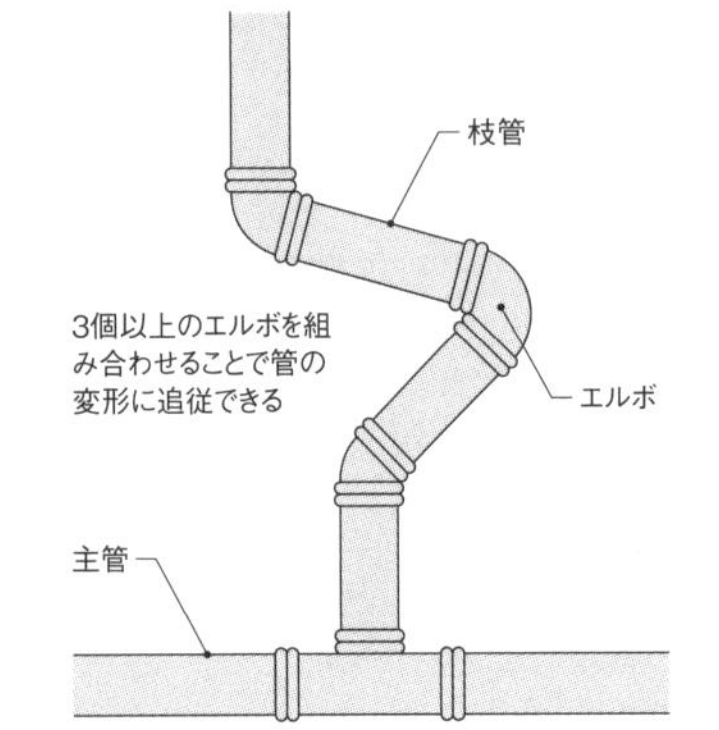

こす。

配管部材ほか

インコア
ポリブテン管、架橋ポリエチレン管などの管端を締め付ける場合に、管が潰れないように管内に入れる黄銅製の筒状の部材。

アダプタ
機器に接続する部品の形状が合わないときや、異種管を接続するときに、部品や管に取り付けて接続させる仲介接続器具。

ハウジング接合—せつごう
管端に溝を設けた管あるいはそのように加工した継手にガスケットを被せ、半割りなどのハウジングを掛けてボルト・ナットで締め付ける接合のこと[図23]。

ドレネージ継手—つぎて
鋼管を継手にねじ込むと、管と継手の内面が同一面になり、排水中の固形物が停滞しにくくなる排水鋼管用継手[図24]。

アバカス継手—つぎて
一般配管用ステンレス鋼管や水道用ステンレス鋼管用の継手で、管を継手のストッパに当たるまで差込み、ナットをつかんでリテーナーを手締めした後、パイプを固定してナットを締めると、管に転造ねじが形成され、管が継手から抜けなくなる機構をもつもの[図25]。銅管などそのほかの管でも使用できる。外径が13〜60㎜まであるが、外径13〜25㎜の銅管を使う場合は、一般配管用ステンレス鋼管と同じ外径なので、リテーナー（保持器）は銅管用に交換する必要があるが、本体は銅管にも使用できる。アバカス（abacus）とはそろばんを意味する英語で転造ねじの形状を指す。

ユニオン継手—つぎて
両側からの配管の途中で接続する場合に使用する、配管の取外しが容易な組立て式管継手。組立式管継手、**ユニオンネジ**、**ユニオンナット**、**ユニオンつば**の3点より構成されている。機器周辺の露出部に使用されるが耐圧力の信頼性に欠けるため、天井裏やシャフトなどの隠蔽部には使用されない[図26]。

ソケット継手—つぎて
両端に雌ねじまたは受口を持つ短い筒状の継手をいい、配管を直線上に接合する場合に用いられる。

スイベル継手—つぎて
管の変形に追従して回転する継手[図27]。3個以上のエルボを組み合わせて構成した可撓性のある部分を指す。特に給湯配管、温水配管の枝管取出し部で、熱による主管の伸縮が枝管に影響を受けないようにするために使用する。**廻り継手**、**エルボ返し**、**スイベルジョイント**ともいう。

裏配管—うらはいかん
ユニットバスの組み立て時に、あらかじめ給排水・給湯の配管をユニットバスの外側（裏側）の予定位置まで出し、施工しておくことをいう。最近は樹脂配管のプレハブ工法での納入が多いため、ユニットバスとの取合いを打ち合わせておくことがより重要。

エルボ返し—かえし
通気管などの端部を、エルボ継手を使用して折り返して配管すること。

エルボ
Elbow。互いにある角度をなす管やダクトの接続に用いる継手。45度エルボ、90度エルボがあるが、単にエルボと角度表示がない場合は、90度エルボのこと。T字状の管継手をチーズという。

チーズ
配管をT字状に接続し、分岐・合流などの目的に用いる管継手。**ティー**ともいう。

プラグ
配管継手やバルブなど機器類の接続口を閉鎖する目的に用いる栓状の管継手。

たこベンド
配管をループ状に曲げて、曲げ形状により生ずる可撓性を利用し、伸縮を吸収する継手。漏れはなく安価ではあるがスペースを取るので工場などに用いられる。曲げの曲率半径は口径で決まり、形状で伸縮量が決まる。伸縮曲管または伸縮曲がり管ともいう。

レジューサ
レデューサとも。管およびダクトの継手の一種で、異なる径の直管を接続するもの。

ねじゲージ
鋼管の外側に切ったねじが、正しく切れているかをチェックする道具。ねじ先端位置が正しいかどうかで合否を判断する。不合格の場合は、新たにねじを切り直す。

仕切弁—しきりべん
水などの流体の通路を垂直に仕切って開閉を行うバルブ[図28]。バルブの本体（弁箱）に収納された円盤状の盤（弁体）が流路に対して直角に移動して開閉を行う。流体の流れが曲折しないため、流れ抵抗は少なく、オン・オフ動作に適する一方で、弁を絞って使用すると脈動によって弁体が振動し、弁座が損傷するおそれがあるため、流量調整するには適さない。**ゲート弁**（ゲートバルブ）とも。なお、逆止め弁を除く弁は、給水管、給湯管、冷温水管、冷却水管、油管、蒸気管など流体（水、お湯、蒸気など）を流す配管に設置する。排水管には、排水ポンプの吐出側に

図28 仕切弁

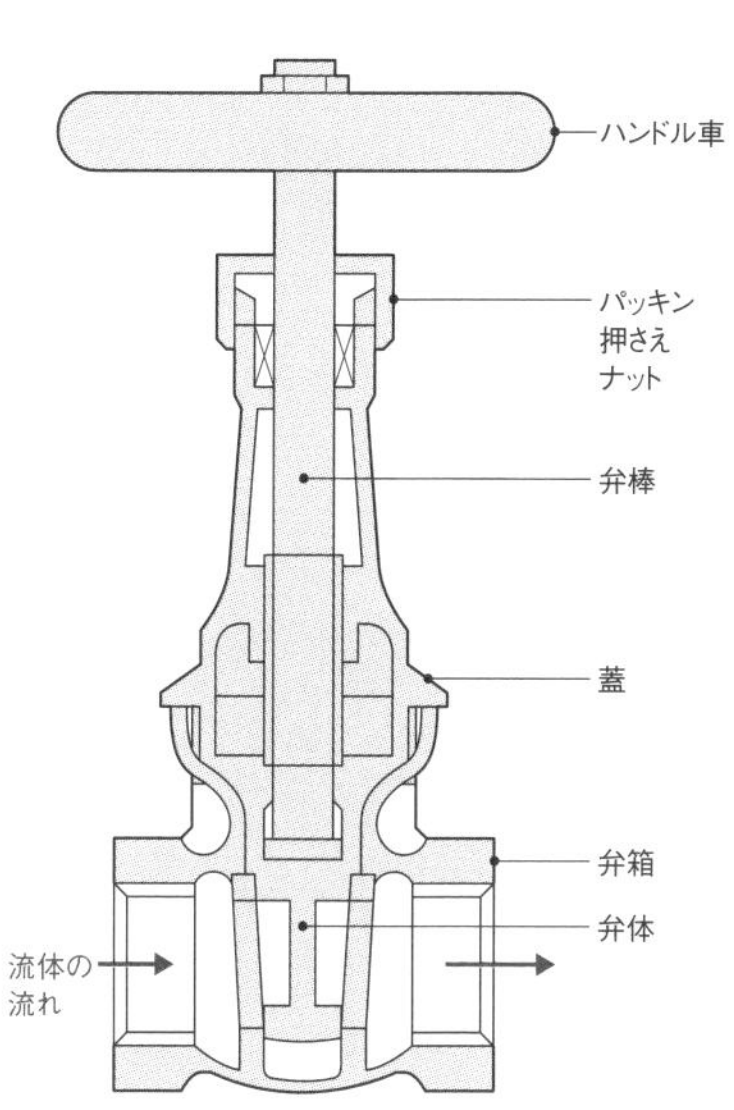

弁体が流体の通路を垂直に仕切って止水する

図29｜玉型弁

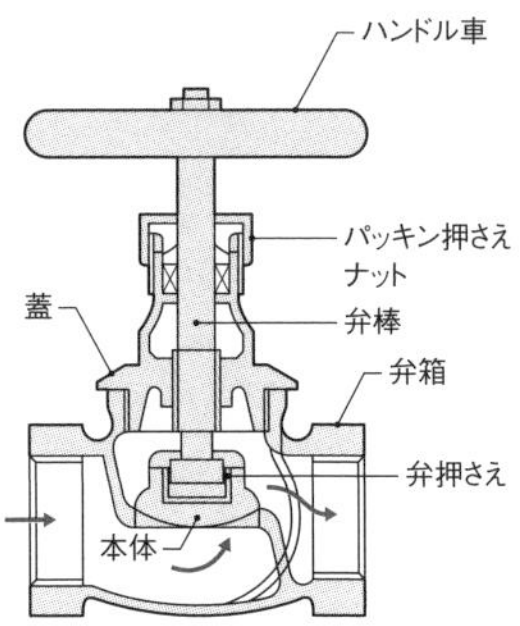

図30｜スイングチャッキ

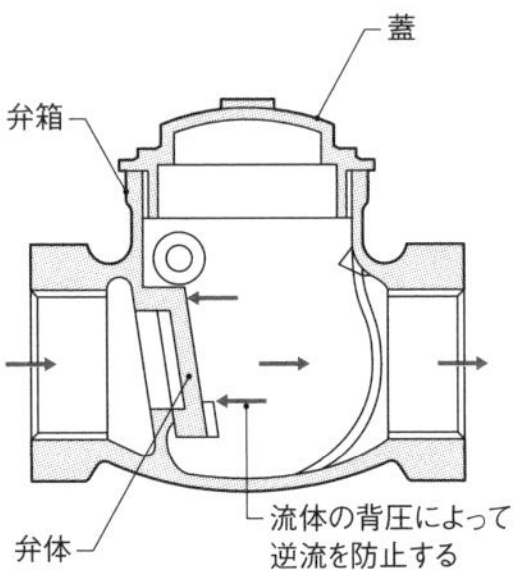

図31｜ボール弁

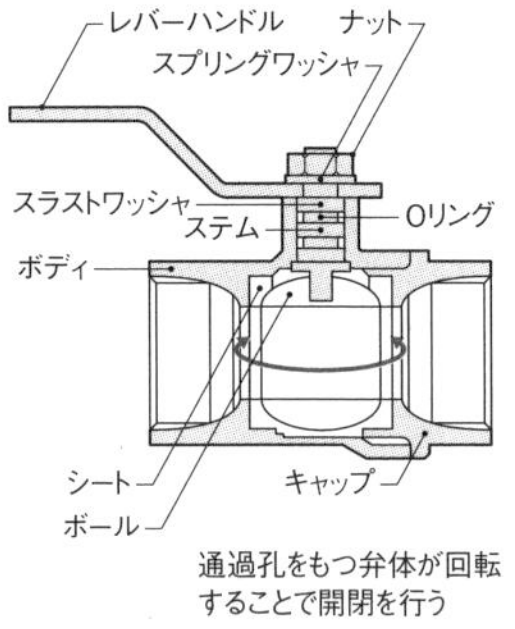

図32｜バタフライ弁

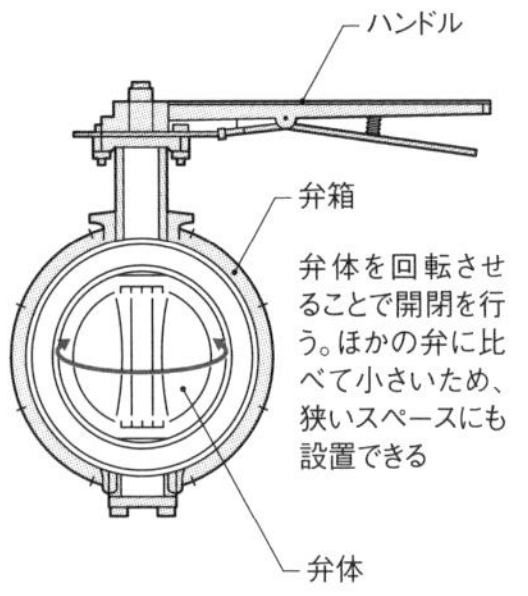

図33｜ボールタップ

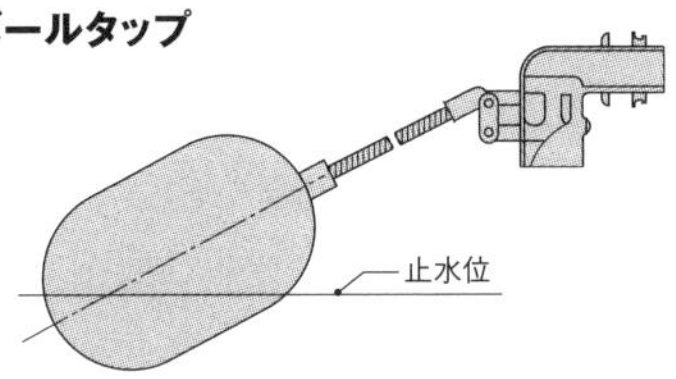

図34｜スモーレンスキーチャッキ弁

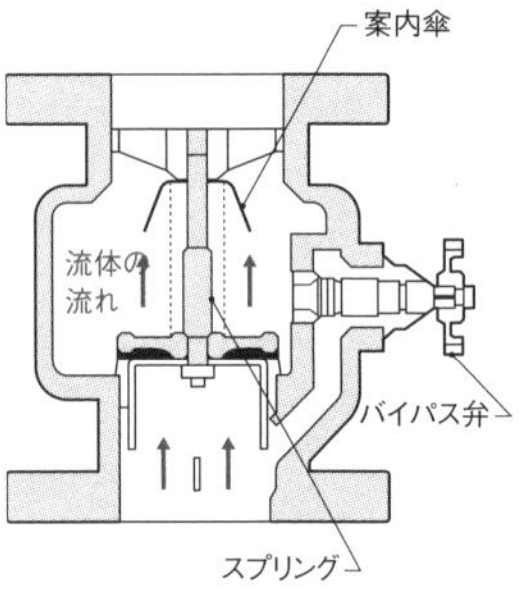

図35｜水道メーターユニット

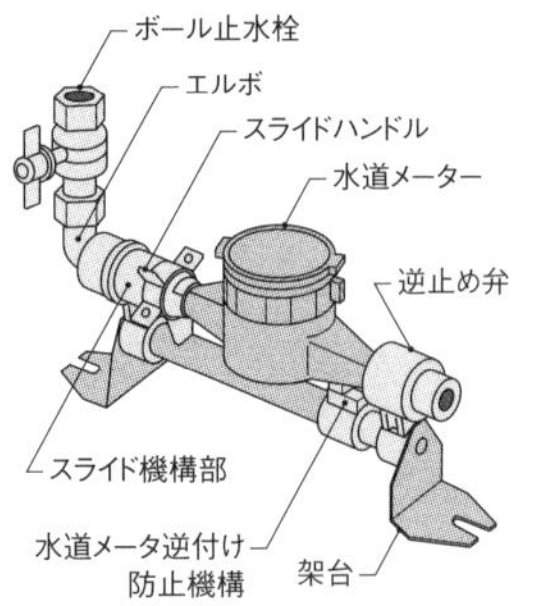

設ける。

玉型弁｜たまがたべん
弁箱が玉形の形状をしたバルブ。**グローブ弁**（グローブバルブ）ともいう[図29]。弁箱内部に隔壁があり、そのなかをS字状に流体が流れる。流量調節はしやすい。オン-オフ動作にも使用可能である。流れ抵抗は、仕切弁に比較して大きい。

逆止め弁｜ぎゃくどめべん
流体の流れを常に一定方向に保ち、弁体が逆流を防止するように作動するバルブ。弁体の形状、作動様式の違いにより、**スイングチャッキ**[図30]、**リフトチャッキ**などがある。**チャッキ弁**ともいう。

ボール弁｜―べん
通過孔を有するボール状の弁体を回転させることにより開閉を簡単に行うバルブ[図31]。開閉の操作はレバーハンドル式の場合、レバーハンドルを90度回転させることで流体を止めたり、流したりする。ボールの台座にソフトシートが組み込まれているため、優れた気密性をもっているが、高温領域の使用には制限がある。オン-オフ動作に適しているが、流量調整には適さない。

バタフライ弁｜―べん
弁箱内で弁棒を軸として円板状の弁体が90度回転するバルブ[図32]。その構造から流量調節はしやすく、主として絞りを目的とした場合に使用される。オン-オフ動作にも使用することができる。コンパクトで軽く、施工性がよく、管の厚さが薄いので、狭いスペースでの配管が可能。

ロータンク
水洗トイレで洗浄水を供給するために一定量の水を貯めておく水槽のうち、底部が便座と同じ程度の低い位置にあるタイプ。

ボールタップ
各種タンクなどの自動給水・止水に用いられる給水器具の一種[図33]。水槽に一定量以上の水が入らないように、浮き球の浮力を利用して弁の自動開閉を行う機構となっている。

スモーレンスキーチャッキ弁｜―べん
ポンプの吐出し側に設ける急閉鎖型のウォータハンマー[※1]防止用の逆止め弁[図34]。ポンプが停止した際に揚水力がなくなると、スプリングによって弁が閉じる。

熱膨張耐火材｜ねつぼうちょうたいかざい
火災が発生して200℃以上になると、瞬時に5～40倍膨張することで断熱効果を発揮するプラスチック系耐火材料。防火区画を貫通させる配管などに設置することで、貫通部材を介した火災の延焼を防ぐ。配管には主にブチルゴム系のものが使われる。

ラッキング
屋外などに露出している配管の周囲に巻かれた保温材を被覆する金属板。保温材を保護するために設置されている。亜鉛鉄板、カラー亜鉛鉄板、アルミ板、ステンレス鋼板などが使用される。ラギングとも言う。

メーター・水栓類

水道メーターユニット｜すいどう―
集合住宅のPS内の水道メーター廻りに設置されるもので、止水弁、逆止め弁、減圧弁などが一体化したもの[図35]。メーター廻りの施工が容易で、メーターや逆止め弁がワンタッチで着脱可能。東京都の集合住宅では、このユニットの設

※1：管内の水が急停止することによって起こる騒音・振動現象。水撃ともいう
※2：パイプの両端に差し込まれ、パイプとは独立して回転し、穴合わせが容易にできるフランジ

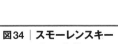

置が義務化されている。

ガスメーターユニット

メーターガス栓、検圧用プラグ、壁固定金具などをユニット化したもの[図36]。ユニットがガスメーターを支持するかたちとなる。家庭用ガスメーター廻りの配管施工を簡略化できる。

水道用コンセント｜すいどうよう―

ホースをワンタッチで着脱できる水栓。壁埋込み型などが中心。散水や洗濯機など、屋内外でホースで水を使う場所などに設置する。ホースが外れにくい機構になっているが、万一ホースが外れた場合でも水が自動的に止まるようになっている。2ハンドル式の湯水混合水栓もある。

ガスコンセント

つまみのないガス栓で、専用のガスホース（接続具付き）で接続するもの。既存のゴム管差込み型ガス栓より接続が簡単で、ガスホースを差し込むと接続具の押し棒が円筒栓をスライドさせてガスが流れ、外すとスプリングの力により円筒栓が押されて、ガスが止まるようになっている。ゴム管が外れるとヒューズが働いてガスは止まる。

図36｜ガスメーターユニット

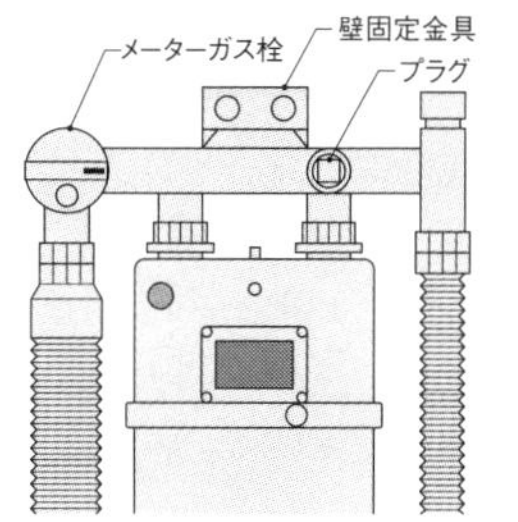

図37｜つば出し加工ルーズフランジ接合

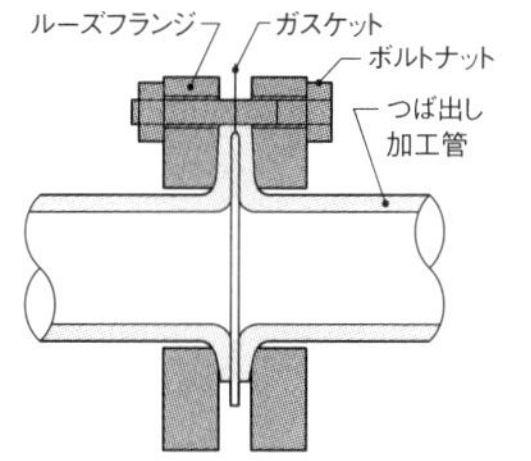

図38｜TIG溶接

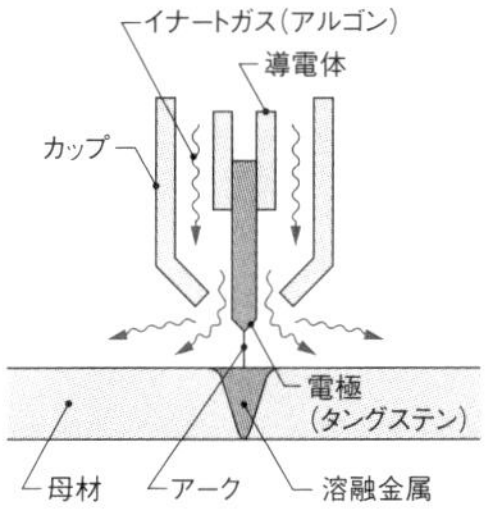

図39｜さや管ヘッダー工法

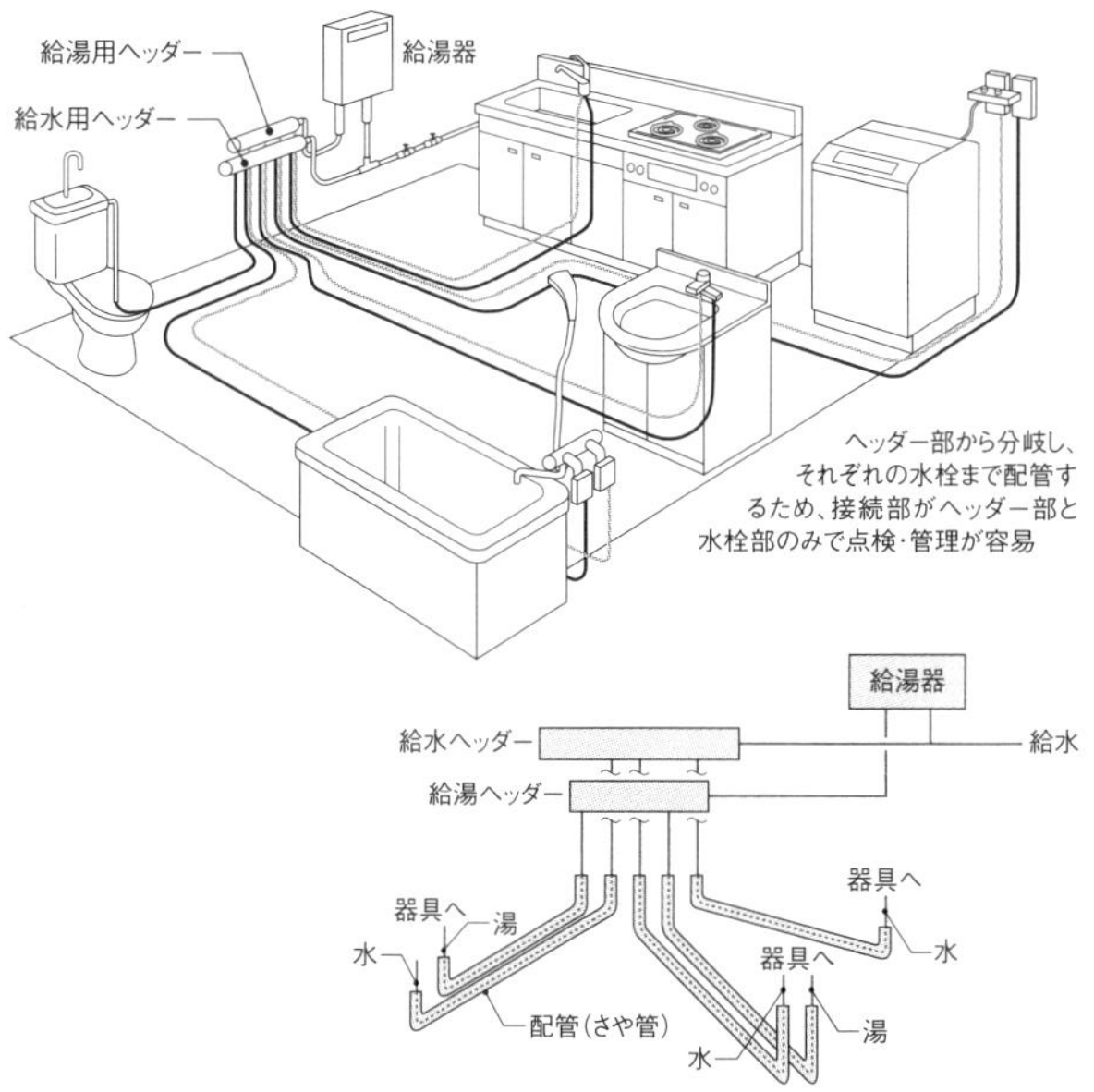

配管接合

つば出し加工ルーズフランジ接合｜つばだしかこう―せつごう

鋼管、ステンレス鋼管の管端をつば出し加工機によってつば出して、**つば出し管**どうしを**ルーズフランジ**[※2]によって接合する方法[図37]。溶接と異なり火気は一切使用しないため、防火上安全である。

TIG溶接｜ていぐようせつ

Tungsten Inert Gas溶接の略称。周囲にアルゴンガスなどの不活性ガス（イナートガス）を流しながら、タングステン電極と金属の母材との間にアークを生じさせ、その熱で溶接する方式[図38]。建築設備では太い径の一般配管用ステンレス鋼管の溶接に適用する。

融着接合｜ゆうちゃくせつごう

ポリエチレン管、架橋ポリエチレン管の2層管、ポリブテン管の接合方法。管端と継手とを加熱治具によって加熱した後、管を継手に差し込み融着する熱融着接合と、内面に電熱線を埋め込んだ継手に管を挿入し、継手に電気を流して継手内面と管外面を同時に溶かして融着を行う電気融着接合がある。

写真2｜さや管ヘッダー工法

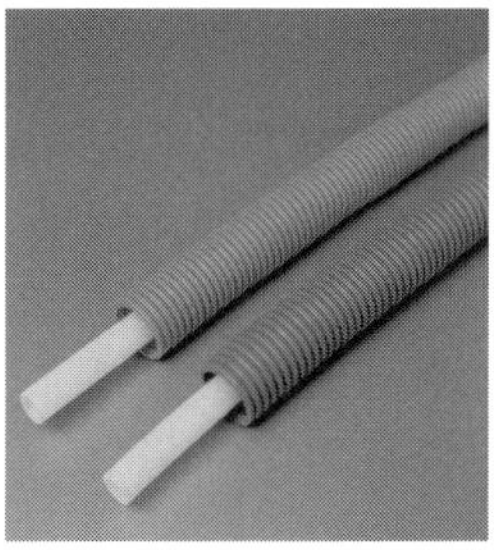

ヘッダー

Header。主管を一度に多数の配管に分岐するとき、または多数の配管を一度に合流させる場合に用いられる太い管または胴などのこと。**配管ヘッダー**、**管寄せ**とも。

ヘッダー工法｜―こうほう

戸建住宅、集合住宅などの給水・給湯配管において、一カ所に**ヘッダー**を設けて、そこから器具ごとに配管を分岐する配管工法。ヘッダー以降の配管の更新が容易である。ヘッダー以降の配管は床上に配管することが多いが、天井に配管する場合もある。

さや管ヘッダー工法｜―かん―こうほう

ヘッダー工法の一つ。各種ヘッダー工法のなかでも、各器具への配管を前もって設置して、さや管内に通管するさや管ヘッダー工法がよく使われている。この場合、さや管にはポリエチレン製の管が、配管にはポリブテン管や架橋ポリエチレン管などの柔軟性のある管が使用される[写真2]。共同住宅などの給水や給湯の配管方式で、各種の器具への配管を途中で分岐させることなくヘッダーよりそれぞれの器具へ直接配管する方法[図39]。将来の配管更新にも対応できる。

ジュート巻｜—まき
アスファルトを含浸したジュート（黄麻からつくった繊維）布を鉄管の外面に巻き付け、埋設配管類の防食被覆を行うこと。

写真3｜パイレン

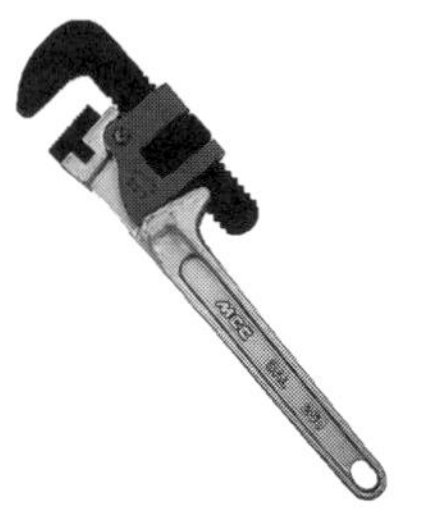

図40｜インバート桝

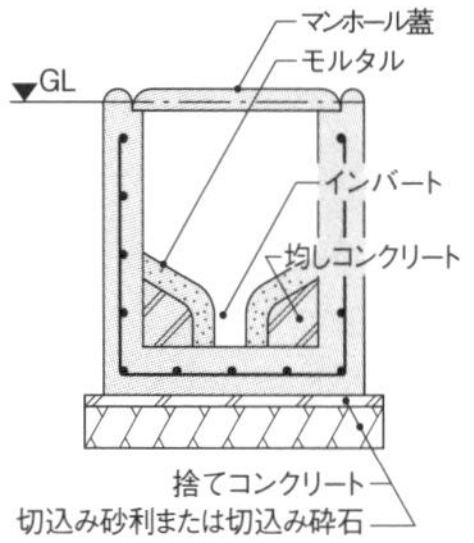

図41｜泥溜め桝

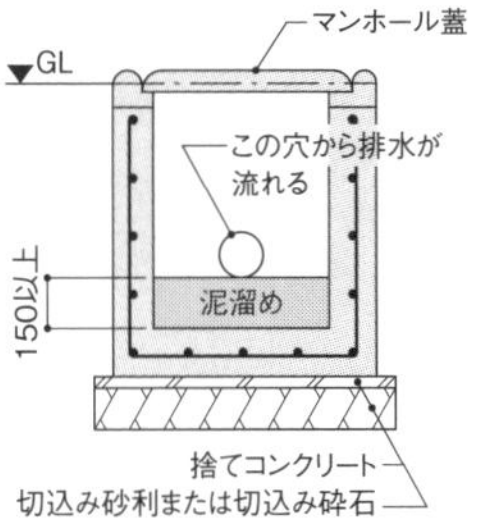

可とう管継手｜かとうかんつぎて
金属製とゴム製があり、配管の芯調整などに使用される。金属製可とう管は、ステンレス製フレキシブル管を参照。ゴム製ホースは、ステンレス鋼の線材を編み込んだブレード（平織ひも）で被覆することがある。

パイレン
パイプレンチの略称で、配管接続の際に管を継手にねじ込む場合に、管を保持して回転させるための道具[写真3]。

いんろう接合｜—せつごう
ソケット接合と呼ばれ、管の受口に一方の管の差口を差し込み、鉛とヤーン（鋳鉄管の場合）あるいはモルタル（ヒューム管の場合）を充填して接合する方法。

図42｜トラップ桝

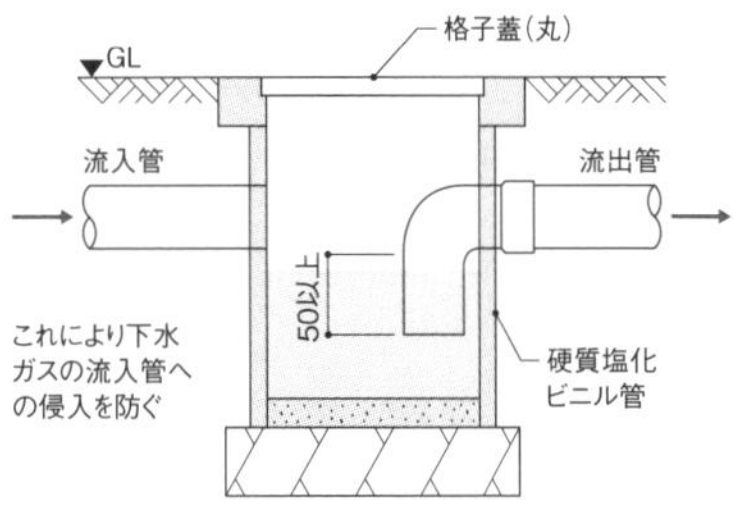

水栓ボックス｜すいせん—
水栓エルボなどを内蔵し、給水・給湯用のポリブテン管や架橋ポリエチレン管と水栓を接続するボックスのこと。さや管ヘッダー工法を導入した際に使われる。水道用コンセントエルボを内蔵したものもある。

桝

インバート桝｜—ます
汚水中の汚物や、雑排水中の固形物が停滞しないように、底部に排水溝の設けられた排水桝[図40]。汚水、雑排水用に使用される。**汚水桝**ともいう。

泥溜め桝｜どろだめます
雨水排水管に泥などが流出しないように桝の底部に深さ150mm以上の泥溜めを設けている排水桝[図41]。

図43｜樹脂製排水桝

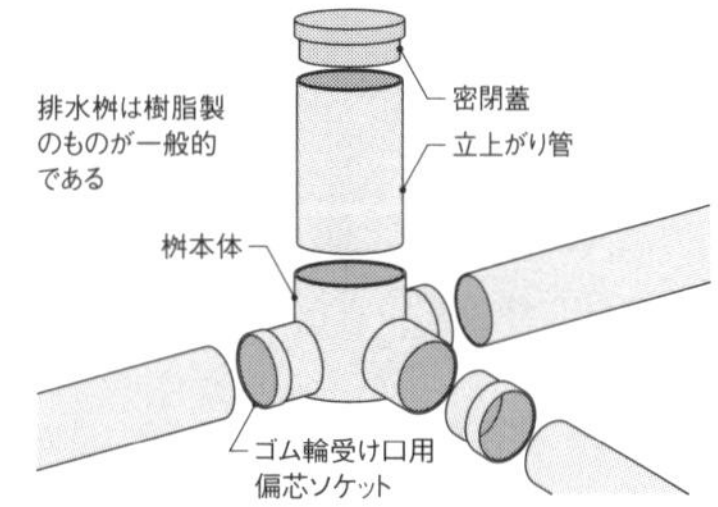

トラップ桝｜—ます
下水ガスなどの臭気が侵入しないようにトラップ機能を有する排水桝[図42]。雨水管やトラップ機能のない器具からの排水を汚水管に接続する個所に設置する。

樹脂製排水桝｜じゅしせいはいすいます
呼び径150〜350mmの硬質塩化ビニル製、ポリプロピレン製、再生プラスチック製などの樹脂製排水桝[図43]。軽量で、水密性がよく、破損しないなどの観点から、近年、モルタル製の排水桝から切り替わって使用されている。

会所桝｜かいしょます
2本以上の排水管をまとめて合流させる排水桝[写真4]。

化粧桝｜けしょうます
屋外に設置する排水桝のマンホールを外観の見栄えをよくするために、周囲の床仕上げと同仕様に仕上げることのできる化粧マンホールの排水桝。[写真5]。

写真4｜会所桝

小口径桝｜しょうこうけいます
施工性の悪い場所や狭い場所でも設置しやすいように、軽量・小型にできている樹脂製の排水桝。

キッチン

システムキッチン
台所作業に必要な洗い場（シンクなど）、流し台（天板など）、調理器具（**ガスコンロ・IHクッキングヒーター**など）、収納などがセットになったキッチン。おのおのの使い方や用途に合わせて機種の選択ができたり、オーブンやレンジ、食器洗い乾燥機などを組み込むこともできる。

写真5｜化粧桝

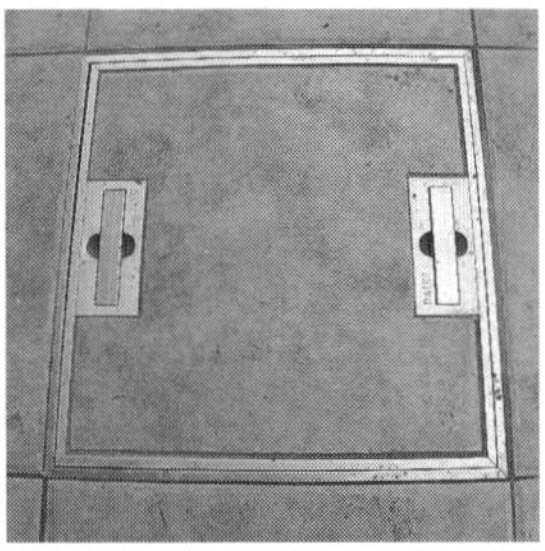

セクショナルキッチン
流し台、調理台、ガス台、吊戸棚などの独立した部品を並べて配置するタイプのキッチンセット。

ミニキッチン
システムキッチンのミニバージョンという意味で流し、コンロ、換気扇、ウォールキャビネットなどが間口1.2～1.8mの間に組み込まれているキッチンのこと。

オーダーメイドキッチン
扉の色や素材、天板の長さ、キッチンの高さ、シンク、IH、収納、キッチンの配列もすべて希望どおりにオーダーして設置するシステムキッチン。

キッチンレイアウト
流し、コンロ、作業台、食器洗浄機、戸棚などの形とサイズによって決まるレイアウトで、I型、II型、L型、ペニンシュラ型、アイランド型などがある［図44］。

ガスコンロ
ガスを熱源とした調理器具で、燃焼によって熱を発生させる。最も一般的な調理器具である［図45］。

電気調理器｜でんきちょうりき
電気ヒーターを利用した調理器具で、ヒーターに通電することで熱を発生させるもの。ヒーター部分はコイル状のものや面状のものがある。

IHクッキングヒーター｜あいえいち―
電磁調理器とも呼ばれ、天板と鍋などの間に渦電流を発生させ鍋を直接加熱する［写真6］。機器自体は発熱しないため安全性が高く、熱効率が高い。ただし各機種によって利用できる鍋に制限があり、一部を除いて土鍋や銅鍋は利用できない。また、鍋底が平面で、基本的には天板と接触していなければ利用できない。

ハイカロリーバーナー
ガスコンロのうち一般的な発熱量の2倍の能力をもつバーナーを設置した機種。ハイカロリーといわれるのは6.65kwを超えた火力を指すものが多く、なかには6.97kw～11.62kw以上の機種もある。

食器洗浄乾燥機｜しょっきせんじょうかんそうき
水や湯を食器に噴射することで汚れを落とす。「食洗機」とも略される。ビルトイン型と床置き型があり、洗浄効果の向上と洗浄時間短縮のために給湯接続する場合もある。水道料金は、手洗いと比較して安いといわれている。

ディスポーザー
生ごみを台所から水とともに粉砕して排水管に流し出し、直接排出できるシステムで、排水孔の下部に設置される。排水孔に投入された生ゴミはカッターによって粉砕され、水と一緒に排出された後、処理槽で処理され下水に放流される。大きな骨や繊維質の多い植物など対応できないごみもある。

図44｜キッチンレイアウト

I型

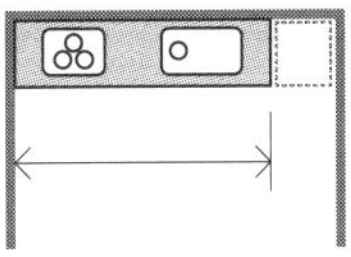

独立キッチンに向いた形状。デッドスペースが少なく、空間全体をコンパクトに設計できるが、幅を大きくすると作業動線が大きくなってしまう

II型

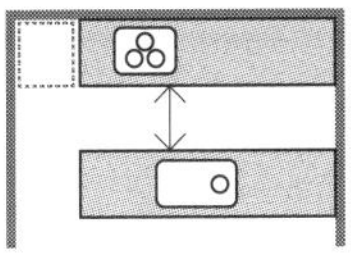

シンクと加熱機器が分かれたレイアウト。間口は狭いが、対面型キッチンにしたい場合に用いる。通路部分は汚れやすいので仕上げ材などに配慮する

L型

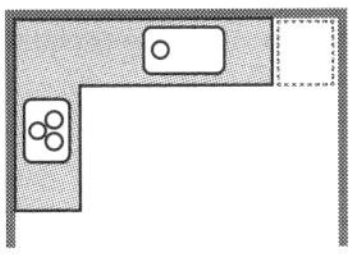

作業動線が比較的短くて済む形状。デッドスペースになりがちなコーナー部分をどのように使い勝手よく設計するかがポイントとなる

ペニンシュラ型

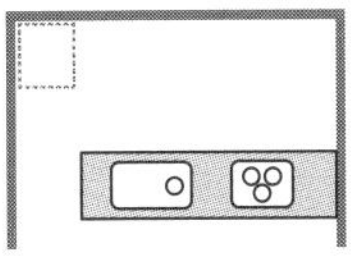

半島のように突き出したレイアウト。オープンキッチン向きだが、リビング・ダイニング側への水跳ね・油跳ねへの対策が必要である

アイランド型

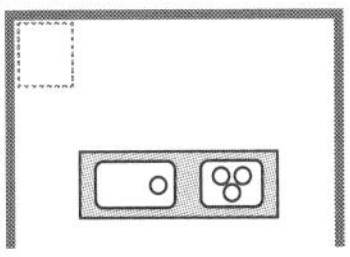

大人数での調理作業に対応しやすい。リビング・ダイニング側への水跳ね・油跳ねへの対策が必要である

図45｜主な調理機器の種類

●ガスコンロ

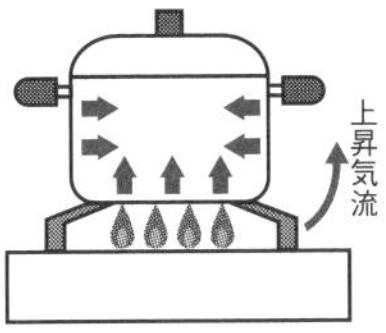

炎に加えて上昇気流によっても加熱する。鍋肌との接触面が大きい

●IHクッキングヒーター

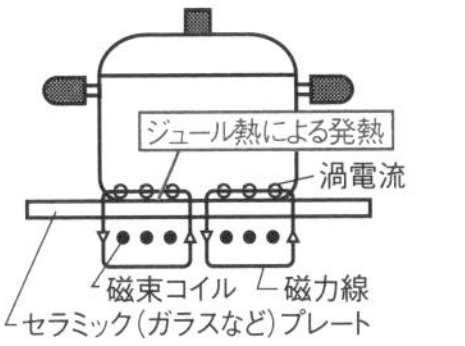

コイルに電流を流し、そこで発生する磁力線の力を使って鍋自体を発熱させる。IHは、Induction Heating(電磁誘導加熱)の略

●電気調理器

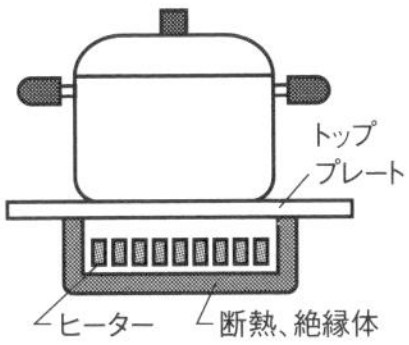

通電するとヒーター自体が赤熱し、伝導と放射で加熱する。切った後も余熱を利用することができる

写真7｜ディスポーザー

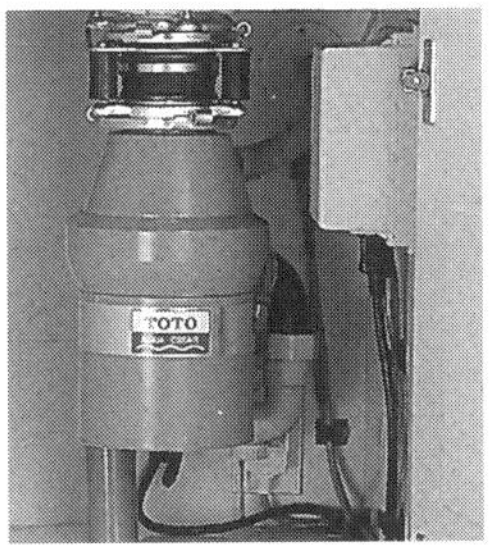

図46｜ディスポーザー

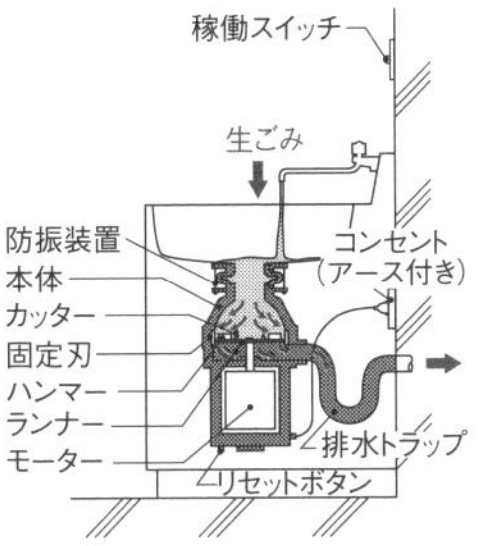

写真6｜IHクッキングヒーター

約半世紀前に米国で発明された装置である。日本では環境負荷増大の理由から、長らく自治体により使用が禁止されていたが、近年粉砕した後のごみを分離・堆肥化して下水などの負荷を減らす機能を付加した製品が開発される［361頁写真7、図46］。

ディスポーザー排水処理システム―はいすいしょり―

ディスポーザーによって破砕された生ごみ（厨芥）を含む排水を専用の排水処理設備で浄化するシステムのこと。破砕された厨芥を含む排水が公共下水道の終末処理場や浄化槽へ流入すると、これらの施設の負荷を増大させるので、専用の排水処理装置か、浄化槽へ放流する場合には、ディスポーザー対応型浄化槽の設置が必要。

浄水器｜じょうすいき

活性炭、ろ過膜、逆浸透膜、セラミックなどを利用して、水道水のなかに含まれる残留塩素や**トリハロメタン**などの物質を除去または減少させる機器。最も簡易な方式は蛇口直結型で、そのほかにビルトイン型、据置き型などがある。

整水器｜せいすいき

水道蛇口などに接続し、電解槽の前で原水にカルシウム化合物を加え、電解することにより連続的にアルカリイオン水をつくる機器。

水栓｜すいせん

流しなどに設置する吐水用の器具で、いわゆる「蛇口」のこと。湯と水を一つの吐水口から出す「混合水栓」が一般的。操作方式には、湯と水それぞれのハンドルが付いているツーハンドル、一つのレバーで湯水混合・水量調整を行うシングルレバーなどがある。

横水栓｜よこすいせん

流しのカウンターの後ろの壁に設置された水栓のこと。吐水口にホースを接続しやすいようにカップリングを取り付けたカップリング横水栓や、ハンドルが着脱できる共用横水栓などがある。

立水栓｜たてすいせん

流しのカウンターの天板部分から立ち上がっている水栓のこと。住宅の庭などに設置される水栓柱のことを指す場合もあるが、こちらは「**りつすいせん**」と読む。

自在水栓｜じざいすいせん

蛇口の先端が回転して吐水口の方向を変えられる水栓。

混合水栓｜こんごうすいせん

湯と水の量を加減することで水量や温度を調節し、1つの吐水口から吐水する水栓金具。湯と水の双方にバルブがある「ツーバルブ型」をはじめ、1本のレバーで水温と水量を調節する「シングルレバー型」、温度をあらかじめダイヤルで自動的に設定する「サーモミキシング型」などがある。

シングルレバー式水栓｜しきすいせん

混合水栓の一種で、吐水と湯温を1つのレバーで操作して吐水させる水栓。レバーの上げ下げで吐水、止水を行い、レバーの回転で水量と湯量を調整する。

ツーバルブ式水栓｜しきすいせん

混合水栓の一種。水用と湯用の2つのハンドルを操作して水量・湯量を調整することで、適温・適量の混合水を吐水させる水栓。

カップリング付き横水栓｜つきよこすいせん

横水栓の一種。吐水口にホースを接続しやすいようにカップリングを取り付けた水栓。屋外に設置されることが多い。

シャワーヘッド

シャワーホースの先端に付いている、水を分散して噴射するための無数の小さな孔があいた器具。通常のスプレーシャワーヘッド以外に、使用中のシャワーを一時的に手元で出し止めできるクリックシャワーヘッド機能や、旋回水流によるマッサージ機能、水道水中の塩素を除去する浄水機能が付いたものなどもある。

グースネック混合栓｜こんごうせん

ガチョウの首のような形状をした混合水栓［**写真8**］。吐水口高さがとれるため、花瓶など高さのある器に対応できる。

サーモスタット付き混合水栓｜つきこんごうすいせん

温度調節機構付きの混合水栓で、利用しながら好みの温度に調節ができる。サーモ部の圧力損失が大きいため、水源の水圧が低い場合は、吐水圧力が十分に確保できない場合があり注意が必要である［**写真9**］。

シングルレバー混合水栓｜こんごうすいせん

上下に動かすことによって温度・水（湯）量調節が簡単に行える湯水混合水栓［**写真10**］。水圧によっては、吐水、止水の上下動作時に**ウォーターハンマー**を起こす可能性があるため、ウォーターハンマー防止機能付きの水栓を選ぶのが好ましい。

足元ファンコンベクター｜あしもと―

システムキッチンなどの下部（足元部）に取り付けるファンヒーターで、調理時の足元冷え対策に設置される。温水式や電気式などがある。

ワークトップ

一般的には作業台の甲板（こういた）のこと。特にシステムキッチン関連

写真8｜**グースネック混合栓**

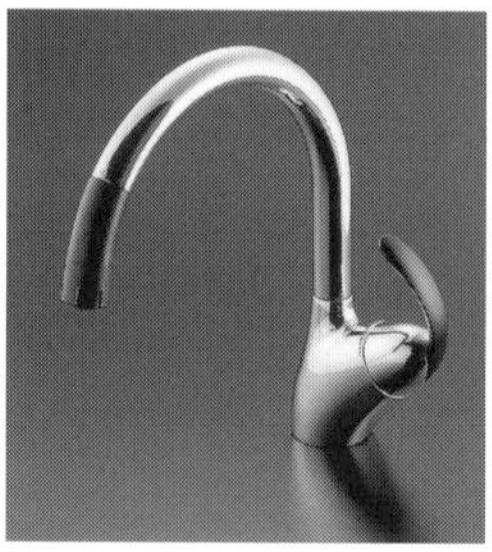

写真9｜**サーモスタット付き混合水栓**

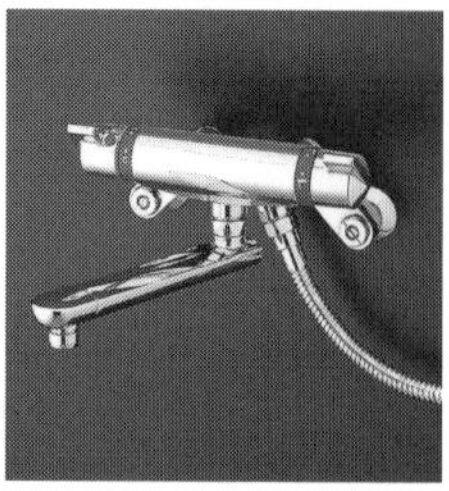

写真10｜**シングルレバー混合水栓**

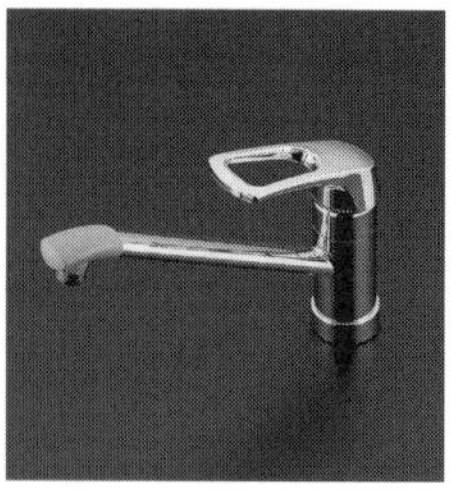

では、シンクやコンロをひと続きにつなげるものをいう。強度、耐水性、耐熱性、手入れのしやすさなどを考慮して、ステンレス、メラミン樹脂化粧板、大理石、御影石などが用いられる。「カウンタートップ」ともいう。

カウンター
システムキッチンの天板部分で、ステンレス、人造大理石などが多く使われる。

キャビネット
システムキッチンの引出しの収納や、ビルトイン機器の収納スペース、吊り戸棚などで箱状に形成された部分。

ウォールキャビネット
台所の天井に近い壁面に設置する収納棚のこと。頻繁に使用する調理用具・器具類を収納することにより、かがむことなく作業ができる。最近は手動あるいは電動によって、手の届く範囲まで昇降する高齢者用ウォールキャビネットもある［図47］。

フロアキャビネット
台所のシンクやコンロ台の下の収納台のこと。開き扉式と引出し式がある。引出し式は奥までしっかり見渡せて物を出し入れしやすく、余分なスペースも生じにくいので使い勝手がよい。

シンク
システムキッチンの洗い場部分のこと。

キッチンパネル
キッチン周囲の壁面に設置するパネルで、調理器具の種類によっては不燃材であることが求められる。汚れが付きにくいことや掃除のしやすさなどを売りにした商品がある。

フィラー
システムキッチンの隙間を隠す幕板。天井フィラーとサイドフィラーがある。前者は天井が高い台所で吊戸棚やレンジフードを使いやすい位置に下げて取り付ける場合に、天井と棚などの隙間を隠す幕板。後者は左右に壁があり、壁から壁の寸法がシステムキッチンの寸法と異なる場合に、キッチンと壁の隙間を埋める幕板。

サイドパネル
システムキッチンの長さが台所の両端の壁より短い場合、壁に接しない端部に取り付ける化粧板のこと。

幕板―まくいた
フィラー参照

化粧パネル―けしょう―
一般的には、板状製品の表面に化粧加工したものの総称。システムキッチンのウォールキャビネットやフロアキャビネットの化粧加工された扉のことも指す。

台輪―だいわ
システムキッチンが床と接する台の部分。通常、キャビネットの高さ調整に利用される。最近ではこの部分に収納機能を持たせて台輪収納を謳う製品もある。

図47｜キッチンの構成例

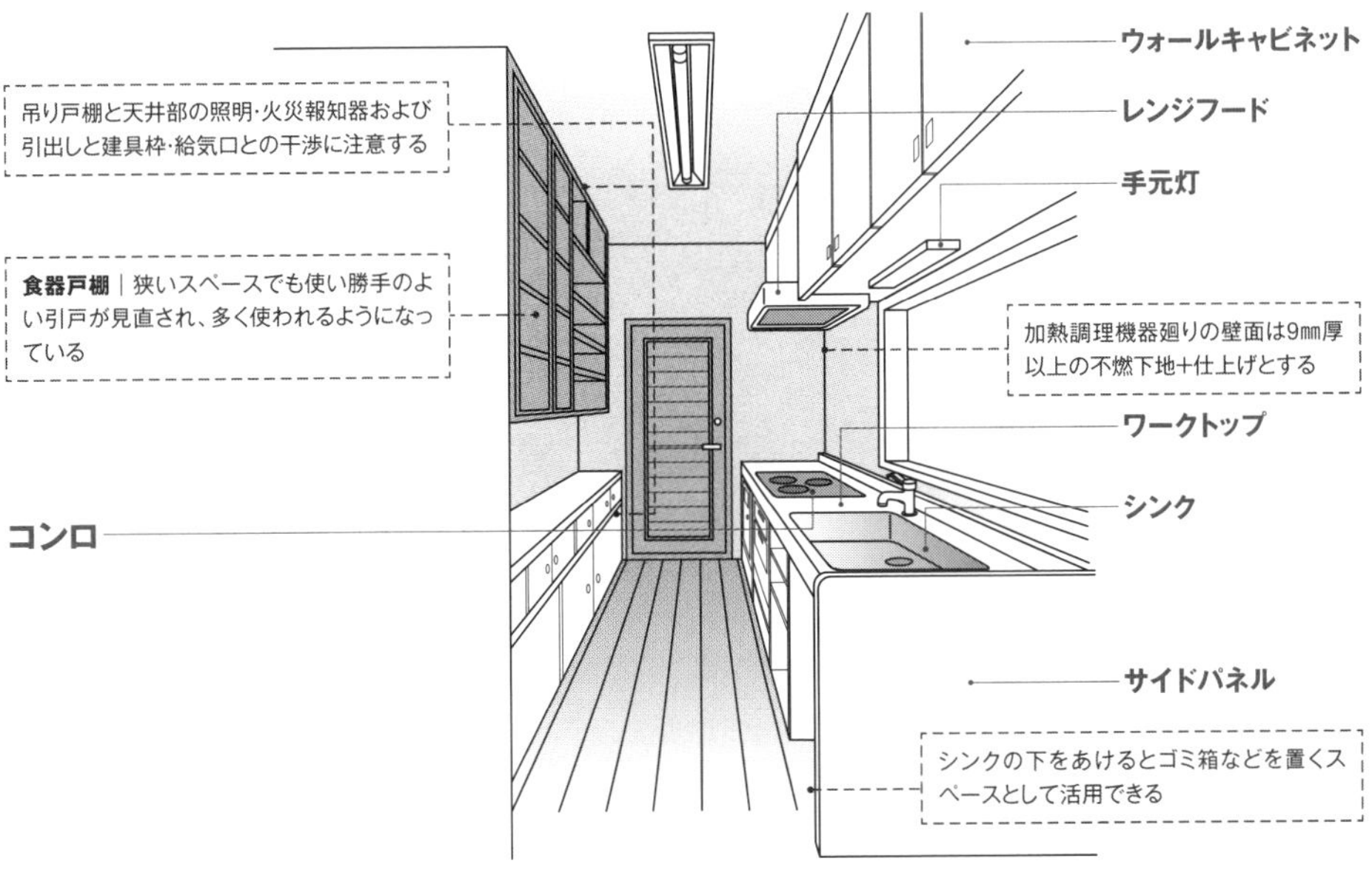

レンジフード
台所のコンロ台の上部に設置する排気装置で、フード、グリスフィルター、排風機、照明、スイッチを金属製の箱体にまとめたもの。

コンベック
「コンベクションオーブン」のことで、庫内に熱気対流を起こすファンが備わっており、熱気を循環させ食材を短時間で均一に加熱することができるオーブンのこと。「コンベクション」は「対流」の意。

ジャンボシンク
台所の流しの横幅（間口）が900㎜以上のもの。通常の流しの間口は650㎜から850㎜程度である。

ビルトイン
通常、建物や設備に組み込まれた収納や家具、機器のこと。たとえばシステムキッチンのキャビネットに組み込まれた食器洗浄乾燥機や、ガスオーブン、電子レンジなども、ビルトイン式の設備機器である。

給湯設備

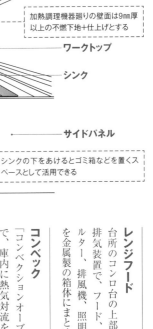

中央給湯方式｜ちゅうおうきゅうとうほうしき
1カ所の加熱装置から配管を通して所要給湯個所に供給する給湯方式。加熱装置と給湯栓の間の配管が給湯管のみの単管式と、配管内での湯温の降下を防止するため、常に湯を循環させる返湯管も併設した複管式とに分けられる。

写真12｜給湯器の例

表5｜給湯能力算定早見表

浴室	カラン・シャワー　42℃給湯（冬期・水温5℃）、12ℓ／分／個の場合								
	カラン・シャワーの数	1	2	3	4	5	6	7	8
	相当号数	18	36	54	72	90	108	126	144
	浴槽への落とし込み　50℃（水温5℃）のお湯を30分間で給湯する場合								
	容量	300	400	500	600	700	800	900	1000
	相当号数	18	24	30	36	42	48	50	60
厨房・洗面	厨房・洗面　カラン　40℃給湯（冬期・水温5℃）、10ℓ分／個の場合								
	カラン数	1	2	3	4	5	6	7	8
	相当号数	14	28	42	56	70	84	98	112

局所給湯方式｜きょくしょきゅうとうほうしき
湯を使用する個所ごとに加熱装置を設け、個別に湯を出す給湯方式。

即時給湯方式｜そくじきゅうとうほうしき
給湯配管を往きと返りの2本を用意し、給湯循環ポンプで、配管中を常に湯をゆっくり循環させ、給湯栓を捻るとすぐに湯が吐出する給湯方式。ホテルや病院などの中央式給湯方式で用いられており、住宅でも即出湯式湯沸器を使用し往き返りの配管をすれば可能。

給湯器｜きゅうとうき
給湯の熱源となる部分で、ガス式や石油式がある。給湯器を利用して床暖房、浴室乾燥、暖房などができる機種もある[**写真12**]。通称**エコキュート**と呼ばれる、夜間の電気を利用した**ヒートポンプ給湯器**はCOPが高いため省エネ性が高い。

エコキュート
ヒートポンプ技術を利用し空気の熱で湯を沸かすことができる電気給湯機のうち、フロンではなく二酸化炭素を冷媒として使用している機種の総称である。正式名称は「自然冷媒ヒートポンプ給湯機」という。

瞬間湯沸器｜しゅんかんゆわかしき
湯を貯めることなく、使用するたびに水を加熱して給湯する湯沸器。ガス加熱によるものと電気加熱によるものがある。わが国ではガス瞬間湯沸器が一般的。電気加熱方式は給湯使用量に対して電気容量が非常に大きくなるため、一般家庭で使用されることは少ない。

瞬間湯沸器の号数｜しゅんかんゆわかしきのごうすう
瞬間湯沸器の能力を示すもので、給水温度を25℃昇温させたときの1分間の出湯量[**表5**]。たとえば20号湯沸器とは給水温度が20℃の場合、出湯温度が45℃で1分間に20ℓ出湯するもので、熱量的には3万kℓ/時（34・88kW）。

先止め式瞬間湯沸器｜さきどめしきしゅんかんゆわかしき
湯沸かし器本体と給湯個所の間に給湯配管を敷設して、給湯栓の開閉による水圧変化により湯沸器の作動を制御するガス瞬間湯沸器。

元止め式瞬間湯沸器｜もとどめしきしゅんかんゆわかしき
湯沸器本体から直接伸びた給湯栓の開閉により作動を制御するガス瞬間湯沸器。

電気温水器｜でんきおんすいき
夜間の割安な電気を利用して貯湯タンクにお湯を貯める設備。床暖房や浴室乾燥に利用できる機種もある。貯湯タンクの設置スペースが必要[**表6**]。

潜熱回収型給湯器｜せんねつかいしゅうがたきゅうとうき
一般のガス給湯器の排気熱（約200℃）を利用するため、2次熱交換器を設けて、給水の予熱に使用する給湯器。高効率で、家庭用も製品化されている[**図48**]。2次熱交換器で凝縮する排気中の水蒸気は、中和器で中和されてから排水されるために排水管が必要。

真空ガラス管太陽熱温水器｜しんくうガラスかんたいようねつおんすいき
太陽熱を集熱する集熱部分に真空ガラス管を使用し、日射がなくなっても大気に熱を放出することが少ない温水器。魔法瓶のなかに集熱配管を組み込んだようなもので、配管自身を太くしてこの部分に貯湯させる水道直結型もある。

都市ガス｜とし—
ガス会社が供給する気体燃料。天然ガス(メタン)が主成分。中央のガスタンクから地中に張り巡らされたガス導管を通じて、各需要家に気体のままで供給される。

図48｜潜熱回収型給湯器の仕組み

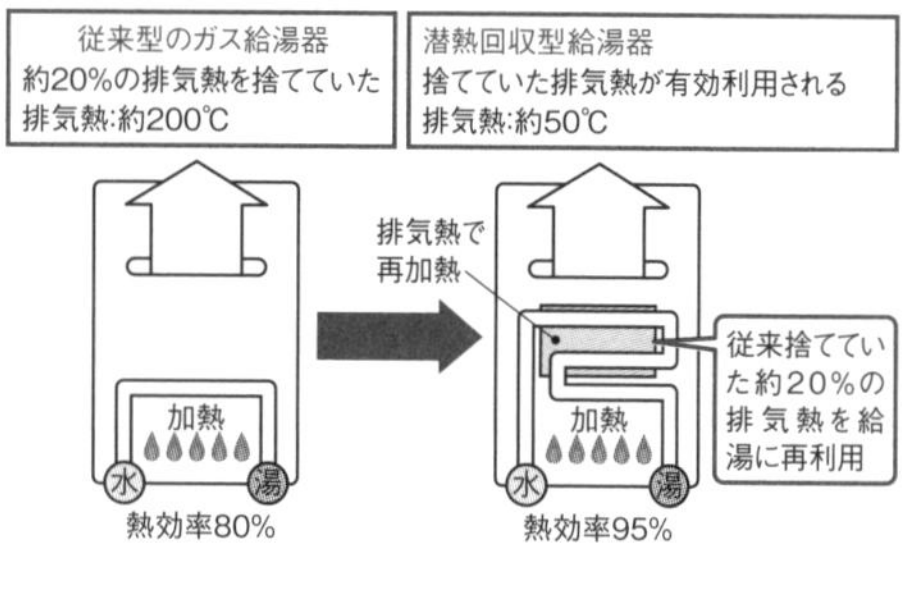

表6｜電気温水器の貯湯量の目安

家族人数	タンク容量[ℓ]	お湯の使用量の目安（42℃換算・冬季）浴槽湯張り＋シャワー＋洗面・キッチン[ℓ]	合計[ℓ]
5～7人	550	1回（200）+7回（560）+洗面・キッチン（150）	910
4～5人	460	1回（200）+5回（400）+洗面・キッチン（150）	750
3～4人	370	1回（200）+4回（320）+洗面・キッチン（150）	670
2～3人	300	1回（200）+3回（240）+洗面・キッチン（150）	590
1人（ワンルームマンション用）	200	1回（150）+2回（160）+洗面・キッチン（40）	350
	150	1回（150）+1回（80）　+洗面・キッチン（40）	270

LPガス｜えるぴー

「**液化石油ガス**」を意味するもので、圧縮すると常温で液化しやすいブタンやプロパンを主成分とした気体燃料のこと。常温でも8気圧と比較的低い圧力で液化するため、ボンベに充填して運搬しやすい。そのため都市ガスのインフラが行き渡っていない郊外や地方都市などでは、広く需要家の熱源として利用されている。

写真13｜ハーフユニットバス

写真14｜追炊き用風呂釜

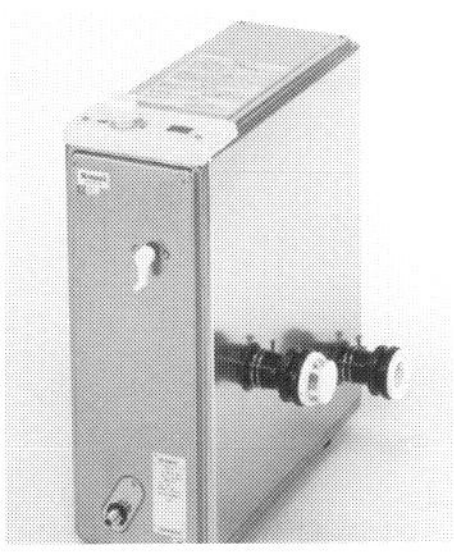

写真15｜バランス釜

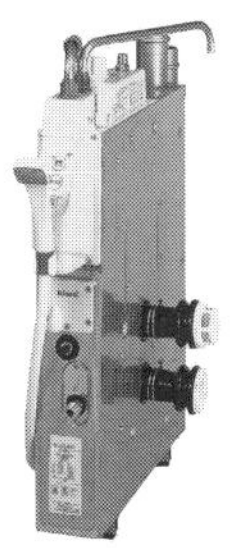

風呂・洗面

ユニットバス

UBと表記する。工場で製作された部材などを現場で組み立てて施工する浴室で、施工性や防水性に優れている。既存の開口部や配管を利用できるリフォーム対応機種もある。

ハーフユニットバス

腰下までがユニット化された浴室。天井や腰上の壁仕上げを自由に設計できるほか、天井高さのとれないところなどへも対応できる。ユニットバス同様防水性に優れる[**写真**13]。

写真16｜ジェット風呂

風呂釜｜ふろがま

浴槽に張った水を沸かす機器で、湯が冷めたときは残り湯を沸かし直す[**写真**14]。ガスや石油を熱源とした機種が一般的であり、浴槽の側に設置する屋内設置タイプや屋外に設置して浴室のスペースを広く使える屋外設置タイプがある。

バランス釜｜—がま

湯を沸かすための燃焼に必要な空気を外部から自然に取り入れ、燃焼ガスを外部へ排気する湯沸かし器[**写真**15]。

気泡浴槽｜きほうよくそう

噴射口から気泡を噴射させて、マッサージ効果などをもたらす浴槽。一般的に**ジャグジー**とも呼ばれ、ブロア仕様、ジェット仕様などの種類がある[**写真**16]。

図49｜在来浴室の構成例

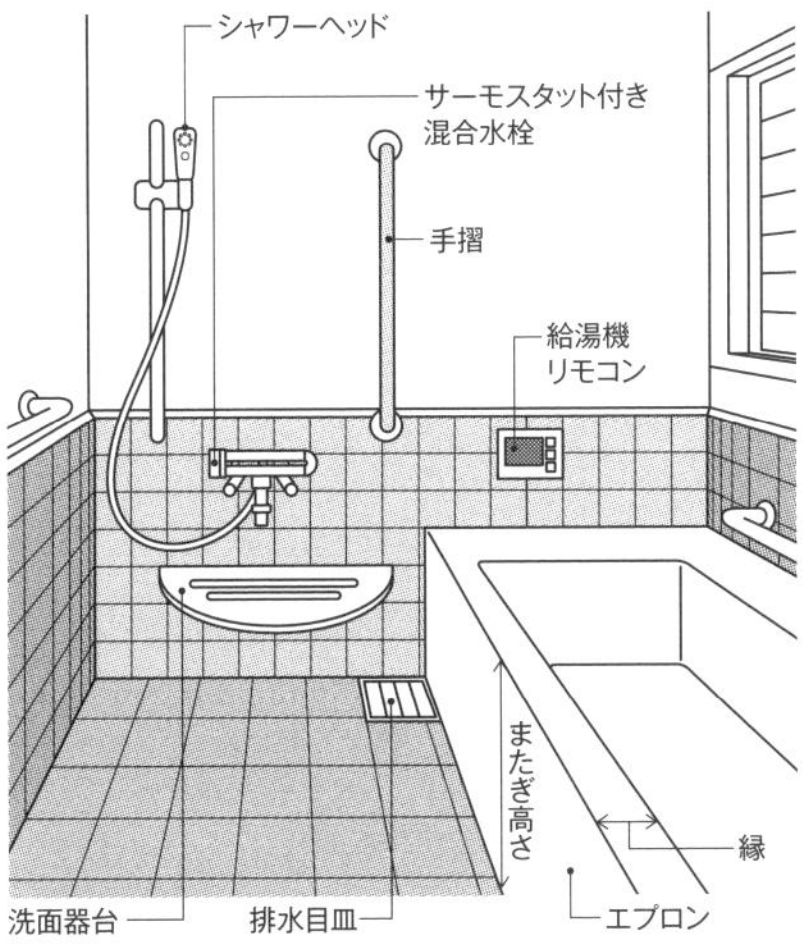

ジェット風呂｜—ぶろ

浴槽内の循環水に空気を取り込み、ノズルから勢いよく噴出すシステム[**写真**16]。

自動風呂｜じどうぶろ

湯張り、保温、足し湯、昇温などを自動的に行う機能をもつ風呂給湯器。グレードによってフルオート、セミオート、オートタイプなどと呼ばれている。

据置き型浴槽｜すえおきがたよくそう

浴室内の床面に直接置いて設置する浴槽。洋式のバスタブをオブジェのように設置することで、高級ホテルのような個性的な空間を生み出すことができる。浴室をスタイリッシュな空間として扱う場合などに採用される。

埋込み型浴槽｜うめこみがたよくそう

床にすっぽり埋め込んで設置する浴槽。浴室の空間を広く見せることができる。床と浴槽の段差が小さいと、洗い場から石鹸や汚れた水が入り込みやすいので注意。

半埋込み型浴槽｜はんうめこみがたよくそう

浴槽を半分ほどの高さまで床に埋め込んで設置する浴槽。上側は30～40㎝を床から出す。据置き型よりも浴槽への出入りが楽で、埋込み型よりも安全。洗い場から汚れた水が流入する心配も少ないので、衛生面にも優れている。

和風浴槽｜わふうよくそう

図50｜浴槽の種類

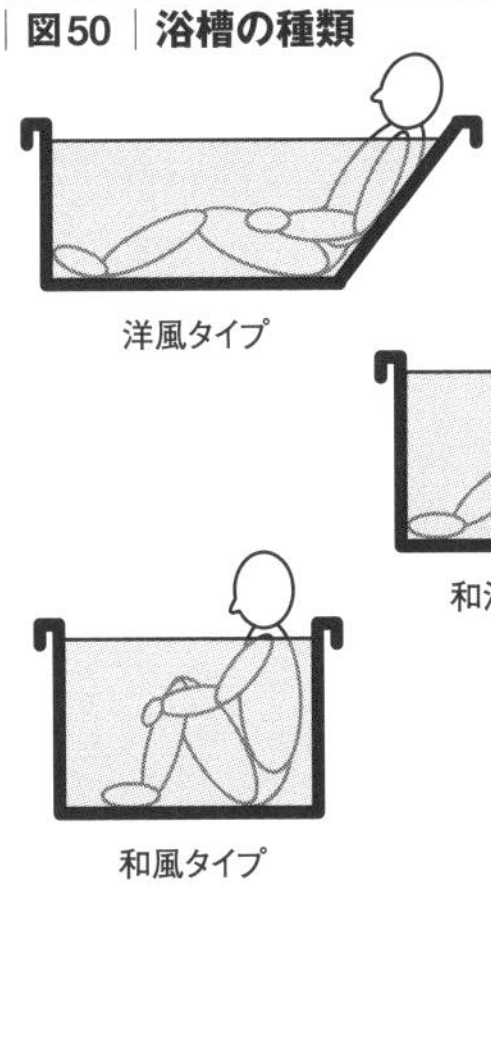

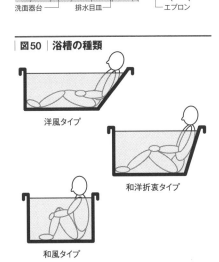

日本で昔から利用されてきた形式の浴槽。浴槽の底に座って肩までゆったり湯に浸かることが可能。いわゆる座浴スタイルの浴槽［365頁図50］。深さ60㎝程度が一般的である。

洋風浴槽―ようふうよくそう
西洋で使用されている浴槽で、和風浴槽よりも浅く大型である。浴槽というよりもシャワーの湯受けという性質が強い。疲れをとる場合などには、湯を張って中に浸かる方法も用いられる［365頁図50］。

和洋折衷浴槽―わようせっちゅうよくそう
肩までゆったり湯に浸かることのできる和風浴槽と、足を伸ばしてゆったり入れる洋風浴槽の長所を併せもった浴槽。適度に体を伸ばせ、肩まで浸かれる深さがある［365頁図50］。

高断熱浴槽―こうだんねつよくそう
浴槽および蓋を十分な断熱材で保護した、冷めにくい浴槽。ユニットバスの周囲温度10℃、浴槽湯量は深さ70%、断熱蓋を閉じたままの状態で、4時間後の温度低下が2.5℃以下というJIS基準に適合した浴槽。

ミストサウナ
ミストサウナは湿式サウナに属し、低温環境でサウナ効果を楽しむことができる。温度が低いので体の負担が少なく、肌や髪、のどにも強い刺激がない。ドライサウナが温度70～100℃、湿度10～15%であるのに対して、ミストサウナは温度40～42℃、湿度100%。住宅の浴室暖房乾燥機にミスト機能を増設すれば、バスルームをミストサウナ室にすることが可能である。

浴室暖房乾燥機―よくしつだんぼうかんそうき
浴室内でのヒートショック防止や入浴中の寒さ対策のために電気または温水を利用して暖房を行う機能をもつとともに、浴室を洗濯乾燥室として利用できる換気扇である。24時間換気機能をもつ機種もある。

定量止水栓―ていりょうしすいせん
浴槽の湯張りに使われ、水栓に流量制御弁が設置されている。設定した流量が流れると自動的に止水される。

写真17｜シャワーユニット

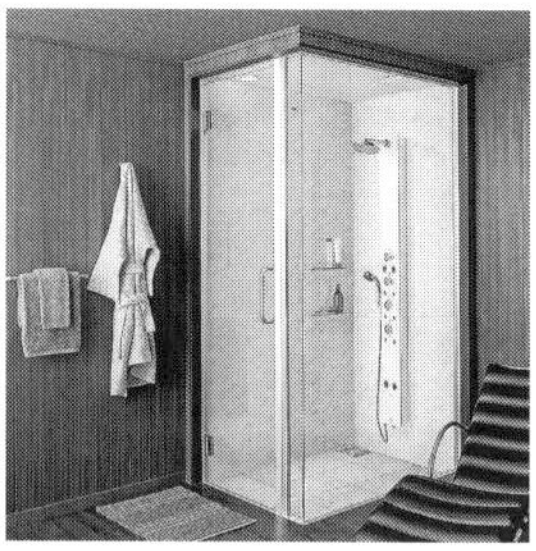

写真18｜多機能シャワーの例

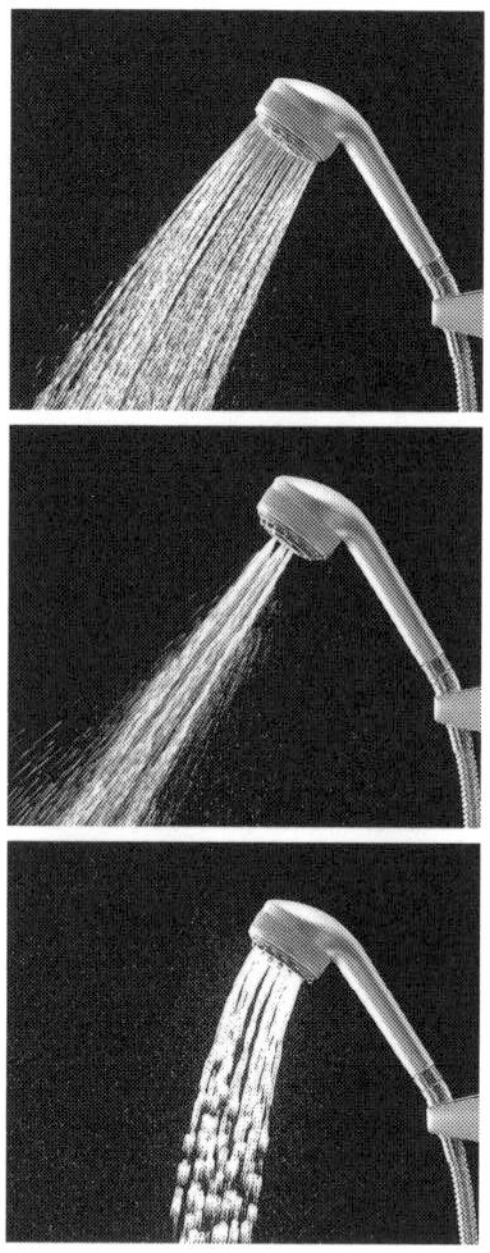

シャワーユニット
工場で製作された部材などを現場で組み立てて施工する浴室で、施工性や防水性に優れている。浴槽がなくシャワーのみ設置されている浴室［写真17］。

多機能シャワー―たきのう―
1台のシャワーでスプレー吐水、マッサージ吐水、気泡入り吐水など、数種類の水流を噴出させる機能をもつシャワー［写真18］。

オーバーカウンター式洗面器―しきせんめんき
縁の部分がカウンターの上面になるように取り付けるタイプの洗面器。上から被せて設置するので施工性がよく、大型のものが取り付けられる［図51］。

ベッセル式洗面器―しきせんめんき
カウンターの上に置いたように見える洗面器。手洗い器としての使用がメイン。ベッセルは「台に置いた器」という意味［図51］。

写真19｜シャンプードレッサー

アンダーカウンター式洗面器―しきせんめんき
カウンターの下部に洗面ボールが取り付けられている洗面器。洗面ボールの枠がカウンター表面に出ないため、清掃が容易である［図51］。

シャンプードレッサー
ハンドシャワーが設置され、通常の洗面台よりも洗面器が大きく、シャンプーがしやすい構造になっている洗面台［写真19］。洗髪洗面化粧台ともいう。

エプロン
浴槽の側板。浴室と浴槽の設置方法の関係で、浴槽の側面の面数により1面エプロン式、2面エプロン式、3面エプロン式などと呼ばれ

図51｜洗面器の設置形状

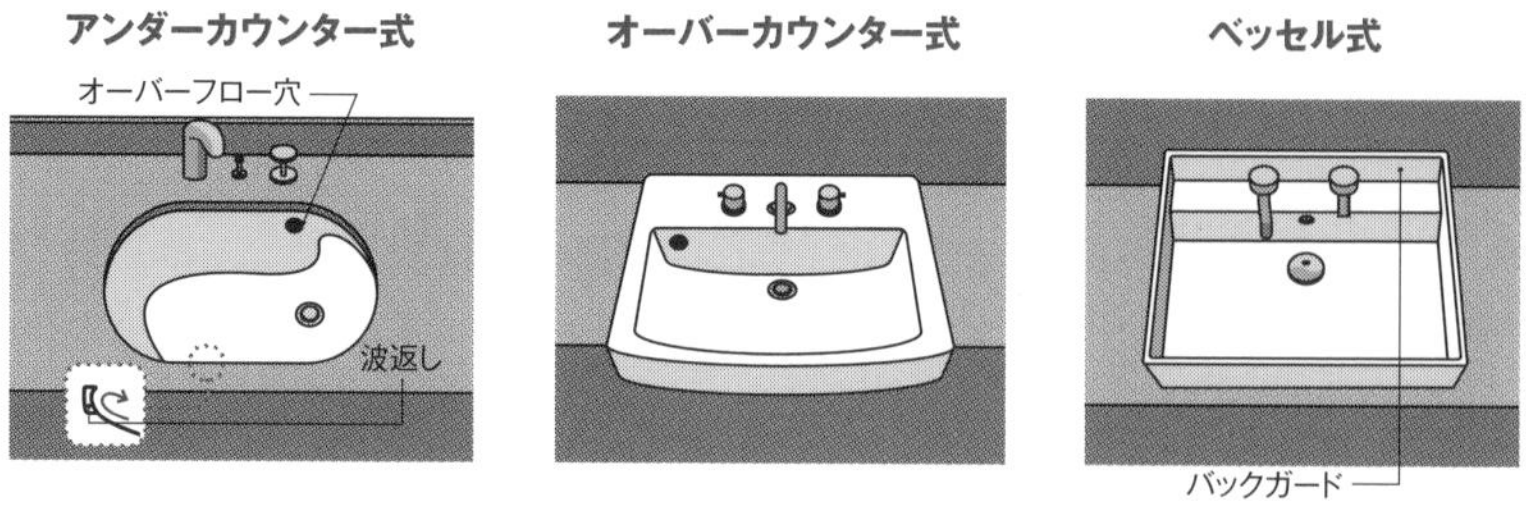

る。

トイレ・その他設備

洗落し式便器｜あらいおとししきべんき
水の落差による流水作用で汚物を押し流す方式で、構造がシンプルで安価である。水溜まり面（留水面）が狭いため、用便時に水はねが起こりにくい［図52］。

図52｜トイレの種類

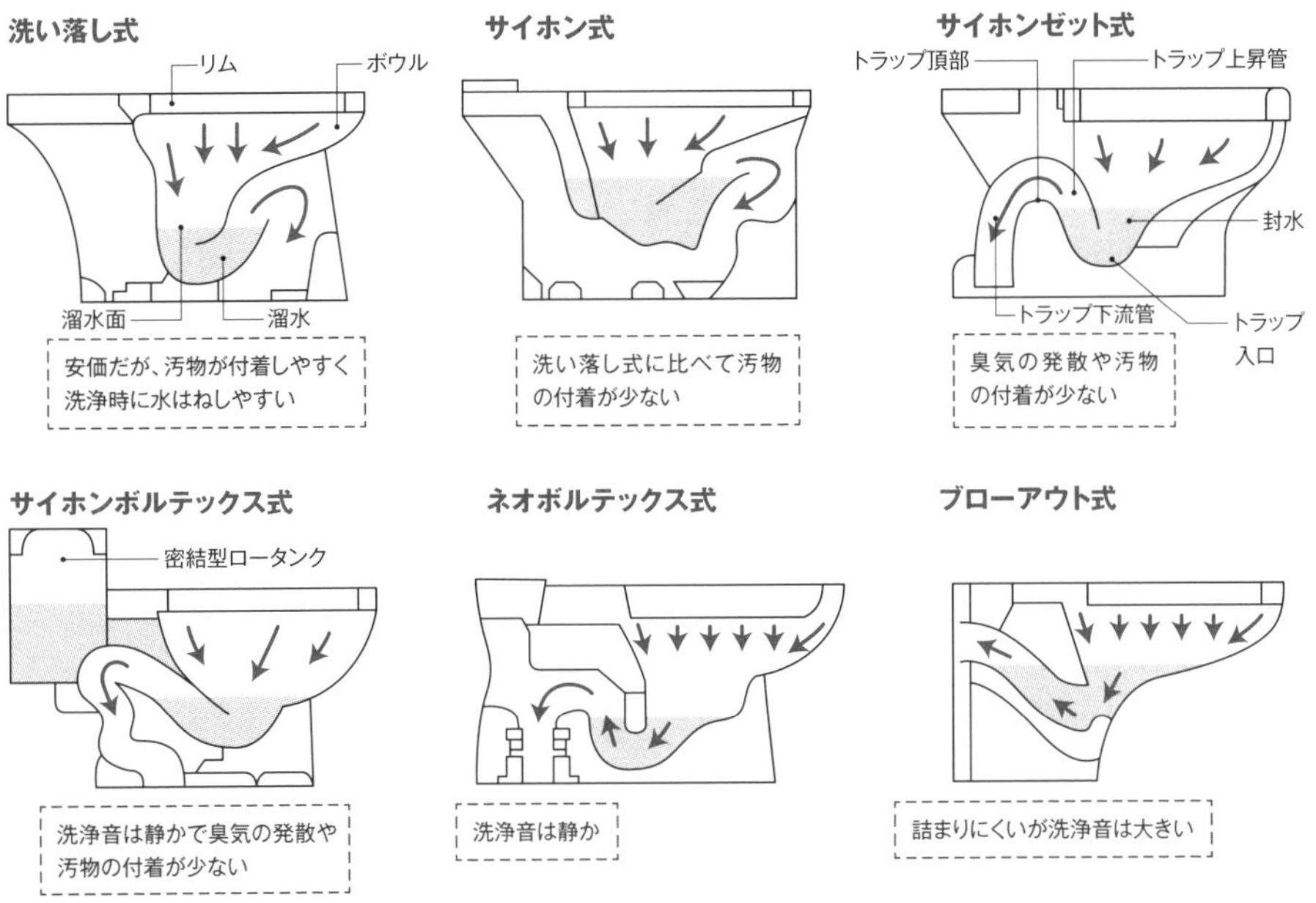

サイホン式便器｜しきべんき
サイホン作用で汚物を吸い込むように排出する方式。水溜まり面が比較的狭く、ボールの乾燥面に汚物が付着する場合がある［図52］。

サイホンゼット式便器｜しきべんき
排水路に設けられたゼット穴から噴き出す水が強いサイホン作用を起こし、汚物を吸い込むように排出する。水たまり面が広いため、汚物が水中に沈みやすく臭気の発散が抑えられ、乾燥面への汚物の付着が少ない［図52］。

サイホンボルテックス式便器｜しきべんき
水洗式大便器の洗浄方式の1つ。便器とタンクが一体になったワンピースタイプで、サイホン作用と渦巻作用を併用して汚物を排出する［図52］。洗浄時に空気の混入がほとんどなく洗浄音が最も静かな便器で、水溜まり面が広いため、汚物が水中に沈みやすく臭気の発散が抑えられ、乾燥面への汚物の付着が少ない。ほかの方式に比べてロータンク位置を低くできるために、便器ロータンクが一体成形されたワンピース便器に採用される。

写真20｜タンクレストイレ

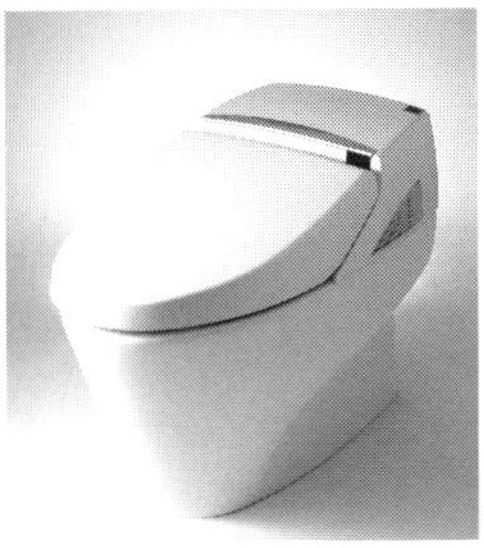

ネオボルテックス式便器｜しきべんき
洗い落とし式便器の改良型。サイホン作用ではなく渦巻作用と水勢で汚物を排出する便器。洗い落とし式に比べて溜水面が広いので、臭気の発散や汚物の付着が少なく、洗浄音も静か［図52］。

ブローアウト便器｜べんき
トラップ内に小穴から強力に水を噴出させ、その作用で溜水を排水管のほうへ誘い出し吹き出してしまう便器。排水経路が大きく詰まりが少ない。排水口が比較的上にあり、事務所ビルなど連立して設置するのに便利［図52］。

写真21｜温水洗浄便座

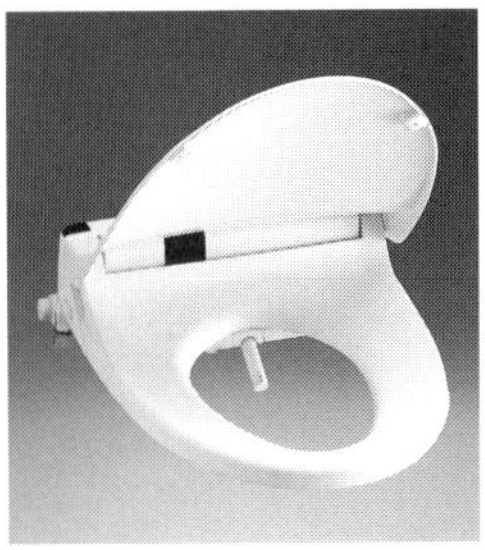

タンクレストイレ
洗浄のための水を貯めるタンクがないタイプの便器で、給水直結方式である［写真20］。連続洗浄が可能でスペースをとらないメリットがあるが、給水水圧が低い場合は使用できない。給水管から直接給水されるため、逆流防止のために大便器のあふれ縁よりも上部にバキュームブレーカーが組み込まれている。

温水洗浄便座｜おんすいせんじょうべんざ
一般的に**ウォッシュレット**（TOTO）、**シャワートイレ**（INAX）と呼ばれ、温水の噴出しによって用便後の洗浄ができる便座［写真21］。マッサージ洗浄、温風乾燥など、さまざまな機能をもつ。

手洗い付きカウンター｜てあら

写真22｜手洗い付きカウンター

いつき—
手洗いボールや水栓が天板に設置されている小型の手洗い器で、収納や紙巻き器とセットになっている機種もある。小型でスペースをとらないことから主にトイレ内に設置される［367頁写真22］。

フラッシュバルブ
便器用洗浄弁のこと。大便器および小便器の汚物や汚水を洗浄するために用い、ハンドルなどを操作すると一定時間に一定水量の水を流して自動的に閉止する［写真23］。

写真23｜フラッシュバルブ

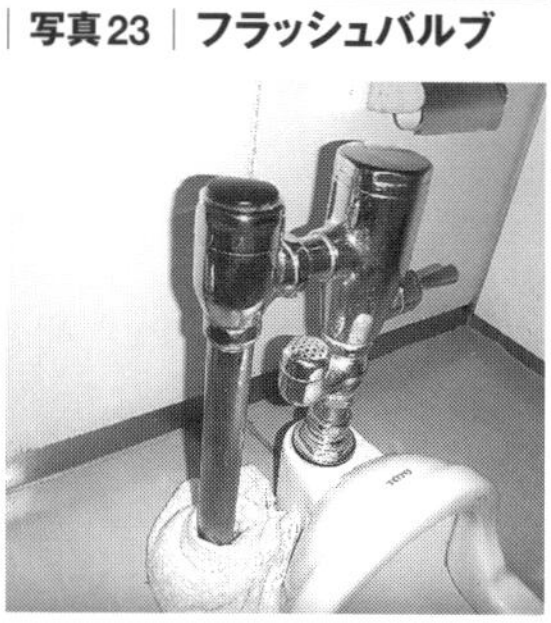

写真24｜個別感知フラッシュバルブ

個別感知フラッシュバルブ｜こべつかんち—
節水型の小便器の洗浄方式で赤外線で便器の前に立った人を感知して使用したときだけ洗浄するようにしたもの［写真24］。

洗濯機用水栓｜せんたくきようすいせん
洗濯機専用水栓で、単水栓、混合水栓がある［写真25］。洗浄時の給水や止水による**ウォーターハンマー**を防止する機構が内蔵されており、ホースの着脱に適した水栓形状をしている。

写真25｜洗濯機用水栓

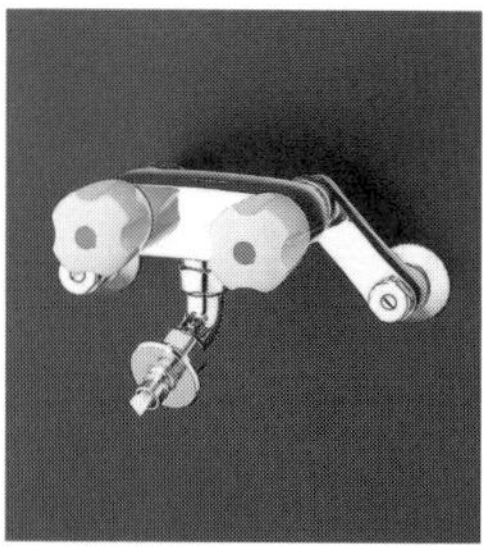

写真26｜住宅用自動消火装置

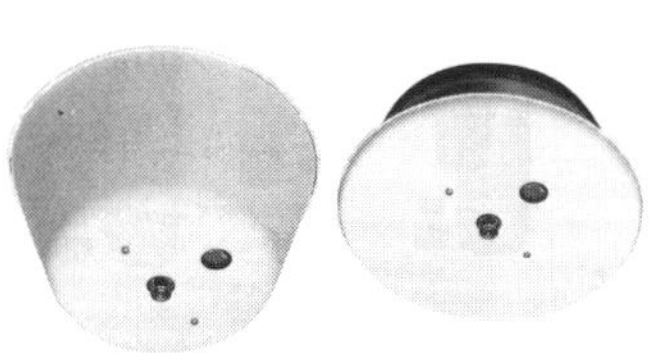

散水栓｜さんすいせん
主に外部に設置される水栓で、植栽や洗車のために設置される。土中にボックスとともに設置されたり、コンクリート柱などの立て水栓として設置される。外部からの水質汚染防止のために、逆流防止弁が設置される場合が多い。

住宅用自動消火装置｜じゅうたくようじどうしょうかそうち
主に台所用の火災初期消火用として設置される。火災を自動的に感知し消火剤を散布する仕組みで、タンクと噴出口をつなぐ簡単な施工で設置できる［写真26］。

防災設備

写真27｜住宅用火災報知設備

住宅用火災報知設備｜じゅうたくようかさいほうちせつび
居室天井にセンサーを設置し、火災時に警報音などで知らせる装置。センサー部分で完結する簡易タイプや、インターホンなどに連携させるタイプがあり、センサーは熱に反応するもの（**熱感**）と煙に反応するもの（**煙感**）がある［写真27］。

ガス漏れ警報器—もれけいほうき
ガス漏れ事故を未然に防止する保安器具で、LPガス用と都市ガス用がある。LPガスは空気より重いので床面近くの壁面に設置し、都市ガスは空気より軽いので天井面あるいは天井に近い壁面に設置する。

住宅用スプリンクラー設備
じゅうたくよう—せつび
居室などの天井部にノズルを設置し、火災時に自動的に水を散布するとともに警報で火災を知らせる設備［図53］。水道直結方式の簡易なものは、ポンプや消火水槽が不要である。

図53｜住宅用スプリンクラー設備

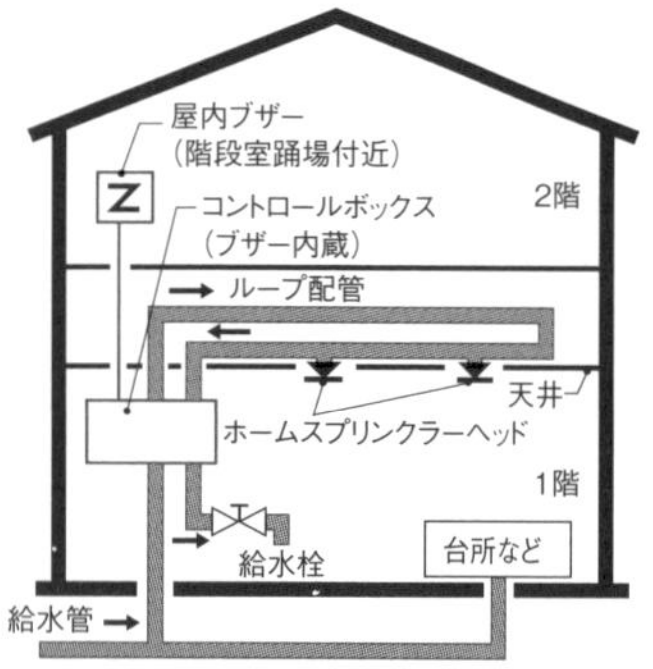

連結送水管｜れんけつそうすいかん
ビルの消火活動上必要な設備の一種。消防隊が本格的な消火活動を行う際、消防ポンプ車から消火用の水を火災が発生した階まで送水するために、高層建築物、地下街などに設置される。建物側は配管とホース接続器具のみを用意しておく。

消火栓｜しょうかせん
消火設備の一種。屋内用と屋外用がある。通常、消火栓設備というと前者を指すことが多い。屋内消火栓は建物内の消火ポンプ室に専用の消火栓ポンプを設置し、床下に消火用水槽を設けるのが一般的である。必要各階の屋内消火栓ボックス内にホースとノズルを用意し、これとポンプをつなぐ消火配管を設けて使用する。

サイアミューズコネクション
スプリンクラー消火設備などに、消防車の送水により外部から支援するためのホース接続口が、双口以上の消防隊用送水口。

音環境

遮音｜しゃおん
音を反射または吸収し、透過する音のエネルギーを小さくすること。

吸音｜きゅうおん
音の反射を低減すること。音源室内で発生した音は吸音により反射音が低減され、室内での音をある程度小さくできる。さらに、遮音により音源室外部に伝わる音を遮断する。吸音は反射音を低減することで室内の響きを抑えることにも用いられる、室内音響でも重要な性能。

防音｜ぼうおん
吸音と遮音によって室内間を伝搬する音を小さくすること。

dB A・dB Z｜でしべるえー・でしべるぜっと
dB Aとは騒音計のA特性を用いて測定した値の単位。これで騒音レベルを示す。Z特性を用いて測定した値の単位はdB Zを用いる。

A特性・Z特性｜えーとくせい・ぜっとくせい
A特性とは人間の耳の周波数感度に近い特性として決められたもの。低音域の音に対しては鈍感で中高音域の音に対しては敏感である。Z特性とは平坦な周波数特性。

Hz｜へるつ
周波数を表す単位。周波数の大きい音は高く、周波数の小さい音は低く感じる。

フォン
音の大きさを示す単位。かつて騒音レベルの単位に用いたホンとは別物。音の大きさは音圧レベル（dB）が等しくても周波数（Hz）に差があれば同じには感じない。周波数ごとで同じ大きさに感じる音圧レベルを測定し、それをグラフで示したものが等ラウドネス曲線と呼ばれる。周波数が1000Hzのときの音圧レベルがフォンの数値。

オクターブバンド
周波数が2倍の関係を1オクターブという。一般騒音の周波数ごとの音圧レベルを測定する場合、周波数幅をこの1／1または1／3オクターブ幅にして測定する。オクターブバンドとはこの幅のこと。

遮音性能｜しゃおんせいのう
遮音の度合い。建築現場においては、JISで音圧レベル差の測定方法が規定されている。雑音発生器で雑音を再生し、騒音計で音源側と受音側の1／1オクターブバンドごとの平均音圧レベルを計測する。この値は現場測定値のため、ドアやダクト経路などの対象の面以外からの側路伝搬の影響も含めた性能となる。

D値（遮音等級D値）｜でぃーち（しゃおんとうきゅう）
（社）日本建築学会の遮音基準曲線（D曲線）により定められている、遮音性能の等級。現場測定結果にもとづく。中心周波数125～4000Hzの1／1オクターブバンドごとの音圧レベル差を指す［図1］。

図1｜遮音等級D値

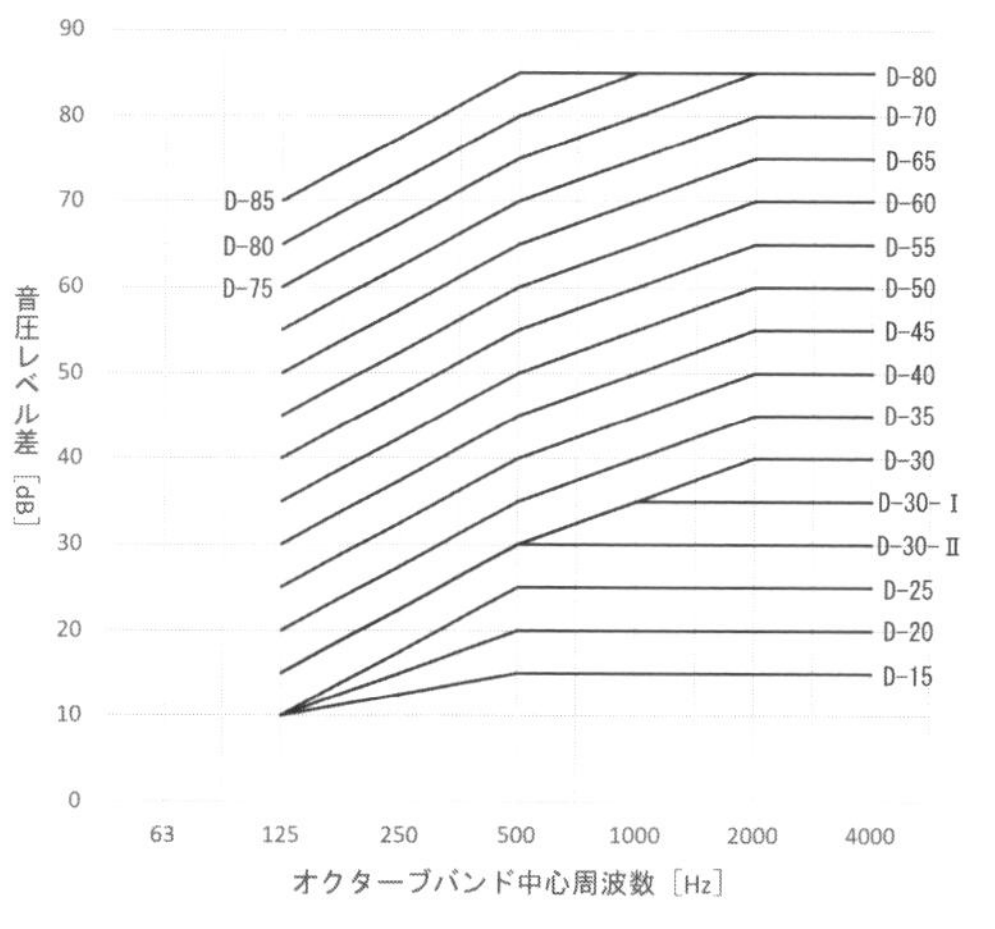

図2｜床衝撃音L値

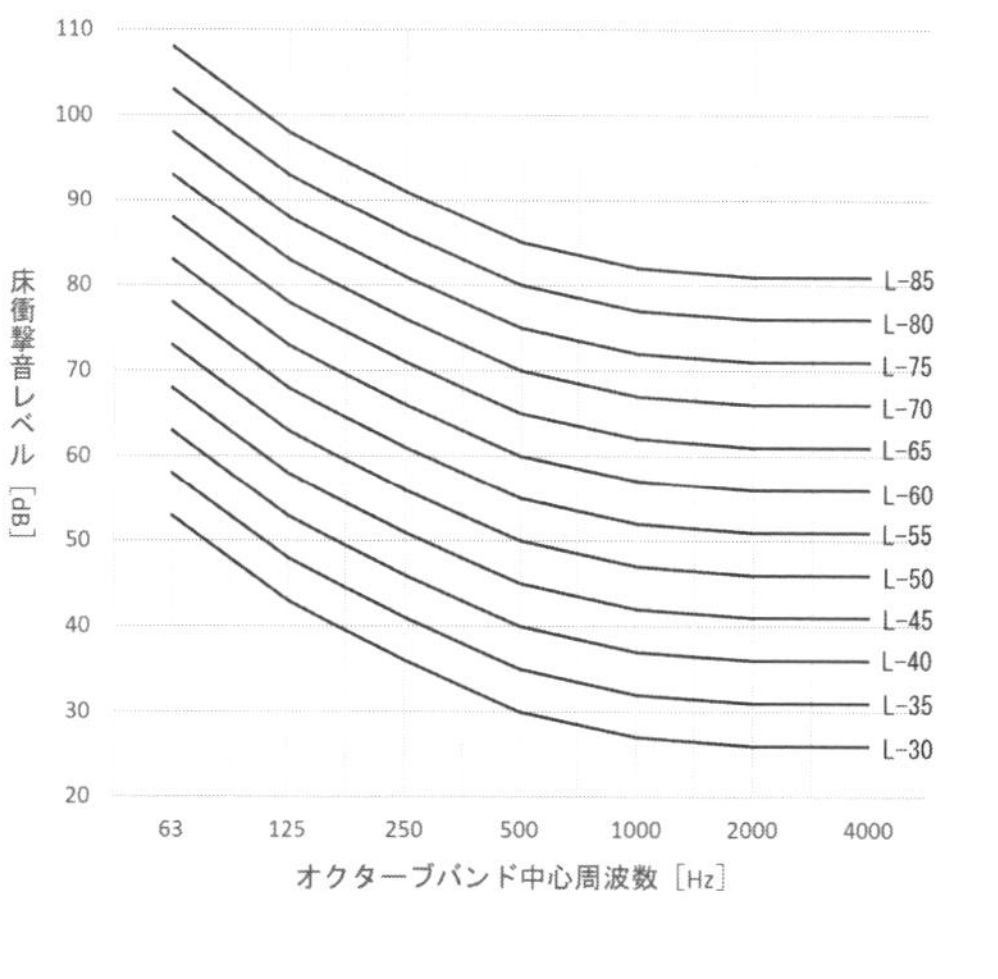

L値（床衝撃音L値）｜えるち（ゆかしょうげきおん）
床衝撃音の衝撃源は、重量衝撃源と軽量衝撃源の2種類がある。床衝撃音が下階へ及ぼす影響を評価する基準。衝撃源装置で音源室床を打撃し、直下階での1／1オクターブバンドごとの音圧レベルを測定して求める［図2］。中心周波数63～4000Hzの1／1オクターブバンドごとの床衝撃音レベルに関する、（社）日本建築学会の遮音基準曲線（L曲線）により規定される。

重量床衝撃源｜じゅうりょうゆかしょうげきげん
子供の飛び跳ねなどによる床衝撃音。

軽量床衝撃源｜けいりょうゆかしょうげきげん
ものの落下などによる床衝撃音。

LH値｜えるえいちち
重量床衝撃音の評価基準。測定にはバングマシンなどを使う。

LL値｜えるえるち
軽量床衝撃音の評価基準。測定にはタッピングマシンなどを使う。

バングマシン
重量床衝撃音を発生させるための装置。タイヤを自然落下させる。

タッピングマシン
軽量床衝撃を発生させる装置。5個のスチール製のハンマーを連続的に自然落下させる機能をもつ。

音響透過損失｜おんきょうとうかそんしつ
材料や構造体の遮音性能を表すもので、実験室測定により求められる。

騒音計｜そうおんけい
騒音レベルを測定する機器。JISでは普通騒音計と精密騒音計の品質基準が規定されている[写真]。

写真｜騒音計

フラッターエコー
壁など平行に並ぶ反射面が存在する場合、その間で発生した音は平行反射面の間で繰り返し反射する。その音がブルルなどと特殊な音色となって聞こえること。鳴き竜とも。

質量則・コインシデンス効果｜しつりょうそく・—こうか
緻密で均一な材料からできる壁体の透過損失は、その壁体の単位面積当たりの質量と音の周波数の積にほぼ比例する。この関係を質量則と呼ぶ。しかし、ある周波数で透過損失が質量則より顕著に下回る現象が生じる。これは、壁体の剛性材料にある周波数の音波が入射すると、その材料の屈曲振動と入射音波の振動とが一致し、1種の共振状態を起こして透過損失が低下する。この透過損失が落ち込む現象をいう。

空気(伝播)音｜くうき(でんぱ)おん
空気中を伝播する音。ステレオなどから発生する音は空気を伝わる。ステレオのスピーカーの下部からは固体音としても伝わる。

固体(伝播)音｜こたい(でんぱ)おん
固体中を伝播する音。椅子を引きずったり、釘の打ち込みなどの振動から発生する。また、空気音が床・壁・天井などを振動させ固体音となることもある。固体音は振動面から空気音として放射されて初めて聞こえる。空気音は隣接しない部屋へは壁などの遮音体を繰り返し通ることで大きく減衰するが、固体音はその性質上あまり減衰しない。マンションなどで、固体音により遠くの部屋で発生した音がすぐ近くの部屋の音のように聞こえることがある。

T値｜てぃーち
サッシの遮音性能を評価する指標。T1～T4までの4等級。数値が大きいほど遮音性能も高い。

参考｜騒音値の目安

120dB	ジェット機の騒音
110dB	自動車の警笛
100dB	電車が通るときのガード下
90dB	大声による独唱、騒々しい工場の中
80dB	電車の車内
70dB	騒々しい街頭、騒々しい事務所の中
60dB	静かな乗用車、普通の会話
50dB	静かな事務所
40dB	図書館や静かな住宅地の昼間、コオロギの鳴き声
30dB	郊外の深夜、ささやき声
20dB	木の葉のふれ合う音

NC値｜えぬしーち
定常騒音（レベルの変化が小さい騒音）の大きさを評価する指標。静かなほど値が小さい。室の使用目的ごとに適正値が決められている。録音用スタジオなどはNC15以下が適正とされる。

吸音板｜きゅうおんばん
壁や天井の吸音仕上げ材として使用される板。岩綿吸音板やグラスウール吸音板などがある。岩綿吸音板はロックウールを板状に成形したもの。主に天井の吸音仕上げ材として使用される。グラスウール吸音板は高密度のグラスウールに化粧クロスを張り付けたもの。

多孔質型吸音｜たこうしつがたきゅうおん
グラスウール・ロックウールなどの通気性がある材料に音波が入射すると、微細な孔のなかで起きる空気の摩擦抵抗や材料自体の振動で、音エネルギーの一部が熱に変換され、減音現象が生じる。これを利用した吸音構造。中高音域で高い効果を発揮する。低音域には材料厚さの増大、背後空気層の付加が有効。

共鳴型吸音｜きょうめいがたきゅうおん
孔のあいた板の奥に空洞と固い壁がある吸音構造。ここに音が入り込むと空洞内の空気が激しく振動し、周辺との摩擦で吸音効果が生じる。孔の数や大きさなどにより吸音が生じる周波数が変化する。

板振動型吸音｜いたしんどうがたきゅうおん
通気性のない板の後ろに、空洞と固い壁（コンクリートボードなど）がある吸音構造。音が入り込むと板が振動し、吸音効果が生じる。特定の周波数だけで吸音が生じるのが特徴で、板の重さや剛性、空洞の大きさにより吸音が生じる周波数が変化する。通気性のない膜状材料でも同じような吸音特性を示す（膜振動型吸音）。

遮音シート｜しゃおん—
厚みが1～2㎜程度、面密度が数kg/㎡の遮音用軟質シート。内装下地材として使われるほか、設備配管などからの騒音の発生を防ぐためにも使われる。

遮音テープ｜しゃおん—
遮音材のつなぎ目や、壁と天井、壁と床、開口部との隙間などをふさぐテープ状の遮音シート。

遮音隙間充填剤｜しゃおんすきまじゅうてんざい
遮音材のつなぎ目や、壁と天井、

壁と床、開口部との隙間などをふさぐ粘性のある材料。比較的大きな隙間を埋めるときに使用する。

マスキング効果｜こうか
ある音（マスキー）が別の音（マスカー）に妨げられて聞こえにくくなる現象。トイレの擬音装置などはこれを利用したもの。

完全浮室構造｜かんぜんうきしつこうぞう
別名、Box in Box構造。高度な遮音が必要な場合によく用いられる構造。部屋のなかにそれとは別に遮音する層（床・壁・天井・建具など）を防振ゴムなどの緩衝材により浮かせる（防振支持）。

エキスパンションジョイント
完全浮室構造とした場合に、建具なども浮側の構造とする必要があるが、建具の部分は表面に固定側と浮側の接点が露出するため、振動絶縁ができるように弾性をもつ材料で仕上げられたジョイント。

防振吊木｜ぼうしんつりき
天井材の振動を絶縁するための下地材。仕様によっては高い遮音性能が期待できる。振動絶縁体としては防振ゴムを使用することが一般的。

浮き床工法｜うきゆかこうほう
躯体床の上に振動絶縁をした遮音用床をつくる工法。振動絶縁体には高密度のグラスウールやロックウール、防振ゴムなどが用いられる。

TOPICS｜7

地震

水平震度｜すいへいしんど
地震による水平方向の揺れの大きさを表す係数。建築基準法では設計上の水平震度を0.2と規定。水平震度（K）、建物の重量（W）、地震力の大きさ（F）の関係式はK＝W／F。

加速度｜かそくど
速度が時間とともに変化し、加速してゆく割合のこと。加速度の単位はガル（gal）で表す。地球の引力（重力）は重力の加速度で、980ガルを1Gという単位で考える。

震度階・震度｜しんどかい・しんど
震度階は地震の揺れの大きさを表す階級。現在10段階分類の気象庁震度階が使われている。震度階を一般的に「震度」というが、厳密には震度は地震動の加速度を980ガル（1G）で割った値。震度0.2は約200ガルで、震度階では5強に当たる。

固有周期｜こゆうしゅうき
物体のもつ自由振動のときの揺れの周期。建物の固有周期は高い建物ほど長く、硬い建物は周期が短い。地盤も軟弱で層が厚くなるほど卓越周期（地盤のもつ固有周期）が長く、上の建物も大きく揺すられる。

共振｜きょうしん
地震など、外部からの振動の周期と建物の固有周期が一致したとき、建物の揺れの振幅が次第に増し、振幅が大きくなる現象。関東大震災のころの木造建物の固有周期は0.5秒前後といわれ、地盤の周期は東京・山手のローム層では0.3秒前後、下町の沖積層では0.5〜0.8秒程度であることから、共振により山手より下町の被害が大きかったとされる。

活断層｜かつだんそう
現在から約200万年前までを地質学では第4紀と呼び、第4紀に活動した断層を活断層という。日本には約2千の活断層がある。活断層は、①A級活断層：平均変位速度1㎜以上、②B級活断層：平均変位速度0.1〜1㎜、③C級活断層：平均変位速度0.01〜0.1㎜に分類される。

横ずれ断層｜よこずれだんそう
断層の走行する方向にずれる断層[図①]。地震時に主に働く応力が横ずれであるため、断層のずれも横ずれだけとなる。人が断層に向かって立ったときに向かい側が右にずれるのは右ずれ、左にずれれば左ずれ断層。また断層には横ずれだけでなく正断層、逆断層が混ざっている場合が多いが正断層と逆断層が混ざることはない。有名な横ずれ断層に、サンアンドレア断層（アメリカ）、根尾谷断層（岐阜県、左横ずれと南西側隆起の混ざったもの）がある。

正断層｜せいだんそう
地盤に引張力が加わり、断層面が地表に対して垂直となる断層[図②]。どちらかに傾いている場合には、断層から上に載った部分を上盤、下にあるのを下盤という。断層の走行は力の方向に対し垂直で、正断層の場合には上盤が沈下している。

逆断層｜ぎゃくだんそう
地盤に圧縮力が加わり下盤が沈下、上盤側は下盤に沿って隆起する断層[図③]。またそのとき断面層を境に両側が水平短縮する。太平洋側の海溝沿いはほとんどが逆断層。

図｜断層の種類

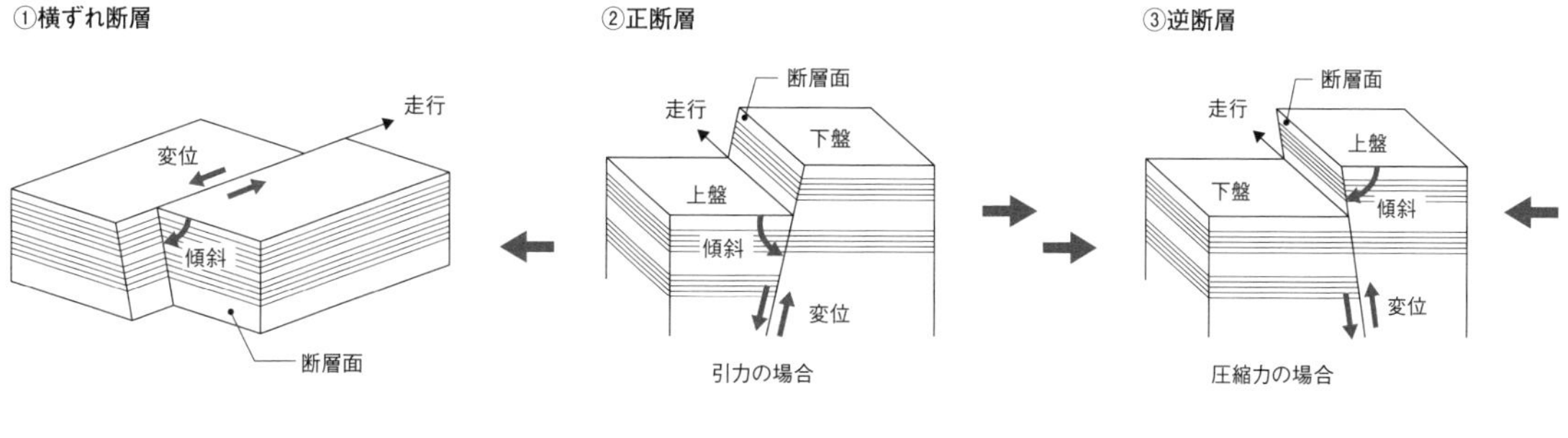

活褶曲｜かつしゅうきょく
地下に埋没し、地表に出てこない断層。地下に埋もれた断層が活動すると、なんらかの地表変形を生じ、表層の地層だけが褶曲している。日本でも信濃川流域には非常に多くの活褶曲がある。

直下地震｜ちょっかじしん
日本列島の内陸部の直下に起こる地震。15～20km程度までの深さでの地殻内の花崗岩など固い岩石の破壊により生じる。深くなると熱により岩石が柔らかくなり地震になりにくくなる。プレートの沈み込みの影響による地震は深い震源の地震となり（深発地震）、直下地震でも大きな被害とはなりにくい。

地震波｜じしんは
地震のとき伝わる弾性波のこと。主に3種類あり、第1波（P波）と第2波（S波）は岩体の内部を伝わる実体波で、第3波は地表を伝わる表面波（ラヴ波、レイリー波）。

P波｜ぴーは
地震波の第1波。速度が速く（花崗岩では5.5km／秒、水では1.5km／秒）、音波のような性質で、岩盤でもマグマや水のなかでも伝わる。

S波｜えすは
S波はP波より遅く（花崗岩3.0km／秒）、液体のなかを伝わることはできない。通常はP波により突き上げられたような衝撃の後、S波により上下左右に揺すられる。

表面波｜ひょうめんは
表面波の速度は実体波（P波、S波）より遅い。表面波のなかでもラヴ波はレイリー波よりも速いが上下方向の変位をもたず、水中は伝播しないが、水平方向の振動は特に建築物の基礎に被害を与えやすい。レイリー波は上下と水平方向に動く。このため上下方向の動きだけを記録している地震計にはP波、S波、レイリー波だけが記録される。

警戒宣言｜けいかいせんげん
昭和53年制定「大規模地震対策特別措置法」による宣言。宣言を発する過程は、「地域防災対策強化地域」が指定され、その地域において観測に異常が発見された場合、警戒宣言を発し、情報伝達や地震防災の対策を実施する。予知情報は気象庁長官が内閣総理大臣に報告、内閣総理大臣が警戒宣言を発令する。警戒宣言が発令されると住民の避難、交通規制などの措置がとられる。平成15年5月に東海地震対策の見直しが行われ、大綱がまとめられた。特に住宅の耐震化の緊急実施、避難地、避難路などの周辺建物、学校、病院、消防署、市役所などの公共施設の耐震化の緊急実施が挙げられた。予報の体系も、観測情報→注意情報→予知情報の3段階へ見直された。

TOPICS | 8
防犯

コンストラクションキーシステム
新築住宅で利用される錠シリンダー装置。建築主がもつオーナーキーを使用すると工事期間用のキーは自動的に無効となる。

マスターキーシステム
管理者が所有するマスターキー（MK）1本で、その物件の複数個所の錠が施解錠できるシステム。大規模物件では複数のMKグループをさらに1本のキーで管理できるグランドマスター、グレートグランドマスターといったシステムが構築されることもある。

防犯ライト｜ぼうはん―
センサーが人の接近を感知すると

参考｜地震とそのときの建物状況［※］

震度	木造住宅の状況		鉄筋コンクリート造建物の状況	
	耐震性が低い	耐震性が高い	耐震性が低い	耐震性が高い
5強	●壁などにひび割れ・亀裂がみられることがある	―	●壁・梁・柱などの部材にひび割れ・亀裂が入ることがある	―
6弱	●壁などのひび割れ・亀裂が多くなる ●大きなひび割れ・亀裂が入ることがある ●瓦が落下したり、建物が傾いたりすることがある	●壁などに軽微なひび割れ・亀裂がみられることがある	●壁・梁・柱などの部材にひび割れ・亀裂が多くなる	●壁・梁・柱などの部材にひび割れ・亀裂が入ることがある
6強	●壁などに大きなひび割れ・亀裂が入るものが多くなる ●傾くものや、倒れるものが多くなる	●壁などにひび割れ・亀裂がみられることがある	●壁・梁・柱などの部材に、斜めやX状のひび割れ・亀裂がみられることがある ●1階あるいは中間階の柱が崩れ、倒れるものがある	●壁・梁・柱などの部材にひび割れ・亀裂が多くなる
7	●傾くものや、倒れるものがさらに多くなる	●壁などのひび割れ・亀裂が多くなる ●稀に傾くことがある	●壁・梁・柱などの部材に、斜めやX状のひび割れ・亀裂が多くなる ●1階あるいは中間階の柱が崩れ、倒れるものが多くなる	●壁・梁・柱などのひび割れ・亀裂がさらに多くなる ●1階あるいは中間階が変形し、稀に傾くものがある

※「気象庁震度階級関連解説表」による

自動点灯する照明装置の通称。センサーライトとも。防犯目的だけでなく便利のよさからも用いられる。防犯用としてはスポットライトなど指向性の高い電球が使用されることが多い。感知エリアの見極めが肝。

ドアチェーン
ドアが一定の角度以上に開かないようにする金具。強盗などによる不意の侵入を防げる。不在時の防犯用ではなく、在宅中の用心が主眼である。近年は鎖よりも金属棒状の**ドアガードアーム**が多用されている。

ドアガードプレート
ドアをこじ開ける器具の挿入を困難にするプレート。屋外側に付ける。かんぬきによる施錠の有無をドアの隙間から確認されるのを防ぐ効果もある。特に日本の場合は外開き玄関が多いため、この手口に対する用心が必要。

防犯砂利｜ぼうはんじゃり
住宅の周囲に敷設する玉砂利状の石。踏むと通常の石よりも大きな音がする。音の発生を嫌う侵入盗に効果的とされる。窓の下など侵入経路に敷くのが一般的。

ドアスコープ
ドアに設置されたのぞきレンズ。室内からは外の様子が見えるが、外からは見えない。ただし、明かり漏れによる在室の確認、特殊器具によるのぞきなどの事例も報告されている。不使用時にはカーテンなどで内側から目隠しをしたい。

ピッキング
針金状の特殊開錠用具で、本来のキーを使わずに錠を開ける技術。もしくはそれを悪用する犯罪手口。当初は業者の開錠サービスに利用されていた。2000年ころにこの手口による犯罪が多発し社会問題となった。現在はピッキングに耐久するシリンダーが各社から販売されており、特殊工具の所持を禁じる法律も運用されている。それに伴いピッキングによる犯罪発生件数も激減している。

ディンプルキー
ピンシリンダー錠の一種。主に板状のキーに多数のくぼみが配置されたものを指す。ピンの配列を複雑にできるため、特にピッキングによる不正開錠に強い。同手口による犯罪が多発したころから日本で多く普及し始めた。

非接触キーシステム｜ひせっしょく｜
従来のメタルキーではなく、非接触IC、スマートキー、リモコン等、かざす、近寄るなどの手軽な操作で錠の開け閉めをおこなえるシステムの総称。マンションオートロックのみならず住宅玄関でも近年標準装備された商品も存在する。また、後付け商材も多岐にわたる。

住宅用セキュリティシステム｜じゅうたくよう｜
侵入窃盗犯、火災、ガス漏れなど、室内で発生した異状をセンサーで感知し、サイレンなどで広く知らせるシステム。音と光によって侵入者を威嚇する目的もある。ローカルのみで完結する自主警備と呼ばれるシステムのほかに、警備員が現場に急行する駆け付け型と呼ばれるサービスもある。

CPマーク｜しーぴー｜
防犯建物部品に添付されるマーク。サッシ・錠などの生産・販売にかかわる民間工業団体と警察庁などが共同運営する「防犯性能の高い建物部品の開発・普及に関する官民合同会議」が認定する。建築物への侵入までに5分以上の時間を必要とするなどの認定基準がある。普及を図るのが目的だが、「一般に使用される建物部品よりは高級」といった位置づけにとどまっている［図1］。

防犯環境設計｜ぼうはんかんきょうせっけい｜
防犯性を高めるための設計指針。①監視性の確保（「人目」につきやすくするなど）、②領域性の強化（周囲の装飾や美化によるテリトリーの演出など）、③接近の防御（格子による侵入防止など）、④被害対象の強化（防犯対象物を強固な金庫に入れるなど）という「4つの原則」の組み合わせが有効とされる［図2］。個々の物件にも利用されるが、コミュニティの設計にも同様に生かすことが可能。

図1｜CPマーク

図2｜防犯性向上の「4つの原則」

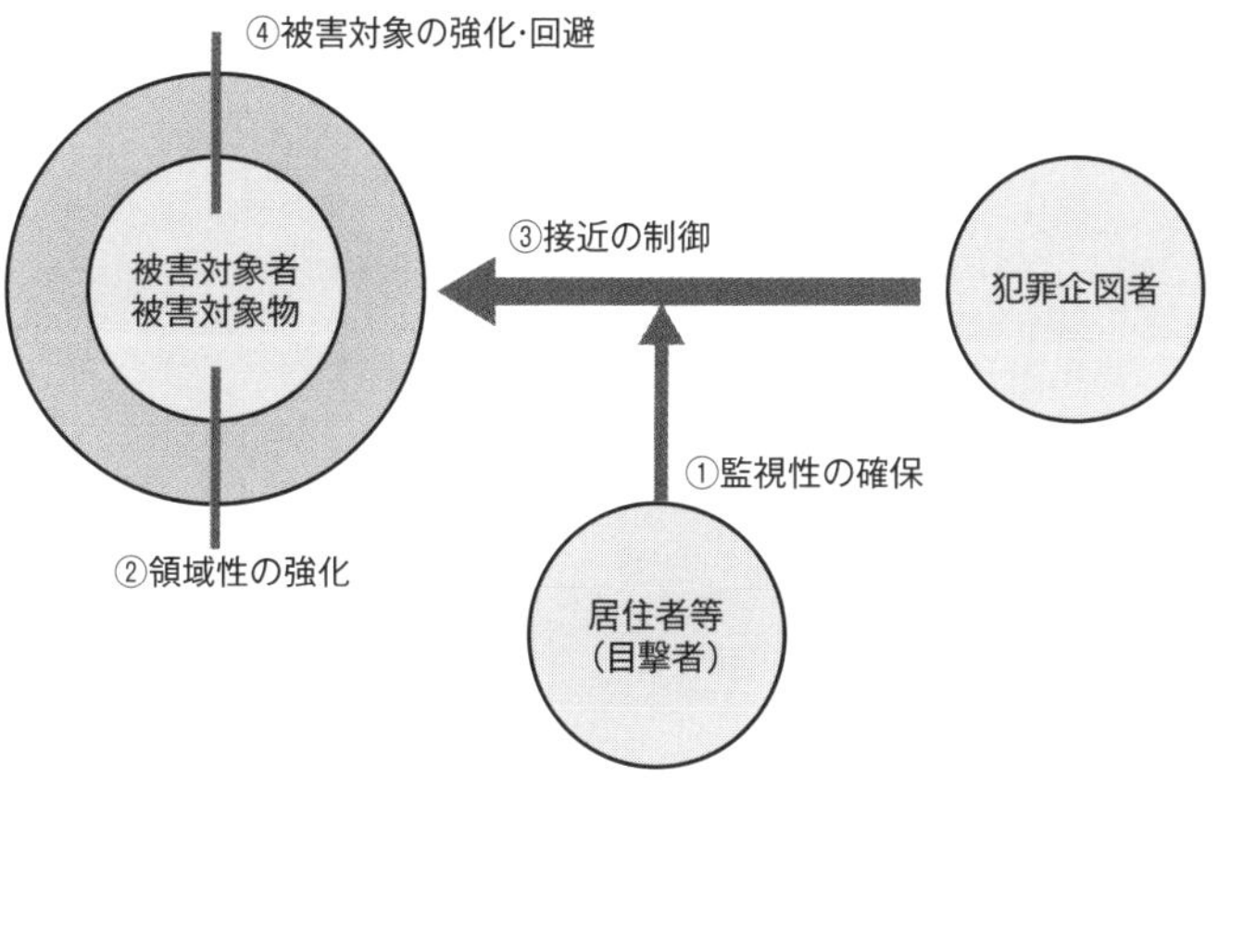

INDEX

索引

項目を立てているもの、本文で太字になっているもの、表中の重要語を拾っています。

う

え

お

き

く

け

こ

さ

ち

つ

て

と

な

に

ぬ

ね

の

は

ひ

ふ

へ

ほ

ま

み

高安正道［地盤審査保証事業・審査員、NPO住宅地盤品質教会・広報委員］｜地盤調査、地業・基礎工事

高橋孝治｜塗装工事

高橋巧［高橋建築デザイン事務所］｜建具・サッシ・家具工事

田代敦久［田代計画設計工房］｜造作・内装工事

田辺雅弘［佐藤秀］｜地盤調査、遣り方、土工事、地業・基礎工事、鉄骨躯体工事、RC躯体工事

知久昭夫［知久設備計画研究所 会長］｜電気工事、空調工事、給排水・衛生工事

寺本勉［TERRAデザイン一級建築士事務所］｜構造の基礎知識

長坂健太郎［長坂建築設計舎］｜RC躯体工事

庭野峰雄｜土工事、地業・基礎工事

根來宏典［築紡］｜祭事、造作・内装工事

早野正寿［はやの意匠］｜建具・サッシ・家具工事

半田雅俊［半田雅俊設計事務所］｜建具・サッシ・家具工事

藤田征利［MAX KENZO］｜屋根工事

藤間秀夫［藤間建築工房］｜木造躯体工事、造作・内装工事

邊見仁｜防水工事

保坂貴司［匠建築］｜地盤調査、遣り方、地業・基礎工事、足場・仮設工事、地震

本田栄二［インテリア文化研究所］｜造作・内装工事

本堂泰治［ビルディング・パフォーマンス・コンサルティング］｜空調工事、給排水・衛生工事

前島健｜給排水・衛生工事

松本剛［松本建築金物店］｜防犯

水田敦［SH建築事務所］｜地盤・基礎工事、鉄骨躯体工事、RC躯体工事

水村辰也［水村左官工事］｜左官工事

宮越喜彦［木住研］｜屋根工事

椋尾誠一［知久設備計画研究所］電気工事

村田博道［森村設計］｜空調工事

柳本康城［ゑるぷす］｜瓦葺き工事

山﨑誠子［日大・GAヤマザキ］｜外構工事

山中清昭［BAUMSTUMPF］｜木造躯体工事

山本佳嗣［東京工芸大学］｜換気設備

横山太郎［LOW FAT structure］｜鉄骨躯体工事

執筆者一覧（五十音順）

青木良篤［ナイス］｜木造躯体工事
青木義貴［青木クリエイティブ］｜断熱工事、乾式外装工事、建具・サッシ・家具工事
池田浩和［岡庭建設］｜木造躯体工事
犬伏昭｜鉄骨躯体工事
猪野忍［猪野建築設計］｜建具・サッシ・家具工事
井上雄二［井上建築設計］｜木造躯体工事、乾式外装工事、建具・サッシ・家具工事
植田優［植田優建築工房］｜断熱工事
遠藤和広［EOSplus］｜電気工事、空調工事、給排水・衛生工事
遠藤雅一［日建リース工業］｜足場・仮設工事
大島健二［OCM］｜祭事
笠原基弘［アクトエイションハート］｜鉄骨躯体工事
淡河範明［ホームローンドクター］｜資金計画
春日靖雅［白石建設］｜施工監理、RC躯体工事
片岡輝幸［興建社］｜遣り方、土工事、地業・基礎工事
河合孝［河合建築］｜地業・基礎工事、木造躯体工事
河内孝夫｜電気工事
川岸弘［パルマスティーリザ・ジャパン］｜シーリング工事、乾式外装工事、ガラス工事、タイル工事
川島敏雄｜塗装工事
木元肖吾［日本環境アメニティ］｜音環境
木山雅和［日本環境アメニティ］｜音環境
桑原次男［クワバラ・パンぷキン］｜解体・産業廃棄物
小園実［参創ハウテック］｜造作・内装工事
近藤勝［近藤勝設計事務所］｜断熱工事
坂本啓治［坂本啓治計画設計室］｜バリアフリー
順井裕之［柄谷工務店］｜造作・内装工事
鈴木賢一［マサル］｜シーリング工事
鈴木忠彦［共栄塗装工業］｜塗装工事
鈴木光［鈴木建塗工業］｜左官工事、塗装工事
関田保行［建築法規研究所］｜法規・確認申請
曽根匡史［曽根塗装店］｜塗装工事
平真知子［平真知子一級建築士事務所］｜屋根工事、金属工事、タイル工事、ガラス工事

超図解でよくわかる
建築現場用語完全版
第二版

2022年 4 月 1 日　初版第一刷発行
2023年11月 1 日　　　第二刷発行

発行者　三輪浩之

発行所　株式会社エクスナレッジ
〒106-0032　東京都港区六本木7-2-26
https://www.xknowledge.co.jp/

問合せ先

編　集　TEL　03-3403-1381
FAX　03-3403-1345
info@xknowledge.co.jp

販　売　TEL　03-3403-1321
FAX　03-3403-1829